7·9급 공무원 교원임용 시험대비

기출문제

브랜드만족
1위
박문각

2025

오현준
교육학

오현준 편저

이론의 깊이를 더하는 완벽해설

최신 개정 법령 완벽 반영

단원별
기출문제 1356제

동영상 강의 www.pmg.co.kr

박문각

이 책의 머리말
PREFACE

이 책은 7·9급 교육행정직과 교육전문직, 교원임용, 5급 교육사무관 승진 등 교육 관련 공무원을 준비하는 수험생들을 위해 마련된 '교육학개론 기출문제집'입니다. "역사는 되풀이된다."라는 말은 모든 수험생들에게 주는 훌륭한 경구(警句)입니다. 왜냐하면 모든 시험문제는 기출문제의 출제영역을 크게 벗어나지 않고 출제되기 때문에 시험을 앞둔 수험생들에게 기출문제집은 무엇을 공부해야 할지와 그 나아갈 방향을 제시해 주며, 이미 배운 내용을 더욱 확실하게 내면화할 수 있도록 도와줍니다. 이것이 우리가 반드시 기출문제집을 공부해야 하는 까닭이기도 합니다.

이 책은 7·9급 교육행정직 선발시험에서부터 교원임용 선발시험, 5급 교육사무관 선발시험, 특별채용시험에 이르기까지 모든 공무원 시험을 총망라하여 최근 기출문제는 물론 과거에 출제된 문제들 중에서 교육학 공부에 꼭 필요한 문제들만을 엄선하여 구성하였습니다.

이 책의 구성과 특징은 다음과 같습니다.

1. 각 시험의 출제경향을 『2025 오현준 정통교육학』 기본서의 내용 구성 체계에 맞추어 단원별로 정리하였습니다. 기본서를 이미 공부한 학생들은 교육학의 주요 개념과 이론들을 문제를 통해 새롭게 정교화할 수 있을 것입니다.

2. 기출문제 풀이를 통해 교육학의 내용 지식을 확실히 이해하고 내면화할 수 있도록 해설을 가급적 상세하게 설명하였습니다.

3. 각 장(chapter)의 첫머리에 '핵심 체크 노트' 사항을 정리하여 제시함으로써 단원의 핵심 개념(key word)을 미리 파악할 수 있도록 하였습니다.

4. 자주 출제되는 문제는 관련이론을 [Tip]으로 제시하여 시험에 나오는 주요 내용을 꼼꼼히 학습할 수 있도록 하였습니다.

5. 최신 개정 법령을 반영한 상세하고 풍부한 해설을 통해 기존의 해설을 대폭 보완하였습니다.

이 문제집을 공부하는 방법은 수험생마다 개인차가 있겠지만, 제 나름대로의 공부
방법을 소개해 봅니다.

① 해답을 보면서 문제 전체를 끝까지 읽기(문제 읽기 ➡ 잠깐 생각하기 ➡ 이해되지 않으면 바로 해답과
해설 읽기) ⇨ ② 해답을 보지 않고 풀기(풀 수 없는 문제는 ★표하고, ★표한 문제는 해답과 해설 또는
교재를 보면서 왜 틀렸는지를 확인하기) ⇨ ③ ★표한 문제 풀기 ⇨ ④ 마무리하기(자주 틀리는 문제에
대한 '오답노트' 만들기) 등의 순서로 진행하면 됩니다. 특히 ① 단계는 2순환 이상 되풀이해야 합니다.

아무쪼록 이 문제집이 수험생 여러분들에게 교육학의 전 분야를 좀 더 체계적이고 심도 있게
이해하고 마무리하는 데 도움이 되길 바랍니다.
공부는 내 안에서 끊임없이 질문하고 그 답을 찾아 떠나는 기나긴 여행길입니다. 도중에 포기
하지 마십시오. "나도 할 수 있다."는 긍정적 자아개념을 갖고 부단히 정진하십시오.
끝으로, 이 책이 나오기까지 도움을 주신 모든 분들에게 감사의 마음을 전합니다.

정상에서 만납시다!!!
고맙습니다.

오현준 드림

출제경향 살펴보기
ANALYSIS

영 역		2024 국가직 9급		2024 지방직 9급
01 교육의 이해	2	• 「헌법」의 교육관련 조항(제31조) • 학교의 평생교육(「평생교육법」 제29조)	3	• 「평생교육법」(제2조) – 평생교육 용어 정의 • 평생교육 참여의 장애요인 – 크로스(Cross)의 분류 • 다문화교육 – 뱅크스(J. Banks)의 다문화 교육과정 접근법 4단계
02 한국교육사	1	• 조선 후기 실학자가 편찬한 한자 학습용 교재 – 정약용의 「아학편(兒學編)」	1	• 한국교육사 개관(삼국시대~근대)
03 서양교육사	–	–	–	–
04 교육철학	1	• 실존주의 교육사상가 – 부버(M. Buber)	1	• 포스트모더니즘(post-modernism) 교육론의 특징
05 교육과정	2	• 타일러(Tyler)의 교육과정 조직 원리 – 계속성, 계열성, 통합성 • 2022 개정 교육과정 – 교육과정 구성 중점	3	• 보비트(Bobbitt)의 교육과정 개발 • 타일러(Tyler)의 교육과정 개발 절차 • 「초·중등교육법 시행령」(제48조의2) 자유학기 수업운영방법
06 교육심리학	4	• 카텔(Cattell)과 혼(Horn)의 지능이론 – 유동지능 • 바이너(Weiner)의 귀인이론 – 일시적 노력(내적-불안정적-통제가능) • 켈러(Keller)의 학습동기 유발요소 – ARCS • 마르샤(Marcia)의 정체성 지위이론 – 정체성 유예	2	• 학습동기 – 목표지향성 이론(숙달목표, 수행목표) • 학습이론 – 형태주의 심리학의 관점
07 교수-학습이론	–	–	1	• 교수설계 모형 – 딕과 캐리(Dick & Carey)의 체제적 모형
08 교육공학	1	• 슐만(Schulman)의 TPACK – 내용지식, 교수방법지식, 테크놀로지 지식	–	–
09 생활지도와 상담	1	• 생활지도의 원리 – 균등성, 적극성, 통합성	1	• 개인상담 대화기법 – 경청, 공감반영, 질문
10 교육평가	1	• 검사(도구)의 양호도 – 타당도, 신뢰도	1	• 검사도구의 양호도 – 공인타당도
11 교육통계	–	–	1	• 측정치(척도)의 종류 – 명명척도
12 교육연구	–	–	–	–
13 교육행정학	4	• 의사소통이론 – 조하리(Johari)의 창[은폐(hidden) 영역] • 학교조직의 운영 원리 – 적도집권, 분업, 조정, 계층의 원리 • 조직의 유형 – 참모조직과 계선조직 • 교육비의 종류 – 표준교육비	5	• 교육행정의 기본원리 – 효율성의 원리 • 교육정책 의사결정 관점 – 합리적 관점 • 서지오바니(Sergiovanni)의 학교 유형 – 정략적 학교 • 학교 컨설팅 장학의 원리 – 자문성의 원리 • 교육비의 종류 – 간접교육비
14 교육사회학	3	• 번스타인(Bernstein)의 코드이론 – 제한된 언어, 정교한 언어 • 부르디외(Bourdieu)의 문화재생산이론 – 아비투스(habitus) • 교육격차 이론 – 문화실조론	1	• 갈등이론 – 애니온(J. Anyon)의 교육과정 연구
계	20		20	

영 역	2023 국가직 9급		2023 지방직 9급	
01 교육의 이해	–	–	4	•피터스(Peters)의 교육개념의 성립 기준 – 인지적 기준 •평생교육 접근방법 – 일리치(I. Illich)의 학습망 •성인학습의 특징(Lindeman) •「독학에 의한 학위취득에 관한 법률」 내용
02 한국교육사	–	–	1	•갑오개혁 시기(1894~1896)의 학교교육 관제
03 서양교육사	2	•17C 실학주의 교육 – 코메니우스(Comenius)의 교육사상 •19C 계발주의 교육 – 페스탈로치(Pestalozzi)의 교육사상	1	•신인문주의 교육사상 – 헤르바르트(Herbart)
04 교육철학	1	•현대 교육사조(20세기 전반) – 항존주의 교육철학	–	–
05 교육과정	1	•블룸(Bloom)의 교육목표 분류 범주 – 인지적 영역 중 분석력	2	•아이즈너(Eisner)의 교육과정 이론 •교육과정 유형 – 학문중심 교육과정
06 교육심리학	2	•비고츠키(Vygotsky)의 사회문화이론 용어 – 근접발달영역(ZPD) •콜버그(Kohlberg)의 도덕성 발달이론	2	•행동주의 학습이론 용어(강화, 사회학습이론, 조작적 조건화) •학습전이 이론 – 동일요소설
07 교수-학습이론	2	•출발점 행동 진단의 의미 •캐롤(Carroll)의 학교학습모형	1	•교수설계 일반모형(ADDIE)
08 교육공학	1	•가상현실(VR) 기술 활용 교육	–	–
09 생활지도와 상담	3	•생활지도의 활동과 적응사례 – 조사활동, 정보제공활동, 배치활동, 추수활동 •상담이론 – 정신분석상담의 상담기법 •청소년 비행발생이론 – 머튼(Merton)의 아노미 이론	2	•상담이론과 상담기법 – 현실치료 •청소년 비행발생이론 – 사회통제이론
10 교육평가	1	•교육평가 유형 – 속도검사, 준거지향평가, 형성평가, 표준화검사	2	•교육평가 유형 – 성장참조평가 •문항분석 – 고전검사이론
11 교육통계	–	–	–	–
12 교육연구	–	–	–	–
13 교육행정학	5	•교육행정 과정 – 기획(planning) •지도성이론 – 분산적 지도성 •동기이론 – 허즈버그(Herzberg)의 위생요인, 맥그리거(McGregor)의 Y이론 •「초·중등교육법」상 학교운영위원회의 심의사항 •「학교폭력예방 및 대책에 관한 법률」상 학교폭력의 예방 및 대책	4	•의사결정이론 – 교육정책 형성 관점(참여적 관점) •동기이론 – 허즈버그(Herzberg)의 동기·위생이론(동기요인) •교육재정의 구조와 배분 – 교육기회비용 •「사립학교법」의 내용 – 기간제교원의 임용기간
14 교육사회학	2	•신교육사회학 – 애플(Apple)의 문화적 헤게모니이론 •콜만(Coleman)의 사회자본 개념	1	•신교육사회학 이론 – 문화재생산이론
계	20		20	

출제경향 살펴보기
ANALYSIS

영 역		2022 국가직 9급		2022 지방직 9급
01 교육의 이해	2	•평생교육 – 비형식적 교육(non-formal education)의 개념 •평생교육 – 「학점인정 등에 관한 법률」상 학점인정(제7조)	2	•현행법상 교육의 중립성 •평생교육 제도 – 학습휴가제, 평생교육이용권, 학습계좌제, 독학학위제
02 한국교육사	2	•삼국시대 교육기관 – 고구려의 경당(經堂) •조선시대 교육 – 서당의 교재[정약용의 「아학편(兒學編)」]	–	–
03 서양교육사	–	–	1	•자연주의 교육사상가 – 루소(Rousseau)
04 교육철학	1	•현대 교육사조 – 분석적 교육철학	2	•현대 교육사조(20세기 전반) – 진보주의 교육원리 •현대 교육사조(20세기 후반) – 실존주의 교육철학
05 교육과정	1	•교육과정 유형	1	•교육내용의 조직 원리 – 계열성(sequence)
06 교육심리학	3	•프로이트(S. Freud)의 성격구성요소(초자아) •학습이론 – 고전적 조건화의 적용 사례 •반두라(A. Bandura)의 관찰학습 과정(파지)	2	•지능이론 – 가드너(Gardner)의 다중지능이론 •학습이론 – 정보처리이론(감각기억, 시연, 정교화, 조직화)
07 교수-학습이론	1	•협동학습의 원리	2	•교수·학습방법 – 문제중심학습, 토의법, 직소(Jigsaw), 발견학습 •교수학습이론 – 오수벨(Ausubel)의 유의미학습이론
08 교육공학	1	•원격교육의 형태 – 유비쿼터스러닝(U-learning)의 개념	1	•원격교육 용어 – 블랜디드 러닝(blended learning)
09 생활지도와 상담	–	–	2	•상담이론 유형 – 엘리스(A. Ellis)의 합리적·정서적 행동 상담 •로저스(Rogers)의 인간중심 상담의 상담 태도
10 교육평가	2	•성장참조평가의 특징 •평가도구의 양호도 – 타당도와 신뢰도	1	•평가도구의 양호도 – 예언타당도
11 교육통계	–	–	–	–
12 교육연구	–	–	–	–
13 교육행정학	5	•보비트(Bobbitt)의 과학적 관리 원칙 •교육정책 결정 모형 비교 – 혼합, 점증, 만족, 합리모형 •지도성의 유형 – 변혁적 지도성 •호이와 미스켈(Hoy & Miskel)의 학교풍토 유형 •학교예산 편성 기법 – 성과주의 예산제도(PBS)	4	•교육행정의 운영원리 – 적응성의 원리 •학교조직의 특성 – 이완조직, 전문적관료제, 조직화된 무질서, 이중조직 •「지방교육자치에 관한 법률」상 교육감 관련 조항 •지방교육재정교부금
14 교육사회학	2	•교육의 사회적 기능 – 사회충원 •교육과 사회이동 – 능력주의 평등화론	2	•교육사회학의 이론 – 기능론과 갈등론 •교육평등 관점 – 교육조건의 평등
계	20		20	

영 역		2023 국가직 7급		2022 국가직 7급
01 교육의 이해	2	•피터스(Peters)의 교육 개념 준거 •평생교육제도 – 독학학위제	1	•교육 개념의 비유적 정의 – 주형, 성장
02 한국교육사	1	•조선시대 교육기관 – 서당(書堂)	1	•조선시대 교육기관 – 서원(書院)
03 서양교육사	1	•소크라테스(Socrates)의 교육사상(회상설)	–	–
04 교육철학	–	–	–	–
05 교육과정	1	•잠재적 교육과정의 개념과 특징	1	•학문중심 교육과정의 특징
06 교육심리학	2	•동기이론 – 자기효능감(self-efficacy)의 개념 •학습이론 – 쏜다이크(Thorndike)의 자극-반응 연합설	3	•스키너(B. F. Skinner)의 조작적 조건형성 – 프리맥의 원리(Premack principle) •형태주의 심리학의 기본 관점 •방어기제 유형 – 합리화(rationalization)
07 교수-학습이론	4	•발견학습의 개념과 특징 •가네(Gagné)의 교수·학습이론 •구성주의 관점에서의 학습 •구성주의 교수·학습방법 – 문제중심 학습(problem-based learning)	3	•토의법의 유형 – 버즈토의 •구성주의 학습유형(인지적 도제학습) – 비계설정(scaffolding) •구성주의 학습유형 – 상황학습
08 교육공학	–	–	1	–
09 생활지도와 상담	2	•집단상담의 기법 – 명료화(clarification) •인지상담이론 – 합리적 정서 치료 이론(RET)	1	•상담기법 – 경청, 질문, 반영, 공감
10 교육평가	2	•교육평가 모형 – 스터플빔(Stufflebeam)의 의사결정 모형 •검사도구의 양호도 – 내용타당도, 반분신뢰도, 재검사신뢰도, 동형검사신뢰	–	–
11 교육통계	–	–	1	•척도의 유형 – 명명척도, 서열척도, 등간척도, 비율척도
12 교육연구	–	–	1	•실험연구의 내적타당도 저해요인 – 성숙, 통계적 회귀, 검사, 실험적 도태
13 교육행정학	8	•과학적 관리론이 적용된 교육행정의 내용 •교육정책 결정 모형 – 최적 모형(optimal model) •지도성 이론 – 변혁적 지도성 •동기이론 – 아담스(Adams)의 공정성이론 •조직화된 무질서 조직(Organized Anarchy)으로서의 학교조직의 특성 •「지방교육자치에 관한 법률」상 교육감 관련 규정 •장학의 유형 – 임상장학 •「학교폭력예방 및 대책에 관한 법률」내용	9	•동기이론 – 브룸(Vroom)의 기대이론 •칼슨(Carlson)의 봉사조직 유형론 •지방교육자치 •교육정책의 원칙 (민주성, 중립성, 합리성, 효율성)　•우리나라의 의무교육 제도 •우리나라 초·중등교육의 확대 과정 •교육비 분류 •국·공립 초·중등학교의 학교회계 •「초·중등교육법」상 교직원의 임무
14 교육사회학	2	•기능주의 관점에서의 학교교육 •부르디외(P. Bourdieu)의 문화자본론	4	•학교와 사회평등의 관계 – 평등화기여론, 불평등재생산이론, 무효과론　•기초학력 보장 정책 •콜맨 보고서(Coleman report)의 연구 결과 •학업성취 격차 발생 원인
계	25		25	

이 책의 구성과 특징
FEATURE

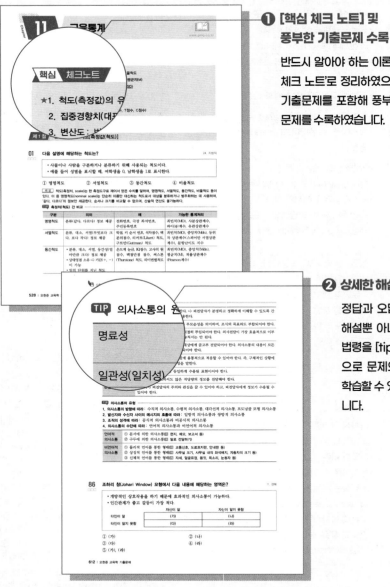

❶ [핵심 체크 노트] 및 풍부한 기출문제 수록

반드시 알아야 하는 이론을 '핵심 체크 노트'로 정리하였으며, 최신 기출문제를 포함해 풍부한 기출문제를 수록하였습니다.

❷ 상세한 해설 및 [TIP] 수록

정답과 오답에 대한 상세한 해설뿐 아니라, 관련 이론과 법령을 [tip]으로 실어 한 권으로 문제와 이론을 완벽히 학습할 수 있도록 구성하였습니다.

이 책의 차례
CONTENTS

이 책의 차례
CONTENTS

오현준 교육학

단원별✦
기출문제 1356제

Chapter

01

교육의 이해

핵심 체크노트

1. **교육의 개념**
   ① **비유적 정의**: 주형, 성장, 만남
   ② **현상적 정의**: 조작적 정의, 서술적 정의, 약정적 정의, 규범적 정의
   ③ **피터스(Peters)의 정의**: 성년식, 규범적·인지적·과정적 준거, 교육받은 사람(자유인)
2. **교육 목적의 위계와 유형**
   ① **위계**: 교육이념(「교육기본법」 제2조), 교육목적, 교육목표
   ★② **유형**: 내재적 목적, 외재적 목적
3. **「헌법」(제31조) 및 「교육기본법」(총칙)의 교육관련 규정**
4. **교육의 형태**
   ★① **평생교육**: 개념, 접근방법, 이념, 특징, 제도(「평생교육법」, 「평생교육법 시행령」)
   ② **영재교육**: 렌줄리(J. Renzulli)
   ③ **특수교육**: 지적장애, 학습장애, ADHD 장애, 정서행동장애
   ④ **대안교육**: 발도르프 학교, 써머힐 학교, 프레네 학교
   ⑤ **다문화교육**: 개념, 목적, 영역과 차원(Banks, 내용 통합, 지식 구성 과정, 공평한 교수법, 편견 감소, 학생의 역량을 강화하는 학교문화와 조직)
5. **교육제도**
   ★① **학교제도**: 복선형 학제, 단선형 학제
   ② **우리나라의 학교제도**: 보통학제, 특별학제
★6. **교직관의 유형**: 성직관, 노동직관, 전문직관, 공직관

제1절 교육의 개념

1 교육의 개념: 어원적 정의, 비유적 정의, 현상적 정의

01 **교육의 개념에 대한 정의 방식에 대한 설명 중 옳은 것을 모두 고른 것은?**   11. 5급 교육사무관

□□□

보기
> ⊙ 규범적 관점은 교육활동 속에 들어 있는 가치나 그 기준을 드러내는 데 관심을 가진다.
> ⓒ 공학적 관점은 교육의 이상적 모습, 즉 이상적 조건과 당위적 규칙을 추구한다.
> ⓒ 교육개념으로서의 성장은 아동이 가진 잠재 가능성을 자연스럽게 실현해 나가는 과정을 중시한다.
> ⓔ 뒤르껭(Durkheim)은 교육을 문명화된 삶의 형식으로 입문시키는 일로 정의한다.
> ⑩ 피터스(Peters)는 교육을 미성숙한 아동을 사회적 존재로 만드는 과정으로 정의한다.

① ⊙, ⓒ   ② ⊙, ⓒ   ③ ⓒ, ⓔ
④ ⓒ, ⓒ   ⑤ ⓒ, ⓔ

해설 ⓒ은 규범적 정의, ⓔ은 피터스(Peters), ⑩은 뒤르껭(Durkheim)에 해당한다.

02 (가), (나)에 들어갈 말을 바르게 연결한 것은?

> (가) 의 비유에서 교육은 마치 석회나 진흙을 일정한 모양의 틀에 부어 어떤 것을 만들어
> 내는 것과 같다. 교사는 장인에 해당하고 학생은 석회나 진흙과 같은 재료에 해당한다. 신체의
> 근육을 단련하듯이 교육을 통해 마음의 능력인 지각, 기억, 의지 등을 단련하는 데 초점을 둔다.
> (나) 의 비유는 권위주의나 전제주의적 교육에 대한 비판적 관점을 반영한다. 식물이 스스
> 로 자라나듯이 교육은 아동이 가진 잠재적 가능성을 자연스럽게 실현해가는 과정으로 본다.

	(가)	(나)
①	만남	성년식
②	만남	성장
③	주형	성년식
④	주형	성장

해설 실존주의 교육사상가 볼노브(Bollnow)는 교육을 만들다(machen, 주형), 기르다(wachsen, 성장), 만나다(begegen, 만남)의 관점에서 비유적으로 설명하고 있다. 이 중 주형(鑄型)은 교사 중심의 전통적인 교육관과 고전주의 교육관에 해당하는 비유로, 교육을 '장인이나 제작자'(교사)가 '쇳물이나 진흙'(아동)을 일정한 모양의 틀에 부어 어떤 모양을 만들어 내는 일로 이해하는 방식이다. 로크(Locke)의 형식도야설, 왓슨(Watson)의 행동주의, 주입의 비유 등이 해당한다. 또한, 성장(成長)은 아동 중심의 낭만주의적 교육관에 해당하는 비유로, 교육을 식물의 성장과정과 같이 아동이 가진 잠재 가능성을 자연스럽게 실현해 나가는 과정으로 이해하는 방식이다. 루소(Rousseau)의 자연주의, 듀이(J. Dewey)의 진보주의가 이에 해당한다. 한편, 성년식의 비유는 피터스(R. S. Peters)이며, 만남의 비유는 실존주의자들의 견해에 해당한다.

TIP 교육의 비유적 의미 비교

교육 개념	관련 예	특징
주형 (鑄型)	• 로크(Locke)의 형식도야: 수동적 백지설 • 행동주의: 왓슨(Watson) – 교육만능설 • 주입(注入) • 도야(陶冶)	• 교사 중심의 전통적 교육관, 상식적인 교육관 • 교사와 아동 간 수직적 관계를 전제 ⇨ 아동은 수동적 존재 • 교육내용 중시 • 단점: 교사와 학생의 관계에 대한 오해, 권위주의 교육풍토 조성
성장 (成長)	• 루소(Rousseau): '자연에 따라서(according to nature)' • 진보주의: "우리는 교과를 가르치는 것이 아니라 아동을 가르친다(We teach children, not subjects)."	• 아동 중심 교육관(새교육 운동) ⇨ 교사는 안내자, 교육의 강조점이 '무엇을 가르칠 것인가'에서 '누구를 가르칠 것인가'로 전환 • 교사와 아동 간 수평적 관계를 전제 ⇨ 아동은 능동적 존재 • 교육방법 중시 • 단점: 교사의 역할을 과소평가
예술 (藝術)	• 교학상장(教學相長) • 줄탁동시(啐啄同時)	• 주형과 성장의 대안적 비유 • 교사와 아동 간 상호작용적 관계
성년식	피터스(Peters): 교육은 미성년자인 학생을 '문명화된 삶의 형식(인류 문화유산)에 입문시키는 일'	• 주형과 성장의 대안적 비유 • 교육내용과 교육방법 모두 중시
만남	• 실존주의, 인본주의 교육 • 볼노브(Bollnow): "만남은 교육에 선행한다."	• '주형, 성장, 예술, 성년식'(의도적 교육을 가정)의 대안적 비유 • 단속적이고 비연속적인 교육(비의도적 교육) 중시

정답 01. ② 02. ④

03 교육의 정의 방식에 대한 설명으로 알맞지 않은 것은?

① 규범적(programmatic) 정의는 교육의 용어를 객관적이고 가치중립적인 입장에서 규정하는 방식이다.
② 조작적(operational) 정의는 교육활동의 요소와 그것이 작용하는 실제 과정을 관찰할 수 있는 형태로 설명하는 방식이다.
③ 기술적(descriptive) 정의는 사전(辭典)의 용어 설명 방식과 유사하게 용어의 일상적 의미를 풀어서 설명하는 방식이다.
④ 약정적(stipulative) 정의는 원활한 의사소통을 위해 복잡한 내용이나 현상을 약속을 통하여 간략한 용어로 나타내는 방식이다.

해설 규범적 정의(programmatic definition)는 가치판단이나 가치주장을 포함하는 정의로, 가치의 맥락에서 교육의 의미를 밝힐 필요가 있을 때, 교육개념 속에 붙박여 있는 내재적 가치를 실현하거나 강조할 필요가 있을 때 의미 있게 사용된다. ①은 조작적 정의나 기술적 정의에 해당하는 표현이다.

TIP 교육의 개념적 의미 비교

교육 개념	관련 예	특징
조작적 정의	교육은 인간행동의 계획적 변화이다(정범모).	• 개념을 과학적으로 정의하는 방식 • 관찰할 수 없는 것을 관찰 가능한 반복적 조작에 의해 객관적으로 정의 • 교육개념의 추상성을 제거하고 교육활동을 명백히 규정하려 할 때 사용
약정적 정의	교육을 훈련이라고 하자.	• 의사소통을 위해 복잡한 현상을 무엇이라고 부르자고 약속하는 정의 방식 • 교육에 관한 여러 시각들을 조정하거나 보편적 정의방식에서 벗어나 새로운 방식으로 한시적으로 정의할 때 사용 - 언어의 경제성과 논의의 편리성 도모
기술적 정의	• 교육은 학교에서 하는 일이다. • 교육은 가르치고 배우는 일이다. • 서술적 정의, 가치중립적 정의, 사전적 정의, 관행적 정의, 보고적 정의, 객관적 정의	• 하나의 개념을 이미 알고 있는 다른 말로 설명함으로써 그 개념이 무엇인지를 알려주는 정의 • 누가 어떤 맥락에 사용하는가에 관계없이 일반적으로 통용되는 의미를 규정하려는 것 - 가치중립적 정의 ⇨ 외재적 가치가 개입될 가능성이 있음. • 교육개념을 전혀 모르거나 생소한 사람에게 교육의 개념을 설명하거나 교육현상을 객관적으로 정확하게 묘사할 때 사용 - 교육과학자들이 선호하는 방식
규범적 정의	• 교육은 성년식이다(Peters). • 강령적 정의, 목적적 정의, 가치지향적 정의	• 하나의 정의 속에 '어떻게 해야 하는가, 어떻게 하는 것이 옳은가'와 같은 규범 내지 강령이 들어 있는 정의 - 교육의 가치 지향성 중시 • 가치의 맥락에서 교육적 의미를 밝힐 때, 내재적 가치를 강조할 때 사용

04 다음에 해당하는 교육의 정의 방식은?

> • 교육의 개념을 과학적으로 정의하는 한 가지 방식이다.
> • 교육을 '인간 행동의 계획적 변화'로 정의하는 것이 대표적인 예의 하나이다.
> • 교육의 개념을 보다 분명히 하기 위해 교육활동의 요소와 그것이 작용하는 실제 과정을 관찰할 수 있는 형태로 정의한다.

① 조작적 정의(operational definition) 　② 약정적 정의(stipulative definition)
③ 규범적 정의(programmatic definition) ④ 기술적 정의(descriptive definition)

[해설] 조작적 정의는 개념을 과학적으로 정의하는 방식으로, 관찰할 수 없는 것을 관찰이 가능하도록 관찰되는 사태를 정의의 한 부분으로 포함하여 객관적으로 정의하는 방식이다. 교육개념의 추상성을 제거하고 교육활동을 명확히 규정하려 할 때 사용한다.

05 다음의 내용과 가장 관계가 깊은 것은?

> • 로크(J. J. Locke)가 체계화하였다.
> • 고전적 형이상학과 관련하여 이론적인 지지를 받아왔다.
> • 교육에 있어서 중요한 것은 지식, 규범, 원리가 아니라 인간의 기억이나 추리의 힘 그 자체이다.

① 주형(鑄型)으로서의 교육 　② 도야(陶冶)로서의 교육
③ 계명(啓明)으로서의 교육 ④ 자아실현으로서의 교육

[해설] 도야(陶冶)는 "면도날을 딱딱한 가죽에 갈면 날카로워져서 수염을 잘 자를 수 있듯이, 어려운 교과를 통해서 정신능력(지각, 기억, 상상, 추리, 감정, 의지력)을 단련하면 나중에 문제해결을 잘 할 수 있다."는 의미로, 철저한 훈련(hard education)을 통해 인간의 정신능력을 단련시킬 수 있다는 말이다. 교과 중심 교육과정을 뒷받침하는 전이이론으로 능력심리학에 토대를 두고 있다.

정답　03. ①　04. ①　05. ②

TIP 규범적 정의의 예

주입(注入)으로서의 교육	전통적 교사 중심 교육관 – 교육을 성숙자가 미성숙자에게 지식이나 경험을 집어넣는 과정으로 이해
주형(鑄型)으로서의 교육	• 행동주의 심리학에 기초한 정의, 교육만능설의 입장, 교사중심 & 학습자의 수동성, 사회화도 주형에 해당 • 교육은 교사가 마음속에 품고 있는 모습으로 학습자를 만드는 일 – 교육의 보수적 기능 중시
파형(破形)으로서의 교육	교육은 사회체제를 적극적으로 개선하고 변화·발전시키는 일 – 교육의 진보적 기능 중시
도야(陶冶)로서의 교육	• 교육은 인간의 마음의 능력(지각, 기억, 상상, 추리, 정서, 의지)을 단련하는 것 – 로크(Locke)의 능력심리학에 기초, 7자유과를 중시 • 교육에 있어서 중요한 것은 지식이나 원리(교육내용)가 아니라 교육의 형식
계명(啓明)으로서의 교육	• 교육을 볼 수 없는 상태에서 볼 수 있는 상태로 나아가게 하는 일로 정의 – 마음의 계발 혹은 발현 • 플라톤(Platon)의 이데아론, 브루너(Bruner)의 지식의 구조론, 피터스(Peters)의 지식의 형식론에 해당 • 교육은 무지에서부터 해방시켜 주는 일로, 안목의 형성과 관련된 활동
성장(成長)으로서의 교육	• 교육은 아동의 잠재력 및 개성을 자연의 법칙에 따라 나타나게 하는 것 • 루소(Rousseau), 프뢰벨(Fröbel), 듀이(J. Dewey)의 사상과 관련 • 아동 중심 교육, 민주주의 교육원리의 기초, 유럽의 신교육운동과 진보주의의 기본적 원리를 제공
자아실현으로서의 교육	가장 보편화된 교육관, 교육은 인간의 내재적인 것의 개발을 중시하는 것

2 피터스(Peters)의 교육개념 정의

06 다음 내용에 가장 부합하는 것은?

17. 지방직

> • 교육은 학습자와 교육내용을 모두 고려해야 한다.
> • 교육내용의 내재적 가치는 선험적으로 정당화된다.
> • 교육은 합리적인 사고와 지적 안목을 도덕적인 방식으로 전달하는 과정이다.
> • 교육은 인류의 문화유산이라는 공적(公的) 전통으로 학생을 안내하는 과정이다.

① 주입(注入)으로서의 교육   ② 주형(鑄型)으로서의 교육

③ 성년식(成年式)으로서의 교육   ④ 행동수정(行動修正)으로서의 교육

[해설] 피터스(Peters)는 「윤리학과 교육」(1966)에서 '교육은 미성숙한 아동을 인간다운 삶의 형식 안으로 입문시키는 성년식이다.'라고 정의하였다. 성년식은, 교육을 미성년자인 학생을 '문명화된 삶의 형식, 즉 인류 문화유산에 입문시키는 일'로 교육의 개념 속에 붙박여 있는 내재적 가치 실현과 관련된 '합리적 마음의 획득 혹은 계발'로 정의된다. ①은 교육을 항아리에 물을 부어 넣듯 교육은 인간의 마음속에 지식이나 규범을 집어넣는 것으로 정의하는 것이며, ②는 교육을 '장인이나 제작자'(교사)가 '쇳물이나 진흙'(아동)을 일정한 모양의 틀에 부어 어떤 모양을 만들어 내는 일로 이해하는 방식이다. ④는 스키너(Skinner)와 같은 행동주의자들이 교육을 외현적 행동의 변화로 정의하는 방식이다.

07 피터스(R. Peters)는 교육의 개념을 3가지 준거로 구분하였다. 그중 규범적 준거(normative criterion)에 근거한 교육의 개념으로 옳은 것만을 모두 고른 것은?　　　　18. 국가직

> ㉠ '무엇인가 가치 있는 것'을 추구하는 활동이다.
> ㉡ 학습자의 의식과 자발성을 전제하는 것이다.
> ㉢ 지식, 이해, 인지적 안목을 길러주는 것이다.

① ㉠　　　　　② ㉢　　　　　③ ㉡, ㉢　　　　　④ ㉠, ㉡, ㉢

해설 피터스(Peters)는 교육개념의 성립준거로서 규범적 준거, 인지적 준거, 과정적 준거를 제시하였다. 이 중 규범적 준거는 교육이 내재적 가치, 즉 교육의 개념 속에 들어 있는 바람직성, 규범성, 가치성, 좋음 등을 추구해야 함을 의미한다. 규범적 준거에서 교육이 아닌 것은 외재적 가치를 추구하는 것이다. ㉡은 과정적 준거, ㉢은 인지적 준거에 해당한다.

TIP 피터스(Peters)가 제시한 교육개념의 성립준거

규범적 준거	교육에 헌신하려는 사람에게 가치 있는 것의 전달 과정 ⇨ 내재적 가치 • 교육이 추구하려는 내재적 가치는 교육의 개념 속에 들어 있는 바람직성, 규범성, 가치성, 좋음 등과 가치를 의미 • 외재적 가치를 추구하는 것은 교육이 아니다. 　⇨ **외재적 가치를 추구할 때의 문제** : 정당화의 문제, 대안의 문제, 도덕의 문제가 수반 　• **정당화의 문제** : 외재적 가치는 '필요(need)'를 수반하는데, 이 경우 '무엇을 위한 필요인가?'라는 의문이 제기됨. ⇨ '필요'는 '무엇'의 가치에 의해 결정되므로 '무엇'이 어떤 점에서 가치 있는가를 규명해야 할 필요가 있다. 　• **대안의 문제** : '그 필요를 충족시키는 수단이 꼭 교육이어야만 하는가?'하는 문제 　　**예** 국가발전을 기업투자로 할 수 있지 않은가 　• **도덕의 문제** : 국가발전이 가치 있는 일이고(정당화), 그것이 교육을 통해서밖에 할 수 없다고 하더라도(대안), '국가발전을 위해서 피교육자를 조형해도 좋은가'라는 도덕적 문제는 여전히 있음. ⇨ 인간은 어떤 경우에도 인간으로서 존중받아야 하기 때문이다.
인지적 준거	내재적 가치가 내용 면에서 구체화된 것 ⇨ 지식, 이해, 인지적 안목(지식의 형식) • 지식과 정보 등이 유리되어 있는 것이 아니라 사물 전체를 조망할 수 있는 포괄적이고 통합된 안목이 형성된 상태(계명, 啓明)를 의미 • 교육은 신념체계를 변화시키는 전인적 교육 ⇨ 제한된 기술이나 사고방식을 길러주는 전문화된 훈련(training)과는 구별
과정적 준거	규범적 준거(내재적 가치)가 제시되는 방법상의 원리를 제시한 것 • 교육은 교육내용을 도덕적으로 온당한 방법, 즉 학습자의 의식과 자발성에 토대하여 전수되어야 한다. • 학습자의 의식과 자발성을 유도하기 위해서는 아동에게 흥미(interest)가 있어야 한다. ⇨ 흥미는 심리적 의미(하고 싶어하는 것, Dewey)가 아니라 규범적 의미(유익한 것)를 지닌 것 **예** 아동의 흥미를 존중한다는 것은 아동으로 하여금 내재적으로 가치 있는 것에 접하게 함으로써 그 내재적인 가치를 추구하도록 이끌되, 그 과정에서 현재 그의 흥미를 존중해야 한다는 의미로 이해되어야 한다. • 조건화(conditioning)나 세뇌(brain-washing)의 방식과는 다르다.

정답　06. ③　07. ①

08 다음 설명에 해당하는 피터스(Peters)가 제시한 교육의 개념적 기준은? 23. 지방직

> • 교육은 일반적인 훈련과 달리 전인적 계발을 지향해야 한다.
> • 교육받은 사람은 폭넓은 안목을 가짐으로써 자신과 분야가 다른 인간의 삶과 어떤 관련을 맺고 있는지를 깊이 이해할 수 있어야 한다.

① 규범적 기준　　　　　　　　　　② 내재적 기준
③ 과정적 기준　　　　　　　　　　④ 인지적 기준

해설　피터스(Peters)가 제시한 교육개념의 성립 준거 중 인지적 준거는 내재적 가치가 내용 면에서 구체화된 것으로 '지식의 형식'을 말한다. 즉, 지식과 정보 등이 유리되어 있는 것이 아니라 사물 전체를 조망할 수 있는 포괄적이고 통합된 안목이 형성된 상태를 의미하며, 이런 의미에서 교육은 신념체계를 변화시키는 전인적 교육이어야 한다는 것이다.

09 다음에 해당하는 피터스(R. S. Peters)의 교육의 개념적 준거는? 08. 유·초등임용

> 아무리 좋은 내용이라 하더라도 그것을 학습자의 의지와 자발성이 결여된 방식으로 가르쳐서는 안 된다. 이 점에서 조건화(conditioning)나 세뇌(brainwashing) 등과 같은 방법은 교육이라 부를 수 없다.

① 과정적 준거　　　　　　　　　　② 규범적 준거
③ 기술적 준거　　　　　　　　　　④ 인지적 준거

해설　피터스(Peters)가 제시한 교육개념의 성립준거 중 과정적 준거는 규범적 준거가 제시되는 방법상의 원리를 제시한 것으로, 교육내용을 도덕적으로 온당한 방법, 즉 학습자의 의식과 자발성에 토대하여 전수되어야 함을 의미한다. 과정적 준거라는 측면에서 교육이 아닌 것은 타율적으로 강제되는 조건화(conditioning)나 세뇌(brain-washing) 등이다.

10 피터스(R. S. Peters)가 제시한 교육의 개념적 준거(criterion)에 대한 설명으로 옳지 않은 것은? 23. 국가직 7급

① 피터스는 자신의 저서 『윤리학과 교육』에서 교육의 개념을 규정하였다.
② 규범적 준거에 따르면, '교육'은 교육의 개념에 붙박여 있는 내재적 가치를 추구하는 활동이어야 한다.
③ 인지적 준거는 학습자가 부분적인 기능에 숙달하여도 이를 용인하는 것을 의미한다.
④ 과정적 준거는 교육의 규범적 준거가 방법 면에서 상세화된 것을 말한다.

해설　③은 훈련(training)에 대한 설명에 해당한다. 피터스(Peters)가 제시한 인지적 준거는 내재적 가치가 내용 면에서 구체화된 것으로 교육은 지식, 이해, 인지적 안목을 포함하는 '지식의 형식'에 해당하기에 폭 넓은 신념체계의 변화(계명)나 전인적 변화를 의미한다. 그러므로, 제한적인 지식과 기능의 변화를 의미하는 훈련(training)과 구별된다.

11 교육의 개념에 대한 설명으로 옳지 않은 것은?   13. 국가직

① 교육의 사회적 기능이 부각되면서 사회가 요구하는 가치나 규범을 내면화하는 개념으로 사회화라는 개념이 쓰이게 되었다.

② 교육의 기초인 양육은 물질적인 원조뿐만 아니라 정신적, 심리적 조력을 모두 포괄하는 개념이다.

③ 조작적 정의를 견지하는 학자들은 교육을 '인간행동을 계획적으로 변화시키는 과정'이라고 본다.

④ 훈련(training)은 자연의 원리에 따르는 교육에서 유래한 것으로, 신념체계 전체를 변화시키는 '전인적' 교육이다.

해설   피터스(Peters)에 의하면 광의(廣義)의 신념체계를 변화시키는 전인적 변화는 교육(education)에 해당하며, 이는 제한된 기술이나 사고방식을 길러 주는 활동인 전문화된 훈련(training)과는 구별된다. 훈련(training)은 자연의 원리보다는 인위적 노력을 통한 변화에 해당한다.

TIP 교육과 훈련 – 피터스(Peters)의 구분(교육개념 성립의 '인지적 준거'를 중시)

교육(education)	훈련(training)
• 광의의 신념체계(태도, 가치관, 성격)의 변화 • 전인적 변화 • 지적 · 정의적 · 자발적 참여 중시 • 가치지향적인 활동 • 장기간에 걸쳐 나타남. 예 체육 교육(physical education)	• 제한된 특수기술이나 기능, 지식의 변화 • 인간 특성 일부의 변화 • 기계적 · 반복적 연습의 중시 • 가치중립적 활동 • 단기간에 걸쳐 나타남. 예 체조 훈련(physical training)

12 다음과 같이 학교의 의미를 설명한 학자는?   12. 유 · 초등임용

> • 학교는 학습자들을 그들의 즉각적인 관심사로부터 격리시키는 곳이다.
> • 학교를 사회화의 도구로 삼는 것은 교육을 말살하려는 기도이다.
> • 학교는 학생들을 인류의 지적, 상상적, 도덕적, 정서적 유산에 의도적이고 체계적으로 입문시키는 곳이다.
> • 학교는 교사와 학습자 사이의 인격적 접촉이 일어나는 곳이며, 교사는 살아 있는 유산이다.
> ─「교육 : 영위와 그 좌절」

① 듀이(J. Dewey)   ② 니일(A. Neill)   ③ 화이트(J. White)

④ 화이트헤드(A. Whitehead) ⑤ 오우크쇼트(M. Oakeshott)

해설   문학적 감수성과 전통에 대한 깊은 이해에 토대를 둔 오우크쇼트(M. Oakeshott)의 교육개념은, 현대 교육개념의 주도적 위치를 차지하고 있는 피터스(R. S. Peters)의 교육개념 형성에 가장 큰 영향을 미쳤다. 그는 교육개념을 '문명의 입문으로서의 교육, 초월과정으로서의 교육, 대화로서의 교육'으로 나누어 설명하고 있다. 각각의 개념은 상호 배타적인 것이 아니라 서로 밀접한 관련을 맺고 있다. 문명의 입문은 초월의 과정 없이는 불가능하며, 대화도 문명의 전승과정에서 불가피하게 요청되는 활동으로 간주된다. 초월의 과정과 대화 없이는 문명에 입문시킬 수 없기 때문이다. ④는 유용성 (utility)을 일상적(실용적) 의미가 아닌 지적 탐구를 실천으로 옮기기 위한 유용성의 의미로 이해한다. 즉 '생기 없는 관념 (innate ideas)' 또는 '무기력한 지식'을 비판하면서 이론적인 것과 실천적인 것의 통합이 이루어질 수 있도록 가르쳐야 한다고 주장한다. 이러한 그의 주장은 전일성(wholeness)의 철학으로 이해될 수 있으며, 이는 이소크라테스(Isocrates), 허스트(Hirst)의 후기사상(사회적 실제로의 입문), 듀이(J. Dewey)의 교육사상과 연결될 수 있다고 본다.

정답   08. ④   09. ①   10. ③   11. ④   12. ⑤

TIP **오우크쇼트(M. Oakeshott)의 교육개념** ||||||||||||||||||||||||||||||||||||||||||||||||||||||||||||||||||||||||||||||||||||||||||||||||||||||||||||||||||||

1. **개요** : 항존주의에 토대를 둔 견해
 (1) 문학적 감수성과 전통에 대한 깊은 이해에 토대를 둔 그의 교육개념은, 현대의 교육개념에 주도적 위치를 차지하고 있는 피터스(R. S. Peters)의 교육개념 형성에 가장 큰 영향을 미쳤다.
 (2) 그는 교육개념을 문명의 입문으로서의 교육, 초월과정으로서의 교육, 대화로서의 교육으로 나누어 설명하고 있다. 이 각각은 상호 배타적인 개념이 아니라 밀접한 관련을 맺고 있다. 문명의 입문은 초월의 과정 없이는 불가능하며, 대화도 문명의 전승과정에서 불가피하게 요청되는 활동으로 간주된다. 초월의 과정과 대화 없이는 문명에 입문시킬 수 없기 때문이다.

2. **교육의 개념**
 (1) **문명(文明)의 입문(入門)으로서의 교육**
  ① 교육은 새로운 세대들을 인류가 성취한 문명에 입문시키는 활동이다. 여기서 문명(文明)이란 문화의 일상적 의미를 넘어서는 개념으로 인류의 위대한 성취로서 비물질적인 것이며, 입문(入門)은 교육과정을 통해서 성취되는 것으로서 오랜 수련과 연습을 거쳐 정통하게 되는 것을 의미한다. 그러므로 문명에 입문한다는 것은 문명이 지닌 가치들이 교육을 통하여 새로운 세대들에게 내재화된다는 것을 의미한다. 문명적 유산은 학습을 통해서만 상속될 수 있으며 향유될 수 있기에 학습을 유발시키고 지도하는 교사의 존재가 전경(前景)에 나타나게 된다. 교사의 과업은 학생들을 인간 업적의 유산에 입문시키는 것이다. 이러한 책임 때문에 오크쇼트는 교사는 존중되어야 하며, 학교는 아름다운 추억과 감사의 장소로 간주되어야 한다고 보았다.
  ② 교사와 학교에 대한 감사와 찬사는 두 가지 의미를 내포하고 있다. 첫째는 새로 등장하는 세대에게 문명을 전승하는 과업이 매우 어렵다는 것을 시사하며, 둘째는 교사와 학교에 부과되는 무거운 책임감이다. 이는 교사와 학교가 사회로부터 오는 즉시적이고 단편적인 요청들, 학생들의 변덕과 자의성을 뿌리치고 문명의 전승이라는 장엄한 활동을 수행해야 한다는 것을 시사하고 있다.
 (2) **초월과정으로서의 교육** : 듀이(J. Dewey)의 진보주의적 가치와 대립되는 개념
  ① 교육은 수단성과 외재적 목적을 갖지 아니한다. 교육은 인생의 실제로부터 '초연한 곳(a place apart)'에서 일어나며, 필연적으로 교양적(liberal)이다. 여기서 'liberal'이란 '우연적인 소망을 만족하려는 산만한 활동'으로부터의 해방과 실제적 활동의 언어, 즉 '욕구의 언어'로부터의 해방을 의미한다. 교육은 일상적인 생활을 초월하는 데서 성취될 수 있으며 교육이 그러한 초월(超越)을 가능하도록 해준다. 학교와 대학은 가장 대표적인 초월의 장소이다. 그곳에서는 생계 걱정을 하지 않아도 되고 세속적인 매력을 덜 느끼도록 조직된 환경이 준비되어 있다. 교사들도 학교가 부와 권력 등 세속적인 매력들을 획득하기에는 적절한 장소가 아니라는 것을 알고 교직에 들어왔다.
  ② 교육을 통하여 젊은이들이 "즉시적인 것들, 특수한 것들 그리고 지역적, 현대적 세계의 축소판으로부터 해방된다."는 것은 교육의 방향과 내용이 암시되어 있다. 영원하고 보편적인 것들에 대한 탐구, 요컨대 즉시적이고, 특수하고, 지역적이고, 현재적인 것의 초월은 그 자체가 목적이라기보다는 문명의 이해와 전승을 위한 준비과정이라고 할 수 있다. 이러한 오크쇼트의 생각은 현재적인 것을 절대시하는 사조, 즉 현재주의에 대한 하나의 경고이며, 20세기에 일어난 인문학의 현저한 퇴조에 대한 비판이라고 할 수 있다.
 (3) **대화로서의 교육** : 시적(詩的) 대화로서의 교육
  ① '교육은 교사와 학생의 교류'로 이루어진다. 이러한 교류는 개인적 차원에서도 이루어지지만 세대들 간에도 이루어진다. "일반적인 의미에서의 교육은 인간 세대들 사이에 진행되는 특수한 교류이며, 그 안에서 새로운 세대는 그들이 살아가는 세계에 입문되는 것이다." 이러한 세대 간의 교류를 통해 문명이 전승되는데, 그 대표적 교류 방식이 대화이다.
  ② 대화는 '서로 다른 방식의 사고와 말이 구성하는 다양성'이다. 오크쇼트는 서양문명의 특징이 바로 도덕적 그리고 실천적 노력, 종교적 신앙, 철학적 사고, 예술적 감상, 역사적 또는 과학적 탐구와 설명에서 드러나는 다양한 대화에 있다고 주장한다. 대화는 대등한 관계에서 상대방의 사고과정과 결실을 음미하는 관념의 모험을 강행하는 활동이며, 그 자체가 목적이며, 이러한 의미에서 대화는 즐겁고 신나는 경험이 된다. "인간이 동물과 구별되고, 문명인과 야만인이 구별되는 것은 이 대화에 참여하는 능력 때문이다." 적절하게 말하면 교육은 이 대화의 기술과 참여정신에 입문시키는 것이다.

③ 과학기술 시대에 살고 있는 현대인들이 대화를 회복시키기 위해서는 '시(詩)의 목소리'를 가져야 한다고 오크쇼트는 말한다. 시의 목소리는 과학과 정치의 목소리가 지배하는 사회 안에서 사람들에게 풍성한 상상력과 미적 경험을 제공할 수 있으며, 진정한 대화를 가능하게 해 준다. 교육은 결국 학생들이 다른 사람과 대화할 수 있도록 가르치는 활동이다. 그는 교육을 통하여 언어와 사고방식을 배우게 되고 대화에도 참여할 수 있다고 주장한다.

13

다음은 어느 교육학자와 한 가상 인터뷰의 일부이다. 이 내용과 가장 관계가 깊은 학자는?

09. 중등임용

> 저는 지난 20년 남짓 동안 교육은 합리적 마음을 계발하기 위해 학생을 '지식의 형식(forms of knowledge)'에 입문시키는 일이라고 생각하여 왔습니다. 그러나 저는 이론적 지식이 훌륭한 삶을 결정하는 유일한 논리적 토대라고 보는 중대한 오류를 범하였습니다. 지금 저의 입장은 교육이 '지식의 형식'에의 입문이라기보다는 '사회적 실제(social practices)'에의 입문이어야 한다는 것입니다. 저의 변화된 교육개념은 좀 더 체계적으로 가다듬어야 할 필요가 있고, 종전 견해와의 관련성에 대해서도 더 논의가 필요합니다. 그럼에도 불구하고, 저는 교육이 근본적인 면에서 '사회적 실제'에 학생을 입문시키는 일이어야 한다는 주장에는 주저함이 없습니다.

① 듀이(J. Dewey)
② 피터스(R. S. Peters)
③ 허스트(P. H. Hirst)
④ 화이트(J. P. White)
⑤ 오크쇼트(M. Oakeshott)

해설 허스트(Hirst)는 분석철학적 입장에서 '사회적 실제에의 입문으로서의 교육학(education as initiation as into social practices, 실제적 교육철학)'으로 선회한 학자로, 교육학은 실제적 질문(예 교사평가제도, 고교평준화, 교육평등과 학교선택 문제, 외국어교육 문제, 성교육 문제, 국가교육 문제 등)에 판단을 내리고 교육 실제를 합리적으로 정당화하는 일을 하는 규범학문이라고 주장하였다. 이에 비해 피터스(Peters)는 분석철학적 입장을 고수하고 교육학을 규범적 학문으로 이해하여 지식의 형식을 중시하였다. ⑤는 피터스(Peters)의 교육관에 영향을 준 학자로, 항존주의 교육사조의 입장에서 교육개념을 문명의 입문으로서의 교육, 초월과정으로서의 교육, 대화로서의 교육으로 나누어 설명하였다.

정답 13. ③

14 다음의 주장과 가장 관계가 깊은 현대 교육철학자는?

> 교육의 내용은 일차적으로 특정한 사회적 활동(social practices)의 영역에 학생을 입문시키는 일로 이루어져야 한다. 그러한 활동들은 '사회적으로' 발전되거나 형성된 것들로서, 해당 사회를 구성하는 사람들이 개인적으로나 집단적으로 종사하는 행위의 패턴들이다. 교육에서 가장 근본적인 것은 건강한 삶을 사는 것이며, 바로 이 활동들이야말로 개인의 건강한 삶을 구성하는 요소들이 된다.

① 피터스(Peters)
② 허스트(Hirst)
③ 프레이리(Freire)
④ 마르쿠제(Marcuse)

해설 허스트(Hirst)는 「교육, 지식 그리고 사회적 실제」(Education, Knowledge and Practices, 1993)라는 논문에서 이론적 합리성을 강조하는 자유교육과 인간 욕망의 충족을 강조하는 공리주의 교육 간의 변증법적인 통합을 이루는 '사회적 실제에 기반을 둔 교육(education as initiation as into social practices)'을 주장하였다. 그는 학교교육과 실제적 삶의 괴리를 극복하기 위해 학교교육이 추구하는 추상적(이론적) 합리성(이성)이 실제에 활용되는 실천적 합리성(이성)을 중시하였다. 즉, 교육에서 강조되어야 할 이성(합리성)은 자유교육론자가 말하는 '이론적(합리적) 이성'이 아니라 '실천적 이성'이어야 한다는 것이다. 그리하여 교육에서 추구해야 할 가치는 우리가 살고 있는 합리적인 사회적 실제에 입문함으로써 실제적인 삶을 사는 데 요구되는 실천적 이성이나 판단력을 기르는 일임을 강조하였다. ①은 교육을 합리적 마음을 계발하기 위해 학생을 '지식의 형식(forms of knowledge)', 즉 공적 전통에 입문시키는 성년식이라고 규정하였다. ③과 ④는 비판이론가에 해당하며, ③은 기능적 문해만을 중시하는 교육(은행저금식 교육)에서 탈피하여 비판적 문해를 중시하는 교육(문제제기식 교육, 의식화 교육)을 강조하였다.

15 교육학의 성격에 대한 오코너(O'Connor)와 허스트(Hirst) 사이의 논쟁에서 오코너의 입장으로 옳은 것은?

① 교육이론은 신념, 도덕, 종교 등 형이상학적 가치판단의 문제를 포함해야 한다.
② 엄밀한 자연과학적 이론체계를 갖추고 있지 못한 교육이론은 예우상의 경칭(a courtesy title)에 불과하다.
③ 교육이론은 실제적 질문에 판단을 내리고 합리적으로 정당화한 것이다.
④ 교육이론은 자연과학이론에 종속되거나 열등한 이론이 아니다.

해설 교육학의 학문적 성격에 대한 오코너(O'Connor)와 허스트(Hirst)의 논쟁에서 오코너(O'Connor)는 가치판단의 기준을 객관적으로 밝힐 수 없다면 교육이론에 포함시킬 수 없다는 가치중립적 입장에서 경험적 학문으로서의 교육학을 주장하였다. ①, ③, ④는 가치판단의 기준을 과학적 인식의 대상으로 삼는 데 한계가 있어도 가치판단의 문제를 교육이론에서 배제해서는 안 된다는 가치 지향적 입장으로, 규범적 학문으로서의 교육학을 주장한 허스트(Hirst)의 견해에 해당한다.

제2절 교육의 목적

1 교육목적의 유형

01 다음의 (가)와 (나)에 들어갈 말을 바르게 나열한 것은?
06. 유·초등임용

> 교육 목적에 대하여 듀이(J. Dewey)는 교육활동 그 자체, 피터스(R. S. Peters)는 교과의 고유한 가치에 주목하면서 교육의 ___(가)___ 을 주장하였다. 또한 우리 선조들은 ___(나)___ 이라는 말로 공부의 근본적 목적이 자아의 성찰과 완성에 있음을 강조하였다.

① 내재적 목적 - 위기지학(爲己之學)   ② 내재적 목적 - 위인지학(爲人之學)
③ 외재적 목적 - 위기지학(爲己之學)   ④ 외재적 목적 - 위인지학(爲人之學)

해설 내재적(본질적, intrinsic) 목적은 교육이 다른 것의 수단이 아닌 교육의 개념 혹은 교육의 활동 그 자체가 가지고 있는 목적, 교육의 개념이나 활동 속에 붙박아 있는 목적, 교육활동에 있어서 내려온 오랫동안의 공적 전통을 수용하는 것과 관련된 목적을 말하며, 외재적 목적은 교육이 다른 활동의 목적을 위한 수단으로 사용되는 것을 말한다. 위기지학(爲己之學)은 자아의 성찰과 완성에 공부의 목적을 두는 것으로 내재적 목적에 해당하며, 위인지학(爲人之學)은 입신출세, 처세, 사회적 성공에 공부의 목적을 두는 외재적 목적에 해당한다.

TIP 내재적 목적과 외재적 목적의 비교

내재적(본질적) 목적	외재적(수단적) 목적
교육과정이나 교육개념 속에 존재하는 목적	교육활동 외부에 존재하는 목적
교육활동 그 자체가 목적	교육활동은 목적 달성을 위한 수단(도구)
교육과 목적이 개념적·논리적으로(conceptually or logically) 관계를 형성	교육과 목적이 경험적·사실적으로(empirically or factually) 관계를 형성
합리성의 발달, 지식의 형식 추구, 자율성 신장, 자아실현, 인격 완성 등	국가발전, 경제성장, 사회통합, 직업 준비, 생계 유지, 출세, 입시수단 등
현실 그 자체를 중시	미래생활 대비를 중시
교육의 가치지향적 입장 중시	교육의 가치중립적 입장 중시
위기지학(爲己之學) 강조	위인지학(爲人之學), 경세지학(經世之學) 강조
듀이(Dewey, 교육 그 자체가 목적), 피터스(Peters)	스펜서(Spencer, 생활준비설), 그린(Green, 교육은 도구), 랭포드(Langford, 교육은 주어진 목표달성수단)

02 교육의 목적을 내재적·외재적 목적으로 구분할 때, 〈보기〉에서 외재적 목적에 해당하는 것으로만 묶은 것은?
15. 지방직

> 보기
> ㉠ 국가 경쟁력 강화   ㉡ 지식의 형식 추구
> ㉢ 인적 자원의 개발   ㉣ 합리적 마음의 계발

① ㉠, ㉡   ② ㉠, ㉢   ③ ㉡, ㉣   ④ ㉢, ㉣

정답 14. ② 15. ② / 01. ① 02. ②

해설 내재적(본질적, intrinsic) 목적은 교육이 다른 것의 수단이 아닌 교육의 개념 혹은 교육의 활동 그 자체가 가지고 있는 목적, 교육의 개념이나 활동 속에 붙박여 있는 목적, 교육활동에 있어서 내려온 오랫동안의 공적 전통을 수용하는 것과 관련된 목적을 말하며, 외재적 목적은 교육이 다른 활동의 목적을 위한 수단으로 사용되는 것을 말한다. ⓒ과 @은 내재적 목적에 해당하는 것으로 피터스(Peters)가 중시한 목적에 해당한다.

03 피터스(R. S. Peters)가 제시한 교과의 '선험적 정당화(transcendental justification)'에 관한 설명으로 옳지 않은 것은?
08. 중등임용

① 사회적 필요에 의하여 교과의 가치를 확립한다.
② 교과를 배우지 않은 사람은 정당화 문제를 제기할 수 없다.
③ 공적 전통에의 입문이라는 개념과 밀접한 관련을 맺게 된다.
④ 교과의 정당화를 요청한 사람에게 요청의 논리적 가정을 밝혀 준다.

해설 선험적 정당화(transcendental justification)란 피터스(Peters)가 중시한 '지식의 형식'이 과연 내재적 가치를 가지고 있는가에 대한 근거로서, 개인이 받아들이는가 아닌가와 무관하게 성립하는 정당화를 말한다. 내재적 정당화의 한 사례에 해당하며, 우리 삶에 이미 주어진 '공적 전통'으로서 개인이 좋든 싫든 또는 사회적 필요와는 무관하게 학습해야 하는 것을 말한다. ①은 외재적 정당화에 해당한다.

TIP 교육의 정당화(justification) ─ 교육을 받아야 하는 이유

선험적 정당화 (Peters)	'경험을 초월함'을 뜻하는 것으로, 개인의 의식적인 사고에 의하여 받아들여지는가, 아닌가와 무관하게 성립하는 정당화 ① 권태의 결여 : 지적 활동은 매력적이고 신비한 것이어서 학습자를 몰입하게 만들어 권태로부터 벗어나게 해 줌. ② 이성의 가치 : 지적 활동은 이성적 삶을 향유하도록 해 줌.
윤리적 정당화	인간 존중의 차원에 따른 정당화로 자기 자신의 윤리적 의무를 다하고 타인과 공동체의 발달을 위해 교육이 필요함. ① 자기 자신을 위한 교육 : 자신의 마음 계발을 위한 교육 ② 타인을 위한 교육 : 타인과 공동체 존중을 위한 교육 ③ 화이트(J. P. White) : 피터스의 자유교육 개념을 확장 ⇨ 내재적 가치 추구를 넘어서 집단이나 전체의 위협에서 '개인이 자유롭고, 자율적인 선택'을 할 수 있게 하는 개인의 자율성(personal autonomy, 자기결정성 + 비판적 숙고능력) 함양이나 개인의 좋은 삶, 곧 웰빙(well-being)에 두어야 한다고 강조
공리주의적 정당화	쾌락과 유용성을 위해 교육이 필요함. ⇨ ②만이 도구적 정당화에 해당 ① 쾌락 : 비수단적인 것으로 쾌락(몰입) 그 자체를 추구함. ② 유용성 : 수단적인 가치와 관련 ⇨ 교육을 통해 획득한 지식은 장기적으로 개인과 공동체에 큰 이익을 가져다 줌. ③ 화이트헤드(Whitehead) : 유용성(utility)을 일상적(실용적) 의미가 아닌 지적 탐구를 가능하게 하기 위한 유용성(삶의 지혜를 획득하기 위한 지식의 활용법)의 의미로 중시

04 박 교사의 주장에 부합하는 견해를 가진 학자는?

13. 중등임용

> 이 교사 : 우리나라 교육의 심각한 문제점은 교육이 지나치게 외재적 목적을 추구하는 데 있다고 생각합니다. 저는 교육이 다른 어떤 것을 얻기 위한 수단이 아니라 교육활동 그 자체를 목적으로 추구해야 한다고 봅니다. 그 활동은 다름 아닌 지식을 추구하는 것입니다.
>
> 박 교사 : 교육이 지나치게 외재적 목적을 추구해서는 안 된다는 점에 대해서는 저도 이의가 없습니다. 그렇다고 교육이 내재적 목적만을 추구해야 하는지, 그리고 교육에서 내재적으로 가치 있는 활동이 지식 추구에 한정되어야 하는지에 대해서는 여전히 의문이 있습니다. 제가 보기에, 자유 민주주의 사회에서 교육의 목적은 내재적 가치 추구를 넘어서 개인의 자율성(personal autonomy) 신장이나 개인의 좋은 삶 곧 웰빙(well-being)에 두어야 한다고 생각합니다.

① 듀이(J. Dewey)   ② 피터스(R. Peters)   ③ 화이트(J. White)

④ 맥킨타이어(A. MacIntyre)   ⑤ 화이트헤드(A. Whitehead)

해설 │ 자유교육(liberal education) 전통에는 '합리성 혹은 지식' 추구로서 자유교육 전통(예 Peters & Hirst), 그리고 '개인의 자율성 함양'으로서의 자유교육 전통(예 White), 그리고 '정치적 자유주의' 교육의 전통(예 Dewey)이 있는데, 개인의 자율성을 강조하는 자유교육론자의 주장 중에는 이미 정치적 자유주의의 많은 논의가 포함되어 있으므로, '합리성 혹은 지식 추구'로서의 자유교육과 '개인의 자율성 함양'으로서의 자유교육이면 거의 모든 자유교육을 포괄한다고 할 수 있다. 피터스(Peters)와 허스트(Hirst)는 자유교육을 무지(無知)와 편견 등과 같은 '마음 혹은 정신의 속박에서 자유롭게' 하는 교육으로 보았다면, 화이트(White)는 집단이나 전체의 위협에서 '개인이 자유롭고, 자율적인 선택'을 할 수 있게 하는 교육으로 이해하였다. 지문에서 '이 교사'의 견해는 피터스(Peters)와 허스트(Hirst)의 주장과 관련 있다.

---

2 우리나라의 교육 목적

05 교육과 관련하여 우리나라 헌법에 명문화되어 있지 않은 내용은?

24. 국가직

① 국가는 평생교육을 진흥하여야 한다.

② 모든 국민은 능력에 따라 균등하게 교육을 받을 권리를 가진다.

③ 교육의 자주성 · 전문성 · 정 치적 중립성 및 대학의 자율성은 법률이 정하는 바에 의하여 보장된다.

④ 국가는 특별한 교육적 배려가 필요한 사람의 교육을 지원하기 위하여 필요한 시책을 수립 · 실시하여야 한다.

해설 │ 「헌법」 제31조 교육관련 조항이다. ①은 제5항, ②는 제1항, ③은 제4항에 해당한다. ④는 「교육기본법」 제18조(특수교육)의 내용이다.

TIP 「헌법」 제31조 ⋯⋯⋯⋯⋯⋯⋯⋯⋯⋯⋯⋯⋯⋯⋯⋯⋯⋯⋯⋯⋯⋯⋯⋯⋯⋯⋯⋯⋯⋯⋯⋯⋯⋯⋯⋯⋯⋯

1. 모든 국민은 능력에 따라 균등하게 교육을 받을 권리를 가진다.
2. 모든 국민은 그 보호하는 자녀에게 적어도 초등교육과 법률이 정하는 교육을 받게 할 의무를 진다.
3. 의무교육은 무상으로 한다.
4. 교육의 자주성 · 전문성 · 정치적 중립성 및 대학의 자율성은 법률이 정하는 바에 의하여 보장된다.
5. 국가는 평생교육을 진흥하여야 한다.
6. 학교교육 및 평생교육을 포함한 교육제도와 그 운영, 교육재정 및 교원의 지위에 관한 기본적인 사항은 법률로 정한다.

정답   03. ①   04. ③   05. ④

오현준 교육학

06 「교육기본법」 제2조에 명시된 교육이념이 아닌 것은?   15. 국가직 7급, 07. 국가직

□□□
① 홍익인간의 이념   ② 창의 인재 양성
③ 자주적 생활능력 함양   ④ 민주시민으로서 필요한 자질 함양

해설 우리나라의 교육이념인 홍익인간(弘益人間, Maximum service to humanity)의 이념은 단군의 건국이념으로 미군 정기에 처음으로 채택되었으며, 「교육법」 제정(1949)과 함께 명문화되었다. ③과 ④는 홍익인간의 이념을 구현하기 위한 직접적인 목적에 해당한다.

TIP 「교육기본법」의 주요 내용 ▫▫▫

• 제1조【목적】이 법은 교육에 관한 국민의 권리·의무와 국가 및 지방자치단체의 책임을 정하고 교육제 도와 그 운영에 관한 기본적 사항을 규정함을 목적으로 한다.
• 제2조【교육이념】교육은 홍익인간의 이념 아래 모든 국민으로 하여금 인격을 도야하고 자주적 생활능 력과 민주시민으로서 필요한 자질을 갖추게 하여 인간다운 삶을 영위하게 하고 민주국가의 발전과 인류 공영의 이상을 실현하는 데 이바지하게 함을 목적으로 한다.
• 제4조【교육의 기회균등 등】① 모든 국민은 성별, 종교, 신념, 인종, 사회적 신분, 경제적 지위 또는 신체 적 조건 등을 이유로 교육에서 차별을 받지 아니한다.
  ② 국가와 지방자치단체는 학습자가 평등하게 교육을 받을 수 있도록 지역 간의 교원 수급 등 교육 여 건 격차를 최소화하는 시책을 마련하여 시행하여야 한다.
  ③ 국가는 교육여건 개선을 위한 학급당 적정 학생 수를 정하고 지방자치단체와 이를 실현하기 위한 시책을 수립·실시하여야 한다.
• 제6조【교육의 중립성】① 교육은 교육 본래의 목적에 따라 그 기능을 다하도록 운영되어야 하며, 정치 적·파당적 또는 개인적 편견을 전파하기 위한 방편으로 이용되어서는 아니 된다.
  ② 국가와 지방자치단체가 설립한 학교에서는 특정한 종교를 위한 종교교육을 하여서는 아니 된다.
• 제8조【의무교육】① 의무교육은 6년의 초등교육과 3년의 중등교육으로 한다.
  ② 모든 국민은 제1항에 따른 의무교육을 받을 권리를 가진다.
• 제14조【교원】① 학교교육에서 교원(敎員)의 전문성은 존중되며, 교원의 경제적·사회적 지위는 우대 되고 그 신분은 보장된다.
  ② 교원은 교육자로서 갖추어야 할 품성과 자질을 향상시키기 위하여 노력하여야 한다.
  ③ 교원은 교육자로서 지녀야 할 윤리의식을 확립하고, 이를 바탕으로 학생에게 학습윤리를 지도하고 지식을 습득하게 하며, 학생 개개인의 적성을 계발할 수 있도록 노력하여야 한다.
  ④ 교원은 특정한 정당이나 정파를 지지하거나 반대하기 위하여 학생을 지도하거나 선동하여서는 아니 된다.
  ⑤ 교원은 법률로 정하는 바에 따라 다른 공직에 취임할 수 있다.
  ⑥ 교원의 임용·복무·보수 및 연금 등에 관하여 필요한 사항은 따로 법률로 정한다.

28 | 오현준 교육학 기출문제

제3절 / 교육의 유형(형태)

1 평생교육

01 랭그랑(P. Lengrand)의 평생교육에 대한 견해와 가장 거리가 먼 것은? 18. 국가직

□□□

① 학교교육과 학교 외 교육의 시간적·공간적 분리를 강조한다.

② 개인에게 사회의 발전에 충분히 참여할 수 있게 하는 교육이다.

③ 평생을 통해 개인이 가진 다방면의 소질을 계속적으로 발전시키는 교육이다.

④ 급속한 사회변화와 인구증가, 과학기술의 발달, 생활양식과 인간관계의 균형상실 등이 그 필요 성을 증가시킨 배경이다.

해설 랭그랑(P. Lengrand)은 「평생교육(L'education permanente)」(1965)을 통해 평생교육은 학습자가 필요로 할 때 언제든지 접근할 수 있어야 하며, '삶과 앎'이 통합된 학습을 지원하는 것을 강조하였다. 이를 위해 분절되었던 각 교육제도 들을 연계하는 수직적 차원(전 생애성)과 수평적 차원(전 사회성)의 교육을 통합하는 사회적 시스템의 필요성을 역설하였다.

수직적 차원의 통합 (전 생애성)	교육기회의 통합, 생활주기(시간)에 있어 연계 통합 ⇨ 인생의 모든 단계에 교육기회를 균등하게 재분배
수평적 차원의 통합 (전 사회성)	교육자원의 통합, 생활공간(장소)에 있어 연계 통합 ⇨ 가정, 학교, 사회 교육에 관한 등가치적(等價値的) 인식

02 다음은 평생교육의 발전에 공헌한 학자들의 주장이다. (가)~(다)에 들어갈 말을 올바르게 짝지은 것은? 11. 중등임용

□□□

- 랭그랑(P. Lengrand) : 「평생교육(L'education permanente)」(1965)을 통해 평생교육은 학습자가 필요로 할 때 언제든지 접근할 수 있어야 하며, (가) 이 통합된 학습을 지원하는 것을 강조하였다. 이를 위해 분절되었던 각 교육제도들을 연계하고 통합하는 사회적 시스템의 필요성을 역설하였다.
- 포르(E. Faure) : 「존재를 위한 학습(Learning To Be)」(1972)을 통해 새 시대 교육제도의 개혁방향으로 ' (나) 건설'을 제안하였다. 이 보고서는 초·중등 및 고등교육제도와 교육 의 틀을 개혁함으로써 교육의 지평을 넓힐 것을 강조하였다.
- 들로어(J. Delors) : 「학습 : 그 안에 담긴 보물(Learning : The Treasure Within)」(1996)을 통해 21세기를 준비하는 네 개의 학습 기둥을 제시했다. 네 개의 학습 기둥은 알기 위한 학습, 행동하기 위한 학습, 존재하기 위한 학습, (다) 위한 학습이다.

	(가)	(나)	(다)		(가)	(나)	(다)
①	앎과 삶	학습사회	함께 살기	②	여가와 노동	학습사회	성찰하기
③	여가와 노동	민주사회	함께 살기	④	여가와 노동	민주사회	성찰하기
⑤	앎과 삶	학습사회	성찰하기				

해설 (가) 랭그랑(Lengrand)은 「평생교육」(1965)에서 "인간은 태어나 죽을 때까지 평생을 통해 교육받을 권리가 보장 되어야 한다. 그리고 이것을 위해 새로운 교육제도들이 만들어져야 한다."고 주장하여 앎과 삶이 통합되는 평생교육제도의 구상을 처음으로 제시하였다.

정답 06. ② / 01. ① 02. ①

(나) 포르(Faure)는 「존재를 위한 학습」(1972)에서 미래사회가 지향해야 할 교육형태는 평생교육이며, 이를 실천하는 구체적 방향으로 자유교양교육을 중시하는 학습사회(learning society)의 형성을 강조하고 있다.
(다) 들로어(Delors)는 「학습 : 내재된 보물」(1996)에서 21세기 교육의 핵심은 '생활을 통한 학습(learning throughout life)'이며, 그 실천을 위한 교육적 원리로 '네 개의 기둥(4 pillars)', 즉 알기 위한 학습, 행동하기 위한 학습, 존재하기 위한 학습, 함께 살기 위한 학습을 제시하였다.

03 다음 설명에 해당하는 평생교육 문헌은?
20. 국가직

- 국제교육의 해와 개발연대를 맞아서 전 세계적으로 보급되었다.
- 평생교육 개념 확산에 크게 기여하였다.
- 평생교육의 개념 정립보다는 평생교육의 대두 배경을 제시한 입문서로 볼 수 있다.

① 랭그랑(Lengrand)의 「평생교육에 대한 입문」　② 포르(Faure)의 「존재를 위한 학습」
③ 다베(Dave)의 「평생교육과 학교 교육과정」　④ OECD의 「순환교육 보고서」

해설 평생교육(life-long education)이라는 용어는 1965년 12월 유네스코의 성인교육추진 국제위원회의 랭그랑(P. Lengrand)이 제출한 「평생교육」이라는 논문을 통해 처음 구상한 개념으로서, 1970년에 「평생교육에 대한 입문」이라는 저서를 발표한 후에 구체화되었다(유네스코는 1970년을 국제교육의 해로 지정함). 이처럼 랭그랑은 "인간은 태어나 죽을 때까지 평생을 통해 교육받을 권리가 보장되어야 한다. 그리고 이것을 위해 새로운 교육제도들이 만들어져야 한다."고 주장하여 앎과 삶이 통합되는 평생교육제도의 구상을 처음으로 제시하였다. ②는 1972년, ③과 ④('순환교육; 평생학습을 위한 전략」)는 1973년에 출간되었다. ③은 평생교육의 개념적 특성을 전체성, 통합성, 민주성, 융통성 등 20가지로 제시하고 있다.

04 「평생교육법」상 (가), (나)에 들어갈 말을 바르게 연결한 것은?
24. 지방직

"평생교육"이란 학교의 정규교육과정을 　(가)　 학력보완교육, 성인 문해교육, 직업능력 향상교육, 성인 진로개발역량 향상교육, 인문교양교육, 문화예술교육, 시민참여교육 등을 포함하는 모든 형태의 　(나)　 교육활동을 말한다.

	(가)	(나)		(가)	(나)
①	포함한	조직적인	②	포함한	비조직적인
③	제외한	조직적인	④	제외한	비조직적인

해설 「평생교육법」 제2조에 나타난 평생교육 용어 정의이다. 일반적으로 평생교육은 전 생애에 걸친 교육을 의미하나, 「평생교육법」 제2조에서는 사회교육(social education)의 의미로 평생교육을 "학교의 정규 교육과정을 제외한 학력보완교육, 성인 문해교육, 직업능력 향상 교육, 성인 진로개발역량 향상교육, 인문교양교육, 문화예술교육, 시민참여교육 등을 포함하는 모든 형태의 조직적인 교육활동"으로 규정한다. 이처럼 법적 성격에서 학교의 정규교육을 제외한 이유는 초·중등 교육에 관한 내용은 「초·중등교육법」에 명시되어 있고, 대학교육은 「고등교육법」에 명시되어 있기 때문이다. 또한 '조직적인 활동'으로 규정하는 것은 비조직적·우연적 활동을 법으로 제약할 수 없기 때문이다.

05 평생교육의 6대 영역 중 인문교양교육에 해당하는 것은?   20. 지방직

① 건강심성 프로그램　　　　　　　　② 시민참여활동 프로그램
③ 생활문화예술 프로그램　　　　　　④ 레저생활스포츠 프로그램

해설 「평생교육법」 제2조에서는 "평생교육은 학교의 정규교육과정을 제외한 학력보완교육, 성인 문해교육, 직업능력
향상교육, 성인 진로개발역량 향상교육(성인 진로교육), 인문교양교육, 문화예술교육, 시민참여교육 등을 포함하는 모든
형태의 조직적인 교육활동을 말한다"고 규정하고 있다(2023. 6. 13. 개정, 2024. 4. 19. 시행). 이 중 인문교양교육은 인문교
육과 교양교육을 결합한 용어로, 전문적인 능력보다는 전인적인 성품과 소양을 계발하고 배움 자체를 즐길 수 있는 신체
적·정신적 건강을 겸비하는 것을 지원하는 평생교육을 의미한다. 인문교양교육에는 건강심성 프로그램, 기능적 소양 프로
그램, 인문학적 교양 프로그램이 있다. ②는 시민참여교육, ③과 ④는 문화예술교육에 해당한다.

TIP 평생교육 7대 영역

학력보완 교육	「초·중등교육법」과 「고등교육법」에 따라 학력인정을 받기 위해 필요한 이수단위 및 학점 취득 과 관련된 평생교육 예 검정고시 강좌(중입, 고입, 대입), 독학사 강좌, 학점은행제 강좌, 시간제 등록 제 강좌, 대학의 비학점 강좌 등
문해교육 (문자해득 교육)	일상생활을 영위하는 데 필요한 문자해득(文字解得)능력을 포함한 사회적·문화적으로 요청되 는 기초생활능력 등을 갖출 수 있도록 하는 조직화된 교육프로그램 예 기초문해교육, 생활문해교육
직업능력 향상교육	직업 준비 및 직무역량 개발을 목적으로 하는 교육 ⇨ 직업생활에 필요한 자격과 조건을 체계적 으로 준비하고, 주어진 직무와 역할을 효과적으로 수행할 수 있도록 지원하는 평생교육 예 직업준비 프로그램, 자격인증 프로그램, 현직 직무역량 프로그램
성인진로개발 역량향상 교육	'성인 진로교육'이라고도 불림, 성인이 자신에게 적합한 직업을 찾고 진로를 인식·탐색·준 비·결정 및 관리할 수 있도록 진로수업·진로심리검사·진로상담·진로정보·진로체험 및 취 업지원 등을 제공하는 활동
인문교양 교육	인문교육과 교양교육을 결합한 용어 ⇨ 전문적인 능력보다는 전인적인 성품과 소양을 계발하고 배움 자체를 즐길 수 있는 신체적·정신적 건강을 겸비하는 것을 지원하는 평생교육 예 건강심성 프로그램, 기능적 소양 프로그램, 인문학적 교양 프로그램
문화예술 교육	상상력과 창의력을 촉진하고 창작 활동에 필요한 기능을 익힐 수 있도록 지원하거나, 생활 속에 서 문화예술을 향유할 수 있는 능력을 개발하는 평생교육 예 레저생활 스포츠 프로그램, 생활문화예술 프로그램, 문화예술향상 프로그램
시민참여 교육	사회적 책무성과 공익성 활용을 목적으로 민주시민으로서 갖추어야 할 자질과 역량을 개발하며, 사회통합 및 공동체 형성과 관련된 시민들의 참여를 촉진하고 지원하는 평생교육 예 시민책무성 프로그램, 시민리더역량 프로그램, 시민참여활동 프로그램

06 평생교육 관련 개념에 대한 설명으로 적절하지 않은 것은?   07. 유·초등임용

① 무형식 학습은 정규학교 교육과 우연적 학습을 제외한 모든 형태의 학습이다.
② 성인 기초교육은 학교교육을 받지 못했던 사람을 대상으로 하는 문해교육과 생활기능교육을
　 포함하는 삶의 기본교육이다.
③ 인적자원 개발은 개인, 조직 및 경력개발에 대한 내용을 포함하는 개념으로 기업뿐 아니라 국가
　 적 수준에서도 이루어진다.
④ 지역사회 교육은 지역주민들의 성장, 지역문제의 해결 및 지역사회의 발전을 위해 이루어지는
　 다양한 형태의 교육이다.

정답　03. ①　04. ③　05. ①　06. ①

해설 무형식 학습은 학교 또는 사회에서 일상적인 생활을 통해 자연발생적이고 우발적으로 일어나는 학습형태로서, 정규학교 교육을 제외하나 우연적 학습을 포함한다. 다베(Dave)와 스폴딩(Spaulding)은 형식교육, 비형식교육과 무형식교육을 평생교육에 모두 포함시키고 있다.

TIP 스폴딩(Spaulding)의 교육형태 비교

교육 구분	형식적 교육		비형식적 교육		무형식적 교육	
개념	교육의 3요소 구비 + 국가가 공인		교육의 3요소 구비 + 국가가 공인 ×		교육의 3요소(주체·매개체·객체) 구비 × + 국가가 공인 ×	
특징	폐쇄, 엄격한 선발, 경쟁, 형식적 교육내용, 장기적 목적, 자격 인정, 당국의 기준 설정 및 통제				개방, 자기선택, 비경쟁, 비형식적 교육내용, 직접적 유용성, 자기만족, 참여자의 관심과 동기	
사례	전통적 학교 및 대학 **예** 초, 중, 고, 대학교	혁신적 학교 및 대학 **예** 대안학교, 종합고교	학교와 대학의 평생교육 및 비형식적 교육 **예** 방송통신교육, 지역사회센터	지역사회개발 및 사회운동 **예** 보건교육, 농촌교육, 소비자교육	클럽 및 자원 단체 **예** 종교단체, 청소년단체, 노동조합	대중매체 및 정보제공시설 **예** TV, 신문, 잡지, 도서관, 서점

07 형식학습과 비교한 비형식 학습에 대한 설명으로 옳지 않은 것은?   20. 국가직

① 시간 – 단기간 및 시간제 학생
② 목적 – 일반적인 목적 및 학위수여
③ 내용 – 개인화된 내용 및 학습자가 입학조건 결정
④ 전달방식 – 자원의 절약 및 유연한 체제

해설 스폴딩(S. Spaulding)은 평생교육의 개념을 수평적으로 유형화한 횡적 확장모형을 제시하였다. 평생교육의 유형을 형식성의 정도에 따라 형식적, 비형식적, 무형식적 교육으로 구분하고 다시 6개의 하위요소로 구분하여 이를 평생교육이라는 하나의 우산 아래 모두 포괄하고 있다. 이 중 비형식적 교육(nonformal education)은 교육의 3요소(주체, 객체, 매개체)를 모두 갖추고 있지만 국가의 인증을 받지 못하는 교육으로서, 사설기관에서 이루어지는 학력 보충교육, 연수원에서의 기업교육, 시민단체에서의 시민교육 등을 말한다. ②는 형식적 교육에 해당한다.

08 다음에 해당하는 교육 개념은?   22. 국가직

- 정규 학교교육 체제 밖에서 이루어지는 조직적 교육활동이다.
- 교수자의 자격 요건이나 교육 방법이 프로그램의 상황과 조건에 따라 유동적인 경우가 많다.

① 형식 교육   ② 비형식 교육
③ 무형식 교육   ④ 우연적 학습

해설 스폴딩(S. Spaulding)은 평생교육의 개념을 수평적(횡적)으로 모형을 제시하였다. 교육의 3요소(주체, 객체, 매개체)와 국가의 공인 여부를 기준으로 형식교육, 비형식적, 무형식적 교육으로 구분하고 다시 6개의 하위요소로 구분하고 있다. 이 중 비형식적 교육(nonformal education)은 교육의 3요소를 모두 갖추고 있지만 국가의 인증을 받지 못하는 교육으로서, 사설기관에서 이루어지는 학력 보충교육, 연수원에서의 기업교육, 시민단체에서의 시민교육 등을 말한다. ④는 무형식적 교육(informal education)에 해당한다.

09 평생교육에 이론적 기초를 제공한 학자와 그가 주장한 핵심개념이 올바르게 연결된 것은?

15. 지방직

① 일리치(I. Illich) − 인간자본론
② 랭그랑(P. Lengrand) − 순환교육
③ 허친스(R. Hutchins) − 문화재생산이론
④ 놀스(M. Knowles) − 안드라고지(andragogy)

해설 안드라고지(Andragogy)는 노울즈(Knowles)가 개념화한 것으로, 아동과 청소년을 대상으로 한 기존의 전통적 교육학인 페다고지(pedagogy)에 대비하여 성인학습자의 자율성, 자기주도성, 경험중심성, 현장중심성 등을 강조하며 제시하였다. ①은 슐츠(Schultz), ②는 경제협력개발기구(OECD), ③은 부르디외(Bourdieu)에 해당한다. 일리치(Illich)는 탈학교론, 랭그랑(Lengrand)은 평생교육, 허친스(Hutchins)는 학습사회를 주장하였다.

10 평생학습사회에 대한 설명으로 적절하지 않은 것은?

10. 국가직

① 사회 자체가 변화에 대해 총체적이고 장기간에 걸친 자기혁신을 통해 새로운 생존방식을 추구하는 일련의 작동기제이다.
② 학습에 대한 결정이 주로 학습자들에게 위임되고, 모든 종류의 조직적·비조직적 사회활동 속에서 일어나는 학습혁명의 사회이다.
③ 학습의 총량이 증대됨에 따라 해당 사회가 정체되지 않고 스스로 자기주도적 성장을 도모할 수 있는 여건을 조성하는 사회이다.
④ 사회가 학습해야 한다고 요구하는 것을 학습하고, 같은 연령의 학습자가 연령에 따라 단계적으로 표준화된 교육과정으로 학습하는 사회이다.

해설 평생교육의 배경이자 목적이라고 할 수 있는 평생학습사회는 평생학습이 일상화되고 사회 곳곳에 편재된 사회를 말하며, 개인의 필요에 따라 학습하고 비표준화된 교육과정, 즉 정규 교육과정 이외의 교육도 그 질에 따라 정규 교육과정과 동등한 자격 부여를 할 수 있는 사회를 말한다.

11 학습사회에 대한 기구나 학자의 주장이 바르게 진술된 것은?

07. 유·초등임용

① 유네스코는 1972년에 '소유를 위한 학습(learning to have)'을 강조하는 학습사회를 주장하였다.
② 허친스(R. Hutchins)는 노동시장의 변화에 대응한 인적자원 개발을 강조하는 학습사회를 주장하였다.
③ 카네기 고등교육위원회는 1973년에 직업교육보다 개인의 자아실현을 강조하는 학습사회를 주장하였다.
④ 일리치(I. Illich)는 학습자원을 쉽게 활용할 수 있도록 지역차원의 연계된 학습망에 기초한 학습사회를 주장하였다.

해설 일리치(Illich)는 『탈학교 사회(Deschooling Society)』에서 학생을 전인적으로 구속하는 의무교육기관을 폐지(탈학교론)하고 그 교육적 대안으로 교육자료, 기술, 동료, 연장자(교육자) 등의 학습망(learning network)을 통한 학습을 강조하였다.
① 포르(Faure)는 1972년에 '존재를 위한 학습(learning to be)'을 강조하는 학습사회를 주장하였다. 이는 자유교양교육을 통한 '완전한 인간(complete man)'의 육성에 두는 평생교육을 지향한다.

정답 07. ② 08. ② 09. ④ 10. ④ 11. ④

② 허친스(Hutchins)는 인적자원(manpower) 개발이 아니라 인간의 정신적 계발을 통하여 인간(manhood)이 되게 하는 것을 교육목적으로 설정하고, 그 실현을 위해 자유(교양)교육(liberal education)이 중시되는 학습사회를 주장하였다.

③ 카네기 고등교육위원회는 1973년 '학습사회를 지향하여(Toward a Learning Society)'를 통해 개인의 자아실현보다 직업교육을 강조하는 학습사회를 주장하였다.

12 다음 내용이 설명하고 있는 것은?

08. 국가직

- 1968년 허친스(R. M. Hutchins)의 학습사회론 이후 발전된 개념이다.
- 학습공동체 건설을 도모하는 총체적 도시 재구조화 운동이다.
- OECD의 한 보고서는 지식기반 경제시대를 맞아 도시 및 지역에서의 학습, 생산성, 혁신, 경제 등을 증진시키는 데에 이것의 운영이 매우 긍정적인 작용을 한 것으로 평가한다.
- 산업 혁신형, 학습 파트너형, 지역사회 재생형, 이웃 공동체 형성형 등으로 구분할 수 있다.

① 기업도시　　　　② 혁신도시　　　　③ 평생학습도시　　　　④ 행정도시

해설　평생학습도시(lifelong learning city)는 1968년 허친스(Hutchins)가 학습사회론을 제창한 후 평생학습사회를 현실화하는 정책수단의 하나로서 주목받고 있는 개념이다. 이는 개인의 자아실현, 사회적 통합 증진, 경제적 경쟁력을 제고하여 궁극적으로 개인의 삶의 질 제고와 도시 전체의 경쟁력을 향상시킬 수 있도록 언제나, 어디서나, 누구나 원하는 학습을 즐길 수 있는 학습공동체 건설을 도모하는 총체적 도시 재구조화 운동이자 지역사회의 모든 교육자원을 기관 간 연계, 지역사회 간 연계, 국가 간 연계시킴으로써 네트워킹 학습공동체를 형성하려는 지역시민에 의한, 시민을 위한, 시민의 지역사회교육운동이라고 할 수 있다(한국교육개발원, 2000. 7). 우리나라의 「평생교육법」(제15조)에 따르면 "국가는 지역사회의 평생교육 활성화를 위하여 특별자치시, 시·군 및 자치구를 대상으로 평생학습도시를 지정 및 지원할 수 있다."고 규정하고 있다.

TIP 평생학습도시의 유형

경제발전 중심	산업혁신형	기업체가 주도, 산업복합단지의 혁신 목적
	학습 파트너형	교육훈련 제공자와 학습자를 위한 협력체제 구축
시민사회 중심	지역사회 재생형	변화에 알맞은 지역사회의 재생 및 혁신전략 구현
	이웃 공동체 건설형	이웃을 위한 교육 제공을 통해 시민정신 고양

13 평생학습도시에 대한 설명으로 옳은 것은?

11. 국가직

① 평생학습도시의 효시는 1968년에 애들러(M. Adler)가 학습사회론을 제창하면서부터이다.

② 1979년에 평생학습도시를 최초로 선언한 도시는 영국의 뉴캐슬이다.

③ 평생학습도시의 유형 중 '산업혁신형'은 지방자치단체의 종합적이고 광범위한 재생전략을 기본 특징으로 하는 도시이다.

④ 우리나라의 경우 1999년에 경기도 광명시가 최초로 평생학습도시를 선언한 후 국가 단위의 학습도시사업이 전개되고 있다.

해설　평생학습도시(lifelong learning city)는 개인의 자아실현, 사회적 통합 증진, 경제적 경쟁력을 제고(提高)하여 궁극적으로 개인의 삶의 질 제고와 도시 전체의 경쟁력을 향상시킬 수 있도록 언제, 어디서나, 누구나 원하는 학습을 즐길 수 있는 학습 공동체 건설을 위한 총체적 도시 재구조화 운동이자 지역사회의 모든 교육자원을 기관 간 연계, 지역사회 간 연계, 국가 간 연계시킴으로써 네트워킹 학습공동체를 형성하려는 지역 시민에 의한, 지역 시민을 위한, 시민의 지역사회교육운동을 말한다. ①은 허친스(Hutchins), ②는 일본의 가케가와 시, ③은 지역사회 재생형에 해당한다.

14

다음은 유네스코의 21세기 국제교육위원회에서 제시한 21세기를 준비하는 4가지 학습이다. 이 내용을 담고 있는 보고서는?

16. 국가직

- 알기 위한 학습(learning to know)
- 행동하기 위한 학습(learning to do)
- 존재하기 위한 학습(learning to be)
- 함께 살기 위한 학습(learning to live together)

① 만인을 위한 평생학습(Lifelong Learning for All)
② 학습 : 감추어진 보물(Learning : The Treasure Within)
③ 지구 지식경제에서의 평생학습(Lifelong Learning in the Global Knowledge Economy)
④ 순환교육 : 평생학습을 위한 전략(Recurrent Education : A Strategy for Lifelong Learning)

해설 들로어(Delors)는 유네스코(UNESCO) 21세기 국제교육위원회의 종합보고서인 「학습 : 내재된 보물」(1996)에서 21세기 교육의 핵심은 '생활을 통한 학습(learning throughout life)'이며, 그 실천을 위한 교육적 원리로 '네 개의 기둥(4 pillars)', 즉 알기 위한 학습, 행동하기 위한 학습, 존재하기 위한 학습, 함께 살기 위한 학습을 제시하였다.
①은 1996년에 경제협력개발기구(OECD)가 제안한 것으로, 개인의 (잠재력) 발달, 사회 양극화를 차단하는 사회적 결속(통합), 경제 성장과 일자리 창출 제고를 중시하고 있다. ③은 2003년 세계은행(World Bank)에서 발간한 보고서로, 저개발 국가 지원 및 지속 가능한 발전을 강조하고 있다. ④는 1973년 경제협력개발기구(OECD)에서 발간한 보고서이다.

TIP 들로어(Delors)가 제시한 평생교육 실천을 위한 '네 개의 기둥(4 pillars)'

1. **알기 위한 학습(learning to know)** : 지식교육 ⇨ 교양교육, 전문교육, 학습하는 방법의 학습
   ① 이것은 충분하고 광범위한 일반지식을 소수의 주제까지 깊이 있게 적용할 수 있도록 조합하는 데 쓰이며, '학습하기 위한 학습'이라고 할 수 있다.
   ② 전 생애를 거쳐 교육의 혜택을 받을 수 있게 해주며, 가장 기본적이고 기초적인 학습내용이라고 볼 수 있다.
2. **행동하기 위한 학습(learning to do)** : 직업교육 ⇨ 체험활동
   ① 이것은 직업기술을 획득할 뿐만 아니라 보다 넓게는 여러 상황에 대처하고 팀을 이루어 일할 수 있는 능력을 얻는 데 쓰인다.
   ② 또한 젊은이들이 겪는 사회경험과 직무경험을 통해 획득되는데, 그러한 경험들은 지역적·전국적 맥락에서 볼 때 비공식적이기도 하며, 공부와 일을 번갈아 하는 수업을 포함해서 볼 때는 공식적이기도 하다.
   ③ 이런 학습은 학교의 지식이 사회의 작업장으로 전이되는 과정으로, 앎으로서의 학습에서 행동으로 옮기는 실천의 학습이다.
3. **존재하기 위한 학습(learning to be)** : 가장 궁극적인 목적
   ① 이것은 개인의 인성을 보다 잘 성장시키고, 항상 보다 큰 자율성·판단력·책임감을 가지고 행동할 수 있게 해준다. 따라서 교육은 인간의 어떤 잠재력(예 추리력, 기억력, 미적 감각, 체력, 의사소통기술 등)도 소홀히해서는 안 된다.
   ② 이러한 조건하에서 교육이 이루어진다면 교육의 전인성이나 인간성의 문제는 쉽게 해결될 수 있을 것이다. 왜냐하면 교육 본연의 목적에 근거한 합리적인 학습이 일어날 수 있기 때문이다.
4. **함께 살기 위한 학습(learning to live together)**
   ① 이것은 타인을 이해하고 상호 의존성을 인정하면서 이루어진다.
   ② 이는 다원주의·상호 이해·평화의 가치를 존중하는 정신으로 타인들과 함께 공동과업을 수행하고 갈등을 관리하는 법을 배우면서 얻어진다.

정답 12. ③ 13. ④ 14. ②

TIP 유네스코 미래교육 2050 보고서 – 사흘레–워크 주드(Sahle–Work Zewde)위원회 보고서(2021. 11.)

「함께 그려보는 우리의 미래–교육을 위한 새로운 사회계약」

(1) "인류의 미래는 지구의 미래에 달려 있고 이 둘은 지금 위험에 처해 있으므로, 그 경로를 바꾸기 위해 시급한 행동이 필요하다." → 교육을 위한 '새로운 사회계약*' 제안 & 우리가 서로와, 지구와, 그리고 기술과의 관계 재구축 요청

＊인권에 근간을 두고 차별금지와 사회정의, 생명 존중, 인간 존중 및 문화 다양성에 기초해야 함. 또한 돌봄의 윤리, 호혜주의, 연대를 포괄해야 하며, 공동의 사회적 노력(shared societal endeavours)이자 공동재(common good)로서 교육을 강화해야 함.

(2) **핵심 내용**

① **새로운 사회계약 필요성** : 교육은 현재의 위기와 불평등을 해결하고, 평화롭고 지속 가능한 미래를 구축하기 위해 새롭게 재구성되어야 함.

② **주요 원칙**

㉠ **평생교육의 권리 보장** : 모든 연령과 삶의 모든 단계에서 양질의 교육 기회를 제공.

㉡ **공공의 노력(public endeavor)과 교육의 공동재(a common good) 역할** : 교육을 사회적 발전과 공동의 목표 달성을 위한 도구로 강화

③ **교육 혁신 방향**

㉠ **학교교육의 변혁** : 학교 역할 재정립(포용성과 공정성을 지원하는 공간으로 재구성, 디지털 기술은 학교의 대체재가 아닌 학교변화를 지원하는 도구로 사용, 학교의 지속 가능한 발전과 탄소중립 지향하는 공간으로 재구성, 인권과 공정성 보장하는 미래의 모델), 교사는 지식 생산자이자 사회 변혁의 주체로서 자율성과 전문성을 강화 → 학교의 지속 가능성 모델

㉡ **평생교육 강화** : 전 생애에 걸친 양질의 교육권 보장, 다양한 문화·사회적 공간에서 학습기회 확대와 글로벌 연대와 협력 촉구(전 세계적인 협력과 연구를 통해 교육 혁신 촉진 및 정의롭고 지속 가능한 미래를 위해 교육을 새롭게 재구성)

(3) **교육의 재구성과 혁신**

① **계속해야 할 것**

㉠ 전 생애에 걸친 양질의 교육 보장, ㉡ 교육의 공공적 목적과 공동재로서의 역할 유지, ㉢ 협력과 연대에 기반한 교육 접근

② **중단해야 할 것**

㉠ 불평등과 배제적 교육 방식, ㉡ 편견과 편향을 강화하는 교육, ㉢ 기존의 학교 중심의 고정된 구조(전통적인 학교 모델과 평가 방식 고수)

③ **새롭게 만들어내야 할 것** : ㉠ 혁신적이고 포용적인 교육 모델(생태적, 다문화적, 다학제적 학습과 디지털 문해력을 강화하는 교육과정 개발), ㉡ 교사의 역할 재정립(지식 생산자, 사회 변혁의 주체, 자율성과 전문성 강화, 공동 작업을 통한 교수법 개선), ㉢ 학교와 학습 공간의 재설계(학교를 포용과 공정성을 지원하는 공간으로 재구성, 디지털 기술을 활용한 다양한 학습 환경 마련), ㉣ 글로벌 연대와 협력 강화(교육을 위한 새로운 사회계약을 지지하는 국제적 협력과 공동 작업 촉구)

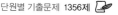
15 다음 (가)와 (나)에 해당하는 평생교육 관련 개념으로 옳은 것은?

13. 중등임용

> (가) OECD 교육혁신센터(CERI)에서 제안한 개념으로, 정규교육을 마친 성인이 언제든지 직
> 업능력 향상과 갱신을 위한 교육을 받을 수 있도록 기존의 학교교육 시스템과 직업능력
> 계발교육을 유기적으로 통합한 교육체제를 의미한다. 이것은 성인의 생산성 증진과 지속
> 적인 고용 가능성을 지원하기 위해 학습과 일 사이의 긴밀한 연계를 강조한다.
> (나) 노울즈(M. Knowles)가 제안한 개념으로, 아동·청소년을 대상으로 하는 교육과 대비된다. 이
> 것은 학습자의 자율성 및 자기 주도성, 학습에서의 경험, 현장 중심의 학습 등을 중시한다.

	(가)	(나)
①	경험학습(experiential learning)	안드라고지(andragogy)
②	경험학습(experiential learning)	학습사회(learning society)
③	순환교육(recurrent education)	안드라고지(andragogy)
④	순환교육(recurrent education)	전환학습(transformative learning)
⑤	순환교육(recurrent education)	학습사회(learning society)

해설 순환교육(recurrent education)은 1973년 OECD(경제협력개발기구) 유럽회의 때 발의된 개념으로, 산업사회의
생동적인 갱신을 위한 반복적인 교육을 뜻하며, 안드라고지(Andragogy)는 노울즈(Knowles)가 개념화한 것으로, 아동과
청소년을 대상으로 한 기존의 전통적 교육학인 페다고지(pedagogy)에 대비하여 성인학습자의 자율성, 자기주도성, 경험
중심성, 현장중심성 등을 강조하며 제시하였다. 경험학습은 콜브(Kolb), 학습사회는 허친스(Hutchins), 전환학습은 메지로
우(Mezirow)가 제안한 평생교육 개념이다.

TIP OECD가 제시한 순환교육의 원리

1. 의무교육 최종 학년에 진로선택을 위한 교육과정이 설정되어야 한다.
2. 의무교육 이후에 각자의 생활 적기에 따라서 가장 적절한 시기에 교육의 기회를 부여해 준다.
3. 모든 사람이 필요한 장소와 시간에 교육받을 수 있는 적절한 시설이 골고루 분포되도록 한다.
4. 일과 사회적 경험이 입학 규정이나 교육과정 작성 시 주로 고려되어야 한다.
5. 학업과 직업을 교대할 수 있는 계속적 방법으로 생애 과정을 구성하도록 한다.
6. 의무교육 이후 각 개인은 적절한 직업 준비와 사회적 안정을 얻을 수 있는 준비 과정으로 일정한 학습
   휴가를 가질 권리가 있다.
7. 교육에서 학습자의 특성을 고려한다.
8. 학위나 증서보다 평생교육의 과정 지도와 인격발달을 중시한다.

정답 15. ③

16 경제협력개발기구(OECD)에 의하여 구상된 혁신적 교육프로그램으로, 사회에 진출한 사람들을 다시 정규교육기관에 입학하게 하여 재학습의 기회를 주는 교육은?　21. 지방직

① 계속교육　　　　　　　　　　② 생애교육
③ 성인교육　　　　　　　　　　④ 순환교육

> 해설 순환교육(recurrent education)은 1973년 OECD 유럽회의 때 발의된 개념으로, 산업사회의 생동적인 갱신을 위한 반복적인 교육을 뜻한다. 한번 경과하면 다시 반복이 불가능한 비가역적 생애주기에 충실한 학교교육체제에서 탈피하여 가역적 생애주기를 충족시킬 수 있는 교육정책 모델로 제안된 것이다. ① 계속교육(continuing education)은 미국에서 성인 대상으로 형식적인 학교교육 형태를 제공하는 것을 말한다. 일정 단계의 학교교육을 마친 성인을 대상으로 형식적인 학교교육 형태를 제공하는 단기간에 걸친 보충교육 또는 직업훈련을 말한다. ② 생애교육(career education)은 평생에 걸친 학교 및 학교 외의 직업교육으로, 1970년대 미국 교육 혁신 프로그램에서 진로교육의 의미로 사용하였으며, 일본에서는 평생교육의 의미로 사용한다. ③ 성인교육(adult education)은 1967년 UNESCO 회의에서 처음 사용한 것으로, 학교교육을 제외한 청소년 및 성인에 대한 모든 형태의 조직적 교육활동을 말한다.

17 경제협력개발기구(OECD)가 제안한 순환교육에 대한 설명으로 옳지 않은 것은?　19. 지방직

① 의무교육과 같은 정규교육 영역을 중심으로 제안한 전략이다.
② 사적 영역에서 이루어지고 있는 직무교육을 포함한다.
③ 교육은 개인의 전 생애 동안 순환적인 방법으로 배분될 수 있다고 가정한다.
④ 교육과 일, 자발적 비고용 기간, 은퇴가 서로 교차할 수 있다는 것을 기본 원리로 삼는다.

> 해설 순환교육(recurrent education)은 성인의 생산성 증진과 지속적인 고용 가능성을 지원하기 위해 학습과 일 사이의 긴밀한 연계를 강조한다. ①은 정규교육과 정규교육 외 교육활동을 유기적으로 통합한 개념이다.

18 다음과 같이 주장한 사람은?　15. 국가직

> • 학습이 학교에 의해서만 이루어지는 것은 아니고, 학교가 반드시 학습의 증진을 가져다주는 것도 아니다.
> • '조작적 제도'에 대치되는 것으로 '상호친화적 제도'를 만들어야 한다.
> • 기존의 학교제도를 대신해 '학습을 위한 네트워크'를 만들어야 한다.

① 일리치(I. Illich)　　　　　　② 라이머(E. Reimer)
③ 프레이리(P. Freire)　　　　　④ 슈타이너(R. Steiner)

> 해설 일리치(Illich)는 「탈학교 사회(Deschooling Society), 1970」에서 학생을 전인적으로 구속하는 의무교육기관을 폐지(탈학교론)하고 그 교육적 대안으로 교육자료, 기술, 동료, 연장자(교육자) 등의 학습망(learning network)을 통한 학습을 강조하였다.

19 일리치(Illich)의 탈학교론에 대한 설명으로 옳은 것은?   21. 국가직 7급

① 1990년대 초 학교교육에 대한 비판과 함께 처음 등장하였다.

② 학습망(learning webs)을 통한 의무교육의 실현을 제안하였다.

③ 학교제도 자체의 폐지를 주장하지는 않았다.

④ 학습이 학교에 의해서만 이루어지는 것은 아니며, 학교가 반드시 학습의 증진을 가져다 주는 것도 아니라고 강조한다.

> **해설** 일리치(Illich)는 「탈학교 사회(Deschooling Society), 1970」에서 학생을 전인적으로 구속하는 의무교육기관을 폐지(탈학교론)하고 그 교육적 대안으로 교육자료(reference sevice to educational objects), 기술(skill exchanges), 동료(peer-matching), 연장자(교육자 ; reference sevice to educators-at-large) 등의 학습망(learning webs)을 통한 학습을 강조하였다. ①은 1970년대 초에 등장하였으며, ②는 의무교육기관의 대안으로 학습망의 실현을 제안하였고, ③은 학교제도(의무교육기관) 자체의 폐지를 주장하였다.

20 일리치(I. Illich)는 탈학교사회에서 실행할 수 있는 4가지 학습통로 또는 학습교환방법을 '학습의 기회망'이라는 개념으로 설명하고 있다. 이에 해당되지 않는 것은?   08. 국가직

① 학습에 필요한 정보나 자료를 도서관, 박물관, 극장, 농장, 공장, 공항 등에 비치하여 원하는 사람에게 제공한다.

② '기술보유 인명록'을 제작, 비치하여 기술보유자와의 접촉방법, 기술제공에 필요한 조건 등을 알려줌으로써 기술교환, 기술공유를 활성화시킨다.

③ 다양한 분야의 활동기록을 축적, 보존하여 해당 영역에서 탐구의 동료를 찾고자 하는 이들을 위한 의사소통망을 형성한다.

④ 정부 혹은 지방 공공단체가 '교육비 지불 보증서'를 발급해 줌으로써 원하는 교육기관을 자유롭게 선택하게 하고 교육비 부담도 덜어주는 지원 역할을 담당하도록 한다.

> **해설** 일리치(Illich)가 탈학교사회의 대안으로 제시한 네 가지 학습망 중 ①은 교육자료에 대한 참고자료망, ②는 기술교환망, ③은 동료연결망에 해당하고, 나머지 하나는 교육자(연장자)에 대한 참고자료망이다.

> **TIP** 일리치(Illich)의 4가지 학습망 ▮▮▮
> 학습이 학교에 의해서만 이루어지는 것은 아니며, 학교가 반드시 학습의 증진을 가져다주는 것도 아니다. 오히려 학교는 사람들에게 스스로의 힘으로 성장하는 것에 대한 책임을 포기시킴으로써 일종의 '정신적 자살'을 강요한다. 학교제도에 의해 파괴된 인간성을 회복하기 위해서는 현재와 같은 학교의 존재양식을 뒤집을 수 있는 새로운 교육문화와 제도를 만들어야 한다. 개개인이 상호의존하면서 자율적이며 창조적인 교류가 이루어지는 '상호친화적(convivial) 제도'와 '학습을 위한 네트워크'가 그것이다. 훌륭한 교육제도는 다음 세 가지 목적을 가져야 한다. 첫째, 누구든지 학습하기를 원한다면 나이에 관계없이 필요한 수단이나 교재를 이용할 수 있게 해 주는 일, 둘째, 자기가 알고 있는 것을 다른 사람과 나누어 가지려는 모든 사람에 대해서 그 사람으로부터 그 지식을 배우려는 다른 사람을 연결시켜 주는 일, 셋째, 사회에 대해서 문제제기를 하고자 하는 모든 사람들에게 그러한 기회를 제공해 주는 일이다. 이러한 세 가지의 목적을 달성하기 위하여 '기회의 망(網, opportunity web)'이라는 교육자료망, 기술교환망, 동료자망, 교육자망 등 네 가지의 네트워크를 필요로 한다. — 일리치(I. Illich), 『탈학교 사회(The Deschooling society)』

> **정답**   16. ④   17. ①   18. ①   19. ④   20. ④

21 평생교육의 개념에 어긋나는 것은? 07. 국가직

① 평생교육은 개인적 차원 및 사회공동체 차원에서 인간의 '삶의 질' 향상을 목적으로 하고 있다.
② 평생교육은 계획적인 학습과 우발적인 학습을 모두 포함한다.
③ 평생교육에서는 발달과업의 학습을 중시한다.
④ 평생교육에서는 학교가 교육을 독점하는 것을 인정하나, 학교교육이 지니는 의미를 평생교육의 관점에서 찾으려 한다.

> 해설 │ 평생교육에서는 학교의 교육 독점 방식에서 탈피하여 학교교육을 평생교육의 관점에서 재해석하려고 한다. 지식 기술의 폭발적 증가와 사회의 급진적 변화는 시간 및 공간적 유한성을 지닌 학교가 교육을 전담하는 것을 어렵게 만들고 있다. 현대사회에서는 교육을 학교에서 독점할 수 없게 되었기에, 학교는 어디까지나 평생교육의 일환으로 취급되어야 하고 해석되어야 한다. 학교교육은 평생에 걸친 개인의 잠재능력의 신장과 사회적 발전에 참여할 수 있는 바탕을 얼마나 튼튼하게 조성해 주느냐에 따라 평가되어야 한다.

22 데이브(R. Dave)와 스캐거(R. Skager)가 제시한 평생교육의 개념적 특징 중 다음 글과 가장 관련이 있는 것은? 11. 국가직

> 최대의 학습효과를 올리기 위하여 자기주도학습을 도모하되, 이를 위하여 학습방법, 체험의 기회, 평가방법 등의 개선에 주목한다.

① 전체성(totality)
② 융통성(flexibility)
③ 기회와 동기부여(opportunity and motivation)
④ 교육 가능성(educability)

> 해설 │ ①은 학교교육과 학교 외 교육(예 가정, 학원, 사회교육 등)에 중요성과 정통성을 부여하는 것을 말하며, ②는 어떤 환경과 처지에서도 학습이 가능하도록 다양한 여건과 제도를 조성하는 것을 말하며, ③은 각 개인의 호기심과 탐구력에 기초한 학습의 기회를 충분히 제공하되 필요할 경우 동기도 자극함을 의미한다.

TIP 다베(Dave)가 제시한 평생교육의 이념 : 「평생교육과 학교 교육과정(1973)」

전체성 (총체성, totality)	학교교육과 학교 외 교육(예 가정, 학원, 사회교육 등)에 중요성과 정통성을 부여한다. ⇨ 학교 외 교육도 공인함을 강조		
통합성 (integration)	다양한 교육활동의 유기적·협조적 관련성을 중시한 것으로, 수직적 교육과 수평적 교육을 평생교육으로 통합한다. ⇨ 보완적 의미를 강조		
	수직적 교육	요람에서 무덤까지, 태내·유아·노인교육 ⇨ 교육기회의 통합	
	수평적 교육	모든 기관(학교, 직장, 대중매체, 도서관 등)과 모든 장소(가정, 학교, 사회, 직장 등)에서의 교육 ⇨ 교육자원의 통합, 학교 본위의 교육관 지양	
융통성 (유연성, flexibility)	어떤 환경과 처지에서도 학습이 가능하도록 다양한 여건과 제도를 조성한다. 예 원격교육, E-learning, U-learning, M-learning		
민주성 (democratization)	학습자가 원하는 종류와 양의 교육을 자유롭게 받을 수 있도록 뷔페(buffet)식의 다양한 교육과정을 제공한다. ⇨ 학습자(수요자) 중심 교육, '모두를 위한 교육'		
교육 가능성 (교육력, educability)	학습이 효율적으로 전개되도록 학습방법, 체험의 기회, 평가방법 등의 개선에 주목하고 자기주도적 학습을 도모한다.		
보편성 (universality)	성, 계급, 종교, 연령, 학력에 관계없이 누구나 자신의 삶의 질을 향상시키기 위하여 계속하여 교육받을 수 있는 체제를 수립한다는 것이다.		

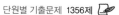

23 「평생교육법」 제4조에 규정된 평생교육의 이념에 해당하지 않는 것은?　　17. 국가직 7급

① 일정한 평생교육 과정을 이수한 자에게는 그에 상응하는 자격 및 학력 인정 등 사회적 대우를 부여하여야 한다.
② 평생교육은 학습자의 자유로운 참여와 자발적인 학습을 기초로 이루어져야 한다.
③ 평생교육은 정치적·개인적 편견의 선전을 위한 방편으로 이용되어서는 아니 된다.
④ 평생교육은 학습자의 필요와 실용성을 존중하여야 한다.

해설　「평생교육법」(제4조)상의 이념은 기회균등, 자율성(②), 정치적 중립성(③), 그리고 그에 상응한 사회적 대우(①)이다. ④는 법 제6조(교육과정 등)의 내용으로 "평생교육의 과정·방법·시간 등에 관하여 이 법(「평생교육법」)과 다른 법령에 특별한 규정이 있는 경우를 제외하고는 평생교육을 실시하는 자가 정하되, 학습자의 필요와 실용성을 존중하여야 한다."의 일부이다.

TIP 평생교육의 이념(「평생교육법」 제4조)
1. 모든 국민은 평생교육의 기회를 균등하게 보장받는다(능력에 따라 ×).
2. 평생교육은 학습자의 자유로운 참여와 자발적인 학습을 기초로 이루어져야 한다.
3. 평생교육은 정치적·개인적 편견의 선전을 위한 방편으로 이용되어서는 아니 된다.
4. 일정한 평생교육 과정을 이수한 자에게는 그에 상응한 자격 및 학력인정 등 사회적 대우를 부여해야 한다.

24 다음 설명에 해당하는 평생교육제도 모형은?　　10. 중등임용

- 사상적 기초는 개인주의이다.
- 교육에 대한 국가 통제력은 약하다.
- 교육에 드는 비용은 학습자가 주로 부담한다.

① 시장모형　　② 통제모형　　③ 복지모형
④ 발전주의 모형　　⑤ 사회주의 모형

해설　개인주의와 신자유주의에 기초한 평생교육제도 모형은 시장모형이다.

TIP 평생교육제도의 모형(김종서)

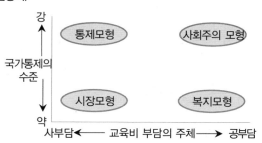

시장모형	교육이 상품으로 인식되어, 교육기관은 공급자로, 학습자는 수요자로 규정되는 형태를 말한다. 교육을 사유재(private good)로 인식하고, 교육의 공급과 수요가 자유화되어 시장원리에 의해 지배당하며, 개인이 선택과 비용을 부담한다.
통제모형	국가가 교육 전반을 독점적으로 운영하는 시스템으로, 국가가 교육의 내용과 형식을 통제하지만 비용은 학습자 스스로 부담하게 하는 형태이다.
복지모형	국가가 교육의 비용을 부담하고 교육의 목적도 국가주의를 지향하지 않고 각 개인의 자아실현에 중점을 두는 형태이다. 교육을 일종의 공공재(public good)로 인식하고, 교육과정도 지방과 학교 자율로 결정하며, 교육의 최종 책임을 국가 및 공공영역에 두고 있다.
사회주의 모형	국가가 교육목적과 내용에 대한 통제를 담당할 뿐만 아니라 그 비용까지 국가가 부담하는 형태이다.

정답　21. ④　22. ④　23. ④　24. ①

25 노울즈(M. Knowles)가 말한 안드라고지(andragogy)의 기본가정에 해당하는 것을 〈보기〉에서 모두 고르면?

10. 유·초등임용

┌─ 보기 ───
│ ㉠ 학습자의 학습성향은 생활·과업·문제 중심적이다.
│ ㉡ 학습은 내적 동기보다 외적 동기에 의해 이루어진다.
│ ㉢ 학습자는 자신의 결정과 삶에 대하여 책임지려고 한다.
│ ㉣ 학습자는 학습하기 전에 학습할 필요가 있는지 알고자 한다.
│ ㉤ 학습자의 경험은 학습자원으로 중요하게 간주되지 않는다.
└──

① ㉠, ㉡, ㉢   ② ㉠, ㉢, ㉣   ③ ㉡, ㉢, ㉤
④ ㉢, ㉣, ㉤   ⑤ ㉠, ㉡, ㉣, ㉤

[해설] 안드라고지(Andragogy)는 노울즈(Knowles)가 개념화한 것으로, 기존의 전통적 교육학이 아동과 청소년을 대상으로 한 것으로서의 페다고지(pedagogy)라고 규정하고, 그것에 대비하여 성인학습자의 자율성, 자기주도성, 경험 중심성, 현장 중심성 등을 강조하며 등장한 것이다.
㉡은 내적 동기에 의해 이루어지며, ㉤은 학습자의 경험은 학습자원으로 중요하게 간주된다.

TIP 페다고지와 안드라고지의 비교 : 노울즈(M. S. Knowles)

기본 가정	페다고지	안드라고지
학습자	• 학습자는 의존적 존재 • 교사가 학습내용, 시기, 방법을 전적으로 결정	• 인간은 점차 자기주도적으로 성숙 • 교사들은 이러한 변화를 자극시키고 지도할 책임을 짐. • 상황에 따라 의존적일 수 있지만 자기주도적이고자 하는 강한 욕구 소유
학습자 경험 및 학습방법	• 학습자 경험을 중요시하지 않음. • 학습방법은 강의, 읽기, 과제부과, 시청각자료 제시 같은 전달식 방법	• 인간의 경험은 자신뿐만 아니라 다른 사람에게도 학습자원으로 활용 가능 • 학습방법에는 실험, 토의, 문제해결, 모의게임, 현장학습 등 활용
학습준비도	• 사회가 학습해야 한다고 요구하는 것을 학습 • 같은 연령이면 동일한 내용을 학습 • 같은 연령의 학습자들이 단계적으로 학습해 나갈 수 있도록 교육과정을 표준화	• 실제 생활에 관련된 문제를 대처해 나갈 필요성을 느낄 때 학습 • 학습 프로그램은 실제 생활에의 적용을 중심으로 조직되고 학습자의 학습준비도에 따라 계열화
교육과 학습에 대한 관점	• 교육은 교과내용을 습득하는 과정 • 교과과정은 여러 가지 교과가 논리적으로 체계 있게 조직된 것 • 교과목 중심의 학습	• 교육은 학습자가 자신의 잠재력을 계발하는 과정 • 학습경험은 능력개발 중심으로 조직

26 성인학습(andragogy)의 특성으로 옳지 않은 것은?

15. 국가직 7급

① 교과 중심의 학습보다는 생활문제 중심의 학습을 선호한다.
② 성인의 경험은 계속 축적되며, 그 축적된 경험은 학습자원으로 활용된다.
③ 학습동기는 내재적인 요인보다 외재적인 요인에 의해 유발된다.
④ 교육자와 학습자의 협의를 통해 교육계획을 설정하고 학습내용을 평가한다.

[해설] 성인들은 외적 동기에 따라 학습하기도 하지만, 내적 동기를 충족시키기 위해 학습에 참여하는 경향이 강하다.

27 성인교육(andragogy)에 대한 설명으로 옳지 않은 것은? 10. 국가직

① 학습자의 경험을 유용한 교육자원으로 활용한다.
② 학습자가 자기주도적이라는 것을 전제로 한다.
③ 현재의 실생활에 적용할 수 있도록 학습하게 하므로 성과지향적이다.
④ 문제중심 학습보다는 과목중심 학습을 추구한다.

해설 학교교육은 과목중심의 탈맥락적 과제학습을 중시하나, 성인교육은 문제중심의 맥락적·실제적 학습을 중시한다.

28 노울즈(Knowles)가 강조하는 성인학습자의 특징으로 옳지 않은 것은? 21. 국가직 7급

① 사회적으로 풍부한 경험을 바탕으로 학습한다.
② 아동·청소년과 달리 내적 동기만이 학습의 원동력이 된다.
③ 사회적 지위와 역할에 따라서 학습 준비도가 결정된다.
④ 아동기의 수동적·의존적 자아개념에서 점차 주도적·독립적 자아개념으로 변화한다.

해설 성인교육, 즉 안드라고지(andragogy) 개념을 처음으로 주장한 노울즈(M. Knowles)에 따르면 성인학습자는 외적 동기에 따라 학습하기도 하지만, 내적 동기를 충족시키기 위해 학습에 참여하는 경향이 강하다.

TIP 노울즈(M. Knowles)의 성인교육(Andragogy)

1. 성인교육의 기본가정
① 성인들의 학습동기가 성인학습활동을 조직하는 출발점이다.
② 성인들의 학습은 주제 중심이 아닌 삶(상황 중심)에 초점을 두어야 한다.
③ 경험은 성인학습에 가장 중요한 자원이므로 성인교육의 핵심은 경험의 분석이 되어야 한다.
④ 성인들은 자기주도성이 강하므로 교사는 자신의 지식을 전수하기보다 성인학습자들과의 상호작용을 통해 교사의 역할을 수행해 나가야 한다.
⑤ 성인교육에서는 학습양식, 시간, 장소, 학습속도 등의 학습자의 개인차에 대해 적절하게 대비하여야 한다.

2. 성인학습자의 특징
① 성인들은 학습을 시작하기 전에 왜 배우려고 하는지 알고 있다.
② 성인들은 자신의 삶을 책임져야 한다는 것을 알고 있기에 자기 스스로 학습하고자 하는 심리적 욕구를 가지고 있다.
③ 성인들은 아동기 때의 다양하고 많은 경험을 바탕으로 학습에 임한다.
④ 성인들은 자신들이 알고 싶은 것을 배우려고 준비가 되어 있고, 배운 것을 자신들의 실제생활에 효율적으로 적용시킨다.
⑤ 아동기의 교과서 중심적인 학습과 달리 성인학습은 실제생활 중심의 학습으로 이루어진다.
⑥ 성인들은 외적 동기에 따라 학습하기도 하지만, 내적 동기를 충족시키기 위해 학습에 참여하는 경향이 강하다.

정답 25. ② 26. ③ 27. ④ 28. ②

29 성인학습에 대한 린드만(Lindeman)의 설명으로 옳지 않은 것은?   23. 지방직
□□□
① 성인학습자의 개인차는 나이가 들수록 감소한다.
② 경험은 성인학습의 중요한 자원이다.
③ 토론은 성인교육의 실천적 방법이다.
④ 성인학습은 삶 혹은 현장 중심적이다.

해설 ┃ 성인학습자의 특징은 사람들 간의 개인차가 나이에 따라 점점 증가한다는 것이다. 그러므로 성인교육에서는 학습 양식, 시간, 장소, 학습속도 등의 차이에 대해 적절하게 대비하여야 한다.

30 평생교육 참여의 장애요인 중 크로스(Cross)가 분류한 세 가지 요인에 해당하지 않는 것은?   24. 지방직
□□□

① 기질적(dispositional) 요인
② 상황적(situational) 요인
③ 기관적(institutional) 요인
④ 정보적(informational) 요인

해설 ┃ 성인학습자의 평생교육 참여 장애요인으로 크로스(Cross)는 기질적(성향적), 상황적, 기관적 요인을 제시하였다. ④를 추가한 학자는 다켄왈드와 메리엄(Darkenwald & Merriam)이고, ①, ②를 처음 제시한 학자는 존스톤과 리베라 (Johnstone & Rivera)이다. ④는 평생교육 기관이 학습기회에 관한 정보를 제대로 제공하지 못하거나 성인들이 사용 가능한 학습경험에 대한 정보에 쉽게 접근하지 못할 때 발생하는 장애요인으로, 교육 프로그램이나 자원에 대한 정보가 부족하거나, 정보제공에 대한 난해성 등이 해당한다. 이는 학습자들의 교육 참여 의지를 감소시킬 수 있다.

TIP 평생학습 참여요인과 장애요인

(1) 성인학습자의 평생교육 참여 요인 : 참여동기 유형화
① 홀(C. O. Houle, 1961) : 성인학습자의 평생교육 참여동기를 목표지향성(the goal-oriented), 활동지향성 (the activity-oriented), 학습지향성(the learning-oriented)으로 유형화
② 블로드코프스키(R. J. Wlodkowski, 1999) : '성공 + 의지(success + volition)', '성공 + 의지 + 가치(success + volition + value)', '성공 + 의지 + 가치 + 즐거움(success + volition + value + enjoyment)'

(2) 성인학습자의 평생교육 참여 장애요인
① 존스톤과 리베라(Johnstone & Rivera, 1965) : 상황적 장애요인과 기질(성향)적 장애요인으로 구분
② 크로스(Cross, 1981) : 상황적 장애요인(◙ 자녀양육, 가사일, 회사업무, 경제문제), 기질적 장애요인(◙ 성 공자신감 부족, 학습에 대한 걱정), 제도적 장애요인(◙ 비싼 수업료, 수업시간과 업무시간의 충돌)으로 구분
③ 다켄왈드와 메리엄(Darkenwald & Merriam, 1982) : 크로스(Cross)의 3가지 요인+정보적 장애요인 (informational barriers ◙ 교육프로그램 정보 부족) 추가 제시
④ 로저스(Rogers, 1998) : 선재지식(Pre-existing knowledge), 불안(Anxiety), 자아방어기제(Ego-defense mechanisms), 태도 변화의 어려움(Difficulty in changing attitudes)을 제시

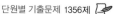

31 ㉠, ㉡에 들어갈 말로 옳은 것은?   14. 국가직 7급

> 사회 변화에 따른 직업의 변화, 작업환경의 변화는 (㉠)을 요청하고 있다. 과학기술의 발달, 경제적 여유, 노동시간의 단축 등으로 여가를 통해 자아실현을 추구하려는 경향이 나타나고 있다. 또 노령화 사회로 접어들면서 노인들의 적극적 사회경제활동 참여와 늘어난 노년기를 효율적이고 유익하게 보내려는 교육수요가 점증하고 있다. 이와 관련하여 1970년 유네스코는 장차 세계의 교육은 학교 중심 교육에서 벗어나 (㉡)의 방향으로 나아갈 것이므로 각국은 이를 교육제도 개혁과 교육정책 수립의 기본방향으로 잡아야 한다고 권고하였다. 이후 우리나라를 비롯한 세계 각국은 이것을 교육개혁의 목표로 추진하고 있다.

	㉠	㉡		㉠	㉡
①	취업교육	직업능력개발	③	원격교육	지식정보화
②	순환교육	노인교육	④	계속교육	평생학습

해설 계속교육(continuing education)은 일정 단계의 학교교육을 마친 성인을 대상으로 한 단기간에 걸친 보충교육 또는 직업훈련으로, 성인 대상으로 형식적인 학교교육 형태를 제공하는 것을 의미한다. 순환교육(recurrent education)은 정규교육을 마친 성인을 대상으로 정규 교육기관에 재입학시켜 재교육의 기회를 제공하는 것으로, OECD(1973)에서 처음 사용하였다.

32 평생교육에 대한 설명으로 옳지 않은 것은?   16. 국가직 7급

① 평생교육 논의가 본격화된 데에는 유네스코의 역할이 컸다.
② 유네스코는 평생교육의 기본적 성격을 교육시기의 연장과 교육장의 확대 등에서 찾으려 했다.
③ 우리나라 헌법은 국가의 평생교육 진흥 의무를 규정하고 있다.
④ 학교교육을 지원하는 데 주목적을 두고 지식과 이론 중심으로 교육대상을 선발하여 가르친다.

해설 평생교육(lifelong education)이란 용어는 1965년 UNESCO 성인교육위원회에서 랭그랑(Lengrand)이 처음 사용하였다(①). 평생교육은 전생애에 걸친 교육시기의 연장이라는 '수직적 통합'과 전사회에 걸친 교육장의 확대라는 '수평적 통합'이라는 통합성의 이념에 기초한다(②). 평생교육의 법적 근거는 「헌법」 제31조 제5항(평생교육의 진흥)과 「교육기본법」 제10조(평생교육)에 있다(③·④의 경우 평생교육의 주된 목적은 개인 및 사회 공동체 차원에서 삶의 질을 높이는 데 있다).

TIP 평생교육의 통합성

수직적 교육	요람에서 무덤까지, 태내·유아·노인교육 ⇨ 교육기회의 통합
수평적 교육	모든 기관(학교, 직장, 대중매체, 도서관 등)과 모든 장소(가정, 학교, 사회, 직장 등)에서의 교육 ⇨ 교육자원의 통합, 학교 본위의 교육관 지양

정답 29. ① 30. ④ 31. ④ 32. ④

33 평생교육체제의 특징에 대한 설명으로 옳지 않은 것은? 　　　　　　　　　　　13. 국가직

① 인간의 통합적이고 유기적인 발달을 고려하여 여러 교육 간의 연계와 결합을 추구한다.
② 때와 상황에 따라 사회 전 영역에서 교육의 기회가 제공될 수 있어야 한다고 본다.
③ 지식, 인격, 이성이 변증법적으로 생성될 수 있다는 관점을 가지고 있다.
④ 교육은 문화유산의 전달 수단이 되고, 인재선별의 기능을 한다.

해설 ④는 학교교육체제가 지닌 특성이다. 평생교육체제는 교육의 개념을 자기발전의 끊임없는 과정, 성장의 수단으로 정의한다.

TIP 현재의 교육체제와 평생교육체제 비교(Lengrand)

구분	현행 교육체제	평생교육체제
교육 시기	청소년기에 한정	전 생애에 걸친 교육
교육 영역	교육 지식의 습득(인지적 영역)에 중점	인지적, 정서적, 신체적, 심미적, 직업적, 정치적인 면을 모두 포괄하는 전일적(holistic)인 것 ⇨ 지식(앎)과 삶을 통합하는 것
교육 형태	교육 형태의 구분(예 직업교육과 일반교육, 형식교육과 비형식교육, 학교교육과 학교 외 교육 등)	교육 형태의 유기적 통합
교육 개념	문화유산의 전달 수단	자기발전의 끊임없는 과정, 성장의 수단
교육 장소	학교교육에 한정	학교·가정·직장·친구관계 등 실제 사회 전 영역으로 확대
교육 주체	교사 중심으로 교육기회 부여	사회 전체가 교육기회 부여
교육 운영	교육자(교사) 중심	수요자(학습자) 중심

34 「평생교육법」상 학습휴가제에 대한 설명으로 옳은 것은? 　　　　　　　　　　　18. 지방직

① 도서비·교육비·연구비 등 학습비를 지원할 수 있다.
② 공공기관 소속 직원의 경우에는 무급으로만 가능하다.
③ 100인 이상의 사업장에서는 의무적으로 실시해야 한다.
④ 지방자치단체 소속 직원의 경우에는 적용 대상에서 제외한다.

해설 학습휴가제는 국가·지방자치단체와 공공기관의 장 또는 각종 사업의 경영자가 소속 직원의 평생학습 기회 확대를 위해 유급 또는 무급의 학습휴가를 실시하는 제도를 말한다(「평생교육법」 제8조). 경제협력개발기구(OECD)가 제안한 순환교육의 실천방법으로 중시된다. 특히, 도서비·교육비·연구비 등 평생학습 기회 확대를 위해 학습비를 지원하는 것은 교육비지급 보증제도(Voucher system)에 해당한다. ②는 유급 또는 무급으로 실시하는 것이며, ③은 의무 조항이 아닌 권장 사항에 해당하며, ④는 지방자치단체 소속 직원의 경우에도 적용된다.

TIP 학습휴가제 - 「평생교육법」(제8조)

제8조【학습휴가 및 학습비 지원】국가·지방자치단체와 공공기관의 장 또는 각종 사업의 경영자는 소속 직원의 평생학습기회를 확대하기 위하여 유급 또는 무급의 학습휴가를 실시하거나 도서비·교육비·연구비 등 학습비를 지원할 수 있다.

35 평생교육을 촉진하고 인적자원의 개발·관리를 위하여 국민의 개인적 학습경험을 종합적으로 집중 관리하는 제도는?

18. 국가직 7급

① 입학사정관제   ② 학습계좌제
③ 편입학제도   ④ 조기이수제

해설 학습계좌제(「평생교육법」 제23조)는 국민의 평생교육을 촉진하고 인적자원의 개발·관리를 위하여 국민의 개인적 학습경험을 종합적으로 집중·관리하는 제도로서, 일종의 성인용 학습기록부에 해당된다.

TIP 용어 설명

학점은행제	「학점인정 등에 관한 법률」에 따라 학교 및 학교 밖에서 이루어지는 다양한 형태의 학습경험 및 자격을 학점으로 인정하고, 학점이 누적되어 일정한 기준이 충족되면 학위취득도 가능하게 한 제도 ⇨ 전문학사 80학점 이상, 학사 140학점, 기술사 45학점, 기능장 39학점 이상
독학학위제	「독학에 의한 학위취득에 관한 법률」에 따라 고교 졸업자 중 국가가 시행하는 단계별 시험(1단계 교양과정 인정시험 ⇨ 2단계 전공기초과정 인정시험 ⇨ 3단계 전공심화과정 인정시험 ⇨ 4단계 학위취득 종합시험)에 합격하면 학사학위를 취득할 수 있는 제도
문하생 학력인정제	「무형유산 보전 및 진흥에 관한 법률」에 따라 인정된 국가 무형유산의 보유자와 그 전수교육을 받은 사람에 대한 학점 및 학력인정제도
민간자격 인증제	「자격기본법」에 따라 국가 외의 법인·단체 또는 개인이 운영하는 민간자격 중에서 사회적 수요에 부응하는 우수한 민간자격을 국가에서 공인해 주는 제도
직업능력 인증제	직업인으로서 갖추어야 할 기초 직업능력(직무 기초 소양 및 직업 수행능력)을 분야별·수준별로 기준(예 NCS : 국가직무능력표준)을 설정하고, 객관적 측정을 통하여 해당 능력의 소지 여부를 공식적으로 인증해 주는 제도 ⇨ 학력 중심 사회 극복, 취업과 승진의 근거로 활용
직업능력(개발) 계좌제	구직자(신규 실업자, 전직 실업자)에게 일정 금액을 지원해, 그 범위 이내에서 자기주도적으로 직업능력개발훈련에 참여할 수 있도록 하고, 훈련이력 등을 개인별로 통합 관리하는 제도 ⇨ 평생교육 복지제도에 해당함. 평생학습 인증방안이 아님. ※직업능력개발 계좌제는 고용노동부가 주관하는 국민내일배움카드제로 통합됨

36 다음에 해당하는 우리나라의 평생교육 제도는?

21. 국가직

> • 국민의 학력·자격이수 결과에 대한 사회적 인정 및 활용기반을 확대하기 위한 제도이다.
> • 학교교육, 비형식교육 등 국민의 다양한 개인적 학습경험을 학습이력관리시스템으로 누적·관리한다.

① 학습휴가제   ② 학습계좌제
③ 시간제 등록제   ④ 평생교육 바우처

해설 학습계좌제(「평생교육법」 제23조)는 국민의 평생교육을 촉진하고 인적자원의 개발·관리를 위하여 국민의 개인적 학습경험을 종합적으로 집중·관리하는 제도로서, 일종의 성인용 학습기록부에 해당된다. ①은 국가·지방자치단체와 공공기관의 장 또는 각종 사업의 경영자가 소속 직원의 평생학습 기회 확대를 위해 유급 또는 무급의 학습휴가를 실시하는 제도를 말하며, ③은 성인들에 대한 교육기회 확대를 위해 전일제 학생 외에 추가적으로 학생들을 모집하여(대학의 입학자격이 있는 사람을 대상으로) 대학교육을 제공하는 제도이다. ④는 평생교육을 받고자 하는 개인에게 평생학습비의 일부를 직접 지원해 주는 제도를 말한다.

정답   33. ④   34. ①   35. ②   36. ②

TIP 학습계좌제 관련 법률

「**평생교육법**」 **제23조 【학습계좌】** ① 교육부장관은 국민의 평생교육을 촉진하고 인적자원의 개발·관리를 위하여 학습계좌(국민의 개인적 학습경험을 종합적으로 집중관리하는 제도를 말한다)를 도입·운영할 수 있도록 노력하여야 한다.
② 교육부장관은 제1항의 학습계좌에서 관리할 학습과정을 대통령령으로 정하는 바에 따라 평가 인정할 수 있다.
③ 교육부장관은 제2항에 따라 평가인정을 받은 학습과정의 이수결과를 학점이나 학력 또는 자격으로 인정할 수 있다. 이 경우 그 인정 절차 및 방식 등에 필요한 사항은 대통령령으로 정한다.
④ 교육부장관은 제2항에 따라 평가인정을 받은 학습과정을 설치·운영하는 평생교육기관이 다음 각 호의 어느 하나에 해당하면 그 평가인정을 취소할 수 있다. 다만, 제1호에 해당하는 경우에는 평가인정을 취소하여야 한다.
1. 거짓이나 그 밖의 부정한 방법으로 평가인정을 받은 경우
2. 제2항에 따라 평가인정 받은 내용을 위반하여 학습과정을 운영한 경우
3. 제2항에 따른 평가인정의 기준에 이르지 못하게 된 경우
「**평생교육법 시행령**」 **제14조 【학습계좌의 운영】** ① 교육부장관은 법 제23조 제1항에 따른 학습계좌를 운영할 수 있다.
② 학습계좌의 개설은 본인 또는 본인의 위임을 받은 자가 신청한 경우에만 할 수 있다.
③ 제1항에 따른 학습계좌에 수록된 정보를 열람하거나 증명서를 발급받으려는 자는 교육부장관에게 신청할 수 있다. 이 경우 정보의 열람 또는 발급신청은 본인 또는 본인의 위임을 받은 자만 할 수 있다.
④ 교육부장관은 학습계좌의 운영업무를 (평생교육)진흥원에 위탁할 수 있다.
⑤ 제1항에 따른 학습계좌에 수록되는 정보의 범위 등에 필요한 사항은 교육부령으로 정한다.

37 다음 글에서 설명하는 용어는?

12. 국가직

> • 조직 및 개인의 목표달성을 위하여 사람들의 직무관련 능력을 조직적으로 확장하는 수단이며, 행동변화를 목적으로 특정 기간 내에 실시하는 일련의 조직적 활동이다.
> • 개인, 집단 및 조직의 효율성 향상을 위한 훈련과 개발, 조직개발 및 경력개발을 통합한 의도적인 학습활동이다.
> • 개인의 성장과 개발, 조직의 성과향상, 지역사회의 개발과 발전, 국가의 발전과 국민복지의 향상을 달성하기 위한 조직화된 활동 또는 시스템이다.

① 인적자원 개발   ② 직무분석   ③ 조직혁신   ④ 총체적 질 경영(TQM)

해설 인적자원 개발(Human Resources Development, HRD)은 인간이 가지고 있는 능력자원을 최대한 발휘하게 하여 자아실현을 도와줌으로써 만족하고 행복하게 해 준다는 인간자원론의 발전된 형태로 등장하였고, 직원발전(Staff Development, SD), 조직발전(Organizational Development, OD) 운동 등으로 발전하고 있다.
④는 학생들의 학업성취도 향상과 학생의 중도 탈락이나 폭력 방지 등을 위하여 기업경영 방식을 학교교육 경영에 적용한 학교조직 개선방안에 해당하며, 조직의 결과에 대한 효과성보다 체제 전체의 질로 관심을 전환한 기법이다.

38 다음 중 우리나라의 현행 평생교육사 제도에 대한 설명으로 옳은 것만을 모두 고르면? 21. 국가직
□□□

> ㉠ 평생교육사의 등급은 1급부터 3급까지로 구분한다.
> ㉡ 평생교육사 2급은 대학 수준에서, 평생교육사 3급은 전문대학 수준에서 각각 양성한다.
> ㉢ 「학점인정 등에 관한 법률」에 따라 평가인정을 받은 학습과정을 운영하는 교육훈련기관에서도 평생교육사 자격 취득에 필요한 학점을 이수할 수 있다.

① ㉠   ② ㉠, ㉢   ③ ㉡, ㉢   ④ ㉠, ㉡, ㉢

해설 평생교육 담당 전문인력인 평생교육사의 자격은 교육부장관이 부여한다. 그 등급은 1급부터 3급이 있으며, 1·2급은 승급과정, 2·3급은 양성과정을 거쳐 취득한다. ㉢의 경우 「평생교육법」 제24조 제1항에 따라, 「고등교육법」 제2조에 따른 학교(이하 "대학"이라 한다) 또는 이와 같은 수준 이상의 학력이 있다고 인정되는 기관에서 교육부령으로 정하는 평생교육 관련 교과목을 일정 학점(2급은 30학점-대학원은 15학점-, 3급은 21학점) 이상 이수하고 학위를 취득한 사람에게 자격을 부여한다.

1급(승급)	2급 자격증 취득 후 평생교육 관련업무 5년 이상 종사
2급(승급/양성)	① 대학원에서 평생교육 관련과목 중 필수과목을 15학점 이상 이수하고 석사 또는 박사학위를 취득한 자, ② 대학(또는 동등기관)에서 관련과목을 30학점 이상 이수하고 학위를 취득한 자, ③ 3급 자격증을 보유하고 관련업무에 3년 이상 종사
3급(양성)	① 대학(또는 동등기관)에서 관련과목을 21학점 이상 이수하고 학위를 취득한 자, ② 관련업무에 2년 이상 종사하고 진흥원(또는 지정양성기관)에서 평생교육사 3급 양성과정 이수, ③ 관련업무에 1년 이상 종사한 공무원 및 교원으로서 평생교육사 3급 양성과정 이수

39 현행 「평생교육법 시행령」에 명시된 평생교육사의 직무범위에 해당되지 않는 것은? 09. 국가직 7급
□□□

① 평생교육 프로그램의 요구분석·개발·운영·평가·컨설팅
② 프로그램에 소요되는 인적·물적 자원과 예산 확보
③ 학습자에 대한 학습정보 제공, 생애능력개발 상담·교수
④ 평생교육 진흥관련 사업계획 업무

해설 ②는 평생교육기관의 업무에 해당한다. 「평생교육법 시행령」(제17조)에서는 평생교육사의 직무범위를 ①, ③, ④ 등 세 가지로 제시하고 있다.

> 「평생교육법 시행령」 제17조 【직무범위】 법 제24조 제4항에 따라 평생교육사는 평생교육 진흥을 위하여 다음 각 호에 해당하는 직무를 수행한다.
> 1. 평생교육 프로그램의 요구분석·개발·운영·평가·컨설팅
> 2. 학습자에 대한 학습정보 제공, 생애능력개발 상담·교수
> 3. 그 밖에 평생교육 진흥 관련 사업계획 등 관련 업무

정답 37. ① 38. ② 39. ②

TIP 평생교육사 배치대상기관 및 배치기준(「평생교육법 시행령」 제22조 관련)

배치대상	배치기준
1. 국가 평생교육진흥원, 시·도 평생교육진흥원	1급 평생교육사 1명 이상을 포함한 5명 이상
2. 장애인 평생교육시설	평생교육사 1명 이상
3. 시·군·구 평생학습관* *시·도교육감 및 시장·군수·자치구의 구청장이 설치 또는 지정·운영함(법 제21조) → 시·도의 조례로 정함.	• 정규직원 20명 이상: 1급 또는 2급 평생교육사 1명을 포함한 2명 이상 • 정규직원 20명 미만: 1급 또는 2급 평생교육사 1명 이상
4. 법 제30조에서 제38조까지의 규정에 따른 평생교육시설(학력인정 평생교육 시설은 제외한다), 「학점인정 등에 관한 법률」 제3조 제1항에 따라 평가인정을 받은 학습 과정을 운영하는 교육훈련기관 및 법 제2조 제2호 다목의 시설·법인 또는 단체	평생교육사 1명 이상

TIP 평생교육관련 기구(「평생교육법」)

① **읍·면·동 평생학습센터(제21조의3)**: 시장·군수·자치구의 구청장이 설치 또는 지정·운영함 → 시·도의 조례로 정함.
② **노인평생교육시설(제20조의3)**: 국가·지방자치단체 및 시·도교육감이 설치 또는 지정·운영 가능함.
③ **자발적 학습모임(제21조의4)**: 지방자치단체는 지역사회 주민이 평생학습을 주된 목적으로 자발적으로 참여하는 모임의 활동을 지원할 수 있음.

40 현행 「평생교육법」에 의하여 학력이 인정되는 평생교육시설 유형은?　10. 중등임용

① 사업장 부설 평생교육시설
② 사내대학 형태 평생교육시설
③ 언론기관 부설 평생교육시설
④ 시민사회단체 부설 평생교육시설
⑤ 지식·인력개발사업 관련 평생교육시설

해설 ①, ③, ④, ⑤의 경우 학력을 인정받기 위해서는 검정고시와 같은 별도의 학력인정절차를 거쳐야 한다.

TIP 「평생교육법」상의 평생교육시설

평생교육시설 구분		유형	설치요건
학교 형태		각종 학교, 기술학교, 방송통신고교 등	교육감에게 등록
사내대학 형태		사내대학(종업원 200명 이상)	교육부장관의 인가
독립형	원격 형태	원격대학	교육감에게 신고
		원격교육	
	지식·인력개발사업 관련	산업교육기관, 학교실습기관	
부설형	사업장 부설	산업체, 백화점 문화센터(종업원 100명 이상) 등	
	시민사회단체 부설	법인, 주무관청, 회원 300명 이상인 시민단체	
	언론기관 부설	신문, 방송 등의 언론기관	
	학교 부설	대학이나 전문대학 부설 평생교육원 등	관할청에 보고

41 학교의 평생교육을 규정한 「평생교육법」 제29조에 대한 설명으로 옳지 않은 것은? 　24. 국가직
☐☐☐

① 학교의 평생교육을 실시하기 위하여 각급학교의 교실·도서관·체육관, 그 밖의 시설을 활용하여야 한다.

② 학교의 장은 학교를 개방할 경우 개방시간 동안의 해당 시설의 관리·운영에 필요한 사항을 정할 수 있다.

③ 각급학교의 장은 해당 학교의 교육여건을 고려하여 학생·학부모와 지역 주민의 요구에 부합하는 평생교육을 직접 실시하거나 지방자치단체 또는 민간(영리를 목적으로 하는 법인 및 단체는 제외)에 위탁하여 실시할 수 있다.

④ 「초·중등교육법」 및 「고등교육법」에 따른 각급학교의 장은 평생교육을 실시하는 경우 평생교육의 이념에 따라 교육과정과 방법을 수요자 관점으로 개발·시행하도록 하며 학교를 중심으로 공동체 및 지역문화 개발에 노력하여야 한다.

　해설　②는 학교 개방에 필요한 사항은 학교장이 결정하는 것이 아니라 해당 지방자치단체의 조례로 정한다(「평생교육법」 제29조 제4항).

　TIP　「평생교육법」 제29조

제29조【학교의 평생교육】 ① 「초·중등교육법」 및 「고등교육법」에 따른 각급 학교의 장은 평생교육을 실시하는 경우 평생교육의 이념에 따라 교육과정과 방법을 수요자 관점으로 개발·시행하도록 하며, 학교를 중심으로 공동체 및 지역문화 개발에 노력하여야 한다.
② 각급 학교의 장은 해당 학교의 교육여건을 고려하여 학생·학부모와 지역주민의 요구에 부합하는 평생교육을 직접 실시하거나 지방자치단체 또는 민간에 위탁하여 실시할 수 있다. 다만, 영리를 목적으로 하는 법인 및 단체는 제외한다.
③ 제2항에 따른 학교의 평생교육을 실시하기 위하여 각급 학교의 교실·도서관·체육관, 그 밖의 시설을 활용하여야 한다.
④ 제2항 및 제3항에 따라 학교의 장이 학교를 개방할 경우 개방시간 동안의 해당 시설의 관리·운영에 필요한 사항은 해당 지방자치단체의 조례로 정한다.

42 ㉠, ㉡에 들어갈 말로 옳은 것은? 　14. 국가직 7급
☐☐☐

> • 「평생교육법」상 (㉠)은 학교형태의 평생교육시설 중 일정 기준 이상의 요건을 갖춘 평생교육시설에 대하여는 이를 고등학교 졸업 이하의 학력이 인정되는 시설로 지정할 수 있다.
> • 「평생교육법 시행령」상 학력인정시설로 지정된 기관은 관할청의 승인을 받아 매 학년도를 (㉡)로 나누어 운영할 수 있다.

	㉠	㉡		㉠	㉡
①	교육부장관	4학기	②	교육부장관	3학기
③	교육감	4학기	④	교육감	3학기

　해설　학교형태의 평생교육시설에 관한 규정으로, 교육감이 지정하며(법 제31조 제2항), 학기는 관할청의 승인을 받아 매 학년도를 3학기로 나누어 운영할 수 있다. 이 경우 수업연한은 초등학교과정은 2년, 중학교 및 고등학교과정은 1년의 범위에서 단축할 수 있도록 한다(시행령 제27조 제2항).

　정답　40. ② 　41. ② 　42. ④

오현준 교육학

43 평생교육과 관련된 제도와 그에 대한 설명으로 옳지 <u>않은</u> 것은? 12. 중등임용

① 평생교육사 : 평생교육의 기획, 진행, 분석, 평가, 교수 업무를 수행하는 전문인력
② 학점은행제 : 학교 내외에서 이루어지는 다양한 학습활동을 학점으로 인정하여 학위취득을 가능하게 하는 제도
③ 학습계좌제 : 평생교육을 촉진하고 인적자원의 개발 관리를 위하여 개인의 학습경험을 종합적으로 관리하는 제도
④ 전문인력 정보은행제 : 평생교육기관의 전문인력을 선발하는 데 필요한 문제은행을 만들어 체계적으로 제공·관리하는 제도
⑤ 학습휴가제 : 국가·지방자치단체와 공공기관의 장 또는 각종 사업의 경영자가 소속 직원의 평생학습 기회 확대를 위해 유급 또는 무급의 학습휴가를 실시하는 제도

해설 전문인력 정보은행제(강사 정보은행제)는 각급 학교·평생교육기관 등이 필요한 인적자원을 활용할 수 있도록 하기 위하여 강사에 관한 정보를 수집·제공하는 제도를 말한다(「평생교육법」 제22조 제2항).

44 평생학습사회에서 학력은 전통적인 학교체제를 통해서뿐만 아니라 다양한 학습과 경험을 통해서도 얻을 수 있다. 우리나라가 시행하고 있는 평생학습 인증시스템이 <u>아닌</u> 것은? 13. 국가직

① 학점은행제 　　　　　　　　　② 평생교육사 자격제
③ 독학학위제 　　　　　　　　　④ 문하생 학점·학력 인정제

해설 평생교육사 자격제도는 평생교육을 담당하는 전문인력의 양성 및 승급에 관한 것으로 궁극적으로는 평생교육을 받는 학습자들의 이익을 보호하기 위한 제도에 해당한다. 평생학습 인증시스템은 개인이 학교교육 이외에 평생학습을 통해 습득한 성취 결과를 객관적이고 공식적인 절차를 통해 평가·인정하는 시스템으로, 학점은행제, 문하생 학력인정제, 직업능력 인증제, 민간자격 인증제, 독학학위제, 사내대학, 원격대학 등이 해당된다.

45 학습경험의 평가인증방안에 대한 설명으로 옳지 <u>않은</u> 것은? 11. 국가직 7급

① 학점은행제는 학교 내·외에서 이루어지는 다양한 형태의 학습경험과 자격을 학점으로 인정하고 기준이 충족되면 학위취득이 가능한 제도이다.
② 독학학위제는 학습자의 자기주도적 학습 정도가 학사학위 취득의 수준에 도달하였는지를 평가하여 국가가 학위를 수여하는 제도이다.
③ 학습계좌제는 국민의 개인적 학습경험을 국가가 집중적으로 관리하는 제도로 평생교육과 인적자원 개발을 위한 제도이다.
④ 국가직무능력표준은 직무수행에 필요한 지식·기술·소양 등의 표준을 국가가 규정한 것으로 개인의 학력과 경력을 기초로 작성된다.

해설 국가직무능력표준(NCS ; National Competency Standards)은 산업현장에서 직무를 수행하기 위하여 요구되는 지식·기술·소양 등의 내용을 국가가 산업부문별·수준별로 체계화한 것을 말한다(「자격기본법」 제2조 제2항). 국가직무능력표준에 포함되어야 할 사항은 직무의 범위·내용·수준, 직무수행에 필요한 지식·기술·소양 및 평가의 기준과 방법, 그밖에 직무수행에 필요한 사항 등이다. 개인이 학습을 통해 획득된 능력을 외부로 표시하는 방법에는 학력을 나타내는 '학위'와 특정한 전문적 분야의 지식, 기술, 태도를 갖추었음을 나타내는 '자격'이 있는데, 학점은행제나 독학학위제, 학습계좌제는 전자에 해당하고, 국가직무능력표준은 후자에 해당한다.

46 다음 설명에 해당하는 평생교육제도는?   20. 국가직 7급

> 학교 안팎에서 이루어지는 다양한 형태의 학습경험과 자격을 학점으로 인정하여, 일정 기준
> 을 충족하면 대학졸업학력 또는 전문대학졸업학력을 인정하는 제도

① 독학학위제   ② 학점은행제
③ 평생학습계좌제   ④ 국가직무능력표준제

해설 학점은행제는 학교 내·외에서 이루어지는 다양한 형태의 학습경험과 자격을 학점으로 인정하고 기준이 충족되
면 학위 취득이 가능한 제도이다.

47 다음 설명에 해당하는 우리나라의 평생교육 제도는?   23. 국가직 7급

> • 학습자가 자기 주도적으로 공부한 정도가 학사학위를 취득할 수 있는 수준에 이르렀는지를
>   오직 시험만으로 평가해 국가가 학위를 수여하는 제도이다.
> • 학위취득을 위해서 교양과정 인정시험, 전공기초과정 인정시험, 전공심화과정 인정시험, 학
>   위취득 종합시험을 모두 거쳐야 한다.
> • 7급 이상의 공무원 공개경쟁 채용시험 합격자, 국가기술자격 취득자, 공인회계사, 세무사,
>   관세사, 유치원·초중등학교 준교사 및 특수학교 교사 등과 같이 일정한 자격이나 면허를
>   취득한 자에게는 시험 일부를 면제할 수 있다.

① 검정고시   ② 독학학위제
③ 학점은행제   ④ 평생학습계좌제

해설 독학학위제는 「독학에 의한 학위취득에 관한 법률」에 따라 고교 졸업자 중 국가가 시행하는 단계별 시험(1단계
교양과정 인정시험 ⇨ 2단계 전공기초과정 인정시험 ⇨ 3단계 전공심화과정 인정시험 ⇨ 4단계 학위취득 종합시험)에 합격
하면 학사학위를 취득할 수 있는 제도를 말한다. 3단계 시험까지는 학점은행제와 상호 교호할 수 있으나, 4단계는 반드시
통과해야 학위를 취득할 수 있다.

48 우리나라의 독학자 학위취득시험 단계에서 [   ] 안에 들어갈 것은?   15. 국가직

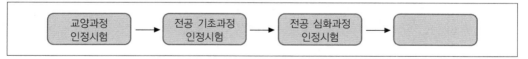

① 심층면접   ② 학위취득 종합시험
③ 실무능력 인정시험   ④ 독학능력 인정시험

해설 독학학위제는 고교 졸업자 중 국가가 시행하는 단계별 시험(예 1단계 교양과정 인정시험 ⇨ 2단계 전공 기초과정
인정시험 ⇨ 3단계 전공 심화과정 인정시험 ⇨ 4단계 학위취득 종합시험)에 합격하면 학사학위를 취득할 수 있는 제도이다.

정답   43. ④   44. ②   45. ④   46. ②   47. ②   48. ②

49 독학학위제에 대한 설명으로 옳은 것만을 모두 고른 것은?   18. 국가직

> ㉠ 교양과정, 전공기초과정, 전공심화과정 등의 3개 인정시험을 통과하면, 학사학위를 수여하는 제도이다.
> ㉡ 학점은행제로 취득한 학점은 일정 조건을 갖추게 되면, 독학학위제의 시험 응시자격에 활용될 수 있다.
> ㉢ 특성화고등학교를 졸업한 사람은 독학학위제에 응시할 수 없다.
> ㉣ 교육부장관은 독학학위제의 시험 실시 권한을 평생교육진흥원장에게 위탁하고 있다.

① ㉠, ㉢   ② ㉠, ㉣
③ ㉡, ㉢   ④ ㉡, ㉣

해설 독학학위제는 고교 졸업자 중 국가가 시행하는 단계별 시험에 합격하면 학사학위를 취득할 수 있는 제도로서, 평생교육진흥원에서 주관하며, 국어국문학, 영어영문학, 경영학, 법학, 행정학, 유아교육학, 컴퓨터과학, 가정학, 간호학 등 9개 전공영역의 학위를 취득할 수 있다. ㉣은 「독학에 의한 학위취득에 관한 법률 시행령」 제4조(권한의 위탁) 제1항에 해당한다. ㉠의 경우, 학위취득을 위해서는 1단계 교양과정 인정시험, 2단계 전공기초과정 인정시험, 3단계 전공심화과정 인정시험, 4단계 학위취득 종합시험이라는 모두 4단계의 시험을 거쳐야 한다. ㉢은 고교졸업자이면 응시할 수 있다.

50 다음 (가), (나)의 내용에 해당하는 평생교육제도를 바르게 짝지은 것은?   16. 지방직

> (가) 개인의 다양한 학습경험을 공식적인 이력부에 종합적으로 누적·관리하고 그 결과를 학력이나 자격 인정과 연계하거나 고용정보로 활용하는 제도이다.
> (나) 학교에서뿐만 아니라 학교 밖에서 이루어지는 다양한 형태의 학습경험 및 자격을 학점으로 인정하고, 학점이 누적되어 일정 기준을 충족하면 학위취득을 가능하게 하는 제도이다.

	(가)	(나)		(가)	(나)
①	평생학습 계좌제	학점은행제	③	평생학습 계좌제	독학학위제
②	문하생 학력인정제	학점은행제	④	문하생 학력인정제	독학학위제

해설 학습계좌제(「평생교육법」 제23조)는 국민의 평생교육을 촉진하고 인적자원의 개발·관리를 위하여 국민의 개인적 학습경험을 종합적으로 집중 관리하는 제도를 말하며, 학점은행제는 「학점인정 등에 관한 법률」에 따라 학교 및 학교 밖에서 이루어지는 다양한 형태의 학습경험 및 자격을 학점으로 인정하고, 학점이 누적되어 일정한 기준(전문학사 80학점 이상, 학사 140학점)이 충족되면 학위취득도 가능하게 한 제도를 말한다.

51 평생교육 제도에 대한 설명으로 옳은 것은?   14. 국가직

① 학점은행제는 다양한 학습 경험을 학점으로 인정하나 학위취득은 불가능한 제도이다.

② 학습계좌제는 학습자에게 교육비를 무상으로 지원해주기 위한 제도이다.

③ 시간제 등록제는 대학의 입학 자격이 있는 사람이 시간제로 등록하여 수업을 받을 수 있게 하는 제도이다.

④ 산업대학은 원격교육을 통해 정식 학위를 수여하는 제도이다.

[해설] 시간제 등록제는 전일제 학생 외에 추가적으로 학생들을 모집하여 대학교육을 제공하는 것으로, 성인들에 대한 교육기회 확대를 목적으로 한다. ①은 전문(80학점) · 학사(140학점) 학위취득이 가능하며, ②는 학력인증방안에 해당한다. 평생교육 복지제도로는 평생교육이용권, 국민내일 배움카드제 등이 있다. ④는 원격대학에 해당한다.

52 평생교육 제도에 대한 설명으로 옳지 않은 것은?   22. 지방직

① 학습휴가제 – 평생학습 기회를 확대하기 위하여 소속 직원에게 유급 또는 무급의 학습휴가를 실시할 수 있다.

② 평생교육이용권 – 국민에게 평생교육의 기회를 제공하기 위하여 신청을 받아 평생교육이용권을 발급할 수 있다.

③ 학습계좌제 – 평생교육을 촉진하고 인적자원의 개발 · 관리를 위해 국민의 개인적 학습경험을 종합적으로 집중 관리한다.

④ 독학학위제 – 고등학교 졸업이나 이와 같은 수준 이상의 학력을 인정받지 못한 경우에도 학사학위 취득시험의 응시자격이 있다.

[해설] 독학학위제는 「독학에 의한 학위취득에 관한 법률」에 근거한 평생학습 학력인증방안의 하나이다. 국가가 시행하는 단계별 시험에 합격하면 학사학위를 취득할 수 있는 제도인데, 응시자격은 '고등학교 졸업이나 이와 같은 수준 이상의 학력이 있다고 인정된 사람'이어야 한다(제4조 제1항). 평생교육진흥원에서 주관하며, 학위취득을 위해서는 1단계 교양과정 인정시험, 2단계 전공기초과정 인정시험, 3단계 전공심화과정 인정시험, 4단계 학위취득 종합시험이라는 4단계의 시험을 거쳐야 한다. ②에서 '평생교육이용권'은 평생교육프로그램을 이용할 수 있도록 금액이 기재(전자적 또는 자기적 방법에 따른 기록을 포함한다)된 증표를 말한다.

53 평생교육에서 강조하는 학습이론과 그 이론을 주창하고 체계화한 학자를 바르게 연결한 것은?

08. 국가직 7급

① 의식화학습(conscientization) – 콜브(Kolb)

② 자기주도학습(self-directed learning) – 애들러(Adler)

③ 경험학습(experiential learning) – 피터스(Peters)

④ 전환학습(transformative learning) – 메지로우(Mezirow)

[해설] ①은 프레이리(Freire), ②는 노울즈(Knowles), ③은 콜브(Kolb)에 해당한다.
평생학습의 학습유형으로는 콜브(Kolb)의 경험학습(experiential learning), 메지로우(Mezirow)의 관점전환학습(transformative learning), 아지리스와 쉔(Argyris & Schön)의 이중고리학습(double-loop learning), 로마클럽 6차 보고서의 혁신학습(innovative learning), 노울즈(Knowles)의 자기주도적 학습(self-directed learning), 레반즈(Levans)의 실천학습 등이 있다.

정답 49. ④ 50. ① 51. ③ 52. ④ 53. ④

54 다음 설명에 해당하는 성인학습 유형은?
17. 국가직 7급

- 개인이 주변 현실을 지각하고, 이해하고, 느끼는 방식에 대한 극적이고 근본적인 변화에 관한 학습이다.
- 기존에 겪은 경험의 의미를 재해석하고 새로운 의미를 만들어가는 비판적 성찰을 필수적인 과정으로 본다.
- 주장에 대한 논쟁과 증거를 검토하는 담론 과정과 학습에서 습득한 결과를 행동으로 옮기는 과정을 중시한다.

① 자기주도학습(Self-directed learning)   ② 상황학습(Situated learning)
③ 우연학습(Incidental learning)   ④ 전환학습(Transformative learning)

해설 메지로우(Mezirow)의 (관점)전환학습(transformative learning)은 미드(Mead)의 상징적 상호작용이론(역할실행, 인성이론)과 듀이(Dewey)의 경험이론에 토대한 학습방법으로, 학습을 표피적 행태(예 우리가 말하는 문장)인 의미 도식(meaning schemes)이 아닌 표피적 행태를 유발하는 원리 혹은 관점(예 문장을 지배하는 문법)인 의미 관점(meaning perspectives)을 바꾸는 일로 정의한다.
①은 노울즈(Knowles)가 주장한 것으로 학습의 전 과정을 학습자가 주도권을 가지고 스스로 진행하는 학습을 말하며, ②는 레이브(J. Lave)와 웽어(E. Wenger)가 주장한 구성주의 학습형태로 실제 상황에의 참여를 통한 문제해결과정 및 경험을 중시하는 학습형태이다. ③은 평생교육을 구성하는 무형식교육의 한 형태로서 사회학습에서처럼 의도하지 않은 상황에서 학습자도 모르게 학습이 이루어지는 것을 말한다.

---

2   영재교육

55 렌줄리(J. S. Renzulli)가 제안한 영재성 개념의 구성요인이 아닌 것은?
15. 특채, 14. 국가직

① 평균 이상의 일반능력   ② 평균 이상의 지도성
③ 높은 수준의 창의성   ④ 높은 수준의 과제집착력

해설 렌줄리(Renzulli)가 제시한 영재성 개념의 구성요소 중 일반능력(지능)과 창의성은 인지적 요인, 과제집착력은 정의적 요인(동기요인)에 해당한다.

렌줄리의 영재 개념

TIP 「영재교육진흥법」상의 영재 개념 ▮▮

제5조【영재교육대상자의 선정】 ① 영재교육기관의 장은 다음 각 호의 어느 하나의 사항에 대하여 뛰어나 거나 잠재력이 우수한 사람 중 해당 교육기관의 교육영역 및 목적 등에 적합하다고 인정하는 사람을 영재교육 대상자로 선발한다.

1. 일반 지능   2. 특수 학문 적성   3. 창의적 사고 능력
4. 예술적 재능   5. 신체적 재능   6. 그 밖의 특별한 재능

② 영재교육기관의 장은 제1항에 따른 영재교육 대상자를 선발할 때 저소득층 자녀, 사회적 취약지역 거주자 등 사회적·경제적 이유로 잠재력이 충분히 발현되지 못한 영재를 선발하기 위하여 별도의 선발절차를 마련하는 등의 조치를 취할 수 있다.

---

56 렌줄리(Renzulli)가 제시한 영재성의 세 가지 요소에 해당하지 않는 것은?   21. 지방직

☐☐☐

① 높은 도덕성   ② 높은 창의성
③ 높은 과제집착력   ④ 평균 이상의 능력

해설 렌줄리(J. Renzulli)는 영재성을 평균 이상의 지능(일반정신능력), 높은 창의력과 같은 인지적 요소와, 과제집착력과 같은 정의적 요소의 교집합으로 정의하였다.

---

57 렌줄리(J. S. Renzulli)의 심화학습 모형에 대한 다음의 설명 중 옳은 것을 고르면?   08. 유·초등임용

☐☐☐

> ㉠ 처음에는 영재학생들을 위해 제안된 수업모형이었으나, 일반학생들을 포함한 학교 전체 심화학습 모형으로 발전하였다.
> ㉡ 이 모형에 근거한 최초의 프로그램은 중등학교 학생들을 대상으로 개발되었다.
> ㉢ 수업의 전개는 일반적 탐색활동 ⇨ 집단훈련활동 ⇨ 개인과 소집단의 실제문제 탐구활동의 3단계로 이루어진다.
> ㉣ 개인과 소집단의 실제문제 탐구활동은 영재 수준의 학생들보다 보통 수준의 학생들에게 더 적합하다.

① ㉠, ㉡   ② ㉠, ㉢   ③ ㉡, ㉣   ④ ㉢, ㉣

해설 렌줄리(Renzulli)의 영재학습 모형인 심화학습 3단계 모형은 영재 판별도구이자 영재교육 프로그램에 해당한다. 주로 초등학생에게 실시되었으나 중학생에게도 효과적으로 사용할 수 있는 모형으로, 1단계와 2단계는 영재뿐만 아니라 모든 학생들을 대상으로 하며, 3단계는 영재만을 위한 심화단계라고 볼 수 있다. ㉡은 초등학교 학생들에게 처음 적용되었으며, ㉣은 영재수준의 학생들에게 해당한다.

제1단계(전체 학생 중 20% 선정)	일반적인 탐구활동(예 주제 발견하기) ⇨ 인식의 지평을 확대해 주는 내용 중심 탐구활동
제2단계	소집단 단위의 학습활동(집단훈련활동, 예 창의성과 문제해결력 향상하기 ⇨ 학습방법 중심의 활동)
제3단계(핵심)	개인 또는 소집단 단위의 실제적인 문제해결 및 연구활동 ⇨ 연구를 위한 기술이나 영재의 잠재력 계발

정답   54. ④   55. ②   56. ①   57. ②

TIP 영재교육방법 비교(풍부화와 가속화)

구분	풍부화(다양화, 심화학습 프로그램)	가속화(속진, 교육과정 압축 프로그램)
주창자	렌줄리(Renzulli)	스탠리(Stanley)
개념	정규 교육과정 이외의 경험을 제공	정규 교육과정을 일반학생보다 빠르게 학습하는 방법
방법	사사 프로그램(mentor program), 토요 프로그램 (saturday program), 독립연구(개별 탐구학습, independent study), 현장교육(field trips), 렌줄리 (Renzulli)의 심화학습 3단계 모형	월반제도, 상급학교 조기입학제도, 대학과정 조기 이수제도, 선이수제도(AP)
장점	① 학습자의 관심과 흥미에 따라 연구과제를 설정할 수 있고, 생활 속의 문제를 중심으로 해결해 나가기 때문에 학습자의 동기를 유발시켜 자발적인 학습과 창의적인 결과물을 낼 수 있음. ② 고차적인 사고기술 개발	① 월반 ② 경제적인 면에서 효과적임. ③ 영재에게 호기심을 제공할 수 있음.
단점	① 정규 교육과정과의 연속성이 결여될 수 있음 (정규 교육과정과 어떻게 결합시키는지의 문제가 남아 있음). ② 심화과정을 잘 가르칠 수 있는 전문적인 교사의 부족으로 전문성이 결여될 수 있음. ③ 재정적인 부담이 큼. ④ 프로그램의 개발이 쉽지 않음. ⑤ 학생들이 너무 바쁨.	① 중요한 기술을 놓칠 수 있음. ② 교육과정의 수직적인 운영으로 인하여 폭넓은 학습경험을 제공하지 못할 수도 있음. ③ 과정은 무시하고, 내용지식 경험에 치중함.

3 특수교육

58 다음의 행동특성을 모두 포함하는 것으로 가장 적합한 것은?   10. 국가직 7급

□□□

> • 몸의 균형과 신체기관 간 협응의 결여   • 목적 없는 행동 및 산만한 경향
> • 수행력과 과제완성력의 결여   • 과목 간의 불균등한 수행

① 정신지체   ② 주의력 결핍·과잉행동 장애(ADHD)
③ 행동장애   ④ 학습장애

[해설] 학습장애(learning disabilities)는 지능수준이 낮지 않으면서도(겉으로는 지극히 정상적인 모습을 보이면서도) 듣기, 말하기, 쓰기, 읽기, 셈하기 등 특정 학습에서 어려움을 나타내는 장애로, 중추신경계의 문제로 인해 발생한다고 믿어지고 있는 장애 유형이다.

TIP 특수교육 대상자 유형

지적 장애	개념적·사회적 그리고 실제적 적응 기술들로 표현되는 적응행동 및 지적 기능에 있어서의 심각한 제한을 특징으로 하는 장애 ⇨ 간헐적 지원수준, 제한적 지원수준, 확장적 지원수준, 전반적 지원수준 등으로 분류
정서-행동 장애	사회적 갈등, 개인적 불행, 그리고 학교에서의 실패와 연관된 심각하고 지속적이며 나이에 맞지 않는 행동으로 나타나는 장애로, 외현화 또는 내현화 형태로 나타난다.

의사소통 장애	다른 사람으로부터 정보를 이해하고, 자신의 생각을 표현하는 능력에 심각한 제한을 가지고 있는 상태로, 말하기 장애(표현장애)와 언어장애(수용장애) 등 두 가지 형태가 있다.
주의력 결핍 / 과잉 행동 장애(ADHD)	집중할 수 있는 능력의 제한으로 주의를 유지하기 어려운 특성을 갖는 일종의 학습문제를 지칭하며, 학습장애와 연관된 장애 유형이다. ⇨ ① 과잉행동, ② 주의력 부족, 쉽게 다른 곳으로 관심을 돌림, 집중하는 데 어려워함, 과제를 끝마치는 데 실패함, ③ 충동성 (예 생각하기 전에 행동하기, 차례를 기다리기 어려움, 수업 중 빈번하게 큰 소리로 떠듦.), ④ 잘 잊어버림, 감독의 필요성이 과도하게 높음 등의 특성으로 나타남.
자폐 스펙트럼 장애	자폐는 하나의 단일 장애로 생각되었으나, 현재는 자폐와 야스퍼거 증후군(Asperger syndrome)을 포함시켜 일군(一群)의 문제로 지칭함. ⇨ 손상된 사회적 관계, 의사소통과 언어의 결합, 감각자극에 대한 특이한 민감성, 동일한 것에 대한 집착과 집요한 반복, 의식적이고 특이한 행동패턴 등의 특성으로 나타남.

59 특수 학습자 유형을 바르게 설명한 것은?

18. 국가직

① 학습부진(under achiever) - 정서적 혼란과 같은 의미로 사용되며 개인적 불만, 사회적 갈등, 학교성적 부진이 지속적으로 나타난다.

② 학습장애(learning disabilities) - 지능 수준이 낮지 않으면서도 말하기, 쓰기, 읽기, 셈하기 등 특정 학습에서 장애를 보인다.

③ 행동장애 (behavior disorders) - 지적 수준이 심각할 정도로 낮고, 동시에 적응적 행동의 결함을 보인다.

④ 정신지체(mental retardation) - 선수학습 결손으로 인해 자신의 지적 능력에 비해서 최저 수준에 미달하는 학업 성취를 보인다.

해설 학습장애(learning disabilities)는 특정 학습에 부진을 나타내는 장애이지만, 학습부진(학업에 어려움을 겪는 학생)은 기초학력이나 전 교과에 걸친 학업 성취에 부진이 나타나며, 장애 유형에는 포함되지 않는다. ①은 정서-행동 장애, ③은 지적 장애('정신지체'란 용어는 사용하지 않음), ④는 학습부진에 해당한다.

TIP 학습장애의 사례

읽기	• 제대로 읽지 못함.	• 단어를 거꾸로 읽음.
	• 읽던 곳을 자주 잊고 혼동함.	
쓰기	• 맞춤법을 자주 틀림.	• 글씨를 줄에 맞춰 제대로 쓰지 못함.
	• 쓰기를 마치는 데 오랜 시간이 소요됨.	
	• 칠판에 판서한 내용을 보고 쓰는 데 어려움을 느낌.	
셈하기	• 계산에서 자릿수를 혼동함.	
	• 수학적인 개별 지식의 암기를 못함.	
	• 서술 형식의 문제 이해를 매우 힘들어 함.	

정답 58. ④ 59. ②

4 대안교육

60 다음 내용이 가리키는 학교는?   08. 중등임용

- 인간을 수치로 평가하는 것을 거부한다.
- 외국어를 1학년 입학할 때부터 가르친다.
- 모든 학생이 학년 유급 없이 진급하며, 졸업 때까지 동일교사가 담임을 맡는 것을 원칙으로 한다.
- 주요 과목은 과목별로 한 과목씩 매일 두 시간 정도 3~5주간 수업하고, 그 후 다른 과목을 같은 방식으로 배우는 에포크(Epoch) 수업방식을 활용한다.

① 니일(A. S. Neill)의 섬머힐 학교   ② 듀이(J. Dewey)의 시카고대학 실험학교
③ 프레네(C. Freinet)의 에콜 레옹그리모   ④ 슈타이너(R. Steiner)의 발도르프 학교

해설 발도르프 학교(1919. 독일, 슈타이너 학교)는 슈타이너(R. Steiner)에 의해 슈투트가르트에 있는 발도르프 아스토리아 담배공장의 노동자 자녀들을 위해 세워진 최초의 학교이다. 슈타이너 학교교육의 기본원리는 사랑, 전인교육 추구, 창조적인 예술활동과 같은 교육활동이다.

TIP 발도르프 학교의 특징
1. 종합학교, 남녀 평등교육, 12년 운영(8년간 담임교사제 + 4년간 교과담임제), 사립학교(등록금은 학생의 가정 배경을 고려하여 차등적으로 결정)
2. 교장·교감이 없음. 교사들에 의한 자율적인 학교운영, 자체적인 교사양성 교육 실시
3. (우리나라와 같은) 교과서가 없음. 컴퓨터, TV, 시청각매체가 없음. 시험이나 성적표, 유급이 없음.
4. **에포크(Epoche) 수업**: 주기 집중 수업
5. **조기 외국어 교육**: 2개 외국어 실시(인종과 국가주의 편향성 극복 방안)
6. **오이리트미(Eurhythmie)**: 동작예술, 신체동작을 통해 언어와 음악을 표현
7. **예술교육**: 포르멘(Formen) ⇨ 선과 형태로 표현하기를 통해 정신집중력(몰입의 힘)을 배양
8. 노작교육

5 다문화교육

61 뱅크스(J. A. Banks)가 제시한 다문화교육의 목적이 아닌 것은?   14. 국가직
① 특정 인종이나 민족 또는 소외받은 자만을 대상으로 교육하는 것이다.
② 학생들에게 다른 문화의 관점을 통해 자신의 문화를 바라보게 함으로써 자기 이해를 증진시키는 것이다.
③ 학생들에게 문화적·민족적·언어적 대안과 선택을 가르치는 것이다.
④ 학생들이 전 지구적이며 테크놀로지화된 세계에서 살아가는 데 필요한 읽기, 쓰기, 수리적 능력을 습득하도록 돕는 것이다.

해설 다문화교육(multi-cultural education)은 다양한 인종(race), 민족(ethnicity), 성(gender), 사회계층(status), 문화(culture) 집단의 학생들이 균등한 교육적 기회를 보장받고, 긍정적인 문화교류적인 태도와 인식, 그리고 행동을 발달시키도록 돕는 것을 목표로 하는 교육을 말한다. ①은 모든 사회구성원을 대상으로 하는 교육을 의미한다.

TIP 다문화교육의 영역과 차원 : 뱅크스(J. Banks, 2002.)

영역	내용
내용 통합	교사들이 자신의 교과나 학문 영역에 등장하는 주요 개념, 원칙, 일반화, 이론을 설명하기 위해서 다양한 문화 및 집단에서 온 사례, 사료, 정보를 가져와 활용하는 정도를 지칭한다.
지식 구성 과정	특정 학문 영역의 암묵적인 문화적 가정, 준거틀, 관점, 편견 등이 해당 학문 영역에서 지식이 형성되는 과정에서 어떠한 영향을 미치는지를 의미한다.
편견 감소	학생들의 인종적 태도의 특징들을 구별하고 그것이 교수법이나 교재에 의해 어떻게 변화될 수 있는가에 중점을 둔다.
공평한 교수법	교사가 다양한 인종, 민족, 사회계층 집단에서 온 학생들의 학업성취도를 향상시키기 위하여 학생들의 학습양식에 맞춰 수업을 수정하는 것을 말한다.
학생의 역량을 강화하는 학교문화와 조직	모든 집단의 학생들을 유능하게 하는 학교문화를 만들기 위해 집단구분과 낙인의 관행, 스포츠 참여, 성취의 불균형, 인종과 민족 경계를 넘나드는 교직원과 학생의 상호작용 등을 검토하는 것을 말한다.

TIP 다문화교육의 내용 통합 단계

기여적(contributional) 접근법	소수집단이 주류 사회에 기여한 점을 부각시켜 그들의 영웅, 명절, 특별한 문화적 요소에 강조를 두는 것이다. ⇨ 영웅이나 기념일, 문화 공예품 등을 중심 교육과정(주류교육과정)에 포함하여 다루는 것으로, 가장 먼저 빈번하게 사용하는 방식임. **예** 중국, 일본 등의 명절에 대해 공부(소개)한다.
부가적(additive) 접근법	교육과정의 기본적인 틀, 즉 구조나 목표는 변경하지 않고 다문화와 관련된(소수집단과 관련된) 문화적 내용, 개념, 주제, 관점 등을 교육과정에 첨가하는 것이다.
전환적(또는 변혁적, transformational) 접근법	교육과정의 기본 구조나 목표를 바꾸어서 학생들이 다양한 민족적·문화적 진단의 과정에서 개념, 문제, 사건, 주제를 볼 수 있게 하는 방법이다. 사회가 복수의 문화로 구성되고 문화가 상호작용하여 공동체가 발전한다는 개념을 바탕으로 교육과정의 틀을 바꾸어 재구성한다.
사회적 활동(social action) 접근법	재구성된 교육과정을 바탕으로 아이들이 실천을 통해 다문화를 이해하는 태도를 함양시키고자 하는 방법이다. 학생들은 중요한 사회적 문제와 쟁점을 인식하고 그에 대한 적절한 의사결정을 하고 문제나 쟁점을 해결하기 위해 행동을 취하는 것을 의미한다. **예** 최근의 사회적 이슈에 대해 함께 토의하고 캠페인 등의 활동에 참여함

62 뱅크스(Banks)의 다문화교육을 위한 교육과정 접근법에 해당하지 않는 것은?　　24. 지방직

① 기여적 접근　　　　　　　　② 변혁적 접근

③ 동화주의적 접근　　　　　　④ 의사 결정 및 사회적 행동 접근

해설 뱅크스(J. Banks)는 다문화교육의 영역과 차원으로 내용통합, 지식 구성 과정, 편견 감소, 공평한 교수법, 학생의 역량을 강화하는 학교문화와 사회적 구조를 제시하였다. 이 중 내용 통합(Content Integration)은 공식적 교육과정에 다양한 문화적 배경과 관점을 포함시키는 교육과정 재구성을 의미한다. 뱅크스는 다문화 교육과정의 내용 통합 단계를 기여적 접근(①), 부가적 접근, 전환적 접근(②), 사회활동적 접근(④)의 네 단계로 주장하였다. ③ 동화주의(Assimilationism)는 다양한 문화적 배경을 가진 소수 집단들이 고유의 문화 정체성을 상실하고 특정 사회의 주류 문화에 통합되어 완전히 동화되는 과정을 의미하는 것으로 '인종의 용광로(Melting Pot)'에 비유된다. 이에 비해 다문화주의(Multiculturalism)는 '샐러드 그릇(Salad Bowl)'의 비유처럼, 특정 사회를 구성하는 소수 집단들이 각각의 고유한 문화 정체성을 유지하면서 사회의 구성원으로서 조화롭게 공존하는 것을 의미한다.

정답 60. ④ 61. ① 62. ③

제 4 절 교육제도

1 학교제도

01 다음의 (가)와 (나)에 적합한 용어로 짝지어진 것은?

06. 유·초등임용

> 학제의 구조는 ___(가)___ 와 ___(나)___ 에 따라 구성된다. 여기서 ___(가)___ 은 어떠한 교육을 하고 있는가, 또는 어떠한 계열의 학생들을 대상으로 하고 있는가를 나타내며, ___(나)___ 은 어느 정도의 교육을 받은 상태인가, 혹은 어떠한 연령층을 대상으로 하는가를 나타낸다.

(가) – (나)	(가) – (나)
① 계통성 – 단계성	② 단계성 – 계통성
③ 특수성 – 보편성	④ 연속성 – 특수성

해설 ① 학교제도의 유형은 계통성을 중심으로 하는 복선형과 단계성을 중심으로 하는 단선형으로 나눌 수 있으며, 복선형과 단선형의 중간적 형태인 분기형(分岐形)이 있다. 역사적으로 볼 때 학교제도는 '복선형 ⇨ 분기형 ⇨ 단선형'의 형태로 발달하였는데, 이는 교육의 기회균등 원칙의 발달과 밀접한 관련이 있다. 분기형 학제(Hilker, 민주적 복선형)는 기초교육은 단선형, 중등교육 이상은 복선형(능력 중시)으로, 복선형 학제에서 단선형 학제로의 변화과정에서 등장한 과도기적 학제이다.

TIP 복선형 학제와 단선형 학제의 비교

구분	복선형 학제(dual system)	단선형 학제(single system)
교육관	능력주의 교육관	평등주의 교육관
강조점	계통성(계급, 신분) ⇨ 계급형 학제(cast system), 비민주적 복선형	단계성(연령, 발달단계) ⇨ 계제형 학제(ladder system), 민주적 단선형
역사	유럽형 학제(예 영국, 프랑스)	미국형 학제(예 미국, 한국, 일본)
사회이동	후원적 이동	경쟁적 이동
장점	사회계층에 대한 교육의 계획적 통제가 가능, 사회직능에 부합되는 인간 양성	교육의 기회균등 보장 ⇨ 민주주의 교육이념 구현, 일관된 교육정책 시행, 수평적 학교이동(전학)이 용이
단점	전학이 불가, 계급의식 조장, 사회분열 조장, 교육적 차별 인정(기회균등 이념 구현이 어려움), 비민주적인 제도	사회계층에 대한 교육의 계획적 통제가 불가능, 기술혁신적인 메커니즘에 적응하는 인간양성이 어려움.

02 우리나라의 학제와 관련된 설명으로 옳지 않은 것은?

11. 국가직 7급

① 기본적으로 단선형 학제이다.
② 방송대학은 방계(특별)학제에 포함된다.
③ 기간(기본)학제는 정규학교제도를 의미한다.
④ 유치원은 기간학제에 포함되지 않는다.

해설 유치원, 초등학교, 중학교, 고등학교, 대학은 기간(보통)학제에 해당한다.

TIP 학교제도와 학교 외 제도 비교

구분	학교제도		학교 외 제도
개념	교육부 산하의 학교		교육부 이외의 부처가 관장하는 학교
학제	보통(기간, 정규)학제	특별(방계)학제	• 국방대학교, 삼군사관학교 (국방부)
	유치원		• 기능대학(고용노동부)
	초등학교(6년)	공민학교(3년) ⇨ 공식적 폐지	• 경찰대학(경찰청)
	중학교(3년)	고등공민학교(1~3년)	• 사법연수원(사법부)
	고등학교(3년)	• 고등기술학교(1~3년) • 방송통신고교	
	• 대학교(4년) - 대학, 교육대학, 종합교원양성대학 • 전문대학(2년)	• 방송통신대학 • 산업대학 • 기술대학	
		특수학교	
	자율학교	각종 학교(대안학교)	

* 공민학교는 법률 개정(2019. 12. 3.)으로 관련조항 삭제

2 학교 형태

03 「초·중등교육법」 및 동법 시행령상 학교에 대한 설명으로 옳지 않은 것은? 15. 국가직 응용

① 자율고등학교는 자율형 사립고와 자율형 공립고, 자율학교로 구분된다.

② 교육감이 특성화 중학교를 지정·고시하고자 하는 경우에는 미리 교육부장관의 동의를 받아야 한다.

③ 교육감이 특성화 중학교의 지정을 취소하는 경우에는 미리 교육부장관의 동의를 받아야 한다.

④ 교육감이 과학 계열의 특수목적 고등학교를 지정·고시하고자 하는 경우에는 미리 교육부장관의 동의를 받아야 한다.

해설 「초·중등교육법 시행령」 제91조의3, 4(2020. 2. 28. 삭제, 2024. 4. 25. 시행)에 따르면 자율형 고등학교는 학교 또는 교육과정을 자율적으로 운영할 수 있는 고등학교로 자율형 사립고와 자율형 공립고로 구분된다. 자율학교는 「초·중등교육법」 제61조, 「초·중등교육법 시행령」 제105조에 근거한 학교로, 국립·공립·사립의 초등학교·중학교 및 고등학교를 대상으로 학교 또는 교육과정을 자율적으로 운영할 수 있는 학교를 말한다. ④는 제90조(특수목적 고등학교) 제3항에 해당한다("교육감이 과학계열 고등학교 및 산업수요 맞춤형 고등학교(공립·사립의 고등학교만 해당)의 특수목적 고등학교를 지정·고시하려는 경우에는 미리 교육부장관의 동의를 받아야 한다." - 2020. 2. 28. 개정).

정답 01. ① 02. ④ 03. ①

TIP 자율학교 규정 – 「초·중등교육법 시행령」 |||||||||||||||||||||||||||||||||||||||||||||||||||||||||||||||

제105조【학교 및 교육과정 운영의 특례】 ① 교육감은 다음 각 호의 어느 하나에 해당하는 국립·공립·사립의 초등학교·중학교·고등학교 및 특수학교를 대상으로 법 제61조에 따라 학교 또는 교육과정을 자율적으로 운영할 수 있는 학교(이하 "자율학교"라 한다)를 지정·운영할 수 있다. 다만, 국립학교 및 제77조 제2항에 따라 교육감이 입학전형을 실시하는 지역의 후기학교를 자율학교로 지정하려는 경우에는 미리 교육부장관과 협의하여야 한다.

1. 학업에 어려움을 겪는 학생 등에 대한 교육을 실시하는 학교
2. 개별학생의 적성·능력 개발을 위한 다양하고 특성화된 교육과정을 운영하는 학교
3. 학생의 창의력 계발 또는 인성함양 등을 목적으로 특별한 교육과정을 운영하는 학교
4. 특성화중학교
5. 산업수요 맞춤형 고등학교 및 특성화고등학교
6. 「농림어업인 삶의 질 향상 및 농어촌지역 개발촉진에 관한 특별법」 제3조 제4호에 따른 농어촌학교
7. 그 밖에 교육감이 특히 필요하다고 인정하는 학교

② 자율학교를 운영하려는 학교의 장은 다음 각 호의 사항이 포함된 신청서를 작성하여 교육감에게 제출하여야 한다.

1. 학교운영에 관한 계획
2. 교육과정 운영에 관한 계획
3. 입학전형 실시에 관한 계획
4. 교원배치에 관한 계획
5. 그 밖에 자율학교 운영 등에 관하여 교육감이 정하여 고시하는 사항

③ 제2항에도 불구하고 교육감은 학생의 학력향상 등을 위하여 특히 필요하다고 인정되는 공립학교를 직권으로 자율학교로 지정할 수 있다. 이 경우 지정을 받은 학교의 장은 지체 없이 제2항 각 호의 사항을 작성하여 교육감에게 제출하여야 한다.

④ 자율학교는 5년 이내로 지정·운영하되, 교육감이 정하는 바에 따라 연장운영할 수 있다.

⑤ 교육부장관 또는 교육감은 자율학교의 운영에 필요한 지원을 하여야 한다.

⑥ 제1항부터 제5항까지에서 규정한 사항 외에 자율학교의 지정 및 운영에 필요한 사항은 교육감이 정하여 고시한다.

04 「초·중등교육법 시행령」(2011. 1. 17. 개정)의 고등학교 구분에서 특성화 고등학교에 해당하는 것은?

11. 국가직

① 자연현장실습 등 체험 위주의 교육을 전문적으로 실시하는 고등학교
② 특수분야의 전문적인 교육을 목적으로 하는 고등학교
③ 학교 또는 교육과정을 자율적으로 운영할 수 있는 고등학교
④ 특정분야가 아닌 다양한 분야에 걸쳐 일반적인 교육을 실시하는 고등학교

[해설] ②는 특수목적 고등학교, ③은 자율 고등학교, ④는 일반 고등학교를 가리킨다.

TIP 고등학교의 구분

특수목적 고등학교	특수 분야(예 과학계열, 외국어계열, 국제계열, 예술계열, 체육계열, 산업수요 맞춤형 고등학교)의 전문적인 교육을 목적으로 하는 고교 ⇨「초·중등교육법 시행령」제90조
자율 고등학교	학교 또는 교육과정을 자율적으로 운영할 수 있는 고등학교 ⇨「초·중등교육법 시행령」제91조의3에 따른 자율형 사립고등학교 및 제91조의4에 따른 자율형 공립고등학교
특성화 고등학교	소질과 적성 및 능력이 유사한 학생을 대상으로 특정 분야의 인재 양성을 목적으로 하는 교육 또는 자연현장실습 등 체험 위주의 교육을 전문적으로 실시하는 고등학교 ⇨「초·중등교육법 시행령」제91조
일반 고등학교	특정분야가 아닌 다양한 분야에 걸쳐 일반적인 교육을 실시하는 고등학교를 말하되, 특수목적 고등학교와 특성화 고등학교, 자율 고등학교에 해당하지 않는 고등학교를 포함 ⇨「초·중등교육법 시행령」제76조의3 제1호

05 다음은 「초·중등교육법 시행령」 제91조의 규정이다. ㉠과 ㉡에 들어갈 말은? 10. 국가직 응용

> _____㉠_____은 소질과 적성 및 능력이 유사한 학생을 대상으로 특정 분야의 인재양성을 목적으로 하는 교육 또는 자연현장실습 등 체험 위주의 교육을 전문적으로 실시하는 고등학교(이하 "_____㉡_____"라 한다)를 지정·고시할 수 있다.

	㉠	㉡		㉠	㉡
①	교육부장관	전문계 고등학교	③	교육감	전문계 고등학교
②	교육부장관	특성화 고등학교	④	교육감	특성화 고등학교

해설 특성화 고등학교는 교육감이 지정·고시할 수 있다.

06 「고등교육법」상 고등교육기관이 아닌 것은? 20. 국가직 7급

① 기술대학 ② 산업대학
③ 시민대학 ④ 사이버대학

해설 ③은 지역 주민들의 고등교육 욕구 충족 및 자기 개발을 위해 지자체가 마련한 평생교육사업에 해당하는 학교이다. 「고등교육법」제2조에 나타난 고등교육기관은 대학, 산업대학, 교육대학, 전문대학, 원격대학(방송대학·통신대학·방송통신대학·사이버대학), 기술대학 및 각종 학교를 말한다.

TIP 「고등교육법」상 학교의 종류

제2조【학교의 종류】 고등교육을 실시하기 위하여 다음 각 호의 학교를 둔다.
1. 대학 2. 산업대학
3. 교육대학 4. 전문대학
5. 방송대학·통신대학·방송통신대학 및 사이버대학(이하 "원격대학"이라 한다)
6. 기술대학 7. 각종 학교

정답 04. ① 05. ④ 06. ③

07 다음 설명에 해당하는 학교의 형태는?

> 학업을 중단하거나 개인적 특성에 맞는 교육을 받고자 하는 학생을 대상으로 현장실습 등 체험위주의 교육, 인성위주의 교육 또는 개인적 소질·적성 개발 위주의 교육 등 다양한 교육을 실시하는 학교이다(「초·중등교육법」 제60조의3).

① 특성화학교   ② 대안학교   ③ 각종 학교
④ 자율학교   ⑤ 특수목적학교

해설   대안학교는 「초·중등교육법」 제60조의3(각종 학교)에 규정된 학교로서, 정규학교의 교육과정에 준하는 교육을 실시하는 사회교육적 성격을 지닌 특별학제에 속하는 학교이다.

TIP 대안학교 관련 규정(「초·중등교육법」 제60조의3)

1. 학업을 중단하거나 개인적 특성에 맞는 교육을 받고자 하는 학생을 대상으로 현장실습 등 체험 위주의 교육, 인성 위주의 교육 또는 개인의 소질·적성 개발 위주의 교육 등 다양한 교육을 실시하는 학교이다(단, 교장 및 교감의 자격, 교육과정, 교과, 수업·학기·수업일수, 학년제, 교과용 도서 사용, 교육정보 시스템 구축·운영 등의 규정을 적용하지 아니한다).
2. 대안학교는 초등학교·중학교·고등학교의 과정을 통합하여 운영할 수 있다.
3. 대안학교의 설립기준·교육과정·수업연한·학력인정 그 밖에 설립·운영에 관하여 필요한 사항은 대통령령으로 정한다.

제5절 / 교사론

1 교직관

01 교직관에 대한 설명으로 가장 적절한 것은?

① 노동직관은 일부에서 주장되고 있지만 아직은 법적으로 전혀 인정되지 않고 있다.
② 전문직관은 교원 양성기관의 설립과 자격제도의 도입으로 설명될 수 있는 교직관이다.
③ 성직관은 성직자가 교직을 담당하였던 것에서 유래한 것으로, 오늘날 전면 부정되고 있다.
④ 공직관은 국가공무원 신분에 근거한 것이므로 공·사립학교 교원에게는 해당되지 않는다.
⑤ 성직관, 전문직관, 노동직관, 공직관은 상호 배타적이기 때문에 한 시대에 공존할 수 없다.

해설   전문직관(專門職觀)은 성직관과 노동직관의 장점을 변증법적으로 통합하려는 교직관으로, 교직은 미성숙자를 대상으로 고도의 지적 훈련을 요하며 자율성(학문의 자유)과 윤리의식이 필요하고 계속적인 연찬(研鑽)과 봉사지향성을 필수적으로 구비해야 하기 때문에 전문직이라고 볼 수 있다.
①은 「교원의 노동조합 설립 및 운영 등에 관한 법률」(1999) 제정으로 법적으로 인정되고 있다.
③은 교원의 사회봉사적 기능과 교원의 윤리강령을 중시하는 전문직관 속에 내재되어 있다.
④는 공립학교 교원 및 그에 준하는 사립학교 교원에게 요구되는 관점에 해당한다.
⑤는 상호보완적 의미로 해석될 때 바람직하다고 볼 수 있다.

TIP 교직관에 따른 교원 지위의 특성 비교

교직관	성직관	노동직관	전문직관	공직관
교직의 본질	인격성(윤리성)	근로성(노동성)	전문성(자율성)	공공성
지위 유형	인격자로서의 지위	근로자로서의 지위	전문가로서의 지위	공직자로서의 지위
지위 명칭	스승(선생)	교육근로자(교육노동자)	교육자(교사)	교원(교육공무원)
지위 기능	본질적 지위	수단적 지위	전문적 지위	공공적 지위
역할 기대	바람직한 교사상의 의미	근로자로서의 기본권 보장과 사회경제적 지위	교육활동의 특수성을 반영한 직업적 기대	법제화를 통한 공공성의 기대

02 교직을 전문직으로 인정할 만한 요소가 아닌 것은?   09. 교육사무관 5급

① 교과에 대한 체계적 지식
② 교수방법의 자율적 결정
③ 장기간의 교육에 의해 습득된 고도의 전문적 지식
④ 학생에 대한 교사의 윤리적 태도
⑤ 학교의 관료적 위계질서

해설 학교의 관료적 위계질서는 교직의 전문적 특성에 속하지 않는다.

TIP 전문직의 특성(Lieberman)

1. 심오한 이론적 배경(예 진보주의, 실존주의)을 가지고 있다.
2. 고도의 지성을 요구하는 정신적 활동을 위주로 한다.
3. 장기적인 훈련기간이 필요하다.
4. 엄격한 자격기준(예 교사자격증제도)이 있다.
5. 표준 이상의 능력 신장을 위하여 계속적인 이론 규명(예 현직교육)이 있어야 한다.
6. 사회봉사적 기능이 강하며, 자체의 행동을 규율하는 윤리강령(예 사도헌장, 사도강령, 교원윤리강령)을 가지고 있다.
7. 자신들의 전문성 제고(예 교원전문직단체)와 사회적·경제적 지위 향상(예 교원노조)을 위한 전문적 단체(예 교직단체)를 가지고 있다.

정답   07. ② / 01. ② / 02. ⑤

03 〈보기〉의 내용이 공통적으로 설명하고 있는 교원의 지위는?   07. 영양

┌ 보기 ┐
- 학교는 공공성을 지닌 조직이다.
- 교원의 신분은 법적으로 보장된다.
- 교육의 자주성 및 전문성과 지방교육의 특수성을 살리기 위한 제도이다.
- 공공의 이익을 위하여 교원의 기본권은 제한될 수 있다.

① 전문가로서의 지위   ② 인격자로서의 지위
③ 근로자로서의 지위   ④ 공직자로서의 지위

[해설] 교직은 고유한 직무를 통하여 국가·사회의 유지와 발전에 필수적으로 요구되는 영역에 대하여 전문적으로 기여하는 공복(公僕)이라고 할 수 있다. 이는 국민에 대한 봉사자라는 뜻으로 '공무원'을 달리 부르는 말이다.

---

2 교원의 권위

04 학생 체벌을 찬성하는 논리 중에서 '사랑의 매'는 교사의 권위 중 어느 것에 해당하는가?   09. 국가직

① 제도적 권위   ② 지적 권위
③ 도덕적 권위   ④ 기술적 권위

[해설] 사랑의 매는 아동의 도덕적 잘못을 훈육하려는 사랑으로 바로잡으려는 것으로 교사의 '도덕적 권위'와 관련된 것이다. 제도적 권위는 법으로 보장된 법적 권위를 일컫는 말이고, 지적 권위는 교사가 가진 지식에 근거한 것이며, 기술적 권위는 교육방법의 전문성과 관련된 권위를 말한다. 제도적 권위는 외부에 주어지는 권위이기에 외적 권위로 부르며, 나머지는 내적 권위에 해당한다. 역사적으로 우리 교육은 서당교육의 '초달(楚撻)'이라는 풍습에서 보여지듯 체벌을 부분적으로 인정하였으나, 서양에서는 체벌을 금기시하였다. 체벌을 최초로 부정한 학자는 로마의 퀸틸리아누스(Quintilianus)이다. 하지만 종교개혁기의 구교(舊敎)의 교육과 페스탈로치(Pestalozzi)의 경우는 소극적 의미이지만 체벌을 부분적으로 인정하였다. 사랑의 매는 페스탈로치(Pestalozzi)의 조건부 허용론과 맞물린다.

[정답]   03. ④   04. ③

Chapter 02

한국교육사

오현준 교육학
단원별✦
기출문제 1356제

한국교육사

www.pmg.co.kr

핵심 체크노트

1. **삼국시대의 교육** : 태학, 경당(고구려), 신라(화랑도)
2. **통일신라시대의 교육** : 국학, 독서삼품과
★3. **고려시대의 교육**
   ① **교육제도** : 국자감, 12공도, 향교, 학당, 서당 / 예종의 관학진흥책(문무7재, 양현고), 과거제도
   ② **교육사상가** : 이색, 지눌, 최충, 안향
★4. **조선시대(전기)의 교육**
   ① **교육제도** : 성균관, 사학, 향교, 서원, 서당, 과거제도, 교육관련 법규
   ② **교육사상가** : 권근, 이황, 이이
★5. **조선시대(후기)의 교육**
   ① 실학 교육의 등장배경과 특징
   ② **실학교육사상가** : 유형원, 이덕무, 이익, 홍대용, 정약용, 최한기
6. **근대(개화기)의 교육**
   ★① 학무아문고시, 교육입국조서
   ② **근대교육의 전개** : 관학(육영공원), 민족사학(원산학사), 선교계사학(배재학당)
7. **일제 강점기의 교육**
   ① **조선통감부의 교육정책** : 보통학교령(1906), 사립학교령(1908)
   ② **조선총독부의 교육정책** : 조선교육령(제1차~제4차)
   ③ 민족교육운동의 전개
   ④ **교육사상가** : 안창호, 이승훈
8. **미군정기의 교육정책** − 교육이념(홍익인간) 설정, 단선형학제 도입(6 − 3 − 3 − 4제)

제1절 한국교육사 개관

---

01 우리나라 교육의 역사에 대한 설명 중 옳지 않은 것은?

08. 국가직 7급

① 경당(扃堂)은 고려시대의 교육기관으로 최초의 지방학교였다.
② 향교(鄕校)는 고려시대에 설립되었으나 조선시대에 들어와 크게 확충되었다.
③ 태학은 고구려 시대에 설립된 관학(官學)으로서 우리나라 최초의 고등교육기관이다.
④ 통일신라의 학교교육은 당나라의 교육제도를 모방하여 설립한 국학에서 시작되었다.

해설 경당은 고구려 시대에 설립된 최초의 사학으로, 일반 민중의 미혼 자제들이면 누구나 입학할 수 있었다. 중국의 학교제도를 모방하지 않은 우리 고유의 학교전통을 유지하였으며, 통경(通經, 경서 읽기)과 습사(習射, 활쏘기)를 가르쳐 문무일치교육을 하였고, 서당의 전신이라는 점에서 교육적 의의를 지닌다.

TIP 우리나라 교육기관의 변화(삼국시대~조선시대)

설립 주체		관학			사학		
설립 수준		초등	중등(중앙 : 지방)	고등	초등	중등	고등
삼국 시대	고구려			태학	←--------	경당	--------→
	백제	기록이 없고 명칭만 전함(박사, 사도부, 내법좌평, 도당유학)					
	신라	화랑도(비형식적 교육, 사설 단체, 국가가 보호 육성)					
남북국 시대	발해			주자감			
	신라			국학			
고려			학당(동서학당 ⇨ 5부학당)	향교 국자감	서당 (경관, 서사)		12공도
조선			사부학당(사학), 종학, 잡학	향교 성균관	서당	서원	--------→

※ ▨의 교육기관은 문묘를 설치한 기관을 나타낸다.

02 대학 수준의 고등교육기관으로 보기 어려운 것은?　　　15. 특채

① 고구려의 태학(太學)
② 통일신라의 국학(國學)
③ 고려의 국자감(國子監)
④ 조선의 4부학당(四部學堂)

[해설] ④는 중등 수준의 교육기관으로 문묘(文廟)를 갖추지 않은 순수 강학기관이었다.

03 각 시대별 교육기관이 바르게 짝지어진 것은?　　　12. 국가직

① 백제(경당), 고구려(국학), 고려(오경박사), 조선(국자감)
② 통일신라(사부학당), 백제(서당), 고려(향교), 조선(국학)
③ 고구려(태학), 통일신라(국학), 고려(십이공도), 조선(향교)
④ 고구려(경당), 백제(학당), 고려(국학), 조선(성균관)

[해설] 고구려는 태학과 경당, 신라는 화랑도, 통일신라는 국학, 발해는 주자감, 고려는 국자감(후에 성균관), 학당, 향교, 십이공도, 서당, 그리고 조선은 성균관, 사부학당, 잡학, 종학, 향교, 서원, 서당 등을 들 수 있다. 백제는 교육기관의 명칭은 전해지지 않으며 박사(오경박사, 잡학박사), 내법좌평, 사도부 등의 교육 관련 용어만 전해져 온다.

04 우리나라 교육사에 관한 설명으로 옳지 않은 것은?　　　24. 지방직

① 백제에서는 교육기관으로 국학을 세웠다.
② 고구려에서는 교육기관으로 태학을 세웠다.
③ 유형원은 『반계수록』에서 교육제도 개혁을 주장하였다.
④ 근대적 관립학교인 육영공원을 세웠다.

[해설] 통일신라 시대의 국학(國學)은 신문왕 2년(682)에 당(唐)의 국자감제도를 모방하여 설립한 국립 유교대학을 말한다. 백제는 교육기관의 명칭은 전해지지 않으며 박사(오경박사, 잡학박사), 내법좌평, 사도부 등의 교육 관련 용어만 전해져 온다. 박사(博士)는 교육의 책임(敎學之任)을 맡은 관직(벼슬)의 이름으로, 유학에 정통한 학자들을 가리킨다. 박사 왕인(王仁)으로 하여금 일본에 「논어」와 「천자문」을 전했다는 기록이 있다. 이처럼 백제는 박사 파견 등을 통해 고대 일본의 학문과 교육 발전에 영향을 미쳤다.

정답　01. ①　02. ④　03. ③　04. ①

제 2 절 조선시대 이전(삼국시대~고려시대)의 교육

1 삼국시대의 교육

01 삼국시대의 교육에 관한 설명으로 바르지 못한 것은?   06. 유 · 초등임용

① 고구려에는 태학과 경당이라는 학교가 있었다.

② 박사(博士)제도의 존재는 백제에서 학교교육이 이루어졌을 가능성을 시사한다.

③ 신라는 화랑도제도를 통하여 문무일치의 교육을 실시하였다.

④ 신라의 국학은 공식기록으로 확인되는 우리나라 최초의 학교이다.

해설 공식기록으로 확인되는 우리나라 최초의 학교는 고구려의 태학(太學)이다. 「삼국사기」에 의하면 고구려의 태학(太學)은 우리나라 최초의 고등교육기관이자 학교교육의 효시(嚆矢)로 소수림왕 372년에 설립되었다. 신라의 국학은 국립 고등교육기관으로 문묘를 설치한 최초의 학교이며, 국내의 역사기록에서 운영규정을 확인할 수 있는 최초의 대학에 해당한다.

02 고구려의 학교교육에 대한 설명으로 적절하지 않은 것은?   05. 유 · 초등임용

① 경당은 서민층 미혼 자제들이 공부하던 곳이다.

② 경당에서는 송경습사(誦經習射) 교육이 이루어졌다.

③ 태학의 설립은 국가체제의 정비와 관련이 깊다.

④ 태학의 교재는 유교, 불교, 도교 경전으로 구성되어 있다.

해설 태학은 유교교육에 의한 관리 양성을 목적으로 하는 고구려의 국립 고등교육기관이다. 교육내용으로 오경(시경, 서경, 예기, 춘추, 주역), 삼사(사기, 한서, 후한서), 삼국지, 진춘추, 옥편, 자통, 자림, 문선을 가르쳤는데, 이 중 오경을 중시하였다. 유교, 불교, 도교 교육이 이루어진 것은 화랑도이다.

TIP 고구려 경당(扃堂)에 관한 사료(史料) ▍▍

일반 민중이 독서를 좋아하여 가난한 서민들까지도 각기 네거리마다 큰 집(扃堂)을 짓고 …… 미혼 자제들이 밤낮으로 여기 모여 글읽기와 활쏘기를 익힌다(俗愛讀書 至於衛門四養之家 各於家衛造大屋 …… 子弟未婚之前 晝夜於比讀書習射). 그들이 읽은 책에는 오경(시경, 서경, 예기, 춘추, 주역), 삼사(사기, 한서, 후한서), 삼국지, 진춘추(晋春秋), 옥편(玉篇), 자통(字統), 자림(字林), 문선(文選) 등이 있었는데, 특히 「문선(文選)」을 중시하였다.
—「구당서」, 동이 고려조(舊唐書 東夷 高麗條)

03 고구려의 경당에 대한 설명으로 옳지 않은 것은?   22. 국가직

① 문과 무를 아울러 교육하였다.

② 미혼 자제들을 위한 교육기관이다.

③ 『문선(文選)』을 교재로 사용하였다.

④ 유교 경전으로는 사서(四書)를 중시하였다.

해설 고구려의 경당(扃堂)은 5세기 장수왕 때 설립되었다고 추측되는 최초의 사학(私學)이다. 독서(讀書)와 습사(習射)를 겸한 문무일치교육(文武一致敎育)이 이루어졌다. 교육과정으로는 오경(五經), 삼사(三史), 삼국지, 진춘추(晋春秋), 옥편(玉篇), 자통(字統), 자림(字林), 문선(文選) 등이 있었는데, 특히 「문선(文選)」을 중시하였다. ④에서 사서(四書)는 대학(大學), 논어(論語), 맹자(孟子), 중용(中庸)은 고려 말에 안향이 중국으로부터 주자전서(朱子全書)를 가져 옴으로써, 고려 말과 조선 시대 성균관(成均館)의 주요 교육과정으로 중시되었다.

04 다음 내용에 해당하는 우리나라 교육제도는?   15. 지방직

• 유(儒)・불(佛)・선(禪) 삼교의 융합
• 청소년들의 심신을 수련하는 교육 집단
• 원광(圓光)의 세속오계를 통한 교육이념의 체계화
---

① 고구려의 경당   ② 신라의 화랑도
③ 고려의 국자감   ④ 조선의 성균관

해설 화랑도(花郞徒)는 신라의 고유사상(풍류사상)에 외래사상(유・불・선)을 통합함으로써 문무를 겸비한 인재를 양성하는 것을 목표로 한 신라만의 고유한 교육제도였다.
* 세속오계는 화랑이 지켜야 할 다섯 가지 계율로, 사군이충(事君以忠), 사친이효(事親以孝), 교우이신(交友以信), 임전무퇴(臨戰無退), 살생유택(殺生有擇)을 말한다.

---

2 통일신라시대의 교육

05 〈보기〉에 제시된 통일신라시대의 국학(國學)에 관한 설명 중 사실과 다른 것은?   09. 유・초등임용

┌ 보기 ┐
㉠ 국학은 국내의 역사 기록에서 운영규정을 확인할 수 있는 최초의 대학이다.
㉡ 신라는 삼국을 통일한 이후, 필요한 관리 양성을 위해 이전의 화랑도(花郞徒)를 개편하여 국학을 설립하였다.
㉢ 국학 설립 과정에서 당(唐)의 국자감(國子監)을 모델로 삼았지만, 현실이 당과는 달랐기 때문에 동일하게 운영하지는 않았다.
㉣ 신라는 불교와 전통사상이 강한 상황이어서, 멸망할 때까지 문묘(文廟)를 설치하지 않았다.
㉤ 국학이 설립되자 박사와 조교가 교육을 담당하여 15세부터 30세까지의 학생을 대상으로 유학경전 등을 가르쳤다.

① ㉠, ㉢   ② ㉠, ㉤   ③ ㉡, ㉣   ④ ㉡, ㉤   ⑤ ㉢, ㉣

해설 ㉡은 국학(國學)은 신문왕 2년(682)에 당(唐)의 국자감제도를 모방하여 설립한 국립 유교대학으로 화랑도와는 별개이며, ㉣은 성덕왕 17년(717)에 당으로부터 김수충(金守忠)이 공자, 십철(十哲), 72제자의 화상(畵像)을 모셔 와 안치하고 처음으로 문묘(文廟) 제례를 실시하였다. 우리나라 최초의 대학인 태학의 경우는 중국의 역사기록에서 그 운영규정을 추론할 수 있을 뿐이며, 우리나라의 역사기록(『삼국사기』)에는 설립연대(372년)만 기록되어 있다.

TIP 국학(國學)의 교육과정

유학과	교양과목	논어, 효경 ⇨ 필수
	전공과목	제1분과(예기, 주역), 제2분과(춘추좌씨전, 모시), 제3분과(상서, 문선)
기술과(잡과)		논어, 효경 + 의학, 율학, 산학, 천문학

정답   01. ④   02. ④   03. ④   04. ②   05. ③

06 신라시대의 독서출신삼품과에 대한 설명으로 옳은 것을 모두 고르면?   08. 유·초등임용

□□□

┌ 보기 ┐
㉠ 신라 원성왕 4년(788년)에 국학에 설치된 관리선발제도이다.
㉡ <사서오경>에 대한 독서의 정도를 상·중·하의 삼품으로 평가하여 관직을 제수한다.
㉢ <오경>과 <삼사(三史)>, <제자백가서>에 두루 능통한 자는 특별히 발탁하여 등용한다.
㉣ 신라 사회가 인재 선발의 기준으로 무예를 강조하던 시대에서 학식을 중시하는 시대로 이행하고 있음을 보여 준다.
└

① ㉠, ㉡   ② ㉡, ㉣   ③ ㉠, ㉢, ㉣   ④ ㉠, ㉡, ㉢, ㉣

해설 ㉡ <사서오경> 중 사서(四書), 즉 대학(大學)·논어(論語)·맹자(孟子)·중용(中庸) 등은 고려 말부터 조선시대에 이르기까지 주된 교육과정으로 강조된 것이다. 고려시대 이전까지는 시경(詩經)·서경(書經)·역경(易經)·예기(禮記)·춘추(春秋) 등 오경(五經)이 기본교재였다.

TIP 독서삼품과(독서출신과)

특품	「오경」, 「삼사」, 「제자백가서」에 모두 능통한 자는 각 단계를 뛰어넘어 발탁하여 초탁(超擢)함.
상품	「춘추좌씨전」이나 「예기」, 「문선」을 읽고 그 뜻에 능통하고 「논어」·「효경」에 밝은 이
중품	「곡예(예기)」·「논어」·「효경」을 읽은 사람
하품	「곡예」·「효경」을 읽은 사람

07 신라시대의 국학(國學)에 대한 설명으로 옳은 것은?   19. 지방직

□□□

① 교수와 훈도를 교관으로 두어 교육하게 하였다.
② 6두품 출신 자제들에게만 입학 자격이 부여되었다.
③ 독서삼품과를 도입하여 독서의 정도에 따라 관직에 진출시켰다.
④ 수학 기간은 관직에 진출할 때까지 누구에게도 제한하지 않았다.

해설 통일신라시대의 국립 유교대학인 국학(國學)은 원성왕 4년(788년)에 졸업시험이자 관리선발제도인 독서삼품과를 설치하여 독서의 정도에 따라 상·중·하의 삼품으로 평가하여 관직을 제수하였다. ①은 향교(鄕校)에 해당하며, 국학은 박사와 조교로 교관을 구성하였다. ②는 15~30세까지의 무위자(無位者, 관직에 오르지 않은 자)로부터 대사(大舍, 12등급)까지의 귀족 자제들에게 입학자격을 부여하였다. ④는 수업연한은 9년으로서 실력이 저능(低能)한 자는 퇴학 조치하였다.

3 종합(삼국시대 ~ 통일신라시대)

08 삼국시대 및 통일신라와 발해의 교육에 대한 설명으로 옳은 것은?   11. 중등임용

□□□

① 백제 성왕 대에는 전업박사(專業博士)가 사서(四書)를 가르쳤다.
② 신라 진흥왕 대에는 화랑도(花郎徒)를 개편하고 국선(國仙)을 두었다.
③ 신라의 국학(國學)은 독서삼품과(讀書三品科)를 통해 입학생을 선발하였다.
④ 고구려의 경당(局堂)은 태학(太學) 입학을 준비하기 위한 귀족 교육기관이었다.
⑤ 발해는 국자감(國子監)에 왕족 여성교육을 위한 여사(女師)제도를 두었다.

해설 ① 성왕 대(代)에 등장한 전업박사(專業博士)는 실용학문을 가르치는 역(易)·의(醫)·역(曆) 박사 등을 말하며, 모시(毛詩)나 오경(五經) 등 유학(교양)을 가르치는 오경박사(五經博士) 또는 전경박사(傳經博士)는 백제 초기(근초고왕)부터 관학을 주도하였다.
③ 독서삼품과(讀書三品科)는 국학의 졸업시험에 해당하며 문관 등용시험이었다.
④ 경당(局堂)은 장수왕 대(代)에 나타난 일반 민중의 미혼 자제를 위한 교육기관이었다.
⑤ 주자감(冑子監)은 중앙에 설치된 귀족자제를 위한 고등교육기관이었다.

09 삼국 및 통일신라시대 인물들의 교육활동에 대한 설명으로 옳지 않은 것은?   12. 중등임용

① 왕인은 왜(倭)에 「논어」와 「천자문」을 전해주었으며, 당시 왜 태자의 스승이 되었다.
② 원광은 신라 사회의 현실을 고려하여 세속오계를 제정하였으며, 신라의 청년들을 가르치는 스승이 되었다.
③ 원효는 일심(一心)·화쟁(和諍)·무애(無碍)사상을 주창하였으며, 대중을 교화하는 방법으로 그들의 수행 능력에 맞는 염불을 사용하였다.
④ 설총은 당시 신라말[方言]로써 구경(九經)을 읽어 후학들을 훈도하였으며, 「화왕계(花王戒)」를 통해 왕을 바른 길로 이끌었다.
⑤ 최치원은 독서삼품과에서 특품으로 발탁되었으며, 국학에서 생도들을 가르쳤다.

해설 최치원은 당나라에 유학해서 외국인에게 부여하는 빈공과(賓貢科)라는 과거시험에 응시하여 능력을 인정받았다.

4 고려시대의 교육

10 고려시대 교육제도에 대한 설명으로 옳지 않은 것은?   14. 국가직 7급

① 서당은 향촌에 설치된 민간의 자생적인 사설 초등교육기관이다.
② 국자감은 유학계의 3학인 국자학, 태학, 사문학과 기술계의 3학인 율학, 서학, 산학으로 구성되었다.
③ 향교는 공자 등 성현을 모시는 제사 기능의 문묘와 학생들에게 수업을 하는 교육 기능의 명륜당으로 구성되었다.
④ 십이도는 서민 자제의 교육을 위해 국가가 경영한 학교로서 문묘가 없이 학생을 가르치는 교육 기능을 하였다.

해설 12공도(十二公徒)는 고려시대 개경에 있었던 12개의 사립 고등교육기관(사립대학)으로, 그 최초는 최충이 설립한 9재학당(문헌공도)이며, 나중에 설립된 11도를 합하여 통칭하는 말이다. 등장 배경은 계속된 전쟁으로 인한 국자감의 부진과 과거에 치중한 사회풍조, 향학(鄕學)의 불비(不備) 등의 사회적 배경과 사학(私學)의 조직적인 운영방식을 들 수 있으며, 하나의 학풍과 학벌을 형성하면서, 관학인 국자감이 부진하고 향교와 학당이 수립되기 전의 고려 문화와 유교 교육에 큰 공헌을 하였다.

TIP 고려시대의 학교제도

관학	• 중앙 : 국자감(고등) / 학당(중등) / 십학(十學, 기술학)
	• 지방 : 향교(중등)
사학	12공도(고등) / 서당('경관'과 '서사', 초등) / 서재(중등)

정답   06. ③   07. ③   08. ②   09. ⑤   10. ④

11 고려시대 국자감에 대한 설명으로 옳지 않은 것은?   11. 국가직

① 국자감은 유학부와 기술부의 이원체제로 운영되었다.
② 국자감의 유학부에서는 논어와 주역을 필수교과로 하였다.
③ 예종 때에 국자감에 설치한 7재에는 무학도 포함되어 있었다.
④ 국자감은 향사의 기능을 가진 문묘와 강학의 기능을 가진 학당이 별도로 있었다.

> 해설 국자감(國子監)은 신라의 국학(國學)에서와 같이 교육에서 필수교과로 「논어(論語)」와 「효경(孝經)」을 중시하였다.

TIP 국자감 교육의 변화

1. **경사6학**: 신분제도에 따른 구분 ⇨ 고려 초기 실시, 인종(17대) 때 학식 정비 후 체계화

구분	학교명	입학자격	교육내용	교사	정원	수업 연한
유학과 (경학)	국자학	문무관 3품 이상 자손	• 공통필수 : 논어, 효경 • 전공과목 : 주역, 상서, 주례, 예기, 의례 등 9경	• 박사 • 조교	각 300명 (시대에 따라 증감)	9년
	태학	문무관 5품 이상 자손				
	사문학	문무관 7품 이상 자손				
잡학과 (기술과)	율학	문무관 8품 이하 자손, 서민 자제	율령(律令) : 법률 집행	박사	율학 40명, 서·산학 각 15명	6년
	서학		팔서(八書) : 문서 정리			
	산학		산수(算數) : 회계 관리			

2. **문무7재**(16대 예종) : 교육내용에 따른 구분

구분	재(전문강좌)명과 강의 분야	인 원
유학(6재)	여택재(주역 또는 역경), 대빙재(상서 또는 서경), 경덕재(모시 또는 시경), 구인재(주례), 복응재(대례 또는 예기), 양정재(춘추)	70명
무학(1재)	강예재 ⇨ 북방민족인 여진족의 침입에 대비하기 위해 개설	8명

3. **9재**(31대 공민왕) : 4서5경

12 고려시대 국자감과 관련된 내용을 바르게 기술한 것은?   12. 유·초등임용

① 교관(教官)을 좌주(座主), 생도를 문생(門生)이라 호칭하였다.
② 경주, 평양, 청주에 설치하여 지역 교육의 발전을 도모하였다.
③ 양현고(養賢庫)를 설치하여 문묘(文廟) 관리를 담당하게 하였다.
④ 율학(律學), 서학(書學), 산학(算學) 분야는 12도(徒)에 위탁하여 교육하였다.
⑤ 칠재(七齋) 중 무학(武學) 분야인 강예재(講藝齋)는 설치되었다가 폐지되고 육재(六齋)로 운영되었다.

> 해설 ①의 좌주문생제도는 과거제도와 관련된 것으로 12공도의 전통에 해당하며, ②의 국자감은 개경에 설치되었다.
> ③의 양현고는 장학재단에 해당하며, ④는 국자감 초기 교육과정 중 잡학(雜學)에 해당한다.

13 다음 「고려사(高麗史)」의 발췌문에 나타난 교육기관과 그것에 대한 진술로 옳은 것은? 10. 유·초등임용
☐☐☐

> 그가 후진(後進)을 불러 모아 가르치기를 게을리하지 않으니, 생도들이 몰려들어 길거리를 가
> 득 메웠다. 이에 구재(九齋)로 나누어 낙성(악성, 樂聖), 대중(大中), 성명(誠明), 경업(敬業),
> 조도(造道), 솔성(率性), 진덕(進德), 대화(大和), 대빙(待聘)이라고 하였다. (……중략……) 무
> 릇 과거(科擧)에 응시하는 자제는 반드시 먼저 여기에 소속해서 공부했다.

① 문헌공도(文憲公徒) - 생도들에게 구경삼사(九經三史)를 가르쳤다.
② 문헌공도(文憲公徒) - 국자감의 박사(博士)들이 교육을 담당하였다.
③ 광헌공도(匡憲公徒) - 주자(朱子)가 저술한 사서집주(四書集註)를 주로 가르쳤다.
④ 광헌공도(匡憲公徒) - 문묘(文廟)인 대성전(大成殿)을 갖추고 봄과 가을에 제사를 지냈다.
⑤ 동서학당(東西學堂) - 민간 교육시설로 미혼의 평민 자제에게 유학(儒學)을 가르쳤다.

[해설] 문헌공도(9재학당)는 해동공자(海東孔子)라 불리는 최충(崔沖, 과거감독관인 지공거 출신)이 9칸이었던 자신의
집을 개조하여 9개 전문강의실(class)을 만들어 과거 준비를 전문적으로 시켰던 우리나라 최초의 사립대학이다. 당시 국자
감 교육의 부실함에 불만을 가진 유생들을 모아 신하의 올바른 태도인 6정신상(正臣像)을 교육목표로 주로 9경*과 삼사를
교수하였으며 하과(夏課), 조교제도, 각촉부시(刻燭賦詩) 등의 교육적 전통을 지니고 있었다. ②와 ④는 국자감, ⑤는 서당
에 해당한다. ③은 사서(四書)는 조선시대 성균관의 교육과정에 해당한다.
* 9경(九經)은 5경[(五經 ; 시경(모시), 서경(상서), 예기(대례), 춘추(좌씨전), 주역(역경)]과 4경(四經 ; 의례, 주례, 춘추공
양전, 춘추곡량전)을 말한다.

14 고려시대 과거제도의 예외로서 그 내용이 바르게 연결된 것은? 09. 경기
☐☐☐

① 음서제도(蔭敍制度) - 하급관리가 고위직으로 진출할 수 있게 한 제도
② 천거제도(薦擧制度) - 조상의 음덕으로 자손이 관리가 될 수 있는 제도
③ 성중애마(成衆愛馬) - 내시, 숙위 등의 왕을 모시는 직책을 이용하여 등용하는 제도
④ 남반잡로(南班雜路) - 벼슬에 오르지 못한 인물을 추천에 의하여 특별히 등용하는 제도

[해설] 성중애마(成衆愛馬)는 내시와 숙위 등 왕을 가까이 모시는 특수직책을 이용해 고위관직으로 진출할 수 있게 하는
보선제도를 말한다. ①은 남반잡로, ②는 음서제도, ④는 천거제도에 해당한다.

15 다음 내용과 관계 깊은 고려의 사상가는? 07. 서울시
☐☐☐

> • 교육이념을 불심유성동일관(佛心儒性同一觀)에 입각한 심신성명(心身性命)의 구명(究明)에
>   두었다.
> • 강의, 토론, 판별, 절충, 합치 과정 등의 단계로 교육방법을 제시하여 내용 이해와 개성 존중
>   을 중시하였다.
> • 과거제에 무과를 둘 것을 강조하여 문무겸비인(文武兼備人)을 교육적 인간상으로 제시하였다.

① 최충   ② 안향   ③ 이색   ④ 정몽주

[해설] 이색은 성리학자로서 불교에 대한 조예도 깊었다. 그의 기본철학은 불심(佛心)과 유성(儒性)은 동일한 것으로서,
불(佛)의 견심(見心)과 유(儒)의 양성(養性)은 동일한 의(義)라는 데 있다. 또한 그는 교육방법으로서 교수5단계설을 제시하
였으며, 문무일치를 위해 노력하였다.

정답   11. ②   12. ⑤   13. ①   14. ③   15. ③

TIP 고려시대의 교육사상가 비교

사상가	교육목표	교육사상
최충	성신(聖臣), 양신(良臣), 충신(忠臣), 지신(智臣), 정신(貞臣), 직신(直臣)의 6정신상 ⇨ 신하의 올바른 태도	• 해동공자(海東孔子)라 불림. ⇨ 9재학당(문헌공도) 설립 • 각촉부시(刻燭賦詩) : 속작시(速作詩), 흥미유발 방법, 모의과거 • 조교제도 • 하과(夏課) : 계절에 따른 절기수업, 승방(僧房)에서 실시
안향	극치성경인 양성	• 흥학양현(興學良賢) : 국학 부흥＋장학 ⇨ 주자학(「주자전서」) 도입, 섬학전(양현고 기금 확충)제도 • 지행합일설 : 수행의 핵심을 실천의 도에 둔 실천적 윤리 강조
이색	문무겸비인 양성	• 불심유성동일사상(佛心儒性同一思想) • 과거에 무과(武科) 설치 주장 • 5단계 교수법 : 본문 강의 ⇨ 의문 논란 ⇨ 이동(異同)의 분석과 판별 ⇨ 이치(理致) 절충 ⇨ 주지(主旨)에 합치
정몽주	충군신의인 양성	• 「중용」과 「대학」 중시 • 박학심문 : 해박한 지식을 바탕으로 논리적으로 교수
지눌	진심인 양성 ⇨ 공부는 마음을 닦아 진심(眞心)을 찾는 과정 [반조(返照)의 논리]	• 돈오(頓悟, 비연속적 교육) ＋ 점수(漸修, 연속적 교육) • 정혜쌍수(定慧雙修) : 정(定)과 혜(慧)의 공부과정을 함께 중시 ⇨ 선(禪, 실천문)을 닦는 선정(禪定)과 교(敎, 지식·이론문)를 공부하는 혜학(慧學)은 병행되어야 한다. ≒ 학사병용(學思竝用) － 공자

---

5 종합(삼국시대 ～ 고려시대)

16 삼국시대에서 고려시대까지의 교육에 대한 서술로서 옳은 것을 〈보기〉에서 모두 고른 것은?

10. 중등임용

┌─ 보기 ┐
ⓐ 고구려에는 평민도 교육받을 수 있는 교육기관이 존재했다.
ⓑ 백제는 박사 파견 등을 통해 고대 일본의 학문과 교육 발전에 영향을 미쳤다.
ⓒ 신라의 화랑도 교육에는 고유의 사상 및 종교의 요소가 있었다.
ⓓ 고려의 학교교육은 불교사상을 근간으로 전개되었다.

① ㉠, ㉢   ② ㉡, ㉣   ③ ㉠, ㉡, ㉢
④ ㉠, ㉢, ㉣   ⑤ ㉡, ㉢, ㉣

해설 우리나라의 학교교육의 근간은 유교(儒敎)이며, 고려 또한 유관불심(儒冠佛心)에 따라 유교사상을 근간으로 학교교육을 전개하였다. 불교(佛敎)가 널리 퍼지는 것을 막고 유교이념을 확산시키기 위해 지방에 향교(鄕校)를 설립하여 문묘제례도 동시에 시행하였다. ㉠은 경당이 해당되며, ㉡에서 박사(博士)는 교육의 책임(敎學之任)을 맡은 관직(벼슬)의 이름으로, 유학에 정통한 학자들을 가리킨다. 고이왕 25년(8대, 285)*에 박사 왕인(王仁)으로 하여금 일본에 「논어」와 「천자문」을 전했다는 기록이 있다. 박사는 초기에는 유학경전을 가리키는 전문가(예 오경박사)만을 지칭하였으나 후에 기술교육을 담당하는 잡학박사도 등장하였다. ㉢에서 화랑도의 고유사상은 풍류사상이고, 외래사상은 유·불·선이 있었다.
* 근초고왕(13대), 근구수왕(14대), 아신왕(17대) 등 다양한 학설이 존재함.

17 통일신라의 국학과 고려의 국자감에서 공통으로 필수과목이었던 두 책은?

21. 지방직

① 「논어」와 「맹자」   ② 「논어」와 「효경」   ③ 「소학」과 「가례」   ④ 「소학」과 「대학」

해설 신라의 국학(國學)과 고려의 국자감(國子監)은 모두 필수교과로 「논어(論語)」와 「효경(孝經)」을 중시하였다.

단원별 기출문제 1356제

제3절 **조선시대의 교육Ⅰ(전기 ; 성리학 교육)**

1 교육이념(성리학)

01 다음 내용 중 고려 말 주자학의 도입이 한국 전통교육에 끼친 영향에 관한 설명으로 올바른 것을 □□□ 모두 고르면?

07. 유 · 초등임용

> ㉠ 학풍이 훈고 · 사장학적 유학에서 성리학적 유학으로 변화하였다.
> ㉡ 종래의 <5경> 중심 유학 교육과정이 <4서 5경> 체제로 재편되었다.
> ㉢ 수기(修己)를 강조하는 교육에서 치인(治人)을 중시하는 교육으로 전환하였다.
> ㉣ 이상적인 재상과 관련하여 문학적 소양보다 경학적 소양을 더 강조하게 되었다.

① ㉠, ㉡   ② ㉢, ㉣
③ ㉠, ㉡, ㉣   ④ ㉡, ㉢, ㉣

해설 주자학(성리학)은 수기(修己)를 교육의 출발점으로 보아 자기성찰을 중시한 위기지학(爲己之學)을 교육의 목표로 삼았으며, 치인(治人), 즉 위인지학(爲人之學)을 보다 중시한 것은 실학이라고 할 수 있다. 위인지학(爲人之學)은 조선 초기 에는 사회적 출세나 처세를 의미하였으나 실학자들에게는 사회적 자아실현(social self−realization)의 의미로 이해되었다.

TIP 유학(儒學)의 발전과정

춘추전국시대	한(漢) · 당(唐)		송(宋)	명(明)	청(靑)
원시 유교(선진 유학)	훈고학	사장학(詞章學)	주자학(성리학, 理學)	양명학(心學)	고증학
공자(仁), 맹자(仁義), 순자(禮法)	경전의 자구 해석	문장(文章)과 시부 (詩賦) 중심	이론철학	실천철학	문헌비평(유교과학)

02 주자학(朱子學)에서 제시하는 바람직한 공부의 모습과 거리가 먼 것은?
□□□

10. 중등임용

① 위기지학(爲己之學)을 통한 참된 본성의 실현을 지향한다.
② 공부의 전(全) 과정에서 경(敬)의 자세가 근간이 된다.
③ 소학(小學)에서 대학(大學)으로 이어지는 단계를 밟는다.
④ 지(知)와 행(行)이 서로를 밝히고[相發] 함께 진전한다[竝進].
⑤ 독서 공부는 순서상 역사서를 두루 읽은 후 사서(四書)로 나아간다.

해설 독서의 순서는 율곡 이이의 주장에 따르면 「소학(小學)」을 읽고 나서, 「대학(大學)」과 「근사록(近思錄)」−「논어」 −「맹자」−「중용」 등 사서(四書)를 읽고 5경−역사서 · 성리학서의 순서로 진행한다. ①은 학문의 내재적 가치를 중시한 퇴계 이황의 사상이며, ②의 경(敬)사상은 퇴계 철학의 근본원리이다. ③은 김굉필이 주장한 소학−대학계제론을 말하는 것이며, 성균관에서는 이 원리에 따라 교육을 하였다. ④의 지행병진은 이황의 주장이다.

정답 16. ③   17. ②   /   01. ③   02. ⑤

TIP 「소학(小學)」: 사학(四學)과 향교(鄕校)의 필수교과
① 중국 주자(朱子)의 제자 유자징이 편찬한 유학교육 입문서, 일상생활의 실천 윤리[예 쇄소(刷掃)·응대(應待)·진퇴(進退) 등]로 구성
② **구성**: 내편 4권[입교(立敎, 교육방법), 명륜(明倫, 인간의 길), 경신(敬身, 수양의 길). 계고(稽古, 옛 성현의 가르침)]과 외편 2권[가언(嘉言, 아름다운 말), 선행(善行, 착한 행동)]
③ 「소학」의 대체서: 이덕무의 「사소절」, 이이의 「격몽요결」, 안정복의 「하학지남」

2 교육기관(관학, 사학)

03 조선시대 교육기관에 대한 설명으로 옳지 않은 것은?   13. 국가직 7급
□□□
① 향교는 문묘와 명륜당을 둔 지방의 대표적 교육기관이었다.
② 사학으로서 서원이 등장하여 발전하였다.
③ 중앙의 사립 고등교육기관으로서 12도가 등장하여 발전하였다.
④ 향교와 비슷한 수준의 교육기관으로 4학이 있었다.

해설 12도는 고려 문종 때 최충이 지은 9재학당(문헌공도)에서 시작하여 과거 준비를 목적으로 설립된 우리나라 최초의 사립대학에 해당한다. 예종(禮宗)의 관학 진흥책 이후 국자감 준비를 위한 중등교육기관으로 격하되다가 점차 소멸되었다.

TIP 조선시대의 학교제도

관학	• 중앙: 성균관(고등) / 4부학당, 종학, 잡학(중등) • 지방: 향교(중등)
사학	• 서당(초등) / 서원(중등)

04 조선시대 성균관에 대한 설명으로 옳은 것은?   13. 국가직
□□□
① 양반(귀족)의 자제면 누구나 입학할 수 있다.
② 성현의 제사를 지내는 것이 주목적이다.
③ 강독, 제술, 서법 등이 교육내용이다.
④ 생원이나 진사가 되기 위한 준비기관이다.

해설 성균관의 주된 교육 내용은 강독(講讀), 제술(製述), 서체(書體)이다. ①은 원칙적으로 소과(생원시와 진사시) 합격생에 한하여 입학할 수 있었으며, ②는 인재 및 고급관리(선비) 양성과 유교이념의 보급이 주목적이며, ④는 선비가 되기 위한 준비기관이라고 할 수 있다.

TIP 성균관의 교육과정

강독	• 교재는 사서오경 • 노장(老莊), 불서(佛書), 백가자집(百家子集)은 잡서(雜書)로 인정하여 독서 금지
제술	초순에는 의(疑)·의(義)·논(論)을 짓고, 중순에는 부(賦)·표(表)·송(頌)을 지으며, 하순에는 대책(對策)·기(記)를 지음.
서체	해서(楷書)만을 사용

05 조선시대 성균관에 대한 설명으로 옳지 않은 것은? 16. 국가직
□□□

① 문묘와 학당이 공존하는 묘학(廟學)의 형태를 띠고 있었다.

② 고려의 국자감과 달리 순수한 유학(儒學) 교육기관으로 운영되었다.

③ 유생들이 생활하며 공부할 때 지켜야 할 수칙으로 학령(學令)이 존재하였다.

④ 재학 유생이 정원에 미달하면 지방 향교(鄕校)의 교생을 우선적으로 승보시켰다.

해설 승보시(陞補試)는 사학(四學)의 유생 중 「소학(小學)」의 공을 성취한 사람에게 성균관 입학 자격을 주는 시험으로, 합격시 소과(小科) 초시(初試)를 면제해 주고 복시(覆試)에 응시하도록 혜택을 주었다.

06 조선 시대 성균관의 학령에 대한 설명으로 옳은 것을 〈보기〉에서 고른 것은? 18. 지방직
□□□

┌─ 보기 ─
│ ㉠ 사서오경과 역사서뿐만 아니라 노자와 장자, 불교, 제자백가 관련 서적도 함께 공부하도록
│   하였다.
│ ㉡ 매월 옷을 세탁하도록 주어지는 휴가일에는 활쏘기와 장기, 바둑, 사냥, 낚시 등의 여가활
│   동을 허용하였다.
│ ㉢ 유생으로서 재물과 뇌물을 상의하는 자, 주색을 즐겨 말하는 자, 권세에 아부하여 벼슬을
│   꾀하는 자는 벌하도록 하였다.
│ ㉣ 매년 여러 유생이 함께 의논하여 유생들 중 품행이 탁월하고 재주가 출중하며 시무에 통
│   달한 자 한두명을 천거하도록 하였다.

① ㉠, ㉡   ② ㉠, ㉣   ③ ㉡, ㉢   ④ ㉢, ㉣

해설 「학령(學令)」은 조선 초(세종 19년) 권근(權近) 등이 제정한 성균관 학칙으로, 학생의 성적, 벌칙, 일과, 자치 활동 등을 규정하고 있다. 조선 최초의 학규(學規)로 성균관 유생들이 지켜야 할 생활 규칙에 해당한다. ㉠은 노자와 장자, 불교, 제자백가 관련 서적은 금서(禁書)로 규정하여 읽기를 금지하고 있으며, ㉡은 휴가일에는 활쏘기와 장기, 바둑, 사냥, 낚시 등의 여가(유희) 활동 또한 금지하였다. 율곡 이이는 선조 15년(1582), 학생훈육과 학생수양을 위한 규칙인 「학교모범(學校模範)」을 저술하여 「학령(學令)」의 미비점을 보완하였다.

07 조선시대 성균관 유생의 출석 확인을 위한 방식은? 19. 국가직
□□□

① 학교모범(學校模範)   ② 원점법(圓點法)

③ 탕평책(蕩平策)   ④ 학교사목(學校事目)

해설 원점제도(圓點制度)는 식당에 출입할 때마다 출석부인 도기(到記)에 점을 찍는 것으로 아침·저녁 2회를 1점으로 간주한다. 출석점수가 300점 이상이면 성균관 졸업시험인 문과 대과에 응시할 자격을 주었다. 이와 같은 원점제도의 현대적 의의는 출석제도의 강화를 통해 학교교육을 정상화하기 위한 방안으로 해석된다. ①과 ④는 율곡 이이의 저서이다. ③은 조선 말기, 영조와 정조가 당쟁의 폐해를 없애기 위해 인재를 고르게 등용하여 당파 간의 정치 세력에 균형을 꾀하던 정책이다.

정답 03. ③   04. ③   05. ④   06. ④   07. ②

오현준 교육학

08 조선시대 사학(四學)에 대한 설명으로 옳지 않은 것은?

09. 국가직

① 경서 중에서 소학은 필수과목이었다.
② 향교와 같이 중등교육을 담당하였다.
③ 성균관과 같이 명륜당과 문묘를 갖추고 있었다.
④ 입학 후 15세 이상이 되어 학문이 우수하면 성균관에 입학할 수 있었다.

해설 사학(四學)은 성균관의 부속학교로서 문묘를 설치하지 않은 순수 교육기관이었으며, 문묘를 설치한 사학 수준의 중등학교는 향교(鄕校)였다.

09 고려의 동서학당(東西學堂)과 조선의 사부학당(四部學堂)에 관한 진술로 옳은 것은?

09. 초등임용

① 동서학당은 국자감 창설과 동시에 설립되었다.
② 동서학당은 각촉부시(刻燭賦詩)로 유명하였다.
③ 사부학당은 개화기에 배재학당으로 전환되었다.
④ 사부학당은 동학, 서학, 남학, 북학을 지칭하였다.
⑤ 사부학당은 성균관(成均館)의 관할하에 운영되었다.

해설 사부학당(四學)은 성균관 부속 중등학교로 문묘를 두지 않은 순수교육기관이었다. 「소학(小學)」을 필수교과로 하였으며, 교육의 계속성 확보를 위해 교관이 30개월간 장기근속을 하는 교관구임법(교관근속법)을 운영하였다. ① 국자감은 성종 11년(992), 동서학당은 원종 2년에 세워졌다. ② 각촉부시(刻燭賦詩)는 초에 금을 그어 놓고 시를 짓는 속작시(速作詩) 형태의 모의과거시험으로 최충이 설립한 9재학당의 전통이었다. ③ 배재학당은 1885년 아펜젤러가 세운 최초의 근대적 선교계 사학이다. ④ 사부학당은 동학, 서학, 남학, 중학을 지칭하였다. 정몽주가 동서(東西)에서 오부학당(五部學堂)으로 재편을 건의하였으나 실제로는 북부는 설치되지 못하고 사부학당만 세워졌다.

10 조선시대의 향교에 관한 진술로 옳지 않은 것은?

07. 유·초등임용

① 양반 사족뿐 아니라 일반 평민의 자제들도 입학할 수 있었다.
② 전국의 단위 행정구역인 주, 부, 군, 현에 각각 한 곳씩 설립하는 것이 원칙이었다.
③ 각 향교마다 중앙에서 파견된 박사 1인과 조교 1인이 교생(校生)의 교육을 담당하였다.
④ 각 도의 관찰사가 매년 6월에 도내의 교생을 대상으로 도회(都會)를 개최하는 제도가 있었다.

해설 원칙적으로 중앙에서 유자격 교관을 파견하였으나, 작은 행정구역에서는 유자격 교관을 확보하지 못해 임시 교사로서 학장(學長)을 두어 운영하였다.
④에서 도회는 향교 교생들을 대상으로 실시한 소과초시 시험을 말한다.

유자격 교관	교수관(6품 이상, 정교사), 훈도관(7품 이하, 부교사)
유자격 교관 미확보시	교도(教導, 대과에 합격하지 못한 생원과 진사), 학장(學長, 임시교사)

* 제독관(교양관)은 학장을 감독하는 장학관을 지칭하는 용어다.

11 향교(鄕校)에 대한 설명으로 옳지 않은 것은?

08. 국가직

① 향교의 기능은 크게 제례(祭禮)와 강학(講學)의 두 가지로 나뉜다.

② 향교는 조선시대에 처음 설치된 관학 교육기관이다.

③ 향교의 교생은 양반 이외에 일반 양인(良人) 신분도 등록할 수 있었다.

④ 향교에 대한 관리와 감독은 지방수령의 기본업무 중 하나이다.

해설 향교의 기원은 고려시대부터 비롯되었다. 언제 창설되었는지에 대한 명확한 기록은 없으나 성종 11년에 "승지(勝地)를 얻어 서재(書齋)를 널리 운영하였다."는 기록(「고려사」)이 있는가 하면 인종 5년(1127)에 "여러 주에 학교를 세워 널리 백성을 교도(敎導)하라."는 기록이 있어 고려시대 성종 이후로 추정할 수 있다.

12 조선시대의 향교에 대한 설명으로 옳지 않은 것은?

21. 국가직

① 전국의 부·목·군·현에 일읍일교(一邑一校)의 원칙에 따라 설립된 지방 관학이다.

② 교관으로는 중앙에서 파견하는 교수(敎授)나 훈도(訓導)가 있었다.

③ 성균관과 마찬가지로 문묘와 학당으로 구성된 묘학(廟學)의 구조를 갖추고 있었다.

④ 향교 유생들은 성균관 유생들을 대상으로 거행하는 알성시나 황감제, 도기과 등의 시험에 함께 응시할 수 있었다.

해설 조선시대 과거시험 중 특별시(特別試)에 해당하는 알성시(謁聖試), 황감과(黃柑科), 도기과(到記科)는 성균관이나 사학(四學)의 유생이 응시할 수 있었다. 향교 유생들은 각 도의 관찰사가 매년 6월 도내 향교(鄕校)의 유생 중 우수한 자들을 적당 수 선발하여 모아 놓고 강경이나 제술로 시험하여 그중 우수한 성적을 거둔 자(경상·전라·충청도는 5명, 그 외는 3명)를 생원·진사 시험의 복시에 바로 나갈 수 있게 하는 도회(都會) 또는 공도회(公都會)에 응시할 수 있었다.

TIP 특별시(特別試)의 유형

증광시(增廣試)	국가의 대경사가 있을 때
별시(別試)	보통 경사가 있을 때
알성시(謁聖試)	국왕이 성균관의 석전제(釋奠祭) 참석 시, 시학(視學)의 일환으로 성균관 방문 시 ⇨ 1414년(태종 14)에 처음 실시, 친림과(親臨科)의 하나로 단 한번으로 급락이 결정(卽日放榜)
춘당시(春堂試)	국왕이 춘당대(창경궁) 방문 후 실시, 문과·무과 모두 시행 ⇨ 1572년(선조 5)부터 실시, 친림과(親臨科)
황감과(黃柑科)	12월에 제주 목사가 특산물로 진상한 귤을 성균관·사학 유생에게 나누어 줄 때 실시 ⇨ 1564년(명종 19)에 처음 실시(원점 20 이상을 딴 유생에게 응시자격 부여), 황감제(黃柑製)라고도 함.
도기과(到記科)	원점과(圓點科), 일정한 출석점수(초기 원점 50점, 후기 원점 30점 이상)를 취득한 성균관·사학 유생들을 대상으로 실시 ⇨ 1533년(중종 28) 처음 실시, 강경과 제술 중 택일, 합격자는 전시(殿試) 응시자격 부여
절일시(節日試)	입일제(1월 7일), 삼일제(3월 3일), 칠석제(7월 7일), 구일제(9월 9일) 등 절일에 실시
정시(庭試)	매년 봄·가을에 국왕이 성균관 유생을 대상으로 실시

정답 08. ③ 09. ⑤ 10. ③ 11. ② 12. ④

13 조선시대의 잡학(雜學)과 그 담당관서가 바르게 연결된 것은?

11. 국가직 7급

① 역학(譯學) - 이조(吏曹)
② 의학(醫學) - 도화서(圖畫署)
③ 음양학(陰陽學) - 관상감(觀象監)
④ 율학(律學) - 호조(戶曹)

해설 ①은 사역원, ②는 전의감, 혜민서, ④는 형조에 해당한다. 도화서는 화학(畫學), 호조는 산학(算學)에 해당한다.

TIP 조선시대 잡학(雜學) 교육기관

과목	목표	담당관청	비고(과거)	과목	목표	담당관청	비고
의학	의원 양성	전의감, 혜민서	의과	도학	노장사상 연구	소격서	천민입학 허용
율학	법률 집행 관리	형조	율과	악학	악사(樂士)	장악원	천민입학 허용
음양학	천문, 지리	관상감	음양과	화학	화공 양성	도화서	천민입학 허용
역학	통역관	사역원	역과	유학	하급관리	예조	양반층 업무
산학	회계관리	호조		무학	무인	병조	양반층 업무
이학(吏學)	외교문서 작성	승문원	태종 이후 폐지	자학	문서 정리, 교정	교서관	태종 이후 폐지

14 다음은 퇴계 이황(李滉)이 풍기군수로 재직 시 경상도 관찰사에게 보낸 글의 일부를 번역한 것이다. (가)와 (나)에 들어가야 할 것은?

10. 초등임용

제가 현재 국학(國學 : 성균관)을 살펴보니, 진실로 어진 선비들의 관문(關門)입니다. 그러나 지방 군·현(郡·縣)에 설치되어 있는 교육기관의 경우는 한낱 허울에 불과합니다. 그 교육이 크게 무너져 선비들이 ___(가)___ 에 머물며 공부하는 것을 수치로 여기니, 시들고 피폐함이 매우 심합니다. 어떤 방법으로도 고칠 수 없으니 한심하다 하겠습니다. 오직 ___(나)___ 에서의 교육이 지금부터 활발하게 일어난다면 아마도 학정(學政)의 부족한 부분을 채울 수 있고, 배우는 사람들이 돌아와 의탁할 곳이 있게 될 것입니다. ─ 「퇴계선생문집(退溪先生文集)」

	(가)	(나)		(가)	(나)
①	사학(四學)	도회(都會)	②	서원(書院)	사학(四學)
③	영학(營學)	도회(都會)	④	영학(營學)	향교(鄕校)
⑤	향교(鄕校)	서원(書院)			

해설 향교는 성균관과는 독립된 중등교육기관(성균관 축소형 학교)으로, 지방재원으로 설립되었고(공립학교), 교육, 종교교육(문묘 있음), 향풍순화(향음례, 향사례, 양노례), 실업교육(농업, 양잠업)을 담당하였다. 15세기 이후 관학교육의 쇠퇴를 배경으로 현실과 타협하지 않으려는 사림(士林)정신, 즉 의리정신의 구현으로 설립된 것이 서원(書院)이다. 우리나라 최초의 서원은 조선 중종 38년(1543), 풍기군수 주세붕이 성리학의 도입에 공이 컸던 여말의 성리학자 안향을 추모하기 위해 그의 관향인 순흥에 송나라 주자(朱子)의 백록동서원의 예(禮)에 따라 세운 백운동서원이다.

15 다음 설명에 해당하는 조선시대 교육기관은? 22. 국가직 7급

> • 조선 중기 이후 각 지방에 세워진 사학(私學)이다.
> • 선현 존숭(尊崇)과 후진 양성을 목적으로 하였다.
> • 지역 양반사회의 결속과 유대 강화의 기능을 하였다.

① 서원   ② 향교
③ 성균관   ④ 사부학당

해설 | 서원(書院)은 조선 중기 이후 향교의 대안으로 설립된 사립 중등교육기관에 해당한다. 문묘(文廟)는 두지 않았으며, 특정한 선현(先賢)의 학식을 기리는 향사(享祀)와 강학(講學)을 담당하였다. 조선 중종 38년(1543) 주세붕이 안향의 옛 집터에 세운 백운동 서원이 최초이며, 명종 5년 이황이 군수 부임시 사액서원으로 국가적 공인을 받았다.

16 조선시대 교육기관인 서원(書院)에 대한 설명으로 옳지 않은 것은? 17. 지방직

① 관학(官學)인 향교(鄕校)와 대비되는 사학(私學)이다.
② 퇴계 이황은 서원의 교육목적을 위인지학(爲人之學)에 두었다.
③ 원규(院規) 혹은 학규(學規)라고 불리는 자체의 규약을 갖추고 있었다.
④ 교육의 기능뿐만 아니라 선현(先賢)을 숭상하고 그의 학덕을 기리는 제사의 기능도 겸하였다.

해설 | 조선 중기(15세기) 이후 관학교육의 쇠퇴를 배경으로 현실과 타협하지 않으려는 사림(士林)정신, 즉 의리정신의 구현으로 설립된 것이 서원(書院)이다. 서원의 교육목적은 사림정신의 구현, 즉 법성현(法聖賢, 성현을 본받음)에 있다. 이는 거경궁리(居敬窮理)의 자세를 통한 교육의 내재적 목적인 위기지학(爲己之學)을 지향함을 의미한다.

TIP 서원 공간배치의 교육적 의의 - 거경궁리(居敬窮理)

> 사우(祠宇) - 법성현(法聖賢)
>
> 강당(講堂) - 강의(講義)
>
> 서재(西齋)   동재(東齋) - 독서궁리(讀書窮理)
>
> 정자(亭子) - 우유함영(優遊涵泳)

17 소수서원(紹修書院)에 대한 설명으로 옳지 않은 것은? 12. 국가직 7급

① 처음에는 '백운동서원'이라 불리었다.
② 관학인 향교의 발달에 대응하여 사림들이 설립한 사학이다.
③ 퇴계 이황의 요청에 의해 우리나라 최초의 사액서원이 되었다.
④ 소과 합격자인 생원·진사에게 거재(居齋) 유생의 자격을 우선적으로 부여하였다.

해설 | 서원(書院)은 관학(향교)의 부진에 따른 지방 교육의 필요성을 자각한 사림(士林)이 주도하여 설립한 교육기관이다. 최초의 서원인 백운동서원은 안향의 옛 집터에 풍기군수 주세붕이 설립하였다.

정답 | 13. ③   14. ⑤   15. ①   16. ②   17. ②

18 조선 시대 교육기관으로서 서당(書堂)에 대한 설명으로 옳은 것만을 모두 고르면?　23. 국가직 7급
□□□

> ㄱ. 중종 38년 풍기 군수 주세붕이 안향을 제향(祭享)하면서 세운 사당에 기원을 두고 있다.
> ㄴ. 국가가 운영하는 관학(官學) 성격의 교육기관이었다.
> ㄷ. 촌락이나 동리와 같이 향촌 사회에 널리 설립되어 운영되었던 초급 교육기관이었다.
> ㄹ. 서재(書齋), 서실(書室), 서숙(書塾)은 서당을 지칭하는 또 다른 용어이다.

① ㄱ, ㄴ　　　② ㄱ, ㄹ　　　③ ㄴ, ㄷ　　　④ ㄷ, ㄹ

해설 서당은 오늘날의 사립(私立) 초등학교에 해당하며 설립 주체에 따라 유지독영서당, 훈장자영서당, 향촌공영서당 등 다양한 형태로 존재하였다. 범계급적 교육기관으로 그 기원은 고구려 경당에서 비롯되었으며 고려시대에는 경관(經館), 서사(書舍) 등으로 불리었다. 서당이란 용어는 조선시대 성종 대(代)부터 사용되기 시작하였다. ㄱ은 서원, ㄴ은 향교(鄕校)에 해당한다.

19 서당에서 사용된 아동교육용 교재에 대한 내용으로 바른 것은?　03. 유·초등임용
□□□
① 「천자문」은 문자 학습서이며, 맹자가 편찬했다.
② 「소학」은 사서(四書) 중의 하나이며, 정약용이 편찬했다.
③ 「동몽선습」은 유학 및 우리나라와 중국의 역사를 담고 있으며, 박세무가 편찬했다.
④ 「격몽요결」은 초학자들의 입지(立志)를 강조한 유학 입문서로, 이황이 편찬했다.

해설 ① 「천자문」은 남북조시대의 양나라 사람인 주흥사가 저술한 문자 학습서다. ② 사서(四書) 중의 하나는 「대학(大學)」이다. 「소학(小學)」은 송대 주자의 제자 유자징이 편찬한 유학 입문서이다. ④ 「격몽요결(擊蒙要訣)」은 율곡 이이가 편찬한, 「소학」에 상응하는 유학 입문서다.

TIP 서당의 교재

1. **문자학습서**: 천자문과 대체 학서
   ① **「천자문」**: 남북조 시대의 양나라 사람 주흥사 저술, 문자 학습서
   ② **「유합」**: 작자 미상(서거정 說), 가장 먼저 편찬된 천자문 대체서, 총 1,523자로 구성
   ③ **「신증유합」**: 유희춘 著, 유합을 보완·편찬
   ④ **「훈몽자회」**: 최세진 著, 총 3,360자로 구성 ⇨ 문자를 구체적 사물과 관련시켜 제시, 문자에 한글독음을 기록
   ⑤ **「아학편」**: 정약용 著, 2,000자문, 4글자의 상대적인 문구로 배열 ⇨ 유형자(有形字)에서 무형자(無形字)로 학습, 구체적인 명사에서 추상명사 및 대명사, 형용사, 동사순으로 학습, 유(類)별 분류체계에 따라 학습, 사물이 가진 음양대립적 형식에 따라 문자 배열
   　* 정약용의 「아학편」을 모태로 1908년 지석영, 전용규 선생이 영어, 일본어, 중국어 독음을 추가(예 Rice 으라이쓰, Learn 을러언, Book 브크 등)하여 재구성하여 출간하기도 함.

2. **유학 입문서**
   ① **「동몽선습」**: 박세무 著 ⇨ 유학 내용(오륜)과 우리나라 국사(단군~조선)를 포함
   ② **「명심보감(明心寶鑑)」**: 어린이들의 인격 수양을 위한 한문 교양서

3. **기타**
   ① **「아희원람」**: 장혼(중인 출신) 著, ⇨ 설화, 민담, 민속놀이, 관혼상제 등 서민들의 일상생활과 관련된 내용을 포함한 백과사전적 저서
   ② **불가독설(不可讀說)**: 정약용, 박지원 등이 「천자문」, 「십팔사략」, 「통감절요」 등을 유해한 책이라며 읽지 말 것을 주장

20 다음 설명에 해당하는 저서는? 17. 국가직

> • 체계적 한자 학습을 위하여 엮은 교육용 교재로서 천자문의 결점을 극복하기 위하여 만들어졌다.
> • 상하 각각 1,000자를 수록하여 2,000자로 구성이 되었다.
> • 상권에는 유형적 개념에 해당하는 한자를 담았고, 하권에는 계절, 기구, 방위 등의 무형적 개념에 해당하는 한자를 담았다.

① 아학편(兒學編) ② 성학집요(聖學輯要)
③ 격몽요결(擊蒙要訣) ④ 학교모범(學校模範)

[해설] 「아학편(兒學編)」은 정약용이 편찬한 한자(漢字) 학습서이다. 상·하권 각 1,000자로 구성되어 있어 '2천자문'이라고도 불린다. 이 저서의 특징은 유형자(有形字)에서 무형자(無形字)로 학습과 유(類)별 분류체계에 따른 학습이 진행되도록 구성되었으며, 사물이 가진 음양 대립적 형식에 따른 문자 배열 및 음양 대치와 한자구성의 원리와 법칙에 따라 4글자의 상대적인 문구로 배열하였다. ②, ③, ④는 모두 이이의 저서로서, ②는 군왕교서, ③은 「소학(小學)」에 해당하는 유학입문서, ④는 청소년을 위한 교육지침이자 훈육규칙에 해당한다.

21 다음에 해당하는 조선 후기의 자찬 교재는? 22. 국가직

> • 『천자문』이 갖고 있던 문자학습 교재로서의 결함을 극복하기 위해 만든 한자 학습서이다.
> • 상·하권으로 나누어, 상권은 유형적 개념, 하권은 무형적 개념 위주로 2,000자를 수록하였다.

① 사소절 ② 아학편
③ 아희원람 ④ 하학지남

[해설] 서당(書堂)의 주된 교재인 「천자문(千字文)」의 대체로 우리 민족 스스로 편찬한(自撰) 교재로는 「유합(類合)」(작자 미상), 유희춘의 「신증유합(新增類合)」, 최세진의 「훈몽자회(訓蒙字會)」, 정약용의 「아학편(兒學編)」이 있다. 이 중 「아학편(兒學編)」은 상·하권 각 1,000자로 구성되어 있어 '2천자문'이라고도 불린다.

22 조선 후기 실학자에 의해 직접 편찬된 한자 학습용 교재는? 24. 국가직

① 아학편 ② 천자문
③ 동몽선습 ④ 입학도설

[해설] 조선 후기 실학자 정약용은 「천자문」의 비교육성을 지적(아동의 발달단계를 고려하지 않음, 글자의 배열이 비체계적임 등)하고, 그 대체로서 「아학편(兒學編)」을 편찬하였다. ② 「천자문(千字文)」은 남북조시대의 양나라 사람인 주흥사가 저술한 아동의 초학용 문자 학습서이다. ③은 박세무가 저술한 것으로, 오륜(五倫)과 같은 유교적 내용은 물론 우리나라의 역사(단군~조선)도 실려 있는 초학자(初學者)용 책이다. ④는 권근이 저술한 우리나라 시청각 교재의 효시로 40여 종의 교수용 도표를 이용하여 4서 5경의 핵심 내용을 그림으로 그려 성리학에 입문하려는 초학자(初學者)들의 이해를 돕고자 하였다.

[정답] 18. ④ 19. ③ 20. ① 21. ② 22. ①

23 다음 설명에 해당하는 조선시대 교재는?   20. 국가직

> • 소학(小學) 등 유학 입문용 교재이다.
> • 중종 때 박세무가 저술하였다.
> • 학습내용을 경(經)과 사(史)로 나누어 제시하였다.
> • 일제 강점기에는 우리 역사를 다룬다는 이유로 서당의 교재로 쓰지 못하게 하였다.

① 「동몽선습」   ② 「유합」
③ 「입학도설」   ④ 「훈몽자회」

해설 「동몽선습(童蒙先習)」은 박세무가 저술한 것으로, 오륜(五倫)과 같은 유교적 내용은 물론 우리나라의 역사(단군~조선)도 실려 있는 초학자(初學者)용 책이다. ③은 권근이 저술한 우리나라 시청각 교재의 효시로 40여 종의 교수용 도표를 이용하여 4서 5경의 핵심 내용을 그림으로 그려 성리학에 입문하려는 초학자(初學者)들의 이해를 돕고자 하였다. ②와 ④는 「천자문(千字文)」 대체 학습서에 해당한다.

3 교육기관 종합

24 한국의 전통적 교육제도에 대한 설명으로 옳은 것만을 모두 고른 것은?   16. 국가직 7급

> ㉠ 삼국시대의 교육제도 성립과 발전에 결정적인 영향을 준 것은 유교, 불교, 천도교였다.
> ㉡ 고려시대의 관학에는 국자감, 학당, 향교가 있었고, 사학에는 12도, 서당, 서원이 있었다.
> ㉢ 조선시대 성균관의 교육과정은 4서와 5경, 역사서의 강독과 제술 및 서법으로 구성되어 있었다.
> ㉣ 조선시대 잡학교육은 장악원, 사역원, 전의감, 관상감 등에서 담당하였다.

① ㉠, ㉡   ② ㉠, ㉣
③ ㉡, ㉢   ④ ㉢, ㉣

해설 삼국시대 교육제도 성립과 발전에 결정적인 영향을 준 것은 유교(제도교육)와 불교(민중교육)였으며(㉠), 서원(書院)은 조선시대 중기 이후 향교(鄕校)의 교육적 기능 쇠퇴를 보완할 목적으로 등장한 지방 중등교육기관이다(㉡).

4 과거제도

25 조선시대 과거제도에 대한 설명으로 옳지 않은 것은?   14. 국가직

① 문과 대과에 급제한 자에게는 홍패(紅牌)가 지급되었다.
② 생진과의 복시(覆試)에 합격한 자에게는 성균관에 입학할 수 있는 자격이 주어졌다.
③ 생원시에서는 유교경전을, 진사시에서는 부(賦), 시(詩) 등의 문학 시험을 보았다.
④ 과거시험은 정규시험인 정시(庭試)와 특별시험인 별시(別試)로 구분된다.

해설 매 3년(子·卯·午·酉年)마다 행해지는 정규시험을 식년시(式年試)라고 하며, 문과·무과·잡과 모두 실시되었다. 정시(庭試)는 매년 봄·가을에 국왕이 성균관 유생을 대상으로 실시되는 별시(別試)의 일종에 해당한다.

TIP 조선시대 과거제도

종류	구분		내용	성격
문과	소과 (생진과)	생원시	• 유교경전[예 4서 5경]을 외는 명경(明經) 시험 • 시험과목 : 오경의(五經義)와 사서의(四書疑) 2편	• 성균관 입학시험 (오늘날 대입수능시험) • 초시(지역 할당, 각 700명) – 복시(각 100명 선발) 2단계 • 백패(白牌) 수여
		진사시	• 문장[예 부(賦), 고시(古詩), 명(銘), 잠(箴)]을 짓는 제술(製述)시험 • 시험과목 : 부(賦) 1편 + 고시(古詩), 명(銘), 잠(箴) 등 다양한 문장 형식 중 1편	
	대과(문과)		• 원점 300점을 취득한 유생들을 대상으로 실시 • 초시(지역 할당, 240명/초장–중장–종장) – 복시(회시, 33명 선발/초장–중장–종장) – 전시(순위결정)의 3단계 • 홍패(紅牌) 수여	• 성균관 졸업시험 • 문관 선발시험 * 강제시비 : 대과 초시 초장 시험방식을 둘러싼 논쟁
무과	단일과		• 초시(지역할당, 190명) – 복시(28명 선발) – 전시의 3단계 • 홍패(紅牌) 수여	무관 선발시험
잡과	단일과		초시(해당 관청 주관 예 전의감, 형조, 관상감, 사역원) – 복시(해당 관청 & 예조/46명 선발)의 2단계	• 기술관 선발시험 • 의과, 율과, 음양과, 역과

26 과거시험과 성리학 교육에 대한 설명으로 옳지 않은 것은? 18. 국가직 7급

① 고려시대에는 경학(經學)보다 사장(詞章)이 중시되면서 제술업 급제자가 명경업 급제자보다 많았다.

② 조선시대의 문과시험 중 대과는 초시와 복시 2단계로 구분되었다.

③ 율곡 이이는 입지(立志)와 성경(誠敬)을 바탕으로 지행합일, 내면적 동기, 반복학습을 통한 점진적 발전 등을 강조하였다.

④ 퇴계 이황은 거경(居敬)과 궁리(窮理)를 근본원리로 삼아, 도덕적 심성을 배양하고 의심이 없도록 사물의 이치를 깨닫는 교육방법을 강조했다.

해설 조선시대의 문과시험 중 대과는 초시, 복시, 전시의 3단계로 구분되어 시행되었다.

정답 23. ① 24. ④ 25. ④ 26. ②

TIP 고려시대와 조선시대의 과거제도 비교

구분	고려시대	조선시대
종류	문과, 잡과, 승과(무과 ×)	문과, 무과, 잡과(승과는 부분적 실시 후 폐지)
	• 문과: 제술과(문예시험), 명경과(경전시험) ⇨ 명경보다 제술 중시 • 잡과: 기술관 시험 ⇨ 예부 관리	• 문과: 3차시(초시-복시-전시) 　－ 소과: 성균관 입학시험, 생원(명경업), 　　진사(제술업) ⇨ 명경 중시 　－ 대과: 관리임용시험 ⇨ 제술 중시 • 무과: 소과·대과 구분 ×, 3차시 • 잡과: 기술관시험, 4학만 실시, 전시 × ⇨ 해당관청(초시), 해당관청 & 예조(복시)
실시방법	단층제 ⇨ 3층제(향시, 회시, 전시)	3층제(초시, 복시, 전시)
응시자격	평민(양민)이면 누구나 가능	양민(단, 상공인, 승려, 서얼 제외)
실시시기	매년 ⇨ 3년에 한번(식년시, 성종) ⇨ 격년(현종) ⇨ 매년 또는 격년	• 정기시험: 식년시 • 부정기시험: 특별시
예외 제도	음서제(5품 이상 자제)	음서제(문음제, 2품 이상 자제)
특징	• 좌주문생제도 • 동당감시(東堂監試)라고도 불림.	취재(取才): 시취(試取), 특정직(서리, 군사, 기술관)의 임용 또는 승진 시험

27 조선시대 과거제도에 대한 설명으로 옳지 않은 것은?　　　　21. 국가직 7급

□□□

① 크게 문과, 무과, 잡과의 세 종류로 나뉜다.
② 3년에 한 번, 식년(式年)에 실시하는 것을 원칙으로 한다.
③ 잡과의 시험은 초시, 복시, 전시의 3단계로 치러진다.
④ 생원시와 진사시의 합격자에게는 성균관에 입학하여 수학할 수 있는 자격이 주어진다.

[해설] 조선시대 과거 중 잡과(雜科)는 기술관료를 양성하는 시험으로 역과, 의과, 음양과, 율과 등 4과목만 행해졌으며, 초시 － 복시 2단계만 시행되었다. 초시는 해당관청에서 주관하였고, 복시는 해당관청과 예조에서 공동 주관하였다.

28 고려와 조선시대의 과거제도를 비교한 것으로 올바른 것은?　　　　13. 지방직

□□□

① 고려에서는 잡과를 통하여 기술관을, 조선에서는 승과를 통하여 승려를 선발하였다.
② 고려에서는 강제시비(講製是非) 논란이, 조선에서는 좌주문생(座主門生)제도가 있었다.
③ 과거시험 응시자격을 고려에서는 천민 이외의 모든 백성에게 부여한 반면, 조선에서는 양인(良人) 이상에게만 부여하였다.
④ 고위자제가 과거시험을 치루지 않고 벼슬을 할 수 있는 방법으로 고려의 문음제도와 조선의 음서제도가 있었다.

[해설] ①에서 승과(僧科)는 고려시대에 해당되고 잡과(雜科)는 고려와 조선시대 모두 해당하며, ②는 설명이 뒤바뀌었다. ④의 경우 문음(門蔭) 또는 음서(蔭敍)제도는 조상의 음덕(蔭德)으로 과거 없이 관직에 진출시키려는 제도로 고려는 5품 이상의 자손들에게, 조선은 2품 이상의 자손들에게 허용되었던 제도로 맞는 설명이다. 한편, 조선시대 양인(良人)은 천민을 제외한 양반, 중인, 일반백성(평민)을 의미한다(「경국대전」).

5 교육관련 법규

29 조선 초 권근(權近)이 제정한 성균관 학칙으로, 학생의 성적, 벌칙, 일과, 자치활동 등을 포함하고
있는 것은?

14. 지방직

① 학교모범(學校模範)　　　　　　　　② 학령(學令)
③ 학제조건(學制條件)　　　　　　　　④ 구재학규(九齋學規)

해설 권근(權近)은 조선 교육체제의 근간을 다진 인물로서 성균관 학칙인 「학령(學令)」과 「권학사목(勸學事目)」, 「향학사목(鄕學事目)」 등을 제정해 학제(學制)의 내용을 정비하는 데 기여하였다. 이 중 「학령(學令)」은 조선 최초의 교칙으로 성균관 유생들이 지켜야 할 생활규칙에 해당한다.
①은 이이가 지은 것으로 학생훈육과 학생수양을 위한 규칙에 해당하며, 「학령(學令)」의 미비점을 보완한 '조선시대 교육헌장'으로 일컬어진다.
③은 선조 17년 김우현이 지은 것으로 학생에 관한 인사문제를 다루고 있으며, 이이의 「학교사목」과 유사하다.
④는 성균관의 교육과정(4서5경)을 규정한 것으로 학습순서를 제시하고 있다.

TIP 조선시대의 학규(學規) 비교

학규명(學規名)	제정시기 및 제정자	내용
학령(學令)	세종 19년	성균관 최초의 학칙, 유생의 일과 및 상벌·퇴학 등 학교생활 규정
구재학규(九齋學規)	세조 9년(1463)	성균관 교육과정(4서5경)의 학습순서
제강절목(制講節目)	영조 18년(1742)	성균관(관학) 유생의 정원 규정
원점절목(圓點節目)	정조	성균관 출석 점수, 300점 이상 시 문과 대과에 응시
학교절목(學校節目)	인조 7년 / 조익	성균관·4학·향교 유생들의 면학(勉學)에 관한 규정
경외학교절목 (京外學校節目)	명종 원년(1546) / 예조	전국 학교에 적용 ⇨ 교육의 기회균등 사상, 학교의 교원 임용, 독서일수, 성적평가, 상벌 등 규정
진학절목(進學節目)	성종 원년(1470) / 예조	교원(성균관, 4학)의 임용·전출, 유생의 근면·출결
흥학절목(興學節目)	조헌령	향교 중심의 관학진흥책, 총 14조
권학사목(勸學事目)	태종代 / 권근	「소학(小學)」 선강(先講)의 원칙 제시
향학사목(鄕學事目)	태종代 / 권근	관학(官學)과 사학(私學)의 차별 철폐
학교사목(學校事目)	선조 15년(1582) / 이이	총 10항 ⇨ 교사와 학생에 관한 학규
학교모범(學校模範)	선조 15년(1582) / 이이	총 16항 ⇨ 학생훈육과 학생수양을 위한 규칙, 「학령(學令)」의 미비점 보완한 '조선시대 교육헌장'
권학조례(勸學條例)	중종 3년(1537) / 김안로	과거제의 쇄신을 통한 학교교육의 진작
학제조건(學制條件)	선조 17년(1584) / 김우현	학생에 관한 인사문제 ⇨ 이이의 「학교사목」과 유사
향학지규(鄕學之規)	효종 10년(1656) / 송준길	서당교육 진흥책 ⇨ 훈장 사기 양양, 우수학도 표창
사소절(士小節)의 '동규(童規)'	이덕무	서당교육을 포함 아동교육 일반에 관해 서술 ⇨ 교육기회 균등, 보통교육, 초등교육과정 제시

정답　27. ③　28. ③, ④　29. ②

6 교육사상가

30 양촌 권근의 「입학도설」에 대한 설명으로 옳지 않은 것은?

07. 유·초등임용

① 조선시대 도설류(圖說類) 교재의 효시가 되었다.
② 「소학」의 형식을 본떠 편찬한 아동용 교재이다.
③ 학생들이 평소 자주하는 질문과 그에 대한 저자의 답을 싣고 있다.
④ '4서5경'의 핵심내용을 그림으로 그려 초학자(初學者)들의 이해를 돕고자 하였다.

해설 「입학도설(入學圖說)」(1390)은 성리학의 입문서로 「대학(大學)」과 「중용(中庸)」을 천인심성 합일지도(天人心性合一地圖) 등 40여 종의 교수용 도표를 이용하여 설명하고 있다. 우리나라 최초의 시청각 교수서로 서양의 코메니우스(Comenius)가 지은 「세계도회(世界圖繪)」(1658)보다 약 270여 년이나 먼저 저술된 책이다. ②는 이덕무의 「사소절」 또는 이이의 「격몽요결」에 대한 설명이다.

31 다음 밑줄 친 부분에 들어갈 알맞은 말은?

09. 국가직 7급

> 조선의 대유학자이자 교육가인 퇴계 이황은 유교교육의 일반적 목적과 같이 인(仁)을 체득한 사람인 성현이 되는 것에 교육목적을 두었으며, 부단히 기질을 변화시키는 것을 중요시하였다. 보다 구체적으로는 _____을(를) 중시하고 있는데, _____이란(란) 지적 행위와 실천 행위를 보다 넓고 깊게 철저화한 개념으로서 일신의 주재인 심(心)을 다시금 주재하는 것이다.

① 각(覺)　　　② 경(敬)　　　③ 성(誠)　　　④ 지(志)

해설 '동방의 주자(朱子)'라 일컬어졌던 퇴계 이황은 교육의 목적을 작성(作聖)에 두었으며, 교육을 통한 기질변화설(氣質變化說)을 주장하였고, 교육의 근본원리로 경(敬)을 강조하였다. 경(敬)은 스프랑거(Spranger)의 도야(陶冶)와 유사한 개념으로 지적 행위와 실천 행위의 통일 원리를 말하며, 퇴계는 경(敬)을 통해 인(仁)에 이를 수 있다고 보았다. 그리고 경의 구체적 방법으로는 정제엄숙(整齊嚴肅)을 중시하였는데, 이는 몸가짐을 단정하게 하고 진실된 마음을 가지는 것이다.

TIP 이황과 이이의 사상 비교

구분	이황	이이
세계관(이기론)	• 이기이원론적 주리론(이상 중시) • 이귀기천(이>기)	• 이기일원론적 주기론(현실 중시) • 이기지묘, 이통기국(이≒기)
인간관(심성론)	이기호발설(理氣互發說)	기발이승일도설(氣發理乘一途說)
핵심 사상	경(敬)사상	성(誠)사상
교육관	• 입지 ⇨ 작성(作聖) • 거경, 궁리, 잠심자득(潛心自得) • 궁행(躬行, 개인적 실천) • 위기지학: 내적 인격 수양 • 지행병진(지행호진) • 발달단계에 따른 교육: 태교 ⇨ 유아기(효경, 가례) ⇨ 소년기(소학, 대학) ⇨ 청년기(심경, 주자서절요)	• 입지 ⇨ 작성(作聖) • 거경, 명지(궁리) • 역행(力行): 사회경장(社會更張) 사상 　⇨ 진보주의의 생활 중심 교육 • 위인지학: 외적 실천 • 지행일치(지행합일) • 독서교육 중시: 소학 – 대학·근사록 – 논어 – 맹자 – 중용 –5경 – 역사서·성리학서
군왕교육	성학십도	성학집요
향약(鄕約)	예안향약: 향리(鄕里)교화와 협동정신	서원향약, 해주향약
영향	위정척사, 의병운동	실학, 개화사상

32 다음은 퇴계 이황이 '올바른 공부란 무엇인가'라는 주제와 관련하여 한 말이다. (가)와 (나)에 들어갈 말을 바르게 묶은 것은?

07. 유·초등임용

> ___(가)___ 이란 우리가 마땅히 알아야 할 바가 도리이며 우리가 마땅히 실천해야 할 바가 덕행이라 믿고, 가까운 데서부터 시작하여 나가되 마음으로 이해하고 몸으로 실천하는 것을 목표로 삼는 공부이다. ___(나)___ 은 마음으로 이해하고 몸으로 실천하는 데 힘쓰는 대신 자기 안의 공허함을 감추고 바깥으로 관심을 돌려 지위와 명성을 얻고자 하는 공부이다.

	(가)	(나)		(가)	(나)
①	위기지학(爲己之學)	위인지학(爲人之學)	②	위인지학(爲人之學)	위기지학(爲己之學)
③	명물지학(名物之學)	도수지학(度數之學)	④	도수지학(度數之學)	명물지학(名物之學)

해설 이황에게 있어 위기지학(爲己之學)은 자기 자신을 성찰하는 학문으로, 내재적 목적을 추구하는 것에 해당하며, 위인지학(爲人之學)은 출세나 처세 등 입신양명(立身揚名)을 위한 학문으로, 외재적 목적을 추구하는 것을 의미한다. ③, ④는 실학교육에서 중시한 내용이다. 명물지학은 각 사물의 이름을 정확히 아는 공부를, 도수지학은 각 사물의 법도(용도)를 밝히는 공부를 말한다.

33 다음 내용이 포함된 율곡 이이의 책은?

20. 국가직 7급

> 그 독서하는 순서는 먼저 「소학」으로 근본을 배양하고, 다음으로는 「대학」과 「근사록」으로 그 큰 틀을 정하고, 다음으로 「논어」와 「맹자」, 「중용」, 「오경」을 읽고, 그 사이사이에 역사서와 선현들의 성리서를 읽어 의취를 넓히고 식견을 정밀하게 한다.

① 「만언봉사」 　　② 「성학십도」 　　③ 「성학집요」 　　④ 「학교모범」

해설 「학교모범(學校模範)」은 16개항의 청소년 훈육규칙이 담긴 율곡 이이의 저서이다. 조선시대 교육헌장인 「학령(學令)」의 미비점을 보완하고, 관학(官學)의 교육풍토 개선을 목적으로 저술됐다. 학문의 본질(立志)과 학문과 독서교육의 과정, 학생의 자세, 교사의 자질에 대해 언급되어 있다. 이 중 독서의 순서는 '소학-대학-근사록-논어-맹자-중용-5경-역사서·성리학서'의 순으로 제시하였다. ①은 남이 볼 수 없도록 밀봉한(封事) 장문의 상소(萬言疏)로, 이이가 우부승지(右副承旨)로 재직하던 1574년(선조 7) 왕에게 올린 것이다. 내용은 크게 왕의 자세와 마음가짐과 시폐(時幣) 개혁안으로 구성되어 있다. ③은 군주(君主)의 도덕정치를 강조한 군왕교육서로, 이이는 이 책에서 "교육의 성패(成敗)는 군왕의 자질에 달려 있다. 교육 성공의 길은 군왕학(君王學)에 있다."는 것을 강조하고 있다. 한편 ②는 퇴계 이황(1501~1570)이 68세 때 유학의 체계를 10개의 도식(圖式)으로 작성한 요약서로, 군왕교육서에 해당한다.

TIP 「학교모범」의 내용 구성

1. 입지(立志, 뜻을 세우기)	2. 검신(檢身, 몸가짐을 바르게 하기)
3. 독서(讀書, 학문 익히기)	4. 신언(愼言, 언행을 삼가기)
5. 존심(存心, 마음을 바로하기)	6. 사친(事親, 어버이 섬기기)
7. 사사(事師, 스승 섬기기)	8. 택우(擇友, 친구 사귀기)
9. 거가(居家, 가정생활의 윤리 지키기)	10. 접인(接人, 남에게 예의 지키기)
11. 응거(應擧, 과거에 응시하기)	12. 수의(守義, 의리 지키기)
13. 상충(尙忠, 충직함을 숭상하기)	14. 독경(篤敬, 경을 돈독히 하기)
15. 거학(居學, 학교 규칙 지키기)	16. 독법(讀法, 독서와 강학에 힘쓰기)

정답 　30. ② 　31. ② 　32. ① 　33. ④

34 다음에서 조선의 성리학자들이 공통적으로 말하고 있는 것은?

16. 지방직

> • 도리(道理)를 우리들이 마땅히 알아야 할 것으로 삼고 덕행(德行)을 우리들이 마땅히 실천해야 할 것으로 삼아 먼 곳보다 가까운 데서 겉보다 속부터 공부를 시작해서 마음으로 터득하여 몸소 실천해야 한다.
> — 퇴계 이황, 『퇴계집』의 '언행록'
> • 처음 배우는 이는 먼저 뜻을 세우되, 반드시 성인(聖人)이 될 것을 스스로 기약해야 하며 조금이라도 자신을 별 볼 일 없게 여겨 물러나려는 생각을 가져서는 안 된다.
> — 율곡 이이, 『격몽요결』의 '입지'

① 위기지학(爲己之學)　　　　　② 격물치지(格物致知)
③ 실사구시(實事求是)　　　　　④ 권학절목(勸學節目)

해설 '위기지학(爲己之學)'은 나를 위한 학문, 즉 자기성찰과 반성을 통해 나의 인격을 온전하게 완성해내는 이른바 전인(全人)교육을 의미한다. 내재적 목적을 추구하는 공부로, 입신출세나 사회적 성공 등 외재적 목적을 추구하는 '위인지학(爲人之學)'과는 상대적 개념이다. ②는 「대학(大學)」의 8조목(條目) 중 처음 두 대목에 해당한다. '사물의 이치를 끝까지 파고들어 가면 앎에 이른다.'는 뜻으로 유교철학의 인식론에 해당한다. ③은 '사실에 토대를 두고 진리를 탐구한다.'는 말로 정확한 고증을 바탕으로 하는 과학적·객관적인 태도를 말한다. 청대 고증학파가 내세운 학문 방법론으로 「후한서(後漢書)」에 나온다. 공리공론(空理空論)을 일삼는 송·명대의 학문을 배격하기 위해 내세운 표어로, 조선 후기의 실학파에 영향을 미친 학문적 경향이기도 하다. ④는 조현명이 지은 총 14개 조항의 규정으로 1732년(영조 8년)에 반포되어 전국적으로 시행이 독려되었다. 노장사상이나 불교를 이단으로 배제하고, 「주자대전」의 요점을 정리한 송시열의 「절작통편」을 교육과정에 포함시키는 등 조선 후기의 유학 교육과정을 규정하고 있다.

35 다음 빈칸에 공통으로 들어갈 말로 옳은 것은?

13. 중등임용

> • 조선시대 학규인 「학교모범」 독서 조항에서는 「소학」을 읽어 근본을 배양하고, 다음으로 (　　)과 함께 「근사록」을 읽도록 하고 있다. 다음으로 「논어」와 「맹자」 등의 공부로 나아가야 한다고 되어 있다.
> • 주희(朱熹)는 「논어」와 「맹자」가 일에 따라 묻고 답한 책이어서 요령(要領)을 알기 어려운 데 비해, (　　)은 내용의 앞뒤가 서로 연결되고 체계가 모두 갖추어져 있다고 말한다. 따라서 (　　)을 즐겨 읽어 옛 사람이 학문함에 있어서 향(向)했던 바를 알고 나서 「논어」와 「맹자」를 읽는 것이 적절하다고 하였다.

① 「대학(大學)」　　　　② 「서경(書經)」　　　　③ 「중용(中庸)」
④ 「효경(孝經)」　　　　⑤ 「동몽선습(童蒙先習)」

해설 율곡 이이는 독서의 순서를 「소학」-「대학」과 「근사록」-「논어」-「맹자」-「중용」-오경-역사서·성리학서 순으로 제시하였다. 사서(四書)의 하나인 「대학」은 유교의 목적과 정무(政務)의 근본을 서술한 경전으로, 본래 「예기(禮記)」 49편 가운데 제42편이었지만, 다른 편들과 달리 구체적인 사상을 기술하고 있어 주희(朱熹)가 「사서집주(四書集註)」의 하나로서 「대학장구(大學章句)」를 지어 주석을 가하고, 「소학」에 대응한 대학 교육의 목적과 방법을 분명히 하였다. 이 책은 강령(綱領)과 조목(條目)이 뚜렷이 제시되어 있고 체계가 엄밀하여 의론체(議論體)인 「논어」와 「맹자」와 차별된다. 교육의 목적인 3강령[명명덕(明明德), 신민(新民), 지어지선(止於至善)]과 그 달성하는 방법인 8조목[격물(格物), 치지(致知), 성의(誠意), 정심(正心), 수신(修身), 제가(齊家), 치국(治國), 평천하(平天下)]을 제시하면서 「시경」과 「서경」 등의 말을 인용하여 해설하고 있다.

제4절 조선시대의 교육 II (후기 ; 실학교육)

1 교육이념(실학)

01 다음 중 조선 후기 실학교육 사상에 해당되지 않는 것은?   93. 중등임용

① 교육의 기회균등을 주장하였다.

② 개인차를 인정하여 능력에 의한 교육을 주장하였다.

③ 공교육의 필요성과 함께 단계적인 학제를 주장하였다.

④ 문무를 겸비한 인간 양성을 주장하였다.

> **해설** 전쟁으로 피폐해진 조선의 실정, 성리학(유학) 중심의 세계관에 대한 비판, 양명학(知行合一)과 고증학(문헌비평학)의 유입, 중국으로부터 서양문물과 서학(西學)의 유입 등으로 인해 실학(實學)이 등장하였다. 실학은 교육의 기본원리로 교육기회 균등, 개인차를 고려한 능력별 교육, 공교육 중시, 단계적 학제, 민족 주체성 확립 등을 주장하였다. 문무겸비를 주장한 경우는 고구려 경당(局堂)이나 신라 화랑도(花郞徒)의 교육, 고려 예종의 문무7재, 이색의 문무겸비인 양성, 개화기의 원산학사 등의 교육적 전통에 해당한다.

02 조선 후기 실학자들의 교육에 대한 주장으로 볼 수 없는 것은?   19. 국가직 7급

① 실용을 위한 공부와 교육을 해야 한다.

② 우리나라의 역사와 문화를 가르쳐야 한다.

③ 신분의 구별 없이 교육의 기회를 제공해야 한다.

④ 『천자문』, 『사략』, 『통감』 등의 교재로 아동교육을 내실화해야 한다.

> **해설** 조선 후기 실학은 교육의 기본원리로 교육기회 균등, 개인차를 고려한 능력별 교육, 공교육 중시, 단계적 학제, 민족 주체성 확립 등을 주장하였다. ④는 정약용과 박지원이 주장한 것으로 『천자문』, 『사략(史略)』, 『통감절요』를 아동에게 읽히지 말라는 불가독설(不可讀說)에 어긋난다.

> **TIP** 불가독설(不可讀說)의 내용

『천자문』	문자가 체계적으로 배열되지 않음. 암기 위주의 학습, 아동들의 이해수준을 고려하지 않음.
『사략(史略)』	중국 역사의 요약본으로 허구적 내용(예 천황의 존재) 포함
『통감절요』	강용이 편찬한 역사서로 중국에서도 인정하지 않음.

정답 34. ①   35. ① / 01. ④   02. ④

2 실학교육 사상가

03 유형원이 주장한 내용이 아닌 것은?
06. 서울시

① 천하에 나면서부터 귀한 자가 없기에 모든 인간은 차별 없이 각자의 능력에 따라 교육을 받아야 한다.

② 향상(鄕庠)·방상(坊庠) ⇨ 읍학·사학 ⇨ 영학·중학 ⇨ 태학의 학제를 실시하자.

③ 국학교육기관을 서울과 지방의 이원제로 편성하여 중앙 독점을 방지하고 지방에서도 인재 등용이 가능하도록 하자.

④ 과거제도를 폐지하고 단선화된 학교 교육을 통하여 적재적소의 인물을 양성하고 확보하는 공거제(貢擧制)를 실시하자.

⑤ 『천자문(千字文)』, 『사략(史略)』, 『통감절요(洞鑑節要)』 등은 아동의 교재로서 적당하지 않기 때문에 읽어서는 안 된다.

[해설] 불가독설(不可讀說)은 정약용과 박지원의 주장이다. 정약용은 불가독설의 근거로 『천자문』은 문자가 체계적으로 배열되지 않았고 암기 위주이며 아동들의 이해 수준에 맞지 않다고 지적하였으며, 『사략』은 중국 역사책이고 초록으로서 허구적 내용이 포함되어 있고, 『통감절요』는 중국에서도 인정받지 못하는 책이라고 주장하였다.

TIP 유형원의 학교단계론 //

	초등		중등		중등		고등	서울과 지방 이원화
서울	방상	⇨	사학	⇨	중학	⇨	태학 ⇨ 진사원	• 초등은 국민보통 교육 • 중등 이후는 능력주의 (양반에 한함.)
지방	향상	⇨	읍학	⇨	영학			

04 다음은 유형원의 『반계수록』에 나오는 과거제도에 대한 비판이다. 이에 대한 설명으로 가장 적합하지 않은 것은?
10. 국가직 7급

> 과거(科擧)는 이름을 풀로 봉하고 등록하여 사람을 잠시 사이에 버리고 뽑는 것이므로 천거하는 사람은 임용을 보증하는 책임이 없어서 인물의 현우(賢愚)를 식별하지 못함을 근심하지 아니하며 선비 되는 사람은 구차히 한때의 요행을 바라면서 자신의 수양에는 뜻을 두지 아니하니 비록 재주가 없이 과거에 합격한 사람이 있더라도 고시관은 말하기를 나는 그 문사(文詞)를 고사(考査)하는 것만 알 뿐이오 그 이외의 일은 알지 못하였다고 하고 선비된 사람은 또한 말하기를 과장(科場)에서 요행히 합격하는 것은 이것이 보통의 일이다.

① 학문의 과정보다는 결과를 중시하는 선발 방식의 문제점을 지적하고 있다.

② 평가의 타당도를 문제삼고 있다.

③ 채점자 간의 신뢰도를 문제삼고 있다.

④ 오늘날 대학 수시입학제도의 취지와 관련이 있다.

[해설] 유형원은 과거제도를 비판하고 그 대안으로 학교교육과 관리선발을 일원화하는 공거제(貢擧制)를 제시하였다. ③은 "과거는 이름을 풀로 봉하고"라는 지문에서 보듯이 객관도(채점자 간 신뢰도)를 유지하려고 노력하고 있는 점이 보인다. ④는 유형원이 주장한 공거제가 오늘날, 자기소개서, 동아리활동, 봉사활동, 특기 등 학생들의 꿈과 잠재력으로 평가하는 비교과 활동 중심의 학교생활기록부 종합전형인 대학 수시입학제도의 취지와 관련이 있다는 의미이다.

05 다음 사상가와 관계 깊은 것은?

10. 경북

> • 경세치용(經世致用)의 학풍을 이어받았으며, 봉건사회의 여러 가지 모순에 대해 개혁을 주장하였다.
> • 교육에서는 학제(學制)의 개혁을 주장하였고, 교육방법에서 질의응답을, 교육내용에서 주체적인 내용을 강조하였다.

① 숭례(崇禮)사상과 가정교육의 중요성을 강조하였다.
② 면(面)에 학교를 두고 의무교육을 실시할 것을 주장하였다.
③ 향상과 방상을 두어 누구에게나 동등한 교육기회를 부여하였다.
④ 「소학」을 우리 실정에 맞게 저술하였고 아동의 능력에 따라 교수해야 한다고 하였다.
⑤ 오학론(五學論)을 주장하였으며, 천자문을 비판하고 아동의 이해수준에 맞는 문자학습서를 저술하였다.

해설 성호 이익은 인간평등사상을 전제로 한 숭례(崇禮), 근검(勤儉), 남녀유별(男女有別)의 교육이념을 중시하였다. 사회개혁을 주장하여 국가 빈곤과 농촌 피폐의 원인이 되는 6좀(예 노비, 과거, 양반문벌, 사치와 미신, 게으름, 승려)의 시정을 요구하였으며, 서민과 사대부로 이원화한 4단계 학제개혁안을 주장[예 서민 : 향학(사학—사대부) ➡ 태학 ➡ 전강(殿講, 과거시험) ➡ 사제(賜第)]하였다. 교육방법으로 일신전공(日新全功)의 방법을 강조하여, 일신(日新), 득사(得師), 호문(好問), 서독질의(書牘質疑) 등 발견적 탐구와 적극적 질문을 중시하였다. 또한 주체적인 역사인식을 중시하여, 안정복의 「동사강목(東史綱目)」과 이황의 「퇴계집(退溪集)」과 같은 한국인의 자국문화 습득을 강조함으로써 한국학을 본궤도에 올려놓는 데 기여하였다. ②는 홍대용, ③은 유형원, ④는 이덕무, ⑤는 정약용에 해당한다.

TIP 이덕무의 「사소절(士小節)」의 내용 구성

사전(士典)	5권, 선비들의 윤리와 행실 ➡ 성인교육
부의(婦義)	2권, 부녀자들의 도리 ➡ 여성교육
동규(童規)	1권, 아동 교육방법 ➡ 교육의 기회균등 강조, 초등교육과정 제시[「훈몽자회」(최세진, 문자교육)와 「기년아람」(이만운, 역사교육), 연간 수업일수 300일], 아동의 능력에 따라 학습내용과 진도 설정, 아동의 심리를 파악한 훈육, 성행(性行)을 토대로 미래계획, 아동위생과 안전교육 중시

정답   03. ⑤   04. ③   05. ①

06 〈보기〉의 조선 후기 실학자들의 교육사상에 대한 설명으로 옳은 것끼리 묶은 것은? 06. 중등임용

□□□

┌─ 보기 ───┐
ⓘ 최한기는 교육내용으로 수학의 중요성을 강조하였다.
ⓛ 유형원은 교육방법으로 일신전공(日新全功)을 주장하였다.
ⓒ 김정희는 교육제도 개혁으로 과거제 폐지와 공거제(貢擧制) 시행을 주장하였다.
ⓡ 정약용은 교육덕목으로 효(孝)·제(悌)·자(慈)를 주장하였다.
└───┘

① ⓘ, ⓛ   ② ⓛ, ⓒ   ③ ⓒ, ⓡ   ④ ⓘ, ⓡ

해설 ⓛ은 이익에 대한 설명으로, "항상 새로운 것을 생각하여 자기수양에 힘쓰고 집중적으로 학문에 정진하라."는 일신전공(日新全功)의 교육방법을 중시하여 일신(日新)·득사(得師)·호문(好問)·서독질의(書牘質疑)를 강조하였다. ⓒ은 유형원에 대한 설명이다. 정약용은 이상적 국가의 요건으로 덕행(의식개혁, 인성교육), 경술(법제개혁), 문예(서, 수), 기예(과학기술 개발)를 강조하였다.

07 정약용과 최한기의 교육사상을 비교한 것으로 옳지 않은 것은? 08. 국가직 7급

□□□

① 정약용과 최한기는 실용주의적 입장을 취했다는 공통점을 지닌다.

② 정약용은 「아학편」을 지어 학습자 중심의 교육자료를 개발하였고, 최한기는 논리와 분석력을 기르기 위해 수(數) 교육의 중요성을 강조하였다.

③ 정약용은 주자의 영향을 받아 성현을 본받는 법성현을 강조하였고, 최한기는 학습의 준비태세로 입지를 매우 중시하였다.

④ 정약용은 신분의 귀천을 가리지 않는 인본적 평등주의를 주장하였고, 최한기는 경험과 지각에 기초한 경험주의를 주장하였다.

해설 실학(實學)을 대표하는 정약용의 학문적 근거는 양명학, 고증학, 서학(西學)이라고 할 수 있다. 그래서 그는 「오학론」을 통해 공리공담(空理空談)의 주자학(성리학)적 학문관을 비판하기도 하였다. 입지(立志)를 교육의 출발점으로 보는 것은 주자학적 견해로 공자, 이황, 이이 등이 해당한다. 최한기는 감각적 경험을 중시하는 기철학을 토대로 실학과 개화사상을 연결한 실학자로 평가된다.

TIP 정약용의 「오학론(五學論)」

성리학	공리공론(空理空論)의 이기설(理氣說)에 너무 편중되어 있다.
훈고학	경전(經典)의 자의(字意)와 훈독(訓讀)에 너무 치중되어 있다.
문장학	문자적 유희나 미사여구(美辭麗句)에 치중되어 있다.
과거학	실생활을 외면하고 사변적인 일에만 허송하게 하고 있다. 과거의 시험방식, 시험과목, 시험실시시기 등 모든 면에서 개혁이 필요하다.
술수학	도선의 비결(秘訣)이나 정감록 등의 사설(邪說)이 백성을 미혹(迷惑)케 한다.

TIP 최한기의 이기론

기(氣)	우주의 궁극적 실재(本體)로, 활동·변화하는 작용 측면의 기(氣)는 운화기(運化氣), 그 작용으로 이루어지는 형질 측면의 기는 형질기(形質氣)이다.
이(理)	기(氣)에 철저하게 예속된 것으로, 객관적 자연법칙인 유행지리(流行之理)와 인간의 사유(思惟) 활동인 추측지리(推測之理)로 구성되어 있다. 추측지리는 공부의 기본원리로서 사물에 대한 지각을 의미하는 추측 기능을 한다.

제5절 근대의 교육(개화기~1905)

1 근대 교육 개관

01 개항 이후 개화기(1800~1900년대)에 일어난 근대적 교육에 대한 설명으로 잘못된 것은?

□□□
09. 교육사무관 5급

① 원산학사는 외국의 도전에 대응하기 위해 조선 관료들과 주민이 협동하여 자발적으로 설립한 것으로 서당을 개량하여 근대학교로 발전시켰다.

② 서양 선교사들의 학교 설립에는 조선민들의 적극적인 환영과 지지가 있었다.

③ 교육의 실용화를 강조하여 외국어교육, 근대적 군비교육, 실업교육 등에 중점을 두었다.

④ 학무아문이 발표한 고시에는 소학교와 사범학교 교육은 언급하고 있으나 대학과 전문학교에 대해서는 명시하지 않았다.

⑤ 근대적 병원의 효시인 광혜원에서는 서양 의학과 기술은 물론 물리와 화학도 가르쳤다.

[해설] 「학무아문고시」(1894)는 교육개혁에 대한 대내적 선포로, '소학교와 사범학교 설립, 영재교육, 대학교, 전문학교 설립 취지, 교육의 기회균등원칙'에 대해 언급하고 있다.

TIP 근대학교의 성립

시대 구분	관학			사학		
	초등	중등	고등	초등	중등	고등
개항 이전 (~1876)						베론신학당 (1856)
개항~갑오개혁 (1876~1894)			• 성균관 • 육영공원(1886)	원산학사 (1883)	배재학당 (1885)	
교육입국조서~ (1895. 2.)	소학교 (1895. 7.)	• 한성중학교(1899) • 한성고등학교(1900)	한성사범학교 (1895. 4.)			

TIP 갑오개혁 이후의 교육개혁의 전개

규정	내용
학무아문고시(1894. 7.)	교육개혁에 대한 대내적 선포: 소학교와 사범학교 설립, 영재교육, 대학교, 전문학교 설립 취지, 교육의 기회균등원칙
전고국조례(1894. 8.)	과거제 폐지
홍범14조(1895. 1.)	교육개혁에 대한 대외적 선포: 준자제 선발 해외 파견
교육입국조서(1895. 2.)	① 구교육과 신교육의 분기점: 법제화를 통한 근대적 학제 확립에 기여 • 전인교육(덕·체·지 3육론) • 교육의 기회균등(교육 의무화 계몽) • 자주적·근대적 교육과정(국사, 국문, 실용지식 보급) • 교육구국운동(충군애국인 양성) 기치 • 중도 퇴학생 발생을 법적으로 규제(학비환입조규) ② 의의: 민주주의 교육이념 구현, 교육의 사회적 기능, 국민교육 중시

정답 06. ④ 07. ③ / 01. ④

02 개화기에 설립된 우리나라 관립 신식학교에 해당하는 것만을 모두 고르면?   21. 지방직

□□□

> ㉠ 동문학   ㉡ 육영공원
> ㉢ 연무공원

① ㉠, ㉡   ② ㉠, ㉢
③ ㉡, ㉢   ④ ㉠, ㉡, ㉢

해설 개화기에 설립된 관립 신식학교는 동문학(1883), 육영공원(1886), 광혜원(1885), 연무공원(1887), 경학원(1887) 등이 있다. 동문학(同文學, 1883)은 묄렌도르프(P. G. Möllendorf)가 설립한 최초의 외국어 학교로 영어통역관 양성이 목적이다. 육영공원(育英公院)은 외교교섭에 필요한 영어 교수를 목적으로 1886년 설립한 관리 양성기관에 해당한다. 그리고 연무공원(鍊武公院)은 1887년 군비 강화를 위해 설립한 군사교육기관으로 군관(초급 장교) 양성이 목적이다.

---

2 근대 교육제도

03 구한말 고종이 선포한 '교육입국조서'의 내용으로 옳지 않은 것은?   07. 국가직

□□□

① 체·덕·지순으로 그 중요성을 강조하였다.
② 교육을 통한 국가건설을 주창하였다.
③ 허명(虛名)을 버리고 실질을 숭상할 것을 역설하였다.
④ 학교를 널리 세워 인재를 양성할 것을 제창하였다.

해설 구교육과 신교육의 분기점이 되었던 고종의 '교육입국조서(教育立國詔書)'는 덕(德)·체(體)·지(知)의 순으로 전인교육론을 표방하고 있어 민주주의 교육이념의 토대를 제공하였다.

---

04 새로운 교육의 방향을 제시하기 위해 고종이 갑오개혁 시기에 반포한 「교육입국조서」의 내용으로 옳은 것만을 모두 고른 것은?   18. 국가직

□□□

> ㉠ 초등단계의 의무교육을 시행할 것임을 선언하였다.
> ㉡ 유교식 교육기관인 성균관을 근대식 대학으로 전환할 것을 천명하였다.
> ㉢ 교육의 3대 강령으로 덕양(德養), 체양(體養), 지양(智養)을 제시하였다.
> ㉣ 과거의 허명(虛名)교육을 버리고 실용(實用)교육을 중시할 것임을 밝혔다.

① ㉠, ㉡   ② ㉠, ㉣
③ ㉡, ㉢   ④ ㉢, ㉣

해설 고종의 교육입국조서(教育立國詔書)는 민주주의 교육이념 구현(덕·체·지의 3육론), 교육의 사회적 기능(충군애국인 양성), 국민교육 중시(퇴학생 발생을 규제) 등의 교육적 의의를 지닌다. ㉠은 미군정기, ㉡은 교육입국조서 반포 이후 「성균관 관제(1895. 7. 2.)」와 「성균관 경학과 규칙(1895. 8. 9.)」에서다.

05 갑오·광무 교육개혁 시기에 이루어진 한국 근대교육의 성과에 해당하는 것은? 　19. 국가직 7급

① 사립학교령의 제정·공포
② 한성사범학교 관제의 공포·시행
③ 최초의 여성교육기관인 이화학당의 설립
④ 외국어와 신학문 교육을 위한 육영공원의 설립

해설　갑오개혁(1894)과 광무개혁(1897~1904)은 전통적인 교육에서 탈피, 근대적인 교육을 이룩하려는 시도였다. 이러한 교육개혁에 있어 가장 중요한 내용은 근대학교의 설립이었다. 근대학교란 일반교육을 목적으로 하고, 교육내용 면에서 유교적인 구교육을 지양(止揚)하고, 교육방법에 있어 서구적인 신식교육을 실시하는 학교를 말한다. 이 중 한성사범학교 (1895. 4)는 소학교 교원 양성을 위한 최초의 사범학교로 「한성사범학교관제」(1895. 4, 최초의 근대적 학교관제)에 의거 설립되었다. ①은 조선통감부가 민족사학을 탄압하기 위해 발표(1908년)한 것이며, ③은 개화기 기독교 사학(1886년)에 해당하며, ④는 개화기 귀족자제들을 위한 영어교수를 목적으로 설립된 관학(1886년)에 해당한다.

06 1894년부터 1896년까지 추진된 갑오개혁의 과정에 관제(官制) 또는 영(令)에 의해 설립된 근대 교육기관이 아닌 것은? 　23. 지방직

① 소학교　　　　　　　　　② 중학교
③ 외국어학교　　　　　　　④ 한성사범학교

해설　갑오개혁(1894) 이후 최초로 등장한 학교관제는 「한성사범학교 관제」(1895.4.)이고, 이를 토대로 설립된 학교는 소학교 교원을 양성하기 위한 한성사범학교이다. 그 후 「외국어학교 관제」(1895.5.)에 의해 일어학교, 영어, 한어, 아어, 덕어, 법어학교 등 6개교가 설립되었고, 「소학교령」(1895.7.)에 의해 관·공립 소학교가 설립되었다. 중학교의 경우는 「중학교 관제」(1899.4.)에 의해 한성중학교(1900)가 설립된 것이 처음이다.

TIP 근대적 신학제의 수립 ─ 교육입국조서 공포 이후~1905년

학교관제	제정·공포일	학교관제	제정·공포일
1. 한성사범학교 관제	1895. 4. 16.	8. 보조공립소학교 규칙	1896. 2. 20.
2. 외국어학교 관제	1895. 5. 10.	9. 의학교 관제	1899. 3. 24.
3. 성균관 관제	1895. 7. 2.	10. 중학교 관제	1899. 4. 4.
4. 소학교령	1895. 7. 19.	11. 상공학교 관제	1899. 6. 24.
5. 한성사범학교 규칙	1895. 7. 23.	12. 외국어학교 규칙	1900. 6. 27.
6. 성균관 경학과 규칙	1895. 8. 9.	13. 농상공학교 관제	1904. 6. 8.
7. 소학교 규칙 대강	1895. 8. 12.		

정답　02. ④　03. ①　04. ④　05. ②　06. ②

오현준 교육학

3 근대 교육기관

07 19세기 중반 이후 한국 근대교육의 형성기에 등장한 여러 신식(新式) 학교에 관한 설명으로 옳지 않은 것은?

09. 중등임용

① 조선 정부에서 설립한 것으로는 동문학과 육영공원이 있다.
② 원산학사는 개항장인 함경남도 원산의 일본인 거류지에 일본 상인들이 주도하여 설립하였다.
③ 장로교 선교사들이 설립한 것으로는 제중원 부설 의학교, 언더우드학당, 그리고 정동여학당 등이 있다.
④ 배재학당과 이화학당은 감리교 선교사인 아펜젤러(H. G. Appenzeller)와 스크랜튼(M. F. Scranton)이 각각 설립하였다.
⑤ 천주교에서는 충청북도 제천에 배론신학교(성요셉 신학당)를 설립하여 철학·라틴어를 중심으로 다양한 서양학문과 문물을 함께 교육하였다.

해설 강화도 조약(1876)에 의해 개항하게 된 원산 주민들은 일본 상인들의 침투에 대항하기 위해서는 신교육이 필요함을 절실히 깨닫고, 개량서당을 확대하여 원산학사를 설립하였다(1883).

08 우리나라 개화기 교육에 대한 설명으로 옳지 않은 것은?

20. 지방직

① 동문학은 통역관 양성을 위한 목적으로 출발하였다.
② 배재학당은 우리나라 최초로 설립된 민간 신식교육기관이다.
③ 육영공원은 엘리트 양성을 위한 목적으로 설립된 관립 신식교육기관이다.
④ 안창호는 대성학교를 설립하여 무실역행을 강조하였다.

해설 개화기(1876) 이후 우리나라 최초로 설립된 민간 신식교육기관은 1983년 설립된 원산학사이다. 외국의 도전(일본 상인의 침투)에 대항할 목적으로 주민(덕원읍민들의 자발적 헌금)과 개화파 관료(정현석)가 협동하여 전통적 서당을 개량하여 설립하였다. 배재학당은 1885년 서양의 선교사 아펜젤러(H. G. Appenzeller)에 의해 세워진 한국 최초의 기독교 학교이자 근대식 남학교의 효시였다.

09 다음 중 육영공원(育英公院)에 대한 설명으로 옳지 않은 것은?

10. 국가직 7급

① 1886년에 조선 정부가 설립한 교육기관이었다.
② 핼리팩스(T. E. Halifax)가 주무 교사였으며, 통역관을 양성하기 위해 설립되었다.
③ 헐버트(H. B. Hullbert), 길모어(G. W. Gilmore), 벙커(D. A. Bunker) 등의 교사들이 영어로 서양의 신학문을 주로 가르쳤다.
④ 정부의 재정 부족을 비롯한 입학생의 신분제한, 교육내용과 교사수급의 한계 등으로 인해 1894년에 폐교되었다.

해설 ②는 1883년에 통상아문(외아문)의 부속기관으로 설립된 동문학(同文學), 일명 통변학교(通辯學校)에 대한 설명이다. 임오군란 이후 고문으로 와 있던 독일인 묄렌도르프가 설립한 관립 근대학교로, 40여 명의 젊은이들을 대상으로 통역관을 양성하였으며, 육영공원의 전신(前身)과 같은 역할을 하였다.

10 개화기 사학에 대해 바르게 설명한 것은?

06. 유 · 초등임용

① 최초의 사학은 점진학교이다.

② 을사조약 이후에는 모두 강제 폐지되었다.

③ 최초로 남녀공학을 실시한 학교는 배재학당이다.

④ 원산학사는 지역주민의 자발적 성금에 의해 설립되었다.

해설 원산학사는 주민(덕원읍민들의 자발적 헌금)과 개화파 관료(정현석)가 협동하여 설립한 것으로, 개량서당을 확대한 것이다. 정부의 설립인가를 받았으며 문예반과 무예반으로 나누어 초등학교 및 중학교 과정을 교육하였다.
① 최초의 사학은 1883년에 세워진 원산학사이다.
② 「사립학교령」, 「학회령」 등 일제의 탄압으로 민족사학의 수가 급격히 줄었으나 모두 폐지된 것은 아니었다.
③ 최초로 남녀공학을 실시한 학교는 안창호가 세운 점진학교이다.

4 종합

11 갑오개혁기에 나타난 교육계의 변화로 옳은 것은?

09. 유 · 초등임용

① 실용교육을 제창하는 교육조서(敎育詔書)가 반포되었다.

② 관료를 선발하는 과거제도에 서양의 근대적인 과목이 도입되었다.

③ 한성사범학교를 통하여 관립소학교 및 중학교 교원이 양성되었다.

④ 학무국(學務局)을 중심으로 근대적인 교육법령이 수립되기 시작하였다.

⑤ 소학교, 중학교, 전문학교, 대학교로 이루어진 새로운 학제가 마련되었다.

해설 고종의 교육입국조서(敎育立國詔書)에서는 유교 경전 중심의 전통교육에서 벗어나 국사, 국문, 실용지식 보급을 위한 자주적 · 근대적 교육과정을 제시하였다.
② 전고국조례(1894. 8.) 발표로 과거제가 폐지되었다.
③ 한성사범학교를 통하여 소학교 교원이 양성되었다.
④ 학무국은 일제가 교육을 주도하기 위해 만든 관청이며, 의정부 산하의 학무아문(학부)이 교육을 주관하였다.
⑤ 대학교는 여전히 성균관이 유지되다가 일제의 강제로 1911년 폐교되었다.

정답 07. ② 08. ② 09. ② 10. ④ 11. ①

제 6 절 일제하 교육(1905~1945)

1 일제하 교육정책

01 갑오개혁부터 을사늑약 전까지의 시기에 해당하는 교육 상황을 〈보기〉에서 고른 것은?　13. 중등임용

□□□

> 보기
> ㉠ 「사립학교령」을 공포하여 사립학교에 대한 규제를 강화하였다.
> ㉡ 「조선교육령」을 통해 수업 연한 3년의 여자고등보통학교 제도를 시행하였다.
> ㉢ 외국어를 비롯한 서구의 지식들을 가르치기 위해 육영공원(育英公院)을 신설하였다.
> ㉣ 고종은 이른바 '교육입국조서'를 통해 새로운 교육 강령으로 덕양(德養), 체양(體養), 지양(智養)을 선언하였다.
> ㉤ 「중학교관제」를 제정하여 중학교의 수업 연한을 심상과(尋常科) 4년, 고등과(高等科) 3년으로 규정하였다.

① ㉠, ㉡　　　　　　② ㉠, ㉣　　　　　　③ ㉡, ㉢

④ ㉢, ㉤　　　　　　⑤ ㉣, ㉤

해설 갑오개혁은 1894년, 을사늑약은 1905년의 일이다. ㉠은 1908년 조선통감부 시기에, ㉡은 1911년 조선총독부 시기에 일제가 반포한 것이며, ㉢은 1886년 설립되었다. ㉣은 1895년 2월, ㉤은 1899년 4월에 해당한다.

02 〈보기〉에서 일제강점기 식민지 교육의 특징을 모두 고른 것은?　06. 중등임용

□□□

> 보기
> ㉠ 우민화 교육　　　　　　　　㉡ 단선형 학교제도
> ㉢ 관·공립학교 우위 정책　　　㉣ 황민화(皇民化) 교육
> ㉤ 분권형 교육행정

① ㉠, ㉡, ㉣　　② ㉠, ㉢, ㉣　　③ ㉡, ㉢, ㉣　　④ ㉡, ㉣, ㉤

해설 일제는 제3차 조선교육령(1938) 때 '내선일체(內鮮一體)'를 지향하여 일본과 동일한 학제를 적용한 단선형학제를 시행하기도 하였으나 이는 형식상의 조처였고, 곧 황국신민(皇國臣民)의 인간 양성이라는 목표를 지닌 「국민학교령」(1941)을 선포함으로써 무의미해졌다. 일제는 조선인과 조선의 일본인을 다르게 취급하는 복선형 학제를 취한 것이 일관된 기본 방침이었다. 또한 중앙집권적 통제강화정책을 통해 관학(官學)을 육성하고 (민족)사학(私學)을 철저히 탄압하였다.

03 일제강점기의 우리나라 초등교육에 관한 설명으로 옳은 것은?　07. 유·초등임용

□□□

① 1911년의 제1차 〈조선교육령〉을 통하여 일제는 종래 4년이었던 보통학교의 수업연한을 6년으로 연장하였다.

② 1920년대에 전체 초등교육기관 중 보통학교의 재학생 수가 서당의 재학생 수보다 많아졌다.

③ 1930년대의 보통학교는 조선인들의 취학 기피로 인하여 전반적으로 그 숫자가 크게 감소하는 경향을 보였다.

④ 1941년에 일제가 기존의 '보통학교'를 '국민학교'로 개칭한 것은 '국민개학(國民皆學)'의 실현을 주목적으로 한 것이었다.

[해설] 일제강점기의 교육의 의의는 한국민의 교육열에 의해 보통학교교육이 확대된 점으로 전통적 교육기관인 서당에서 근대적 학교로 학생층이 이동하였다는 점을 들 수 있다.
① 1906년 「보통학교령」 때 보통학교의 수업연한이 6년에서 4년으로 단축되었으며, 4년에서 6년으로 연장된 것은 제2차 조선교육령(1922) 때의 일이다.
③ 1930년대의 보통학교는 1면 1교주의 정책으로 보통학교의 수가 늘어났다.
④ 국민학교는 '황국신민(皇國臣民)'의 양성을 주목적으로 한 것이었다.

TIP 조선교육령의 변화 과정

구분	식민지 정책	교육정책
제1차 조선교육령 (1911. 8.)	무단통치기	• 식민지 교육의 기본방침 제시: 충량(忠良)한 일본신민의 양성, 시세(時勢)와 민도(民度)에 맞는 교육, 일본어 보급 • 성균관의 폐쇄(1911): 경학원 규정에 의거 • 사립학교 규칙 공포(1911) 및 개정(1915): 민족사학 탄압 강화 ⇨ 학교 설립, 교원 채용, 교과과정 등 교육 전반에 걸친 통제와 감독 강화 • 한성사범학교 폐지 • 서당규칙 공포(1918): 서당 개설 인가제, 총독부 편찬 교재 사용 • 보통학교: 6면 1교주의 ⇨ 3면 1교주의 정책(1918)
제2차 조선교육령 (1922)	문화정책기	• 민족차별교육 실시: 복선형 학제 실시 ⇨ 소학교('국어를 상용하는 자', 즉 일본인만 취학)와 보통학교('국어를 상용하지 않는 자', 즉 한국인만 취학)를 병행 • 교육기간의 연장: 보통학교(4년에서 6년), 고등보통학교(4년에서 5년), 여자고등보통학교(3년에서 4년), 실업학교(2·3년에서 3·4년) ⇨ 일본과 동일하게 운영(형식상) • 조선인과 일본인의 공학(共學)을 원칙으로 한다(외형상). • 조선어와 조선 역사를 필수과목으로 지정 • 보통학교의 확대: '3면 1교주의' 정책에서 '1면 1교주의' 정책으로의 변화(1929), 보통학교(초등교육)가 양적으로 팽창 • 간이학교제 도입: 한국인의 교육열 증가로 보통학교 증설 운동의 확산에 대한 일제의 대응방안 ⇨ 수업연한 2년, 80명 정도의 1개 학급만 설치한 학교, 교육시설이나 교재 미흡, 교육과정의 1/3은 직업훈련 • (일제)사범학교 신설: 남자 6년제, 여자 5년제 • 대학 설치 규정 신설: 경성제국대학 설립(1924) ⇨ 민립대학 설립운동 봉쇄정책의 일환
제3차 조선교육령 (1938)	황국신민화 정책기 (1936, 국체명징, 내선일체, 인고단련 등 3대 교육방침)	• 민족정신 말살정책: 조선어와 조선 역사 교육 사실상 폐지(심상과 ⇨ 수의과), 신사참배, 창씨개명, 궁성요배 강요 • 내선일체 정책: 보통학교를 심상소학교로 개칭(1938), '고등보통학교'를 '중학교'로, '여자고등보통학교'를 '고등여학교'로 개칭 • 보통학교(심상소학교): 1면 1교주의 • 복선형 학제 폐지: 일본과 동일한 학제 적용 ⇨ 민족차별교육 형식상 폐지 • 역사·지리 과목의 강화(소학교): 철저한 황민화 교육 • 사립중학교 설립 불허 • '국민학교'로 개칭(1941, 국민학교령): 황국신민 양성 목적
제4차 조선교육령 (1943)	황국신민화 정책기 (대륙침략기)	• 군사목적에 합치된 교육: 수업연한의 단축(중학교, 고등여학교, 실업학교를 모두 4년으로), 대학 및 전문학교 전시체제 개편 • 사범학교 교육의 확장: 황국신민 양성 목적 실현 ⇨ 1944년경에 전국에 16개의 관립사범학교가 설립됨으로써 본격적인 초등교원 양성체제가 자리를 잡게 됨. • 조선어와 조선 역사 교육 금지

정답 01. ⑤   02. ②   03. ②

04 일제강점기의 제2차 조선교육령에 대한 설명으로 옳지 않은 것은? 15. 국가직

① 조선어를 필수과목으로 정했다.
② 고등보통학교의 수업 연한을 3년으로 정했다.
③ 대학 설립에 관한 조항을 두었다.
④ 3·1 운동으로 표출된 반일감정을 무마하기 위한 회유책이었다.

해설   제2차 조선교육령 기간에 보통학교는 4년에서 6년, 고등보통학교는 4년에서 5년, 여자고등보통학교는 3년에서 4년, 실업학교는 2·3년에서 3·4년으로 연장되었다.

05 다음 내용을 포함하고 있는 일제강점기의 조선교육령은? 21. 국가직

> • 보통학교의 수업연한은 6년으로 한다. 단, 지역의 상황에 따라 5년 또는 4년으로 할 수 있다.
> • 전문교육은 전문학교령에, 대학교육 및 그 예비교육은 대학령에 의한다.

① 제1차 조선교육령   ② 제2차 조선교육령
③ 제3차 조선교육령   ④ 제4차 조선교육령

해설   「보통학교령(1906)」은 심상과와 고등과의 통합, 수업연한의 단축(6년에서 4년으로), 도덕교육과 지식·기능 배양 교육 표방 등의 내용을 담고 있다. 이러한 보통학교의 수업연한이 4년에서 6년으로 늘어난 것은 제2차 조선교육령(1922) 때이다. 제2차 조선교육령의 개정 주요 내용은 다음과 같다. "1. 수업연한이 보통학교는 4년에서 6년으로, 고등보통학교는 4년에서 5년으로, 여자고등보통학교는 3년에서 4년으로 연장되었다. 2. 종래 일본어와 한문만 필수과목으로 한 것을 조선어도 필수과목으로 할 수 있으며 한문은 임의과목으로 부과하였다. 3. 조선인과 일본인과의 공학을 원칙으로 한다. 4. 사범학교를 설립할 수 있고, 수업연한은 남자사범학교는 6년, 여자사범학교는 5년으로 한다. 5. 대학교육도 인정하되 대학 예과의 교원자격은 조선총독이 정하도록 한다."

06 일제강점기 교육에 대한 설명으로 옳은 것은? 17. 국가직 7급

① 1920년대에 소학교를 국민학교로 개칭한 후 일본인과 조선인을 함께 교육하였다.
② 제3차 「조선교육령」 시기에 조선인들의 고등교육에 대한 요구를 충족시키기 위하여 경성제국대학을 설립하였다.
③ 일제의 우민화 정책에도 불구하고 제2차 「조선교육령」 시기에 조선인의 보통학교 재학생 수는 증가하였다.
④ 전쟁인력을 확보하고자 제1차 「조선교육령」 시기에 학교에서 전시준비교육을 실시하였다.

해설   일제강점기인 1920년대에 전체 초등교육기관 중 보통학교의 재학생 수가 서당의 재학생 수보다 많아졌다. 이와 같이 보통학교 교육이 확대된 것은 한국민의 교육열에 의해 전통적 교육기관인 서당에서 근대적 학교로 학생층이 이동한 것을 의미한다. ①에서 소학교를 국민학교로 개칭한 것은 제3차 「조선교육령」(1938) 시기인 1941년 「국민학교령」 공포 이후이며, 일본인과 조선인의 공학(共學)을 법적으로 명문화한 것은 제2차 「조선교육령」(1922) 개정이다. ②는 제2차 「조선교육령」 시기에 조선인들의 고등교육 요구를 원천적으로 봉쇄함이 목적이었으며, ④는 제4차 「조선교육령」(1943) 시기이다.

07 우리나라 근대 초등교육의 역사에 대한 설명으로 옳은 것은?   21. 국가직 7급

□□□
① 1895년에 한성사범학교가 설립되어 근대적인 초등교원을 양성하였다.
② 통감부 시기에 초등교육기관의 명칭이 보통학교에서 소학교로 바뀌었다.
③ 제1차 조선교육령(1911년)에는 소학교와 보통학교의 수업연한상의 차별이 없었다.
④ 제2차 조선교육령(1922년)에 의해 초등교육기관의 명칭이 국민학교로 바뀌었다.

해설 한성사범학교(1895. 4.)는 「한성사범학교관제」(1895. 4, 최초의 근대적 학교관제)에 의거 설립된 최초의 사범학교로 소학교 교원 양성을 위해 설립되었다. ②는 총독부 시기인 제3차 조선교육령 시기(1938)에 해당하며, ③은 조선인 자녀가 다니는 보통학교의 수업연한은 4년, 일본인 자녀가 다니는 소학교의 수업연한은 6년이었다. ④는 제3차 조선교육령 시기(1938~)인 1941년이다.

---

2 민족교육 운동

08 〈보기〉는 을사늑약에서 일제강점 시기에 이르기까지 조선인에 의한 민족교육운동과 관련된 내용
□□□ 이다. 바르게 설명한 것만을 있는 대로 고른 것은?   12. 중등임용

┌ 보기 ┐
ㄱ 조선민립대학 설립운동의 일환으로 경성제국대학을 설립하였다.
ㄴ 언론사를 중심으로 '브나로드(V narod) 운동'과 같은 농촌계몽운동을 전개하였다.
ㄷ 간도(間島)나 블라디보스토크(Vladivostok)와 같은 지역에서도 학교를 설립·운영하였다.
ㄹ 신간회와 근우회는 유교적 가정교육의 강화를 설립이념 및 행동강령으로 채택하였다.
└   ┘

① ㄱ, ㄴ   ② ㄱ, ㄹ   ③ ㄴ, ㄷ
④ ㄱ, ㄷ, ㄹ   ⑤ ㄴ, ㄷ, ㄹ

정답   04. ②   05. ②   06. ③   07. ①   08. ③

해설 ㉠은 조선민립대학 설립운동의 봉쇄책의 일환이었으며, ㉣은 절대독립과 남녀평등 및 여성의 자유와 해방을 지향하였다.

TIP 민족교육운동의 전개

1. 노동자와 농민, 도시 빈민을 위한 노동 야학 운동 전개
2. **문맹퇴치 및 문자보급운동 전개** : 언론기관, 조선어학회, 신간회(민족주의 진영과 사회주의 진영의 연합) 등이 주도
    ① 동아일보의 브나로드(Vnarod)운동 : '민중 속으로' 들어가 문맹 타파 및 생활 개선 운동
    ② 신간회 : 사회교육, 문자보급운동, 식민지교육 철폐 운동
    ③ 근우회 : 전국적 단일 여성단체, 남녀평등과 여성의 자유 및 해방 주장, 여성 계몽을 위한 대토론회 전개
3. **조선민립대학 설립운동 추진** : 조선교육회가 주도 ⇨ 조선민립대학 기성회를 조직, 조선인 1인당 1원씩 1천만원 갹출 운동 전개
4. 조선 본위 교육(조선교육회), 아동 본위 교육(방정환, 천도교), 인간 본위 교육(선교사 Fisher) 운동 전개
5. **과학 대중화운동 전개** : 고등과학교육과 과학의 일상화 운동 ⇨ 발명학회, 과학문명 보급회, 과학지식 보급회 주도
6. **국학진흥운동 전개** : 국어(조선어학회), 국사(민족주의 사학)

신채호	고대사 연구(「조선상고사」), 국수(國粹) 중시
박은식	국사 및 독립운동사 연구(「한국통사」, 「한국독립운동지혈사」), 국혼(國魂) 중시
정인보	「조선사연구」 저술, 민족의 '얼' 중시

7. **비밀결사운동(농민운동, 노동운동, 학생운동) 전개** : 사회주의 진영의 교사와 학생이 주도
8. **서당 및 국외(간도, 블라디보스토크 등)에서의 민족교육운동** : 일제는 「서당규칙」(1918)을 제정·공포하여 서당교육 탄압

---

3 교육 사상가

09 도산 안창호의 교육활동에 해당하는 것은?   11. 중등임용

① 초등교육기관인 강명의숙(講明義塾)을 설립하였다.
② 점진학교(漸進學校)를 설립하여 남녀공학으로 운영하였다.
③ 교육구국을 위해 서우사범학교(西友師範學校)를 설립하였다.
④ 모곡학교(牟谷學校)를 설립하고 토론과 변론술을 연마시켰다.
⑤ 독립운동에 필요한 인재를 양성하기 위하여 오산학교(五山學校)를 설립하였다.

해설 점진학교(漸進學校)는 1899년 평안남도 강서군에 안창호가 설립한 남녀공학의 소학교이다. 점진(漸進)은 "우리 모두 조금씩 앞으로 나아가자."는 뜻으로, 투철한 민족의식을 갖고 꾸준히 노력하여 조선을 튼튼한 나라로 바로세우기 위해 훌륭한 일꾼을 양성하려는 안창호의 철학이 담긴 말이다. ①과 ⑤는 이승훈이 1907년에 설립한 학교이며, ③은 1907년 박은식, 주시경 등 평안도와 황해도 출신 지식인들의 모임인 서우학회에서 설립한 사범속성학교로 1년 과정으로 운영되었다. ④는 남궁억이 1919년에 설립한 학교이다.

제7절 현대의 교육(해방 이후~)

01 미군정 시대의 교육에 관한 설명 중 틀린 것은? 02. 중등임용
□□□

① 단선형 학제를 도입하였다.

② 교육법을 제정·공포하였다.

③ 교육이념으로 홍익인간이 도입되었다.

④ 진보주의 교육의 영향으로 새교육운동이 전개되었다.

> **해설** 교육법의 제정·공포(1949. 12. 31.)는 제1공화국 시기이다.
> ① 미국식 단선형 학제(6-3-3-4)가 도입(1946. 9. 1.)되었으나 경제적 여건상의 어려움으로 6-6-4제를 주로 하고, 6-3-3-4제를 병행 실시하였다.
> ③ 홍익인간(弘益人間, Maximum Service to Humanity)의 교육이념이 설정(1946. 3. 7.)되었다.
> ④ '새교육운동(진보주의)'의 영향으로 아동 중심 교육, 경험(생활) 중심 교육을 중시하였다.

02 미군정기(해방~정부수립 이전) 교육의 내용으로 가장 맞는 것은? 09. 교육사무관 5급
□□□

① 국립서울대학교 설치령이 제안되어 그 설치를 둘러싸고 민족주의 진영과 사회주의 진영 간의 논란이 있었다.

② 우리나라의 학제를 개편토록 하고 6-6-4 단선형으로 실시하였다.

③ 일제 시대 조선총독부의 학무국을 접수하여 교육개혁위원회를 발족시켰다.

④ 9년제의 의무무상교육을 실시하였다.

⑤ 「교육법」을 제정하여 홍익인간의 이념을 제시하였다.

> **해설** ②의 경우 미군정기의 학제 개편은 6-3-3-4로 개편하였으나, 지방은 재정사정의 악화로 6-6-4제가 병행 실시되기도 하였다.
> ③은 일제 시대 조선총독부의 학무국을 미군정 학무국으로 그대로 수용하였고, 그 산하에 자문기구로 교육심의회와 교육위원회를 두었다.
> ④는 1950년 6년제 초등 의무교육이 실시되었고, 중학교 의무교육이 실시된 것은 1992년이며, 중학교 무상의무교육은 2002년도부터 시행되어 2004년에 완성되었다.
> ⑤는 홍익인간의 이념을 설정한 것은 미군정기이나, 그것이 「교육법」에 반영된 것은 1949년이다.

정답 09. ② / 01. ② 02. ①

오현준 교육학

단원별
기출문제 1356제

Chapter

03

서양교육사

핵심 체크노트

★1. **그리스 시대의 교육**
① 아테네와 스파르타 교육의 비교
② 소피스트(이소크라테스), 소크라테스, 플라톤, 아리스토텔레스

2. **로마 시대의 교육**
① **제정 시대의 학교교육**: 루두스, 문법학교, 수사학교
② **교육사상가**: 퀸틸리아누스

3. **중세 시대의 교육**
① **교육제도**: 전기 − 기독교 교육 / 후기 − 비형식적 교육(도제교육, 기사도 교육), 형식적 교육(시민학교, 대학)
② **교육사상**: 교부철학과 스콜라철학

4. **르네상스 시대의 교육(14C~15C)**: 개인적 인문주의(비토리노), 사회적 인문주의(에라스무스), 키케로주의

5. **종교개혁기의 교육(16C)**: 보통(대중)교육의 발달, 루터(Luther)

★6. **실학주의 교육(17C)**: 인문적 실학주의, 사회적 실학주의(로크), 감각적 실학주의(코메니우스)

★7. **계몽주의 시대의 교육(18C)**: 자연주의(루소), 범애주의(바제도우)

8. **낭만주의 시대의 교육(19C)**: 신인문주의 교육
★① **계발주의**: 페스탈로치, 헤르바르트, 프뢰벨 ⇨ 교육방법의 발달
② **국가주의**: 피히테 ⇨ 공교육제도 확립
③ **과학적 실리주의**: 스펜서 ⇨ 현대 교육과정 형성

9. **새교육운동**: 몬테소리, 엘렌케이

제 1 절 서양교육사 개관

01 서양교육사의 서술 중에서 올바른 것만을 골라 바르게 묶은 것은?

04. 유 · 초등임용

> ㉠ 중세대학은 대학 내 범죄행위에 대한 자치 재판권을 가지고 있었다.
> ㉡ 사회적 실학주의는 고전의 내용을 가지고 실생활에 활용시키고 있다.
> ㉢ 16세기에는 공교육의 필요성이 대두되어 초등 의무교육을 강조하였다.
> ㉣ 19세기는 계몽주의 시기로 자연주의와 범애주의 교육이 주류를 형성하였다.

① ㉠, ㉡   ② ㉡, ㉢

③ ㉠, ㉢   ④ ㉠, ㉣

해설 ㉠ 중세대학은 면세 · 면역, 대학 내 자치재판권('국가 안의 국가'로 불림), 학위수여권, 총장(또는 학장) 선출권, 자유여행권 등의 특권을 갖고 있었으며, ㉢ 16세기에는 종교개혁이 일어나 루터(Luther), 칼뱅(Cavin) 등이 초등 의무교육을 강조하여 공교육의 기초가 확립되었다. ㉡은 인문적 실학주의, ㉣은 18세기에 해당한다.

TIP 서양교육사상의 흐름

시대 구분		교육(교육사상)	교육사상가
고대	그리스 시대(BC.10C)	• 스파르타 • 아테네	• 소피스트 • 소크라테스 • 플라톤 • 아리스토텔레스
	로마 시대 (BC.7C~AD.5C)	• 왕정 • 공화정(가정교육이 중심) • 제정(학교교육이 중심)	• 카토 • 키케로 • 세네카 • 퀸틸리아누스
중세	중세(5~14C) • 교부철학(전기) • 스콜라 철학(후기)	전기 : 기독교 교육 후기 : 세속교육 • 도제교육, 기사도교육 • 시민교육, 대학교육	• 아우구스티누스 • 토마스 아퀴나스
근대	르네상스(14~15C)	(구)인문주의(Humanism) • 개인적 인문주의 • 사회적 인문주의 • 키케로주의	• 비토리노 • 에라스무스
	종교개혁(16C)	• 신교(Protestant) • 구교(Catholic)	• 루터, 칼뱅, 멜란히톤 • 로욜라, 라살
	과학혁명(17C) ⇨ 경험론	실학주의(Realism) • 인문적 실학주의 • 사회적 실학주의 • 감각적(과학적) 실학주의	• 라블레, 밀턴, 비베스 • 몽테뉴, 로크 • 코메니우스
	계몽주의(18C) ⇨ 합리론	• 자연주의 • 범애주의 • 합리주의	• 루소 • 바제도우, 잘쯔만 • 칸트, 볼테르
	낭만주의, 실증주의(19C) ⇨ 관념론	(신)인문주의 • 계발주의 • 국가주의 • 과학적 실리주의(실증주의)	• 페스탈로치, 헤르바르트, 프뢰벨 • 피히테, 크리크, 슐라이어마허 • 스펜서
현대	프래그머티즘(20C)	새교육운동 • 진보주의 • 본질주의 • 항존주의 • (문화)재건주의	• 듀이, 킬패트릭, 올센 • 배글리, 브리그스, 브리드 • 허친스, 아들러, 커닝햄, 마리땡 • 브라멜드

정답　01. ③

제 2 절 **고대의 교육**

1 그리스의 교육

01 스파르타와 아테네의 교육을 비교한 것으로 옳지 않은 것은? 　　　15. 특채
□□□

		스파르타	아테네
①	교육목적	용감한 군인의 양성	건전한 자유시민의 양성
②	교육내용	인문 교과 중심	체육 중심
③	교육방법	통제와 훈련 위주	개성 존중
④	교육받은 인간상	국가가 필요로 하는 강인한 군인	지혜로운 인간 또는 철학자

> **해설** 스파르타는 교육내용으로 체육(체조 · 무용)과 군사훈련을 중시하였으며, 아테네는 지식 중심의 인문 교과를 보다 중시하였다.

TIP 스파르타와 아테네 교육의 비교 ....

구분	스파르타(도리아족)	아테네(이오니아족)
근거	리쿠르구스(Lycurgus) 법전	솔론(Solon) 헌법
목적	애국적이고 용감한 군인 양성	심신(心身)이 조화로운 자유민 양성
내용	체육(체조 · 무용), 군사훈련, 3R's(reading, writing, arithmetic), 호머의 시와 군대음악	지식 중심의 3R's(reading, writing, arithmetic), 체조, 음악, 시
방법	국가 중심, 통제 위주의 엄격한 군사훈련	개성 중심, 심미적 · 도덕적 자유주의 교육
특징	• 보수적, 상무(尙武)적, 통제적(전체주의) 교육 • 여성교육 중시 ⇨ 건강한 남아 출산 · 육성 • Lechse(렉제, 국가신체검사장) ⇨ 신생아의 양육 여부 국가 심사, 불합격하면 산속 동굴에 버림.	• 진보적, 인문적(人文的), 자유주의적 교육 • 여성교육 소홀 ⇨ 현모양처 양성, 지적 교육 회피 • 초등교육 교사: paidagogos(敎奴, 敎僕) • 중(고)등교육 교사: 소피스트

2 그리스 교육 사상가

02 다음에서 고대 그리스의 교육사상가에 관한 설명 중 옳은 것을 고르면? 　　　08. 유 · 초등임용
□□□

> ㉠ 소피스트들은 법과 관습보다 시민 개개인의 권리를 더 중요시하였다.
> ㉡ 소크라테스는 선의 실천이 선행되어야 선의 본질을 이해할 수 있다고 주장하였다.
> ㉢ 아리스토텔레스는 본성, 습관, 이성이 함께해야 교육이 가능하다고 보았다.
> ㉣ 플라톤은 사물의 실재는 개별적 존재 속에 구현되어 있는 이데아에서 찾아야 된다고 주장하였다.

① ㉠, ㉢　　　　　　　　　　　　　② ㉠, ㉣
③ ㉡, ㉢　　　　　　　　　　　　　④ ㉡, ㉣

해설　소피스트(Sophist)들은 개인의 감각적 경험과 실용성을 바탕으로 한 상대적 진리관의 입장에서 교육론을 전개하였으며, 아리스토텔레스(Aristoteles)는 공동체의 교육을 중시하며 본성, 습관, 이성을 행복의 3요소로 주장하였다. 'ⓒ'은 '악행(惡行)은 무지(無知)에서 나온다.'고 본 소크라테스(Socrates)는 선의 본질이 무엇인지 먼저 알아야 함을 강조하여 지덕복합일설(知德福合一說)을 주장하였다. 'ⓔ'은 아리스토텔레스(Aristoteles)의 주장에 해당하며, 플라톤(Platon)은 실재(reality)와 이데아(Idea)는 별개로 존재한다는 이원론을 주장하였다.

03 고대 그리스 시대의 이소크라테스(Isocrates) 교육사상에 대한 진술로 옳지 않은 것은?

13. 중등임용

① 수사학을 통해서 덕을 함양하고 영혼을 고상하게 만들 수 있다고 보았다.
② 공공의 선과 행복에 기여하는 훌륭한 웅변가를 양성하는 데 주요 목적을 두었다.
③ 최상의 행복은 이성을 계발함으로써 사물의 본질을 관조하는 데서 찾을 수 있다고 보았다.
④ 철학자 양성에 주요 목적을 둔 플라톤의 아카데미아 교육에 대해 비판적인 입장을 취하였다.
⑤ 웅변가가 되기 위해서는 수사학의 원리와 기술뿐만 아니라 문학, 논리학, 역사 등 일반적인 지식도 갖추어야 한다고 보았다.

해설　③은 아리스토텔레스(Aristoteles)에 해당한다.

TIP 플라톤(Platon)과 이소크라테스(Isocrates)의 교육사상 비교

구분	플라톤(Platon)	이소크라테스(Isocrates)
개관	이상주의 교육사상, 철학적 전통을 대표	현실주의 교육사상, 수사학적 전통을 대표
교육적 인간상	철학자 ⇨ 사고의 영웅·엘리트, 이데아(진리)를 알 수 있는 사람, 현실보다는 이상세계의 인간, 끊임없는 사색으로 진리를 추구하는 사람	웅변가 ⇨ 아테네의 지성인(평균인), 말(언어)의 미덕을 갖춘 사람, 훈련과 교육으로 다져진 현실의 평범한 인간, 도덕적 인품을 바탕으로 합리적 지식과 아이디어로 대중을 설득하여 아이디어를 실천에 옮기는 사람
교육 내용	초등교육의 토대 위에 수학, 철학(변증법) 중시 ⇨ 철학을 가장 중시	초등교육의 토대 위에 문법, 수사학 중시 ⇨ 수사학 교육의 중요성 강조(말은 인간의 지성을 가늠하는 척도이자 선한 영혼의 외적 표현)
교육 방법	상기설(회상설) ⇨ 지식은 발견하는 것이지 만드는 것이 아니다.	가장 우수한 표본을 연구하고 비판하는 호메로스식 표본과 모방의 교육방법을 통해 스스로 창조의 작업을 공유하고자 함.
공통점	• 인간의 선천적인 능력을 인정하였다. 다만, 천부적 본성이 훈련과 연습을 통해 조정될 수 있다고 이소크라테스는 보았지만, 플라톤은 교육을 통해 드러날 뿐이지 조정되는 것은 아니라고 보았다. • 자신에게 주어진 사명을 멸망해 가는 아테네를 구원하여 이끌어 갈 젊은이들을 교육하는 것으로 파악하였다.	

정답　01. ② 02. ① 03. ③

04 소피스트들과 이소크라테스(Isocrates)의 교육방식과 철학에 대한 비교로 옳지 않은 것은?

11. 국가직

① 대부분의 소피스트들은 연속적이고 체계적인 교육을 제공하였지만, 이소크라테스(Isocrates)는 인간의 삶에 관계되는 다양한 질문을 하면서 산발적이며 비형식적인 교육을 하였다.

② 소피스트들은 젊은이들에게 수사학의 기술을 가르쳐 유능한 대중 연설가로 키우는 것이 목적이었으나, 이소크라테스(Isocrates)는 수사학의 기술과 함께 이들에게 인간의 정신을 도야하도록 가르쳤다.

③ 소피스트들은 출세 위주의 입신양명에 교육목적을 두었으나, 이소크라테스(Isocrates)는 자신이 소피스트가 아니라고 주장했다.

④ 자유분방한 소피스트들은 법과 권위를 당연한 것으로 받아들이지 않는 회의주의적 도덕관을 가졌으나, 이소크라테스(Isocrates)는 보편적인 인간교육 이념을 확산시켰다.

해설 대부분의 소피스트들은 거리에서 교수하였지만, 이소크라테스(Isocrates)는 자기 집을 개조, 수사학교를 설립하여 체계적인 교육을 실시하였다. ④의 경우 소피스트들은 최초의 소피스트인 프로타고라스(Protagoras) 가 "인간(個人)은 만물의 척도이다."라고 주장한 것처럼 상대적 진리관에 입각한 출세 지향적 · 실용주의적 교육을 실시하였다. 이러한 인식은 고르기아스(Gorgias)의 "진리란 없다. 있다 할지라도 알 수 없다. 안다 할지라도 전할 수 없다."는 주장과 같이 불가지론(不可知論)이나 회의주의(懷疑主義)로 이어질 수 있다.

05 다음 내용과 관련이 있는 교육사상가는?

17. 지방직

교사는 학생에게 정답을 미리 알려주지 않고 학생이 알고 있는 것이 참인지 거짓인지를 판단하면서 학생 스스로 진리의 세계로 들어갈 수 있도록 돕는 역할을 한다. 이를 위해 교사는 반어적인 질문을 학생에게 던짐으로써 학생 자신이 무지를 깨닫게 한다. 지적(知的)인 혼란에 빠진 학생은 교사와의 끊임없는 대화를 통해 진리를 성찰하게 되면서 점차 참된 지식에 이를 수 있게 된다.

① 아퀴나스(T. Aquinas)　　　　　② 소크라테스(Socrates)
③ 프로타고라스(Protagoras)　　　④ 아리스토텔레스(Aristoteles)

해설 소크라테스(Socrates)는 학습자는 보편적 · 객관적 진리를 인식할 수 있는 능력인 영혼을 소유하고 있다고 보았으며, 문답법(대화법)이라는 방법을 통해 아동 스스로 보편적 진리에 도달할 수 있도록 사고력을 계발하는 교육을 하였다.

TIP 소크라테스(Socrates)의 대화법(문답법)

단계	교육방법	내용	비고
1(파괴)	반어법(反語法) − 소극적 대화	무의식적 무지 ⇨ 의식적 무지	대화법(문답법) 명제 : '너 자신을 알라'
2(생산)	산파법(産婆法) − 적극적 대화	의식적 무지 ⇨ 합리적 진리	

06 고대 그리스의 소크라테스 교육사상에 대한 설명으로 틀린 것은? 15. 지방직
□□□

① 덕(德)과 지식은 동일하다고 주장하였다.

② 도덕성 함양을 위해 습관 형성을 강조하였다.

③ 교육방법으로 대화법과 산파술을 사용하였다.

④ 절대적이고 객관적인 진리의 존재를 역설하였다.

해설　덕(德)의 기초는 지식이 아니라 좋은 습관에 있다고 본 고대 교육사상가는 크세노폰(Xenophon)이나 아리스토텔레스(Aristoteles)에 해당한다. 소크라테스(Socrates)는 지덕복합일(知德福 合一)의 도덕적 인간 양성을 중시하여, 덕(德, 선한 행위)은 선(善)의 본질에 대한 지식에서 비롯되기에 덕은 곧 지식이며, 지식이기에 가르칠 수 있으며, 누구나 진리인 선을 알게 되면 선을 행할 수 있다고 보았다.

Chapter
03

07 소크라테스의 회상설(回想說)에 대한 설명으로 옳은 것만을 모두 고르면? 23. 국가직 7급
□□□

> ㄱ. 진리는 본래 알고 있는 것을 상기하는 것이다.
> ㄴ. 학습자의 마음을 백지(白紙) 상태라고 규정한다.
> ㄷ. 학습 및 교수 방법으로서 대화법과 산파술이 적합하다.
> ㄹ. 교사는 학습자에게 지식을 주입하는 데 주력해야 한다.

① ㄱ, ㄴ 　　　　　　② ㄱ, ㄷ

③ ㄴ, ㄹ 　　　　　　④ ㄷ, ㄹ

해설　소크라테스(Socrates)는 지덕복 합일(知德福 合一)의 도덕적 인간을 교육목적으로 추구하였다. 그에 의하면 덕(德)은 선(善)의 본질인 지식에서 비롯되기에 덕은 곧 지식(보편적·객관적 진리)이며, 지식이기에 가르칠 수 있다고 주장하였다. 즉, 누구나 진리인 선을 알게 되면 선을 행할 수 있다고 보았으며, 악행은 무지(無知)의 결과라고 보았다. 또한 학습자는 보편적·객관적 진리를 인식할 수 있는 능력인 영혼을 소유하고 있으며, 문답법(대화법)이라는 방법을 통해 아동 스스로 영혼을 일깨워(상기하여) 보편적 진리에 도달할 수 있도록 사고력을 계발하는 교육을 강조하였다. ㄴ은 로크(Locke), ㄹ은 소피스트(Sophist)들의 주장에 해당한다.

08 다음 설명과 가장 밀접한 것은? 18. 국가직 7급
□□□

> • 지식을 주입하는 대신에 질문을 통하여 스스로 생산적 사고를 하도록 한다.
> • 지혜는 물이 높은 곳에서 낮은 곳으로 흘러가듯 교사로부터 학생에게 손쉽게 전달되지는 않는다.

① 반문법과 산파술 　　　② 코메니우스(J. A. Comenius)의 감각교육

③ 실물교육과 노작교육 　　④ 3학 4과 교육

해설　소크라테스(Socrates)는 학습자를 보편적·객관적 진리로 이끄는 교수 방법으로 문답법(대화법)을 제시하였다. 문답법은 소극적 대화인 반어법(반문법)과 적극적 대화인 산파술로 구성된다. 이처럼 소크라테스는 진리를 전달하는 강의법이 아닌, 탐구능력을 지닌 학습자를 안내하는 계발주의 교육을 중시하였다. ③은 페스탈로치(Pestalozzi), ④는 로마시대 문법학교의 주된 교육내용인 7자유과를 말한다.

정답　**04.** ①　**05.** ②　**06.** ②　**07.** ②　**08.** ①

09 소크라테스의 '산파술'에 대한 설명으로 적절하지 않은 것은?   08. 국가직

① 교육자는 상대가 이미 알고 있다고 생각하는 관념에 대해 그것이 과연 타당한 것인지 계속해서 질문을 제기한다.
② 교육자는 대화를 통해 상대방이 스스로 발견한 지식의 옳고 그름을 판정해 주는 역할을 한다.
③ 교육자가 피교육자에게 무엇인가를 일러주는 것이 아니라 피교육자 스스로 생각하도록 유도하는 교육방법이다.
④ 상대방으로 하여금 결국 자신이 모르고 있었다는 것을 깨닫게 하여 배움의 새로운 단계로 이끄는 교육방법이다.

해설 소크라테스(Socrates)의 산파술(産婆術)에서 교사는 진리의 전달자나 평가자가 아니라 학습자를 진리의 세계로 인도하는 안내자, 조력자, 동반자의 역할을 한다.

10 다음은 소크라테스(Socrates)에 관한 진술이다. 이것으로부터 추론할 수 있는 학습자에 대한 이해로 옳은 것은?   08. 중등임용

> • 일방적인 지식 전수 대신에 문답법을 사용했다.
> • "학습은 지식을 상기(想起)하는 것이다."라고 주장했다.

① 학습자는 신의 형상을 닮은 존재이다.
② 학습자는 탐구하는 능력을 지닌 존재이다.
③ 학습자의 내면은 창이 없는 소우주와 같다.
④ 학습자의 내면은 무엇이든지 다 쓸 수 있는 백지와 같다.

해설 소크라테스(Socrates)에 따르면 교사는 보편적 진리에의 안내자이자 산파(産婆)로서 학습자는 보편적 진리를 깨달을 수 있는 영혼의 씨앗을 지니고 있다고 본다. 그가 제시한 문답법(대화법)은 학습자로 하여금 보편적 진리의 세계로 인도하는 계발의 과정으로, 오늘날의 발견학습과 탐구학습의 원리에도 영향을 주었다.
①은 기독교적 인간관, ③은 학습자의 내면은 대우주로 향하는 창이 있는 소우주에 해당하며, ④는 로크(Locke)의 인간관에 해당한다. ③은 인간의 개별성과 고유성을 강조한 에라스무스(16C)나 라이프니츠(17C)의 주장에 해당한다.

11 다음 내용과 가장 관련이 깊은 것은?

> • 핵심 주제는 정의, 즉 올바른 삶이다.
> • 올바른 삶을 위해 가장 중요한 것은 이성의 덕인 지혜를 갖추는 것이다.
> • 초기 교육은 음악과 체육을 중심으로 하고, 후기 교육은 철학 또는 변증법을 강조한다.

① 플라톤(Platon)의 『국가론』
② 루소(J. J. Rousseau)의 『에밀』
③ 듀이(J. Dewey)의 『민주주의와 교육』
④ 피터스(R. S. Peters)의 『윤리학과 교육』

해설 플라톤(Platon)은 이데아와 현상계를 구분하고 궁극적 지향점으로 이데아를 중시하였다. 플라톤이 제기한 '어떻게 사는 것이 올바른 삶인가?'라는 질문은 개인의 도덕적인 삶에 관한 질문인 동시에 이상적인 국가의 존재 방식에 대한 질문이다. 이 질문에 대한 답으로 플라톤은 이상적 국가가 지녀야 할 기능을 크게 생산기능, 수호기능, 통치기능으로 구분하고, 생산계급은 절제의 미덕, 수호계급은 용기, 통치계급은 지혜를 지녀야 함을 강조한다. 이렇게 생산자와 수호자, 통치자가 조화를 이룰 때 그 국가는 올바르게 잘 사는 국가, 즉 정의(justice)로운 국가가 된다. 또한, 철인왕의 육성을 위한 교육 단계를 18세까지 체육과 음악으로 이루어지는 기초교육, 2년간의 신체·군사훈련, 20세부터 10년간의 수학교육(음악, 기하학, 산수(수학), 천문학 등의 4과 중심), 5년간의 변증법 및 철학교육, 그리고 35세 이후부터는 행정실무 활동에의 참여를 제시하고 있다.

TIP 플라톤(Platon)의 「국가론」에 나타난 4주덕 ▌▌▌▌▌▌▌▌▌▌▌▌▌▌▌▌▌▌▌▌▌▌

"'어떻게 사는 것이 올바른 삶인가?'라는 질문은 개인의 도덕적인 삶에 관한 질문인 동시에 이상적인 국가의 존재 방식에 대한 질문이다. 개인과 국가는 크기만 다를 뿐 그 구조와 기능이 동일하다. 개인은 '작은 글씨', 국가는 '큰 글씨'에 비유할 수 있는데, 이 질문에 대한 답을 찾기 위해서는 작은 글씨(개인)보다는 큰 글씨(국가)를 연구하는 편이 효과적이다. 국가는 크게 생산기능, 수호기능, 통치기능으로 이루어진다. 하나의 국가가 올바르게 생존하기 위해서는 생산기능에 종사하는 자들이 절제의 미덕을 가져야 하고, 수호기능에 종사하는 자들은 용기가 있어야 하며, 통치기능에 종사하는 자들은 지혜가 있어야 한다. 이렇게 생산자와 수호자, 통치자가 조화를 이룰 때 그 국가는 올바르게 잘 사는 국가, 즉 정의(justice)로운 국가가 된다."

— 『국가론』

TIP 이데아에 이르는 과정 : 선분이론(line theory) 데 동굴의 비유 ▌▌▌▌▌▌▌▌▌▌▌▌▌▌▌▌▌▌▌▌

인식의 대상	가시계(可視界) : 현상		예지계(睿智界) : 실재	
	그림자	시각적 사물	수학적 지식(개념)	형상(이데아)
마음의 상태	환상(상상, 추측)	믿음(신념)	사고(오성)	지식(지성·이성)
	(개인적) 견해		(객관적) 지식	

12 〈보기〉의 빈칸 (가), (나), (다)에 들어갈 것으로 바르게 나열한 것은?

05. 유·초등임용

> ┌ 보기 ┐
> 플라톤의 「국가론」에 따르면, 철인왕의 육성을 위한 교육은 신체 단련과 덕성 함양, 산술·기하 등의 교과교육으로 이루어지는 기초교육, 2년간의 <u>(가)</u> 교육, 20세부터 10년간의 <u>(나)</u> 교육, 5년간의 <u>(다)</u> 교육, 그리고 행정실무 활동에의 참여라는 순서로 이루어진다.

	(가)	(나)	(다)
①	수학	변증법	신체 및 군사
②	신체 및 군사	수학	변증법
③	변증법	수학	신체 및 군사
④	수학	신체 및 군사	변증법

해설 | 플라톤(Platon)은 국민교육과 엘리트 교육을 구분하여 4단계로 제시하였다. 제1·2기는 기초교육(국민교육), 제3·4기는 고급(엘리트)교육에 해당하며, 고급교육은 남녀 동등교육을 강조하였다.

TIP 플라톤의 교육단계설: 「국가론」

개인	덕	사회	교육단계
머리(이성)	지혜	지배계급(철학자)	(35세~) 국가 통치에 대한 행정실무 경험
			제4기(30~35세) 변증법, 철학 ⇨ 통치자 양성 과정
가슴(의지)	용기	수호계급(군인)	제3기(20~30세) 4과[음악, 기하학, 산수(수학), 천문학(과학)] ⇨ 성적 불량시 군인계급에 종사
허리 이하(욕망)	절제	생산계급(노동자)	제2기(18~20세) 군사훈련 ⇨ 성적 불량시 생산계급 종사 제1기(~18세) 체육, 음악, 3R's
세 부분의 조화	정의	세 계급의 조화	

13 플라톤이 「국가론」에서 주장한 내용으로 옳은 것은?

19. 지방직

① 교육의 궁극적인 목적은 개인의 자아실현에 있다.
② 국가는 능력에 따라 구분된 계급에 적합한 교육을 시켜야 한다.
③ 모든 인간은 백지상태에서 태어나므로 개인의 사회적 역할은 평등하다.
④ 국가는 교육에 최소한으로 개입하여 개인의 발달을 보장해야 한다.

해설 | 플라톤(Platon)은 「국가론」에서 이데아(Idea)를 실현하기 위한 계급적 덕목으로 지혜, 용기(기개), 절제와, 세 계급이 조화를 이룬 정의를 강조하였다. ①은 아리스토텔레스(Aristoteles), ③은 로크(Locke), ④는 루소(Rousseau)의 주장에 가깝다.

14 아리스토텔레스의 교육사상에 대한 설명으로 옳지 않은 것은?   16. 지방직

① 교육은 시민들의 행복한 삶을 다룬다는 점에서 정치와 동일하다.
② 도덕적 탁월성이란 개인이 가진 내적 소질을 최대한 발현시키는 것이다.
③ 인간을 포함하여 존재하는 모든 것은 장차 실현될 모습을 스스로 지니고 있다.
④ 반어법(反語法)과 산파술(産婆術)은 학습자의 무지를 일깨우기 위한 교수법이다.

해설 아리스토텔레스(Aristoteles)는 행복(eudaimonia)을 인생의 최고 목적으로 삼고, 이성의 훈련을 통하여 중용(中庸)의 덕(Arete)을 갖춘 개인의 완성, 교양을 갖춘 자유인의 양성에 교육목적을 두었다. 그는 본성, 습관, 이성을 교육의 3요소라고 보았고, 행복 실현을 위한 개인 완성의 3단계로서 '신체적 발육 ⇨ 도덕적 습관의 형성 ⇨ 이성의 도야'를 제시하였다. "사물의 본질(이데아)은 개개의 사물(현상)에 내재한다."고 보아, 자아실현*으로서의 교육을 강조하기도 하였다. ④는 소크라테스(Socrates)의 교육사상에 해당한다.

* 자아실현은 질료(matter, 가능태 예 도토리)가 운동(교육)을 통해 형상(form, 현실태 예 참나무)으로 변화하는 과정을 말한다.

15 아리스토텔레스의 교육사상에 대한 설명으로 옳은 것만을 모두 고르면?   20. 지방직

> ㉠ 모든 인간은 장차 실현될 모습을 스스로 지니고 있다는 목적론적 세계관을 지향한다.
> ㉡ 교육의 최종적인 목적은 행복한 삶을 영위할 수 있는 인간을 기르는 것이다.
> ㉢ 자유교육은 직업을 준비하거나 실용적인 목적을 위해 행해지는 것이 아니라 지식 자체의 목적에 맞추어져 있다.

① ㉠, ㉡   ② ㉠, ㉢   ③ ㉡, ㉢   ④ ㉠, ㉡, ㉢

해설 아리스토텔레스(Aristoteles)는 행복(eudaimonia)을 인생의 최고 목적으로 삼고, 본성, 습관, 이성을 행복한 삶의 3요소라고 제시하였다. 또한, 목적론적 세계관을 바탕으로 자아실현의 과정으로서의 교육, 지식 자체에 목적을 둔 자유교양교육을 중시하였다.

TIP 플라톤(Platon)과 아리스토텔레스(Aristoteles) 교육사상의 비교

구분	플라톤(Platon)	아리스토텔레스(Aristoteles)
사상	이원론(Idea-현실), 이상주의, 관념론 • 현상계: 가변적·일시적·불완전한 세계, 현상, 이데아의 모상(模像) ⇨ 감각적 경험을 통해 인식 • 이데아계: 영구불변·절대적·완전한 세계, 본질, 진선미의 세계 ⇨ 이성을 통해 인식(회상설)	일원론(이상은 현실 속에 내재), 현실주의, 실재론, 경험론 • "영원불변의 세계는 존재하지 않는다." • "사물의 본질은 개개의 사물에 내재한다." ⇨ 감각적으로 경험되는 현실 속에 참된 실재가 존재
교육목적	• 이데아의 실현 ⇨ 진선미의 절대적 가치 추구 • 훌륭한 시민 양성: 심신 조화, 선미한 인간 • 국가 정의(철인, 군인, 평민의 조화)와 개인 정의(지혜, 용기, 절제의 조화)의 실현 ⇨ 개인의 완성=사회의 완성 • 4주덕: 지혜(이성), 용기(격정), 절제(욕망), 정의	• 행복의 실현(Eudaimonia) ⇨ 인생 목적 • 이성(理性)의 훈련을 바탕으로 중용(中庸)의 덕(arete)을 갖춘 자유인의 양성 • arete(덕)=the best(최선)=excellence(탁월) • 교육의 3요소: 자연적 요소(본성, nature), 습관(habit), 이성(reason) • 자아실현(self-realization): 가능태(matter, 질료 예 대리석)가 '운동(또는 발달)'에 의해 현실태(form, 형상 예 조각상)로 변화되는 과정

정답 12. ② 13. ② 14. ④ 15. ④

내용	자유교양교육, 도덕교육	교양교육, 자유교육(liberal education)
방법	• 주관적 · 내성적 · 연역적 방법 • 대화법(회상설, 상기설)에 의한 교육 • 4단계 교육: 음악과 체육 ⇨ 산수 · 음악 · 기하학 · 과학(천문학) ⇨ 철학(형이상학)과 변증법	• 과학적 · 객관적 · 논리적(귀납적) · 변증법적 방법 • 3단계 교육: 신체적 발육 ⇨ 도덕적 습관 형성 ⇨ 이성 도야
특징	• 아카데미(Academy) 대학 설립 ⇨ 무보수로 교육 • 여성교육 중시: 최초의 여성교육 옹호자 • 계급에 따른 차별교육: 서민교육 부정, 교육의 기회균등 무시 ⇨ 귀족(엘리트)교육, 철인 정치론	• 리케이온(Lykeion) 대학 설립 ⇨ 소요학파(逍遙學派, 산보하며 수업) • 여성교육 부정, 교육대상에서 노예 제외

16 고대 그리스 시대의 교육사상에 대한 설명으로 옳지 않은 것은?

12. 중등임용

□□□

① 소크라테스(Socrates)는 교수방법으로서 반어법과 문답법을 활용하였다.
② 플라톤(Platon)은 웅변가를 이상적으로 교육받은 인간상으로 간주하였다.
③ 이소크라테스(Isocrates)는 논증과 변론을 통한 수사학 교육을 강조하였다.
④ 프로타고라스(Protagoras)는 모든 가치의 기준이 개인에 따라 상대적이라고 주장하였다.
⑤ 아리스토텔레스(Aristoteles)는 최고선으로서의 행복을 추구하기 위해 지성적 삶의 습관 형성을 중시하였다.

해설 ②는 이소크라테스(Isocrates)나 소피스트에 해당하며, 플라톤(Platon)은 지혜로운 철인(哲人)을 교육적 인간상으로 간주하였다.

---

3 로마의 교육

17 고대 로마의 교육에 대한 진술 중 옳지 않은 것은?

07. 국가직

□□□

① 로마 초기에는 부모가 자녀교육에 대하여 절대적인 권한을 행사하였다.
② 문법학교가 수사학교보다 높은 수준의 교육기관이었다.
③ 중등교육기관에서는 7자유학과를 체계적으로 가르쳤다.
④ 현학적인 학문보다 실용적인 학문을 더 중요시하였다.

해설 수사학교가 문법학교보다 더 높은 수준의 학교였다. 고대 로마시대의 교육기관으로서 문법학교(Grammaticus)는 중등교육기관에 해당하며, 수사학교(Rhetoric School)는 고등교육기관에 해당한다. 전자는 12~16세 아동을 대상으로 7자유과와 호머의 시 · 문학 · 역사를 가르치는 고등교육을 받기 위한 예비과정에 해당하며, 후자는 웅변인 양성을 목적으로 하는 교육기관으로 당시 대학 중 대부분을 차지하고 있었다.

TIP 로마시대의 교육기관

수준	학교	수학기간	교육내용	특징
초등	루두스(Ludus, 문자학교)	6~12세	12동판법, 3R's, 체육	사립(학생들의 수업료로 운영)
중등	문법학교(Grammaticus) • 그리스어 문법학교 • 라틴어 문법학교	12~16세	7자유과(교양과목), 호머의 시, 문학, 역사	• 고등교육 준비 교육 • 모두 사립(국가 보조로 운영) • 제정시대 교육의 핵심
고등	• 수사학교(Rhetor) • 철학학교(Stoa학파) • 법률학교	16~18세	• 수사학, 라틴어, 그리스어, 문법 • 윤리학, 논리학 • 법학	• 교육목적: 웅변가 양성 • 수사학교가 대부분을 차지 • 정부 지원과 보조금으로 운영

TIP 7자유과(seven-liberal arts)

7자유과는 자유교양교육을 위한 교과로서 문법, 수사학, 논리학(변증법)은 3학이고, 산수, 기하학, 천문학, 음악은 4과에 해당한다. 3학은 인간정신의 내적 세계를 표현하는 언어 중심의 교과들로 후에 인문과학으로 발전하였으며, 4과는 인간정신의 외적·객관적 세계를 표현하는 수(數) 중심의 교과들로 후에 자연과학으로 발전하였다. 7자유과의 학문적 체계는 바로(Varro)가 그 기초를 확립하였으며, 로마제정 후반기에 카펠라(Capella)에 의해 확정되었다.

18 서양의 자유교육(liberal education) 전통에 관한 설명으로 옳은 것을 〈보기〉에서 모두 고른 것은?
09. 중등임용

┌─ 보기 ┐
㉠ 자유교육은 이론적 지식보다는 실제적 지식을 추구한다.
㉡ 현대의 자유교육론은 마음과 지식의 논리적 관계에 토대를 두고 있다.
㉢ 영국의 서머힐(Summerhill) 학교는 자유교육의 이상을 실현할 목적으로 설립되었다.
㉣ 고대 로마나 중세 유럽의 자유교육은 7자유학과를 가르치는 프로그램으로서의 자유교육을 강조하는 경향이 있었다.
㉤ 자유교육의 출발점은 이소크라테스(Isocrates)의 사상에서 찾기도 하나, 아리스토텔레스의 사상에서 비롯되었다고 보는 것이 일반적이다.

① ㉠, ㉢　　　　　② ㉠, ㉡, ㉣　　　　　③ ㉡, ㉣, ㉤
④ ㉡, ㉢, ㉤　　　　　⑤ ㉠, ㉢, ㉣, ㉤

해설 자유교육(liberal education)은 이성의 도야를 통한 도덕적 품성의 도야를 중시하는 서양의 인문주의 교육전통을 말하며, 그 정당성을 옹호하는 것이 로크(Locke)의 형식도야설이다. ㉠에서 자유교육은 이론적 지식을 추구하며, ㉢의 써머힐 학교는 아동의 자유를 존중하고 일체의 구속과 억압에서 벗어나는 자유교육(free education)을 중시한다. 자유교육은 자유민을 위한 교육(노예, 여성은 제외)이며, 도덕적 무지나 자연적 속박으로부터의 자유를 추구하나, 써머힐의 '자유'는 '자유의지 행사와 자기통제'를 의미한다.

정답 16. ② 17. ② 18. ③

제3절 중세의 교육

01 유럽 중세의 교육에 대한 설명 중 가장 적절하지 않은 것은?

07. 국가직

① 초기의 대학은 조합(길드)의 형태로 발전하였다.

② 기사를 양성하는 기사도 교육이 체계화되었다.

③ 문답학교는 수도사를 양성하는 교육기관이었다.

④ 도제제도는 수공업 기술자를 양성하기 위한 제도였다.

해설 유럽 중세의 문답학교(Catechumenal School, 교리문답학교 또는 초급문답학교)는 아직 세례를 받지 않은 이교도(異敎徒)의 교화와 세례를 준비하기 위한 초등교육 수준의 학교였다. 문답학교라는 말은 문답(問答)식으로 가르친다는 의미다. 남녀노소 누구나 입학할 수 있으며, 교육내용은 교리문답, 찬미가, 3R's 등이었고, 교육연한은 2년 또는 3년이었으며, 기독교의 확산과 발전에 공헌하였다. 수도사를 양성하는 교육기관은 수도원 학교의 내교(內校, inner school)에 해당한다. ②의 경우 기사도교육은 가정교육기-시동기(侍童期)-시종기(侍從期)-기사입문식 등 4단계로 전개되었으며, ④의 경우 도제교육은 도제기(徒弟期, 견습공 apprentice)- 직공기(職工期, journeyman)-장인기(匠人期, master) 등 3단계로 전개되었다.

TIP 중세의 교육

구분		중세 전기(5~11세기) 교육	중세 후기(11~15세기) 교육
배경 철학		교부 철학 • 플라톤 철학 바탕 ⇨ 기독교 교리 체계화 • 신앙 > 이성 ⇨ 철학은 신학의 시녀 • 대표자: 아우구스티누스(Augustinus)	스콜라 철학(번쇄철학) • 아리스토텔레스 철학 바탕 ⇨ 실추된 신앙 권위 회복 • 신앙과 이성의 조화 • 대표자: 토마스 아퀴나스(T. Aquinas)
교육		기독교 교육(종교교육 중심) • 문답학교, 고급문답학교, 본산학교, 수도원학교	비기독교 교육(세속교육 중심) • 비형식적 교육: 기사도 교육, 도제교육 • 형식적 교육: 대학교육, 시민교육

TIP 중세 전기의 교육기관

수준	학교		특징
초등	문답학교(Catechumental School)		• 이교도(異敎徒)의 교화와 세례 준비를 위한 단기학교 • 문답식으로 교수/ 각 성당(교회) 내에 설립
중등	고급문답학교(Catechetical School)		• 문답학교 교사 양성 사범학교 • 대주교 성당 내에 설립
고등	본산학교(Cathedral School, 성당학교, 사원학교, 감독학교)		• 성직자 양성을 위한 대학(현재의 신학대학교) • 스콜라 철학의 성립에 기여
초등~고등	수도원학교(Monastic School, 승암학교)	내교	수도사 양성 대학
		외교	지역주민을 위한 초·중등교육 실시

02 유럽의 중세 시민교육에 관한 설명으로 옳지 않은 것은?

12. 유·초등임용

① 학교의 형태는 각 나라와 도시에 따라 다양하다.

② 시민학교는 시민계급에게 의무·무상교육을 실시하였다.

③ 중세 상공업의 발달로 출현한 시민계급의 수요에 의해 생겨났다.

④ 시민학교는 교육수준에 따라 크게 상류층을 위한 학교와 하류층을 위한 학교로 나뉜다.

⑤ 읽기, 쓰기, 셈하기, 직업기술의 습득, 법률적 지식 등 시민계급의 실제적 필요를 충족시키기 위해 학교가 설립되었다.

해설 의무·무상교육의 출현은 16세기 종교개혁 이후부터이다.

TIP 중세 시민학교의 형태

구분	교육대상	교육목적	학교의 종류	영향
초등 교육	하류 시민 계급 자제	직업준비 교육	• 독일: 습자학교, 모국어학교 • 영국: 조합학교(Guild school)	오늘날 초등교육의 기초
중등 교육	상류 시민 계급 자제	대학준비 교육	• 독일: 라틴어학교(Latin school) • 영국: 공중학교(Public school), 문법학교(Grammar school)	오늘날 중등교육의 기초

03 중세시대 대학 발생의 주요 배경에 대한 설명으로 옳지 않은 것은?   17. 국가직 7급

① 스콜라 철학이 발달하면서 학문적 열기가 고조되었다.
② 십자군 원정 이후 외부 지역으로부터 실용학문이 널리 유입되었다.
③ 대중의 교육적 요구에 따라 조합학교(guild school)가 새롭게 등장하였다.
④ 도시와 상공업이 발달하면서 법조인, 의사와 같은 전문인력에 대한 수요가 증가하였다.

해설 조합학교(guild school)의 기원은 중세 후기 상인이나 장인들이 조합에서 그들 조합원의 명복을 빌고 조합과 관련된 종교의식을 주관하는 사제를 둔 데서 비롯된다. 즉 사제들은 조합원의 명복을 빌거나 종교의식을 주관하는 이외의 여가 시간에 조합원들이나 구역 주민들의 자녀를 위한 학교를 운영하였다. 이처럼 조합학교는 도시 상공업자들의 자제들을 위한 학교제도로서 대학 준비 교육을 실시하는 라틴어 중학교와 직업훈련을 목적으로 하는 직업학교의 두 가지 유형으로 발달하였다. 라틴어 중학교는 경제적으로 부유한 가정의 자제들이 입학하였고 직업학교는 빈곤한 하층계급의 자제들이 입학하였다. 이와 같은 조합학교는 초·중등교육의 성격을 가지며, 대학의 발생과는 거리가 멀다.

04 중세 서양 대학에 대한 기술로서 옳지 않은 것은?   10. 중등임용

① 대학의 기능과 역할은 일차적으로 교육보다 연구에 있었다.
② 대학의 기원과 도시자치권의 확대 사이에 긴밀한 관련이 있었다.
③ 중세 초기 대학의 설립과 운영에 있어서 교회의 발언권이 강했다.
④ 유니버시티(university)라는 말은 본래 선생과 학생의 조합을 뜻했다.
⑤ 이탈리아와 남부 프랑스의 대학들은 볼로냐(Bologna) 대학을 모범으로 삼았다.

해설 교육보다 연구가 활성화된 것은 19세기 근대 대학 때부터이다. 독일의 훔볼트(Humbolt)가 설립한 베를린대학은 '고독과 자유'라는 학문(연구) 중심의 근대 대학의 출발점이었다.
④ 대학교(university)는 학문연구의 자유가 허용된 보편성을 띤 연구소(길드 성격의 교수와 학생의 단체)이고, 단과대학(college)은 학생들이 기숙하는 합숙소다.
⑤ 대학의 발달은 살레르노(의학, 이탈리아 남부, 1060) ⇨ 볼로냐(법학, 이탈리아 북부, 1088) ⇨ 파리(신학, 프랑스, 1109) ⇨ 옥스퍼드(종합대학, 영국, 1167)순이다.

정답 01. ③   02. ②   03. ③   04. ①

제 4 절 근대의 교육 Ⅰ (14~16C 르네상스기의 인문주의 교육)

1 르네상스기의 인문주의 교육

01 **르네상스 시기의 인문주의 교육에 대한 설명으로 옳지 않은 것은?** 16. 국가직

① 인간 중심적 사고를 강조하였다.

② 감각적 실학주의를 비판하며 등장하였다.

③ 북유럽의 인문주의 교육은 개인보다는 사회개혁에 주된 관심을 가졌다.

④ 이탈리아의 인문주의 교육에서는 자기표현 및 창조적 능력의 실현을 강조하였다.

해설 르네상스기(14~16세기)의 인문주의 교육은 신(神) 중심, 내세(來世) 위주의 편협한 중세문명에서 벗어나, 보다 '인간적인 것' 또는 보다 '인간다운 삶'을 찾으려는 움직임이었다. 그것은 교회의 권위에서 벗어나 현세에서의 생활을 긍정하고, 개인의 자율성과 주도성을 회복하려는 움직임이었다. 또한 '인간(인간성)을 발견하고 회복하려는' 운동이었고, 그런 점에서 '인간 중심주의(humanism)' 운동이었다. 문예부흥을 중세에서 근세로 넘어오는 분기점으로 삼는 것은 그것을 근대정신 (modernism)의 탄생 시점으로 보기 때문이다. 인문주의 교육은 14세기 이탈리아를 중심으로 발생한 '개인적 인문주의(초기 인문주의)'와 15~16세기 알프스 이북(북유럽) 지방으로 확대된 '사회적 인문주의(후기 인문주의)', 그리고 형식화된 인문주의로서 '키케로주의'로 전개되었다.

②에서 감각적 실학주의를 비판하며 등장한 것은 18세기 자연주의 교육사상이다.

TIP 개인적 인문주의 교육과 사회적 인문주의 교육

구분＼관점	개인적 인문주의 교육	사회적 인문주의 교육
특징	• 이탈리아 중심 • 개인의 교양 강조 • 귀족적 성격	• 북유럽 독일 중심 • 사회개혁과 도덕개혁 강조 • 종교적, 민중적 성격
교육목적	• 자유교육 • 인간 완성	종교와 도덕에 의한 사회 전체의 행복 실현
교육내용	• 그리스와 로마의 고전 • 고전어, 체육, 음악	• 고전문학 • 성서문학
교육방법	• 교과서 강의와 기억 • 훈육	• 학생의 명예와 자유를 존중하는 생활지도 • 사고의 장려
대표자	비토리노(Vitorino)	에라스무스(Erasmus)

02 르네상스 시기의 인문주의 교육에 관한 설명으로 옳은 것을 〈보기〉에서 고르면?   11. 유·초등임용

□□□

> ┌ 보기 ┐
> ㉠ 과학혁명의 성과가 반영되어 과학이 가장 중요한 교과가 되었다.
> ㉡ 자유교육을 통하여 완전한 인간과 선량한 시민을 길러 내고자 하였다.
> ㉢ 키케로의 문체를 작문의 유일한 표본으로 삼은 사람들은 언어적 형식주의에 빠져 있다는 비판을 받았다.
> ㉣ 자국 문화와 언어에 대한 관심이 높아지면서 라틴어가 퇴조하고 모국어가 교육의 주된 언어로 자리잡았다.

① ㉠, ㉡   ② ㉠, ㉢   ③ ㉠, ㉣
④ ㉡, ㉢   ⑤ ㉡, ㉣

해설   ㉠은 17C 실학주의 교육, ㉣은 16C 종교개혁기의 교육에 해당한다.

03 16세기 서양의 인문주의 교육사상에 대한 설명으로 옳은 것은?   17. 지방직

□□□

① 고대 그리스·로마의 자유교육의 이상을 계승하였다.
② 자연이나 실재하는 사물을 매개로 하는 실물교육을 도입하였다.
③ 민족적으로 각성된 관점에서 공동체 의식을 기르는 데 주력하였다.
④ 고등교육이 아닌 초등교육 수준에서 구체적인 교육 방안을 제안하였다.

해설   근대 인문주의 교육은 르네상스 운동과 함께 전개되었다. 르네상스(Renaissance)는 '재생' 또는 '부활'의 의미로, 고대 로마 문예 및 문화의 부활을 통해 인간과 세계를 새롭게 발견하려는 인간해방운동을 말한다. 고대 그리스 로마의 자유교육을 복원시키는 데 주안점을 두었다.
②는 17세기 과학적 실학주의 교육, ③은 19세기 신인문주의 교육, ④는 18세기 범애주의 교육에 해당한다.

2   종교개혁기의 교육

04 종교개혁으로 인한 유럽 교육의 변화를 설명한 것으로 가장 타당한 것은?   05. 유·초등임용

□□□

① 의무교육 사상의 형성이 촉진되었다.
② 교육에 대한 희랍 문화의 영향이 증대되었다.
③ 도시학교에 대한 교회의 통제력이 강화되었다.
④ 교육은 본래 개인의 일이라는 관념이 정착되었다.

해설   종교개혁은 성서(聖書)를 통한 인류구원의 방법을 제시함으로써 성서 읽기를 위한 기초 문해교육을 위한 의무교육 사상이 발아(發芽)되는 계기를 제공하였다. ②는 19C 신인문주의에 대한 설명이다. ③ 도시학교(시민학교)의 등장은 중세 후기에 해당한다. 중세 후기 시민학교의 설립과 운영은 시민에게 허용했으나, 교사의 임면과 감독권은 여전히 교회가 가지고 있었다. 그 후 종교개혁으로 인해 교회의 통제력이 약화되었다. ④ 교육은 본래 국가의 일이라는 관념이 정착되어 공교육 제도의 기초가 확립되었다.

정답   01. ②   02. ④   03. ①   04. ①

05 종교개혁기의 서양교육에 대한 설명으로 옳은 것은?   19. 국가직 7급

① 교회 중심의 기독교 교육을 강조하였다.
② 교육에서 현세의 고행과 금욕을 강조하였다.
③ 성서 읽기를 위한 기본 문해교육이 강조되었다.
④ 스콜라 철학을 바탕으로 한 대학교육이 발달하였다.

[해설] 종교개혁 운동은 1517년 독일 비텐베르크 대학의 신학(神學) 교수인 마르틴 루터(Martin Luther)가 가톨릭 교회의 면죄부(免罪符) 판매에 반대하여 95개조의 반박 성명을 발표함으로써 시작되었다. 이처럼 교회의 타락과 부패를 개혁하려는 기독교의 개혁운동인 종교개혁은 성서 중심의 신앙해방운동으로 교회가 아닌 국가가 교육을 관리해야 한다는 근대 공교육제도의 기초가 확립되는 계기가 되었다. 즉, 성서를 통한 인류 구원의 방법을 제시함으로써 성서 읽기를 위한 기초문해교육을 위해 의무교육 사상이 발아(發芽)되는 계기를 제공하였다. ①, ②는 중세 전기, ④는 중세 후기 교육에 해당한다.

06 다음 (가)~(라)에 해당되는 것을 바르게 제시한 것은?   08. 경기

(가) 공교육제도와 교사채용 시험제도를 주장하였다.
(나) 공교육제도를 본격적으로 발달시키게 된 교육관이다.
(다) 근대적 공립학교 제도, 학제를 만들어 학년제도의 시초를 마련하였다.
(라) 공립학교에 있어서 의무교육을 주장하였고, 여교사의 채용을 인정하였다.

	(가)	(나)	(다)	(라)
①	루터	국가주의 교육관	에라스무스	칼뱅
②	루터	계발주의 교육관	멜란히톤	칼뱅
③	칼뱅	국가주의 교육관	멜란히톤	루터
④	칼뱅	계발주의 교육관	에라스무스	루터

[해설] 근대 공교육제도는 16세기 종교개혁을 계기로 그 기초가 싹트기 시작했으며, 19세기 국가주의 교육에 의해 제도적으로 확립되었다. 루터(Luther)는 근대적인 의무교육(보통교육)을 최초로 주장하였으며, 교직을 중시하여 교사면허제와 여교사 채용 그리고 근대적 최초의 의무교육령인 고타 교육령(1642, 독일)의 탄생에 영향을 주었다. 루터 정신의 계승자이자 교육사업가였던 멜란히톤(Melanchton)은 삭소니 교육령(The Saxony School Plan)에서 3급제도를 주장하여 최초로 학년별 학급편성의 원칙을 제시하였다. 칼뱅(Calvin)은 교사채용 시험제도를 주장하였고 매사추세츠 교육령(1642, 미국)의 탄생에 영향을 주었다.

07 고타(Goetha) 교육령과 관련이 없는 인물은?   14. 지방직

① 헤르바르트(Herbart)   ② 에른스트(Ernst)
③ 라트케(Ratke)   ④ 코메니우스(Comenius)

[해설] 고타 교육령은 1642년 고타(Goetha) 영주인 에른스트(Ernst) 공이 루터파의 신교도로서 루터(Luther)의 종교개혁 정신을 이어받아 라트케(Ratke)와 코메니우스(Comenius)의 도움으로 확립되었으며, 여러 차례 수정을 거쳤다. 고타 교육령의 내용으로는 취학의 의무, 학급편성, 학교관리, 교과과정, 교수방법 등을 갖추고 있다. 이 교육령은 세계 최초의 의무교육령으로 역사적 의의를 지닌다.

TIP 고타 교육령과 매사추세츠 교육령의 비교

구분	고타 교육령(1642)	매사추세츠 교육령(1642)
선포	• 독일(1642년), 전문 16장 45개조	• 미국(1642년 – 제1차, 1647년 – 제2차 교육령)
선포자	• 봉건 영주 : 에른스트(Ernst)	• 청교도 이민단의 대의원회의에서 의결
성격 및 의의	• 중앙집권적 · 전제적 성격 • 구체적 제시(지도요령적 성격) • 시행령적 법령 • 루터의 영향 ⇨ 세계 최초의 근대적 의무 교육령	• 지방분권적 · 민주적 성격 • 포괄적 제시(근본 원칙만 제시) • 헌법적 법령 • 칼뱅의 영향(인간이 신으로부터 구제받기 위해서는 교육이 절실히 필요하다.) ⇨ 세계 최초의 민주적 교육령
내용	1. 제2장 : '아동 및 학생'에 관한 조항 　• "모든 지역의 아동은 모두 예외 없이 남녀 공히 1년간은 학교에 다녀야 한다." 　• "아동은 5세가 되면 취학해야 한다." 　• "입학을 아무 때나 해서는 안 되고 매년 일정한 시기를 정하여 입학시켜야 한다." 2. 제13장 : 아동의 취학에 관한 부모의 책무 　• "문자를 해독하지 못하는 12세 이하의 아동의 부모는 5세 이후 취학시키지 않으면 누구라도 벌을 받는다." 　• "부모는 그 자녀가 앓지 않는 한 하루라도, 한 시간이라도 결석시켜서는 안 되며, 언제나 지각하지 않고 등교하도록 엄중히 주의하여야 한다."	1. 제1차 매사추세츠 교육령(1642) 　• 각 마을은 마을 안의 교육에 관하여 책임을 지고 마을 안의 부모나 고용주 및 소년들을 감독하여 모든 소년들이 교육을 받을 수 있게 할 권한과 의무를 갖는다. 　• 부모나 고용주는 감독자에게 복종해야 하며, 이를 어기고 자녀교육을 소홀히 하는 자에게는 벌금을 부과한다. 2. 제2차 매사추세츠 교육령(1647) 　• "50호 이상의 마을은 즉각 읽기 및 쓰기 교사를 채용하고, 그 급료는 마을의 의결에 의하여 부모 또는 고용주가 부담한다." 　• "100호 이상의 마을에는 라틴문법학교 하나를 세운다."
	• 취학의무, 학급편성, 학교관리, 교과과정, 교수법, 학교관리 등을 체계적으로 규정 • 학교 설치 · 유지에 관한 언급 없음.	• 공교육제도, 부모와 고용주의 의무교육 규정, 교육세에 의한 무상교육제도 • 지방자치단체가 학교의 설치 · 유지 의무를 지님.
공통점	아동의 취학의무 규정	

08 종교개혁이 서양 근대교육에 미친 영향으로 옳은 것은?　　　　　21. 국가직 7급
□□□

① 교육의 구심점이 국가에서 교회로 이동하였다.
② 성서 중심 교육이 중시되어 교육의 종교화를 초래하였다.
③ 아동의 발달단계에 따른 교육을 강조하는 계기가 되었다.
④ 라틴어 대신에 모국어가 성경과 교육의 언어로 사용되면서 교육의 보편화에 기여하였다.

> [해설] 종교개혁은 라틴어 대신에 모국어가 성경과 교육의 언어로 사용되면서 모든 사람을 위한 의무교육이라는 관념과 교회가 아닌 국가가 설립하고 관리하는 학교라는 새로운 교육적 이상을 제시함으로써 근대교육제도의 발전을 자극했다. ①은 교육의 구심점이 교회에서 국가로 이동하였으며, ②는 성서를 통한 구원을 중시하여 교육의 대중화를 초래하였다. ③은 18세기 자연주의 교육사상에 해당한다.

정답　　05. ③　06. ③　07. ①　08. ④

근대의 교육 II (17C 실학주의 교육)

1 개관

01 다음에서 설명하고 있는 교육사조로 가장 적절한 것은?   09. 국가직

> • 교육내용으로 과학과 모국어를 중시했다.
> • 시청각 중심의 교육방법을 채택하여 합리적이고 과학적인 교육을 하였다.
> • 이 사조를 대표하는 사람인 코메니우스는 감각에 의존하는 실물학습을 강조하였다.

① 실학주의   ② 인문주의
③ 실존주의   ④ 본질주의

해설 실학주의(realism)는 교육의 실용성과 실천성을 중시하는 교육사조로, 실생활과 유리(遊離)된 인문주의와 종교개혁의 한계를 비판하며 17세기에 등장하였다.

 실학주의 교육사상의 교육관

교육목적	실용성(utility)·실천성·현실성을 중시한 합리적 인간(사회인) 양성
교육내용	실제적·구체적인 실질 도야를 중시 ① 실용적인 지식: 실생활에 필요한 교과 **예** 상업, 언어, 역사, 정치, 법률, 자연과학 등 ② 광범위한 교육과정: 모국어, 외국어, 수학, 사회, 과학 교육 중심으로 한 백과사전적 지식(25~30개 교과목)
교육방법	① 감각교육: '모든 지식은 감각으로부터'(Aristoteles) 　• 실물교육: 언어 이전에 사물(things before words), 언어가 아니라 사물(things, not words) 　• 시청각교육: 모든 교육은 5관을 통해야만 한다. ② 직관교육: 직접적 경험을 중시하여 기억·상상보다 여행·수행·시범·관찰·실험을 선호함.

02 교육에 대한 다음과 같은 관점을 가장 잘 담고 있는 서양 교육 사조는?   09. 중등임용

> • 세상은 가장 훌륭한 교과서이다.
> • 감각적 경험이 올바른 지식을 획득하는 통로이다.
> • 고전 공부의 진정한 목적은 현학적 지식의 습득이 아니라 인간의 삶에 대한 이해를 통하여 교육의 현실적 적합성을 추구하는 것이다.
> • 삶의 지혜와 학문적 지식은 구분되어야 하며, 아이에게 실제적 지혜의 기초가 충분히 다져지기 전까지는 학문적 지식에 대한 공부를 보류해야 한다.

① 실학주의(Realism)   ② 인문주의(Humanism)
③ 계몽주의(Enlightenment)   ④ 자연주의(Naturalism)
⑤ 신인문주의(Neo-humanism)

해설 실학주의(realism)는 교육의 이론 및 실제에서 관념적인 것보다는 실용성과 실천성을 중시하는 교육사조로, 실생활과 유리(遊離)된 인문주의와 종교개혁의 한계를 비판하며 등장하였다. 현실의 객관적 관찰 위에 실질 도야를 중시하여 현실 사회생활에 필요한 구체적이고 실용적인 지식과 경험을 강조한다. 인문적 실학주의와 사회적 실학주의, 감각적 실학주의 유형으로 전개되었다.

TIP 인문적 실학주의, 사회적 실학주의, 감각적 실학주의의 비교

구분	인문적 실학주의	사회적 실학주의	감각적 실학주의
의미	고전 공부를 통해 학생들에게 현실생활을 간접적으로 이해시켜 사회생활의 적응을 도모하게 하는 경향으로 고전을 현실생활 이해의 수단으로 파악함	고전·서적교육을 반대하고, 현실생활의 직접적 경험(예 사교, 여행)을 강조하며, 교양 있는 신사(gentleman) 양성을 추구함	감각의 훈련을 통해 현실생활의 지식을 획득하고, 자연과학적 지식과 연구방법을 교육에 도입하여 인간생활과 사회생활의 합리적 향상을 도모함
특징	• 인문적·실제적 성격 • 지적·도덕적·사회적 훈련 강조 • 종교교육 강조	• 직접적인 사회생활을 통한 교육 강조 • 학교보다는 개인 가정교사제도를 많이 이용	• 실제적·과학적 교육 및 인문교육 강조 • 학교 교육 강조 • 학교내부의 계통적 조직 강조
교육목적	고대문학 연구(고전)를 통해 현실세계의 생활 준비	• 사회적 조화 • 신사(gentleman) 양성	• 감각을 통한 올바른 지식 획득 • 과학적 지식을 통한 힘의 증진
교육내용	백과전서식 내용	여행이나 사회적 접촉 등의 실제적인 경험	• 자연현상의 연구 • 유희(遊戲) 활동
교육방법	• 개별적 교육 • 동기학습법 • 토의와 설명에 의한 독서법	이해와 판단을 중시	• 관찰에 의한 감각 훈련 • 귀납적 방법 • 실천에 의한 학습
대표자	밀턴(J. Milton), 비베스(Vives), 라블레(F. Rabelais)	몽테뉴(M. Montaigne), 로크(Locke)	베이컨(F. Bacon), 라트케(W. Ratke), 코메니우스(Comenius)

03 17세기 서양의 실학주의(realism) 교육사조에 해당하는 것만을 〈보기〉에서 있는 대로 고른 것은?

┌ 보기 ┐
㉠ 현학적인 교양인을 기르는 데 목적을 두었다.
㉡ 구체적 사물에 대한 직접적 경험을 강조하였다.
㉢ 현실 생활에 대한 이해와 교육의 현실적 적합성을 중시하였다.
㉣ 이성에 의해 모든 것을 판단하는 합리적 인간을 이상적 인간상으로 보았다.
㉤ 모든 사람이 교육받아야 하며 국가가 교육을 관장해야 한다는 새로운 교육적 이상을 제시하였다.

① ㉡, ㉢   ② ㉡, ㉤   ③ ㉠, ㉢, ㉤
④ ㉠, ㉣, ㉤   ⑤ ㉡, ㉢, ㉣

해설 ㉠은 르네상스기 인문주의 교육에 해당하며, 실학주의는 실용적이고 합리적인 사회인을 기르는 데 목적을 두었다. ㉣은 18세기 계몽주의에 해당하며, 실학주의는 이성(理性)보다 감각적 경험을 인식의 원천으로 중시하였다. ㉤은 16세기 종교개혁기에 루터(Luther)에 의해 처음 제시되었다.

정답 01. ①   02. ①   03. ①

2 유형과 교육 사상가

04 17세기 서양의 실학주의 철학 사조에서 강조하는 교육의 특징으로 옳지 않은 것은?   18. 국가직
□□□
① 인문적 실학주의 - 고전연구를 통해 현실생활에 잘 적응하는 유능한 인간 양성을 강조하였다.
② 사회적 실학주의 - 여행과 같은 경험중심 교육을 통하여 사회적 조화와 신사 양성을 교육목적으로 강조하였다.
③ 감각적 실학주의 - 감각적 경험을 통하여 생활의 지식을 습득하며, 이해와 판단을 중시하는 교육방법을 강조하였다.
④ 인문적 실학주의 - 고전 중심의 교과를 토의와 설명에 의해 개별적으로 교육하는 것을 강조하였다.

해설 ③에서 이해와 판단을 중시하는 교육방법은 사회적 실학주의의 특징에 해당하며, 감각적 실학주의는 귀납적 방법과 실천에 의한 학습을 중시한다.

05 로크(Locke)의 형식도야이론에 대한 설명으로 옳지 않은 것은?   13. 국가직 7급
□□□
① 능력심리학에 토대를 두면서, 지각이나 기억 등과 같은 정신 능력을 단련시키는 것을 강조한다.
② 마음을 이루는 특정 능력은 적절한 교과나 학습자료를 이용한 계속적인 반복 연습을 통해 발달된다.
③ 20세기 초반에 형식도야이론에 입각한 전통적 교육과정을 거부하는 운동이 다양하게 일어났다.
④ 듀이(J. Dewey)는 형식도야이론을 철학적으로 정당화하였다.

해설 형식도야설(formal discipline theory)은 로크(Locke)가 「오성(悟性)의 구사(Of the Conduct of the Understanding)」(1706)에서 처음 주장하였다. "면도날을 딱딱한 가죽에 갈면 날카로워져서 수염을 잘 자를 수 있듯이, 어려운 교과를 통해서 정신능력(지각, 기억, 상상, 추리, 감정, 의지력)을 단련하면 나중에 문제해결을 잘할 수 있다."는 의미로 교과중심 교육과정에서 중시되었다. 능력심리학에 기초한 학습의 전이(transfer)이론으로 교과의 '내용(에 지식의 구조, 지식의 형식 등)'보다는 '형식(교과목 이름)'을 강조하며, 기계적이고 반복적인 훈련을 중시한다. 우리가 재미없는 교과를 왜 배워야 하는지를 설명해 주는 이론으로 듀이(J. Dewey)의 경험중심 교육과정과 손다이크(Thorndike)의 동일요소설에 의해 비판받았다.

TIP 형식도야설에 대한 듀이(J. Dewey)의 비판 ∥∥∥∥∥∥∥∥∥∥∥∥∥∥∥∥∥∥∥∥∥∥∥∥∥∥∥∥∥∥∥∥∥∥∥∥
"전통적인 교육이론(형식도야설)에서는 '인간의 마음의 능력들은 아동기에서부터 성인기에 이르기까지 동일한 것이기 때문에 성인의 교과가 거의 그대로 아동을 위한 교과가 된다.'고 생각하였다. 이로 인하여 발달의 단계나 순서라는 관념이 무시되는 그릇된 관행이 생겨났다."

06 고대 아리스토텔레스(Aristoteles)의 교육론과 근대 로크(J. Locke)의 교육론에서 찾을 수 있는 공통점이 아닌 것은?   08. 중등임용
□□□
① 체육, 덕육, 지육의 통합적인 교육을 주장한다.
② 교육목적으로 관조적인 삶의 실현을 내세운다.
③ 인간은 정치적(사회적) 존재라는 것을 전제로 한다.
④ 학습뿐만 아니라 훈련과 습관의 중요성도 함께 강조한다.

해설 아리스토텔레스(Aristoteles)나 로크(Locke) 모두 진리를 실천하는 '실제적 삶'을 중시했다고 볼 수 있다. 그러나 지식(진리)에 관한 관점에서 보면 아리스토텔레스(Aristoteles)는 진리 그 자체를 추구하는 관조적(觀照的)인 삶도 중시한 것에 비해, 로크(Locke)는 진리를 목적을 위한 수단이나 도구로 파악하여 관조적 삶을 중시하지 않았다.

TIP **아리스토텔레스(Aristoteles)와 로크(Locke) 사상의 비교** |||||||||||||||||||||||||||||||||||||||||||||||||||||||||||

1. **공통점**: ① 통합적 교육 중시(체·덕·지), ② 인간을 정치적(사회적) 존재로 이해, ③ 학습뿐만 아니라 훈련과 습관의 중요성 강조
2. **차이점**: 아리스토텔레스(Aristoteles)는 실용적 삶과 이성에 의한 관조(觀照)적인 삶을 모두 중시함.

07 서양의 감각적 실학주의(Seneual Realism)에 관한 설명으로 가장 적절한 것은?   18. 지방직
□□□

① 인문주의 교육을 비판한 몽테뉴(Montaigne)가 대표적인 사상가이다.

② 고전을 중시하지만, 고전을 가르치는 목적이 현실생활을 이해하는 데 있다.

③ 세상은 가장 훌륭한 교과서이며, 세상사에 밝은 인간을 기르는 데 교육의 목적이 있다.

④ 자연과학의 지식과 방법론을 활용하여 교육의 현실적 적합성과 실용성을 추구한다.

해설 감각적 실학주의(과학적 실학주의)는 감각의 훈련을 통해 현실 생활의 지식을 획득하고, 자연과학적 지식과 연구 방법을 교육에 도입하여 인간생활과 사회생활의 합리적 향상 도모하려는 사상으로, '말보다 사물'(things before words)을 중시하고 직관교육, 실물(사물)교육, 시청각교육을 강조한다. 특히 교육방법으로서 자연의 질서에 부합되는 '합자연(合自然)의 원리'를 강조한다. ①과 ③은 사회적 실학주의, ②는 인문적 실학주의에 해당한다.

08 다음에 제시된 내용 모두와 관련이 있는 교육사상가는?   07. 유·초등임용
□□□

• 시각적 라틴어 교재 편찬	• 신플라톤주의와 신비주의
• 공교육제도의 기본 틀 제시	• 감각적 실학주의(sensual realism)

① 루터(Luther)   ② 라트케(Latke)

③ 코메니우스(Comenius)   ④ 에라스무스(Erasmus)

해설 17세기 감각적 실학주의 대표자는 코메니우스(Comenius)이다. 시청각 교재로 「세계도회」를 저술하였고, 민주적 학교제도의 모델이 되었던 4단계 단선형 학제론을 주장하였다.
① 루터(Luther)는 16C 종교개혁기 때 고타 교육령을 주장했다.
② 라트케(W. Ratke)는 독일의 교육개혁가로 실물을 활용한 언어 교수 및 합자연의 원리를 주장하여 코메니우스에게 영향을 주었다.
④ 에라스무스(Erasmus)는 사회적 인문주의의 대표자로 교육의 3요소를 자연, 훈련, 연습으로 보았다.

정답   04. ③   05. ④   06. ②   07. ④   08. ③

09 다음에서 설명하고 있는 교육사상가는?

> 그의 교육방법의 기반이 되고 있는 철학이 루터(M. Luther)의 개신교 신학과 유사한 요소를 갖고 있지만, 직접 루터의 신학에서 도출된 것은 아니다. 오히려 그의 철학은 개신교의 정신을 과학과 철학에 투입하여 새로운 진리를 찾고자 했던 당대 사상가들의 견해에서 온 것이다. 그의 사상이 영국의 프란시스 베이컨(F. Bacon)에 의존하고 있다는 사실은, 경험을 중시하고 특수적 사실과의 접촉이 일반적 규칙에 관한 지식에 선행한다는 것을 역설한 점과, 확실한 근거에 입각한 보편적 지식의 이상을 학문의 목적으로 삼은 점으로 보아 명백하다. …(중략)… 베이컨의 관심이 주로 자연적 사실에 있었던 반면에, 그는 자연적, 초월적 지식을 망라하는 전반적인 지식의 체계를 수립하고자 하였다.
> — 보이드(W. Boyd), 「서양교육사」

① 코메니우스(J. Comenius) ② 라블레(F. Rabelais)
③ 페스탈로치(J. Pestalozzi) ④ 에라스무스(D. Erasmus)
⑤ 몽테뉴(M. de Montaigne)

해설 코메니우스(Comenius)의 교육사상은 전인취학적(보편적) 학교론은 루터(Luther)에, 천국준비설은 플라톤(Platon)에, 합자연의 원리는 베이컨(Bacon), 라트케(Ratke) 등의 영향을 받았으며, 어머니 무릎학교는 프뢰벨(Fröbel)의 유치원 창설에 영향을 주었다. 또한 범지학(백과사전학)을 바탕으로 세계 평화를 지향하는 교육을 실천하고자 하였다.

10 다음의 내용을 담고 있는 저술은?

> • 교육에 바쳐야 할 기간을 각각 6년씩 유아기, 아동기, 소년기, 청년기의 4단계로 구분한다.
> • 4단계에 상응하는 네 가지 교육기관으로 가정마다 어머니(무릎) 학교, 마을마다 모국어 학교, 도시마다 라틴어 학교, 왕국 또는 주마다 대학을 두도록 한다.
> • 어머니 학교에서는 외적 감각을, 모국어 학교에서는 상상과 기억을, 라틴어 학교에서는 이해와 판단을, 대학에서는 이 모든 것을 조화하는 의지를 계발해야 한다.

① 루소의 『에밀』 ② 로크의 『교육론』
③ 칸트의 『교육론』 ④ 코메니우스의 『대교수학』
⑤ 페스탈로치의 『은자의 황혼』

해설 코메니우스(Comenius)의 학교교육 4단계론은 세계 최초의 체계적인 교육학서인 『대교수학』에 담겨진 내용이다.

TIP 코메니우스(Comenius)의 4단계 단선형 학교 제도론

시기(연령)	학교	특징	비고(현대의 교육)
유아기 (1~6세)	모친학교(어머니 무릎학교)	• 사적(私的)인 학교 • 외적 감각을 계발	가정교육, 유치원교육
아동기 (7~12세)	모국어 학교 : 3R's, 모국어	• 무상·의무교육, 각 마을마다 설치 • 상상과 기억을 계발	초등교육
청소년기 (13~18세)	라틴어 학교 : 7자유과	• 각 도시마다 설치 • 이해와 판단을 계발	중등학교
청년기 (19~24세)	청년학교(대학교) 및 외국 여행	• 국가 및 교회 지도자 양성, 각 주(州)마다 설치 • 모든 능력을 조화하는 의지의 계발	대학교(선발시험 실시)

11 코메니우스(J. A. Comenius)의 교육사상에 대한 설명으로 옳지 않은 것은? 19. 국가직
□□□

① 고전(古典)의 내용을 체계적으로 전달하고 이해하는 것이 중요하다.

② 감각교육의 중요성을 강조한다.

③ 교육을 이끌어가는 방법상의 원리를 자연에서 찾는다.

④ 수업에서는 사물이 사물에 대한 언어보다 앞서야 한다.

> 해설 17세기 감각적(과학적) 실학주의 교육사상가인 코메니우스(Comenius)는 루터(Luther)에 영향을 받아 전인취학적 (보편적) 학교론을, 플라톤(Platon)에 영향을 받아 천국준비설을, 베이컨(Bacon)에 영향을 받아 교수방법으로 합자연의 원 리를 중시하였다. ①에서 고전(古典)의 내용을 토대로 현실 이해를 도모하는 것은 인문적 실학주의에 해당한다.

12 코메니우스(Comenius)의 교육사상에 대한 설명으로 옳지 않은 것은? 23. 국가직
□□□

① 모든 사람에게 모든 것을 철저하게 가르쳐야 한다고 주장하였다.

② 그림을 넣은 교재인 『세계도회』를 제작하여 문자 위주 언어교육의 문제를 해결하고자 하였다.

③ 동굴의 비유를 통해 교육의 핵심적 원리와 지식의 단계를 제시하였다.

④ 어머니 무릎 학교, 모국어 학교, 라틴어 학교, 대학으로 이어지는 단계적 학교 제도를 제안하였다.

> 해설 코메니우스(Comenius)는 남녀·빈부·귀천의 신분적 차별이 없는 '모든 이를 위한 교육'을 통해 천국생활을 준 비하는 과정을 교육목표로 삼았다. 범지학(백과사전학)적 입장에서 교육과정을 구성할 것을 주장하였고, 교육의 방법은 자 연의 질서에 따르는 '합자연(合自然)의 원리'를 강조하였다. 어머니 무릎 학교 – 모국어 학교 – 라틴어 학교 – 대학교로 이어 지는 4단계 학제론, 세계 최초의 시청각 교과서인 「세계도회」저술, 평화애호 교육 및 평생교육의 강조 등도 그의 교육론의 특징이다. ③은 플라톤(Platon)에 해당한다.

제6절 근대의 교육Ⅲ(18C 계몽주의 교육)

1 개관

01 18세기 서양 계몽주의 교육사상에 관한 설명으로 옳은 것은? 11. 중등임용
□□□

① 예술적 능력의 배양을 주요 교육목표로 삼았다.

② 아동이 갖고 태어나는 신성(神性)의 발현을 강조하였다.

③ 감정이나 종교적 계시보다 합리성을 기르는 데 초점을 두었다.

④ 참다운 인간성을 고대 그리스 문학과 예술에서 찾고자 하였다.

⑤ 역사와 민족성을 근거로 하여 국민적 자각을 강조하는 경향이 있었다.

> 해설 계몽주의는 이성(理性)의 힘으로 절대주의의 몽매성(夢昧性)을 타파하고 민주주의를 확립하려는 인간 이성의 해 방운동을 일컬으며, 합리주의(rationalism), 기계주의(mechanicalism), 개인주의(individualism), 반역사주의·반국가주 의·반민족주의 등을 특징으로 한다. 계몽주의 시대의 대표적 교육사조는 루소(Rousseau)의 자연주의, 바제도우 (Basedow)의 범애주의, 칸트(Kant)의 합리주의 등이 있다.
> ①, ②, ④, ⑤는 19세기 낭만주의 문예사조가 반영된 신인문주의 교육사상의 특징에 해당한다.

정답 09. ① 10. ④ 11. ① 12. ③ / 01. ③

계몽주의	이성 중시	합리주의	기계적 세계관	개인주의	상류층 중심 교육
신인문주의	감정+이성	낭만주의	유기적 세계관	국가주의, 민족주의	대중 지향 교육

02 18세기 유럽의 계몽주의 교육사조에 대한 설명으로 틀린 것은?   15. 지방직

① 인간의 이성적 능력을 신뢰하였다.

② 전통적인 관습과 권위에 도전하였다.

③ 인문·예술 교과를 통한 감성 교육을 강조하였다.

④ 교육을 통한 무지의 타파와 사회개혁을 추구하였다.

해설 계몽주의는 이성(理性)의 힘으로 절대주의의 몽매성(夢昧性)을 타파하고 민주주의를 확립하려는 인간 이성의 해방운동을 일컬으며, 합리주의(rationalism), 기계주의(mechanicalism), 개인주의(individualism), 반역사주의·반국가주의·반민족주의 등을 특징으로 한다.
③은 19세기 낭만주의 교육사조에 대한 설명이다.

03 다음에 해당하는 서양 근대의 교육사조는?   21. 국가직 7급

- 교육은 합리적인 자연의 원리에 합당해야 한다는 교육방법의 원칙을 채택한다.
- 교육의 목표를 사회적 분업에 따른 유용한 인간을 양성하는 데 둔다.

① 계몽주의   ② 국가주의   ③ 인문주의   ④ 신인문주의

해설 계몽주의는 천부인권사상(天賦人權思想)을 바탕으로 개인의 자유와 평등의 이념을 추구하는 비판적 합리주의 사상이다. 이러한 계몽주의 운동이 교육실천에 직접적 영향을 준 것은 아니었으나, 그 속에 내포된 인간의 본성과 이상적인 삶의 모습에 관한 아이디어는 교육을 통해서 길러야 할 '합리적인 개인'이라는 이상적 인간상을 교육목적으로 제시해 주었고, 이후의 교육사상은 이 계몽주의적 인간을 형성하기 위한 교육원리와 그것을 극복하기 위한 대안을 모색하는 방향으로 전개되었다. 이런 점에서 계몽사상은 자연주의 교육사상의 출현을 위한 도약대가 되었다. 즉, 개인의 자연적 본성에 주목하여 그것을 발달시킴으로써 완전한 '시민'이 아닌 완전한 '인간'을 기르고자 했다. 한편 경제 영역에서 계몽주의는 인간의 자연적 본성을 가능한 억제하지 않고 내버려 둘 때 사회적 분업을 통한 자연적 사회질서가 구축되고 모든 국민의 부가 증대될 것이라고 생각하였다.

2 유형과 교육 사상가

04 다음 설명에 해당하는 교육사상가는?   22. 지방직

- 아동이 무엇을 배울 수 있을 것인가에 대해 생각하지 않고 성인이 알아야 할 것에 대해서만 열중하고 있다는 점을 비판하였다.
- 자연주의 교육사상을 주장하였다.
- 자신의 교육관을 담은 『에밀(Emile)』을 저술하였다.

① 루소(Rousseau)   ② 페스탈로치(Pestalozzi)
③ 듀이(Dewey)   ④ 허친스(Hutchins)

해설 18세기 자연주의 사상가인 루소(Rousseau)는 「에밀(Emile)」에서 교육은 '아동의 이해'로부터 출발해야 한다는 주관적(또는 심리적) 자연주의를 주장하였다. 외계(外界)로서의 자연의 법칙에 대한 모방이 아니라 아동의 내면에 있는 자연의 법칙(발달 법칙)에 합치하는 교육을 주장하였다. 이는 성인 중심의 전통적 교육을 비판하고, 아동의 흥미와 관심, 발달단계 등 아동 내면의 자연적 본성에 따라 가르치는 아동중심교육을 의미하며, 새교육 운동(new education movement)의 출발점이 되었다.
* 루소(Rousseau)가 주장한 자연은 '유전, 연령(발달단계), 개인, 성별'의 의미로 해석된다.

05 다음 내용과 관계가 깊은 교육사상가는?   13. 지방직

아동에게는 보고 생각하고 느끼는 아동 특유의 방식이 있다. 그런데 거기에다 우리 어른들이 보고 생각하는 방식을 강요하는 것처럼 어리석고 무분별한 짓은 없다.

① 밀턴   ② 칸트   ③ 루소   ④ 로크

해설 '교육은 아동의 이해'로부터 출발해야 한다고 주장한 루소(Rousseau)는 사회적인 악(惡)으로부터 아동의 선성(善性)을 보호해야 한다는 소극적 교육론에서 출발하여, 성장의 법칙(발달단계)에 따른 합자연의 교육(심리적 자연주의) 등을 주장하였다. 이러한 루소(Rousseau)의 교육사상은 교사 중심의 전통적 교육에서 벗어나 아동 중심의 신교육(새교육)으로 전환한 코페르니쿠스적인 변화였다.

06 다음 글에 해당하는 교육사상가는?   14. 국가직

"모든 것은 조물주의 손에서 나올 때는 순전히 선하나 인간의 손에 넘어오면서 타락한다."고 주장하며, 인위적 교육을 비판하고 자연의 원리에 맞는 교육을 해야 한다고 강조하였다.

① 니일(A. S. Neill)   ② 루소(J. J. Rousseau)
③ 듀이(J. Dewey)   ④ 로크(J. Locke)

해설 루소(Rousseau)의 「에밀(Emile)」에 나오는 내용이다. 루소(Rousseau)는 인간의 본성을 선(善)하다고 보는 성선설(性善說)에서 출발하여 사회적인 악(惡)으로부터 아동의 선성(善性)을 보호해야 한다는 '소극적 교육론'을 주장하였으며, 자연(심리적·주관적 자연)에 일치하는 교육, 인간의 발달과정이 자연적 법칙에 합치되는 교육, 강제적·인위적인 것을 거부하고 스스로 자발적·자연적으로 성장(成長)하는 교육을 강조하였다. 「에밀(Emile)」은 그의 낭만주의적 교육관이 담겨 있는 대표적인 교육소설이다.

정답 02. ③   03. ①   04. ①   05. ③   06. ②

07 다음 글은 유아기 교육에 관한 어느 교육사상가의 교육지침이다. 누구의 어떤 사상을 설명한 것인가?

07. 국가직

> • "아이가 울 때 배가 고파서 우는 것이 아니라면 내버려 두어라."
> • "아이를 지나치게 보호하여 우상처럼 떠받들지 말고 강하게 키워라."
> • "아이로 하여금 다양한 감각 경험을 하도록 하여라."

① 코메니우스(Comenius)의 실학주의　　② 루소(Rousseau)의 자연주의
③ 페스탈로치(Pestalozzi)의 계발주의　　④ 프뢰벨(Fröbel)의 신비주의

해설 루소(Rousseau)의 자연주의 교육은 아동의 내적 가능성의 외적 실현을 지향하는 교육이다. 이를 위해 루소는 언어 이전에 실물에 대한 감각적 경험과 실제 사물을 통한 경교육(hard education)과 실학적 단련주의를 강조하고 있다. 즉, 그의 교육 소설 「에밀(Emile)」에 보면 유아기(1~2세)에는 어린이가 추위·배고픔·목마름·피로 등에 견딜 수 있도록 신체적 단련을 시켜야 하며, 아동기(2~12세)에는 자연의 힘이나 자연과의 접촉을 통해서 획득할 수 있는 감각기관의 훈련에 주력할 것을 강조하고 있다.

08 다음 글의 저자가 가지고 있는 견해와 가까운 것은?

09. 국가직 7급

> • 자연의 질서 속에서는 인간은 모두 다 평등하다. 그러므로 그들의 공통된 천직은 인간의 상태로 있는 일이다.
> • 인간은 그 무엇으로도 폐기될 수 없는 하나의 권리에 의하여 성년에 도달하고, 자기의 지배자가 되며, 그를 공동체에 가입시키고 있는 계약을 파기하고, 그 공동체를 성립하고 있는 나라를 떠날 자유까지 가지고 있기 때문이다.

① 올바른 사회생활보다는 자연으로의 회귀에 의한 인간본성 회복을 강조하였다.
② 인간의 보편적 권리를 실현하기 위해 자연에 의한 교육을 강조하였다.
③ 남녀차별을 두지 않는 교육을 주장하였다.
④ 자연적 원리에 근거한 주지주의적 교수방법을 제시하였다.

해설 루소(Rousseau)는 아동 개인은 타자(他者)로부터의 일체(一切)의 구속을 받지 않는 천부인권(天賦人權)을 소유한 존재라고 보았다. 그리고 그 실현을 위한 교육으로 아동의 필요와 흥미에 따라 교육하는 합자연의 원리, 즉 주관적(심리적) 자연주의를 중시하였다. ①에서 '자연'의 의미는 문맥상 자연생활, 즉 객관적 자연의 의미를 갖기 때문에, 자연적인 선성(善性)을 회복한 '고상한 야인(noble savage)'의 양성을 강조한 ②가 정답이라고 볼 수 있다. ③은 남녀유별(男女有別) 교육, ④는 낭만주의적 교수방법을 제시하였다.

09 「에밀」에 나타난 루소(Rousseau)의 교육사상을 잘못 진술한 것은?

01. 초등임용

① 모든 인간은 평등하므로 여성교육이 남성교육과 달라서는 안 된다.

② 교육은 자연적 발달 순서에 맞추어 단계적으로 실행해야 한다.

③ 아동기에는 서적을 통한 지적 교육보다 체험을 통한 신체적 교육이 더 중요하다.

④ 사회악에 물들지 않도록 초기교육은 사회로부터 격리시켜 시행하는 것이 바람직하다.

해설 「에밀」의 5편에서 루소(Rousseau)는 현모양처론을 전개하여 여자의 1차 임무는 남자를 즐겁게 하는 것이라고 강조하였다. 순종·겸양·청결·수예·가사 등을 주된 교육내용으로 본 루소는 여성교육에 대해 소극적이며 무용론의 입장을 취하고 있다.

TIP 「에밀(Emile)」의 교육단계설

구성	발달단계	교육 중점	세부내용
제1편	유아기 (출생~2세) ⇨ 동물적 시기	신체단련	• 사는 것은 활동하는 것이다. ⇨ 체육 중시 • 지육과 덕육은 불필요, 친모(親母)가 직접 양육 • 자유로운 신체활동에 대한 일체의 구속 거부 ⇨ 맨발, 냉수목욕, 견디는 훈련
제2편	아동기 (3~12세) ⇨ 야만인의 시기	감각교육 ⇨ 소극적 교육의 시기	• 5감각기관(눈, 귀, 코, 혀, 피부)의 단련: 감각은 모든 정신기능(주의, 기억, 사고 등)의 바탕 • 언어의 습득 ⇨ 독서 금지, '세계와 사물이 최선의 책' • 놀이를 통한 자발적 학습 • 소극적 교육: '덕이나 진리를 가르쳐 주는 것이 아니라, 심성을 악덕으로부터, 지력을 오류로부터 보호' ⇨ 사회로부터 격리 • 자연벌: 실학적 단련주의, 경교육 ⇨ 도덕적 가치 주입 금지
제3편	(청)소년기 (13~15세) ⇨ 농부, 로빈슨 크루소의 시기	지식교육	• 지적 호기심을 이용한 자기활동: 필요 ⇨ 활동 ⇨ 경험 ⇨ 지식 • 과학 공부부터 시작: 지리 ⇨ 천문학 ⇨ 물리학(과학은 배워야 하는 것이 아니라 스스로 발견해야 하는 것) • 실질 도야: 생활에 유용한 것 교수 ⇨ 목공술 등 노작교육을 통한 노동에 대한 이해 도모 • 독서 불필요: 「로빈슨 크루소」(Robinson Cruseo) ⇨ 자연 속에서 스스로 모든 문제를 해결하는 방법을 제시
제4편	청년기 (16~20세) − 제2의 탄생기 ⇨ 합리적 사고의 시기	도덕· 종교교육 ⇨ 적극적 교육의 시기	• 사회생활 준비: 「플루타크 영웅전」 ⇨ 사회 타락 과정을 이해, 훈화교육은 금지 • 인간관계와 사회제도에 대한 지식 습득: 사회학, 심리학, 윤리학, 정치학을 연구 • 발달된 이성으로 성의 충동(정념)을 통제 • 도덕·종교교육: 내적 정신생활의 충실 도모 ⇨ 도덕, 미술, 종교, 철학 등을 학습 ⇨ 적극적 교육[예 '사보아 보좌신부의 신앙 고백'(제도적 종교 비판, 자연종교론 주장)]
제5편	결혼기 ⇨ 사회인의 시기	여성교육론 − 소피교육	현모양처론 강조: 여자의 1차 임무는 남자를 즐겁게 하는 것, 순종·겸양·청결·수예·가사 등이 주된 교육내용 ⇨ 여성교육에 대해 소극적이고, 무용론(無用論)적 입장, 즉 남녀별학(男女別學)의 입장

Chapter
03

10 다음에서 루소(J. Rousseau)의 교육관에서 강조되는 사항들로만 묶인 것은? 07. 중등임용

> ㉠ 발달단계론   ㉡ 고상한 야인(noble savage)
> ㉢ 소극교육론   ㉣ 삼육(三育)의 조화적 발전
> ㉤ 남녀별학(男女別學)   ㉥ 완전한 생활교육

① ㉠, ㉡, ㉢, ㉤   ② ㉠, ㉡, ㉣, ㉥
③ ㉠, ㉢, ㉤, ㉥   ④ ㉡, ㉢, ㉣, ㉥

해설 루소는 교육의 목적을 고상한 야인(noble savage)을 양성하는 데 두어, 일반도야(인간도야)를 중시하였다. 또, 교육방법으로 합자연의 원리(주관적·심리적 자연주의), 주정주의(主情主義), 실물교육(직관주의 원리), 소극적 교육, 아동 중심교육을 들었다. '㉣'은 페스탈로치(Pestalozzi), '㉥'은 스펜서(Spencer)에 해당한다.

11 범애파(汎愛派)를 대표하는 바제도우(J. Basedow)의 교육론에 해당되지 않는 것은? 07. 중등임용
① 직관의 원리에 따른 교과서 편찬방법을 도입하였다.
② 자연에 관한 관찰 및 실험에 의한 교수를 중시하였다.
③ 훈육을 위하여 기숙제 학교에서의 규율적 생활을 강조하였다.
④ 종교적 지도하에 시민의 덕성을 육성하는 국가기구를 제안하였다.

해설 범애주의는 루소(Rousseau)의 아동 중심 교육론과 독일의 기독교 사상이 접목된 것으로, 주된 교육목적은 아동으로 하여금 공익에 봉사하는 인간애와 애국정신의 함양을 통하여 행복한 시민생활을 영위하게 함에 두고 있다. 범애주의의 대표자 바제도우(Basedow)는 학교를 국가가 관리하는 중앙집권적·통일적 기구로 주장하였고, 종파적으로 중립된 기숙학교인 범애학교를 설립하였다.

제 7 절   **근대의 교육Ⅳ(19C 낭만주의 시대의 교육)**

1 개관

01 근대 유럽의 신인문주의(neo-humanism) 교육사조에서 제기했던 핵심적인 문제의식으로 가장 적절한 것은? 07. 유·초등임용
① 기독교적 경건주의 교육에 대한 비판
② 주지주의에 입각한 기능적 인간 양성에 대한 비판
③ 역사적 전통과 민족의식을 넘어서는 교육이념의 확립
④ 비합리적 세계관에 대한 비판과 과학적 인식방법의 도입

해설 신인문주의는 18C 계몽주의에 대한 반동에서 출발하였으며, 문예사조상의 낭만주의가 교육에 반영된 것이다. 정의적 측면을 바탕으로 인간 본성의 조화로운 발달을 도모하고, 역사, 민족, 국가를 중심으로 고대 그리스의 이상(理想)을 실현하고자 도모한 교육사상이다.
①은 17C 실학주의, ③은 18C 계몽주의에 대한 설명이다.
④는 합리적 세계관에 대한 비판에서 출발하였다.

TIP 구인문주의와 신인문주의의 비교

구인문주의	로마 문화	형식 중시(언어, 문장)	고전의 기계적 모방	모방적, 이상적
신인문주의	그리스 문화	내용 중시(세계관, 인생관)	고전의 자각적인 비판	자각적, 비판적, 현실적

02 신인문주의 교육에 대한 설명으로 옳지 않은 것은?

① 인간 본성의 미적, 지적 차원의 조화로운 발달을 추구하였다.

② 국민국가의 민족적 관점에서 전통과 유산을 중요한 교육소재로 삼았다.

③ 고전 연구와 교육을 위해 이탈리아의 궁정학교와 독일의 김나지움 같은 학교가 생겨났다.

④ 공리주의적이고 실리적인 계몽주의에 맞서 학교교육 전반에 걸친 개혁을 추구하였다.

해설 19세기 초 독일을 중심으로 전개되기 시작한 신인문주의는 18세기 계몽사조의 지나친 합리주의적, 주지주의적, 개인주의적 경향에 대한 반동으로 일어난 사상운동으로, 문예사상(낭만주의), 철학사상(계몽주의), 사회사상(국가주의) 등 다양한 갈래의 사상들을 포함하고 있다. 이러한 신인문주의는 계몽사조를 주도해 온 이탈리아를 중심으로 한 라틴 민족에 대항하는 게르만 민족의 사상이라고 할 수 있으며, 라틴 문화 이전의 고대 그리스 문화 속에서 참다운 인간성을 찾음으로써 라틴 문화를 극복하고자 한 사상이었다. ③은 14 ~ 15세기에 나타난 (구)인문주의 교육에 대한 내용이다.

2 유형과 교육 사상가

03 페스탈로치(Pestalozzi)의 교육사상과 방법에 대한 설명으로 알맞은 것은?

① 직관과 자발성은 수업과 교육의 핵심적인 원리이다.

② 인간의 완성은 훈육, 문화화, 문명화, 도덕화의 단계를 거쳐 실현된다.

③ 교육은 자연적 원리에 따라 어머니 학교, 모국어 학교, 라틴어 학교, 대학의 과정을 거쳐 진행되어야 한다.

④ 프로젝트 학습을 통해 학습자는 직면한 문제를 상호 협력하여 해결함으로써 공동체 의식을 습득하게 된다.

해설 페스탈로치(Pestalozzi)는 아래로부터의 교육(민중교육, 보통교육)을 중시하여 플라톤(Platon)의 교육관을 코페르니쿠스적으로 전환시킨 사상가이자 실천가이다. 그는 교육을 통해 인간의 모든 능력, 즉 3H(Heart, Head, Hand)의 조화로운 계발을 도모하고 더 나아가 불평등한 사회를 개혁하자고 강조하였다. 그가 강조한 교육방법의 원리는 합자연의 원리(자발성의 원리, 방법의 원리, 사회 또는 생활공동체의 원리, 조화적 발전의 원리), 노작교육의 원리, 직관의 원리 등이 있다. ②는 칸트(Kant)의 양육 – 훈육 – 교화(문화화) – 개화(문명화) – 도덕화에 이르는 교육의 형식(교육단계설)에 해당한다. 그는 교육만능설, 교육인격설(도덕설), 교육보편설을 주장하였다. ③은 코메니우스(Comenius), ④는 킬패트릭(Kilpatrick)에 해당한다.

TIP 신인문주의 교육사상의 유형 ▓▓

유형	내용	대표자	현대교육에의 영향
계발주의	심리학적 원리에 입각, 교육 방법을 인간발달법칙에 합치	• 페스탈로치(Pestalozzi) ⇨ 3H의 계발(사회적 계발주의) • 헤르바르트(Herbart) ⇨ 다면적 흥미의 계발(심리적 계발주의) • 프뢰벨(Fröbel) ⇨ 유아의 신성(창조성, 자발성)의 계발(종교적 계발주의)	교육방법의 발달에 기여
국가주의	교육의 국가 관리 ⇨ 공교육제도 확립	피히테(Fichte), 호레이스 만(Horace Mann)	공교육제도(의무교육제도) 발달에 기여
과학적 실리주의	과학적 지식을 통한 실생활 준비, 인류의 행복 실현	스펜서(Spencer)	현대 교육과정 형성에 기여

정답 10. ① 11. ④ / 01. ② 02. ③ 03. ①

04 페스탈로치(J. H. Pestalozzi)가 말하는 합자연(合自然) 교육의 방법적 원리와 그에 대한 설명을 가장 적절하게 짝지은 것은?

10. 유·초등임용

① 자발성의 원리 – 자발성은 외부적 자극에 의해 촉발되므로, 외부로부터의 주입과 주형이 교육의 근간이 되어야 한다.

② 도덕성 중시의 원리 – 교육은 손(기능), 가슴(심정), 머리(지력)의 조화로운 발달을 도모하지만, 그 중심은 가슴이 되어야 한다.

③ 안방(거실) 교육의 원리 – 교육의 목적은 사회적 인간을 육성하는 것이기 때문에, 안방교육은 공공교육기관의 원리를 따라야 한다.

④ 일반도야의 원리 – 인간적인 실존의 바탕은 직업이기 때문에, 직업교육이 전인교육에 앞서야 하며 전인교육은 직업교육에 종속되어야 한다.

⑤ 직관의 원리 – 직관은 감각이 아니라 마음의 눈을 통해서 세계의 본질을 직접 파악하는 것이기 때문에, 감각 중심의 교육을 지양해야 한다.

> 해설 ①에서는 아동의 능력을 스스로 내부로부터 계발시켜야 하며, ③에서 학교나 사회교육은 안방교육의 연장이다. ④에서는 3H가 조화를 이룬 전인교육이 우선해야 하며, ⑤에서는 감각 중심의 교육에서 출발하여야 한다.

05 페스탈로치(Pestalozzi)의 교육사상에 대한 설명으로 옳지 않은 것은?

23. 국가직

① 『일반교육학』을 저술하여 심리학적 원리에 기초한 교육방법을 정립하였다.

② 아동의 자발적 활동과 실물을 활용한 직관교육을 중시하였다.

③ 루소의 자연주의 교육사상을 교육 실제에 적용하여 빈민학교를 설립하였다.

④ 전체적인 구조 속에서 신체적 능력, 도덕적 능력, 지적 능력의 조화로운 발달을 주장하였다.

> 해설 페스탈로치(Pestalozzi)는 루소(J. J. Rousseau)의 자연주의 사상을 교육방법에 초점을 두어 계승하였다. 교육목적을 3H, 즉 인간의 지적(Head), 도덕적(Heart), 신체적인(Hand) 면의 조화로운 발달에 두었으며, 교육개혁을 통한 불평등한 사회개혁을 주장하였다. 교육방법의 원리로는 합자연의 원리, 노작교육의 원리, 직관의 원리를 중시하였다. ①은 헤르바르트(Herbart)에 해당한다. 페스탈로치의 대표적 저서로는 「은자(隱者)의 황혼」, 「린하르트와 게르트루트」, 「직관의 ABC」 등이 있다.

06 윤리학과 심리학을 기반으로 교육학을 하나의 독립된 학문으로 체계화하여 '교육학의 창시자'라고 불리는 학자는?

15. 특채

① 루터(Martin Luther) ② 루소(J. J. Rousseau)

③ 헤르바르트(J. F. Herbart) ④ 페스탈로치(J. H. Pestalozzi)

> 해설 헤르바르트(Herbart)는 저서 「교육학 강의 개요」 서문에서 "과학으로서의 교육학은 실천철학과 심리학에 의존한다. 실천철학은 교육의 목적을, 심리학은 교육의 길, 즉 교육의 수단과 장애를 교시한다."고 함으로써 실천철학(윤리학)으로부터 교육의 목적을, 심리학(표상심리학)으로부터 교육 및 수업의 방법을 도출하여 독립된 과학으로서의 교육학을 성립시켰다.

TIP 표상심리학(representation psychology) : 학습심리학의 기반이 된 심리학

출생시에 백지상태인 인간의 마음은 신경계통을 통해서 외부의 실재와 관계한다. 이 관계를 통해 마음에 감각적 지식의 원천인 표상(表象, 어떤 것에 대한 영상 또는 이미지)이 부여되고, 이 표상에서 전체의 마음이 발전한다. 즉, 마음은 오직 외부 실재와의 상호작용을 통해 나타나는 표상의 형태로 인식될 뿐이다. 한 번 형성된 표상은 계속적인 자기보존의 노력을 하며, 이들 표상의 상호작용은 외연(外延)으로 확대되어 보다 많은 표상을 포괄하는 작용을 통해서 개념을 만들고, 나아가 판단과 추리로 발전한다. 그러므로 교육이란 외부에서 보다 많은 표상을 제시하고 이를 통해 마음을 확대·배양·조직하는 것이어야 한다. 흥미는 바로 이러한 표상으로 생긴다. 따라서 교육의 임무는 외계 사물(자연)과의 접촉 및 사회적 교제를 통해 표상을 일으키고, 이것을 기초로 해서 이념과 행위에로의 동기를 유발하여 사상권을 완성시키는 것이다.

TIP 헤르바르트(Herbart)의 교육사상 정리

1	교육학의 창시자(아버지) : 교육학을 하나의 독립된 학문으로 체계화		
2	교육학의 학문적 토대 : ① 윤리학(Kant의 실천철학 : 교육목적) + ② 표상심리학(교육방법)		
3	교육방법 : ① 관리(교수를 위한 준비), ② 교수(교재를 매개), ③ 훈련(훈육 : 교재 없는 직접적 활동)		
4	교수 4단계 : ① 명료 ⇨ ② 연합 ⇨ ③ 계통 ⇨ ④ 방법		
5	교육목적 : 도덕적 품성, 즉 5도념의 도야 ⇨ 내면적 자유, 완전성, 호의(好意), 정의(正義), 보상(報償)		
6	교육내용 : 아동의 다면적(多面的) 흥미 ⇨ 흥미는 교육적 활동을 적극적으로 하게 하는 마음이 일어나는 것. 교육적 흥미의 조건(영속성, 직접성, 다면성), 전심(專心, concentration)과 치사(致思, correlation, 숙고)를 통해 형성		
	지적(인식적) 흥미	사물에 대한 흥미 ⇨ ① 경험적 흥미, ② 사변적 흥미, ③ 예술적 흥미	
	정의적(교제적) 흥미	인간에 대한 흥미 ⇨ ① 공감적 흥미, ② 사회적 흥미, ③ 종교적 흥미	

07 다음과 같이 주장한 교육학자는?

23. 지방직

> 교육의 목적은 궁극적으로 학생의 도덕적 품성을 강화하는 것이다. 도덕적 품성은 다섯 가지 기본 이념으로 이루어져 있으며, 내적 자유의 이념, 완전성의 이념, 호의(선의지)의 이념, 정의(권리)의 이념, 공정성(보상)의 이념이다.

① 페스탈로치(Pestalozzi) ② 피히테(Fichte)
③ 프뢰벨(Fröbel) ④ 헤르바르트(Herbart)

해설 헤르바르트(Herbart)는 교육목적은 윤리학에서 찾고, 교육방법을 표상심리학(연합심리학)에서 찾아 교육학을 하나의 독립된 학문으로 체계화하는 데 기여하였다. 교육의 목적을 내면적 자유·완전성·호의(好意)·정의·보상 등 5도념(道念)의 도야를 통한 도덕적 품성의 도야에 두었으며, 교육내용으로서의 다면적 흥미를 중시하였고 교육방법으로는 '명료 ⇨ 연합 ⇨ 계통 ⇨ 방법'으로 이어지는 4단계 교수법을 주장하였다.

정답 04. ② 05. ① 06. ③ 07. ④

08 헤르바르트(Herbart)의 교육사상에 대한 설명으로 옳지 않은 것은?   12. 국가직 7급

① 심리학과 윤리학을 교육학의 기초학문으로 삼았다.

② 명료 − 연합 − 체계 − 방법이라는 4단계 교수법을 제시하였다.

③ 교육의 모든 세부적 목적들을 포괄하는 최고의 목적으로 도덕성의 함양을 강조하였다.

④ 어머니 무릎학교 − 모국어학교 − 라틴어학교(김나지움) − 대학으로 구성된 4단계의 학교제도
를 제안하였다.

해설 헤르바르트는 페스탈로치(Pestalozzi)의 실천윤리와 칸트(Kant)의 실천철학(윤리학)의 영향을 받아 교육의 목적
을 내면적 자유 · 완전성 · 호의(好意) · 정의 · 보상 등 5도념(道念)의 도야를 통한 도덕적 품성의 도야에 두었다. 그는 교육
목적은 윤리학에서 찾고, 교육방법을 표상심리학(연합심리학)에서 찾아 교육학을 하나의 독립된 학문으로 체계화하는 데
기여하였다. 교육내용으로서의 다면적 흥미를 중시하였고 교육방법으로는 '명료 ⇨ 연합 ⇨ 계통 ⇨ 방법'으로 이어지는
4단계 교수법을 주장하였다.
④는 코메니우스(Comenius)의 주장에 해당한다.

TIP 헤르바르트의 4단계 교수법

교수단계	의미	정신작용	Ziller	Rein
명료 (clearness)	대상에 대한 뚜렷한 인식, 개개의 관념의 명확한 구별 ⇨ 정적 전심	전심(專心): 일정한 대상에 몰입되어 명확한 관념을 파악하는 것	분석	예비
			종합	제시
연합 (association)	신 · 구 관념의 결합 ⇨ 동적 전심		연합	비교
계통 (system)	연합된 관념을 체계적으로 조직 ⇨ 정적 치사	치사(致思): 파악된 개념을 통합하여 반성을 통해 통일하는 작용	계통 (체계)	개괄 (총괄)
방법 (method)	체계화된 지식을 활용하고 응용 ⇨ 동적 치사		방법	응용

09 김 교사는 헤르바르트(J. Herbart)의 '교수 단계론'을 현대적 관점에서 해석하여 자신의 국어 수업
에 적용해 보았다. 〈보기〉에 기술된 김 교사의 교수행위를 헤르바르트의 '교수 단계론'에 따라 순서
대로 배열한 것은?   10. 중등임용

> ㉠ '시(詩)의 구조'를 학생들이 이미 배운 시에 관한 지식과 관련지어 설명하였다.
> ㉡ 이번 시간에 배운 '시의 구조' 개념을 새로운 시에 적용하여 해석할 수 있도록 설명하였다.
> ㉢ '시의 구조' 개념과 관련된 내용 요소를 세분하여 학생들에게 명료하게 설명하였다.
> ㉣ '시의 구조'를 구성하고 있는 지식들 사이에 체계적인 질서가 있음을 설명하였다.

① ㉠ − ㉡ − ㉢ − ㉣   ② ㉠ − ㉢ − ㉣ − ㉡

③ ㉡ − ㉠ − ㉢ − ㉣   ④ ㉢ − ㉠ − ㉣ − ㉡

⑤ ㉢ − ㉡ − ㉠ − ㉣

해설 ㉠은 연합, ㉡은 방법, ㉢은 명료, ㉣은 계통에 해당한다. 헤르바르트의 4단계 교수법(인식의 과정)은 '명료 ⇨
연합 ⇨ 계통 ⇨ 방법'의 순이다.

10 헤르바르트(J. F. Herbart) 4단계 교수론에서 다음이 설명하는 단계는? 19. 지방직
☐☐☐

> 이 단계에서는 지식 사이의 중요한 관련과 중요하지 않은 관련이 명백히 구분되고, 지식은 하나의 통일된 전체로 배열된다. 이 단계에서 학습의 성공은 학습자의 내부에 들어 있는 표상들이 완전한 통합을 이루도록 하는 데 있다.

① 명료화(clearness) ② 연합(association)
③ 방법(method) ④ 체계(system)

해설 헤르바르트(Herbart)는 교육방법으로 '명료 ⇨ 연합 ⇨ 계통 ⇨ 방법'으로 이어지는 4단계 교수법을 주장하였다. 제시문은 지금까지 배운 지식들을 하나의 일관성 있는 체계로 배열하는 계통(체계, system)에 대한 설명이다.

11 다음과 같이 주장한 교육사상가는? 17. 국가직 7급
☐☐☐

> • '다면적 흥미'의 형성을 중시하였다.
> • 명료, 연합, 체계, 방법으로 이어지는 수업의 단계를 주장하였다.
> • 단순한 지식 전달을 넘어 도덕적 인격을 갖추는 데 기여하는 '교육적인 수업'을 강조하였다.

① 퀸틸리아누스(Quintilianus) ② 헤르바르트(Herbart)
③ 루소(Rousseau) ④ 듀이(Dewey)

해설 19세기 계발주의 교육사상가 헤르바르트는 교육의 목적을 5도념(道念)의 도야를 통한 도덕적 품성의 도야에 두고, 교육내용으로서의 다면적 흥미를 중시하였으며, 교육방법으로는 '명료 ⇨ 연합 ⇨ 계통 ⇨ 방법'으로 이어지는 4단계 교수법을 주장하였다.
①은 로마 제정시대, ③은 18세기 자연주의, ④는 20세기 진보주의 교육사상가이다.

TIP 헤르바르트(Herbart)의 다면적 흥미(신체적 흥미를 제외함)

지적 (인식적) 흥미	의미	자연물에 대한 지식과 관련된 흥미로서 물리적 세계와의 접촉을 통해서 획득되며, 학교교육에서 자연, 지리, 수학 등을 포함하는 과학영역의 교과를 통해 길러진다.
	경험적 흥미	사실에 관한 흥미, 골동품 수집가나 식물학자들에게서 볼 수 있는 것처럼 사물이나 사실들을 경험하는 데에 대한 흥미
	추구적(사변적) 흥미	사물들 또는 사실들 간의 관계나 법칙에 대한 흥미. 논리학자나 수학자들처럼 개별 사실들 간의 관계를 일반법칙으로 파악하려는 흥미
	심미적 흥미	사물이나 그들 간의 관계를 미적으로 관조하고 평가하는 흥미. 시인이나 미술가, 조각가에게서 볼 수 있는 것처럼 세계의 미적인 측면을 드러내 보이는 흥미
정의적 (교제적/ 윤리적) 흥미	의미	마음에 대한 공감과 관련된 흥미. 다른 사람들과의 사회적 교섭을 통하여 획득, 학교교육에서 역사와 문학을 포함하는 역사영역의 교과를 통해 길러지는 흥미
	동정적(공감적) 흥미	동료 인간으로서의 다른 개인들에 대한 흥미. 타인의 마음, 그들의 고통과 쾌락에 공감을 느끼는 것과 관련된 흥미
	사회적 흥미	집단, 조직, 국가 등 개인들의 집합체인 사회에 대한 흥미. 사회집단의 행복과 불행에 공감을 느끼는 것과 관련된 흥미
	종교적 흥미	신(神)과 같은 초월적 존재에 대한 흥미

정답 08. ④ 09. ④ 10. ④ 11. ②

3 서양 교육사 종합

12 서양 교육사상가의 교육사상과 실천에 대한 설명으로 옳은 것은? 16. 국가직 7급
□□□
① 루소(Rousseau)는 부모와 교사가 주도적 역할을 하는 적극교육의 중요성을 강조하였다.
② 페스탈로치(Pestalozzi)는 빈민과 고아를 위한 학교를 운영하며 노작의 교육적 가치에 주목하였다.
③ 프뢰벨(Fröbel)은 종교, 자연, 수학, 언어를 중심으로 한 유아교육을 강조하였다.
④ 헤르바르트(Herbart)가 제시한 수업의 형식단계설에서 체계와 방법은 전심(concentration) 과
정에 해당한다.

[해설] 평등이라는 교육적 이념을 실천한 페스탈로치(Pestalozzi)의 교육사상은 '아래로부터의 교육'이라는 민중교육(보통교육)의 발전에 기여하였으며, 아동의 자발적인 노작활동을 통해 인간성 도야를 도모한 노작교육 사상의 원천이 되었다. 한편, 루소(Rousseau)는 교사가 앞장서서 끌고 가는 식의 적극적 교육이 아니라, 아동의 자발적 성장을 뒤에서 밀어주는 식의 소극적 교육을 강조하였다(①). 프뢰벨(Fröbel)은 교육내용으로 종교, 자연, 수학, 언어, 예술을 중시하고, 운동적 '놀이'와 은물(恩物)을 통한 '작업'이라는 유아교육의 2대 원리를 강조하였다(③). 헤르바르트(Herbart)의 교수4단계 중 전심(concentration)의 과정은 명료와 연합에 해당하며, 체계와 방법은 치사(correlation)의 과정에 해당한다(④).

13 교육철학자와 그들의 교육에 대한 연결이 맞지 않는 것은? 07. 교육사무관 5급
□□□
① 루소 - 소극적 교육, 자연적 교육방법
② 코메니우스 - 범지학, 평등주의 교육사상
③ 페스탈로치 - 금욕론, 체벌금지론
④ 프뢰벨 - 유치원 창시자, 인간주의적 교육관
⑤ 헤르바르트 - 덕성 방향 중시, 교육의 학문적 체계화

[해설] 페스탈로치(Pestalozzi)의 체벌관은 조건부 찬성론적 견해이다. 체벌이 일반적으로 좋은 방법은 아니어서 되도록 억제해야 하겠지만 꼭 필요한 경우도 있다고 보았다. 즉, 강한 정신 훈련과정, 부모를 대신한 사랑의 발동(發動), 아이의 그릇된 행동의 교정, 잘못된 자기 행동의 보상으로 죄책감을 떨칠 수 있도록 해주는 경우, 아이를 고무(鼓舞)하기 위한 경우에는 체벌이 효과적이라고 보았다.

14 다음에 제시된 교육가와 저서에 관해 바르게 설명한 것을 모두 고른 것은? 08. 중등임용
□□□

> ㉠ 유형원은 「반계수록(磻溪隧錄)」에서 과거제를 폐지하고 학교교육을 통하여 능력 있는 인물을 관리로 등용할 것을 주장하였다.
> ㉡ 이탈리아의 몬테소리(M. Montessori)는 정신지체아에 대한 연구와 실천을 계속하면서 정상 아동의 교육에 대해 관심을 갖게 되었다.
> ㉢ 그림이 들어 있는 교재로, 코메니우스(J. A. Comenius)의 「세계도회(世界圖會)」는 권근의 「입학도설(入學圖說)」보다 먼저 발간되었다.

① ㉠, ㉡   ② ㉠, ㉢
③ ㉡, ㉢   ④ ㉠, ㉡, ㉢

[해설] 권근의 「입학도설」(1390)은 코메니우스(Comenius)가 지은 「세계도회」(1658)보다 268년이나 앞서서 발간되었다.

15 서양의 근대 공교육 제도의 발달에 대한 설명으로 옳지 않은 것은?   15. 국가직 7급

① 종교개혁 과정에서 국가의 대중교육에 대한 책무가 강조되었다.

② 프랑스 혁명기에 꽁도르세(Condorcet)는 '공교육 조직 법안'에서 교육의 자유원칙을 주장하였다.

③ 영국에서는 19세기 말에 자유주의자들과 비국교도들이 국가교육연맹을 구성하여 의무무상교육운동을 전개하였다.

④ 미국에서는 1890년대에 중등학교 취학률이 급격히 증가하여 복선제 학제가 강화되었다.

해설 미국에서는 매사추세츠주 초대 교육감을 역임한 호레이스 만(Horace Mann)에 의해 공교육제도가 발달하였다. 1890년까지 초등학교 의무교육이 전국적으로 확대되었으며, 그 이후 중등학교까지 확대되었다. 미국형 학제는 기회균등을 원칙으로 개인의 능력에 따른 결과의 차별을 강조하는 전형적인 단선형 학제이며, 복선형 학제는 유럽형 학제에 해당한다.

16 서양의 사상가와 그 교육사상을 시대순으로 바르게 나열한 것은?   12. 국가직

㉠ 로크(인간의 마음 계발)	㉡ 피히테(국가를 위한 국민교육)
㉢ 스펜서(과학과 실용성에 기초한 교육)	㉣ 코메니우스(대교수학)

① ㉠ - ㉣ - ㉢ - ㉡   ② ㉣ - ㉠ - ㉢ - ㉡
③ ㉣ - ㉠ - ㉡ - ㉢   ④ ㉠ - ㉣ - ㉡ - ㉢

해설 교육사상의 흐름으로는 사회적 실학주의(몽테뉴, 로크)가 감각적 실학주의(베이컨, 코메니우스)보다 먼저 나타났으나, 코메니우스(Comenius)의 「대교수학」은 1632년에 저술되었고, 로크(Locke)의 인간의 마음 계발, 즉 형식도야론에 대한 언급은 1706년에 저술된 「오성(悟性)의 구사(Of the Conduct of the Understanding)」에서이다. 피히테(Fichte)는 19세기 국가주의, 스펜서(Spencer)는 과학적 실리주의에 해당한다. 피히테(Fichte)의 「독일 국민에게 고함」은 1807~1808년 베를린에서 행한 연설문을 모은 저서이며, 스펜서(Spencer)의 「교육론」은 1861년에 저술되었다.

17 서양교육사에서 나타난 사실로 옳은 것은?   17. 국가직

① 고대 그리스의 스파르타에서는 신체와 영혼의 균형을 교육의 목적으로 추구하여 교육과정에서 읽기, 쓰기, 문학, 철학의 비중이 컸다.

② 고대 로마 시대에는 초기부터 공립학교 중심의 공교육체제가 확립되어 유행하였다.

③ 17세기 감각적 실학주의는 감각을 통한 지각, 관찰학습, 실물학습을 중시하였다.

④ 산업혁명기 벨(A. Bell)과 랭커스터(J. Lancaster)의 조교법(monitorial system)은 소규모 토론식 수업방법이었다.

해설 ①은 고대 그리스의 아테네 교육의 특징에 해당하며, ②는 로마 시대 교육의 경우, 초기 왕정 시대에는 비형식적 생활교육이, 공화정 시대에는 가정교육이 중심이었으며, 학교교육이 중심이 되었던 것은 제정 시대이다. ④는 대규모 강의식 수업방법에 해당한다.

정답 ── 12. ② 13. ③ 14. ① 15. ④ 16. ③ 17. ③

오현준 교육학

TIP 18세기 계몽주의 시대 유럽의 교육현황

1. **자선사업으로의 교육(영국)** - 빈민 대중교육의 보편화
   ① **일요학교**(sunday school, 1780) : 레이크스(Raikes)가 설립 ⇨ 공장노동자 자제들 대상
   ② **조교제도**(monitorial system, 1798) : 벨과 랭카스터(Bell & Lancaster)가 창안 ⇨ 산업혁명기에 다수 아동들을 대상으로 조교(Monitor)에 의한 대량교수법 실시 제안
   ③ **유아학교**(infant school, 1816) : 오웬(Owen)이 설립 ⇨ 교육은 사회개혁의 수단, 공교육 확대에 기여
   ④ **'공장법**(1833)'**의 제정과 영국의 공교육제도 확립** : 초등교육법(1870) 제정에 기여
2. **국민교육제도 구상 및 실현(프랑스)**
   ① **상피에르**(Saint Pierre)**의 교육개혁안** : 프랑스 최초로 국가관리교육 제창 ⇨「국민교육론」
   ② **샤로테**(La Chalotais)**의「국민교육론」**(1763) : 국왕에 의한 교육 주장 ⇨ "나는 감히 프랑스를 위하여, 오직 국가에만 의존하는 교육체제를 확립할 것을 주장한다. 그 이유는 교육은 본질상 국가의 일이라는 데 있으며, 모든 국가는 그 구성원을 가르칠 신성불가침의 권리를 가지고 있다는 데에 있으며, 한마디로 말하여, 국가의 어린이는 국가의 구성원에 의하여 양육되어야 한다는 데에 있다."(국민교육론)
   ③ **롤랑**(Rolland)**의 교육개혁안** : 교육의 기회균등 원칙 강조
   ④ **콩도르세**(Condorcet)**의 공교육 조직 계획안**(1792) :「공교육의 일반조직에 관한 보고 및 법안」⇨ 민주적 교육체제 수립의 이상적 모델 제시(공립무상 원칙 주장)
   ⑤ **탈레랑**(Talleyland)**의 교육개혁안** : 공립 무상교육 원리를 헌법에 명시

Chapter

04

교육철학

오현준 교육학
단원별
기출문제 1356제

핵심 체크노트

1. **교육철학의 영역과 기능**
   ① **철학의 영역**: 존재론, 인식론, 가치론, 논리학
   ★② **교육철학의 기능**: 분석적 기능, 사변적 기능, 규범적 기능, 통합적 기능
★2. **지식의 종류**: 명제적 지식(사실적, 규범적, 논리적), 방법적 지식
3. **전통적 교육사조**: 자연주의, 프래그머티즘(pragmatism)
★4. **현대의 교육사조①**: 진보주의, 본질주의, 항존주의, 재건주의
★5. **현대의 교육사조②**: 실존주의, 현상학, 해석학, 분석철학, 구조주의, 비판이론, 홀리스틱 교육, 포스트모더니즘, 신자유주의

제1절 교육철학의 개요

1 철학의 영역

01 〈보기〉에 제시된 A와 B 두 교사의 철학적 관심 영역을 바르게 나열한 것은?   05. 중등임용

> **보기**
> • A교사: 나는 지식의 전달자로서 지식의 속성, 진리의 요건, 인간이 지식을 획득하는 과정에 대해 관심이 있다.
> • B교사: 나는 인성을 지도하는 사람으로서 선악에 관한 인간의 인식과 선악을 구분하는 기준에 대해 관심이 있다.

	A교사	B교사			A교사	B교사
①	존재론	가치론		②	존재론	인식론
③	인식론	가치론		④	인식론	존재론

해설 철학은 탐구대상(영역)에 따라 '무엇이 실재하는가(What is real?)'를 탐구하는 존재론, '무엇이 진리인가?(What is true?)'를 탐구하는 인식론, '무엇이 가치 있는가?(What is valuable?)'를 탐구하는 가치론과 탐구방법론인 논리학으로 구분된다. 제시문에서 A교사는 인식론, B교사는 가치론에 해당한다.

TIP 철학의 영역

존재론 (형이상학, 사변철학)	존재의 본질(本質) 또는 궁극적 실재(窮極的 實在)를 탐구하는 철학의 영역 예 관념론, 실재론, 프래그머티즘
인식론	지식(진리)의 근거와 본질, 구조와 방법 등을 탐구하는 철학의 영역으로, 앎의 의미를 밝히려는 철학적 노력 예 절대론, 상대론, 회의론
가치론 (규범철학)	무엇이 가치 있는가에 대한 물음을 탐구하는 철학의 영역으로, 선과 악, 정의와 불의, 미(美)와 추(醜) 등 가치의 근거와 판단기준을 탐구하며, 있어야 할 당위(當爲) 또는 이상(理想)을 제시한다. 예 윤리학, 미학
논리학	결론에 도달하기까지의 사고 과정의 타당성 검증, 사고의 규칙에 관한 탐구를 하는 영역 예 논리실증주의, 분석철학

2 교육철학의 기능

02 〈보기〉에 제시된 (가)와 (나)의 진술방식과 가장 가까운 교육철학적 논의 방법은? 09. 유·초등임용

┌─ 보기 ┐
(가) 일반적으로 '안다'라는 개념은 ① 수영할 줄 '안다.', ⓒ 삼각형의 내각의 합은 2직각이라는 것을 '안다.'와 같이 크게 두 가지 유형으로 나눠질 수 있다. 이때 ①은 방법적 지식에, ⓒ은 명제적 지식에 속한다.
(나) 오늘날 교육철학의 중심과제 중 하나는 교육을 결과로만 번역하려고 하는 시도의 정당성을 캐묻는 것이다. 결과 중심의 교육관은 정당화되기 어렵다. 왜냐하면 그것은 교육의 외재적인 결과에만 주목함으로써 교육의 내재적인 가치를 간과하기 때문이다. 더욱 심각한 것은 그러한 교육관에는 이성을 단순히 절차적 능력으로 격하시키는 도구주의라는 이데올로기가 숨어 있다는 것이다.

	(가)	(나)		(가)	(나)
①	비판하기	분석하기	②	분석하기	비판하기
③	해석하기	비판하기	④	비판하기	해석하기
⑤	해석하기	분석하기			

해설 철학적 방법으로서의 '분석'은 전체를 구성부분으로 분해하고 부분 간의 상호관계를 밝히는 능력을 말하며, '비판'은 어떤 기준에 비추어 교육적 주장의 당위와 정당성을 밝히는 것을 말한다.

TIP 교육철학의 기능

분석적 기능	언어의 의미를 명료화한다. ⇨ 1차적 기능
규범적(평가적) 기능	어떤 규준이나 준거에 비추어 교육적 실천·이론·주장·원리의 만족도를 밝힌다.
사변적(구성적) 기능	교육목적을 설정하거나 교육문제 해결의 대안을 제시한다. ⇨ 중핵적 기능
통합적(종합적) 기능	교육현상을 보는 서로 다른 관점을 연결시켜 통합적인 안목을 지닌다. ⇨ 고유한 기능

03 다음에 해당하는 교육철학의 기능은? 12. 국가직 7급

• 교육에 관한 새로운 이론이나 설명체계를 구안하여 제시하는 활동
• 교육의 이론적·실천적 문제를 해결하기 위한 대안적 의견이나 가설을 창출하려는 노력

① 분석적 기능   ② 사변적 기능
③ 평가적 기능   ④ 통합적 기능

해설 사변적 기능(형이상학적 기능, 구성적 기능)은 교육에 대한 새로운 설명체계나 의미체계를 구안하여 교육현상을 설명하거나 교육적 비전을 제시하는 역할을 말한다. 사유(思惟)를 통하여 새로운 개념, 가설, 해결책 등 교육의 문제를 새롭게 보거나 해결하기 위한 모종의 안(案)을 도출하는 것에서, 인간관과 세계관, 지식관과 가치관, 아동관과 교사관을 새롭게 구성하고 이를 위한 교육의 구체적인 방법과 새로운 교육적 비전을 제시하는 등 다양한 형태를 띨 수 있다.

정답 01. ③ 02. ② 03. ②

제 2 절 지식과 교육

01 명제적 지식이 성립될 수 있는 세 가지 조건을 올바르게 묶은 것은?   13. 지방직

☐☐☐

① 명료 − 연합 − 체계   ② 규칙 − 분석 − 방법

③ 대응 − 정합 − 실용   ④ 신념 − 진리 − 증거

해설 분석철학자 라일(Ryle)은 지식의 표현형태에 따라 방법적 지식과 명제적 지식으로 구분하고, 명제적 지식을 지식의 검증 방법에 따라 사실적 지식, 논리적 지식, 규범적 지식으로 구분하였다. 이 중 명제적 지식(propositional knowledge, 선언적 지식, 정적 지식)은 어떤 명제가 진(眞)임을 아는 지식(know that), 특정한 사상(事象)에 관계된 신념에 해당하는 지식으로, "~임을 안다."(X가 P임을 안다.)로 표현된다. 플라톤(Platon)은 「메논(Menon」에서 명제적 지식의 성립조건으로 신념조건, 진리조건, 증거조건을 들었다.
①은 헤르바르트(Herbart)의 교수4단계(명료 − 연합 − 계통 − 방법)에 해당한다.
③은 진리에 대한 철학적 입장(관념론 − 진리정합설, 실재론 − 진리대응설, 프래그머티즘 − 유용설)을 서술한 것이다.

TIP 명제적 지식과 방법적 지식

구분	명제적 지식	방법적 지식
유사개념	선언적 지식, 정적 지식	절차적 지식, 묵시적 지식, 역동적 지식
표현 형태	"~임을 안다."(X가 P임을 안다. Know that P)로 표현	"~할 줄 안다."(Know how)로 표현
개념	어떤 명제가 진(眞)임을 아는 지식	어떤 과제의 절차와 방법에 대한 지식
특징	• 특정한 사상(事象)에 관계된 신념(belief)에 해당하는 지식 • 무엇을 알고 있는가와 관련된 지식 • 반드시 언어로 표현된다. • 탐구결과(또는 내용)로서의 지식(예 물고기)	• 특정한 능력(ability)을 기르는 데 사용되는 지식 • 무엇을 할 수 있는가와 관련된 지식 • 반드시 언어로 표현될 필요는 없다. • 탐구과정으로서의 지식(예 물고기 잡는 방법)
학교교육	전통적 강의법에서 중시	문제해결학습, 발견학습, 탐구학습, 구성주의, 수행평가 등에서 중시
성립조건	신념조건, 진리조건, 증거조건 + 방법조건	
저장 형태	도식(schema) − 명제, 직선적 순서, 심상, 각본으로 저장	산출(production)로 저장 ⇨ 조건 − 행위규칙 (if A, then B)
관계	방법적 지식이 명제적 지식을 포함한다.	

02 다음은 장기기억에 저장되어 있는 지식의 성질을 설명한 것이다. 이에 해당하는 지식의 유형은?

☐☐☐   08. 중등

> • 절차적 지식의 기본 단위이다.
> • '만일 ~, 그러면 ~'의 형식으로 표현된다.
> • 특정한 조건하에서 드러내야 할 행위를 나타낸다.

① 개념(concept)   ② 명제(proposition)

③ 도식(schema)   ④ 산출(production)

해설 명제적 지식은 도식의 형태로 절차적 지식은 산출의 형태로 장기기억 속에 저장이 된다.

TIP **명제적 지식의 종류 – 지식의 검증방법에 따른 구분** ⫿⫿⫿⫿⫿⫿⫿⫿⫿⫿⫿⫿⫿⫿⫿⫿⫿⫿⫿⫿⫿⫿⫿⫿⫿⫿⫿⫿⫿⫿⫿⫿⫿⫿⫿⫿

구분	의미
사실적(경험적) 지식	• 사실이나 현상을 기술하거나 설명하는 지식 : 객관적으로 존재하거나 존재한다고 가정하는 　세계에 관한 지식 • 경험적 증거나 관찰에 의해 진위 판명 • 가설적 · 개연적 지식, 경험적 지식, 귀납적 지식 　예 장미는 빨갛다. 일본은 섬나라이다. 철이 공기 중에서 산소를 만나면 녹이 슨다.

	경험적(과학적) 지식	신념 · 진리 · 증거 · 방법조건을 모두 충족 예 지구는 둥글다.
	형이상학적(사변적) 지식	신념 · 진리 조건만을 충족 예 귀신은 존재한다.

구분	의미
규범적(평가적) 지식	• 가치나 규범을 나타내는 지식, (도덕적 · 미적) 주장이나 가치판단을 내포하는 지식 • 평가적 용어(예 좋다, 나쁘다, 옳다, 그르다, 바람직하다)를 포함하는 진술로 구성 • 준거 또는 근거에 의해 정당화되며, 가설적 타당성(절대적 타당성 ×)을 지닌 지식 • 진위 판명이 어렵다. 　예 거짓말은 나쁘다. 음주는 건강에 좋다. 사회주의는 바람직한 사회제도이다.
논리적(개념적) 지식	• 문장 요소들 간의 의미상 관계를 나타내는 지식 ⇨ 분석적 지식, 형식적 지식 • 개념과 개념 간의 논리적 관계에 의해 진위 판명 • 의미에 관한 사고가 요구되며, 경험적 세계에 대한 정보를 제공하지 못한다. • 논리적 규칙을 제공하며, 무모순성의 조건과 일관성의 조건이 요구된다. 　예 총각은 결혼하지 않은 성년의 남자이다. 할머니는 어머니의 어머니이다. 한 점으로부터 같은 　거리에 있는 점들의 집합을 원이라고 한다.

03 다음은 교과서에 포함될 지식의 성격에 관한 최 교사의 주장이다. 이러한 주장을 뒷받침하는 인식론은?

07. 중등임용

• 오류가 없는 표준적, 보편적 진리여야 한다.
• 교과서를 구성하는 언어는 세계의 실재와 대응관계를 유지해야 한다.
• 과학교과서의 지식은 과학의 발전과정보다는 공인된 이론이어야 한다.

---

① 객관주의(objectivism)　　　　　② 구성주의(constructivism)
③ 상대주의(relativism)　　　　　　④ 도구주의(instrumentalism)

해설 참다운 지식이나 진리란 객관성, 보편성, 절대성을 지닌 것이기에 이성적 추론(진리 정합설)이나 감각적 경험(진리 대응설)에 의해 인식될 수 있다고 보는 것이 객관주의 인식론이다. 이에 비해 진리나 지식은 변화하고 상대적이며 불확실한 것이라고 보는 견해는 상대주의 인식론이라고 한다. 구성주의는 상대주의 인식론에 해당한다고 볼 수 있다.

정답　01. ④　　02. ④　　03. ①

제3절 전통철학과 교육

1 자연주의와 교육

01 자연주의 교육원리에 대한 설명으로 옳지 않은 것은? 13. 국가직 7급

① 위대한 고전을 통하여 교양의 폭을 넓힘으로써 개인적 발달을 가져올 수 있다고 믿었다.

② 교육에 있어서 인공적인 것을 배격하는 입장을 취하였다.

③ 자연의 법칙을 발견하여 그것을 교육의 과정에 적용하는 것을 강조하였다.

④ 20세기의 진보주의 교육운동과 아동중심 교육운동으로 이어졌다.

해설 자연주의(Naturalism)는 자연을 유일하고 가치 있는 실재(實在)로 보는 철학이다. 자연이 진리와 인간 경험의 원천으로 보아 인식의 과정에서 지성이나 이성의 역할을 부정하고, 유일하고 타당한 지식은 경험에서 온다고 주장한다. 인간은 자연의 일부이고, 변화는 모든 존재의 일반적 특징이라고 보기 때문에 궁극적·불변적·절대적 실재의 존재를 거부한다. ②는 소극적 교육, ③은 합자연의 원리, ④는 새교육운동으로 자연교육 원리와 교육적 영향에 해당한다. ①은 이상주의(idealism)의 특징에 해당한다.

02 다음과 같은 이념을 추구하는 교육사조는? 06. 대구, 02. 초등임용

- 자신과 세계, 인간과 자연과의 관계를 생각하여 조화롭게 살아가는 길을 찾는다.
- 자신과 타인, 자신과 사회 등의 관계를 전체적으로 보아 대립되는 견해를 조화시킨다.
- 자신 속의 여러 욕구나 감정, 생각 등을 의식하여 대립하는 것을 조화시키고 통합해간다.

① 홀리스틱 교육   ② 본질주의 교육
③ 실존주의 교육   ④ 진보주의 교육

해설 홀리스틱(Holistic)이란 말은 스머츠(Smuts)가 「홀리즘(Holism)과 진화」에서 처음 사용한 말로, 전체(Whole), 건강(health), 치료하다(heal)이라는 어원적 의미를 지닌다. 서양의 근대적 가치관의 토대를 이루는 합리주의, 기계론적 세계관, 개인주의가 지닌 단절과 대립에 대한 비판적 성찰에서 출발한 홀리스틱 교육은 개인을 초월한 가족, 이웃, 자연, 동식물, 지구, 우주 등 모든 존재는 서로 연결되어 있다는 전연관적 관계성(relationship)을 중시한다.

TIP 홀리스틱 교육의 특징

1. 전인적 발달 강조 ⇨ 학생들 각자가 타고난 지적·정의적·신체적 잠재성의 성장
2. 관계성 중시
3. 기초적 기술(basic skill)이 아닌 생활경험(life experience)에 연관된 교육
4. 학습자들이 자신의 삶의 상황을 비판적으로 접근할 수 있게 하는 교육
5. 균형, 포괄, 연계의 교육원리를 강조한 교육
6. **방법의 전체성의 원리** : 교육방법에 있어서도 개별적으로 이용되어 왔던 방법을 포괄적으로 도입함으로써 특정한 방법에 한정되는 것이 아니라 다양한 방법을 사용
7. **이상적인 교사** : 영적(靈的)인 치유자 ⇨ 학생들의 입장에 대한 깊은 공감과 보살핌을 통해 학생들이 가진 고립감과 단절이 가져다 준 상처를 치유(治癒)

2 프래그머티즘과 교육

03 〈보기〉에서 설명하는 교육사조와 대표적 학자를 바르게 묶은 것은?   07. 영양교사

□□□

┌─ 보기 ┌
• 경험과 변화를 유일한 실재라고 본다.
• 절대적 진리관보다는 상대적 진리관을 취한다.
• 경험에 의해 실용성과 효용성이 입증된 것을 가치롭게 본다.

① 프래그머티즘 - 듀이   ② 분석철학 - 피터스
③ 항존주의 - 허친스   ④ 본질주의 - 브리드

해설 ｜ 프래그머티즘(pragmatism)의 철학적 토대는 소피스트 철학, 경험론, 공리주의, 진화론 등을 들 수 있다. 19세기 후반 미국에서 등장한 철학으로, 행동과 경험, 실용에 중점을 두는 철학이며, 진보주의 교육사조의 이론적 배경이 되기도 하였다. 대표자는 퍼스(Pierce), 제임스(James), 듀이(J. Dewey) 등이다.

TIP 프래그머티즘의 철학적 원리 ∥∥∥∥∥∥∥∥∥∥∥∥∥∥∥∥∥∥∥∥∥∥∥∥∥∥∥∥∥∥∥∥∥∥∥∥∥∥∥

구분	주장
존재론	① 형이상학 비판: 궁극적 실재는 인간의 머리가 만들어 낸 관념적 허구일 뿐이다. ⇨ 대안으로 자연주의적 형이상학 제시(형이상학의 대상은 경험적 세계이다.) ② 우리가 살고 있는 세계는 계속적인 변화과정에 있다. ⇨ 변증법과 진화론의 영향 ③ 경험과 변화만이 유일한 실재이다. ⇨ 모든 것이 변화하듯, 경험도 변화한다.
인간관 (Dewey)	① 인간은 생물학적·사회적 존재: 인간은 생물학적·사회적 환경에 적응하는 자연적 유기체이며, 환경과의 상호작용을 통해 인간의 본성도 변화되어가는 존재(Becoming Being)이다. ② 인간의 본성은 충동·습관·지성(지력)이다. • 충동: 신경조직의 생득적·본능적 작용방식 또는 욕구 ⇨ 맹목적이고 능동적임. 인간행동의 근본동기 • 습관: 충동을 가진 인간이 환경과의 상호작용을 통해 획득한 효율적인 행동방식 ⇨ 인간은 욕구충족을 위해 그 대상에 맞는 습관(개인적 습관)을 형성, 개인적 습관과 습관이 모여 '사회적 습관'을 형성, 사회적 습관이 역사적 전통으로 굳어지면 '문화'가 형성 • 지성(지력): 반성적 사고의 능력 ⇨ 개인적 습관과 사회적 습관 사이의 충돌과 불일치를 조정하고 새로운 적응을 가능하게 만드는 힘, 인간의 충동을 목적적 활동으로 전환시키는 사고활동
인식론	① 경험(doing)을 통해 아는 것(knowing)이 핵심: 지식 그 자체는 무의미하다. ⇨ 지식은 환경과의 상호작용에서 갖게 되는 반성적 사고(reflective thinking)를 통해 획득된다. • 경험은 인간이 생존을 위해 환경과의 상호작용을 통해 당면하는 문제해결 과정 • 상호작용의 원리(공간적 측면): 개인은 사회적 존재이기에 경험은 개인과 개인, 개인과 사회 공동체 간에 상호작용한다. ⇨ 경험의 생성(획득)의 원리 • 계속성의 원리(시간적 측면): 경험은 계속적으로 재구성, 성장한다. ⇨ 현재 경험은 과거 경험에 영향을 받으며 미래의 경험에 영향을 준다. ⇨ 경험의 확대(성장)의 원리 ② 지식의 가치는 현실적합성(실생활에의 유용성) 여부에 의해서 판단된다. ③ 지식은 상대적이다. ⇨ 절대적인 것이 아니고, 현실에의 적응여부에 따라 언제든지 수정·변화할 수 있다.
가치론	① 경험에 의해 그 실용성과 효용성이 입증된 것만이 가치 있는 것이다. ⇨ 실용주의 ② 진리, 또는 윤리·도덕적 규범의 절대적 가치를 부정: 개인과 사회의 성장과 발전(진보)에 유용한 것만이 가치 있는 것이다. ③ 가치 상대주의: 시대와 사회 변화에 따라 사회진보에 기여할 수 있도록 변화 가능

정답 01. ①   02. ①   03. ①

04 듀이(Dewey) 교육관의 특징에 해당하지 않는 것은? 13. 국가직
□□□

① 사회적 가치보다는 아동의 흥미를 더 중시하는 아동 중심적 교육관이다.
② 이론 중심의 전통적 교육관에 대해 비판적이다.
③ 학습자 경험의 재구성과 성장을 중시하는 교육관이다.
④ 전통주의와 진보주의 교육 사이에서 극단적인 입장을 취하기보다는 절충적인 입장을 취한다.

해설 듀이(J. Dewey)에게 있어 학교는 이상적 사회, 즉 민주주의 사회의 축소판이었다. 그래서 그는 학교가 사회 변화를 이끌어 내고 새로운 사회 질서를 수립하는 일에 앞장서야 한다고 보았으며, 학교교육은 사회진보와 개혁의 근본적인 방법이라고 주장하였다. 이러한 그의 견해는 그가 시카고대학 부설학교로 설립했던 실험학교(laboratory school ; 1894～1904)의 교육중점이기도 하였다. 그러므로 ①은 아동의 흥미와 사회적 가치를 모두 중시하였다고 수정되어야 한다. 이러한 점은 듀이(J. Dewey)가 진보주의 교육의 탄생에 영향을 준 하긴 했으나, 이후 진보주의 교육운동과 일정한 거리를 둔 것과도 일치한다. 이는 아동과 교과(교육과정)를 대립적으로 보는 전통적 교과 중심 교육과정을 비판하면서 아동과 교과와의 연속성을 강조하였으나 진보주의 교육학자들은 오로지 아동의 즉각적인 흥미나 관심만을 존중하였기 때문이며, 더 나아가 진보주의가 지나치게 아동의 흥미만을 강조하고 사회 재건에는 관심을 두지 않았기 때문이다. 듀이(J. Dewey)의 대표적 저서로는 「나의 교육신조(1897)」, 「학교와 사회(1899)」, 「민주주의와 교육(1916)」, 「경험과 교육(1938)」등이 있다.

05 존 듀이(J. Dewey)의 「민주주의와 교육」의 내용을 서술한 것이다. [   ] 안에 공통적으로 들어갈
□□□ 말은? 10. 중등임용

> [   ] 은/는 어원적으로 볼 때 '사이에 있는 것', 즉 거리가 있는 두 사물을 관련짓는 것을 뜻한다. 교육의 경우에, 두 사물 사이의 메워야 할 거리는 시간적인 것으로 생각할 수 있다. 어떤 것이 발달하는 데 시간이 걸린다는 것은 너무도 자명하다. 그래서 성장에는 시작단계가 있고 완성단계가 있으며 그 사이에 밟아야 할 과정, 즉 중간과정이 있다. 학습의 경우에, 학생이 현재 갖고 있는 능력과 성향이 학습의 출발단계가 되며, 교사는 최종적으로 도달하게 될 교육목표를 설정한다. 이 두 가지 사이에 있는 [   ]이/가 바로 수단(means)인데, 그것은 학생이 어떤 사물에 몰입하는 상태이다. 이 수단을 통해서만 애초에 시작한 교육활동이 만족스러운 최종 결과에 도달하게 된다.

① 경험 ② 흥미 ③ 지력
④ 도야 ⑤ 구성

해설 듀이(J. Dewey)는 교육의 동기로서 흥미(interest)를 중시하였다. 흥미는 학습자 내부에서 자발적으로 일어나는 것으로, 학습활동의 방향을 설정하고 뚜렷한 목적을 향해 학습자로 하여금 학습활동에 몰입할 수 있게 하는 내적인 힘이요 에너지이다.
* 듀이(J. Dewey)는 흥미를 미래의 교육목표(what should be)를 달성하는 현재의 내용과 수단(what is)이라는 시간적 의미로 해석하였다. 이에 비해 헤르바르트(Herbart)는 흥미를 인식주체와 인식대상(사물과 사람) 간의 거리를 좁히는 공간적 의미로 이해하고 있다.

TIP 흥미의 종류(Dewey) |||||||||||||||||||||||||||||||||||||||||||||||||||||||||||||||||||||||||||||||||||||||||||||||||||||

1. **「학교와 사회」**(1899) : ① 회화(會話)와 교류의 흥미, ② 사물을 탐구하고 발견하는 흥미, ③ 사물을 제작하고 구성하는 흥미, ④ 예술적 표현의 흥미
2. **「교육에서의 흥미와 노력」**(1913) : ① 사회적 흥미, ② 지적 흥미, ③ 신체적 흥미, ④ 구성적 흥미

06 다음은 지식교육에 대한 듀이(J. Dewey)의 주장이다. (가)와 (나)에 들어갈 말로 바르게 짝지은 것은?

11. 유·초등임용

- ___(가)___ 는 흔히 ___(나)___ 과 단절된 것으로서 그것과 별도로 개발될 수 있는 것으로 생각되어 왔다.
- ___(가)___ 는 우리가 하고자 하는 것과 그 결과로서 일어나는 것 사이의 관련을 파악함으로써 ___(나)___ 을 의미 있는 것으로 만들어 준다. − 듀이, 「민주주의와 교육」

	(가)	(나)		(가)	(나)
①	교과	습관	②	도야	경험
③	도야	습관	④	사고	성격
⑤	사고	경험			

해설 듀이(J. Dewey)는 인간을 경험하는 존재로 이해하여 경험을 통한 학습(learning by doing)을 강조한다. 그에게 있어 경험(doing)은 아동이 환경과의 상호작용 과정에서 직면하는 문제해결 과정으로 반성적 사고(reflective thinking)를 포함한다. 모든 경험은 능동적인 측면 '해보는 것(trying)'과 수동적인 측면 '당하는 것(undergoing)'의 결합으로 이루어지며, 이러한 경험의 두 측면의 관련을 정확히 파악하려는 노력이 반성적 사고이다. 듀이(J. Dewey)는 경험의 원리로 상호작용성[경험의 생성(습득)]과 계속성[경험의 확대(성장)]을 제안하였다.

TIP 교육적 경험의 준거(Dewey)

모든 경험이 다 교육적인 것은 아니며 비교육적인 경험도 존재한다. 그러므로 교육과 경험은 직접적으로 동일시될 수는 없다. 어떤 경험이라도 이후의 경험의 성장을 막거나 왜곡하는 결과를 가져온다면 그 경험은 비교육적인 것이다. 그러므로 교육적 경험은 가치로운 경험, 성장하는 경험이어야 한다. 교육적 경험의 준거는 ① 지속성이 있어야 하며, ② 여러 경험들이 의미 있게 통합되는 결과를 낳아야 하며, ③ 가치와 의미를 지녀야 하며, ④ 후속되는 경험에 새로운 방향을 제시하면서 통제력을 가지는 경험이어야 한다.

07 다음 중에서 듀이(J. Dewey)의 반성적 사고의 특징을 설명한 것으로만 묶은 것은?

11. 국가직

- ㉠ 궁극적으로 변화를 추구한다.
- ㉡ 과학적 탐구과정의 수단으로 활용될 수 있다.
- ㉢ 문제해결 과정에서 최초 목표에 대한 수정이 불가능하다.
- ㉣ 개인의 내적 사고과정이므로 타인과의 상호작용에 가치를 두지 않는다.

① ㉠, ㉡   ② ㉠, ㉣   ③ ㉡, ㉢   ④ ㉢, ㉣

해설 반성적 사고는 문제해결 과정에서 최초 목표에 대한 수정이 가능하며(㉢), 사회적 문제해결 과정이므로 타인과의 상호작용에 가치를 둔다(㉣).

TIP 듀이(J. Dewey)의 반성적 사고(reflective thinking)의 과정

단계	내용
1단계 : 제안(suggestion)	문제해결 방안이 자동적으로 마음에 떠오르는 단계
2단계 : 지성화(intellectualization)	주어진 문제가 무엇인지를 분명하게 파악하는 단계
3단계 : 가설(hypothesis)의 설정	문제해결을 위한 적절한 해결책(가설, 대안)을 강구하는 단계
4단계 : 추리작업(reasoning)	각각의 대안을 선택했을 때 일어날 수 있는 일을 예측하는 단계
5단계 : 행동에 의한 가설의 검증(testing) ⇨ 미래에 대한 전망의 단계	선택한 대안을 외적 행동에 의해 실험적으로 검증하는 단계

정답 04. ① 05. ② 06. ⑤ 07. ①

제4절 현대의 교육철학(20C 전반)

1 개관

01 현대 교육사조에 대한 설명으로 옳지 않은 것은?   07. 국가직 7급
□□□
① 진보주의 교육사상은 기초지식의 학습을 소홀히 하였다.
② 본질주의 입장에서는 교과서가 중요한 의미를 지닌다.
③ 항존주의는 고전과 형이상학에 대한 비판에서 출발하였다.
④ 재건주의는 브라멜드(Brameld), 카운츠(Counts) 등이 주장하였다.

해설 항존주의는 고전과 형이상학 등 자유교양교육을 주된 교육내용으로 삼아 인간 불변의 본질인 이성과 지성을 도야함으로써 도덕성(인간성) 회복을 지향하는 교육사조이다.

TIP 현대의 교육철학 - 20세기 전반 미국의 교육사조

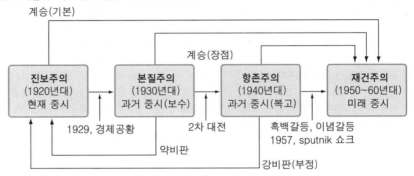

2 진보주의 교육철학

02 진보주의 교육사조와 가장 거리가 먼 것은?   10. 국가직
□□□
① 학습자의 필요와 흥미에 따른 학습 중시   ② 경험 중심 교육과정 운영
③ 사회적 자아실현 교육목적으로 추구   ④ 구안법(project method) 수업

해설 진보주의는 교사 중심·교과 중심 교육을 중시한 전통적 교육에 대한 반기(反旗)를 들고 자연주의와 프래그머티즘을 토대로 전개된 아동 중심·경험 중심 교육으로의 개혁운동을 말한다. 아동 개인의 필요 충족(meeting individual needs), 경험을 통한 학습(learning by doing)을 교육적 슬로건으로 중시한다.
③은 재건주의 교육사조가 추구하는 목적이며, 진보주의는 성장을 교육목적으로 추구한다.

TIP 진보주의 교육원리

1. 교육은 아동의 현재생활 그 자체이다.
2. 지식(반성적 사고)은 실생활의 문제해결을 위한 도구이다. ⇨ 도구주의(instrumentalism)
3. **상대적 진리관·가치관**: 지식은 정적(靜的)인 것이 아니라 지속적 변화상황에서 능동적으로 활용할 도구
4. 교육방법은 교과내용의 주입보다는 문제해결식 학습이어야 한다.
5. 교사는 조력자·안내자이다.
6. 학교는 경쟁의 장이 아니라 협동하는 공동체 사회이다.

03 다음 설명에 해당하는 교육사조는? 20. 국가직 7급

> • 킬패트릭(Kilpatrick)의 교육사상을 지지한다.
> • 아동중심 교육관에 기반하여 아동의 흥미를 중시한다.
> • 교육원리는 프래그머티즘(pragmatism)에 철학적 기반을 둔다.
> • 교육은 현재 생활 그 자체이지 미래 생활을 준비하는 과정이 아니다.

① 구성주의
② 인본주의
③ 진보주의
④ 사회재건주의

해설 진보주의는 미국판 새교육운동, 즉 아동중심 교육운동으로, 프래그머티즘(pragmatism)을 철학적 기반으로 하여 루소(Rousseau)의 자연주의 교육사상이 결합된 교육철학이라고 할 수 있다. 대표적 사상가로는 듀이(Dewey), 킬패트릭(Kilpatrick), 올센(Olsen) 등을 들 수 있다.

TIP **진보주의의 3가지 갈래**
1. **교육적 진보주의**: 학교에서 학생(아동)을 가르칠 때 교사가 중심이 되지 말고 학생이 중심이 되어야 한다는 점을 강조한다. ⇨ 교육철학이나 교육과정학에서 말하는 진보주의에 해당함.
2. **행정적 진보주의**: 교사의 수업 방법이나 수업 내용의 개혁을 외치기보다는 학교를 생산성이 높은 조직으로 바꾸려고 노력함. ⇨ 1970년대 이후 교육행정의 전산화 등에 영향을 줌.
3. **사회 재건주의**: 학교를 사회나 국가 재건의 수단으로 활용하고자 한 집단으로, 조지 카운츠(J. Counts)의 「학교는 감히 새로운 질서를 세울 수 있는가?」(1932)를 통해 전면적으로 부상하기 시작함. ⇨ 재건주의 교육철학으로 계승됨.

TIP **진보주의 교육협회(PEA, 1918)의 7대 강령**
1. 아동에게 자유를
2. 아동의 흥미가 모든 학습활동의 동기
3. 교사는 아동에게 적절한 정보를 제공해 주는 안내자(감독자 ×)
4. 아동의 전인(全人)적 발달을 돕는 것
5. 교육의 제일 목표는 아동의 건강
6. 학교는 가정과 밀접한 연락 아래 아동 생활에 만족을 주어야
7. 진보적 학교는 새교육운동의 중핵(core)

04 진보주의 교육원리에 대한 설명으로 옳지 않은 것은? 22. 지방직

① 미래의 생활을 위한 준비가 아니라 현재의 생활 자체를 의미 있게 만들어야 한다.
② 학습자의 관심과 흥미를 강조한다.
③ 고대 그리스의 자유교양교육을 교육적 이상으로 삼는다.
④ 경험에 의한 학습과 학습자의 참여를 중시한다.

해설 진보주의는 미국판 새교육운동(아동중심교육)을 표방한다. 현재 생활 그 자체로서의 교육, 아동흥미중심 교육, 학습자 개인의 필요 충족(meeting individual needs), 경험을 통한 학습(learning by doing), 학습자의 참여를 통한 학습을 교육원리로 강조한다. ③은 진보주의를 전면 부정하는 항존주의 교육원리에 해당한다.

정답 01. ③ 02. ③ 03. ③ 04. ③

05 진보주의 교육철학의 교육관으로 보기 어려운 것은?

15. 특채

① 교육의 목적은 현재 경험의 계속적 성장에 있다.
② 학습자는 스스로의 경험을 통해 지식을 습득해야 한다.
③ 교육은 미래 생활의 준비가 아니라 현재의 생활 그 자체를 의미 있게 만들어 가는 것이다.
④ 사회적 유산으로서의 인류의 경험을 전달하기 위한 교육은 논리적으로 조직된 교과에 맞추어 이루어져야 한다.

해설 진보주의는 아동 중심 교육사상으로 사회적 요구나 민족적 관심보다는 아동 개개인의 자유와 요구를 중시한다. ④는 본질주의 교육원리에 해당한다.

06 다음 설명과 같은 교육과정 통합(curriculum integration)을 위해 적극적인 노력을 기울일 것을 주장한 교육사조는?

08. 국가직

> 교육과정 통합은 각각 다른 학습경험들을 상호 관련짓고 의미 있게 모아서 하나의 전체로서 학습을 완성시키는 과정 또는 결과로 정의할 수 있다.

① 본질주의   ② 진보주의   ③ 항존주의   ④ 재건주의

해설 진보주의 교육사조는 '경험을 통한 학습(learning by doing)'을 중시하는 경험 중심 교육과정을 표방한다. 이는 학교의 지도하에 학생들이 학교생활을 통해 경험하는 모든 경험으로 교육과정을 정의하는 것이다.

TIP 진보주의의 교육적 의의와 한계

교육적 의의	한계(문제점)
• 아동 중심 교육운동 추구 • 민주주의 교육이념 보급 • 재개념주의 교육과정 운동(교육과정의 사회적·정치적 함의에 관심)에 영향 • 구성주의 학습에 영향	• 1차적 지식(에 3R's)의 중요성 간과 ⇨ 기초학력의 저하 초래 • 교육의 사회적 기능과 요구를 무시 • 가치의 절대성, 미래에 대한 준비로서의 교육, 교육의 방향성 등 상실 • 주장과 언동의 과격성

3 본질주의 교육철학

07 현대 교육철학 사조 중 본질주의에 대한 설명으로 옳은 것은?

14. 국가직

① 인류의 전통과 문화유산을 소중히 여기며 교육을 통해 문화의 주요 요소들을 다음 세대에 전달할 것을 강조한다.
② 진리를 인간의 경험에서 나오는 실험적 혹은 가설적인 것으로 간주한다.
③ 교육에서 전통과 고전의 원리를 강조하고 불변의 진리를 인정한다.
④ 교육이 문화의 기본적인 가치를 실현시키는 새로운 사회질서를 창조하는 일에 전념할 것을 강조한다.

해설　본질주의는 진보주의의 폐단을 비판(약)하고 그 교육적 한계를 극복하고자 대두된 사상이다. "진보주의는 전통적 교육의 장점인 인류의 문화유산의 전달을 무시하고 아동의 흥미와 자유, 욕구를 지나치게 존중함으로써 학력 저하, 교사의 권위 약화 등의 문제를 초래하였다."는 비판에서 대두되었으며, 전체주의 국가의 침략을 막아내는 민주국가의 수호적(守護的) 역할을 담당하고, 학문 중심 교육과정을 탄생시킨 근원적 사상이라고 볼 수 있다.
②는 진보주의, ③은 항존주의, ④는 재건주의에 해당한다.

TIP 본질주의 교육원리

1. **인류의 문화전수가 교육의 주된 목적이다** : "학교는 인류의 문화유산 중에서 가장 본질적인(essential) 것을 가르쳐야 한다."
2. **교육의 주도권은 아동이 아니라 성숙된 교사에게 있다** : 교사의 권위 회복 ⇨ 아동의 자발성은 인정
3. **학습은 싫어도 해야 하며, 이를 위해 단련과 도야가 필요하다** : 아동의 흥미보다 노력과 훈련·탐구 중시, 학교의 전통적인 학문적 훈련방식(계통학습) 강조
4. 교육과정의 핵심은 소정의 교과를 철저하게 이수하고 자기 것으로 만드는 일이다.
5. 교육은 사회적 요구와 관심을 중심으로 행해져야 한다.

08 다음에 나타난 최 교사의 교육관을 가장 잘 설명할 수 있는 교육철학은? 　06. 중등임용

> 최 교사는 민족적 경험이 엄선되어 체계화되었다고 생각하는 교재를 사용하여 교사중심의 수업을 실시한다. 그리고 수업의 주안점을 학생의 미래준비를 위한 훈련에 둔다.

① 진보주의　　②실존주의　　③ 본질주의　　④ 분석철학

해설　본질주의 교육사조의 특징은 인류의 본질적 문화유산 중시, 미래생활 대비 교육, 교사 중심 교육이다. 또한 민족적 경험을 논리적으로 체계화한 교과와 교재를 중시하며, 아동의 노력과 훈련을 중시(계통학습)한다.

09 본질주의 교육사조에 대한 설명으로 옳지 않은 것은? 　17. 국가직 7급

① 수월성을 강조하는 오늘날의 교육은 본질주의 사조와 일맥상통한 면이 있다.
② 미국 정부가 과거에 주도했던 '기초 회귀(Back-to-basics)' 운동은 본질주의 입장의 재현으로 볼 수 있다.
③ 현재의 문화적 위기 속에서 교육을 통하여 새롭고 민주적인 세계질서가 수립될 수 있다고 주장한다.
④ 수업의 주도권이 교사에게 있으며, 교재는 학습자의 현재의 관심과는 무관하게 선정되어야 한다고 본다.

해설　본질주의는 전통적 교육의 장점인 인류의 문화유산의 전달을 중시하여 현 사회나 국가 체제의 유지를 강조하는 보수적 성격을 지니는 데 비해, 현재 사회문화의 위기를 교육을 통해 극복하고 새로운 사회문화를 창조하려는 재건주의는 보다 개혁적이고 진보적인 성격이 강하다. ③은 재건주의 교육철학에 해당한다.

정답　05. ④　06. ②　07. ①　08. ③　09. ③

TIP 본질주의의 교육적 의의와 한계

교육적 의의	한계(문제점)
• 기초로의 회귀운동(Back to the basics movement)의 토대 : 교육과정 개혁운동 • 미국의 기준 교육과정 운동(standard movement)에 영향 : 국가수준의 교육수준과 성취수준 간 통일성 추구 • 미국의 'NCLB법(No Child Left Behind, 낙오학생 방지법)'에 영향 : 표준화 성취검사(3~12학년) 실시(2001) • 미국의 'ESSA법(Every Student Succeeds Act, 모든 학생 성공법)'에 영향 : 학교자율성 강화(2015) • 교육을 공학적으로 보는 현대의 주류적 교육관에 영향 : 수월성 강조 ⇨ '정상을 향한 질주(Race to the Top, 2009)'	• 항상 변화하는 문화의 동적 관점을 무시 • 지적 진보성과 창의성을 저해할 우려 • 사회의 비인간화 문제 해결에 한계 • 민주시민의 자질 향상에는 부적합 • 지나친 교사 중심의 수업으로 학생의 자발적인 참여와 학습동기를 경시 • 기본적인 지식·기술 전수에만 치중하여 절대적 진리나 종교교육에 소홀 • 미래 사회에 대한 전망과 사회혁신의 자세가 부족

10 진보주의와 본질주의 교육사상을 비교한 것이다. 옳은 것을 모두 고르면?

01. 국가직

	진보주의	본질주의
㉠	아동의 흥미와 자주성 존중	아동의 노력과 훈련 중시
㉡	현실생활과 개인적 경험 존중	전통문화와 민족의 경험 존중
㉢	아동의 자율성 강조	교사의 주도성 강조
㉣	교육과정을 교과 중심으로 조직	교육과정을 경험 중심으로 조직

① ㉠, ㉡   ② ㉢, ㉣   ③ ㉠, ㉡, ㉢   ④ ㉡, ㉢, ㉣

해설 교육내용에 있어 진보주의는 경험 중심 교육과정을, 본질주의는 교과 중심 교육과정(후기는 학문 중심 교육과정)을 표방한다. 즉, 진보주의는 심리적 기준에 의해 배열된 아동의 경험에 중점을 두지만, 본질주의는 인류의 문화유산을 논리적으로 배열한 교과에 중점을 둔다.

4 항존주의 교육철학

11 항존주의 교육철학에 대한 설명으로 옳은 것은?

23. 국가직

① 아동 존중의 원리를 채택한다.
② 교육을 통한 사회 개조를 중시한다.
③ 지식이나 진리의 영원성을 강조한다.
④ 실제적인 삶의 문제를 해결하는 데 초점을 둔다.

해설 항존주의는 진보주의를 전면 부정하면서 등장한 교육사조이다. 인류파멸의 원인을 진보주의의 상대적 인식론과 가치관에서 비롯되었다고 보고, 현대 문명의 위기 극복을 위한 참된 인간성 회복의 교육을 강조한다. 이처럼 항존주의(영원주의) 교육사상의 핵심은 영원성과 절대성에 있다. 그래서 항존주의는 인간의 불변적 본질이 이성(理性)이기에 교육의 본질 또한 절대적 진리를 통해 인간의 불변적 본질인 이성을 계발하고 참된 도덕성(인간성)을 회복하는 일이라고 본다. 이를 위한 학교 교육의 역할로, 절대적 진리가 담긴 교양교육이나 위대한 고전(The Great Books) 읽기를 통한 이성의 도야를 강조한다. ①과 ④는 진보주의, ②는 재건주의에 해당한다.

12 다음 주장에 함의되어 있는 교육관으로 가장 적절한 것은?   11. 유·초등임용

> 교육은 가르침이요, 가르침은 지식이다. 지식은 진리이며, 진리는 모든 곳에서 동일하다. 그러므로 교육은 모든 곳에서 동일하다.
> — 허친스(R. Hutchins)

① 교육은 생활을 위한 준비가 아니라 생활 그 자체이어야 한다.
② 교육은 인간 본성인 이성을 계발하는 일이므로 지식을 중심으로 이루어져야 한다.
③ 교육은 아동의 흥미와 필요를 존중하고 아동의 발달단계에 근거하여 이루어져야 한다.
④ 교육은 새로운 사회질서의 창조에 전력해야 한다는 점에서 사회적 자아실현을 추구해야 한다.
⑤ 교육은 한 사회의 고유한 문화적 전통과 가치를 전수함으로써 그 사회의 후속세대를 길러내야 한다.

해설 허친스(Hutchins)는 항존주의의 대표자로 물질주의에 병든 현대사회를 건강하게 만드는 길은 학교교육을 통해 절대적인 진리를 전수하여 이성을 단련하고 도덕성을 계발하는 것임을 강조하였다.
①과 ③은 진보주의, ④는 재건주의, ⑤는 본질주의에 해당한다.

TIP 항존주의 교육원리

1. 인간은 서로 다른 환경에 놓여 있다 하더라도 그 본성은 언제 어디서나 동일하다. 따라서 교육도 언제 어디서나 동일해야 한다.
2. 이성(理性)은 인간의 최고 속성이다.
3. 교육의 과업은 인간을 현실세계에 적응시키는 일이 아니라, 영원불변하는 진리에 인간을 적응시키는 일이다.
4. 교육은 생활 그 자체나 모방이 아니라 미래의 이상적 생활의 준비다.
5. 학생들은 세계의 영원성에 익숙하게 하는 기본적인 과목들을 배워야 한다. ⇨ 기본적으로 이성의 훈련과 지성의 계발을 위한 자유교육, 교양교육 중시
6. 학생들은 문학, 철학, 역사, 과학과 같이 여러 시대를 거쳐 인간의 위대한 소망과 성취를 나타낸 위대한 고전들(The Great Books)을 읽어야 한다.

13 〈보기〉의 내용과 관계가 깊은 20세기 미국의 현대 교육사조는?   13. 지방직

> **보기**
> • 지식은 모든 곳에서 동일해야 한다.
> • 교육은 아동을 진리에 적응시키는 것이다.
> • 이성의 훈련과 지성의 계발을 위해서 교양교육을 실시해야 한다.

① 본질주의　　　　　　② 항존주의
③ 진보주의　　　　　　④ 재건주의

해설 항존주의(영원주의)는 고전과 형이상학 등 자유교양교육을 주된 교육내용으로 삼아 인간 불변의 본질인 이성(理性)과 지성(知性)을 도야함으로써 도덕성(인간성) 회복을 지향하는 교육사조이다.

정답 10. ③　11. ③　12. ②　13. ②

14 항존주의 교육원리에 대한 설명으로 옳은 것은? 14. 지방직

① 인간의 특징은 이성에 있으므로 교육은 아동의 이성 발달에 관심을 두어야 한다.
② 교사는 아동의 흥미를 중시하고, 아동의 지적·신체적·정서적 발달을 도모하는 안내자이다.
③ 아동들은 교과나 지식의 본질적인 개념 등을 전통적인 학문적 훈련방식으로 배워야 한다.
④ 아동들이 문화 발전에 필요한 기본적 가치를 배우고, 새로운 사회질서를 창조하게끔 해야 한다.

해설 항존주의는 고전과 형이상학 등 자유교양교육을 주된 교육내용으로 삼아 인간 불변의 본질인 이성과 지성을 도야함으로써 도덕성(인간성) 회복을 지향하는 교육사조이다. ②는 진보주의, ③은 본질주의, ④는 재건주의에 해당한다.

15 교육사상가들에 대한 설명으로 옳지 않은 것은? 17. 국가직

① 파크허스트(H. Parkhurst)는 달톤플랜(Dalton plan)에서 학생과 교사가 계약을 맺는 계약학습을 제시하였다.
② 아들러(M. J. Adler)는 파이데이아 제안서(Paideia proposal)에서 학생들이 동일한 교육목표를 가지는 교육과정을 주장하였다.
③ 허친스(R. M. Hutchins)는 듀이(J. Dewey)와 함께 진보주의 교육협회를 설립하고 진보주의 교육운동을 전개하였다.
④ 킬패트릭(W. H. Kilpatrick)은 학생이 자신의 학습을 계획하고 활동을 수행하는 프로젝트 학습법(project method)을 제시하였다.

해설 허친스(Hutchins)는 아들러(M. J. Adler), 마리땡(J. Maritain), 커닝햄(W. F. Cunningham), 오크쇼트(M. Oakeshott)와 함께 항존주의 교육철학을 대표하는 사상가이다. 한편, 파크허스트와 킬패트릭은 진보주의 교육사상가에 해당한다.

TIP 항존주의의 교육적 의의와 한계

교육적 의의	한계(문제점)
• 실존주의 철학에 영향(인격교육 중시) • 물질화된 현대 사회에 인간의 본질인 이성과 절대적 가치 추구를 통해 인간 삶의 지표를 확고히 제시	• 주지주의적 엘리트(귀족) 교육 • 지·덕·체의 전인교육에 소홀 • 자유시민 육성에 저해 • 고전을 통한 교육은 인문주의에 매몰

5 재건주의 교육철학

16 인류의 위기의식에서 출발하여 오늘날의 문화를 재점검함으로써 이상적인 문화에 대한 전망을 굳히고, 이를 위하여 교육이 선도적으로 이바지할 수 있는 바탕을 마련하자는 교육관은? 96. 31회 행시

① 진보주의 교육관   ② 본질주의 교육관
③ 항존주의 교육관   ④ 재건주의 교육관

해설 재건주의 교육사조의 대표자인 브라멜드(Brameld)는 '재건주의는 진보주의, 본질주의, 항존주의 교육사상들의 장점을 절충해서 미래사회 건설에 역점을 두고 현대적 위기 극복을 위해 세운 교육사상'이라고 정의하고 있다.

TIP 재건주의 교육원리

1. 교육은 문화의 기본적 가치를 실현시키는 새로운 사회질서를 창조하는 일에 전념해야 하며, 동시에 현대세계의 사회적·경제적 세력과 조화를 이루어야 한다. ⇨ 교육개혁을 통한 사회문화의 재건, 즉 파형(破型)의 기능을 중시
2. 새로운 사회는 진정으로 민주적인 사회가 되어야 하며, 이러한 사회는 민주적인 방법으로 실현되어야 한다. ⇨ 재건주의는 민주적인 질서가 자리잡고 부(富)의 공정한 분배가 이루어지는 복지사회를 이상으로 추구
3. 아동, 학교, 교육 등은 사회적·문화적 세력에 의해 확고하게 조건지어진다. ⇨ 사회적 자아실현인 추구
4. 교사는 재건주의자들이 제시하는 새로운 사회건설의 긴급성과 타당성을 학생들에게 민주적인 방법(예 참여와 의사소통, 토론 등)으로 확신시켜 주어야 한다.
5. 학교는 학생들의 미래를 준비하도록 도야하는 미래지향적 교육을 해야 한다.
6. 교육의 목적과 수단은 문화적 위기를 극복할 수 있도록 철저하게 개조되어야 하고, 행동과학의 연구가 발견해 낸 제 원리들에 맞아야 한다.

17 **20세기 미국의 재건주의 교육의 기본 원리에 해당하지 않는 것은?** 21. 국가직 7급

① 교육에서는 개인의 자유가 존중되어야 하며, 교육의 목표는 개인적 자아실현의 추구이어야 한다.
② 교육은 문화의 기본적 가치 실현을 위한 새로운 사회질서 창조에 기여해야 한다.
③ 교육의 목적과 방법은 행동과학의 연구성과에 의해 혁신되어야 한다.
④ 교사는 새로운 사회건설의 긴급성과 타당성을 학습자들에게 교육해야 한다.

해설 재건주의는 인류의 위기의식에서 출발하여 오늘날의 문화를 재점검함으로써 이상적인 문화에 대한 전망을 굳히고, 이를 위하여 교육이 선도적으로 이바지할 수 있는 바탕을 마련하자는 교육철학이다. 대표자인 브라멜드(Brameld)는 '재건주의는 진보주의, 본질주의, 항존주의 교육사상들의 장점을 절충해서 미래사회 건설에 역점을 두고 현대적 위기 극복을 위해 세운 교육사상'이라고 정의하고 있다. ①은 진보주의 교육원리에 해당하며, 재건주의에서는 개인의 자유보다 평등을 더 우선시하며, 교육의 목표로 사회적 자아실현인을 추구한다.

TIP 재건주의의 교육적 의의와 한계

교육적 의의	한계(문제점)
• 교육의 힘에 대한 신뢰 • 이상사회로서 복지사회 추구 • 교육을 통한 사회문화적 위기 극복 중시	• 교육의 역할과 민주주의에 대한 지나친 기대 • 미래 사회의 가치관에 대한 논증 결여 • 행동과학에 대한 지나친 신뢰 • 현실의 문제 해결을 등한시

정답 14. ① 15. ③ 16. ④ 17. ①

6 교육철학 종합

18 서양의 교육철학 사조에 대한 설명으로 가장 적절한 것은?   18. 국가직 7급

① 본질주의 - 아동이 당장 흥미가 없고 힘들더라도 철저히 학습하도록 하는 것이 필요하다고 보았다.
② 항존주의 - 위대한 고전을 이용한 교육을 실용적인 직업교육과 융합하려고 노력하였다.
③ 재건주의 - 문화유산과 고전과목 등 전통적 교과과정을 중시하였다.
④ 진보주의 - 최초로 주장한 학자는 허친스(R. M. Hutchins)이다.

해설 본질주의는 아동의 흥미와 자유, 욕구를 지나치게 존중함으로써 학력 저하, 교사의 권위 약화 등의 문제를 초래한 진보주의를 비판하며 등장하였다. 전통적 교육의 장점인 인류의 문화유산의 전달을 교육의 목적으로 파악하며, 이를 위해 아동의 흥미보다 노력과 훈련 · 탐구를 중시한다. ②에서 항존주의는 고전 인문교육을 중시하고, 실용적인 직업교육을 강조하는 것은 진보주의이다. ③은 전통적 교육과정 중 문화유산을 보다 중시하는 것은 본질주의이며, 고전을 더 중시하는 것은 항존주의에 해당한다. ④에서 허친스(Hutchins)는 항존주의 사상가이다.

19 본질주의와 항존주의에 대한 설명으로 옳지 않은 것은?   20. 국가직 7급

① 항존주의는 본질주의를 비판하면서 태동하였다.
② 본질주의는 읽기, 쓰기, 셈하기 등의 기초학습능력을 강조하였다.
③ 허친스(Hutchins)는 '위대한 고전(Great Books)' 읽기 교육을 주장하였다.
④ 본질주의는 인류의 문화 유산 중 핵심적인 것을 다음 세대에 교육할 것을 주장하였다.

해설 항존주의는 진보주의를 전면 부정하면서 태동하였다. 본질주의와 항존주의는 모두 진보주의를 비판하고 전통교육의 강점을 계승하려는 보수적 교육철학이다. 본질주의가 진보주의의 한계를 비판 · 극복하려는 교육개혁 운동에서 시작하였다면, 항존주의는 진보주의를 전면 부정한다는 점에서는 차이가 있다. ③은 항존주의에 해당한다.

제 5 절 현대의 교육철학(20C 후반)

1 개관

01 현대 교육철학의 특징에 관한 설명으로 옳지 않은 것은?   09. 중등임용

① 분석적 교육철학은 교육의 주요 개념 및 용어에 대한 철학적 분석을 강조한다.
② 실존주의 교육철학은 인간의 본질이 실존에 우선한다고 보고, 인간의 본질을 탐구한다.
③ 포스트모더니즘 교육철학은 진리의 상대성을 주장하며, 다원주의적 입장에 서 있다.
④ 페미니즘 교육철학은 교육에서 상대적으로 소외되어 온 가정의 삶 영역과 여성의 가치 회복을 중시한다.
⑤ 비판적 교육철학은 현대사회의 학교교육에서 나타나는 교육의 불평등과 부정의(不正義)를 드러내는 데 관심이 있다.

해설 실존주의 교육철학은 인간의 "실존(實存)이 본질(本質)에 우선한다."고 보았다. 이처럼 실존주의는 모든 형태의 결정주의, 운명론, 필연주의를 부정하며, 본질은 개인의 자유로운 실존(주체)에 의해서 새롭게 창조되는 것으로 본다.

TIP 20세기 후반 현대 교육사상의 흐름

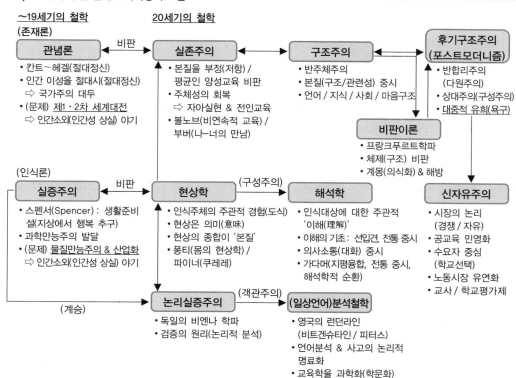

2 실존주의 교육철학

02 **실존주의 교육철학의 기본 관점으로 가장 거리가 먼 것은?**

13. 국가직 7급

① 지식과 진리는 주체의 삶 속에서 구체적인 의미를 부여하며 '지금 여기에' 존재한다.

② 인간의 성장과 발달은 점진적이고 지속적으로 이루어진다.

③ 교육은 인간의 본래적 모습을 회복하는 데 초점을 두어야 한다.

④ 교육은 적극적 형성 작용도 아니고 소극적 보호 작용도 아니다.

[해설] 실존주의는 1 · 2차 세계대전과 후기 산업사회의 비인간화 등 현대문명을 비판하고 주체성 회복을 통한 인간성 회복을 강조하는 철학이다. 점진적이고 연속적인 성격을 지닌 학교 교육은 주체성을 약화시키고 평균인을 양성하는 교육이라는 점에서 비판적 태도를 취하며, 교육에서 만남, 잠재적 교육과정 등과 같은 비연속적 형성 가능성에 주목하였다. 대표자는 볼노브(Bollnow), 부버(Buber) 등이 있다.

TIP 실존주의의 주요 명제

1. 실존은 본질에 선행한다.
2. 실존은 자유다.
3. 실존은 주체성이다.
4. 주체성이 진리다.

정답 18. ① 19. ① / 01. ② 02. ②

03 실존주의 교육철학관에 대한 설명으로 옳지 않은 것은? 19. 국가직

① 교육의 목적은 자유롭고 주체적이며 창조적인 인간형성에 있다.
② 교육은 자기결정적인 자아의 형성을 위한 것이다.
③ 교육에서는 인간적인 만남이 중요하다.
④ 인간의 본질을 규격화된 것으로 이해한다.

해설 실존주의는 "본질보다 실존이 선행한다."는 명제처럼, 인간의 본질은 규격화된 것이 아니라 실존에 의해서 새롭게 창조되는 것으로 이해한다.

04 다음은 학교장이 학부모 연수에서 강조한 내용이다. 이에 가장 부합하는 교육철학은? 18. 지방직

> 우리 학교는 지금까지 지식 교육에 매진해 온 결과, 학업성취도에서는 우수한 성과를 거두었습니다. 하지만 학생들은 그다지 행복하지 않은 것 같고, 왜 교과지식을 배우는지도 모르는 것 같습니다. 그래서 저는 앞으로 교과보다는 학생에 관심을 기울이고, 교사와 학생의 인격적 만남을 중시하며, 교과 지식도 학생 개개인의 삶에 의미 있는 것이 되도록 하는 학교를 만들어 가겠습니다.

① 분석적 교육철학　　　　　② 항존주의 교육철학
③ 본질주의 교육철학　　　　　④ 실존주의 교육철학

해설 실존주의 교육사상가인 부버(Buber)는 인간 소외의 원인을 '나와 그것(I-it)'의 비인격적 만남에서 찾고 그 대안으로 대화를 통한 '나와 너(I-You)'의 인격적 만남을 강조하였다. 제시문에 나타난 학교교육에서의 교과지식 교육과 학업성취도 중심의 학교교육은 학생(인간)을 소외시켰고 교사와 학생의 관계마저도 대상화시켰다는 학교장의 성찰은 실존주의 철학에 부합된다.

05 실존주의 교육철학의 특징에 해당하는 것은? 20. 지방직

① 삶의 긍정적·부정적 측면을 통해 학습자 스스로가 삶의 문제를 해결하고 주체적으로 성장할 수 있다.
② 교육의 사회적 역할을 강조하고 교육을 통한 사회개조를 강조한다.
③ 교육의 주도권은 교사에게 있고 교육과정의 핵심은 소정의 교과를 철저하게 이수하는 것이다.
④ 교육에서 현실의 학문을 무시하고 고전의 지식을 영원한 것으로 여기며 지적인 훈련을 매우 강조한다.

해설 실존주의 교육철학은 현대문명이 결과한 비인간화와 인간 소외 현상을 비판하고, 주체성 회복을 통한 인간성 회복을 강조하는 철학이다. "실존은 자유다.", "실존은 주체성이다."라는 명제처럼 세계 안에서 인간이 존재하는 방식에 대해 집중적으로 고민하여 학습자 개인의 독자적인 삶과 자유, 개성, 주체성을 존중한다. 특히 삶의 밝은 측면뿐만 아니라 어두운 측면(고통, 불안, 죽음 등)까지 교육영역에 끌어들임으로써 보다 진솔한 교육이 이루어지도록 촉구하였다. ②는 재건주의, ③은 본질주의, ④는 항존주의 교육철학에 해당한다.

06 다음 중 실존주의 교육사상과 관련이 먼 것은?   02. 국가직
□□□

① 세계 안에서 인간이 존재하는 방식에 대해 집중적으로 고민한다.

② 삶의 어두운 측면보다는 삶의 밝은 측면에 주목하면서, 인간을 획일화·보편화·집단화하는 현대교육의 경향을 비판하고 있다.

③ 관념론과 실증주의 그리고 현대의 과학문명이 초래한 비인간화 현상에 반항하였다.

④ 객관적 실재나 사물의 현 존재적 양상이 나에게 어떤 의미를 갖는가에 관심을 갖는다.

해설 실존주의는 삶의 밝은 측면뿐만 아니라 어두운 측면(예 고통, 불안, 죽음 등)까지 교육영역에 끌어들임으로써 보다 진솔한 교육이 이루어지도록 촉구하였다.

07 다음과 같은 교육학 연구에 공통적으로 영향을 끼친 철학사조는?   10. 중등임용
□□□

- 아이즈너(E. Eisner)의 교육과정이론
- 반 마넨(M. van Manen)의 체험적 글쓰기
- 스프래들리(J. Spradley)의 문화기술 연구
- 랑에펠트(M. Langeveld)의 아동의 인간학
- 마이어 − 드라베(K. Meyer − Drawe)의 학습이론

① 구조주의   ② 실존주의   ③ 비판철학
④ 포스트모더니즘   ⑤ 현상학

해설 실존주의 철학의 인식론적 방법론에 해당하는 현상학은 본질에 대한 탐구의 철학으로, 모든 진리의 궁극적 근원을 인간의 주관·의식작용에서 찾는다. 현상학은 해석학과 함께 질적 연구 및 규범적 접근 등 현대 교육 연구에 많은 방법론적 영향을 주고 있다.

TIP 현상학, 해석학, 분석철학의 비교 ▭▭▭▭▭▭▭▭▭▭▭▭▭▭▭▭▭▭▭▭▭▭▭▭▭▭▭▭▭▭▭▭▭

1. **현상학**: 인식 주체의 인식 현상, 즉 인식 과정을 다룬다.
2. **해석학**: 인식 대상을 다룬다. ⇨ 문화적·역사적 맥락 안에서 일어나는 인식 기반으로서의 선이해와 텍스트의 해석
3. **분석철학**: 언어를 주로 다룬다.

08 다음과 같은 주장을 하는 현대교육 사상가는?   19. 지방직
□□□

현대의 위기상황에서 잃어버린 인간의 본래적 모습을 회복할 수 있는 방안은 인간들 간의 대화적, 실존적 만남 속에서 서로의 독특성을 발견하는 데 있다. 교육도 이러한 인격적 만남에 기초해야만 한다. 따라서 교수 목표는 지식 교육이 아니라 아동과의 관계형성을 통한 정체성 확립에 있다.

① 부버(M. Buber)   ② 듀이(J. Dewey)
③ 브라멜드(T. Brameld)   ④ 허친스(R. M. Hutchins)

정답 03. ④   04. ④   05. ①   06. ②   07. ⑤   08. ①

해설 실존주의 철학자들이 인식하는 세계는 인간 소외(alienation)라는 말로 표현될 수 있다. 소외는 자신의 주변, 노동 및 노동의 산물이 자아로부터 멀어지거나 분리된 듯한 감정 상태를 일컫는 용어이다. 실존주의 사상가 부버(Buber)는 인간은 관계 형성을 통해 자신의 실존을 형성해가는 창조자로 보고, 소외를 인격적 만남의 관계(I-You)가 비인격적 대상적 관계(I-it)로 변하는 것으로 정의하였다. 그리고 소외 극복을 위해서 하시디즘(Hasidism)을 토대로 대화를 통한 참다운 인격적 관계 회복을 강조하였다.

TIP 하시디즘(Hasidism)

1. 유대교의 경건주의적 신비 운동, 율법(律法)의 형식보다 내면성을 중시하는 18C 계몽주의 시대 폴란드에서 발생한 유대교 개혁운동
2. 성속일여(聖俗一如) 운동, 인간과 타자(他者)들과의 관계에서 신(神)의 뜻 발견

09 다음과 같이 주장한 교육사상가는?

24. 국가직

> • 인간이 세계에 대하여 갖는 두 가지 관계는 나-너의 관계와 나-그것의 관계이다.
> • 나-그것의 관계에서 세계는 경험과 인식과 이용의 대상이다.
> • 나-너의 관계는 직접적이고 인격적 관계이다.
> • 나-너의 관계를 통해서 만남이 이루어진다.

① 부버(Buber)
② 프뢰벨(Fröbel)
③ 피터스(Peters)
④ 헤르바르트(Herbart)

해설 실존주의 교육사상가 부버(M. Buber)는 세계 자체를 '나-너(I-You)'의 인격적 관계와 '나-그것(I-it)'의 비인격적(소외적) 관계로 구성된 하나의 교육의 장('세계 자체가 교사')이라고 주장한다. 그는 하시디즘(Hasidism)을 바탕으로 인간은 참다운 대화가 이루어지는 관계 형성을 통해 자신의 실존을 형성해가는 창조자로 보고, 소외를 인격적 만남의 관계(I-You)가 비인격적 대상적 관계(I-it)로 변하는 것으로 정의하였다. 그리고 소외 극복을 위해서 하시디즘을 토대로 대화를 통한 참다운 인격적 관계 회복을 강조하였다.

10 실존주의 교육철학에 대한 설명으로 옳지 않은 것은?

22. 지방직

① '나 - 너'의 진정한 만남을 통해 인간의 본래 모습을 회복한다.
② 불안, 초조, 위기, 각성, 모험 등의 개념에 주목한다.
③ 부버(Buber), 볼르노(Bollnow) 등이 대표적인 학자이다.
④ 의도적인 사전 계획과 지속적인 훈련을 강조한다.

해설 실존주의는 1·2차 세계대전과 후기산업사회의 비인간화 등 현대문명을 비판하고 주체성 회복을 통한 인간성 회복을 강조하는 철학이다. 현대문명의 비인간화를 초래한 원인을 이성을 절대시하는 관념론과 인간을 객체화하는 실증주의에 두기 때문에 '체계성·전체성·일반성·보편성·평균성'(본질)을 부정하고 자율적(주체적) 존재로서의 인간을 강조한다. ④는 우연적·무의도적 교육을 강조한다.

3 분석적 교육철학

11 다음과 같이 주장하는 교육철학은? 16. 지방직

□□□

> 교육철학은 철학 이론들로부터 교육실천의 함의를 이끌어 내는 데 주력하지 말고, 교육의 목적이나 교육의 실제 그 자체에 대해 철학적으로 사고하는 일에 집중해야 한다. 또한 기존 교육사상들이 가정하고 있는 개념적 구조를 명료화하고 개념의 일관성과 타당성을 검토함으로써 언어의 혼란으로 인해 빚어진 교육문제를 제거하는 일에 관심을 두어야 한다.

① 분석적 교육철학　　　　　　　　② 비판적 교육철학
③ 실존주의 교육철학　　　　　　　④ 프래그머티즘 교육철학

해설 언어와 개념에 사물의 본질이 들어 있다고 보는 분석철학은 언어 분석이 곧 철학의 사명이고, 사고의 논리적 명료화가 철학의 목적이라고 주장한다. 관념적인 언어와 개념 사용의 혼란을 문제 삼는 분석철학은 교육문제도 언어의 문제로 보아 언어의 명료화를 통해 교육문제가 해결될 수 있다고 주장함으로써 교육학의 과학화·체계화·전문화에 기여하였다.

12 다음과 같은 비판을 받고 있는 교육철학적 접근은? 07. 유·초등임용

□□□

> • 언어의 투명성에 대해 지나치게 신뢰한다.
> • 교육의 가치지향성을 충분히 고려하지 못한다.
> • 교육적 언어의 역사적·사회적 측면을 소홀히 한다.

① 분석철학적 접근　　　　　　　　② 실존주의적 접근
③ 구조주의적 접근　　　　　　　　④ 마르크스주의적 접근

해설 분석철학은 교육학의 성격이나 교육학의 용어·개념·원리·이론 등을 논증하고 명확히 하는 데 공헌하였지만, 사변철학과 규범철학의 영역을 소홀히 함으로써 바람직한 세계관이나 윤리관 확립에는 도움을 주지 못했다.

정답 09. ①　10. ④　11. ①　12. ①

13 다음 교사들의 토론에서 최 교사의 견해와 가장 유사한 교육철학은?   12. 유·초등임용

> • 김 교사: 학교에서는 무엇보다 지식교육을 해야 합니다. 학교에서 지식교육을 하지 않고 도대체 어떤 교육을 할 수 있단 말입니까?
>
> • 박 교사: 글쎄요, 김 선생님께서는 학교에서 지식교육을 해야 한다고 주장하시는데, 지금까지 지식교육을 해 온 결과가 어떻게 되었는지 생각해 보십시오. 학교에서 그토록 열심히 지식을 가르쳐 왔는데도 불구하고, 제대로 된 인간을 기르는 데 실패하지 않았습니까? 저는 지식교육이 그 자체로 상당한 결함이 있다고 보고, 그렇기 때문에 인간교육을 해야 한다고 생각합니다.
>
> • 최 교사: 잠깐만요. 두 선생님의 주장에는 지식교육과 인간교육이 다르다는 것이 논리적으로 가정되어 있군요. 제 생각에는 '지식교육을 해야 한다.' 혹은 '인간교육을 해야 한다.'는 주장에 대해 논하기 전에 지식교육과 인간교육이 과연 별개의 개념인지를 검토해야 할 것 같습니다.

① 분석적 교육철학   ② 비판주의 교육철학
③ 실존주의 교육철학   ④ 진보주의 교육철학
⑤ 포스트모던 교육철학

해설 '지식교육'과 '인간교육'을 둘러싼 논쟁에 앞서 논쟁의 쟁점이 되는 언어의 의미를 명료화해야 한다는 최 교사의 견해는 분석적 교육철학에 해당한다. 이처럼 분석적 교육철학은 교육에서 사용되는 언어와 논리를 분석적으로 탐구하여 의미를 명확히 하는 것을 철학의 본질로 본다.

14 분석적 교육철학에 대한 설명으로 옳지 않은 것은?   22. 국가직

① 위대한 사상가의 교육사상이나 교육적 주장에서 교육의 목적과 방향을 찾으려 하였다.
② 전통적 교육철학에서 애매하거나 모호하게 사용되고 있는 개념의 의미를 명료화하는 데 치중하였다.
③ 교육을 과학적·논리적 방법으로 탐구함으로써 교육철학을 객관적인 체계를 갖춘 독립 학문으로 발전시키려 하였다.
④ 이차적 또는 반성적이라는 철학적 방법의 성격상 교육의 가치나 실천의 문제에 소홀한 한계를 지닌다.

해설 분석적 교육철학(Analytic philosophy)은 교육학의 과학화·체계화·전문화에 기여하였으나, 형이상학이나 규범 철학을 배제함으로써 교육이념·교육목표의 중요성을 간과하였고(①), 바람직한 세계관이나 윤리관을 제시하지 못하였으며, 정의적 차원의 교육적 의의와 가치를 간과하였다는 비판도 받는다.

4 해석적 교육철학

15 다음의 주장에 가장 부합하는 철학적 견해는?

09. 유·초등임용

> • 이해는 구체적인 맥락 속에서 이루어진다.
> • 적용은 이해한 것을 뒤늦게 현실에 응용하는 것이 아니라 이해의 일부분이다.
> • 이해는 역사적으로 주어지는 선입견과 선(先)이해를 배경으로 하여 이루어진다.
> • 이해는 지금 여기서 완료되는 것이 아니라 미래의 다른 이해를 향해 열려 있다.

① 플라톤(Platon)의 소견 비판과 지식 옹호
② 베이컨(F. Bacon)의 우상 비판과 과학적 방법론 옹호
③ 칸트(I. Kant)의 미성숙 비판과 지적·도덕적 자율성 옹호
④ 가다머(H. G. Gadamer)의 실증주의 비판과 해석학적 순환 옹호
⑤ 하버마스(J. Habermas)의 도구적 합리성 비판과 의사소통적 합리성 옹호

해설 지문은 해석학에 대한 설명이다. 가다머(H. G. Gadamer)는 철학적 해석학자(인문학자)로, 「진리와 방법」이란 저서를 통해 자연과학에 대한 대응학문으로서 인문학의 가능성을 제시하고 있다. 그는 이해의 기반으로서 선입견(先入見)과 전통(傳統)을 중시하며, 그를 바탕으로 텍스트나 역사적 사건에 대한 한 인간의 이해를 텍스트의 역사성과 독자의 역사성의 차이를 통합하는 '지평융합'으로 설명하고 있다. 또 우리가 지금 가지고 있는 현재의 지평은 과거의 역사적인 영향의 작용을 받아 성립되는 것이기에 현재는 과거에 영향을 주고, 과거가 현재에 작용하는 '영향과 작용의 해석학적 순환'의 역사를 강조하였다.

5 비판적 교육철학

16 다음에 해당하는 현대 교육철학 사조는?

16. 국가직

> • 교육이 처해 있는 사회 구조나 제도에 대해 의문을 제기한다.
> • 의사소통적 합리성이라는 개념을 통해 교육에서 조작이나 기만, 부당한 권력 남용 등을 극복할 수 있는 발판을 마련하였다.
> • 교육을 교육의 논리가 아니라 정치·경제·사회의 논리에 의해 해석하는 경향이 있다.

① 실존주의 교육철학 ② 분석적 교육철학
③ 비판적 교육철학 ④ 포스트모더니즘 교육철학

해설 비판적 교육철학은 마르크스주의와 정신분석학을 두 근간으로 하는 새로운 형태의 교육사상으로 마르쿠제(Marcuse), 하버마스(Habermas) 등이 주축이 된 프랑크푸르트학파의 사회철학을 일컫는다. "현대사회 문제의 책임은 개인이 아니라 사회 또는 그 체제에 있다."고 보고, 사회비판의 규범적 토대를 '의사소통적 합리성' 개념(Habermas)을 통해 새로이 정립하였다는 점에서 교육적 의의를 지니나, 학교교육의 순기능을 평가절하하였으며, 교육을 지나치게 정치·경제·사회의 논리에 따라 해석하는 경향이 있다는 비판을 받는다.

정답 13. ① 14. ① 15. ④ 16. ③

첫째, 교육에서 무엇이 잘못되었는가? 이 질문은 교육의 불평등과 부정의(不正義)의 모습을 드러내 보이려는 관심에서 제기된 것이다. 비판이론에 의하면 이런 불평등은 자유주의 이데올로기, 즉 '교육이란 원래 좋은 것일 뿐만 아니라 사회의 불평등을 완화할 것이라는 신념체계'의 실패에 기인한다.
둘째, 그러한 병폐가 왜 그리고 어떻게 발생했는가? 이 질문은 불평등과 부정의가 유지되는 교육의 과정과 구조를 드러내 보이면서 그 원천을 추적하는 데 관심을 갖는 것이다.
셋째, 그러한 병폐는 어떻게 치유될 수 있는가? 이 질문은 그러한 부정의들의 치유방법을 모색하거나 제안하기 위한 것이다.

17 다음 내용과 관련이 있는 교육철학은?   17. 지방직

> • 프랑크푸르트 학파의 이론적 성과를 수용하였다.
> • 교육 현상에 대해 규범적, 평가적, 실천적으로 접근하였다.
> • 자본주의 사회의 불평등 문제와 교육의 관련성에 주목하였다.
> • 인간의 의식과 지식이 사회, 정치, 경제에 의해 결정되는 것으로 보았다.

① 비판적 교육철학   ② 분석적 교육철학
③ 홀리스틱 교육철학   ④ 프래그머티즘 교육철학

해설 비판이론은 프랑크푸르트학파의 사회철학사상을 일컫는다. "현대사회 문제의 책임은 개인이 아니라 사회 또는 그 체제에 있다."고 보고, Marx의 변증법적 비판정신을 토대로 정의로운 사회 실현의 가능성을 탐색하는 이론이다. 이처럼 비판이론은 인간 삶의 모순된 사회현실에 대한 계몽과 실천적·해방적 관심을 중시한다.

TIP 비판이론의 핵심개념(Gibson, 1986)
① 복수이론, ② 이론에 대한 몰두, ③ 과학적 접근의 거부, ④ 계몽(啓蒙), ⑤ 해방(解放), ⑥ 마르크스 (Marx) 이론의 수정, ⑦ 도구적 합리성 비판, ⑧ 문화에 대한 관심, ⑨ 개인과 사회의 관계, ⑩ 미학(美學)의 중심성, ⑪ 프로이트(Freud)의 영향, ⑫ 사회적 사태의 설명, ⑬ 언어에 대한 관심

18 비판적 교육철학 또는 비판교육학(critical pedagogy)에 대한 설명으로 옳지 않은 것은? 20. 국가직

① 인간의 자유로운 의식의 형성을 억압하고 왜곡하는 사회적, 경제적, 정치적 제약요인들을 분석하고 비판한다.
② 하버마스(J. Habermas), 지루(H. Giroux), 프레이리(P. Freire) 등이 대표적인 학자이다.
③ 지식 획득을 포함한 인간의 모든 인식행위는 가치중립적인 것으로 간주한다.
④ 교육문제에 대해 좀 더 실제적이고 정치사회적인 관점을 취한다.

해설 비판은 철학적으로 '부정(Hegel)'과 '정당성의 검증(Kant)'을 의미한다. 그 대상은 개인이 아니라 '사회체제(사회구조)'이며, 가치(규범)에 근거하여 사회체제의 정당성을 검증하고 모순을 비판한다. 그러기에 비판이론은 인간사회를 연구함에 있어 가치중립적에서 사회를 설명하려는 과학적·실증적·양적 접근을 지양하고 가치지향적·질적 접근을 강조한다.

19 다음의 내용과 관련되는 학자들로 묶인 것은?

08. 국가직 7급

• 도구적 합리성 비판	• 해방적 인식관심
• 사회적 삶의 실질적 조건에 대한 계몽	• 이상적 담화

① 퍼스(Peirce), 제임즈(James), 듀이(Dewey)
② 니체(Nietzsche), 사르트르(Sartre), 부버(Buber)
③ 비트겐슈타인(Wittgenstein), 피터스(Peters), 허스트(Hirst)
④ 호르크하이머(Horkheimer), 아도르노(Adorno), 하버마스(Habermas)

해설 현대사회의 문제의 책임은 개인이 아니라 사회 또는 그 체제에 있다고 보는 비판 이론에 해당한다. 비판 이론은 1923년 독일 프랑크푸르트 대학 내 개설된 사회연구소에 참여했던 학자들, 즉 프랑크푸르트학파의 사상을 말한다.
①은 프래그머티즘, ②는 실존주의, ③은 분석철학에 해당한다.

TIP 의사소통적 이성

1. 이상적 담화 상황(ideal speech situation, 참가자 간에 평등한 발언 기회 보장되는 상황)을 통한 상호주관성(inter-subjectivity)의 획득 과정, 체제(system)에 의한 생활세계의 식민화를 극복하는 과정
2. **이상적 담화상황**: 왜곡되지 않은 의사소통을 의미함. ⇨ 언어와 모든 담화("나는-무언가에 대해-상대방에게-말한다.")의 토대를 구성하는 ① 주체(말하는 사람), ② 객체(말하는 내용), ③ 상호주관성(대화화는 사람과의 관계), ④ 담화행위(말하는 행위 그 자체) 등 4요소가 진실성(말하는 내가 상대방을 기만하려 하지 않고 진실해야 함), 진리성(말하는 내용이 객관적으로 옳아야 함), 이해 가능성(상대방이 그 말을 이해할 수 있어야 함), 규범적 정당성(담화 행위가 사회적 권리와 규범에 비추어 정당해야 함)을 갖춘 상태

20 다음 내용과 관련이 있는 학자는?

17. 지방직

• 문해교육에서는 성인 각자의 삶이 반영된 일상용어를 활용해야 효과적이다.
• 진정한 교육은 학습자가 탐구(inquiry)와 의식적 실천(praxis) 활동을 하는 것이다.
• 교육은 주어진 지식을 전달하는 은행저금식이 아니라 문제제기식으로 이루어져야 한다.

① 일리치(I. Illich)   ② 프레이리(P. Freire)
③ 노울즈(M. Knowles)   ④ 메지로우(J. Mezirow)

해설 비판적 교육철학자 프레이리(P. Freire)는 「페다고지」에서 교육을 대화를 통해 사회적·문화적 책임을 일깨워 세계의 개편을 도모하는 활동으로 정의하고, 전통교육의 은행저금식 교육(주입식 교육)을 비판하고 그 교육적 대안으로 문제제기식 교육(의식화 교육)을 제시하였다. ①은 탈학교론, ③은 자기주도적 학습, ④는 전환학습을 제안하였다.

TIP 은행저금식 교육과 문제제기식 교육의 차이

구분	은행저금식 교육(banking education)	문제제기식 교육(problem posing education)
교육목적	지배문화에 종속, 지배이데올로기의 유지·존속 ⇨ 사회구조의 유지(보수적)	현실에 대한 문제제기 및 비판(의식화) ⇨ 자유와 해방을 위한 교육(혁명적)
학생관	미성숙자, 방관자 ⇨ 수동적 존재	비판적 사고자 ⇨ 자율적 존재
교사-학생관	주체(예금주) - 객체(은행, 통장)적 관계	주체 - 주체적 관계
교재(지식)	인식의 대상 ⇨ 제3자(국가)가 구성	대화의 매개체 ⇨ 교사와 학생이 구성
교육방법	수동적 전달(주입), 비대화적	능동적 탐구, 대화적

정답   17. ①   18. ③   19. ④   20. ②

21 다음에 해당하는 학자는?

21. 국가직 7급

> • 기존의 교육을 은행예금식 교육으로 비유하면서, 기존의 교육이 피억압자들을 수동적으로
> 만들고 비인간화한다고 비판한다.
> • 대화의 교육방식을 통해 불평등한 사회구조를 타파하고 인간해방을 지향하는 문제제기식
> 교육을 할 것을 주장한다.

① 지루(Giroux)　　② 프레이리(Freire)　　③ 애플(Apple)　　④ 잭슨(Jackson)

해설 급진적 저항이론가인 프레이리(P. Freire)는 「페다고지(피압박자들을 위한 교육)」에서 전통교육을 지식을 주입하는 은행저금식 교육이라고 비판하고, 그 대안으로 의식화 교육인 문제제기식 교육을 제안하였다. 의식화(conscientization)는 불합리한 사회적 요인의 분석 및 비판 능력으로, 자기를 객체화·비인간화시키는 상황을 인지하고 그 상황의 변혁을 통해 새로운 세계와 존재를 실현해 나가는 과정을 말한다. ①은 저항이론, ③은 문화적 헤게모니이론, ④는 잠재적 교육과정을 주장하였다.

6 포스트모더니즘 교육철학

22 포스트모던 교육철학을 반영한 교육적 실천으로 볼 수 없는 것은?

16. 지방직

① 학교 내 소수자를 보호하는 방안을 모색한다.
② 발표 수업에서 학생들의 다양한 관점을 수용한다.
③ 대화와 타협의 과정에 충실한 토론식 수업을 권장한다.
④ 학습 과정에서 지식의 실재성과 가치의 중립성을 강조한다.

해설 포스트모더니즘(postmodernism)은 서양 근대의 계몽사상적 이성 혹은 합리성에 대한 비판에서 출발하였다. 그래서 과학이나 언어, 예술, 사회와 문화에 대한 합리적 이해를 가능하게 하는 객관적 근거, 즉 궁극적 법칙이나 구조를 인간의 이성에 의해 찾아낼 수 있다는 신념을 거부하고, 나아가 보편적 이론이나 사상의 해체를 주장하여 인식론적인 상대성, 가치부하설(價値負荷說)을 강조한다. 포스트모더니즘의 일반적 특징은 ㉠ 주체적 자아가 해체되는 문화, ㉡ 대중들이 유희적 행복감을 향유하는 문화, ㉢ 탈정형화·탈정전화를 추구하는 다원론적 문화, ㉣ 반합리주의, ㉤ 상대적 인식론 등을 들 수 있다.

23 포스트모더니즘의 특징으로 옳지 않은 것은?   21. 지방직

① 다원주의를 표방한다.   ② 반권위주의를 표방한다.
③ 반연대의식을 표방한다.   ④ 반정초주의를 표방한다.

해설 포스트모더니즘(postmodernism)은 서양의 근대적 정신과 문화 그리고 근대사회의 구조와 체제가 재구성되는 과정을 설명하는 이론적 · 사상적 경향을 말한다. 계몽사상적 이성 혹은 합리성에 대한 비판에서 출발하여 과학이나 언어, 예술, 사회와 문화에 대한 합리적 이해를 가능하게 하는 객관적 근거, 즉 궁극적 법칙이나 구조를 인간의 이성에 의해 찾아낼 수 있다는 신념을 거부하고, 나아가 보편적 이론이나 사상의 거대한 체제의 해체를 주장한다. ③에서 포스트모더니즘은 타자에 대한 관심과 연대의식(Solidarity)을 중시한다.

TIP 포스트모더니즘(postmodernism)의 특징

1. **반합리주의**(2원론적 경계의 해체) : 이성적 · 주체적 자아는 허구적 자아 ⇨ 우연적 · 분열적 · 타율적 · 모순적 자아 중시
2. **상대적 인식론**(반정초주의) : 진리의 객관성 · 보편타당성 · 소여성(所與性) 부정 ⇨ 진리의 가치부하설, 우연성, 상호 비교 불가능설, 다원성과 해체설 강조
3. **반권위주의, 반전통주의** : 민주적 방법 중시
4. 탈정형화 · 탈정전화를 추구하는 문화다원주의
5. 대중들의 유희적 행복감을 향유하는 문화
6. **주체적 자아가 해체되는 문화 중시** : 열린 자아인 추구
7. 절대적 진리보다 국지적 진리 옹호, 지식의 조화성 강조
8. 대서사(거대 담론)보다 소서사(작은 이야기) 중시

✎ 근대적인 이항대립(이분법적 구분)의 세계관 극복 : 데리다(Derrida)는 해체와 차연을 통해 진짜와 가짜, 들뢰즈(Deleuze)는 리좀을 통해 중심과 주변, 푸코(Michel Foucault)는 에피스테메를 통해 정상과 비정상의 대립 극복

24 다음에서 포스트모더니즘의 주요한 특징으로 묶인 것은?   07. 중등임용

㉠ 다원주의	㉡ 반정초주의(anti−foundationalism)
㉢ 인간해방	㉣ 소서사(little narrative)의 정당화
㉤ 몸의 경시	㉥ 보편주의

① ㉠, ㉡, ㉣   ② ㉠, ㉣, ㉥
③ ㉡, ㉢, ㉤   ④ ㉢, ㉤, ㉥

해설 ㉢은 비판이론에 해당한다. 포스트모더니즘은 이성보다 '몸을 중시(㉤)'하고, '반보편주의나 상대주의(㉥)'적 경향성을 특징으로 한다. 이 밖에도 반합리주의, 열린 자아인 추구, 절대적 진리보다 국지적 진리 옹호, 지식의 조화성 강조, 다양성 추구 등의 특징이 있다.

정답 21. ② 22. ④ 23. ③ 24. ①

25 포스트모던주의자의 주장과 그 속에 함축된 교육적인 변화요청을 가장 적절하게 짝지은 것은?

10. 유·초등임용

① 전체성(全體性: totality)에 대한 거부 – 자기 실험과 자기 창조의 윤리에 입각하여 차이를 존중하는 생활지도를 해야 한다.

② 정초주의(定礎主義: foundationalism)에 대한 거부 – 여러 영역으로 세분화된 언어게임을 재통합시켜 줄 형식논리학 교육을 확대해야 한다.

③ 권위주의(權威主義: authoritarianism)에 대한 거부 – 지식교육의 패러다임을 교육(instruction)에서 교화(indoctrination)로 전환해야 한다.

④ 대서사(大敍事: grand narratives)에 대한 거부 – 인간해방과 역사의 진보를 교육이념으로 채택함으로써 교육활동의 정당성을 확보해야 한다.

⑤ 본질주의(本質主義: essentialism)에 대한 거부 – 지식의 유한성과 상대성을 극복할 수 있도록 보편적 이성에 기반을 둔 학습을 강화해야 한다.

해설 ②는 형식논리학 교육은 정초주의에 해당하므로 확대가 아니라 철폐해야 한다.
③은 교화에서 교육으로 전환해야 한다.
④는 인간해방과 역사의 진보를 믿는 것은 모더니즘이므로 이를 해체해야 한다.
⑤는 보편적 이성에 기반을 둔 학습을 극복할 수 있도록 지식의 유한성과 상대성에 기반을 둔 학습을 강화해야 한다.

26 20세기 말 이후 교육학의 새로운 패러다임으로서 포스트모더니즘이 등장하였다. 포스트모더니즘을 주장한 주요 학자와 핵심개념이 바르게 연결되지 않은 것은?

12. 국가직

① 윌리스(Willis) – 모방, 저항   ② 푸코(Foucault) – 권력과 지식, 광기
③ 리오타르(Lyotard) – 소서사, 주체성   ④ 데리다(Derrida) – 해체, 차연

해설 윌리스(Willis)는 「학교(노동현장)와 계급재생산(Learning to Labour)」(1978)에서 노동계급의 일상적인 삶의 경험 속에 지배 이데올로기를 거부하고 극복할 수 있는 잠재적인 힘이 있다고 보는 저항이론을 주장하였다. 그에 의하면 인간은 사회의 불평등한 구조에 저항·비판·도전하는 능동적인 존재이기에 노동계급의 학생들(사나이, lads)이 기존의 학교문화에 저항하고 모순을 극복하기 위해 간파(penetration)를 일상생활 속에서 실천하는 반학교문화(counter-school cultur)를 형성하기도 한다고 보았다. 모방(modeling)은 윌리스(Willis)의 개념이 아니라 반두라(Bandura)의 사회학습이론의 주요 학습기제에 해당한다.

TIP 포스트모던한 학자와 핵심용어

데리다(Derrida)	① 해체(deconstruction): 우리 안에 형성된 개념적 질서를 깨뜨리는 일 ⇨ 어떤 말이나 텍스트를 자신의 뜻대로 해석하는 것이 아니라 다른 말이나 텍스트와 연결하여 새로운 의미를 파악함. ② 차연(차이, difference): ㉠ 모든 텍스트의 의미가 시간적으로 끊임없이 지연되는 일 ⇨ 모든 텍스트의 의미는 고정적이지 않고 시간에 따라 변화함. ㉡ 사람들 사이의 서로 다름, 각 주체들 간의 차이
리오타르(Lyotard)	소서사(작은 이야기) ⇨ 보편화된 거대담론(예 진보, 해방, 복지)보다 지엽적·국지적 지식(예 자기 가정·직장·지역사회) 중시
들뢰즈(Deleuze)	차이·다양성 ⇨ 리좀(불확실성, 다양성), 노마드(욕망의 다양성, 유목민의 삶)

27 교육과 관련된 푸코(M. Foucault)의 주장이 아닌 것은? 07. 중등임용

① 다양한 기법과 전술을 통한 몸 길들이기를 훈육(discipline)이라고 한다.
② 권력의 힘과 지식의 힘은 동일함, 그 관계를 '지식-권력'으로 표현한다.
③ 학교의 각종 검사와 시험은 드러나지 않는 방식으로 규율적 권력을 행사한다.
④ 파놉티콘(panopticon)으로서의 학교구조의 훈육기능은 근본적으로 감옥구조의 그것과 다르다.

[해설] 미셸 푸코(M. Foucault)는 학교는 그 구성원들을 눈에 잘 띄게 감시할 수 있도록 설계된 원형감옥(panopticon)과 유사하다고 보았다. 그는 지식의 힘과 권력을 동일하게 보고, 그 관계를 '지식 - 권력'이라고 표현하였다. 지식과 권력을 떼려야 뗄 수 없는 하나의 복합체로 본 그는 권력이 개인을 길들이는 방식을 훈육(규율)이라고 정의하고, 훈육을 위한 도구로 관찰(감시), 규범적 판단, 시험(검사)을 제시하였다.

TIP 미셸 푸코(M. Foucault)의 훈육론(규율론)

관찰(감시)	규율이 효과적으로 행사되기 위해 그 구성원들을 관찰하고 감시 ⇨ 학교는 그 구성원들을 눈에 잘 띄게 감시할 수 있도록 설계된 원형감옥(panopticon)과 유사
규범적 판단	모든 규율체제는 일정한 규범을 정하고 이에 위반되었을 때 처벌을 가하는 방식으로 구성원을 통제
시험(검사)	모든 사람들을 동일한 사람과 다른 사람으로 구분하기 위하여 계산 가능한 모습으로 분석하는 방법 ⇨ 시험을 통해 인간을 규격화함으로써 사람을 정상과 비정상으로 구분 & 사람들을 기존 질서에 순응하도록 길들임.

28 포스트모더니즘과 교육의 관계를 설명한 것으로 옳지 않은 것은? 07. 국가직 7급

① 포스트모던 사회에서는 소서사(작은 이야기)가 정당화되며, 지식 면에서 인지적 요소뿐만 아니라 윤리적, 미적인 요소가 다양한 삶의 양식으로 대등하게 다루어질 것이 요구된다.
② 포스트모더니스트들은 가치란 문화적 구성물이기 때문에 적어도 기초는 존재한다고 주장한다.
③ 포스트모던 사회의 교육문제로는 극단적 이기주의, 생태위기와 환경문제, 감각과 쾌락의 증대로 인한 정신적 빈곤화를 들 수 있다.
④ 지식사회의 도래, 과학기술혁명의 진전과 함께 포스트모던시대에는 급격한 사회변화에 따른 교육의 질적 변화가 한층 더 요구된다.

[해설] 포스트모더니즘(postmodernism)의 특징 중 하나는 반정초주의(anti-foundationalism)에 있다. 이는 궁극적이고 절대적인 기초가 존재한다는 근대철학의 기본가정이나 신념인 정초주의(토대주의)를 부정하는 것으로, 진리(지식)나 지식은 상대적이고 다원적이라는 것이다.

TIP 모더니즘 교육과 포스트모더니즘 교육의 비교

구분	모더니즘 교육	포스트모더니즘 교육
교육내용 (진리·가치관)	절대적·보편적·객관적 지식(가치)관	상대적·다원적·주관적 지식(가치)관
교육과정의 구성	지식 자체의 논리적 특성	지식의 사회적·문화적 맥락성(상황성)
교육환경	• 전체(보편) 문화 • 거대담론(대서사)	• 다양한 가치와 신념을 지닌 소수문화 인정 • 국지담론(소서사)
교육방법	객관주의 교수	구성주의 학습
교육평가	객관식 지필평가	수행평가
교육제도	공교육 중시	공교육의 재개념화

[정답] 25. ① 26. ① 27. ④ 28. ②

29 포스트모더니즘 교육론의 특징으로 옳지 않은 것은?　24. 지방직

① 획일적 교육방식에서 벗어나 교육내용과 방법의 다원화를 추구한다.
② 국가주도의 공교육 체제보다는 유연하고 다양한 교육체제를 요구한다.
③ 교육에서 다루는 지식의 가치를 절대적이고 보편적인 것으로 인식하고 있다.
④ 교육과정은 지식의 논리적 특성보다 지식의 사회문화적 특성에 근거해야 한다고 본다.

해설 포스트모더니즘(post-modernism)은 1960년대 이후에 새롭게 나타난 사회적·문화적·학문적 현상들을 포괄적으로 지칭하는 용어로, 후기산업사회, 정보화사회, 소비사회의 새로운 특징들을 대변하고 정당화하는 시대사조 혹은 문화논리를 말한다. 반정초주의(Anti-Foundationalism), 반합리주의, 다원주의(Pluralism), 반권위주의(Anti-Authoritarianism), 연대의식(Solidarity), 상대적 인식론(구성주의), 문화다원주의, 유희적 행복감의 향유 등을 특징으로 한다. ③은 전통적 객관주의 인식론에 해당하며, 포스트 모더니즘은 상대적 인식론적 관점을 특징으로 한다.

30 다음에서 포스트모더니즘과 관련된 교육적 주장과 합치되는 것을 모두 고른 것은?　10. 국가직 7급

> ㉠ 보편적·절대적 지식 추구　　　　　㉡ 사회의 다원성을 인정하는 교육 강조
> ㉢ 다문화적 문해교육 강조　　　　　　㉣ 서구 계몽주의 교육유산의 계승
> ㉤ 교육에서의 거대담론 거부 또는 해체

① ㉠, ㉡, ㉢　　　　　　　　　　② ㉡, ㉢, ㉤
③ ㉢, ㉣, ㉤　　　　　　　　　　④ ㉠, ㉣, ㉤

해설 포스트모더니즘은 인식론적 상대주의적 입장에서 주관적·상대적·구성적 지식을 추구하며(㉠), 인간 이성을 절대시하는 서구 계몽주의 교육유산의 해체를 중시한다(㉣).

TIP 포스트모더니즘의 교육적 의의와 한계

의의	① 교육에 대한 획일적·고정적 사고의 틀에서 탈피 ⇨ 구성주의 인식론 ② 주지주의 교육과 전통교육의 문제점을 부각 ③ 학교교육에서 과학적 지식에 의해 소외되어 왔던 일상적 지식을 중시
한계	① 전통교육을 대치할 만한 대안적 이론을 제시하지 못함. ② 다양한 교육적 가치에 대한 합의가 어려움. ③ 교육에 대한 전체 방향이나 비전 상실 ④ 도덕적 주장의 정당성을 부정하고, 교육의 비인간화 야기

7 | 신자유주의 교육철학

31 다음의 내용과 가장 밀접한 사상적 경향은?

08. 유·초등임용

> • 공립학교의 비효율적 운영의 근본원인은 학교교육체제 내의 획일적 통제에 있으며, 이것은 선택과 경쟁이라는 방식을 통해 해결될 수 있다.
> • 새로운 학교 형태를 도입하여 학교 간의 경쟁을 강화하고, 민간 주도의 교육서비스를 확대한다.

① 낭만주의   ② 생태주의
③ 신자유주의   ④ 신마르크스주의

해설 교육을 상품, 즉 자유시장 경제의 논리로 접근하는 신자유주의에 대한 설명이다. 신자유주의는 자본의 세계화 경향으로 교육의 자율성과 다양성을 매개로 수월성 있는 교육을 지향함을 특징으로 한다.
① 낭만주의는 주지주의·합리주의에 반대하고, 감성과 도덕성(양심)의 가치를 중시한다. 또, 인간의 개성 신장과 조화로운 발달을 강조한다.

TIP 신자유주의 특징 ||||||||||||||||||||||||||||||||||||||||||||||||||||||

1. **공교육체제에 경쟁적 시스템 도입**: 공립학교 민영화 추진, 학교 간 경쟁체제 도입
2. **교육의 효율성**(efficiency) **극대화**: 기존 교육의 비효율성과 질적 저하 극복
3. **수요자**(학부모 또는 학습자) **중심 교육**: 학부모의 학교선택권 강화
4. **노동의 유연성을 제고**(提高)**하는 교육**: 계약제 교원 확대
5. 자본의 이데올로기를 교육정책에 대폭 반영

32 학교교육과 관련된 바우처(voucher) 제도에 관한 설명으로 옳은 것을 〈보기〉에서 모두 고른 것은?

09. 중등임용

> **보기**
> ㉠ 학교와 학생이 교육성취에 관하여 상호 계약을 맺는다.
> ㉡ 경제학자인 프리드만(M. Friedman)에 의해 주장되기 시작하였다.
> ㉢ 일반 학교에서는 운영하기 어려운 특성화된 교육 프로그램을 제공한다.
> ㉣ 학부모들이 특정 학교를 선택하여 학교에 등록금 대신 쿠폰을 제출하고, 학교는 이 쿠폰을 정부의 지원금과 교환한다.

① ㉠, ㉡   ② ㉠, ㉢   ③ ㉡, ㉣
④ ㉠, ㉢, ㉣   ⑤ ㉡, ㉢, ㉣

해설 '㉠'은 계약학습에 대한 설명이고, '㉢'은 자석학교(Magnet School)에 관한 설명이다. 자석학교(Magnet school)는 1970년대 초 미국에서 인종통합 촉진을 위해 실시했다. 특성화된 교육 프로그램 운영을 통해 학부모의 학교 선택기회를 확대시키는 제도이다.

정답   29. ③   30. ②   31. ③   32. ③

TIP 신자유주의 학교정책

협약학교 (Charter School)	설립과 재정 부담은 정부가 지지만 민간에 운영을 전적으로 위탁하는 학교 제도로 자율성과 책무성을 특징으로 한다.
교부금 지원학교 (Grant-maintained school)	미국의 협약학교와 유사한 영국의 학교형태로서 지방 정부(Local Educational Authorities, LEA)의 관할에서 벗어나 중앙 정부로부터 직접 지원금(grant)을 받고 자체 학교운영위원회에 의해 운영되는 학교이다.
마그넷 학교 (Magnet school)	1970년대 초 미국에서 인종 통합 촉진을 위해 실시된 것으로, 특성화된 교육 프로그램 운영을 통해 학부모의 학교 선택 기회를 확대하려는 정책이다.
자유등록제 (open enrollment plan)	학생의 거주지역에 관계없이 학생이 자유롭게 학교를 선택하는 제도로 학생들의 선택을 통한 학교간 경쟁을 유도하는 정책이다.
교육비 지급 보증제도 (Voucher system)	정부나 지방공공단체가 학령아동이 있는 부모에게 교육비 지급 보증서(voucher)를 주면 부모는 자녀들의 학교를 자유롭게 선택하고 자녀교육의 대가로 교육비 지급 보증서를 학교에 제출하며, 학교가 이를 토대로 정부로부터 재정지원을 받도록 하는 제도

33 학교선택제와 거리가 먼 학교유형은?   12. 국가직

① 마그넷학교(Magnet school)   ② 협약학교(Charter school)
③ 블루리본학교(Blue-ribbon school)   ④ 교부금지원학교(Grant-maintained school)

해설 ①, ②, ④의 사례처럼 교육수요자인 학부모(또는 학생)들이 학교를 선택하게 하는 제도는 신자유주의 정책의 반영이다. ③은 미 연방 교육부(Department of Education)가 1982년부터 전국의 공·사립 초·중·고등학교를 대상으로 매년 우수한 학업성과를 내는 학교들을 대상으로 수여하는 상으로 학교 선택제와는 무관한 제도이다.

---

8 교육철학 종합

34 교육철학 사조와 강조점을 짝지은 것으로 옳지 않은 것은?   11. 국가직 7급

① 분석적 교육철학 − 교육적 언어의 의미 분석, 교육적 개념의 명료화
② 항존주의 − 교양과 고전, 지적 수월성, 사회적 미덕
③ 진보주의 − 인간 의식의 사회적·경제적·정치적 제약 요인의 분석과 비판
④ 포스트모더니즘 − 개인의 감정과 정서, 지식의 사회·문화적 구성

해설 진보주의는 교사 중심·교과 중심 교육을 중시한 전통적 교육에 대한 반기(反旗)를 들고 자연주의와 프래그머티즘을 토대로 전개된 아동 중심·경험 중심 교육으로의 개혁운동을 말한다. 아동 개인의 필요 충족(meeting individual needs), 경험을 통한 학습(learning by doing)을 교육적 슬로건으로 중시한다.
③은 비판 이론에 대한 설명이다.

35 교육철학 사조와 그 내용으로 옳지 않은 것은?   15. 국가직 7급

① 분석적 교육철학은 교육적 언어의 의미를 분석하고 교육적 개념을 명료화하는 데 초점을 두었다.
② 본질주의는 형이상학과 신학이 고등교육의 교육과정에 포함되어야 한다고 주장하였다.
③ 항존주의는 미국 사회의 진보주의 교육운동을 비판하며 등장한 보수적인 교육철학 이념이다.
④ 포스트모더니즘은 사회의 이질성과 다원성을 의식하고 인정하는 교육을 강조하였다.

해설 ②는 항존주의에 해당한다. 본질주의는 진보주의의 폐단을 비판(약)하고 그 교육적 한계를 극복하고자 대두된 사상이다. "진보주의는 전통적 교육의 장점인 인류의 문화유산의 전달을 무시하고 아동의 흥미와 자유, 욕구를 지나치게 존중함으로써 학력 저하, 교사의 권위 약화 등의 문제를 초래하였다."는 비판에서 대두되었으며, 전체주의 국가의 침략을 막아내는 민주국가의 수호적(守護的) 역할을 담당하고, 학문 중심 교육과정을 탄생시킨 근원적 사상이라고 볼 수 있다.

36 교사들의 대화내용과 공교육의 개혁방향에 대한 관점을 가장 적절하게 연결한 것은?
                                                        10. 유·초등임용

> 김 교사 : 학교에 대한 국가의 획일적 통제와 학교의 비효율성이 문제입니다. 수요자의 선택권과 학교 간 경쟁을 강화하고, 민간주도의 교육서비스를 확대해야 합니다.
> 정 교사 : 그런 방식은 계급 간 교육 불평등을 더욱 심화시킬 뿐입니다. 교육 불평등을 줄일 수 있는 대책을 세워야 해요. 지배집단의 관점에 치우친 교육과정도 수정해야 하구요.
> 최 교사 : 저는 학교교육이 학습자의 자율성을 억압하는 것이 문제라고 생각해요. 누구나 자율적으로 학습할 수 있도록 학교를 '학습 조직망'으로 대체하는 것이 문제해결의 열쇠가 될 수 있을 것 같아요.

	김 교사	정 교사	최 교사
①	신자유주의	신마르크스주의	탈학교론
②	신자유주의	포스트모던주의	생태주의
③	포스트모던주의	신자유주의	탈학교론
④	포스트모던주의	탈학교론	생태주의
⑤	탈학교론	신마르크스주의	생태주의

해설 김 교사가 제시한 '수요자의 선택권과 학교 간 경쟁 강화, 민간 주도의 교육서비스 확대'는 신자유주의의 관점에 해당하고, 정 교사가 제시한 '계급 간 교육 불평등 완화를 위한 교육과정의 다양화'는 학교지식(교육과정)의 계급적 성격을 중시하는 신마르크스주의 관점에 해당한다. 마지막으로 최 교사가 제시한 '학습 조직망(교육자료망, 기술교환망, 동료망, 교육자망)의 확대'는 을 일리치(Illich)의 탈학교론에 해당한다.

정답   33. ③   34. ③   35. ②   36. ①

37 다음과 같은 교육적 주장과 가치관을 내세우는 사상은? 12. 중등임용

- 세속의 쓸모보다는 '쓸모없음의 쓰임[無用之用]'을 주목한다.
- 세속적 배움을 끊는 것이 오히려 근심을 없애는 길이다[絶學無憂].
- 언어나 문자에 의존한 교육은 한계에 직면할 수밖에 없기에 '말없음의 가르침[不言之敎]'을 중시한다.

① 노장사상 ② 동학사상
③ 묵가사상 ④ 실학사상
⑤ 법가사상

해설 도(道)와 그 실천원리로서 무위자연(無爲自然)을 중시하는 것은 노장사상(老莊思想)의 핵심이다.

TIP 유가(儒家)와 도가(道家)의 사상 비교

유가(儒家)	도가(道家)
인위적(人爲的)인 수양과 노력을 강조	무위자연(無爲自然)을 강조
수기치인(修己治人)의 노력을 통해 현세적 행복 추구	인위적 노력을 포기하고 있는 그대로의 현상 이해를 통해 자연에 순응함으로써 진정한 행복 추구
상류 계층(귀족)이 주된 대상	하류 계층(서민)이 주된 대상
정치적 성향	예술 및 종교적 성향

정답 37. ①

Chapter

05

교육과정

오현준 교육학
단원별✦
기출문제 1356제

핵심 체크노트

★**1. 교육과정 개발모형** : 타일러(Tyler), 타바(Taba), 워커(Walker), 스킬벡(Skilbeck), 아이즈너(Eisner), 위긴스와 맥타이(Wiggins & McTighe)

2. **교육과정 연구** : 전통주의, 개념−경험주의, 재개념주의

3. **블룸(Bloom)의 교육목표 분류** : 인지적, 정의적, 심동적 영역
   ① **인지적 영역** : (복잡성의 원리) 지식 − 이해(번역, 해석, 추리) − 적용 − 분석 − 종합(창의력) − 평가
   ② **정의적 영역** : (내면화의 원리) 감수 − 반응 − 가치화 − 조직화 − 인격화

★**4. 교육과정의 조직원리** : 계속성, 계열성, (수직적) 연계성, 스코프(scope), 통합성, 균형성

5. **교육과정의 유형 I** : 교과 중심, 경험 중심(생성교육과정, 중핵교육과정), 학문 중심(지식의 구조), 인간 중심 교육과정, 통합적 교육과정

★**6. 교육과정의 유형 II** : 잠재적 교육과정, 영교육과정

★**7. 우리나라 교육과정의 전개과정** : 제1차~제7차, 2007 개정, 2009 개정 교육과정, 2015 개정 교육과정

★**8. 2022 개정 교육과정**

제1절 교육과정의 기초

01 보빗(Bobbitt)의 교육과정이론에 대한 설명으로 옳지 않은 것은?   21. 국가직 7급

□□□
① 교육에 과학적 관리기법을 적용하였다.
② 원만한 성인생활을 영위하는 데 필요한 준비로서의 교육을 주장하였다.
③ 직무분석을 통한 교육과정 개발을 주장하였다.
④ 아동의 흥미와 요구를 중심으로 교육과정을 구성할 것을 주장하였다.

해설 보비트(Bobbitt)는 「교육과정(The Curriculum)」(1918)에서 '교육과정(curriculum)'이라는 용어를 처음 사용한 학자이다. 교육과정은 "청소년들이 성인생활을 장차 영위할 때 겪게 될 여러 가지 일들을 보다 효과적으로 처리할 능력계발이라는 방식하에 경험하지 않으면 안 될 일련의 일들"로 정의하고, 학교를 공장에 비유하여 테일러(Taylor)의 「과학적 경영의 원리(The Principles of Scientific Management)」(1911)에 영향을 받아 '과학적 관리론'을 교육과정에 도입하였다. 교육적 인간상인 이상적인 어른(ideal adult)의 생활을 몇 가지 주요 활동(웹 언어, 건강 종교, 시민활동 등)으로 나눈 후, 이러한 주요 활동을 학생이 성취할 수 있는 구체적 활동(specific activities)으로 분석하여 교육과정을 편성하였다. 이처럼 보비트(Bobbitt)는 과학적 관리에 기초한 활동 분석법을 활용하여 교육목표를 설정하였고, 전문가에 의한 교육과정 개발을 강조하여 교육과정의 과학화에 기여했다. ④는 듀이(J. Dewey) 등의 주장에 토대를 둔 경험 중심 교육과정에 해당한다.

02 다음과 같이 주장한 교육학자는?

24. 지방직

> • 이상적인 성인의 활동분석을 통하여 교육목표를 설정한다.
> • 과학적인 방법에 따른 교육과정 개발이 필요하다.
> • 교육은 학생이 성인이 되어서 할 일을 미리 준비시켜 주는 것이다.

① 애플(Apple)
② 보빗(Bobbitt)
③ 듀이(Dewey)
④ 위긴스와 맥타이(Wiggins & McTighe)

해설 보비트(Bobbitt)는 테일러(Taylor)의 '과학적 관리론'을 교육과정에 도입하여 학교를 공장에 비유했다. 그에 의하면 학교는 공장, 학생은 원자재, 교사는 생산직 근로자, 교장은 공장장이다. 즉, 학교(공장)는 학생(원자재)을 일정 기간 동안 일련의 교육과정(조립생산라인)을 거치게 하여 사회(소비자)가 원하는 이상적인 어른(ideal adult, 완제품)으로 제대로(불량품 없이) 배출(생산)할 때 좋은(효율적인) 학교라고 할 수 있다. 이처럼 학교는 아동이 성인 세계에 적응할 수 있도록 준비시키는 기관이며, 이상적인 어른(ideal adult)의 생활을 위한 구체적 활동(specific activities)으로 분석하여 학교 교육과정을 편성하였다. ①은 교육과정 재개념화(정치사회적 접근), ③은 경험중심 교육과정, ④는 교육과정 역방향 설계 (backward design)와 관련이 있다.

03 보비트(Bobbitt)의 교육과정 구성 방법과 거리가 먼 것은?

07. 초등임용

① 교육과정 구성은 교과의 형태를 취한다.
② 성인들의 활동을 분석한 자료에 근거한다.
③ 테일러(Taylor)의 과학적 관리 방법을 활용한다.
④ 교육내용 선정·조직 이전에 평가 계획을 먼저 수립한다.

해설 보비트(Bobbitt)는 교육과정 구성의 과학화를 지향하며, 인간경험의 광범위한 분석 → 주요 분야의 직무 분석 → 교육목표의 열거 → 목표의 선정 → 상세한 교육계획의 조직으로 이어지는 5단계로 제시하였다. 교육평가를 교육과정의 한 구성요소로 포함한 것은 타일러(Tyler)이다. ④는 위긴스와 맥타이(Wiggins & McTighe)의 역방향 설계에 해당한다.

04 "교육과정은 그 어원인 '쿠레레(currere)'에 복귀해야 한다."라는 주장이 최근에 일어나고 있다. 이러한 주장과 관련 있는 것은?

01. 초등임용

① 교육과정 논의의 대상은 교육과정 설계와 개발이다.
② 학교교육이 이루어지는 과정을 전달 과정에 비유한다.
③ 교육 경험을 통한 개개인의 의미 형성 과정을 강조한다.
④ 교육과정 질 관리의 차원에서 교사의 책무성을 강조한다.

해설 지문은 파이너(Pinar)가 「교육과정 이론이란 무엇인가?(What is Curriculum Theory?)」에서 한 말로, 교육과정은 실존적 체험과 그 반성, 개인의 인생행로에 대한 해석임을 강조한 말이다. 그는 쿠레레 방법론, 즉 개별적 경험의 특별한 의미를 이해하기 위한 정신분석학적 4단계로 소급(회귀) ⇨ 전진 ⇨ 분석 ⇨ 종합의 과정을 제시하였다.

정답 01. ④ 02. ② 03. ④ 04. ③

오현준 교육학

TIP 교육과정의 개념

교육의 진행과정에 따른 분류 : 글래톤(Glatthorn) *②, ③, ⑥을 실제적 교육과정이라고 함.	① 의도된 교육과정(written curriculum, 공약된 목표로서의 교육과정) ② 전개된 교육과정(taught curriculum, 수업 속에 반영된 교육과정) ③ 실현된 교육과정(learned curriculum, 학습성과로서의 교육과정) ④ 지원된 교육과정(supported curriculum) ⑤ 권장된 교육과정(recommended curriculum) ⑥ 평가된 교육과정(tested curriculum)
의사결정 수준에 따른 분류	① 국가 및 사회적 수준의 교육과정 ② 교사 수준의 교육과정　　　　③ 학생 수준의 교육과정
교육과정의 층위에 따른 분류 : 아이즈너(Eisner)	① 표면적 교육과정, ② 잠재적 교육과정, ③ 영 교육과정

05 다음 내용과 가장 관련이 깊은 학자는?

18. 지방직

□□□

> • 교육과정이란 교육 속에서 개인들이 갖는 경험의 의미와 성질을 탐구하는 것이다.
> • 교수(teaching)는 학생들이 자신의 경험을 이해하고 해석하는 학습활동에 적극적으로 임할 수 있도록 안내하고 조력해 가는 과정이다.
> • 인간의 내면세계에 보다 가까이 다가가기 위해 학생 자신의 전기적(biographical) 상황에 주목하는 쿠레레(currere) 방법을 제시하였다.

① 보빗(F. Bobbit)　　　　　　　　② 파이너(W. Pinar)
③ 타일러(R. W. Tyler)　　　　　　④ 브루너(J. S. Bruner)

해설 파이너(Pinar)는 "교육과정은 그 어원인 '쿠레레(currere)'에 복귀해야 한다."라고 주장하였다. 이는 교육과정의 재개념화(Reconceptualization)를 강조한 것으로, 교육과정의 탐구의 새로운 출발점을 인간 경험의 갖는 개별적 특수성을 회복하는 실존적·정신적 해방에 두었다. 즉, 교육과정의 본질은 학습자가 자기 성찰을 통해 내적 의식의 세계를 확인하고 외부로부터 주어지는 교육활동에 대하여 개인적 경험이 갖는 실존적 의미를 찾는 일이라고 보았다. 이러한 작업이 쿠레레의 방법론이며, 파이너가 자서전적 방법론으로 발전시키는 교육과정의 질적 방법론이다.

06 다음은 파이너(W. Pinar)의 쿠레레(currere) 방법 4단계이다. (가)와 (나)의 특징을 〈보기〉에서 고른 것은?

12. 중등임용

□□□

> (가) ⇨ (나) ⇨ 분석 ⇨ 종합

보기
> ㉠ 자유연상을 통해 아직 현실화되지 않은 미래의 모습을 상상한다.
> ㉡ 내면의 목소리에 귀를 기울이고, 자기에게 주어진 현재의 의미를 자문한다.
> ㉢ 과거·미래·현재라는 세 장의 사진을 놓고, 이들 간의 복잡한 관계를 탐구한다.
> ㉣ 자신의 실존적 경험을 회상하면서 기억을 확장하고, 과거의 경험을 상세히 묘사한다.

	(가)	(나)			(가)	(나)
①	㉠	㉢		②	㉡	㉠
③	㉡	㉢		④	㉣	㉠
⑤	㉣	㉡				

해설 쿠레레 방법론은 회귀[(가)] ⇨ 전진[(나)] ⇨ 분석 ⇨ 종합의 4단계로 진행된다. ⊙은 전진, ⓒ은 종합, ⓒ은 분석, @은 회귀에 해당한다.

TIP **파이너(Pinar)의 쿠레레 방법론** ▬▬

1. **교육과정의 정의**: 교육과정은 실존적 체험과 그 반성, 개인의 인생행로에 대한 해석이다.
   ① 교육과정은 교육자나 학습자가 자신이 갖는 교육경험의 본질을 분석하여 그 실존적 의미를 찾는 작업(Currere의 방법론)이다.
   ② 교육자나 학습자가 살아오면서 갖게 된 체험들을 자신의 존재 의미와 관련지어서 해석하고 이를 통하여 자기 반성적인 삶을 살아가도록 하는 과정이다.

2. **쿠레레 방법론의 과정**: 개별적 경험의 특별한 의미를 이해하기 위한 정신분석학적 4단계 ⇨「교육과정 이론이란 무엇인가?(What is Curriculum Theory?)」

단계	의미	방법
회귀 (소급)	과거를 현재화하는 단계 ⇨ 자서전적 주인공인 자신의 실존적 경험을 회상하면서 기억을 확장하고, 과거의 경험에 관한 정보를 수집하고, 최대한 생동감 있게 묘사하는 단계 • 전기적 과거는 현재에 존재하며, 베일에 싸인 현재를 이해하는 관건이다. • 과거가 현재가 될 때 현재는 드러난다.	① 회귀하기: 자연스럽게 그때의 상황이 되어보기, 손상되지 않은 원래 그대로의 과거 발견하기 ② 과거에서 누군가를 기능적으로 관찰하기 ③ 관찰하고 기록하기: 관찰한 것을 기록할 때 현재의 반응도 포함하기 ④ 관찰자의 중심을 자아에 두기: 자아란 과거 경험에 대한 자신의 반응을 의미
전진	미래에 대한 논의 단계 ⇨ 자유연상기법을 통해 아직 현실화되지 않은 자신의 미래의 모습을 상상해 보는 단계 • 현재에 스며 있는 미래에 주목한다. • 미래 또한 과거처럼 현재에 존재하며, 심사숙고하여 설정 가능한 미래를 상상한다.	① 가장 편안해진 상태가 되기: 편안함을 형성하여 자유연상을 유도하기 ② 미래에 관해 생각하기 ③ 상상한 것을 묘사해 보기 ④ 편안해질 때까지 여러 번 반복하기 ⑤ 미래 상황에 대해 지속되는 기간을 생각하기: 기간을 생각하는 것은 일시적인 감정적·인식적 편견에 의한 왜곡 가능성을 감소시킨다.
분석	현상학적 방법을 통해 회귀와 전진을 거친 후에 현재로 다시 돌아오는 단계 ⇨ 과거, 미래, 현재라는 세 장의 사진을 동시에 펼쳐 놓은 후, 이들을 연결하고 있는 복잡한 관계를 분석하는 과정으로, 과거의 교육적 경험으로 인해 형성된 자신의 삶을 분석하는 단계이다.	① 전기적 현재를 묘사하기: 자신의 현재 흥미, 감정 상태 등을 파악하기 ② 개념화를 통해 경험으로부터 분리되기: 무엇인지, 무엇이었는지, 무엇일 수 있는지를 일괄하여 다루는 개념화는 경험으로부터 분리되는 것이며, 이를 통해 현재와 미래의 선택이 자유로워질 수 있다. ③ 과거-현재-미래의 상황을 병렬해 보기
종합	생생한 현실로 돌아가 내면의 목소리에 귀를 기울이고, 자기에게 주어진 현재의 의미를 자문하는 단계 ⇨ 주인공이 과거, 미래, 현재라는 세 장의 사진 속에서 과거 학교교육이 자신에게 어떤 유익이 되었는지, 지적 호기심이 자기 성장에 도움이 되었는지, 개념에 대한 정교성이나 이해가 제대로 되었는지를 자문자답하는 것이다.	① 함께 두기: 모든 것을 함께 두고 그것들을 구체적으로 바라보기 ② 현재의 의미가 무엇인지를 자문해 보기 ③ 모두 하나로 만들어 보기

정답 **05.** ② **06.** ④

1 개관

01 교육과정 학자와 그의 업적이 바르게 연결된 것은?
14. 지방직

① 워커(Walker) : 교육과정을 쿠레레(Currere)의 관점으로 재개념화하였다.
② 보비트(Bobbitt) : '목표 설정 - 학습경험의 선정 - 학습경험의 조직 - 평가'의 교육과정 구성 요소를 밝혔다.
③ 파이너(Pinar) : 실제 교육현장에서 이루어지는 교육과정 개발 과정을 3단계로 제시하였다.
④ 아이즈너(Eisner) : 예술 교육과 교육과정에 대한 질적인 연구를 시도하였다.

해설 ①은 파이너(Pinar), ②는 타일러(Tyler), ③은 워커(Walker)에 해당한다.

2 타일러(Tyler)의 목표 중심 모형(1949)

02 타일러(R. W. Tyler)의 교육과정 이론에 대한 설명으로 옳지 않은 것은?
19. 국가직

① 교육목표를 설정할 때 학습자, 사회, 교과를 균형 있게 고려한다.
② 교육과정을 교육목적, 교육내용, 교육방법, 학습활동까지 포함하는 경험으로 파악한다.
③ 학습목표를 행위동사로 진술할 것을 주장한다.
④ 기존 교육과정에 대해 기계적이고 절차적인 모형이라는 비판을 가하였다.

해설 타일러(Ralph W. Tyler)는 과학적인 방법을 통하여 교육과정을 만드는 일과 학교를 통하여 사회에서 필요로 하는 인력을 양성하여 결과적으로 사회를 개선하는 일에 관심을 가졌다. 그는 『교육과정과 수업의 기본원리(Basic Principles of Curriculum and Instruction)』(1949)에서 '타일러의 논리(Tyler rationale)'를 제시하였는데, 이는 교육목표 설정 - 학습경험 선정 - 학습경험 조직 - 학습성과 평가로 이어지는 교육과정 개발모형이다. 그가 제안한 개발모형은 합리적 모형, 목표(결과) 중심 모형, 평가 중심 모형, 처방적 모형, 연역적 모형, 선형적(linear) 모형, 가치중립적 모형, 체제접근 모형에 해당한다. ④는 타일러의 교육과정 개발 모형에 대한 비판으로, 아이즈너(Eisner) 등의 주장에 해당한다.

03 타일러(Tyler)의 교육과정개발모형의 특징으로 볼 수 없는 것은?
08. 국가직 7급

① 집단적 숙의의 과정을 거쳐 교육과정을 설계한다.
② 탈역사적인 성격을 가지며 가치중립성을 표방한다.
③ 교육과정 개발자들이 따라야 할 절차를 제시하는 처방적 모형이다.
④ 어떤 학습경험을 선정하는가는 설정되는 교육목표에 따라 달라진다.

해설 ①은 워커(Walker)의 자연스러운 개발모형(naturalistic model), 즉 숙의(熟議)모형의 특징이다.

04 타일러(R. Tyler)가 제시한 교육과정의 구성절차를 순서대로 바르게 나열한 것은? 08. 교육사무관 5급

① 학습목표의 설정 ⇨ 학습경험의 선정 ⇨ 학습경험의 조직 ⇨ 학습지도 ⇨ 평가
② 학습목표의 설정 ⇨ 학습경험의 선정 ⇨ 학습경험의 조직 ⇨ 평가
③ 학습경험의 선정 ⇨ 학습경험의 조직 ⇨ 학습목표의 설정 ⇨ 평가
④ 학습목표의 설정 ⇨ 학습경험의 조직 ⇨ 학습경험의 선정 ⇨ 학습지도 ⇨ 평가
⑤ 학습경험의 선정 ⇨ 학습목표의 설정 ⇨ 학습경험의 조직 ⇨ 평가

해설 타일러(Tyler)는 교육과정의 구성과 관련된 요소로 '교육목표의 설정 ⇨ 학습경험 선정 ⇨ 학습경험 조직 ⇨ 평가' 를 제시하였다.
①은 타바(Taba)의 교육과정 구성절차이다.

TIP 타일러(Tyler)의 교육과정 개발절차 〰〰〰〰〰〰〰〰〰〰〰〰〰〰〰〰〰〰〰〰〰〰〰〰〰〰〰〰〰〰〰〰〰

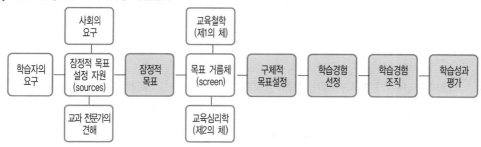

05 타일러(Tyler)가 개념화시킨 교육과정 개발의 네 가지 단계에 해당하지 않는 것은? 12. 국가직

① 지식의 구조   ② 학습경험의 선정   ③ 교육목표   ④ 학습자 평가

해설 타일러(Tyler)는 「교육과정과 수업의 기본원리(Basic Principles of Curriculum and Instruction)」(1949)에서 교육과정 개발의 절차를 '교육목표 − 학습경험 선정 − 학습경험 조직 − 학습성과 평가' 등의 순으로 제시하였다. ①은 브루너(Bruner)로 대표되는 학문 중심 교육과정의 핵심 개념이다.

06 타일러(Tyler)가 제시한 교육과정 개발에서 고려할 네 가지 질문에 해당하지 않는 것은?

24. 지방직

① 학교는 어떤 교육목표 달성을 위해 노력해야 하는가
② 교육목표 달성을 위하여 어떤 교육경험을 제공해야 하는가
③ 교육경험을 효과적으로 조직할 때 필요한 교육매체는 무엇인가
④ 교육목표 달성여부를 어떻게 판단할 것인가

해설 타일러(Tyler)가 「교육과정과 수업의 기본원리」(1949)에서 제시한 교육과정 개발 순서를 나열하면 교육목표 설정(①) − 학습경험 선정(②) − 학습경험 조직(③) − 교육평가(④) 순이다. 특히 ①은 타일러가 가장 중요시한 질문이다. ③은 "학습경험(교육경험)을 효과적으로 조직하는 방법은 무엇인가?"로 수정되어야 한다. 교육경험 조직할 때 필요한 교육매체 선정과는 관련이 없으며, 타일러는 계속성, 계열성, 통합성의 원리를 제시하였다.

정답   01. ④   02. ④   03. ①   04. ②   05. ①   06. ③

07 〈보기〉는 타일러(R. Tyler)의 교육목표 설정 절차에 대한 것이다. 그 순서가 올바른 것은?   17. 지방직

□□□

┌─ 보기 ┐
ⓒ 잠정적인 교육목표를 진술한다.
ⓒ 교육철학과 학습심리학이라는 체에 거른다.
ⓒ 학습자, 사회, 교과의 세 자원을 조사ㆍ연구한다.
ⓒ 행동의 변화를 명시한 최종 교육목표를 진술한다.

① ㉠ ⇨ ㉡ ⇨ ㉢ ⇨ ㉣   ② ㉠ ⇨ ㉢ ⇨ ㉡ ⇨ ㉣
③ ㉢ ⇨ ㉠ ⇨ ㉡ ⇨ ㉣   ④ ㉢ ⇨ ㉡ ⇨ ㉠ ⇨ ㉣

해설 타일러(Tyler)는 「교육과정과 수업의 기본원리(Basic Principles of Curriculum and Instruction」(1949)에서 교육과정 개발의 절차를 교육목표 – 학습경험 선정 – 학습경험 조직 – 학습성과 평가 등의 순으로 제시하였다.

08 타일러(Tyler)가 제시한 학습경험 선정의 일반적 원리에 해당하지 않는 것은?   21. 국가직 7급

□□□

① 다성과의 원리   ② 가능성의 원리   ③ 통합성의 원리   ④ 만족의 원리

해설 타일러(Tyler)가 제시한 학습경험 선정의 원칙에는 기회의 원리, 만족의 원리, 학습가능성의 원리, 일목표 다경험의 원리, 일경험 다성과의 원리가 있다. 통합성, 계속성, 계열성의 원리는 학습경험의 조직원리에 해당한다.

TIP 학습경험의 선정원리

기회의 원리 (교육목표와의 일관성/ 합목적성의 원리)	목표 달성의 경험을 제공해야 한다. 예 '컴퍼스를 사용하여 원을 그릴 줄 안다.'가 교육목표라면 실제로 학생들이 컴퍼스를 사용하여 원을 그리는 행동을 할 기회가 제공되어야 한다.
만족의 원리 (동기유발 또는 흥미의 원리)	학생들이 만족을 느낄 수 있는 경험이어야 한다. 예 '박자치기를 할 수 있다.'는 교육목표를 달성하기 위하여 캐스터네츠를 이용하여 박자치기를 한다고 할 때, 학생들이 캐스터네츠보다 작은북에 더 흥미를 갖는다면 작은북을 이용하는 것이 좋다.
학습 가능성의 원리	학습자의 현재 발달 수준에서 경험 가능한 것이어야 한다. 예 초등학교 1학년 학생들에게 '바르게 글쓰기'라는 교육목표를 설정했다면 붓보다는 연필로 글쓰기를 연습시키는 것이 적절하다. 일반능력을 지닌 초등학교 3학년 학생들에게 2차방정식을 가르칠 수 없다.
일목표 다경험의 원리	하나의 목표달성을 위해 여러 가지 학습경험을 제공해야 한다. 예 바람직한 가치관 형성을 위하여 독서, 여행, 대화 등의 다양한 활동을 제공한다.
일경험 다성과의 원리 (일경험 다목표 또는 동시학습의 원리)	하나의 학습경험을 통해 다양한 학습결과를 유발해야 한다. 예 '본 대로 그리기'라는 활동은 '나비의 한살이 이해(자연과)', '박물관에서의 문화재 탐방(사회과)', '보고 그리기(미술과)', '보고 따라하기(체육과)' 등 다양한 목표달성에 도움을 준다.

09 〈보기〉의 (가), (나), (다)를 타일러(R. Tyler)가 제안한 학습경험 선정의 일반적 원리와 짝지은 것으로 가장 적절한 것은?

□□□ 12. 유 · 초등임용

> ┌ 보기 ┐
> (가) 학습활동을 선택할 때는 여러 가지 목표를 동시에 달성하는 데 도움이 되는 활동을 선택하도록 한다.
> (나) 한 가지 교육목표를 달성하는 데는 여러 가지 활동이 있으므로 다양한 학습활동을 선정하도록 한다.
> (다) 특정 교육목표를 달성하기 위해 그 목표 달성에 필요한 활동을 학습자 스스로 해볼 수 있도록 한다.

	(가)	(나)	(다)
①	만족의 원리	기회의 원리	다성과의 원리
②	기회의 원리	만족의 원리	가능성의 원리
③	다경험의 원리	가능성의 원리	만족의 원리
④	가능성의 원리	다성과의 원리	다경험의 원리
⑤	다성과의 원리	다경험의 원리	기회의 원리

해설 타일러가 제시한 학습경험 선정의 원칙에는 기회의 원리, 만족의 원리, 학습가능성의 원리, 일목표 다경험의 원리, 일경험 다성과의 원리가 있다. 이 중 (가)는 일경험 다성과, (나)는 일목표 다경험, (다)는 기회의 원리에 해당한다.

10 교육내용 선정 시 고려해야 할 일반적인 원리에 대한 설명으로 옳지 않은 것은? 18. 국가직 7급

□□□
① 다성과(多成果)의 원리 − 하나가 아닌 여러 가지 교육목표를 달성하는 데 도움이 되는 행동을 선택한다.
② 다활동(多活動)의 원리 − 동일한 목표를 달성하는데도 다양한 학습경험을 사용할 수 있다.
③ 만족의 원리 − 학생에게 요구되는 행동이 현재의 능력, 성취, 발달 수준에 맞아야 한다.
④ 기회의 원리 − 교육목표가 의미하는 행동을 학생 스스로 해보는 기회를 가지게 한다.

해설 ③은 학습 가능성의 원리에 해당한다. 만족의 원리는 학생들이 좋아하고 즐거워하는 경험을 선정해야 한다는 것이다.

11 타일러(Tyler)가 제시한 학습경험을 효과적으로 조직하는 원리에 해당하지 않는 것은? 20. 국가직

□□□
① 계열성의 원리 　　　　② 유용성의 원리
③ 계속성의 원리 　　　　④ 통합성의 원리

해설 타일러(Tyler)는 학습경험의 조직 원리로 계속성(continuity), 계열성(sequence), 통합성(integration)의 원리를 제시하였다. 계속성(continuity)은 동일 교육내용을 동일 수준으로 반복(단순반복)되도록 배열하는 것이며, 계열성(sequence)은 동일 교육내용을 다른 수준으로 반복(심화 · 확대)되도록 배열하는 것이며, 통합성(integration)은 교육내용을 수평적으로 연관시키는 것으로 서로 다른 교육내용(예 5학년 과학과 실과와의 관계) 간에 상호 관련시킴으로써 교육내용 간의 중복 · 누락 · 상극 등의 모순이 없도록 조직하는 것을 말한다. ②는 학습내용 선정원리로 생활에 유용한 내용을 선정해야 한다는 원리를 말한다.

정답　07. ③　08. ③　09. ⑤　10. ③　11. ②

TIP 타일러(Tyler)의 학습경험의 조직 원리

구분	유형	의미	적용
수직적 조직원리 (sequence)	계속성 (continuity)	동일 내용의 동일 수준 반복 (단순 반복)	중요 개념·원리·사실 학습, 태도 학습, 운동기능학습
	계열성 (sequence)	동일 내용의 다른 수준 반복(질적 심화·양적 확대)	나선형 교육과정
수평적 조직원리 (scope)	통합성 (integration)	서로 다른 교육 내용 간의 상호 관련성 ⇨ 교육내용 간의 중복·누락·상극 등의 모순 방지	3학년 수학과 사회의 관계

12 타일러(Tyler)가 제시한 학습경험을 효과적으로 조직하기 위해 고려할 준거에 해당하지 않는 것은?

24. 국가직

① 범위(scope) ② 계속성(continuity) ③ 계열성(sequence) ④ 통합성(integration)

[해설] 타일러(Tyler)는 학습경험의 조직 원리로 계속성(continuity), 계열성(sequence), 통합성(integration)의 원리를 제시하였다. 스코프(scope)는 수평적(횡적) 원리로서, 특정한 시점에서 학생들이 배우게 될 내용의 '폭'(교과목의 이름)과 '깊이'(배당시간 수)를 말하는데, 현대 교육과정의 조직 원리에 해당한다.

13 교육과정의 내용조직 원리에 대한 설명으로 옳은 것은?

14. 국가직

① 범위성(scope)은 교과목이나 단원의 폭과 영역을 결정하는 것이다.
② 통합성(integration)은 교육내용을 결정할 때 생길 수 있는 여러 결절부를 중복, 비약, 후퇴, 누락 등이 없도록 부드럽게 조절하는 것이다.
③ 계열성(sequence)은 같은 내용이 반복되도록 조직하는 것이다.
④ 연속성(continuity)은 교육내용이 위계적·논리적 순서에 따라 심화 및 확대되도록 조직하는 것이다.

[해설] 스코프(scope, 범위)는 수평적(횡적) 원리로서, 특정한 시점에서 학생들이 배우게 될 내용의 '폭'(교과목의 이름)과 '깊이'(배당시간 수)를 말한다.
② 통합성은 교육내용을 수평적으로 연관시키는 것으로, 교육내용 간의 중복·누락 등 모순 방지를 위한 것이다. 교과와 교과 간 통합(학교 내 통합 예 광역교육과정, 융합교육과정)이나 교과와 경험(학교와 사회 간 통합 예 중핵교육과정)을 유기적으로 연결시켜 교육의 효과를 높이고자 하는 것을 말하는데, 선지에서의 "여러 결절부를 부드럽게 조절한다"는 표현은 그 의미가 명확하지 않은 모호한 표현이다.
③은 계속성(continuity), ④는 계열성(sequence)에 해당한다.

TIP 학습경험의 조직원리

계속성(continuity)	동일 내용의 동일 수준 반복 ⇨ 중요 개념·원리 학습, 태도, 운동기능 습득
계열성(sequence)	동일 내용의 다른 수준 반복(심화·확대) ⇨ 나선형 교육과정(학문중심교육과정)
통합성(integration)	교육내용을 수평적으로 연관 예 3학년 수학과 사회의 관계 ⇨ 교육내용 간의 중복·누락 등 모순 방지
스코프(scope, 범위)	특정한 시점에서 학생들이 배우게 될 내용의 폭(교과목 이름)과 깊이(배당시간 수)
균형성(balance)	종·횡 또는 수평적·수직적 차원의 양면을 보다 조화롭게 반영함. 예 전인교육 도모, 교양교육과 전문교육의 조화 ⇨ 융통성 있는 수업시간 계획, 집단교수(team teaching) 활용
연속성(continuity)	수직적 연계성, 이전에 배운 내용과 앞으로 배울 내용의 관계성 ⇨ 특정한 학습의 종결점이 다음 학습의 출발점과 잘 맞물리도록 교육내용을 조직함.

14 다음 설명에 해당하는 교육과정 조직의 원리는?

15. 국가직

- 교육과정 내용이 제시되는 시간적 순서를 의미
- 단순한 내용에서 복잡한 내용순으로 제시
- 친숙한 내용에서 낯선 내용순으로 제시
- 구체적인 개념에서 추상적인 개념순으로 제시

① 범위   ② 계속성   ③ 계열성   ④ 균형성

해설   계열성(sequence)은 동일내용을 시간을 달리하며 점점 심화·확대하여 조직하는 방법이다. 계열화 방법으로는 연대순 방법, 주제별 방법, 단순에서 복잡으로의 방법, 전체에서 부분으로의 방법, 논리적 선행요건에 의한 방법, 추상성의 증가에 의한 방법, 발달단계의 적합성에 의한 방법 등이 있다.
①은 수평적(횡적) 원리로서 특정한 시점에서 학생들이 배우게 될 내용의 '폭'(교과목의 이름)과 '깊이'(배당시간 수)를 말한다.
②는 동일내용을 같은 수준으로 반복하는 것을 말한다.
④는 교육과정 조직에서 종·횡 또는 수평적·수직적 차원의 양면을 보다 균형 있게 반영시켜야 함을 말한다.

TIP 계열화 방법 |||||||||||||||||||||

연대순 방법	다루게 될 교과내용이 시간의 흐름과 관련 있을 때 과거에서 현재 혹은 그 반대로 조직한다. 예 역사교과, 문학이나 예술 장르의 발전과정
주제별 방법	내용을 여러 단원으로 묶지만, 단원들이 상호 독립적이어서 학습자가 새로운 단원을 학습하기 전에 이전 단원에서 배운 정보를 사용할 필요가 없을 때 사용한다. 예 7학년 과학 교과에서 '생물의 구성'과 '지구의 구조' 단원은 서로 관련성이 없기 때문에 어떤 것을 먼저 배치해도 상관이 없다.
단순에서 복잡으로의 방법	기초적인 내용이 보다 복잡한 내용 앞에 오도록 순서를 짓는다. 예 영어 교과에서 과거나 완료 시제를 배우기 전에 현재 시제를 먼저 배운다.
전체에서 부분으로의 방법	전체에 대한 이해가 부분들을 이해하는 데 필수적일 때 사용한다. 예 지리 교과에서 학습자에게 대륙 전체를 가르친 다음 각 나라와 나라 안의 도시를 소개한다.
논리적 선행요건 방법	어떤 내용을 학습하기 위해 반드시 배워야 할 내용이 있을 때 사용된다. 예 논리적 위계가 분명한 수학, 물리학, 화학 등에서 사용한다. 2차함수를 배우기 전에 1차함수를 먼저 풀도록 하는 것이다.
추상성의 증가에 의한 방법	학습자가 친숙한 교육내용에서 점차 낯선 교육내용으로 안내되도록 배치한다. 예 초등학교 도덕 교과는 개인생활, 가정·이웃·학교생활, 사회생활, 국가·민족생활의 순으로 배열한다.
학생들의 발달 단계에 의한 방법	학생들의 인지, 정서, 신체 등의 발달단계(예 Piaget, Erikson, Kohlberg)에 맞추어 교육내용을 배열한다. 예 Piaget의 인지발달 이론에 맞추어 교육내용을 배열한다.

정답   12. ①   13. ①   14. ③

15 다음에서 설명하는 교육내용의 조직 원리는?

22. 지방직

> • 학습내용과 경험의 여러 요소는 그 깊이와 너비가 점진적으로 증가되도록 조직된다.
> • 예를 들어 단순한 내용에서 복잡한 내용으로, 친숙한 내용에서 친숙하지 않은 내용으로, 선수학습에 기초해서 다음 내용으로, 사건의 역사적 발생의 순서대로, 구체적인 개념에서 추상적인 개념으로 내용을 조직할 수 있다.

① 적절성   ② 스코프   ③ 통합성   ④ 계열성

해설   교육내용의 조직 원리 중에서 계열성(sequence)은 수직적(종적) 조직의 원리에 해당한다. 선행학습보다 후행학습의 내용이 확대·심화되도록, 즉 학습량이 보다 많아지고 수준도 높아지도록 조직하는 것을 말한다. ②와 ③은 수평적(횡적) 원리에 해당한다. ②는 특정한 시점에서 학생들이 배우게 될 내용의 '폭'(교과목의 이름)과 '깊이'(배당시간 수)를 말하며, ③은 교육내용을 수평적으로 연관시키는 것으로 수업의 효과를 높이기 위해 다른 교육내용이지만 관련 있는 내용들을 동시에 혹은 비슷한 시간대에 배열하는 것을 말한다. 한편, ①은 교육내용의 선정 원리에 해당하는 것으로 타당성의 원리라고도 한다. 교육내용(학습경험)은 설정된 교육목표를 달성하는 데 타당한 것으로 선정되어야 한다는 것을 말한다.

16 다음은 교육과정 조직의 원리 중 무엇에 해당하는가?

10. 국가직 7급

> 이 원리는 어떤 시점에서 학생들이 배워야 할 내용이 무엇이고, 그 내용을 얼마나 깊이 있게 배워야 하는가를 결정한다. 여기서 배워야 할 내용은 학교급, 학년, 교과목에 따라 달라지며, 깊이는 배울 내용에 할당된 수업시수로 표현된다.

① 계열성(sequence)의 원리   ② 계속성(continuity)의 원리
③ 범위(scope)의 원리   ④ 통합성(integration)의 원리

해설   스코프(scope, 범위)는 수평적 조직원리로서, 특정 시점에서 학생들이 배우게 될 내용의 폭(교과목의 이름)과 깊이(배당시간 수)를 말한다. ①은 동일내용을 시간을 달리하며 점점 심화·확대하여 조직하는 방법이다. 구체적 방법으로는 연대순 방법, 주제별 방법, 단순에서 복잡으로의 방법, 전체에서 부분으로의 방법, 논리적 선행요건에 의한 방법, 추상성의 증가에 의한 방법, 발달단계의 적합성에 의한 방법 등이 있다. ②는 동일내용을 같은 수준으로 반복 제시하는 것으로 중요한 사실이나 개념, 원리의 반복 학습에 유용하며, ④는 교육내용을 수평적으로 연관시키는 것으로 수업의 효과를 높이기 위해 다른 교육내용이지만 관련 있는 내용들을 동시에 혹은 비슷한 시간대에 배열하는 것을 말한다.

17 타일러(R. Tyler)의 교육과정 개발모형의 특징 및 한계에 대한 설명으로 옳지 않은 것은?

13. 국가직 7급

① 교육과정 설계에서 교육목표는 가장 먼저 결정되어야 하고, 그 이후 모든 활동의 기준역할을 하는 것으로 간주되었다.
② 교육의 과정에서 형성되는 사회적 관계, 가치갈등 등에 주목하면서 내용을 목표보다 우위에 두었다.
③ 교육목표의 원천은 제시하고 있으나, 무엇이 교육목표이고 왜 다른 목표보다 우선적으로 선정되어야 하는지를 밝혀주지 못했다.
④ 교육목표는 학생들의 목표도달 여부를 판단할 수 있는 준거가 될 수 있도록 구체적이고 명시적으로 표현할 것이 강조되었다.

해설 타일러(Tyler)의 교육과정 개발모형은 「교육과정과 수업의 기본원리(Basic Principles of Curriculum and Instruction)」(1949)에서 제시된 것으로, 교육과정 요소 중 목표를 가장 강조한다는 점에서 목표우위모형이다. ②에서 교육목표보다 교육내용을 중시한 교육과정 개발모형은 인지주의 심리학에 토대를 두고 브루너(Bruner)가 「교육의 과정(The Process of Education)」(1960)에서 강조한 학문 중심 교육과정을 들 수 있다. 학문 중심 교육과정에서는 교육내용으로 '지식의 구조'를 강조한다. ③은 타일러(Tyler) 모형이 가치중립적이기 때문에 제기되는 한계에 해당한다.

TIP 타일러(Tyler) 모형의 장점과 단점

장점	단점
• 폭넓은 유용성이 있다. • 교육과정 개발자나 수업 계획자가 이를 따라 하기가 쉽다. • 교육과정과 수업을 구분하지 않고 통합적으로 '목표 – 경험 선정 – 경험 조직 – 평가'를 포괄하는 광범위한 종합성을 띠고 있다.	• 수업 진행 과정 중에 새롭게 생겨나는 부수적·확산적 목표(예 표현적 결과)의 중요성을 간과하였다. • 내용을 목표 달성을 위한 수단으로 전락시킨 면이 있다. • 실제 교육과정 개발에서 일어나는 많은 복잡한 것들에 대한 기술을 경시하였다.

18 타일러(R. W. Tyler)의 교육과정개발모형에 대한 비판으로 볼 수 없는 것은?　08. 중등임용
□□□
① 교육과정 개발을 지나치게 단순화해서 파악한다.
② 교육내용 선정에 대하여 직접적인 답을 제공하지 못한다.
③ 교육과정 개발에 개입되는 정치적 이해관계에 관심을 기울이지 않는다.
④ 학습경험의 조직을 지나치게 강조하여 교육목표의 효율적 달성을 소홀히 다룬다.

해설 타일러(Tyler)의 교육과정 개발모형의 특징은 목표의 달성을 최우선시하는 목표 중심 모형이다. 탈목표 모형의 대표적인 유형으로는 아이즈너(Eisner)의 모형을 들 수 있다.

3 타바(Taba)의 교사 중심 모형(1962)

19 타바(H. Taba)의 교육과정 개발모형에 대해 바르게 설명한 것을 〈보기〉에서 모두 고른 것은?
□□□
　10. 중등임용

보기
㉠ 귀납적 접근방법을 사용하였다.
㉡ 요구진단 단계를 설정하였다.
㉢ 내용과 학습경험을 구별하여 개발 단계를 설정하였다.
㉣ 반응평가모형을 제안하였다.

① ㉠, ㉢　　　② ㉠, ㉣　　　③ ㉡, ㉣
④ ㉠, ㉡, ㉢　　　⑤ ㉡, ㉢, ㉣

해설 「교육과정 개발 : 이론과 실제」(1962)에 제시된 타바(Taba) 모형의 특징은 교사 중심·처방적·귀납적 모형이다. ㉣은 스테이크(Stake)가 제시한 참여자 중심 평가모형으로, 학생들의 반응을 포함하여 프로그램 관련 인사들의 정보요구에 부응하여 다양한 가치관점을 고려하는 프로그램의 활동에 주안점을 두는 평가모형이다.

정답 15. ④　16. ③　17. ②　18. ④　19. ④

TIP 타바(Taba)의 교육과정

1. 개발모형

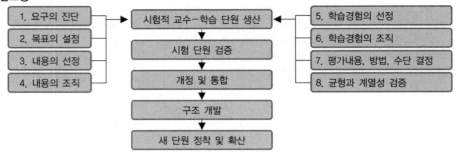

2. 타일러(Tyler)와 타바(Taba) 모형의 비교

타일러(Tyler)	타바(Taba)
• 학습자, 사회, 교과의 요구분석	• 학습자의 요구분석
• 연역적 모형(전체 교과 ⇨ 단원)	• 귀납적 모형(단원 ⇨ 전체 교과)
• 4단계 개발 절차	• 타일러보다 세분화된 절차
• 교수-학습활동을 단계에서 제외	• 교수-학습활동을 단계에 포함
• 내용과 경험을 학습경험으로 단선화	• 교육내용과 학습경험을 이원화

4 워커(Walker)의 숙의모형(1971)

20 다음 ⊙과 ⓒ에 해당하는 용어로 올바른 것은?   15. 지방직

□□□

> • 타일러(R. Tyler)는 교육과정 개발 단계를 (⊙), 학습경험 선정, 학습경험 조직, 교육평가로 제시하였다.
> • 워커(D. Walker)가 제안한 교육과정 개발 단계는 강령(platform), (ⓒ), 설계(design)로 구성된다.

	⊙	ⓒ
①	교육목표 설정	숙의(deliberation)
②	교육내용 결정	숙의(deliberation)
③	교육목표 설정	처방(prescription)
④	교육내용 결정	처방(prescription)

[해설] 타일러(Tyler)는 교육과정 개발에 있어 교육목표를 가장 중시한 목표 중심 모형을 제안하였으며, 워커(Walker)는 목표보다는 교육과정 실제에 기반을 둔 실제적 모형을 제안하였다. 그의 모형에 따르면 교육과정 개발의 주요 요소는 강령, 숙의, 설계로 구성되며, 이 요소는 선형적이 아닌 역동적인 상호작용의 관련성을 갖는다.

TIP 워커(Walker)의 교육과정 개발과정

역동적 모형이므로 순서성에 구애받지 않고 융통성 있게 진행할 수 있다.

토대 다지기(platform, 강령) → [자료] → 숙의(deliberation, 대안 선정) → [정책] → 설계(design)

TIP 비합리적 숙의(바람직하지 못한 숙의)의 사례 ▮▮

파당적 숙의	특정 집단의 견해만 반영되는 경우
제한적 숙의	몇몇 요인만 과도하게 부각되는 경우
한정적 숙의	숙의의 대상에 대한 근본적인 재검토 및 재규정이 불가능해진 경우
유사적 숙의	구체적인 실천 계획이 없이 목적, 이상, 기본 원칙, 철학 등만 나열하는 경우
공청회	거친 수준에서 정보나 의견을 교환하는 경우

21 워커(D. F. Walker)의 교육과정 개발과정 3단계에 해당되지 않는 것은?   15. 특채
　□□□

① 동기유발 단계　　　　　　　　　② 설계 단계

③ 숙의 단계　　　　　　　　　　　④ 강령 마련 단계

해설 워커(Walker)의 교육과정 개발의 주요 요소는 강령, 숙의, 설계로 구성되며, 이 요소는 선형적이 아닌 역동적인 상호작용의 관련성을 갖는다. 강령(platform)은 교육과정 개발에 참여한 사람들의 기본입장 검토를 통해 토대(토론의 기준, 합의의 발판)를 구축하는 단계이며, 숙의(deliberation)는 여러 대안 중 가장 현실적인 대안을 찾아내는 단계이고, 설계(design)는 개발자들이 논의를 통하여 교육 프로그램의 상세한 계획을 수립하는 단계이다.

22 다음의 내용을 모두 포함하는 교육과정 개발이론은?   17. 국가직
　□□□

- 강령을 표방하고, 해당 강령을 지지하는 자료를 검토하는 강령(platform)단계
- 다양한 대안을 검토하고 이를 토대로 적절한 대안을 도출하는 숙의(deliberation)단계
- 선택한 대안을 구체적 프로그램으로 만드는 설계(design)단계

① 타일러(R. Tyler)의 이론　　　　② 아이스너(E. Eisner)의 이론

③ 타바(H. Taba)의 이론　　　　　④ 워커(D. Walker)의 이론

해설 강령, 숙의, 설계의 개발과정을 포함한 교육과정 개발모형을 제시한 사람은 워커(Walker)이다. 워커 모형의 특징은 현실적인 장면(실제적 상황)에서 교육과정을 개발하는 과정을 객관적으로 기술한 자연스러운 개발모형(Naturalistic model)이자 과정지향적 모형(process-oriented model), 기술적 모형(descriptive model)이다.

정답　　20. ①　21. ①　22. ④

23 워커(D. Walker)가 제안한 자연주의적 교육과정 개발 모형의 숙의(deliberation) 단계에 해당되는 사항을 〈보기〉에서 고르면? 12. 유·초등임용

┌─ 보기 ─
㉠ 대안들의 예상되는 결과를 검토하기
㉡ 교육과정 개발의 목적과 그것을 달성하기 위한 방법을 확인하기
㉢ 교육과정 개발 참여자들이 갖고 있는 개념, 이론, 목적 등에 관한 공감대 형성하기
㉣ 교육과정을 구성하는 교과의 선정, 수업방법이나 자료 등을 확정하며, 이를 위한 행·재정적 지원 절차 등을 계획하기

① ㉠, ㉡   ② ㉠, ㉢
③ ㉡, ㉢   ④ ㉡, ㉣
⑤ ㉢, ㉣

해설 ㉢은 토대 다지기(강령), ㉣은 설계에 해당한다.

TIP 워커(Walker) 모형의 장점과 단점

장점	단점
• 교육과정을 계획하는 동안 실제로 일어나는 것을 정확하게 묘사 ⇨ 실제적 모형 • 강령·숙의하기 위해 대화에 상당한 시간이 필요함을 강조 • 특수한 상황에 맞춘 교육과정 설계 필요성을 강조 • 합의를 이루지 못했을 경우에 교육과정이 어떻게 진행될 수 있는지를 잘 진술	• 소규모(예 학교) 교육과정 설계에는 적절하지 않을 수 있음. • 참여자가 강령을 설정하고 숙의하는 데 상당한 시간이 필요함. • 교육과정 계획에만 초점이 맞춰 있어 그 이후 문제에 대해서는 언급이 없음. • 목표설정 단계에만 집중하고, 내용 선정 및 조직, 수업, 평가 등에 대한 언급이 없음.

24 워커(D. Walker)가 제안한 교육과정 개발 모형에 대한 설명으로 가장 적절한 것은? 09. 유·초등임용

① 합리적·처방적 교육과정 개발 모형에 속한다.
② 학업성취 향상을 위해서 역행설계(backward design) 방식을 취한다.
③ 교육과정 개발 절차를 준수할 것과 그 절차의 직선적 계열성을 강조한다.
④ 개발 참여자들의 기본 입장이 제시되는 강령(platform)이 중요한 요소이다.
⑤ 개발 과정이 5단계로 구분되어 있고, 어느 단계에서도 개발을 시작할 수 있다.

해설 ①은 타일러(Tyler)와 타바(Taba), ②는 위긴스와 맥타이(Wiggins & McTighe), ③은 타일러(Tyler), ⑤는 스킬벡(Skilbeck)의 모형에 해당한다. 스킬벡의 교육과정 개발은 '상황분석 ⇨ 목표설정 ⇨ 프로그램 구축 ⇨ 판단과 실행 ⇨ 모니터링, 피드백, 평가, 재구성 등의 단계를 포함하여 역동적으로 전개된다.

5 스킬벡(Skilbeck)의 학교 중심 모형(1984)

25 스킬벡(M. Skilbeck)이 제안한 학교 중심 교육과정 개발모형의 특성이라 할 수 없는 것은?

07. 유·초등임용

① 교육과정 개발에서 강령(platform)을 중요한 요소로 삼는다.
② 교육과정 개발의 과정은 지속적이고 역동적인 성격을 지닌다.
③ 교육과정 개발은 학교 현실이나 상황에 기초하여 이루어진다.
④ 상황 분석 단계에서는 상황 구성의 내·외적 요인을 분석한다.

해설 ①은 워커(Walker)의 교육과정 개발모형에 해당한다. 스킬벡(Skilbeck)의 '학교 중심 교육과정 개발모형(school -based curriculum development)'은 종전의 중앙집권적 교육 개발모형이 교사를 교육과정의 수용자, 즉 외부에서 개발된 교육과정을 학교교육 현장에서 실천만 하는 사람으로만 인식해 온 것을 비판하고, 교육과정 개발과정에서 보다 많은 기여를 할 수 있는 교육과정 개발의 주체자, 전문가로 인식하는 과정 속에서 등장하였다.

26 스킬벡(M. Skilbeck)의 교육과정 개발모형이다. (가)와 (나)에서 수행해야 할 활동을 〈보기〉에서 골라 바르게 짝지은 것은?

11. 유·초등임용

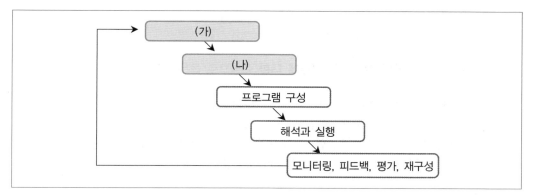

┌ 보기 ┐
㉠ 교육활동의 방향을 설정한다.
㉡ 기대되는 학습성과를 진술한다.
㉢ 교사의 가치관, 태도, 경험 등을 확인한다.
㉣ 학생들의 적성, 능력 및 교육적 요구를 조사한다.

	(가)	(나)		(가)	(나)
①	㉠, ㉡	㉢, ㉣	②	㉠, ㉢	㉡, ㉣
③	㉠, ㉣	㉡, ㉢	④	㉡, ㉢	㉠, ㉣
⑤	㉢, ㉣	㉠, ㉡			

해설 (가)는 상황분석, (나)는 목표설정에 해당한다.

정답 23. ① 24. ④ 25. ① 26. ⑤

TIP 스킬벡(M. Skilbeck)의 교육과정 단계

상황분석	스킬벡(Skilbeck) 모형의 가장 큰 특징적 단계로, 상황을 구성하는 내적·외적 요인을 분석한다. • 내적 요인: 학생의 적성·능력·교육적 요구, 교사의 가치관·태도·기능·지식·경험, 학교의 환경과 정치적 구조, 학교시설(예 실험실, 음악실, 강당), 교육과정 내에 존재하는 문제점 등 • 외적 요인: 학부모의 기대감, 지역사회의 가치, 사회문화적 변화(예 변화하는 인간관계, 이데올로기), 교육체제의 요구, 교사 지원체제, 변화하는 교과의 성격 등
목표설정	• 예견되는 학습 결과를 진술함으로써 교사와 학생의 행동을 강화할 수 있는 목표를 설정한다. • 교육적 행위의 방향을 제시하기 위한 가치나 판단을 포함한다.
프로그램 구축	교수–학습활동의 설계(예 내용, 구조, 방법, 범위, 계열성 등), 수단–자료의 구비, 적절한 시설 환경의 설계, 인적 구성과 역할 부여, 시간표 짜기 등
판단과 실행	• 교육과정의 변화를 일으키는 문제를 판단하고 실행한다. • 경험의 개관, 혁신에 대한 연구와 이론의 분석, 선견지명 등을 통해 파악되고 실행된다.
모니터링, 피드백, 평가, 재구성	모니터링과 의사소통 체계의 설계, 평가절차의 준비, 지속적인 평가의 문제, 연속적인 과정의 재구성이나 확정 등이 관여한다.

6 아이즈너(Eisner)의 예술적 접근모형(1979)

27 아이즈너(Eisner)의 교육과정 이론에 대한 설명으로 옳은 것만을 모두 고르면? 23. 지방직

> ㉠ 행동목표 중심으로 교육과정을 개발해야 한다.
> ㉡ 내용선정 과정에서 영 교육과정에 대해서 신중히 고려해야 한다.
> ㉢ 학습기회의 유형을 개발할 때 교육적 상상력을 동원해야 한다.
> ㉣ 교육과정 개발 과정은 목표설정부터 평가방법 개발에 이르는 직선적 과정이다.

① ㉠, ㉡   ② ㉠, ㉣   ③ ㉡, ㉢   ④ ㉢, ㉣

해설 아이즈너(Eisner)는 「교육적 상상력」(1979)에서 언어 논리나 수리력만을 강조하는 학교교육을 비판하고 다양한 표현형식을 제공하는 예술이 교육과정에서 중요하게 취급되어야 한다고 주장하였다. 그는 교육목표 설정에서 행동목표(behavioral objectives)뿐만 아니라 문제해결목표(problem–solving objectives), 표현적 결과(expressive outcomes) 등도 중시되어야 한다고 주장하였으며, 교육내용 선정에서는 교육적 가치가 있음에도 배제된 영 교육과정(null curriculum)을 고려해야 하고, 학습기회의 유형에 있어서는 다양한 학습기회를 학생들에게 제공하는 교사의 '교육적 상상력'이 요구됨을 강조하였으며, 학습기회의 조직에 있어서는 다양한 학습결과를 유도할 수 있는 비선형적 접근방법을 '거미줄을 치는 작업'에 비유하여 설명하고 있다. 마지막으로 교육평가에 있어서는 질적인 접근으로 교육적 감식안(심미안)과 교육비평을 포함한 예술적 평가를 강조하였다. ㉠과 ㉣은 타일러(Tyler)의 합리모형에 해당한다.

28 아이즈너(Eisner)가 제시한 교육목표 중 다음의 교육활동에 가장 적합한 유형의 목표는?

07. 초등임용

- 몸이 불편한 친구를 돕기 위한 방법을 찾아낸다.
- 한정된 예산으로 학습효과를 최대화할 수 있는 책들을 구입한다.

① 행동목표　　　② 운영목표　　　③ 문제해결목표　　　④ 표현적 결과목표

해설 아이즈너(Eisner)는 「교육적 상상력」(1979)에서 행동목표(behavioral objectives)만을 중시한 타일러(Tyler)의 주장을 비판하면서, 교육활동에서는 행동목표뿐만 아니라 문제해결목표(problem-solving objectives), 표현적 결과(expressive outcomes)도 중시되어야 한다고 주장하였다. 그 이유는 가르치는 일은 역동적이고 복잡한 과정이기 때문에 의도와는 다른 수많은 부수적 성과를 낳을 수도 있고 교수-학습 도중이나 끝난 후에 새로운 목표(표현적 결과)가 출현할 수도 있기 때문이다. 지문은 문제해결목표에 해당하는 사례로, 일정한 조건 내에서 문제가 주어지고 다양한 해결책이 도출될 수 있는 목표에 해당한다.

TIP 아이즈너(Eisner)의 교육목표 분류

종류	특징	평가방식
행동목표 (behavioral objectives)	• 학생의 입장에서 진술 ⇨ 수업 전 진술 • 행동 용어 사용 • 정답이 미리 정해져 있다.	• 양적 평가 • 결과의 평가 • 준거지향검사 이용
문제해결목표 (problem-solving objectives)	• 일정한 조건 내에서 문제의 해결책 발견 • 정답이 정해져 있지 않다. • 수업 전 진술	• 질적 평가 • 결과 및 과정의 평가 • 교육적 감식안과 교육비평 사용
표현적 결과(expressive outcomes)	• 조건 없다. • 정답 없다. • 활동의 목표가 사전에 정해지지 않고 활동하는 도중 형성 가능	• 질적 평가 • 결과 및 과정의 평가 • 교육적 감식안과 교육비평 사용

29 아이즈너(E. Eisner)가 말한 '표현적 결과(expressive outcomes)'에 관한 설명으로 가장 적절한 것은?

09. 유·초등임용

① 수업내용을 분석하여 측정 가능한 행동 용어로 결과를 진술한다.
② 수업 결과로 나타나는 목표를 의미하는 것으로서 수업 전에 미리 정해져 있다.
③ 수업시간에 일정한 조건을 주고 그 조건 내에서 문제 해결책을 발견해 내는 활동이다.
④ 설정된 목표에 따라 학습내용을 가르치고 그 결과를 파악할 필요가 있을 경우에 적합하다.
⑤ 구체적인 목표 없이 수업을 시작하여 수업 활동 중 혹은 종료 후 결과적으로 얻게 되는 것이다.

해설 표현적 결과는 목표를 미리 정하지 않고 어떤 활동을 하는 도중이나 끝난 후에 교육적으로 바람직한 그 무엇을 얻을 수 있는 목표를 가리킨다. 즉, 우리가 어떤 활동을 하는 도중 또는 종료한 후에 얻게 되는 것을 말한다. ①, ②, ④는 행동적 목표에 대한 설명이고, ③은 문제해결 목표에 대한 설명이다.

정답　27. ③　28. ③　29. ⑤

오현준 교육학

30 다음은 교사들이 교육과정 설계에 관하여 문제를 제기한 것이다. 이를 해결하기 위한 가장 적합한 전략을 올바르게 짝지은 것은?

11. 중등임용

- 김 교사: 시(詩) 수업에서의 행동목표는 너무 구체적이고 명세적이기 때문에 문학의 의미를 가르치는 데 많은 한계가 있다.
- 이 교사: 중학교 3년 동안 배워야 할 교과목 수가 너무 많아 학생들의 학습 부담이 크다.
- 박 교사: 어떤 교과목은 중학교 3학년과 고등학교 1학년 간의 교육내용 수준의 차가 크다.
- 최 교사: 내가 가르치고 있는 교과목의 내용이 너무 분과적이고 중복이 심하다.

	김 교사	이 교사	박 교사	최 교사
①	학습과제 분석	계열(sequence) 조정	연계적 조직	통합
②	표현목표 설정	범위(scope) 조정	연계적 조직	통합
③	표현목표 설정	계열(sequence) 조정	중핵적 조직	압축
④	문제해결 목표 설정	범위(scope) 조정	중핵적 조직	통합
⑤	문제해결 목표 설정	계열(sequence) 조정	연계적 조직	압축

해설 표현목표(expressive objectives)는 아이즈너(Eisner)가 「교육적 상상력」에서 행동목표를 보완하기 위해 제시한 것으로, 후에 표현적 결과(expressive outcomes)로 수정하였다. 범위(scope)는 특정 시점에서 학생들이 배우게 될 내용의 폭(교과목 이름)과 깊이(배당시간)를, 계열(sequence)은 어떤 내용을 먼저 가르치고 어떤 내용을 나중에 가르칠 것인가를 결정하는 것으로 교육내용을 가르치는 순서를 말한다. 연계성(continuity, 연속성)은 이전에 배운 내용과 앞으로 배울 내용의 관계성으로, 특정 학습의 종결점이 다음 학습의 출발점과 잘 맞물리도록 교육내용을 조직하는 것을 말한다. 통합성(integration)은 교육내용들의 관련성을 바탕으로 이들을 하나의 교과나 과목 또는 단원으로 묶는 것으로 교육내용의 중복이나 누락을 방지하려는 원리를 말한다. 연계성이 수직적 연속성의 문제라면, 통합성은 수평적인 연속성의 문제에 해당한다.

31 다음 (가)와 (나)에 들어갈 학자로 옳은 것은?

13. 중등임용

김 교사: 교육활동을 시작하기 전에 교육의 목적을 명확하게 설정하기 곤란한 경우가 있습니다. 대표적으로 예술교육이 여기에 해당합니다. 이 경우에는 교사가 사전에 예측할 수 없는 수많은 변인이 교육활동에 작용하며, 교사는 교육을 하는 과정에서 학습자의 요구에 맞게 반응해야 합니다. 교육활동이 수행된 후에 가지게 되는 학습경험을 교육의 목적이라고 할 때, (가) 는 이 목적을 '표현적 결과(expressive outcomes)'라고 불렀습니다.

최 교사: 학교 교육과정은 과학적 연구에 기초하여 개혁되어야 합니다. 지금까지 학교에서 전통적으로 가르쳐 온 교과는 근거가 불분명한 이론에 기초하고 있습니다. 학교 교육과정은 장차 젊은이들이 몸담게 될 '성인의 활동 영역'에 대한 과학적 조사를 바탕으로 새롭게 구성되어야 합니다. (나) 의 연구에 의하면, 성인의 활동 영역은 언어 활동, 건강 활동, 시민 활동 등 10가지로 분류될 수 있습니다. 학교에서는 이런 것들을 가르쳐야 합니다.

	(가)	(나)		(가)	(나)
①	브루너(J. Bruner)	보비트(F. Bobbitt)	②	아이즈너(E. Eisner)	보비트(F. Bobbitt)
③	아이즈너(E. Eisner)	브로우디(H. Broudy)	④	파이나(W. Pinar)	브로우디(H. Broudy)
⑤	파이나(W. Pinar)	브루너(J. Bruner)			

해설 타일러(Tyler)의 행동목표의 한계를 지적하고, 행동목표 외에 문제해결 목표, 표현적 결과 등을 포함하여 교육목표를 제시한 이는 아이즈너(Eisner)이다. 보비트(Bobbitt)는 테일러(Taylor)의 「과학적 관리론」을 교육과정 연구에 적용하여 교육과정의 과학화(이론화)에 기여하였다.

32 아이즈너(Eisner)의 교육과정 이론에 대한 설명으로 옳지 않은 것은?

20. 국가직 7급

① 교육적 감식안에 토대한 표준화 검사가 필요하다.

② 평가는 교육과정 개발의 모든 과정에서 이루어져야 한다.

③ 교육내용을 선정할 때 학교에서 가르치지 않는 것에 대하여 고려해야 한다.

④ 행동적 목표에 대한 보완으로 표현적 결과(expressive outcomes)를 고려해야 한다.

해설 아이즈너(Eisner)가 제시한 예술적 평가는 타일러(Tyler)의 공학적 모형의 부작용을 제거하기 위하여 예술작품을 감정할 때 그 분야의 전문가가 사용하는 방법과 절차를 교육평가에 원용(援用)하려는 접근이다. 평가는 심미안(교육적 감식안)과 교육비평으로 구성되는데, 교육적 감식안은 평가자(교사)가 지닌 전문적·주관적 능력이기에 객관화된 표준화 검사로 측정되는 것이 아닌 질적 평가로 진행된다. ③은 영 교육과정에 대한 내용이다.

교육적 감식안	교과에 대한 학생들의 수행 사이의 미묘한 차이를 구별할 수 있는 전문적·주관적인 능력
교육비평	미묘한 차이를 비전문가가 이해할 수 있도록 언어로 표현하는 공적인 능력

---

7 위긴스와 맥타이(Wiggins & McTighe)의 역방향 설계 모형(2005)

33 위긴스(Wiggins)와 맥타이(McTighe)가 제시한 이해중심교육과정(백워드 설계)의 세 가지 설계 단계에 해당하지 않는 것은?

21. 국가직 7급

① 학습자의 요구와 상황 분석하기   ② 바라는 결과 확인하기

③ 학습경험 계획하기   ④ 수용 가능한 증거 결정하기

해설 위긴스와 맥타이(Wiggins & McTighe, 2005)의 후진설계(backward design)모형은 '거꾸로 설계모형', '역방향 설계모형'이라고도 불린다. 전통적인 타일러(Tyler) 방식과 비교할 때 2단계와 3단계의 순서가 역전되어 있는 모형으로, 바라는 결과의 확인(교육목표) ⇨ 수용 가능한 증거의 결정(교육평가) ⇨ 학습경험과 학습계획의 순으로 설계한다. '학생의 이해력을 신장'하는 교육과정 설계(understanding by design) 모형으로, 목표를 마음속에 품고 시작하여 그것을 향해 나아가는 모양으로 설계하는 교육과정 혹은 단원 설계의 접근방식이다. 타일러(Tyler)의 목표 중심 모형과 브루너(Bruner)의 내용 중심 모형을 융합한 모형으로, 교육목표-교육과정-수업-교육평가의 일체화를 강조한다. ①은 교수설계 모형의 분석 단계에 해당하는 활동이다. 교육과정에서 학습자의 요구분석을 중시한 것은 타바(Taba), 상황분석을 중시한 것은 스킬벡(Skilbeck)의 모형에 해당한다.

TIP 위긴스와 맥타이(Wiggins & Mctighe)의 후진설계모형

1. **교육목표 설정**: 바라는 결과의 내용은 '영속한 이해(enduring understanding)'
   ① 객관주의적 사고로, 학습자들이 비록 상세한 것을 잊어버린 후에도 머릿속에 남아 있는 '큰 개념(Big idea **예** 교과의 기본 개념·원리, 일반적·핵심적 아이디어))' 혹은 '중요한 이해' ⇨ 브루너(Bruner)의 지식의 구조에 해당
   ② 이해는 설명, 해석, 적용, 관점, 공감, 자기지식의 6가지 측면을 포괄
2. **평가계획 수립**: 학생이 교과내용을 이해했다는 수락할 만한 증거 결정
   ① **수행과제**(Performance Tasks) **결정**: 수행과제 설계 포함 요소를 GRASPS 모델을 활용 설계 ⇨ GRASPS는 Goal(목표), Role(역할), Audience(청중), Situation(상황), Performance(실행), Standards(기준)임.
   ② **학생의 '이해'를 확인할 수 있는 '다른 이해의 증거**(평가; Other Evidence)'**를 계획**: 수행과제로 평가되지 않는 단원 목표를 평가 **예** 퀴즈, 시험, 관찰, 숙제, 토의·토론, 체크리스트, 대화, 선다형, 논술·서술형, 비공식적 점검 등
   ③ 평가의 준거를 결정하고, 루브릭(Rubric) 제작
3. **학습경험과 수업의 계획**(수업계획): 'WHERE TO의 원리'

정답 30. ② 31. ② 32. ① 33. ①

교육과정 개발의 역사

- 1918 　보비트(Bobbitt) 「교육과정(Curriculum)」 ⇨ '교육과정' 용어 최초 사용
- 1949 　타일러(Tyler) 「교육과정과 수업의 기본원리」 ⇨ 목표중심 개발 모형
- 1956 　블룸(Bloom) 「교육목표분류학 : 핸드북1 인지적 영역」 ⇨ 교육목표 상세화
- 1960 　브루너(Bruner) 「교육의 과정(The Process of Education)」 ⇨ 학문중심교육과정
- 1962 　타바(Taba) 「교육과정 개발 : 이론과 실제」 ⇨ 교사중심 개발모형 제시
- 1968 　잭슨(Jackson) 「(아동의) 교실생활」 ⇨ 잠재적 교육과정
- 1969/1970 슈왑(Schwab) 「실제성 : 교육과정을 위한 언어, School Review」 ⇨ 교육과정 실제모형
- 1971 　워커(Walker) 「교육과정 개발을 위한 자연스러운 모델」 ⇨ 숙의모형
- 1975 　파이너(Pinar) 「교육과정 이론화 : 재개념주의자」 ⇨ 교육과정 재개념화
- 1979 　아이즈너(Eisner) 「교육적 상상력」 ⇨ 교육과정 이해모형, 영교육과정
- 1984 　스킬벡(Skilbeck) 「학교중심 교육과정 개발(SBCD)」
- 2001/2005 위긴스와 맥타이(Wiggins & Mctighe) 「이해중심 교육과정(Understanding by Design)」 ⇨ 역방향 설계

제3절 ┃ 교육과정 연구에 대한 이론적 접근방법

1 개관

01 교육과정에 대한 〈보기〉의 연구들을 발표된 순서대로 배열하면?

12. 유·초등임용

□□□

┌ 보기 ┐
- ㉠ 보비트(F. Bobbitt)의 「교육과정(The Curriculum)」: 교육과정 계획 원리가 활동 중심으로 제시되어 있으며, 교육과정의 과학화에 기여했다.
- ㉡ 브루너(J. Bruner)의 「교육의 과정(The Process of Education)」: 지식의 구조가 강조되는 학문 중심 교육과정의 아이디어가 제시되어 있다.
- ㉢ 슈왑(J. Schwab)의 「실제성 : 교육과정을 위한 언어(The Practical : A Language for Curriculum)」: 전통적 교육과정 연구의 정체성 위기를 비판하는 내용이 제시되어 있으며, 실제적 교육과정 탐구 패러다임 형성에 영향을 미쳤다.
- ㉣ 타일러(R. Tyler)의 「교육과정과 수업의 기본원리(Basic Principles of Curriculum and Instruction)」: 교육과정 개발의 합리적 모형을 제시하여 교육과정 개발 연구 패러다임의 토대를 마련했다.

① ㉠ ⇨ ㉢ ⇨ ㉡ ⇨ ㉣ 　　　　② ㉠ ⇨ ㉣ ⇨ ㉡ ⇨ ㉢
③ ㉢ ⇨ ㉣ ⇨ ㉠ ⇨ ㉡ 　　　　④ ㉣ ⇨ ㉠ ⇨ ㉡ ⇨ ㉢
⑤ ㉣ ⇨ ㉢ ⇨ ㉠ ⇨ ㉡

해설 ㉠은 1918년, ㉡은 1960년, ㉢은 1970년, ㉣은 1949년에 발간되었다. 보비트(Bobbitt)는 교육과정 개발의 이론화에 기여했으며, 타일러(Tyler)는 교육과정 개발모형(목표 중심 모형)의 토대를 마련했고, 브루너(Bruner)는 내용 중심 모형을 제시했으며, 슈왑(Schwab)은 이론적 개발모형에 대한 비판으로 실제적 모형(The practical model)을 제시하였다.

TIP 교육과정 연구의 이론적 접근방법

교육과정	개발모형	특징	대표자
전통주의 (1920~1960)	이론적 개발모형 (합리적·체제적 접근)	• 이론화와 실천화 중시 • 가치 중립성 추구 ⇨ 탈역사, 탈정치, 탈윤리 • 체제와 상호 작용 중시(기술적, 관료주의) • 실용주의에 기초	• 보비트 • 타일러 • 타바
개념－경험주의 (1960~1970)	실제적 개발모형(지적· 학구적 접근)⇨경성교 육과정(사회과학)	• 이론화와 실천화 중시(실천화를 더 강조) • 가치 중립성 추구 ⇨ 탈역사, 탈정치, 탈윤리 • 자연과학적 연구방법 중시(논리, 탐구방법) • 논리 실증주의에 기초	• 슈왑 • 워커 • 브루너
재개념주의 (1970's~)	예술적 개발모형(인본 적·심미적 접근)⇨연 성교육과정(인문과학)	• 이론과 실천보다 이념, 목적, 본질 지향성 • 가치 추구성 ⇨ 기술성, 과학성, 객관성 거부 • 신교육사회학의 이론적 접근 • 교육과정 '이해' 패러다임	• 아이즈너 • 파이너 • 지루 • 애플

2 재개념주의

02 미국에서 1970년대부터 시작된 교육과정의 재개념화(Reconceptualization)에 대한 옳은 설명은?
14. 지방직

① 교육과정 설계와 개발을 위한 이론 체계를 제시하였다.

② 과학적 합리주의에 바탕을 둔 교육과정 이론을 개발하였다.

③ 사회과학적 방법을 통한 지식의 구조화를 통해 교육과정 내용을 이론화하였다.

④ 해석학이나 현상학 같은 다양한 방법론을 교육과정 연구에 적용하였다.

해설 재개념주의란 1970년대 파이너(Pinar), 휴브너(Huebner) 등이 주장한 것으로 종래의 교육과정 연구활동(전통주의와 개념－경험주의)의 부적절성을 비판하면서 현행 교육과정을 재분석하고 판단하여 교육과정을 재구성하자는 입장을 말한다. 파이너(Pinar)의 「교육과정 이론화 : 재개념주의자(Curriculum Theorizing : The Reconceptualist)」(1975)에서 처음 사용되었으며, 아이즈너(Eisner), 지루(Giroux), 애플(Apple) 등에 의해 발전되었다.
①과 ②는 전통주의자, ③은 개념－경험주의자의 견해에 해당한다.

03 교육과정 '이해' 패러다임에 대한 설명으로 옳지 않은 것은?
12. 국가직 7급

① 교육과정의 정치적 독립성과 가치중립성을 강조한다.

② 교육과정 '개발' 패러다임의 행동주의와 과학주의를 비판한다.

③ 교육과정 개선을 위한 처방적 원리보다 교육과정 문제의 복합성에 더 관심을 갖는다.

④ 애플(Apple)의 정치적 텍스트로서의 교육과정 탐구, 아이즈너(Eisner)의 심미적 관점에서의 교육과정 탐구 등을 그 사례로 들 수 있다.

해설 교육과정 '이해' 패러다임은 교육과정에 관한 재개념주의에 해당하는 것으로 교육과정 이론과 실천보다 교육경험에 대한 이념, 목적, 본질을 지향하는 관점이다. 교육과정에 대한 기술성, 과학성, 객관성을 거부하고 정치·사회·예술 등 다양한 가치지향성을 중시한다.

정답 01. ②　02. ④　03. ①

04 '교육과정 재개념화'에 관한 진술로 옳은 것을 〈보기〉에서 고르면?   12. 유·초등임용
□□□

> **보기**
> ㉠ 다양한 담론을 활용하여 교육과정을 이해하고자 한다.
> ㉡ 교육과정 연구에서 질적 접근보다는 양적 접근을 중시한다.
> ㉢ 연구의 초점을 교수·학습 과정의 일반적 원리나 모형의 개발에 맞춘다.
> ㉣ 대표적인 학자로는 파이너(W. Pinar), 애플(M. Apple), 아이즈너(E. Eisner) 등을 들 수 있다.

① ㉠, ㉡   ② ㉠, ㉣   ③ ㉡, ㉢
④ ㉡, ㉣   ⑤ ㉢, ㉣

해설 교육과정 재개념화는 애플(Apple), 지루(Giroux) 등을 중심으로 전개되는 정치적인 담론, 아이즈너(Eisner)를 중심으로 전개되는 미학적 담론, 파이너(Pinar)를 중심으로 전개되는 현상학적이고 정신분석학적인 담론 등을 들 수 있다. ㉡은 양적 접근보다는 질적 접근을 중시하고, ㉢은 개발보다는 이해에 초점을 둔다.

제 4 절 **교육과정의 개발절차**

01 인지적 학습에서 블룸(Bloom)의 학습 목표 분류에 기초하여 복잡성의 원칙에 따라 낮은 단계에서
□□□ 높은 단계로 〈보기〉의 내용들을 바르게 나열한 것은?   12. 교육사무관 5급

> **보기**
> ㉠ 어떤 자료의 내용에 포함되어 있는 뜻을 번역, 해석, 추론하는 능력
> ㉡ 자료를 그의 상대적인 위계가 뚜렷해지거나 표시된 아이디어가 분명해지도록 구성 요소나 부분으로 나누는 능력
> ㉢ 어떤 목적에 견주어 자료와 방법의 가치를 판단하는 능력
> ㉣ 전체를 구성하는 요소와 부분을 하나가 되도록 모으는 능력
> ㉤ 특정한 구체적 사태에 추상적 개념을 사용할 수 있는 능력

① ㉠ ⇨ ㉡ ⇨ ㉤ ⇨ ㉢ ⇨ ㉣   ② ㉠ ⇨ ㉤ ⇨ ㉡ ⇨ ㉣ ⇨ ㉢
③ ㉤ ⇨ ㉠ ⇨ ㉣ ⇨ ㉡ ⇨ ㉢   ④ ㉤ ⇨ ㉠ ⇨ ㉡ ⇨ ㉢ ⇨ ㉣
⑤ ㉠ ⇨ ㉤ ⇨ ㉣ ⇨ ㉡ ⇨ ㉢

해설 블룸(Bloom)은 타일러가 제시한 행동영역의 교육목표를 인지적(cognitive), 정의적(affective), 심동적 영역(psycho – motor domain)으로 세분화하였다. 인지적 영역(cognitive domain)의 교육목표를 복합성(복잡성)의 원리를 기준으로 하위 차원에서 상위 차원으로 위계에 따라 배열하면 '지식 ⇨ 이해력 ⇨ 적용력 ⇨ 분석력 ⇨ 종합력 ⇨ 평가력'으로 나타난다. ㉠은 이해력, ㉡은 분석력, ㉢은 평가력, ㉣은 종합력, ㉤은 적용력에 해당한다.

TIP 인지적 영역의 목표 분류(Bloom)

지식(Knowledge)	이미 배운 내용(개념, 사실, 원리, 방법 등)을 기억했다가 재생 · 재인(再認)할 수 있는 능력, 가장 단순한 정보 재생 능력(암기 수준)
이해력(Comprehension)	지식을 바탕으로 자료의 의미를 파악하는 능력 예 번역(translation), 해석(interpretation), 추리(extrapolation)
적용력(Application)	특수한 사태, 구체적 사태에 추상 개념(예 개념, 방법, 원리, 학설, 이론)을 사용하는 능력, 추상 개념을 기초로 새로운 문제 사태에 사용하여 문제를 해결할 수 있는 (problem solving) 능력
분석력(Analysis)	주어진 자료를 구성부분으로 분해하고 부분 간의 상호관계와 그것이 조직되어 있는 방법을 발견하는 능력 예 요소분석, 관계분석, 조직원리의 분석
종합력(Synthesis)	여러 개의 요소나 부분을 전체가 하나가 되도록 묶는 능력, 이전에 경험한 부분들을 새롭고 잘 통합된 전체로 구성된 새로운 자료로 창안해 내는 창의적인 능력(늑 창의력) 예 독특한 의사전달방법의 창안 능력, 조작의 계획 및 절차의 창안 능력, 추상적 관계의 추출 능력
평가력(Evaluation)	어떤 목적을 가지고 아이디어, 작품, 해답, 방법, 소재 등에 관한 가치를 판단하는 능력, 어떤 준거나 규준을 활용하여 자료의 가치를 판단하는 능력 예 내적 준거에 의한 평가, 외적 준거에 의한 평가

Chapter
05

02 다음 설명에 해당하는 블룸(Bloom)의 교육목표 분류 범주는? 23. 국가직

□□□

> • 복잡한 사상이나 아이디어의 구조를 파악하는 수준의 행동으로, 그 구성요소나 관계의 확인을 포함한다.
> • 이 범주에 속하는 목표 진술의 예로는 사실과 추론을 구분하기, 원인과 결과를 찾아내기 등이 있다.

① 적용
② 평가
③ 종합
④ 분석

해설 분석력(Analysis)은 주어진 자료를 구성부분으로 분해하고 부분 간의 상호관계와 그것이 조직되어 있는 방법을 발견하는 능력을 말하며, 하위목표로는 요소분석, 관계분석, 조직원리의 분석 등이 있다.

정답 04. ② / 01. ② 02. ④

03 블룸(B. Bloom)의 인지적 영역 교육목표 분류와 크래쓰월(D. Krathwohl) 등의 정의적 영역 교육
□□□ 목표 분류에 대한 설명으로 적절하지 않은 것은?   10. 중등임용

① 인지적 영역 목표의 분류 준거는 복잡성이다.
② 하위수준의 인지능력은 상위수준의 인지능력을 성취하기 위한 선행조건이다.
③ 정의적 영역 목표는 위계적으로 구성되어 있다.
④ 정의적 영역 목표의 분류 준거는 다양성이다.
⑤ 정의적 영역 목표는 감수, 반응, 가치화, 조직화, 인격화이다.

해설 정의적 영역 목표의 분류 준거는 내면화(internalization)의 원리이다. 인지적 영역은 '복합(잡)성의 원리'에 따라,
'지식 ⇨ 이해력 ⇨ 적용력 ⇨ 분석력 ⇨ 종합력 ⇨ 평가력'으로 분류한다.

TIP 정의적 영역의 목표 분류(Bloom & Krathwohl, 1964)

감수(感受, Receiving, 수용)	어떤 현상이나 자극에 대하여 긍정적인 반응을 보이는 것. 수동적 반응 예 인지(認知), 자진 감수, 주의집중(선택적 관심)
반응(反應, Responding)	주의집중을 넘어 특정 현상이나 자극에 대해 어떤 활동적·적극적인 반응을 보임. 적극적 반응(≒ 흥미) 예 묵종적(默從的) 반응, 자진반응, 반응에 대한 만족
가치화(Valuing)	어떤 사물이나 현상·행동에 대하여 그 의미와 가치를 부여하여 내면화하는 행동 예 가치의 수용, 가치의 선호, 가치의 확신
조직화(Organizing)	여러 가지 가치의 비교와 연관을 통해 가치를 종합하고 자기 나름대로 일관성 있는 가치체계를 확립하는 단계 예 가치의 개념화, 가치체계의 조직
인격화(Characterization, 성격화)	가치체계를 바탕으로 지속적이고 일관성 있고 확고한 행동이나 생활양식으로 발전하여, 그의 인격의 일부로 내면화되는 단계 예 일반화된 행동태세, 인격화

04 블룸(Bloom)의 교육목표분류학에 대한 설명으로 옳지 않은 것은?   20. 국가직 7급
□□□
① 학습목표를 행위동사로 기술한다.
② 교육목표 간의 유목 구분이 명확하다.
③ 통찰이나 직관 같은 인지능력이 교육목표에서 제외된다.
④ 인지적 영역 교육목표는 인지작용의 복잡성 정도에 따라 위계적으로 조직된다.

해설 블룸(Bloom)의 교육목표 분류학은 「교육목표 분류학, 핸드북1: 인지적 영역(Taxonomy of Educational Objectives,
Book1:Cognitive Domain, 1956)」과 「교육목표 분류학, 핸드북2: 정의적 영역(Taxonomy of Educational Objectives,
Book2:Affective Domain, 1964)」으로 나누어 출간되었다. 그는 타일러(Tyler)의 행동 차원의 목표를 인지적 영역, 정의적
영역, 심리운동기능적 영역 등 3가지 차원으로 분류하고, 인지적 영역의 목표는 복잡성의 원칙에 따라 지식 － 이해력 －
적용력 － 분석력 － 종합력 － 평가력으로 위계화하여 제시하였으며, 정의적 영역의 목표는 내면화의 원칙에 따라 감수 －
반응 － 가치화 － 조직화 － 인격화로 위계화하여 제시하였다. 블룸은 세 영역의 교육목표를 상호 분리된 독립적 실체로
설명하고 있으나 영역의 경계가 뚜렷하지 않는 부분이 있다. 즉, 인지적 과정과 정의적 과정 그리고 심동적 과정을 명확하
게 규정하고 있지 못하고 있으며, 각 영역이 지식 차원에서 어떻게 다른 유목들을 가지는지 또한 설명하지 못하고 있다.
또한 아이즈너(Eisner, 2003) 등 일부 학자들은 인지적 과정과 정의적 과정이 분리되어 학습되지 않는다고 주장한다. 즉,
교육 내용(지식)을 학습하는 과정에 정의적 영역이 수반된다는 것이다. 이는 학습이 일어나는 과정에 정의적 영역이 개입되어
야 학습이 이루어진다는 것으로 학습이 되었다는 것은 이미 지식에 대한 정의적 영역까지 포함되었다고 볼 수 있는 것이다.

| 제 5 절 | 교육과정의 유형Ⅰ : 공식적 학교교육과정의 유형 |

1 개관

01 교육과정 유형에 대한 설명으로 옳은 것만을 모두 고른 것은? 11. 서울시

☐☐☐

> ㉠ 교과 중심 교육과정은 학생들에게 일률적인 교재를 제공한다.
> ㉡ 경험 중심 교육과정은 생활인의 육성을 목표로 한다.
> ㉢ 인간 중심 교육과정은 학교의 지도하에 학생들이 가지게 되는 모든 경험을 교육과정으로 본다.
> ㉣ 학문 중심 교육과정은 직관 통찰적 사고보다 논리 분석적 사고를 더욱 중시한다.

① ㉠, ㉡　　　② ㉡, ㉢　　　③ ㉢, ㉣　　　④ ㉠, ㉣

해설 인간 중심 교육과정은 학교생활을 통해 학생들이 가지게 되는 모든 경험을 교육과정으로 본다. ㉢은 경험 중심 교육과정, ㉣은 '지식의 구조'를 발견하는 과정에서 논리분석적 사고 못지않게 직관통찰적 사고를 중시한다.

TIP 교과 중심, 경험 중심, 학문 중심, 인간 중심 교육과정의 비교

구분	교과 중심 교육과정	경험 중심 교육과정	학문 중심 교육과정	인간 중심 교육과정
연대	1920년대 이전까지	1930~1950's	1960~1970's	1970~1980's
교육목적	문화유산의 전달, 이성의 계발	생활인(적응인) 양성, 성장	탐구력 배양, 지적 수월성 도모	전인적 인간 형성, 자아실현
지향점	과거지향(내용), 미래지향(목적)	현재지향	미래지향	현재와 미래지향
철학배경	(구)본질주의, 항존주의	진보주의	구조주의, (신)본질주의, 인지심리학(Piaget)	실존주의, 현상학, 인본주의 심리학
특징	• 교사 중심 교육 • 논리적·체계적 학습 • 계통학습 • 지적 영역의 학습	• 아동 중심 교육 • 문제해결력 함양 • 과외활동 중시 • 전인교육 중시	• 탐구과정과 방법 중시 • 지식의 구조 중시 • 나선형 교육과정 • 대담한 가설/핵심적 확신	• 잠재적 교육과정 중시 • 통합 교육과정 중시 • 인간주의적 교사 • 학교 환경의 인간화
유형	분과형, 상관형, 융합형, 광역형	활동형, 생활형, 생성형, 중핵형	나선형	
교육내용	문화유산 + 기본 지식(3R's), 진리	생활 경험 (광의의 경험)	지식의 구조	포괄적 내용(지·덕·체), 실존적 경험
교육과정 조직	분과형(논리적 배열)	통합형(심리적 배열)	나선형(절충형 배열)	균형성, 필요 충족성, 다면 충족성
교육방법	강의법(반복적 교수를 통한 지식 주입)	문제해결학습, 구안법	발견법, 탐구법	성장
정의	교수요목(敎授要目)	계획된 경험	지식 탐구과정의 조직 (지식의 구조)	경험의 총체(의도적 + 비의도적 경험)
전이이론	형식도야설	동일요소설	일반화설(동일원리설), 형태이조설	

정답 03. ④　04. ② / 01. ①

2 교과 중심 교육과정

02 다음 (가), (나)의 내용에 부합하는 교육과정 유형을 바르게 짝지은 것은? 16. 지방직

> (가) 인류가 축적한 문화유산을 체계화한 지식을 중심으로 교육과정을 설계한다. 교육의 주된 목적을 지식의 전수에 두고 있으며, 교사 중심의 강의식 수업을 중시한다.
>
> (나) 이론적 체계가 갖추어진 지식의 구조를 중심으로 교육과정을 설계한다. 학생의 탐구활동을 통한 발견학습과 지식의 전이를 강조한다.

	(가)	(나)
①	인간 중심 교육과정	학문 중심 교육과정
②	인간 중심 교육과정	경험 중심 교육과정
③	교과 중심 교육과정	학문 중심 교육과정
④	교과 중심 교육과정	경험 중심 교육과정

해설 교과 중심 교육과정과 학문 중심 교육과정은 교육내용으로서의 지식을 강조하며 학습자의 지적 성장을 중시한다. 교과 중심 교육과정은 교육과정을 학교의 지도하에 학생이 배우는 모든 교과와 교재로 정의하고, 학문 중심 교육과정은 구조화된 일련의 의도된 학습결과(Intended learning outcome)로서 각 학문에 내재해 있는 지식탐구 과정의 조직인 지식의 구조(structure of knowledge)를 교육과정으로 본다.

03 다음의 교육과정 관점에 대한 설명으로 옳지 않은 것은? 11. 중등임용

> 인간의 정신은 몇 개의 능력들(faculties)로 이루어져 있고, 이 능력들을 단련하는 데에는 거기에 적합한 교과가 있다. 교과교육에서 무엇을 기억하고 추리하느냐가 중요한 것이 아니고, 기억되고 추리되는 내용이 무엇이든지 간에 그것을 기억하고 추리한다는 점이 중요하다. 따라서 교과는 인간의 정신을 도야하는 가치에 따라 그 중요성이 결정되며, 정신능력들을 도야하는 데 적합한 교과들을 학교에서 가르쳐야 한다.

① 교과 학습에서 흥미가 없는 교과라도 학습자의 노력이 중시된다.
② 교과 내용의 가치를 개인 생활의 의미와 사회적 유용성에서 찾는다.
③ 교과의 중요성은 구체적인 내용에 있기보다는 내용을 담는 형식에 있다.
④ 능력심리학에 근거하여 심근(心筋) 단련을 위한 수단으로 교과를 강조한다.
⑤ 교과를 가르치는 방법으로 훈련과 반복을 강조하고 일반적 전이를 가정한다.

해설 지문은 형식도야설로 교과 중심 교육과정을 뒷받침하는 전이이론이다. ②는 경험 중심 교육과정에 해당한다.

TIP 교과 중심 교육과정의 장점과 단점

장점	단점
• 지식의 전달이 용이(체계적 조직) • 문화유산의 전달이 용이 • 초임교사도 쉽게 운영 가능 • 교수−학습활동에의 통제가 용이 • 교육평가 및 측정에 용이 • 교육과정의 중앙집권적 통제가 용이 • 사전 계획성으로 인해 교사, 학생, 학부모들에게 안 정감을 제공	• 학생들의 필요·흥미 무시 • 고등정신 능력 함양 곤란 • 수동적 학습태도 형성 • 민주적 태도나 가치 형성 곤란 • 단편적인 지식 주입 • 경쟁적 풍토 조장(상대평가의 경우) • 실제 생활문제와의 유리 및 비실용적 지식 전달

3 경험 중심 교육과정

04 다음에 해당하는 교육과정 관점은?   16. 국가직

□□□

> • 교사가 아니라 학생 중심의 수업을 강조한다.
> • 교육내용을 학생과 환경 간의 상호작용이라는 측면에서 이해한다.
> • 교육과정은 사전에 계획되는 것이 아니라 교육의 과정에서 생성되는 것으로 본다.

① 경험 중심 교육과정   ② 교과 중심 교육과정
③ 학문 중심 교육과정   ④ 행동주의 교육과정

해설 경험 중심 교육과정은 진보주의 교육철학을 토대로 교과 중심 교육과정을 비판하며 등장하였다. 교육과정은 학교의 지도하에 학생들이 가지게 되는 모든 경험을 말하며, 그 유형에는 활동 중심 교육과정, 생활영역 교육과정, 생성(현성) 교육과정, 중핵 교육과정이 있다. 지문에서 사전에 계획되는 것이 아니라 교육현장에서 학생과 교사가 협력하여 교육과정을 함께 구성하여 '만들어 가는 교육과정'은 생성(현성) 교육과정에 해당한다.

05 경험 중심 교육과정에 대한 설명으로 가장 옳은 것은?   15. 지방직

□□□

① 사전에 계획된 조직적이고 계통적인 수업을 선호한다.
② 학문의 핵심적인 아이디어 또는 기본원리 및 개념을 중시한다.
③ 문화유산 가운데 영구적이고 객관적인 사실, 개념, 법칙을 강조한다.
④ 학생의 실생활 내용을 주로 다루며, 학생 흥미 위주의 수업을 지향한다.

해설 경험 중심 교육과정은 학교의 지도하에 학생들이 가지게 되는 모든 경험을 말하며, 아동 중심 교육과정, 경험(생활) 중심 교육과정, 진보주의 교육, 생활인의 육성, 전인교육의 강조 등의 특징을 지닌다.
①은 교과 중심 교육과정, ②와 ③은 학문 중심 교육과정에 해당한다.

정답 02. ③   03. ②   04. ①   05. ④

06 '생성(emerging) 교육과정'의 특징을 가장 잘 설명한 것은?　　　08. 유·초등임용
□□□

① 학교에서 사회의 직업적 수요와 기업의 주문에 따라 제작하는 교육과정

② 학생의 요구를 중심으로 교사와 학생이 협력하여 구성하고 실천하는 교육과정

③ 교사가 유기체의 탄생, 성장, 성숙, 쇠퇴, 소멸의 주기에 따라 개발하는 교육과정

④ 국가에서 정치 이데올로기를 학생들의 의식 속에 내면화시키기 위해 수립하는 교육과정

[해설] 생성(현성) 교육과정은 경험 중심 교육과정의 유형으로 교육과정을 사전에 결정하지 않고 교육현장에서 학생과 교사가 함께 만들어 가는 교육과정이다.

07 다음에서 김 교사가 동료 교사들과 개발한 교육과정의 유형으로 가장 적절한 것은?　　13. 중등임용
□□□

> 사회과 김 교사는 남대천이 흐르는 도시의 어느 중학교에서 근무하고 있다. 김 교사, 주민, 그리고 학생들은 지역사회의 가장 큰 문제가 남대천의 잦은 범람이라는 데 생각을 같이하고 있다. 김 교사는 과학과, 기술·가정과 교사와 협력하여 '남대천의 범람'을 주제로 한 교육과정을 개발하여 '창의적 체험활동' 시간에 운영하기로 하였다. 김 교사는 남대천의 범람 원인과 지역사회의 피해 정도를 세부 주제로 그 교육과정 전체의 핵심이 되는 한 개의 과정을 설계하였다. 그리고 과학과와 기술·가정과 교사는 지구 온난화가 환경에 미치는 영향, 범람을 막기 위해 실천 가능한 방안과 소요 비용 산출, 방안 실천 시 기술·과학적 고려사항 등을 세부 주제로 '주변 과정' 5가지를 설계하였다.

① 분과 교육과정　　　　　　　　② 생성 교육과정

③ 중핵 교육과정　　　　　　　　④ 나선형 교육과정

⑤ 잠재적 교육과정

[해설] 중핵 교육과정(core curriculum. 필수 교육과정)은 중심 과정과 주변 과정이 동심원적으로 결합된 구조를 갖는 교육과정으로, 교과 중심 교육과정과 경험 중심 교육과정의 결핍을 보완한 경험 중심 교육과정 유형이다. 가장 중요한 것(예 '남대천의 범람'이라는 지역사회의 문제)을 중심에, 그 외 나머지 것들(예 과학과와 기술·가정과 교과 지식)을 중심을 둘러싼 주변에 배치하는 형태로, 교과의 선을 없애고 학습자의 요구나 해결해야 할 사회문제를 중심으로 조직하는 것이다.

08 중핵 교육과정(core curriculum)의 특징을 가장 잘 나타낸 것은?　　　08. 중등임용
□□□

① 두 교과 간 내용의 상호 관련성이 약화된다.

② 개별 교과의 기본 논리 혹은 구조를 파악하기에 용이하다.

③ 특정 주제를 중심으로 여러 교과의 내용을 결합할 수 있다.

④ 개별 교과의 특성을 유지하면서 내용을 체계적으로 조직할 수 있다.

[해설] 중핵 교육과정은 가장 중요한 것은 중심부에 두고 나머지 것들은 주변부에 두어 중심을 향하는 형태로 구성하는 교육과정 유형에 해당한다. ①은 각 교과가 지닌 독립성은 소멸되고, 교과 간 관련성은 강화되며, ②는 학문중심 교육과정, ④는 광역 교육과정에 해당한다. ②의 경우 교과의 구조 파악은 어렵다.

TIP 경험 중심 교육과정의 장점과 단점

장점	단점
• 학습자의 흥미와 필요가 자발적 활동을 촉진 • 현실적이고 실제적인 생활문제를 해결할 수 있는 능력 함양 • 민주시민으로서의 자질 함양 용이 • 학교와 지역사회와의 유대 강화 • 개인차에 따르는 학습 용이 • 급격한 사회 변화에 적응하는 인간 육성 용이	• 학생의 기초학력 저하 초래 • 교육시간의 경제성을 무시 • 교육과정 분류의 준거가 명확하지 못함. • 사전에 계획하지 않기 때문에 행정적 통제가 어려움. • 조직상의 논리적인 체계가 부족함. • 직접경험에서 얻어진 원리나 사실을 새로운 장면에 적용하기 어려움.

4 학문 중심 교육과정

09 다음 설명에 해당하는 교육과정은?   22. 국가직 7급

□□□

> • 교과가 속한 학문의 고유한 구조를 강조한다.
> • 교과를 구성하는 기본개념 및 법칙과 원리를 중시한다.
> • 지식을 탐구하고 발견하는 교육방법을 활용한다.

① 학문 중심 교육과정   ② 인간 중심 교육과정
③ 경험 중심 교육과정   ④ 사회 중심 교육과정

[해설] 학문 중심 교육과정은 구조화된 일련의 의도된 학습결과(Intended learning outcome)로서 각 학문에 내재해 있는 지식 탐구과정의 조직으로 정의되며, 학문의 내용과 탐구과정, 즉 지식의 구조(structure of knowledge)를 가장 중요시하는 교육과정이다.

10 학문 중심 교육과정에 대한 설명으로 옳지 않은 것은?   23. 지방직

□□□

① 경험을 통한 생활적응학습을 강조한다.
② 지식의 구조를 중요시한다.
③ 나선형 교육과정으로 내용을 조직한다.
④ 발견학습을 강조한다.

[해설] ①은 진보주의에 토대를 둔 경험 중심 교육과정에 해당한다. 브루너(Bruner)가 「교육의 과정(The process of education)」(1960)에서 주장한 학문 중심 교육과정은 교육내용으로 '지식의 구조(structure of knowledge)'를 강조한다. 교육목적은 지적 수월성(intellectual excellence)을 도모하고, 교육내용의 조직 방법은 나선형 교육과정(계열성), 교수방법은 발견학습과 탐구학습을 중시한다. 지식의 구조는 각 학문 속에 내재된 기본 개념이나 원리, 핵심적 아이디어, 교과언어, 학자들이 하는 일, 탐구 과정 등을 의미한다.

정답 06. ② 07. ③ 08. ③ 09. ① 10. ①

11 다음의 내용을 강조하는 교육과정은?

08. 국가직 7급

> • 지식의 구조 중시   • 교과내용의 종적 계열성 중시
> • 내적 보상에 의한 학습동기 유발   • 기본 원리 및 개념 중시

① 교과 중심 교육과정   ② 경험 중심 교육과정
③ 학문 중심 교육과정   ④ 인간 중심 교육과정

해설 브루너(Bruner)가 『교육의 과정(The process of education)』에서 주장한 학문 중심 교육과정에서는 교육목표보다는 학문의 내용과 탐구과정, 즉 지식의 구조(the structure of knowledge)를 가장 중시하며, '핵심적 확신'과 '대담한 가설'에 기초한다.

TIP 브루너(Bruner)의 핵심적 확신과 대담한 가설

1. **핵심적 확신**: 지식의 최전선에서 새로운 지식을 만들어내는 학자들이 하는 것이거나 초등학교 3학년 학생이 하는 것이거나를 막론하고 모든 지적 활동은 근본적으로 동일하다.
2. **대담한 가설**: 어떤 교과든지 올바른 방식으로 표현하면, 어떤 발달단계에 있는 어떤 아동에게도 효과적으로 가르칠 수 있다.

12 브루너(J. S. Bruner)의 '지식의 구조'에 대한 설명으로 옳지 않은 것은?

19. 지방직

① 경험 중심 교육과정의 핵심적인 원리이다.
② 특정 학문에서의 학문 현상을 이해하기 위한 개념적 수단이다.
③ 학문에 내재해 있는 기본적인 아이디어나 개념들을 구조화한 것이다.
④ 배운 내용을 사태에 적용하기 쉽고 위계적인 지식 사이의 간격을 좁힐 수 있게 해준다.

해설 지식의 구조(structure of knowledge)는 각 학문 속에 내재된 기본 개념이나 원리, 핵심적 아이디어, 교과언어, 학자들이 하는 일, 탐구 과정 등을 의미하는 것으로, 학문 중심 교육과정에서 중시하는 핵심 내용이자 내용적 목표이다.

TIP 지식의 구조(structure of knowledge)

개념	어떤 교과의 '기본 개념과 기본 원리', '일반적 아이디어', 탐구 과정, 학자들이 하는 일, 교과 언어(subject language) 예 우산, 향성(向性), 삼각형
특징	① 교육과정 조직: 나선형 교육과정(계열성의 원리) ② 교수·학습방법: 발견학습(교사의 지시 최소화, 학습자가 스스로 답을 발견 ⇨ 학습방법의 학습) ③ 학습전이: 일반화설(동일원리설), 형태이조설(구조적 전이설) ④ 학습동기: 내재적 동기예 발견의 기쁨) ⑤ 문제해결 과정에서 직관적(통찰적) 사고 중시
요건	① 표현방식: 작동적(enactive) ⇨ 영상적(iconic) ⇨ 상징적(symbolic) ② 경제성: 기억해야 할 정보의 양이 적다. ③ 생성력: 전이가가 높다.
장점	① 학습내용에 대한 쉬운 이해 ② 장기적 파지(기억) ③ 높은 전이가(파급효과) ④ 초등지식과 고등지식 간의 간격 축소

13 학문 중심 교육과정의 특성과 가장 관련이 없는 것은?   15. 특채

① 지식의 구조   ② 발견학습
③ 나선형 조직 원리   ④ 체계적인 교과지식 전달

해설 학문 중심 교육과정은 구조화된 일련의 의도된 학습결과(Intended learning outcome)로서 각 학문에 내재해 있는 지식 탐구과정의 조직으로 정의되며, 학문의 내용과 탐구과정, 즉 지식의 구조(structure of knowledge)를 가장 중요시하는 교육과정이다. ①은 학문의 기본개념, 원리, 법칙, 핵심 아이디어, 지식의 탐구과정, 학자들이 하는 일, 교과언어를 말한다. ②는 지식의 구조를 교수하는 방법으로, 교사의 지시를 최소화하고 학습과제의 최종적 형태를 학습자 스스로 찾아내게 하는 방법을 말한다. ③은 학습의 계열성(sequence)에 입각하여 동일한 교육내용(지식의 구조)을 학교와 학년(발달단계)이 높아짐에 따라 점차로 심화·확대되어 가도록 조직하는 것을 말한다.
④는 교과 중심 교육과정의 특성에 해당한다.

14 학문 중심 교육과정의 주요 특징에 해당하는 내용만을 〈보기〉에서 고른 것은?   13. 지방직

┌─ 보기 ┐
⊙ 교육목표를 자아실현에 두며, 잠재적 교육과정을 중시한다.
ⓒ 인류의 위대한 문화유산을 교육내용으로 삼아 학습자에게 효과적으로 전달한다.
ⓒ 교육과정을 나선형으로 구성하여 교과에 담긴 핵심 개념이나 기본원리를 학생들의 사고 방식에 알맞게 가르친다.
ⓔ 교과지식을 체계적으로 조직해 놓은 지식의 구조를 중시한다.

① ㉠, ㉡   ② ㉢, ㉣
③ ㉠, ㉢   ④ ㉡, ㉣

해설 브루너(Bruner)로 대표되는 학문 중심 교육과정은 교육내용으로 '지식의 구조', 즉 각 교과의 기본적인 아이디어나 개념 및 원리를 강조하며, 지식의 구조를 조직하는 원리로 '계열성'의 원리에 입각한 나선형 교육과정을 중시한다. ㉠은 인간 중심 교육과정, ㉡은 교과 중심 교육과정에 해당한다.

15 학문 중심 교육과정의 기본관점에 대한 설명으로 옳은 것은?   12. 국가직

① 교과내용을 미리 선정하거나 조직하지 않고 학습의 장에서 결정한다.
② 교과의 목적은 사회의 재구조화를 위한 비판적 시민을 양성하는 데 있다.
③ 핵심적인 아이디어 또는 기본적인 원리 및 개념을 중시한다.
④ 교육과정의 효율성을 위하여 체계적이고 과학적인 방법론을 적용한다.

해설 인지주의 학습이론에 토대를 둔 학문 중심 교육과정은 교육목표보다 교육내용을 중시하는 모형으로, 내용적 목표로 '지식의 구조(structure of knowledge)'를 중시한다. '지식의 구조'는 각 학문 분야에서 가르쳐야 할 가장 중요하고도 기본적인 교육내용(요소, 개념, 원리)들을 논리적인 구조에 의해 체계적으로 조직한 것으로, 각 교과의 '기본개념과 기본원리', '일반적(핵심적) 아이디어', '탐구과정', '학자들이 하는 일', '교과언어'를 말한다.
①은 경험 중심 교육과정의 유형 중 현성교육과정에 대한 설명이며, ②는 재개념주의, ④는 보비트(Bobbitt)의 주장에 해당한다.

━━━━━━

정답   11. ③   12. ①   13. ④   14. ②   15. ③

16 형식도야(formal discipline) 이론과 지식의 구조(structure of knowledge) 이론에 공통적으로
□□□ 해당하는 설명은?

09. 중등임용

① 발견학습의 개념과 밀접히 관련되어 있다.
② 고등 지식과 초보 지식 사이의 간극을 좁힐 수 있다.
③ 교과에서 획득된 지식 또는 능력의 전이를 가정하고 있다.
④ 교육의 목적은 정신적 부소능력(faculties)의 발달에 있다.
⑤ 손다이크(E. Thorndike)와 듀이(J. Dewey)에 의하여 비판되었다.

해설 형식도야 이론은 교과 중심 교육과정에서 중시하는 전이 이론이며, 지식의 구조는 학문 중심 교육과정의 핵심 개념이다. 지식의 구조를 학습할 때의 이점의 하나는 일반화설(동일원리설)이나 형태이조설을 통해 학습의 전이 가능성을 높일 수 있다는 것이다. ①과 ②는 지식의 구조에 대한 설명이며, ④와 ⑤는 형식도야설에 대한 설명이다.

TIP 학문 중심 교육과정의 장점과 단점

장점	단점
• 지식과 기술의 폭발적 증가에 대처(지식의 경제성 중시) • 장기적 파지(기억) • 고등정신능력 함양 : 지적 수월성 확보 • 초등지식과 고등지식 간의 간극 축소 • 높은 학습 전이(파급효과)가 가능 • 탐구(발견) 과정에서 나타나는 창의적 사고를 통해 교육의 질 향상	• 정의적 교육에 소홀 • 우수한 학생에게 유리한 '소수 정예주의 교육과정' ⇨ 학교교육의 비인간화 초래 • 특정 교과(예 과학, 수학)를 우선한 교과 간 분절현상 으로 교육과정 전반 균형 상실 • 순수 지식만을 강조함으로써 학교 밖의 실생활과 유리됨 • 교사가 지식의 구조를 충분히 이해하기 어려움.

5 인간 중심 교육과정

17 인본주의 교육과정(humanistic curriculum)의 관점과 관련이 깊은 것을 〈보기〉에서 모두 고른
□□□ 것은?

10. 중등임용

보기
㉠ 개인의 잠재적 능력 계발과 자아실현을 지향한다.
㉡ 사회가 요구하는 직업능력을 갖춘 사회 구성원 양성을 주목적으로 한다.
㉢ 교사와 학습자 간의 관계에서 존중, 수용, 공감적 이해를 중시한다.
㉣ 대표적인 학자로 메이거(R. Mager), 마자노(R. Marzano) 등이 있다.

① ㉠, ㉢   ② ㉡, ㉢   ③ ㉡, ㉣
④ ㉠, ㉡, ㉣   ⑤ ㉠, ㉢, ㉣

해설 인간 중심 교육과정은 '학생이 학교생활을 하는 동안에 갖는 모든 경험'을 교육과정으로 정의한다. 의도적 경험(표면적 교육과정)과 의도하지 않은 경험(잠재적 교육과정)을 모두 중시하며, 실존주의와 현상학, 인본주의 심리학을 토대로 성립하였다. 인간성 회복, 자아실현, 전인교육, 잠재적 교육과정, 통합적 교육과정 등에 관심을 갖는다. ㉢은 인본주의 심리학자인 로저스의 견해에 해당한다.
㉡은 직업 준비 교육과정(경험 중심 교육과정)에 해당하며, ㉣에서 메이거와 마자노는 행동(주의)적 목표진술을 강조한 학자들이다.

TIP 인간 중심 교육과정의 장점과 단점

장점	단점
• 전인교육을 통한 전인적 성장 가능 • 학습자의 개별적인 자기성장 조장 • 학습자의 긍정적 자아개념 형성 • 교수·학습 과정에서 개방적·자율적 분위기 조성 • 교육과 교육환경의 인간화에 기여	• 교사들의 투철한 교육관 확립 요구 • 행정적 조건 정비(예 과밀학급 개선, 경쟁적 입시풍토 개선)가 선행되어야 함. • 개인의 성장만을 중시하고 교육과 사회와의 관계를 경시할 수 있음. • 개념이 모호하고 이론 자체가 미비함.

6 공식적 교육과정 종합

18 교육과정에 대한 설명으로 옳지 않은 것은?   16. 국가직 7급

① 보비트(Bobbitt)는 성인의 활동영역을 전문적으로 분석하여 교육목표를 설정할 것을 강조하였다.
② 브루너(Bruner)는 지식의 구조를 나선형으로 조직하여 가르칠 것을 제안하였다.
③ 교과 중심 교육과정은 교과지식을 통해 사회변화를 위한 비판적 의식을 기를 것을 강조한다.
④ 인간 중심 교육과정은 교육을 삶 그 자체로 간주하고 학생의 정서를 중시한다.

해설 ③은 교육과정(학교지식)에 대한 신마르크스주의적 접근으로 교육과정 재개념주의 또는 신교육사회학의 접근방법에 해당한다. 교과 중심 교육과정은 인류의 본질적인 문화유산을 논리적으로 체계화한 교과지식을 통해 문화전승 및 사회유지에 목적을 둔다.

19 교육과정 이론에 대한 설명으로 옳지 않은 것은?   19. 지방직

① 학문 중심 교육과정은 나선형 교육과정의 원리를 채택한다.
② 인간 중심 교육과정은 정의적 특성의 발달보다는 지적 능력의 성취를 강조한다.
③ 경험 중심 교육과정은 학습자의 삶과 관련이 있는 다양한 경험을 주된 교육내용으로 삼는다.
④ 교과 중심 교육과정은 문화유산의 전달을 목적으로 하는 내용을 논리적으로 체계화하여 교과로 분류한다.

해설 인간 중심 교육과정은 현대사회의 비인간화 문제를 극복하고 교육의 인간화를 주장하는 가운데 등장한 교육과정 유형이다. 실존주의 현상학과 인본주의 심리학에 토대를 두고 있으며 교육목표는 자아실현과 전인형성을 지향한다. 그러기에 지적 능력의 성취보다는 정의적 특성의 발달을 보다 중시한다.

정답   16. ③   17. ①   18. ③   19. ②

TIP 통합적 교육과정

1. **인그램(Ingram)** : 수직적 통합, 수평적 통합, 교육과정 통합 ▷ 평생교육적 관점 중시
2. **드레이크(Drake)** : 다학문적 통합, 간학문적 통합, 탈학문적 통합 ▷ 교육과정 통합의 관점 중시

다학문적 통합	• 하나의 주제를 상호 독립적인 개별 교과의 측면에서 통합적으로 다루는 형태 ▷ 광역 교육과정 • 각 교과는 상호 독립적이면서 하나의 주제를 여러 각도에서 접근하는 방법
간학문적 통합	• 여러 교과들에 공통적인 내용(예 주제, 개념, 문제, 방법, 기능 등)을 중심으로 각 교과의 내용을 재구성하는 방법 ▷ 융합 교육과정 • 개념, 방법, 절차 등의 유사성을 공통분모로 새롭게 교과나 학문을 결합하는 통합임. ▷ 각 교과 간의 독립성이 약화됨.
탈학문적 통합	• 교과 외적인 주제(예 학습자의 흥미, 사회문제 등)를 중심으로 교과의 구조를 무시하고 자유로이 통합하는 형태 ▷ 중핵 교육과정 • 교과의 경계가 완전히 사라지는 통합방식임.

20 교육과정 유형에 대한 설명으로 옳지 않은 것은?

22. 국가직

① 경험중심 교육과정은 아동의 성장과 발달에 목적을 둔다.
② 교과중심 교육과정은 교사 중심의 설명식 교수법을 요구하는 경우가 많다.
③ 학문중심 교육과정은 전통적으로 내려오는 가치와 문화의 전수를 교육과정의 핵심으로 본다.
④ 인간중심 교육과정은 개인적 의미의 중요성을 강조하고 전인적 발달을 추구함으로써 학습자의 자아실현을 돕는다.

해설 ③은 교과중심 교육과정 유형에 해당한다. 학문중심 교육과정은 교육목표를 지적 수월성(intellectual excellence) 함양이나 탐구능력 계발에 둔다. 교육내용으로 '지식의 구조(structure of knowledge)', 즉 각 교과의 기본적인 아이디어나 개념 및 원리를 강조하며, 지식의 구조를 조직하는 원리로 계열성(sequence)의 원리에 입각한 나선형 교육과정(spiral curriculum)을 중시한다.

21 문제해결과정에서 특정한 전략과 일련의 순서에 따라 지적 · 정의적 요소를 작동, 변화, 처치, 전환시키는 '사고력 향상 교육과정'은?

09. 국가직

① 인지중심 교육과정　　　　　　② 교과중심 교육과정
③ 경험중심 교육과정　　　　　　④ 인간중심 교육과정

해설 문제해결과정(problem-solving process)을 인지주의 학습이론에서는 사고(thinking)라고 정의한다. 문제(problem)는 목표에 이르는 방법이나 수단을 모르는 상황이며, 문제해결전략을 사고전략이라고 한다. 이러한 사고전략을 훈련시키는 교육은 인지중심(인지주의) 교육과정에 해당한다.

TIP 교육과정 유형 − 교육과정 결정요소에 따른 구분

교과(학문)	교과중심 교육과정, 학문중심 교육과정, 성취지향 교육과정
학습자(개인)	경험중심 교육과정, 인간중심 교육과정, 인지주의 교육과정, 구성주의 교육과정
사회	생활적응 교육과정, 직업준비 교육과정, 중핵 교육과정, 사회개조 교육과정

제6절 │ 교육과정의 유형Ⅱ : 학교교육과정을 비판하는 교육과정 유형

1 개관

01
□□□
(가)~(다)에 해당하는 교육과정의 개념을 바르게 짝지은 것은?

17. 지방직

> (가) 교육적 가치가 있는 내용임에도 불구하고 학교교육과정에서 배제하여 가르치지 않았다.
> (나) 국가 교육과정과 시·도 교육청 교육과정 편성·운영 지침에 의거해 학교교육과정을 편성하였다.
> (다) 학교교육과정에서 계획하거나 의도하지 않았지만, 교육과정이 전개되는 동안 학생들은 바람직하지 못한 가치와 태도도 은연중에 배우게 되었다.

	<u>(가)</u>	<u>(나)</u>	<u>(다)</u>
①	잠재적 교육과정	공식적 교육과정	영 교육과정
②	잠재적 교육과정	영 교육과정	공식적 교육과정
③	영 교육과정	잠재적 교육과정	공식적 교육과정
④	영 교육과정	공식적 교육과정	잠재적 교육과정

해설 아이즈너(Eisner)에 따르면 교육과정은 공식적 교육과정, 잠재적 교육과정, 영 교육과정의 3가지 층위(層位)가 있다. 공식적 교육과정은 명백히 드러나거나 공적 문서상에 나타난 교육과정을 의미하며, 잠재적 교육과정은 학교에서 의도하지 않았던 학습결과를 초래하는 교육과정으로, 학교의 상황을 통하여 학생들이 은연중(隱然中)에 가지게 되는 경험의 총체(總體)를 말한다. 그리고 영 교육과정은 법적인 구속력이 있는 공적인 문서에 들어 있지 않아서 학교에서 가르치지 않은 교육내용 또는 교육적으로 가치 있는 내용 중에서 학생들이 학습할 기회를 갖지 못한 모든 내용을 말한다.

TIP 교육과정의 층위(層位) 또는 공식화의 정도에 따른 유형 구분

교육과정 유형	의도·교수(교사)	실현·학습(학습자)	특징
공식적 교육과정	有	有 또는 無	제1의 교육과정 ⇨ 전개된 교육과정
잠재적 교육과정	有 A	有 B	제2의 교육과정 ⇨ 실현된 교육과정
	無	有	
영 교육과정	無	無	제3의 교육과정 ⇨ 기회학습의 내용

정답 20. ③ 21. ① / 01. ④

02 (가)와 (나)에 해당하는 교육과정 유형을 바르게 짝지은 것은?

18. 국가직

> (가) 교사가 계획하거나 의식하지 않았음에도 불구하고 학생들의 지식·태도·행동에 영향을 미치는 '교육 실천과 환경' 및 '그 결과'를 의미한다.
>
> (나) 가르칠 만한 가치가 있음에도 불구하고, 공식적 교육과정이나 수업에서 빠져 있는 교육 내용이다.

	(가)	(나)		(가)	(나)
①	실제적 교육과정	영 교육과정	②	잠재적 교육과정	영 교육과정
③	영 교육과정	실제적 교육과정	④	영 교육과정	잠재적 교육과정

해설 잠재적 교육과정은 학교의 상황을 통하여 학생들이 은연중(隱然中)에 가지게 되는 경험의 총체(總體)로, 학교에서 의도했으나 의도와는 다른 학습 결과를 초래하는 경우나 학교에서 의도하지 않았으나 학생들이 학습한 경우가 해당한다. 영 교육과정은 적극적으로는 법적인 구속력이 있는 공적인 문서에 들어 있지 않아서 학교에서 가르치지 않은(배제된) 교육 내용을, 소극적으로는 교육적으로 가치 있는 내용 중에서 학생들이 학습할 기회를 갖지 못한 모든 기회학습 내용을 말한다.

TIP 공식적 교육과정과 실제적 교육과정 : 글래톤(Glattorn) ‖‖‖‖‖‖‖‖‖‖‖‖‖‖‖‖‖‖‖‖‖‖‖‖‖‖‖‖‖‖‖‖‖‖‖‖

공식적 교육과정이 문서화된 교육과정으로 국가, 지역, 학교 수준의 교육과정의 지침이나 계획이라면, 실제적 교육과정은 가르친 교육과정(taught curriculum)과 학습된 교육과정(learned curriculum), 그리고 평가된 교육과정(tested curriculum)을 모두 종합한 개념이다.

가르친 교육과정(taught curriculum)	교사들이 실제로 가르친 교육내용을 의미한다.
학습된 교육과정(learned curriculum)	학생들이 실제로 학습한 교육내용을 의미한다. 모든 교육과정 유형 중에서 가장 중요하지만 가장 통제하기 어려운 부분이다.
평가된 교육과정(tested curriculum)	각종 시험이나 평가 등을 통하여 사정(査定)되는 교육내용을 의미한다.

03 다음 사례와 교육과정 유형을 바르게 짝지은 것은?

09. 유·초등임용 응용

> 사례 A : 북한 초등교육기관에서는 의도적으로 종교에 관한 내용을 배제한다.
>
> 사례 B : ○○교육청은 입학 초기 적응 프로그램인 '우리들은 1학년'을 직접 제작하여 학교 창의적 체험활동에 활용하였다.
>
> 사례 C : 학교에서 받아쓰기 시험을 매일 보고 틀린 낱말을 30번씩 적게 했더니 학생들이 국어 공부를 싫어하게 되었다.

	사례 A	사례 B	사례 C
①	영 교육과정	잠재적 교육과정	공식적 교육과정
②	잠재적 교육과정	공식적 교육과정	영 교육과정
③	영 교육과정	공식적 교육과정	잠재적 교육과정
④	잠재적 교육과정	영 교육과정	공식적 교육과정
⑤	공식적 교육과정	영 교육과정	잠재적 교육과정

해설 교육과정은 공식적 교육과정, 잠재적 교육과정, 영 교육과정의 3가지 층위(層位)가 있다. 사례 A는 학교교육과정에서 의도적으로 배제된 교육과정을, B는 공식적·의도적으로 편성된 교육과정을, C는 의도와 다른 결과를 초래한 교육과정을 의미한다.

2 잠재적 교육과정

04 교실생활의 군집성, 상찬, 권력구조 등이 학생들의 행동과 학습 결과에 미치는 영향을 설명하면서, 잠재적 교육과정의 개념을 제시한 인물은?
17. 국가직

① 잭슨(P. Jackson) 　　　　　　② 보빗(F. Bobbitt)
③ 프레리(P. Freire) 　　　　　　④ 위긴스(G. Wiggins)

해설 잭슨(P. Jackson)은 소설 「교실의 생활(Life in classroom, 1968)」에서 잠재적 교육과정이란 용어를 처음으로 제시하였다. 잠재적 교육과정은 학생들이 학교의 문화나 분위기(교실생활)에서 배우는 교육과정을 의미하며, 그 원천으로 군집성, 상찬(평가), 권력구조를 들었다. 보빗(Bobbitt)은 교육과정(curriculum)이란 용어를 처음 사용하였으며, 프레리(Freire)는 「페다고지」에서 자본주의 체제하의 교육을 은행저금식 교육으로 비판하고 그 대안으로 문제제기식 교육(의식화 교육)을 제시하였으며, 위긴스와 맥타이(Wiggins & McTighe)는 역방향 교육과정 설계방식을 제안하였다.

TIP 잭슨(Jackson)이 제시한 잠재적 교육과정의 원천으로서 학교의 생태

군집성	교육의 평등성에 따라 상·중·하류층 아이들 모두가 학교에 모임으로써 상호 간에 어울리는 방법을 배운다.
상찬 (賞讚, 평가)	무시행학습(관찰학습)의 경우처럼, 학생들은 상호 간에 또는 교사에 의해 내려지는 여러 가지 형태의 평가 속에서 살아가는 방법을 배운다.
권력관계	아동은 학교 적응을 위해 학교에서 교사와 학교 당국의 권위에 적응하는 것을 배운다.

05 다음과 관련된 교육과정은?
20. 지방직

- 교실풍토의 영향
- 잭슨(Jackson)
- 군집, 상찬, 평가 등이 학생의 삶에 미치는 영향
- 학생에게 무(無)의도적으로 전달되는 교육과정

① 공식적 교육과정 　　　　　　② 영 교육과정
③ 잠재적 교육과정 　　　　　　④ 실제적 교육과정

해설 잭슨(Jackson)이 처음 주장한 잠재적 교육과정이란 학교에서 의도하지 않았던 학습결과를 초래하는 교육과정을 말한다. 잭슨은 잠재적 교육과정의 원천으로 군집성(crowd), 상찬(praise, 평가), 권력관계(power) 등을 제시하였다. ④의 실제적 교육과정(practical curriculum)은 실제적 상황을 중시하는 교육과정으로, 슈왑(Schwab, 1969)이 지금까지의 교육 과정 연구가 교육과정 개발의 이론(theory)에만 집착해 온 경향성을 비판하는 과정에서 등장하였다.

정답 02. ② 03. ③ 04. ① 05. ③

06 다음 진술문 중 잠재적 교육과정에 해당하는 것은? 10. 국가직

① 모든 교과나 학문 분야에서 지식의 구조를 중시한다.
② 주로 정의적인 영역이나 학교풍토와 관련된다.
③ 정부나 교사에 의해 의도적으로 조직된다.
④ 교육목표가 구체적으로 설정되고 진술된다.

해설 학교 상황을 통하여 학생들이 은연중(隱然中)에 가지게 되는 경험의 총체인 잠재적 교육과정은 학생들의 태도, 가치관 등 주로 정의적 영역의 학습과 관련되며, 학교문화나 학교풍토와 같은 사회·심리적 상황을 통해 학습되는 교육과정이라고 할 수 있다.
①은 학문 중심 교육과정, ③과 ④는 의도적 교육과정에 해당한다.

TIP 표면적 교육과정과 잠재적 교육과정의 비교

구분	표면적 교육과정(제1의 교육과정)	잠재적 교육과정(제2의 교육과정)
교육방법	학교의 의도적·계획적 조직 및 지도하에 학습	학교생활에서의 무의도적으로 학습
학습영역	인지적 영역	정의적 영역(태도·가치관) ⇨ 인간교육
학습경험	교과, 교재	학교의 문화와 풍토, 생활경험
학습기간	단기적·일시적·비영속적인 경향	장기적·반복적·영속적인 경향
교사의 역할	지적·기능적 영향	인격적·도덕적 감화 ⇨ 학생의 동일시 대상
학습내용	가치지향적인 내용(바람직한 내용)만 포함	가치지향적인 것과 무가치적·반사회적인 내용(바람직하지 못한 내용) 모두 학습

07 잠재적 교육과정에 대한 설명으로 옳지 않은 것은? 15. 국가직 7급

① 잠재적 교육과정은 주로 정의적 영역과 관계가 있다.
② 학교 환경과 교육활동을 의도적으로 조직·통제하는 행위와 결과는 포함되지 않는다.
③ 표면적 교육과정과 상호 조화될 때 교육효과는 더욱 높아진다.
④ 학교에서의 상과 벌, 평가, 사회적 관행 등이 잠재적 교육과정을 형성한다.

해설 잠재적 교육과정(latent curriculum)이란 학교에서 의도하지 않았던 학습결과를 초래하는 교육과정으로, 학교의 상황을 통하여 학생들이 은연중(隱然中)에 가지게 되는 경험의 총체(總體)를 말한다. 학교에서 의도했으나 의도와는 다른 학습결과를 초래하는 경우나 학교에서 의도하지 않았으나 학생들이 학습한 경우가 해당한다. 그러므로 ②도 포함된다.

08 잠재적 교육과정에 대한 설명으로 옳지 않은 것은? 23. 국가직 7급

① 공식적 교육과정과 구분되는 개념이다.
② 학교의 물리적 조건, 행정 조직, 사회 심리 상황 등의 환경에 기인한다.
③ 교사가 의도하지 않은 가운데 학생의 지식, 태도, 행동에 큰 영향을 끼친다.
④ 배울 만한 가치가 있음에도 교육과정에서 빠져 있는 교육내용을 가리킨다.

해설 잠재적 교육과정은 의도와는 다른 결과 또는 의도하지 않은 학습결과를 초래하는 교육과정으로 학생들이 학교생활을 통해 얻게 된 실현된 교육과정(learned curriculum)에 해당한다. 이에 비해 영 교육과정은 가치 있는데도 불구하고 교육과정 개발이나 실행 과정에서 의도적으로 배제된 내용으로, 학습되지 않은 교육과정을 말한다. ④는 영 교육과정(null curriculum)에 해당한다.

3 영 교육과정

09 다음이 설명하는 것과 가장 관련이 깊은 교육과정 개념은? 15. 특채

> 학교에서 가르치지 않거나 소홀히 다루는 교육과정을 의미한다. 사례로 기독교의 창조론 등
> 이 있다.

① 인성교육 　　　　　　　　　② 영(null) 교육과정
③ 창의적 체험활동 　　　　　　④ 교과 중심 교육과정

해설 　영 교육과정(null curriculum) 또는 '배재적 교육과정'은 공식적인 문서에 없는 바람직한 내용이나 학교에서 의식적·공식적·관습적으로 가르쳐지지 않은 교과나 지식·사고양식을 말한다.

10 다음 내용과 가장 밀접하게 관련된 개념은? 11. 국가직 7급

> • 의도적으로 배제된 교육내용 　　　　• 대중문화
> • 아이즈너(E. W. Eisner)의 주장

① 잠재적 교육과정 　　　　　　② 영 교육과정
③ 묵시적 교육과정 　　　　　　④ 재개념주의

해설 　영 교육과정(null curriculum) 또는 아이즈너(Eisner)가 「교육적 상상력」(1979) 언급한 교육과정 유형으로, 가치 있는 내용 중에서 공식적인 문서에 없는 내용이나 공식적인 문서에 있으나 교수 과정에서 가르쳐지지 않은 교육내용을 말한다. 교육과정 개발이나 실행과정에서 개발자(또는 교수자)가 지닌 타성(惰性)이나 경직된 신념, 무지(無知), 의욕 부족 등으로 인해 발생한다.

> 왜 대부분의 중등학교에서 영어를 4년, 수학을 2년, 과학을 1~2년, 역사와 사회를 2~3년 동안 의무적으로 가르치는 가? 왜 중등학교에서 법학, 경제학, 인류학, 심리학, 무용, 시각예술, 음악은 자주 가르치지 않거나 필수교과로 지정하지 않는가? (중략) 나는 우리가 학교에서 몇몇 교과를 다른 대안적인 교과에 대한 면밀한 검토 없이 그저 전통적으로 가르쳐 온 교과이므로 계속해서 가르치고 있다고 생각한다. 그 과정에서 우리는 종종 학생들에게 매우 유용하다고 입증된 교과를 가르치지 않는다.
> 　　　– 아이즈너(E. Eisner), 「교육적 상상력」

11 다음에 해당하는 교육과정 개념은? 21. 국가직

> 만약 우리가 학교의 프로그램이 가져오는 결과나, 그런 결과를 초래하는 측면에서 교육과정
> 의 역할에 대하여 관심을 갖는다면, … (중략) … 학교가 가르치지 않는 것에 대하여도 고려할
> 필요가 있다.

① 공식적 교육과정 　　　　　　② 잠재적 교육과정
③ 영 교육과정 　　　　　　　　④ 의도된 교육과정

해설 　교육과정은 공식적 교육과정, 잠재적 교육과정, 영 교육과정의 3가지 층위(層位)가 있다. 제시문에서 "학교가 가르치지 않는 것에 대하여도 고려할 필요가 있다."는 영 교육과정(null curriculum)에 해당한다.

정답 　06. ②　07. ②　08. ④　09. ②　10. ②　11. ③

12 영 교육과정(Null Curriculum)에 대한 설명으로 옳은 것을 〈보기〉에서 고른 것은?   16. 지방직

□□□

> ┌ 보기 ┐
> ㉠ 아이즈너(E. Eisner)가 제시한 개념이다.
> ㉡ 교과지식을 아동의 흥미와 요구에 맞추어 재구성한 것이다.
> ㉢ 학생이 학교생활을 통해 은연중에 가지게 되는 경험의 총화이다.
> ㉣ 교육적 가치가 있음에도 불구하고 학교에서 학생들이 학습할 기회를 갖지 못하는 내용이다.

① ㉠, ㉢   ② ㉠, ㉣
③ ㉡, ㉢   ④ ㉡, ㉣

해설 영 교육과정(null curriculum)은 아이즈너(Eisner)가 저술한 「교육적 상상력」(1979)에서 제시한 교육과정 유형으로, 법적인 구속력이 있는 공적인 문서에 들어 있지 않아서 학교에서 가르치지 않은 교육내용 또는 교육적으로 가치 있는 내용 중에서 학생들이 학습할 기회를 갖지 못한 모든 내용을 말한다. 겉으로 확인할 수 없는 무형(無形)의 형태로 존재하는 교육과정으로 교사의 마음속에 계획되어 있는 교육과정이다. 학교에서 의식적·공식적·관습적으로 가르치지 않은(배제된) 교과나 지식·사고양식에 해당하며, 학생들이 공식적 교육과정을 배우는 동안에 놓치게 되는 '기회학습 내용'을 말한다. ㉡은 경험 중심 교육과정, ㉢은 잠재적 교육과정(latent curriculum)에 해당한다.

13 아이즈너(E. W. Eisner)가 제시한 영 교육과정(Null Curriculum)에 대한 설명으로 옳은 것은?

□□□   14. 국가직

① 공식적 교육과정에서 의도하지 않았으나 학생들이 은연중에 배우게 되는 경험된 교육과정이다.
② 교사가 교실에서 실제로 가르친 교육과정이다.
③ 교육적 가치가 있음에도 불구하고 공식적 교육과정에서 배제된 교육과정이다.
④ 공적 문서 속에 기술되어 있는 교육계획으로서의 교육과정이다.

해설 아이즈너(Eisner)가 「교육적 상상력」(1979)에서 개념화한 것으로 겉으로 확인할 수 없는 무형(無形)의 형태로 존재하는 교육과정이라는 의미에서 영 교육과정(null curriculum)이라고 불렀다. 이는 공식적인 문서에 없는 바람직한 내용이나 학교에서 의식적·공식적·관습적으로 가르쳐지지 않은 교과나 지식·사고양식을 말한다.
①은 잠재적 교육과정, ②는 전개된 교육과정(taught curriculum), ④는 의도된 교육과정(written curriculum)을 의미한다.

4 종합

14 교육과정에 대한 설명으로 옳은 것은? 14. 국가직 7급

① 잠재적 교육과정에서는 문서 속에 담긴 교육계획이 중요한 의미를 가진다.
② 교육과정을 수업을 통해 실현된 학습경험으로 본다면 교육과정은 학생마다 다를 수 있다.
③ 우리나라의 공식적 교육과정은 국가 수준의 교육과정과 시·도교육청 수준의 교육과정 편성 및 운영 지침 등 두 수준으로 구성된다.
④ 아이즈너(Eisner)는 영 교육과정이 공식적 교육과정에 포함되지 않기 때문에 교육적으로 중요한 의미를 갖지 않는다고 하였다.

해설 실현된 교육과정(learned curriculum)은 학습성과로서의 교육과정으로서, 학생에게 실제로 나타난 교육과정, 학생들이 배운 최종 결과에 해당한다. 학습성과는 학생들의 출발점 행동이 모두 다르기 때문에 개인차가 클 수밖에 없다.
①은 의도된 교육과정(written curriculum)을 의미하며, 잠재적 교육과정에서는 중요한 의미를 지니지 않는다.
③은 국가수준, 지역수준(시·도교육청, 교육지원청), 학교수준으로 구분된다.
④는 아이즈너(Eisner)는 "만일 학교가 영 교육과정을 공식적 교육과정에 포함하지 않는다면 학교의 교육적 영향력은 위축되거나 왜곡될 수 있다."며 영 교육과정의 중요성을 강조하였다.

15 다음 내용 중 옳은 것을 모두 고르면? 08. 국가직

> ㉠ 학문중심 교육과정은 지식의 구조를 교육과정의 핵심개념으로 보았다.
> ㉡ 잠재적 교육과정은 학교가 교육목표를 달성하는 과정에서 발생하는 모든 경험을 말한다.
> ㉢ 나선형 교육과정은 학문의 공통된 내용을 수준을 달리하여 반복적으로 학습하는 것과 관련 있다.
> ㉣ 경험중심 교육과정은 교과중심 교육과정을 비판하는 가운데 나온 것이다.
> ㉤ 학습경험을 조직하기 위해 계속성, 계열성, 통합성의 원리를 고려해야 한다.

① ㉠, ㉡, ㉢, ㉣, ㉤
② ㉠, ㉢, ㉣, ㉤
③ ㉠, ㉡, ㉣
④ ㉡, ㉢, ㉤

해설 잠재적 교육과정(latent curriculum)은 표면적인 교육과정을 제외한 학교의 전 경험을 말한다. 그러므로 잠재적 교육과정은 학교가 교육목표를 달성하는 과정뿐만 아니라 학교 교육의 전 상황과 관련되어 발생한다고 볼 수 있다.

제7절 우리나라의 교육과정

1 우리나라 교육과정의 전개과정

01 **중앙집권적 교육과정에 비해 지방분권적 교육과정 개발이 갖는 단점은?** 07. 경남
□□□
① 교사가 교육과정 문제로부터 소외될 가능성이 있다.
② 지역, 학교, 학습자의 특수성에 부합하는 다양한 교육과정 운영이 어렵다.
③ 지역, 학교 간 격차가 심화될 가능성이 있다.
④ 교육과정의 운영이 획일화되고 경직화되기 쉽다.

해설 지방분권적 교육과정 개발은 전문가, 예산, 시간, 인식의 차이 때문에 지역, 학교 간 격차가 심화될 가능성이 있으며, 질적 수준이 낮은 교육과정이 되기 쉽다는 단점을 지닌다. ①, ②, ④는 중앙집권적 교육과정 개발이 갖는 단점에 해당한다.

TIP 중앙집권형과 지방분권형 개발방식의 비교

구분	중앙집권형	지방분권형
장점	① 전국적으로 통일된 교육과정(전국적·공통적 교육과정) ② 학교급 및 학교 간 교육과정의 연계성 충족 ③ 질 높은 수준의 교육과정 개발(연구·개발·보급 모형) ④ 국가와 사회적 대변혁 시기에 총체적 대응에 도움.	① 지역과 학교의 특수성에 부합하는 다양한 교육과정 개발 ② 교사들의 참여로 전문성 신장(교육과정 사소화 문제 극복) ③ 상황변화에 신속하고 유연한 대응 ④ 민주적인 교육풍토 조성 ⑤ 학습자의 자발적 학습 촉진
단점	① 교육과정 운영의 획일화·경직화 ② 권위주의적 교육풍토 조성 ③ 즉각적인 수정의 어려움. ④ 교사배제 교육과정(teacher-proof curriculum)으로 교육과정 사소화 문제 발생 ⑤ 지역, 학교, 학습자의 특수성에 부합하는 다양한 교육과정 운영의 어려움.	① 질 높은 교육과정 개발의 어려움. ② 학교급 및 학교 간 교육과정 연계성 부족 ③ 교육개혁의 전파가 어려움. ④ 지역, 학교 간 격차가 심화될 가능성이 높음.

02 다음 대화에서 추론할 수 있는 교사와 교장의 교육과정 실행에 대한 관점을 옳게 연결한 것은?

□□□
10. 유 · 초등임용

> 김 교사 : 국가가 정한 교육과정에 얽매이기보다는 교사가 창의적으로 교육내용을 만들어서
> 가르치는 것이 중요하다고 봐요. 교육과정은 교사와 학생이 함께 만들어 가는 교육
> 경험이라 할 수 있잖아요.
>
> 이 교장 : 글쎄요. 국가 교육과정은 전국적인 교육의 질을 보장하기 위하여 공통된 내용을 정
> 하여 실시하는 교육계획이지요. 그렇다면 교사가 수업을 임의로 해서는 안 되고, 당
> 초 국가 교육과정에서 정한 목표와 내용을 중심으로 가르쳐야지요.
>
> 박 교사 : 두 분 말씀은 알겠는데요. 교육과정을 실제로 운영하는 것은 복잡한 일입니다. 국가
> 교육과정뿐만 아니라 교실 상황, 학습자 수준, 교사의 요구도 함께 고려해야죠. 교육
> 과정 개발자와 사용자 간의 의견 조정도 중요하다고 봐요.

	김 교사	이 교장	박 교사
①	형성(생성) 관점	충실성 관점	상호적응 관점
②	형성(생성) 관점	상호적응 관점	충실성 관점
③	충실성 관점	상호적응 관점	형성(생성) 관점
④	충실성 관점	형성(생성) 관점	상호적응 관점
⑤	상호적응 관점	충실성 관점	형성(생성) 관점

해설 김 교사는 '적용, 창조적 실행의 관점' 즉, '만들어 가는 교육과정'을 중시하고 있다. 이 교장은 교육과정 개발자의 의도에 충실하게 운영하는 '이행, 충실도 관점'에 해당한다. 박 교사는 김 교사의 의견과 이 교장의 의견을 절충하고 있으므로 '상호적응적 관점'에 해당한다.

TIP 교육과정 실행에 대한 세 가지 관점의 비교(Snyder, Bolin, and Zumwalt, 1992)

구분	교육과정 운영의 개념	특징	평가영역
충실도 관점 (이행 관점)	계획된 교육과정	• 학교 외부 전문가가 교육과정 구성 ⇨ 기술공학적 관점 • 이행은 법으로 정한 의무를 행동으로 옮기는 과정 • 교사는 수동적이고 소극적인 역할 수행	계획과 결과 간의 일치 정도
생성 관점 (창조적 실행 또는 적용 관점)	창조된 교육과정	• 학교 내의 교사와 학생이 교육과정 구성 ⇨ 문화적 관점 • 창조적 실행은 자발적 행위를 통해 만들어가는 과정 • 교사는 주체적이고 능동적인 역할 수행	교사의 이해와 해석 수준
상호적응 관점 (조정 또는 재구성 관점)	조정된 교육과정	• 외부 전문가(개발자)와 학교 내부의 교육과정 운영 담당자(실행자) 간의 역동적 상호작용을 통한 교육과정 구성 ⇨ 정치적 관점 • 교육과정 실행의 과정 접근(process perspective)	상호작용의 변화과정

정답 01. ③ 02. ①

03 다음은 우리나라 초등학교에서 이루어지는 학교 교육과정 개발의 일반적인 절차를 나타낸 것이다.
□□□ (가) 단계에서 필수적으로 이루어져야 할 활동으로 가장 적절한 것은? 10. 유·초등임용 응용

| 관련 위원회 조직 및 편성계획 수립 | → | 국가 교육과정 기준과 지침의 내용분석 | → | 각종 실태조사 분석과 시사점 추출 | → | 학교 교육과정 편성·운영의 기본방향 설정 | → | (가) | → | 학교 교육과정의 운영과 평가 |

① 관계 법령 분석
② 학교 여건 분석
③ 내년도 교육과정 개선을 위한 의사결정
④ 편제와 시간 배당, 수업 일수 및 시수 결정
⑤ 전년도 교과, 창의적 체험활동의 운영 실태 평가

해설 (가)는 학교교육과정 시안 작성 및 심의·확정단계에 해당한다. ①은 2단계, ②는 3단계, ③은 6단계, ⑤는 3단계에 해당한다.

TIP 학교교육과정 편성·운영 절차

준비 (계획)	1. 학교 교육과정위원회 조직과 편성계획 수립: 조직, 임무, 역할의 구체화 2. 국가교육과정 기준과 지침의 내용 분석: ① 교육부 고시 교육과정(국가교육위원회), 시·도 지침 및 장학자료 분석, ② 관계 법령, 교육시책, 지표, 과제의 분석 3. 각종 실태조사 분석과 시사점 추출: ① 교직원 현황, 학교여건, 학생과 학부모 실태, 지역사회 특성 조사 및 분석, ② 교원·학생·학부모의 요구 조사 및 분석, ③ 전년도 교과, 창의적 체험활동 등의 운영실태 평가 및 분석
편성	4. 학교 교육과정 편성·운영의 기본 방향 설정: ① 학교장의 경영철학 및 학교 교육목표 설정, ② 교과, 영역, 학년별 교육중점 제시 5. 학교 교육과정 시안 작성: ① 편제와 시간배당, 수업일수 및 시수 결정, ② 교과, 창의적 체험활동시간의 운영계획 수립, ③ 생활지도 계획 수립, ④ 교과전담 운영, 특별교실 및 운동장 활용계획, ⑤ 기타 학교 운영 전반에 필요한 계획 수립 6. 학교 교육과정 시안의 심의 및 확정: ① 시안의 심의, 검토 분석, ② 시안의 수정 및 보완 7. 개별화 교육과정의 작성: ① 개별화 교육운영위원회 조직, ② 공통기본 교육과정 적용 곤란 학생 선별, ③ 학생 및 학부모의 요구 반영 8. 교수··학습 지도계획 수립: ① 교육내용 결정, ② 교육방법 결정, ③ 학습형태 및 학습조직 결정, ④ 학습매체의 선정
운영	9. 학교 교육과정의 운영: ① 지속적인 연수 실시, 교내 자율장학의 활성화, ② 운영과정의 문제점에 대한 탄력적 대처, ③ 장학협의를 통한 교육과정의 수정·운영, ④ 학교조직의 재구조화
평가	10. 학교 교육과정의 평가와 개선: 내년도 교육과정 개선을 위한 의사결정

04

다음 대화에서 각 교사가 직면한 문제의 해결 방법으로 가장 적절하게 연결된 것은? 10. 유 · 초등임용

□□□

> 김 교사: 매 단원마다 같은 내용이 반복되어 제시되다 보니 학생들이 지루해 하는 것 같아요. 학생들의 학습을 심화, 발전시켜야 하는데 말이죠.
>
> 이 교사: 저도 비슷한 고민을 해요. 미술 시간에 그림 그리기 준비를 하다 보면 정작 그리기 수업은 제대로 못하고 끝나버려요. 어떻게 하면 수업 시간을 안정적으로 확보할 수 있을까요?
>
> 박 교사: 저는 조금 다른 문제로 고민 중입니다. 추석이 다가와서 친척들의 호칭을 가르쳐 주고 싶은데, 관련 단원이 마지막에 편성되어 있어서 어떻게 하면 좋을지 모르잖아요.
>
> 최 교사: 저는 사회 시간에 역사적 사실과 그것을 배경으로 하는 문학 작품을 함께 가르치고 싶은데, 어떻게 하면 좋을까요?

	김 교사	이 교사	박 교사	최 교사
①	계열적 조직	연속운영(block time)	단원 재구성	상관형 조직
②	계열적 조직	진도 조정	범교과학습 활용	분과형 조직
③	계속적 조직	연속운영(block time)	단원 재구성	분과형 조직
④	계속적 조직	진도 조정	범교과학습 활용	상관형 조직
⑤	계속적 조직	진도 조정	범교과학습 활용	분과형 조직

해설 계열적 조직(sequence)은 동일 내용의 다른 수준의 반복(질적 심화 · 양적 확대, 전후 교육내용 간의 관련성)으로 조직하는 것이고, 계속적 조직(continuity)은 동일 내용의 동일 수준 반복(단순반복)으로 조직하는 것이다. 연속운영(block time)은 2~3시간에 걸치는 묶음 시간표를 말한다. 범교과학습이란 교과의 선을 넘어서 사회문제 중심으로 이루어지는 학습으로 민주시민 교육, 인성교육, 환경교육, 경제교육, 통일교육, 성교육 등을 할 때 유용한 학습방식이다. 상관형 조직은 교과의 한계선을 유지하면서 교과 간 공통 내용을 추출하여 구성하는 것이고, 분과형 조직은 교과의 한계선을 유지하여 한 교과를 다른 교과와 완전히 독립하여 조직하는 것이다.

05

시기별 교육과정의 특징에 대한 설명으로 바르지 않은 것은? 06. 유 · 초등임용

□□□

① 제2차 교육과정은 '경험 중심 교육과정'을 표방하였다.

② 제3차 교육과정은 '인간 중심 교육과정'을 표방하였다.

③ 제6차 교육과정은 '교육 과정 결정의 분권화'를 표방하였다.

④ 제7차 교육과정은 '학생 중심 교육과정'을 표방하였다.

해설 제3차 교육과정은 '학문 중심 교육과정'을 표방하였고, 인간 중심 교육과정을 표방한 것은 제4차 교육과정이다.

TIP 우리나라 교육과정의 전개 과정

교수요목 시기 → 1차(교과 중심 교육과정) → 2차(생활 중심 교육과정) → 3차(학문 중심 교육과정) →

4차(인간 중심 교육과정) → 5차(통합적 교육과정) → 6차(통합적 교육과정) → 7차(통합적 교육과정)

정답 03. ④ 04. ① 05. ②

교육과정 구분	편제 및 특징	
교수요목기 (1946~1954)	교수요목(syllabus) : 교과 지도내용을 상세히 기술한 문서 ⇨ 각 교과별 단원명과 내용요소·이수시간 수 제시	
제1차 교육과정 (1954~1963) －교과 중심 교육과정	의미	교과과정 : 각 교과목 및 기타 교육활동의 편제
	편제	교과활동, 특별활동
	특징	① '교과과정'이란 용어 사용('교육과정' 용어 ×) ② 특별활동의 최초 편성　　　　　③ 생활 중심의 단원 학습
제2차 교육과정 (1963~1973) －생활(경험) 중심 교육과정 * 1969년 부분 개정	의미	교육과정 : 학생들이 학교의 지도하에 경험하는 모든 학습활동의 총체
	편제	교과활동, 특별활동, 반공도덕활동
	특징	① '교과과정'에서 '교육과정'으로 명칭 변경 ② 총론(학교급별)과 각론(과목별, 특별활동별)으로 구분 편성 ③ 특별활동 영역 구분 : 학급활동, 학생회 활동, 클럽활동, 학교행사 ④ 고등학교 교육과정에 '단위제(50분 1교시)' 도입 ⑤ 제1차 유치원 교육과정 편성(1969)
제3차 교육과정 (1973~1981) －학문 중심 교육과정	편제	교과활동, 특별활동
	특징	① 기본 방향 : 국민교육헌장의 이념 구현 ② 교과의 내용적 목표로 '지식의 구조' 중시 ③ '도덕'과 및 '국사'과를 독립 교과로 신설(중학교), 자유 선택과목 신설(고교)
제4차 교육과정 (1981~1987) －인간 중심 교육과정	편제	교과활동, 특별활동
	특징	① 교육과정 개발의 전문화 도모(KEDI에 위탁) ② 통합 교육과정의 개념 도입(초 1·2) : 바른생활(국어 + 사회 + 도덕), 슬기로운 생활 (산수 + 자연), 즐거운 생활(체육 + 음악 + 미술) ③ 중학교 : 진로교육 개념의 도입, 자유선택과목 신설
제5차 교육과정 (1987~1992) －통합적 교육 과정	편제	교과활동, 특별활동
	특징	① 기초교육의 강화 : 국어·산수(초), 과학(중) ② 초 1~2학년 통합교과에서 국어, 산수를 분과 독립 ③ 초 1학년에 '우리들은 1학년' 추가 ④ 통합 교육과정의 시행 : 교과 중심 + 경험 중심 + 학문 중심 + 인간 중심의 영역별 통합 ⑤ 1교과 다교과서 체제 도입(초등학교) : 국어(말하기·듣기, 읽기), 산수(산수, 산수익힘책)
제6차 교육과정 (1992~1997) －통합적 교육 과정 * 1995년 부분 개정	편제	교과활동, 학교재량시간(초 3~6년), 특별활동
	중점	교육과정 결정의 분권화, 교육과정 구조의 다양화, 교육과정 내용의 적정화, 교육과정 운영의 효율화 ⇨ 중앙 - 주변 모형(center-periphery model : CPM)
	특징	① 교육과정 결정의 분권화(국가, 지역, 학교 수준 교육과정) ② 초등학교 : 교과 전담 교사제(3~6학년, 체육, 음악, 미술, 영어), 영어교육 실시(초3, 1997년), 산수를 수학으로 개칭 ③ 중학교 : 필수교과 축소(13 ⇨ 11교과) ④ 고등학교 : 보통교과와 전문교과의 구분
제7차 교육과정	편제	교과활동, 재량활동(교과 재량, 창의적 재량), 특별활동(자치활동, 적응활동, 계발활동, 봉사활동, 행사활동)
	특징	① 국민공통 기본교육과정 : 1~10학년(초1~고1) ⇨ 교과, 재량활동, 특별활동으로 편성 • 수준별 교육과정(단계형, 심화보충형) ② 학생 선택 중심 교육과정 도입 : 고 2·3(11, 12년) ⇨ 교과, 특별활동으로 편성 • 교과군 개념 : 제1교과군(인문·사회), 제2교과군(과학·기술), 제3교과군(예·체능), 제4교과군(외국어), 교양과목군 ⇨ 과목 선택형 수준별 교육과정

2007 개정 교육 과정	편제	교과, 재량활동, 특별활동
	특징	① 고등학교 선택중심 교육과정 개선 : 선택과목군 6개로 확대(예·체능 과목군 ⇨ 체육 과목군, 예술 과목군) ② 수준별 교육과정(교육과정 중심)에서 수준별 수업(교수방법 중심)으로 전환 ③ 계기교육에 대한 근거 마련
2009 개정 교육 과정(미래형 교육과정)	편제	교과활동, 창의적 체험활동(자율활동, 동아리활동, 봉사활동, 진로활동)
	특징	① 공통교육과정(초1~중3)과 선택 교육과정(고1~고3)으로 편성 ② 학기당 이수 교과목 수 축소(8개 과목 이하) • 학년군 설정 : 초(1~2/3~4/5~6), 중(1~3), 고(1~3) ⇨ 집중이수 원활 • 교과(군) 설정 : 초·중학교는 신설, 고교는 재분류 ⇨ 초 1·2(5개), 초3~6(7개), 중(8개), 고(기초, 탐구, 체육·예술, 생활·교양 등 4개 영역, 8개 교과군) ③ 교과목별 20% 범위 내에서 수업시수 자율 증감 허용 ④ 창의적 체험활동 편성 : 특별활동과 창의적 재량활동을 통합 ⑤ 학교 급별 주요 개정 사항 ⇨ 총론 중심 개정 • (초) '우리들은 1학년' 폐지 ⇨ '창의적 체험활동'에 반영 • (중) 선택과목에 '진로와 직업' 교과 추가 • (고) 고교 모든 교과 선택(단, 국어, 수학, 영어는 필수)
2013 개정 교육 과정	특징	① 교과(군)별 수업 시수를 20% 범위 내에서 증감 운영 가능[단, 체육, 예술(음악/미술) 교과목은 기준 수업 시수 감축 편성 불가] ② 중학교 '학교 스포츠클럽 활동'을 편성·운영 • '창의적 체험활동'의 '동아리활동'으로 편성 • 학년별 연간 34~68시간(총 136시간) 운영, 매 학기 편성 • 교과(군)별 시수의 20% 범위 내에서 감축하거나, 창의적 체험활동 시수를 순증(純增)하여 확보
2015 개정 교육 과정	특징	① 추구하는 인간상 : 자주적인 사람, 창의적인 사람, 교양 있는 사람, 더불어 사는 사람 ② 핵심역량 : 자기관리 역량, 지식정보처리 역량, 창의적 사고 역량, 심미적 감성 역량, 의사소통 역량, 공동체 역량 ③ 학교급별 개정 중점 사항(총론) • (초) 유아교육과정(누리과정)과 연계 강화, 초1~2 '안전한 생활' 교과 신설(창·체 수업시수 주당 1시간 증대) • (중) 자유학기제 도입(2016년 도입) • (고) 문·이과 통합하여 공통과목 구성, 필수단위화 ⇨ 기초교과(국어, 수학, 영어, 한국사), 공통과목(통합사회 10단위, 통합과학 12단위) • (초·중) 소프트웨어(SW) 교육 강화 ⇨ (초) 5·6학년 「실과」 교과에 연간 17시간, (중) 「정보」 교과에 연간 34시간 의무화

Chapter

05

06 〈보기〉는 우리나라 국가 교육과정의 시기별 특징에 관한 진술이다. 시기적으로 오래된 것부터 순서대로 바르게 나열한 것은?   12. 중등임용

> ┌ 보기 ┐
> ㉠ 통합교과 체제의 도입
> ㉡ 창의적 체험활동의 신설
> ㉢ 시·도 교육청에 교육과정 편성·운영권을 부여하기 시작
> ㉣ 고등학교 2~3학년 과정을 선택중심 교육과정으로 운영

① ㉠ ⇨ ㉢ ⇨ ㉡ ⇨ ㉣   ② ㉠ ⇨ ㉢ ⇨ ㉣ ⇨ ㉡   ③ ㉡ ⇨ ㉣ ⇨ ㉢ ⇨ ㉠
④ ㉢ ⇨ ㉠ ⇨ ㉣ ⇨ ㉡   ⑤ ㉢ ⇨ ㉣ ⇨ ㉡ ⇨ ㉠

[해설] ㉠은 제4차, ㉡은 2009 개정(제9차), ㉢은 제6차, ㉣은 제7차 교육과정에 해당한다.

07 2009년에 개정·고시된 학교 교육과정의 편성·운영에 대한 설명으로 옳은 것은?   11. 국가직 7급

① 교육과정은 교과(군), 특별활동, 창의적 체험활동으로 편제되어 있다.
② 중학교의 교과(군)에 선택이 편제되어 있다.
③ 초등학교의 경우 교과(군)별 수업 시수를 증감할 수 있으나 10% 이내로 제한된다.
④ 고등학교의 보통 교과 영역은 기초, 탐구, 생활·교양의 3영역으로 구성되어 있다.

[해설] 2009 개정 교육과정에서 중학교 선택 과목의 편제는 한문, 정보, 환경, 생활 외국어(독일어, 프랑스어, 스페인어, 중국어, 일본어, 러시아어, 아랍어), 보건, 진로와 직업 등으로 구성한다.
①은 교과와 창의적 체험활동, ③은 20%, ④는 기초, 탐구, 체육·예술, 생활·교양의 4영역으로 한다.

08 2009 개정 교육과정에 대한 설명으로 옳은 것은?   16. 국가직

① 총론 중심의 교육과정 개정이었다.
② 초등학교에 창의적 체험활동을 없애고 '우리들은 1학년'을 신설하였다.
③ 중학교와 고등학교에 재량활동을 신설하였다.
④ 초등학교 1학년부터 고등학교 1학년까지 국민공통 기본교육과정을 적용하였다.

[해설] 2009 개정 교육과정은 각급학교별 교육과정인 총론 중심의 교육과정 개정에 해당한다. 초·중·고교에 기존의 재량활동과 특별활동을 통합하여 배려와 나눔의 실천을 위한 '창의적 체험활동'을 신설하였으며, 초등학교에 '우리들은 1학년' 교과는 폐지하고 창의적 체험활동 시수를 활용하여 운영하며, 국민공통 교육과정을 10년에서 9년(1학년부터 9학년까지)으로 단축하였다. ②의 '우리들은 1학년' 교과를 신설한 것은 제5차 교육과정, ③·④는 제7차 교육과정에 해당한다.

2 2015 개정 교육과정

09 2015 개정 국가교육과정에 대한 설명으로 옳지 않은 것은?   17. 국가직

□□□

① 추구하는 인간상을 구현하기 위한 핵심역량으로 자기관리, 지식정보처리, 창의적 사고, 심미적 감성, 의사소통, 공동체 역량을 제시하였다.

② 고등학교 공통과목으로 통합사회와 통합과학을 신설하였다.

③ 초등학교에 '안전한 생활'을 신설하였다.

④ 초등학교 1~2학년의 학습부담을 줄이기 위하여 총수업시간 수를 감축하였다.

해설 | 초등 1~2학년의 경우 수업시수를 주당 1시간 늘리되, 학생들의 추가적인 학습부담이 생기지 않도록 창의적 체험 활동 시간을 활용해 체험 중심의 '안전한 생활' 교과를 편성·운영하도록 하였다.

10 2015 개정 교육과정이 제시한 미래사회 핵심역량에 해당하지 않는 것은?   19. 국가직 7급

□□□

① 자기관리 – 자아정체성과 자신감을 가지고 자신의 삶과 진로에 필요한 기초능력과 자질을 갖추어 자기 주도적으로 살아갈 수 있는 능력

② 문제해결 – 다양한 영역의 지식과 정보를 활용하여 문제 상황이 발생할 경우 창의적으로 해결할 수 있는 능력

③ 심미적 감성 – 인간에 대한 공감적 이해와 문화적 감수성을 바탕으로 삶의 의미와 가치를 발견하고 향유하는 능력

④ 의사소통 – 다양한 상황에서 자신의 생각과 감정을 효과적으로 표현하고 다른 사람의 의견을 경청하며 존중하는 능력

해설 | 2015 개정 교육과정(교육부 고시 제2015-74호)에서는 추구하는 인간상으로 자주적인 사람, 창의적인 사람, 교양 있는 사람, 더불어 사는 사람을, 이를 구현하기 위한 미래 핵심역량으로 자기관리 역량, 지식정보처리 역량, 창의적 사고 역량, 심미적 감성 역량, 의사소통 역량, 공동체 역량을 제시하였다. ②는 지식정보처리 역량과 창의적 사고 역량에 해당한다.

11 「2015 개정 교육과정」 총론에서 제시된 핵심역량에 해당하지 않는 것은?   21. 지방직

□□□

① 세계시민 역량   ② 자기관리 역량

③ 심미적 감성 역량   ④ 창의적 사고 역량

해설 | 2015 개정 교육과정이 추구하는 인간상은 자주적인 사람, 창의적인 사람, 교양 있는 사람, 더불어 사는 사람이다. 이의 구현을 위한 핵심역량으로 자기관리 역량, 지식정보처리 역량, 창의적 사고 역량, 심미적 감성 역량, 의사소통 역량, 공동체 역량 등을 제시하였다.

정답 | 06. ② 07. ② 08. ① 09. ④ 10. ② 11. ①

12 2015 개정 교육과정(교육부 고시 제2015-74호)에서 신설된 것을 〈보기〉에서 모두 고른 것은?

18. 지방직

□□□

보기
㉠ 통합사회   ㉡ 통합과학
㉢ 안전한 생활   ㉣ 창의적 체험활동
㉤ 우리들은 1학년

① ㉠, ㉡   ② ㉠, ㉡, ㉢
③ ㉠, ㉢, ㉣, ㉤   ④ ㉡, ㉢, ㉣, ㉤

해설 2015 개정 교육과정의 학교급별 개정 중점은 초등학교의 경우 1~2학년에 「안전한 생활」 교과를 신설하였으며, 중학교의 경우 2016학년도부터 자유학기제가 도입되었고, 고등학교의 경우 문·이과를 통합하여 「통합사회」와 「통합과학」을 신설하였다. ㉣은 2009 개정 교육과정, ㉤은 제5차 교육과정에서 신설되었다.

13 「2015 개정 교육과정」에 근거해 볼 때, (가)에 들어갈 말은?

21. 지방직

□□□

  (가) 은/는 학생들이 교과를 통해 배워야 할 내용과 이를 통해 수업 후 할 수 있거나 할 수 있기를 기대하는 능력을 결합하여 나타낸 활동의 기준을 의미하며, 학생의 특성·학교 여건 등에 따라 교육과정 및 교과서 내용을 분석하여 교과협의회를 통해 재구조화할 수 있다.

① 성취기준   ② 성취수준
③ 평가기준   ④ 평가요소

해설 2015 개정 교육과정은 성취평가제에 의한 평가를 중시한다. 성취평가제는 국가 교육과정에 근거하여 개발된 교과목별 성취기준(achievement standards)·성취수준(achievement level)에 따라 학생의 학업 성취수준을 평가하는 것을 말한다. 여기서 성취기준(achievement standards)은 교수·학습의 목표, 즉 각 교과에서 학생들이 성취해야 할 지식, 기능, 태도 등의 특성을 진술한 것으로, 교수·학습 및 평가의 실질적인 근거를 말하며, 성취수준(achievement level)은 교수·학습의 결과로 학생들이 각 해당 교과목별 성취기준에 도달한 정도를 말한다. 이처럼, 평가에 있어서 학교와 교사는 성취기준에 근거하여 학교에서 중요하게 지도한 내용과 기능을 평가하며 교수·학습과 평가활동이 일관성 있게 이루어지도록 노력해야 한다.

14 「2015 개정 교육과정」 총론에서 제시한 학교 급별 교육과정 편성·운영의 기준에 해당하지 않는 것은?

21. 국가직 7급

□□□

① 학년 간 상호 연계와 협력을 통해 학교 교육과정을 유연하게 편성·운영할 수 있도록 학년군을 설정한다.
② 학습 부담을 적정화하고 의미 있는 학습 활동이 이루어질 수 있도록 학기당 이수 교과목 수를 조정하여 집중이수를 실시할 수 있다.
③ 학교 교육과정을 편성·운영할 때 교원의 요구, 학생의 요구, 학부모의 요구, 지역사회의 요구 등을 반영하도록 노력한다.
④ 초등학교 1학년부터 중학교 3학년까지의 공통 교육과정과 고등학교 1학년부터 3학년까지의 선택 중심 교육과정으로 편성·운영한다.

해설 학교 교육과정을 편성·운영할 때에는 교원의 조직, 학생의 실태, 학부모의 요구, 지역사회의 실정 및 교육 시설·설비 등 교육 여건과 환경을 충분히 반영하도록 노력한다.

15 **2015 개정 교육과정에서 현재 고시하고 있는 국가 수준의 지원사항에 해당하는 것은?** 21. 국가직

① 학교가 새 학년도 시작에 앞서 교육과정 편성·운영에 관한 계획을 수립할 수 있도록 교육과정 편성·운영 자료를 개발·보급하고, 교원의 전보를 적기에 시행한다.

② 교과와 창의적 체험활동에 필요한 교과용 도서의 인정, 개발, 보급을 위해 노력한다.

③ 교과별 평가 활동에 활용할 수 있는 다양한 평가방법, 절차, 도구 등을 개발하여 학교에 제공한다.

④ 안정적인 원격수업을 지원하기 위해 학교의 원격수업 인프라 구축, 교원의 원격수업 역량강화 등에 필요한 행·재정적인 지원을 한다.

해설 2015 개정 교육과정의 원활한 편성·운영을 위하여 국가는 교육과정 질 관리를 위한 평가를 실시하고 그 결과를 교육과정 개선에 활용하며, 학교에서의 평가 활동이 원활히 이루어질 수 있도록 다양한 방안을 개발하여 학교에 제공한다. ①, ②, ④는 교육청 수준의 지원사항에 해당한다. ④는 교육부고시 제2020-249호(2020.12.31.)에 의해 새로 개정된 내용이다.

16 **자유학기제에 대한 설명으로 옳은 것은?** 18. 국가직 응용

① 자유학기제 기간에는 중간고사, 기말고사, 수행평가 등의 평가를 실시할 수 없다.

② 2013년도에 연구학교에서 시작되었고, 2015년도부터 모든 중학교에서 시행되었다.

③ 자유학기 활동으로는 진로탐색 활동, 주제선택 활동, 예술·체육 활동, 동아리 활동이 있으나, 2022 개정 교육과정부터는 진로탐색 활동과 주제선택 활동으로 개편하였다.

④ 중학교의 장은 해당 학교 교원 및 학부모의 의견을 수렴하여 자유학기제의 실시 여부를 결정할 수 있다.

해설 자유학기제(또는 자유학년제)는 중학교 과정 중 한 학기(또는 두 학기) 동안 학생들이 시험 부담에서 벗어나 꿈과 끼를 찾을 수 있도록 토론·실습 등 학생 참여형으로 수업을 운영하고, 진로탐색 활동 등 다양한 체험 활동이 가능하도록 교육과정을 자율적으로 운영하는 제도를 말한다. 자유학기제의 교육과정은 교과와 자유학기 활동(진로탐색 활동, 주제선택 활동, 예술·체육 활동, 동아리 활동*)으로 구성·운영한다. ①은 중간·기말고사 등 지필식 총괄평가는 실시하지 않으며, 자기주도 학습, 협력학습을 촉진하는 자기성찰 평가, 포트폴리오 평가 등 학생의 학습과 성장을 지원하는 형성평가, 수행평가를 강화한다. ②는 2016년도부터 모든 중학교에서 시행되었고, ④는 자유학기제는 「초·중등 교육법 시행령」 제44조(학기)에 따라 중학교의 장은 학기 중 한 학기 또는 두 학기를 자유학기로 지정하여야 한다.
* 자유학기활동은 자유학기제의 경우는 1학기에 170시간 이상, 자유학년제의 경우는 1년에 221시간 이상 운영한다.
**2022 개정 교육과정(교육부 고시 제2022-33호) 총론에서의 자유학기제 부분 개정사항은, ① 자유학년제가 폐지되고 자유학기제(1학년 1/2학기 중 선택)와 진로연계학기(3학년 2학기)로 운영하고, ② 자유학기활동은 종전 4개 영역에서 진로탐색활동, 주제선택활동 2개 영역으로 개편되며, ③ 자유학기활동의 편성시간도 종전 170시간 이상에서 102시간 이상 운영한다는 점이다.

정답 12. ② 13. ① 14. ③ 15. ③ 16. ③

자유학기제 체계도

"꿈과 끼를 키우는 행복한 학교교육"

↑

초 · 중 · 고등학교 전반의 교육 혁신으로 확산
• 꿈 · 끼 교육 강화   • 핵심 역량 함양   • 행복한 학교생활

자유학기제 운영

'교과' 수업의 혁신

– 학생 참여형 교수 · 학습 및 과정 중심의 평가 적용

1 교육과정 편성 · 운영 자율화	2 교수 · 학습 방법 다양화	3 과정 중심의 내실 있는 평가
자율성 · 창의성 신장, 학생 중심 교육과정	토론 · 실습, 융합수업, 자기주도 학습	형성평가, 수행평가, 성장 · 발달에 중점

학생 희망과 참여에 기반한 '자유학기 활동' 운영

– 학생 여건, 학생 · 학부모 수요 등을 반영하여 선택적으로 편성 · 운영

1 진로 탐색 활동	2 주제 선택 활동	3 예술 · 체육 활동	4 동아리 활동
체계적인 진로 학습 및 체험	학생 중심, 체계적 전문 프로그램	예술 · 체육 교육 다양화, 내실화	흥미 · 관심 기반, 맞춤형 개설

※ 3 · 4 활동은 2022 개정 교육과정에서는 삭제됨.

---

17 「초 · 중등교육법 시행령」상 (가), (나)에 들어갈 말을 바르게 연결한 것은?

24. 지방직

□□□

> 제48조의2(자유학기의 수업운영방법 등) ① 중학교 및 특수학교(중학교의 과정을 교육하는 특수학교로 한정한다)의 장은 자유학기에 [(가)]을 실시하고 학생의 진로탐색 등 다양한 체험을 위한 [(나)]을 운영해야 한다.

	(가)	(나)		(가)	(나)
①	학생 참여형 수업	진로교육	②	학생 참여형 수업	체험활동
③	학생 주도형 수업	진로교육	④	학생 주도형 수업	체험활동

해설 자유학기제의 경우 2022 개정 교육과정부터 자유학년제는 폐지되고, 자유학기(1학년 1/2학기 중 선택)와 진로연계학기(3학년 2학기)로 운영한다. 또한, 자유학기 활동은 종전 4개 영역(진로탐색 활동, 주제선택 활동, 예술·체육 활동, 동아리 활동)에서 진로탐색 활동, 주제선택 활동 2개 영역으로 개편되며, 자유학기 활동의 편성시간도 종전 170시간 이상에서 102시간 이상으로 운영된다. 자유학기제의 교육과정은 일반학기(교과와 창의적 체험활동)와는 달리 교과와 자유학기 활동(102시간)으로 편성·운영한다. 교과는 협동학습, 토의·토론 학습, 프로젝트 학습 등 학생 참여형 수업을 강화하고, 형성평가, 수행평가 등 학생의 학습과 성장을 지원하는 과정 중심 평가를 실시한다. 자유학기활동은 학생 희망과 참여에 기반하여 진로탐색 활동과 주제선택 활동으로 편성·운영한다.

18 다음은 2022 개정 교육과정에서 교육과정 구성의 중점 중 일부이다. (가), (나), (다)에 들어갈 말을 바르게 연결한 것은?

24. 국가직

> • 학생 개개인의 [　(가)　] 성장을 지원하고, 사회 구성원 모두의 행복을 위해 서로 존중하고 배려하며 협력하는 공동체 의식을 함양한다.
> • 모든 학생이 학습의 기초인 언어·수리·[　(나)　] 기초소양을 갖출 수 있도록 하여 학교 교육과 평생 학습에서 학습을 지속할 수 있게 한다.
> • 다양한 [　(다)　] 수업을 활성화하고, 문제 해결 및 사고의 과정을 중시하는 평가를 통해 학습의 질을 개선한다.

	(가)	(나)	(다)		(가)	(나)	(다)
①	인격적	디지털	학생 참여형	②	인격적	외국어	학생 주도형
③	통합적	디지털	학생 주도형	④	통합적	외국어	학생 참여형

해설 2022 개정 교육과정(교육부고시 제2022-33호)은 우리나라 교육과정이 추구해 온 교육 이념과 인간상을 바탕으로, 미래 사회가 요구하는 핵심역량을 함양하여 포용성과 창의성을 갖춘 주도적인 사람으로 성장하게 하는 데 중점을 둔다. 교육과정 구성 중점에서 학생 개개인의 인격 성장을 지원하고, 모든 학생이 언어·수리·디지털 기초소양을 갖추도록 하며, 다양한 학생 참여형 수업 활성화를 강조하고 있다.

TIP 2022 개정 교육과정 구성 중점 |||||||||||||||||||||||||||||||||

① 디지털 전환, 기후·생태환경 변화 등에 따른 미래 사회의 불확실성에 능동적으로 대응할 수 있는 능력과 자신의 삶과 학습을 스스로 이끌어가는 주도성을 함양한다.
② 학생 개개인의 인격적 성장을 지원하고, 사회 구성원 모두의 행복을 위해 서로 존중하며 배려하며 협력하는 공동체 의식을 함양한다.
③ 모든 학생이 학습의 기초인 언어·수리·디지털 기초소양을 갖출 수 있도록 하여 학교 교육과 평생 학습에서 학습을 지속할 수 있게 한다.
④ 학생들이 자신의 진로와 학습을 주도적으로 설계하고, 적절한 시기에 학습할 수 있도록 학습자 맞춤형 교육과정 체제를 구축한다.
⑤ 교과 교육에서 깊이 있는 학습을 통해 역량을 함양할 수 있도록 교과 간 연계와 통합, 학생의 삶과 연계된 학습, 학습에 대한 성찰 등을 강화한다.
⑥ 다양한 학생 참여형 수업을 활성화하고, 문제 해결 및 사고의 과정을 중시하는 평가를 통해 학습의 질을 개선한다.
⑦ 교육과정 자율화·분권화를 기반으로 학교, 교사, 학부모, 시·도 교육청, 교육부 등 교육 주체들 간의 협조 체제를 구축하여 학습자의 특성과 학교 여건에 적합한 학습이 이루어질 수 있도록 한다.

정답　17. ②　18. ①

TIP 2022 개정 교육과정 총론(교육부 고시 제2022-33호)

1. **주제**: 더 나은 미래, 모두를 위한 교육
2. **추진체계**: 국민과 함께하는 교육과정
3. **비전**: 포용성과 창의성을 갖춘 주도적인 사람
4. **개정 방향**
   (1) 미래 사회에 대응할 수 있는 능력과 기초 소양 및 자신의 학습과 삶에 대한 주도성 강화
   (2) 학생들의 개개인의 인격적 성장을 지원하고 구성원 모두의 행복을 위한 공동체 의식 강화
   (3) 학생들이 자신의 진로와 학습을 주도적으로 설계하고, 적절한 시기에 학습할 수 있는 학습자 맞춤형 교육과정 마련
   (4) 학생이 주도성을 기초로 역량을 기를 수 있는 교과 교육과정 마련
5. **개정 중점**
   (1) 미래 사회가 요구하는 역량 함양이 가능한 교육과정
   (2) 학습자의 삶과 성장을 지원하는 맞춤형 교육과정
   (3) 지역·학교 교육과정 자율성 확대 및 책임 교육 구현
   (4) 디지털·인공지능(AI) 교육환경에 맞는 교수·학습 및 평가체제 구축
6. **학교급별 개정 사항(총론)**
   (1) **공통 사항**
      ① 추구하는 인간상과 교육목표
         ㉠ 추구하는 인간상: ❶ 자기 주도적인 사람, ❷ 창의적인 사람, ❸ 교양 있는 사람, ❹ 더불어 사는 사람
         ㉡ 핵심가치

자기 주도성	창의와 혁신	포용성과 시민성
주체성, 책임감, 적극적 태도	문제해결, 융합적 사고, 도전	배려, 소통, 협력, 공감, 공동체 의식

         ㉢ 핵심역량: ❶ 자기관리 역량, ❷ 지식정보처리 역량, ❸ 창의적 사고 역량, ❹ 심미적 감성 역량, ❺ 협력적 소통 역량, ❻ 공동체 역량
         ㉣ 교육목표: 학교급별 학생 발달단계 및 학습 수준 등을 고려하고 교육적 인간상, 핵심역량과 연계하여 교육 목표 체계화
      ② 미래 사회 및 환경변화에 대응하는 교육내용 강화
         ㉠ 교육목표: 환경·생태교육(생태전환교육), 민주시민교육 등을 교육목표에 반영 ⇨ 모든 교과와 연계하여 교육
         ㉡ 기초소양: 여러 교과를 학습하는 데 기반이 되는 언어, 수리, 디지털 소양 등을 기초소양으로 강조하고 총론과 교과에 반영 ⇨ 디지털 소양[(초) 학교자율시간＋실과 34시간, (중) 학교자율시간＋정보 68시간 (고) 정보교과 신설과 선택과목 개설 등]
      ③ 분권화를 바탕으로 한 학교 교육과정 자율성 확대: 학교자율시간 편성·운영 → 지역 연계 및 다양하고 특색 있는 교육과정 운영
         ㉠ 초·중학교 교과(군)별 및 창의적 체험활동의 20% 범위에서 시수 증감(단, 체육, 예술(음악/미술) 교과는 기준 수업 시수 감축 편성·운영 불가)
         ㉡ (초) 3~6학년별로 학교자율시간 편성·운영 **예** 3학년(지역연계생태환경, 디지털 기초소양), 4학년(지속 가능한 미래, 우리 고장 알기), 5학년(지역과 시민, 지역 속 문화탐방), 6학년(인공지능과 로봇, 역사로 보는 지역)
         ㉢ 지역과 학교의 여건 및 학생의 필요에 따라 학교가 결정하되, 학생의 선택권을 고려하여 다양한 과목을 개설·운영 → 시·도 교육감 지침 준수
         ㉣ 학교 여건에 따라 연간 34주를 기준으로 한 교과별 및 창의적 체험활동 수업 시간의 학기별 1주의 수업 시간을 확보하여 운영

④ 학교급 전환시기의 진로연계교육 강화
  ㉠ 학교급 간 교과 내용 연계와 진로 설계, 학습 방법 및 생활 적응 등을 지원하기 위한 진로연계학기 신설: 상급학교 진학하기 전(초6, 중3, 고3) 2학기 중 일부 기간을 활용하여 진로연계학기 운영

≫ 진로연계 학기 운영 예시

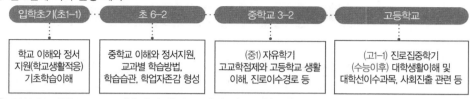

입학초기(초1-1)	초 6-2	중학교 3-2	고등학교
학교 이해와 정서 지원(학교생활적응) 기초학습이해	중학교 이해와 정서지원, 교과별 학습방법, 학습습관, 학업자존감 형성	(중1) 자유학기 고교학점제와 고등학교 생활 이해, 진로이수경로 등	(고1-1) 진로집중학기 (수능이후) 대학생활이해 및 대학선이수과목, 사회진출 관련 등

⑤ 창의적 체험활동 개선: 자율자치 활동, 동아리 활동, 진로 활동 3개 영역으로 재구조화 ⇨ 봉사활동은 동아리 및 진로 활동으로 통합
⑥ 안전교육 개선
  ㉠ 초1~2학년: 기존의 '안전한 생활' 성취기준, 내용요소를 통합교과로 재구조화하여 교과와 연계한 생활 중심 안전교육 강조

안전한 생활 (64시간) **개선** 바른 생활 (16시간) + 슬기로운 생활 (32시간) + 즐거운 생활 (16시간)

  ㉡ 초 3학년 이후: 과학, 체육, 실과, 보건 등 관련 교과(목)의 '안전' 대단원을 통해 전 학교급에 걸친 체계적인 안전교육 실시
⑦ 범교과 학습 주제 개선: 범교과 학습 주제는 관련 주제를 교과와 창의적 체험활동 등 교육 활동 전반에 걸쳐 통합적으로 다루도록 하고, 지역사회 및 가정과 연계하여 지도

> 안전·건강 교육, 인성 교육, 진로 교육, 민주시민 교육, 인권 교육, 다문화 교육, 통일 교육, 독도 교육, 경제·금융 교육, 환경·지속가능발전 교육

(2) 초등학교
① 입학 초기 적응 활동 개선(1학년): 입학초기 학교 적응 활동(창의적 체험활동 34시간)+국어시간 활용하여 한글 해득 교육 강화(한글 해득 및 익힘 시간 34시간)
② 한글 해득 및 익힘 학습(1~2학년): 한글 익힘 수준에 따른 맞춤형 교육과 놀이와 연계한 한글 익힘 학습 실시 ⇨ 교과 학습 도입 초기부터 학습 격차 발생을 예방하여 기초학습의 토대 마련
③ 신체활동 강화(1~2학년) '즐거운 생활' 교과를 재구조화하여 학생들의 발달단계에 맞는 실내외 놀이 및 신체활동 내용을 강화 ⇨ 주 2회 이상 실외놀이 및 신체활동을 운영(144시간)

(3) 중학교
① 자유학기제 편성·운영 개선
  ㉠ 자유학년제 폐지 ⇨ 자유학기제(1학년 1/2학기 중 선택)와 진로연계학기(3학년 2학기)로 운영
  ㉡ 자유학기활동 개선: 주제선택 및 진로탐색활동 2개 영역으로 개편 ⇨ 102시간 운영
② 학교스포츠클럽 활동 개선: 동아리 활동으로 매 학기 운영 ⇨ 연간 34시간 총 102시간 운영

(4) 고등학교
① 고교학점제 기반 맞춤형 교육과정 구현: 수업량 적정화(1학점은 50분 기준 16회 이수 수업량) 및 총 이수학점을 204단위에서 192학점으로 적정화 ⇨ 교과 174학점[필수이수학점 84학점+자율 이수학점 90학점]+창의적 체험활동 18학점

현행				개선안		
교과 영역	교과(군)	공통과목 (단위)	필수 이수단위	교과(군)	공통과목 (학점)	필수 이수학점
기초	국어	국어(8)	10	국어	국어(8)	8
	수학	수학(8)	10	수학	수학(8)	8
	영어	영어(8)	10	영어	영어(8)	8
	한국사	한국사(6)	6		한국사(6)	6
탐구	사회 (역사/도덕 포함)	통합사회(8)	10	사회 (역사/도덕 포함)	통합사회(8)	8
	과학	통합과학(8) 과학탐구실험(2)	12	과학	통합과학(8) 과학탐구실험(2)	10
체육 예술	체육		10	체육		10
	예술 (음악/미술)		10	예술 (음악/미술)		10
생활 교양	기술·가정/ 제2외국어/ 한문/교양		16	기술·가정/정보/ 제2외국어/ 한문/교양		16
소계			94	소계		84
자율편성 단위			86	자율 이수학점		90
창의적 체험활동			24(408시간)	창의적 체험활동		18(288시간)
총 이수단위			204	총 이수학점		192

※ 학기 단위로 과목 편성하되, 기본 이수학점은 4학점으로 운영. 단, 과학탐구실험은 2학점으로 운영
② 교과목 재구조화: 융합선택과목 신설
 ㉠ 교과는 보통교과와 전문교과로 운영
 ㉡ 보통교과는 공통 과목과 선택 과목으로 구분, 선택 과목은 일반 선택 과목, 진로 선택 과목, 융합 선택 과목으로 구분

공통과목	일반 선택과목	진로 선택과목	융합 선택과목
기초소양 및 기본학력 함양, 학문의 기본 이해 내용 과목	교과별 학문 영역 내의 주요 학습 내용 이해 및 탐구를 위한 과목	교과별 심화 학습 및 진로 관련 과목	교과 내·교과 간 주제 융합 과목, 실생활 체험 및 응용을 위한 과목

 ㉢ 전문 교과는 전문 공통 과목, 전공 일반 과목, 전공 실무 과목으로 구분
③ 학생의 진로와 적성을 고려한 학습기회 확대
 ㉠ (특수목적고등학교) 전문교과Ⅰ에서 보통교과로 재구조화하여 일반고에서도 선택 가능
 ㉡ 학교단위 과목개설이 어려운 소인수 과목의 경우 온·오프라인 공동교육과정 운영
④ 직업계고 교육과정 개선: 전문교과Ⅱ를 전문교과로 재구성, 교과(군) 재구조화, 전문공통 과목 세분화
⑤ 고교학점제에 부합하는 성장 중심 평가체제 구축: 과목 이수기준(수업 횟수 2/3 이상 출석, 학업성취율 40% 이상) 충족 시 학점 취득, 미이수자 발생 시 보충 이수 지원 ⇨ 3년간 192학점 이상 취득하면 졸업

7. 교육과정 적용 시기

2024	2025	2026	2027
초1·2	초3·4	초5·6	
	중1, 고1	중2, 고2	중3, 고3

Chapter

06

교육심리학

오현준 교육학
**단원별
기출문제 1356제**

교육심리학

핵심 체크노트

1. **발달이론**
   ① **인간발달의 원리** : 분화통합성, 연속성, 상호작용성, 상호관련성, 예언곤란성, 순서성, 개별성
   ② **발달의 생태학적 이론** : 브론펜브레너(U. Bronfenbrenner)
   ③ **발달단계이론**
     ★㉠ **인지발달이론** : 피아제(Piaget)의 개인적 구성주의, 비고츠키(Vygotsky)의 사회문화적 구성주의
     ★㉡ **성격발달이론** : 프로이트(Freud)의 심리성적 이론, 에릭슨(Erikson)의 심리사회적 이론
       ㉢ **도덕성 발달이론** : 콜버그(Kohlberg), 길리건(Gilligan)

2. **발달의 개인차**
   ① **인지적 특성**
     ★㉠ **지능** : 가드너(Gardner)의 다중지능이론(MI), 스턴버그(Sternberg)의 삼원지능이론, 지능검사(WISC, 문화공정성 지능검사)
       ㉡ **창의력** : 구성요인(유창성, 융통성, 독창성), 계발기법(브레인스토밍, 시넥틱스법, PMI)
       ㉢ **인지양식(학습양식)** : 장의존형 – 장독립형, 속응형 – 숙고형
   ② **정의적 특성**
     ★㉠ **동기** : 바이너(Weiner)의 귀인이론, 목표이론, 기대·가치이론, 자기결정성이론, 자기가치이론
       ㉡ **자아정체감(Marcia)** : 정체감 폐쇄(유실)

3. **학습이론**
   ★① **행동주의 학습이론** : 파블로프(Pavlov)의 고전적 조건화, 스키너(Skinner)의 조작적 조건화
   ★② **인지주의 학습이론** : 형태주의 학습이론, 정보처리이론(정보저장소, 정보처리과정, 메타인지)
   ★③ **사회학습이론(사회인지이론)** : 반두라(Bandura)의 관찰학습

4. **학습의 개인차**
   ★① **전이** : 형식도야설, 동일요소설, 일반화설, 형태이조설
   ② **방어기제** : 합리화, 투사, 동일시, 승화, 반동형성, 치환 등

제1절 발달이론 I : 발달의 개요

01 발달에 대한 설명으로 틀린 것은?   14. 지방직

□□□

① 발달은 선천적인 요인에 의한 행동의 변화와 후천적인 요인에 의한 행동의 변화를 포함한다.
② 발달과업은 특정 발달단계에서 반드시 성취해야 할 과업을 말한다.
③ 피아제(Piaget)의 발생학적 인식론은 지식의 발달을 탐구하는 이론이다.
④ 비고츠키(L. Vygotsky)는 인지 불균형을 해소하는 과정에서 상위의 인지 구조가 출현한다고 보았다.

해설 발달은 인간의 전 생애과정에서 일어나는 모든 변화로, 성장과 성숙, 학습에 의한 변화를 총칭한다.
④는 피아제(Piaget)의 견해이다. 비고츠키(L. Vygotsky)는 아동과 뛰어난 타인과의 사회적 상호작용을 통한 변증법적 교류에 의해 이루어진다고 보았다. 즉, 아동의 인지발달은 새로운 문제를 풀 때 기존의 방식(thesis, 正)이 아닌 다른 방식(anti-thesis, 反)을 요구하며, 이러한 모순을 극복하며(synthesis, 合) 변증법적으로 이루어진다.
②는 해비거스트(Havighurst)에 해당한다.

02 인간발달에 대한 설명으로 옳지 않은 것은? 10. 교육사무관 5급

① 발달은 유전과 환경 간 상호작용의 결과이다.
② 발달의 순서와 방향은 동일하다.
③ 발달은 계속적인 과정이다.
④ 인지발달과 정서발달은 상호 독립적이다.
⑤ 발달속도와 시기별 개인차가 있다.

해설 ④는 발달의 제 영역은 서로 관련이 있다는 상호관련성의 원리에 해당하는 것으로, 발달에는 보상의 원리가 적용되지 않는다는 것을 의미한다. ①은 상호작용성, ②는 순서성, ③은 연속성, ⑤는 불규칙성 또는 개별성(다양성)에 해당한다.

TIP 발달의 주요 원리

분화통합성	발달은 '미분화 ⇨ 분화 ⇨ 통합화'의 과정을 통하여 체제화·구조화된다.
연속성(점진성)	발달에는 비약이 없으며, 점진적·연속적으로 이루어진다.
상호작용성	발달은 유전(소질)과 환경(학습)의 상호작용의 결과이다.
상호관련성	각 발달영역(예 신체적·사회적·정신적 영역) 간에는 상호 영향을 미친다.
예언곤란성	연령 증가에 따라 발달 경향성을 예측하기가 어렵다.
순서성	발달은 일정한 방향과 순서가 있다. 예 전체 ⇨ 부분, 머리(頭) ⇨ 발끝(尾), 중앙 ⇨ 밖, 중추신경 ⇨ 말초신경, 구조 ⇨ 기능
주기성과 불규칙성	장기적인 발달은 계속적인 과정이나, 단기적인 발달은 일정하지 않다.
개별성	발달에는 개인차(예 개인 내적 차이, 개인 간 차이)가 있다.

03 발달학자들이 제시하는 발달의 일반적 원리로 볼 수 없는 것은? 16. 국가직

① 발달은 일정한 순서와 단계를 따른다.
② 발달은 성숙과 학습의 상호작용의 결과이다.
③ 발달 속도는 개인 간 및 개인 내 차이가 있다.
④ 특수한 반응에서 전체적인 반응으로 이행하며 발달해 나간다.

해설 발달의 원리(순서성)에 따르면 발달은 전체적인 반응에서 특수한 반응으로 진행된다. ①은 순서성, ②는 상호작용성, ③은 개별성에 해당한다.

정답 01. ④ 02. ④ 03. ④

04 브론펜브레너(U. Bronfenbrenner)에 의해 제안된 인간발달의 생태이론에서 중간체계(meso-
□□□ system)에 대한 설명으로 가장 적절한 것은?   15. 국가직

① 아동이 속해 있는 사회의 이념, 가치, 관습, 제도 등을 의미한다.

② 아동과 아주 가까운 주변에서 일어나는 활동과 상호작용을 나타낸다.

③ 가정, 학교, 또래집단과 같은 미시체계들 간의 연결이나 상호관계를 나타낸다.

④ 아동이 직접적으로 접촉하고 있지는 않지만 아동에게 영향을 주는 환경(부모의 직장, 보건소 등)
   을 나타낸다.

> **해설** 브론펜브레너(U. Bronfenbrenner)의 「인간 발달의 생태학(The Ecology of Human Development)」(1979)에서
> 제기된 생태학적 이론(ecological theory)은 유전적 요소, 가정의 역사, 사회경제적 수준, 가정생활의 질, 문화적인 배경과
> 같은 요인들이 발달과 관련된다고 파악하고, 인위적인 실험실 연구가 아닌 실제 삶의 맥락 내에서 행하고 연구하고자 하는
> 접근이다. 그는 사람과 상황(맥락)이 상호작용하는 방식을 러시아 인형에 대한 은유(metaphor)로 설명하고 있다. 즉, "러시
> 아 인형이 가장 큰 인형 속에 점차 작은 인형들이 차례로 들어 있는 것처럼, 상황들도 역시 더 큰 상황 속에 담겨 있다.
> 미시체계는 중간체계 속에 담겨 있고, 중간체계는 외체계 속에, 외체계는 거시체계 속에 담겨 있다." 브론펜브레너는 이러한
> 각각의 상황들 속에서의 역동성과 그 상황들 간의 전이(轉移)에 관심을 가졌다. 이와 같이 브론펜브레너(U. Bronfenbrenner)
> 의 '맥락 속의 발달(development-in-context)' 혹은 '발달의 생태학(ecology of development)'은 인간 발달에 영향을
> 주는 환경체계를 시간과 공간을 중심으로 중층적으로 파악하고 있다.
> ①은 거시체계, ②는 미시체계, ④는 외체계에 해당한다.

TIP 브론펜브레너(U. Bronfenbrenner)의 환경체계 유형

공간체계	미시체계	아동이 직접적으로 접하는 환경(예 가정, 유치원, 학교, 또래집단, 놀이터 등) ⇨ 아동의 발달에 직접적으로 영향을 미치는 가장 가까운 환경으로, 아동이 성장하면서 변화한다.
	중간체계	미시체계들 간의 상호관계, 즉 환경들 간의 관계, 아동이 적극적으로 참여하는 두 개 또는 더 많은 수의 환경들 간의 상호관계 예 가정과 학교의 관계, 가정과 또래의 관계
	외(부)체계	아동이 직접적으로 접촉하지는 않지만 아동에게 영향을 미치는 사회적 환경 예 이웃, 친척, 부모의 직장, 대중매체, 정치적·경제적·사회적 의사결정기구(정부기구, 교육위원회, 사회복지기관 등과 같은 청소년 관련기관)
	거시체계	미시체계, 중간체계, 외체계를 모두 포함한 것으로, 아동이 살고 있는 문화적 환경 전체 예 사회적 가치, 법, 관습, 태도 등 ⇨ 가장 바깥에 존재하며, 가장 넓은 체계의 환경이다.
시간체계(연대체계)		개인의 일생 동안에 걸쳐 일어나는 변화와 사회·역사적인 환경의 변화 예 부모가 이혼한 시점, 동생이 태어난 시점 등이 언제이냐에 따라 아동에게 주는 영향이 다르다. 가족제도의 변화, 결혼관의 변화, 직업관의 변화 등

05 다음의 진술들과 가장 부합하는 인간발달 이론은?   12. 유초등임용
□□□

> • 개인의 발달은 유전과 환경 모두의 영향을 받는다.
> • 환경의 다차원적인 체계가 상호작용하여 발생하는 힘이 개인의 발달과 행동에 영향을 미친다.
> • 개인을 둘러싼 환경은 미시체계, 중간체계, 외체계, 거시체계의 네 층과 시간체계로 구분된다.
> • 개인의 발달에 영향을 미치는 지배적인 환경은 연령 증가에 따라 미시체계에서 바깥층의
>   체계로 점차 이동한다.

① 엘더(G. Elder)의 생애 이론   ② 게젤(A. Gesell)의 성숙 이론
③ 반두라(A. Bandura)의 사회인지 이론   ④ 에릭슨(E. Erikson)의 심리사회적 이론
⑤ 브론펜브레너(U. Bronfenbrenner)의 생태학적 이론

해설 브론펜브레너(U.Bronfenbrenner)의 '맥락 속의 발달(development-in-context)' 혹은 '발달의 생태학(ecology of development)'은 인간 발달에 영향을 주는 환경체계를 시간과 공간을 중심으로 중층적으로 파악하고 있다.

06 후기 아동기(대략 6~11세)의 발달 특징에 대한 설명 중 가장 옳은 것은?

98. 국가직 7급

① Piaget - 형식적 조작기
② Freud - 남근기(오이디프스 콤플렉스)
③ Erikson - 정체감 대 역할혼미
④ Kohlberg - 제3단계(착한 아이)

해설 후기 아동기(6~11세)는 ① 피아제(Piaget)는 구체적 조작기, ② 프로이트(Freud)는 잠복기, ③ 에릭슨(Erikson)은 근면성 대 열등감에 해당한다. 콜버그(Kohlberg)의 도덕성발달 3단계는 피아제(Piaget)의 구체적 조작기 이후에 나타나는 것이 특징이다.

TIP 발달단계 이론의 비교

영역	주창자	0~18개월 (2세)	18개월~3세 (4세)	3(4)~6(7)세 유치원	6(7)~12(11)세 초등학교(저)	12(11)~18(14)세 초등학교(고) & 중·고등학교
인지 (사고)	피아제 (Piaget)	감각운동기	전개념기	직관적 사고기	구체적 조작기	형식적 조작기
			전조작기			
	케이즈(Case)	감각운동기	관계기		차원기	벡터기
	브루너 (Bruner)	작동적 단계(0~5)			영상적 단계(6~9)	상징적 단계(10~14)
성격	프로이트 (Freud) (심리성적 이론)	구강기 (Id)	항문기 (Ego)	남근기 (Superego)	잠복기(잠재기)	생식기(성기기)
	에릭슨 (Erikson) (심리사회 이론)	기본적 신뢰	자율성	주도성	근면성(성취감)	자아정체감
		vs(희망)	vs(의지)	vs(목적)	vs(능력)	vs(충실)
		불신감	수치심	죄책감	열등감	역할 혼미
		성인 초기 (19~24)	성인 중기 (25~54)	성인 후기 (54~)		
		친밀감	생산성	자아통일 (자아통정감)		
		vs(사랑)	vs(배려)	vs(지혜)		
		고립감	침체성	절망감		
도덕성	콜버그 (Kohlberg)	1. 벌과 복종에 의한 도덕성(주관화) 2. 자기중심의 욕구충족을 위한 수단(상대화)			3. 대인관계의 조화(객관화) 4. 법과 질서 준수 (사회화)	5. 사회계약 및 법률복종 (일반화) 6. 양심 및 보편적 원리(궁극화)
		I(인습 이전 - 전도덕기, 무율)			II(인습 - 타율)	III(인습 이후 - 자율)
사회성	셀만 (Selman)	0. 자기중심적 관점수용단계(3~6세)			1. 주관적 조망수용단계(6~10세) 2. 자기반성적 조망수용단계 (8~10세) 3. 상호적 조망수용단계(10~12세)	4. 사회적 조망수용단계(12~15세)

정답 04. ③   05. ⑤   06. ④

제2절 **발달이론Ⅱ : 인지발달이론**

1 피아제(Piaget)의 인지발달이론

01 피아제(Piaget)의 인지발달이론에 대한 설명으로 옳지 않은 것은?   07. 국가직 7급
□□□
① 인지발달은 인지구조의 변화에 의해 일어난다.
② 인지발달단계는 사고의 질적 변화를 나타낸다.
③ 인지기능은 적응과 조직화 기능으로 구성된다.
④ 고차적 인지능력은 사회적 상호작용의 결과다.

해설 ④는 비고츠키(Vygotsky)의 견해이다. 피아제(Piaget)는 인지발달을 아동과 물리적 환경의 상호작용의 결과로 본다. 비고츠키의 인지발달이론은 사회문화적 구성주의인데 비해 피아제의 인지발달이론은 인지적(개인적·내생적·급진적) 구성주의에 해당한다.

02 피아제(Piaget)의 인지발달이론 중 다음이 설명하는 개념은?   15. 특채
□□□

> 이것은 사고의 기본단위로서, 대상을 표상할 때 혹은 그에 대해 생각할 때 사용하는 조직화된 사고체계를 의미한다.

① 인지도식(schemes)   ② 동화(assimilation)
③ 평형화(equilibrium)   ④ 동기화(motivation)

해설 도식(schema, schemes)은 유기체가 가지고 있는 외부환경에 대한 '심리적인 이해(지각이나 반응)의 틀'로, 초기에는 감각운동적 차원에서부터 구성되며, 성장함에 따라 지각적·개념적 차원으로 확대되는 데 개념적 차원의 도식을 일반적으로 인지구조(schemata)라고 한다.

TIP 도식의 종류

감각운동도식 (감각운동기)	아동들이 어떤 대상이나 경험을 표상하고 거기에 반응할 때 사용하는 체계화된 행동 패턴으로, '행동도식'이라고도 한다.
상징도식 (전조작기)	• 아동들이 행동을 하지 않고도 사물이나 사건을 정신적 상징을 이용하여 표상하는 것을 말하며, 2세경부터 형성되기 시작한다. • 아동이 어떤 형태로든 타인의 행동을 정신적 표상으로 형성하여, 그것을 일정 시간 저장해 두었다가 나중에 이를 이용하여 모방행동을 실행하는 것이다.
조작도식 (구체적 조작기 이후)	• 어떤 논리적인 결론에 도달하기 위해서 자신의 사고를 대상으로 행하는 정신적인 활동의 구조를 말하며, 약 7세 이후의 아동들에게 형성되기 시작한다. • 가장 일반적인 조작은 수학적 연산에 의한 정신적 활동이다.

03 피아제(Piaget)의 동화의 예에 해당하는 것은?

06. 교육사무관 5급

① 새로운 정보가 기존의 도식에 맞지 않을 때 무시해 버린다.

② '박쥐'를 보고 '새'라고 하지 않고 '새'와는 다른 것이라고 부른다.

③ '강아지'만 보아온 아이는 '고양이'를 보고 '강아지'라고 한다.

④ 손으로 물체를 잡는 도식을 가지고 있는 경우 젓가락이나 장난감 등 손에 와닿는 것은 무엇이나 잡으려 하나 칼은 잡으려 하지 않는다.

⑤ 사과와 배, 감을 더 일반적인 과일의 하위범주로 생각한다.

해설 동화(assimilation)란 기존의 도식(schema)으로 환경자극을 흡수하려는 인지기능으로, 선행지식과 일치하는 방식으로 문제를 해결하려는 것을 말한다. 이에 비해 조절(accommodation)은 기존 도식을 수정하여 사고방식을 바꾸는 과정을 말한다. 동화(assimilation)는 정보를 왜곡하여 인지구조에 흡수시키기도 한다.

① 비평형화가 너무 크면 아동들은 새 정보를 무시해 버린다.

②와 ④는 조절에 대한 설명으로, 정보를 통합하기 위해 기존의 구조를 수정하는 것이다.

⑤는 조직화에 해당한다. 조직화는 수용된 지식이나 정보를 순서화하고 체계화하는 활동을 말한다.

TIP 피아제(Piaget) 인지발달이론의 주요 기제

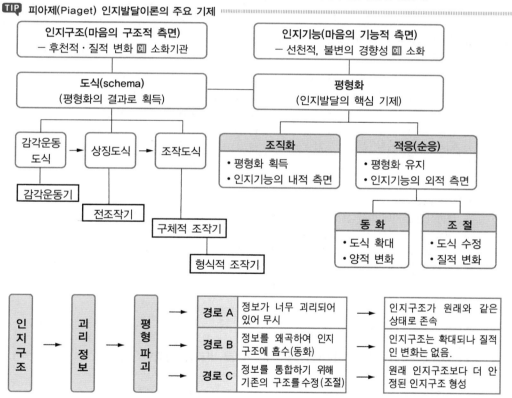

04 피아제(J. Piaget)는 인지발달이론에서 "인간은 적응을 위해 새로운 경험과 도식을 서로 조정한다." 라고 하였다. 다음의 예와 피아제가 제시한 적응의 유형이 옳게 짝지어진 것은? <small>17. 국가직</small>

> (가) 다른 나라를 방문할 때 그 나라의 문화와 음식, 언어에 빠르게 순응하려고 노력하는 것
> (나) 아빠는 양복을 입은 사람이라는 생각을 가진 유아가 양복을 입은 사람을 모두 '아빠'라고 부르는 것

	(가)	(나)		(가)	(나)
①	탈중심화	중심화	②	조절	동화
③	중심화	탈중심화	④	동화	조절

해설 피아제(Piaget)에 의하면 유기체는 자신의 내적 상태나 환경의 외적 상태의 균형상태인 평형화를 유지하려고 한다. 그러나 이런 균형이 무너져 불평형 상태가 되면 인지적 갈등(인지적 부조화)을 겪게 되고 이러한 상황을 적절한 동화와 조절의 과정을 통해 다시 평형상태로 회복하기 위해 노력한다. 한편, 중심화는 가장 분명하게 지각되는 한 면에만 초점을 두고 다른 면들은 무시해 버리는 성향으로 전조작기의 인지특성에 해당하며, 탈중심화는 어떤 상황의 한 면에만 주의를 집중하지 않고 여러 측면을 한꺼번에 고려할 수 있는 능력으로 구체적 조작기의 인지특성에 해당한다.

TIP 피아제(Piaget)의 평형화(equilibrium)

순응(적응) ⇨ 평형화의 외적 측면	동화	• 환경자극을 기존의 틀(schema) 속으로 변형·흡수(≒ 포섭) • 도식의 양적 팽창 예 털 달린 짐승은 모두 개이다.
	조절	• 자신이 지닌 기존의 틀을 새로운 환경자극에 알맞게 수정 • 도식의 질적 변화 예 개와 고양이를 구별한다.
조직화 ⇨ 평형화의 내적 측면		• 수용된 지식이나 정보를 순서화하고 체계화하는 활동 • 인지도식들이 어떤 기준과 원칙에 의해 일정한 인지구조로 통합되는 과정 예 사과와 귤은 과일에 속한다.

TIP 발달단계(developmental stage)의 의미

1. **불변적인 순서에 따라 전개된다** : 발달의 결정론(단, 발달 속도의 개인차는 인정)
2. **질적으로 다른 패턴으로 전개된다** : 아동은 성인의 축소판이 아니다(Rousseau).
3. **사고의 일반적인 속성을 나타낸다** : 특정 단계의 아동에게서 보편적으로 나타난다.
4. **위계적 통합을 나타낸다**(포섭적 팽창).
5. **모든 문화에 걸쳐 보편적이다**(발달의 보편론).

05 피아제(J. Piaget)의 인지발달단계를 순서대로 바르게 나열한 것은? <small>19. 지방직</small>

> ㉠ 전조작기 ㉡ 형식적 조작기
> ㉢ 감각운동기 ㉣ 구체적 조작기

① ㉠ ⇨ ㉡ ⇨ ㉢ ⇨ ㉣ ② ㉠ ⇨ ㉢ ⇨ ㉡ ⇨ ㉣
③ ㉢ ⇨ ㉠ ⇨ ㉣ ⇨ ㉡ ④ ㉢ ⇨ ㉡ ⇨ ㉠ ⇨ ㉣

해설 피아제(Piaget)에 따르면 인지발달은 인지구조의 질적 변화 과정이며, 발달단계는 '감각운동기 ⇨ 전조작기(전개념기+직관적 사고기) ⇨ 구체적 조작기 ⇨ 형식적 조작기'의 순서로 진행된다.

발달단계	인지적 특성
감각운동기 (감각운동 도식)	• 행동을 통해 환경을 조작, 사고 발달×(단계 말기에 사고가 출현) • 순환반응, 목적적 행동, 대상영속성, 지연모방
전조작기 (상징 도식)	• 불완전하고 비논리적인 사고(지각 > 사고), 1차원적 사고, 현재 중심적 사고 • 가상놀이(상징적 사고), 물활론적(인상학적) 사고, 중심화, 자기중심적 사고(예 세 산 모형 실험), 자기중심적 언어, 지각적 중심화, 변환적 추리, 전도추리, 비전이성, 꿈의 실재론, 인공론적 사고, 상태적 사고, 혼합적 사고, 기준가변적 사고
구체적 조작기 (조작 도식)	• 완전하고 논리적인 사고(구체적 경험에 한정), 2차원적 사고, 과거−현재에 대한 사고 • 탈중심화(조망수용능력), 가역적 사고(예 비이커 실험), 중다분류, 중다서열화, 논리적 사고(귀납적 사고)
형식적 조작기	• 완전하고 논리적인 사고(추상적 사고도 가능), 3차원적 사고, 과거−현재−미래에 대한 사고 • 추상적 사고(반성적 추상화), 논리적 사고(가설·연역적 사고), 조합적 사고, 명제적 사고

06 다음은 어느 부모의 육아일기에서 일부 발췌한 것이다. 이것을 피아제(Piaget)의 인지발달단계에 맞게 순서대로 나열한 것은? 　　　00. 초등임용

> ㉠ 동일한 양의 물을 모양이 다른 그릇에 담아도 물의 양이 같다는 것을 알았다.
> ㉡ 공을 가지고 놀다가 공이 안 보이는 곳으로 굴러가 버리자 찾지 않았다.
> ㉢ 어떤 문제에 대하여 여러 가지 해결의 가능성을 상상하였다.
> ㉣ 과자를 한 개 가지고 있는데도 더 달라고 졸라서, 엄마가 그 과자를 둘로 쪼개어 주었더니, 아이는 더 달라고 하지 않고 만족스러워 하였다.

① ㉡ ⇨ ㉠ ⇨ ㉢ ⇨ ㉣　　② ㉡ ⇨ ㉣ ⇨ ㉠ ⇨ ㉢
③ ㉣ ⇨ ㉡ ⇨ ㉠ ⇨ ㉢　　④ ㉣ ⇨ ㉢ ⇨ ㉠ ⇨ ㉡

해설 '㉠'은 보존개념 획득(구체적 조작기), '㉡'은 대상영속성 개념 미획득(감각운동기), '㉢'은 조합적 사고 가능(형식적 조작기), '㉣'은 보존개념의 미획득(전조작기)에 대한 설명이다. 순서대로 하면 '㉡ ⇨ ㉣ ⇨ ㉠ ⇨ ㉢'이다.

07 피아제(Piaget)의 인지발달 단계 중 전조작기의 특징을 다음에서 고르면? 　07. 초등임용

> ㉠ 대상영속성이 나타난다.
> ㉡ 가설 연역적으로 추론한다.
> ㉢ 사고와 언어가 자기중심적이다.
> ㉣ 상징을 형성하고 사용하는 능력이 발달하기 시작한다.

① ㉠, ㉡　　② ㉠, ㉢　　③ ㉡, ㉣　　④ ㉢, ㉣

해설 전조작기는 사고가 나타나긴 하나 지각이 사고보다 우선하고, 불완전하고 비논리적인 사고를 보이는 시기이다. 전개념기와 직관적 사고기로 구성된다. 이 단계의 인지 특징으로는 가상놀이, 물활론적 사고, 중심화, 불가역적 사고, 변환적 추론(환위추론), 전도추리, 비전이성, 꿈의 실재론, 인공론적 사고, 상태적 사고, 전인과적 추리, 혼합적 사고, 기준가변적 사고 등이 있다. ㉠은 감각운동기, ㉡은 형식적 조작기의 특징이다.

정답 04. ② 05. ③ 06. ② 07. ④

08 발달연구에서 사용되는 피아제(Piaget)의 고전적인 '세 산(three mountains) 실험'의 결과가 보여 주는 아동들의 특성은?

10. 국가직 7급

① 대상영속성   ② 깊이 지각

③ 자기중심성   ④ 인과관계

해설) 세 산 모형실험은 전조작기 유아의 자아중심성을 밝히기 위한 실험으로 다음과 같이 진행된다. 세 개의 산의 모형을 책상 위에 두고 유아에게 A, B, C, D의 서로 다른 위치에서의 산의 모습을 보여 준 후 유아를 A에 앉히고 인형을 C에 앉힌 다음 유아에게 산들이 어떻게 보이는가를 묻는다. 그러고 나서 유아에게 C에 앉은 인형은 어떤 산의 모습을 보겠느냐고 묻는다. 이때 유아는 C에 앉은 인형도 A에 앉은 자신과 동일한 산의 모습을 본다고 말한다. ①과 관련된 실험으로는 영아가 가지고 놀던 인형을 천으로 가리고 영아에게 인형을 찾으라는 과제를 부여하는 것이다.

TIP 피아제(Piaget)의 실험과 인지발달 단계

실험 유형	내용	관련 개념	출현 시기
대상영속성 실험	영아가 가지고 놀던 인형을 천으로 가리기	대상영속성	감각운동기
세 산(山) 모형 실험	A와 C의 위치에서 본 산의 모습 알아보기	자아중심성	전조작기
액체(양) 실험	같은 양이 담긴 두 개의 컵 속에 물 중 하나를 모양이 다른 컵 속에 넣었을 때의 양을 비교해 보기	보존성	구체적 조작기
유목화 실험	남자아이가 많은가 아이가 많은가 비교해 보기	유목화	구체적 조작기
액체(색깔 조합) 실험	무색무취의 4개의 병과 한 병에 들어 있는 액체를 섞어 황색의 액체를 만들어 보기	조합적 사고(추리)	형식적 조작기

09 피아제(Piaget)의 구체적 조작기에 해당되는 아동의 인지적 특성으로 알맞은 것은?

13. 지방직

① 장난감이나 인형과 같은 생명이 없는 모든 사물도 생명과 감정을 가지고 있다고 생각한다.
② 컵에 담겨져 있던 우유를 크기와 길이가 다른 컵에 옮겨 부어도 그 양이 동일하다는 것을 이해한다.
③ 비유, 풍자, 은유 등과 같은 복잡한 언어형식을 이해한다.
④ 어떤 물건을 눈에 보이지 않는 곳에 숨기면 그것이 없어져 더 이상 존재하지 않는다고 믿는다.

해설) 구체적 조작기는 지각에 의해 지배되지 않고, 구체적 사물이나 상황 등을 통해 논리적인 사고가 가능한 시기를 말한다. 그러나 동작으로 했던 것을 머리로 생각하는 것에 그치고, '지금-여기(now-here)'에 한정되며, 시행착오적 문제해결 방법을 사용한다.
②는 구체적 조작기에 나타나는 인지적 특성 중 보존성 개념에 해당한다. 즉, 구체적 조작기의 아동은 물체의 모양이나 위치가 바뀌어도 물리적 특성(예 수, 양, 부피, 길이 등)은 동일하다는 사실을 인식할 수 있다.
①은 물활론적 사고(전조작기), ③은 추상적 사고(형식적 조작기), ④는 대상영속성(감각운동기)에 해당한다.

10 피아제(Piaget)의 인지발달단계에서 구체적 조작기에 대한 설명으로 옳은 것만을 모두 고르면?

21. 국가직 7급

> ㉠ 가설연역적 사고가 가능하다.
> ㉡ 서열화와 분류가 가능하다.
> ㉢ 상징을 형성하고 사용하는 능력이 발달하기 시작한다.
> ㉣ 가역적 사고가 가능하다.

① ㉠, ㉢　　　　　　　　　　② ㉠, ㉣
③ ㉡, ㉢　　　　　　　　　　④ ㉡, ㉣

해설　구체적 조작기는 특정 조작과 역조작을 동시에 통합, 사고가 진행되어 나온 과정을 거꾸로 되밟아 갈 수 있는 사고능력인 가역적 사고(reversibility)가 나타나 보존성 개념(the principle of conservation)을 획득하게 된다. 또한 2개 이상의 기준을 사용하여 사물을 분류할 줄 아는 중다분류(classification) 및 여러 개의 기준(예 크기, 무게 등)을 사용하여 사물을 차례대로 배열할 줄 아는 중다서열(seriation)도 가능해진다. ㉠은 형식적 조작기, ㉢은 전조작기에 해당한다.

11 수빈이의 행동 중 피아제(Piaget)의 **구체적 조작기(period of concrete operations)**의 특징을 가장 잘 나타내 주는 예는?

07. 국가직

① 아빠가 "토끼가 뭐야?"라고 묻자, 수빈이는 "토끼는 하얀 거야. 그리고 눈이 빨간 거야."라고 말하였다.
② 수빈이는 빨간 사과, 빨간 꽃, 노란 오렌지, 노란 꽃을 꽃과 과일별로 나누기도 하고, 색깔별로 나누거나 묶기도 하면서 논다.
③ 수빈이는 앞마당에 떨어진 나뭇잎들을 모아놓고 반찬이라고 하면서 소꿉놀이하기를 좋아한다.
④ 수빈이는 미래에 어떤 직업인이 될지 고민하면서 상담실을 방문하였다.

해설　피아제(Piaget)의 구체적 조작기는 사물의 여러 측면을 고려하는 탈중심화 경향을 바탕으로, 가역적 사고는 물론 귀납적 사고, 중다 서열화, 중다 분류화(②)의 인지적 특징이 나타난다. ①은 사물의 지각적 특성에 의존하는 전조작기, ③은 사물을 상징화하는 가상놀이가 나타나는 전조작기, ④는 미래에 대한 상상적 사고가 나타나는 형식적 조작기에 해당한다.

12 피아제(Piaget)의 인지발달 이론에서 구체적 조작기의 특징으로 옳지 않은 것은?　08. 국가직

① 물활론적 사고　　　　　　② 가역적 사고
③ 보존개념　　　　　　　　　④ 탈중심화

해설　①은 전조작기에 나타나는 인지특성으로, 인상학적 사고에 해당하며 생명이 없는 대상에 생명과 감정을 부여하는 비논리적 사고를 말한다. 움직이는 것은 살아 있다라고 인식하는 것으로, "산은 죽은 것이고, 구름은 살아 있는 것이다."라고 생각하는 것이 그 예이다.

정답　08. ③　09. ②　10. ④　11. ②　12. ①

13 다음 설명에 해당하는 피아제(Piaget)의 인지발달단계는?   09. 교육사무관 5급

> 이 시기의 아동들은 문제를 해결하기 위해 가설을 설정하고, 그 가설의 검증을 통해 결론을 도출할 수 있다.

① 감각운동기   ② 구체적 조작기   ③ 형식적 조작기
④ 전조작기   ⑤ 변증법적 사고기

해설 형식적 조작기는 고차적인 추상적인 사고능력이 발달하고, 과거·현재·미래를 연결하여 추론할 수 있는 논리적인 사고와 가설·연역적 사고, 조합적 사고 등이 나타난다. 가설·연역적 사고(hypothetical—deductive thinking)는 가설을 설정하고 검증 및 결론을 추론하는 능력으로 이상주의(理想主義)적 사고(사회·정치·종교·철학 등 전 영역에 걸쳐 더 나은 사회를 건설하기 위해 기존의 사회를 개혁 또는 파괴하려는 성향, 관념을 통한 세계의 변혁)을 구상이다. Elkind는 가설·연역적 사고로 인해 '가상적 청중에 대한 과민반응, 개인적 신화, 불사신 신화'와 같은 자기중심적 사고가 나타난다고 보았다. ⑤는 형식적 조작기 이후의 단계로 베젝스(Basseches)가 제안한 단계에 해당한다.

14 피아제(Piaget) 이론에 대한 비판으로 적절하지 못한 것은?   08. 교육사무관 5급

① 아동의 인지발달능력을 과소평가했다.
② 청년기의 인지발달능력을 과대평가했다.
③ 구체적 조작기 이후의 발달단계를 설명하지 못한다.
④ 인지발달단계 이행에 대한 설명이 미흡하다.
⑤ 논리수학적 지식의 발달에 치중하였고, 인지발달의 개인차에 관한 고려가 미흡했다.

해설 피아제(Piaget) 이론은 구체적 조작기 이후의 발달단계가 아니라 형식적 조작기 이후의 발달단계를 설명하지 못한다. 또한 인지발달과 정서발달의 상호관계를 규명하지 못하였고, 인지발달에 미치는 사회·문화적 영향을 고려하지 못하였다는 비판을 받는다.

TIP 피아제(Piaget) 이론의 교육적 시사점과 한계

교육적 시사점	한계(비판)
① 아동의 인지발달단계에 기초하여 교육	① 전조작기 아동의 인지발달을 과소평가
② 아동의 자발성 중시: '꼬마 과학자'	② 형식적 조작기의 인지발달을 과대평가
③ 교육은 인지구조의 변화 과정: 인지 부조화(인지갈등, 비평형화) 전략	③ 인지능력과 수행능력 간 차이를 무시
④ 교육목표: (각 발달단계에 적합한) 사고력 신장	④ 인지발달과 정서발달 간 관계 고려 ×
⑤ (발달단계에 부합한) 교육과정 계열화	⑤ 인지발달에 있어 사회와 문화적 영향을 고려 × ⇨ 비고츠키의 탐구주제
⑥ 또래(동질집단)와의 사회적 상호작용 촉진: 수준별 수업 ⇨ 인지 도식 검증	⑥ 발달단계 간 이행을 설명 × ⇨ 신피아제 이론가들(回 P. Leone, Case)의 관심사
⑦ 발견학습(Bruner), 구안법(Kilpatrick), 구성주의 학습에 영향	⑦ 정서성이 포함된 인지발달(回 문학, 예술)을 언급 ×
	⑧ 임상연구의 한계(표집 수의 제한)

*파스칼 레온(Pascual—Leone)은 구성적 조작자 이론에서 정보처리공간의 증가로 보는 절대적 증가모형[回 청킹(chunking)]을, 케이즈(Case)는 실행제어 구조이론에서 정보처리의 효율성(processing efficiency)으로 보는 기능적 증가모형[回 자동화(automatization), 조작공간의 감소와 저장공간의 증가]을 통한 작업기억 용량의 증가로 인지적 과부하의 한계를 극복하고 인지구조의 질적 상승이 이루어진다고 보았다.

2 비고츠키(Vygotsky)의 인지발달이론

15 비고츠키(L. Vygotsky)의 인지발달이론을 가장 잘 설명한 것은?   08. 국가직

① 학생의 현재 발달수준보다 앞선 내용을 가르치는 것은 효과적이지 않다.
② 성인과의 상호작용보다는 또래와의 상호작용이 인지발달에 유용하다.
③ 문제해결에 있어서 곤란도가 높아지면 내적 언어사용은 감소한다.
④ 언어의 습득은 아동의 인지발달에 있어 매우 중요한 변인이다.

해설 인지발달은 사회문화적 맥락(context)의 영향을 받는다고 주장하는 비고츠키(L. Vygotsky)는 언어가 지적 발달의 단순한 부산물이 아니라 인지발달의 중요한 기제라고 보았다.
①은 현재 발달수준에 인접한 조금 앞서는 근접발달영역(ZPD)을 제시하는 것이 효과적이라고 본다.
②은 성인 혹은 유능한 또래(이질집단)와의 상호작용을 중시한다.
③은 내적 언어의 사용이 증가한다. 근접발달영역(Zone of Proximal Development)이란 아동이 혼자서는 해결할 수는 없지만 성인이나 뛰어난 동료와 함께 학습하면 성공할 수 있는 영역으로, 잠재적 발달수준(B)과 실제적 발달수준과의 차이(B−A)를 말한다.

16 다음에서 비고츠키(Vygotsky)의 견해와 부합하는 것을 고르면?   08. 초등임용

> ㉠ 적절한 학습이 발달을 촉진한다.
> ㉡ 언어가 사고발달을 촉진하기보다는 사고가 언어발달을 촉진한다.
> ㉢ 아동은 혼자서 세계에 대한 폭넓은 이해를 구성하는 '작은 과학자'이다.
> ㉣ 아동의 인지발달을 위해 성인이나 유능한 또래와의 협동적인 상호작용이 중요하다.

① ㉠, ㉢   ② ㉠, ㉣
③ ㉡, ㉢   ④ ㉡, ㉣

해설 비고츠키(Vygotsky)는 언어가 사고발달을 촉진한다고 보며, 아동을 사회적 존재로 이해한다. ㉡, ㉢은 피아제(Piaget)의 견해이다.

정답 13. ③   14. ③   15. ④   16. ②

17 비고츠키(L.Vygotsky)의 관점에 부합되지 않는 것은?   05. 유·초등임용

① 언어가 사고를 발달시키기보다는 사고가 언어 발달을 촉진한다.
② 교사의 역할은 역동적 평가를 통해 학습 잠재력을 확인하는 일이다.
③ 교사는 협력적인 학습 환경을 조성함으로써 아동의 학습을 촉진할 수 있다.
④ 아동의 인지 발달은 더 성숙하고 유능한 사람과의 상호작용을 통해 촉진될 수 있다.

해설 ①은 피아제(Piaget)의 견해이고, 비고츠키(Vygotsky)는 언어가 사고 발달을 촉진한다고 보았다. ②의 역동적 평가(dynamic assessment)는 비고츠키(Vygotsky)의 '근접발달영역(ZPD)'이론에 기초하여 전개된 평가로 평가자(교사)와 학생 간의 역동적 상호작용을 중시하는 평가를 말한다. 진행 중인 학생의 발달과정을 이해함으로써 미래에 나타날 발달 가능성을 평가할 수 있다.

TIP 고정적 평가와 역동적 평가

구분	고정적 평가(Piaget)	역동적 평가(Vygotsky)
평가목적	교육목표 달성도 평가	향상도 평가
평가내용	학습결과 중시	학습결과 및 학습과정 중시
평가방법	• 정답한 반응수 중시 • 일회적·부분적 평가	• 응답의 과정이나 이유도 중시 • 지속적·종합적 평가(준거지향 평가)
평가상황	• 획일적이고 표준화된 상황 • 탈맥락적인 상황	• 다양하고 융통성 있는 상황 • 맥락적인 상황
평가시기	특정 시점(주로 도착점행동)	출발점 및 도착점을 포함한 교수—학습 전 과정
평가결과 활용	선발·분류·배치	학습활동 개선 및 교육적 지도·조언
교수—학습활동	교수—학습과 평가활동 분리	교수—학습과 평가활동 통합

18 비고츠키(L. Vygotsky)의 인지발달이론 중 다음이 설명하는 개념은?   15. 특채

> 이것은 학생이 혼자서 과제를 해결할 수 있는 수준과 교사나 우수한 동료의 도움으로 과제를 완성할 수 있는 수준 사이의 중간 영역이다. 이것은 실제로 학습이 일어나고 교육이 성공할 수 있는 영역이다.

① 자율학습영역   ② 성격발달영역   ③ 생활지도영역   ④ 근접발달영역

해설 근접발달영역(ZPD)은 사회적 상호작용을 통해 인지발달이 촉진된다고 주장하는 비고츠키(Vygotsky) 이론의 핵심 개념이다. 아동의 현 인지수준에 인접해 있는 바로 위의 발달수준으로 성인이나 뛰어난 동료의 도움으로 문제를 해결할 수 있는 영역으로, 잠재적 발달수준과 실제적 발달수준의 차이 영역을 의미하며 타인의 조력(scaffolding, 비계설정)을 통해 학습 가능한 영역을 말한다. 그러므로 교수 — 학습은 학생의 근접발달영역에 부합되는 과제가 제시될 때 비로소 효과적일 수 있다.

TIP 근접발달영역(Zone of Proximal Development)

수행
능력

잠재수준
ZPD3
실제수준

잠재수준
ZPD2
실제수준

잠재수준
ZPD1
실제수준

시 간

19 비고츠키(Vygotsky)의 사회문화이론에 근거할 때, (가)에 들어갈 말은?   23. 국가직

□□□

> 타인의 도움을 받아서 수행할 수 있는 수준과 자기 혼자서 독립적으로 수행할 수 있는 수준 사이에 ⸤(가)⸥ 이 있다.

① 집단 무의식   ② 근접발달영역
③ 학습된 무기력   ④ 잠재적 발달영역

해설 사회적 구성주의 학습이론을 주창한 비고츠키(L. Vygotsky)의 핵심용어인 근접발달영역((Zone of Proximal Development)은 잠재적 발달수준과 실제적 발달수준의 차이로 성인이나 뛰어난 동료의 도움(scaffolding, 비계설정)을 통해 학습 가능한 영역을 말한다. 그러므로 교수 – 학습은 학생의 근접발달영역에 부합되는 과제가 제시될 때 비로소 효과적일 수 있으며, 지능 측정에 있어 지적 발달 잠재력을 측정할 수 있는 역동적 검사가 개발되어야 함을 시사한다. ①은 융(C, Jung)의 용어로, 옛 조상들의 의식적 경험이 상징을 통해 과거부터 누적되어 전승되어 사회구성원들에게 저절로 체화(體化)되어 있는 의식으로 수많은 표상인 원형(archetypes)으로 구성되어 있다. 예컨대, 페르소나(persona, 사회적 자아), 아니마(anima, 남성성 속의 여성성), 아니무스(animus, 여성성 속의 남성성), 그림자(shadow, Freud의 원자아에 해당), 자기(self, Freud의 자아에 해당) 등을 들 수 있다. ③은 셀리그만(Seligman)이 개의 회피훈련 연구에서 처음 사용한 용어로, 계속되는 학업 실패와 좌절의 경험을 통해 노력해도 성공할 수 없다고 느끼는 자포자기 상태를 말한다. 학생이 학습 실패의 원인을 자신의 능력 부족, 즉 내적–안정적–통제 불가능한 원인으로 돌릴 때 발생하며, 학습된 무기력을 지닌 학생은 학업적 자아개념이 매우 부정적으로 형성되어, 수동성·우울·인내심 부족·자기통제성의 결여 등과 같은 증상을 보인다.

20 다음에서 설명하는 개념은?   17. 국가직

□□□

> • 학생의 인지발달을 위해서 교사가 찾아야 하는 것
> • 학습자가 주위의 도움을 받아서 문제를 해결할 수 있는 범위
> • 학습자의 실제적 발달수준과 잠재적 발달수준 간의 차이

① 비계(scaffolding)   ② 근접발달영역(ZPD)
③ 내면화(internalization)   ④ 메타인지(metacognition)

해설 비고츠키(L. Vygotsky) 이론의 핵심 개념인 근접발달영역(ZPD)은 잠재적 발달수준과 실제적 발달수준의 차이 영역으로 타인의 조력(scaffolding, 비계설정)을 통해 학습 가능한 영역을 말한다. ①은 학습의 초기 단계에서 교사가 아동의 학습을 도와주기 위해 사용하는 다양한 방법이나 전략을 말하며, ③은 사회적 현상을 심리적 현상으로 변형시키는 과정, 외적 정보를 지식 기반과 일치하는 '내적 부호'로 전환하는 과정을 말한다. ④는 플라벨(Flavell)이 최초로 사용한 개념으로, 자신의 인지(認知) 또는 사고(思考)에 관한 지식을 말한다. 메타인지의 주요 기술은 계획(planning), 점검(감찰, monitoring), 평가(evaluation) 등이다.

21 비고츠키(Vygotsky)의 근접발달영역을 가장 잘 설명한 것은?   07. 국가직

① 아동의 실제 인지적 발달 수준을 나타낸 것이다.
② 아동의 미발달 능력을 나타낸 것이다.
③ 아동의 발달된 능력과 발달 중인 능력을 합한 영역이다.
④ 아동이 다른 사람의 도움을 받아 발달할 수 있는 영역이다.

정답   17. ①   18. ④   19. ②   20. ②   21. ④

해설 근접발달영역(ZPD)은 아동의 현 인지수준(실제적 발달 수준)에 인접해 있는 바로 위의 발달 수준을 말하는 것으로, 성인이나 뛰어난 동료의 도움(scaffolding, 비계설정)을 통해 발달할 수 있는 영역이다. 그러므로 근접발달영역은 혼자서 해결할 수는 없지만 다른 사람의 도움을 받으면 해결할 수 있는 영역으로, 학습 및 발달이 가장 왕성하게 일어나는 역동적인 영역이라고 할 수 있다. ①은 실제적 발달수준에 해당한다. ②는 잠재적 발달수준을 포함한 미래의 능력에 해당한다.

22 다음 글이 설명하고 있는 것과 가장 관련이 있는 것은?
11. 국가직

> 구성주의 학습이론에 따르면 직접적인 지시보다는 간접적인 힌트, 암시, 단서, 질문 등의 전략을 통해 초기에는 많은 도움을 주다가 점차 도움을 줄여서 학습자가 자기주도적 학습능력을 기르게 할 필요가 있다.

① 근접발달영역(ZPD)
② 비계설정(scaffolding)
③ 프로젝트학습(project-based learning)
④ 정착수업(anchored instruction)

해설 비계설정(scaffolding, 발판)은 학습의 초기 단계에서 교사가 아동의 학습을 도와주기 위해 사용하는 다양한 방법이나 전략으로, 비고츠키(Vygotsky)가 근접발달영역(ZPD)의 학습전략으로 강조한 개념이다. 학습에서의 비계설정은 초기 단계에서는 많은 도움을 제공하다가 점점 지원을 줄여서(fading) 스스로 할 수 있는 단계까지 이끌어 나가야 한다. ③은 진보주의 철학자 킬패트릭(Kilpatrick)이 제안한 교수방법, ④는 구성주의 학습 유형에 해당한다.

TIP 비계설정(scaffolding) : 발판

1. **개념** : 학습의 초기 단계에서 교사가 아동의 학습을 도와주기 위해 사용하는 다양한 방법이나 전략을 말한다.
   ① 효과적인 비계설정은 학습자 스스로 할 수 있도록 지원해 주는 것으로 국한해야 한다. 실제로 학습하는 주체는 학습자 자신이고, 교사와 부모는 도움을 줄 수 있을 뿐이다. ⇨ 교사가 주어진 문제의 정답을 직접 제공하거나, 문제의 해결책을 직접 제시하는 것은 발판을 잘못 적용하는 것이다.
   ② 학습에서의 비계설정은 초기 단계에서는 많은 도움을 제공하다가 점점 지원을 줄여서(fading) 스스로 할 수 있는 단계까지 이끌어 나가야 한다.
2. **목적** : 독자적으로 학습하기 어려운 지식이나 기능의 학습을 도움. ⇨ 아동이 지식을 내면화하여 독자적으로 사용할 수 있을 때까지 내면화 과정을 지지해 주는 것
3. **방법** : 시범 보이기, 기초 기능을 개발하기, 모델 제공하기, 오류를 교정하기, 틀린 개념을 발견하고 수정하기, 동기를 유발하기, 구체적이고 현실적인 목표를 제시하기, 피드백을 제공하기, 절차를 설명하기, 질문하기 등
4. **구성요소** : 협동적(공동적)인 문제해결, 상호주관성(inter-subjectivity), 따뜻한 반응(예 칭찬, 격려 등), 자기조절 증진시키기, 심리적 도구(예 언어, 기억, 주의집중 등)와 기술적 도구(예 인터넷, 계산기 등) 활용, 근접발달영역 안에 머물기

23 학생이 문제해결능력이 없는 경우, 교사가 어떤 역할을 해야 하는지에 대한 비고츠키(L. Vygotsky)의 관점으로 보기 어려운 것은?
15. 국가직

① 구조화를 형성할 수 있는 단서를 제공한다.
② 세부사항과 단계를 기억할 수 있도록 조력하고 격려한다.
③ 표준화 지능검사 문항을 풀게 하여 학생의 지적 발달수준을 측정한다.
④ 학생이 혼자서 풀 수 있는 문제와 도움을 받아야 하는 문제를 모두 평가하여 지적 발달수준을 측정한다.

해설　③은 피아제(Piaget)의 관점에 해당한다. 비고츠키(L. Vygotsky)는 지적 발달 잠재력을 측정할 수 있는 지능검사, 즉 역동적 평가를 강조하였다.

TIP 비계설정(scaffolding) ‖‖

우드(Wood), 브루너(Bruner)가 명명한 용어로, 학습의 초기 단계에서 교사가 아동의 학습을 도와주기 위해 사용하는 다양한 방법이나 전략을 말한다. 학습 초기 단계에서는 많은 도움을 제공하다가 점점 지원을 줄여서(fading) 학습자 스스로 할 수 있도록 돕는 것을 말한다.

발판의 유형	예시
모델링	• 체육 교사는 농구수업에서 슈팅 시범을 보인다. • 미술 교사가 학생들로 하여금 새로운 화법을 사용하여 그림을 그리도록 말하기 전에 먼저 시범을 보인다.
소리 내어 생각하기	• 수학 교사는 이차방정식 풀이 과정을 칠판에 판서하면서 말로도 똑같이 말한다. • 물리 교사가 칠판에 운동량 문제를 풀면서 자신의 생각을 소리내어 말한다.
질문하기	• 수학 교사는 이차방정식 문제를 푼 후, 이차방정식에 대한 이해를 높이기 위하여 일차방정식과의 공통점과 차이점에 대한 질문을 던진다. • 물리 교사가 학생들에게 중요한 시점에서 관련 질문을 던짐으로써 학생들이 문제를 보다 구체적으로 이해할 수 있게 한다.
수업자료 조정하기	• 체육 교사는 뜀틀수업에서 처음에는 3단 뜀틀로 연습을 시키다가 학생들이 능숙해지면 4단 뜀틀로 높이를 높인다. • 초등학교 체육 교사가 농구 슛하는 기술을 가르치는 동안 농구대의 높이를 낮췄다가 학생들이 능숙해짐에 따라 농구대의 높이를 높인다.
길잡이와 힌트 (조언과 단서)	• 과학 교사는 태양계의 행성들을 암기할 때, 행성의 앞 글자를 딴 '수금지화목토천해'를 제시한다. • 취학 전 아동들이 신발 끈을 묶는 것을 배울 때 유치원 교사가 줄을 엇갈려 가면서 끼우도록 옆에서 필요한 힌트를 준다.

24 지적 발달과 학습에서 사회적 상호작용의 중요성을 강조하는 개념으로 볼 수 없는 것은?

08. 중등임용

① 피아제(J. Piaget)의 평형화　　　　② 브루너(J. S. Bruner)의 비계설정
③ 비고츠키(L. S. Vygotsky)의 근접발달영역　④ 포에르스타인(R. Feuerstein)의 중재학습경험

해설　피아제(Piaget)는 개인적(인지적) 구성주의에 해당한다. 중재학습은 포이에르스타인(Feuerstein)이 특수교육의 방법으로 제안한 것이다. 10~18세 학생들을 위해 만든 학습 프로그램으로 학습자들이 문제를 잘 이해할 수 있도록 어른들이 단서를 제공하고 명료화시키며, 강조하고 정교화시키도록 도움을 주는 형태의 수업을 말한다. 이는 지적 발달과 학습에서의 상호작용을 강조한 것으로 비고츠키(Vygotsky)의 이론에 토대를 둔 것이다.

정답　　22. ②　23. ③　24. ①

25 비고츠키(L. Vygotsky)의 근접발달영역(ZPD) 아이디어를 교수 · 학습 과정에 적용한 것에 대한 설명으로 옳지 않은 것은? 　　　12. 중등임용

① 교수 · 학습 과정은 잠재적 발달 수준을 새로운 실제적 발달 수준이 되도록 변환시키는 과정이다.

② 교수 · 학습 과정은 학습자 주도의 연역적 계열에서 교사 주도의 귀납적 계열로 옮겨가는 이중적 전개 방식을 따른다.

③ 근접발달영역 범위는 학습자의 발달 수준과 교사의 조력 방법 등에 따라서도 달라질 수 있으므로 이를 고려한 교수설계가 필요하다.

④ 교수 · 학습 과정에 인지적 도제 이론의 모델링(modeling), 코칭(coaching), 스캐폴딩(scaffolding), 성찰(reflection) 등의 활동을 적용할 수 있다.

⑤ 잠재적 발달수준에 도달한 학습자는 새로운 근접발달영역에서 교사나 유능한 학생의 도움을 받아 학습활동을 하게 된다.

해설 근접발달영역(ZPD) 안에서 교사의 교수 · 학습 방법은 교사 주도의 연역적 계열에서 학습자 주도의 귀납적 계열로 전개된다. ③을 적응적 교수라고 한다.

26 비고츠키(L. Vygotsky)의 근접발달영역(ZPD) 이론을 교수학습과정에 적용한 것에 대한 설명으로 옳지 않은 것은? 　　　14. 지방직

① 근접발달영역에서의 학습은 교사의 전문적인 도움보다는 또래 학생들의 도움을 받는 것이 더 좋다.

② 잠재적 발달수준을 새로운 실제적 발달수준이 되도록 변환시키면서 교수학습이 이루어진다.

③ 학습자는 잠재적 발달수준에 도달한 이후에 다시금 새로운 근접발달영역에서 유능한 학생의 도움을 받아 학습활동을 하게 된다.

④ 근접발달영역 범위는 학습자의 발달수준과 교사의 조력 방법 등에 따라서도 달라질 수 있으므로 이를 고려한 교수설계가 필요하다.

해설 비고츠키는 아동의 인지발달은 아동보다 뛰어난 능력을 지닌 또래나, 교사, 부모 등 성인과 같은 이질집단과의 상호작용이나 도움을 통해 이루어진다고 보았다. 왜냐하면 비고츠키에게 있어 인지발달의 중요 기제가 내면화(internalization)이기 때문이다. ①은 도식(schema)이 유사한 사람, 즉 동질집단과의 상호작용을 통해 비평형화가 도식을 검증하는 도구라고 본 피아제(Piaget)의 견해에 해당한다.

27 아동의 혼잣말(private speech)에 대한 비고츠키(L. Vygotsky)의 견해로 옳지 않은 것은? 　17. 지방직

① 자기중심적 언어로서 미성숙한 사고를 보여 준다.

② 자신의 사고과정과 행동을 스스로 조절하고 주도한다.

③ 연령이 증가함에 따라 점차 줄어들면서 내적 언어로 바뀐다.

④ 쉬운 과제보다 어려운 과제를 해결할 때 더 많이 사용한다.

해설 ①은 피아제(Piaget)의 견해에 해당한다. 피아제(Piaget)는 자기중심적 언어는 전조작기의 비논리적 사고에서 비롯되는 인지적 한계로 인해 나타난다고 보았다.

TIP 자기중심적 언어에 대한 Piaget와 Vygotsky의 주장 비교

구분	자기중심적 언어의 주요 특징
피아제 (Piaget)	• 전조작기의 자기중심적 사고(비논리적 사고)에서 비롯된 비사회적 언어 • 논리적 사고발달을 통해 자기중심적 언어가 점차 사라짐.
비고츠키 (Vygotsky)	• 자기지시 및 자기조절 사고의 수단 : 목표를 달성하기 위해 전략을 짜고 자신의 행동을 결정하는 데 도움을 주는 사적 대화(private speech) ⇨ 중요한 목표를 달성하려 할 때나 장애물이 있을 때 급증 • 사고발달을 촉진하는 지적 적응 수단 • 자기중심적 언어(독백)가 내적 언어로 진행되면서 논리적 사고가 발달

28 비고츠키(L. S. Vygotsky)의 인지발달 이론에 대한 설명으로 옳지 않은 것은?　10. 7급 국가직
　□□□
① 학교교육은 과학적 개념(scientific concepts)보다는 자발적 개념(spontaneous concepts)의 학습을 지향해야 한다.
② 사회적 상호작용을 인지발달의 주된 원인으로 보았다.
③ 발판 제공하기(scaffolding) 기법으로 프롬프트, 암시, 점검표, 모델링, 피드백 제공, 인지 구조화하기, 질문하기 등이 있다.
④ 아동이 스스로 할 수 있는 것과 약간의 도움을 받아 성취할 수 있는 것 간의 차이인 근접발달영역(ZPD)을 강조한다.

해설 ①은 인지발달에 관한 피아제(Piaget)의 관점에 해당한다. 비고츠키(Vygotsky)는 자발적 개념보다는 타인과의 상호작용을 통해 사회적 개념이 개인에게 내면화(internalization)됨을 중시한다.

3 피아제와 비고츠키 이론의 비교

29 피아제(J. Piaget)와 비고츠키(L. S. Vygotsky)의 발달이론이 지닌 공통점은?　11. 국가직 7급
　□□□
① 인지발달 단계를 4단계로 구분하였다.
② 인지발달에서 환경과의 상호작용을 강조했다.
③ 인지발달이 학습에 선행하는 것으로 보았다.
④ 자기중심적 언어를 문제해결의 도구로 보았다.

해설 인지발달에서 피아제는 물리적 환경과의 상호작용을, 이에 비해 비고츠키는 인지발달에서 인적(사회적) 환경과의 상호작용을 강조했다.
①, ③은 피아제, ④는 비고츠키의 견해이다.

정답　25. ②　26. ①　27. ①　28. ①　29. ②

30 피아제(Piaget)와 비고츠키(Vygotsky)의 발달이론에 대한 설명으로 옳은 것은?　15. 국가직 7급

① 피아제는 전조작기 단계에서 아동의 자기중심적 사고가 타인에 대한 관심으로 전환된다고 보았다.
② 피아제는 아동이 획득하는 특정 사고와 기술을 결정하는 데 문화가 중요하다고 강조하였다.
③ 비고츠키는 아동의 자기중심적 언어가 문제해결을 위한 사고의 도구라고 주장하였다.
④ 비고츠키는 학습자의 인지가 연령에 따라 단계적으로 발달한다고 설명하였다.

해설 ①은 구체적 조작기에 해당하며, ②는 비고츠키, ④는 피아제의 견해이다.

TIP 피아제와 비고츠키 이론의 차이점

구분		피아제(Piaget)	비고츠키(Vygotsky)
배경철학		관념론	유물론
환경관		물리적 환경에 관심	역사적·사회적·문화적 환경에 관심
아동관		학습자가 발달에 주체적 역할 (꼬마 과학자)	사회적 영향이 발달에 주요한 역할 (사회적 존재)
구조의 형성		평형화를 중시(개인 내적 과정)	내면화를 중시(대인적 과정에 의한 개인 간 의미 구성) : 대인 간(사회적) 과정 ⇨ 개인 내(심리적) 과정
사고와 언어		사고발달 > 언어발달 : 사고(인지발달)가 언어에 반영	언어발달 > 사고발달 : 사고와 언어는 독립 ⇨ 연합 ⇨ 언어가 사고에 반영
발달적 진화		발달의 보편적·불변적 계열 ⇨ 결정론적 발달관	사회구조와 유기체 구조 간의 역동적 산물 ⇨ 발달단계 변화 가능
발달 양태		발달의 포섭적(동심원적) 팽창	발달의 나선적(심화·확대) 팽창
개인차		발달의 개인차에 관심 없음.	발달의 개인차에 관심 있음.
발달과 학습		발달이 학습에 선행 ⇨ 소극적 교육	학습이 발달에 선행 ⇨ 적극적 교육
수업		자기주도적(self-directed) 발견	교사 안내 수업(guided-learning)
놀이		상징적 기능(가상놀이) ⇨ 지적 연습	규칙을 학습하는 과정
상호작용		다른 아동(또래)과의 상호작용 ⇨ 아동 스스로 인지적 갈등 극복	유능한 아동이나 어른과의 상호작용 ⇨ 타인에 의한 사회 경험의 내면화
평가		정적 평가	역동적 평가
학습		현재 지향적 접근 ⇨ 현재 아동의 발달단계에 맞는 내용 제시	미래 지향적 접근 ⇨ 현재 발달수준보다 조금 앞서는 내용 제시
교사 역할		안내자(환경조성자)	촉진자(성장조력자)
학습도식		S - O(인지) - R	S - H - O - H - R * H는 Human factors(교사, 어른 등 중재자)
지식 구성 과정	기본적인 물음	모든 문화에서 새로운 지식은 어떻게 만들어지는가?	특정 문화 내에서 지식의 도구가 어떻게 전달되는가?
	지식형성 과정	개인 내적 지식이 사회적 지식으로 확대 또는 외면화된다.	사회적 지식이 개인 내적 지식으로 내면화된다.
	언어의 역할	상징적 사고의 발달을 돕지만, 지적 기능 수준을 질적으로 높여 주지는 않는다.	사고, 문화 전달, 자기조절을 위한 필수적 기제이고, 지적 기능 수준을 질적으로 높여 준다.

사회적 상호작용	도식을 검증하고 확인하는 수단을 제공한다.	언어를 습득하고 생각을 문화적으로 교환하는 수단을 제공한다.
학습자에 대한 관점	사물과 개념을 적극적으로 조작한다.	사회적 맥락과 상호작용에 적극적이다.
교수에 주는 시사점	평형화를 깨뜨리는 경험(비평형화)을 계획하라.	발판을 제공하라. 상호작용을 안내하라.

31 다음은 인지발달에 관한 피아제(J. Piaget)와 비고츠키(L. Vygotsky)의 관점을 비교한 것이다. 옳은 진술을 모두 고른 것은?

07. 중등임용

> ㉠ 피아제는 개인 내부에서 새로운 지식이 어떻게 구성되는가에 관심을 두었으나, 비고츠키는 문화의 맥락 안에서 정신적 도구가 어떻게 매개되는가에 관심을 두었다.
> ㉡ 피아제는 사회적 상호작용이 언어를 습득하고 생각을 교환하는 수단이라고 보았으나, 비고츠키는 사회적 상호작용이 인지구조를 검증하고 확인하는 수단이라고 보았다.
> ㉢ 피아제는 교사가 아동의 평형화를 깨뜨리는 경험을 제공해야 한다는 점을 시사하였으나, 비고츠키는 교사가 아동에게 발판을 제공하여 상호작용을 안내해야 한다는 점을 시사하였다.

① ㉠, ㉡   ② ㉠, ㉢
③ ㉡, ㉢   ④ ㉠, ㉡, ㉢

해설 피아제(Piaget)는 언어습득은 인지구조의 변화로 인한 결과라고 보았다. ㉡에서는 피아제와 비고츠키의 관점에 대한 설명이 바뀌었다.

32 아동의 인지발달과정에 대한 피아제(Piaget)와 비고츠키(Vygotsky) 이론의 차이점으로 옳지 않은 것은?

20. 지방직

① 피아제는 학습이 발달을 주도한다고 보는 반면 비고츠키는 발달에 기초하여 학습이 이루어진다고 본다.
② 피아제는 아동은 스스로 세계를 구조화하고 이해하는 존재라고 생각한 반면 비고츠키는 아동이 타인과의 관계에서 영향받아 성장하는 사회적 존재임을 강조한다.
③ 피아제는 혼잣말을 미성숙하고 자기중심적 언어로 보지만 비고츠키는 혼잣말이 자신의 사고를 위한 수단, 문제해결을 위한 사고의 도구라고 생각한다.
④ 피아제는 개인 내적 지식이 사회적 지식으로 확대 또는 외면화된다고 보는 반면 비고츠키는 사회적 지식이 개인 내적 지식으로 내면화된다고 본다.

해설 피아제(Piaget)는 발달에 기초하여 학습이 이루어진다는 소극적 교육론을, 비고츠키(Vygotsky)는 학습이 발달을 주도한다는 적극적 교육론을 주장하였다.

정답 30. ③   31. ②   32. ①

제3절 | 발달이론Ⅲ : 성격발달이론

1 프로이트(Freud)의 성격발달이론

01 프로이트(Freud)에 의하면 인간의 성격은 원초아, 자아, 초자아로 구성되어 있다고 한다. 프로이트 □□□ (Freud)가 주장한 성격의 구조에 대한 설명으로 옳지 않은 것은? 08. 교육사무관 5급

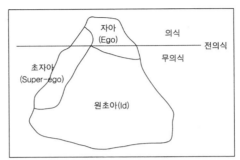

① 자아는 의식 세계에, 초자아는 무의식 세계에 존재한다.
② 원초아는 현실세계와의 접촉이 없다.
③ 자아는 현실원리를 따른다.
④ 불안은 원초아와 초자아 사이의 긴장을 자아가 적절하게 중재하지 못하기 때문에 느끼는 갈등이다.
⑤ 자아의 중재 역할이 제대로 발휘되지 못할 때 사용하는 무의식적 심리적 전략을 방어기제라 한다.

[해설] '빙산이론'에 따르면 원초아는 무의식 세계, 자아와 초자아는 의식 세계와 무의식 세계에 걸쳐져 있다.

TIP 성격의 구조 : 정신은 전체적인 성격을 의미 ⇨ 빙산이론

성격의 구조	역할과 의미	지배 원리	형성 시기	특징
원초아 (id, 원본능)	심리적 에너지의 원천 - Eros & Thanatos	• 쾌락(Eros) • 열반(Thanatos)	생득적으로 형성 (구강기)	• 생물학적 자아 • 1차 과정 사고
자아(ego)	• id와 superego의 중재자 (조정자) • 성격의 합리적 부분	현실	id로부터 형성 (항문기)	• 심리적 자아 • 성격의 집행관 • 2차 과정 사고
초자아 (super-ego)	• 도덕적 규제와 판단, 현실 보다 이상 추구 • 학습된 도덕성 ⇨ 자아 이 상, 양심(죄책감)	• 도덕 · 윤리 • 양심	후천적으로 학습 (남근기)	• 사회적 · 도덕적 자아 • 성격의 심판관 • 1차 과정 사고

TIP 성격(personality)의 개요

(1) **성격(personality)** : 한 인간이 환경에 적응해 나가는 과정에서 비교적 일관성 있게 나타나는 개인 특유
   의 행동 및 사고양식 ⇨ 독특성 · 일관성 · 적응성 · 전체성을 지닌다.
(2) **성격이론**
   ① 특성론(특질론)적 접근 : 올포트(Allport) ⇨ 공통특성, 개별특성(주특성, 중심특성, 2차특성)
   ② 유형론적 접근 : 융(C, Jung) ⇨ 내향성(introversion), 외향성(extraversion)
(3) **성격검사**
   ① 구조적 성격검사(표준화검사) : MMPI(병리적 성격), MBTI(정상 성격)
   ② 비구조적 성격검사(투사적 검사) : RIBT(로르샤흐 잉크반점검사), TAT(주제통각검사), HTP, DAP
      (인물화검사), SCT(문장완성검사), WAT(단어연상검사)

02 다음에 해당하는 프로이트(Freud)의 성격 구조 요소는?

□□□

> • 도덕적 원리를 추구한다.
> • 부모나 양육자로부터 영향을 많이 받는다.
> • 양심과 자아이상이라는 두 가지 하위체계로 구성된다.

① 무의식　　　　　　　　② 원초아
③ 자아　　　　　　　　　④ 초자아

해설　프로이트(S. Freud)는 인간의 성격(정신) 구조를 의식과 무의식, 전의식으로 구분하고, 그 구성요소를 원초아(id), 자아(ego), 초자아(super-ego)로 설명하고 있다. 이 중 초자아(super-ego)는 남근기의 오이디푸스 콤플렉스(Oedipus complex)를 극복하는 과정에서 학습된 사회적·도덕적(윤리적)·이상적 자아이다. 도덕적 규제와 판단 기능을 하며, 현실보다는 이상, 불완전보다는 완전을 추구하는 역할을 한다. 또한, 원초아(id)처럼 현실에 구속되지 않으며, 완벽하고 비현실적인 표준을 자유롭게 설정하는 기능을 한다. 그러기에 초자아가 설정하는 도덕적 표준은 사람마다 다르다. 양심(conscience, 죄책감)과 자아이상(自我理想, ego-ideal : 이상적 사람의 행동을 동일시)으로 구성된다. 예를 들어, 유아에게 불결함에 대해 엄격한 태도를 보이면 '양심'을, 청결함에 대해 우호적인 태도를 보이면 청결(淸潔)을 이상화하는 '자아이상'을 형성할 수 있다.

03 다음에 해당하는 프로이트의 성격발달단계는?

□□□

> 이 시기에 남자 아이는 어머니에 대한 이성애적 감정과 갈등을 경험하고 극복하게 되는데, 아버지와의 동일시를 통해 대리 만족을 경험할 뿐만 아니라 성역할 태도를 발달시키고 부모의 가치와 규범 등을 내면화하게 된다.

① 구강기　　　　② 항문기　　　　③ 남근기　　　　④ 잠복기

해설　프로이트(Freud)의 주장에 따르면, 남근기에 남아는 자기 어머니에게 성적 애착을 느끼며, 아버지를 어머니의 애정 쟁탈의 경쟁자로 생각하고(Oedipus complex) 적대감을 갖게 된다. 이로 인해 아버지로부터 올 수 있는 공격에 대한 불안[거세(去勢) 공포]을 느끼게 되며, 이 불안을 극복하기 위해 남아는 자신과 아버지와 같다고 생각하여 아버지처럼 행동하거나 아버지의 태도, 가치, 사고 등을 자기의 것으로 내면화하고자 하는 동일시(identification)를 통해 불안을 해결하면서, 남성으로서의 성역할(sex role)을 학습하게 된다는 것이다.

TIP 성격발달단계별 주요 특징

발달단계	쾌감의 부위 및 원천	주요 특징
구강기 (0~18개월)	구강, 입술(흡유, 먹는 것, 손가락 빨기, 치아 발생 후 씹기)	• 원자아(id)가 발달 ⇨ 'I get' 단계 • 구강 빨기 단계(구강 동조적 단계) : 소유욕, 신념 등의 원형, 낙천적 관대성 • 구강 깨물기 단계(구강 공격적 단계) : 야유, 논쟁, 공격성, 타인 이용의 원형
항문기 (18개월~3세)	항문근육 : 대변의 배설과 보유	• 자아(ego)가 발달 ⇨ 'I control' 단계 • 유아는 본능적 충동에 대한 외부적 통제를 처음 경험 • 항문 배설 고착 성격 : 잔인, 파괴적, 폭발성, 의심 많은 성격 • 항문 보유 고착 성격 : 완고, 인색, 강박, 수전노적, 청결, 소극적 성격 • 부모에 의한 적절한 배변 훈련 : 원만한 대인관계 형성, 생산성과 창조성의 발달, 관용·자선·박애적 성향

정답　01. ①　02. ④　03. ③

남근기 (3~6세)	생식기의 자극 : 환상의 쾌락	• 초자아(super-ego, 양심)가 발달 ⇨ 'I am a Man' 단계 • 성적 갈등(complex) : 오이디푸스 콤플렉스(남아), 일렉트라 콤플 렉스(여아) ⇨ 이성 부모에 대해 무의식적으로 성적 애정과 소유욕 을 갖게 됨. • 거세불안(남아), 남근선망(여아) : 동일시에 의해 동성의 부모를 자 아이상으로 삼음. ⇨ 동성애(Homo sexuality) • 콤플렉스를 성적으로 해결하면 성역할 일체감 발달 • 남근기 고착 성인 남자 : 경솔, 거만, 자기과시 ⇨ 과장이 심하고 공격적 이며 방종스러움. • 남근기 고착 성인 여자 : 순결(결백) ⇨ 남성편력, 유혹적, 경박한 기질
잠복기 (6~11세)	외계에서 지식· 호기심 등을 구함. (구체적 조작기)	• 성적 흥미나 관심이 일시적으로 억압되어 심리적으로 평온한 시기 • 사회성 발달과 일상생활에 적용 가능한 지식, 기능 습득
생식기(성기기) (12세~노년)	남녀 성기 (형식적 조작기)	• 이성의 대상에 대한 성적 흥미, 성인적 책임성 발달(이타심 계발) ⇨ 이성애(Hetero sexuality) • 부모와의 성적 관계는 금기임을 알고 부모로부터 독립하려는 욕 구가 생김.

2 에릭슨(Erikson)의 성격발달이론

04 에릭슨(Erikson)의 발달이론에 대한 설명으로 옳은 것을 골라 묶은 것은? 08. 교육사무관 5급

□□□

> ㉠ 발달에서 자아가 중심 역할을 수행한다.
> ㉡ 발달은 출생부터 평생 동안 이루어진다.
> ㉢ 인간의 거의 모든 행동은 무의식의 지배를 받는다.
> ㉣ 청소년기의 핵심적인 과제는 정체감 확립이다.
> ㉤ 발달의 긍정적 측면과 부정적 측면을 모두 중시하였다.

① ㉠, ㉡   ② ㉡, ㉢   ③ ㉢, ㉤

④ ㉠, ㉢, ㉣   ⑤ ㉠, ㉡, ㉣

해설 에릭슨(E. Erikson)의 성격발달이론은 발달에는 자아가 핵심 역할을 한다는 자아(ego) 심리학이며(㉠), 발달은 일생 동안 이루어진다는 전 생애 발달론이다(㉡). 전 생애를 8단계로 나누고 단계별 직면하는 심리사회적 위기(psycho-social crisis)를 잘 극복할 때 '기본적 신뢰 - 자율성 - 주도성 - 근면성(성취감) - 자아정체감(㉣) - 친밀감 - 생산성 - 자아통일'이라는 건강한 성격이 발달하나 그렇지 않으면 성격적 퇴행을 경험하게 된다는 양극이론을 주장하였다. 그러나 긍정적 측면의 발달을 부정적 측면의 형성보다 더 중시하였다(㉤). ㉢은 프로이트(Freud)의 주장이며, 에릭슨(E. Erikson)은 의식의 역할을 보다 강조하였다.
* 에릭슨(E. Erikson)이론의 특징은 ① 발달의 결정적 시기(심리·사회적 위기 또는 발달과업), ② 양극이론(긍정 > 부정 ⇨ '창조적 균형'), ③ 자아(ego)심리학, ④ 전 생애를 통한 발달(8단계), ⑤ 점성설(점진적 분화의 원리 ⇨ 후성설), ⑥ 대상 관계이론을 들 수 있다.

TIP 에릭슨(E. Erikson)의 성격발달단계

발달단계	나이	덕목	특징
기본적 신뢰 대 불신감 (basic trust vs. mistrust)	~18개월(어머니) cf 구강기(프로이트)	희망 (hope)	• 부모로부터의 사랑이 일관적·지속적·동질적일 때 형성 • 유아의 신체적·심리적 욕구를 적절히 충족시켜 주는지의 여부에 따라 세상에 대한 기본적 태도 형성 ⇨ 성격발달에 가장 중요한 시기
자율성 대 수치심 (autonomy vs. shame & doubt)	18개월~3세(아버지) cf 항문기	의지력 (will)	• 대소변 가리기, 걷기 등을 자발적으로 진행할 때 형성 • 배변훈련을 통해 자신의 요구와 부모의 요구가 원만한 조화를 이룰 때 유아의 자율성이 발달 ⇨ 실패할 때 강박증이 형성(특정한 행동이나 사고를 반복)
주도성 대 죄책감 (initiative vs. guilt)	3~6세(유치원, 가족) cf 남근기	목적 (goals)	• 성적 경험보다 놀이와 자기가 선택한 행동에 더 많은 관심을 보이는 시기 • 현실도전의 경험이나 상상, 활동에 자유가 주어지고 부모로부터 격려를 받을 때 주도성이 형성. 도덕의식 발달
근면성(성취감) 대 열등감 (industry vs. inferiority)	6~12세 (초등학교, 이웃) cf 잠복기	능력 (ability)	• 아동이 공식적 교육을 통해 사회와 문화에 대한 기초적인 인지능력과 사회적 기술을 습득해야 하는 시기 ⇨ 성적인 신체부위가 없다. • 학교에서의 성취에 대해 인정받을 때 근면성이 형성 ⇨ 자아개념 형성의 결정적 시기
자아정체감 대 역할 혼미 (identity vs. role diffusion)	12~18세(중고교, 또래) cf 생식기	충실(성실, fidelity)	• 급격한 신체적·심리적 변화와 사회적 요구에 따라 자신의 존재에 대한 새로운 탐색을 시작 ⇨ 이전의 발달적 위기들이 반복 • 부모나 교사 등과의 동일시, 또래집단과의 상호작용, 개인의 내적 동질성이 확보될 때 자아정체감 형성 • 심리적 유예기(모라토리움): 사회적 책임으로부터 유예 ⇨ 자신을 찾아 노력하는 기간
친밀감 대 고립감 (intimacy vs. isolation)	19~24세 (이성, 친구, 배우자)	사랑 (love)	• 인간관계의 범위가 친구나 애인, 직장동료 등으로 확대 ⇨ 만족스러운 취업과 결혼이 중요한 발달 과업 • 동성 또는 이성 간의 인간관계에서 친근감 형성
생산성 대 침체성 (generativity vs. self-absorption)	25~54세 (배우자, 자녀, 직장)	보살핌 (배려, care)	직업적 창조성, 생산성, 후세 교육에 관심, 자녀들의 성공적 발달을 돕는 것이 최대 관심
자아통일 대 절망감 (ego integrity vs. despair)	54세~ (인류)	지혜 (wisdom)	• 자신의 지나온 생애를 돌아보고 성찰하는 시기 • 자기 삶에 후회가 없고 가치 있었다는 생각은 자아통정성을 형성

정답 04. ⑤

05 에릭슨(Erikson)의 심리사회적 발달이론에서 (가)~(라)에 들어갈 발달단계를 A~D와 바르게 연결한 것은?

21. 국가직 7급

신뢰감 대 불신감 - (가) - (나) - 근면성 대 열등감 - (다) - (라)
- 생산성 대 침체감 - 통합성 대 절망감

A. 자율성 대 수치심과 회의	B. 주도성 대 죄책감
C. 정체성 대 역할혼미	D. 친밀감 대 고립감

	(가)	(나)	(다)	(라)
①	A	B	C	D
②	A	B	D	C
③	B	A	C	D
④	B	A	D	C

해설 에릭슨(E. Erikson)의 심리사회적 발달이론에 따르면 성격발달은 '① 기본적 신뢰/불신감(~18개월) ⇨ ② 자율성/수치감(18개월~3세) ⇨ ③ 주도성/죄책감(3~6세) ⇨ ④ 근면성/열등감(6~12세) ⇨ ⑤ 자아정체감/역할혼미(12~18세) ⇨ ⑥ 친밀감/고립감(19~24세) ⇨ ⑦ 생산성/침체감(25~54세) ⇨ ⑧ 자아통일/절망감(54세~)'의 순서로 발달한다고 주장했다.

06 에릭슨(E. Erikson)의 심리사회적 발달단계에 대한 설명으로 옳은 것만을 모두 고른 것은? 18. 국가직

㉠ 인생 주기 단계에서 심리사회적 위기가 우세하게 출현하는 최적의 시기는 개인에 따라 차이가 있지만, 그것이 출현하는 순서는 불변한다고 가정한다. ㉡ 현 단계에서는 직전 단계에서 실패한 과업을 해결할 수 없다고 본다. ㉢ 청소년기에는 이전 단계에서의 발달적 위기가 반복하여 나타난다고 본다.

① ㉠   ② ㉡
③ ㉠, ㉢   ④ ㉠, ㉡, ㉢

해설 에릭슨(E. Erikson)은 「아동기와 사회(Childhood & Society, 1950)」에서 성격, 정서, 사회성 발달의 통합한 심리사회적 이론(psycho-social theory)을 제시하였다. 프로이트(Freud)와는 달리 개인이 사회 속에서 맺게 되는 사회적 관계에 따라 일생을 8단계로 나누고 각 발달단계는 상호관련성이 있다고 보았다. 성격발달은 점성적 원리(epigenetic principle)에 따라, 그 이전 단계들의 발달에 기초하여 연속적으로 발달한다고 주장하였다. 점성원리는 생물학적 원칙에서 유래된 것인데, 성장하는 모든 생물은 기본계획을 갖고 있고, 그 기본계획으로부터 여러 부분들이 발생하고 발달하며, 이 과정에서 각 부분이 우세하게 나타나는 특정한 시점이 있으며, 이 모든 부분이 통합하여 하나의 기능적인 전체를 이루게 된다는 것을 말한다. 또한, 프로이트(S. Freud)의 과거결정론과는 달리 미래지향적 입장에서 앞으로 해결해야 할 성격 과제를 제시하고 있다. 그리고 청소년기는 자아정체감 대 역할 혼미(identity vs. role diffusion)의 위기가 나타나는 시기로, 급격한 신체적·심리적 변화와 사회적 요구에 따라 자신의 존재에 대한 새로운 탐색을 시작하며, 이전의 발달적 위기들이 반복되고, 성격형성의 중추적 역할을 하는 시기라고 보았다.

07 에릭슨(Erikson)의 심리사회적 발달단계에 따라 취학 전 아동의 주도성(initiative)을 격려하기 위한 수업지침으로 가장 적절한 것은?   13. 국가직

① 어린이들이 좋아하는 이야기에 어울리는 옷을 스스로 선택하고 등장인물이 되어 실연하면서 학습에 참여하게 한다.
② 짧고 간단한 숙제부터 시작해서 점차 양이 많은 과제를 내어주고, 향상 점검점(check point)을 설정하여 목표를 향해 열심히 학습하도록 격려한다.
③ 유명한 위인들의 생일을 표시한 달력을 만들어 각각의 생일마다 그 사람의 업적에 대해서 토론하고 자신의 미래 직업에 대해 탐색하게 한다.
④ 수학문제를 틀렸을 경우, 다른 어린이들의 모범답안을 보여주어 자신의 문제풀이 과정과 비교할 수 있게 한다.

해설 주도성(initiative)은 심리사회적 발달단계 중 제3단계(3~6세)에 해당하는 것으로, 에릭슨(E. Erikson)은 스스로 설정한 목표(예 블록 쌓기, 침대에서 높이뛰기)를 이루려는 용기라고 정의한다. 이러한 주도성은 자율성 위에, 활동하고 움직이기 위해 어떤 과제를 수행하고 계획하고 처리할 수 있는 아동의 능력이 덧붙여진 것이다. 아동들에게 자기주도적인 활동을 최대한 허용할 때 형성되며, 아동이 다른 사람의 권리를 침해하는 경우에만 개입하는 것이 필요하다.
②는 근면성(제4단계), ③은 자아정체감(제5단계)에 해당한다.
④의 경우는 근면성과 부합하나 다른 친구들과의 비교하기는 잘못된 지침으로 열등감을 형성할 수 있기에 주의해야 한다.
④는 피아제(Piaget)의 이론에 부합된다.

TIP 에릭슨 이론의 교육적 시사점

유치원 아동	자기주도적인 활동을 최대한 허용, 아동들의 주도성 형성
초등학교 학생	도전적 경험과 지지, 피드백을 제공하여 유능감(근면성) 형성 지원 예 현실적 목표 설정 및 실행 기회 제공, 적당한 실수에 대해 관대하게 대하기, 다른 친구들과 비교하지 않기
중·고등학교 학생	열린 마음으로 학생들 스스로 문제를 해결할 수 있도록 격려하고, 사춘기의 불확실성을 공감하며, 허용 가능한 행동 범위의 한계를 확실하게 규정 ⇨ 확고하고 애정 어린 지원 제공 예 직업선택과 성인의 역할에 대한 많은 모델 제시, 학생의 개인 문제 해결 조력, 청소년들의 일시적인 유행에 대해 인내심 갖기, 학생들의 잘못에 대해 실제적 피드백 제공

08 에릭슨(E. Erikson)의 사회심리적 발달이론에서 볼 때, 다음과 같이 지도한 결과로 형성되는 것과 가장 관련이 있는 것은?   11. 국가직

- 자서전을 쓰게 한다.
- 자신의 약점과 강점을 스스로 평가하게 한다.
- 학습한 내용이 직업에서 어떻게 활용될 수 있는지 생각하게 한다.

① 자율성   ② 주도성
③ 근면성   ④ 정체성

정답 05. ① 06. ③ 07. ① 08. ④

해설   지문은 청소년기(제5단계)의 중요한 발달과제인 '자아 정체감' 형성을 돕기 위한 방법에 해당한다. 청소년기는 '나는 누구인가?'에 대해 답하려는 의식적 노력이 처음으로 만들어지는 시기이다. 정체성(identity)이란 개인의 욕구와 능력, 신념, 그리고 일관된 자기상을 이루려는 발달사 등이 조직된 것을 말한다. 그것은 특히 직업, 가치관, 그리고 '삶의 철학' 등에 관한 신중한 선택과 결정을 포함한다. 만일 청소년이 이런 모든 측면과 선택을 통합시키는 데 실패하거나, 또는 전혀 선택할 능력이 없다고 느낀다면 역할 혼미(role confusion)의 위협을 받게 된다. 지문 외에 자아 정체감 형성의 지원 방법으로는 직업선택과 성인의 역할에 대한 많은 모델을 제시하기, 학생이 개인적 문제를 해결하는데 필요한 자원을 찾도록 돕기, 타인을 불쾌하게 하거나 학습에 방해가 되지 않는 한 십대들의 일시적인 유행에 대해 인내심을 갖기, 학생들에게 실제적 피드백을 주고 향상에 대해 지지해 주기 등이 있다.
①은 제2단계, ②는 제3단계, ③ 제4단계에 해당한다.

TIP 에릭슨(E. Erikson)의 주요 개념

1. **자율성**(autonomy) : 스스로 어떤 일을 할 수 있는 능력 예 혼자 걷기, 혼자 소변보기
2. **수치심**(shame) : 남의 눈에 자신이 좋게 보이지 않는다는 느낌 예 오줌 싼 걸 남이 볼까 봐 걱정하기
3. **의심**(doubt) : 타인의 통제를 받는 것에서 오는 부정적 느낌
4. **주도성**(initiative) : 스스로 설정한 목표(예 블록 쌓기, 침대에서 높이뛰기)를 이루려는 용기, 한쪽 부모를 소유하고자 하는 오이디푸스적 야망
5. **근면성**(industry) : 외부에서 주어진 과제 이행 능력
6. **자아 정체감**(identity) : '나는 누구인가?'에 대한 해답으로 자기의 고유성을 깨닫고 유지해 가려는 노력
   ⇨ 자기 자신에 대한 통합성, 연속성, 조화성, 독립성을 지닐 때 형성

---

3 프로이트와 에릭슨 이론의 비교

09 프로이트(Freud)가 제안한 성격발달 단계와 에릭슨(E. Erikson)이 제안한 심리사회적 발달단계를 짝지은 것 중 시기적으로 유사하지 않은 것은?   10. 국가직

① 항문기 - 자율성   ② 구강기 - 기본적 신뢰
③ 남근기 - 주도성   ④ 잠복기 - 친밀성

해설   프로이트(Freud)는 리비도가 신체상에서 차지하는 위치와 그 충족방식에 따라 '구강기 ⇨ 항문기 ⇨ 남근기 ⇨ 잠복기 ⇨ 생식기'순으로 발달단계를 제안하였다. 잠복기에 해당하는 심리사회적 특성은 근면성이며, 친밀성은 생식기에 해당한다.

10 다음은 에릭슨(Erikson)의 심리사회적 발달 이론에 따라 특정시기의 발달 특징을 기술한 것이다. 프로이드(Freud)가 제시한 아동의 발달 단계 중 이 시기에 해당하는 것은?   07. 중등임용

> 이 시기의 아동은 소방관이나 경찰관과 같이 자신이 이해할 수 있는 직업을 수행하는 사람들을 유심히 지켜보거나 모방하려 하며, 자신이 속해 있는 사회에서 직업을 수행하는 데 필요한 기술을 직접 익히기 시작한다. 사회는 아동이 지식과 기술을 배워서 유능한 사람이 되도록 준비시켜야 한다. 만일 이 시기에 유능한 존재가 되려는 바람을 훌륭하게 성취할 수 있다면, 청소년기의 직업 선택은 단순히 보수와 지위의 문제를 초월하게 될 것이다.

① 구강기   ② 항문기
③ 남근기   ④ 잠복기

해설   에릭슨(Erikson)의 제4단계인 근면성(성취감) 대 열등감은 성적 욕구가 억압되고 지적 호기심이 왕성해져 아동들은 게임이나 지적 활동과 같은 사회적 활동에 자신의 에너지를 몰두하는 시기이다. 또한 사회성 발달을 위한 기초가 형성되는 시기이다.

11 프로이트와 에릭슨 이론에 관한 설명 중 옳지 않은 것은?
98. 국가직 7급

□□□

① 프로이트는 인간의 정신구조에서 무의식의 흐름을 중시한 정신분석이론, 에릭슨은 의식의 흐름을 중시한 심리사회이론을 주장하였다.

② 프로이트는 아동의 발달단계를 아동 − 모친 − 부친의 삼각관계에 두었는데, 에릭슨은 부모 − 형제와의 관계에 두었다.

③ 발달 이론에 있어 프로이트는 성적 발달 측면에, 에릭슨은 자아의 기능에 중점을 두었다.

④ 프로이트는 성격발달의 단계를 병리학적 입장에 두었는데, 에릭슨은 발달적 위기의 성공적 해결에 초점을 두었다.

해설 프로이트(Freud)는 아동의 발달단계에서 가족 관계, 특히 엄마의 영향을 중시하였다. 그러나 에릭슨(Erikson)은 사회적 모든 관계를 중시하였다.

TIP 프로이트와 에릭슨 이론의 비교 ||||||||||||||||||||||||||||||||||||||||||||||||||||||||||||||||||||||||||||||||||||||||||

프로이트(Freud)	에릭슨(Erikson)
• 심리성적 발달이론 : id심리학	• 심리사회적 발달이론 : ego심리학
• 가족관계 중시 ⇨ 엄마의 영향 강조	• 사회적 대인관계 중시
• 리비도의 방향 전환	• 개인에 대한 가족과 사회의 영향
• 무의식	• 의식
• 발달의 부정적인 면 ⇨ 이상(異常)심리학	• 발달의 긍정적인 면 ⇨ 양극이론
• 청년기 이후 발달 무시 : 5단계	• 전 생애를 통한 계속적 발달 : 8단계
• 과거 지향적 접근 : 조기교육 중시	• 미래 지향적 접근 : 평생교육 중시

욕구 충족의 중요성 강조

제 4 절 발달이론Ⅳ : 도덕성 발달이론

1 콜버그(Kohlberg)의 도덕성 발달이론

01 콜버그(Kohlberg)의 도덕성 발달단계에 따른 도덕적 판단의 예가 옳게 연결되지 않은 것은?
14. 국가직 7급

□□□

① 1단계 − 들키지만 않으면 좋은 점수를 받기 위해서 부정행위를 해도 괜찮다.

② 2단계 − 불쌍한 사람을 위해서는 내가 조금 누명을 써도 괜찮다.

③ 3단계 − 부모님을 실망시키지 않기 위해서 바른 행동을 해야 한다.

④ 4단계 − 금전적 손실이 있더라도 법으로 정해진 세금을 꼬박꼬박 내야 한다.

해설 ②는 6단계(양심 및 보편적 도덕원리에 대한 확신으로서의 도덕성)에 해당한다. 옳다고 확신하는 일에 기꺼이 희생을 감수하는 것이 특징이다. 2단계는 자신의 욕구를 충족시키는 행위가 옳은 행위라고 보는 단계로 옳은 행위는 행위자의 만족을 위한 도구로 보는 도구적 상대주의 단계이다. 인간관계를 시장원리와 동등시하여 1대1 교환관계를 중시한다. 공정성, 상호성, 평등성 등의 요소가 나타나지만 이 요소들은 언제나 물리적·실용적 방식으로 해석된다.

정답 09. ④ 10. ④ 11. ② / 01. ②

TIP 콜버그(Kohlberg)의 도덕성 발달단계

수준	나이	단계	내용
제1수준 (인습 이전 수준) ⇨ 전도덕기 (무율성 / 힘의 윤리, 자기중심 성의 윤리)	0~6세	1. 벌과 복종에 의한 도덕성 (주관화 – 처벌회피 지향)	• 복종과 처벌회피 지향적 특성 ⇨ 강력한 권위 (물리적 힘)에의 무조건적 복종(힘＝진리), 적 자생존의 원리 • 벌을 피하기 위해 규칙에 복종 • 구체적·표면적·물리적 결과만으로 도덕 판단
		2. 자기중심의 욕구충족을 위한 수단으로서의 도덕성 (상대화 – 칭찬받기 위한 도덕성)	• 상대적(개인적) 쾌락주의의 특성 • 개인적 욕구충족의 수단: 자기 자신의 욕구만족 여부에 따라 도덕적 가치판단 ⇨ 도구적 상대주의 • 인간관계를 시장원리와 동등시(1 : 1 교환관계 중시) ⇨ 가언명령(假言命令)
제2수준 (인습수준) ⇨ 타율도덕기 (타인의 윤리)	6~12세	3. 대인관계에서의 조화를 위한 도덕성(객체화 – 비난회피 지향)	• 착한 아이(good boy) 지향, 사회적 조화가 핵심 • 타인의 승인을 구하고 관계를 중요시 ⇨ 여성 들의 도덕성(배려 지향)의 단계, 청소년의 윤리
		4. 법과 질서를 준수하는 도덕성 (사회화 – 질서 지향)	• 사회 전체적 권위와 질서 지향적인 특성 • 법은 절대적이며 사회질서는 유지되어야 함. ⇨ 개인적 문제보다 전체적 의무감 중시
제3수준 (인습 이후 수준) ⇨ 자율도덕기 (원리의 윤리)	12세~	5. 사회계약 및 법률복종(법칙 주의 지향)으로서의 도덕성 (일반화 – 사회계약 지향)	• 사회계약(좋은 사회) 지향형 ⇨ 법과 질서도 가변적(법의 정신 & 민주적 제정 과정 중시) • 공공복리 증진을 위한 사회 공평자의 입장 취 함(공리주의적 사고). • 가치기준의 일반화, 세계화
		6. 양심 및 보편적 도덕원리에 대한 확신으로서의 도덕성 (궁극화 – 원리 지향)	• 도덕원리 지향적 특징 • 양심의 결단, 윤리관의 최고 경지 예 황금률(the Golden Rule), Kant의 정언명령 • 보편적 도덕원리인 양심에 따라 행동

02 콜버그(Kohlberg)의 도덕성 발달이론에 대한 설명으로 옳은 것은?   23. 국가직

① 아동 초기에 초점을 둔 이론으로 도덕성 발달은 동화와 조절의 과정을 거쳐 이루어진다.

② 전인습(preconventional) 수준에서 도덕성 발달의 시작은 처벌을 피하기 위한 행동에서 비롯된다.

③ 선악을 판단하는 초자아(superego)의 작동에 의해 도덕성이 발달한다.

④ 인습(conventional) 수준에서 도덕성은 정의, 평등, 생명과 같은 보편적인 원리를 지향한다.

해설   콜버그(Kohlberg)는 피아제(Piaget)의 인지발달이론과 롤즈(Rawls)의 「정의론」에 토대를 두고, 듀이(J. Dewey)의 「민주주의와 교육」에 영향을 받아 도덕성 발달단계이론을 제시하였다. 그는 도덕성을 도덕적 추론능력(reasoning)으로 정의하고, 도덕적 갈등 상황(Heinz's dilemma)을 설정하여, 제시된 답안의 사고체계(추론과정)를 바탕으로 도덕성 발달과정을 3수준 6단계로 설명하였다. 이 중 3수준은 도덕 판단의 관점에 해당하는 것으로 전인습 수준, 인습 수준, 후인습 수준으로 구분된다. 그리고 각 수준을 2단계씩으로 구분하여 발달단계이론을 제시하였다. 그러므로 전인습 수준은 1~2단계, 인습 수준은 3~4단계, 후인습 수준은 5~6단계에 해당한다. ②는 1단계(벌과 복종에 의한 도덕성)이므로 전인습 수준에 해당한다. ①은 피아제(Piaget), ③은 프로이트(Freud)에 해당하며, ④는 6단계(양심 및 보편적 도덕원리에 대한 확신으로서의 도덕성)에 해당하므로 후인습 수준에 해당한다.

03 다음은 콜버그(L. Kohlberg)의 도덕발달단계 중 일부 단계의 도덕적 판단근거를 기술한 것이다.
발달순서대로 바르게 나열한 것은?

06. 중등임용

> ㉠ 물질적 보상과 벌　　　　　　㉡ 타인의 칭찬과 인정
> ㉢ 사회적 관습과 법　　　　　　㉣ 보편적 도덕원리와 양심

① ㉠ ⇨ ㉡ ⇨ ㉢ ⇨ ㉣　　　　② ㉠ ⇨ ㉢ ⇨ ㉡ ⇨ ㉣
③ ㉢ ⇨ ㉠ ⇨ ㉡ ⇨ ㉣　　　　④ ㉢ ⇨ ㉡ ⇨ ㉠ ⇨ ㉣

해설 ㉠은 1단계, ㉡은 3단계, ㉢은 4단계, ㉣은 6단계이다.

04 다음 밑줄 친 '콜버그(L. Kohlberg)의 도덕성 발달수준'에 대한 설명으로 옳은 것을 〈보기〉에서
고른 것은?

13. 중등임용

> 콜비(A. Colby) 등(1983)의 연구 결과에 의하면, 청소년기 초기에는 전인습 수준의 비율이 급
> 격하게 감소하고, 17세 이후에는 대부분이 <u>인습 수준</u>에 도달하는 것으로 나타났다.

┌ 보기 ┐
㉠ 자신의 욕구나 다른 사람의 욕구를 충족하는 것이 옳은 행위라고 판단한다.
㉡ 법이나 규칙을 준수하고 사회 질서를 유지하는 행위를 옳은 행위라고 판단한다.
㉢ 벌을 피할 수 있거나 힘 있는 사람에게 복종하는 것 자체가 도덕적 가치를 갖는 것으로
　본다.
㉣ 다른 사람을 도와주고 기쁘게 해주며, 다른 사람으로부터 인정받는 것을 도덕적 판단의
　기초로 삼는다.
㉤ 법이나 규칙을 융통성 있는 도구로 생각하며, 개인의 권리를 존중하고 사회 전체가 인정하
　는 기준을 준수하는 것이 옳은 행위라고 판단한다.

① ㉠, ㉡　　　　　　　　② ㉠, ㉢
③ ㉡, ㉣　　　　　　　　④ ㉢, ㉤
⑤ ㉣, ㉤

해설 콜버그(Kohlberg)의 도덕성 발달단계 이론에서 인습 수준(타율적 도덕성)에 해당하는 단계는 3단계(대인관계에
서의 조화를 위한 도덕성)와 4단계(법과 질서 준수의 도덕성)이다. ㉠은 2단계(자기중심의 욕구충족을 위한 수단으로서의
도덕성), ㉡은 4단계, ㉢은 1단계(벌과 복종에 의한 도덕성), ㉣은 3단계, ㉤은 5단계(사회계약 및 법률 복종으로서의 도덕성)
에 해당한다.

정답 02. ②　03. ①　04. ③

Chapter
06

05 다음과 같은 특징을 보이는 콜버그(Kohlberg)의 도덕성 발달 단계는?

07. 초등임용

> • 자신의 욕구가 옳고 그름을 결정하는 기준이 된다.
> • 도덕적 행위는 자신과 타인을 만족시키는 수단이라고 생각한다.
> • "네가 내 등을 긁어 주었으니 나도 너의 등을 긁어 줄게."와 같은 입장에서 도덕적 판단을 한다.

① 2단계 개인적 보상 지향
② 3단계 착한 소년–착한 소녀 지향
③ 4단계 법과 질서 지향
④ 5단계 사회적 계약 지향

해설 콜버그(Kohlberg)의 제2단계는 자신의 욕구를 충족시키는 행위가 도덕적으로 옳은 행위라고 보는 단계로, 옳은 행위를 행위자의 만족을 위한 도구로 보는 도구적 상대주의 단계이다. 인간관계를 시장원리와 동등시하여 1 대 1 교환관계를 중시한다.

06 콜버그(L. Kohlberg)의 도덕성 발달이론에 비추어 볼 때, 다음 상황에 대한 아동의 대답이 해당하는 발달단계는?

19. 지방직

> **〈상황〉**
> 한 남자의 아내가 죽어가고 있다. 아내를 살릴 수 있는 약이 있지만 너무 비싸고, 약사는 싼 가격에는 약을 팔려고 하지 않는다. 남자는 아내를 위해 하는 수 없이 약을 훔쳤다. 남자는 정당한 일을 하였는가?

> **〈아동의 대답〉**
> "나는 찬성한다. 좋은 남편은 아내를 잘 돌보아야 하기 때문에 사랑하는 아내를 살리기 위한 이러한 행위는 정당하다."

① 1단계 : 복종과 처벌 지향　　　　② 2단계 : 개인적 쾌락주의
③ 3단계 : 착한 소년/소녀 지향　　　④ 4단계 : 사회질서와 권위 지향

해설 3단계는 대인관계에서의 조화를 위한 도덕성(객체화)의 단계로, 도덕적 행위의 옳고 그름은 행위자의 행위를 주위 사람들이 어떻게 평가하느냐에 따라 결정된다. 즉, 다른 사람들에 의해 인정받거나 그들을 만족시키는 행위가 옳은 행위이며, 도덕적 행위란 타인이 칭찬하는 행위가 된다. 그래서 이 단계를 '착한 아이(good boy)의 도덕성'이라고 하며, 청소년의 도덕성, 여성들의 도덕성이라고도 한다.

07 다음 내용과 가장 적합한 콜버그(L. Kohlberg)의 도덕성 발달단계는? 11. 국가직

□□□

> • 주변에서 착한 아이라는 말을 듣기 좋아한다.
> • 부모님을 기쁘게 해 드리기 위해 열심히 공부한다.
> • 부모님이 걱정하시지 않도록 일찍 귀가한다.

① 처벌−복종지향 단계   ② 상대적인 쾌락주의 단계
③ 대인관계 조화 단계   ④ 법과 질서의 도덕적 추론 단계

해설 제3단계는 대인관계에서의 조화를 위한 도덕성(객체화)의 단계로, 도덕적 행위의 옳고 그름은 행위자의 행위를 주위 사람들이 어떻게 평가하느냐에 따라 결정된다. 즉, 다른 사람들에 의해 인정받거나 그들을 만족시키는 행위가 옳은 행위이며, 도덕적 행위란 타인이 칭찬하는 행위가 된다. 그래서 이 단계를 '착한 아이(good boy)의 도덕성'이라고 하며, 청소년의 도덕성, 여성들의 도덕성이라고도 한다.
①은 제1단계, ②는 제2단계, ④는 제4단계에 해당한다.

08 콜버그(L. Kohlberg)의 도덕성 발달이론에 대한 설명으로 옳은 것을 〈보기〉에서 고른 것은? 16. 지방직

□□□

> ┌ 보기 ┐
> ㉠ 피아제(J. Piaget)가 구분한 아동의 도덕성 발달단계를 더 세분화하여 성인기까지 확장하였다.
> ㉡ 도덕적 사고력을 길러 주기 위해서는 성인에 의한 사회적 전수가 중요한 교육방법이라고 하였다.
> ㉢ 다섯 번째 단계인 '사회계약 정신 지향' 단계에서는 '착한 소년·소녀'처럼 타인으로부터 도덕적이라고 인정받는 것이 중요하다.
> ㉣ 길리건(C. Gilligan)은 콜버그의 도덕성 발달이론에 대해 남성 중심의 이론이며 여성의 도덕성 판단기준은 남성과 다르다고 비판하였다.

① ㉠, ㉢   ② ㉠, ㉣   ③ ㉡, ㉢   ④ ㉡, ㉣

해설 콜버그(Kohlberg)는 도덕성 발달에 관하여 주로 아동을 연구의 대상으로 하던 피아제(Piaget)의 이론을 발전시켜서 성인에까지 확대하여 도덕성 발달단계를 더욱 체계화시켰다. 도덕성을 발달시키기 위한 교육방법으로 성인에 의한 구체적인 덕목의 주입이나 교화보다는 추상적인 도덕원리에 대한 추리능력의 발달을 중시하였다. ㉢에서 5단계는 법이나 규칙은 절대적인 것은 아니며 사회 전체의 비판적 고려를 통해 변경될 수 있다고 보는 단계이며, '착한 소년·소녀 지향' 단계는 3단계에 해당한다.

정답   05. ①   06. ③   07. ③   08. ②

2 길리건(Gilligan)의 도덕성 발달이론

09 길리건(Gilligan)의 도덕성 발달이론의 특징에 대한 설명으로 맞지 않는 것은? 　11. 교육사무관 5급
□□□

① 여성은 정의와 개인의 권리라는 관점에서 도덕적 판단을 하는 경향이 있다.

② 남성과 여성의 도덕적 지향과 선호는 다르다.

③ 여성의 도덕성은 인간관계에서의 보살핌과 애착을 강조하는 대인지향적이다.

④ 도덕성에서 감정과 정서가 중요한 역할을 한다.

⑤ 여성들의 도덕성 발달이론을 3단계와 2개의 과도기로 제시하였다.

> 해설　길리건(Gilligan)의 페미니즘적 윤리관은 보살핌(compassion, 동정) 또는 배려(caring)의 윤리로 사회관계를 중시하고 현실 지향적이며 공정성과 평등을 지향한다. ①은 남성의 도덕성의 관점, 즉 권리 또는 정의의 도덕성(justice perspective)을 중시한 콜버그(Kohlberg)의 이론에 해당한다. 또 길리건은 여성들의 도덕성 발달이론을 3단계와 2개의 과도기, 즉 이기적 단계(자기 지향 단계) - 반성적 과도기(이기심에서 책임감으로) - 자기 희생으로서의 선의 단계(모성적 도덕성의 단계) - 반성적 과도기(선에서 진실로) - 비폭력적 도덕성(배려, 상호호혜)의 단계로 제시하였다.

> **TIP** 콜버그(Kohlberg)와 길리건(Gilligan)의 이론 비교

콜버그(Kohlberg)	길리건(Gilligan)
• 남성적 도덕성 : 84명의 남아들 대상 • 인지발달 단계론적 접근 : 3수준 6단계 • Heinz의 딜레마(가상적 갈등) : 재산 vs. 생명 • 인간관계보다 개인(개별적 자아)을 중시 : 자율성 중시 • 권리의 도덕(morality of rights) • 정의(공정성, 타인 권리 불간섭)의 윤리 • 형식적·추상적 해결책 중시 • 권리와 규칙에 대한 이해가 발달의 중심	• 페미니즘적 윤리관 • 인지발달 단계론적 접근 : 3단계와 2개의 과도기 • 하버드 프로젝트 : 임신중절을 경험한 여대생을 대상으로 한 실제적 갈등 • 개인보다 인간관계(관계적 자아)를 중시 : 애착 중시 • 책임의 도덕(morality of responsibility) • 보살핌(배려, 상호의존적 인간관계)의 윤리 • 맥락적·이야기적(서사적) 해결책 중시 • 책임과 인간관계에 대한 이해가 발달의 중심

3 발달과업 이론

10 다음 중 중·고등학교 학생 시기의 발달과업에 해당하는 내용은? 　06. 5급 교육사무관
□□□

① 일상놀이에 필요한 신체기능을 익힌다.

② 생리적 안정을 유지하는 방법을 배운다.

③ 직업을 선택하고 친밀한 사회집단을 형성한다.

④ 읽기, 쓰기, 셈하기의 기본학습기술을 습득한다.

⑤ 부모나 다른 성인으로부터 정서적으로 독립하려고 한다.

> 해설　해비거스트(Havighurst)는 평생 발달론적 관점에서 발달의 부정적 측면은 배제하고 긍정적 측면의 행동 특성만을 기술한 발달과업의 개념을 제시하였다. 발달과업(developmental task)은 환경에 적응하기 위해 인간의 발달과정의 각 발달단계에서 반드시 성취해야 할 일, 개인의 특정한 발달단계에서 배우지 않으면 안 되는 과제를 일컫는다. 발달과업이론은 교육의 적정 시점을 알려주기에 결정적 시기가 있다는 원리와 관계가 있다. ①은 아동기, ②는 영·유아기, ③은 성인 초기, ④는 아동기의 발달과업에 해당한다.

TIP 발달단계별 발달과업의 내용

발달단계	발달과업
영아기 및 유아기 (0~6세)	보행 배우기, 딱딱한 음식 먹기, 언어 습득하기, <u>성별 구분 및 성역할 개념 알기</u>, 생리적 안정을 유지하는 법 배우기, 사회적 환경에 대한 간단한 개념 형성하기, 부모·형제자매·타인과의 정서적 관계 배우기, <u>선악을 구별하고 양심을 형성하기</u>
아동기 (6~12세)	<u>일상놀이에 필요한 신체기능 익히기</u>, 자신에 대한 건전한 태도 형성하기, <u>3R's의 기본기술 배우기</u>, <u>또래친구와 사귀는 법 배우기</u>, 일상생활에 필요한 개념과 기초기능 배우기, 남자 또는 여자의 적절한 성역할 배우기, 양심·도덕·가치기준 발달시키기, 사회집단과 제도에 대한 태도 형성하기
청소년기 (청년기, 12~18세)	성숙한 남녀관계 형성하기, 자기 신체를 수용하고 신체를 효과적으로 조정하기, <u>남녀 간의 사회적 역할 학습하기</u>, 부모나 다른 성인으로부터 정서적으로 독립하기, <u>경제적 독립의 필요성 느끼기</u>, <u>직업 준비하기</u>, 시민생활에 필요한 지식과 태도 기르기, 결혼과 가정생활 준비하기, 사회적으로 책임 있는 행동 실천하기, 가치체계와 윤리관 확립하기
성인 초기 (성년기, 18~30세)	<u>배우자 선택하기</u>, 배우자와 동거생활하기, 가정생활 시작하기, 자녀 양육하기, 가정 관리하기, <u>직업 선택하기</u>, <u>시민으로서의 의무 완수하기</u>, <u>친밀한 사회집단 형성하기</u>
성인 중기 (중년기, 30~55세)	<u>시민의 사회적 의무 다하기</u>, <u>생활의 경제적 표준 설정·유지하기</u>, 청소년 자녀를 훈육 및 선도하기, 적절한 여가활동 하기, <u>배우자와 인격적 관계 맺기</u>, 중년기의 생리적 변화에 적응하기, 노부모 봉양하기
성인 후기 (노년기, 55세~사망)	체력감퇴와 건강에 적응하기, 은퇴와 수입 감소에 적응하기, 배우자의 사망에 적응하기, 동년배와 친밀한 유대 맺기, 사회적·시민적 의무 이행하기, 만족스러운 생활조건 구비하기

4 발달이론 종합

11 발달이론을 제안한 학자와 그의 관점에 대한 설명으로 옳지 않은 것은?   19. 국가직 7급

① 에릭슨(Erickson) – 각 발달단계에서 겪게 되는 위기를 어떻게 해결하느냐에 따라 성격발달이 이루어진다.

② 콜버그(Kohlberg) – 개인의 도덕적 판단은 인지발달 수준과 병행한다.

③ 비고츠키(Vygotsky) – 한 개인이 수행할 수 있는 수준과 타인의 도움을 받아 수행할 수 있는 수준의 차이가 존재한다.

④ 피아제(Piaget) – 자기중심적 언어는 단순히 자기만의 생각을 표현하는 것이 아니라 문제해결을 위한 사고의 도구이다.

[해설] 피아제(Piaget)는 사고가 언어에 반영된다는 입장으로, 언어는 사고의 표현이라고 본다. 그래서 전조작기의 자기중심적 언어는 비논리적 사고인 자기중심적 사고의 반영이라고 주장한다. ④는 비고츠키(L. Vygotsky)의 견해에 해당한다.

[정답]   09. ①   10. ⑤   11. ④

12 청소년기의 심리적 발달 특징에 대한 학자들의 견해를 잘못 기술한 것은? 　10. 중등임용

① 안나 프로이드(A. Freud)는 청소년기를 정서적 갈등과 별난 행동으로 특징지어지는 심리적 불안정의 시기라고 가정하였다.

② 해비거스트(R. Havighurst)는 부모나 다른 성인으로부터 정서적으로 독립하는 일을 청소년기 발달과업 중 하나로 제시하였다.

③ 에릭슨(E. Erikson)은 심리사회적 발달이론에서 정체감 위기를 겪고 있는 청소년들의 지배적인 심리 상태를 심리적 유예라고 명명하였다.

④ 셀만(R. Selman)은 조망수용이론에서 형식적 조작 과제를 통과한 청소년들의 조망수용 능력이 사회정보적 조망 수준에 머물러 있다고 설명하였다.

⑤ 엘킨드(D. Elkind)는 청소년기에 나타나는 자아중심적 사고의 특징을 상상적 청중(imaginary audience)과 개인적 우화(personal fable)로 기술하였다.

해설 사회성(sociality)은 사회에 적응하는 개인의 소질이나 능력, 타인과의 공동적인 사회생활을 원만히 해내고 잘 적응할 수 있는 인성적 특성으로, 사회적 존재로서의 인간이 가정, 친구, 학교 등을 통하여 그 사회에 동화되는 사회화(socialization)의 과정을 거쳐 형성된다. 셀만(Selman)은 '구조화된 면접(사전에 계획한 대로 면접을 진행)'을 사용, 사회적 조망수용능력의 발달 단계를 다섯 단계로 구분하여 기술한 '사회적 조망수용이론(사회인지 발달이론)'을 주장하였다. 그에 의하면 사회인지(social cognition)는 사회적 관계를 이해하는 능력으로 타인의 사고와 의도, 정서, 사회적 조망수용능력(social perspective taking ability)을 의미한다. 사회인지의 발달은 사회적 역할 수용(social role taking)의 발달을 통해 이루어지는데, 청소년기는 제4단계인 사회적 조망수용단계에 해당한다. 사회정보적 조망수준은 제1단계에 해당한다.

TIP 셀만(Selman)의 사회적 조망수용능력의 발달단계 이론

0단계: 자기중심적 관점수용단계 (3~6세: egocentric viewpoint / 자기중심적 미분화단계)	타인을 자기중심적으로 보기 때문에 자신과 다른 관점(생각, 느낌)을 가지고 있다는 것에 대해 이해하지 못한다. 즉, 다른 사람도 자신의 견해와 동일한 견해를 갖는다고 지각한다.
1단계: 주관적 조망수용단계 (6~8세: social—information subjective perspective taking / 차별적 조망수용단계, 사회정보적 단계)	동일한 상황에 대한 타인의 조망이 자신의 조망과 다를 수 있다는 것까지는 이해하지만 아직도 자기의 입장에서 이해하려고 한다. 자신의 행동을 다른 사람의 조망을 통해 평가하기 어렵다.
2단계: 자기반성적 조망수용단계 (8~10세: self—reflective perspective taking / 자기반성적 사고 또는 상호교호적 조망수용단계)	타인의 조망을 고려할 수도 있고 타인도 자기의 조망을 고려할 수 있다는 것을 인식한다. 다른 사람이 자신의 행동에 대해 어떻게 생각하는지 알 수 있으며, 다른 사람이 서로 다르게 생각하고 느낀다는 것을 안다. 다른 사람의 입장이 되어서 그 사람의 의도와 목적, 행동을 이해할 수 있다. 그러나 이러한 과정을 동시 상호적으로 하지는 못한다.
3단계: 상호적 조망수용단계 (10~12세: mutual perspective taking / 제3자 조망수용단계)	동시 상호적으로 자기와 타인의 조망을 각각 이해할 수 있다. 다른 사람과의 관계 혹은 상호작용 속에서 발생하는 문제에 대해 제3자의 입장에서 객관적으로 생각하게 된다.
4단계: 사회적 조망수용단계 (12~15세: social and conventional system perspective taking / 심층적 조망수용단계)	동일한 상황에 대해 다른 생각을 한다고 해서 그 조망이 틀렸다고 인식하지 않으며, 다른 사람의 조망을 완전하게 이해하지 못한다는 것을 인식한다. 사회의 구성원이 갖는 일반화된 조망을 이해할 수 있다. 이것은 사회관계를 이해하는 능력이 더욱 심층적으로 발달하게 된다는 것을 말한다. 자기와 타인을 포함하여 개인은 물론 집단과 전체 사회체계의 조망을 이해하는 최상의 사회인지능력을 획득한다.

TIP 엘킨드(Elkind)의 청소년기의 자아중심적 사고

가상적 청중에 대한 과민반응	남들이 모두 나만을 주시하고 있다는 착각 ⇨ 자신의 사고(주관적 관점)와 타인의 사고(객관적 관점)를 잘 구분하지 못하여 발생, 15~16세 이후 사회인지능력의 발달로 차츰 감소
개인적 신화	자신의 경험·느낌·생각은 오직 나만이 겪는 것이라는 믿음 ⇨ 자신의 사고와 타인의 사고를 지나치게 구분하여 발생, 이후 정서발달(친밀감)로 차츰 감소
불사신 신화	불치병, 재난 등 불행한 사건은 남들에게만 일어난다는 생각 ⇨ 개인적 신화의 확장

13 인간 발달에 대한 연구자와 이론을 바르게 연결한 것은?　　　　　20. 국가직 7급

① 비고츠키(Vygotsky) - 동화와 조절을 통해 환경에 적응해 나감으로써 인지발달이 이루어진다.
② 콜버그(Kohlberg) - 아동은 인지적 성숙과 사회적 경험을 통해 타율적 도덕성 단계에서 자율적 도덕성 단계로 발달한다.
③ 프로이트(Freud) - 생의 특정 시점에서 경험하는 사회적 요구에 의해 나타나는 위기를 어떻게 해결하느냐에 따라 심리사회적 발달이 이루어진다.
④ 브론펜브레너(Bronfenbrenner) - 인간은 개인에게 직접적인 영향을 주는 가족뿐만 아니라 사회적·문화적 환경을 포함한 여러 수준의 환경과 다양한 상호작용을 통해 발달한다.

해설 브론펜브레너(U. Bronfenbrenner)의 '맥락 속의 발달(development-in-context)' 혹은 '발달의 생태학(ecology of development)'은 인간 발달에 영향을 주는 환경체계를 시간과 공간을 중심으로 중층적으로 파악하고 있다. 즉, 개인의 발달은 유전과 환경 모두의 영향을 받으며, 환경의 다차원적인 체계가 상호작용하여 발생하는 힘이 개인의 발달과 행동에 영향을 미친다고 주장한다. ①은 피아제(Piaget)의 인지발달이론, ②는 피아제(Piaget)의 도덕성 발달이론, ③은 에릭슨(Erikson)은 심리사회적 발달이론에 해당한다.

제 5 절 **발달의 개인차 I : 인지적 특성과 교육**

1 지능(Intelligence)

01 지능이론에 대한 설명이 바르게 진술된 것은?　　　　　03. 중등임용

① 일반(g)요인설 : 지능은 내용, 조작, 산출의 상호결합으로 얻어지는 복합적인 능력이다.
② 지능구조(SOI) 모형 : 지능은 7개의 기본정신능력으로 형성되며, 측정 가능한 것으로 구성된다.
③ 다중지능(MI) 이론 : 지능은 언어지능, 음악지능 등 서로 다른 독립적이고 상이한 유형의 능력으로 구성되어 있다.
④ 다요인(PMA)설 : 지능은 일반요인과 특수요인으로 이루어지며, 일반요인으로 분류되는 능력은 모든 지적 과제수행에 관련된다.

해설 ③은 가드너(Gardner)의 다중지능 이론에 대한 설명이다. ①은 길포드(Guilford)의 지능구조(SOI) 모형, ②는 써스톤(Thurstone)의 다요인(PMA)설, ④는 스피어만(Spearman)의 일반요인설에 대한 설명이다.

정답 12. ④　13. ④ / 01. ③

TIP 지능에 관한 학자들의 주장 비교 ‖‖

단일지능	구조적 접근(요인 분석적 접근) ⇨ 심리측정론적 접근	① 스피어만(Spearman)의 2요인설(일반요인설) : 일반요인, 특수요인 ⇨ 경험의 포착, 관계의 유출, 상관인의 유출 등을 사용하는 능력의 차이 가 일반요인의 개인차 ② 손다이크(Thorndike)의 다요인설 : 기계적 지능, 사회적 지능, 추상적 지능 (CAVD ; 문장완성력, 산수추리력, 어휘력, 명령과 지시수행능력) ③ 서스톤(Thurstone)의 군집요인설(중다요인설) : 7개의 군집요인인 기본정신 능력(PMA) ⇨ 추리력, 기억력, 수리력, 지각속도, 공간시각능력, 언어이 해력, 언어유창성 ④ 길포드(Guilford)의 지능구조 모형(복합요인설) : 내용(5) × 조작(6) × 결과 (6)차원의 3차원적 접근, 180개 복합요인설 ⇨ 창의력은 조작차원 중 생 산적 사고력의 하위차원인 확산적 사고에 해당		
	위계적 접근	① 카텔(Cattell)의 2형태설 : 일반지능(유동지능과 결정지능, 2층)과 특수지 능(PMA 등 40여 개의 요인, 1층)		
		유동지능(gf, fluid general intelligence)	• 선천적 요인(예 유전, 성숙 등 생리적 요인)에 의해 영 향을 받는 지능으로 뇌 발달과 비례하는 능력이다. • 기억력, 지각능력 등 모든 문화권에서의 보편적인 능력으로 탈문화적 내용에 해당한다. • 청소년기까지는 발달하나 그 이후부터는 점차 쇠퇴한다.
		결정지능(gc, crystallized general intelligence)	• 환경적 요인(예 경험, 학습)에 의해 영향을 받는 지능 으로 문화적 환경과 경험에 의해 발달하는 능력이다. • 어휘이해력, 수리력, 일반지식 등 문화적 내용에 해 당한다. • 교육기회의 확대 등으로 청소년기 이후에도 계속 유 지되거나 상승한다.
		② 혼(Horn) : 전체지능(일반지능)		
	정보처리적 접근	PASS이론 : 지능을 인지과정으로 설명(예 주의와 각성(attention & arousal), 동시적 처리(simultaneous processing)와 연속적 처리(successive processing), 계획 (planning)		
복수지능 (지능의 범위 확대)	지능의 개별성	가드너(Gardner)의 다중지능이론 : 언어지능, 논리수학적 지능, 음악지능, 신체 운동지능, 공간적 지능, 대인관계지능, 개인 내적 지능, 자연관찰지능, 실존지능		
	지능의 연결성	스턴버그(Sternberg)의 삼원지능이론 : 성분적 지능, 경험적 지능, 맥락적 지능 ⇨ 성공지능		

02 지능이론에 대한 설명으로 옳은 것은?

16. 국가직 7급

① 스피어만(Spearman)은 지능이 일반요인과 특수요인으로 구성된다고 하였다.

② 카텔(Cattell)은 지능을 유동지능과 발달지능으로 구분하였다.

③ 스턴버그(Sternberg)는 다양한 측면의 지능을 인정하는 다중지능이론을 주장하였다.

④ 가드너(Gardner)는 지능을 성분적, 경험적, 맥락적 요소로 설명하였다.

[해설] 스피어만(Spearman)은 지능을 단일능력으로 보고, 그 구성요인을 G요인과 S요인으로 나누어 제시한 '2요인설(또는
일반요인설)'을 주장하였다. G요인을 일반요인, S요인을 특수요인이라고 하는데, 일반요인의 개인차는 각 개인이 지적 과제
수행에 사용할 수 있는 정신에너지의 개인차와 관련해서 이해해야 하며, 경험의 포착, 관계의 유출, 상관인의 유출 등과 같은
세 가지의 '질적인 인지원리'를 사용하는 능력의 차와 관련해서 이해되어야 한다고 주장하였다. 카텔(Cattell)은 유동지능과
결정지능으로 구분한 2형태설을 주장하였다(②). ③은 가드너(Gardner), ④는 스턴버그(Sternberg)의 주장에 해당한다.

일반요인 (General factor)	생득적이며 모든 정신 기능에 작용하는 일반적인 정신능력(예 이해력, 관계추출력) ⇨ 기본적인 정신 에너지와 같은 것으로 양적(量的)이어서 지능검사로 측정 가능
특수요인 (Specific factor)	특수한 학습이나 경험, 특정한 과제의 문제해결에만 작용하는 능력 ⇨ 언어, 수, 정신적 속도, 주의, 상상의 5가지 군요인(group factor)은 특수요인 사이에 공통적으로 존재 예 언어이해력, 수이해력

03 지능이론에 대한 설명으로 옳지 않은 것은?

14. 국가직

① 유동지능은 탈문화적이고 비언어적인 능력과 관련되며 두뇌발달에 영향을 받는다.
② 삼원지능이론에서는 일상적인 문제와 사회적 상황을 효과적으로 처리하고 반응하는 것이 지능의 주요 요소 중의 하나이다.
③ g요인설을 통해 언어능력과 추론능력이 동시에 우수한 사람에 대한 설명이 가능하다.
④ 결정지능은 태어날 때 이미 결정되어 있기 때문에 새로운 지식이나 경험이 영향을 미치지 않는다.

해설 카텔(Cattell)의 2형태설에 따르면 결정지능(crystallized intelligence)은 환경적 요인(예 경험, 학습)에 의해 영향을 받는 지능으로 문화적 환경과 경험에 의해 발달하는 능력이다. 어휘이해력, 수리력, 일반지식 등 문화적 내용에 해당하며, 교육기회의 확대 등으로 청소년기 이후에도 계속 유지되거나 상승한다.
④는 유동지능에 대한 설명이다.

04 지능에 대한 학자의 설명으로 옳은 것은?

16. 국가직

① 길포드(J. P. Guilford)는 지능이 내용, 형식, 조작, 산출이라는 4개의 차원으로 구성된다고 가정하였다.
② 스턴버그(R. J. Sternberg)는 지능이 맥락적 요소, 정신적 요소, 시간적 요소로 구성된다는 삼위일체이론을 주장하였다.
③ 가드너(H. Gardner)는 지능이 사회문화적 맥락의 영향을 받지 않는, 서로 독립적이며 다양한 능력으로 구성되어 있다고 보았다.
④ 카텔(R. B. Cattell)은 지능을 유동적 지능과 결정적 지능으로 구분하고, 결정적 지능은 교육이나 훈련의 결과로 형성되는 것으로 보았다.

해설 카텔(Cattell)은 지능을 구성하고 있는 요인들이 위계를 이루고 있다고 가정하는 위계적 모형설을 주장하였다. 즉, 써스톤(Thurstone)이 가정한 기본정신능력(PMA)에 영향을 주는 지능요인을 유동지능과 결정지능으로 구분하여, 상층부에는 일반요인, 하층부에는 특수요인이 자리한다고 보았다. ①은 내용, 조작, 산출이라는 3개의 차원으로 구성된다는 지능구조 모형을 가정하였고, ②는 성분적 요소, 경험적 요소, 맥락적 요소로 구성된다는 삼위일체이론을 주장하였으며, ③은 지능이 사회문화적 맥락의 영향을 받는 다중지능으로 구성되어 있다고 보았다.

TIP 카텔의 2형태설(2층이론)

유동지능(gf, fluid general intelligence)	• 선천적 요인(예 유전, 성숙 등 생리적 요인)에 의해 영향을 받는 지능으로 뇌 발달과 비례하는 능력이다. • 기억력, 지각능력 등 모든 문화권에서의 보편적인 능력으로 탈문화적 내용에 해당한다. • 청소년기까지는 발달하나 그 이후부터는 점차 쇠퇴한다.
결정지능(gc, crystallized general intelligence)	• 환경적 요인(예 경험, 학습)에 의해 영향을 받는 지능으로 문화적 환경과 경험에 의해 발달하는 능력이다. • 어휘이해력, 수리력, 일반지식 등 문화적 내용에 해당한다. • 교육기회의 확대 등으로 청소년기 이후에도 계속 유지되거나 상승한다.

정답 02. ① 03. ④ 04. ④

05 다음 설명에 해당하는 지능은?

> • 카텔(Cattell)과 혼(Horn)이 제시한 지능 개념이다.
> • 유전적·신경생리적 영향을 받는 지능이다.
> • 기계적 암기, 지각, 일반적 추리 능력과 관련된다.
> • 청소년기까지 증가하다가 성인기 이후 점차 쇠퇴한다.

① 결정지능   ② 다중지능   ③ 성공지능   ④ 유동지능

해설 지능의 위계적 모형설에 해당하는 카텔(Cattell)의 2형태설에 따르면 지능은 상층부에 일반요인인 유동지능(fluid intelligence)과 결정지능(crystallized intelligence)이 자리하고, 하층부에 특수요인이 자리한다. 한편 혼(Horn)은 카텔(Cattell)이 제시한 유동지능과 결정지능을 종합하여 '전체적 지능(G, 또는 일반지능)'을 제시하였다. 제시문의 내용은 유동지능에 대한 설명이다. ②는 가드너(Gardner), ③은 스턴버그(R. J. Sternberg)에 해당한다.

06 지능에 대한 설명으로 옳지 않은 것은?

① 서스톤(Thurstone) - 지능의 구성요인으로 7개의 기본정신능력이 존재한다.
② 길포드(Guilford) - 지능은 내용, 산출, 조작(operation)의 세 차원으로 구성되어 있다.
③ 가드너(Gardner) - 8개의 독립적인 지능이 존재하며, 각각의 지능의 가치는 문화나 시대에 따라 달라진다.
④ 스턴버그(Sternberg) - 지능은 유동적 지능과 결정적 지능으로 구성되며 결정적 지능은 경험에 따라 변할 수 있다.

해설 ④는 카텔(Cattell)의 2형태설에 해당한다. 스턴버그(Sternberg)의 삼원지능이론(Trichic theory of intelligence, 삼두이론, 삼위일체이론)은 지적 행동이 일어나는 사고과정의 분석을 활용하여 지능을 파악한 정보처리적 접근 방법으로, 보다 완전한 지능이 되기 위해서는 개인(IQ), 행동(창의력), 상황(적용력) 등 세 가지 요소를 고려해야 한다고 주장한다. 이를 위해 스턴버그는 지능의 역할을 설명하는 성분적(분석적)·경험적(창조적)·맥락적(실천적) 요소를 제시하였다.

07 다음 〈보기〉의 내용과 관계있는 지능이론은?

> 보기
> • 감성지능(EQ), 도덕지능(MQ), 성공지능(SQ)과 같은 새로운 지능이론들이 출현하는 데 기여하였다.
> • 지능검사는 학생들의 각기 다른 능력을 드러낼 수 있도록 달라져야 하며, 학교교육도 개인의 장점을 극대화할 수 있도록 개선되어야 한다.
> • 언어적 능력, 논리-수학적 능력만을 지나치게 강조하는 종래의 지능이론에 대한 거부감을 표시한다.

① 써스톤(Thurstone)의 다요인이론   ② 길포드(Guilford)의 지능구조이론
③ 가드너(Gardner)의 다중지능이론   ④ 스턴버그(Sternberg)의 삼위일체지능이론

해설 가드너(Gardner)의 다중지능이론은 학교교육 위주의 전통적 지능검사가 지능의 범위를 지나치게 협소하게 정의하고 있다는 비판과 "학교의 우등생이 사회의 우등생은 아니다."라는 가정에서 출발하였다. '지능이란 한 문화권이나 여러 문화권에서 가치 있게 인정하는 문제를 해결하거나 결과물을 창조해 내는 능력'이며, 인간의 지적 능력은 서로 독립적이며, 상이한 여러 유형의 지능으로 구성되어 있다는 것이 그의 지능관이다.

08 다음 설명에 해당하는 것은?

- 지능은 사회문화적 맥락의 영향을 받는, 서로 독립적인 다양한 능력으로 구성되어 있다.
- 지능의 예로 언어 지능, 논리수학 지능, 음악 지능, 공간 지능, 신체운동 지능, 대인관계 지능 등이 있다.
- 학습자는 누구나 강점 지능과 약점 지능을 가지고 있으므로, 수업방식을 다양화하는 교육방식이 필요하다.

① 스피어만(Spearman)의 일반요인이론　　② 길포드(Guilford)의 지능구조모형
③ 가드너(Gardner)의 다중지능론　　　　④ 캐롤(Carroll)의 지능위계모형

해설 가드너(Gardner)는 「마음의 틀(Frames of Mind, 1983)」에서 지능을 문제해결력 또는 재능(才能)으로 파악하고, '한 문화권 혹은 여러 문화권에서 가치 있게 인정되는 문제를 해결하고 산물을 창조해 내는 능력'으로 정의하면서 매우 독립적으로 구분되는 7개의 다중지능이론을 제시하였다. 가드너(Gardner)가 처음에 제시한 다중지능은 언어적 지능, 논리수학적 지능, 음악적 지능, 공간적 지능, 신체운동적 지능, 대인관계 지능, 개인 내적 지능이며, 후에 「인간지능의 새로운 이해(Intelligence Reframed : Multiple intelligence for the 21st Century, 1999)」에서 자연관찰 지능과 실존 지능(영적 지능)을 제시하였다. 이처럼 지능의 개별성(personalization, 다양성)을 인정한 가드너(Gardner)는 학습자의 강점 지능을 활용하여 약점 지능을 보완할 것을 주장한다.

09 다음에서 박 교사가 이용하려는 지능은?

다중지능을 이용한 수학 수업에서 박 교사는 나눗셈의 풀이과정을 세 단계로 나누고 각 단계별 풀이과정을 세 개의 네모 칸에 기록하였다. 그런 후 네모 칸에 각각 다른 색을 칠하여 풀이과정을 색깔별로 구분하고 색깔과 연결지어 나눗셈의 풀이과정을 기억하도록 가르쳤다.

① 언어지능　　　　　　　　　　② 대인지능
③ 자연탐구지능　　　　　　　　④ 시각 - 공간지능

해설 가드너(Gardner)가 제시한 다중지능에는 언어적 지능, 논리수학적 지능, 음악적 지능, 공간적 지능, 신체운동적 지능, 대인관계 지능, 개인 내적 지능, 자연관찰 지능, 실존 지능 등 9가지가 있다. 이 중 '공간적 지능(시각 - 공간지능)'은 시각적 정보의 정확한 지각, 지각내용의 변형능력, 시각경험의 재생능력, 균형·구성에 대한 민감성, 유사한 양식을 감식하는 능력으로, 대표적인 인물로는 피카소(Picasso)를 들 수 있다.
② 대인지능은 타인의 기분, 기질, 동기, 의도를 파악하고 변별하는 능력, 타인에 대한 지식에 따라 행동할 수 있는 잠재 능력이 있다.

Chapter
06

정답　05. ④　06. ④　07. ③　08. ③　09. ④

TIP 가드너(Gardner)의 다중지능의 유형 : 핵심능력, 관련 직업의 예, 유명인 및 교수전략 ||||||||||||||||||||||||||

언어적 지능 (linguistic intelligence)	단어의 의미와 소리에 대한 민감성, 문장 구성의 숙련, 언어 사용방법의 통달 **예** 시인, 연설가, 교사 / Eliot ⇨ 브레인스토밍, 이야기 꾸며 말하기(storytelling)
논리-수학적 지능 (logical-mathematical intelligence)	대상과 상징, 그것의 용법 및 용법 간의 관계 이해, 추상적 사고능력, 문제 이해능력 **예** 수학자, 과학자 / Einstein ⇨ 소크라테스 문답법, 체계적으로 생각하기
음악적 지능 (musical intelligence)	음과 음절에 대한 민감성, 음과 음절을 리듬이나 구조로 결합하는 방법과 음악의 정서적 측면 이해 **예** 음악가, 작곡가 / Stravinsky ⇨ 노래하기, 리듬치기
공간적 지능 (spatial intelligence)	시각적 정보의 정확한 지각, 지각내용의 변형능력, 시각경험의 재생능력, 균형·구성에 대한 민감성, 유사한 양식을 감식하는 능력 **예** 예술가, 항해사, 기술자, 건축가, 외과의사 / Picasso ⇨ 그림, 그래프 또는 심상(image)으로 그려보기
신체-운동적 지능 (bodily-kinesthetic intelligence)	감정이나 의도를 표현하기 위해 신체를 숙련되게 사용하고 사물을 능숙하게 다루는 능력 **예** 무용가, 운동선수, 배우 / Graham ⇨ 몸동작으로 말하기, 연극으로 표현하기
대인관계 지능 (inter-personal intelligence)	타인의 기분, 기질, 동기, 의도를 파악하고 변별하는 능력, 타인에 대한 지식에 따라 행동할 수 있는 잠재능력 ⇨ 손다이크(Thorndike)의 '사회적 지능'과 유사 **예** 정치가, 종교인, 사업가, 행정가, 부모, 교사 / Gandhi ⇨ 협동학습
개인 내적 지능(자기성찰 지능) (intra-personal intelligence)	자신에 대한 이해, 통찰, 통제능력 **예** 소설가, 임상가 / Freud ⇨ 수업 중 잠깐(1분) 명상하기, 자신의 목표 설정하기
자연관찰 지능 (naturalist intelligence)	동식물이나 주변 사물을 관찰하여 공통점과 차이점을 분석하는 능력 **예** 동물행동학자, 지리학자, 탐험가 / Darwin ⇨ 곤충이나 식물의 특징 관찰하기
실존지능(영적인 지능) (existentialist intelligence)	• 인간의 존재 이유, 삶과 죽음, 희로애락, 인간의 본성 및 가치에 대해 철학적·종교적 사고를 할 수 있는 능력 **예** 종교인, 철학자 • 뇌에 해당부위(brain center)가 없고, 아동기에는 거의 출현 하지 않는다. ⇨ 반쪽 지능

10 가드너(Gardner)의 다중지능이론이 시사하는 교육적 함의로 볼 수 없는 것은? 06. 교육사무관 5급
① 수행평가를 강조하여야 한다.
② 여러 가지 지능에 공통된 능력을 배양하여야 한다.
③ 학습자의 강점 지능을 살려 통합교과를 운영하여야 한다.
④ 교사는 다양한 교수방법을 사용하여야 한다.
⑤ 학습자와 교사의 강점 지능을 일치시키는 것이 효율적이다.

해설 ②는 스피어만(Spearman)의 견해에 해당하며, 지능의 개별성(다양성)을 인정한 가드너(Gardner)는 학습자의 강점 지능을 활용하여 약점 지능을 보완할 것을 주장한다.

TIP 다중지능 발견 교수전략 : 다중지능 평가용 프로그램 ‖‖‖‖‖‖‖‖‖‖‖‖‖‖‖‖‖‖‖‖‖‖‖‖‖‖‖‖

다중지능 개발 프로그램	대상	내용
스펙트럼 교실 (Project Spectrum)	유치원 아동 (취학 전 아동)	• Feldman과 Krechevsky가 공동 연구 • 15가지 코너활동을 통해서 7가지 영역의 다중지능 능력 측정, 어린이의 지능 구성(profile)과 작업 스타일을 1년에 걸쳐 측정 • 초기에 아동의 지적인 강점과 약점을 발견
키 스쿨 (Key School Project)	초등학교 학생	• 인디애나폴리스의 공립 초등학교에서 유래 • 아동의 다중지능을 매일 골고루 자극하여 발달 • 주제 중심 교수법, 통합 교육과정, 비학년제, 프로젝트 접근, 지역사회 자원의 광범위한 활용, 포트폴리오에 의한 평가 등 활용
PIFS (Practical Intelligence For School)	중학교 학생	• 스턴버그의 삼원지능과 다중지능의 결합 : 학교에 필요한 실용지능 모형 • 인지개발 수업모형 : 초인지 기술과 학교의 다양한 교육활동에 대한 학생들의 이해능력 증진
Art Propel	고등학교 학생	• 펜실베이니아 주의 피츠버그 주립학교에서 추진된 고등학교 예술 교육과정 및 평가 프로그램 • 음악, 미술, 창작 등 세 가지 형태의 예술 영역에서 학생들이 예술작품을 만들고 평가 • 창작(production), 지각(perception), 반성적 사고(reflection), 학습(learning)을 중시 • 영역 프로젝트(domain project)와 프로세스 폴리오(process polio)로 구성

11

스턴버그(Sternberg)의 삼원지능이론(triarchic theory of intelligence)에 대한 설명으로 옳은 것은?

09. 국가직 7급

① 지능을 경험 포착, 관계 유출, 상관인 유출의 인지원리를 사용하는 능력으로 파악하였다.

② 지능을 인지활동, 내용영역, 결과의 세 차원이 상호작용하여 산출해내는 정신능력으로 보았다.

③ 지능을 상황하위이론, 경험하위이론, 요소하위이론으로 구성된 종합적 능력으로 보았다.

④ 지능의 하위요소로 음악적 지능, 신체운동적 지능, 대인관계적 지능을 제시하였다.

해설 스턴버그(Sternberg)는 「IQ를 넘어서」(1985)에서 지적 행동이 일어나는 사고과정의 분석을 활용하여 지능을 파악한 정보처리적 접근방법인 삼원지능이론(Trichic theory of intelligence, 삼두이론, 삼위일체이론)을 주장하였다. 그는 종전의 지능이론이 지닌 불완전성을 지적하면서 보다 완전한 지능이 되기 위해서는 개인(IQ), 행동(창의력), 상황(적응력) 등 세 가지 요소를 모두 고려해야 한다고 주장하였다.

① 스피어만(Spearman)의 2요인설, ② 길포드(Guilford)의 지능구조 모형, ④ 가드너(Gardner)의 다중지능이론에 해당한다.

정답 10. ② 11. ③

TIP 스턴버그(Sternberg)의 삼원지능이론

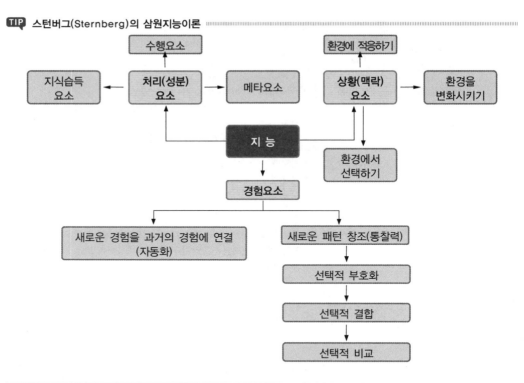

지능의 3요소	하위이론	성공지능
성분적 요소	요소하위이론	분석적 능력
경험적 요소	경험하위이론	창의적 능력
맥락적 요소	상황하위이론	실제적 능력

12 스턴버그(R. J. Sternberg)의 삼원지능이론에서 상황적 하위이론(contextual subtheory)에 부합하는 능력은?

08. 유·초등임용

① 새로운 지식을 획득하고 이를 논리적 과제 해결에 적용하는 분석적 능력

② 원만한 인간관계, 사회적 유능성, 뛰어난 적응력 등과 같은 실제적 능력

③ 서로 관련되어 있지 않은 사실들을 조합하여 새로운 아이디어를 생성하는 창의적 능력

④ 기존의 지능 개념과 유사한 것으로, 추상적이고 학업적인 문제해결에 관여하는 메타인지적 능력

해설 상황적 하위이론은 외부환경에 대응하는 능력이나 현실상황에 적응하거나 환경을 선택하고 변형하는 능력이다. ①과 ④는 성분적(분석적) 요소에 해당하며, ③은 경험적 요소에 해당한다.

13 가드너(H. Gardner)의 다중지능이론과 스턴버그(R. Sternberg)의 성공지능이론의 공통점을 〈보기〉에서 고른 것은?

09. 중등임용

┌─ 보기 ┌───
⑦ 인간의 지능을 사회·문화적 맥락을 고려하여 이해한다.
ⓛ 지능의 작용 과정보다는 지능의 독립적 구조를 밝히는 데 주력하고 있다.
ⓒ 지능의 개념 정의에서 전문성(developing expertise)과 지혜(wisdom)가 중시된다.
ⓔ 학교 수업과 평가는 학생의 강점 지능을 활용하고 약점 지능을 교정·보완하는 데 초점을 맞추어야 한다고 강조한다.

① ⑦, ⓛ   ② ⑦, ⓔ   ③ ⓛ, ⓒ
④ ⓛ, ⓔ   ⑤ ⓒ, ⓔ

해설 ⓛ에서 지능의 작용과정을 중시하는 사람은 스턴버그(Sternberg), 지능의 독립적 구조를 밝히는 데 주력하는 사람은 가드너(Gardner)이다. ⓒ은 스턴버그에 대한 설명이다. 스턴버그는 '전문성'을 '영재성'이라고 하였는데, 영재는 Wisdom(지혜), Intelligence(지능), Creativity(창의력)을 가지고 있다고 보았다. 이 중 지혜를 특히 중시했다.

TIP 가드너와 스턴버그 이론의 비교 ▰▰

구분	가드너(Gardner)	스턴버그(Sternberg)
차이점	• 지능의 독립적 구조를 중시 • 상호 독립적인 여러 개의 지능으로 구성	• 지능의 작용과정(인지과정) 중시 • 서로 관련을 맺고 있는 3개의 하위요인으로 구성
공통점	• 사회·문화적 맥락을 고려하여 지능을 이해 • 수업이나 훈련을 통해 지능개발 가능 • 강점 지능의 활용과 약점 지능의 교정·보완 중시 • 지능은 복합적 능력	

Chapter
06

정답 12. ② 13. ②

14 다음 세 교사의 견해에 근거가 되는 지능검사 혹은 평가접근을 올바르게 짝지은 것은? 12. 중등임용

> • 김 교사: 지난번에 현우와 연수에게 언어성 검사와 동작성 검사로 이루어진 지능검사를 실시한 결과, 두 학생의 지능지수가 유사하게 나온 것을 보니 두 학생의 지적 능력은 비슷하다고 보아도 좋을 것 같아요.
> • 박 교사: 제가 보기에 현우와 연수는 발달잠재력이 서로 다른 것 같은데, 혼자서 과제를 해결할 수 있는 발달 수준과 도움을 받아서 과제를 해결할 수 있는 발달 수준을 모두 평가하여 이를 비교하는 것이 더 타당하다고 생각합니다.
> • 이 교사: 제가 보기에도 현우와 연수가 서로 다른 지적 능력을 갖고 있는 것 같은데, 혹시 지능검사 자체가 갖고 있는 문화적 편파(cultural bias)가 영향을 미친 결과가 아닐까요? 그래서 저는 문화적으로 영향을 줄 수 있는 요인들을 제거하거나 그 영향을 최소화한 문화평형검사(culture−fair test)가 필요하다고 생각해요.

	김 교사	박 교사	이 교사
①	MMPI	정적 평가(static assessment)	TAT
②	MMPI	정적 평가(static assessment)	SOMPA
③	K−WISC−III	정적 평가(static assessment)	TAT
④	K−WISC−III	역동적 평가(dynamic assessment)	SOMPA
⑤	K−WISC−III	역동적 평가(dynamic assessment)	TAT

해설 K−WISC−III는 만 6세 0개월~만 16세 11개월 된 아동을 대상으로 한 개인용 지능검사로, 10개의 소검사와 3개의 보조검사(언어검사 6개 + 동작성 검사 7개)로 구성되어 있다. 아동의 지적 발달 잠재력, 즉 근접발달영역(ZPD)의 크기를 측정할 수 있는 지능검사는 비고츠키(Vygotsky) 이론에 토대를 둔 역동적 평가(dynamic evaluation)이며, 언어적 지능검사가 지닌 문화적 편향성을 극복한 문화평형검사(culture−fair test)에는 SOMPA, K−ABC 검사, UNIT(동작성 보편지능검사), CPMT(색채 누진행렬 지능검사) 등이 있다. MMPI는 이상(異常)성격을 검사하는 성격검사, TAT(주제통각검사)는 투사적 성격검사에 해당한다.

15 지능과 관련된 설명으로 옳은 것은? 07. 국가직 7급

① 가드너(Gardner)는 지능이 일반요인(general factor)과 특수요인(special factor)으로 구성되어 있다고 하였다.
② 스턴버그(Sternberg)는 지능연구에서 상황적 측면, 경험적 측면, 그리고 요소적 측면을 고려해야 한다고 하였다.
③ 현재 주로 활용되는 표준화된 지능검사는 정신연령에 대한 생활연령의 비율로 지능지수를 산출한다.
④ 스탠포드 − 비네(Sanford−Binet) 검사는 집단용 지능검사로 개발되었다.

해설 ①은 스피어만(Spearman)의 주장이고, 가드너(Gardner)는 다중지능(MI)이론을 주장하였다.
③ 연령척도를 기준으로 한 비율IQ보다는 표준점수인 DIQ를 많이 사용한다. 그리고 비율IQ 공식은 생활연령(CA)에 대한 정신연령(MA)의 비율로 나타낸다. 즉, $\frac{MA}{CA} \times 100$으로 산출한다.
④ 개인용 지능검사이다. 집단용 지능검사로는 군인 α 검사(Army−α test) 또는 군인 β 검사(Army−β test), 간편지능검사 등이 있다.

TIP 지능검사의 유형

1. 개인용 지능검사

비네-시몬검사(1905)	• 최초의 지능검사, 언어성 검사 ⇨ 학업에 어려움을 겪는 학생 변별 목적 • 정신연령(MA)을 이용 ⇨ 연령척도로 표시
스텐포드-비네검사(1916)	• 현대 지능검사의 기초, 터만(Terman)이 개발 • 언어성 검사, IQ 최초 산출 ⇨ 학업성취도 예언 • 제4판 : 3수준 위계모형, 웩슬러 지능검사 체제로 전환, DIQ 사용(평균 100, 표준편차 16) • 제5판(2003) : 5가지 요인(추론, 지식, 작업기억, 시각적 요인, 수학) 측정 ⇨ 언어＋비언어적 검사
웩슬러지능검사	• 언어성 검사와 비언어성(동작성) 검사로 구성 • DIQ 사용(평균 100, 표준편차 15) • WAIS(성인용), WISC(아동용, 7~16세), WPPSI(취학 전 아동용, 4~6세)

K-WISCⅣ	① 4개 지표의 15개 소검사로 구성 : 합산점수(전체 IQ)와 4개의 지표점수 ⇨ 양적 점수

	언어이해 지표(VCI)	언어성 IQ **예** 공통성, 어휘, 이해, 상식, 단어추리 등 5개 소검사
	지각추론 지표(PRI)	동작성 IQ **예** 토막짜기, 공통그림찾기, 행렬추리, 빠진 곳 찾기 등 4개 소검사
	작업기억 지표(WMI)	주의집중 **예** 숫자, 순차연결, 산수 등 3개 소검사
	처리속도 지표(PSI)	처리속도 **예** 기호쓰기, 동형찾기, 선택 등 3개 소검사

	② 처리점수 : 토막짜기, 숫자, 선택 등 3개 소검사 대상 7개의 처리점수 제공 ⇨ 검사수행에 대한 질적 해석(인지능력에 대한 상세 정보 제공), 합산점수에 포함되지 않음. ③ 심리교육적 도구(**예** 전반적 인지기능에 대한 포괄적 평가, 영재 및 정신지체 분류, 임상적 치료계획이나 배치결정 등)와 다양한 인지기능 평가에 활용 ④ 검사순서 : 언어이해 지표 검사와 지각추론 지표 소검사를 번갈아 실시
K-WISC-Ⅴ	5개 지표, 5개 추가지표 척도, 16개 소검사로 구성 ① 5개 지표 : 언어이해지표, 시공간지표, 유동추론지표, 작업기억지표, 처리속도지표 ② 5개 추가지표 척도 : 양적추론지표, 청각작업기억지표, 비언어지표, 일반능력지표, 인지효율지표 ③ 16개 소검사 : 10개 기본검사(공통성, 어휘, 토막짜기, 퍼즐, 행렬추리, 무게비교, 숫자, 그림기억, 기호쓰기, 동형찾기), 6개 소검사(상식, 이해, 공통그림찾기, 산수, 순차연결, 선택)

문화공정성검사	K-ABC	• 카우프만(A. S. Kaufman)이 비언어적 척도를 포함하여 제작한 것으로 2세 6개월~12세 5개월 아동을 대상으로 실시 • 처리과정 중심 검사로 아동이 선호하는 정보처리 패턴이 좌뇌 지향적인지 또는 우뇌 지향적인지에 대한 비교는 물론, 동시처리 속도, 순차처리 속도, 인지처리과정 종합(동시처리 ＋ 순차처리), 지식습득도 척도의 지능점수 산출이 가능 ⇨ 평균이 100, 표준편차가 15인 편차지능지수 사용 • 검사 내용의 공정성을 중시하여, 특정 문화권에 공통된 내용을 가지고 모든 피험자에게 표준화된 동일한 검사방식으로 진행
	SOMPA	• 다중문화적 다원 사정체제(SOMPA ; System of Multi-cultural Pluralistic Assessment)는 머서(Mercer)가 사회문화적 척도를 포함하여 제작한 것으로 5~11세의 아동들을 대상으로 실시 ⇨ 사회문화적 요인과 건강, 그리고 아동의 학습능력을 평가하는 9가지의 척도를 제공 • 검사방식의 다양성을 통해 특정집단에게 불리하지 않도록 하기 위해 제작된 검사로 개개인의 특성에 맞도록 다양한 평가방식을 활용하여 개개인을 이해하려는 것이 목적임. ⇨ 학생사정 부분과 부모면담 부분으로 구성

정답 14. ④   15. ②

문화공정성 검사	UNIT	• 동작성 보편지능검사(UNIT ; Universal Nonverbal Intelligence Test, 1998)는 Bracken & McCallum이 개발한 것으로, 5~17세 11개월 연령 범주에 있는 아동과 청소년을 대상으로 일반지능과 인지능력을 측정하는 검사 • 특수교육 대상자(지체 및 영재)와 정신장애 진단에 유용함.		
	Raven 지능검사	• 레이븐 지능발달검사(Raven Progressive Matrices)는 스피어만(Spearman)의 일반요인설을 토대로 제작된 검사로, 컬러(color)로 구성된 도형검사자극에 근거하여 추론능력을 측정하는 비언어적 검사임. ⇨ 비고츠키(Vygotsky)의 근접발달영역의 개념에 따라서 문제해결 양식과 생각을 진행하는 방법을 쉬운 문제부터 점차 고난도 문제로 진행됨. • 개인 또는 집단으로 실시할 수 있으며, 확산적 사고와 수렴적 사고를 교대로 사용할 수 있는 추론능력을 측정하여 잠재적 사고력을 측정함. ⇨ 평균이 100, 표준편차가 24인 편차지능지수 사용		
		CPMT (색채 누진행렬 검사)	• CPM(Coloured Progressive Matrices)은 5~11세의 유아 및 노인 대상 검사 • A, B, C 3세트, 각 세트당 12문항씩 총 36문항으로 구성	
		SPMT (표준 누진행렬 검사)	• SPM(Standard Progressive Matrices)은 6~17세의 아동 및 성인 대상 검사 • 한 세트 12문항씩 총 60개 문항으로 구성	
		SPMT PLUS	• SPM-plus(Standard Progressive Matrices-plus)는 SPMT보다 난도를 높인 검사	
		APMT (고급 누진행렬 검사)	• APM(Advanced Progressive Matrices)은 청소년과 성인 대상의 영재성 판별 검사 • 12문항 1세트와 36개 문항 2세트로 구성	

2. 집단용 지능검사 : 속도검사

군인 알파검사 및 군인 베타검사	• 여커즈(Yerkes)가 군인업무 변별 목적으로 개발 ⇨ 최초의 집단용 지능검사 • 알파검사는 언어성, 베타검사는 비언어성(도형·동작성) 검사
쿨만-앤더슨(Kuhlman- Anderson) 지능검사	• 언어성 검사(9개의 시리즈로 구성) • 피험자는 자기 능력에 적당한 시리즈를 선택해 검사 실시
군인 일반분류 검사 (AGCT)	제2차 세계대전 중 군인의 선발과 배치를 위해 제작 ⇨ 백분위 점수와 표준점수로 산출
간편 지능검사	우리나라 최초의 집단지능검사

16 다음과 같은 상황에서 실시될 수 있는 지능 검사들로 가장 적절한 것은?   12. 유초등임용
□□□

> 수미는 어렸을 때부터 줄곧 외국에 살면서 유치원과 초등학교를 다녔다. 최근에 귀국한 수미는 언어적 어려움을 겪고 있으며, 학력 평가에서 국어 30점, 수학 40점을 받아 기초학력부진으로 의심되었다. 김 교사는 수미의 학력부진 원인을 파악하기 위해 상담센터에 심리검사를 의뢰하였다. 상담센터에서는 수미의 특수한 상황을 고려하여 다양한 사회적·문화적 배경을 지닌 아동의 지적 능력을 공평하게 평가할 수 있는 문화공평검사(culture-fair test)를 실시하고자 한다.

① 고대 - 비네검사, 카우프만검사(K-ABC)
② 고대 - 비네검사, 웩슬러검사(KEDI-WISC)
③ 카우프만검사(K-ABC), 레이븐검사(CPMT)
④ 쿨먼 - 앤더슨 집단지능검사, 레이븐검사(CPMT)
⑤ 쿨먼 - 앤더슨 집단지능검사, 웩슬러검사(KEDI-WISC)

해설 대부분의 지능검사들은 언어성검사로 제작되었기 때문에 언어가 지닌 계급성으로 인해 특정 계층이나 인종에게 유리하게 구성되어 있고, 공정하지 못하며 문화적으로 편향되어 있다는 비판을 받는다. 이런 문화적 편향성을 극복하기 위해 제작된 검사가 문화공정검사(culture-fair test)이다. SOMPA(다문화 다원적 사정 체제), K-ABC검사, UNIT(동작성 보편지능검사), CPMT(색채 누진행렬 지능검사) 등이 있다. 고대-비네 검사와 쿨먼-앤더슨 집단지능검사는 언어성검사이다.

17 지능에 대한 설명으로 가장 옳은 것은?   09. 국가직
□□□
① 지능지수는 생활연령과 정신연령의 차이로 계산한다.
② 가드너(Gardner)의 다중지능 가운데 공간적 능력은 조각가와 관련이 있다.
③ 스턴버그(Sternberg)의 삼원지능이론은 실제적 능력, 자기성찰적 능력, 대인적 능력으로 구성되어 있다.
④ 써스톤(Thurstone)은 인간의 기본정신능력의 핵심요소로서 언어능력, 수리능력, 예술적 능력을 들고 있다.

해설 다중지능 중 공간지능(spatial intelligence)은 시·공간세계를 지각하는 능력, 지각 내용의 변형 능력과 관련된 능력으로 건축가나 예술가, 기술자, 조각가, 외과의사 등에게서 돋보이는 능력이다. ① 지능지수는 생활연령에 대한 정신연령의 비로 나타내며, ③ 실제적 능력, 성분적 능력, 경험적 능력이고(자기성찰과 대인적 능력은 가드너의 다중지능에 해당함.), ④ 써스톤은 예술적 능력을 기본정신능력(PMA)에 포함하지 않았다.

정답 16. ③   17. ②

18 지능에 관련된 설명으로 옳은 것을 〈보기〉에서 모두 고르면?

11. 유·초등임용

□□□

┌ 보기
│ ㉠ 플린 효과(Flynn effect)란 인간의 지능검사 점수가 해를 거듭할수록 점차 낮아지는 세계
│   적인 경향을 말한다.
│ ㉡ 가드너(H. Gardner)의 다중지능 이론에서는 여러 지능들이 상호 독립적이며 각각의 상대
│   적 중요성이 동일하다고 가정한다.
│ ㉢ 카텔(R. Cattell)의 결정성 지능(crystallized intelligence) 이란 환경적·문화적·경험적 영
│   향에 의해 발달하는 지능으로, 자신의 학습과 경험을 적용하여 획득한 능력을 말한다.
│ ㉣ 스턴버그(R. Sternberg)의 삼원지능 이론에서 창의적 지능이란 현실 상황에 적응하거나
│   상황을 선택·변형하는 능력으로, 일상의 문제해결 능력이나 사회적 유능성과 같은 지능
│   을 말한다.

① ㉠, ㉡   ② ㉡, ㉢
③ ㉢, ㉣   ④ ㉠, ㉡, ㉢
⑤ ㉡, ㉢, ㉣

해설 '㉠'은 세대를 거듭할수록 지능이 점차 증가하는 경향을 말하며, '㉣'은 상황적(맥락적) 지능에 해당한다.

19 지능에 대한 설명으로 옳지 않은 것은?

17. 국가직 7급

□□□

① 비율지능지수는 편차지능지수의 문제점을 해결하기 위해 고안된 것으로 정신연령과 생활연령
   의 비로 나타낸다.
② 스턴버그(Sternberg)는 분석적 능력, 창의적 능력, 실제적 능력의 세 가지 능력으로 구성된 성
   공지능을 제안하였다.
③ 정서지능은 개인의 정서적 능력이 학교에서의 성공 및 사회에서의 성공과 밀접한 관계가 있음
   을 시사해 준다.
④ 가드너(Gardner)는 지능이 높으면 모든 영역에서 우수하다고 간주하는 종래의 지능이론을 비
   판하고 지능이 상호독립적인 여러 지능으로 구성된다고 주장했다.

해설 ①은 편차지능지수(DIQ)가 비율지능지수(IQ)의 문제점을 개선하기 위하여 사용한 것이다. 비율 지능지수는 계산
이 간단하여 사용하기가 용이한 장점은 있으나, 척도의 동간성과 절대영점을 가정하기가 어려우며, 청소년기(14~15세) 이
후에는 실제 연령은 계속 증가하나 정신연령의 정체 또는 감소가 나타난다는 문제가 있다. 또한 실제 연령이 10세인 아동의
지능지수가 130일 때 13세 집단의 지능과 동일하다고 보기는 어렵다는 문제점도 있다.

2 창의력(Creativity)

20 ㉠, ㉡에 들어갈 말로 옳은 것은? 14. 국가직 7급

□□□

> 벽돌의 용도를 묻는 창의성 검사에서 철수는 벽돌의 용도를 많이 열거하기는 하였지만 그것
> 은 모두 무언가를 건설하는 것과 관련되어 있었다. 이렇게 볼 때 철수는 창의성의 요소 중
> (㉠) 점수는 높을지라도 (㉡) 점수는 낮다고 할 수 있다.

	㉠	㉡
①	유창성	융통성
②	독창성	유창성
③	융통성	유창성
④	유창성	독창성

해설 ┃ 유창성(fluency)은 각기 다른 반응의 총 개수이고 융통성은 일반적으로 다른 종류로 분류할 수 있는 반응범주의 개수이다. 즉, 일정한 시간 내에 한 범주 내에 속하는 아이디어를 다양하게 생성해 내는 능력이 유창성이라면, 융통성 (flexibility, 유연성)은 다양한 범주에 해당되는 아이디어들을 생성해 내는 능력을 말한다.

TIP 창의적인 사람의 특성

길포드 (Guilford)	지적 특성	① 문제사태에 대한 감수성(경험에의 개방성), ② 사고의 유창성(각기 다른 반응의 총 개수), ③ 융통성(반응범주의 총 개수), ④ 참신성(독창성, 남들이 생각하지 못한 다른 반응을 제시하는 사람수), ⑤ 정교성(치밀성), ⑥ 조직성(재구성력)
	정의적 특성	① 새롭고 복잡하고 어려운 문제를 선호하는 경향, ② 모호성을 견디는 역량, ③ 실패에 대한 불안이 적고 위험부담을 즐기는 경향, ④ 관행에 동조하기를 거부하는 경향, ⑤ 자신의 경험에 대한 개방성
에머빌(Amabile)		영역 관련 기술(특정 영역 관련 재능 예 노래, 조각기술) + 창의성 관련 기술 + 과제 동기(내적 동기)
칙센트미하이 (Csikszentmihalyi)		성격적으로 서로 반대되는 양면성(兩面性) 예 공격적이면서도 협조적임, 외향적이면서도 내향적임, 활기차면서도 조용한 휴식을 즐김, 상상과 공상을 하면서도 때로는 매우 현실적인 모습을 보임, 개혁적이고 보수적임, 현명하면서도 단순함, 노는 것을 좋아하는 동시에 규율이 있음(책임감과 무책임성의 공존), 겸손하면서도 자기 일에 대한 깊은 자부심을 가짐, 야망이 있지만 이기적이지는 않음, 독립적이지만 협동을 잘 이끌어 내기도 함, 견고한 '남성/여성'의 역할을 넘나듦, 자신의 일에 대해서 열정이 있는 동시에 무척 객관적임, 일하는 과정에서 어려움과 고통을 겪는 동시에 즐거움을 느낌.

* 창의력의 개념 : ① 확산적 또는 발산적 사고력(Guilford), ② 종합력(Bloom), ③ 경험적 지능(Sternberg), ④ 수평적 사고력(de Bono), ⑤ 연상적 사고(Freud), ⑥ '새로우면서도(novelty) 유용하고 적절한(useful & appropriate)' 가치를 지니는 것을 생성해 내는 능력(Amabile), ⑦ 인지적, 정의적, 생리적, 심지어 사회적, 맥락적 요소를 포괄하는 하나의 체계(Csikszentmihalyi)

정답 ┃ 18. ② 19. ① 20. ①

21 오스본(Osborn)이 주장한 창의적 사고기법인 브레인스토밍(brainstorming)의 기본원칙으로 옳은 것을 모두 고르면?

12. 국가직 7급

> ㉠ 아이디어의 양보다는 질을 우선한다.
> ㉡ 아이디어들끼리의 결합과 개선을 추구한다.
> ㉢ 아무리 우스꽝스러운 아이디어라도 수용한다.
> ㉣ 아이디어에 대한 평가는 마지막까지 유보한다.

① ㉠, ㉢
② ㉡, ㉣
③ ㉡, ㉢, ㉣
④ ㉠, ㉡, ㉢, ㉣

해설 브레인스토밍(Brainstorming)은 오즈번(Osborn)이 창안(1963)한 것으로 자유로운 집단토의를 통해 창의적 아이디어를 산출하는 방법이다. '두뇌 폭풍 일으키기', '팝콘(Pop corn) 회의'라고도 하며, 누구나 창의력이 있다는 전제하에 여러 사람들의 아이디어를 결합해서 합리적인 해결책을 모색하는 기법이다. ㉠은 질보다 양을 중시하는 양산(量産), ㉡은 결합과 개선, ㉢은 자유분방, ㉣은 평가금지(평가유보)에 해당한다.

TIP 브레인스토밍(brainstorming)의 기본원칙

비판금지(비판유보)	아이디어에 대한 비판은 아이디어의 산출을 억제할 수 있으므로 일체 비판이나 평가를 하지 않는다.
양산(量産)	아이디어의 질(質)에 관계없이 가능한 많은 아이디어를 산출하도록 한다. ⇨ 다다익선(多多益善), 유창성
자유분방	과거의 지식, 경험, 전통 등에 구애받지 않고 어떤 아이디어라도 거리낌 없이 내놓을 수 있도록 자유분방한 분위기를 조성해야 한다.
결합과 개선	기존의 아이디어에 새로운 아이디어를 결합시켜 새로운 아이디어를 산출한다. ⇨ 독창성

22 다음에서 설명하고 있는 창의적 사고기법은?

04. 중등임용

> • 고든(W. Gordon) 등에 의해 제안되었으며, 창의적인 사람들이 무의식적으로 사용하는 전략들을 활용하는 것이다.
> • 당연한 것으로 받아들이던 대상이나 요소에 대해 의문을 가져본다.
> • '내가 만일 새롭게 고안된 병따개라면 어떤 모양이 되고 싶은가?'와 같이 사람이 문제의 일부분이 되어 봄으로써 새로운 관점을 창출한다.
> • 동·식물이 스스로를 보호하고 있는 방법에서 아이디어를 얻어 신변 안전장치를 개발할 수도 있다.

① 스캠퍼(SCAMPER)
② 시넥틱스(synectics)
③ 속성열거(attribute listing)
④ 브레인스토밍(brainstorming)

해설 시넥틱스는 서로 관련이 없는 것을 연결(관계, 비유, 유추)시켜 창의력을 계발하는 기법으로 대인유추, 직접유추, 상징적 유추, 환상적 유추 등의 비유법(유추법)을 활용하여 고정관념을 깨뜨리고 새로운 대안을 창출하는 방법이다.

TIP 유추법의 유형

대인유추 (personal analogy)	사람을 특정 사물로 비유하여 가정하기 예 네가 만일 새롭게 고안된 병따개라면 어떤 모양이 되고 싶은가?
직접유추 (direct analogy)	두 가지 사물, 아이디어, 현상, 개념들 간의 직접적인 단순 비교하기 예 신문과 인생은 어떤 면에서 서로 비슷한지 그 실례를 들어보기
상징적 유추 (symbolic analogy)	두 개의 모순되어 보이는, 상반된 의미를 가진 단어를 가지고 특정 현상을 기술하기 예 뚱뚱하고 날씬한 사람, 아군과 적군, 잔인한 친절
환상적 유추 (fantastic analogy)	현실세계를 넘어서는 상상을 통해 유추함으로써 문제를 해결하기 예 날아가는 양탄자

23 드 보노(E. de Bono)의 PMI 기법을 가장 잘 적용한 수업활동은? 　　　12. 유·초등임용

① 디지털 카메라의 다양한 기능들을 열거하고 학생들에게 암기하게 하였다.
② 팀을 구성해 디지털 카메라의 좋은 기능에 대해 한 가지씩 말해 보게 하였다.
③ 디지털 카메라에 대해 긍정적인 측면, 부정적인 측면, 주목할 만한 측면을 차례로 생각해 보게 하였다.
④ 디지털 카메라에 대해 대체, 결합, 적용, 수정, 다른 용도로의 적용, 제거, 재배열하기 순으로 생각해 보게 하였다.
⑤ 디지털 카메라의 개발, 생산, 판매되는 과정이 잘 나타난 가상적인 상황을 제공하여 산업의 분업화를 이해하게 하였다.

해설 드 보노(E. de Bono)는 형태심리학의 영향을 받아 사고행위는 정서, 가치, 느낌과 밀접한 관련을 갖고 있다고 가정하고, 한 번에 한 가지의 사고만 하도록 함으로써 창의적 사고를 촉진하려는 방법인 PMI 기법과 '여섯 가지 사고모자 기법(Six Thinking hats)'을 제안하였다. 이는 문제나 대안을 바라보는 시야를 확대하는 방법으로 PMI 기법은 어떤 문제의 긍정적인 면(plus)과 부정적인 면(minus)을 살펴본 뒤, +, -라고 할 수 없는 것, 즉 재미있지만 중립적인 측면 (interesting)을 생각하도록 주의(attention)의 방향을 잡아 주고 사고의 방향을 안내해 주는 기법이다.
④는 에버를(Eberle)이 제안한 스캠퍼(SCAMPER) 기법, ⑤는 시뮬레이션(simulation)에 해당한다.

정답 　21. ③　22. ②　23. ③

오현준 교육학

3 인지양식(Cognitive style)

24 개인의 성격 특성과 학습유형에 대한 설명으로 옳은 것은?   14. 교육사무관 5급

① 장의존형의 학생들은 장독립형의 학생들에 비해 인문사회과학에 관심이 많다.
② 장독립형의 학생들은 공동의 목표를 위해 동료와 함께 학습하는 것을 선호한다.
③ 반성형의 학생들은 정보를 빠르게 처리하는 경향이 있지만 과제 수행에서 실수가 많다.
④ 장의존적인 학생들은 장독립형의 학생들에 비해 점수나 경쟁을 통해 동기화가 잘 된다.
⑤ 속응형의 학생들은 과제에 대한 주의집중과 주의 깊은 사고 때문에 학교에서의 학업성취도가 높은 편이다.

해설 학습양식(learning style)은 정보를 선택하고 획득하는 능력에 영향을 주는 학습자세 또는 선호하는 학습환경을 말한다. '학습유형, 학습선호도 유형, 인지양식'이라고도 부르며, 가치중립적인 개념이기 때문에 어느 유형이 다른 유형보다 더 좋은 것이라고 할 수 없다. 장의존형 학생들은 사회 관련 분야를 선호하며, 장독립형 학생들은 수학·과학 관련 분야를 선호한다. ②는 장의존형, ③은 충동형(속응형), ④는 장독립형, ⑤는 숙고형(반성형)에 해당한다. ④의 경우 장의존형 학생들은 언어적 칭찬이나 교사를 돕는 것을 통해서 동기화가 잘 된다.

TIP 학습양식(learning style)의 유형

위트킨(Witkin)	장의존형 / 장독립형 ⇨ 잠입도형검사(Embedded Figure Test)		
카건(Kagan)	속응형 / 숙고형 ⇨ 같은 그림찾기 검사(MFFT)		
스페리(R. W. Sperry)	좌뇌형 / 우뇌형		
스턴버그(Sternberg)	정신자치제 이론 : 13가지 사고양식		
	사고의 기능(functions)	입법적 사고양식, 행정적 사고양식, 사법적 사고양식	
	사고의 형식(forms)	군주제 사고양식(단일집중형), 계급제 사고양식(위계형), 과두제 사고양식(동시다수형), 무정부제 사고양식(무조건형)	
	사고의 수준(levels)	전체적 사고양식, 지엽적 사고양식	
	사고의 범위(scopes)	내부지향적 사고양식, 외부지향적 사고양식	
	사고의 경향성(leanings)	자유주의적 사고양식, 보수주의적 사고양식	
던(Dunn)과 던(Dunn)	21가지 학습유형		
	환경적 요인	① 소리(sound), ② 빛(light), ③ 기온(temperature), ④ 가구 및 좌석의 디자인(design)	
	정서적 요인	① 동기(motivation), ② 지속력(persistence), ③ 책임(responsibility), ④ 구조화(structure)	
	사회적 요인	① 혼자서(self), ② 둘이서(pair), ③ 또래집단(peers), ④ 집단(team), ⑤ 성인과 함께(adult), ⑥ 다양하게(varied)	
	생리적 요인	① 지각(perception), ② 간식(intake), ③ 시간(time), ④ 이동(mobility)	
	심리적 요인	① 전체적·분석적인 경향성, ② 좌뇌·우뇌의 경향성, ③ 충동적·숙고적인 경향성	
콜브(Kolb)	분산자(확산자) / 수렴자 / 융합자(동화자) / 적응자(조절자)		

25 인지양식을 장독립적 양식과 장의존적 양식으로 구분할 때, 장독립적 양식을 지닌 학습자의 일반적인
□□□ 특성으로 옳은 것은?

15. 지방직

① 정보를 분석적으로 처리한다.

② 개별학습보다는 협동학습을 선호한다.

③ 비구조화된 과제의 수행에 어려움을 겪는다.

④ 교사 또는 동료 학생과의 대인관계를 중시한다.

해설 인지양식(cognitive style)은 정보처리 방식의 개인차를 말하며 인지양식을 구체적인 학습상황과 연결하려는 시도에서 등장한 것이 학습양식(learning style)이다. 위트킨(Witkin)은 '장의존적 - 장독립적 인지양식'으로 구분하였는데, 장독립적 양식은 어떤 사물을 인지할 때 그 사물의 배경이 되는 주변의 장의 영향을 별로 받지 않고 논리적·분석적으로 지각하는 인지유형에 해당한다.
②, ③, ④는 장의존적 양식에 해당한다.

TIP 장의존형 - 장독립형 학습자의 특성 비교(Janassen, et al.)

장독립형(Field independence)	장의존형(Field dependence)
• 분석적·논리적·추상적 지각	• 전체적·직관적 지각
• 내적 지향 ⇨ 비사교적	• 외부적 지향 ⇨ 사교적
• 구조를 스스로 창출 ⇨ 비구조화된 자료학습 선호	• 기존의 구조를 수용 ⇨ 구조화된 자료학습 선호
• 비선형적인 Hyper-media 학습에 적합	• 선형적인 CAI 학습에 적합
• 학문 중심 교육과정에 유리	• 인간 중심 교육과정에 유리
• 개인적 성향 ⇨ 대인관계에 냉담, 강의법 선호	• 사회적 성향 ⇨ 대인관계 중시, 토의법 선호
• 사회적 정보나 배경 무시	• 사회적 정보나 배경에 관심
• 개념이나 원리 지향적 ⇨ 실험적	• 사실이나 경험 지향적 ⇨ 관습적·전통적
• 분석을 통한 개념 제시	• 제시된 아이디어를 수용
• 자신의 가설 형성	• 눈에 띄는 특징에 영향을 받음.
• 내적 동기 유발 ⇨ 외부 비판에 적게 영향 받음.	• 외적 동기 유발 ⇨ 외부 비판에 많이 영향 받음.
• 수학, 자연과학 선호 ⇨ 수학자, 물리학자, 건축가, 외과 의사와 같은 직업 선호	• 사회 관련 분야 선호 ⇨ 사회사업가, 카운슬러, 판매원, 정치가와 같은 직업 선호
• 자신이 설정한 목표나 강화에 의해 영향	• 외부에서 설정한 목표나 강화에 의해 영향
• 사회적 내용을 다룬 자료에 집중하는 데 외부의 도움을 필요로 함.	• 기억조성술 활용방법을 학습할 필요 있음.

26 장의존적 학습유형(learning style)을 가진 학습자의 특성과 거리가 먼 것은?
□□□

07. 초등임용

① 외부의 비판에 민감하게 반응한다.

② 사물을 분석적으로 지각하는 것을 선호한다.

③ 타인과의 상호작용이나 토론하기를 선호한다.

④ 대상을 요소로 분리하지 않고 전체로 지각한다.

해설 ②는 장독립적 학습유형에 해당한다. 장의존형은 전체적으로 지각한다.

정답 24. ① 25. ① 26. ②

27 다음 두 교사의 대화에서 (가)와 (나)의 내용에 부합하는 학습양식이론에 대한 설명으로 옳은 것만
을 〈보기〉에서 있는 대로 고른 것은?
12. 중등임용

> • 강 교사 : 학생들마다 공부하는 방식에 차이가 있는 것 같아요. 어떤 사물을 지각할 때 (가)
> 그 사물의 배경이 되는 맥락의 영향을 많이 받고 배경과 요소들을 연결지어 지각하는 학생
> 이 있는 데 반해, 맥락의 영향을 별로 받지 않고 사물의 요소들을 분리하여 지각하는 학생
> 이 있는 것 같아요.
> • 윤 교사 : 강 선생님이 이야기한 학습양식의 차이 외에도 어떤 자극에 대한 (나) 반응속도가
> 빠르지만 반응오류를 범하는 학생이 있는 반면, 반응속도는 느리지만 사려가 깊어서 정확
> 한 반응을 하는 학생도 있는 것 같아요.

> ┌ 보기 ┐
> ㉠ (가) : 잠입도형검사(Embedded Figure Test)에서 점수가 높은 학생들은 장의존형 학습자
> 로 판별된다.
> ㉡ (가) : 장독립형 학습자는 과제와 관련된 구체적인 상황이 주어지지 않아도 분석적 능력을
> 요구하는 학습과제를 잘 해결하는 경향이 있다.
> ㉢ (나) : 충동형과 반성형의 학습양식을 판별하는 방법으로 케이건(J. Kagan)의 같은 그림찾
> 기(Matching Familiar Figure)검사가 있다.
> ㉣ (나) : 충동형 학습양식을 반성형 학습양식으로 수정하기 위한 방법으로 매켄바움(D.
> Meichenbaum)의 자기 교수법(self-instruction)이 있다.

① ㉠, ㉡   ② ㉠, ㉣   ③ ㉡, ㉢
④ ㉠, ㉡, ㉣   ⑤ ㉡, ㉢, ㉣

해설 '학습유형(learning style, 또는 학습양식, 학습선호도 유형)'은 인지양식(cognitive style)을 구체적인 학습상황과
연결하려는 시도로, 학생 개인이 학습, 문제해결, 정보처리에 이용하는 독특한 사고방식이나 행동양식을 말한다. 즉, 학습
하는 과정을 나타내는 행동양식, 학습습관, 학습방법, 학습요령 등을 총괄하는 복합적인 학습자의 성향을 말한다. 지문에서
강 교사는 위트킨(Witkin)의 장의존형 – 장독립형 학습양식의 이론을, 윤 교사는 카건(Kagan)의 속응형(충동형) – 숙고형
(반성형) 학습양식의 이론을 설명하고 있다. (가)의 경우 잠입도형검사(EFT)에서 점수가 높은 학생은 장독립형 학습양식에
해당한다. (나)의 인지적 자기교수(cognitive self instruction)는 비고츠키(Vygotsky)의 사적 언어의 이점을 이용하여, 학습
중에 자신에게 혼잣말로 가르치는 것을 통해 자신의 인지양식의 약점을 극복하는 방법을 말한다.

28 콜브(Kolb)의 네 가지 학습유형 중 (㉠)에 속하는 학습자의 특성을 가장 잘 설명한 것은?

11. 유·초등임용

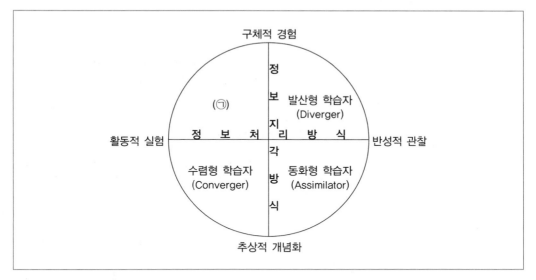

① 논리성과 치밀성이 뛰어나고 귀납적 추리에 익숙하므로 이론화를 잘한다.

② 상상력이 뛰어나고 상황을 여러 관점에서 조망하며 다양한 분야에서 많은 아이디어를 낸다.

③ 계획 실행에 뛰어나며 새로운 경험을 추구하고 새로운 상황에 잘 적응하며 지도력이 탁월하다.

④ 여러 아이디어를 잘 종합하고 다각적으로 이해할 수 있어서 이론적 모형을 만드는 일을 잘한다.

⑤ 아이디어를 실제적으로 잘 응용할 뿐만 아니라 가설 설정과 연역적 추리에 익숙하며 기술적인 과제와 문제를 잘 다룬다.

해설 (㉠)은 '적응형(또는 조절형) 학습자(Accommodator)'에 해당한다. ①과 ④는 동화형(융합형) 학습자, ②는 분산형 (발산형) 학습자, ⑤는 수렴형 학습자에 해당한다.

TIP 콜브(Kolb)의 학습유형

구분		정보지각방식	
		구체적 경험	추상적 개념화
정보처리방식	반성적 관찰	분산자(Diverger, 확산자): 구체적인 경험을 통해 지각하고 반성적으로 관찰하며 정보를 처리하는 형	융합자(Assimilator, 동화자): 추상적으로 개념화하여 지각하고, 반성적으로 관찰하며 정보를 처리하는 형
	활동적 경험	적응자(Accomodator): 구체적인 경험을 통해 지각하고 활동적인 상황을 통해 정보를 처리하는 형	수렴자(Converger): 추상적으로 개념화하여 지각하고, 활동적으로 실험하면서 정보를 처리하는 형

정답 27. ⑤ 28. ③

분산자 (Diverger, 확산자)	• 상상력이 뛰어나고 한 상황을 여러 관점에서 조망할 수 있으며, 많은 아이디어를 낼 수 있다. • 흥미 분야가 넓으므로 다양한 분야에 대해 정보를 수집한다. • 학습과정에서 교수자나 동료 학습자와 좋은 인간관계를 맺을 수 있으며, 정서적인 특징을 갖는다.
융합자 (Assimilator, 동화자)	• 논리성과 치밀성이 뛰어나고, 귀납적 추리에 익숙하므로 이론화를 잘한다. • 넓은 범위의 아이디어를 잘 종합해내며, 다각적으로 이해할 수 있으므로 이론적으로 모형을 만드는 일을 잘할 수 있다. • 과학적이며 체계적인 사고를 하며, 분석적·추상적 사고에 강하다.
적응자 (Accomodator, 조절자)	• 계획 실행이 뛰어나며, 새로운 경험을 추구하고 새로운 상황에 잘 적응한다. • 모험적이고 감각적이며 실험적인 특성을 지닌다. • 논리적으로 분석하기보다는 감각적이며 느낌에 따라 행동하므로, 문제를 해결할 때 자신의 기술적인 분석에 의존하기보다는 사람들에게 의존한다. • 지도력이 탁월하다.
수렴자 (Converger)	• 아이디어와 이론을 실제적으로 응용해낼 수 있으므로 의사결정이나 문제해결능력이 뛰어나다. • 느낌보다 이성에 의존하며, 가설을 세우고 연역적으로 추론하며 과제에 대해 체계적이고 과학적으로 접근한다. • 사고지향적이어서 사회적 문제나 사람들과의 관계에 능숙하지 못한 대신, 기술적인 과제와 문제를 잘 다룬다.

4 개인차 종합

29 개인차에 대한 설명으로 옳지 않은 것은? 17. 국가직 7급

① 결정성 지능은 경험에 따라 변화될 수 있다.

② 창의적인 사람은 모호성을 잘 견디고 과제 집착력이 높은 경향이 있다.

③ 문제를 해결할 때 충동형 학습자는 속도에 주안을 두지만 숙고형 학습자는 정확성에 주안을 둔다.

④ 장독립형 학습자는 사물을 전체적으로 지각하기 때문에 정보항목들 사이의 관련성을 파악하는 데 능하다.

해설 위트킨(Witkin)의 장의존형–장독립형 인지양식 이론에 따르면 사물을 전체적으로 지작하는 것은 장의존형 학습자에 해당한다. ①은 카텔(Cattell)의 2형태설, ②는 길포드(Guilford)가 제시한 창의적 인물의 정의적(성격적) 특성, ③은 카건(Kagan)의 인지양식에 해당한다.

제6절 발달의 개인차Ⅱ : 정의적 특성과 교육

1 동기(motivation)

01 동기이론 중 귀인이론에 관한 설명으로 옳지 않은 것은?

08. 국가직 7급

① 귀인은 통제 가능성 차원에 따라 내적 귀인과 외적 귀인으로 구분된다.

② 성공과 실패에 영향을 주는 주요 원인으로 능력, 노력, 과제난이도, 행운 등을 들 수 있다.

③ 학습의 실패를 자신의 능력보다 노력에 귀인시킬 때 학습동기는 증가하는 경향이 있다.

④ 학교학습 장면에서 학생이 자신의 성공과 실패의 원인을 어떻게 설명하는가에 대해 체계적으로 이해할 수 있게 해 준다.

해설 바이너(Weiner)의 인과적 귀인(歸因) 이론(attribution theory)은 인지주의 심리학에 기초하여 관찰된 행동의 원인을 기술하는 일반적인 법칙을 규명하고 있다. 학습의 성패에 대해 학생 자신이 어떻게 설명하는가에 대한 체계적인 이해 연구이다. 바이너(Weiner)는 학습의 성공과 실패에 대한 귀인(歸因) 변인으로 통제의 소재차원(내적 – 외적), 안정성 차원(안정적 – 불안정적), 통제가능성 차원(통제 가능 – 통제 불가능)으로 나누어 제시하였다. 내적 귀인과 외적 귀인은 통제의 소재차원에 해당한다.

* 동기(motivation)는 개체의 행동을 유발하는 심리적 에너지를 말하며, 그 기능으로는 ① 행동 유발(시발적 또는 발생적 기능), ② 행동의 촉진 및 유지(강화적 기능), ③ 목표 지향(지향적 또는 방향적 기능)을 들 수 있다. 동기와 학업성취도와의 상관은 0.45 정도이다.

02 영희는 "시험칠 때 갑자기 배가 아팠어요."라고 시험점수가 낮은 이유를 부모님께 말씀드렸다. 영희의 말을 바이너(B.Weiner)의 귀인이론에 근거하여 원인의 소재, 안정성, 통제 가능성의 세 차원으로 설명할 때, 바르게 나열한 것은?

06. 초등임용

	원인의 소재	안정성	통제 가능성
①	내적	안정적	불가능
②	내적	불안정	불가능
③	외적	안정적	가능
④	외적	불안정	가능

해설 ①은 능력, ③은 교사의 편견, ④는 타인의 도움에 해당한다.

TIP 귀인이론의 확대모형

안정성 \ 통제 가능성 \ 소재		내부	외부
안정	통제 가능	평소의 노력	교사의 편견
	통제 불가능	능력	과제 난이도
불안정	통제 가능	즉시적 노력	타인의 도움
	통제 불가능	기분	재수(운)

정답 29. ④ / 01. ① 02. ②

03 와이너(B. Weiner)의 귀인이론에서 (㉠)에 들어갈 귀인요소는?

귀인요소	원인의 소재	통제 가능성	안정성
(㉠)	외적	통제 불가	안정
( )	내적	통제 가능	불안정
( )	내적	통제 불가	안정
( )	외적	통제 불가	불안정

① 운　　　　　　② 과제난이도　　　　③ 노력　　　　　　④ 능력

해설 바이너(Weiner)의 인과적 귀인(歸因)이론(attribution theory)은 인지주의 심리학에 기초하여 관찰된 행동의 원인을 기술하는 일반적인 법칙을 규명하고 있다. 학습의 성패에 대해 학생 자신이 어떻게 설명하는가에 대한 체계적인 이해 연구이다. 주어진 표에서 ㉠은 과제난이도에 해당하며, 밑으로 노력, 능력, 운(재수)의 순으로 이어진다.

04 다음은 성공과 실패에 대한 귀인 차원의 조합의 예를 나타낸 것이다. 그 예 중에서 잘못 배치된 것은?

구분	내적 소재	외적 소재
통제 가능	노력	기분
통제 불가능	능력	운

① 노력　　　　　　② 기분　　　　　　③ 능력　　　　　　④ 운

해설 기분은 내적 −불안정적−통제 불가능한 차원의 귀인에 해당하며, 외적 −통제 가능한 차원에 해당하는 것은 교사의 편견(안정적 차원)과 타인의 도움(불안정적 차원)이다.

05 와이너(Weiner)의 귀인이론에 의하면 그 요소가 외적이며, 안정적이고, 통제 불가능한 귀인은?

① 운　　　　　　② 능력　　　　　　③ 노력　　　　　　④ 과제난이도

해설 ①은 외적−불안정적−통제 불가능한 귀인, ②는 내적−안정적−통제 불가능한 귀인, ③은 내적−불안정적−통제 가능한 귀인에 해당한다.

06 와이너(Weiner)의 귀인 이론에 따르면 그 소재가 내부에 있고 불안정하며 통제 가능한 귀인은?

① 과제난이도　　　② 교사의 편견　　　③ 일시적인 노력　　　④ 시험 당일의 기분

해설 내적−불안정적−통제 가능한 요인은 일시적인(평소의) 노력에 해당한다. ①은 외적−안정적−통제 불가능한 요인, ②는 외적−안정적−통제 가능한 요인, ④는 내적−불안정적−통제 불가능한 요인에 해당한다. 귀인이론의 핵심은 학습실패의 원인을 '능력'이 아닌 '노력'에서 찾는 데 있다.

07 체육시간에 A와 B가 한 팀, C와 D가 한 팀을 이루어 테니스 시합을 하여 C와 D팀이 이겼다. 테니스 시합에 대해 각 사람이 다음과 같이 한 이야기를 토대로 판단해 볼 때, 시합에서의 승패를 외적 요인에 귀인하고 있는 사람은? 09. 국가직

> A: 오늘 우리 팀이 좋은 기량을 발휘하지 못했어.
> B: 평상시 연습을 게을리한 탓이야.
> C: 너희가 진 건 그냥 운이 안 좋아서 그랬던 것뿐이야.
> D: 우리 실력이 향상된 건 코치 선생님이 가르쳐 준 기술을 열심히 연습했기 때문이야.

① A   ② B
③ C   ④ D

해설 　바이너(Weiner)의 귀인이론으로 분류하면, A는 능력, B는 (평소의) 노력, C는 운, D는 (즉시적) 노력(연습)으로 귀인하고 있다. 귀인 유형을 통제 소재 차원으로 나누면 능력과 노력은 내적 요소, 운(재수)과 과제곤란도는 외적 요소에 해당된다.

08 다음 설명에 해당하는 개념은? 23. 국가직 7급

> • 어떤 결과를 산출하기 위해 요구되는 행동을 성공적으로 수행할 수 있다는 신념을 말한다.
> • 개인적인 능력의 판단과 관계가 있다.
> • 영향요인으로는 숙달 경험, 신체적 혹은 정서적 각성, 대리경험 및 사회적 설득이 있다.

① 자아개념(self-concept)   ② 자기조절(self-regulation)
③ 자기효능감(self-efficacy)   ④ 자아존중감(self-esteem)

해설 　자기효능감(self-efficacy)은 자신감의 특수한 형태로 사회학습이론을 주장한 반두라(Bandura)가 강조한 개념이다. 개인이 어떤 행동이나 활동을 성공적으로 수행할 수 있는 자신의 능력(개인적 유능감)에 대한 신념을 말한다. 성공경험, 대리경험, 언어적 설득, 정서적 안정감을 통해 형성된다. ①은 자기자신에 대한 지각의 총체를 말하며, 자신감과 자아존중감을 통합한 개념이다. ②는 환경의 요구에 맞게 자신의 행동과 정서를 스스로 적절하게 계획하며, 점검하고 통제하는 것을 말한다. ④는 자기가치(self-worth)라고도 하며, 자신에 대한 정서적 반응이나 자신에 대한 평가로 주로 자신의 능력에 대한 인식으로 인해 결정된다.

09 다음 설명에 해당하는 동기이론은? 15. 국가직

> • 학생은 자기 자신의 행동과 운명을 자율적으로 선택할 수 있다.
> • 학습에 대한 선택권을 제공함으로써 학생의 자율성을 신장시킬 수 있다.
> • 학생이 스스로 과제를 선택할 때, 보다 오랫동안 과제에 참여하고 즐거운 학습경험을 하게 된다.

① 귀인이론   ② 기대−가치이론
③ 자기결정성 이론   ④ 자기효능감 이론

정답　03. ② 　04. ② 　05. ④ 　06. ③ 　07. ③ 　08. ③ 　09. ③

[해설] 자기결정성 이론(Self-Determination theory)은 자율성, 유능감을 발전시키고자 하는 동기이론으로서, 데시(Deci), 리안(Ryan) 등에 의해서 주창되었다. 현재의 동기이론 중 가장 포괄적이고 경험적으로 많은 지지를 얻고 있는 동기이론 중의 하나로서, 인간은 자율적이고자 하는 욕구를 가지고 있고 스스로 원하기 때문에 활동에 참여한다고 본다.
① 귀인(歸因) 이론(attribution theory)은 인지주의 심리학에 기초하여 관찰된 행동의 원인을 기술하는 일반적인 법칙을 규명하는 이론으로, 학습의 성패에 대해 학생 자신이 어떻게 설명하는가에 대한 체계적인 이해 연구이다.
② 기대-가치 이론(expectancy × value theory)은 인간은 자신이 성공할 것이라는 기대에 그 성공에 대해 개인이 부여하는 가치를 곱한 값만큼 동기화된다는 이론이다.
④ 자기효능감 이론(self-efficacy theory)은 개인이 어떤 행동이나 활동을 성공적으로 수행할 수 있는 자신의 능력(개인적 유능감)에 대한 신념으로서, 성공경험, 대리경험, 언어적 설득, 정서적 안정감이 형성 요인이다.

TIP 자기결정성 인식에 영향을 주는 요인(Deci & Ryan)

자기결정성과 내적 동기 증가 요인	① 선택(choice)할 수 있을 때, ② 외적 보상(extrinsic reward)이 자기 능력의 인정과 향상이라는 정보(information)로 인식될 때
자기결정성과 내적 동기 감소 요인	① 위협과 마감 시한(threat & deadlines), ② 외적 보상(extrinsic reward)이 통제(control)로 인식될 때, ③ 통제적인 표현(controlling statement), ④ 감독과 평가(surveillance & evaluation)

10 다음 내용과 관계가 깊은 동기이론은?   14. 지방직

> • 사람들은 원인의 소재가 외부에 있을 때보다 내부에 있을 때 동기 유발이 더 잘 되고 행동을 적극적으로 수행하려고 한다.
> • 외재적 동기가 사회화 과정을 거치면서 점차 내면화되어 내재적 동기로 변화된다고 가정한다.

① 자기결정성 이론   ② 귀인이론
③ 성취목표이론   ④ 자기효능감 이론

[해설] 자기결정성 이론(Self-Determination theory)은 인간은 자율적이고자 하는 욕구를 가지고 있고 스스로 원하기 때문에 활동에 참여한다고 본다. 내재적 동기는 자기결정의 경험에 기초한다고 보며, 내재적 동기의 형성은 무동기에서 외재적 동기를 거쳐 내재적 동기로 발달한다고 본다. 지문의 내용은 자기결정성 이론 중 유기체 통합설에 대한 내용이다.

11 다음과 같은 견해에 가장 부합하는 학습동기이론은?   11. 유·초등임용

> • 학생들의 자율성, 유능감, 관계 유지 욕구를 자극하고 충족시키면 그들의 내재적 동기가 높아진다.
> • 학생들은 자신이 외재적 보상을 받거나 처벌을 피하기 위해서가 아니라 자신의 의지에 의해 그러한 행동을 한다고 믿고 싶어 한다.
> • 학생들은 과제 자체에 대한 흥미 때문에 특정한 과제를 수행하는 경우도 있지만, 외재적 보상 때문에 시작한 행동이 점차 내면화되어 결국 외재적 보상이 없어도 그러한 행동을 지속하는 경우가 많다.

① 귀인이론   ② 성취목표이론   ③ 욕구위계이론
④ 자기효능감 이론   ⑤ 자기결정성 이론

해설 데시(Deci)의 자기결정성 이론(Self—Determination theory)은 자율성, 유능감을 발전시키고자 하는 동기이론으로서, 데시(Deci), 리안(Ryan), 코넬(Connell), 스키너(Skinner) 등에 의해서 주창되었다. 현재의 동기이론 중 가장 포괄적이고 경험적으로 많은 지지를 얻고 있는 동기이론 중의 하나로서, 인간은 자율적이고자 하는 욕구를 가지고 있고 스스로 원하기 때문에 활동에 참여한다고 본다. 내재적 동기는 자기결정의 경험에 기초한다고 보며, 내재적 동기의 형성은 무동기에서 외재적 동기를 거쳐 내재적 동기로 발달한다고 본다. 지문의 내용은 자기결정성 이론 중 기본적 욕구설, 작인(귀인) 성향설, 유기체 통합설에 대한 내용이다.

TIP 자기결정성과 유사한 선천적 욕구 - 기본적 욕구설(BNT)

유능감(competence)	환경에 효과적으로 기능하는 능력으로 도전과 호기심에 의해 유발된다. ⇨ 능력동기(White), 성취동기(Atkinson), 자기효능감(Bandura)과 유사한 의미를 지닌다.
통제(또는 자율성) 욕구(need for control or autonomy)	필요할 때 환경을 바꾸는 능력으로, 통제의 책임소재나 개인적 원인(personal cause)과 유사하다.
관계(relatedness) 욕구	사회적 환경 속에서 다른 사람들과 연관되어 있다는 느낌, 그리하여 자신이 사랑과 존경을 받을 가치가 있다는 느낌 ⇨ 매슬로우(Maslow)의 소속감 욕구나 친애(affiliation) 욕구, 친화 욕구와 유사하다.

12 다음 내용에 가장 부합하는 동기이론은?

15. 지방직

Chapter 06

> 학생들의 학습동기는 두 가지로 구분할 수 있다. 첫째, 숙달(mastery)에 초점을 맞추는 학생은 공부의 목적을 학습 자체에 두고 지식이나 기능을 습득하며, 적극적으로 학습활동에 참여하고, 도전적인 과제를 선택하는 경향이 있다. 둘째, 수행(performance)에 초점을 맞추는 학생은 다른 사람에게 자신의 능력을 과시하거나 인정을 받기 위해 공부하며, 어려운 과제보다 쉬운 과제를 선택하는 경향이 있다.

① 강화이론(reinforcement theory)
② 충동감소이론(drive reduction theory)
③ 목표지향성 이론(goal orientation theory)
④ 인지부조화 이론(cognitive dissonance theory)

해설 목표이론(목표지향이론)은 목표(goals)가 동기유발의 원인이라고 보는 견해로, 목표는 개인이 이루고자 하는 성과 또는 성취하려는 욕망이라고 정의하며, 학생들의 동기와 학습에 영향을 미치는 목표 유형을 학습목표(learning goal, 또는 숙달목표)와 수행목표(performance goal)로 구분한다.
①은 스키너(Skinner), ②는 헐(Hull), ④는 페스팅거(Festinger)가 주장한 이론에 해당한다.

정답 10. ① 11. ⑤ 12. ③

TIP 목표의 유형 비교

목표 유형	예시	특징
숙달접근 목표	르네상스가 미국 역사에 미친 영향 이해하기	과제이해, 즉 학습 과정 및 학습활동 자체에 초점을 둔다.
숙달회피 목표	완벽주의적인 학생이 과제와 관련하여 어떠한 오류도 범하거나 잘못하는 것을 피하기	이론적으로 존재하는지의 여부는 명확하지 않으나, 자신이 세워 놓은 높은 기준 때문에 걱정하는 것이다.
수행접근 목표	르네상스 시대에 대한 에세이 반에서 가장 잘 쓰기, 남보다 능력 있어 보이기	개인이 타인을 이기려고 노력하고 자신의 능력과 우월성을 증명하려고 동기화되는 것이다.
수행회피 목표	선생님과 다른 학생 앞에서 능력 없어 보이는 것 피하기	개인이 능력이 없어 보이는 것을 회피하기 위하여 부정적으로 동기화되는 것으로, 자기장애 전략을 사용하는 것과 관련된다.
사회적 책임감 목표	믿음직하고 책임감 있어 보이기	타인과의 관계에서 자기 몫을 다하는 것과 관련이 있다.
사회적 목표	친구 사귀기, 선생님의 동의를 구하기, 친구 지지하기	타인과의 관계에서 형성된다.
과제회피 목표	최소한의 노력으로 숙제 다하기, 쉬운 과제 선택하기	과제가 쉽거나 별다른 노력 없이 수행할 수 있는 과제를 선택하는 것과 관련이 있다.

13 (가), (나)에 들어갈 말을 바르게 연결한 것은?

24. 지방직

> 학습동기에 대한 목표지향성 이론에 따르면, 학습자가 [(가)] 목표를 갖고 있으면, 자신의 능력을 높이기 위한 목표를 성취하기 위해 도전적인 새로운 과제를 선택하는 경향이 높지만, 학습자가 [(나)] 목표를 갖고 있으면, 자신의 능력이 부족해 보이는 것을 피하기 위해 새롭고 도전적인 과제보다 이미 충분히 학습된 쉬운 과제를 선택하려는 경향이 높다.

	(가)	(나)		(가)	(나)
①	수행	숙달	②	숙달	수행
③	사회적	숙달	④	수행접근	과제회피

해설 드웩(C. Dweck)은 「마인드셋 : 성공의 새로운 심리학(Mindset: The New Psychology of Success, 2006)」에서 목표(goals)를 개인이 이루고자 하는 성과 또는 성취하려는 욕망이라고 정의하고, 학생들의 동기와 학습에 영향을 미치는 목표 유형을 숙달목표(mastery goals, 또는 학습목표)와 수행목표(performance goasl)로 구분하여 제시하였다. 숙달목표는 학습자들이 새로운 지식과 기술을 배우고, 이해하고, 숙달하는 것에 중점을 두는 목표를, 수행목표는 학습자들이 자신의 능력을 타인과 비교하고, 평가받는 것에 중점을 두는 목표를 말한다. 숙달목표를 추구하는 학습자는 학습의 과정과 개인적인 성장을 강조하고, 실패를 학습의 일부로 수용하며, 지속적인 노력과 개선을 중시한다. 이에 비해 수행목표를 추구하는 학습자는 결과와 성과에 집중하고, 다른 사람들과의 경쟁을 강조하며, 실패를 능력의 부족으로 인식하여 회피하려는 경향이 있다고 주장한다. 특히 드웩(C. Dweck)은 마인드셋(mindset ; 사고방식, 태도 또는 인지적 프레임) 개념을 활용하여 고정 마인드셋(fixed mindset)을 가진 학습자는 자신의 능력이 고정되어 있다고 믿고, 수행목표에 중점을 두는 데 비해, 성장 마인드셋(growth mindset)을 가진 학습자는 자신의 능력이 노력과 학습을 통해 향상될 수 있다고 믿고, 숙달목표에 중점을 둔다고 주장하였다.

14 동기의 성취목표이론에서는 목표를 수행목표(performance goal)와 학습목표(learning goal)로 구분한다. 〈보기〉에서 학습목표 지향적인 학생들의 특성만을 고르면? 08. 유·초등임용

☐☐☐

> ┌ 보기 ┌
> ㉠ 실수를 했을 때 그것을 인정하지 않고 당황스러워한다.
> ㉡ 어려운 과제에 직면했을 때 타인의 도움을 적극적으로 요청한다.
> ㉢ 실패했을 때 자신의 노력보다는 능력의 부족에서 그 원인을 찾는다.
> ㉣ 내재적 동기가 높으며, 도전적이고 의미 있는 과제에 가치를 부여한다.

① ㉠, ㉡   ② ㉠, ㉣

③ ㉡, ㉢   ④ ㉡, ㉣

해설 수행목표(과시목표)는 남보다 잘함으로써 능력을 과시하거나 타인의 인정이나 승인을 받으려는 목표로 외적 동기와 관련되어 있으며 '㉠'과 '㉢'에 해당한다. 이에 비해 학습목표(과제목표, 숙련목표)는 과제를 숙달하고 더 깊이 이해하려는 데 초점을 두는 목표로서 내적 동기와 관련되어 있다.

15 목표지향이론에서 제시하고 있는 수행접근목표에 해당하는 것은? 20. 국가직 7급

☐☐☐

① 그림을 못 그린다고 놀림을 받을 것 같아 미술 과제를 제출하지 않았다.

② 지난번보다 더 나은 결과물을 만들기 위해 열심히 과제를 준비하였다.

③ 기말시험에서 경쟁자인 동급생보다 더 잘하기 위하여 열심히 공부하였다.

④ 뛰어난 운동선수가 실력이 떨어질 것 같아 새로운 기술의 습득을 주저하였다.

해설 수행목표 지향은 본인의 능력을 증명하고 다른 사람들과의 비교에 초점을 두는 것으로 수행접근 목표와 수행회피 목표로 구분한다. 이 중 수행접근 목표는 개인이 타인을 이기려고 노력하고 자신의 능력과 우월성을 증명하려고 동기화되는 것이다. ①은 수행회피 목표, ②는 숙달접근 목표, ④는 숙달회피 목표에 해당한다.

16 숙달목표지향성의 특징에 해당하지 않는 것은? 20. 국가직

☐☐☐

① 도전 추구   ② 능력 입증

③ 노력 귀인   ④ 절대적, 내적 자기참조 기준

해설 숙달목표 지향은 자신이 스스로 설정한 기준과 자기계발이라는 측면에서 주어진 내용을 학습하고 숙달하는 것, 도전적인 과제를 성취하려고 노력하는 것, 그리고 이를 통해 통찰력을 가지려고 노력하는 것과 같이 학습과정 및 활동 자체에 초점을 두지만, 수행목표 지향은 본인의 능력을 증명하고 다른 사람들과의 비교에 초점을 둔다.

정답   13. ②   14. ④   15. ③   16. ②

17 성취목표를 숙달목표와 수행목표로 구분할 때, 숙달목표를 지닌 학습자의 특성으로 옳지 않은 것은?
□□□
17. 국가직 7급

① 자신의 유능성을 입증하고자 과제에 대하여 계속해서 노력하는 경향이 있다.
② 어려움이나 실패에 직면했을 때에도 학습을 지속해 나가는 경향이 있다.
③ 학습기회를 극대화하는 과제를 선택하고 도전하는 경향이 있다.
④ 자신의 능력을 진단하고 향상을 도울 수 있는 피드백을 추구하는 경향이 있다.

해설 ①은 수행목표를 지닌 학습자의 특성에 해당한다. 수행목표에 비해 숙달목표가 가지는 장점은 첫째, 숙달목표는 통제가 가능하지만 수행목표는 통제 불가능일 수 있다. 둘째, 숙달목표를 가진 학생이 실패 시에는 더 노력하거나 전략을 바꾸는 방향으로 나아가지만, 수행목표를 가진 학생이 실패 시에는 불안감이 높아지고 수행회피 지향으로 나갈 수 있다.

18 다음 사례에서 경수의 학습행동에 대한 김 교사의 견해와 가장 부합하는 학습동기이론은?
□□□
12. 유·초등임용

> 경수는 선생님이나 다른 학생들의 평가에 매우 민감하게 반응한다. 그는 특히 선생님에게 부정적인 평가를 받을까봐 전전긍긍하며, 무엇보다 실패에 대한 불안이 크다. 이 때문에 중요한 시험을 앞두고서도 공부를 하지 않거나 과제를 마지막까지 미루어 자신의 능력을 제대로 드러내지 못하는 경향이 있다. 김 교사는 자기존중감이 동기화의 결정적인 요인이라고 생각한다. 그는, 경수가 중요한 시험을 앞두고서 이처럼 자기장애 전략(self-handicapping strategy)을 사용하는 것은 자기존중감을 보호하려는 동기를 지니고 있기 때문이며, 경수가 이러한 전략을 계속 사용할 경우 심각한 결과를 초래할 수도 있다고 판단하였다. 그래서 경수에게 성공적인 학습을 위해서는 좀 더 적극적인 노력을 기울여 자기존중감을 유지하는 것이 무엇보다 중요하다고 조언하고 지속적으로 격려하였다.

① 강화이론   ② 기대가치이론   ③ 자기가치이론
④ 자기결정성 이론   ⑤ 자기효능감 이론

해설 자기가치(self-worth)는 '자아존중감(자존감)'이라고도 하며, 모든 사람은 자기가치를 보호하려는 욕구를 가지고 태어났다는 가정하에 자기 자신에 대한 정서나 감정적 반응, 혹은 자기 자신에 대한 평가를 말한다. 지문은 학생들이 가끔 그들의 자기가치를 보호하기 위해서 자기장애(self-handicapping) 전략이나 행동 패턴 중 '노력하지 않았다는 것 보여주기'의 예이다.

TIP 코빙톤(Covington)의 자기장애전략의 예 ||||||||||||||||||||||||||||||||||||||||||||||||||||||

미루기	"더 할 수 있는데, 난 밤에만 공부가 잘 돼."
변명하기	선생님이 못 가르쳤거나 시험이 어려웠다고 말하기
걱정	"내용은 이해했는데 너무 긴장해서 시험을 못 봤어."
노력하지 않았다는 것 강조하기	시험공부를 열심히 하지 않았다는 것을 강조하기
비현실적으로 목표설정하기	포부수준을 비합리적으로 높게 설정함으로써 실패의 원인을 과제의 어려움으로 돌릴 수 있다.

19 다음 세 교사의 견해를 설명할 수 있는 동기이론들이 옳게 연결된 것은?

10. 유·초등임용

> 이 교사 : 학생들이 새로운 일을 해야 할 때, 그 일을 잘 해낼 수 있는가뿐만 아니라 그 일이 본인에게 얼마나 중요한가에 따라서도 동기 수준이 달라지는 것 같아요.
>
> 최 교사 : 학생들은 자율적이고 싶어해요. 자신의 행동을 스스로 통제하고 조절할 수 있다는 믿음에 의해서 동기가 유발되는 것이지요.
>
> 윤 교사 : 실수를 해도 새로운 일에 도전하고 그 일을 하면서 느끼는 성취감이 중요하다고 생각하는 학생들이 있는 반면, 어떤 학생들은 점수도 점수지만 항상 친구들과의 비교를 중요하게 생각하더군요.

	이 교사	최 교사	윤 교사
①	귀인이론	목표지향성 이론	기대-가치 이론
②	귀인이론	욕구위계이론	목표지향성 이론
③	기대-가치이론	자기결정성 이론	목표지향성 이론
④	기대-가치이론	욕구위계이론	자기결정성 이론
⑤	목표지향성 이론	자기결정성 이론	기대-가치이론

[해설] 이 교사의 말 중에서 '잘 해낼 수 있는가'는 기대, '얼마나 중요한가'는 가치에 해당하며, 최 교사의 말 중에서 '스스로 통제하고 조절할 수 있는' 능력은 자기결정성(자율성)에 해당한다. 그리고 윤 교사의 말 중에서 '실수를 두려워하지 않고 일에 도전하고 성취감을 느끼는 것'은 학습목표, '항상 친구들과 비교하려는 것'은 수행목표에 해당한다.

20 동기이론에 대한 설명으로 옳지 않은 것은?

16. 국가직 7급

① 기대가치이론 – 과제수행의 성공가능성에 대한 개인의 높은 기대는 과제수행 동기를 감소시킨다.
② 자기결정성 이론 – 통제나 평가를 받고 있다고 느낄 때 내재적 동기는 감소한다.
③ 목표지향성 이론 – 수행목표 지향은 자신의 능력을 증명하고 다른 사람과 비교하는 데 초점을 둔다.
④ 자기가치이론 – 자기장애(self-handicapping) 전략은 실패를 정당화하고 자기가치를 보호하기 위해 사용된다.

[해설] 기대 × 가치이론(expectancy × value theory)은 인간은 자신이 성공할 것이라는 기대에 그 성공에 대해 개인이 부여하는 가치를 곱한 값만큼 동기화된다는 이론이다. 그러므로 과제수행의 성공가능성에 대한 개인의 높은 기대는 과제수행 동기를 증가시키는 '기대요인'에 해당한다.

TIP 기대×가치이론의 모형도

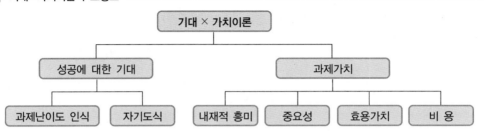

21 다음은 켈러(J. Keller)의 ARCS 이론에 기초하여 동기 유발·유지를 위해 수립한 교수학습 전략들이다. (가) ~ (라)에 해당하는 ARCS 요소를 바르게 짝지은 것은?　　18. 국가직

(가) 비일상적인 내용이나 사건을 제시함으로써 학습자의 흥미를 유발한다.
(나) 쉬운 것에서부터 어려운 것순으로 과제를 제시해 준다.
(다) 친밀한 예문이나 배경지식, 실용성에 중점을 둔 목표를 제시한다.
(라) 적절한 강화계획을 세워, 의미 있는 강화나 보상을 제공한다.

	(가)	(나)	(다)	(라)
①	주의집중	관련성	만족감	자신감
②	자신감	주의집중	관련성	만족감
③	만족감	관련성	주의집중	자신감
④	주의집중	자신감	관련성	만족감

해설　켈러(Keller)는 학습동기유발 전략(ARCS이론)으로 주의집중(Attention), 관련성(Relevance), 자신감(Confidence), 만족감(Satisfaction) 등 4가지 동기요소를 제시하였다. (가)는 주의집중 중 지각적 각성 전략, (나)는 자신감 중 '성공경험 제시' 전략, (다)는 관련성 중 '친밀성' 전략과 '목적 지향성' 전략, (라)는 만족감 중 '긍정적 결과 강조' 전략에 해당한다.

TIP 동기유발전략(ARCS) : 켈러(Keller)

주의집중 (attention)	지각적 각성(주의환기)	시청각 효과, 비일상적 사건 제시
	탐구적 각성	문제해결 장려, 신비감 제공
	다양성(변화성)	교수방법의 혼합, 교수자료의 변화
관련성 (relevance)	목적지향성	실용적 목표 제시, 목적 선택 가능성 부여, 목적지향적인 학습 활용
	필요나 동기와의 부합	학업성취 여부의 기록체제 활용, 비경쟁적인 학습상황 선택 가능
	친밀성	친밀한 사건·인물·사례 활용
자신감 (confidence)	성공기대(학습의 필요조건) 제시	수업목표와 구조 제시, 평가기준 및 피드백 제시, 시험의 조건 확인
	성공체험(성공기회)	다양한 수준의 난이도 제공, 쉬운 것에서 어려운 것으로 과제 제시
	자기 책임(자기 조절감)	학습속도 조절 가능, 원하는 부분에로 회귀 가능, 선택 가능하고 다양한 과제의 난이도 제공
만족감 (satisfaction)	내재적(자연적) 보상	연습문제를 통한 적용 기회 제공, 모의상황을 통한 적용 기회 제공
	외재적(인위적) 보상	적절한 강화계획의 활용, 선택적 보상 체제 활용, 정답 보상 강조
	공정성	수업목표와 내용의 일관성 유지, 연습과 시험내용의 일치

22 켈러(Keller)가 제시한 학습자의 동기유발을 위한 4요소에 해당하지 않는 것은? 24. 국가직

① 관련성   ② 만족감

③ 자신감   ④ 자율성

해설 켈러(Keller)는 학습동기유발 전략(ARCS이론)으로 주의집중(Attention), 관련성(Relevance), 자신감(Confidence), 만족감(Satisfaction) 등 4가지 동기요소를 제시하였다. ④는 에릭슨(E. Erikson)의 심리사회적 성격발달이론의 2단계에 해당하는 긍정적 성격특성, 또는 동기이론의 자기결정성의 유사용어에 해당한다.

23 다음의 교수설계 전략에 해당하는 ARCS 모형의 요소는? 21. 국가직

> • 학습에서 성공기회를 제시한다.
> • 학습의 필요조건을 제시한다.
> • 개인적 조절감 증대 기회를 제시한다.

① 주의집중   ② 관련성

③ 자신감   ④ 만족감

해설 자신감을 높이기 위한 하위전략으로는 성공기대, 성공경험, 개인적 조절감 증진 전략이 있다.

Chapter
06

24 켈러(J. Keller)의 학습동기 설계이론에 따라 자신감 범주의 하위전략을 활용한 것만을 〈보기〉에서 모두 고른 것은? 11. 중등임용

> **보기**
> ㉠ 학생에게 학습 속도를 스스로 조절할 수 있는 기회를 제공한다.
> ㉡ 학생에게 친밀한 예문이나 배경지식을 활용하여 수업내용을 구성한다.
> ㉢ 학생에게 평가기준을 명확히 제시하여 성공에 대한 긍정적 기대감을 갖도록 한다.
> ㉣ 학생이 새롭게 습득한 지식이나 기능을 실제 상황에 적용해 볼 수 있는 기회를 제공한다.

① ㉠, ㉢   ② ㉡, ㉣

③ ㉠, ㉡, ㉢   ④ ㉠, ㉢, ㉣

⑤ ㉡, ㉢, ㉣

해설 자신감을 높이기 위한 하위전략으로는 학습의 필요조건을 제시하여 성공기대를 갖게 하고(㉢), 성공의 기회나 경험을 제공하며, 개인적 조절감을 증대(㉠)하는 전략이 있다. ㉡은 친밀성의 전략으로 관련성 전략에 해당하며, ㉣은 자연적 결과를 강조하는 만족감 전략에 해당한다.

정답   21. ④   22. ④   23. ③   24. ①

25 다음에서 켈러(J. Keller)의 학습동기 설계이론(ARCS) 중 '만족감' 요소로 가장 적절한 것은?

13. 중등임용

> 정수 : 우리 국어 선생님 수업은 재미있지. ㉠ <u>수업방법이 다양하잖아. 변화가 있어.</u> 그래서 선생님 수업에서 눈을 뗄 수가 없어.
>
> 혜민 : 맞아. 나는 그 수업시간마다 ㉡ <u>선생님이 다음에는 무슨 말씀을 하실까 궁금해져.</u> 나는 때로 선생님이 다음에는 이런 말을 하실 것이라고 추측도 해 봐. 내 추측이 맞을 때도 있고 틀릴 때도 있어.
>
> 정수 : 선생님 수업은 귀에 쏙쏙 들어와. ㉢ <u>선생님은 우리 생활 주변에서 자주 예를 가져오시 잖아.</u> 아마 선생님은 좋은 예를 찾기 위해서 우리가 좋아하는 텔레비전 프로그램도 일부러 보시는 것 같아.
>
> 혜민 : 정말 그렇지. ㉣ <u>선생님이 흥미로운 그림이나 짧은 비디오도 가끔 보여 주시잖아.</u> 난 그것도 재미있어. 무엇보다도 ㉤ <u>학습목표에 맞게 가르치고, 가르친 대로 시험문제도 출제하시기 때문에,</u> 선생님 말씀을 따라서 공부하면 국어 성적이 높아져서 좋아.

① ㉠   ② ㉡   ③ ㉢
④ ㉣   ⑤ ㉤

해설 ㉠은 다양성, ㉡은 탐구적 주의각성, ㉣은 지각적 주의각성으로 주의집중 전략에 해당하며, ㉢은 친밀성에 해당하므로 관련성 유지 전략이다. ㉤은 공정성에 해당하므로 만족감 전략에 해당한다.

26 켈러(Keller)가 제안한 동기설계에 관한 ARCS 모형에 대한 설명으로 적절하지 않은 것은?

07. 중등임용

① 학습동기 유발을 위한 동기요소에는 주의집중, 관련성, 자신감, 만족감이 있다.
② 교사주도 수업뿐만 아니라 컴퓨터 보조 수업이나 이러닝 콘텐츠 설계에도 활용 가능한 모형이다.
③ 학습동기를 유발하고 지속시키기 위하여 학습환경의 동기적 측면을 설계하는 문제해결 접근이다.
④ 학습자의 동기수준을 최대한 높임으로써 학업성취 향상에 직접적인 영향을 미치고자 동기설계를 하는 모형이다.

해설 ARCS 모형은 인간의 학습동기를 유발시키기 위한 전략이지 학업성취 향상에 직접적인 영향을 주는 전략으로 보기는 어렵다. 왜냐하면 학업성취에 영향을 주는 변인은 동기 이외에 다른 변인(예 지능, 준비성, 교수방법, 가정배경 등)이 복합적으로 작용하기 때문이다.

27 학습동기에 관한 설명으로 가장 옳은 것은?

09. 국가직 7급

① 능력에 대한 증가적 견해를 가진 학생은 학습에 대한 동기가 낮을 가능성이 높다.
② 실패회피동기가 낮은 학습자는 과제를 성공했을 때 동기가 감소하는 경향이 있다.
③ 자아개입 학습목표를 가진 학습자는 타인의 평가보다는 과제의 숙달에 관심을 가질 가능성이 높다.
④ 성취동기가 높은 학습자는 과제수행의 결과에 크게 관심을 보이지 않는 경향이 있다.

해설 앳킨슨(Atkinson)의 동기이론에 따르면, 실패회피동기가 낮은 사람은 성공했을 때 동기가 감소하고 실패했을 때 동기가 증가한다.
①은 학습에 대한 동기가 높을 가능성이 높다.
③은 타인의 평가에 더 관심을 가진다.
④는 과제수행의 과정보다 결과에 관심을 갖는 경향이 있다.

TIP 앳킨슨(Atkinson)의 성취동기 : '성공 추구 동기(Ms)'와 '실패 회피 동기(Maf)'로 구분

구분		Maf > Ms	Maf < Ms
학습경험	성공	동기 증가↑	동기 감소↓
	실패	동기 감소↓	동기 증가↑
학습과제 선택		어려운 과제 또는 아주 쉬운 선택	중간 난이도의 과제 선택

TIP 학습동기

구분	학습동기를 증가시키는 특성들	학습동기를 감소시키는 특성들
동기의 근원	내재적 동기 : 욕구, 흥미, 호기심, 즐김과 같은 개인 내적 요인들	외재적 동기 : 칭찬, 보상, 사회적 압력, 처벌과 같은 환경적 요인들
목표 유형	학습목표(숙련목표, learning goals) : 숙달 지향적(mastery focused) 또는 과업 지향적(task focused)으로 과제를 숙달하고 더 깊이 이해하려는 데 목적을 두고 과제에 관심을 둔다. ⇨ 적당히 어렵고 도전할 만한 목표 지향	수행목표(과시목표, performance goals) : 남보다 잘함으로써 능력을 과시(ability focused)하고 타인의 인정이나 승인을 받는 데 목적을 두며 과제보다 자기에게(ego-oriented) 관심을 더 둔다. ⇨ 아주 쉽거나 어려운 목표를 선택하려는 경향
참여 유형	과제개입형 : 과제를 숙달시키는 데 관심을 갖는다.	자아개입형 : 타인의 눈에 자신이 어떻게 비칠지에 관심을 갖는다.
성취동기	성공추구동기 지향	실패회피동기 지향
귀인 차원	성공과 실패는 통제 가능한 노력과 능력(증가적 견해)으로 귀인	성공과 실패는 통제 불가능한 변인으로 귀인
능력에 대한 신념	증가적 견해(향상모형, incremental view) : 능력은 영역 특수적이고 변화될 수 있는 특성이라는 견해(내적 - 불안정적 - 통제 가능한 요인) ⇨ 노력과 지식이나 기술의 축적을 통해 능력이 향상될 수 있다는 신념	고정적 견해(능력모형, entity view of ability) : 능력은 변화될 수 없는 고정적 특성이라는 견해(내적 - 안정적 - 통제 불가능한 요인) ⇨ 능력이 고정적·안정적이어서 통제 가능하지 않은 특성이라는 신념

2 자아 정체감(Self-identity)

28 다음 글에 나타난 수민이의 경우에 해당하는 정체감 유형은?　　　14. 교육사무관 5급

> • 현선 : 난, 앞으로 무엇을 해야 할지 잘 모르겠어. 그래서 적성검사를 받아 볼까 해. 수민아,
> 　　　 넌 앞으로 무엇을 하고 싶니?
> • 수민 : 나도 내가 뭘 하고 싶은지는 잘 모르겠지만 난 의대에 가려고 해. 우리 할아버지도
> 　　　 아버지도 삼촌들도 모두 의사야. 부모님이나 다른 친척들도 모두 내가 의사가 되어
> 　　　 야 한다고 생각하셔.
> • 현선 : 수민아, 하지만 넌 개구리 해부도 못 하잖아. 넌 피아노를 정말 잘 치고 좋아하잖아?

① 정체감 부정(부인)　　　　　　② 정체감 혼미(혼돈)
③ 정체감 유실(폐쇄)　　　　　　④ 정체감 유예(연기)
⑤ 정체감 성취(달성)

해설 │ 마르샤(Marcia)는 위기와 참여를 기준으로 자아정체감의 유형을 정체감 확산, 정체감 유실, 정체감 유예, 정체감 성취 등 네 가지 상태로 구분하였다. 자아정체감 유실(폐쇄, 조기완료)은 남(부모)의 정체감을 빌려 쓰면서 자신의 정체감을 형성할 가능성을 폐쇄하고 있는 유형이다. 자기의 정체에 대해 심각하게 고민해 본 적이 없고, 고민하려고 하지도 않는다. 성인들이 요구하는 인간상을 너무 일찍 전면적으로 수용해 버렸기 때문이다. 대표적 예로, 피터팬 증후군이 있다.

TIP 자아정체감의 유형 및 형성과정 : 마르샤(Marcia) ┃┃┃┃┃┃┃┃┃┃┃┃┃┃┃┃┃┃┃┃┃┃┃┃┃┃┃┃┃┃

자아정체감의 유형	위기 경험	참여(몰입)	특징	비고
정체감 혼미 (혼돈, 확산)	없다.	없다.	청소년기 초기 또는 비행청소년의 상태 ➪ '부정적 정체성' 형성 가능	건강하지 못한 자아정체감의 상태
정체감 폐쇄 (유실, 조기완료)	없다.	있다(남의 정체감).	모범생의 경우(권위에 맹종), 피터팬 증후군, 위기 경험시 극단적 선택(예 자살)	〃
정체감 유예 (모라토리움)	있다.	없다.	정체감 형성을 위한 내적 투쟁 전개	건강한 자아정체감의 상태
정체감 성취 (확립, 형성)	있다.	있다.	가장 이상적인 상태	〃

29 마샤(Marcia)의 정체성 지위 이론에서 다음의 특징에 해당하는 것은?　　　24. 국가직

> • 정체성 위기의 상태에 있다.
> • 구체적인 과업에 전념하지 못하고 있다.
> • 자신의 정체성에 대해 적극적으로 탐색한다.

① 정체성 동요(identity agitation)　　　② 정체성 상실(identity foreclosure)
③ 정체성 유예(identity moratorium)　　　④ 정체성 혼미(identity diffusion)

해설 마르샤(J. Marcia)가 제시한 정체성 지위(identity status)는 개인의 정체감 형성 과정뿐 아니라 정체감 형성수준의 개인차를 함께 진단하고자 하는 개념이다. 과업에 대한 전념(commitment), 정체성 위기(crisis)의 경험 여부라는 두 가지 기준에 따라 정체감 혼미, 정체감 유실, 정체감 유예, 정체감 형성 등 네 가지로 분류하였다. 이 중 정체감 유예(identity moratorium, 모라토리움)는 아직 뚜렷한 자아정체감을 성취하지 못했지만 자아정체감 혼미와는 달리 자아정체감을 찾기 위해 끊임없이 내적인 투쟁, 즉 대안적 가능성을 실험하며 노력하고 있는 상태를 말한다. 아직 자아정체감이 형성되어 있지 않아서 불안하고 긴장되어 있기는 하지만, 진지하게 삶을 바라본다.

30 다음에 해당하는 자아정체감의 개념은?

21. 국가직

> 의사결정을 할 때, 대안을 고려하지 않고 부모 등이 제시하는 역할이나 가치를 그대로 선택하거나 수용한다.

① 정체감 성취(achievement) ② 정체감 유예(moratorium)
③ 정체감 유실(foreclosure) ④ 정체감 혼미(diffusion)

해설 자아정체감 유실(폐쇄, 조기완료)은 위기는 없지만, 정체성을 형성한 듯 행동하는 경우이다. 목표의식이 뚜렷하고 안정되어 있지만, 그 목표는 자기가 심사숙고하여 설정한 것이 아니기 때문에 융통성이 없다. 따라서 목표 달성이 좌절될 경우 자기 존재 자체를 송두리째 무가치한 것으로 여길 수 있다. '자살'은 이런 좌절의 극단적 표현이다. 대부분의 모범생들의 경우에 해당한다.

제7절 | 학습이론 I : 행동주의 학습이론

1 개관

01 행동주의 학습이론에 대한 설명으로 옳지 않은 것은?

19. 지방직

① 환경은 학습자의 행동에 영향을 끼치는 변인이다.
② 학습자는 상황에 관계없이 스스로 사고하고 판단하는 존재이다.
③ 바람직한 행동뿐만 아니라 부적응 행동도 학습의 결과이다.
④ 학습은 외현적 행동으로 나타나기 때문에 과학적 연구가 가능하다.

해설 행동주의 학습이론에서 학습은 외현적 행동의 변화를 말하며, 환경적 자극(S)에 대한 유기체의 반응(R)에 의해 일어난다고 주장한다. 학습자는 동물과 질적인 차이가 없으며, 환경(자극)에 반응하는 수동적 존재이다. 또한 행동주의는 학습자의 관찰 가능한 외적 행동만을 연구대상으로 삼고, 지각이나 사고와 같은 내적 정신 과정은 연구대상에서 배제한다. ②는 인지주의 학습이론에서 전제하는 학습자관에 해당한다.

정답 28. ③ 29. ③ 30. ③ / 01. ②

TIP 학습이론의 비교

구분	행동주의 학습이론	인지주의 학습이론	인본주의 학습이론
인간관	자극(환경)에 반응하는 수동적 존재	인지구조를 재구성하는 능동적 존재	전인적 존재
학습목표	인간행동의 계획적 변화	사고과정의 비연속적 변화(통찰)	전인적 발달, 자아실현
학습관	자극과 반응의 연합을 통한 관찰 가능한 행동의 변화 **cf** 발달 : 점진적·누가적인 행동 변화의 결과	인지구조(인지지도, 장)의 변화 (구조화, 재체계화) **cf** 발달 : 불연속적·비약적 과정	지(知)·정(情)·의(意)가 결합된 유의미한 실존적·인간적 경험
학습원리	학습목표의 구체적 설정, 출발점행동 진단, 외적 동기 유발, 반복적 학습, 적절한 강화, 프로그램 학습, 동일요소설	내적 동기 유발, 학습자 수준에 맞게 지식의 구조 제시, 발견학습, 형태이조설	인간성과 자아실현, 내적 동기 유발, 교육의 적합성, 정의적 측면 중시(잠재적 교육과정)
대표자	파블로프(Pavlov)의 고전적 조건화이론, 거쓰리(Guthrie)의 근접이론(1회시행학습), 왓슨(Watson), 손다이크(Thorndike)의 시행착오설, 스키너(Skinner)의 조작적 조건화이론	• 형태주의 학습이론 : 베르트하이머(Wertheimer)의 형태이론, 쾰러(Köhler)의 통찰설, 레빈(Lewin)의 장이론, 톨만(Tolman)의 기호-형태설 • 정보처리 학습이론	올포트(Allport), 매슬로우(Maslow), 로저스(Rogers), 콤즈(Combs)

02 학습이론에 대한 설명으로 옳지 않은 것은?   21. 지방직

① 형태주의 심리학에 따르면 학습은 계속적인 시행착오의 결과이다.

② 사회인지이론에 따르면 개인, 행동, 환경의 상호작용에 의해 학습이 이루어진다.

③ 행동주의 학습이론에 따르면 학습의 근본적인 원리는 자극과 반응 간의 연합이다.

④ 정보처리이론에 따르면 정보저장소는 감각기억, 작업기억, 장기기억의 세 가지로 구분된다.

해설 ①은 행동주의 심리학에 따른 학습의 정의에 해당한다. 행동주의에서 학습은 조건화(conditioning), (관찰 가능한) 외현적(外現的) 행동의 변화, 자극과 반응의 결합(connection), 시행착오(trial and error)의 과정으로 정의된다. 형태주의 심리학은 인지주의 학습이론의 하나로, 통찰(insight)에 의한 학습을 중시한다. 통찰(insight)은 어느 순간에 문제 상황에 대한 해결책, 즉 관계의 구조가 갑자기 떠올라 아하(A-Ha)라고 말하는 비약적 사고 과정을 말한다.

03 행동주의에 기반한 교수설계 원리로 옳지 않은 것은?   14. 국가직

① 학습목표는 수업이 끝났을 때 학습자가 성취해야 하는 결과를 관찰 가능한 행동목표로 진술해야 한다.

② 학습이 이루어질 수 있도록 내재적 동기를 유발할 수 있는 교수전략을 수립해야 한다.

③ 수업의 내용은 쉬운 것에서부터 어려운 것으로 점진적으로 제시해야 한다.

④ 바람직한 수행을 유도하기 위하여 지속적인 평가와 피드백을 제공해야 한다.

해설 행동주의 이론은 보상이나 유인가 등과 같은 외재적 동기를 중시한다. 내재적 동기유발을 중시하는 것은 인지주의나 인본주의 학습이론이다.

2 파블로프(I. Pavlov)의 고전적 조건화

04 다음과 가장 관계가 깊은 학습 이론은? 22. 국가직

☐☐☐

> 영수는 국어 성적이 좋지 않아서 시험 성적이 나올 때마다 여러 번 국어 선생님으로부터 꾸중을 들었고, 꾸중을 들을 때마다 기분이 상해서 얼굴이 붉어졌다. 어느 날 영수는 우연히 국어 선생님을 복도에서 마주쳤는데, 잘못한 일이 없음에도 불구하고 자신도 모르게 얼굴이 붉어졌다.

① 구성주의 이론   ② 정보처리 이론
③ 고전적 조건형성 이론   ④ 조작적 조건형성 이론

해설 지문은 고전적 조건화이론(classical conditioning theory)의 학습사례에 해당한다. 파블로프(Pavlov)의 고전적 조건화이론에서는 직접경험을 통한 불수의적 행동, 즉 신경 생리적 반응이나 정서 반응(**예** 불안, 기쁨, 공포증 등) 형성을 설명하는 데 유용한 학습이론이다. 조건자극(CS)을 무조건자극(UCS)과 결합시켜 어떤 유기체에게 제공함으로써 조건자극에 특정한 조건반응(CR)을 일으키게 하는 과정(반사)을 말한다. 지문의 사례에서 '국어 선생님'은 중립자극(NS), '꾸중'은 무조건자극(UCS), '(꾸중을 들으면) 기분이 상하거나 얼굴이 붉어짐'은 무조건반응(UCR)이다.

TIP 고전적 조건화 형성 과정 ▨▨

- **조건화 이전**: 꾸중 듣기(UCS) ⇨ 기분이 상하거나 얼굴이 붉어짐(UCR). / 국어 선생님(NS) ⇨ UCR ×
- **조건화 중**: 국어 선생님(NS)+꾸중 듣기(UCS) ⇨ 기분이 상하거나 얼굴이 붉어짐(UCR).
- **조건화 이후**: 국어 선생님(CS) ⇨ 얼굴이 붉어짐(CR).

Chapter / **06**

05 행동주의 학습이론인 고전적 조건화이론에 대한 설명으로 옳은 것은? 08. 국가직 7급

☐☐☐

① 조건자극이 무조건자극으로 대체된다.
② 대표적인 학자로는 스키너(Skinner)와 헐(Hull)을 들 수 있다.
③ 반응 뒤에 자극이 오기 때문에 R−S 이론이라고도 한다.
④ 불수의적 행동이 어떻게 학습되는지를 이해하는 데 도움이 된다.

해설 고전적 조건화이론은 공포, 불안, 기쁨 등과 같은 정서적 반응 행동, 즉 불수의(不隨意)적 행동의 학습을 설명하는 데 효과적이며, 작동적 조건화이론은 관찰 가능한 외적 행동, 즉 선택적·수의적 행동의 학습을 설명하는 데 효과적이다. ①은 무조건자극(UCS)이 조건자극(CS)으로 대체된다. ②는 스키너(Skinner)는 작동적 조건화이론, 헐(Hull)은 신행동주의에 해당한다. 고전적 조건화이론의 대표자는 파블로프(Pavlov), 거쓰리(Guthrie), 왓슨(Watson) 등이 해당한다. ③은 스키너(Skinner)에 해당한다.

06 고전적 조건형성의 학습원리를 잘못 설명한 것은? 07. 교육사무관 5급

☐☐☐

① 먼저 준 자극의 강도에 비해 후속 자극이 적어도 같거나 강해야만 한다.
② 조건반응은 조건자극이 무조건 자극보다 뒤에 제시되어야 쉽게 형성된다.
③ 조건반응이 일어날 때까지 질적으로 같은 조건자극을 제시하여야 한다.
④ 자극과 반응의 결합횟수가 많을수록 조건화가 잘된다.
⑤ 조건자극과 다른 자극을 동시에 제시하면 조건반응이 감소한다.

정답   02. ①   03. ②   04. ③   05. ④   06. ②

해설 조건자극(CS)이 무조건자극(UCS)과 시간적으로 조금 앞서서(0.5초) 또는 동시에 제시되어야 한다(시간 또는 순서의 원리). ①은 강도의 원리, ③은 일관성의 원리, ④는 계속성의 원리에 해당하며, ⑤는 간섭(제지)에 해당하고 외부 억제의 법칙에 의한 결과로 본다.

TIP 고전적 조건화(학습) 과정 : 중립자극에 대한 새로운 반응의 형성 과정

조건화 이전	• UCS(무조건자극 예 고기) ⇨ UCR(무조건반응 예 타액 분비) • NS(중립자극 예 종소리) ⇨ 반응 없음.
조건화 중	NS(예 종소리) + UCS(예 고기) ⇨ UCR(예 타액 분비)
조건화 이후	CS(조건자극 예 종소리) ⇨ CR(조건반응 예 타액 분비)

TIP 고전적 조건화 과정의 학습현상

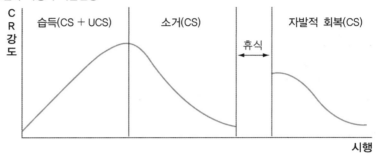

---

07 조건반응이 소거된(Extinction) 후 조건자극이나 무조건자극을 제시하지 않다가 조건자극이 다시 제시되면 소거된 것으로 보였던 조건반응이 재생되는 현상은? 01. 국가직

① 재조건형성(Reconditioning)
② 자발적 회복(Spontaneous Recovery)
③ 고차적 조건형성(Higher-Order conditioning)
④ 자극변별(Stimulus Discrimination)

해설 조건반응이 소거된 후에 일정한 휴식을 취한 다음 다시 조건자극을 제시하면 조건반응이 다시 나타나는 것을 '자발적 회복'이라고 한다.

TIP 고전적 조건화의 학습현상

소거(extinction)	획득한 조건반응에 무조건자극(음식)이 주어지지 않으면, 즉 무조건자극 없이 조건자극만 반복해서 제시되면 조건반응이 점차 약화되는 현상
재조건형성(reconditioning)	조건반응이 소거된 이후 다시 조건을 형성시키는 과정으로 조건자극과 무조건자극을 계속 짝지어 제시하면 원래의 강도로 조건반응이 다시 나타나는 현상을 말한다. 이때 재조건형성은 처음 조건형성 때보다 빨리 이루어진다.
고차적 조건형성(higher-order conditioning)	조건화 형성 후 조건자극을 무조건자극으로, 조건반응을 무조건반응으로 하여 또 다른 조건반응을 형성할 수 있는 현상

08 〈보기〉의 조건화 과정에서 무조건자극, 중립자극 및 조건자극에 해당하는 요소들을 바르게 짝지은
□□□ 것은?

06. 중등임용

┌─ 보기 ┐
1995년에 가영이는 A 중학교에 입학하였다. 그곳에서 가영이는 담임선생님의 칭찬을 받으면
서 즐거운 학교생활을 보냈고, 성적도 향상되었다. 3년이 경과한 1998년에 가영이는 고등학교
에 진학하였는데, 등하교 시 전에 다녔던 A 중학교를 지날 때마다 그 학교에서의 좋은 일들이
떠올라 유쾌해졌다.

	무조건자극	중립자극	조건자극
①	칭찬	A 중학교(1998년)	A 중학교(입학시)
②	A 중학교(입학시)	A 중학교(1998년)	칭찬
③	칭찬	A 중학교(입학시)	A 중학교(1998년)
④	A 중학교(1998년)	A 중학교(입학시)	칭찬

해설 입학 당시의 A 중학교(1995)는 아무 반응도 유발하지 않으므로 중립자극(NS)에 해당한다. 행동 촉발의 근원인
무조건자극(UCS)은 유기체가 자동적으로 정서적·생리적 반응을 일으키게 하는 자극으로 '담임선생님의 칭찬'에 해당한
다. 조건자극(CS)은 조건형성 후 유기체의 정서적·생리적 반응을 일으키는 자극으로, '졸업 후의 A 중학교'에 해당한다.

09 체계적 둔감화(systematic desensitization)의 예로 적절한 것은?

09. 국가직 7급

① 지각을 자주하는 찬혁이는 좀 더 일찍 일어나야겠다고 스스로 다짐하였다.
② 은미는 심부름을 도울 때마다 엄마에게 초콜릿을 선물로 받았다.
③ 경민이는 얕은 물에서부터 점차 깊은 물로 들어가는 상상과 긴장이완을 통해 물에 대한 두려움
을 줄여나갔다.
④ 잘하는 것이 없다고 고민하던 승아는 어려움을 극복해 내는 영화의 주인공을 보고 자기도 열심
히 노력하기로 마음먹었다.

해설 체계적 둔감화는 파블로프(Pavlov)의 고전적 조건화를 이용하여 웰페(Wölpe)가 개발한 것으로, 불안자극과 긴
장이완 자극을 연합하는 역조건 형성을 이용하여 공포를 일으키는 자극에 점진적으로 노출시켜 공포를 소거시키려는 방법을
말한다. ①은 조작적 조건화의 자기통제, ②는 조작적 조건화의 정적 강화, ④는 사회학습 이론의 상징적 모델링에 해당한다.

TIP 체계적 둔감법의 절차 ┃┃┃
1. **제1단계 – 불안위계 목록의 작성**: 불안을 일으키는 자극을 불안을 일으키는 정도에 따라 순서대로 배열한다.
2. **제2단계 – 이완훈련**: 이완훈련을 통해 이완의 느낌이 어떤지 경험하도록 한다. 즐거운 장면을 상상하
   면서 이완훈련을 한다.
3. **제3단계 – 상상하면서 이완하기**: 환자가 완전히 이완된 상태에서 불안위계에서 가장 약한 불안을 일으
   키는 항목에서부터 상상하여 차츰 상위수준의 자극과 이완을 결합시킨다.

정답 07. ② 08. ③ 09. ③

3 스키너(Skinner)의 조작적 조건화

10 다음 중 고전적 조건형성과 조작적 조건형성의 관련된 차이로 옳지 않은 것은? 11. 교육사무관 5급

① 고전적 조건형성은 자극이 반응 앞에 온다.
② 조작적 조건형성은 유발된 반응을 중시한다.
③ 고전적 조건형성은 한 자극이 다른 자극을 대치한다.
④ 조작적 조건형성은 목적지향적이고 의도적 행동이 학습된다.
⑤ 고전적 조건형성은 정서적 반응행동이 학습된다.

[해설] 유발된(인출된, 추출된) 반응의 조건화를 설명하는 것은 파블로프(Pavlov)의 수동적 조건화(S형 조건화) 이론이며, 스키너(Skinner)는 유기체가 환경에 스스로 방출된 행동인 조작행동(operant behavior)의 조건화를 설명하는 조작적 조건화(R형 조건화) 이론을 주장하였다.

TIP 고전적 조건화설과 조작적 조건화설의 비교

구분	고전적 조건화	조작적(작동적) 조건화
목적	중립자극에 대한 새로운 반응 형성	반응확률의 증가 또는 감소
절차	조건자극(CS, 종소리)과 무조건자극(UCS, 먹이)의 결합 : S−S형 연합	반응(R, 지렛대 누르기)과 강화(R, 먹이)의 결합 : R−S형 연합
조건화 유형	S형 조건화(수동적 조건화)	R형 조건화(능동적 조건화)
자극 − 반응 순서	자극(S)이 반응(R) 앞에 온다. ⇨ 강화(무조건자극)가 반응에 선행한다.	반응(R)이 강화(보상, S) 앞에 온다. ⇨ 강화가 반응 뒤에 수반된다.
자극의 역할	반응이 인출(추출, eliciting)된다. 즉, 외부에서 오는 자극에 의하여 반응이 나온다. ⇨ 반응적 행동	반응이 방출(emitting)된다. 즉, 어떤 행동이 외부에서가 아니라 자발적 또는 의식적으로 일어난다. ⇨ 작동적 행동
자극의 적용성	특수한 자극은 특수한 반응을 일으킨다.	특수한 반응을 일으키는 특수한 자극이 없다.
조건화 과정	한 자극(NS)이 다른 자극(UCS)을 대치한다(자극대체).	자극의 대치는 일어나지 않는다(반응변용).
내용	정서적 반응행동이 학습된다. • 불수의적 반응(반응적 행동) • 유도된 반응(elicited response)	목적 지향적·의도적 행동이 학습된다. • 수의적 반응(조작적 행동) • 방출된 반응(emitted response)

11 다음 설명에 해당하는 학습이론은? 23. 국가직 7급

> • 학습이란 시행착오의 과정을 통해 이루어진다.
> • 시행착오 학습은 성공적인 반응이 결합되는 점진적인 과정을 통해 일어난다.
> • 쏜다이크(E. L. Thorndike)에 의해 체계화된 이론이다.

① 통찰설
② 자극−반응 연합설
③ 조작적 조건형성설
④ 목적적 행동주의설

해설 '교육심리학'의 아버지로 불리는 쏜다이크(Thorndike)는 고양이의 문제상자(problem box) 실험을 통해 결합설(connectionism) 또는 S-R 이론, 시행착오학습(trial and errorr learning)을 주장하였다. 이는 특정 자극(S)에 대하여 시행착오(trial and error)의 반응(R)을 한 결과, 그 S와 R이 연합됨으로써 학습이 일어난다고 보는 이론이다. 즉, 학습은 감각경험(자극의 지각)과 신경충동(반응) 간의 연합(결합)을 형성하는 과정이라고 본다. 유기체는 특정 자극과 자발적 행동을 연합함으로써 새로운 행동을 형성하며, 이 '새로운 행동의 형성'이 곧 학습이라고 하였다. 학습의 원리로 연습의 법칙, 효과의 법칙, 준비성의 법칙을 제시하였으며, 이 중 효과의 법칙을 가장 중시하여 스키너(Skinner)의 강화이론에 영향을 주었다. 또한 후에 연습의 법칙(형식도야설)을 폐지하여 학습전이 이론으로 동일요소설[(결과의) 유사성의 법칙]을 새롭게 주장하였다. ①은 쾰러(Köhler), ③은 스키너(Skinner), ④는 톨만(Tolman)의 이론에 해당한다.

12 강화에 대한 설명 중 틀린 것은?

09. 교육사무관 5급

① 강화는 반응확률을 증가시키는 절차이다.
② 부분강화는 학습된 행동을 유지시키는 데 효과적이다.
③ 부적 강화와 벌은 유사한 개념이다.
④ 정적 강화는 학습자의 반응 후 강화물을 제시한다.
⑤ 연속강화는 학습속도가 빨라 행동을 빨리 변화시키기 때문에 학습의 초기단계에서 효과적이다.

해설 강화(reinforcement)는 어떤 반응이 일어난 직후에 보상되는 자극을 제시하여 그 반응이 일어날 확률을 높이는 절차를 말하며, 정적 강화와 부적 강화가 있다. ③에서 부적 강화와 벌은 다른 개념이다. 불쾌한 자극을 제거함으로써 바람직한 행동의 반응확률을 증가시켜 주는 것이 부적 강화에 해당하고, 벌은 바람직하지 못한 행동의 반응확률을 감소시켜주는 것이다. 제1 유형의 벌(정적 벌)은 행동 후 불쾌자극을 제시함으로써, 제2 유형의 벌(부적 벌)은 행동 후 쾌자극을 제거함으로써 행동을 감소시키는 방법이다.

TIP 강화, 벌, 소거의 개념적 구분

절차	목표	목표행동	자극의 성질	자극제시 방법
정적 강화	행동의 증가	바람직한 행동	유쾌자극	행동 후 제시
부적 강화	행동의 증가	바람직한 행동	불쾌자극	행동 후 제거
정적 벌	행동의 감소	바람직하지 못한 행동	불쾌자극	행동 후 제시
부적 벌	행동의 감소	바람직하지 못한 행동	유쾌자극	행동 후 제거
소거	행동의 감소	바람직하지 못한 행동	유쾌자극	행동 후 유보

13 강화에 대한 설명으로 옳은 것만을 모두 고르면?

21. 지방직

> ㉠ 행동의 강도와 빈도를 높이는 데 있어 강화보다 벌이 더 효과적이다.
> ㉡ 선호하지 않는 것을 제거함으로써 행동의 강도와 빈도를 높일 수 있다.
> ㉢ 선호하는 것을 제공함으로써 행동의 강도와 빈도를 높일 수 있다.

① ㉠, ㉡   ② ㉠, ㉢
③ ㉡, ㉢   ④ ㉠, ㉡, ㉢

해설 강화(reinforcement)는 특정 행동의 반응확률을 증가시키는 절차를, 벌(punishment)은 반응확률을 감소시키는 절차를 말한다. 그리고 정적(正的) 강화는 그 방법이 쾌자극이나 불쾌자극을 제시하는 것을, 부적(負的) 강화는 그 방법이 쾌자극이나 불쾌자극을 제거하는 것을 말한다. ㉠은 강화가 더 효과적이며, ㉡은 부적 강화에 해당하고, ㉢은 정적 강화에 해당한다.

정답 10. ② 11. ② 12. ③ 13. ③

14 다음에 해당하는 학습원리는?

21. 국가직

> • 학습태도가 좋은 학생을 칭찬한다.
> • 미술시간에 과제를 잘 수행한 학생의 작품을 전시한다.

① 정적 강화
② 부적 강화
③ 수여성 벌
④ 제거성 벌

해설 정적(正的, 적극적) 강화(positive reinforcement)는 반응 후 반응확률을 증가시키는 기능을 하는 자극(정적 강화물)을 제시하는 절차를 말한다. ②는 불쾌한 자극을 제거함으로써 바람직한 행동의 반응확률을 증가시켜 주는 절차이고, ③은 행동 후 싫어하는 결과(불쾌자극, 혐오자극)를 제시하여 행동을 감소시키는 절차이며, ④는 행동 후 좋아하는 결과(쾌자극)를 제거(박탈)하여 행동을 감소시키는 절차이다.

TIP 강화와 벌의 유형

분류		강화자(reinforcer)	
		쾌(快)자극	불쾌(不快)자극
제시방식	반응 후 제시 (수여)	정적 강화 예 프리맥의 원리, 칭찬, 토큰강화	제1유형의 벌(수여성 벌) 예 처벌, 꾸중하기
	반응 후 제거 (박탈)	제2유형의 벌(제거성 벌) 예 Time-out, 반응대가, 벌금	부적 강화 예 회피학습

15 행동주의 심리학의 '부적 강화(negative reinforcement)'에 대한 예로서 알맞은 것은? 08. 국가직

① 과제를 잘 해온 학생들에게 별도의 놀이시간을 제공한다.
② 과제를 안 해온 학생들은 반성문을 작성하게 된다.
③ 과제를 안 해온 학생들에게는 일주일간 동아리 활동을 금지시킨다.
④ 과제를 잘 해온 학생들에게는 원할 때 꾸지람을 면제해 준다.

해설 부적 강화(negative reinforcement)는 바람직한 행동을 했을 때 학습자가 싫어하는 자극을 제거하거나 감소시켜 줌으로써 반응 확률(행동이 일어날 확률)을 높여 주는 절차를 말한다.
①은 정적 강화, ②는 정적 벌, ③은 부적 벌에 해당한다.

16 행동수정과 관련된 다음 예들 중에서 부적 강화(negative reinforcement) 기법에 해당되는 것은?

07. 국가직 7급

① 교장 선생님께 공손하게 인사한 영희는 칭찬 스티커를 받았다.
② 중간시험에서 교과 성적이 많이 오른 영수는 화장실 청소를 면제 받았다.
③ 게임하느라고 엄마 심부름을 하지 않은 철수는 용돈이 줄어들었다.
④ 수학 수업시간에 지각한 순희는 선생님으로부터 꾸중을 들었다.

해설 부적 강화(negative reinforcement)는 싫어하는 것으로부터 벗어나기 위한 회피학습과 관련이 있다. ①은 정적 강화, ③은 반응 대가(제거성 벌 또는 벌II), ④는 수여성 벌(벌I)에 해당한다.

17 A학교에서는 매월 25일 학생들을 대상으로 급식만족도 조사를 실시하는데, 급식에 대한 만족도 조사 결과를 높이기 위해 매월 24일에 특식을 제공한다. 이와 관련된 강화계획은?

11. 교육사무관 5급

① 변동간격강화 ② 변동비율강화
③ 고정간격강화 ④ 고정비율강화
⑤ 계속적 강화

[해설] 고정간격강화(FI, fixed-interval reinforcement)는 정해진 시간마다 한 번씩 강화하는 것으로, 정기고사나 월급처럼 일정한 시간(예 30분, 1시간 등)이 경과한 다음 나타나는 첫 번째 반응에 강화를 주는 강화계획이다.

TIP 강화계획 ▬▬▬▬▬▬▬▬▬▬▬▬▬▬▬▬▬▬▬▬▬▬▬▬▬▬▬▬▬▬▬▬▬▬▬▬▬▬▬

강화계획			학습단계	강화 절차	적용 사례
계속적 강화 (연속강화, 전체강화)			학습의 초기단계 (특정행동의 학습)	매 행동마다 강화 예 매 행위마다 강화한다.	
간헐적 강화 (부분강화)	간격강화 (시간기준)	고정간격강화 (FI)	학습의 후기단계 (학습된 행동의 유지)	정해진 시간마다 한 번씩 강화 예 30초가 지난 후 첫 번째 정반응에 강화를 준다.	정기고사, 월급
		변동간격강화 (VI)		평균시간마다 한 번씩 강화 예 평균 30초 간격으로 정반응을 강화하되, 무작위로 강화를 준다.	버스정류장에서 버스 기다리기, 수시고사
	비율강화 (빈도기준)	고정비율강화 (FR)		정해진 횟수(빈도)의 반응을 할 때마다 한 번씩 강화 예 3번째 정반응에 강화를 준다.	성과급
		변동비율강화 (VR)		평균 횟수의 반응을 할 때마다 한 번씩 강화 예 평균 3번째 정반응에 강화하되, 무작위로 강화를 준다.	도박, 야구선수의 평균타율, 과학자의 실험

18 박 교사는 학생들에게 "여러분, 지금부터 30분 동안 인터넷에서 유럽의 도시 사진을 찾아보세요. 5개를 찾을 때마다 손을 들면 내가 스티커를 붙여 주겠어요."라고 말했다. 박 교사가 사용한 강화계획은?

06. 유·초등임용

① 고정간격강화 ② 고정비율강화
③ 변동간격강화 ④ 변동비율강화

[해설] 고정비율강화는 일정한 횟수의 반응을 보일 때마다 강화를 주는 계획으로 성과급이 이에 해당한다.
① 고정간격강화는 정해진 시간마다 한 번씩 강화를 주는 것이고, ③ 변동간격강화는 시간의 평균마다 한 번씩 강화하는 것이고, ④ 변동비율강화는 평균적으로 일정 횟수의 반응을 보일 때마다 강화를 주는 계획이다.

정답 14. ① 15. ④ 16. ② 17. ③ 18. ②

19 다음 중 김 교사가 사용한 강화의 종류를 올바르게 짝지은 것은?

13. 지방직

> ㉠ 김 교사는 학생들의 적극적인 발표를 촉진시키려는 의도로 수업시간에 자발적으로 손을 들어 발표하는 학생에게 청소를 면제시켜 주겠다고 하였다.
> ㉡ 김 교사는 학생들이 수학 문제를 열심히 풀도록 하려는 목적으로 문제를 20개씩 풀 때마다 볼펜 하나를 주겠다고 하였다.

	㉠	㉡		㉠	㉡
①	부적 강화	고정비율 강화계획	②	정적 강화	고정비율 강화계획
③	부적 강화	고정간격 강화계획	④	정적 강화	고정간격 강화계획

해설 부적 강화(negative reinforcement)는 반응확률을 증가시키기 위해 반응 후 싫어하는 자극이나 대상을 제거해 주는 절차를 말하며, 고정비율 강화계획은 성과급의 경우처럼 일정한 횟수의 반응을 할 때마다 강화를 주는 계획을 말한다.

20 효과적인 교수·학습을 위해 행동주의 관점에서 강화를 사용하고자 할 때 올바른 방법은?

11. 중등임용

① 새로운 주제의 초기 학습단계라면 계속강화계획보다 간헐강화 계획을 사용한다.
② 학생의 나쁜 습관을 없애고자 한다면 그 행동을 보일 때 부적 강화를 사용한다.
③ 학습이 진행되는 동안 점진적으로 강화의 제시 횟수를 줄이고 제시 간격을 넓힌다.
④ 강화 제공의 시점을 특별히 정해 두지 않았다면 즉시강화보다 지연강화를 사용한다.
⑤ 학습자의 반응 지속성을 높이기 위해서는 변동강화계획보다 고정강화계획을 사용한다.

해설 학습된 행동을 유지하기 위해서는 간헐적 강화와 용암법(fading)을 활용한다.
①은 새로운 행동을 형성하기 위한 학습초기 단계에서는 계속적 강화를 사용한다.
②는 부적 강화는 행동을 촉진하는 전략이므로 부적 벌이나 정적 벌, 소거 등을 사용해야 한다.
④는 강화는 일반적으로 반응 후에 즉시 제공되어야 한다.
⑤는 변동강화계획이 예측가능성이 낮기 때문에 고정강화계획보다 반응 지속성이 높다.

21 조작적 조건화(operational conditioning)에 의한 행동수정의 예로 적절하지 않은 것은?

10. 국가직 7급

① 부적 강화 : 수업시간 중 휴대폰으로 문자를 보내는 학생의 휴대폰을 **빼앗는다.**
② 정적 강화 : 교사의 질문에 바르게 답한 학생에게 스티커를 지급한다.
③ 타임아웃(time-out) : 수업에 방해되는 행동을 한 학생을 복도에 세워 둔다.
④ 소거 : 교사의 관심을 끌기 위해 소란을 피우는 학생을 무시하고 그냥 내버려 둔다.

해설 ①은 쾌자극을 제거함으로써 문제행동(수업 중 휴대폰으로 문자보내기)의 빈도를 감소시키려는 부적 벌에 해당한다. 부적 강화(negative reinforcement)는 행동의 빈도를 증가시키기 위해 반응 뒤에 불쾌자극(혐오자극)을 제거하는 절차를 말한다.

22 더 선호하는 활동을 덜 선호하는 활동의 강화원으로 활용하는 강화 방법은? 22. 국가직 7급

① 조형(shaping)의 원리
② 프리맥(Premack) 원리
③ 토큰 경제(token economy)
④ 타임 아웃(time out)

해설 스키너(B. F. Skinner)의 조작적 조건화이론에 토대를 둔 프리맥(Premack)의 원리는 보다 선호하는 활동강화물을 활용하여 약반응을 촉진하는 방법이다. '빈도가 높은 행동(더 선호하는 활동)은 빈도가 낮은 행동(덜 선호하는 활동)에 대해서 강화력을 갖는다.'는 원리로, 강한 자극을 이용하여 약한 반응을 촉진하는 정적 강화의 한 방법이다. 강화의 상대성 원리를 나타내 주며 불쾌 자극을 먼저 제시하고 쾌 자극을 나중에 제시해야 한다. 어떤 대가가 따라야 한다는 식의 교육은 장기적으로 '노예근성' 혹은 '뇌물근성'을 기르게 할 우려가 있다는 비판을 받기도 한다.

TIP 용어 설명

행동조형 (behavior shaping)	강화를 이용해서 목표행동을 점진적으로 형성하는 기법으로, 학생이 한 번도 해본 적이 없거나 거의 하지 않는 행동을 여러 단계로 나누어(small-step) 강화시킴으로써 점진적으로 바람직한 행동을 학습할 수 있게 하는 방법을 말한다. 차별강화(differential reinforcement)와 점진적 접근(successive approximation)의 원리를 이용한다.
토큰 경제 (token economy, 토큰 강화)	상표(token ; 포인트, 쿠폰, 별표, 스티커)를 모아 더 큰 강화자극으로 대체하는 강화기법으로, 상징적 강화의 한 방법이다. 한 가지 강화물만을 주었을 때 생길 수 있는 포화현상을 방지하고, 강화의 시간적 지연을 예방할 수 있다는 점에서 효과적이다.
타임아웃 (time-out, 격리)	바람직하지 못한 행동을 감소시키기 위해 정적 강화를 받을 수 있는 기회를 박탈하거나 강화를 받을 수 있는 장면에서 추방하는 방법으로 부적 벌에 해당한다.

23 놀기를 좋아하고 수학공부를 싫어하는 민지에게 어머니께서는 "수학 공부를 2시간 하면, 1시간 놀 수 있도록 해 주겠다."고 말씀하셨다. 민지의 어머니가 적용한 강화기법은? 06. 중등임용

① 비율강화 ② 사회적 강화
③ 행동연쇄법 ④ 프리맥(Premack) 원리

해설 '빈도가 높은 행동은 빈도가 낮은 행동에 대해서 강화력을 갖는다.'는 프리맥(Premack)의 원리는 할머니의 법칙(Grandma's law)이라고도 불리며, 보다 선호하는 행동을 강화물로 활용하여 약반응을 촉진하는 방법이다.
① 비율강화(ratio reinforcement)는 간헐적 강화의 한 형태로 일정한 반응빈도(횟수)를 기준으로 강화한다.
② 사회적 강화는 다른 사람들과의 관계(예 칭찬, 인정, 미소 등)를 통해 제시되는 사상(事象)으로 강화된다.
③ 행동연쇄(chaining)는 특정한 반응이 연합되어 보다 복잡한 행동반응을 형성하는 것을 말한다.

정답 19. ① 20. ③ 21. ① 22. ② 23. ④

24 다음 대화에서 교사가 적용하려는 행동수정방법은? 16. 국가직 7급

> 학생 : 오늘도 이론만 공부해요? 다른 반은 실험을 하면서 재미있게 공부하고 있는데요.
> 교사 : 다른 반은 지난 시간에 이론을 다 마쳐서 실험을 할 수 있는 거예요.
> 학생 : 저희도 실험하고 싶어요. 이론은 너무 지겨워요. 실험부터 하면 안 될까요?
> 교사 : 그럼 이론을 먼저 30분 공부하고 나서 20분 동안 실험을 하도록 하지요. 이론 공부가
>   잘 되면 더 일찍 실험을 시작할 수도 있어요.

① 간헐적 강화   ② 프리맥(Premack) 원리
③ 체계적 둔감법   ④ 타임아웃(time-out)

해설 정적 강화의 하나인 프리맥(Premack)의 원리는 보다 선호하는 행동을 강화물로 활용하여 약반응을 촉진하는 방법으로, '빈도가 높은 행동(예 실험하며 공부하기)은 빈도가 낮은 행동(예 이론공부하기)에 대해서 강화력을 갖는다.'는 원리이다. 강화의 상대성 원리를 나타내 주며 불쾌 자극을 먼저 제시하고 쾌 자극을 나중에 제시해야 한다.

TIP 용어 설명 ⎼⎼⎼
1. **간헐적 강화(부분강화)** : 강화계획 중 하나로 정확한 반응 중에서 일부 반응에만 강화를 주는 방법으로 바람직한 행동을 유지하는 데 효과적인 방법이다. 학습의 후기 단계에서 많이 사용된다.
2. **체계적 둔감법** : 파블로프(Pavlov)의 고전적 조건화의 한 방법이다. 역조건화를 활용, 이완된 상태에서 불안을 유발하는 사상(事象)이나 장면을 상상하게 함으로써 그런 장면에 대한 불안 반응을 둔감화시키는 방법이다. '불안위계 목록의 작성 ⇨ 근육 이완 훈련 ⇨ 상상적 이완'으로 진행된다.
3. **타임아웃(time-out)** : 바람직하지 못한 행동을 감소시키기 위해 정적 강화를 받을 수 있는 기회를 박탈하거나 강화를 받을 수 있는 장면에서 추방하는 방법으로 부적 벌에 해당한다.

25 초등학교 교사가 아이들이 수업시간에 조용히 앉아서 수업에 집중할 때마다 만화캐릭터 스티커를 노트에 붙여 주고 일정한 수 이상의 스티커가 모아지면 아이들에게 인형이나 성적에 대한 보너스 점수를 부여했을 경우, 이 교사가 활용한 강화기법은? 08. 국가직 7급

① 부적 강화   ② 토큰 경제
③ 긍정적 실습   ④ 프리맥의 원리

해설 토큰 경제(토큰 강화, token reinforcement)는 상표(token ; 포인트, 쿠폰, 별표, 스티커)를 모아 더 큰 강화자극으로 대체하는 강화기법으로, 상징적 강화의 한 방법이다. 한 가지 강화물만을 주었을 때 생길 수 있는 포화현상을 방지하고, 강화의 시간적 지연을 예방할 수 있다는 점에서 효과적이다. 긍정적 실습(positive exercise)은 긍정적인 훈련을 통해 바람직한 행위를 증가시키는 것을 말한다.

26 응용행동분석의 한 기법인 행동조성(shaping)에 관한 설명으로 가장 적절한 것은? 12. 유·초등임용
① 고전적 조건형성의 원리를 이용해서 행동을 변화시킨다.
② 역조건형성을 통해 나쁜 습관을 바람직한 습관으로 대치한다.
③ 상반행동(incompatible behavior)을 강화하여 문제행동을 감소시킨다.
④ 상대적으로 선호도가 높은 활동을 강화물로 사용하여 선호도가 낮은 활동을 증가시킨다.
⑤ 차별적 강화를 이용하여 목표행동에 도달할 때까지 목표와 근접한 행동들을 점진적으로 형성해 간다.

해설 행동조성(shaping, 조형)은 강화를 이용해서 목표행동을 점진적으로 형성하는 기법으로, 학생이 한 번도 해본 적이 없거나 거의 하지 않는 행동을 여러 단계로 나누어 강화시킴으로써 점진적으로 바람직한 행동을 학습할 수 있게 하는 방법을 말한다. 차별강화(differential reinforcement)와 점진적 접근(successive approximation)의 원리를 이용한다.
①은 조작적 조건형성의 원리를 이용한 것이다.
②는 상호제지 이론에 해당한다.
③은 상반행동강화에 해당한다.
④는 프리맥의 원리(Premack principle)에 해당한다.

TIP 행동조형의 절차 ┈┈
바람직한 목표행동 선정 ⇨ 목표행동이 나타나는 빈도(baseline, rate, 기초선 비율) 설정 ⇨ 강화물 선택 ⇨ 목표행동을 소단위 행동으로 구분한 다음 순서대로 배열 ⇨ 계속적 강화에 따라 목표행동에 접근하는 행동을 할 때마다 강화 제공 ⇨ 목표행동을 할 때마다 강화 제공 ⇨ 간헐적 강화에 따라 목표행동에 강화 제공

27 스키너(Skinner)의 '선택적 강화'를 사용한 행동수정의 단계를 순서대로 바르게 나열한 것은?

09. 국가직

> ㉠ 바라는 방향으로 행동을 변화시킬 수 있는 강화인자를 확인한다.
> ㉡ 목표행동을 설정한다.
> ㉢ 목표행동이 일어났을 때 강화를 제공한다.
> ㉣ 다양한 방법을 사용하여 행동을 관찰하고 기록한다.

① ㉡ ⇨ ㉣ ⇨ ㉠ ⇨ ㉢   ② ㉠ ⇨ ㉡ ⇨ ㉢ ⇨ ㉣
③ ㉢ ⇨ ㉡ ⇨ ㉣ ⇨ ㉠   ④ ㉣ ⇨ ㉢ ⇨ ㉠ ⇨ ㉡

해설 선택적 강화는 여러 가지 행동 중에서 한 가지 행동을 선택해서 강화하는 방식이다. 선택적 강화를 사용한 행동수정기법(응용행동분석)의 절차는 먼저 '목표행동을 설정한다. ⇨ 행동을 관찰한다. ⇨ 강화물을 선정한다. ⇨ 목표행동이 일어났을 때 강화한다.'순으로 진행된다.

28 다음의 (가)와 (나)에 해당하는 행동수정기법은?

08. 유·초등임용

> (가) 김 교사는 수업시간에 장난치는 영수의 행동을 고치기 위해 영수가 그런 행동을 보일 때 교실 뒤로 보내서 5분간 벽을 보고 서 있도록 하였다.
> (나) 최 교사는 미영이가 수업시간에 발표를 잘할 수 있도록 하기 위해 교사와 눈 맞추기, 발표하기 위해 손들기, 일어서서 발표하기 등의 행동변화 단계를 정하고, 미영이가 그 행동을 했을 때 적절한 강화물을 제공하였다.

	(가)	(나)		(가)	(나)
①	소멸	고정간격강화	②	소멸	행동형성법
③	타임아웃	행동형성법	④	타임아웃	고정간격강화

정답   24. ②   25. ②   26. ⑤   27. ①   28. ③

해설 타임아웃(Time-out, 격리)은 바람직하지 못한 행동을 감소시키기 위해 정적 강화를 받을 수 있는 기회를 박탈하거나 강화를 받을 수 있는 장면에서 추방하는 방법으로 부적 벌에 해당하며, 행동형성(shaping)은 학생이 한 번도 해본 적이 없거나 거의 하지 않는 행동을 목표로 삼아 몇 개의 작은 단계(small-step)로 세분화하여 학습시키는 절차를 말한다.

29 행동주의 학습이론에 대한 설명으로 옳은 것은?   20. 지방직

① 고정비율 강화계획은 일정한 시간 간격을 기준으로 강화가 제시되는 것을 의미한다.
② 부적 강화란 어떤 행동 후 싫어하는 자극을 제거함으로써 특정 행동을 증가시키는 것을 의미한다.
③ 일차적 강화물은 그 자체로 강화능력을 가지고 있지 않는 자극이 다른 강화물과 연합하여 가치를 얻게 된 강화물이다.
④ 프리맥 원리는 차별적 강화를 이용하여 목표와 근접한 행동을 단계적으로 형성해 나가는 것이다.

해설 행동주의 학습이론에서 부적 강화(negative reinforcement)는 학습자가 바람직한 행동을 했을 때 학습자가 싫어하는 자극물을 제거하거나 감소시켜 줌으로써 행동의 빈도를 높여주는 것을 말한다. 회피학습이 이에 해당한다. ①은 고정 간격 강화계획, ③은 2차적 강화물, ④는 행동조형(behavior shaping)에 해당한다.

TIP 행동주의 학습이론의 교육적 의의와 한계
1. **의의**: 강화인(強化因)과 벌인(罰因)은 학생들의 행동을 변화(☞ 비행 감소, 동기부여)시킬 수 있음.
2. **한계**(비판)
  ① 교수에 대한 지침으로 활용하는 데 있어서 비효과적임(오개념 학습을 설명 ×).
  ② 언어학습과 같은 인간이 지닌 고등정신기능을 설명하지 못함.
  ③ 강화인이 지나치면 내재적 동기가 감소할 수 있음(과잉 정당화 효과).
  ④ 학교는 보상을 받기 위한 학습보다는 학습 그 자체를 위한 학습을 하도록 해야 함.
  ⑤ 행동주의는 본질적으로 다른 사람을 통제하기 위한 수단임.

30 행동주의 학습이론과 관련이 없는 것은?   23. 지방직

① 강화   ② 사회학습이론
③ 조작적 조건화   ④ 통찰학습이론

해설 통찰(insight)은 인지주의 학습이론의 하나인 형태주의 학습이론에서 퀼러(Köhler)가 중시한 학습용어로, 어느 순간에 문제 상황에 대한 해결책, 즉 관계의 구조가 갑자기 떠올라 아하(A-Ha)라고 말하는 비약적 사고 과정을 말한다. ①과 ③은 스키너(Skinner)에 해당하며, ②는 반두라(Bandura)의 이론으로 직접적인 행동뿐만 아니라 관찰이라는 간접적인 행동에 의한 학습도 포함하는 행동주의 연장선에 있는 이론이다.

제8절 **학습이론Ⅱ : 인지주의 학습이론**

1 형태주의 학습이론

01 다음 내용과 가장 관련이 깊은 학습 이론은?

18. 지방직

> 굶주린 침팬지가 들어 있는 우리의 높은 곳에 바나나를 매달아 놓았다. 침팬지는 처음에는 이 바나나를 먹으려고 손을 위로 뻗거나 뛰어 오르는 등 시행착오 행동을 보였다. 몇 차례의 시도 후에 막대를 갖고 놀던 침팬지는 마치 무엇을 생각한 듯 행동을 멈추고 잠시 서 있다가 재빠르게 그 막대로 바나나를 쳐서 떨어뜨렸다. 쾰러(W. Köhler)는 이것이 통찰에 의해 전체적 관계를 파악함으로써 학습이 이루어지는 좋은 예라고 주장하였다.

① 구성주의

② 인간주의

③ 행동주의

④ 형태주의

해설 형태주의 심리학(Gestalt psychology)은 정신의 내재적인 조직화 경향과 전체적인 성질을 강조하는 인지심리학의 초기 접근이다. 행동을 자극－반응의 연합으로 환원하려는 행동주의와 정신과정을 구성요소로 분석하려는 구조주의에 반발하여 독일에서 출현하였으며, 베르트하이머(M. Wertheimer)의 가현운동에 연원을 둔다. 쾰러(W. Köhler)와 코프카(K. Koffka)도 공동창시자로 간주되고 있다. 인간이 정보를 특정 방식으로 조직화하는 경향성을 갖고 있다고 가정하는 형태심리학은 지각, 학습, 문제해결에서 조직화 과정을 특히 강조했다. 형태심리학의 생명력은 비교적 짧았지만 인본주의 심리학과 인지심리학의 출현에 기여했다.

제시문은 쾰러(Köhler)의 침팬지(sultan)의 바나나 실험을 나타낸 것이다. 술탄이 갇힌 우리, 즉 술탄의 힘이 미치는 영역을 장(field), 또는 형태(gestalt)라고 하며, 우리 안에 있는 바나나, 상자, 막대기를 장을 구성하는 요소라고 한다. 학습이란 처음에는 아무런 관련이 없던 장의 구성요소들 간의 관계를 목적(바나나)과 수단(상자, 막대기)이라는 관계로 재구성하는 원리를 발견하는 것을 말한다. 즉 침팬지가 문제장면에서 문제를 해결한 것은 인지적 학습의 결과이며, 이를 통찰학습 또는 관계학습이라고 한다.

TIP 쾰러(Köhler)의 통찰 실험 ▌▌

정답 29. ② 30. ④ / 01. ④

02 형태주의(Gestalt) 심리학의 관점으로 옳지 않은 것은?　24. 지방직

① 학습의 과정에 통찰도 포함된다.
② 지각은 실제와 차이가 있을 수 있다.
③ 전체는 부분의 합이 아니라 그 이상이다.
④ 복잡한 현상을 단순한 요소로 나누어 설명한다.

[해설] 형태주의 심리학(gestalt psychology)은 인지주의 심리학의 한 영역으로, 인간의 감각기관을 통해 들어오는 정보의 형태를 인지·해석하는 인간의 주관적 지각(perception)에 대한 문제에 관심을 갖고, 지각된 정보가 구조화되고 조직화되는 원리를 밝히고자 한다. 대표적인 학자로는 베르트하이머(Wertheimer), 쾰러(Köhler), 레빈(Lewin) 등이 있다. 형태(Gestalt)는 '전체', '관련성'의 의미를 지니며, 전체 장면을 이루는 요소들의 관계를 의미함으로, 전체론(holism)적 특징을 갖는다. ④는 '전체는 부분과 부분의 합'이라는 행동주의적인 요소주의, 환원론적 견해를 뜻한다.

03 형태주의 심리학(Gestalt psychology)에 대한 설명으로 옳지 않은 것은?　19. 국가직

① 학습자는 세상을 지각할 때 외부자극을 단순히 합하는 것 이상의 작업을 수행한다.
② 문제 장면에 존재하는 다양한 요소의 관계를 파악하는 통찰에 주목한다.
③ 학습은 인지구조의 변화가 아니라 행동의 변화를 나타낸다.
④ 쾰러(W. Köhler)의 유인원 실험은 중요한 근거를 제공한다.

[해설] 형태주의 심리학은 행동을 자극-반응의 연합으로 환원하려는 행동주의와 정신과정을 구성요소로 분석하려는 구조주의에 반발로 출발하였다. ①은 베르트하이머(M. Wertheimer)의 가현(假現)운동(apparent movement), ②는 쾰러(W. Köhler)의 통찰설에 해당한다. ③은 행동주의 학습이론에 해당한다.

04 형태주의 심리학(Gestalt psychology)의 관점에 대한 설명으로 옳지 않은 것은?　22. 국가직 7급

① 인간은 완전하지 않은 대상을 보완하여 완전한 형태로 지각하는 경향이 있다.
② 전체는 단순히 부분의 합이 아닌 그 이상을 의미한다.
③ 복잡한 현상을 단순한 구성 원자로 환원할 때 더 정확하게 이해할 수 있다.
④ 파이 현상(phi phenomenon)의 사례처럼 지각은 종종 실재와 다르다.

[해설] 형태주의 심리학(Gestalt psychology)은 형태(Gestalt)는 조직화된 전체를 의미한다. "전체는 부분과 부분의 합보다 크다."는 유기체론적 세계관을 바탕으로, (행동주의의) 원자론(atomism)의 입장에 반대하고 전체론(holism)의 입장을 취한다. 이처럼 형태주의에서 학습은 요소 요소로 파악되는 것이 아니라 전체적인 파악 과정이다. 그 좋은 예가 운동착시현상인 파이현상(phi-phenomenon), 즉 가현(假現)운동(apparent movement)이다. ②에서 학습은 지각(perception), 학습, 기억 등의 인지활동의 기계적 연합이 아니라 부분들 간의 관계를 전체로 조직하는 것이다(Gestalt는 조직화된 전체를 의미한다.). ③은 유기체의 행동을 자극-반응의 연합으로 환원하려는 행동주의 심리학의 요소주의에 해당한다. ①은 지각장의 제2법칙(프래그난츠 법칙; principle of Pragnanz) 중 폐쇄성(완결성)의 법칙, ②와 ④는 베르트하이머(Wertheimer)의 주장에 해당한다.

05 다음 설명에 해당하는 학습이론은?   18. 국가직 7급

- 문제해결의 과정에서 관련 없어 보이던 요소들이 유의미한 전체로 파악되고 결합된다.
- 전날 저녁 내내 문제가 풀리지 않았으나 새벽에 일어나서 보니 해결방법이 갑자기 떠올랐다.

① 스키너(B. F. Skinner)의 조작적 조건 형성
② 톨만(E. C. Tolman)의 잠재학습
③ 쾰러(W. Köhler)의 통찰학습
④ 반두라(A. Bandura)의 관찰학습

해설 쾰러(W. Köhler)의 통찰설에 따르면, 학습은 인지적 현상으로, 전체적인 관계를 파악하는 통찰에 의해 이루어지는 문제해결적 행동의 변용과정이다. 통찰(洞察, insight)은 관계학습(relational learning)으로, 어느 순간에 문제상황에 대한 해결책, 즉 관계의 구조가 갑자기 떠올라 '아하(A-Ha)'라고 말하는 것이다. 즉, 상황(field, 또는 장)을 구성하는 다양한 요소들 간(또는 수단과 목적 간)의 관계 파악능력이며, 갑작스럽게 일어나는 비약적 사고과정이고, 경험적 사실을 재구성하는 인지구조의 전환과정이다.

06 다음 설명에 해당하는 이론은?   19. 국가직 7급

- 강화가 없어도 학습이 이루어진다.
- 눈에 보이는 행동의 변화만이 학습은 아니다.
- 구체적인 행동이 아니라 인지도(cognitive map)를 학습한다.
- 학습은 자극-반응을 결합하는 것이 아니라 어떤 행동을 하면 특정한 결과를 얻을 것이라는 기대를 획득하는 것이다.

① 목적적 행동주의   ② 사회적 구성주의
③ 행동수정   ④ 메타인지

해설 톨만(Tolman)의 기호 - 형태설(Sign-Gestalt Theory)은 목적적 행동주의(purposive behaviorism) 또는 인지적 행동주의, 잠재학습설 등으로 불린다. 신행동주의자나 원자론적 사고방식을 비판하고, 레빈(Lewin)의 영향을 받아, 동물도 목적 추구나 기대와 같은 인지기능을 소유하고 있다고 보며, 인지지도(cognitive map)라는 용어를 사용하여 학습을 설명한다. 즉, 학습은 자극-반응의 결합이 아니라, 기호(sign)-형태(Gestalt)-기대(expectation)의 형성이다. 그에 따르면 학습이란 어떤 동작을 배우는 것이 아니라, 어떤 반응이 어떤 목표를 달성하게 하느냐 하는 목적과 수단의 관계를 의미하는 기호를 배우는 것으로, 학습자가 수단과 목표의 의미 관계, 즉 인지구조를 알고, 인지지도(cognitive map)를 형성하는 과정이다.

정답 02. ④ 03. ③ 04. ③ 05. ③ 06. ①

07 다음 그래프는 톨만(E. Tolman)이 실시한 미로학습 실험에서 보상의 유형에 따른 과제의 수행결과는 나타낸 것이다. 그래프를 바르게 해석한 것은?

07. 중등임용

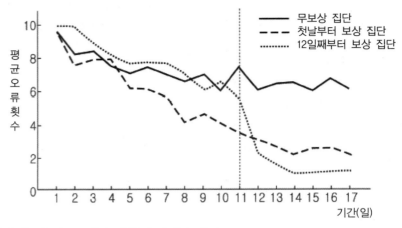

① 과제의 수행 정도는 보상과 아무런 관계가 없다.
② 과제의 수행 정도는 보상의 양에 비례하여 상승한다.
③ 보상을 받지 않아도 과제의 학습은 어느 정도 일어난다.
④ 보상을 철회하면 과제의 학습에 부정적인 영향을 미친다.

해설 12일째부터 보상을 준 집단의 쥐는 단 한 번의 강화로 첫날부터 보상을 준 집단의 쥐보다 높은 반응률을 보였다. 톨만(Tolman)은 이와 같은 현상을 잠재적 학습(latent learning)이라는 용어로 설명한다. 보상을 받지 않아도 학습은 일어날 수 있다는 것이다. 즉 학습과 행위(수행)는 다를 수 있다고 보는 것이 그의 견해이다.

2 정보처리 학습이론

08 다음 인간정보처리모형에서 기억장치 (나)의 특징에 대한 설명으로 옳은 것은?

07. 중등임용

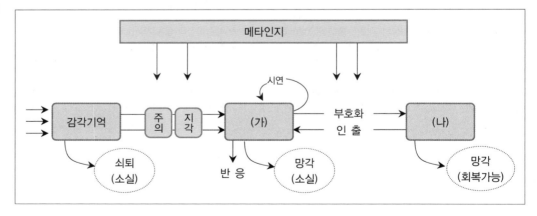

① 지속기간이 비교적 짧고 시연하지 않으면 1분 이상 유지하기 어렵다.
② 많은 양의 정보를 처리하는 경우 기억의 병목현상이 발생할 우려가 크다.
③ 명제와 산출 등에 기초한 다양한 형태의 정보망과 도식적 지식으로 이루어져 있다.
④ 기억 용량에는 거의 제한이 없으나 처리가 곧바로 이루어지지 않으면 기억의 흔적이 사라진다.

해설 정보처리이론은 인간의 사고과정(인지)이 컴퓨터의 정보처리 과정과 같다고 보는 모형으로, 정보저장소, 인지처리 과정, 메타인지로 구성되어 있다. (가)는 작동기억, (나)는 장기기억에 해당한다. 장기기억은 단기기억에서 적절히 처리된 정보를 영구적으로 저장하는 기억이며, 작동기억 속의 정보가 적절한 조직화에 의해 전이된 기억이다.
①과 ②는 작동기억, ④는 감각기억에 해당한다.

TIP 정보저장소의 종류

구분	감각등록기	단기기억	장기기억
유사 명칭	감각기억	작업(작동)기억, 1차적 기억	2차적 기억
정보의 투입	외부자극	주의집중, 지각	시연(반복, 정교화)
저장용량	무제한	제한(7 ± 2 chunk/unit)	무제한
정보원	외부환경	감각기억과 장기기억	단기기억에서의 전이
부호 형태	원래의 물리적 형태	이중부호(언어적·시각적)	일화적·의미적
정보의 형태	감각 ⇨ 영상기억(시각정보), 잔향기억(청각정보)	현재 의식하고 있는 정보(음운적)	학습된 혹은 약호화된 정보(조직화 및 유의미성)
일반적 특징	일시적·무의식적	의식적·능동적	연합적·수동적
기억 지속시간	순간적(1~4초 이내)	일시적(20~30초 이내)	규정할 수 없음(무제한).
정보 상실	소멸(쇠퇴)	치환 또는 소멸(쇠퇴)	인출 실패
컴퓨터 / 두뇌활동		RAM, CPU / 의식	HARD / 사고(思考)

09 작업기억(working memory)의 특징에 해당되는 것으로만 묶인 것은? 11. 국가직 7급

㉠ 저장용량이 제한되어 있다.
㉡ 컴퓨터의 이동식 저장장치(USB)에 비유될 수 있다.
㉢ 저장용량에 개인차가 존재한다.
㉣ 노력을 하지 않으면 정보가 저장되는 시간이 1초 정도이다.
㉤ 의식에 의해 부분적으로 통제된다.

① ㉠, ㉡, ㉣
② ㉠, ㉢, ㉣
③ ㉠, ㉢, ㉤
④ ㉡, ㉣, ㉤

해설 작업기억은 정보를 재연(再演)하거나 조작하는 실제적 정신활동(예 시연, 청킹)이 일어나는 기억으로, 의식(consciousness)이나 중앙연산처리(CPU)에 해당하며, 활성화(activation) 상태에 있는 기억 내용이나 그 기능 자체를 말한다. 정보의 일시저장소로 컴퓨터의 RAM 또는 '작업대'에 해당하며, 정보의 양(7±2 청크)과 지속시간(20초~1분)에 제한이 있다. ㉡은 장기기억, ㉣은 감각기억에 해당한다.

정답 07. ③ 08. ③ 09. ③

10 최 교사는 공기를 주제로 과학수업을 하면서 풍선에 공기를 서서히 불어 넣어 학생들 앞에서 터뜨리기도 하고 판서할 때 중요한 개념 밑에 노란색으로 밑줄을 그어 그 개념을 강조하기도 하였다. 최 교사의 이런 행동을 가장 잘 설명할 수 있는 것은?

07. 유·초등임용

① 자동화   ② 일반화
③ 선택적 주의   ④ 자발적 회복

해설 흥미 유발(놀라움), 밑줄 긋기, 진한 글씨로 쓰기, 별표하기 등은 새로운 정보자극에 대해 학습자가 선택적으로 주의를 집중시키기 위한 전략이다.

TIP 정보처리과정

주의집중	정보처리의 시작 ⇨ 자극에 의식적으로 집중하는 과정 예 물리적 유형(OHP, 칠판, 교사 등과 같은 수업도구), 강조적 유형(중요함을 강조하기), 감정적 유형(학생을 호명하기), 흥미유발적 유형(지적 호기심을 유발하기) / 시범, 불일치 사건, 도표, 그림, 문제, 사고를 자극하는 질문 전략 등	
지각	자극에 부여된 의미	
시연	반복을 통한 정보 유지 예 유지형 시연, 정교화 시연	
부호화	장기기억에 연결하기, 장기기억에 정보를 표상화하는 과정 ⇨ 정보를 유의미(meaningfulness)화시키기 예 조직화, 정교화, 활동	
	정교화	새로운 정보에 의미를 추가하거나 그 정보를 기존 지식과 연결하여 의미를 부여하는 전략 예 논리적 추론, 연결적 결합, 예시, 세부사항, 문답법, 노트필기, 요약하기, 유추(analogy), 기억술 활용하기
	조직화	별개의 정보들에 질서를 부여하여 기억하는 것 예 도표 작성, 개요 작성, 위계도 작성, 개념도, 청킹
인출	정보를 의식수준으로 떠올리기	

11 정보처리이론에서 장기기억에 해당하지 않는 것은?

21. 국가직 7급

① 감각기억   ② 의미기억
③ 일화기억   ④ 절차기억

해설 정보처리이론에서 정보저장소(기억)는 감각기억, 작업기억, 장기기억으로 구성된다. 감각기억은 정보가 최초로 저장되는 장소이고, 작업기억은 정보를 재연(再演)하거나 조작하는 실제적 정신활동(예 시연, 청킹)이 일어나는 장소이며, 장기기억은 최종적으로 정보가 저장되는 장소이다. 장기기억에는 의미기억, 일화기억으로 구성되는 명시적 기억, 절차기억 등의 암묵적 기억이 있다. 이 중 명시적 기억은 무엇이 어떻다는 사실을 아는 것으로 도식(schema)의 형태로 정보가 저장되며, 절차기억은 무엇을 어떻게 할지를 아는 것으로 운동기술, 습관, 암묵적 규칙 등이 산출(production)의 형태로 저장된다. 또한 의미기억(semantic memory)은 학교에서 학습하는 대부분의 지식들이 저장되며, 일화기억(episodic memory)은 개인의 경험을 보유하는 저장소이다.

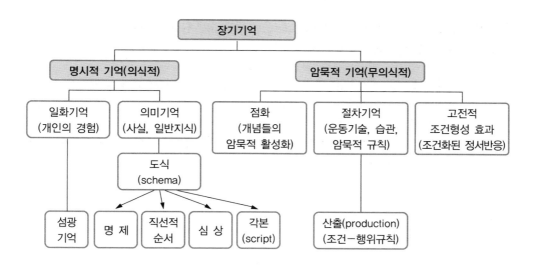

12 다음은 기억에 관한 설명들이다. 이들 중에서 옳지 않은 것을 모두 고른 것은? 10. 국가직 7급

□□□

> ㉠ 기억은 부호화, 저장 그리고 인출의 세 단계로 구성되어 있다.
> ㉡ 외현기억은 무의식적이며, 암묵기억은 의식적이다.
> ㉢ 감각기억은 매우 큰 용량을 가지고 있지만 순식간에 소멸한다.
> ㉣ 장기기억의 정보는 일반적으로 시각적 특성에 따라 부호화된다.
> ㉤ 장기기억에서 망각의 많은 사례들은 저장 실패에 따른 것이다.

① ㉠, ㉡, ㉢   ② ㉡, ㉢, ㉣
③ ㉡, ㉣, ㉤   ④ ㉢, ㉣, ㉤

해설 ㉡은 외현기억은 의식적이며 암묵기억은 무의식적이다. ㉣은 일화적 또는 의미적으로 부호화되며, ㉤은 인출 실패에 따른 것[설단현상(tip of the tongue phenomenon)]이다.

정답 10. ③   11. ①   12. ③

13 다음은 정보처리이론에서 부호화(encoding)를 촉진하기 위한 전략을 설명한 것이다. (가)~(다)
□□□ 에 해당하는 전략을 바르게 짝지은 것은?   17. 지방직

> (가) 개별적 정보를 범주나 유형으로 묶는다. 도표나 그래프, 위계도를 작성하는 것이 그 예이다.
> (나) 정보를 시각적인 형태인 그림으로 저장한다. 자동차를 언어적 서술 대신에 그림으로 기
>   억하는 것이 그 예이다.
> (다) 새로운 정보를 기존의 지식과 관련짓는다. 학습한 정보를 자신의 말로 바꾸어 보거나 또
>   래에게 설명해 보는 것이 그 예이다.

	(가)	(나)	(다)
①	정교화	심상	조직화
②	정교화	조직화	심상
③	조직화	정교화	심상
④	조직화	심상	정교화

해설 부호화(encoding)는 새로운 정보를 유의미하게 기억하기 위하여 장기기억 속에 저장되어 있는 정보와 관련짓는
인지전략으로, 조직화, 심상형성, 정교화, 맥락화, 활동, 기억조성술 등의 기법이 있다. 조직화(organization)는 별개의 정
보들에 질서를 부여하여 기억하는 것으로, 도표 작성, 개요 작성, 위계도 작성, 개념도, 청킹 등이 이에 해당한다. 심상
(imagery)은 정보를 시각적인 형태로 변형하는 과정이며, 정교화(elaboration)는 새로운 정보에 의미를 추가하거나 그 정
보를 기존 지식과 연결하여 의미를 부여하는 전략으로, 선행지식에 근거하여 새로운 정보에 아이디어를 추가하여 그 의미
를 심화시키고 확장하는 전략을 말한다.

TIP 정교화 기법의 예시

논리적 추론	사고의 법칙성 추구
연결적 결합	새로운 정보를 기존의 학습한 정보와 연결하기
예시	개념을 설명해 주는 구체적인 사례를 제시하기
세부사항	부족한 부분을 채워서 완성하기 ⇨ 구체화하기
문답법	교사가 질문하고 학생이 답하기
노트필기	장기기억의 인출실패를 보안하는 기능
요약하기	이미 학습한 것을 간결하게 정리하기
유추(analogy)	추상적인 정보를 구체적 정보로 전환하기, 상이한 개념들 사이에서 유사성을 만들어 내는 비교 예 원자의 구조는 태양계와 같다.
기억술 활용	원래의 내용 속에는 존재하지 않는 연관을 형성함으로써 항목이나 개념들을 연결시키는 전 략, 학습할 지식을 친숙한 정보에 연결시키는 것 예 장소법, 핵심단어법, 두문자법, 연결법, 운율법, 패그워드(peg word)법

14 정보처리이론의 부호화 과정에 해당하지 않는 것은? 16. 국가직

① 필요한 정보를 도표, 개념지도, 개요 등으로 조직화한다.

② 새로운 정보를 장기기억에 저장되어 있는 선행지식과 연결시키는 작업을 한다.

③ 새로운 정보를 유사하고 유관한 정보조각과 연합하여 유의미하게 한다.

④ 새로운 자극에 주의를 기울일 수 있도록 화려한 멀티미디어를 사용한다.

해설 부호화(encoding)는 장기기억 속에 존재하고 있는 기존의 정보에 새로운 정보를 연결하거나 연합하는 것(②)으로, 작동기억에서 장기기억으로 정보를 이동시키는 과정을 말한다. 부호화 전략에는 조직화(①), 정교화(③), 맥락화, 심상형성, 기억술, 활동 등의 방법이 있다. ④는 주의집중(attention) 전략에 해당한다.

15 인지주의 학습전략 중 기존에 가지고 있던 정보를 새로운 정보에 연결하여 정보를 유의미한 형태로 바꾸는 것은? 19. 국가직

① 정적 강화　　　② 부적 강화　　　③ 체계적 둔감화　　　④ 정교화

해설 정교화(elaboration)란 새로운 정보에 의미를 추가하거나 그 정보를 기존 지식과 연결하여 의미를 부여하는 전략으로, 선행지식에 근거하여 새로운 정보에 아이디어를 추가하여 그 의미를 심화시키고 확장하는 전략을 말한다. ①, ②, ③은 행동주의 학습전략에 해당한다.

16 다음은 김 교사의 교수활동 사례이다. 김 교사가 학생들에게 촉진시키고자 한 정보처리의 전략으로 가장 적절한 것은? 11. 유·초등임용

- 학생들에게 기억해야 할 새로운 정보를 선행지식과 연결하게 함으로써 정보의 유의미성을 높였다.
- 학생들에게 새로운 정보의 의미에 대해 토론하게 하거나 글의 요점에 대해 설명해 보도록 하였다.
- 학생들에게 새로운 정보에 대해 생각할 수 있는 시간을 주면서 다음과 같은 질문들을 적절히 활용하였다.
  - 이 정보의 예로는 어떤 것들이 있을까요?
  - 이 정보로부터 어떤 결론을 도출할 수 있을까요?
  - 이 정보를 일상생활에서 어떻게 활용할 수 있을까요?

① 맥락(context)　　② 시연(rehearsal)　　③ 심상(imagery)

④ 묶기(chunking)　　⑤ 정교화(elaboration)

해설 정교화(elaboration)란 새로운 정보를 기존의 선행지식과 연결하여 의미를 부여하는 전략으로, 새로운 정보의 의미를 토론하거나 글의 요점에 대해 설명하기, 교사의 질문에 학생이 답하게 하는 전략 등이 해당한다. ①은 정보를 장소, 특정한 날에 느꼈던 감정, 함께 있었던 사람 등과 같은 물리적·정서적 맥락과 함께 학습하는 것을 말한다. ②는 정보를 그 형태와 관계없이 계속적으로 반복하는 과정으로 암송(暗誦)과 유사한 의미를 지닌다. ③은 정보를 시각적인 형태로 변형하는 과정을 말한다. ④는 분리된 항목들을 보다 의미 있는 큰 묶음으로 조합하는 것으로, 정보의 개별적 단위를 보다 크고 의미 있는 단위로 묶는 것을 말한다.

정답　13. ④　14. ④　15. ④　16. ⑤

17 앳킨슨과 쉬프린(R. Atkinson & Shiffrin)의 정보처리 모형에 근거할 때, 학생들의 부호화를 촉진하기 위한 교사의 교수활동 중 조직화 전략에 해당되는 것을 〈보기〉에서 고른 것은? 12. 중등임용

> ┌ 보기 ┐
> ㉠ 인체의 순환기 체계에 대한 학습을 촉진하고자 순환기 체계와 유사한 펌프 체계에 연결하여 설명하였다.
> ㉡ 우리나라의 주요 하천에 대한 학습을 촉진하고자 하천의 흐르는 방향, 특징 등의 범주로 묶은 도표를 제시하면서 설명하였다.
> ㉢ 우리 주변의 여러 가지 힘 중 마찰력에 대한 학습을 촉진하고자 등산화 밑창, 체인을 감은 자동차 바퀴 등을 사례로 제시하면서 설명하였다.
> ㉣ 식물에 대한 학습을 촉진하고자 식물을 크게 종자식물과 포자식물로, 다시 종자식물을 속씨식물과 겉씨식물로 구분한 위계도(位階圖)를 사용하여 설명하였다.

① ㉠, ㉡   ② ㉠, ㉢   ③ ㉡, ㉢
④ ㉡, ㉣   ⑤ ㉢, ㉣

[해설] 조직화(organization)는 별개의 정보들에 질서를 부여하여 기억하는 것으로, 도표 작성, 개요 작성, 위계도 작성, 개념도, 청킹 등이 이에 해당한다. ㉠(유추)과 ㉢(예시)은 새로운 정보에 의미를 추가하거나 그 정보를 기존 지식과 연결하여 의미를 부여하는 정교화(elaboration)에 해당한다.

18 인지학습이론(cognitive learning theories)에 기초한 수업방식으로 적절하지 않은 것은? 13. 국가직

① 관련된 모든 내용을 학생들에게 제공하여 더 많은 정보를 얻게 한다.
② 주어진 내용을 분명하게 조직적으로 제시한다.
③ 학생들의 주의를 환기하고 유지하기 위해 다양성, 호기심, 놀라움을 강조한다.
④ 새로운 내용과 이미 알고 있는 내용을 연결할 수 있도록 도와준다.

[해설] 인지주의 학습이론은 동물의 학습과 인간의 학습 간에는 질적인 차이가 있다고 가정하며, 학습의 기본단위는 요소와 요소들 간의 관계이고, 심리학적 탐구대상은 인간의 내적 · 정신적 과정이어야 한다고 주장한다.
②의 조직화(organization), ③의 주의집중(attention), ④의 정교화(elaboration)는 인지주의 학습이론의 하나인 정보처리이론의 주요 전략에 해당한다. ①의 경우처럼 많은 양의 정보를 학생들에게 제공하는 것은 인지적 과부하(cognitive overload)에 해당하므로 부적절한 전략에 해당한다. 인지적 과부하란 학습자가 인지적으로 이해할 수 있는 학습량(작동기억의 용량, 7 ± 2chunk)을 초과하여 너무 많은 양을 제공함으로써 지적인 작업에 혼란을 초래하는 현상을 말한다.

19 학습전략에 대한 설명으로 옳지 않은 것은?　　　　　　　　　　　　　　　　　19. 국가직 7급
☐☐☐

① 묶기(chunking) − 많은 작은 정보를 몇 개의 큰 묶음으로 처리함으로써 파지할 수 있는 정보의 양을 늘릴 수 있다.

② 심상(imagery) − 정보에 대한 시각적 이미지를 머릿속에 표상하는 전략으로, 개념에 대한 정신적 이미지를 만든다.

③ 정교화(elaboration) − 공통 범주나 유형을 기준으로 새로운 정보를 장기기억에 저장되어 있는 정보와 연결하는 부호화 전략이다.

④ 조직화(organization) − 구체적인 방법으로 개요 작성과 개념도가 있으며, 개념도는 개념 간의 관계를 보여 주고 주제와의 관련성을 도형화하는 것이다.

　해설　공통 범주나 유형을 기준으로 묶는 부호화 전략은 조직화(organization)에 해당한다. 정교화(elaboration)는 선행지식에 근거하여 새로운 정보에 아이디어를 추가하여 그 의미를 심화시키고 확장하는 전략을 말한다.

20 메타인지(metacognition)에 대한 설명으로 옳지 않은 것은?　　　　　　　　　　　15. 국가직 7급
☐☐☐

① 메타인지는 자신의 인지를 알고 통제하고 조절하는 것이다.

② 메타인지는 주의·부호화·조직화 등 정보를 처리하는 방식이다.

③ 자신의 학습전략이 효과적인지 아닌지를 판별하는 것도 메타인지의 사례이다.

④ 새로운 개념을 학습할 때 그 이해과정을 모니터하는 것도 메타인지에 포함된다.

　해설　메타인지(상위인지, 초인지, meta−cognition)는 인지에 대한 인지(cognition about cognition)로, 주요 기술은 계획(planning), 점검(monitoring), 평가(evaluation)이다. ②는 인지전략에 해당한다.

21 메타인지(metacognition)에 대한 설명으로 옳지 않은 것은?　　　　　　　　　　　17. 국가직 7급
☐☐☐

① 자신의 인지과정을 점검하고 조절하는 기능을 한다.

② 시연, 정교화, 조직화와 같이 정보를 처리하는 방식을 의미한다.

③ 사고에 대한 사고, 인지에 대한 인지로 볼 수 있다.

④ 내가 무엇을 알고 무엇을 모르는지에 대한 지식이다.

　해설　②는 인지과정(인지전략, 인지기능)에 해당하며, 메타인지(metacognition)는 그러한 인지를 인지하는 과정을 일컫는다. 즉 자신의 인지과정에 대한 성찰적 과정을 메타인지라고 한다.

TIP 메타인지의 주요 기능

계획(planning)	과제 해결에 필요한 전 과정을 어떻게 해야 할지 결정하는 것
점검(monitoring)	현재 자신이 제대로 과제를 하고 있는가에 대한 인식
평가(evaluation)	사고 및 학습의 과정과 결과에 대해 판단을 내리는 것

　정답　17. ④　18. ①　19. ③　20. ②　21. ②

22 수업 중 한 학생이 다음과 같은 생각을 했다. 이에 해당하는 정보처리요소에 관한 설명 중, 바른 것끼리 묶은 것은?

06. 유·초등임용

> '방금 공부한 것을 노트에 따로 적어 두는 것이 좋겠어. 평상시 나를 생각해 볼 때 다시 생각 나지 않을 것 같아.'

보기
⊙ 개인차가 나타나지 않는다.
⊙ 주요한 기술은 계획, 점검, 평가 등이다.
⊙ 자신의 사고 과정에 대한 인식(지식)이다.
⊙ 추리, 이해, 문제해결 과정에 영향을 주지만, 학습과는 무관하다.

① ⊙, ⊙　　　　② ⊙, ⊙　　　　③ ⊙, ⊙　　　　④ ⊙, ⊙

해설 지문의 경우 작동기억의 용량의 한계를 고려하여 노트에 필기하여 놓기로 한 것은 상위인지(초인지)인 메타기억을 활용한 경우라고 할 수 있다. 메타인지(metacognition)는 플라벨(Flavell)이 최초로 사용한 것으로 인지에 대한 인지(cognition about cognition), 즉 자신의 인지(認知) 또는 사고(思考)에 관한 지식을 말한다. 메타인지의 주요 기술은 계획, 점검, 평가 등이다. 상위인지에는 개인차가 나타나 전문가는 잘 발달된 상위인지 능력을 보여주나, 초보자는 제한된 상위인지를 보여준다(⊙). 또, 상위인지는 추리, 이해, 문제해결 과정에 영향을 줄 뿐만 아니라, 학습과도 관련이 있다(⊙). 그래서 메타인지를 잘 활용하는 사람은 학습 성취도 높다.

23 인지주의 학습이론에 대한 설명으로 옳지 않은 것은?

20. 국가직

① 부호화 – 제시된 정보를 처리가능한 형태로 변형하는 과정
② 인출 – 장기기억 속에 있는 정보를 작업기억으로 가져오는 과정
③ 조직화 – 기존에 가지고 있던 정보를 새 정보에 연결하여 정보를 유의미한 형태로 저장하는 과정
④ 메타인지 – 사고과정에 대한 지식으로 자신의 인지과정 전체를 지각하고 통제하는 정신활동

해설 ③은 정교화(elaboration) 전략에 해당한다. 조직화(organization)는 공통 범주나 유형을 기준으로 하여 새로운 정보를 장기기억에 저장되어 있는 정보와 연결하는 부호화 전략으로, 별개의 정보들에 질서를 부여하여 기억하는 것을 말한다. 도표 작성, 개요 작성, 위계도 작성, 개념도, 청킹 등이 있다.

24 학습에 대한 관점 중 정보처리이론에 대한 설명으로 옳은 것은?

22. 지방직

① 감각기억 – 인지과정에 대한 자각과 통제로 자신의 사고를 확인하고 점검하는 기능을 한다.
② 시연 – 관련 있는 내용을 공통 범주나 유형으로 묶는 과정이다.
③ 정교화 – 새로운 정보를 저장된 지식에 연결하고 의미를 부여하기 위해 정보를 재처리하는 과정이다.
④ 조직화 – 정보에 대한 시각적 이미지를 머릿속에 표상하는 과정이다.

해설 정교화(elaboration)란 새로운 정보에 의미를 추가하거나 그 정보를 기존 지식과 연결하여 의미를 부여하는 전략으로, 선행지식에 근거하여 새로운 정보에 아이디어를 추가하여 그 의미를 심화시키고 확장하는 전략을 말한다. ①은 메타인지(meta-cognition), ②는 조직화(organization), ④는 심상(imagery)이다. 감각기억은 정보를 최초로 저장하는 곳으로 저장용량에는 제한이 없으나 지속시간에 한계(시각은 1초, 청각은 1초~4초)가 있다. 시연(rehearsal)은 정보를 마음속으로 되뇌이는 과정을 말한다.

제9절 학습이론III : 사회인지 학습이론

1 개관

01 다음의 내용과 가장 가까운 학습이론은?
08. 유·초등임용

> • 환경, 개인, 행동은 서로 영향을 주고받는다.
> • 교사는 학생들의 자기효능감과 자기조절능력을 증진시켜야 한다.
> • 교사는 학생들이 학업성취에 대해 긍정적이고 현실적인 기대를 갖도록 해야 한다.
> • 학생들은 사회적 상황 속에서 다른 사람의 행동을 관찰하고 모방함으로써 학습한다.

① 톨만(E. C. Tolman)의 기호형태이론   ② 반두라(A. Bandura)의 사회인지이론
③ 노만(D. A. Norman)의 정보처리이론   ④ 로저스(C. R. Rogers)의 인간주의학습이론

해설 TV가 아동에게 미치는 영향을 분석하는 과정에서 발달한 반두라(Bandura)의 사회인지이론은 인간행동의 학습은 실험적인 상황이 아니라 사회생활 속에서 타인의 행동을 관찰하고 모방한 결과라고 주장하는 이론이다. 모델링(modeling), 관찰학습 또는 사회학습이론이라고도 하며, 대리적 강화를 중시한다. 조작적 조건 형성의 원리를 이용해서 모방을 통한 인간의 사회학습을 설명하면서도 인간행동의 목적지향성과 상징화나 기대와 같은 인지 과정의 중요성을 인정하고 있기 때문에 행동주의에서 인지주의 이론으로 넘어가는 과도기적 이론으로 평가받고 있다.

02 다음에 해당하는 이론은?
21. 국가직 7급

> • 특정한 행동을 관찰하고 흉내내는 모델링
> • 타인의 행동을 관찰함으로써 학습이 되는 대리학습
> • 타인의 행동을 관찰하고 유사한 행동을 하는 관찰학습

① 톨만(Tolman)의 잠재학습   ② 반두라(Bandura)의 사회인지학습이론
③ 쾰러(Köhler)의 통찰학습   ④ 브루너(Bruner)의 발견학습

해설 반두라(Bandura)의 사회인지이론은 사회학습 또는 관찰학습(modeling)으로도 불리는데, 인간의 행동은 실험적인 상황이 아니라 사회생활 속에서 타인(model)의 행동을 관찰하고 모방한 결과라고 보는 이론이다. 관찰자가 자신의 행동에 대해서 직접적인 강화를 받지 않더라도 모델이 보상이나 벌을 받는 것을 관찰함으로써 마치 자신이 강화를 받는 것처럼 행동하는 대리적 강화(간접적 강화)를 중시한다. ①의 잠재학습(latent learnig)은 톨만(Tolman)이 '쥐의 미로찾기 실험'의 결과로 주장한 학습유형으로, 어느 한순간에 유기체에 잠재되어 있지만 행동(수행)으로 나타나지 않는 학습을 말한다. 강화 없이도 학습이 일어나는 경우의 예에 해당하는 것으로, 학습은 행동의 변화가 아닌 (장소에 대한) 인지 지도(cognitive map)의 변화라고 본다. ③은 쾰러(Köhler)의 침팬지 실험을 통해 밝혀진 학습현상이다. 쾰러(Köhler)는 침팬지가 바나나를 먹기 위한 시도를 시행착오적으로 무작정 반복하는 것이 아니라 몇 번의 시도가 실패하자 잠시 행동을 중단하고 주변의 전체 상황을 잠시 생각하며 파악한 후에 바나나를 획득하기 위한 해결책을 찾은 것을 관찰하였다. 즉, 침팬지의 급격한 행동 변화는 문제에 대한 통찰을 보여주는 것으로 처음에 무관했던 부분적인 요소들(예 상자와 바나나, 막대기와 바나나)을 유의미한 전체로 재구성하게 한 통찰을 통해 침팬지가 문제를 해결한 것이라고 쾰러(Köhler)는 판단하였다. 이처럼 통찰학습은 통합적 이해를 통해 어느 순간 섬광처럼 갑자기 깨닫는 과정이기 때문에 이를 소위 '아하(A-ha) 경험'이라고도 한다.

정답 22. ③ 23. ③ 24. ③ / 01. ② 02. ②

03 다음에 해당하는 학습이론은?

16. 국가직

> • 강화 없이 관찰하는 것만으로 학습이 일어날 수 있다.
> • 강화는 수행을 위해 필요한 조건이지 학습을 위해 반드시 필요한 조건은 아니다.
> • 인간의 행동은 보상이나 처벌보다는 자기조절에 의해 이루어진다.

① 형태주의 학습이론　　　　　　　　② 사회인지이론
③ 행동주의 학습이론　　　　　　　　④ 병렬분산처리 이론

해설　반두라(Bandura)의 사회인지이론(social cognitive theory)은 스키너(Skinner)의 조작적 조건형성의 원리를 이용해서 모방을 통한 인간의 사회학습을 설명하면서도 인간행동의 목적지향성과 상징화나 기대와 같은 인지과정의 중요성을 인정하고 있다. 모델링, 관찰학습, 대리적 강화, 자기조절학습 등의 개념을 중시한다. ④는 신경망이론에 해당한다.

04 다음에서 사회학습이론(social learning theory)에 기초한 것끼리 묶인 것은?

08. 중등임용

> ㉠ 통찰학습(insight learning)　　　　　㉡ 관찰학습(observational learning)
> ㉢ 프로그램학습(programmed learning)　　㉣ 자기조절학습(self−regulated learning)

① ㉠, ㉡　　　　　② ㉡, ㉢　　　　　③ ㉡, ㉣　　　　　④ ㉢, ㉣

해설　사회학습이론의 중요 학습기제는 관찰학습과 모델링(modeling)이며, 모델의 행동이 관찰자의 행동을 통제하는 것이 아니라 관찰자 자신의 내적인 인지적 규제(자기 규제)에 의해 학습이 일어난다고 보기 때문에 학습을 자기조절(self−regulation)의 과정으로 본다. '㉠'은 퀼러(Köhler)가 제시한 것으로 인지주의 학습이론에 해당하며, '㉢'은 스키너(Skinner)가 창안한 것으로 행동주의 학습이론에 해당한다.

05 사회인지이론(social cognitive theory)에서 주장하는 것으로 적절하지 않은 것은? 12. 국가직 7급

① 학습은 단순히 모델을 관찰하는 것만으로도 이루어질 수 있다.
② 학습에서는 개인의 신념, 자기 지각 등과 같은 인지적 요인들의 역할이 중요하다.
③ 모델이 높은 지위와 능력을 가지고 있다고 판단될 경우 모델의 행동을 모방할 가능성이 높아진다.
④ 행동의 빈도를 결정하는 것은 결과에 대한 개인의 해석으로서, 강화는 행동의 지속에 중요한
　역할을 하지 못한다.

해설　사회인지이론에서 행동의 빈도를 결정하는 것은 모델링(모델의 행동에 수반되는 결과에 대한 관찰)이며, 강화의 역할을 부정하는 것은 아니나 강화는 주로 결과적 요인보다는 선행요인으로서 역할을 하는 것으로 간주된다. 즉, 사회인지이론에서 관찰학습은 관찰자들에게 모델링된 행동을 적용할 때 발생하는 이익(보상)에 관해 미리 알려줌으로써 관찰자들에게 기대를 형성하여 행동이 효과적으로 이루어지도록 하는 것이다. 이런 점에서 강화는 행동의 지속에 영향을 준다고 볼 수 있다.

06 반두라(Bandura)의 사회적 학습이론에 대한 설명으로 잘못된 것은?

06. 5급 교육사무관

① 다른 행동주의 이론이 지나치게 행동의 결과에 집착하였음을 비판하였다.
② 직접 경험의 효과를 중시했다.
③ 학습자 내부에서 학습과정이 진행됨을 암시했다.
④ 다른 행동주의 이론에 비해 인지적 경향성이 강하다.
⑤ 고전적, 조작적 조건화의 원리만으로는 해결하기 힘든 현상을 설명·제시했다.

해설 직접 경험의 효과를 중시하는 것은 행동주의 학자들의 주장이며, 반두라(Bandura)는 대리적 경험(간접경험)의 효과를 중시한다.

07 스키너(B. F. Skinner)의 행동주의 학습과 반두라(A. Bandura)의 사회인지학습의 공통점에 해당하지 않는 것은?

17. 국가직

① 강화와 처벌의 개념을 받아들인다.
② 학습의 요인으로 경험의 중요성을 인정한다.
③ 신념과 기대가 행동의 변화를 가져온다고 본다.
④ 행동을 촉진하기 위해서는 피드백이 중요하다고 본다.

해설 ③에서 신념과 기대와 같은 인지적 요인을 중시한 것은 반두라(A. Bandura)의 사회인지학습의 특징에 해당한다.

TIP 스키너(Skinner)와 반두라(Bandura) 이론의 비교

구분	스키너(Skinner)	반두라(Bandura)
인간행동의 결정요인	기계론적 환경결정론 : 환경이 인간행동을 결정하는 '일방적' 관계를 제시함.	상호작용적 결정론 : 인간행동은 개체(person)의 인지 특성과 행동(behavior), 환경(environment)이 상호작용한 결과
인간본성에 대한 견해	자극－반응의 객관적 관점에서 설명 가능	환경으로부터의 객관적 자극에 반응할 때 주관적 인지 요인이 관여 : 주관적 관점과 객관적 관점 모두 수용
기본가정	인간의 자기통제능력 부정	인간의 자기통제능력 긍정
강화와 학습	외적 강화가 수반되어야 학습 가능	외적 강화 없이 학습 가능 ⇨ 대리적 강화를 중시
학습동기	외적 동기를 중시	내적 동기와 외적 동기를 모두 중시
강화와 처벌에 대한 해석	강화인과 처벌인을 행동(학습)의 직접적인 원인으로 봄.	강화인과 처벌인은 기대를 갖게 한다고 봄(학습의 간접적 원인).
학습에 대한 관점	관찰 가능한 행동의 변화	이전과는 다른 행동을 나타내 보일 수 있도록 하는 정신구조의 변화
공통점	• 경험이 학습의 중요한 요인임에 동의함. • 행동에 대한 설명에서 강화와 처벌의 개념을 포함함. • 학습을 촉진하기 위해 피드백이 중요함에 동의함.	

정답 03. ② 04. ③ 05. ④ 06. ② 07. ③

2 학습과정

08 사회인지이론에서 주장하는 관찰학습의 단계를 순서대로 바르게 나열한 것은? 19. 국가직

① 파지단계 ⇨ 재생단계 ⇨ 동기화단계 ⇨ 주의집중단계
② 주의집중단계 ⇨ 파지단계 ⇨ 재생단계 ⇨ 동기화단계
③ 동기화단계 ⇨ 주의집중단계 ⇨ 파지단계 ⇨ 재생단계
④ 재생단계 ⇨ 주의집중단계 ⇨ 동기화단계 ⇨ 파지단계

해설 사회적 학습(사회인지학습, 관찰학습)의 과정은 '주의집중 - 파지 - 재생 - 동기화(강화)'의 단계로 이루어진다.

TIP 관찰학습의 과정

주의집중	모방하려는 모델의 행동에 주의를 집중하는 단계로, 모델의 특성과 모방자(관찰자)의 특성에 영향을 받는다.
파지	흔히 모델을 관찰한 후 어느 정도 시간이 지난 다음에 모델을 모방하기 때문에 모델의 행동을 상징적으로 기억하는 단계이다.
재생	모방하려는 것을 실제행동으로 옮겨보는 단계이다.
동기화(강화)	강화를 통해 행동의 동기를 높여주는 단계로, 강화는 관찰자로 하여금 모델과 같이 행동하면 자기도 강화를 받는다는 기대를 갖게 하고, 학습의 수행으로 유인하는 구실을 한다.

09 다음은 반두라(A. Bandura)의 관찰학습 과정에 관한 모형도이다. 이를 한 학생이 연예인의 행동을 모방하게 되는 과정에 적용해 볼 때, B 단계에 해당되는 설명은? 05. 중등임용

① 연예인의 행동을 상징적 기호로 저장한다.
② 연예인의 독특하고 재미있는 표정이나 몸짓에 주의를 기울인다.
③ 연예인의 행동과 같아지기 위해 연습을 반복하고, 자기의 행동을 스스로 관찰한다.
④ 관찰을 통해 기억된 연예인의 행동을 친구들 앞에서 해 본 후 칭찬을 받는다.

해설 사회적 학습(사회인지학습, 관찰학습)의 과정은 '주의집중 - 파지 - 재생 - 동기화(강화)'의 단계로 이루어진다.
'A'는 주의집중, 'B'는 파지, 'C'는 운동재생, 'D'는 동기화(강화)이고, ②는 A, ③은 C, ④는 D에 해당한다.

TIP 사회적 행동의 학습절차 : 반두라

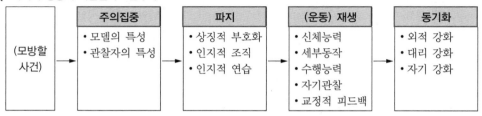

10 반두라(Bandura)의 관찰학습 단계 중 모델의 행동을 언어적 · 시각적으로 부호화하는 단계는?

22. 국가직

① 재생 　　　　② 파지 　　　　③ 동기화 　　　　④ 주의집중

해설 반두라(A. Bandura)의 사회적 학습(사회인지학습, 관찰학습)의 과정은 '주의집중 − 파지 − 재생 − 동기화(강화)'의 단계로 이루어진다. 이 중 모델의 행동을 언어적 · 시각적으로 부호화하는 과정은 파지(retention)에 해당한다.

제10절 학습의 개인차 I : 인지적 특성과 학습

1 전이(transfer)의 개념과 유형

01 학습의 전이에 대한 설명으로 옳지 않은 것은?

18. 국가직 7급

① 특정 장면에서 학습한 내용이 다른 장면의 학습에 영향을 미치는 것을 말한다.
② 일반적으로 원래의 학습장면과 새로운 학습장면이 다를수록 전이가 촉진된다.
③ 학습 원리를 학습자 스스로가 경험할수록 전이가 촉진된다.
④ 다양한 사례와 충분한 연습의 기회를 제공할수록 전이가 촉진된다.

해설 학교교육이 추구하는 가장 중요한 교육목표의 하나인 전이(transfer)는 선행학습이 후행학습에 미치는 영향(효과)을 말하며, 특정 장면에서 학습한 내용이 새로운 장면의 학습이나 행동에 영향을 미치는 현상을 말한다. ②는 일반적으로 원래의 학습장면과 새로운 학습장면이 유사할수록 전이가 촉진된다.

TIP 전이(transfer)에 영향을 주는 요인

1. **유사성의 요인**: 선행학습과 후행학습 간의 유사성(예 장면의 유사성, 원리의 유사성)이 높을수록 전이가 잘 일어난다.
2. **학습정도의 요인**: 선행학습이 철저할 때 전이가 잘 일어난다.
3. **시간적 간격의 요인**: 시간 간격이 좁을수록(두 학습 사이의 경과시간이 짧을수록) 전이가 잘 일어난다.
4. **학습자의 지능요인**: 학습자의 지능이 높을수록 전이효과가 크다.
5. **학습자의 태도요인**: 학습자의 태도가 적극적일수록 전이효과가 크다.
6. **학습방법의 요인**: 학습방법에 따라 전이효과가 다르게 나타난다.
7. **학습원리의 요인**: 개별적 사실보다 학습원리를 잘 파악할수록 전이효과가 크다.
8. **학습시간 요인**: 학습시간이 충분할수록 전이가 잘 일어난다.
9. 유의미학습은 기계적 기억보다 전이를 촉진한다. 유의미학습은 학습정보를 기존의 선행지식과 관련짓는 학습이다.
10. 다양한 사례와 충분한 연습기회를 제공할수록 전이가 촉진된다.
11. 메타인지가 높을수록 전이가 촉진된다.

정답 　08. ② 　09. ① 　10. ② / 01. ②

02 '수학시간에 가감승제를 배운 것이 물리시간에 배우는 공식을 이해하는 데 도움이 되는 것'을 나타내는 전이의 두 가지 종류는?

14. 국가직 7급

① 긍정적 전이와 수평적 전이 ② 부정적 전이와 수평적 전이

③ 긍정적 전이와 수직적 전이 ④ 부정적 전이와 수직적 전이

해설 긍정적 전이(positive transfer, 적극적 전이, 정적 전이)는 선행학습이 후행학습을 촉진하는 경우를 말하며, 수평적 전이(horizontal transfer)는 선행학습 과제와 후행학습 과제의 수준이 비슷한 경우에 나타나는 전이로 특정 교과의 학습이 다른 교과의 학습에 영향을 미칠 때 발생한다.

TIP 전이(transfer)의 유형

긍정적 전이	선행학습이 후행학습을 촉진하는 경우
부정적 전이	선행학습이 후행학습을 방해하는 경우 ⇨ 순행간섭과 유사
영전이	선행학습이 후행학습에 아무런 영향을 주지 않는 경우
수평적 전이	선행학습 과제와 후행학습 과제의 수준이 비슷한 경우에 발생
수직적 전이	선행학습이 후행학습의 기초가 될 때 발생
특수적 전이	선행학습과 후행학습이 구체적인 유사성을 띨 때 발생
일반적 전이	선행학습과 후행학습이 유사성이 없을 때 발생
의식적 전이	선행학습 내용을 의도적으로 인출하여 적용할 때 발생 ① 전향적 전이: 선행학습이 후행학습에 영향을 미침. ② 역행적 전이: 후행학습이 선행학습에 영향을 미침.
무의식적 전이	선행학습 내용이 후행학습이 자동적으로 적용될 때 발생

---

2 전이 이론

03 다음의 내용에 부합하는 학습전이 이론은?

08. 유·초등임용

> • 두 학습과제 간에 원리가 동일하거나 유사할 때 전이가 이루어진다.
> • '지식의 구조'를 강조하는 브루너(J. S. Bruner) 등의 학문 중심 교육과정에서 지지되고 있다.
> • 수중 30cm 깊이에 있는 표적 맞추기 실험을 했을 때 굴절의 원리를 배운 학생들이 배우지 않은 학생들보다 표적을 잘 맞추었다.

① 일반화설 ② 동일요소설 ③ 형식도야설 ④ 형태이조설

해설 일반화설은 '동일원리설'이라고 불리며, 후에 형태이조설의 토대가 되었다. 일반원리나 법칙을 알 때, 일정한 학습 장면에서 조직적으로 개별화 또는 일반화해서 다른 장면에 적용할 때 전이가 발생한다는 이론이다.

TIP 전이이론 ||||||||||||||||||||||||||||||||||||||||||||||||||||||||||||||

전이 유형	주창자	내용	영향
형식도야설	Locke	교과(형식)를 통해 일반정신능력을 훈련시킬 때 자연적(자동적) 전이 발생	교과 중심 교육과정
동일요소설	Thorndike	동일한 요소가 있을 때, 유사성이 클 때 전이 발생	경험 중심 교육과정
일반화설 (동일원리설)	Judd	• 일반원리나 법칙을 알 때, 일정한 학습장면에서 조직적으로 개괄화 또는 일반화해서 다른 장면에 적용할 때 전이 발생 • 수중표적 맞히기 실험(굴절의 원리)	학문 중심 교육과정
형태이조설 (구조적 전이설)	Koffka	• 일반화설의 확장 • 어떤 장면 또는 학습자료의 역학적 관계(수단과 목적의 관계)를 이해할 때 전이 발생 • 퀼러(Köhler)의 닭 모이 실험	• 학문 중심 교육과정 • 발견학습(Bruner)

04 다음 사례에 해당하는 학습의 전이(transfer)가 아닌 것은? 23. 지방직

> 수학 시간에 사칙연산을 배우는 것은 가게에서 물건값을 지불하고 잔돈을 계산하는 데 도움을 준다.

① 긍정적(positive) 전이　　　　　② 특수(specific) 전이
③ 일반(general) 전이　　　　　　④ 수평적(lateral) 전이

해설 제시문은 동일요소설에 해당하는 사례이다. 동일요소설은 손다이크(Thorndike)가 주장한 전이이론으로, 선행학습과 후행학습 간 동일한 요소가 있을 때 전이가 발생한다고 보는 입장으로 특수적 전이를 중시한다. 경험 중심 교육과정에서 중시하는 전이이론으로 학습 상황과 실제 상황이 일치할 때 교육효과가 크다고 본다. 또한 제시문의 사례는 선행학습(사칙연산 학습)이 후행학습(물건값 계산)에 도움을 주었으므로, 긍정적 전이에 해당하고, 선행학습과 후행학습의 위계(과제 수준)가 유사하고, 교과학습이 일상학습에 영향을 주었으므로 수평적 전이에 해당한다. ③은 선행학습과 후행학습의 차이점을 강조하며, 형식도야설, 형태이조설, 동일원리설(일반화설)이 이에 해당한다.

정답 　02. ①　03. ①　04. ③

제 11 절 / 학습의 개인차 II : 정의적 특성과 학습

1 방어기제(defense mechanism)

01 스트레스에 대처하는 다양한 방어기제들에 대한 설명으로 옳지 않은 것은?   12. 국가직

① 퇴행 - 만족이 주어졌던 발달 초기의 수준으로 돌아가 미숙한 반응을 나타내어 불안을 극복하려는 것

② 합리화 - 사회적으로 용납될 수 없거나 수치스러운 욕구가 외부로 나타나지 않도록 욕구와 반대되는 행동과 태도를 보이는 것

③ 승화 - 사회적으로 가치 있는 일을 성취하려고 노력함으로써 자신이 억압당하고 있는 욕구를 만족시키는 것

④ 동일시 - 다른 사람의 행동특성이나 심리특성을 자신의 특성처럼 받아들여 불안을 극복하려는 것

[해설] ②는 반동형성(reaction formation)에 해당한다. 합리화(rationalization)는 논리적인 위장이나 그럴듯한 구실이나 변명을 통해 난처한 입장이나 실패를 정당화하려는 자기기만 전략으로, 원하는 것을 얻지 못했을 경우 처음부터 그것을 원하지 않았다고 자기변명을 하는 여우와 신포도형(sour grape) 합리화, 불만족한 현재 상태를 원래부터 바라던 것이었다고 정당화하는 달콤한 레몬형(sweet lemon) 합리화, 변명거리를 들어 자신이 한 행동을 정당화하는 전가형(투사형, projection) 합리화가 있다.

02 방어기제에 대한 설명으로 옳은 것만을 〈보기〉에서 고른 것은?   14. 지방직

> ┌ 보기 ┐
> ㉠ 억압은 수용하기 어려운 충동, 사고, 감정을 자기 자신의 것으로 인정하지 않고 다른 사람의 것으로 귀인하는 과정이다.
> ㉡ 동일시는 의식적으로 다른 사람의 특성(가치, 태도, 행동 등)을 내면화하는 과정이다.
> ㉢ 반동형성은 위협적인 충동을 정반대의 충동, 말, 행동으로 대치하는 과정이다.
> ㉣ 치환은 현실적인 제약 요인으로 인해서 충동이나 욕구를 충족시킬 수 없을 때 다른 대상을 통해 충동이나 욕구를 충족시키려는 과정이다.
> ㉤ 퇴행은 위협을 주거나 수용하기 어려운 욕구, 사고, 기억이 의식화되거나 행동으로 표출되지 않도록 무의식적으로 차단하는 과정이다.

① ㉠, ㉡   ② ㉡, ㉢

③ ㉢, ㉣   ④ ㉣, ㉤

[해설] 방어기제(defense mechanism)는 1894년 프로이트의 「방어의 신경정신학」에서 처음으로 사용한 것으로, 원초아(id)의 충동과 이에 대립되는 초자아(super-ego)의 압력(불안)으로부터 자아(ego)를 보호하기 위해 사용하는 자아(ego)의 전략을 말한다. 자아(ego)가 자기기만을 통해 불안을 감소시키기 위해 사용하는 무의식적 전략으로, 욕구충족이 어려운 현실에서 문제의 직접적인 해결을 시도하지 않고 현실을 왜곡시켜 자아를 보호함으로써 심리적 평형을 유지하려는 기제이다. ㉠은 투사(projection), ㉡은 무의식적인 과정에 해당하며, ㉤은 억압(repression)에 해당한다.

TIP 방어기제의 종류 및 내용

종류	내용	예
합리화 (rationalization)	자신의 행동을 그럴 듯한, 그러나 부정확한 핑계를 사용하여 받아들여질 수 있게 행동을 재해석하는 것 ⇨ 여우와 신포도형 합리화, 달콤한 레몬형 합리화	이솝우화에서 포도를 딸 수 없었던 여우가 포도가 실 것이라고 결론 내렸던 것
보상 (compensation)	자신의 결함이나 무능, 약점을 장점으로 보충하여 본래의 열등감으로부터 자아를 보호하려는 기제	성적이 낮은 아이가 자신 있는 운동을 열심히 하는 것
승화 (sublimation)	수용될 수 없는 (성적)충동이 사회적으로 받아들여질 수 있는 충동으로 대체되는 것	타인에 대한 공격성이 권투선수가 되어 훌륭한 시합을 하는 것으로 대체되는 것
반동형성 (reaction-formation)	개인의 내면에서 수용할 수 없는 충동을 정반대로 적극적으로 표현하는 것	위협적인 성적 충동에 사로잡혀 있던 사람이 정반대로 포르노그래피를 맹렬하게 비판하는 것
투사 (projection)	자신이 갖고 있는 좋지 않은 충동을 다른 사람이 가지고 있다고 원인을 돌리는 것 ⇨ 주관의 객관화 현상	내가 그를 미워하는 것이 아니라 그가 나를 미워한다고 표현하는 것
동일시 (identification)	무의식적으로 다른 사람의 특성을 내면화하는 과정, 타인이나 집단의 가치나 태도를 자랑하거나 따라하기 ⇨ 객관의 주관화 현상	남아는 아버지의 생각과 행동을 따라함으로써 남성다움을 학습하는 것, 학생들이 연예인의 행동과 패션을 흉내내는 것
전위(치환) (displacement)	어떤 대상에게 원초아의 충동을 표현하기가 부적절하면 그러한 충동을 다른 대상으로 대체하는 것	아빠에게 꾸중을 들은 아이가 적대감을 아빠에게 표현하지 못하고 동생을 괴롭히는 것
퇴행 (regression)	위협적인 현실에 직면하여 덜 불안을 느꼈던, 그리고 책임감이 적었던 이전 발달단계의 행동을 하는 것	아이가 학교에 가야 한다는 위협에 직면하여 잠자리에서 오줌을 싸는 것
고착 (fixation)	심리적인 성장에서 다음 단계로 발달하지 못하고 현행 단계에 그대로 머물러 있는 현상	5학년 때 부모의 이혼으로 심리적인 발달단계가 5학년 수준에 머물러 있는 것
억압 (repression)	자아가 심리적으로 위협적인 내용을 의식 밖으로 밀어내거나 혹은 그러한 자료를 의식하지 않으려는 적극적인 노력	자신을 학대하는 부모에 대한 뿌리 깊은 적대감을 알아차리지 못하는 것
부정 (denial)	현실에서 일어났던 위협적·외상적인 사건을 받아들이지 않고 거절하는 것	부모가 사랑하는 자녀의 죽음을 계속해서 믿지 않으려 하는 것

Chapter
06

정답　01. ②　02. ③

03 다음 설명에 해당하는 방어기제는? 22. 국가직 7급

- 욕구 충족이 어려운 상황에서 참된 이유가 아니라 그럴듯한 이유를 찾아 자신의 행동을 정당화시킨다.
- 자신이 바라는 것을 얻지 못하였을 때 그것의 가치를 평가절하하는 신포도 기제가 활용될 수 있다.
- 자신이 인정하고 싶지 않은 상황을 할 수 없이 받아들여야 할 때 그것이 마치 바라던 일인 것처럼 과대평가하는 단레몬 기제를 동원할 수 있다.

① 투사(projection)
② 반동형성(reaction formation)
③ 억압(repression)
④ 합리화(rationalization)

해설 합리화(rationalization)는 자신의 행동을 그럴듯한 구실이나 변명, 부정확한 핑계를 사용하여 난처한 입장이나 실패를 정당화하려는 자기기만 전략으로, 여우와 신포도형(sour grape)과 달콤한 레몬형(sweet lemon) 합리화가 있다.

04 다음의 사례에서 보람이가 사용한 방어기제는? 05. 중등임용

보람이는 학급 임원으로 선출되기를 기대했다. 그러나 아무도 추천하지 않아 후보에도 오르지 못했다. 선거가 끝난 후 보람이는 스스로에게 다음과 같이 말하였다. "임원이 되면 공부할 시간이 없을 텐데, 잘된 거야."

① 투사(projection)
② 동일시(identification)
③ 합리화(rationalization)
④ 반동형성(reaction formation)

해설 합리화(rationalization) 중에서도 '달콤한 레몬형'에 대한 설명이다. 달콤한 레몬형(sweet lemon type)은 불만족한 현실을 긍정 또는 과대평가하는 전략으로, 불만족한 현재 상태를 원래부터 바라던 것이었다고 정당화하는 것이다.

05 다음의 두 사례에 공통적으로 나타난 방어기제는? 08. 유·초등임용

- 민수는 진영이가 싫지만 오히려 진영이가 자기를 싫어한다고 생각한다.
- 승희는 밤길을 무서워한다. 어느 날 밤, 엄마가 심부름을 시키자 언니에게 함께 나가자고 하면서 "언니, 무섭지? 내가 같이 가니까 괜찮지?"라고 말한다.

① 투사
② 승화
③ 동일시
④ 합리화

해설 투사(projection)는 자신이 수용하기 어려운 충동·사고·감정을 자기 자신의 것으로 인정하지 않고 다른 사람의 탓으로 돌리는 것으로, '주관의 객관화 현상'이라고 한다. 남에게 뒤집어씌우기·책임전가·감정의 전이가 일어나는 방어기제이다.

06 □□□ 프로이트(S. Freud)의 자아방어기제 중 자신의 용납할 수 없는 충동, 생각 혹은 행동들을 무의식적으로 다른 사람에게 귀속시킴으로써 자신을 방어하는 기제는?   13. 국가직 7급

① 억압   ② 투사
③ 승화   ④ 반동형성

해설 투사(projection)는 자신의 불만이나 불안을 해소하기 위해 남에게 감정이나 책임을 전가하는 방어기제로서, 자신의 욕구나 감정, 태도 등을 타인의 내부에서 발견하려는 것이다.

07 □□□ 다음의 사례에 해당하는 프로이트(S. Freud)의 방어기제는?   06. 중등임용

> 외아들인 기수는 형제가 있는 친구들을 볼 때마다 매우 부러워했다. 특히 학교를 가지 않는 날이면 외롭고 쓸쓸하였다. 그래서 기수는 시(市)에서 운영하는 청소년 단체에 가입해서 나이가 서로 다른 사람들과 어울림으로써 외로움을 많이 달랬고, 그 결과 사교성도 발달하였다.

① 승화   ② 투사
③ 치환   ④ 합리화

해설 승화(sublimation)는 정신적인 역량의 전환을 의미하는 방어기제로 무의식적 욕망과 충동에 연계되어 있는 심리적(성적) 에너지를 창의적이면서도 사회적으로 수용될 수 있는 활동으로 전환시키는 가장 바람직한 방어기제 유형이다. 위험하고 원시적인 성적인 충동이나 공격적 충동을 더욱 바람직한 방식으로 표출하게 함으로써 다른 사람들과 조화를 이루며 공동생활을 영위할 수 있도록 돕는다.

08 □□□ 다음 설명에 해당하는 방어기제는?   19. 국가직

> • 사회적으로 용인될 수 없는 충동을 정반대의 말이나 행동으로 표출하는 과정
> • 친구를 좋아하면서도 표현하기가 힘든 아이가 긴장된 상황에서 '난 네가 싫어!'라고 말하는 것

① 억압(repression)   ② 반동형성(reaction formation)
③ 치환(displacement)   ④ 부인(denial)

해설 반동형성(reaction−formation)은 개인 내면의 위협적인 충동을 정반대의 충동, 말, 행동으로 대치하는 과정이다.

정답 ──── 03. ④   04. ③   05. ①   06. ②   07. ①   08. ②

09 다음의 사례에 나타난 방어기제는?

11. 유·초등임용

> 초등학교 3학년인 민호에게 동생이 태어났다. 동생이 태어난 이후로 민호는 나이에 어울리지 않게 손가락을 빨고, 바지에 오줌을 싸는 등의 행동을 다시 하게 되었다.

① 퇴행 ② 억압 ③ 투사
④ 부인 ⑤ 동일시

해설 퇴행(regression)은 불안을 해소하기 위해 이전 발달단계나 유치한 행동(부모의 관심이 갓 태어난 동생에게 집중될 때 부모의 관심을 얻기 위해 어리광을 부리는 경우)으로 되돌아가는 것으로, 안정적이고 즐거웠던 이전 발달단계로 후퇴함으로써 불안을 완화시키는 방어기제이다. 하찮은 일에 자주 우는 경우, 부부싸움을 한 후 친정으로 달려가는 신부의 행동, 동창회에 참석해서 학생처럼 행동하는 경우도 퇴행에 해당한다.

2 건전한 성격

10 학습자의 적응은 학업 수행을 결정짓는 요인이다. 따라서 적응을 위한 건전한 성격을 이해하는 것은 매우 중요하다. 다음의 각 학자와 그가 주장하는 건전한 성격을 연결한 것으로 옳지 않은 것은?

07. 교육사무관 5급

① Freud – 성격구조 간의 조화 ② Erikson – 인간관계 위기의 극복
③ Adler – 열등감의 회복 ④ Maslow – 자기실현 욕구의 만족
⑤ Sullivan – 집단무의식의 획득

해설 설리번(Sullivan)은 대인관계를 조화롭게 잘 이루는 것을 건강한 성격으로 보았고, 집단무의식의 획득은 융(Jung)의 주장이다.

TIP 건강한 성격인의 특성

1. **올포트(Allport)의 성숙한 인간**: 자아의식의 확대, 타인과의 관련성, 정서적 안정, 현실적 지각, 기술과 과업, 자기객관화, 통정된 생활철학
2. **로저스(Rogers)의 완전히 기능하는 인간(만발기능인)**: 경험에 대한 개방성, 실존적인 삶, 신뢰감, 자유의지, 창조성
3. **프롬(Fromm)의 생산적인 인간**: 자기 자신을 사랑할 수 있는 능력, 다른 사람과 진정한 인간관계를 확립, 이성으로써 세상을 이해
4. **융(Jung)의 개성화된 인간(individualized person)**: 자신에 대한 인식(self-realization), 성격적 특성들 간의 균형, 자아의 통합, 자기표현
5. **프랭클(Frankl)의 자아초월의 인간**
6. **펄스(Perls)의 '여기 그리고 지금'의 인간**
7. **매슬로우(Maslow)의 자아실현의 인간**: 현실 중심적(reality-centered), 문제해결능력이 강함(problem-centered), 수단과 목적의 구별(과정이 결과보다 중요함, discrimination between ends and means), 혼자 있는 시간을 즐김(detachment: need for privacy), 자율적임(autonomy: independent of culture and environment), 사회에 순응하지 않음(resistance to enculturation), 민주적인 가치 존중(democratic behavior), 인간적임(social interest), 친밀한 인간관계(intimate personal relations), 유머감각(sense of humor), 자신과 타인에 대한 수용(acceptance of self and others), 자발성과 단순함(spontaneity & simplicity), 풍부한 감성(freshness of appreciation), 창의적임(creativity), 절정경험(peak experience, mystic experience)

정답 09. ① 10. ⑤

Chapter
07

교수 - 학습이론

오현준 교육학
단원별✦
기출문제 1356제

07 교수 – 학습이론

www.pmg.co.kr

핵심 체크노트

1. **교수 – 학습이론의 기초**
   ① 수업(teaching)과 학습(learning)의 비교
   ② 학습지도의 원리 : 개별화의 원리, 자발성의 원리, 직관의 원리
   ③ 수업효과에 영향을 주는 변인 : 피그말리온 효과(교사의 학생관)

2. **수업설계**
   ★① 수업설계 변인(Reigeluth) : 교수조건, 교수방법, 교수성과
   ② 수업목표 진술 : 타일러(Tyler), 메이거(Mager)
   ★③ 교수설계모형 : 절차모형(Glaser), 체제모형(ADDIE, Dick & Carey), 미시설계모형(Merrill), 거시설계모형
      (Reigeluth)

3. **교수학습의 방법**
   ★① 토의법 : 배심토의, 단상토의, 공개토의, 대담토의, 버즈토의
   ★② 협동학습 : Jigsaw 모형, 성취과제 분담모형(STAD), 팀경쟁학습(TGT), 팀보조 개별학습(TAI), 자율적인 협동
      학습(Co–op, Co–op)
   ③ 개별화 수업 : IPI, ATI(TTI), PI

4. **교수이론**
   ① 완전학습모형 : 캐롤(Carroll)의 학교학습모형, 블룸(Bloom)
   ② 브루너(Bruner)의 발견학습모형 : 학습경향성, 지식의 구조, 계열성(나선형 교육과정), 강화(내적 보상)
   ★③ 오수벨(Ausubel)의 유의미 수용학습이론 : 선행조직자, 포섭(subsumption)
   ★④ 가네(Gagné)의 목표별 수업이론 : 독립변인(내적 조건, 외적 조건), 수업사태, 종속변인(정보의 획득·파지·전이)
   ★⑤ 구성주의 학습 : 인지적 도제이론, 상황학습, 정황교수, 인지적 유연성 이론, 문제 중심 학습(PBL), 상보적 교
      수이론, 자기주도적 학습

제1절 교수 – 학습이론의 기초

01 학습은 '경험이나 연습의 결과로 발생되어 학습자들에게 일어난 비교적 지속적인 행동이나 인지적
□□□ 변화'라고 정의할 때 학습의 영역을 바르게 나타낸 것은?   08. 경기

> A. 일시적 변화   B. 성숙에 의한 자연적 변화
> C. 개인에게 일어나는 모든 변화   D. 생득적 반응 경향에 의한 변화

① 학습(L) = B + D   ② 학습(L) = A + B + D
③ 학습(L) = C − (A + D)   ④ 학습(L) = C − (A + B + D)

> **해설** 학습이란 ⊙ 행동의 변화이며, ⓒ 이러한 변화는 연습, 훈련 또는 경험에 의한 변화로서 성숙에 의한 변화는 학습
> 으로 간주되지 않으며, ⓒ 이러한 변화는 비교적 영속적이어야 한다. 따라서 동기, 피로, 감각적 순응 또는 유기체의 감수성
> 의 변화 등은 제외된다. ⓔ 순수 심리학의 학습에 대한 정의에 비하여 교육학적 견해로는 바람직한, 진보적인 행동의 변화
> 만을 학습으로 간주한다(서울대학교 교육연구소, 1994). 그러므로 A, B, D는 학습에 포함될 수 없다.

TIP 학습의 기준이 되는 세 가지 요소

학습의 기준	학습	학습이 아닌 예
변화의 결과 부위 (locus of change)	인지적, 정의적, 심동적 영역에서의 행동상의 변화	자연적인 성숙, 생득적인 반응경향
변화의 지속시간 (duration of change)	장기간 지속되는 변화	• 잠깐 기억되는 공부 **예** 벼락치기, 밤샘 시험공부 • 피로나 약물, 사고 등으로 인한 일시적인 변화
변화를 야기한 원인 (cause of change)	연습이나 훈련, 경험에 의한 변화	약물로 인한 변화

02 다음은 수업이론에 대한 브루너(J. Bruner)의 견해이다. 밑줄 친 (가)와 (나)에 알맞은 단어들을 순서대로 연결한 것은?

05. 유·초등임용

> 수업이론은 주어진 교육목표를 달성하기 위한 가장 효과적인 수업의 절차를 제시해야 한다는 점에서 __(가)__ 이다. 또한 학습자가 어떤 조건에서 어느 정도 학습해야 하는지 그 조건과 준거를 제시해야 한다는 점에서 __(나)__ 이다.

① 간접적 - 기술적
② 규범적 - 간접적
③ 처방적 - 규범적
④ 처방적 - 기술적

해설 브루너(Bruner)는 교수이론은 처방적·규범적이나, 학습이론은 기술적·진단적이라고 했다.

TIP 기술적 이론과 처방적 이론의 비교

분류	기술적(서술적) 이론	처방적(규범적) 이론
독립변인	교수의 조건, 교수의 방법	교수의 조건, 교수의 성과
종속변인	교수의 성과	교수의 방법
예	행동주의 학습이론	발견학습, 유의미 수용학습(인지주의 교수이론)
가치 추구	가치 중립	가치 지향
연구 의도	교수결과 기술	교수목표 성취
중점 변인	교수결과	교수방법
결과 기대	의도한 것 또는 의도되지 않은 것	의도한 결과

교수이론의 특징

정답 01. ④ 02. ③

03 교사의 학생관이 학생의 학업성취에 영향을 주는 내용과 관계 깊은 것을 모두 고른 것은?

11. 교육사무관 5급

㉠ 자기충족적 예언효과	㉡ 로젠탈 효과
㉢ 피그말리온 효과	㉣ 친근성 효과

① ㉠

② ㉠, ㉡

③ ㉡, ㉢

④ ㉠, ㉡, ㉢

⑤ ㉠, ㉡, ㉢, ㉣

해설 로젠탈과 제이콥슨(Rosenthal & Jacobson)이 주장한 피그말리온 효과(Pygmalion effect)는 교사의 기대가 학생의 학업성취도에 미치는 현상으로, 교사가 어떤 학생이 공부를 잘할 것이라고 기대하면 실제로 학업성취도가 높아진다는 주장이다. 피그말리온 현상을 실험한 오크(Oak)학교의 실험 결과 실험집단일수록, (성적)중간집단일수록, 나이가 어릴수록, 사회경제적 지위가 낮을수록 기대효과가 크게 나타났다. 유사한 개념으로는 로젠탈 효과, 실험자(또는 교수자)효과, 갈라테이아 효과, 자성예언(self-fulfilling prophecy), 호손 효과(Hawthorne effect), 플라시보 효과(Placebo effect), 기대특전 현상 등이 있으며, 이와 반대로 부정적 기대가 부정적 결과를 산출하는 것을 낙인효과, 골렘(Golem, 유대인의 신) 효과, 기대지속(유지) 효과, 노시보(Nocebo) 효과라고 한다. ㉣은 특정 대상에 많이 노출될수록 해당 대상에 대한 호감도가 증가하는 현상을 말한다.

긍정적 기대가 긍정적 결과를 산출	부정적 기대가 부정적 결과를 산출
피그말리온(Pygmalion) 효과, 갈라테이아(Galateia, '잠자는 사랑') 효과, 자성예언 효과(긍정적), 호손 효과, 로젠탈 효과, 교수자 효과, 실험자 효과	골렘(Golem, 유대인의 신) 효과, 낙인 효과(명명 효과), 자성예언 효과(부정적)
기대특전 현상	기대지속 효과
플라시보(Placebo) 효과	노시보(Nocebo) 효과

04 다음은 심리적 현상에 관한 내용이다. ㉠과 ㉡에 들어갈 말은?

09. 초등임용

- 초등학교에서 학년 초 학생들에게 지능검사를 실시한 후 무작위로 20%를 선정하여 반을 편성하고 담임교사에게 그 학생들이 1년 후 놀랄 만한 지적 성장을 할 것이라고 말해 주었다. 그 결과 학년 말에 그들은 다른 반 학생보다 지능지수(IQ)가 향상되었다. 이처럼 교사의 기대가 학생들의 성취에 미치는 긍정적 현상을 (㉠)이라고 한다.
- 레빈(K. Lewin)의 장이론에 따르면, 어떤 목표가 달성되면 긴장이 해소되어 더 이상 목표에 대한 생각을 하지 않게 되지만 목표가 달성되지 않으면 긴장이 계속되어 목표에 대한 생각이 유지된다. 그 결과 미완성 과제에 대한 회상율은 더 높아진다. 이처럼 완성된 과제보다 미완성된 과제를 더 잘 회상하는 현상을 (㉡)이라고 한다.

㉠	㉡
① 플린 효과	골름 효과
② 플린 효과	호손 효과
③ 플라시보 효과	노시보 효과
④ 피그말리온 효과	가르시아 효과
⑤ 피그말리온 효과	자이가닉 효과

해설 피그말리온 효과(Pygmalion effect)는 교사의 긍정적 기대가 학생의 긍정적 학업성취도에 미치는 현상을 말하며, 자이가닉 효과(Zeigarnick effect)는 미완성 과제나 욕구가 오래 기억되는 현상을 말한다. 플린 효과(Flynn effect)는 지능지수의 세대별 증가 현상을 말하며, 골름 효과(Golem effect)나 노시보 효과(Nocebo effect)는 교사의 부정적 기대가 부정적 결과를 낳는 현상을 말한다. 가르시아 효과(Garcia effect)는 불쾌자극으로 인해 한 번에 학습하는 것으로, 연습의 법칙(계속성의 원리)이 성립되지 않는 예외적인 학습 현상이다. 주로 특정한 먹거리와 뒤에 따르는 결과(질병) 사이의 관련성을 학습하는 경우가 많다. 예컨대, 고기를 먹고 배탈이 심하게 나면 이후로 그 고기를 먹지 않게 되는 것이다.

제 2 절 수업설계

01 다음은 교수설계 이론가인 라이겔루스(C. M. Reigeluth)가 제안한 교수설계의 3요소 중 교수조건, 교수방법, 교수결과 변인을 열거한 것이다. 이 중 교수조건에 해당되는 것으로만 묶은 것은?

10. 국가직 7급

㉠ 조직전략	㉡ 학습자 특성
㉢ 효율성	㉣ 제약요소
㉤ 매력성	㉥ 교과내용

① ㉠, ㉡, ㉢
② ㉠, ㉢, ㉤
③ ㉡, ㉣, ㉥
④ ㉢, ㉤, ㉥

해설 교과목표, 학습자 특성(㉡), 제약요소(㉣), 교과내용(㉥)은 교수조건 변인에 해당하며, 조직전략(㉠), 전달전략, 관리전략은 교수방법에 해당하며, 효과성, 효율성(㉢), 매력성(㉤), 안정성은 교수결과 변인에 해당한다.

TIP 수업설계의 3대 변인

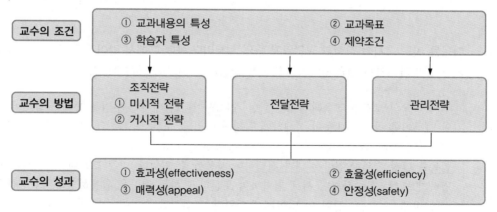

02 라이겔루스(Reigeluth)의 교수설계이론에서 제시한 교수방법의 세 가지 전략에 해당하지 않는 것은?

① 조직전략   ② 전달전략   ③ 평가전략   ④ 관리전략

해설 라이겔루스(Reigeluth)가 제시한 수업설계의 3대 변인(조건 변인, 방법 변인, 성과 변인) 중에서 교수방법 변인에는 조직전략, 전달전략, 관리전략이 있다.

교수조건 (conditons)	교과내용의 특성	사실, 개념, 원리 등과 같은 명제적 지식과 절차적 지식
	교과목표	인지적 영역, 정의적 영역, 심리운동기능적 영역
	학습자 특성	학습자의 현재 상태(예 적성, 학습동기, 흥미와 태도, 학습 유형 및 성격, 선수학습 정도, 선수지식의 구조화 정도 등) ⇨ 교사가 통제할 수 있는 변인이 아니라 있는 그대로 수용해야 하는 변인
	제약조건	교수 상황의 여러 요인 예 기자재, 교수-학습자료, 재정, 자원, 인원 등
교수방법 (methods)	조직전략	교과의 내용을 그 구조와 학습자의 수준에 적합하게 조직하는 방법 ① 미시적 전략 : 단 하나의 아이디어를 가르치는 경우에 고려해야 할 전략 예 메릴(Merrill)의 구인전시이론 ② 거시적 전략 : 복잡한 여러 아이디어를 가르치고자 할 때 고려해야 할 전략 예 라이겔루스(Reigeluth)의 정교화 이론
	전달전략	조직한 내용을 효과적이고 효율적으로 학생에게 전수하는 방법
	관리전략	조직전략과 전달전략의 많은 내용들을 언제 어떻게 활용할 것인지를 결정하는 데 필요한 체계적인 정보를 제시하는 전략
교수성과 (outcomes)	효과성(effectiveness)	학습자가 소기의 목표를 달성했는지의 여부
	효율성(efficiency)	목표달성을 이루는 데 가능한 최소 비용과 노력이 드는 정도
	매력성(appeal)	학습자의 동기를 유발하여 그 이후 학습을 촉진할 것 예 켈러(Keller)의 ARCS이론
	안정성(safety)	학습자가 습득한 지식이나 기능이 물리적인 안정과 정서적인 안정은 물론, 도덕적·정치적·지역적·종교적·신체적으로 위험이 없을 것

03 다음은 어느 교사가 작성한 교단일기 중의 일부이다. ㉠~㉤에서 라이겔루스(C. Reigeluth)가 제시한 교수의 3가지 변인 중 '조건'변인에 해당하는 것으로 가장 적절한 것은?

우리 학교의 교과별 교육과정에는 월별 계획뿐 아니라 매시간 수업을 통해 도달해야 할 목표와 다루어야 할 교육내용이 상세하게 규정되어 있다. 모든 교사는 그 교육과정에 따라 수업을 진행해야 한다. 따라서 ㉠ 나는 정해진 수업목표와 교육내용을 바꿀 수 없었다. 그러나 ㉡ 수업목표 달성을 위한 전략은 내가 선택하여 사용할 수 있었다. 나는 교육내용을 강의식으로 설명하기보다는 학습자들이 서로 협력하여 토론하게 하는 전략을 활용하였다. 그 전략은 강의식에 비해 ㉢ 학습시간이 더 많이 소요되었다. 그렇지만 수업이 끝난 후 ㉣ 대부분의 학습자들이 수업목표에 도달하였고, ㉤ 수업에 대한 흥미도가 높아졌으며 그 수업의 내용에 대해서도 지속적인 관심을 보였다.

① ㉠   ② ㉡   ③ ㉢
④ ㉣   ⑤ ㉤

해설 라이겔루스(Reigeluth)가 제시한 수업설계의 3대 변인(조건변인, 방법변인, 성과변인) 중에서 조건변인에는 교과목표, 교과내용의 특성, 학습자 특성, 제약 조건 등이 해당한다. ⓒ(전달전략)은 방법변인, ⓒ(효율성), ⓔ(효과성)과 ⓜ(매력성)은 성과변인에 해당한다.

04 교수 – 학습 과정 중 출발점행동 진단에 대한 설명으로 옳지 않은 것은?

① 학습내용과 매체를 선정하고 수업절차를 확인한다.
② 학습자가 해당 학습과제를 학습할 만한 발달수준에 도달했는지를 확인한다.
③ 학습자의 선수학습 요소를 확인한다.
④ 해당 학습과제에 대한 학습자의 흥미나 적성을 확인한다.

해설 출발점행동(entry behavior)은 새로운 학습과제를 배우기 위한 준비나 태세, 특정 단위의 학습활동을 시작하는 데 필요한 이미 학습된 성취수준(Glaser)을 말한다. 인지적 특성으로는 선행학습능력, 즉 선수학습능력과 사전학습능력을 말하며, 정의적 특성으로는 학습자의 흥미, 성격, 자아개념, 자신감 등을 말한다. 출발점행동을 확인하는 검사를 진단평가(diagnostic evaluation)라고 한다. ①은 수업설계의 과정에 해당한다.

TIP 출발점행동을 확인하는 방법

1. 학습과제 분석법을 활용한다.
2. 사전학습 수준 검사지를 개발하여 활용한다. ⇨ 교사제작검사
3. 관찰과 면담 및 체크리스트를 활용한다.
4. 각종 심리검사 및 운동기능 검사도구를 활용한다. ⇨ 표준화검사
5. 학습자 자신이나 교과 담당교사 또는 학급 담당교사가 개인 학습자에 관하여 작성한 기록물이나 과거의 학업성취도 결과물을 활용한다.

제3절 교수설계모형

1 수업과정 모형

01 글레이저(Glaser)의 수업이론에 있어 수업의 일반적 흐름을 가장 적절하게 나열한 것은?

① 출발점 진단 – 수업목표 설정 – 학습평가 – 수업활동
② 수업목표 설정 – 수업활동 – 출발점 진단 – 학습평가
③ 수업활동 – 수업목표 설정 – 출발점 진단 – 학습평가
④ 수업목표 설정 – 출발점 진단 – 수업활동 – 학습평가
⑤ 수업활동 – 출발점 진단 – 학습평가 – 수업목표 설정

해설 글레이저(Glaser)의 수업과정 모형은 체계접근 모형이다. 수업목표는 특정 단위 수업의 종료시 학생들이 보여줄 수 있는 성취로 도착점행동과도 같으며, 출발점 진단은 진단평가로 가능하다. 수업활동은 수업의 가장 핵심적 단계로 형성평가(formative evaluation)를 통해 교정학습 및 교수 – 학습 방법의 개선이 가능하다. 학습평가는 수업목표에 비추어 학생의 학업성취도를 평가하는 것으로, 총괄평가를 한다.

정답 02. ③ 03. ① 04. ① / 01. ④

오현준 교육학

TIP 수업설계모형
1. **수업과정(절차)모형**: 글레이저(Glaser)의 수업과정모형, 한국교육개발원(KEDI)의 수업모형
2. **체제적 설계모형**: ADDIE모형(일반모형), 딕과 캐리(Dick & Carey) 모형(심화모형)
3. **미시설계모형**: 메릴(Merrill)의 구인전시이론 ⇨ 단 하나의 아이디어를 가르치는 경우에 고려해야 할 전략, 하나의 개념이나 사례, 연습문제 등을 제시할 경우에 사용되는 전략
4. **거시설계모형**: 라이겔루스(Reigeluth)의 정교화이론 ⇨ 복잡한 여러 아이디어를 가르치고자 할 때 고려해야 할 전략. 여러 개의 아이디어를 선택하고, 계열지으며, 종합하고 요약하는 데 유용한 전략

2 교수체제 설계모형

02 일반적 교수체제 설계모형(ADDIE)의 '분석 단계'에서 수행하는 활동을 〈보기〉에서 모두 고른 것은?
09. 유·초등임용

┌ 보기 ┌
⊙ 요구분석　　　　　　　　　　　　ⓒ 환경분석
ⓒ 교수자분석　　　　　　　　　　　ⓔ 학습자분석
ⓜ 직무 및 과제분석

① ⊙, ⓒ, ⓒ
② ⊙, ⓔ, ⓜ
③ ⓒ, ⓔ, ⓜ
④ ⊙, ⓒ, ⓒ, ⓔ
⑤ ⊙, ⓒ, ⓔ, ⓜ

해설 분석(Analyze)단계에는 요구분석, (학습)과제분석, 학습자분석, 환경분석이 있다. ⊙ 요구분석(need analysis)은 문제를 확인하는 과정으로 수업설계의 선행단계에 해당하며, 현재의 상태(what is)와 원하는 상태(what should be) 간의 격차를 규명·확인하는 과정이다. 이를 통해 최종 수업목표가 도출된다. ⓒ 환경분석은 수업설계 과정에서 고려되어야 할 제반환경과 학습환경에 대해 파악하는 것이다. ⓔ 학습자분석은 학습자의 특징을 파악, 학습자의 어떠한 특성이 효과적인 수업을 위해 고려되어야 하는지를 결정하는 것으로 수업설계를 위한 기초자료를 확보하는 것이다. ⓜ 학습과제 분석(수업 분석)은 수업목표 분석, 하위기능 분석으로 수업지도를 작성한다.

TIP 일반적 교수설계모형

교수설계 과정	역할(기능)	세부 단계(활동)
분석(Analyze)단계	학습내용(What)을 정의하는 과정	요구분석, 과제(직무)분석, 학습자분석, 환경분석
설계(Design)단계	교수방법(How)을 구체화	수행목표의 명세화(Mager 진술방식), 절대평가 문항 개발, 교수전략과 교수매체 선정
개발(Development)단계	교수자료를 제작하는 과정	교수자료 개발, 형성평가 및 교수자료 수정·제작
실행(Implement, 적용)단계	교수자료를 실제 상황에 적용하는 과정	교수자료의 사용 및 설치, 유지 및 관리
평가(Evaluation)단계	교수자료의 효과성을 결정하는 과정	총괄평가 ⇨ 프로그램 만족도, 학습자의 지식·기능·태도 등의 변화 정도 및 전이

03 ADDIE모형에 대한 설명으로 옳지 않은 것은? 23. 지방직

① 분석 – 요구 분석, 학습자 분석, 환경 분석, 과제 분석 등이 실시된다.
② 설계 – 수행 목표 명세화, 교수전략 및 매체 선정 등이 실시된다.
③ 개발 – 설계명세서를 토대로 교수학습자료를 개발한다.
④ 평가 – 평가도구를 제작하고 평가를 실시한다.

해설 일반적 교수체제 설계모형(ADDIE)에서 A(분석)-D(설계)-D(개발)-I(실행)-E(평가)로 이루어진다. A는 학습내용(What)을 정의하는 과정이며, D는 교수방법(How)을 구체화하는 과정, D는 교수자료를 제작하는 과정, I는 교수자료를 실제 상황에 적용하는 과정, E는 교수방법과 교수자료의 효과성을 결정하는 과정이다. ④에서 평가도구를 제작하는 것은 2단계인 설계단계에서의 활동에 해당한다.

04 교수설계 절차인 ADDIE 모형의 단계에 대한 설명으로 옳지 않은 것은? 16. 국가직 7급

① 설계 – 평가도구를 고안하고 교수전략과 교수매체를 선정한다.
② 개발 – 실제 수업에 사용할 교수 프로그램이나 교수자료를 제작한다.
③ 분석 – 요구분석, 환경분석, 과제분석 등을 포함한다.
④ 실행 – 투입된 교수자료의 효과성과 효율성을 결정한다.

해설 적용(Implement, 실행)단계는 개발된 교수 프로그램이나 교수자료를 실제 교육현장에서 활용하고 관리하는 과정으로, 교수-학습의 질 관리, 교사의 부단한 연수와 의지, 행정적·제도적 지원체제 강구 등이 해당한다. ④는 평가(evaluation)단계에 해당한다.

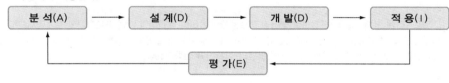

05 교수설계이론에 대한 설명으로 옳은 것은? 20. 지방직

① 개발단계 – 학습을 위해 개발된 자원과 과정을 실제로 사용하는 것을 말한다.
② 실행단계 – 설계에서 구체화된 내용을 물리적으로 완성하는 단계로 실제 수업에서 사용할 자료를 만든다.
③ 평가단계 – 앞으로의 효과 및 결과를 예견하고 평가하는 과정으로 학습과 관련된 요인과 학습자 요구를 면밀히 분석한다.
④ 설계단계 – 설정된 목표를 달성하기 위해 어떤 내용을 어떻게 조직하고 제시해야 효과적인 결과를 얻을 것인가를 핵심질문으로 하는 수업의 청사진이다.

해설 일반적 교수체제 설계모형(ADDIE)에서 A(분석) – D(설계) – D(개발) – I(실행) – E(평가)로 이루어진다. A는 학습내용(What)을 정의하는 과정이며, D(설계)는 교수방법(How)을 구체화하는 과정, D(개발)는 교수자료를 제작하는 과정, I는 교수자료를 실제 상황에 적용하는 과정, E는 교수방법과 교수자료의 효과성을 결정하는 과정이다. ①은 실행단계, ②는 개발단계, ③은 분석단계에 해당한다.

정답 02. ⑤ 03. ④ 04. ④ 05. ④

06 다음은 체제적 수업설계 과정 중 요구분석에 대한 진술이다. 옳은 것을 모두 고른 것은? 07. 중등임용
□□□

> ㉠ 요구분석은 불확실한 문제의 본질을 규명하고자 실시된다.
> ㉡ 요구분석에서 요구란 최적의 수행수준과 실제 수행수준 사이의 격차(discrepancy)를 뜻한다.
> ㉢ 요구분석은 학습의 결과로 획득되는 능력의 다양한 유형들을 확인하고, 구조화된 학습내용의 요소들이나 단위들을 계열화하는 것이다.

① ㉠, ㉡   ② ㉠, ㉢
③ ㉡, ㉢   ④ ㉠, ㉡, ㉢

해설 ㉢은 과제분석에 해당한다. 과제분석에서는 수업목표, 하위기능을 분석하여 수업지도를 작성한다. 요구분석의 방법으로는 자원명세서 조사, 사용분석, 설문조사, 구조화된 집단(예 초점집단, 명목집단, 델파이기법) 활용 등이 있다.

07 교수설계를 위한 ADDIE 모형 중 다음에 해당하는 단계는? 21. 국가직
□□□

- 학습목표 명세화   • 평가도구 개발
- 교수매체 선정

① 분석   ② 설계   ③ 개발   ④ 실행

해설 설계 단계는 분석의 결과로 얻어진 정보들에 기초하여 효과적인 수업 프로그램의 설계명세서를 만들어 내는 단계이다. 행동적 수업목표의 진술(수행목표의 명세화 예 Mager의 진술방식), 평가도구(절대평가) 개발, 교수전략의 계열화, 교수전략과 매체선정의 활동을 통해 교수활동의 청사진이 만들어진다.

08 체제적 교수설계(ADDIE)모형에서 '개발(development)'단계에 해당하는 활동은? 15. 지방직
□□□
① 교수자료 및 매체를 제작한다.
② 학습자의 선수지식 정도를 확인한다.
③ 수업목표에 따라 단원의 계열을 결정한다.
④ 학습과제의 특성과 하위요소 간의 관계를 파악한다.

해설 체제적 교수설계모형은 분석 – 설계 – 개발 – 실행 – 평가의 과정을 거쳐 진행된다. 이 중 개발단계에서는 교수자료 및 매체의 제작, 형성평가의 설계 및 실시 등이 이루어진다.
②는 학습자분석, ③과 ④는 과제분석에 해당하는 것으로 분석단계에 해당하는 활동이다.

09 체제적 접근에 입각하여 교수목적 확인에서부터 총괄평가 실행에 이르는 일련의 과정을 제시하는 절차모형으로서, 효과적인 교수 프로그램을 만들어 내기 위해서 필요한 일련의 단계들과 그 단계들 간의 역동적인 관련성에 초점을 맞춘 대표적인 교수개발모형은? 09. 국가직
□□□
① 딕과 캐리(Dick & Carey)의 모형   ② 가네(Gagné)의 모형
③ 켈러(Keller)의 모형   ④ 젠트리(Gentry)의 모형

[해설] 교수설계모형에는 글레이저(Glaser)의 절차모형, ADDIE모형과 딕과 캐리(Dick & Carey, 1978)의 체제모형, 메릴(Merrill)의 미시설계모형, 라이겔루스(Reigeluth)의 거시설계모형이 있다. ③은 동기유발모형(ARCS 모형), ④는 교육공학의 개념 모형 중의 하나로, 교육문제를 해결하기 위하여 행동과 물리적 과학의 개념, 기타 다른 지식을 체제적이며 체계적으로 적용하는 과정으로 정의하고 있다(1991).

10 다음 설명에 해당하는 모형은?

24. 지방직

> 체제적 교수모형으로, 요구사정, 교수분석, 학습자 및 상황 분석, 수행목표 진술, 평가도구 개발, 교수전략 개발, 교수자료 개발 및 선정, 형성평가 개발 및 시행, 교수 수정, 총괄평가 설계 및 시행의 10단계로 구성된다.

① ADDIE 모형
② 글레이저(Glaser) 모형
③ 켈러(Keller) 동기설계 모형
④ 딕과 캐리(Dick & Carey) 모형

[해설] 딕과 캐리(Dick & Carey, 1978)의 체제적 교수설계모형은 수업설계자의 입장에서 구안된 모형으로 수업실천보다 사전설계에 초점을 둔 모형이다. 일반적 교수목적 확인(요구분석)에서부터 총괄평가 실행에 이르는 일련의 과정을 10단계로 제시하고 있으며, 효과적인 교수 프로그램을 만들어내기 위해서 필요한 일련의 단계들과 그 단계들 간의 역동적인 관련성에 초점을 맞춘 모형이다. ①은 체제적 모형(일반모형), ②는 절차(과정) 모형, ③은 학습동기 유발모형에 해당한다.

TIP 딕과 캐리(Dick & Carey)의 체제적 설계모형도 ∎∎∎∎∎∎∎∎∎∎∎∎∎∎∎∎∎∎∎∎∎∎∎∎∎∎∎∎∎∎

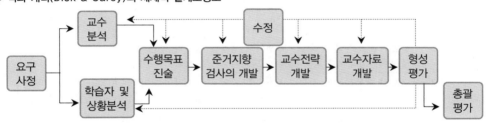

11 딕과 캐리(W. Dick, L. Carey & J. Carey)의 교수설계모형에 대한 설명으로 옳지 않은 것은?

16. 지방직

① 교수설계자의 입장에 초점을 두어 개발된 체제적 교수설계모형이다.
② 교수분석 단계에서는 수업목표의 유형을 구분하고 세부 과제를 도출한다.
③ 수행목표 진술 단계에서는 학습자에게 기대되는 성과를 구체적으로 진술한다.
④ 각 단계명의 영어 첫째 글자를 조합하여 ASSURE 모형으로 명명하기도 한다.

[해설] 딕과 캐리(Dick & Carey)의 교수설계모형은 체제적 접근에 입각하여 교수목적 확인에서부터 총괄평가 실행에 이르는 일련의 과정을 제시하는 절차모형으로서, 효과적인 교수 프로그램을 만들어내기 위해서 필요한 일련의 단계들과 그 단계들 간의 역동적인 관련성에 초점을 맞춘 대표적인 교수개발 모형이다. ④는 하이니히와 모렌다(Heinich & Molenda)가 제안한 모형으로 교수매체의 선정·활용 모형에 해당한다.

[정답] 06. ① 07. ② 08. ① 09. ① 10. ④ 11. ④

12 딕과 캐리(W. Dick, L. Carey & J. Carey)의 교수설계모형에 대한 설명으로 옳지 않은 것은?

□□□
11. 중등임용

① 교수 프로그램을 설계 및 개발하기 위해 체계적인 접근을 한다.

② 딕과 캐리의 교수설계모형에는 ADDIE 모형의 실행 단계(I)가 생략되어 있다.

③ 교수 프로그램 설계 및 개발 과정을 주도한 교수설계자가 총괄평가를 실시할 것을 권한다.

④ 수행목표진술 단계에서는 학습이 끝났을 때 학습자가 할 수 있는 것으로 기대되는 목표를 구체적으로 진술한다.

⑤ 교수분석 단계에는 목표를 학습영역(learning outcomes)에 따라 분류하고 수행 행동의 주요 단계를 파악하는 활동이 포함된다.

해설 총괄평가는 외부에 평가를 의뢰하여 실시하며 수업 프로그램의 절대적 또는 상대적 가치를 평가한다.

TIP 일반모형(ADDIE)과 딕(Dick)과 캐리(Carey) 모형의 비교

Dick & Carey 모형			일반모형 (ADDIE)
단계	제목	내용	
1	일반적 수업목표의 설정 (요구분석 포함)	• 수업 후에 길러질 학생의 성취행동이나 학습성과의 유목을 진술 • 각급 학교 각 학년 대상의 교과서가 이미 선정된 경우는 거의 생략	분석단계 (A)
2	학습과제 분석의 수행	목표의 세분화 및 학습요소의 위계적 분석 ⇨ 학습순서와 계열 결정	
3	출발점행동 확인 및 학습자 특성 분석	학생의 선행학습 정도의 확인 및 보충학습 ⇨ 진단평가	
4	구체적 행동목표의 진술	• 한 단위 수업 후에 학생이 보여줄 수행목표(수업목표) 진술 • 메이거(Mager) 진술방식: 상황(조건), 수락기준, 도착점행동	설계단계 (D)
5	준거지향검사의 개발	진술된 목표와 일대일로 대응할 수 있는 절대평가 문항 개발	
6	수업전략의 선정	• 목표 도달에 필요한 수업자료와 요소 및 환경을 활용하는 절차 선정: 수업 전 활동 − 정보 제시 − 학습자 참여 − 검사 − 추수활동으로 구성(Gagné의 9가지 수업사태를 요약) • 학습요소별 시간계획, 교수−학습집단의 조직, 수업환경 정비 등 포함	
7	수업자료의 개발	• 다양한 수업자료를 개발·제시하여 개별화 수업의 효과 증진 • 학습지침, 수업요강, 수업자료, 검사, 교사지침 개발	개발단계 (D)
8	형성평가의 설계 및 실시	교수설계에 대한 평가 ⇨ 수업 프로그램의 능률과 효과 증진을 위해 수업 프로그램의 질을 개선하는 데 필요한 자료를 수집하는 평가 예 일대일 평가, 소집단평가, 현장평가	
9	수업개발의 수정	• 형성평가의 결과를 토대로 수업 프로그램이 지닌 결점을 수정·보완 • 학습과제 분석의 타당성, 학습자의 출발점행동 및 특성 분석의 정확성, 구체적 행동목표 진술의 적절성, 검사문항의 타당성 등을 검토	
10	총괄평가의 설계 및 실시	수업 프로그램의 절대적 또는 상대적 가치를 평가 ⇨ 외부에 평가 의뢰	평가단계 (E)

13 딕과 캐리(W. Dick & L. Carey)의 체제적 교수설계에서 제시하는 학습과제 분석에 대한 설명으로 옳은 것을 〈보기〉에서 모두 고른 것은?

09. 중등임용

┌─ 보기 ┌
　㉠ 최소공배수를 구하는 학습과제는 위계분석을 한다.
　㉡ 시간을 잘 지키는 태도를 기르는 학습과제는 군집분석을 한다.
　㉢ 각 나라와 그 수도를 연결하여 암기하는 학습과제는 통합분석을 한다.
　㉣ 다항식의 덧셈을 하는 학습과제는 상위목표에서부터 하위목표로 분석해 나간다.

① ㉠, ㉡　　　　　　　② ㉠, ㉣　　　　　　　③ ㉡, ㉢
④ ㉡, ㉣　　　　　　　⑤ ㉠, ㉢, ㉣

해설 학습과제 분석이란 학습의 최종목표를 달성하기 위해 학습자가 습득해야 할 지식, 기능, 태도, 인지전략 등을 위계적으로 분석하는 것(Gagné)으로, 학습요소의 상호 위계적 관계를 표시한 수업지도(instructional map)라고 할 수 있다. ㉡에서 태도를 기르는 학습과제는 통합분석에 해당하며, ㉢에서 암기는 Gagné의 언어정보와 관련 있으므로 군집분석에 해당한다.

학습목표 영역 (Bloom)	학습목표 유형 (Gagné)	학습과제 분석	학습과제 분석 방법
인지적 영역	언어정보	군집(집략) 분석	• 상하의 위계적 관계가 없는 학습과제를 분석할 때 사용 • 어떻게 하면 학습자가 필요한 정보를 가장 잘 기억할 수 있느냐에 중점을 두어 정보의 내용을 효과적으로 묶는 방법 예 나라 이름별로 묶기, 과일별로 묶기, 색깔별로 묶기
	지적 기능 (8가지)	위계분석	• 과제를 달성하기 위해 필요한 여러 기능들을 상위기능과 하위기능으로 분석 • 선수지식이나 기능의 학습이 전제된 학습과제에 적용 예 2차 방정식 문제 풀기, 두 자릿수 덧셈 계산하기
	인지전략		
정의적 영역	태도	통합분석	• 여러 가지의 분석기법을 동시에 활용하여 어떤 행위를 선택하는 학습과제 분석에 많이 사용 • 절차적·위계적·군집적 분석 방법을 통합적으로 적용하여 하위기능을 분석하는 것 예 국기에 대한 적극적인 태도 형성하기
심동적 영역	운동기능	절차(단계) 분석	학습과제를 실행하기 위해 필요한 순서적 단계를 파악하는 것 예 맨손체조 익히기, 자동차 타이어 교체하기

Chapter **07**

14 '수업목표의 행동적 진술'이 갖는 이점과 거리가 먼 것은?
08. 국가직

① 학습자의 동기가 동일한 수준이 되도록 도와준다.
② 교수매체 선택을 도와준다.
③ 학습자와의 의사소통을 도와준다.
④ 평가 계획을 도와준다.

해설 수업목표를 행동적으로 명확하게 진술하는 것은 학생들의 학습활동을 촉진시키는 역할을 하나, 그렇다고 해서 학습자의 동기가 동일한 수준으로 형성되는 것은 아니다. 학습동기의 형성은 수업목표의 행동적 진술 외에 다른 여러 가지 변인(내적 동기나 외적 동기 등)이 영향을 미치기 때문이다.

15 다음은 딕과 캐리(W. Dick, L. Carey, & J. Carey)가 제시한 체계적 교수설계모형이다. ㉠에서 수행해야 할 활동은?
08. 초등임용

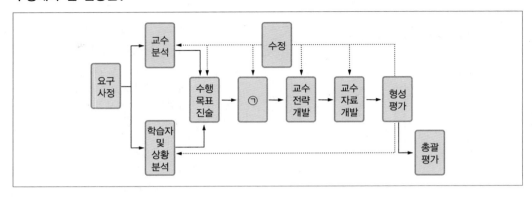

① 평가문항을 개발한다.
② 수업내용을 계열화한다.
③ 사용할 매체의 유형을 결정한다.
④ 학습자의 출발점행동을 확인한다.
⑤ 과제 분석을 통해 수업내용을 선정한다.

해설 구체적 행동목표를 진술한 다음에 진술된 목표와 일대일로 대응할 수 있는 절대평가문항을 개발한다. ②와 ⑤는 교수분석, ③은 교수전략 개발, ④는 학습자 분석에 해당한다.

16 딕(Dick)과 캐리(Carey)의 수업설계모형에서 형성평가에 대한 설명으로 가장 적절한 것은?
07. 중등임용

① 일대일평가, 소집단평가, 현장평가 등을 실시한다.
② 형성평가의 결과를 바탕으로 총괄평가를 실시한다.
③ 개발된 수업 프로그램을 실제 수업에 활용한 후에 실시한다.
④ 개발된 수업 프로그램의 계속적인 사용 여부를 결정하기 위해 실시한다.

해설 형성평가(formative evaluation)는 개발 중인 교수 프로그램(또는 교수자료)의 검토 및 수정과 보완을 위해 실시하는 평가이다. 교수 프로그램의 질을 개선하기 위해 일대일평가, 소집단평가, 현장평가(대집단평가) 등 여러 차례 반복적으로 실시한다. ②는 총괄평가는 형성평가 결과와 관계 없이, 개발된 프로그램의 절대적 또는 상대적 가치를 평가하는 것이다. ③과 ④는 총괄평가에 해당한다.

17 딕과 캐리(W. Dick, L. Carey, & J. Carey)의 체계적 교수설계모형을 활용하여 방과 후 영어수업 프로그램을 개발하고자 할 때, 교사가 (가) 단계에서 수행해야 할 활동으로 적절하지 않은 것은?

11. 유·초등임용

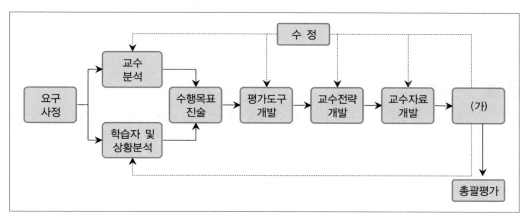

① 개발된 영어연극 교수전략이 학습자 특성에 부합하는지 점검하기 위해 소집단평가를 실시한다.
② 개발된 교수자료의 영어 표현들이 적절한지를 확인하기 위해 원어민 영어교사에게 검토를 의뢰한다.
③ 개발된 프로그램이 타 학교 방과 후 프로그램보다 더 효과적인지를 판단하기 위해 지필평가를 실시한다.
④ 개발된 영어능력 평가문항들의 타당성을 확인하기 위해 세 명의 학생을 선정하여 일대일 평가를 실시한다.
⑤ 개발된 프로그램을 정해진 수업시간 내에 실행할 수 있는지 확인하기 위해 학습자를 대상으로 현장평가를 실시한다.

해설 (가) 단계는 형성평가의 설계 및 실시에 해당한다. 이는 수업프로그램의 능률과 효과증진을 위해 수업프로그램의 질을 개선하는 데 필요한 자료를 수집하는 평가로 일대일 평가(3~5명)나 소집단평가(8~20명), 현장평가(대집단평가)를 사용한다. ③은 총괄평가에 해당한다.

정답 **14.** ① **15.** ① **16.** ① **17.** ③

TIP ADDIE 모형과 딕과 캐리(Dick & Carey) 모형의 비교 ▮▮▮▮▮▮▮▮▮▮▮▮▮▮▮▮▮▮▮▮▮▮▮▮▮▮▮▮▮▮▮▮▮

ADDIE 모형	딕과 캐리(Dick & Carey) 모형
모든 교수설계 활동에서 요구되는 기본적인(일반적인) 핵심요소 제시	구체적인 교수설계의 단계와 단계 간의 역동적인 관련성에 초점을 맞추고, 단계별 유의사항에 대한 처방 제시
일반모형	심화모형
실행 단계(I)를 포함	실행 단계(I)를 생략 ⇨ 수업설계자 입장에서 구안된 모형
평가도구 개발은 일반적으로 교수설계의 마지막 단계에서 실시	평가도구 개발은 수행목표 진술(4단계) 바로 다음 단계(5단계)에서 실시 ⇨ 교수목표-수행목표-평가도구에 이르는 일관성 보장 목적

3 미시설계모형

18 '학습과제'와 '메릴(M. Merrill)의 수행·내용 행렬표상의 범주'가 옳게 짝지어진 것은? 13. 중등임용
□□□
① 포유류의 정의를 말할 수 있다. - 절차·발견
② 피타고라스 정리를 말할 수 있다. - 사실·활용
③ 현미경을 조작하는 순서를 말할 수 있다. - 절차·기억
④ 암석이 주어지면 그 종류를 분류할 수 있다. - 사실·발견
⑤ 조선의 첫 번째 임금의 이름을 말할 수 있다. - 원리·기억

해설 ①은 개념×기억, ②는 원리×기억, ④는 개념×활용, ⑤는 사실×기억에 해당한다.

TIP 메릴(Merrill)의 내용 × 수행 행렬표 ▮▮▮

	인지전략	발견				
	지적 기능	활용				
	언어정보	기억				
수행			사실	개념	절차	원리
			임의적 사물·사건	공통적 속성	순서화한 계열	인과관계, 상호관련성

내용

TIP 교수방법: 제시형(display) ⇨ 1차 제시형: 가장 기본 ▮▮▮▮▮▮▮▮▮▮▮▮▮▮▮▮▮▮▮▮▮▮▮▮▮▮▮▮▮▮

구분	설명(Expository)	질문(Inquisitory)
일반성(Generality)	법칙	회상
사례(Instance)	예(例)	연습

4 거시설계모형

19 라이겔루스(Reigeluth)의 정교화 이론에 대한 설명으로 알맞은 것은?

14. 지방직

□□□

① 내용요소를 하나씩 교수할 때 적용할 수 있는 미시적 교수설계이론이다.

② 요약자는 학습이 효율적으로 이루어지도록 하기 위해 필요로 하는 학습내용 바로 앞에 제시한다.

③ 정수(epitome)를 시작으로 과제를 점차 상세하게 다루는 계열화 전략을 사용한다.

④ 종합자는 새로운 정보를 친숙한 아이디어에 연결시켜 좀 더 쉽게 이해할 수 있도록 도와주는 전략요소이다.

해설 ①은 메릴(Merrill)의 구인전시이론에 대한 설명이다. 라이겔루스(Reigeluth)의 정교화 이론은 거시적 교수설계전략으로, 교수내용의 조직전략에 초점을 두고, 수업내용을 선택(selecting), 계열화(sequencing), 종합(synthesizing), 요약(summarizing)하기 위한 효율적 교수방법을 제공한다. 교과내용의 계열화를 위한 기본원리로 '단순 − 복잡의 계열'을 중시하며, 이를 위해 '줌렌즈의 방법'을 사용한다.

②는 정수(精髓, epitome)에 해당한다. 요약자(summarizer)는 이미 학습한 것을 복습하는 데 사용되는 전략으로, 교수에서 다룬 각 아이디어나 사실에 대한 간결한 설명, 사례, 연습문제로 구성된다.

④는 비유(analogy)에 해당한다. 종합자(synthesis)는 개개의 아이디어들을 서로 연결시키고 통합시키기 위하여 사용하는 전략으로, 일반성 제시, 통합적 사례 제시, 자기평가적인 연습문제 활용 등을 들 수 있다. 그 밖에 인지전략 촉진자와 학습자 통제(학습속도 통제는 제외)가 있다.

TIP 정교화 교수 전략

정교화된 계열화	단순-복잡의 계열화 : 수업내용을 단순 또는 간단한 것(정수)에서 복잡하고 세부적인 것으로 조직(계열화)하는 원리 **예** 줌렌즈기법
선수학습요소의 계열화	새로운 지식 학습 이전에 선행학습능력을 갖추도록 수업을 순서화
요약자(summarizer)	이미 학습한 것을 복습하는 데 사용되는 전략
종합자(synthesis)	개별 아이디어들을 서로 연결시키고 통합시키기 위해 사용하는 전략
비유(analogy)	새로운 정보(추상적 수업내용)를 학습자에게 친숙한 아이디어(구체적 경험)로 연결시켜 이해를 돕는 전략 **예** 인간의 두뇌는 컴퓨터
인지전략 촉진자 (cognitive-strategy activator)	학습자의 인지전략과 그 전략을 활용하는 과정을 자극하고 도와주는 촉진자 **예** 내재된(무의식적) 전략촉진자, 분리된(안내된) 전략촉진자
학습자 통제 (learner control)	학습자 스스로 학습내용, 학습순서, 학습전략을 선택하고 계열화하는 전략(학습속도의 통제는 제외) ⇨ 메타인지 전략

Chapter

07

정답 18. ③ 19. ③

5 교수설계모형 종합

20 교수설계이론에 대한 설명으로 옳은 것만을 모두 고르면? 14. 국가직 7급

> ㉠ 켈러(Keller)의 ARCS 모형은 주의집중, 관련성, 자신감, 만족감을 학습동기 유발의 주요 요인으로 고려한다.
> ㉡ 메릴(Merrill)의 내용요소 제시이론은 '내용' 수준과 '수행' 수준의 이차원적 구분에 따라 교수전략을 제안한다.
> ㉢ 라이겔루스(Reigeluth)의 정교화 이론은 미시적 조직전략을 대표하는 것으로 복잡한 내용에서 점차 단순한 내용으로의 수업전개를 제안한다.
> ㉣ 글레이저(Glaser)의 교수모형은 수업목표 설정, 투입행동 진단, 수업절차의 선정과 실행, 학습성과 평가 등 네 가지 구성요소가 피드백 순환선에 의해서 서로 연계되어 상호작용적 관계를 맺고 있는 체제적 접근을 취한다.

① ㉠, ㉢   ② ㉡, ㉢
③ ㉠, ㉡, ㉣   ④ ㉠, ㉡, ㉢, ㉣

[해설] 라이겔루스(Reigeluth)의 정교화 이론은 복잡한 여러 아이디어를 가르치고자 할 때 고려해야 할 전략, 여러 개의 아이디어를 선택하고 계열지으며, 종합하고 요약하는 데 유용한 거시적 조직전략에 해당한다. 교과 내용의 계열화를 위한 기본 원리로 '단순 – 복잡의 계열'을 중시한다. 미시적 조직전략은 메릴(Merrill)의 구인전시이론이 대표적이다.

21 교수설계 모형을 제시한 학자와 그에 대한 설명으로 옳은 것은? 19. 국가직 7급

① 켈러(Keller) – 학습자의 내적 학습과정을 유발하기 위한 외적 상황을 9가지로 제시하였다.
② 메릴(Merrill) – 복잡한 학습내용을 수행-내용 매트릭스에 따라 유형별로 나누고 그에 기초하여 교수전략을 개발하였다.
③ 라이겔루스(Reigeluth) – 인지과학적 구성주의를 기반으로 한 수행역량중심 모형을 제안하였다.
④ 가네(Gagné) – 학습동기를 유발하고 유지하기 위해 가장 중요한 변인들을 주의, 관련성, 자신감, 만족감으로 세분화하여 동기설계의 전략을 제공하였다.

[해설] 메릴(Merrill)은 수행-내용 분류체계(components matrix)와 자료제시형태(display)를 결합시켜서 효과적인 교수처방을 해보려는 미시적 수준의 교수설계이론을 제시하였다. ①은 가네(Gagné), ④는 켈러(Keller)에 해당한다. ③은 인지과학적 객관주의를 기반으로 한 인지주의 모형이다. 구성주의 접근에 따른 모형으로는 R2D2 모형과 4C/ID 모형이 있다. 윌리스(Willis)는 구성주의에 바탕을 둔 교수설계모형인 R2D2(Recursive, Reflective Design & Development Model)를 제시하였고, 메리엔보어(Merrienboer)는 인지과학적 구성주의를 기반으로 수행역량중심의 4C/ID(4 Component Instructional Design) 모형을 제안하였다.

제 4 절 교수 – 학습의 방법

1 강의법

01 **교사 중심의 교수 · 학습 방법은?** 18. 지방직

☐☐☐

① 학생들에게 정해진 교과 지식을 제시하고 설명한 후 형성평가를 실시하여 학습결과를 확인하였다.

② 학생들이 현실 생활에서 당면할 수 있는 문제를 소집단 협동학습을 통해 해결하도록 안내하였다.

③ 학생들의 사고력과 창의력을 향상시키기 위해 신문에 나온 기사와 칼럼을 활용하여 토론하게 하였다.

④ 학생들에게 학습 팀을 구성하여 자신들이 실제로 겪고 있는 문제를 확인하고 자료를 수집하여 해결방안을 모색하게 하였다.

해설 교사 중심의 교수 · 학습방법에는 강의법, 직접교수법 등이 있다. ②, ③, ④는 학생 중심의 소집단학습에 해당한다. 특히 ④는 팀기반학습(TBL ; team-based learning)으로, 2명 이상의 인원이 정해진 기간에 공동의 목표를 가지고 각자 맡은 역할을 수행하며, 상호의존과 독립적인 학습을 동시에 할 수 있는 학습형태를 말한다.

2 토의법

02 **다음 내용과 관계가 깊은 토의법은?** 13. 지방직

☐☐☐

> • 특정 주제에 대해 전문가의 발표를 듣고 청중들이 그 내용에 대해서 질의응답을 하면서 진행한다.
> • 비교적 형식이 자유롭고 주제 또한 대중적인 것이 많다.
> • 포럼(forum)이라고도 불린다.

① 배심토론   ② 심포지엄   ③ 버즈(buzz)토의   ④ 공개토의

해설 공개토의(forum, 공론식 토의)는 1~3명의 전문가나 자원인사가 10~20분간 공개연설을 한 후, 이를 중심으로 청중과 질의응답으로 토의를 진행하는 방식이다. 다른 교수−학습방법(예 강의법, 단상토의, 패널토의)에 의해 제기된 문제나 주제에 대한 후속 논의가 요구되는 경우에 활용되는 토의 유형으로, 학습자(청중)들이 직접 토의에 참여함으로써 주제에 대한 적극적이고 능동적인 탐구를 통해 효과적인 학습이 가능하다는 장점이 있다. ①은 판결식 토의, ②는 강연식 토의, ③은 분반식 토의에 해당한다.

정답 20. ③ 21. ② / 01. ① 02. ④

03 다음에서 김 교사가 활용한 토의식 수업의 유형은?   07. 중등임용

> 김 교사는 환경오염에 대한 수업시간에 환경전문가인 강 박사를 초청하였다. 김 교사는 수업 방식 및 주제에 대하여 간단히 안내하였다. 강 박사는 학생들에게 약 15분간 지역의 환경오염 방지 방안을 설명하였다. 이후 김 교사의 사회로 학생들은 설명 내용에 대하여 30분간 강 박사와 질의응답 시간을 가졌다.

① 포럼(forum)   ② 배심토의(panel discussion)
③ 버즈토의(buzz session method)   ④ 원탁토의(round table discussion)

해설 1~3명의 전문가가 공개 연설을 한 뒤 사회자의 진행으로 청중과 질의응답으로 토의를 진행하는 방법은 포럼(forum, 공개토의)이다.
② 배심토의(panel discussion)는 주제에 대해 상반된 견해를 가진 소수 대표자 간의 유목적적 토의이다.
③ 버즈토의(buzz learnig)는 전체집단을 몇 개의 소집단으로 나누어 소집단 토의(분과 토의)를 진행하고, 최종적으로 집단 구성원 전체가 다시 모여 소집단 토의 결과를 종합·정리하고 결론을 도출해내는 집단토의 학습방법을 말한다.
④ 원탁토의는 참가자 전원(5~10명)이 상호 대등한 관계 속에서 자유토의를 하는 것이다.

04 다음의 내용과 가장 부합하는 토의 유형은?   12. 유·초등임용

> • 여러 개의 소집단이 열띠게 토의하는 과정을 비유해 토의 유형의 이름이 붙여졌다.
> • 3~6명으로 편성된 소집단들이 주어진 주제에 대해 6분 정도 토의하는 형태로 시작된다.
> • 사회자가 비슷한 결론을 내린 소집단들을 점점 합쳐 가며 토의를 진행하고, 최종적으로 전체가 모여 토의의 결론을 내린다.

① 버즈토의(buzz)   ② 배심토의(panel)   ③ 공개토의(forum)
④ 단상토의(symposium) ⑤ 원탁토의(round table)

해설 버즈토의(buzz learning)는 전체집단을 몇 개의 소집단으로 나누어 소집단토의(분과토의)를 진행하고, 최종적으로 집단 구성원 전체가 다시 모여 소집단토의 결과를 종합·정리하고 결론을 도출해 내는 집단토의 학습방법을 말한다.
②는 주제에 대해 상반된 견해를 가진 소수 대표자 간의 유목적적 토의이다.
③은 1~3명의 전문가가 공개연설을 한 뒤 사회자의 진행으로 청중과 질의응답으로 진행하는 토의이다.
④는 하나의 토의주제에 상이(相異)한 의견을 지닌 권위 있는 전문가 약간 명(3~4명)이 사회자의 진행으로 부여된 시간 동안 자신의 의견을 개진하는 방식이다.
⑤는 참가자 전원(5~10명)이 상호 대등한 관계 속에서 자유토의를 하는 방식이다.

TIP 토의의 유형

원탁토의(round table discussion)

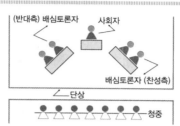

배심토의(panel discussion, 판결식 토의)

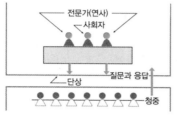

공개토의(forum discussion, 공론식 토의)

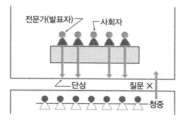

단상토의(symposium, 강연식 토의)

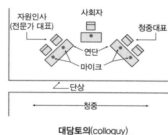

대담토의(colloquy)

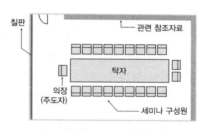

세미나(seminar, 질의식 토의)

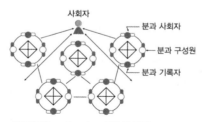

버즈토의(buzz learning, 분반식 토의)

Chapter 07

정답 03. ①   04. ①

05 다음 설명에 해당하는 토의법은?   22. 국가직 7급

> • 3~6명으로 편성된 소집단이 주어진 주제에 대해 6분가량 토론한다.
> • 소집단별 토론 이후에 전체가 다시 모여서 그 결과를 공유하고 종합·정리하는 과정을 거친다.
> • 소수 인원으로 소집단이 구성되기 때문에 서로 친근감을 갖게 되어 자유롭게 의견을 교환할 수 있다.

① 버즈토의(buzz discussion)   ② 단상토의(symposium)
③ 배심토의(panel discussion)   ④ 공개토의(forum)

해설 버즈토의(buzz learning)는 분반식 토의 형태로 여러 개의 소집단을 구성하여 자유롭게 의견을 발표하는 공동학습의 한 방법이다. '윙윙학습', '와글와글 학습'으로도 불리며, 필립스(J. D. Phillips)의 6·6법을 많이 활용한다. 버즈(buzz)는 벌이나 기계 등의 윙윙거리는 소리를 나타내는 말로, 벌이 윙윙거리는 것처럼 소집단토의를 진행할 때 학습자들이 와글와글 소란을 피우며 토의를 진행하는 방식을 말한다.

3 협동학습

06 수업모형의 하나인 '협동학습'에 대한 설명으로 옳지 않은 것은?   13. 국가직

① 모든 구성원이 함께 참여하여 성취할 수 있는 명확한 공동의 목표가 있어야 효과적이다.
② 효과적인 협동학습이 되기 위해서는 기본적으로 동질집단으로 구성되어야 한다.
③ 자신의 역할을 완수하지 않으면 구성원이 불이익을 받게 된다.
④ 협동학습이 잘 이루어지기 위해서는 신뢰에 바탕을 둔 구성원 간의 상호의존관계가 필요하다.

해설 협동학습(cooperative learning)은 학습능력이 다른 학습자들이 소집단(이질집단)을 구성하여 동일한 학습목표 달성을 위해 활동하는 수업방법이다. 능력별로 집단을 편성하지 않고 다양한 능력의 학생들을 같은 집단에 편성하여 모든 집단이 이길 가능성을 동등하게 하면, 개인의 경쟁구조에서는 이길 희망을 전혀 갖지 못하던 낮은 능력의 학생들도 쉽게 동기화되기 때문이다.

TIP 전통적 소집단학습과 협동학습의 차이점 ||||||||||||||||||||||||||||||||||||||||||

전통적 소집단학습	협동학습
• 구성원의 동질성	• 구성원의 이질성(이질집단)
• 책무성이 없음.	• 개별 책무성 중시
• 구성원 간의 긍정적인 상호의존성이 없음.	• 구성원 간의 긍정적인 상호의존성
• 자기 자신에 대해서만 책임을 짐.	• 상호 간의 책임 공유
• 한 사람이 지도력을 지님.	• 구성원 간 지도력 공유
• 과제만 강조	• 과제와 구성원과의 관계 지속성
• 교사는 집단의 기능을 무시	• 교사의 관찰과 개입
• 집단과정이 없음.	• 집단과정의 구조화
• 사회적 기능의 학습이 이루어지지 않음.	• 사회적 기능(리더십, 의사소통기술)의 학습

TIP 협동학습의 원리(Johnson & Johnson)

1. **긍정적 상호의존성(positive inter-dependence)**: '우리들이 성공하기 위해서는 너와 나 모두 성공해야 한다.'는 관점으로, 학생들 개개인이 집단의 성공을 위해 자신뿐만 아니라 동료들도 성취해야 하기 때문에 서로 도움을 주는 관계를 의미한다.
2. **대면적 상호작용(face-to-face promotive interaction)**: 집단구성원 각자가 집단의 목표를 성취하기 위해 다른 구성원들의 노력을 직접 격려하고 촉진시켜 주는 것을 의미한다.
3. **개별 책무성(individual accountability)**: 과제를 숙달해야 하는 책임이 각 학생들에게 있다는 것을 의미한다. '무임승객효과'와 '봉효과'를 방지할 수 있다.
4. **사회적 기술(social skills)**: 협동적 노력이 성공하기 위해 필요한 집단 내의 갈등관리, 의사결정, 효과적 리더십, 능동적 청취 등을 의미한다.
5. **집단과정(group processing)**: 특정한 집단이 의도한 목표를 성취하기 위해서는 집단구성원의 노력과 행위에 대한 토론과 평가가 필요하다.

07 협동학습의 일반적인 원리로 옳지 않은 것은?   22. 국가직
□□□

① 개별 책무성   ② 동질적 집단구성
③ 긍정적 상호의존성   ④ 공동의 목표 달성 노력

[해설] 협동학습(cooperative learning)은 학습능력이 다른 학습자들이 소집단(이질집단)을 구성하여 동일한 학습목표 달성을 위해 활동하는 수업방법이다.

08 다음에 제시된 학습모형의 공통적인 특징으로 가장 적절한 것은?   08. 국가직 7급
□□□

• Jigsaw모형	• STAD모형	• TGT모형

① 컴퓨터 활용을 통한 학습을 강조한다.
② 초인지 전략의 활용을 통한 학습을 강조한다.
③ 교사와 학생 간의 문답을 통한 학습을 강조한다.
④ 학습자 간의 협력적인 상호작용을 통한 학습을 강조한다.

[해설] 직소(Jigsaw)모형, 성취과제 분담모형(STAD), 팀 경쟁학습모형(TGT)은 모두 협동학습의 유형에 해당한다. 직소(Jigsaw)는 학습과제를 분담하여 제시하는 형태이며, STAD와 TGT는 공동학습을 통해 학습이 진행되는 모형이다. ①은 컴퓨터 보조 수업(CAI), ②는 자기주도적 학습, ③은 문답법에 해당한다.

09 협동학습의 유형에 속하지 않는 것은?   09. 국가직
□□□

① 팀성취 분배보상기법(STAD: Student Teams Achievement Division)
② 팀 토너먼트식 게임법(TGT: Teams-Games-Tournament)
③ 직소 학습법Ⅰ(JigsawⅠ)
④ 버즈 훈련 학습방법(Buzz Session Method)

정답   05. ①   06. ②   07. ②   08. ④   09. ④

Chapter 07

해설 협동학습 유형은 그 이론적 근거는 협력적인 상호작용을 촉진하는 집단보상에 초점을 두는 동기론적 관점과 팀의 응집성을 강조함으로써 협동기술에 초점을 두는 사회(응집)성 관점으로 나눠 볼 수 있다. ①과 ②는 전자에 해당하며, ③은 후자에 해당한다. 즉, STADL나 TGT는 공동학습모형, 직소(Jigsaw)는 과제분담모형에 해당한다. 버즈학습은 협동학습처럼 소집단학습이긴 하지만, 협동학습 유형에는 포함되지 않으며 토의수업의 형태에 해당한다.

TIP 협동학습의 문제점과 그 극복 방안

부익부 현상	학습능력이 높은 학습자가 더 많은 활동을 통해 학업성취가 더 향상되고 소집단을 장악하는 현상	각본협동, 집단보상을 통해 극복
무임승객 효과	학습능력이 낮은 학습자가 적극적으로 학습에 참여하지 않고도 높은 학습성과를 공유하는 현상	집단보상과 개별보상을 함께 제시
봉효과	학습능력이 높은 학습자가 자기의 노력이 다른 학습자에게 돌아갈까봐 소극적으로 학습에 참여하려는 현상	
집단 간 편파 현상	외집단의 차별과 내집단의 편애현상으로 외집단의 구성원에게는 적대감을, 내집단의 구성원에게는 호감(好感)을 가지는 현상	주기적인 소집단 재편성, 과목별 소집단 편성
사회적 태만	사회적 빈둥거림 현상	개별책무성 강화, 협동학습 기술 습득
자아존중감 손상	자기가치를 훼손당하는 느낌	협동학습기술 습득

10 다음은 교수-학습모형을 교사 주도-학습자 주도 차원과 개별학습-집단학습 차원으로 구분하여 제시한 것이다. 직소(Jigsaw) 모형이 위치할 곳은?　08. 중등임용

① ㉠　　　　　② ㉡
③ ㉢　　　　　④ ㉣

해설 협동학습의 한 형태인 직소수업은 학습자 주도의 소집단학습 형태이다. ㉠은 강의법, ㉢은 협동교수(team teaching), ㉣은 자기주도적 학습 등을 예로 들 수 있다.

11 다음 설명에 해당하는 협동학습기법은?

20. 국가직 7급

> 모둠원들에게 학습과제를 세부 영역으로 할당하고, 해당 세부 영역별로 전문가 집단을 구성한 후 전문가 집단별로 학습한다. 이후, 원래 모둠에 돌아와서 동료학습자를 교육한다.

① 직소모형(Jigsaw)
② 팀토너먼트게임모형(TGT : Teams Games Tournament)
③ 팀보조개별학습모형(TAI : Team Assisted Individualization)
④ 성취과제분담모형(STAD : Student Teams Achievement Division)

해설 협동학습의 이론적 근거는 협력적인 상호작용을 촉진하는 집단보상에 초점을 두는 동기론적 관점과 팀의 응집성을 강조함으로써 협동기술에 초점을 두는 사회(응집)성 관점으로 나눠볼 수 있는데, ②, ③, ④는 전자, ①은 후자에 해당한다. 직소(Jigsaw) 수업은 집단 내의 동료로부터 배우고 동료를 가르치는 모형으로 학습과제의 개별 분담 방식의 협동학습 유형이다. 전문가 집단 활동을 특징으로 한다.

TIP 직소(Jigsaw)모형 |||||||||||||||||||||||||||||||||||||||||||||||||||||||||||||||||||||||||||||

1. **직소Ⅰ모형** : 미국 텍사스 대학교의 애론슨(Aronson)과 그의 동료들이 학교의 인종차별문제 해결방안으로 개발(1978) ⇨ 학업성취도 향상은 물론 정의적 태도(상이한 인종과 문화에 대한 긍정적 태도) 형성에 기여
   ① 집단 내의 동료로부터 배우고 동료를 가르치는 모형 : 모집단(Home Team)이 전문가 집단(Expert Team)으로 갈라졌다가 다시 모집단으로 돌아오는 모습이 마치 직소 퍼즐(Jigsaw puzzle)과 같다고 하여 '직소수업'으로 명명(命名)
   ② 수업 절차 : 모집단 활동(Home Team) ⇨ 전문가 활동(Expert Team) ⇨ 모집단의 재소집(Home Team Reconvene) ⇨ 개별 시험(Quiz)
   ③ 특징 : 과제해결력의 상호의존성은 높으나 보상(평가)의 상호의존성은 낮다.
2. **직소Ⅱ모형** : 슬래빈(Slavin)이 개발(1983) ⇨ 개념 중심의 학습에 적용
   ① 개별 보상(개별 시험)에 집단 보상(팀 점수)을 추가 : 보상에 있어 집단 구성원들의 상호의존성을 높일 수 있는 방법
   ② 교사의 역할은 세분화될 수 있는 학습과제를 선정하는 것
3. **직소Ⅲ모형** : 직소Ⅱ모형이 지닌 수업 후 즉시 평가의 문제점 개선 ⇨ 모집단에서 평가준비를 하는 '평가유예기'를 둔다(Steinbrink & Stahl, 1994).

1단계	2단계	3단계	4단계	5단계	6단계
모집단 (과제분담)	전문가 집단	모집단(동료 교수 및 질의응답)	일정기간 경과 (평가유예기)	모집단(퀴즈 대비 공부)	퀴즈(STAD)
직소Ⅰ & 직소Ⅱ			직소Ⅲ		

4. **직소Ⅳ모형** : 홀리데이(Holliday, 2002)가 기존 모형들의 문제점에 대한 대안으로 개발
   ① 전체 수업내용에 대한 안내 제공 : 도입단계
   ② 학생들이 수집한 정보의 정확성에 대한 점검을 위해 두 가지 유형의 퀴즈 제공 : 퀴즈Ⅰ(전문가 집단의 활동에 대한 평가), 퀴즈Ⅱ(전체 학습과제에 대한 평가)
   ③ 재교수 활동(선택적으로 실시) : 수업활동에서 학생들이 학습하지 않은 것이라고 생각되는 내용에 대한 선택적 교수활동 실시

정답 10. ② 11. ①

12 다음 사례에 가장 잘 부합하는 협동학습모형은?

> 박 교사는 한국사 수업을 다음과 같이 진행하였다.
> • 고려시대의 학습내용을 사회, 경제, 정치, 문화의 4개 주제로 구분하였다.
> • 학급 인원수를 고려하여 모둠을 구성하고, 모둠에서 각 주제를 담당할 학생을 지정하였다.
> • 주제별 담당 학생을 따로 모아 전문가 집단에서 학습하도록 하였다.
> • 전문가 집단에서 학습한 학생들을 원래의 모둠으로 돌려보내 각자 학습한 내용을 서로 가르쳐 주도록 하였다.
> • 모둠학습이 끝난 후, 쪽지시험을 실시하여 우수 학생에게 개별보상을 하고 수업을 종료하였다.

① 팀경쟁학습(TGT) 모형   ② 팀보조 개별학습(TAI) 모형
③ 과제분담학습Ⅰ(JigsawⅠ) 모형   ④ 학습자팀 성취분담(STAD) 모형

해설 직소Ⅰ(JigsawⅠ) 모형은 미국 텍사스 대학교의 애론슨(Aronson)과 그의 동료들이 학교의 인종차별문제 해결방안으로 개발(1978)한 협동학습모형이다. 집단 내의 동료로부터 배우고 동료를 가르치는 모형으로, 학습과제의 개별 분담, 전문가 집단(Expert Team) 활동, 개별시험(퀴즈) 등을 특징으로 한다.
①은 공동작업구조이면서 동시에 보상구조는 집단 내 협동－집단 외 경쟁구조를 갖는 협동학습 모형이며, ②는 협동학습과 개별학습의 장점을 취해서 결합한 수업모형으로 작업구조는 물론 보상구조가 개별구조와 협동구조의 혼합인 것이 특징이다. ④는 집단구성원들의 역할이 분담되지 않은 공동학습구조이면서 동시에 개인의 성취에 대해 개별적인 보상구조이며, '개별책무성, 집단보상, 성취결과의 균등분배'라는 협동전략을 사용한다.

TIP 직소Ⅰ모형과 직소Ⅱ모형의 비교

구분	직소Ⅰ 모형	직소Ⅱ 모형
학습내용의 제시	분할된 세부내용을 각각 구분하여 개별적으로 제시한다.	학습내용 전체를 모든 학습자에게 제시한다.
세부 주제의 선택	교사가 제시한다.	학생이 스스로 선택한다.
보상	개인점수만 산출한다.	개인향상 점수와 팀 점수를 산출, 그 결과에 따라 집단보상을 한다.

13 다음과 같은 학습절차를 갖는 협동학습 유형으로 가장 적절한 것은?　　12. 유·초등임용

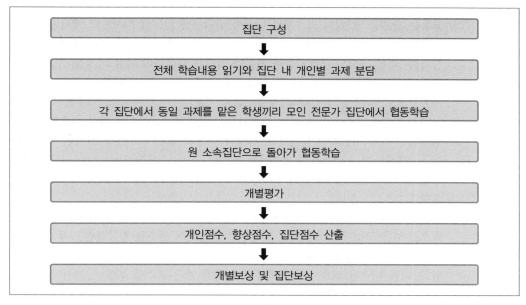

① 직소 Ⅱ(Jigsaw Ⅱ)　　　　　　　　② 자율적 협동(Co-op Co-op)
③ 집단 조사(Group Investigations)　　④ 팀 경쟁(Teams Games Tournaments)
⑤ 성취과제분담(Student Teams Achievement Divisions)

해설　소집단 내 개인별 과제분담을 하고 동일 과제를 맡은 학생끼리 모인 전문가 집단(expert team)을 통한 학습과 개별보상 및 집단보상을 통한 보상(평가)방식은 직소 Ⅱ의 전형적 특징에 해당한다. 과제해결력의 상호의존성은 높으나 보상(평가)의 상호의존성은 낮은 직소 Ⅰ모형의 단점을 극복하기 위해 슬래빈(Slavin)이 고안한 것으로, 보상에 있어 집단 구성원들의 상호의존성을 높일 수 있는 방법이다.

14 다음과 같은 방식에 따라 김 교사가 진행한 협동학습 유형으로 가장 적절한 것은?　　07. 중등임용

> • 전체 학생들에게 기본적인 학습내용을 설명한 후, 학습능력 등을 고려하여 이질적인 4명씩으로 팀을 구성하였다.
> • 팀별로 나누어 준 학습지의 문제를 협동학습을 통하여 해결하도록 하였다.
> • 팀별 활동이 끝난 후, 모든 학생들에게 퀴즈를 실시하여 개인 점수를 부여하였고, 이를 지난번 퀴즈의 개인 점수와 비교한 개선 점수를 주었다.
> • 개선 점수의 합계를 근거로 우수팀을 선정하였다.

① 집단조사(Group Investigation)
② 팀경쟁학습(Team Games Tournament)
③ 팀보조 개별학습(Team Assisted Individualization)
④ 성취과제분담학습(Student Teams-Achievement Division)

해설　학습과제가 팀별로 공동으로 주어지며, 개인점수와 팀점수를 합산하는 것은 STAD모형이다.

정답　12. ③　13. ①　14. ④

15 **(가)~(다)에 해당하는 협동학습모형을 바르게 짝지은 것은?** 10. 중등임용, 07. 중등임용 응용

> (가) 교사는 단원을 몇 개의 소주제로 나누어 원집단에 질문의 형식으로 제시한다. 원집단의 구성원들은 소주제를 하나씩 나누어 맡는다. 각 구성원은 원집단에서 나와, 같은 소주제를 맡은 다른 집단의 구성원들과 전문가 집단을 형성하여 맡은 과제를 집중적으로 학습한다. 학습이 끝나면 원집단으로 돌아가 습득한 전문 지식을 다른 구성원에게 가르친다. 마지막으로 단원 전체에 대해 개별시험을 치른 후, 집단보상을 받는다.
> (나) 교사와 학생들이 토의를 통해서 학습과제를 선택한 후, 이것을 다시 소주제로 분류한다. 학생들은 각자 학습하고 싶은 소주제를 선택하고, 같은 소주제를 선택한 학생들끼리 팀을 구성한다. 팀 구성원들은 소주제를 더 작은 미니 주제들(mini-topics)로 나누어 개별 학습한 후, 그 결과를 팀 내에서 발표한다. 팀별로 보고서를 작성한 후, 학급전체에서 발표한다.
> (다) 전체 학생들에게 기본적인 학습내용을 설명한 후, 학습능력 등을 고려하여 이질적인 4명씩으로 팀을 구성하였다. 팀별로 나누어준 학습지의 문제를 협동학습을 통하여 해결하도록 하였다. 팀별 활동이 끝난 후, 모든 학생들에게 퀴즈를 실시하여 개인 점수를 부여하였고, 이를 지난번 퀴즈의 개인 점수와 비교한 개선 점수를 주었다. 개선 점수의 합계를 근거로 우수팀을 선정하였다.

	(가)	(나)	(다)
①	과제분담학습 Ⅱ(Jigsaw Ⅱ)	팀경쟁학습(TGT)	성취-과제분담(STAD)
②	과제분담학습 Ⅱ(Jigsaw Ⅱ)	자율적 협동학습(Co-op Co-op)	성취-과제분담(STAD)
③	과제분담학습 Ⅱ(Jigsaw Ⅱ)	팀보조 개별학습(TAI)	팀경쟁학습(TGT)
④	성취-과제분담(STAD)	팀경쟁학습(TGT)	과제분담학습 Ⅱ(Jigsaw Ⅱ)
⑤	성취-과제분담(STAD)	자율적 협동학습(Co-op Co-op)	과제분담학습 Ⅱ(Jigsaw Ⅱ)

> **해설** 과제분담학습 Ⅱ(Jigsaw Ⅱ)는 개별보상(개별시험)에 집단보상(팀점수)을 추가하여 보상에 있어 집단구성원들의 상호의존성을 높일 수 있는 방법이고, 자율적 협동학습(Co-op Co-op)은 학생들로 하여금 자신이 학습과제를 선택하고 팀 활동을 한 후 팀 동료와 교사에 의한 다면적인 평가를 실시하는 모형이다. STAD 모형은 집단구성원들의 역할이 분담되지 않은 공동학습구조이면서 동시에 개인의 성취에 대해 개별적인 보상구조이고, 팀경쟁학습(TGT)은 집단 내 협력학습, 집단 간 경쟁을 유도한다.

4 개별화 수업

16 **개별화 수업의 특징으로 볼 수 없는 것은?** 16. 국가직

① 교육목표는 학습자 개인의 동기·능력·희망·흥미에 따라 선택되고 결정된다.
② 평가 결과에 따라 교정이 이루어지거나 보충·심화 과제가 주어진다.
③ 효율적인 수업을 위해 교수자가 주도권을 가진다.
④ 학생의 수준과 속도에 따라 학습내용의 분량과 진도 등이 결정된다.

해설 개별화 수업은 수업절차나 형태, 수업기술이나 전략, 수업매체, 평가방법 등 수업에 관한 모든 변인들이 학습자의 선행지식이나 성장, 발달의 특성에 맞도록 처방된 수업으로, 학습자의 특성과 개인차를 최대한 고려한 수업방법을 말한다. 개별화 수업은 전통적 수업이 교사 중심적으로 전개되는 데 비해, 학습자 중심적으로 전개된다.

TIP 전통적 수업과 개별화 수업의 비교(Gagné)

구분	전통적 수업	개별화 수업
수업사태	교사 중심	학생 중심
수업자료	동일한 자료를 제시한다.	보다 많고 각 개인에 따라, 과제에 따라 다양하다.
교사의 역할	집단적으로 수업을 진행한다.	• 개별적으로 학습지도와 생활지도를 실시한다. • 학습결손에 대한 교정지도를 한다.
학습내용과 방법	일률적이고 고정적이다.	다양한 내용과 학습 기회가 주어진다.
학습시간	진도와 시간이 일정하다.	진도와 시간이 다양하게 허용된다.

17 다음 내용과 직접 관련된 이론은? 07. 국가직 7급

학교 수업 장면에서 불안수준이 낮은 학습자는 강의법보다 토의법에서 성취수준이 높다.

① 학교학습이론　　② 완전학습이론
③ 적성처치 상호작용이론　　④ 학습위계이론

해설 크론바흐와 스노우(Cronbach & Snow)가 만든 적성(특성)처치 상호작용모형(ATI 또는 TTI)은 개별화 학습모형으로, 학습자의 학습능력(예 적성, 특성)의 유형에 따라 학습지도(처치)를 달리하여 학습지도의 최적화를 도모하려는 방법이다. 학습자의 적성이나 특성에 따라 수업의 효과를 낼 수 있는 방법이 다르다고 보며, 학습의 결과는 학습자의 적성 또는 특성과 교사가 행하는 처치 또는 수업방법의 상호결과로 나타난다고 보는 이론이다. ①은 캐롤(Carroll), ②는 블룸(Bloom), ④는 가네(Gagné)에 해당한다.

18 교수－학습의 형태 중 프로그램 학습(programmed learning)을 가장 잘 설명하고 있는 것은? 10. 국가직

① 특별한 형태로 짜여진 교재에 의해서 학습자료를 제시하고 학생들에게 개별학습을 시켜서 특정한 학습목표까지 무리 없이 확실하게 도달시키기 위한 학습방법
② 학습자료를 최종 형태로 주지 않고 학생 자신이 그 자료를 조직하도록 요구하고 그 자료에 들어 있는 정보들 간의 관련성을 발견하게 하는 학습방법
③ 교사의 명석한 설명과 제시방법 여하에 따라서는 학생들이 여러 가지 수준의 지적 학습을 할 수 있다는 전제하에 취해지는 교수방법
④ 정보를 명료하고 의미가 확실하게 부각되도록 최종 형태로 조직하여 제시하는 유의미학습

해설 프로그램 학습은 스키너(Skinner)의 작동적 조건화 이론 중 행동조형(behavior shaping)에 기초한 학습유형으로 학습내용의 계열성 원리(점진적 접근의 원리)와 학습결과에 대한 강화의 원리(즉시 확인의 원리)를 중시한다.
②는 브루너(Bruner)의 발견학습, ③은 오수벨(Ausubel)의 유의미 수용학습이론 또는 메릴(Merrill)의 구인전시이론, ④는 오수벨(Ausubel)의 유의미 수용학습에 대한 설명이다.

정답 15. ② 16. ③ 17. ③ 18. ①

TIP 프로그램 학습의 원리

적극적(능동적) 반응의 원리	학습단계마다 학습자의 수준에 맞게 문제를 제시하여 학습자의 적극적인 참여와 활동을 유도한다.
자기(학습자)구성의 원리	학습자 자신이 답을 작성한다.
즉시확인(즉각적 강화)의 원리	학습한 결과를 즉각적으로 알려주어 즉각적인 강화를 제공한다. ⇨ 반응이 올바를 때 정반응임을 곧 알려주어 즉시 강화하면 그 반응은 잘 정착되며, 오반응일 때 곧 알려주면 쉽게 교정된다.
small step(점진적 학습)의 원리	학습내용을 세분화하여 쉬운 것에서 어려운 것으로 점진적으로 진행되며, 진도의 단계가 작을수록 학습효과는 크다(계열성의 원리).
자기속도(pace)의 원리	학습자의 능력에 맞는 속도로 학습을 진행한다.
자기검증의 원리	학습자 자신이 학습결과를 확인할 수 있고 그 결과에 따라 프로그램을 수정할 수 있다.

제 5 절 | 교수이론

1 개관

01 교수이론에 관한 설명 중 옳지 않은 것은?   00. 국가직

① Gagné의 교수이론은 인간의 학습에 대한 위계를 강조하였다.
② Glaser는 학습내용을 정보로 간주하여 수업과정을 컴퓨터의 구조와 기능에 비교하였다.
③ Ausubel은 설명적 교수이론에 기초하여 유의미학습이 아닌 기계적 학습을 강조하였다.
④ Bruner의 교수이론은 선행경향성의 자극, 지식의 구조화, 학습의 계열화, 내적 보상 등을 강조하였다.

해설 오수벨(Ausubel)의 설명식 교수이론은 유의미 수용학습(meaningful reception learning)으로 기계적 학습에 대립되는 학습유형이다. 여기서 유의미성(meaningfulness)은 장기기억 속에 있는 하나의 아이디어와 다른 아이디어 사이를 연결하는 고리의 수를 말한다.

02 다음 중 학자와 이론이 바르게 짝지어진 것은?   07. 국가직

① 스키너(Skinner) - 행동주의 학습이론   ② 블룸(Bloom) - 발견적 교수이론
③ 브루너(Bruner) - 유의미 학습이론   ④ 글레이저(Glaser) - 완전학습이론

해설 대표적인 행동주의 학습이론가인 스키너(B. F. Skinner)는 조작적 조건화이론을 주장하였다. ②는 브루너(Bruner), ③은 오수벨(Ausubel), ④는 블룸(Bloom)에 해당한다. 글레이저(Glaser)는 수업절차모형에 해당한다.

2 캐롤(Carroll)의 학교학습 모형

03 다음은 캐롤(Carroll)의 학교학습모형에서 설정한 명제를 나타낸 공식이다. '학습에 사용된 시간' 을 결정하는 변인에 해당하는 것은?

□□□
12. 국가직 7급

$$
학습의\ 정도 = f \left\{ \frac{학습에\ 사용된\ 시간}{학습에\ 필요한\ 시간} \right\}
$$

① 적성 ② 수업이해력 ③ 수업의 질 ④ 지속력

해설 캐롤(Carroll)의 학교학습모형은 완전학습을 위한 학교학습모형으로서, 학업성취를 위한 학습의 경제성(economy)에 관심을 둔다. 캐롤은 학습에 필요한 시간을 최소화하고, 학습에 사용한 시간을 최대화하면 완전학습이 가능하다고 주장하였다. 여기서 수업의 질, 수업이해, 적성은 '학습에 필요한 시간' 변인에 해당하며, 학습기회와 지속력은 '학습에 사용된 시간' 변인에 해당한다.

TIP 캐롤(Carroll)의 학교학습 변인 ﹏﹏﹏﹏﹏﹏﹏﹏﹏﹏﹏﹏﹏﹏﹏﹏﹏﹏﹏﹏﹏﹏

$$
학습의\ 정도 = f \left\{ \begin{array}{l} 학습에\ 사용된\ 시간 : ⓢ\ 학습지속력(지구력),\ ⓣ\ 학습기회 \\ 학습에\ 필요한\ 시간 : ⓢ\ 적성,\ ⓢ\ 교수이해력,\ ⓣ\ 교수(수업)의\ 질 \end{array} \right\}
$$

ⓢ는 학생(개인차)변인, ⓣ는 교사(교수, 수업)변인

적성(Aptitude)	학습자가 최적의 학습조건에서 주어진 학습과제를 일정 수준으로 성취하는 데 필요한 시간 ⇨ 학생 각자가 학습과제를 해결하는 데 소요하는 시간의 차로 학습자의 특수능력에 해당
교수이해력(Ability to understand instruction)	학습자가 학습과제의 성질과 학습절차를 이해하는 능력, 학습자가 수업내용이나 교사의 설명을 이해하는 능력 ⇨ 학습자의 일반지능과 언어능력에 의해 결정
지구력(Perseverance, 학습지속력)	학습자가 실제로 노력한 시간 ⇨ 동기
교수의 질(Quality of instruction)	교사가 학습자에게 학습과제(학습내용)를 제시하는 정도나 수업방법의 적절성
학습기회(Opportunity)	교사가 학습과제 학습을 위해 학습자에게 주어진 실제 시간

04 다음 설명에 해당하는 것은?

□□□
23. 국가직

- 학습 정도를 시간의 함수로 본다.
- 적성은 최적의 학습 조건하에서 학습 과제를 일정한 수준으로 성취하는 데 필요한 시간으로 표현된다.
- 수업 이해력은 학습자가 수업내용, 교사의 설명, 제시된 과제를 이해하는 정도를 의미한다.

① 글래이저(Glaser)의 교수과정 ② 캐롤(Carroll)의 학교학습모형
③ 브루너(Bruner)의 발견학습 ④ 가네(Gagné)의 학습위계

해설 캐롤(Carroll)의 학교학습 모형은 「언어의 연구」(1963)에서 제시된 완전학습을 위한 학교학습 모형이다. 학업성취를 위한 학습의 경제성(학습시간)에 관심을 둔 '학교학습의 계량경제학'으로, 학교학습에 작용하는 주요 변인들(학습기회, 학습지속력, 교수의 질, 적성, 교수이해력 등 5가지 변인)을 추출 후 변인들 간의 상호관계를 토대로 체계화하였다. 인지적·운동기능적 학습모형으로 정의적 학습에는 적용이 어렵다. 캐롤의 모형은 완전학습의 이론적 토대 제공, 선발적 교육관(Education for Elite)에서 발달적 교육관(Education for All)으로의 변화, '공부 잘하는 아이 또는 못하는 아이(IQ 중심)'에서 '빨리 학습하는 아이 또는 느리게 학습하는 아이(학습속도 중심)'로 학습자관의 변화, 상대평가에서 절대평가로의 평가관의 변화를 이루는 계기를 제공하였다.

정답 01. ③ 02. ① 03. ④ 04. ②

Chapter
07

3 발견학습

05 다음에서 설명하는 교수 – 학습방법은? 15. 지방직

> • 브루너(J. Bruner)에 의해 제시되었다.
> • 수업의 과정은 '문제인식, 가설설정, 가설검증, 적용'의 순으로 진행된다.
> • 교사는 지시를 최소한으로 줄이고, 학생 스스로 자발적인 학습을 통해서 학습목표를 달성
>   하도록 지도한다.

① 설명학습   ② 협동학습
③ 발견학습   ④ 개별학습

해설 학문 중심 교육과정에 토대를 둔 대표적인 교수 형태인 브루너(Bruner)의 발견학습은 교사의 지시(scaffolding)를 최소화하여 학습자들이 학습해야 할 '학습과제의 최종적 형태(structure of knowledge)'를 '학습자 스스로 찾아내는 (discovery)' 방법으로 '안내된 발견학습'에 해당한다. 학습경향성, 지식의 구조, 학습과제의 계열성, 강화(내적 강화를 강조) 의 4가지 요소로 구성되어 있다.

TIP 발견학습의 구성요소 ▨▨▨

1. **학습경향성**(predisposition to learn) : 학습 의욕이나 경향, 학습태세
2. **지식의 구조**(structure of knowledge) : 특정 교과(학문)에 내재된 핵심적 아이디어, 기본 개념이나 원리
   ⇨ 교과 내용적 목표

표현방식(mode of representation)	작동적(enactive) 표현방식 ⇨ 영상적(iconic) 표현방식 ⇨ 상징적(symbolic) 표현방식
경제성(economy)	문제해결을 위해 학습자가 소유해야 할 정보의 양이 적은 것
생성력(power)	전이가(transfer)가 높은 것

3. **학습계열**(sequence) : 학습과제를 조직하는 원칙 ⇨ 나선형 교육과정(spiral curriculum)
4. **강화**(reinforcement) : 내적 보상(例 발견의 기쁨, 만족감)을 중시

06 다음 설명에 해당하는 교수–학습 방법은? 23. 국가직 7급

> • 학생이 스스로 교과의 기본 개념·원리·법칙을 학습하도록 하는 방법이다.
> • 학습자의 사고력 함양에 주안점을 두고 교육목표와 교육방법을 수립한다.
> • 문제 파악, 가설 설정, 가설 검증, 원리 적용의 단계를 거쳐 학습하는 방법이다.
> • 학습자의 탐구활동을 위해서 탐구의 자극, 탐구의 유지, 탐구의 방향성을 조장해야 한다.

① 토의법   ② 강의법
③ 발견학습법   ④ 완전학습법

해설 브루너(Bruner)의 발견학습은 학문중심 교육과정에 토대를 둔 대표적인 인지주의 학습이론이다. 내용적 목표를 특정 교과의 기본 개념·원리, 핵심적 아이디어인 지식의 구조(structure of knowledge)인 객관적 지식에 두며, 수업방법 은 학습자의 자발성에 기초한 사회적 구성주의적 접근을 강조한다. 또한 수업 구성 요소로서 학습경향성, 지식의 구조, 학습과제의 계열성, 강화(내적 동기를 강조), 직관적(통찰적·창의적) 사고를 중시한다. ④는 블룸(Bloom)의 주장으로, 학 급의 95% 학생들이 학습과제의 90% 이상 학습하는 것을 말한다.

07 브루너(J. Bruner)의 교수이론에 근거한 수업으로 보기 어려운 것은? 16. 국가직

① 내재적 보상보다 외재적 보상을 강조한다.
② 각각의 교과목이 가지고 있는 나름의 지식의 구조를 학생에게 탐색하도록 한다.
③ 기본적 원리나 개념의 이해를 통해 전이의 가능성을 최대로 한다.
④ 아동의 사고방식과 지적 수준을 고려하여 교과의 내용을 가르친다.

해설 브루너(Bruner)의 발견학습은 인지주의 교수이론에 토대를 둔 개념학습 모형으로 학습경향성, 지식의 구조, 학습의 계열성(나선형 교육과정), 학습강화의 요소를 강조한다. 강화는 외재적 보상보다 '발견의 기쁨'과 같은 내재적 보상을 중시한다.

08 브루너(Bruner)의 교수이론에 대한 설명으로 옳지 않은 것은? 20. 지방직

① 어떤 교과든지 지적으로 올바른 형식으로 표현하면 어떤 발달 단계에 있는 아동에게도 효과적으로 가르칠 수 있다.
② 학습자의 발달 단계에 맞게 학습내용을 구조화하고 조직함으로써 학습자가 교과내용을 잘 이해할 수 있다.
③ 지식의 표상 양식은 영상적 표상으로부터 작동(행동)적 표상을 거쳐 상징적 표상의 순서로 발달해 나간다.
④ 지식의 구조를 이해하게 되면 학습자 스스로가 사고를 진행할 수 있으며, 최소한의 지식으로 많은 것을 알 수 있다.

해설 브루너(Bruner)의 발견학습에서 교수학습의 내용적 목표인 지식의 구조를 표현하는 표현방식은 아동의 인지발달 단계에 맞추어 동작적, 영상적, 상징적 표현방식의 순으로 제시한다. ①은 대담한 가설, ②는 지식의 구조, ④는 경제성과 생성력에 해당한다.

09 브루너(Bruner)의 발견학습과 강의법과의 차이점 중 옳은 것만을 골라 모두 묶은 것은? 11. 교육사무관 5급

⊙ 발견학습이 강의법보다 교사의 노력이 적게 든다.
ⓒ 발견학습은 교사의 지시량을 최소화하지만, 강의법은 교사의 지시량을 최대화한다.
ⓒ 발견학습에서 학습자의 지위는 강의법보다 능동적이다.
ⓔ 발견학습은 고등정신능력 신장에 적절하나, 강의법은 부적절하다.
ⓜ 발견학습은 탐구능력 개발이 주된 목적이나, 강의법은 지식의 전달이 주된 목적이다.

① ⊙, ⓒ, ⓔ, ⓜ
② ⊙, ⓒ, ⓒ, ⓔ
③ ⊙, ⓒ, ⓔ, ⓜ
④ ⓒ, ⓒ, ⓔ, ⓜ
⑤ ⊙, ⓒ, ⓒ, ⓔ, ⓜ

해설 발견학습을 성공적으로 이끌기 위해서는 강의법보다 교사의 역할과 노력이 많이 든다. 즉, 교사는 다양한 자료의 준비, 학생과 함께 탐구하는 동료로서의 역할, 새로운 방법을 안내하는 질문, 내적인 보상을 위한 노력 등이 요구된다.

정답 05. ③ 06. ③ 07. ① 08. ③ 09. ④

4 오수벨(Ausubel)의 유의미 수용학습

10 다음 내용에 해당하는 교수학습이론은?   22. 지방직

> • 새로운 지식 · 정보와 선행 학습내용의 통합을 강조한다.
> • 학습자의 인지구조에 알맞게 포섭 및 동화되도록 학습과제를 제시한다.
> • 일반적이고 포괄적인 지식을 먼저 제시하고, 그다음에 세부적이고 상세한 지식을 제시한다.

① 블룸(Bloom)의 완전학습이론
② 오수벨(Ausubel)의 유의미학습이론
③ 스키너(Skinner)의 행동주의 학습이론
④ 콜린스(Collins)의 인지적 도제학습이론

해설 오수벨(Ausubel)의 유의미 수용학습(meaningful reception learning)은 교사 중심의 설명식 교수법의 가치를 정당화하는 이론이다. 여기서 유의미성(meaningfulness)은 장기기억 속에 있는 하나의 아이디어와 다른 아이디어 사이를 연결하는 고리의 수를 말한다. 새로운 학습과제를 학습자가 지닌 기존의 인지구조에 포섭(subsumption)시키는 것을 학습으로 보았다. 발견학습과 기계적 학습에 대한 비판으로 등장하였으며, 학습의 효과는 학습자의 인지구조 내에 개념적 근거가 될 만한 개념이나 원리인 관련정착의미relevant anchoring idea)가 어느 정도 있느냐에 따라 달라진다고 보았다.

11 행동변화를 위한 행동주의 수업기법에 해당하지 않는 것은?   15. 국가직

① 모델링   ② 행동조성
③ 체계적 둔감화   ④ 선행조직자 제시

해설 선행조직자(advanced organizer)는 새로운 학습과제를 학습하기 이전에 제시되는 개론적 · 추상적 · 포괄적 내용으로서, 인지주의 교수이론인 오수벨(Ausubel)의 유의미 수용학습이론의 핵심개념이다. 교사는 학습자의 인지구조의 기능을 확대하여 학습내용의 조직화를 촉진하기 위해 선행조직자를 제시한다.
①은 반두라(Bandura), ②는 스키너(Skinner), ③은 파블로프(Pavlov)의 이론에 토대를 둔 기법이다.

12 다음의 내용과 가장 관련이 있는 교수 – 학습이론은?   06. 중등임용

> • 새로운 지식이나 정보와 선행 학습내용의 통합을 강조한다.
> • 학습자의 인지구조에 알맞게 포섭 · 동화되도록 학습과제를 제시한다.
> • 일반적이고 포괄적인 지식을 먼저 제시하고, 그 다음에 세부적이고 상세한 지식을 제시한다.

① 블룸(B. Bloom)의 완전학습이론   ② 오수벨(D. Ausubel)의 유의미학습이론
③ 콜린스(A. Collins)의 인지적 도제이론   ④ 스키너(B. Skinner)의 행동주의 학습이론

해설 오수벨(Ausubel)의 유의미 수용학습은 설명식 수업의 가치를 정당화하는 이론으로, 새로운 학습과제를 학습자가 지닌 기존의 인지구조에 포섭시키는 학습이다. 귀납적 추리를 강조하는 브루너(Bruner)의 '발견학습'과 학습내용을 기존 지식에 관련짓지 않고 맹목적으로 암기하는 '기계적 학습'을 비판하며 등장한 이론으로, 연역적 추리를 강조한다.

TIP 유의미학습의 조건

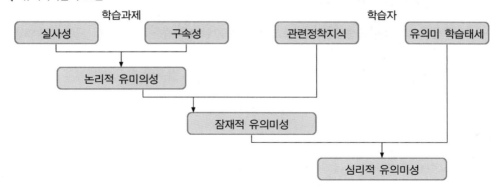

TIP 포섭(subsumption)의 종류

구분		개념	적용 사례	
			학습자 (인지구조/포섭자)	교사의 설명 (학습과제)
종속 포섭		포괄성이 낮은 학습과제가 포괄성이 높은 인지구조에 포섭	채소	당근, 무
	파생 포섭	새로운 학습과제가 기존의 인지구조에 종속되는 것 ⇨ 양의 확대	배추는 채소이다.	오이도 채소이다.
	상관 포섭	새로운 학습과제를 익히기 위해 기존의 인지구조를 수정 ⇨ 질의 변화	채소는 뿌리를 먹는 식물이다.	채소는 뿌리, 열매를 먹는 식물이다.
상위 포섭		새로운 학습과제가 기존의 인지구조보다 포괄성이 높을 때 발생 ⇨ 귀납적 추론을 통한 학습 (예 브루너의 발견학습)	당근, 무, 오이	채소
병렬 포섭		새로운 학습과제와 기존의 인지구조가 동일 수준의 포괄성을 지닐 때 발생	인생	야구 경기

정답 　10. ②　 11. ④　 12. ②

Chapter 07

13 다음 설명에 해당하는 것은?

18. 국가직 7급

> • 선행조직자는 학습자의 인지구조의 조정을 위해 학습 이전에 미리 제공되는 일반적, 포괄적, 추상적인 도입자료이다.
> • 새로운 학습과제가 선행조직자와 연결이 잘 될 때, 새로운 학습과제는 잘 획득되고 오래 지속된다.

① 직소(Jigsaw) 모형
② 글래이저(R. Glaser)의 수업모형
③ 오수벨(D. P. Ausubel)의 유의미학습이론
④ 스미스(P. L. Smith)와 라간(T. J. Ragan)의 교수설계모형

해설 오수벨(Ausubel)의 설명식 교수이론은 유의미 수용학습(meaningful reception learning)으로 기계적 학습에 대립되는 학습유형이다. 여기서 유의미성(meaningfulness)은 장기기억 속에 있는 하나의 아이디어와 다른 아이디어 사이를 연결하는 고리의 수를 말한다. ④는 스미스와 라간(Smith & Ragan, 1999)의 교수설계모형은 크게 분석단계, 전략단계, 평가단계의 세 단계로 구분된다.

TIP 오수벨(Ausubel)의 수업원리

선행조직자(advanced organizer)의 원리	도입단계에서 제시하는 개론적 설명이 새로운 과제 학습에 있어 점진적 증진 효과를 최대화한다.
점진적 분화(progressive differentiation)의 원리	포괄적·일반적인 의미를 먼저 제시하고 점차 구체적·세분화하여 제시 ⇨ 설명조직자를 사용할 때, 연역적 계열에 의한 설명
통합적 조정(integrative reconciliation)의 원리	새로운 개념과 의미는 이미 학습된 내용과 일치되고 통합되어야 한다는 것이다. ⇨ 비교조직자를 사용할 때 적절
선행학습의 요약·정리	새 학습에 임할 때 이미 학습한 내용을 요약·정리하여 제시함으로써 학습을 촉진한다.
내용의 체계적 조직	학습내용을 계열적·체계적으로 조직할 때 학습효과를 극대화할 수 있다. ⇨ 계열성의 원리
학습자 준비도의 원리	학습자의 인지구조와 선행학습 등 발달수준에 맞게 학습경험을 제공하는 것이다.

---

5 가네(Gagné)의 목표별 수업이론

14 가네(R. M. Gagné)의 교수-학습이론에 대한 설명으로 옳지 않은 것은?

23. 국가직 7급

① 수업 목표는 수업의 본질이나 내용을 말하는 것이 아니라 학습자의 수업 결과로 획득되는 능력을 말한다.
② 학습자의 학습 성과는 지적 기능, 언어정보, 인지 전략, 태도, 운동기능 영역으로 구분된다.
③ 행동주의에 기반을 둔 직접 교수 모형이기 때문에 정보처리이론이 배제되었다.
④ 학습의 외적 조건은 학습자 주위의 수업 사상(events)을 통해 학습자의 내적 과정을 지원해 주는 다양한 방법이다.

가네(Gagné)의 목표별 수업이론은 행동주의 학습이론과 인지주의(정보처리이론)를 절충한 것으로, 수업목표(에 언어정보, 지적 기능, 인지전략, 태도, 운동기능)에 따라 수업방법을 달리 설계해야 하며, 학습자의 학습을 촉진하기 위해 학습자 내부의 정보처리과정(내적 조건)에 따른 수업사태(9가지 ; 외적 조건)를 제공해야 한다는 것을 기본 원리로 삼고 있다.

15 가네(R. Gagné)의 교수 – 학습이론에 대한 진술로 옳은 것만을 〈보기〉에서 모두 고른 것은?

□□□ 11. 중등임용

> 보기
> ㉠ 학습을 주관적 경험에 근거한 개인적 의미 창출과정으로 본다.
> ㉡ 학습영역(learning outcomes)을 언어정보, 지적 기능, 운동기능, 태도, 인지전략으로 나눈다.
> ㉢ 학습자의 내적 학습과정을 지원하기 위한 9가지 외적 교수사태(events of instruction)를 제안한다.
> ㉣ 학습영역(learning outcomes)을 세분화하여 제시한 메릴(M. D. Merrill)의 내용요소 제시 이론(component display theory)의 토대가 되었다.

① ㉠, ㉣   ② ㉡, ㉢
③ ㉠, ㉡, ㉢   ④ ㉠, ㉡, ㉣
⑤ ㉡, ㉢, ㉣

해설 가네(Gagné)는 인식론적 관점에서 객관주의(본질주의 철학)와 심리학적으로는 정보처리 이론과 행동주의 이론에 근거하여 교수 – 학습 이론을 전개하고 있다. 목표별 학습이론, 정보처리 학습이론, 학습조건식 수업이론이라고 불리는데, 학습변인으로 학습조건, 수업사태, 학습성과를 들고 있다. '㉠'은 구성주의에 대한 설명이다.

학습조건 (독립변인)	• 내적 조건(학습자) : 선수학습, 주의력, 학습동기, 자아개념 • 외적 조건(교사의 수업사태) : 접근, 연습, 강화
수업사태	실제 수업의 절차 ⇨ 학습자 내부에서 정보가 처리되는 과정
학습성과 (종속변인)	정보(5가지 학습능력)의 획득, 파지, 전이 ⇨ 언어정보, 지적 기능, 인지전략, 태도, 운동기능

TIP 가네(Gagné)가 제시한 학습의 5대 영역 ‖‖‖‖‖‖‖‖‖‖‖‖‖‖‖‖‖‖‖‖‖‖‖‖‖‖‖‖

학습영역	학습된 능력	성취행동	예
언어정보	저장된 정보의 재생(사실, 명칭, 강연)	어떤 식으로 정보를 진술하거나 전달하기	애국심의 정의를 기억하기, 사물의 이름 기억하기
지적 기능	개인이 환경을 개념화하는 데 반응하도록 하는 정신적 조작	상징을 사용하여 환경과 상호작용하기	빨간색과 파란색을 구별하기, 수동태를 능동태로 바꾸기
인지전략	학습자의 사고와 학습을 지배하는 통제과정	기억, 사고, 학습을 효율적으로 관리하기	기말과제를 작성하기 위해 목록카드를 개발하기, 학습방법, 독서방법
태도	어떤 사람, 대상, 사건에 관해 긍정적이거나 부정적인 행위를 하려는 내적 경향	어떤 사람, 대상, 사건에 대하여 가까이하거나 멀리하는 개인적 행위 선택하기	미술관에 가지 않고 대신 록콘서트에 가는 것을 선택하기
운동기능	일련의 신체적 움직임을 수행하기 위한 능력 및 실행 계획	신체적 계열이나 행위 시범해 보이기	구두끈을 묶기, 배영을 시범해 보이기

정답   13. ③   14. ③   15. ⑤

16 가네(Gagné)는 수업사태를 9단계로 주장하였다. 빈칸(4~6)에 알맞은 내용을 순서대로 나열한 것은?

14. 지방직

1. 주의 획득	2. 수업목표 제시	3. 선수학습 재생
4.	5.	6.
7. 피드백 제공	8. 형성평가	9. 파지 및 전이

	4	5	6
①	학습안내 제공	학습내용 제시	연습 유도
②	학습내용 제시	학습안내 제공	연습 유도
③	학습안내 제공	연습 유도	학습내용 제시
④	학습내용 제시	연습 유도	학습안내 제공

해설 가네(Gagné)의 목표별 수업이론에서 9가지 수업사태(Event of Instruction)는 실제 수업의 절차를 말한다. 교사의 교수활동과 학습자 내부에서 정보가 처리되는 과정으로 구성된다. 교사의 교수활동은 ① 주의집중 시키기, ② 수업목표 제시, ③ 선수학습 재생 자극하기, ④ 자극자료 제시하기, ⑤ 학습안내 제공, ⑥ 연습 유도, ⑦ 피드백 제공, ⑧ 수행평가(형성평가), ⑨ 파지 및 전이 높이기 등의 순서로 전개되며, 그에 상응하는 학습자의 인지활동은 ① 주의집중, ② 기대, ③ 작동기억을 통한 재생, ④ 선택적 지각, ⑤ 의미론적 부호화, ⑥ 재생과 인출, ⑦ 강화, ⑧ 단서에 의한 인출, ⑨ 일반화 등의 순서로 이루어진다.

TIP 학습의 인지처리과정 9단계 : 가네(Gagné)

구분	학습단계	수업사태	기능
학습을 위한 준비	1. 주의집중	주의집중시키기	학습자로 하여금 자극에 경계하도록 한다.
	2. 기대	학습자에게 목표 알리기	학습자로 하여금 학습목표의 방향을 설정하도록 한다.
	3. (장기기억 정보) 작동기억을 통해 재생	선행학습의 재생 자극하기	• 선행학습능력의 재생을 자극한다. • 학습자가 새로운 정보를 학습하는 데 필요한 기능을 숙달하는 단계이다.
정보(기술)의 획득과 수행	4. 선택적 지각	학습과제에 내재한 자극 제시	• 중요한 자극특징을 작동기억 속에 일시 저장하도록 한다. 예 학습내용과 관련된 개념의 예를 들어 설명하기, 운동기능의 시범, 영상자료 보여주기 • 학습자에게 학습할 내용, 즉 새로운 내용을 제시하는 단계이다.
	5. 의미론적 부호화	학습 안내(학습정보 제공)하기	• 자극특징과 관련된 정보를 장기기억으로 전이시킨다. • 학습할 과제의 모든 요소들을 통합시키는 데 필요한 방법을 제시하는 단계이다. • 이전 정보와 새로운 정보를 적절히 통합시키고 그 결과를 장기기억에 저장할 수 있도록 학생들은 도움이나 지도를 받아야 하는데, 이를 통합교수라고 한다.

	6. 재생(인출)과 반응	성취행동 유도하기 (연습문제 풀기)	• 개인의 반응 발생기로 저장된 정보를 재현시켜 반응행위를 하도록 한다. • 통합된 학습의 요소들이 실제로 학습자에 의해 실행되는 단계로, 이 단계에서 학습자가 실제로 새로운 학습을 했는지를 증명하는 기회를 준다.
	7. 강화(피드백)	피드백 제공하기	• 학습목표에 대해 학습자가 가졌던 기대를 확인시켜 준다. ⇨ 정보적 피드백, 즉 반응에 대한 정오판단보다는 오답인 경우 이를 수정할 수 있는 보충설명을 제공한다. • 수행이 얼마나 성공적이었고 정확했는지에 대한 결과를 알려주는 단계이다.
재생과 전이	8. 재생을 위한 암시 (단서에 의한 인출)	성취행동 평가하기 (형성평가)	• 이후의 학습력 재생을 위하여 부가적 암시를 제공한다. • 다음 단계의 학습이 가능한지를 알기 위한 평가를 실시한다.
	9. 일반화	파지 및 전이 높이기	• 새로운 상황으로의 학습전이력을 높인다. • 새로운 학습이 다른 상황으로 일반화되거나 적용할 수 있는 경험을 제공해야 하며, 반복과 적용을 특징으로 한다.

17 가네(Gagné)의 수업사태(events of instruction)에 관한 진술로 옳지 않은 것은?　08. 중등임용

① 학습자의 내적 학습 과정을 지원하는 일련의 외적 교수 활동이다.
② 교실수업을 계획할 때 수업사태의 순서를 변경하거나 생략할 수 있다.
③ '학습 안내 제공' 단계에서는 학습을 위한 적절한 자극자료를 제시하고, 교재나 보조자료의 구성과 활용방법을 안내한다.
④ '파지와 전이 촉진' 단계에서는 학습자에게 다양한 종류의 새로운 과제를 제시하여 학습의 전이가 잘 일어날 수 있도록 지원한다.

해설 ③은 수업사태 제4단계인 학습과제에 내재한 자극 제시의 단계에 해당한다.

18 가네(Gagné)의 학습위계설의 중요한 영역은 수업사태(instructional events)이다. 다음 설명에 가장 적합한 수업사태는?　12. 국가직

• 학생들에게 학습내용에 대한 힌트나 질문을 던진다.
• 지난 시간에 학습한 내용과의 유사점과 차이점을 설명해 준다.
• 가요에 화학 원소기호의 첫 글자로 개사하여 개사된 가요를 부르며 화학 원소기호를 쉽게 외울 수 있도록 한다.

① 주의집중　　　　　　　　　　② 선수학습회상
③ 수행유도　　　　　　　　　　④ 학습안내

정답　16. ②　17. ③　18. ④

해설 학습안내는 중요한 자극 특징과 관련된 정보를 장기기억으로 전이시키는 단계로, 학습할 과제의 모든 요소들을 통합시키는 데 필요한 방법을 제시하는 단계이다. 이 단계에서 이전 정보와 새로운 정보를 적절히 통합시키고 그 결과를 장기기억에 저장할 수 있도록 학생들은 도움이나 지도를 받아야 하는데, 이를 통합교수라고 한다.

19 가네(Gagné)가 제시한 다음의 수업사태는 어떤 학습 과정을 촉진시키기 위한 활동인가?

09. 국가직 7급

> 이 단계는 학습할 과제의 모든 요소들을 통합시키는 데 필요한 방법을 제시하는 것으로서, 학습자들이 과제를 적절히 수행할 수 있도록 모든 관련된 정보를 사용할 수 있는 규칙이나 모델을 제시하는 것이다. 적절한 예 제시, 시연, 도표 활용, 순차적 교수 등이 여기에 해당된다.

① 동기화　　　　　　　　　　② 선택적 지각
③ 탐색과 회상　　　　　　　　④ 의미적 부호화

해설 제시문은 9가지 수업사태 중 제5단계인 '학습안내 제시하기'에 해당한다. 교사는 통합교수를 통해 학습을 안내하고, 학습자는 의미적 부호화를 수행하는 단계이다. ①은 제7단계, ②는 제4단계, ③은 제6단계에 해당한다.

20 가네(Gagné)가 제시한 학습의 결과에 해당하지 않는 것은?

20. 국가직

① 태도　　　　　　　　　　　② 언어정보
③ 탐구기능　　　　　　　　　④ 운동기능

해설 가네(R. Gagné)가 교수·학습의 결과로 기대되는 인간의 학습된 능력(학습결과 : learning outcomes)을 인지적 영역은 언어정보, 지적 기능, 인지전략을, 정의적 영역은 태도, 심리운동기능적 영역은 운동기능 5가지로 분류하여 제시하였다.

21 학습에 대한 인지적 접근에서 말하는 선언적 지식(declarative knowledge)에 해당하는 가네(R. M. Gagné)의 교육목표는?

11. 국가직 7급

① 언어정보　　　　　　　　　② 지적 기능
③ 인지전략　　　　　　　　　④ 태도

해설 언어정보(verbal information)는 학교학습의 가장 기본적인 영역으로, 명제적(사실적, 선언적) 지식에 해당한다. 사물의 이름, 사실, 원리, 일반화, 조직화된 정보 등 학습한 것을 기억해내는 것과 관련이 있다. 지적 기능은 방법적 지식에 해당한다.

22 다음의 내용과 모두 관계된 가네(Gagné)의 학습된 능력의 영역은?

07. 초등임용

> • 학습이나 사고에 대한 통제 및 관리능력이다.
> • 다양한 상황에서의 문제해결 경험을 통해 개발된다.
> • 비교적 오랜 기간에 걸쳐 습득되는 창조적 능력이다.

① 태도　　　　　　　　　　　② 지적 기술
③ 인지전략　　　　　　　　　④ 언어적 정보

해설 인지전략은 자신이 가지고 있는 지식과 기능을 활용하여 독자적으로 개발하는 내적 사고 과정으로 언어정보나 지적 기능에 비해 장기간에 걸쳐 발달하는 목표 영역이다.

23 다음 내용에 해당하는 가네(R. Gagné)의 학습성과(learning outcomes) 영역은?

17. 지방직

> • 방법적 지식 혹은 절차적 지식에 해당한다.
> • 여러 가지 기호나 상징을 규칙에 따라 활용하는 것을 말한다.
> • 변별학습, 구체적 개념학습, 정의된 개념학습, 원리학습, 고차원리학습으로 세분되며, 이들은 위계적 관계에 있다.

① 언어정보   ② 운동기능
③ 인지전략   ④ 지적 기능

해설 지적 기능(intellectual skills)은 학교학습에서 가장 강조되는 학습영역으로, 방법적(절차적) 지식에 해당한다. 구어 · 읽기 · 수의 사용 등과 같이 기호나 상징을 사용하여 환경과 상호작용할 수 있는 능력으로 '~을 할 줄 안다.'로 진술된다. 가네(Gagné)는 지적 기능을 신호학습부터 문제해결학습까지 8가지 학습 유형으로 위계화하여 제시하였다.

TIP 가네(Gagné)의 목표별 수업이론

학습목표 영역 (Bloom)	학습목표 유형 (Gagné)	학습과제 분석	학습방법 유형
인지적 영역	언어정보	군집(집략) 분석	유의미 수용학습
	지적 기능 (8가지)	위계분석	신호학습 ⇨ 자극반응 연결학습 ⇨ 연쇄학습 ⇨ 언어연상학습 ⇨ 변별학습 ⇨ 개념학습 ⇨ 원리학습 ⇨ 문제해결학습(고차적 원리학습)
	인지전략		연습
정의적 영역	태도	통합분석	강화, 대리적 강화, 동일시
심동적 영역	운동기능	절차(단계) 분석	반복적 연습

24 다음 설명에 해당하는 가네(R. Gagné)의 학습 결과 유형은?

18. 국가직

> • 학습자가 그의 주위 환경을 개념화하여 반응하는 능력을 말한다.
> • 지식이나 정보의 내용(what)을 아는 것이 아니라, 그 방법(how)을 아는 것으로 정의한다.
> • 복잡성 수준에 따라 가장 단순한 것에서부터 변별, 개념, 규칙, 문제해결 등의 형태로 이루어져 있다.

① 운동기능   ② 언어정보   ③ 인지전략   ④ 지적 기능

해설 지적 기능(intellectual skills)은 방법적(절차적) 지식으로, '~을 할 줄 안다.'로 진술되며, 구어 · 읽기 · 수의 사용 등과 같이 기호나 상징을 사용하여 환경과 상호작용할 수 있는 능력을 말한다.

정답   19. ④   20. ③   21. ①   22. ③   23. ④   24. ④

25 가네(Gagné)가 제시한 인간의 학습된 능력(학습결과 : learning outcomes)과 그에 해당하는 사
□□□ 례가 적절하게 연결되지 않은 것은?   07. 중등임용

① 언어정보 – 중학생인 영훈이는 삼각형의 넓이를 구하는 공식을 회상하여 진술할 수 있다.
② 지적 기능 – 초등학생인 민아는 부모님에 대한 고마움을 적절한 비유법에 맞게 글로 표현할
   수 있다.
③ 태도 – 고등학생인 혜진이는 가족 나들이 중 차 안에서 가족 모두 참여할 수 있는 게임을 창안
   해 낼 수 있다.
④ 운동기능 – 학령 전 아동인 윤아는 연필을 사용하여 낱글자 쓰기를 포함하여 특정한 종류의
   그리기를 할 수 있다.

해설 ③은 인지전략에 해당한다. 태도(attitude)는 정의적 영역의 목표로, 어떤 사람이나 대상, 사건에 관해 긍정적이거
나 부정적인 행위를 하려는 심리적 경향을 말한다.

---

6 구성주의 학습

26 다음 (   ) 안에 들어갈 용어로 가장 적절한 것은?   12. 국가직
□□□

> • 사회적 (   )는 비고츠키(Vygotsky)의 영향을 받아 전개되었다. 우리의 지식과 가치는
>   사회와 문화에 깊은 영향을 받는다.
> • (   ) 이론은 듀이(Dewey), 피아제(Piaget), 비고츠키(Vygotsky) 등으로부터 직접적인
>   영향을 받았다.
> • (   ) 학습모형에는 문제 중심 학습과 상황학습 등이 있다.

① 구조주의   ② 구성주의   ③ 실용주의   ④ 인지주의

해설 구성주의는 상대주의적 인식론에 근거한 철학적·심리학적 관점으로, 듀이(J. Dewey)의 진보주의, 피아제(Piaget)
의 개인적 구성주의, 비고츠키(Vygotsky)의 사회적 구성주의 등에 의해 발달하였다. 구체적인 학습모형으로는 인지적 도제
이론, 상황학습, 정황교수, 인지적 유연성 모델, 문제 중심 학습, 상보적 교수, 자기주도적 학습, 협동학습 등이 있다.

---

27 구성주의 학습이론에 대한 설명으로 알맞지 않은 것은?   13. 지방직
□□□

① 학습자의 내적 사고전략과 교수자의 부호화 전략을 토대로 인간의 사고활동을 촉진시킨다.
② 복잡하고 비구조화된 실제적 학습과제를 제시하여 학습자의 자기주도적 학습능력을 증진한다.
③ 인간의 학습은 개인 경험에 근거하여 세계에 대한 새로운 의미를 창출하는 과정이다.
④ 교사는 지식 전달자로서가 아니라 학습보조자나 촉진자로서의 역할을 수행해야 한다.

해설 구성주의(constructivism)는 지식은 주관적이고 학습자가 스스로 구성해 나간다는 심리학 및 철학적 관점으로 피
아제(Piaget)의 개인적 구성주의와 비고츠키(L. Vygotsky)의 사회문화적 구성주의에 토대를 둔 이론이다. 지식이란 개체와
별개로 존재하는 객관적이고 외적인 실재가 아니라 능동적인 구성의 산물이라고 보며, 개체와 상황의 상호작용을 강조한
다. 이런 점에서 구성주의는 환경이 개체에 미치는 영향을 중시하는 행동주의와 대비되며, 학습의 맥락을 고려하지 않고
학습이 개체의 정신 내에서 일어난다고 주장하는 정보처리이론과도 대비된다.
①은 정보처리이론에 해당한다.

TIP 구성주의 학습의 특징

1. 유의미학습이란 개인적 경험을 기반으로 해서 지식구조를 능동적으로 생성하고 구성하는 것이다(학습 자는 보고 들은 것을 기억 속에 그대로 복사해서 저장하는 기계가 아니다).

2. 개인이 갖고 있는 지식의 정수(精髓)는 결코 다른 사람에게 완전한 형태로 전수할 수 없다. 왜냐하면 지식이란 연령·성별·인종·지식기반과 같이 다양한 요인들의 영향을 받아 경험을 개인적으로 해석 한 것이기 때문이다.

3. 모든 사람이 각자 개인 특유의 지식과 세계관을 갖고 있다 하더라도 사람들 간의 합의(의견일치)는 가능하다.

4. 지식구조의 형성 및 변화는 주로 중다관점(multiple perspectives)을 검토하고, 그에 대한 사회적 협상 을 통해 이루어진다(지식이란 보편적 실체가 아니라 특정 맥락 내에서 구성원들이 합의한 잠정적인 결론이다).

5. 지식이란 맥락의존적이다. 지식은 인식주체가 구성하지만 그러한 행위는 항상 상황 안에서 이루어지 기 때문에 지식은 상황과 필연적으로 관련되어 있다. 따라서 학습은 복잡하고 실제적이고 적절한 맥락 에서 이루어져야 한다.

6. 모든 지식은 잠정적이고 유동적이다. 현재 우리가 갖고 있는 지식은 우리의 인지적 한계를 반영한다. 따라서 구성주의의 목적은 단순히 정보를 전달하는 데 있는 것이 아니라 메타인지 과정을 기르는 데 있다.

7. 학습자는 학습 과정에서 주인의식(ownership) 혹은 주도권을 가져야 한다. 교사는 단순한 정보원이 아 니라 코치·촉진자·조력자·조언자·동료 학습자(co-learner)의 역할을 수행해야 한다.

8. 학습자의 적극적인 자기성찰(self-reflection)을 강조한다. 자기성찰이란 일상적인 경험이나 사건에 대해 질문을 제기하고, 분석하고, 대안을 강구하는 습관을 일컫는다.

9. 지식이 개인의 인지적 활동은 물론 사회적 상호작용을 통해 구성된다는 것을 전제하고 있으므로 협동 학습을 중시한다.

10. 구성주의적 수업은 수업자료(학습자들이 조작할 수 있는 자료), 활동(관찰, 자료수집, 견학), 수업과정 (협동학습, 토론) 등의 측면에서 다양한 방식으로 나타날 수 있다.

Chapter
07

정답 25. ③ 26. ② 27. ①

28 구성주의 교육에 대한 설명으로 옳은 것만을 모두 고르면?
20. 지방직

> ㉠ 교수의 내용은 객관적 법칙이라고 밝혀진 체계화된 지식이다.
> ㉡ 실재하는 지식을 효과적으로 전달할 수 있는 교수·학습 방법을 강조한다.
> ㉢ 학습자가 정보를 획득하고 의미를 재구성할 수 있도록 복잡하고 비구조화된 과제를 제시한다.
> ㉣ 협동 수업, 소집단 활동, 문제해결학습 등을 통해 사고와 메타인지를 촉진하는 다양한 교육방법을 적용한다.

① ㉠, ㉡   ② ㉠, ㉣   ③ ㉡, ㉢   ④ ㉢, ㉣

해설 구성주의는 지식의 구성 주체로서의 학습자의 주체성을 바탕으로 복잡하고 비구조화된 과제 학습을 중시하고, 학습자의 실제적 문제해결력과 사고력을 촉진하는 학습자 중심의 교육방법을 강조한다. ㉠과 ㉡은 객관주의 교수·학습에 해당한다. 구성주의는 지식의 상대성·주관성에 토대를 두고 있으며, 지식의 전달보다는 지식의 개인적·상호작용적 구성 및 창조 과정에 초점을 둔다.

29 구성주의 교수 – 학습방법에 대한 설명으로 옳은 것은?
15. 국가직 7급

① 지식의 외재적인 실재를 강조한다.
② 사실이나 개념, 원리 등 지식의 요소를 이해하는 것에 초점을 둔다.
③ 교수목표와 과제를 사전에 구체적으로 분석하고, 목표달성 전략을 고안한다.
④ 학습과정에서 학습자의 능동적 참여와 문제해결 수행 여부를 중시한다.

해설 구성주의는 상대적 인식론을 바탕으로 학습자의 능동적인 역할과 새로운 아이디어의 적극적인 창안을 강조하는 학습자 중심의 학습관이다.
①, ②, ③은 객관주의 교수 – 학습방법에 해당한다.

30 구성주의 학습이론이 교수설계에 주는 시사점으로 옳지 않은 것은?
13. 국가직 7급

① 구성주의는 학습자 중심의 학습환경을 강조한다.
② 구성주의는 실제적 과제와 맥락을 강조한다.
③ 구성주의는 문제해결 중심의 학습을 강조한다.
④ 구성주의는 외재적 동기의 강화를 강조한다.

해설 구성주의는 상대적 인식론을 바탕으로 학습자의 능동적인 역할과 새로운 아이디어의 적극적인 창안을 강조하는 학습자 중심의 학습관이다. 구성주의에서 교수설계는 학습이 일어날 수 있는 상황(context)이나 환경을 설계하는 것이고, 실제와 같이 복잡하고 비구조적인 상황과 맥락을 강조하며, 학습과정에 있어 학습자의 자율성과 권위를 부여한다. 그러므로 구성주의 학습이론에서는 학습자의 내재적 동기를 보다 중시한다.
④는 행동주의 학습이론의 특징에 해당한다.

TIP 구성주의 학습을 촉진하는 일반적인 조건
1. **실제적 과제**(authentic task) : 복잡하고 실제적인 상황에서 현실적인 학습과제를 제시해야 한다.
2. **협동학습**(collaborative learning) : 문제를 해결할 때 사회적 협동과 상호작용을 강조해야 한다.
3. **자기성찰**(self-reflection) : 모든 경험, 사건, 현상의 의미와 중요성에 대해 질문하고, 분석하고, 대안을 강구해보아야 한다.
4. **주인의식**(ownership) : 학습자는 학습의 주체로 학습활동에서 주도권을 가져야 한다.
5. **중다관점**(multiple perspectives) : 학습자료를 다양한 관점에서 다양한 방식으로 표현해야 한다.

31 다음은 조나센(D. H. Jonassen)의 구성주의 학습환경 설계모형이다. ☐ 안에 들어갈 교수자의 교수활동에 해당하지 않는 것은?

08. 중등임용

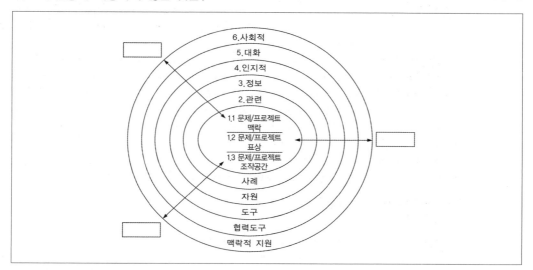

① 코칭(coaching) ② 통찰(insight)
③ 모델링(modeling) ④ 비계설정(scaffolding)

해설 구성주의에서는 '교수설계'보다는 학습자 중심의 학습지원 환경의 설계가 중시되기 때문에 '학습설계'라는 용어를 주로 사용한다. 조나센(Jonassen)은 구성주의 학습환경 설계모형(CLEs)에서 학습환경 설계 시 고려해야 할 요소들과 학습환경을 정교화하는 방안을 포괄적으로 제시하였다. 이 중 교수자의 교수활동에 해당하는 것은 모델링, 코칭, 비계설정에 해당하며, 학습자의 활동에 해당하는 것은 의미의 명료화(articulation), 성찰(reflection), 탐구(exploration)이다.

TIP 구성주의 학습환경 설계모형(CLEs ; Constructive Learning Environments)
1. 구성주의 학습환경 설계 시 고려 요소

① 문제 / 프로젝트 (problem / project)	구성주의 학습은 문제가 학습을 주도한다. 문제는 실제적이고 비구조적인 문제이어야 한다. 학습자는 제시된 문제상황에서 주어진 자원을 바탕으로 문제를 설정하고, 문제를 해결해 나가는 과정에서 통합적이고 맥락적인 지식을 구성하게 된다. 문제 상황은 문제의 상황 및 맥락(context), 문제의 표상(representation, 제시방법), 문제해결을 위한 조작공간(manipulation space)을 포함하여야 한다.
② 관련 사례 (related cases)	제시된 문제와 직·간접적으로 관련된 다양한 사례(예 성공과 실패사례, 인터뷰, 외국사례 등)를 제공함으로써 학습자의 기억을 촉진하고 인지적 융통성을 지원한다. 이를 통해 학습자가 능동적으로 지식구조를 점진적으로 확장하는 것을 돕고 문제에 대한 이해를 돕는다.
③ 정보자원(information resources)	학습자가 문제를 해결하는 데 필요한 정보(예 텍스트 문서, 그래픽, 음성 자원, 영상, 애니메이션, 온라인사이트 등)를 충분히 제공한다. 학습자는 정보를 활용하여 문제해결을 위한 가설을 설정하고 검증하며 아울러 자신의 지식구조를 보다 정교화해 나간다.

정답 28. ④ 29. ④ 30. ④ 31. ②

Chapter **07**

④ 인지도구 (cognitive tool, 지식구성 도구)	인지도구는 컴퓨터 도구를 활용하여 학습자가 주어진 문제해결을 할 수 있도록 인지활동을 지원하는 역할을 수행한다. 인지도구에는 시각화 도구, 지식 모델링 도구(예 의미망(semantic networks), 전문가 시스템, 하이퍼미디어 구성 등), 수행지원 도구(예 멀티미디어 저작도구, 프리젠테이션 프로그램), 정보수집 도구(예 정보검색도구) 등이 있다.
⑤ 대화/협력도구 (conversation / collaboration tool)	구성주의 학습은 학습자 상호간 대화와 협력을 통한 학습을 강조한다. 따라서 동료 학습자나 교수자로부터 모델링(modeling), 코칭(coaching), 발판(scaffolding)을 제공받을 수 있도록 자유게시판, 커뮤니티, 이메일, SNS, 대화방 등 대화/협력도구를 제공해야 한다. 대화/협력도구는 학습자 공동체를 중심으로 문제에 대한 의미에 대해 협상하게 하고 구성하게 한다.
⑥ 사회적 / 맥락적 지원 (social / contextual support)	구성주의 학습에서 강조되는 것은 사회적/맥락적/환경적 요소이다. 특정 문제가 발생하는 맥락을 제시할 수 있도록 실제적 환경(예 커뮤니티 - 멘토링, 그룹 스터디, 워크숍이나 회의 지원체제)을 제시할 필요가 있다.

2. 구성주의 학습환경의 정교화 방안

① 교수활동

모델링(modeling, 시범보이기)	학습자의 탐색활동을 지원하는 가장 쉬운 교수전략으로 전문가의 수행행동에 초점을 맞춘다. 모델링은 학습자에게 기대되는 외현적 행동 사례를 전문가가 시연해 주는 '행동 모델링(behavior modeling)'과 문제해결에서 요구하는 활동을 하는 학습자들이 사용해야 하는 인지적 추론이나 반성적 사고과정 등과 같은 내재적 인지과정에 대한 '인지 모델링(cognitive modeling)'이 있다.
코칭(coaching)	학습자가 어떻게 수행할 것인가에 초점을 맞춘다. 학습자의 학습동기를 부여하고, 수행을 분석하여 피드백을 제공함으로써 학습방법을 조언해 주며, 배운 내용에 대해 반성적 사고와 명료화를 유도한다.
비계설정 (scaffolding, 발판제공)	학습자가 수행하는 과제에 초점을 두고 학습자의 수행을 체계적으로 지원한다. 학습과 학습자의 능력을 넘어서는 학습자들의 수행을 지원하기 위한 임시적인 틀을 제공한다.

② 학습자의 활동

탐색 (exploration)	원인과 결과에 대한 가설의 설정, 자료 수집, 잠정적인 결론의 예측 등을 말한다. 문제의 특성을 탐색한 것에는 유사한 점을 찾기 위해 관련 사례를 조사하는 것, 문제의 해결책을 지원하는 증거를 확보하기 위해 정보원을 살피는 것 등이 포함된다. 탐색의 가장 중요한 인지적 요소는 목표 설정하기와 이러한 목표의 추구를 관리하는 것이다.
의미의 명료화 (articulation)	명료화는 자신이 이미 알고 있는 것이나 알게 된 것을 분명히 하는 것으로, 학습자가 스스로 설정한 이론이나 모형을 검토하기 위해 실제적인 적용이 이루어진다.
성찰 (reflection, 반성)	성찰(반성)은 학습자 자신의 학습수행에 대하여 되풀이하여 생각하거나 돌이켜 보는 반성적 사고의 과정이다. 학습자는 메타인지를 활용하여 학습결과에 대한 추측, 환경 조작하기, 관찰하기와 증거 수집, 결론 도출에 이르는 자신의 학습활동을 반성한다.

32 구성주의 관점에서 학습에 대한 설명으로 옳지 않은 것은?

□□□
① 유의미한 지식은 학습자 스스로 구성하는 지식이어야 한다.
② 학습환경을 설계할 때의 중심은 학습자가 활용할 자원과 정보이다.
③ 교육과정 개발은 교과의 논리나 구조가 아니라 교사와 학습자의 삶의 맥락에 대한 이해에서 출발한다.
④ 교사는 학습자의 문제 해결을 촉진하기 위해 대화 및 협력 도구를 함께 제공해야 한다.

해설 조나센(Jonassen)이 제안한 구성주의 학습환경 설계 모형(CLEs)에서 학습환경 설계시 고려해야 할 요소에서 중심은 문제 또는 프로젝트이다. 이때 문제는 실제적이고 비구조적인 문제여야 한다. 학습자는 제시된 문제상황에서 주어진 자원을 바탕으로 문제를 설정하고, 문제를 해결해 나가는 과정에서 통합적이고 맥락적인 지식을 구성하게 된다. 문제 상황은 문제의 상황 및 맥락(context), 문제의 표상(representation, 제시방법), 문제해결을 위한 조작공간(manipulation space)을 포함하여야 한다.

33 구성주의 학습이론에 기반한 교사의 교수기술로 적절하지 않은 것은?

□□□
① 지식을 효과적으로 전달하기 위해 구조화된 문제와 반복학습을 강조한다.
② 학생 스스로 사고과정을 통해 문제를 해결하도록 촉진한다.
③ 협동학습을 통해 학생이 생각을 능동적으로 발전시키도록 돕는다.
④ 실제 환경에서 직면하게 되는 문제를 학습과제로 제시하여 학습한 내용과 실제 세계를 연결하도록 한다.

해설 구성주의 학습이론에서는 지식의 전달보다는 학습자 스스로 지식을 창조하는 것을 중시하며, 학습문제는 실제 생활과 관련된 복잡하고 비구조화된 문제 형태로 제시되고, 단순 반복학습보다는 구성과 재구성의 유의미한 학습을 강조한다. ①은 객관주의 학습이론의 특징이다.

34 다음의 학습에 대한 관점에 입각한 수업설계원리로 적합하지 않은 것은?

□□□

> • 실재에 대한 지식은 매개를 거친다.
> • 인간의 지각은 주체의 안목과 긴밀한 연계를 맺고 있다.
> • 인식주체의 역사·문화적 상황을 떠난 절대적 관점은 존재하지 않는다.

① 학습의 평가는 준거지향 평가에서 벗어나야 한다.
② 수업 과제를 구체적으로 분석하여 사전에 수업목표를 설정한다.
③ 현실세계의 문제 상황과 관련된 지식을 제공한다.
④ 학습자가 지식을 해석하고 생성할 수 있는 환경을 조성한다.

해설 제시문은 구성주의 인식론에 해당한다. 구성주의는 상대적 인식론을 바탕으로 학습자의 능동적인 역할과 새로운 아이디어의 적극적인 창안을 강조하는 학습자 중심의 학습관이다. ②는 행동주의에 토대를 둔 객관주의 교수모형에 해당한다. 구성주의에 토대를 둔 교수모형에서는 아이즈너(Eisner)가 제시한 문제해결목표나 표현적 결과 등도 교육목표로 중시한다.

정답 **32.** ② **33.** ① **34.** ②

35 다음 수업모형들의 공통점은?

> • 상황정착 수업(anchored instruction)
> • 문제 중심 학습(problem-based learning)
> • 인지유연성 이론(cognitive flexibility theory)

① 수업의 목적은 명제적 지식을 획득하는 데 있다.
② 학습자 평가는 준거참조평가보다는 규준참조평가가 적절하다.
③ 지식이 사용되는 구체적 맥락을 제공하는 것이 수업에서 중요하다.
④ 수업의 목표는 관찰 가능한 행위동사를 사용하여 분명하게 기술한다.
⑤ 지식은 개별적인 것이므로 협동학습보다는 개별학습이 바람직하다.

해설 제시문에 제시된 수업이론은 모두 구성주의 학습모형에 해당한다. ①은 방법적 지식, ②는 준거참조평가 또는 자기참조평가, ④는 문제해결목표 또는 표현적 결과로 기술, ⑤는 개별학습과 협동학습을 모두 중시한다.

36 다음 설명에 해당하는 이론은?

> • 전문가의 사고과정을 내면화하는 것이다.
> • 콜린스(Collins)와 동료들이 발전시켰다.
> • 학습환경을 구성하는 내용, 방법, 순서, 사회학의 네 차원을 중시한다.
> • 모델링, 코칭, 비계설정, 발화, 반성, 탐구의 수업방법을 활용한다.

① 완전학습   ② 전환학습   ③ 학습공동체이론   ④ 인지적 도제학습

해설 인지적 도제이론(cognitive apprenticeship theory)은 콜린스(A.Collins)가 제시한 이론으로 초보적인 학습자가 전문가인 교사의 학습과제를 해결하는 과정을 관찰하고 모방함으로써 학습과제 해결능력이나 사고과정을 습득하는 구성주의 학습유형을 말한다. 예체능 분야에서 기능을 연마하는 과정이나 대학원에서 논문작성을 배우는 과정에 활용되며, 고전적 의미의 도제학습의 원칙을 활용하여 메타인지적 기술을 습득함을 목적으로 한다. 콜린스(Collins)는 인지적 도제이론의 학습과정을 MCSARE의 6단계, 즉 시범보이기(modeling) ⇨ 코칭(coaching) ⇨ 비계 설정(scaffolding) ⇨ 명료화(articulation) ⇨ 반성적 사고(reflection) ⇨ 탐색(exploration)으로 제시하고 있다.
①은 블룸(Bloom)의 주장으로, 학급의 95% 학생들이 최적의 학습조건만 제시되면 학습과제의 90% 이상 학습하는 것을 말하며, ②는 메지로우(Mezirow)가 제안한 평생교육 학습방법으로, 의미 관점(meaning perspectives)을 전환하는 학습을 말한다. ③은 로저스(Rogers) 등이 제안한 것으로, 학습을 주목적으로 하는 개인들이 자발적으로 구성한 집단으로서, 자율적인 상호적 학습활동(mutual learning)을 통해 학습경험을 공유하는 사람들의 집단을 말한다.

TIP 인지적 도제이론의 수업절차(MCSARE)(Collins)

시범보이기(Mideling)	전문가인 교수자가 시범을 보이고 학습자는 관찰한다. ⇨ 전문가의 수행행동에 초점
코칭(Coaching)	학습자가 실습을 하고 교수자는 격려해 주며 피드백을 제공한다. ⇨ 학습자의 수행에 초점
발판 제공(Scaffolding)	학습자의 능력을 넘어서는 과제 수행에 대한 발판을 제공한다. ⇨ 학습자의 수행 과제에 초점
명료화(Articulation)	학습자는 자신이 습득한 지식, 기능, 태도, 사고 등을 종합적으로 연계하여 설명한다.
반성(reflection)	학습자는 자신이 수행하고 있는 문제해결과정과 전문가의 교수자의 방법과 비교하여 설명한다.
탐색(exploration)	학습자는 자기 나름의 문제해결전략을 사용하여 전문가다운 자율성을 획득한다. ⇨ 전이 단계

37 다음 설명에 해당하는 교수-학습 이론은?   21. 지방직

> 전문가와 초심자 간의 특정한 관계 속에서 실제적 과제를 해결해 나가는 과정을 통하여 새로운 지식을 구성함으로써 개념을 발전시켜 나간다. 전문가는 초심자의 지식 구성과정을 도와주는 역할을 하며, 초심자는 전문가와의 토론이나 초심자 간의 토론을 통하여 사회적 학습행동을 습득하고 자신의 인지적 활동을 통제하면서 인지능력을 개발한다.

① 상황학습 이론   ② 문제기반학습 이론
③ 인지적 융통성 이론   ④ 인지적 도제학습 이론

해설 인지적 도제이론(cognitive apprenticeship theory)은 초보적인 학습자가 전문가인 교사의 학습과제를 해결하는 과정을 관찰하고 모방함으로써 학습과제 해결능력이나 사고과정을 습득하는 것으로, 신체적인 기능과 과정에 주안을 둔 전통적 도제와 달리 인지 및 메타인지 기능을 가르치는 데 주력한다.

38 인지적 도제(cognitive apprenticeship) 수업에서 활용되는 수업전략과 가장 거리가 먼 것은?
                                                                          07.초등임용

① 해독(decoding)   ② 코칭(coaching)
③ 시범(modeling)   ④ 점진적 도움중지(fading)

해설 인지적 도제이론은 시범, 코칭, 점진적 도움중지로 진행된다. ①은 객관주의 학습인 정보처리이론의 수업전략이다. 부호화(encoding)된 의미를 원래의 형태로 복원하는 것을 말한다.

39 다음 내용과 관계가 깊은 인지적 도제이론의 교육방법은?   14. 지방직

> 학생이 학습과제에서 문제에 봉착할 때 교사가 도움을 주는 활동이다. 예를 들면 쓰기를 촉진하기 위한 단서카드나, 스키를 가르치기 위해 사용된 짧은 스키와 같은 물리적 지원 체제의 형태가 될 수 있다.

① 명료화(clarification)   ② 비계설정(scaffolding)
③ 반성적 사고(reflection)   ④ 모델링(modeling)

해설 비계설정(scaffolding, 발판)은 교사가 학습자로 하여금 스스로 일어설 수 있는 발판을 마련해 주는 과정이다. 학습자가 수행하는 과제에 초점을 두고 체계적으로 지원하며, 학습과 학습자의 능력을 넘어서는 학습자들의 수행을 지원하기 위한 임시적인 틀을 제공한다.

Chapter
07

정답 35. ③   36. ④   37. ④   38. ①   39. ②

40 다음 설명에 해당하는 인지적 도제학습의 방법은?
22. 국가직 7급

> • 학습자의 근접발달영역에 속하지만 독자적으로 수행하기 어려운 과제를 수행하도록 도와준다.
> • 학습의 초기 단계에 교수자는 학습자에게 많은 지지를 제공하다가 단계적으로 감소시켜 학습자가 독립적으로 수행하게 한다.

① 비계설정(scaffolding)　　　　　② 반성적 사고(reflection)
③ 명료화(articulation)　　　　　　④ 모델링(modeling)

〔해설〕 콜린스(Collins)는 인지적 도제이론의 학습과정을 MCSARE의 6단계, 즉 시범 보이기(modeling) ⇨ 코칭(coaching) ⇨ 비계 설정(scaffolding) ⇨ 명료화(articulation) ⇨ 반성적 사고(reflection) ⇨ 탐색(exploration)으로 제시하고 있다. 이 중 비계설정(scaffolding, 발판)은 학습자가 수행하는 과제에 초점을 둔 전략으로 교사가 아동의 학습을 도와주기 위해 사용하는 다양한 방법을 말한다. 즉, 초기 단계에서는 많은 도움을 제공하다가 점점 지원을 줄여서(fading) 학습자 스스로 할 수 있도록 돕는 것을 말한다. 효과적인 비계설정은 학습자 스스로 할 수 있도록 지원해 주는 것으로 국한되어야 하며, 문제의 정답을 직접 제공하거나 문제의 해결책을 직접 제시하는 것(예 미완성 그림을 직접 그려주기)은 발판을 잘못 제공하는 것이다. 또한 학습과제가 근접발달영역(Zone of Proximal Development) 안에 있어야 한다.

41 다음의 진술과 가장 관계가 깊은 개념은?
06. 유·초등임용

> • 실제 사례를 '있는 그대로' 학습하도록 한다.
> • 영화 등 하이퍼미디어를 활용하는 것이 효과적이다.
> • 맥락을 벗어난 지식은 지나친 단순화와 일반화의 오류에 빠지기 쉽다.
> • 동일한 자료를 다른 시기에 다른 목적과 관점으로 검토함으로써 다양한 차원에서 지식을 이해하게 한다.

① 인지적 유연성　　　　　　　　② 수단 - 목표 분석
③ 일반화된 문제 해결　　　　　　④ 지식의 위계 구조

〔해설〕 전환학습 또는 인지적 유연성(융통성) 이론(cognitive flexibility theory)은 스피로(Spiro)가 제안한 이론으로 급격하게 변화해가는 상황적 요구에 대한 적응적 대처능력 함양을 위한 구성주의 학습유형에 해당한다.

42 인지적 유연성(cognitive flexibility) 이론을 적용한 하이퍼텍스트에 대한 설명으로 가장 적절한 것은?
07. 초등임용

① 교사 주도의 수업에 주로 활용된다.
② 수학과 같은 구조화된 교과영역에 특히 적합하다.
③ 학습경로를 사전에 계열화하는 것이 매우 중요하다.
④ 다양하고 구체적인 사례들이 내용의 주된 구성요소이다.

〔해설〕 인지적 유연성 이론은 구성주의 학습방법에 해당하는 것으로, 구체적인 사례 중심과 비선형적 텍스트를 중시한다. ①은 학습자 주도의 수업에 주로 활용되며, ②는 비구조화된 교과 영역에 특히 적합하고, ③은 학습경로를 비선형적으로 하는 것이 중요하다.

43

다음 설명에 해당하는 학습은?

22. 국가직 7급

- 유의미한 학습이 일어나기 위해서는 지식이 사용되는 맥락에 대한 정보가 제공되어야 한다.
- 전이를 촉진하기 위해 한 가지 주제를 다양한 맥락에서 다양한 예시와 함께 다룰 필요가 있다.
- 학습은 일상생활의 활동에 참여하는 경험을 통해 진행되므로 사회공동체의 활동에 참여하는 과정이 장려되어야 한다.

① 발견학습(discovery learning) ② 상황학습(situated learning)
③ 혼합학습(blended learning) ④ 거꾸로학습(flipped learning)

해설 상황학습(situated learning)은 레이브(J. Lave)와 웽어(E. Wenger)가 주장한 구성주의 학습유형으로 학교에서 배운 지식을 실제 사용되는 맥락(context)에서 실천하려는 수업을 말한다. 실제 상황에의 참여를 통한 문제해결 과정 및 경험과 학습을 중시한다. 학습 전이에 있어서 상황학습은 학습 상황과 실제 상황이 유사할 때 학습이 촉진되는 상황적 전이를 강조한다. 실행공동체의 형성, 주변적 참여에서 중심적 참여로의 변화, 구성원들 간의 지속적인 상호작용을 특징으로 한다.

44

상황학습(situated learning)의 설계 원리에 대한 설명으로 옳지 않은 것은?

19. 국가직

① 지식이나 기능은 유의미한 맥락 안에서 제공되어야 한다.
② 교실에서 학습한 것과 교실 밖에서 필요로 하는 것의 관계 형성을 돕는다.
③ 전이(transfer)를 촉진할 수 있도록 추상적인 형태의 지식을 제공한다.
④ 다양한 사례를 활용하여 능동적인 문제해결을 유도한다.

해설 상황학습(situated learning, 참여학습)은 '교실수업'에 대한 대안적 모형으로, 학교에서 배운 지식을 실제 사용되는 맥락(context)에의 참여와 실천을 통한 문제해결 과정 및 경험과 학습을 중시한다. 학습 전이에 있어서 상황학습은 학습 상황과 실제 상황이 유사할 때 학습이 촉진되는 상황적 전이를 강조하여 추상적 형태의 지식 제공보다는 구체적이고 실제적인 지식 제공을 중시한다.

45

상황학습(situated learning)에 대한 설명으로 적절하지 않은 것은?

07. 중등임용

① 상황학습에서 활용되는 평가방법에는 포트폴리오(portfolio) 평가가 있다.
② 상황학습은 실제적인 문제를 포함하는 환경에서 이루어지는 문화 적응 과정이다.
③ '실행공동체'(community of practice)와 '정당한 주변적 참여'(legitimate peripheral participation)는 상황학습의 주요 개념이다.
④ 상황학습 환경을 설계할 때 학습자 간의 상호작용은 최소화하고 교사가 개별학습자에게 정선된 학습내용을 지속적으로 전달할 수 있도록 해야 한다.

해설 상황학습은 구성주의 학습의 한 형태로서, 실행공동체의 형성, 주변적 참여에서 중심적 참여로의 변화, 구성원들 간의 지속적인 상호작용을 특징으로 한다. ④는 객관주의 교수방법에 해당한다.

정답 40. ① 41. ① 42. ④ 43. ② 44. ③ 45. ④

46 다음 내용과 가장 가까운 교수 – 학습 모형은?

07. 유 · 초등임용

- 읽기능력이 낮은 학생들에게 효과적인 방법이다.
- 문제를 해결하기 위하여 학생들 간 협력을 필요로 한다.
- 실제 상황과 관련한 흥미로운 문제해결이 중심이 된다.
- 실제 상황을 모사한 영상매체의 이야기를 통해 수학문제를 제시한다.

① 정착수업(anchored instruction)　　② 위계학습(hierarchical learning)

③ 디자인 중심 학습(learning by design)　　④ 프로그램 학습(programmed learning)

해설 정착수업(앵커드 수업)은 다양한 교수매체(예 Jasper Series, Young Sherlock project)를 활용하여 실제와 유사한 학습환경을 제공해 주고 이를 통해 문제를 해결하도록 하여 현실상황에 활용 가능한 유용한 지식을 학습하도록 하는 구성주의 학습방법이다. ②는 가네(Gagné), ④는 스키너(Skinner)에 해당하며 객관주의에 입각한 모형이다. ③은 과학교육의 탈맥락화나 탈실천중심에 대한 비판으로 등장한 대안모형이다. 학생들이 공학자나 디자이너들이 실제로 겪는 설계과정을 경험함으로써 실제적 문제 해결과정에서의 과학적 사고를 촉진한다. 즉 공학적인 인공물(engineered artifacts)의 설계라는 현실과제를 통해 학생들에게 상황에 적절한 지식을 이해하게 하고 복합적인 디자인 과제의 환경을 그대로 접할 수 있는 맥락을 제공함을 특징으로 한다.

47 문제 중심 학습(problem-based learning)에 관한 진술로 옳은 것을 〈보기〉에서 모두 고르면?

11. 유 · 초등임용

┌─ 보기 ┌
㉠ 구성주의적 인식론에 바탕을 둔 학습모형이다.
㉡ 학습 문제는 기본적으로 구조화된 형태로 제시된다.
㉢ 문제해결을 위해 요구되는 정보, 지식, 해결방법 등을 자기주도적으로 탐구한다.
㉣ 학습자에게 제시되는 문제는 일상에서 접하게 되는 수준의 복잡성과 실제성을 가지는 것이 좋다.

① ㉠, ㉡　　　② ㉡, ㉣　　　③ ㉠, ㉢, ㉣

④ ㉡, ㉢, ㉣　　　⑤ ㉠, ㉡, ㉢, ㉣

해설 문제 중심 학습(문제기반 학습, problem-based learning; PBL)은 학습자로 하여금 실제 생활과 관련된 복잡하고 비구조화된 문제를 통해 문제해결력 및 그와 관련된 지식(예 개념, 원리, 법칙 등)을 학습하도록 하는 것으로, 의학교육과 경영교육 분야에 근원을 둔 독창적 교육방법이었으나, 구성주의에 접목되어 학교교육에 활발하게 도입 · 적용되고 있다. 문제해결을 위한 전략적 사고를 신장시켜 주는 수업모형으로 실제성(authenticity), 즉 실제생활과 긴밀하게 관련된 구체적이고 복잡한 문제가 제기되며, 문제해결을 위해 자기주도적 학습(self-directed learning)과 협동학습(cooperative learning)으로 진행된다. ㉡의 경우 학습문제는 비구조화된 형태로 제시된다.

48 문제 중심 학습(Problem-Based Learning)에 대한 설명으로 옳지 않은 것은? 　　19. 국가직 7급
□□□

① 모델링, 코칭, 비계설정, 명확한 표현, 반성적 사고 등이 핵심적인 방법으로 활용된다.

② 자기주도적 학습이 이루어지면서 문제해결 전략을 선택하고 적용하는 방법을 배우게 된다.

③ 실제 생활과 관련된 문제가 제시된다는 점에서 실제성이 강조되어 활동의 의미가 더 커진다.

④ 비구조적 문제를 특징으로 하며, 학습자가 문제를 찾아내고 분석하며 전략을 찾는다.

해설 문제 중심 학습(problem-based learning; PBL)은 학습자로 하여금 실제 생활과 관련된 복잡하고 비구조화된 문제를 통해 문제해결력 및 그와 관련된 지식(예 개념, 원리, 법칙 등)을 학습하도록 하는 것이다. ①은 인지적 도제이론에 해당한다.

TIP 구조화된 문제와 비구조화된 문제의 비교 ||||||||||||||||||||||||||||||||||||||||||||||||

구조화된 문제(structured problem)	비구조화된 문제(non-structured problem)
• 문제의 정의가 쉽게 규명된다.	• 문제가 정의되어야 하고, 가능하면 재정의되어야 한다.
• 문제해결에 필요한 모든 정보가 제공된다.	• 문제해결에 필요한 부가적인 정보가 필요하다.
• 문제해결에 초점을 둔다.	• 문제의 본질에 초점을 둔다.
• 단 하나의 정답만이 확인될 수 있다.	• 여러 개의 서로 다른 해결안이 가능하다.
• 문제해결에 대한 동기가 낮다(비인지적).	• 문제해결에 대한 동기가 높다(인지적).
• 재생적 사고가 요구된다.	• 전략적 사고가 요구된다.

49 다음 김 교사가 활용한 교수·학습 유형으로 가장 적절한 것은? 　　13. 중등임용
□□□

> 김 교사는 해안가의 한 도시에 있는 학교에 근무하고 있다. 그는 학생들에게 '지역 축산 단지에서 흘려보내는 오·폐수로 인한 환경오염이 지역사회에 미치는 피해를 최소화할 수 있는 방법'을 모색해 보는 과제를 웹에 제시하였다. 이 과제는 지역 농가, 도시 주민, 자치단체의 이해관계가 복잡하게 얽혀 있는 실제적 과제(authentic task)로서 비구조화되어 있다. 이 과제를 해결하기 위해서 학생들은 환경오염의 원인에 대해 다양한 가설을 세우고, 오염물질에 관한 자료를 수집하고 분석하여 그 원인을 추론하였다. 이 과정에서 교사는 촉진자의 역할을 수행하였고 학생들은 주인 의식을 갖고 자기 주도적으로 과제를 해결해 나갔다. 마지막으로 학생들에게 보고서를 웹에 올려 평가받게 함으로써 학습과정을 성찰(reflection)해 볼 수 있는 기회를 제공하였다.

① 직접교수 모형　　　　　　　　　② 문제기반 학습

③ 완전학습 모형　　　　　　　　　④ 인지적 도제학습

⑤ 정교화 수업 모형

해설 문제중심 학습(problem-based learning, PBL)에서 다루는 '문제'는 우리가 경험하는 실제 문제이다. 즉 실제적이고 복잡한 현실 속에 존재하는 비구조화된 문제(ill-structured)로 다양한 해결책이 요구되는 문제를 다룬다. 문제가 주어지면, 학생들은 정의를 내리고 가설을 설정하고 자료를 찾고 경험하고 해결안을 개발하고 문제해결 과정의 효과성을 평가한다. ①과 ③은 행동주의 학습모형에 해당한다.

정답 　46. ①　47. ③　48. ①　49. ②

50 문제 중심 학습(problem-based learning)에 대한 설명으로 옳지 않은 것은? 　17. 국가직 7급

① 비구조화된 문제상황에서 추론기능과 자기주도적 학습을 필요로 한다.
② 의과대학에서 전통적인 교육방식의 문제점을 개선하기 위해 개발된 모형이다.
③ 실제 문제를 중심으로 학습내용을 학습자가 찾아서 해결하는 학습자 중심의 모형이다.
④ 문제해결 과정이 끝난 후 실시되는 평가는 교사에 의해 시험으로 이루어진다.

해설 문제 중심 학습(문제기반학습, problem-based learning, PBL)은 구성주의 학습의 한 형태로 실제적 상황에서 직면할 수 있는 '비구조화된 문제로 시작하는 수업'이라고 할 수 있다. 학습에서의 평가는 학습결과에 대한 평가는 물론 학습과정에 대한 평가도 중시하며, 교사 평가는 물론 학생 자신의 평가와 동료 학생들의 평가도 포함한다.

51 문제 중심 학습(Problem-Based Learning)의 특징이라고 보기 어려운 것은? 　15. 국가직

① 실제성
② 협동학습
③ 자기주도학습
④ 구조적인 문제

해설 구성주의 인식론에 토대를 둔 학습형태의 하나인 문제 중심 학습(문제기반 학습, problem-based learning, PBL)이란 '문제로 시작하는 수업'이라고 할 수 있다. 여기서 문제란 정답이 분명하고, 지식 간의 관련성이 적고 단편적이며 학습자의 맥락과 무관한 것이 아니다. 문제 중심 학습에서는 현실 속에서 지식이 학습자와 서로 복잡하게 얽혀 존재하는 비구조화된 문제(ill-structured), 즉 우리 인간이 경험하는 실제 문제를 다룬다.

52 배로우즈(Barrows)의 문제중심 학습방법에 대한 설명으로 가장 적절한 것은? 　07. 초등임용

① 추상적이며 구조화된 문제에서 출발한다.
② 협력적 방식으로 이루어지므로 개별학습의 기회가 없다.
③ 학생들은 가설-연역적 방법을 활용하여 문제를 해결한다.
④ 행동주의의 영향을 받아 1990년대 이후 대두된 학습방법이다.

해설 문제중심 학습(PBL)은 주어진 문제 해결을 위해 가설-연역적인 사고는 물론 창의적 사고를 중시한다. ①은 복잡하고 비구조화된 문제에서 출발하며, ②는 개별학습과 협동학습을 병행하고, ④는 구성주의 학습방법에 해당한다.

53 문제 기반 학습(PBL: problem-based learning)에 대한 설명으로 옳지 않은 것은? 　09. 국가직 7급

① 문제개발과 평가가 용이하여 학교 교육 및 기업교육에 보편적으로 활용되고 있는 교육방법이다.
② 비구조화된 문제해결능력을 함양하고자 하는 의과대학의 교육적 요구를 충족시키기 위해 개발된 것이다.
③ 새로운 지식과 기술의 습득을 위해 유의미하고 포괄적인 문제가 활용된다.
④ 복잡하고 비구조화된 문제의 해결을 위해 자기주도적 학습과 소집단 협동학습을 강조한다.

해설 문제 기반 학습(PBL)은 비구조적인 문제해결을 주로 다루는 학습모형으로 문제개발과 평가가 어렵다. 특히 학습에 대한 평가는 결과중심적이라기보다는 과정중심적으로 진행한다.

54 문제중심학습(Problem-Based Learning)에 대한 설명으로 옳지 <u>않은</u> 것은? 23. 국가직 7급

① 의과대학의 교육생을 훈련할 때 발생한 교육적 문제점을 해결하기 위해 등장하였다.
② 학습에서 다루어지는 문제는 정답이 정해져 있으며 이론적 맥락에서 발생하는 성격을 가진다.
③ 학습자는 상호 의견을 나누고 정보를 공유하는 과정을 통해 성찰, 비판적 사고, 협동심을 키울 수 있다.
④ 교사는 지식전달자의 역할 대신 학습자가 자기 주도적으로 학습하도록 하는 역할을 한다.

> **해설** 구성주의 인식론에 토대를 둔 학습형태의 하나인 문제중심 학습(문제기반학습, problem-based learning, PBL)이란 '문제로 시작하는 수업'이라고 할 수 있다. 여기서 문제란 정답이 분명하고, 지식 간의 관련성이 적고 단편적이며 학습자의 맥락과 무관한 것이 아니다. 문제중심 학습에서는 현실 속에서 지식이 학습자와 서로 복잡하게 얽혀 존재하는 비구조화된 문제(ill-structured), 즉 우리 인간이 경험하는 실제 문제를 다룬다.

55 다음 설명에 해당하는 교수 – 학습 모형은? 12. 국가직 7급

> • 단기간에 독해 교육의 성과를 얻는 데 유용한 것으로 보고된 구성주의 교수 – 학습 모형이다.
> • 학생들의 읽기와 듣기 이해력 향상을 위한 네 가지 핵심전략으로 요약(summarizing), 질문(questioning), 명료화(clarifying), 예언(predicting) 등을 제시하였다.

① 상보적 교수(reciprocal teaching)모형
② 상황적 수업(anchored instruction)모형
③ 인지적 도제(cognitive apprenticeship)모형
④ 문제 중심 학습(problem based learning)모형

> **해설** 상보적 교수는 교사와 학생 간 또는 학생 상호간 대화로 학습과정이 전개되는 수업형태로 주어진 교재의 의미를 보다 정확히 이해하려는 독해(읽기 이해) 능력 향상이 목적인 구성주의 수업모형이다.

TIP 구성주의 학습유형

인지적 도제이론 (cognitive apprenticeship theory)	초보적인 학습자가 전문가인 교사의 학습과제를 해결하는 과정을 관찰하고 모방함으로써 학습과제 해결능력이나 사고과정을 습득하는 것으로, 신체적인 기능과 과정에 주안을 둔 전통적 도제와 달리 인지 및 메타인지 기능을 가르치는 데 주력한다. 콜린스(A.Collins)가 제시한 이론으로, 시연(modeling), 교수적 도움(scaffolding), 도움중지(fading) 등 3단계로 진행한다.
상황학습(situated learning theory, 참여학습)	학교에서 배운 지식을 실제 사용되는 맥락(context)에서 실천하려는 수업으로, 실제 상황에의 참여를 통한 문제해결과정 및 경험과 학습을 중시한다.
정황교수(anchored instruction theory, 앵커드 교수, 정착교수)	상황학습을 구현시키는 구체적인 방법으로, 다양한 교수매체(예 Jasper Series – 수학 프로그램, Young Sherlock project – 국어와 사회과목 프로그램)를 활용하여 실제와 유사한 학습환경을 제공해 주고 이를 통해 문제를 해결하도록 하여 현실 상황에 활용 가능한 유용한 지식을 학습하도록 하는 것을 말한다.

정답 50. ④ 51. ④ 52. ③ 53. ① 54. ② 55. ①

인지적 유연성 이론 (cognitive flexibility theory)	인지적 유연성은 급변하는 상황적 요구에 따라 학습자가 지닌 기존 지식과 기능, 관점을 전환하여 적절하게 대처하는 능력으로, ① 주제 중심의 학습 (theme-based search), ② 학생들이 충분히 다룰 수 있는 정도의 복잡성을 지닌 과제를 세분화하여 제시(bite-sized chunk), ③ 다양한 소규모의 예를 제시(mini-cases) 등의 교수원칙을 중시한다.
문제 중심 학습 (problem-based learning)	학습자로 하여금 실제 생활과 관련된 복잡하고 비구조화된 문제를 통해 문제해결력 및 그와 관련된 지식(예 개념, 원리, 법칙 등)을 학습하도록 하는 것으로, 의학교육과 경영교육 분야에 근원을 둔 독창적 교육방법이었으나, 구성주의에 접목되어 학교교육에 활발하게 도입·적용되고 있다. 문제해결을 위한 전략적 사고를 신장시켜 주는 수업모형으로 실제성(authenticity), 즉 실제생활과 긴밀하게 관련된 구체적이고 복잡한 문제가 제기되며, 문제해결을 위해 자기주도적 학습(self-directed learning)과 협동학습(cooperative learning)으로 진행된다.

56 노울즈(M. Knowles)의 자기주도적 학습(self-directed learning)에 대한 설명으로 잘못된 것은?

05. 중등임용

① 초인지 학습전략을 적용한다.
② 성인을 위한 학습전략으로 시작되었다.
③ 개별학습 또는 협동학습 방법을 사용한다.
④ 학습자가 학습의 주도권을 가지나 평가는 교사가 한다.

해설 자기주도적 학습은 평가 역시 교사가 아닌 학습자 자신이 갖는다. 노울즈(M. Knowles)의 자기주도적 학습은 학습의 전 과정(학습 project 설정 ⇨ 학습목표 설정 ⇨ 학습전략 수립 ⇨ 학습 진행 ⇨ 성취 평가 등)을 학습자가 스스로 진행하므로 학습자의 주도적 역할과 학습자 스스로 학습하는 능력이 핵심이다.

57 다음 내용과 관련되는 자기조절학습 전략의 구성요소는?

04. 유·초등임용

• 정보 탐색하기	• 물리적 환경 구조화하기
• 학업시간 관리하기	• 교사와 동료에게 도움 구하기

① 인지적 요소   ② 상위인지적 요소
③ 행동적 요소   ④ 동기적 요소

해설 자기조절학습(self-regulated learning)이란 학습자가 스스로 학습 요구를 규명하여 학습상황을 통제하려는 책임감을 감당하고, 학습목표에 도달하기 위하여 적합한 학습전략들을 적용함으로써 자신에게 고유하고 의미 있는 학습과정과 결과를 산출해내는 과정으로, 학습자의 주도성과 적극성을 전제로 한 학습모형이다.

TIP 자기조절학습 전략의 구성요소

자기조절학습 전략의 구성요소		의미(온라인 촉진전략 예시)
초인지 전략	계획활동(planning)	학습자로 하여금 주어진 문제를 해결하거나 학습목표에 성공적으로 도달하기 위한 학습 절차와 단계들을 효과적으로 선정하고 배열하는 것 예 퀴즈 및 이론 과제에 대한 계획양식 제공하기
	모니터링(자기점검/self-monitoring)	인지과정에 대한 계속적인 통제과정으로, 학습과정 및 자신이 선택한 문제해결 절차에 대한 일련의 재확인 및 검토과정 예 수업내용을 회상하고 이해 정도를 점검할 수 있는 질문 제공하기
	조절전략(교정/revising)	학습진행상에 문제가 발생할 때 현재 사용하고 있는 전략들 또는 인지과정을 수정하는 것 예 질문을 제공할 때는 학습자가 모르는 것을 확인할 수 있는 통로 및 강화 멘트를 함께 제공하기
	자기관리 (self-management)	도움요청 또는 정보추구(help-seeking or information seeking), 혼잣말 사용 예 자신의 시간 관리를 돌아볼 수 있도록 점검하는 양식을 학습 초반에 제공하기
인지 전략	시연(반복)	예 수업 후 중요한 내용 상기하기
	정교화	예 적극적인 노트 필기 강조하기
	조직화	예 개념지도 작성 및 개념지도 예시안을 제공하기
동기 전략	자기효능감(self-efficacy)	학습자가 주어진 학습상황에 대처하여 성공적인 학업성취를 가져올 수 있다는 믿음 예 자기조절학습 능력 검사 결과와 동시에 긍정적인 피드백을 제공하기
	숙달목표 지향성	학습이 결과보다는 새로운 지식과 기능을 습득한다는 것에 대한 내재적 가치를 우선시하는 것
	자기가치	학습자가 자신의 학습과제가 가치있다고 생각하는 것 예 내외적 가치를 고취시키기 위해 매주 전공 관련 선배 1인과 인터뷰 제공하기
	통제인식 (perception of control)	학업성취의 성공이나 실패의 결과가 학습자 자신에게 책임이 있다고 이해하는 것
	시험 불안	예 시험 전에 시험 불안을 극복할 수 있는 tip 제공하기
행동 전략	행동통제	포기하지 않고 계속 나아가는 능력
	도움 구하기	동료나 선생님에게 도움을 구하는 것
	학습시간 관리하기	학습 목표 달성을 위해 학습 시간을 계획하고 효율적으로 사용하기
	정보 탐색하기	학습 목표를 달성하는 데 필요한 정보나 자료를 수집하는 활동
	학습도구 활용하기	효과적인 학습을 위해 다양한 도구나 자료(예 플래시카드, 노트정리도구, 온라인 학습 플랫폼 등) 사용하기
	물리적 환경 구조화하기	소음이 적고 집중하기 좋은 장소 선택 등 학습에 최적화된 환경을 조성하기

정답 56. ④   57. ③

58 생크(R. Schank)의 '목표기반 시나리오(Goal-Based Scenarios)'에 따라 멀티미디어 수업 프로그램을 설계하였다. 이 프로그램의 학습목표와 학습자의 임무(mission)는 다음과 같다. '표지 이야기(cover story)'에 해당하는 내용으로 가장 적절한 것은?

13. 중등임용

> 학습목표 : 조선시대 말기 운양호 사건을 둘러싸고 이루어진 정치적 의사결정 과정에 가상적으로 참여하는 경험을 통해 비판적·합리적 사고능력을 기른다.
> 학습자의 임무 : 운양호 사건 당시에 고종의 조정 대신으로 중요한 직책을 맡아 조선의 운명을 긍정적으로 변화시킨다.

① 운양호 사건 발생 당시의 국내외 정치 상황과 주요 인물들을 소개하고, 조정 대신들이 그 사건에 대해 의논하는 장면을 제시한다.
② 학습자가 정책 제안을 할 때마다 고종과 대신들의 반응, 그리고 그로 인한 국내외 정세의 변화를 제시한다.
③ 학습자가 자신에게 부여된 직책을 수행할 때 참고할 수 있는 각종 정보와 문서를 제공한다.
④ 학습자의 정책 제안이 조선의 운명을 긍정적으로 이끄는 데 도움이 되고 있는지에 대한 피드백을 수시로 제공한다.
⑤ 프로그램 종료 시 학습내용과 학습과정에 대해서 성찰할 수 있는 기회를 학습자에게 제공한다.

[해설] 생크(Schank)의 목표기반 시나리오(GBS ; Goal Based Scenarios)는 다양한 도구와 정보를 제공받으며, 주어진 실제적 과제를 수행하는 과정에서 사전에 설정된 목표를 달성해가는(Learning by Doing) 시뮬레이션 학습을 말한다. '역동적 기억 이론(Dynamic memory theory)'과 '사례기반 추론학습'을 근간으로 한 구성주의 학습 모델로, 목적지향성, 기대실패(expectation failure), 사례기반의 문제해결과정 등의 특징을 지닌다. 수업 설계에서 커버스토리(Cover Story, 배경이야기)는 목표달성을 위해 학습자들이 수행할 미션을 이야기 형식으로 설명한 것을 말한다. ②는 시나리오 운영, ③은 학습자원 개발, ④, ⑤는 피드백 제공에 해당한다.

TIP 수업 구성요소 : GBS 모형의 설계 절차

수업 구성요소	주요 활동
학습목표(goals) 설정	학습자가 발견하기를 원하는, 갖추어야 할 핵심기술(Target Skill) ⇨ 과정 지식(방법적 지식)과 내용 지식(명제적 지식)
미션(Mission, 임무)의 설정	학습자가 설정된 학습 목표를 성취하기 위해 수행해야 할 실제적 과제 ⇨ 미션을 수행하는 과정에서 설정된 목표가 달성되도록 설정
커버스토리(Cover Story, 배경이야기) 개발	• 목표달성을 위해 학습자들이 수행할 미션을 이야기 형식으로 설명한 것 • 학습목표를 성취하기 위한 임무의 배경이야기 ⇨ 학습동기 유발
역할(Role) 개발	학습자들이 커버스토리 내에서 맡게 되는 인물(역할)
시나리오 운영(Scenario Operation) 설계	학습자들이 미션을 수행하는 모든 구체적 활동 예 컴퓨터에서 필요한 강좌 듣기, 팀활동하기, 교실 외 학습자원 활용하기, 전문가 의견 듣기, 선행연구자료 읽기 등
학습자원(Resources)의 개발	학습자가 미션을 수행하는 데 필요한 각종 정보 예 교재, 인터넷 사이트, 논문, 비디오 클립, 전문가 등
피드백(Feedback) 제공	학습자들이 학습을 진행해 가는 과정에서 겪는 어려움 해결 및 학습수행 지원

59 교수학습 방법에 대한 설명으로 옳지 않은 것은?

① 문제중심학습(problem-based learning) - 문제의 성격이 불분명한 비구조적 문제를 교수자가 사전에 제거할수록 학습자의 학습효과를 높일 수 있다.

② 토의법(discussion method) - 학습자 상호 간의 상호작용을 전제로 학습구성원의 자발성, 창의성 및 미지에 대한 인내심을 요구한다.

③ 지그소모형(Jigsaw model) - 협동학습 교수모형의 하나로 모집단이 전문가집단으로 갈라졌다가 다시 모집단으로 돌아오는 과정에서 구성원 간 상호의존성과 협동성을 유발하게 된다.

④ 발견학습(discovery learning) - 교수자는 학습자의 발견과정을 촉진하고 안내하는 역할을 담당하고, 학습자는 가설 검증을 통해 능동적으로 학습하는 주체가 된다.

__해설__ 문제중심학습(problem based learning)은 구성주의 인식론에 토대를 둔 학습형태의 하나로, '문제로 시작하는 수업'이라고 할 수 있다. 여기서 문제란 정답이 분명하고, 지식 간의 관련성이 적고 단편적이며 학습자의 맥락과 무관한 것이 아니다. 문제 중심 학습에서는 현실 속에서 지식이 학습자와 서로 복잡하게 얽혀 존재하는 비구조화된 문제(ill-structured), 즉 우리 인간이 경험하는 실제 문제를 다룬다.

Chapter
07

__정답__ 58. ① 59. ①

오현준 교육학

단원별
기출문제 1356제

Chapter

08

교육공학

핵심 체크노트

1. **교육공학의 개념**
   ★① **교수공학**: 설계, 개발, 활용, 관리, 평가
   ② **교수·학습에 대한 교육공학적 접근의 특징**: 체제적, 처방적, 학습자 지향적
2. **교육공학의 이론**
   ① **시청각교육**: 데일(Dale)의 경험의 원추모형
   ② **시청각(AV) 통신**: 벌로(Berlo)의 SMCR 모형, 쉐논과 슈람(Schannon & Schramm)의 통신과정모형
3. **교수매체**
   ① **매체의 특성**: 수업적 특성(대리자, 보조물), 기능적 특성(고정성, 조작성, 확충성, 반복성, 구체성)
   ★② **매체 선정 및 활용 모형**: 하이니히와 모렌다(Heinich & Molenda)의 ASSURE
4. **컴퓨터 활용교육**
   ① **CAI(컴퓨터 보조수업)**: 개인교수형, 반복학습형, 시뮬레이션형, 게임형
   ② CMI, CMC, CAT, 컴퓨터 리터러시
★5. **원격교육**: E-learning, U-learning, 하이퍼미디어, 인지과부하, 블렌디드 러닝, 에듀테인먼트, 디지털교과서, 플립러닝(Flipped learning), 웹기반 탐구수업, 자원기반학습(Big 6 Skills), TPACK 모델

제1절 교육공학의 기초

1 교육공학의 개념

01 미국 교육공학회(AECT)는 1994년에 교육공학(교수공학)의 정의를 내린 바 있다. 이 정의에 포함
□□□ 된 영역은?
08. 중등임용

① 교수, 학습, 통신, 체제, 매체
② 설계, 개발, 활용, 관리, 평가
③ 시각매체, 청각매체, 교육방송, 컴퓨터
④ 교수 방법, 교수매체, 학습환경, 학습전략

해설 1994년 AECT는 교육공학(교수공학)을 학습을 위한 과정과 자원의 설계, 개발, 활용, 관리 및 평가에 관한 이론과 실제로 정의하였다. 교육공학의 목적은 교수 — 학습과 직접적으로 관련된 문제를 해결하는 데 있으며, 궁극적으로는 학습의 증진에 있다고 보았다. 그후 2004년 교육공학에 대한 정의를 새롭게 수정하여 "적절한 공학적인 과정(process)과 자원(resources)을 '창출(creating), 활용(using), 관리(managing)'함으로써 학습(learning)을 촉진하고 수행(performance)을 증진하는 것에 관한 연구(study)와 윤리적 실천(ethical practice)"으로 정의하였다.

TIP 교육공학의 5대 영역

영역	의미	하위영역
설계(design)	교수심리학과 체제이론의 적용, 순수하게 계획하는 일 ⇨ 교육공학의 이론 발전에 기여	교수체제 설계, 메시지 디자인, 교수전략, 학습자 특성 분석
개발(development)	실제 교수자료의 형태로 제작 ⇨ 공학(technology)과 기술발전에 좌우	인쇄공학, 시청각공학, 컴퓨터 기반 공학, 통합공학
활용(utilization)	학습자들에게 구체적인 학습경험을 제공 ⇨ 역사가 오래된 영역(ASSURE 모형과 관련)	매체의 활용, 혁신의 보급(혁신의 확산), 실행과 제도화, 정책과 규제
관리(management)	경영학과 행정학적 지식을 적용, 시설 및 기자재 관리	프로젝트 관리, 자원관리, 전달체제 관리, 정보관리
평가(evaluation)	교수 − 학습의 적절성을 결정하는 과정	문제분석, 준거지향 평가, 형성평가, 총괄평가

02 교육공학의 기본영역별 하위영역에 대한 설명으로 옳지 않은 것은?　15. 국가직

① 평가영역에는 문제 분석, 준거지향 측정, 형성평가, 총괄평가가 있다.
② 활용영역에는 프로젝트 관리, 자원관리, 전달체제 관리, 정보관리가 있다.
③ 설계영역에는 교수체제 설계, 메시지 디자인, 교수전략, 학습자 특성이 있다.
④ 개발영역에는 인쇄 테크놀로지, 시청각 테크놀로지, 컴퓨터기반 테크놀로지, 통합 테크놀로지가 있다.

해설 교육공학(교수공학)은 학습을 위한 과정과 자원의 설계, 개발, 활용, 관리 및 평가에 관한 이론과 실제로 정의된다. 이 중 ②는 관리영역의 하위영역에 해당한다. 활용영역의 하위영역에는 매체의 활용, 혁신의 보급(혁신의 확산), 실행과 제도화, 정책과 규제가 있다.

2 교육공학의 접근방법

03 교수 − 학습방법 및 교육문제에 대한 교육공학적 접근의 특징으로 옳지 않은 것은?　07. 국가직

① 교육의 제 구성요소들이 상호 연관된 요소들의 집합체로 이루어져 있다고 본다.
② 교육문제의 해결을 위해 처방적 활동을 지향한다.
③ 학습자가 보다 의미 있는 학습활동에 참여하도록 하기 위해 어떤 환경을 제공할 것인가에 관심을 가진다.
④ 교육에 대한 철학적 접근 및 심리학적인 접근 방법보다 앞서서 발전되기 시작했다.

해설 교수 − 학습방법 및 교육문제에 대한 교육공학적 접근은 교육목적을 효과적으로 달성하기 위한 방법 및 매체 개발을 주목적으로 한다. 이러한 접근은 교육철학과 교육심리학의 발전 이후에 등장한 것이다.
①은 체제적 특성, ②는 처방적 특성, ③은 학습자 지향적 특성(학습자의 요구 반영, 학습자의 사전지식 및 경험의 고려, 학습자의 적극적인 참여 유도)에 해당한다.

정답 01. ②　02. ②　03. ④

제2절 교육공학의 이론

TIP 교육공학의 이론적 전개 과정

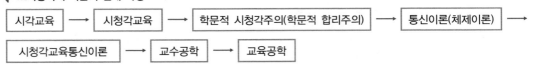

시각교육 → 시청각교육 → 학문적 시청각주의(학문적 합리주의) → 통신이론(체제이론) →

시청각교육통신이론 → 교수공학 → 교육공학

1 시청각 교육

01 다음 설명과 가장 관계가 깊은 시청각교육 이론은?

13. 지방직

> • 시청각 교재를 구체성과 추상성에 따라 분류한 모형이다.
> • 브루너(Bruner)의 세 가지 표현양식과 일치한다.
> • 학습자의 학습유형을 행동, 관찰, 추상에 의한 학습으로 분류한다.

① 버로(Berlo)의 SMCR 모형　　　② 데일(Dale)의 경험원추설
③ 하인리히(Heinrich)의 ASSURE 모형　　④ 블룸(Bloom)의 완전학습이론

해설 데일(Dale)은 『교수에서의 시청각 방법』(1954)에서 진보주의 교육철학을 바탕으로 현대적 시청각교육을 체계화하여, 구체적인 경험으로부터 추상적 경험까지 11단계로 나누어 제시하였다. 이러한 데일(Dale)의 경험의 원추모형(The cone of experiences)은 호반(Hoban)의 교육과정 시각화 이론을 더욱 포괄적으로 분류하고 체계화하여 제시한 모형으로 브루너(Bruner)의 표상화 이론에 영향을 주었다.
①은 통신을 교사와 학습자 간의 상호작용으로 보는 통신과정모형에 해당하며, ③은 교수매체 활용모형에 해당한다.

TIP 데일(Dale)의 경험의 원추모형(Cone of Experience, 1954)

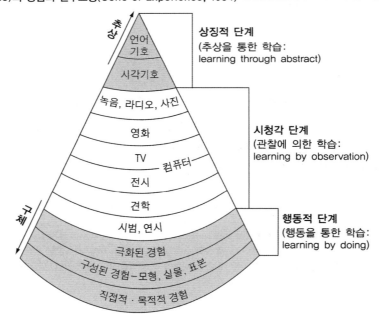

02 데일(Dale)이 제시한 경험의 원추에 근거해 볼 때, 브루너(Bruner)의 인지적 학습 단계 중 영상적 단계에 해당되지 않는 매체는?

08. 국가직 7급

① 실물, 표본
② TV
③ 영화
④ 녹음, 라디오

해설 데일(Dale)의 경험의 원추모형에서 실물, 표본은 브루너(Bruner)의 작동적 단계(enactive stage)에 해당한다.

2 의사소통이론(시청각통신이론)

03 의사소통모형인 벌로(D. Berlo)의 SMCR 모형에 기초하여 김 교사와 학생의 수업과정을 분석할 때, M단계의 하위요소에 해당하는 것으로 옳은 것을 〈보기〉에서 고른 것은?

12. 중등임용

┌ 보기 ┐
김 교사는 학생의 흥미와 수준을 고려하여 ㉠가르칠 내용의 순서에 따라 설명하기 때문에 학생도 수업의 흐름을 놓치지 않고 잘 따라온다. 김 교사의 ㉡교과와 수업에 대한 열의는 수업 시간에 그대로 반영되어, 학생이 교사의 말에 더욱 집중하게 한다. 김 교사의 수업이 쉽고 지루하지 않은 것은 설명이 명확해서이기도 하지만, ㉢비언어적 표현, 즉 몸짓, 눈 맞추기, 표정 등을 적절히 활용하기 때문이다.
김 교사가 컴퓨터 활용 수업을 할 때에는 ㉣학생이 자료를 읽거나 사용하는 의사소통기술에 어려움이 없도록 지도한다. 전반적으로 김 교사의 수업에서는 학생들이 ㉤보고 듣기만 하는 것이 아니라, 만져 보고 때로는 냄새를 맡고 맛을 보기도 하는 등 오감각을 통해 보다 풍부한 의사소통을 한다.

① ㉠, ㉡
② ㉠, ㉢
③ ㉡, ㉣
④ ㉢, ㉤
⑤ ㉣, ㉤

해설 벌로(Berlo)의 SMCR 모형에서는 통신효과는 송신자, 메시지(전달내용), 통신수단, 수신자의 4가지 구성요소들 간의 관계에 의해서 결정되므로, 송신자가 얼마나 효과적으로 통신할 수 있는가는 그의 통신기술, 지식수준, 사회체제, 문화양식에 의해 영향을 받는다. 메시지(M) 요소의 하위 요소로는 요소, 내용, 구조(㉠), 처리, 코드(㉢) 등이 있다. ㉡은 송신자(S) 요소 중 '태도'에 해당하며, ㉣은 수신자(R) 요소 중 '통신기술', ㉤은 C(통신수단)에 해당한다.

TIP 벌로(Berlo)의 SMCR 모형도

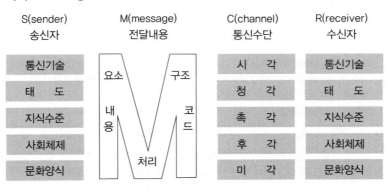

정답 01. ② 02. ① 03. ②

04 쉐논과 슈람(C. Shannon & W. Schramm)의 통신모형을 수업과정으로 해석할 때, 설명이 바르지 않은 것은?
□□□
11. 유·초등임용

다이어그램:
- 경험의 장 (왼쪽 타원): 송신자 | 기호화 → 신호
- 경험의 장 (오른쪽 타원): 신호 → 해독 | 수신자
- 잡음 (신호 아래)
- 피드백 (맨 아래)

① 학생은 교육내용을 자신의 경험의 장에 비추어 받아들인다.
② 교사와 학생의 의사소통 과정에 불필요한 잡음이 개입될 수 있다.
③ 교사가 교육내용을 전달하는 방식은 교사의 경험의 장에 영향을 받는다.
④ 교사와 학생 사이에 공통된 경험의 장이 없더라도 효과적인 의사소통이 이루어진다.
⑤ 교사와 학생의 의사소통 과정에서 전달내용이나 서로의 경험 차이에 관한 피드백이 이루어진다.

> 해설 송신자(교사)와 수신자(학생)의 경험의 장(field of experience)이 서로 중복될 때 효과적인 의사소통이 이루어진다. 쉐논과 슈람(Schannon & Schramm)의 통신과정모형(1964)은 비선형적 모형으로 송신자와 수신자의 공통된 경험의 장, 피드백의 원활한 활용, 잡음(noise)의 제거시 효과적인 학습이 가능하다고 보는 이론이다.

제3절 / 교수(수업)매체

1 교수매체의 개념

01 다음에서 설명하는 개념은?
□□□
17. 국가직

> • 학습자에게 교수학습 내용을 전달하는 모든 수단이나 방법을 총칭한다.
> • 교수학습을 위해 사용하는 시청각 기자재와 수업자료를 총칭한다.

① 교수매체   ② 시청각매체   ③ 실물매체   ④ 디지털매체

> 해설 교수매체란 학습자들이 학습하는 데 사용되는 모든 자극의 조건 및 수단·환경을 총칭한다. 교수-학습지도에만 활용되는 한정된 매체를 뜻하는 말로, 교육목표 달성을 위해 교수자-학습자, 학습자-학습자 간에 학습에 필요한 커뮤니케이션이 발생하도록 도와주는 모든 매개수단과 시스템을 말한다.

TIP 교수매체의 기능적 특성

고정성	어떤 사물이나 상황을 포착하여 있는 그대로 보존, 재생하는 것
조작성	사물이나 상황을 여러 가지 방법으로 변형시키는 것
확충성(분배성, 배분성)	거의 동일한 경험을 많은 사람들에게 제공하는 것 ⇨ 경험의 공간적 확대
반복성	동일한 내용을 계속하여 사용할 수 있는 것 ⇨ 시간적 반복
구체성	개념이나 가치를 구체화하여 제시하는 것

2 교수매체 연구

02 교수매체의 효과적이고 효율적인 활용방안을 모색하고자 하는 다양한 연구가 진행되어 왔다. 다음 중 '매체비교연구'에 대한 진술로 옳은 것은? 07. 중등임용

① 인지주의 패러다임의 영향을 받아서 시작된 연구이다.
② 상이한 매체 유형이 학업성취도에 미치는 효과를 탐색한다.
③ 교수매체에 대한 학습자의 태도, 가치, 신념 등의 정의적 특성 변인들이 학습에 미치는 효과를 탐색한다.
④ 매체가 가지는 속성 자체가 학습자의 인지적 기능을 증진시켜서 학습효과를 높일 것이라는 가정을 증명하고자 수행된다.

해설 ①과 ④는 매체속성연구, ③은 매체선호연구에 해당한다.

TIP 교수매체에 관한 연구 유형 비교

매체비교 연구	① 상이한 매체 유형이 학업성취도에 미치는 효과연구 ② 행동주의 패러다임에 토대 ③ 학습의 결과적 측면을 연구한 초기의 매체연구 경향 ④ 독립변인은 특정 교수매체, 종속변인은 학습의 결과인 지식·기술 습득 ⇨ 새로운 매체가 기존 학습보다 더 효과적인가에 중점 **예** 텔레비전 수업과 교사에 의한 전통적 수업의 효과 비교연구 ⑤ 새로운 매체의 사용으로 인한 신기성 효과(novelty effect)나 교수방법의 효과를 통제하지 못했다는 비판을 받는다.
매체속성 연구	① 특정 매체가 지닌 속성 자체가 학습자의 인지과정 혹은 학업성취도에 어떤 영향을 미치는가에 관한 연구 ⇨ 학습의 과정적 측면을 중시, 특정 교수매체의 효과가 모든 학습자와 교과목에 동일한 영향을 줄 것이라고 가정 ② 인지주의 심리학과 구성주의 패러다임에 토대 ③ 대표적 연구 　• 굿맨(Goodman)의 상징체제이론: 상징체제의 구조적 특성을 결정짓는 요소로 '표기성(notationality)', 즉 한 상징체제 내의 구조의 명확성 정도를 제시 　• 살로만(Salomon)의 매체속성이론: 매체의 상징적 특성과 학습자의 인지적 표상과의 관련성 연구
매체선호 연구	① 매체활용에 대한 학습자의 태도에 관한 연구 ② 교수매체에 대한 학습자의 태도, 가치관, 신념 등의 정의적 특성 변인들이 학습에 미치는 효과를 탐색 ③ 대표적 연구 　• 클락(Clark)과 살로만(Salomon)의 연구: 태도와 학습은 직접적 관련이 없다. 　• 반두라(Bandura)와 살로만(Salomon)의 연구: 학습자들의 학습에 노력을 기울이는 정도는 지각된 매체난이도와 지각된 자기효능감에 따라 달라진다. ⇨ 매체난이도의 지각 수준이 중간 정도일 때 학습을 위한 노력이 최고로 높아진다(역 U자형 관계).
매체활용의 경제성에 관한 연구	① 교수매체의 비용효과에 관한 연구: 다양한 교수매체의 비용효과에 영향을 주는 조직적 요소, 관리적 요소, 실행요소를 연구 **예** 컴퓨터는 실제 교사보다 저렴한 비용으로 개별화 학습에 기여할 수 있다. ② 비용(cost)은 학습자가 성취수준에 도달하는 데 걸리는 시간, 개발팀이 교수 프로그램을 개발하고 수정하는 데 소요되는 시간의 양, 소요되는 자원의 비용 등을 의미한다.

정답 04. ④ / 01. ① 02. ②

03 교육매체 연구에 관한 설명으로 옳은 것을 〈보기〉에서 모두 고른 것은? 09. 중등임용

□□□

┌ 보기 ┌
- ㉠ 교육매체 선호 연구에서는 매체 개발의 경제적 비용이 개발 콘텐츠의 질에 어떤 영향을 미치는지 연구한다.
- ㉡ 교육매체 속성 연구에서는 매체의 물리적 속성이 학습자의 인지적 과정에 어떤 영향을 미치는지 연구한다.
- ㉢ 교육매체 비교 연구에서는 새로운 매체의 사용으로 인한 흥미 유발 등의 신기성 효과 (novelty effect)가 비교 결과에 섞여 들어갈 수 있다.
- ㉣ 교육매체 비교 연구에서는 흔히 새로운 매체가 효과적이라고 결론을 내리는데, 새로운 매체는 교수법의 변화도 수반하는 경우가 많아 매체만의 효과를 가려내기 어려운 경우가 있다.

① ㉠, ㉡   ② ㉠, ㉣   ③ ㉡, ㉣
④ ㉠, ㉢, ㉣   ⑤ ㉡, ㉢, ㉣

┌ 해설 ┐ ㉠은 매체활용의 경제성에 관한 연구에 해당한다. 교육매체 선호 연구는 매체활용에 대한 태도에 관한 연구로서 교수매체에 대한 학습자의 태도, 가치, 신념 등의 정의적 특성 변인들이 학습에 미치는 효과를 연구한다.

---

3 교수매체 선정 및 활용

04 〈보기〉는 하이니히(R. Heinich)와 모렌다(Molenda)가 제안한 ASSURE 모형이다. (가) 단계에서 교사가 수행한 일로 가장 적합한 것은? 05. 유·초등임용

□□□

┌ 보기 ┌
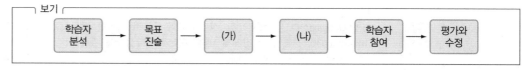

① 단답형 평가를 실시하여 성취도를 측정하였다.
② 학생들이 인터넷에서 자료를 검색하고 발표하게 하였다.
③ 학생들이 모둠별로 데이터베이스를 만들도록 도와주었다.
④ 사서 교사와 의논하여 비디오, 책, 지도 등을 예약해 두었다.

┌ 해설 ┐ (가)는 방법 및 매체선정(S), (나)는 매체와 자료의 활용(U)이다. ①은 평가와 수정(E), ②는 학습자의 수행요구(R), ③은 (나) 매체와 자료의 활용(U)에 해당한다.

TIP 하이니히와 모렌다(Heinich & Molenda)의 ASSURE 모형

1. 학습자 특성 분석(Analyze learners)	학습자의 일반적 특성(예 연령, 학력, 지적 특성, 문화적 요인), 구체적인 출발점행동, 학습 유형(예 정보처리습관, 동기요소)
2. 목표의 기술(State objectives)	학습자가 수업의 결과로 획득해야 할 학습경험과 지식 위주로 진술 ⇨ ABCD 기법 예 학습대상자(Audience), 행동(Behavior), 학습의 조건(Condition), 평가수준(Degree)
3. 방법 및 매체의 선정 (Select methods & materials)	교수방법(예 강의법, 토의법)의 선정, 교수매체의 선정, 교수자료의 선택
4. 매체와 자료의 활용 (Utilize media & materials)	자료의 사전 검토, 자료의 준비, 환경 준비, 학습자 준비, 학습경험의 제공(자료 제시) 등 5P의 원칙에 따라 진행 ⇨ 교사활동이 중심
5. 학습자의 수행 요구 (Require learners participation)	연습과 강화 제공 ⇨ 학습자 활동이 중심
6. 평가와 수정(Evaluate & revise)	학습목표 평가, 매체와 방법의 평가, 교수 – 학습 과정의 평가, 수정

05 하이니히(Heinich) 등의 ASSURE 모형에 따른 교수매체 선정 및 활용 절차이다. ⊙~ⓒ에 들어갈 절차로 옳은 것은?

16. 국가직 7급

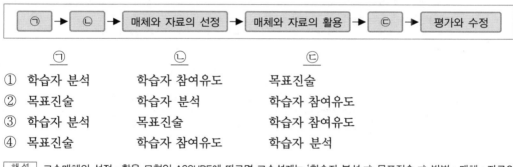

	⊙	ⓛ	ⓒ
①	학습자 분석	학습자 참여유도	목표진술
②	목표진술	학습자 분석	학습자 참여유도
③	학습자 분석	목표진술	학습자 참여유도
④	목표진술	학습자 참여유도	학습자 분석

해설 교수매체의 선정·활용 모형인 ASSURE에 따르면 교수설계는 '학습자 분석 ⇨ 목표진술 ⇨ 방법·매체·자료의 선택 ⇨ 매체와 자료의 활용 ⇨ 학습자 참여 요구 ⇨ 평가와 수정'으로 진행된다.

TIP ASSURE 모형의 제4단계(매체와 자료의 활용)의 5P 원칙

1. **매체의 점검(preview the materials)**: 수업에 사용하고자 하는 매체자료를 사전검토
2. **매체의 준비(prepare the materials)**: 계획한 수업활동에 알맞게 순서를 조정하거나 자료의 부분적인 제시가 가능하도록 준비
3. **환경의 준비(prepare the environment)**: 매체의 활용이 이루어질 환경을 준비
4. **학습자의 준비(prepare the learners)**: 매체활용 수업의 주제와 내용, 주의집중의 필요성에 대해 학습자를 준비시킴.
5. **학습경험의 제공(provide the learning experience)**: 교수매체를 활용한 학습경험 제공

정답 03. ⑤ 04. ④ 05. ③

06 교수매체의 효과적인 선정과 활용을 위한 ASSURE 모형에 대한 설명으로 옳지 않은 것은?

20. 국가직 7급

① 수업계획의 첫 단계는 학습자를 분석하는 것이다.
② 수업목표는 학습자가 수업 중 경험할 학습활동으로 제시한다.
③ 학습 내용에 대한 연습과 피드백 기회를 통해 학습자의 능동적인 참여를 유도한다.
④ 마지막 단계에서는 수업의 효과 및 영향에 대한 평가와 그에 따른 수정이 이루어진다.

해설 하이니히(Heinich)와 모렌다(Molenda)가 제안한 교수매체의 선정·활용 모형인 ASSURE 모형에 따르면 교수설계는 '학습자 분석 − 목표진술 − 방법·매체·자료의 선택 − 매체와 자료의 활용 − 학습자 참여 요구 − 평가와 수정'으로 진행된다. ②에서 수업목표는 학습자가 수업의 결과로 획득해야 할 학습경험과 지식 위주로 제시하고, ABCD기법, 즉 학습 대상자(Audience), (도착점) 행동(Behavior), 학습의 조건(Condition), 평가수준(Degree)을 포함하여 진술한다. ①은 1단계, ②는 2단계, ③은 5단계, ④는 6단계에 해당한다.

---

4 교수매체 유형

07 다음과 같은 특성을 지닌 교수매체는?

06. 유·초등임용

> • 사용 범위가 넓고 제시물을 원색 그대로 나타내 준다.
> • 그림, 사진, 실물을 따로 가공하지 않고 투영할 수 있다.
> • 하나밖에 없거나 작아서 여러 사람이 보기 힘든 자료를 확대 투영하여 많은 학습자에게 동시에 보여줄 수 있다.

① OHP
② 슬라이드
③ 실물화상기
④ 컴퓨터

해설 실물화상기는 투사자료의 사전준비 작업이 필요 없이 투명한 물체뿐만 아니라 불투명한 물체도 투사시켜 재생시켜주는 매체이다. 원자료의 손상 없이 다양한 자료를 다양한 각도에서 제시할 수 있으나, 반드시 출력기기(예 TV 모니터, 빔프로젝터, 컴퓨터)가 필요하다는 단점이 있다.

제4절 컴퓨터를 활용한 교육

01 컴퓨터 보조수업(CAI) 중에서 아래의 그림과 관련이 깊은 유형은?

03. 유·초등임용

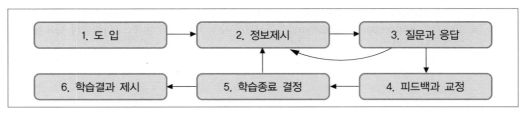

① 게임형
② 개인교수형
③ 반복연습형
④ 시뮬레이션형

해설 가네(Gagné)의 9가지 수업사태에 따라 설계된 개인교수형 소프트웨어는 컴퓨터가 교사의 역할을 담당하여 지식과 정보를 화면에 제시하고 학습자의 이해를 확인하는 문제를 제공하는 프로그램이다.

TIP CAI 소프트웨어의 기본구조 비교

소프트웨어의 종류	기본 구조					
	1단계	2단계	3단계	4단계	5단계	6단계
개인교수형	개요(도입)	정보제시	질문과 응답	응답에 대한 판단	피드백과 교정	종결
반복학습형	개요(도입)	문항선정	질문과 응답	응답에 대한 판단	피드백	종결
시뮬레이션형	개요(도입)	시나리오 제시	반응 요구	학생 반응	피드백과 조절	종결
게임형	개요(도입)	시나리오 제시	반응 요구	학생 반응과 상대방 반응	재정비	종결

02 〈보기〉의 컴퓨터 활용수업에 관한 설명 중 바른 것끼리 짝지은 것은?   06. 중등임용

□□□

┌─ 보기 ┐

㉠ 학습자의 개인차를 고려하는 적응적 수업에는 지능적 개인교수(intelligent tutorial)보다 반복 연습형 컴퓨터 보조수업이 효과적이다.

㉡ 실제 학습과제 수행이 위험하거나 비용 소요가 클 때 모의 실험형 컴퓨터 보조수업을 사용할 수 있다.

㉢ 전문가 체제(expert system)에서 학습자는 관련된 의사결정 과정에 관한 조언을 구할 수 있다.

㉣ 구성주의자들은 컴퓨터를 인지적 도구로 활용하는 것보다는 지식전달 도구로 활용하는 것이 고차적 사고력 육성에 효과가 있다고 주장한다.

① ㉠, ㉢   ② ㉠, ㉣

③ ㉡, ㉢   ④ ㉡, ㉣

해설 ㉠ 학습자의 개인차를 고려하는 적응적 수업에는 개인교수형이 보다 효과적이다.
㉣ 구성주의자들은 컴퓨터를 인지적 도구로 활용하며, 객관주의자들이 컴퓨터를 지식전달도구로 활용한다.

정답   06. ②   07. ③ / 01. ②   02. ③

Chapter
08

03 다음과 같은 특징을 모두 가진 컴퓨터 보조수업(CAI)의 형태는?

05. 중등임용

> • 도전감과 흥미를 준다.
> • 집단 간의 경쟁을 통해 동기를 높인다.
> • 정해진 규칙과 달성해야 할 목적이 있다.
> • 사실, 원리, 사회적 기능, 태도 등의 학습에 사용된다.

① 자료제시형　　　　　　　　　② 반복연습형
③ 개인교수형　　　　　　　　　④ 게임형

해설　게임형은 현실세계에서 일어나는 경쟁적·갈등적 상황을 인위적으로 조성하여 학생의 학습동기를 유발하여 효과를 얻으려는 수업방식으로, 게임형의 구조는 시뮬레이션형과 유사하나, 현실상황과 유사할 필요가 없다는 점과 상대방의 반응이 추가된다는 점이 다르다.

04 다음의 요소들과 가장 관련이 깊은 컴퓨터기반 학습환경은?

07. 유·초등임용

> • 몰입(flow)　　　　　　• 경쟁 및 도전　　　　　　• 스토리텔링(storytelling)

① 전문가 시스템(expert system)
② 디지털 포트폴리오(digital portfolio)
③ 디지털 게임기 학습(digital game-based learning)
④ 전자수행 지원시스템(electronic performance support system)

해설　몰입(flow)과 경쟁 및 도전, 가상적 이야기(스토리텔링)는 디지털 기반 게임형 소프트웨어의 요소이다.

TIP 칙센트미하이(Csikszentmihalyi)의 몰입(flow) 개념

칙센트미하이(Csikszentmihalyi)는 최적의 경험, 즉 몰입(flow)은 실력과 과제라는 두 변수가 모두 높을 때 나타난다고 보았다. "힘겨운 과제가 수준 높은 실력과 결합하면 일상생활에서는 맛보기 어려운 심도 있는 참여와 몰입이 이루어진다. 등반가라면 산에 오르기 위해 젖먹던 힘까지 짜내야 할 때, 성악가라면 높고 낮은 성부(聲部)를 자유자재로 넘나들어야 하는 까다로운 노래를 불러야 할 때, 뜨개질하는 사람이라면 자수의 무늬가 이제까지 시도했던 그 어떤 무늬보다 복잡할 때, 바로 그런 경험을 한다. 보통 사람은 하루가 불안과 권태로 가득하지만 몰입 경험은 이 단조로운 일상에서 벗어나는 강렬한 삶을 선사한다."

— 「몰입의 즐거움(Finding Flow)」, 칙센트미하이(Csikszentmihalyi) 著

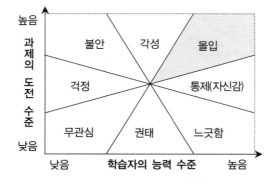

제 5 절 | 뉴미디어(New Media)와 원격교육

1 원격교육의 개념

01 다음 중 원격교육의 의미로 알맞은 것은?   02. 국가직

□□□

① 온라인 교육과 오프라인 교육을 통합하여 병행 실시하는 것이다.

② 학생들에 대한 관리 · 감독이 용이한 교육이다.

③ 둘 이상의 미디어들을 한 개의 시스템상에 동시에 통합하여 보여주는 것으로 문자 · 그림 · 영상 및 음향을 이용할 수 있는 종합정보매체를 말한다.

④ 교수자와 학습자가 직접 대면하지 않고 인쇄교재 · 방송교재 · 오디오나 비디오 교재 등을 매개로 하여 교수 − 학습활동을 전개하는 것이다.

> 해설 원격교육(distance education)이란 교수자와 학습자가 직접 대면하지 않고 다양한 통신매체(예 방송교재나 오디오 · 비디오 교재, 인터넷 등)를 매개로 하여 교수 − 학습활동을 전개하는 교수전략으로, 모든 종류의 교육공학적 매체들을 종합적으로 사용하는 '다중매체 접근방식(multimedia approach)'의 장점을 최대한 활용하는 비면대면(non−face to face) 수업형태를 의미한다. 인쇄자료, TV, 라디오, 컴퓨터 코스웨어, 인터넷 등 다양한 교수매체를 사용하는 것을 특징으로 한다.
> ① 원격교육의 단점을 보완한 혼합교육(blended learning)에 대한 설명이다.
> ② 원격교육은 학생들에 대한 관리 · 감독이 어렵다.
> ③ 멀티미디어에 대한 설명이다.

TIP 콜드웨이(Coldway)의 교육실천 형태 분류 : 교육활동을 시간과 장소라는 관점에서 분류

	같은 시간	다른 시간
같은 장소	전통적 교실교육	미디어센터(학습센터)
다른 장소	동시적 원격교육	비동시적 원격교육

TIP 베이츠(A. Bates)의 ACTIONS 모형 ➡ 원격교육을 위한 매체 선정준거 중 A와 C를 중시

A(Access, 접근, 수신, 접속)	학습자가 특정 매체에 어느 정도 접근 가능한지를 파악
C(Costs, 비용)	교육효과, 학생 수, 강좌 수, 초기 투자비용과 운영비용 등에 관한 고려가 필요함.
T(Teaching & learning, 교수와 학습)	매체가 가지는 교육적 특성, 제시형태뿐만 아니라 학습목표에 대한 분석을 통해 매체를 선정해야 함.
I(Interactivity & user−friendliness, 상호작용과 학습자 친화)	특정 매체로 가능한 상호작용의 형태와 그 사용이 용이한지에 대한 고려
O(Organizational issue, 조직의 문제)	매체가 성공적으로 활용되기 위해 고려해야 할 조직의 특성
N(Novelty, 참신성)	학습자에게 얼마나 새롭게 인식되는가의 고려
S(Speed, 신속성)	얼마나 빠르게 학습내용을 전달하는가의 고려

정답 03. ④ 04. ③ / 01. ④

2 원격교육의 특징

02 원격교육에 대한 설명으로 옳지 않은 것은?   19. 국가직 7급

① 다양한 기술적 매체들에 의존하여 교수자와 학습자 간의 상호작용을 지원한다.

② 다수를 대상으로 하면서도 사전에 계획, 준비, 조직된 교재로 개별학습이 이루어진다.

③ 전통적인 면 대 면 교육에 비해 학습자들이 자기 주도적으로 학습에 몰입하게 되므로 중도탈락률이 상대적으로 낮다.

④ 다양한 교육프로그램에 접근할 수 있는 가능성을 높여 교육대상의 범위를 확대하였다.

[해설] 최근 원격교육은 초·중등학교의 교육문제 해결, 대학교육 및 평생학습의 기회 제공, 기업의 직무훈련 기회 제공의 측면에서 확산되고 있다. 하지만 학생들의 중도탈락률이 상대적으로 높아 혼합교육(blended learning)을 병행하는 등 교육적 보완을 강구하고 있다.

TIP 원격교육의 개념적 속성

독립성과 자율성	교수자와 학습자의 시간적 및 공간적 분리
상호작용성 (communication)	교수자, 학습자, 학습교재(매체) 간의 상호작용이 학습에 중요한 요인임.
학습공간의 확장 (Expansion of learning space)	① 정보 습득 공간(剛 웹사이트, SNS 등)의 확대 ② 정보 활용 공간의 확대 ③ 학습 대화 공간의 확대 ④ 지식 구성 공간(剛 blog, 개인 홈페이지 등)의 확대

03 원격교육에 대한 설명으로 옳지 않은 것은?   20. 지방직

① 원격교육은 컴퓨터 통신망을 기반으로 등장하였다.

② 각종 교재개발과 학생지원 서비스 등을 위한 물리적·인적 조직이 필요하다.

③ 교수자와 학습자가 물리적으로 떨어져 있으나 교수·학습 매체를 통해 의사소통을 한다.

④ 다수를 대상으로 하면서도 공학적인 기재를 사용하여 사전에 계획, 준비, 조직된 교재로 개별학습이 이루어진다.

[해설] ①은 컴퓨터 통신망을 활용하는 E-learning은 원격교육의 한 형태에 해당하며, 인쇄자료나 TV, 라디오 등을 활용하는 것도 원격교육이다. ②는 지원 기구(조직), ③은 다중매체 활용 접근, ④는 다수대상의 개별학습 촉진 등은 원격교육의 특성에 해당한다.

04 '이러닝(e−learning)'의 교육공학적 방법이 교육분야에 공헌한 것으로 보기 가장 어려운 것은?

11. 국가직

① 학습효과를 극대화시킨다.

② 교사와 학생 간 인격적 접촉을 증가시킨다.

③ 교육활동의 개별화를 촉진시킨다.

④ 교육의 경제성 및 대중화를 촉진시킨다.

[해설] 인터넷의 활용은 교사와 학생 간 사회적 관계의 결여로 인하여 인격적 접촉을 감소시킬 수 있는 문제점이 있다.

05 다음에 해당하는 학습 형태는?

> • 학습자가 언제 어디에서나 어떤 내용이건, 어떤 단말기로도 학습 가능한 지능화된 학습 형태
> • 획일적이거나 강제적이지 않으며, 창의적이고 학습자 중심적인 교육과정 실현 가능
> • 원하는 정보를 찾기 위해 학습자가 특정 시간에 특정 장소를 찾아가는 것이 아니라, 학습정보가 학습자를 찾아다니는 방식

① e−러닝(electronic learning)
② m−러닝(mobile learning)
③ u−러닝(ubiquitous learning)
④ 기계학습(machine learning)

해설 유비쿼터스(Ubiquitous)란 물이나 공기처럼 시공을 초월해 '언제 어디에나 존재한다.'는 뜻의 라틴어(語)로, 사용자가 컴퓨터나 네트워크를 의식하지 않고 장소에 상관없이 자유롭게 네트워크에 접속할 수 있는 환경을 말한다. 1998년 미국의 제록스팔로알토연구소의 마크 와이저(Mark Weiser)에 의하여 처음 사용되었으며, 그는 인간을 중심으로 하는 컴퓨터가 널리 퍼져 있는 상태를 유비쿼터스 컴퓨팅 환경이라고 한다. ①은 인터넷상에서 시간과 공간의 제약 없이 교육이 가능한 온라인 학습체제를 말한다. ②는 무선인터넷 및 위성통신기술을 기반으로 PDA(Personal Digital Assistant, 개인휴대용 단말기), PMP(Portable Multimedia Player, 휴대용 멀티미디어 재생기), 태블릿 PC, 무선인터넷 지원 노트북, 스마트폰을 활용하는 학습환경을 의미하는 것으로, 이동성(mobility)이 있는 무선(wireless)의 매체들을 활용한 교육을 의미한다.

06 유비쿼터스 러닝(ubiquitous learning)에 대한 설명으로 옳지 않은 것은?

① 인터넷 네트워크 기술을 바탕으로 시간과 장소, 수준의 제약 없이 학습자가 다양한 학습경험을 할 수 있도록 지원하는 학습이다.
② 온라인 교육이 갖고 있는 강점과 면대면으로 이루어지는 오프라인 교육의 강점을 최대한 살려서 학습의 효과를 극대화하고자 하는 학습이다.
③ 무선 인터넷 및 위성통신 기술을 바탕으로 이동통신 기기를 활용하여 다양한 교수 − 학습 활동을 수행할 수 있도록 하는 학습이다.
④ 각종 정보화기기, 사물에 이식된 센서, 칩 등을 통해 어디서나 존재하는 컴퓨팅 기술을 활용하여 교수 − 학습 활동을 수행할 수 있도록 하는 학습이다.

해설 유비쿼터스(Ubiquitous)란 물이나 공기처럼 시공을 초월해 '언제 어디에나 존재한다.'는 뜻의 라틴어(語)로, 사용자가 컴퓨터나 네트워크를 의식하지 않고 장소에 상관없이 자유롭게 네트워크에 접속할 수 있는 환경을 말한다.
②는 혼합교육(blended learning)에 해당하는 개념이다.

Chapter
08

정답 02. ③ 03. ① 04. ② 05. ③ 06. ②

07 가상현실(VR) 기술을 활용한 교육에 대한 설명으로 옳지 않은 것은? 23. 국가직
□□□

① 다양한 각도에서 수업자료를 탐구하도록 유도할 수 있다.

② 현실에서 직접 경험할 수 없었던 사물, 장소, 역사 속 사건 등을 재현할 수 있다.

③ 투사매체인 실물화상기나 OHP(overhead projector)를 핵심 장치로 활용한다.

④ 학습활동 과정에서 학습자의 흥미와 몰입감을 높일 수 있다.

해설 가상현실(VR, Virtual Reality)은 현실과 관련 없이 가상의 공간에서 영상을 보여주는 기술이다. 360도 영상을 바탕으로 새로운 현실을 경험하도록 하는 기술로 E-learning이나 U-learning 등에서 원격교육의 방법으로 활용되고 있다. ③은 원격교육과는 관계없이 광학적·전기적 투사방법을 사용하는 시각적 투사매체에 해당한다.

TIP 용어 설명

① **가상현실(VR, Virtual Reality)** : 현실과 관련 없이 가상의 공간에서 영상을 보여주는 기술로, 360도 영상을 바탕으로 새로운 현실을 경험하도록 하는 기술

② **증강현실(AR, Augmented Reality)** : 사용자가 눈으로 보는 현실세계에 컴퓨터 그래픽·문자 등 가상세계(virtual)를 겹쳐 보여주는 기술로서, 현실세계에 실시간으로 부가정보를 갖는 가상세계를 합쳐 하나의 영상으로 보여주므로 혼합현실(Mixed Reality, MR)이라고 함.
예 스마트폰 카메라로 주변을 비추면 인근 상점의 위치, 전화번호 등의 정보가 입체영상으로 표기됨. 원격 의료진단 등

③ **확장현실(XR, eXtended Reality)** : 가상현실(VR), 증강현실(AR), 혼합현실(MR)을 모두 지원할 수 있는 초실감형 기술 → 현실과 가상 간의 상호작용을 더욱 강화하여 현실 공간에 배치된 가상의 물체에 대한 간접 체험이 가능함.

④ **메타버스(meta-verse)** : 3차원의 가상세계를 의미하는 용어로, 현실 세계를 가상의 공간에서 구현하는 플랫폼을 의미함. → VR·AR·MR·XR 기술의 발달을 기반으로 일상의 모든 분야를 가상 세계에서 현실과 같이 구현하는 플랫폼

08 멀티미디어 활용수업에서 나타나는 다음과 같은 학습자의 경험을 가장 잘 설명해 주는 것은?
□□□
08. 유·초등임용

> • 한 화면에 여러 가지 학습내용들이 동시에 제시되었을 경우 내용에 대한 이해도가 떨어졌다.
> • 단순화시킨 그림 자료보다 실제 모습을 담은 사진 자료를 제시했을 경우 개념 이해도가 떨어졌다.

① 인지적 부조화   ② 인지적 과부하

③ 선수지식의 비활성화   ④ 지식의 탈맥락화

해설 인지적 과부하(cognitive overload)란 학습자의 작동기억의 용량의 한계(7±2 Chunk)로 인하여 나타나는 기억의 병목현상으로, 학습자의 인지구조에 비해 학습자료가 지나치게 많이 제공되어 학습자가 이를 처리하지 못함으로써 학습자료에 대한 이해도가 떨어지고 학습효과가 감소하는 현상을 말한다.

TIP 작동기억의 한계용량(인지적 과부하)을 극복하는 방법

청킹(chunking) ⇨ 군단위화, 절편화, 결집, (의미)덩이짓기	• 분리된 항목들을 보다 의미 있는 큰 묶음으로 조합하는 것 • 정보의 개별적 단위를 보다 크고 의미 있는 단위로 묶는 것 **예** 김 교사는 10개의 수 '0, 4, 1, 3, 4, 5, 9, 9, 8, 7'을 칠판에 쓴 후 학생들이 쉽게 기억하도록 하기 위해 041, 345, 9987로 묶어 다시 제시하였다.
자동화 (automatization)	• 자각이나 의식적인 노력 없이(무의식적으로) 수행할 수 있는 정신적 조작의 사용 ⇨ 정보처리의 기능의 효율성을 증가시키는 방법(조작공간 감소, 저장공간 증가 전략) • 주의를 많이 요구하는 통제된 정보처리과정(controlled process)이 아닌 '자동화된 정보처리과정'을 의미 ⇨ '자동적 전이'와 유사 **예** 걸음 걷기, 운전하기
이중처리 (dual processing)	시각과 청각의 두 구성요소가 작동기억에서 함께 정보를 처리하는 방법

09 다음은 사이버 가정학습용 콘텐츠 개발에 참여하게 된 교사들의 대화이다. 각 교사들의 화면설계 전략과 밀접하게 관련된 것은?   10. 유·초등임용

> 김 교사: 각 화면의 교육내용을 학생들에게 효과적으로 전달하기 위해서는 글만 제시하지 말고 그림을 함께 사용하면 좋을 것 같아요.
> 최 교사: 화면에 글과 그림들을 배열할 때는 관련된 요소들끼리 서로 가까이 배치하는 것이 좋겠네요.
> 박 교사: 좋은 생각이네요. 그런데 한 화면에 너무 많은 글과 그림이 동시에 들어가게 되면 학생들의 이해를 방해할 수도 있을 것 같아요.

	김 교사	최 교사	박 교사
①	병렬분산처리	근접성의 원리	인지적 과부하
②	병렬분산처리	유사성의 원리	인지적 과부하
③	이중부호화	근접성의 원리	인지적 과부하
④	이중부호화	유사성의 원리	정보처리 역행간섭
⑤	이중부호화	근접성의 원리	정보처리 역행간섭

해설 이중부호화 효과는 언어정보와 시각정보를 별도로 제시하는 것보다는 함께 제시되는 것이 학습에 더 효과적이라는 것을 말한다. 근접성의 원리는 시·공간적으로 가까이 있는 항목들을 군집화하여 유의미한 형태로 지각하려는 현상이다. 인지적 과부하란 학습자가 인지적으로 이해할 수 있는 학습량(작동기억의 용량, 7±2chunk)을 초과하여 너무 많은 양을 제공함으로써 지적인 작업에 혼란을 초래하는 현상을 말한다. 유사성의 원리는 그 사물의 속성에 따라 유사한 것끼리 의미 있게 묶어서 지각하려고 하는 것을 말하고, 정보처리 역행간섭은 후행학습 내용이 선행학습 내용의 기억을 방해하는 것이다.

정답 07. ③   08. ②   09. ③

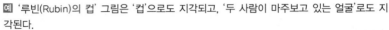

TIP 형태주의 심리학자들이 주장하는 지각의 법칙

1. **제1법칙 : 전경(前景)과 배경(背景)의 원리(figure-ground principle, 도형－배경 원리)**
   ① 지각장(知覺場)에서 사물을 지각할 때 자동적으로 전경(前景, 혹은 도형)과 배경(背景)을 구분한다는 원리이다.

   ② 전경은 지각장에서 주의를 기울이는 대상이고, 배경은 도형을 둘러싸고 있는 주위환경이다. 전경과 배경은 모양, 크기, 고저, 색상 등과 같이 지각장의 두드러진 특징에 따라 분리된다. 유기체가 도형과 배경을 어떻게 구분하느냐에 따라 동일한 도형(자극)이 여러 가지로 지각될 수 있음을 보여주는 역전성(逆轉性, reversible) 도형(혹은 반전도형)에 이 원리는 잘 나타나 있다.
      예 '루빈(Rubin)의 컵' 그림은 '컵'으로도 지각되고, '두 사람이 마주보고 있는 얼굴'로도 지각된다.

루빈(Rubin)의 컵

   ③ 이 원리는 '중요한 학습내용(전경)'을 '중요하지 않은 내용(배경)'과 뚜렷하게 구분될 수 있도록 제시해야 함을 시사한다.
   ④ 지각장에서 두드러진 학습자료는 오래 파지되지만 동질성이 높은 학습자료는 파지가 잘 되지 않는다는 레스토프 효과(Restorff effect)도 이 원리와 긴밀하게 관련된다.

2. **제2법칙 : 프래그난츠 법칙(principle of Pragnanz, 간결과 의미의 법칙)**
   ① 인간의 모든 정신현상은 의도를 가지고 있기 때문에 발생하는 것으로, 인간이 어떤 사물을 지각할 때 전체를 조화롭게 또는 의미 있게 지각하려 하는 것을 말한다.
   ② 하위법칙으로는 완전성(폐쇄성), 유사성, 근접성, 간결성, 연속성(계속성)이 있다.

완전성 (폐쇄성)	어떤 사물을 지각할 때 사물이 비교적 완전하지 않더라도 불완전한 것이 아니라 완전한 것으로 지각하려 한다.
유사성	그 사물의 속성(예 크기, 모양, 색상 등)에 따라 유사한 것끼리 의미 있게 묶어서 지각하려고 한다.
근접성	멀리 떨어져 있는 것보다 가까이에 있는 것을 서로 묶어 의미 있게 지각하려고 한다.
간결성 (단순성)	복잡한 사물을 지각할 때 가급적 단순화시켜 조직하여 지각하려고 한다.
연속성 (계속성)	같은 방향으로 패턴이나 흐름을 형성하는 자극요소들을 서로 연결된 것처럼 연속적인 직선이나 도형으로 지각한다.

근접성　　유사성　　연속성　　폐쇄성

10 하이퍼미디어(hypermedia) 활용수업에 관한 설명으로 옳지 않은 것은?　　　06. 중등임용
　　① 학습자가 비선형적(nonlinear)으로 정보를 탐색할 수 있다.
　　② 학습자가 멀티미디어 요소를 활용하여 지식을 구성할 수 있다.
　　③ 학습자의 방향감 상실이나 인지 과부하(cognitive overload)를 야기할 수 있다.
　　④ 비구조화된 내용을 학습할 때 활용하면 학습자의 인지적 유연성을 기르기 어렵다.

해설 하이퍼미디어(hypermedia)는 멀티미디어(다양한 매체나 정보원)와 인터넷(통신환경)을 결합한 체제로, 정보가 비선형적이고 비구조화되어 제시되어 학습자의 인지적 유연성을 기르는 데 도움을 줄 수 있다. 하이퍼텍스트와 하이퍼미디어 활용수업은 구성주의의 인지적 유연성 이론을 구현하기에 적절한 e－러닝 방법이라고 할 수 있다.

11 서책형 교과서와 비교하여 디지털 교과서의 장점으로 보기 어려운 것은?

14. 국가직

① 사용에 있어 시공간의 제약이 적다.
② 학습자의 능력 및 수준에 따른 맞춤형 학습이 용이하다.
③ 다양한 멀티미디어 콘텐츠의 활용을 통해 학습동기를 높일 수 있다.
④ 특정한 장비와 프로그램이 없어도 접근이 가능하여 시간과 비용을 절약할 수 있다.

해설 디지털 교과서(digital textbook, e-교과서)는 서책형 교과서를 디지털의 형태로 바꾼 뒤 유무선 통신망을 이용하여 그 내용을 읽고, 보고 들을 수 있도록 한 교과서를 말한다. 디지털 교과서는 기존의 서책형 교과서를 디지털화하여 서책이 가지는 장점과 아울러 검색, 내비게이션 등의 부가편의 기능과 멀티미디어, 학습지원 기능을 구비하여 편의성과 학습효과성을 극대화한 디지털 학습교재이다. 디지털 교과서는 이동의 편리함을 추구하고, 서책형 교과서와 같은 사용편의성을 도모하기 위하여 현재는 태블릿PC 환경에서 개발되고 있다. ④에서 디지털 교과서는 스마트폰이나 태블릿PC와 같은 장비와 운영 프로그램이 있어야 접근이 가능하다.

✎ 2025년도부터 '인공지능(AI) 디지털 교과서'가 초3·4, 중1, 고1 대상으로 영어, 수학, 정보, 국어(특수교육 대상자) 교과목에 도입될 예정이다. 인공지능 디지털 교과서는 학생 개인의 능력과 수준에 맞는 다양한 맞춤형 학습 기회를 지원할 수 있도록 인공지능을 포함한 지능정보화기술을 활용하여 다양한 학습자료 및 학습지원 기능 등을 탑재한 교과서를 말한다. 장점으로는 ㉠ 1대1 개별화된(학습속도, 수준 등) 맞춤형 학습, ㉡ 실시간 피드백, ㉢ 상호작용적 다양한 학습경험(예 영상, 애니메이션, 게임 요소), ㉣ 접근성과 편의성(스마트폰, 태블릿 PC 등 다양한 디바이스 통한 자료검색 및 복습), ㉤ 상호작용적 교수(예 온라인 토론, 질문, 협동학습), ㉥ 업데이트와 확장성(최신 콘텐츠 추가로 교과서 범위 확장)을 들 수 있다.

12 교수매체에 대한 설명 중 잘못된 것은?

04. 국가직

① 컴퓨터 보조수업(CAI)은 컴퓨터가 교사와 같이 학생들을 직접 가르치는 역할을 수행할 수 있다.
② 멀티미디어는 '다중복합매체'로 여러 속성을 가진 매체가 컴퓨터를 기반으로 통합된 시스템이다.
③ 인터넷은 전 세계의 컴퓨터망을 연결하여 각각의 컴퓨터가 가지고 있는 정보들을 주고받을 수 있는 컴퓨터 통신망이다.
④ 모바일 기기를 이용하여 학습을 전개하는 것을 E-learning이라고 한다.

해설 E-learning은 인터넷상에서 시간과 공간의 제약 없이 교육이 가능한 온라인 학습체제를 말하며, 모바일 기기를 이용하여 학습을 전개하는 것은 M-learning 또는 U-learning이라고 한다. 모바일(mobile)은 '움직일 수 있는'이란 뜻으로, 모바일 기기는 휴대폰과 휴대용 개인정보 단말기(PDA), DMB 등과 같이 이동성을 가진 기기를 말한다. 이러한 기기를 이용하여 때와 장소에 관계없이 학습할 수 있는 교육환경을 조성해 줌으로써 보다 창의적이고 학습자가 중심이 되는 교육과정을 실현하는 통합적 학습체제를 U-러닝(U-learning)이라고 한다.

Chapter
08

정답 10. ④ 11. ④ 12. ④

3 원격교육 활용 수업

13 다음 내용과 가장 관련이 깊은 학습 형태는?   18. 지방직

> • 무선 환경에서 네트워크에 접속하여 학습한다.
> • PDA, 테블릿 PC 등을 활용하여 물리적 공간에서 이동하면서 가상공간을 통하여 학습한다.
> • 기기의 4C(Content, Capture, Compute, Communicate) 기능을 활용하여 교수·학습을 촉진
>   할 수 있다.

① 모바일 러닝(M-learning)   ② 플립드 러닝(flipped learning)
③ 마이크로 러닝(micro learning)   ④ 블렌디드 러닝(blended learning)

해설 모바일 러닝(M-learning, Mobile learning)은 기술적인 측면에서 볼 때 무선인터넷 및 위성통신기술을 기반으로 PDA(Personal Digital Assistant, 개인휴대용 단말기), PMP(Portable Multimedia Player, 휴대용 멀티미디어 재생기), 태블릿 PC, 무선인터넷 지원 노트북, 스마트폰을 활용하는 학습환경을 의미한다. 이동성(mobility)이 있는 무선(wireless)의 매체들을 활용한 교육을 의미한다. 기기의 4C, 즉 매체 및 콘텐츠의 접근(Content), 정보의 포착과 저장(Capture), 반응의 산출(Compute), 의사소통(Communicate) 기능 활용을 강조한다.

14 웹퀘스트 수업(Web-Quest instruction)에서 빈칸 (가)에 적합한 활동은?   14. 지방직

① 학생이 해야 할 것과 학생이 수행해야 할 것 또는 활동의 최종 산출물을 기술한다.
② 학생을 참여시키기 위해 활동을 소개하고 무대를 설정하고 기본적인 배경 정보를 제공한다.
③ 학생이 따라야 할 단계를 개략적으로 설명하고, 사용해야 할 자원을 알려주며, 학생을 위한
   안내나 도움을 제공한다.
④ 활동에 적용되는 과제 측정 준거를 기술한다.

해설 (가)는 과정(process)에 해당한다. ①은 과제, ②는 소개, ④는 평가에 해당한다. Web Quest Instruction(웹기반 탐구수업)은 1995년 미국 샌디에이고 주립대학의 Bernie Dodge와 Tom March 교수에 의해 고안된 질문·지향적 수업모형이다. 인터넷을 사용하여 진행하는 일종의 프로젝트로 학생들에게 특정 과제가 부여되고, 학생들은 이 과제를 해결하기 위해 인터넷 탐색을 한 뒤 최종 리포트를 작성해야 하는 방식으로 진행된다. 학생들에게 학습동기를 부여하고 흥미로운 수업을 이끌 수 있는 점이 Web Quest의 가장 큰 장점이다.

✎ 웹퀘스트 수업은 교사주도, 구조화된 과제와 단계 제시를 강조하지만, 웹기반탐구수업(WBIL)은 학생주도, 학생의 자율적인 탐구 설정을 중시한다.

15 다음 내용에 가장 부합하는 교수-학습 방법은?   17. 지방직

> • 거꾸로 학습이나 거꾸로 교실로 알려져 있다.
> • 학습할 내용을 수업 이전에 온라인으로 미리 공부한다.
> • 일종의 블렌디드 러닝(blended learning)으로서 학습의 효과를 높이기 위한 전략이다.
> • 학교 수업에서 학습자는 질문, 토론, 모둠활동과 같은 형태로 수업에 적극적으로 참여한다.

① 플립러닝(flipped learning)   ② 문제 중심 학습(problem-based learning)
③ 자원기반학습(resource-based learning)   ④ 교사주도학습(teacher-directed learning)

해설 '거꾸로 수업'('거꾸로 학습' 또는 '거꾸로 교실')은 전통적 수업에서의 강의를 동영상 강의로 바꾸어 학습자에게 사전 과제로 제시하고, 사후 숙제로 제공하던 다양한 학생 참여 중심의 학습활동들은 교실에서 실시하여 기존의 학습방식을 뒤집는 교육 모델이다. 기존의 강의식 수업과 구성주의적 학습철학이 결합된 수업형태로, 온라인 교육과 오프라인 교육을 통합하여 병행 실시하는 혼합교육(blended learning)의 한 형태라고 할 수 있다. 혼합교육은 효율성을 기반으로 온라인에서 출발했으나, 플립러닝은 전체 교육효과의 극대화를 기반으로 오프라인에서 출발했다는 점에 큰 차이가 있다. ②는 구성주의 학습모형의 하나로, 문제로 출발하여 학생들의 전략적 사고를 함양하는 데 초점을 둔다. ③은 특별히 설계된 학습자원과 상호작용적인 매체와 공학기술을 통합함으로써 대량 교육상황에서 학습자 중심의 학습을 증진하기 위한 일련의 통합된 전략을 말한다. 학습자와 교사와 매체 전문가가 인쇄물이나 비인쇄물, 그리고 인간자원을 의미 있게 사용하면서 능동적으로 참여하는 교수모형으로, 교과학습에 있어서 광범위하고 다양한 학습자원을 사용하도록 하는 학습자 중심의 학습방법이다. 다양한 정보자원의 활용을 통해 문제해결력, 비판적 사고력, 정보활용능력을 향상시키는 것을 목적으로 한다.

16 학생이 사전에 온라인 등으로 학습내용을 공부해 오게 한 후 학교 수업에서는 문제해결이나 토론 등의 상호작용에 중점을 두는 수업 형태는?   19. 국가직
□□□

① 플립러닝(flipped learning)   ② 탐구수업
③ 토론수업   ④ 문제기반 학습(problem-based learning)

해설 플립러닝(flipped learning)은 정보통신기술을 활용한 온라인 사전학습(수업 전 활동) 및 오프라인 사후학습(수업 활동)으로 구성되는 학습형태를 의미한다. 수업 전 교실 밖에서 다양한 테크놀로지와 학습자료로 학생들이 미리 공부하고, 교실 수업에서 구성주의적, 학습자 중심의 자기주도적 학습, 자기조절 학습, 프로젝트 기반 학습, 체험학습, 토론학습, 탐구학습 등에 적극적으로 참여하는 형태로 진행되는 것이다. 즉, 학생들에게 동영상 강의를 숙제로 시청하고 교실에서는 해당 학습내용을 적용한 구성주의적 체험 기반 학습과 심화응용 학습을 제공하는 것이다.

17 자원기반학습 중 하나인 Big6 Skills 모형에 근거하여 조선시대의 문학을 주제로 수업을 하려고 한다. 다음 (가) 단계에서의 활동으로 가장 적합한 것은?   11. 중등임용
□□□

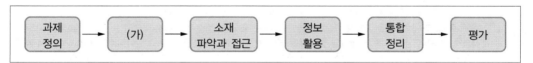

① 조선시대의 문학에 대한 정보를 읽고 적합한 정보를 가려낸다.
② 조선시대의 문학과 관련하여 중요한 주제가 무엇인지 파악한다.
③ 선택한 정보들을 체계적으로 정리하여 최종 결과물을 만든다.
④ 조선시대의 문학과 관련된 도서와 웹사이트에서 정보를 찾는다.
⑤ 사용 가능한 정보원의 형태와 종류를 파악하고 최적의 정보원을 선택한다.

해설 (가)는 정보탐색 전략(Information Seeking Strategy)에 해당하는 단계로 이용 가능한 정보원(source, 예 도서관, 인터넷, 사람, 카탈로그 등)들 중 최선의 것을 선택할 수 있다. ①은 정보활용, ②는 과제정의, ③은 통합정리, ④는 소재파악과 접근에 해당한다.

정답   13. ①   14. ③   15. ①   16. ①   17. ⑤

TIP 웹기반 학습에서 Big Six Skills — Eisenburg & Berkowitz(1990)의 정보리터러시 모델(information literacy model) ⅢⅢⅢⅢⅢⅢ

과제 정의(Task Definition)	문제의 내용과 요점을 정확히 파악하기
정보탐색 전략 (Information Seeking Strategy)	이용 가능한 정보원(도서관, 카탈로그, 인터넷, 사람 등)의 탐색(검색) 및 최선의 정보원 선택하기
소재 파악 및 접근(Source Location & Access)	선택한 정보원의 소재 파악 및 접근하기
정보활용(Use of Information)	찾아낸 정보를 직접 열람(읽기, 시청, 재생 등)하기
종합(Synthesis)	정보들을 분류, 대조, 종합하여 체계화하고 정리하기
평가(Evaluation)	정보수집 및 활용의 전 과정이 적절했는지 반성하고 평가하기

18 MOOC(Massive Open Online Courses)에 대한 설명으로 옳지 않은 것은? 17. 국가직 7급

① MOOC 강좌들은 세계적으로 공통된 품질보증 및 규제에 따라 개발·관리되며 신뢰할 만한 교육내용을 제공하고 있다.

② 북미 명문대학 강좌의 온라인 운영 형태를 근간으로 출발하여 대안적 교육형태로 급부상하게 되었다.

③ 교수자와의 상호작용과 피드백을 중요시하는 cMOOC와 교수자의 개입을 최소화하고 수준 높은 강의내용 제공에 초점을 맞춘 xMOOC로 구분할 수 있다.

④ 국내에서도 정부 지원하에 K-MOOC를 개발하여 한국 고등교육의 국제경쟁력을 제고하고자 노력하고 있다.

해설 MOOC는 인터넷을 활용한 대규모 공개 온라인 강좌(Massive Open Online Courses)로, 수강인원에 제한 없이 (Massive), 모든 사람이 수강 가능하며(Open), 웹 기반으로(Online) 미리 정의된 학습목표를 위해 구성된 강좌(Course)를 말한다. 무크는 인터넷이 되는 곳이면 국가나 지역에 상관없이 언제 어디서나 들을 수 있는데, 무크의 핵심은 쌍방향성이다. 학습자가 수동적으로 듣기만 하던 기존의 온라인 학습동영상과 달리 교수자와 학습자, 학습자와 학습자 간 질의응답, 토론, 퀴즈, 과제 제출 등 양방향 학습이 가능한 새로운 교육 환경을 제공하며, 학습자는 세계를 넘나들며 배경지식이 다른 학습자 간 지식 공유를 통해 대학의 울타리를 넘어 새로운 학습경험을 할 수도 있다. 2008년 캐나다에서 처음 시작되어, 2012년 미국, 2015년 독일과 프랑스 등 유럽과 인도·중국·일본 등 아시아에서 무크 서비스를 제공하기 시작했으며, 우리나라(K-MOOC)는 2015년 10월 서울대, KAIST 등 10개 국내 유수대학이 총 27개 강좌를 시작하였다. ①에서 전세계적으로 공통된 품질보증 및 규제는 무크의 맥락성과는 거리가 있다.

19 다음 설명에 해당하는 학습법은? 22. 지방직

> • 면대면 수업이 갖는 시간적·공간적 제한점을 온라인학습의 장점을 통해 극복한다.
> • 인간접촉의 부재, 홀로 학습하는 것에 대한 두려움, 동기 저하 등의 문제를 면대면 교육으로 보완한다.

① 상황학습(situated learning)　　　② 블렌디드 러닝(blended learning)
③ 모바일 러닝(mobile learning)　　　④ 팀기반학습(team-based learning)

해설 혼합교육(blended learning)은 온라인 교육이 갖고 있는 강점과 면대면으로 이루어지는 오프라인 교육의 강점을 최대한 살려서 학습의 효과를 극대화하고자 하는 교육형태를 말한다. ①은 레이브(J. Lave)와 웽어(E. Wenger)가 주장한 구성주의 학습형태로 실제 상황에의 참여를 통한 문제해결과정 및 경험을 중시하는 학습형태이고, ③은 무선인터넷 및 위성통신기술을 기반으로 PDA(Personal Digital Assistant, 개인휴대용 단말기), PMP(Portable Multimedia Player, 휴대용 멀티미디어 재생기), 태블릿 PC, 무선인터넷 지원 노트북, 스마트폰 등 이동성(mobility)이 있는 무선(wireless)의 매체들을 활용한 교육을 말한다. ④는 마이클슨(Larry K. Michaelsen)이 처음 시도한 교수법이다. 2명 이상의 인원이 정해진 기간에 공동의 목표를 가지고 각자 맡은 역할을 수행하며, 상호의존과 독립적인 학습을 동시에 할 수 있는 학습형태로, 학습자 중심 학습과 구성주의 학습원리에 토대를 두고, '계획 − 팀 학습 준비 − 준비도 확인 − 팀과제 수행'의 과정으로 진행된다. 팀기반 학습(팀 바탕 학습, TBL)의 목적은 인지적 갈등을 해소하고 최종의 합의된 산출물을 제작하는 데 있다.

20 다음 설명에 해당하는 것은?

> • 슐만(Shulman)의 교수내용지식에 테크놀로지 지식을 추가한 개념이다.
> • 교수지식, 내용지식, 테크놀로지 지식 간의 상호작용을 이해하고 이를 바탕으로 수업환경에 적합한 테크놀로지를 통합하는 지식을 의미한다.

① ASSURE   ② STAD   ③ TPACK   ④ WHERETO

해설 TPACK은 교사가 갖추어야 할 전문지식과 역량으로 테크놀로지 활용 기술과 교수 · 내용 지식을 통합한 개념이다. 슐만(Shulman, 1986)의 PCK 모델을 푸냐 미시라와 쾰러(P. Mishra & M. Köhler, 2006)의 TPCK 모델로 발전시켰다. 슐만(Schulman)은 교사의 전문지식으로, '무엇을 가르칠 것인가'에 관한 교과내용지식(Content Knowledge)과 '어떻게 가르칠 것인가'에 관한 교수방법지식(Pedagogical Knowledge)을 통합하여 교과내용지식(PCK ; Pedagogical Content Knowledge)을 처음 제시하였다. 여기에 푸냐 미시라와 쾰러(P. Mishra & M. Köhler, 2006)는 테크놀로지 활용 지식(Technological Knowledge)을 추가하여 TPCK 모델로 완성하였다. ①은 하이니히와 모렌다(Heinich & Molenda)의 수업매체 선정 및 활용 모형, ②는 슬래빈(Slavin)이 제안한 협동학습 모형, ④는 위긴스와 맥타이(Wiggins & McTighe)의 교육과정 역방향 설계모형의 학습경험과 수업계획의 원리에 해당한다.

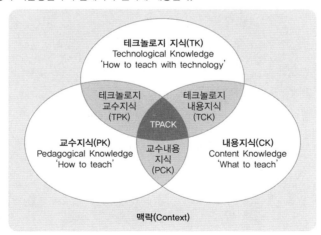

Chapter
09

생활지도와 상담

09 생활지도와 상담

★1. 생활지도의 개요
① 원리
㉠ 기본원리 : 수용, 자율성, 적응, 인간관계, 자아실현
㉡ 실천원리 : 계속성, 통합성, 균등성, 과학성, 적극성, 협동성, 구체적 조직
② 과정 : 학생조사활동, 정보제공활동, 상담활동, 정치활동, 추수활동

★2. 상담활동
① 기본조건 : 수용, 공감적 이해, 일치(진실성), 신뢰
★② 대화기술 : 구조화, 수용, 반영, 재진술, 자기노출, 즉시성, 명료화, 직면, 해석

3. 상담이론
① 문제 중심적 접근
★㉠ 인지적 영역 : 지시적 상담이론, 인지ㆍ정서ㆍ행동 상담이론(REBT), 인지치료
★㉡ 정의적 영역 : 정신분석적 상담, 개인심리 상담, 비지시적 상담, 상호교류분석이론, 실존주의 상담, 형태주의 상담, 현실치료
㉢ 행동적 영역 : 상호제지이론, 행동수정이론
② 해결 중심적 접근 : 단기상담

★4. 비행이론 : 아노미 이론, 사회통제이론, 중화이론, 차별접촉이론, 낙인이론

5. 진로교육 : 파슨스(Parsons)의 특성ㆍ요인이론, 로우(Roe)의 욕구이론, 홀랜드(Holland)의 인성이론(RIASEC), 블라우(Blau)의 사회학적 이론, 발달이론[진즈버그(Ginzberg), 수퍼(Super)]

제1절 생활지도의 기초

1 생활지도의 원리

01 학교교육에서 생활지도의 기본원리로 옳지 않은 것은? 14. 국가직

□□□
① 치료나 교정보다는 예방에 중점을 두고 있다.
② 학교 교육과정과 통합될 필요가 있다.
③ 문제유발 가능성이 없는 학생은 대상에 포함되지 않는다.
④ 개인의 권리와 존엄성 및 가치의 인정을 기초로 한다.

해설 ③은 균등성의 원리에 위배된다. 균등성은 생활지도는 문제나 부적응아들만을 대상으로 한 문제해결 활동이 아니라 전체 학생(재학생 및 퇴학생, 졸업생까지 포함) 개개인의 가능성을 최대한 발달시키는 과정임을 의미한다.
①은 적극성, ②는 통합성, ④는 수용의 원리에 해당한다.

TIP 생활지도의 원리 ||||||||||||||||||||||||||||||||||||||||||||||||||||||||||||||||||||||||||||||||||||||||||||||||||||||||||||

개인 존중과 수용	개인의 존엄성을 존중함에서 출발 ⇨ 무조건적 존중
자율성 존중	학생 스스로 문제해결 하도록 조력
적응	개인의 생활적응을 돕도록 조력
인간관계	교사와 학생 사이의 참다운 인간관계가 형성될 때 가능
자아실현	개인의 전인적 발달을 추구 ⇨ 생활지도의 궁극적 목적
계속성	1회적이 아닌 지속적인 과정 **예** 추수활동
전인성(통합성)	지·덕·체의 조화로운 발달 도모 **예** 교육과정의 통합 ⇨ 도덕교육이나 훈육이 아님.
균등성	모든 학생(**예** 재학생, 퇴학생, 졸업생)의 잠재력을 실현 ⇨ 문제아나 부적응아들만을 대상으로 한 활동이 아님.
과학성	구체적이고 객관적인 자료에 기초함. **예** 표준화검사 ⇨ 상식적 판단이나 임상적 판단에만 기초한 활동이 아님.
적극성	사후 치료나 교정보다 사전예방과 지도에 중점을 둠.
협동성	학교의 전 교직원과 가정, 지역사회의 유기적 연대와 협력이 필요함.
구체적 조직	진로상담 교사를 중심으로 구체적인 조직을 갖추어야 함.

02 생활지도의 원리로 옳은 것만을 모두 고르면? 24. 국가직

> ㄱ. 모든 학생을 대상으로 해야 한다.
> ㄴ. 치료나 교정이 아니라 예방에 초점을 두어야 한다.
> ㄷ. 인지적 발달뿐만 아니라 정의적·신체적 발달도 함께 도모해야 한다.

① ㄱ, ㄴ   ② ㄱ, ㄷ
③ ㄴ, ㄷ   ④ ㄱ, ㄴ, ㄷ

해설 ㄱ은 균등성, ㄴ은 적극성, ㄷ은 전인성(통합성)의 원리에 해당한다.

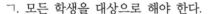

정답   01. ③   02. ④

Chapter
09

03 〈보기〉에서 생활지도의 원리를 바르게 실천하고 있는 예를 모두 고른 것은?　　　05. 중등임용

> ○ A 교사는 담임 학급의 학생들에게 학교폭력 예방을 위한 집단활동을 전개하였다.
> ○ B 교사는 진학지도를 위해 학생들의 적성검사와 학업성취도 검사결과를 활용하였다.
> ○ C 교사는 학생 개개인의 개성이나 권리보다는 학급 전체 구성원들의 집단역동에 더 많은 관심을 집중하였다.
> ○ D 교사는 이번 학기 들어 우울증으로 자살을 시도해 온 학생을 외부에 의뢰하지 않고 직접 지도하였다.

① ○, ○   ② ○, ○
③ ○, ○, ○   ④ ○, ○, ○

해설 생활지도의 원리에서 볼 때 ⊙은 예방에 중점을 두었으므로 적극성의 원리에 해당하고, ⓒ은 표준화검사를 이용했으므로 과학성의 원리를 실천한 사례이다. ⓒ은 개인 존중과 수용의 원리에 위배되었으며, ㉥은 협동성의 원리에 위배되었다.

2　생활지도의 과정

04 생활지도의 활동 중 정치(定置)활동으로 옳은 것을 〈보기〉에서 고른 것은?　　　16. 지방직

┌─ 보기 ─
│ ○ 학생의 희망 및 능력에 맞추어 동아리를 선택하도록 도와주고 배정하는 활동
│ ○ 학생을 이해하고 지도하는 데 필요한 가정환경, 교우관계, 심리적 특성 등에 관한 기초 자료를 수집하는 활동
│ ○ 학생이 진로를 현명하게 선택할 수 있도록 학생의 적성과 흥미 등을 고려하여 도와주거나 안내하는 활동
│ ㉥ 생활지도를 일차 완료한 후 학생의 적응 상태와 변화 정도를 점검하고, 필요하면 추가로 도움을 제공하는 활동

① ○, ○　　　　② ○, ㉥　　　　③ ○, ○　　　　④ ○, ㉥

해설 생활지도는 과정(process)적 측면에서 볼 때 '학생이해활동(사전조사활동) ⇨ 정보제공활동 ⇨ 상담활동 ⇨ 정치(定置)활동 ⇨ 사후점검(추수)활동'으로 전개된다. 이 중 정치활동(placement service)이란 상담의 결과를 이용하여 학생들의 능력과 적성에 맞는 환경에 알맞게 배치하는 활동으로, 교육적 정치와 직업적 정치 등이 있다. 교육적 정치는 동아리 활동의 부서 선택, 교과 선택, 수준별 수업반 배정, 방과 후 활동 선택, 상급학교 선택 등을 돕는 것을 말하며, 직업적 정치는 진로 선택, 직업 선택, 부업 알선 등을 돕는 것을 말한다. ⓒ은 학생조사활동, ㉥은 추수활동에 해당한다.

TIP 생활지도의 과정

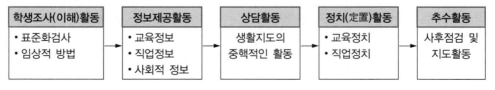

학생조사(이해)활동	정보제공활동	상담활동	정치(定置)활동	추수활동
• 표준화검사 • 임상적 방법	• 교육정보 • 직업정보 • 사회적 정보	생활지도의 중핵적인 활동	• 교육정치 • 직업정치	사후점검 및 지도활동

05 (가), (나)에 해당하는 생활지도 영역을 바르게 짝지은 것은?

18. 지방직

> (가) 생활지도 업무를 담당하는 김 교사는 학기 초에 생활지도 계획을 수립하기 위해 전교생에게 학교생활 적응검사를 실시하였다.
>
> (나) 취업지도 업무를 담당하는 송 교사는 기업체에 취업한 졸업생들에게 전화를 걸어 직장생활에 잘 적응하고 있는지를 점검하고 격려하였다.

      (가)   (나)

① 조사(調査) 활동   정치(定置) 활동

② 정보(情報) 활동   정치(定置) 활동

③ 조사(調査) 활동   추수(追隨) 활동

④ 정보(情報) 활동   추수(追隨) 활동

해설 (가)에서 김 교사가 생활지도 계획 수립을 위하 전교생에게 학교생활 적응 검사를 수립하는 것은 과학성의 원리를 토대로 한 조사활동에 해당하며, (나)에서 송 교사가 기업체에 취업한 졸업생들에게 전화를 걸어 적응 여부를 점검하고 격려하는 것은 계속성의 원리를 토대로 정치(定置) 후 적응 여부를 확인하는 추수활동에 해당한다.

06 생활지도의 활동영역 중 추수활동(追隨活動)의 의미를 가장 바르게 설명한 것은?

07. 영양특채

① 학생들의 희망과 적성을 고려하여 적합한 동아리에 배치하는 활동

② 학생들의 환경 적응과 문제해결을 돕기 위해 각종 정보를 수집·제공하는 활동

③ 학생들을 개별적으로 이해하는 데 필요한 기초 자료를 조사·수집하는 활동

④ 생활지도를 받은 학생이 어느 정도 적응·개선되었는지를 알아보고 계속 지도하는 활동

해설 추수활동(follow-up service)은 정치활동 후에 계속해서 당면문제에 대하여 잘 적응하고 있는지를 사후점검하는 활동으로, 상담활동을 받은 학생들의 결과를 분석·평가하여 새로운 생활지도 계획이나 전체적인 생활지도 프로그램 개선을 위한 가치 있는 자료로 활용하는 활동을 말한다. ①은 정치활동, ②는 정보제공활동, ③은 사전조사활동에 해당한다.

07 생활지도 활동과 적용 사례가 바르게 짝지어진 것은?

23. 국가직

① 학생조사 활동 – 진로 탐색을 위한 학생 맞춤형 프로그램을 실시하였다.

② 정보제공 활동 – 신입생에게 학교의 교육과정 및 특별활동에 관한 안내 자료를 배부하였다.

③ 배치(placement) 활동 – 학생들의 수업 적응 정도를 점검하고 부적응 학생을 상담하였다.

④ 추수(follow-up) 활동 – 학기 초에 학생에 관한 신체적·지적 특성과 가정환경 등 기초적인 정보를 수집하였다.

해설 정보제공 활동(information service)은 학생이 당면한 여러 가지 문제해결과 적응에 필요한 자료와 정보를 제공하는 것으로, 학생이 원하는 정보 및 자료(교육정보, 직업정보, 개인·사회적 정보 등)를 제공하여 학생의 개인적 발달과 사회 적응을 돕는 봉사활동에 해당한다. ①은 배치활동, ③은 추수활동(또는 상담활동), ④는 학생조사 활동에 해당한다.

정답   03. ①   04. ①   05. ③   06. ④   07. ②

---

1 상담의 기본조건

01 상담자가 촉진적 의사소통을 위해 견지해야 할 태도인 무조건적 존중에 대해 가장 잘 설명한
□□□ 것은?   08. 국가직 7급

① 상담자는 내담자가 표현하는 감정과 경험을 분명하고 정확하게 이해한다.

② 상담자는 내담자를 있는 그대로 수용하며 한 인간으로 배려한다.

③ 상담자는 자신의 부정적 감정을 솔직하게 표현하되 비파괴적으로 표현한다.

④ 상담자는 내담자의 문제점을 명료하게 지적하고 무조건 수용한다.

> 해설 로저스(Rogers)의 무조건적 존중(unconditional positive regard)은 상담자가 내담자를 평가·판단하지 않고 내
> 담자가 나타내는 감정이나 행동특성들을 있는 그대로 수용하며 내담자를 소중히 여기고 존중하는 태도를 말하며, 이는 내
> 담자를 선입견이나 편견 없이 있는 그대로 받아들이는 '수용'과 같은 의미이다. 트룩스(Trux)의 '비소유적 온정'에 해당하
> 며, 민주주의의 기본이념에도 해당한다.

> **TIP** 상담의 기본조건

수용(acceptance)	내담자를 귀중한 인간으로 존중하는 것으로, 민주주의의 기본이념에 해당하며, 내담자를 있는 그대로 받아들이는 것을 말한다.
공감적 이해 (empathetic understanding)	'감정이입적 이해' 또는 '내적 준거체제에 의한 이해'라고도 하며, 내담자의 경험·감정·사고·신념을 내담자의 준거체제(내담자의 입장)에 의해서 상담자가 내담자인 것처럼 듣고 이해하는 능력을 말한다.
일치 (genuineness, congruence)	'진실성, 순수성, 명료성, 진정성'이라고도 한다. 상담자와 내담자의 상담목표와 동기가 서로 일치하는 것을 말하며, 더 나아가서는 상담자의 내적인 경험과 외적 표현의 일치를 말한다.

2 상담의 대화기법

02 상담기법에 대한 설명으로 옳지 않은 것은?   07. 국가직
□□□
① 명료화는 상담자가 상담시간, 약속, 상담자와 내담자의 행동역할 등 상담 체계와 방향에 대해
알려주는 것이다.

② 수용은 '음', '네', '이해가 갑니다' 등의 긍정적인 언어와 비언어적 표현으로 이루어진다.

③ 반영은 내담자의 말이나 행동의 밑바탕에 흐르고 있는 감정을 정확히 파악하여 내담자에게 전
달해 주는 것이다.

④ 해석은 내담자로 하여금 자기 문제를 새로운 각도에서 이해하도록 행동이나 말의 의미를 설명
해 주는 것이다.

> 해설 ①은 상담의 상황이나 장면을 설정하는 구조화(structuring)에 해당한다. 명료화(clarification)는 내담자의 말 중
> 에서 모호하거나 막연한 것(분명하지 않은 사고, 정서, 행동 등)을 분명히 정의하는 것을 말한다.

TIP 상담의 대화기법

구조화	상담과정의 본질, 제한조건 및 목적에 대하여 상담자가 정의를 내려 주는 것 ⇨ 상담의 방향 설정
수용	내담자의 말에 대해 언어적 또는 비언어적으로 간단히 대응 ⇨ 장단맞추기, 적극적 경청
반영	내담자의 말과 행동에서 표현된 기본적인 감정·생각·태도를 상담자가 다른 참신한 말(새로운 용어)로 부언해 주는 것 ⇨ 부드러운 해석, 공감적 이해
재진술	내담자가 말한 내용 중 일부를 반복하는 것
자기노출	내담자의 관심과 관련이 있는 상담자의 사적 경험, 생각, 느낌, 판단, 가치, 정보, 생활철학 등을 솔직하게 노출함. ⇨ 자기개방
즉시성	상담 시간 중에 무엇이 일어나고 있는지를 다루는 기법으로, 현재 내담자와 대화를 하며 상담자가 내적으로 경험하는 것을 활용하여 피드백을 주는 것 ⇨ 관계의 즉시성, 지금 – 여기의 즉시성
명료화	막연한 것(분명하지 않은 사고, 정서, 행동 등)을 분명히 정리하는 것
직면	내담자가 미처 깨닫지 못하거나 인정하기를 거부하는 생각과 느낌(언어적 모순, 언어와 비언어적 행동의 모순, 방어기제나 연막치기의 모순)에 대하여 주목하도록 하는 방법
해석	내담자가 과거의 생각과는 다른 새로운 참조체제(frame of reference)를 바탕으로 자신의 문제를 바라볼 수 있도록 돕는 것 ⇨ 재구조화

03 상담 면접기법과 상담자 반응의 연결이 옳은 것은?　　　14. 국가직 7급

① 수용 – "네. 정말 그런 마음이 드실 수 있겠네요."
② 해석 – "무척 속이 상하다고 하시면서 웃으시네요."
③ 직면 – "오늘 우리가 나눈 이야기를 좀 정리해 볼까요?"
④ 요약 – "지금 답답한 느낌이라고 하셨는데 좀 더 말씀해 주시겠어요?"

해설 수용(acceptance)은 내담자의 말에 대한 상담자의 긍정적이고 수용적인 말로 간단한 형식으로 응답하는 기법을 말한다. ②는 직면(confronting), ③은 요약(summarization), ④는 명료화(clarification)에 해당한다.

04 상담면접 방법 중 '감정의 반영'에 대한 설명으로 옳은 것을 〈보기〉에서 모두 고른 것은?　10. 중등임용

┌ 보기 ┐
ㄱ 상담자는 내담자가 진술하거나 함축적으로 표현한 감정을 내담자에게 반영해 준다.
ㄴ 상담자는 내담자가 자신의 문제를 새로운 관점에서 볼 수 있도록 행동, 사고, 감정의 새로운 의미를 설명해 준다.
ㄷ 상담자는 내담자로 하여금 자신의 감정을 알아차리고 경험하게 함으로써 문제해결에 이르도록 돕는다.

① ㄱ　　　　② ㄴ　　　　③ ㄱ, ㄷ　　　　④ ㄴ, ㄷ　　　　⑤ ㄱ, ㄴ, ㄷ

정답　01. ②　02. ①　03. ①　04. ③

오현준 교육학

<u>해설</u> 반영(reflection of feeling)은 내담자의 말과 행동에서 표현된 기본적인 감정·생각·태도를 상담자가 다른 참신한 말(새로운 용어)로 부언(附言)해 주는 것으로, 내담자의 자기 이해를 돕고 내담자로 하여금 자기가 이해받고 있다는 인식을 제공한다. ⓒ은 해석에 대한 설명이다. 해석(interpretation)은 내담자로 하여금 자신의 문제를 새로운 각도에서 이해하도록 그의 생활경험과 행동의 의미를 설명하는 것으로, 내담자가 과거의 생각과는 다른 새로운 참조체제(frame of reference)를 바탕으로 자신의 문제를 바라볼 수 있도록 돕는 것을 말한다. 상담의 후기 단계에서 주로 사용되며, 내담자의 여러 언행 간의 관계 및 의미에 대해 가설을 제시하는 것이다.

TIP 반영과 해석의 차이 비교

반영(reflection)	해석(interpretation)
부드러운 해석 또는 온화한 해석	강한 해석
상담의 초기에 사용	상담의 후기에 사용
표현되지 않은 내담자의 감정·태도에 대해 말하기	새로운 참조체계(frame of reference) 또는 시각 제공하기
대상은 내담자의 감정·태도 등	대상은 내담자의 방어기제·문제에 대한 생각·행동양식
내담자의 자기이해를 돕고 대화를 촉진하는 역할	문제를 해결하는 역할
인간 중심 상담이론의 기법	정신분석적 상담이론의 기법
공통점 : 말하지 않은 것을 추론해서 말하기	

05 상담교사가 '재진술'을 사용하여 학생과 상담하려고 한다. 다음 빈칸에 들어갈 알맞은 반응은?

08. 중등임용

> 학생 : 친구들이 저만 따돌리고, 선생님들께서도 저에게 관심이 없어요.
> 교사 : _____

① 친구들이 너만 따돌리고 선생님들께서도 관심이 없단 말이구나.

② 선생님도 예전에 친구들한테 따돌림을 당했을 때 몹시 힘들었단다.

③ 친구들이 너만 따돌린다는 말이 무슨 말인지 좀 더 이야기해 줄 수 있니?

④ 친구들이 따돌리지 않고 선생님들도 너에게 관심을 가져주었으면 했는데, 그렇지 않아서 많이 힘들었겠다.

<u>해설</u> 재진술(restatement)은 '되돌려주기'라고도 하며, 반영이 내담자의 감정을 되돌려주는 기술이라면 재진술은 내담자의 언어를 상담자가 자기 언어로 되풀이하여 말하는 것을 말한다. 내담자가 말한 내용 중 일부를 반복함으로써 상담의 방향을 초점화(focusing)하는 기술이다. ②는 상담자의 경험을 드러내는 자기노출(자기개방), ③은 막연한 것을 분명하게 말해 달라는 명료화, ④는 공감적 이해(반영)에 해당한다.

06 다음은 상담기법 중 무엇에 관한 내용인가?

07. 국가직 7급

> • 학생 : 저는 이 세상에서 우리 아빠를 누구보다 사랑하고 존경해요(온몸이 경직되면서 두 주먹을 불끈 쥔다).
> • 교사 : 너는 아빠를 사랑한다고 말하면서도 그 순간 온몸이 긴장하는구나.

① 직면(confrontation) ② 명료화(clarification)

③ 반영(reflection) ④ 해석(interpretation)

<u>해설</u> 직면(confrontation)은 내담자가 미처 깨닫지 못하거나 인정하기를 거부하는 생각과 느낌에 대하여 주목하도록 하는 방법이다. 즉, 내담자가 가지고 있는 불일치와 모순, 생략 등을 상담자가 내담자에게 말해 주는 것이다.

07 다음과 같은 상담자의 반응에 해당되는 상담기법은?

□□□   10. 국가직 7급

> 인혜씨, 기분이 좋다고 말했지만, 주먹을 꽉 쥐고 있어요. 얼굴 표정도 화가 난 것 같고요. 이런 차이가 왜 나타나는 걸까요?

① 공감적 이해하기   ② 요약하기   ③ 직면하기   ④ 자기개방하기

해설 내담자가 행한 말과 행동 및 얼굴표정의 차이, 즉 언행의 모순을 드러내는 기법은 직면(confronting)에 해당한다. ②는 내담자의 생각과 감정을 하나로 묶어 정리하는 것으로, 단순히 앞에 언급된 내용들을 간략히 정리하는 수준이 아니라, 여러 상황과 장면들 속에 흩어져 표현된 이야기 주제들을 찾아내어 묶고 이를 내담자에게 돌려주는 기술이다.

08 상담장면에서 상담자와 내담자 사이에 이루어지는 조력기술에 대한 설명으로 옳지 않은 것은?

□□□   06. 대구

① 직면 – 내담자의 행동과 말 사이의 불일치를 지적해 준다.
② 성실성 – 내담자의 심층 느낌을 알아내어 그 내용에 더 깊은 의미로 반응한다.
③ 구체성 – 상세하고 구체적인 용어로 반응하며 내담자가 자세히 설명하도록 요구한다.
④ 관계의 즉시성 – 상담자와 내담자는 그 순간 있는 그대로의 인간관계를 숨김없이 반응한다.
⑤ 자기노출 – 상담자 자신의 생각, 경험, 느낌이 내담자의 관심과 관련이 있으면 기꺼이 제공한다.

해설 ②는 반영(reflection)-공감적 반영-에 해당한다. 성실성(congruence)은 '진실성, 명료성, 순수성, 일치'라고도 하는데, 상담자가 내담자와의 관계에서 상담자의 역할을 하기보다는 한 인간으로서 내담자를 만난다는 의미가 포함되어 있다. 상담자가 내담자에게 개방적이고 정직하고 신뢰로운 사람일 때 상담이 효과적일 수 있다는 것이다.

09 다음 대화에서 상담교사가 사용하고 있는 상담 면접기술로 가장 적절한 것은?   07. 유·초등임용

□□□

> • 아동 : 애들이 저를 놀리고 때려요. 어쩌죠? 선생님이라면 어떻게 하시겠어요? 선생님이 시키시는 대로 할게요.
> • 상담교사 : 글쎄. 그런데 지금까지 네가 하는 이야기를 들어 보면 너한테 어떤 문제들이 있는지만 계속 이야기하고 있어. 방금 전에 말한 문제뿐 아니라 이전에 말했던 문제들도 내가 어떻게 생각하는지 물어보고, 또 내가 시키는 대로 하겠다고 계속 이런 식으로 말하고 있거든. 선생님은 자세한 내용을 모르니까 당황스럽고, 또 마치 너한테 해결책을 줘야 할 것 같은 기분이 들어서 부담스럽기도 하구나.

① 즉시적 반응(immediacy)   ② 정보 제공(information giving)
③ 직접적 지도(direct guidance)   ④ 내담자의 감정 반영(reflection of feelings)

해설 즉시적 반응(immediacy)이란 대인관계와 관련하여 '과거 – 거기'서 벌어졌던 일보다는 '지금 – 여기'서 벌어지는 일들에 직면하여 그것을 다루도록 하는 초점화 기술로, 현재 내담자와 대화를 하며 상담자가 내적으로 경험하는 것을 현재 이루어지고 있는 상호작용에 바로 활용하는 것을 의미한다. 즉, 현재 내담자와 상담자가 맺는 관계에서 부적응적 특성이 반복되어 나타날 때 그 점에 초점을 맞추어 개입하는 것을 의미한다. 일반적으로 일상생활에서 의존적인 사람이 상담실에서도 상담자에게 지나치게 의존하는 경우 내담자가 상담자와 맺는 관계에 대해 언급하면서 내담자의 의존성을 지적하고 직면하게 하는 등의 기법이다.

정답   05. ①   06. ①   07. ③   08. ②   09. ①

Chapter
09

10 다음 (가), (나), (다)의 박 교사 반응과 가장 부합하는 상담기법을 각각 바르게 짝지은 것은?

12. 유·초등임용

> (가) (가영이가 같은 반 친구와 다툰 일에 대해 괜찮다고 말하면서 울먹이며 눈시울이 약간 젖어 있다.)
> - 박 교사: 가영아, 너는 괜찮다고 말하지만 목소리가 떨리고 눈물이 글썽이네.
> (나) (자신이 공부를 못해서 친구들에게 무시당한다고 생각하는 철수는 학교에서 친구들에게 습관적으로 욕을 하고 자주 싸운다. 그러나 박 교사는 이런 철수가 자신에게 관심을 보이는 음악 선생님께는 깍듯이 인사도 하고, 음악시간에 좋은 수업태도를 보인다는 것을 알고 있다. 박 교사는 철수와 상담을 하고 있다.)
> - 철 수: 애들이 나보고 공부 못한다고 할 때마다 화가 나서 참을 수가 없어요.
> - 박 교사: 철수가 제일 화가 날 때는 친구들이 너를 무시한다는 느낌이 들 때구나. 무시당하는 느낌이 들면 화가 나고 그래서 욕을 하고 싸우게 되니 말이야. 그런 걸 보면 다른 사람들이 철수를 함부로 대하지 않고 존중해 주고 인정해 주는 것이 너에게는 정말 중요한가 보다.
> (다) 기 욱: 선생님, 저는 영희가 좋아요. 그런데 영희가 어떤 때는 저에게 웃으며 대해 주다가 어떤 때는 차갑게 대해요. 영희가 저를 좋아하는지 싫어하는지 헷갈려요.
> - 박 교사: 영희가 너를 대하는 태도가 때에 따라 달라지니까 너를 좋아하는지 아닌지 잘 모르겠다는 거구나.

	(가)	(나)	(다)		(가)	(나)	(다)
①	공감	해석	재진술	②	직면	재진술	해석
③	즉시성	재진술	자기개방	④	직면	해석	재진술
⑤	즉시성	직면	공감				

해설 (가)는 내담자의 언어와 비언어적 행동의 모순을 지적하는 기법이며, (나)는 내담자로 하여금 자신의 문제를 새로운 각도에서 이해하도록 돕는 기법이고, (다)는 내담자의 말을 그대로 되풀이하는 기법을 말한다. 관계의 즉시성은 상담자와 내담자가 그 순간 있는 그대로의 인간관계를 숨김없이 반응하는 것을 말한다.

11 상담기법에 대한 설명으로 옳지 않은 것은?

22. 국가직 7급

① 경청 - 상담자가 자신의 선입견, 편견, 고정관념에서 벗어나 내담자의 생각, 감정, 입장까지 생각하면서 듣는 것이다.

② 질문 - 내담자의 사고·느낌·행동방식을 구체적으로 확인하는 것으로, 내담자가 새로운 시각에서 생각해 볼 수 있는 자극이 된다.

③ 반영 - 내담자의 왜곡된 사고와 신념을 논박하여 내담자가 이를 깨닫게 하는 것이다.

④ 공감 - 내담자의 내면에 있는 감정을 상담자가 자신의 감정인 것처럼 느끼면서 내담자와 소통하는 것이다.

해설 반영(reflection of feeling)은 내담자의 말과 행동에서 표현된 기본적인 감정·생각·태도를 상담자가 다른 참신한 말(새로운 용어)로 부언(附言)해 주는 것으로, 내담자의 자기 이해를 돕고 내담자로 하여금 자기가 이해받고 있다는 인식을 제공한다. ③은 앨리스(Ellis)의 합리적·정의적 상담이론의 논박(dispute)에 해당하는 기법이다.

12 (가) ~ (다)와 개인상담 기법을 바르게 연결한 것은?

24. 지방직

> (가) 내담자가 하는 말의 이면에 담겨 있는 의미와 내면의 감정에까지 귀 기울이는 것을 의미한다.
> (나) 내담자의 감정상태를 공감하여, 그 공감내용을 내담자에게 다시 되비쳐 주는 기법이다.
> (다) 정보수집을 위한 기능 외에도 내담자가 자신의 내면을 탐색하도록 자극하거나 유도하는 기능을 한다.

	(가)	(나)	(다)
①	감정 반영	재진술	직면
②	경청	감정 반영	질문
③	주의집중	감정 반영	구조화
④	주의집중	재진술	질문

해설 경청(적극적 경청, Active Listening)은 내담자의 말을 주의 깊게 듣고, 그 의미와 표현된 감정까지 이해하려고 노력하는 것을 말한다. 언어적, 비언어적 경청, 적극적 경청, 공감적 경청이 있다. 내담자가 자신의 생각과 감정을 자유롭게 표현하도록 유도하며, 상담자와의 신뢰 관계를 구축하는 데 기반이 된다. 감정 반영(Reflecting Feelings)은 상담자가 내담자의 말과 행동에서 감추어진 감정을 파악하고, 이를 내담자에게 되돌려줌으로써 공감을 표현하는 것을 말한다. 내담자가 자신의 감정을 인식하고 이해하는 데 도움을 주며, 내담자의 대화를 촉진한다. 질문(Questioning)은 상담자가 내담자로부터 정보를 얻거나 내담자의 생각, 감정, 행동을 명확히 이해하고, 내담자가 스스로 인식하지 못한 문제를 발견하도록 돕는 기법이다. 내담자가 자유롭게 생각과 감정을 표현할 수 있도록 유도하는 개방형 질문(예 "지금 느끼는 감정을 설명해 주시겠어요?", "요즘 어떤 일이 있었나요?")과 예/아니오 답변, 특정 주제에 초점을 맞추거나 구체적인 정보를 얻기 위해 사용하는 폐쇄형 질문(예 "그 일을 했을 때 몇 시였나요?", "최근 우울감을 느끼셨나요?")이 있다.

13 다음 설명에 해당하는 집단상담의 기법은?

23. 국가직 7급

> • 어떤 문제의 밑바닥에 깔린 혼란스러운 감정과 갈등을 가려내게 해 준다.
> • 질문, 재진술 등의 방법을 활용한다.
> • 집단 구성원이 미처 생각하지 못했던 측면을 다시 생각하도록 해 주는 자극제의 역할을 한다.

① 해석　　　　　　　　② 명료화
③ 피드백 교환　　　　　④ 공감적 반응

해설 명료화(clarification)란 어떤 문제의 밑바닥에 깔려 있는 혼동되고 갈등적인 느낌을 분명히 해 주는 기술로, 집단원(내담자)의 말 중에서 모호하거나 막연한 것(분명하지 않은 사고, 정서, 행동 등)을 분명히 정의하는 것을 말한다. ①은 내담자가 과거의 생각과는 다른 새로운 참조체제(frame of reference)를 바탕으로 자신의 문제를 바라볼 수 있도록 돕거나 내담자의 생활경험과 행동의 의미를 설명하는 것을 말하며, ③은 내담자의 행동, 사고, 감정과 관련하여 개인의 생각과 감정을 언어적 표현으로 되돌려 주는 것으로, 지금-현재에 초점을 두어 긍정적으로 피드백하는 것이 유용하다. 긍정적 피드백이란 내담자의 강점을 드러내어 언어·비언어적 행동으로 되돌려 주는 것을 말한다. ④는 현재 이야기하고 있는 내담자의 마음을 감지하여 이를 그대로 공유하고 의사소통하는 기술을 말한다.

정답 10. ④　11. ③　12. ②　13. ②

제3절 상담이론 I : 상담이론의 개요

---

01 상담 접근과 그 주요 기법을 잘못 짝지은 것은?   07. 유·초등임용

① 인지치료 − 왜곡된 사고를 찾아내어 보다 현실적인 사고로 대체시킨다.
② 정신분석 − 꿈의 내용을 분석하여 무의식 속에 억압된 욕구를 파악한다.
③ 현실치료 − 현재의 행동이 소망하는 것을 달성시키고 있는지 파악하게 한다.
④ 교류분석 − 불안을 느끼는 상황을 상상하게 하면서 동시에 이완훈련을 시킨다.

[해설] ④는 웰페(Wölpe)의 상호제지이론에 토대를 둔 체계적 둔감법에 대한 설명이다. 에릭 번(E. Berne)의 상호교류분석은 내담자가 실제로 타인과 맺고 있는 상호 교류작용 상태를 이해하여 의사소통이나 인간관계상의 문제점을 분석·확인하는 데 초점을 두는 상담이론이다.

02 상담이론과 그 이론이 추구하는 상담목표를 알맞게 연결한 것은?   13. 지방직

① 인간 중심 상담 − 무의식적인 갈등과 감정 해결
② 행동주의 상담 − 자율성과 책임의식 신장
③ 현실치료 − 역기능적인 인지도식 수정
④ 합리적·정서적 행동 상담 − 비합리적인 사고 변화

[해설] 엘리스(Ellis)의 합리적·정의적 상담이론(Rational·Emotive Therapy, RET 이론)은 인간의 정서적·행동적 장애는 비합리적·비현실적·자기파괴적 신념에서 비롯되며, 이러한 잘못된 인지과정을 합리적·현실적·자기긍정적으로 변화시켜 융통성 있고 생산적인 삶을 살아가도록 돕는 상담이론이다.
①은 정신분석 상담이론, ②는 현실치료, ③은 인지치료에 해당한다.

TIP 상담이론: 문제 중심적 접근(1.∼4.) vs 해결 중심적 접근(5.)

구분	대표적 이론
1. 인지적 영역	• 지시적 상담이론(Williamson & Darley, Parsons, 특성·요인이론): 진로 및 비행문제에 적용, 상담자 책임, 진단 중시, 비민주적 상담, 상담의 과학화에 기여 • 합리적·정의적 상담이론(Ellis, RET 또는 REBT 이론): 비현실적·비합리적 신념을 현실적·합리적 신념으로 전환(ABCDE 기법), 종합적 접근 • 개인구념이론(Kelly): 과학자로서의 인간관, 배타적 또는 범주적 구념 ⇨ 대안적 구념, CPC 절차, 역할실행 & 고정역할치료 • 인지치료(Beck): 역기능적 인지도식, 부정적 자동적 사고(인지 3제, 예 나, 세상, 미래), 인지적 오류(예 흑백논리, 과잉일반화, 선택적 추상화, 임의적 추론) ⇨ 우울증 치료

2. 정의적 영역	• 정신분석적 상담이론(Freud) : 무의식의 의식화 ⇨ 꿈의 분석, 자유연상, 실수·실언·유머·저항의 분석, 전이(치료의 핵심), 훈습 • 개인심리 상담이론(Adler) : 열등감, 우월성의 추구(권력에의 의지), 생활양식, 사회적 관심론, 창조적 자아, 출생순위, 허구적 최종 목적론 • 비지시적 상담이론(Rogers, 인간 중심 상담) : 자아이론, 내담자(고객·학생) 책임, 실현경향성, 상담 환경(무조건적이고 긍정적인 존경, 공감적 이해, 순수성) ⇨ 만발기능인 추구 • 상호 교류 분석이론(Berne) : PAC 자아, 자율성 성취 ⇨ 계약, 자아 구조(egogram) 분석, 상호·교류 분석(상보교류, 교차교류, 이면교류), 게임 분석, 생활 각본 분석, 재결단 • 실존주의 상담이론(Frankl & May) : 불안(실존적 신경증)과 의미, 태도 중시(현상학적 접근), 의미요법, 현존분석 ⇨ 역설적 의도(지향), 반성 제거법, 소크라테스 대화기법 • 형태주의 상담이론(Perls) : 자이가닉 효과, 지금·현재 전체로 지각 ⇨ 알아차림, 빈의자 기법, 꿈작업, 환상게임 • 현실치료기법(Glasser, 선택이론, 통제이론, 전행동이론) : 결정론(정신분석 및 행동주의) 비판, 현재 욕구(생존, 소속, 힘, 즐거움, 자유의 욕구), 책임적 자아, 효율적 자기통제, WDEP(욕구 − 행동 − 평가 − 계획)
3. 행동적 영역	• 행동 수정 이론(Krumboltz) : 스키너 이론+반두라 이론, 외적 행동 변화 ⇨ 강화, 벌, 모델링 • 상호 제지 이론(Wölpe) : 파블로프 이론, 내적 행동(공포, 불안) 변화
4. 기타	절충적 상담이론(Jones) : 원인 분석(비지시적 상담)+문제해결(지시적 상담)
5. 해결 중심 접근	• 단기상담(de Shazer) : 문제해결 중심 접근, 25회 이내 종결 • 단회상담 : 1회 또는 1회기에 종결되는 상담

 제 4 절 **상담이론Ⅱ : 인지적 상담이론**

1 합리적·정의적 상담이론

01 **다음 설명에 해당하는 상담이론으로 가장 적절한 것은?**   13. 국가직

□□□

> 내담자의 사고 과정을 수정 또는 변화시켜 정서적 장애와 행동적 장애를 극복하게 하는 데 상담의 중점을 둔다. 정서적 장애는 주로 비적응적인 사고 과정의 결과로서, 이 잘못된 사고 과정을 재구성하는 것이 상담의 주요 과제라고 본다.

① 인지적 상담   ② 행동 수정 상담
③ 인간 중심 상담   ④ 의사결정적 상담

해설 인지적 영역의 상담이론은 인간의 인지나 사고가 심리적 장애의 주요 근원의 하나라는 개념에서 출발한다. 내담자의 인지 혹은 사고가 인간의 정서 및 행동을 중재하거나 선도한다고 전제하고 부적응의 원인을 내담자의 인지(cognition)에서 찾아 인지활동을 변화시키는 것을 상담으로 본다. 벡(A. Beck)의 인지치료, 엘리스(Ellis)의 합리적·정의적 상담이론(REBT) 등이 있다.

정답 01. ④   02. ④ / 01. ①

02 다음 설명에 해당하는 상담은?

22. 지방직

□□□

> • 엘리스(Ellis)가 창시자이다.
> • 상담과정은 A(Activating events, 선행사건)→B(Beliefs, 신념)→C(Consequences, 결과)
>   →D(Disputing, 논박)→E(Effects, 효과) 과정으로 진행된다.
> • 자신, 타인, 세상에 대한 비현실적인 기대와 요구를 합리적으로 변화시키는 데 초점을 둔다.

① 합리적 · 정서적 행동 상담   ② 게슈탈트 상담
③ 개인심리학적 상담   ④ 정신분석적 상담

해설 엘리스(A. Ellis)의 합리적 · 정의적 상담이론(RET) 또는 인지 · 정서 · 행동치료(REBT)에서는 인간의 사고(思考)와 정서(情緖)는 밀접하게 연결되어 있으며, 사고가 정서와 행동에 영향을 미친다고 전제한다. 당위적 · 경직된 사고, 지나친 과장, 자기 및 타인 비하 등과 같은 비합리적 신념은 자기 파괴적이고 패배적인 정서와 행동을 유발하는 원인이라고 보고 논박(dispute)을 통해 비합리적신념을 합리적 신념으로 변화시켜 줌으로써 부적응을 제거할 수 있다고 주장한다.

03 다음 설명에 해당하는 상담이론은?

18. 국가직 7급

□□□

> • 엘리스(A. Ellis)는 사람들이 정서적 문제를 겪는 이유를 비합리적 사고방법으로 사건을 해
>   석하기 때문이라고 설명한다.
> • 상담의 강조점은 감정 표현보다는 사고와 행동에 있다.

① 인지행동 상담   ② 정신분석 상담
③ 행동주의 상담   ④ 내담자중심 상담

해설 엘리스(Ellis)의 합리적 · 정의적 상담이론(Rational · Emotive Therapy, RET 이론)은 인간의 정서적 · 행동적 장애는 비합리적 · 비현실적 · 자기파괴적 신념에서 비롯되며, 이러한 잘못된 인지과정을 합리적 · 현실적 · 자기긍정적으로 변화시켜 융통성 있고 생산적인 삶을 살아가도록 돕는 상담이론이다. 엘리스는 "사람의 행동은 그의 생각으로부터 나온다."는 기본 명제에서 출발하여, 인지가 정서와 행동을 결정한다고 가정하고 헐(Hull)의 S−O−R 이론에 토대를 두어 상담을 전개한다.

TIP ABCDE 모형도

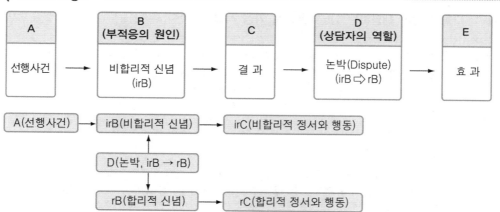

TIP ABCDE 기법

A(Activating event, 선행사태)	인간의 정서를 유발하는 어떤 사건이나 현상 ⇨ 문제의 원인 ✕ **예** 시험 낙방, 실연, 직장 상사로부터의 질책
B(Belief, 신념)	A 때문에 나타나는 신념 ⇨ 부적응의 원인(인지) • 환경적인 자극이나 선행사건에 대해 개인이 지니는 신념 • 합리적인 신념(rB)일 경우에는 문제가 되지 않으나, 비합리적인 신념(irB)일 경우에 문제를 유발하게 된다.
C(Consequence, 결과)	B 때문에 나타나는 행동결과(부정적 정서나 행동) • 선행사건과 관련된 신념으로 인해 생기는 결과 • 비합리적인 신념의 결과는 죄책감, 불안, 분노, 자기연민, 자살충동 등으로 나타난다.
D(Dispute, 논박)	비합리적 신념(사고)에 대해 도전하고 다시 생각하도록 재교육하기 위해 사용하는 논박(論駁) ⇨ 상담자의 역할(인지의 변화) • **논리성(logicality)에 근거한 논박** : 내담자 자신이 지닌 생각의 비논리성에 대해 질문하고 지적하는 것으로 '절대적 요구(must, should)'가 포함된 사고(**예** 반드시 그렇게 되어야 한다.)에서 '절대적인 것이 아닌 소망' 수준의 사고(**예** 그렇게 되면 좋겠다.)로 변화시키는 것을 말한다. **예** "인생이 당신이 원하는 대로 되어야 한다는 근거가 어디에 있습니까?", "당신이 가지고 있는 신념의 증거가 어디에 있습니까?" • **현실성(reality)에 근거한 논박** : 내담자가 자신의 생각이 현실적으로 일어날 수 없는 것임을 알게 하는 것으로 내담자가 지닌 절대적인 소망이 현실에서는 대부분 이루어지지 않는다는 점을 내담자가 깨닫도록 하는 데 목적이 있다. **예** "당신이 원하는 방식대로 인생이 풀린다는 것이 현실적으로 가능한 일입니까?" • **실용성(utility)에 근거한 논박** : 내담자가 그렇게 비합리적인 생각을 하는 것이 실제로 자신에게 어떤 도움이 되는지를 돌아보게 함으로써 내담자의 사고를 변화시키는 방법이다. **예** "당신이 그런 생각을 계속하는 게 실제 당신에게 도움이 됩니까?"
E(Effect, 효과)	논박의 결과로 나타나는 상담의 효과 **예** 인지적 효과(이성적인 신념체계 형성), 정서적 효과(바람직한 정서 획득), 행동적 효과(바람직한 행동 습득)

04 인지상담이론 중 합리적 정서 치료 이론에 대한 설명으로 옳은 것은?

23. 국가직 7급

① 불안은 잘못된 학습의 결과이므로, 재학습을 통해 교정하면 사라진다.

② 심리적 문제는 어린 시절 경험을 억압하기 때문에 나타나게 된다.

③ 이상적 자아와 현실적 자아 간의 간극으로 인해 심리 문제가 발생한다.

④ 부정적 정서나 행동은 비합리적 신념에 의해 발생한다.

해설 엘리스(Ellis)의 합리적·정의적 상담이론(Rational·Emotive Therapy, RET이론)은 인간의 사고(思考)와 정서(情緒)는 밀접하게 연결되어 있으며, 사고가 정서와 행동에 영향을 미친다고 전제한다. 당위적·경직된 사고, 지나친 과장, 자기 및 타인 비하 등과 같은 비합리적 신념은 자기 파괴적이고 패배적인 정서와 행동을 유발하는 원인이라고 보고 논박(dispute)을 통해 비합리적 신념을 합리적 신념으로 변화시켜 줌으로써 부적응을 제거할 수 있다고 주장한다. 상담과정은 ABCDE 모형으로 설명될 수 있다. ①은 월페(Wölpe)의 상호제지이론, ②는 프로이트(Freud)의 정신분석 상담이론, ③은 로저스(Rogers)의 비지시적 상담이론에 해당한다.

정답 02. ① 03. ① 04. ④

Chapter
09

05 엘리스(A. Ellis)의 합리적·정서적 상담에 대한 설명으로 옳은 것은? 16. 지방직

① 내담자의 이상적 자아와 현실적 자아의 일치를 정신건강의 지표로 간주한다.

② 주요 상담기법으로 자유연상, 꿈의 분석, 전이의 분석, 저항의 해석이 있다.

③ 상담자는 내담자로 하여금 자신의 문제가 왜곡된 지각과 신념에 기인한 것임을 깨닫도록 논박한다.

④ 내담자는 부모, 어른, 아이의 세 가지 자아를 필요에 따라 적절하게 사용할 수 있는 능력을 갖추는 것이 중요하다.

해설 합리적·정의적 상담이론(RET)에서는 인간의 사고와 정서는 밀접하게 연결되어 있으며, 사고가 정서와 행동에 영향을 미친다고 전제한다. 그러기에 당위적·경직된 사고, 지나친 과장, 자기 및 타인 비하 등과 같은 비합리적 신념은 자기파괴적이고 패배적인 정서와 행동을 유발하는 원인이라고 본다. ①은 로저스(C. Rogers)의 비지시적 상담, ②는 프로이트(S. Freud)의 정신분석 상담, ④는 번(E. Berne)의 상호교류분석 상담에 해당한다.

TIP 비합리적 신념의 예

1. 모든 사람에게 항상 인정받고 사랑받아야 한다.
2. 매사에 유능하고 완벽해야 한다.
3. 어떤 사람은 나쁘고 사악하고 악랄하여 마땅히 비난과 처벌을 받아야 한다.
4. 세상일이 내가 원하는 대로 되지 않을 때 절망한다.
5. 인간의 불행은 외적 조건에 의해 생기며, 인간은 불행을 극복할 능력이 없다.
6. 내가 두려워하는 일이 실제로 일어날 가능성이 있음을 늘 걱정해야 한다.
7. 삶의 어려움이나 책임은 직면하는 것보다 피하는 것이 좋다.
8. 인간은 타인에게 의지해야 하며, 의지할 만한 그 누군가가 필요하다.
9. 인간의 과거는 현재 행동을 결정하며, 그 영향은 삶 속에서 계속된다.
10. 인간은 타인의 문제와 혼란으로 인해 늘 괴로워하고 속상해 한다.

2 인지치료

06 상담교사는 다음에 제시된 아동의 반응을 '자동적 사고'로 해석하고, 과대 일반화·임의적 추론·낙인찍기의 개념을 사용하여 아동과 상담하였다. 상담교사가 취한 상담접근은? 06. 유·초등임용

> 애들이 모두 저를 따돌려요. 오늘은 교문에서 미성이가 저를 못 본 체하고 가버렸어요. 애들이 저를 왕따시키는 것 같아요.

① 교류 분석 ② 의미치료 ③ 인지치료 ④ 현실치료

해설 벡(Beck)의 인지치료는 우울증을 정보처리 과정에서의 편견과 왜곡으로 설명하려는 인지적 이론으로 인간의 행동을 정보처리모형과 현상학적 접근에 바탕을 두고 개념화한 것이다. 즉, 하나의 상황은 다양한 생각을 유발하고, 그 생각에 따라 다양한 감정이 생기는 것으로 간주하고, 우리가 경험한 상황에서 느낀 생각이 왜곡되었다면 그 왜곡을 고쳐서 감정을 좋게 하는 치료법이다. ①은 에릭 번(E. Berne), ②는 프랭클(V. Frankl), ④는 글래써(W. Glasser)에 해당한다.

TIP 인지치료의 특징

자동적 사고 (automatic thoughts)	어떤 사건에 당면하여 자동적으로 떠오르는 생각, 스트레스를 유발하는 환경적 자극과 심리적 문제 사이에 개입되어 있는 인지적 요소 예 인지삼제(cognitive triad) – 자신, 미래, 세상에 대한 부정적·자동적 사고		
역기능적 인지 도식	현실 적응에 도움이 되지 않는 내담자의 기본적인 생각의 틀과 그 내용 ➪ 부정적인 자동적 사고를 활성화시키고 인지적 오류를 발생시키는 원인		
인지적 오류 (cognitive errors)	어떤 경향이나 사건을 해석하고 받아들이는 과정에서 생기는 추론 또는 판단의 오류, 현실을 제대로 지각하지 못하거나 사실이나 그 의미를 왜곡하여 받아들이는 것		
	흑백논리	사건의 의미를 이분법적인 범주의 둘 중 하나로 해석하는 오류로, '절대적 사고' 또는 '이분법적 사고'라고도 부름. 예 이 세상에는 나를 좋아하는 사람과 싫어하는 사람 두 부류만 존재한다고 생각함.	
	과잉 일반화	한두 번의 경험으로 일반적인 결론을 도출함. 예 한번 실연을 겪고 늘 실연당할 것이라 생각함.	
	선택적 추상화	상황이나 사건의 주된 내용을 무시하고 특정 부분(부정적인 부분)에만 주의를 기울여 전체의 의미를 (부정적으로) 해석하려는 경향 예 자신의 주장에 대한 다수의 긍정적 반응보다 소수의 부정적 반응에 주목하여 부정적 결론을 내림.	
	의미 확대 및 의미 축소	의미의 지나친 과장이나 축소 해석하려는 경향 예 한번 낙제한 것을 인생의 끝이라고 생각함(의미 확대), 전체 수석한 것을 어쩌다 운이 좋아서 된 것이라고 생각함(의미 축소).	
	임의적 추론	충분한 근거 없이 성급한 결론을 도출함. 예 여자 친구가 연락이 없자 '내가 싫어진 것'이라 여김.	
	사적인 것으로 받아들이기	자신과 관련시킬 근거가 없는 외부 사건을 자신과 관련시키는 성향 ➪ 실제로는 다른 것 때문에 생긴 일에 대해 자신이 원인이라고 받아들임.	

제5절 상담이론Ⅲ : 정의적 상담이론

1 비지시적 상담이론

01 다음 내용과 가장 관련이 깊은 상담이론가는?   15. 지방직

- 비지시적 상담 혹은 내담자 중심 상담을 제안하였다.
- 인간의 잠재력과 성장 가능성을 신뢰하며, 상담자와 내담자 사이의 인간관계를 중시하였다.
- 상담자의 자세로 진실성(congruence), 무조건적인 긍정적 존중, 공감적 이해를 강조하였다.
- 충분히 기능하는 인간(fully functioning person)이 되는 것을 상담의 목표로 하였다.

① 올포트(G. Allport)   ② 로저스(C. Rogers)
③ 프랭클(V. Frankle)   ④ 매슬로우(A. Maslow)

정답 05. ③ 06. ③ / 01. ②

해설 지문은 실존적 현상학과 인본주의 심리학에 토대를 둔 인본주의 상담이론에 해당하는 것으로 로저스(Rogers)가 대표적 주창자이다. 인간 중심 상담이론(비지시적 상담이론, 고객 중심 상담이론, 자아 중심 상담이론)에서는 인간은 생득적으로 선(善)하며, 자아실현의 욕구와 의지인 실현경향성(actualizing tendency)을 지니고 있다고 가정하며, 적절한 환경(무조건적이고 긍정적인 존경, 공감적 이해, 진실성)이 제공된다면(if−then) 자기확충을 위한 적극적인 성장력을 지니고 있다고 본다. 그런 환경 속에서 인간은 내적인 자기실현 경향과 일치하는 방식으로 자기실현을 하려 하며, 궁극적으로 충분히 기능하는 인간(fully functioning person)에 이를 수 있다.
①은 특성(traits)이론, ③은 실존주의 상담이론, ④는 욕구위계이론 또는 인본주의 상담을 주장하였다. 매슬로우(Maslow)는 인간의 잠재성으로 전인적 욕구를 중시하였다.

02 다음의 특징을 가진 상담기법은?

19. 지방직

> • 비(非)지시적 상담이라는 별칭을 갖고 있다.
> • 상담자와 내담자 사이의 촉진적 관계를 강조한다.
> • 인간은 합목적적이고 건설적이며 선한 존재라고 가정한다.
> • 상담의 목표는 내담자가 자신의 모습대로 살아가게 하고 잠재력을 실현하도록 하는 데 있다.

① 인지적 상담기법　　　　　　　　② 행동주의 상담기법
③ 인간 중심 상담기법　　　　　　　④ 정신분석 상담기법

해설 비지시적 상담이론에서는 개인의 과거보다는 현재의 장면(here and now)을 중시하며, 인지적인 측면보다 정의적인 측면의 적응문제를 중시한다. 인간은 생득적으로 선(善)하며, 자신 속에 성장하는 힘을 내재하고 있기 때문에 자기 환경에 적응할 수 있다고 본다. 또한 치료 자체가 성장의 경험이고, 상담의 초점은 문제에 있는 것이 아니라 인간에게 있다고 가정한다.

TIP 인간 중심 상담이론의 상담기법

1. **진실성(genuineness)**: 진지성(sincerity), 일치성(congruence) ⇨ 상담자는 내담자와의 관계에서 경험하는 것을 충분히 그리고 정확하게 인식하여 솔직하게 표현해야 한다.
2. **무조건적인 긍정적 존경(unconditional positive regard)**: 상담자가 내담자를 평가・판단하지 않고 내담자가 나타내는 감정이나 행동특성들을 있는 그대로 수용하며 내담자를 소중히 여기고 존중하는 태도를 말한다.
3. **정확한 공감적 이해(empathetic understanding)**: 상담자가 내담자의 입장에서 마치 자신의 경험처럼 내담자의 경험과 감정을 정확히 이해하는 것을 말한다.

03 인간 중심 상담이론에 대한 설명으로 옳지 않은 것은?

13. 국가직 7급

① 초기의 명칭은 비지시적 상담이었으며, 대표적인 학자는 칼 로저스(C. Rogers)이다.
② 상담의 과정에서 내담자에게 위협적이지 않은 수용적인 환경을 제공한다.
③ 인간의 정서적 문제의 원인은 비현실적이고 비합리적인 신념 때문이라고 가정한다.
④ 내담자가 주도적으로 상담의 과정에 참여할 때 문제해결이 효과적이다.

해설 실존적 현상학과 인본주의 심리학에 토대를 둔 인간 중심 상담이론은 지시적 상담이 지닌 비민주성에 대한 비판의 의미에서 '비지시적 상담이론'으로 출발하여 '내담자(고객) 중심 상담, 자아이론 상담' 등으로 불린다. 인간 중심 상담'이라고도 불리어졌다. 인간은 스스로 성장할 수 있는 잠재능력이 있다는 가정에 기초하여, 내담자가 스스로 자신의 문제를 직접 해결하도록 돕는 상담이론으로, 로저스(Rogers)가 그 대표자이다. 내담자가 성장할 수 있는 진실성(genuineness), 무조건적인 긍정적 존경(unconditional positive regard), 정확한 공감적 이해(empathetic understanding) 등 상담환경의 조성을 중시한다.
③은 엘리스(Ellis)의 합리적・정의적 상담이론에 해당한다.

04 로저스(C. Rogers)의 인간 중심 상담이론에 대한 설명으로 적절하지 <u>않은</u> 것은?   17. 국가직

① 인간에게는 선천적으로 자아실현의 경향이 있다고 본다.
② 내면의 경험을 자각하고 수용할 수 있도록 하기 위해 지금−여기보다 과거에 더 주목한다.
③ 상담자가 갖추어야 할 중요한 태도로 진솔성, 무조건적 긍정적 존중, 공감적 이해를 제안하였다.
④ 외적으로 부여된 가치의 조건화가 주관적인 경험을 왜곡하고 부정할 때 문제가 발생한다고 본다.

해설 인간 중심 상담이론에서는 내면의 경험을 자각하고 수용할 수 있도록 하기 위해 과거보다는 지금−여기의 현상적 장에 더 주목한다.

05 로저스(Rogers)의 인간중심적 상담에서 상담자에게 필요한 태도로 옳지 <u>않은</u> 것은?   22. 지방직

① 체계적 둔감   ② 공감적 이해
③ 일치성   ④ 무조건적 긍정적 존중

해설 로저스(Rogers)의 인간중심 상담(비지시적 상담, 고객 중심 상담, 자아 중심 상담)에서는 상담자가 적절한 환경(무조건적이고 긍정적인 존중, 공감적 이해, 진실성)을 제공한다면(if−then) 내담자 스스로 자기확충을 위한 적극적 성장력을 지니고 있다고 본다. 체계적 둔감화(systematic desensitization)는 고전적 조건화를 활용한 상호제지이론의 상담기법에 해당한다.

06 다음의 특징을 지닌 상담이론과 가장 관련이 깊은 교육사조는?   11. 국가직 7급

> • 개인은 현실을 경험하고 지각하는 대로 반응한다.
> • 내담자가 감정을 자유롭게 표현하도록 북돋아 준다.
> • 진실성, 온정, 공감, 존경 등을 중시한다.

① 실존주의   ② 본질주의   ③ 항존주의   ④ 실용주의

해설 비지시적 상담이론은 실존적 현상학에 토대를 둔 상담이론이다. 인간에 대한 결정론적 관점에 반대하고 인간의 자유의지를 중시하며, 인간주의 심리학을 기반으로 하고 있으며, 대표적인 학자로는 매슬로우(Maslow), 로저스(Rogers) 등이 있다.

Chapter
09

정답   02. ③   03. ③   04. ②   05. ①   06. ①

07 로저스(C. Rogers)의 인간 중심 상담이론에 따른 상담자의 태도로서 공감(empathy), 수용 (unconditional positive regard), 진정성(genuineness)에 관한 설명으로 옳지 않은 것은?

13. 중등임용

① 진정성은 자신의 감정과 경험을 주관적으로 표현하는 것이다.

② 공감, 수용, 진정성을 내담자에게 얼마나 잘 지각하게 하느냐가 중요하다.

③ 공감은 객관적인 현실보다 내담자가 지각한 현실에 초점을 두는 것이다.

④ 공감, 수용, 진정성은 함께 행해지는 것보다 각각 행해질 때에 더 효과적이다.

⑤ 수용은 내담자의 '자기실현 경향성(self−actualization tendency)'을 인정하고 신뢰하는 것이다.

해설 상담자가 제공하는 상담환경으로서의 공감, 수용, 진정성은 함께 행해질 때에 내담자에게 더 효과적이다. 내담자는 상담자가 촉진하는 상담환경을 통해 자신의 '실현경향성(actualizing tendency)'을 극대화할 수 있는 충분히 기능하는 인간으로 성장할 수 있다.

---

2 정신분석 상담이론

08 다음 설명에 해당하는 상담이론은?

04. 국가직 응용, 85. 중등임용

> • 인간의 부적응 행동을 무의식과 심리적 역동의 관점에서 설명하고 자유연상, 해석, 전이 등의 기법을 사용해서 정서적 곤란과 부적응 행동을 치료하는 상담이론
> • 개인의 과거사를 바탕으로 현재의 사태를 해석하고 인간 행동의 실수나 실언 등을 연구하여 내담자의 문제행동의 치유를 도와주고자 하는 상담이론

① 행동주의 상담이론   ② 정신분석적 상담이론

③ 합리적 · 정의적 상담이론   ④ 인간 중심 상담이론

해설 프로이트(Freud)의 성격이론에 토대를 둔 정신분석적 상담이론에서는 인간의 부적응 행동의 원인을 유아기 때의 무의식적 동기와 욕구의 억압에 있다고 보고, 내담자가 지닌 무의식의 세계를 의식화하여 문제를 치료하는 상담방법이다. 자유연상, 꿈의 분석, 실수나 실언분석, 유머의 분석, 저항의 분석 등을 사용하여 무의식의 세계를 의식화하며 전이 (transference)가 치료의 핵심이다. 자아(ego) 기능을 강화하여 성격의 조화로운 발달을 도모하고자 하는 것으로, 성격이론(personality theory)과 면접법(interview)의 확립에 기여하였다.

TIP 정신분석학적 상담이론의 특징

1. 부적응행동의 원인은 무의식적 억압 때문이다.
2. 임상적(臨床的) 관찰로부터 부적응의 원인을 찾아낸다.
3. 부적응행동의 치료는 과거의 생활사에 기초하여 이루어진다.
4. 치료는 근원적인 동기, 즉 무의식적인 것을 통제함으로써 가능하다.
5. 자유연상, 꿈의 해석, 전이, 최면술 등이 중요한 치료의 수단이다.
6. 전이(轉移)현상이 치료의 핵심이다.
7. 내담자의 저항현상도 치료에 포함시킨다.

09 정신분석이론에 기초한 상담기법이 아닌 것은?　　　　　　　　　　　　15. 국가직

□□□

① 자유연상　　　　　　　　　　　　② 꿈의 분석
③ 전이의 분석　　　　　　　　　　　④ 무조건적인 긍정적 수용

해설 ①, ②, ③은 내담자의 무의식 속에 억압된 욕구를 의식화하는 기법으로, 이 중 전이가 치료의 핵심이다. ④는 로저스(Rogers)가 주장한 인간 중심 상담이론의 기법이다.

10 정신분석 상담의 주요 기법에 해당하지 않는 것은?　　　　　　　　　　23. 국가직

□□□

① 전이 분석　　　　　　　　　　　　② 저항의 분석
③ 자유연상법　　　　　　　　　　　④ 비합리적 신념 논박

해설 정신분석적 상담이론은 자유연상, 꿈의 분석, 실수·실언·유머 분석, 저항의 분석 및 전이의 분석 등을 사용하여 무의식의 세계를 의식화함으로써 문제를 치료하고자 한다. ④는 엘리스(A. Ellis)의 합리적·정의적 상담이론의 상담기법에 해당한다.

11 프로이트(S. Freud)의 정신분석학적 상담이론에 대한 설명으로 옳지 않은 것은?　　17. 지방직

□□□

① 내담자는 합리적으로 불안을 조절할 수 없을 때 자아방어기제에 의존한다.
② 상담자는 내담자의 불안을 초래한 행동자극을 분석하고 체계적 둔감법을 활용한다.
③ 상담자는 내담자의 저항과 전이 감정을 분석하여 무의식적 갈등을 해결하도록 돕는다.
④ 내담자의 행동은 무의식 속에 억압된 과거의 경험과 심리성적인 에너지에 의해서 결정된다.

해설 ②는 행동주의 상담이론 중 파블로프(Pavlov)의 고전적 조건화이론에 토대를 둔 상호제지이론에 해당한다. 체계적 둔감법(systematic desensitization)은 파블로프(Pavlov)의 고전적 조건화를 이용하여 웰페(Wölpe)가 개발한 것으로, 역조건 형성을 이용하여 공포를 일으키는 자극에 점진적으로 노출시켜 공포를 소거시키려는 방법을 말한다.

TIP 체계적 둔감법의 절차

1. **제1단계-불안위계 목록의 작성**: 불안을 일으키는 자극을 불안을 일으키는 정도에 따라 순서대로 배열한다.
2. **제2단계-이완훈련**: 이완훈련을 통해 이완의 느낌이 어떤지 경험하도록 한다. 즐거운 장면을 상상하면서 이완훈련을 한다.
3. **제3단계-상상하면서 이완하기**: 환자가 완전히 이완된 상태에서 불안위계에서 가장 약한 불안을 일으키는 항목에서부터 상상하여 차츰 상위수준의 자극과 이완을 결합시킨다.

Chapter
09

정답　　07. ④　　08. ②　　09. ④　　10. ④　　11. ②

3 개인 심리 상담이론

12 다음은 교칙을 위반한 학생의 문제행동의 원인에 대해 설명한 상담기록의 일부이다. 여기에 적용
☐☐☐ 된 상담 접근방법은? 04. 중등임용

> 상습적으로 다른 학생들에게 폭력을 휘두르는 영철이의 행동은 자신의 열등감을 극복하고 우월해
> 지고자 하는 동기가 표출된 결과이다. 이러한 행동은 자신을 알아주지 않는 주위 사람들에 대해 공
> 격성을 나타냄으로써 자신도 중요한 사람이 될 수 있을 것으로 여기는 문제행동으로 볼 수 있다.

① 행동주의적 접근   ② 인간 중심적 접근
③ 개인심리학적 접근   ④ 인지행동주의적 접근

해설 아들러(Adler)의 개인심리 상담이론은 인간의 행동은 열등감의 보상이며, 열등감의 보상은 모든 인간이 본질적으로 추구하려는 경향성이라는 기본 가정에서 출발한다. 그리고 그는 인간을 더 이상 의식, 무의식, 원초아, 자아, 초자아로 분류하거나 분리·분할할 수 없는 그 자체로서 완전한 전체로 볼 것을 강조하여, 사람의 개개 행동은 자신이 총체적으로 선택한 생활양식의 관점에서 보아야 함을 역설하였다. 상담의 목표는 어떤 징후의 제거가 아니라, 내담자 자신이 기본적인 과오를 인정하고 자신의 자아인식을 증진시키도록 하는 것이다. 즉, 내담자의 열등감과 생활양식의 발달과정을 이해하고, 그것이 현재 자신의 생활에 영향을 주고 있는가를 이해하도록 하여, 내담자가 생활목표와 생활양식을 변화·재구성하도록 도와주는 것이다.

TIP 개인심리 상담이론의 핵심개념

열등감 보상	모든 인간이 추구하는 본질적 경향성 ⇨ 완전 또는 완성을 향한 추진력
우월성의 추구	모든 인간이 문제에 직면했을 때 부족한 것은 보충하며, 낮은 것은 높이고, 미완성의 것은 완성하며, 무능한 것은 유능하게 만드는 경향성 ⇨ 권력의지 **cf** 프로이트 – 쾌락의지, 프랭클 – 의미의지
생활양식	삶에 대한 개인의 기본적 지향이나 성격 ⇨ '사회적 관심'과 '활동수준'을 근거로 지배형, 기생형, 도피형, 사회적 유용형으로 구분
사회적 관심	개인이 사회의 일부라는 인식과 더불어 사회적 세계를 다루는 개인의 태도 ⇨ 타인의 눈으로 보고, 귀로 듣고, 가슴으로 느끼는 것(≒ 일체감, 공감)
창조적 자아	인간은 누구나 자신의 생활양식이나 생활목표를 창조하며, 이는 사회적 관심이나 지각, 기억, 상상, 꿈 등에도 영향을 미친다.
출생순위	출생순위와 가족 내의 위치에 대한 해석은 어른이 되었을 때 세상과 상호작용하는 방식에 큰 영향을 미친다.
허구적 최종 목적론	인간의 모든 심리현상은 가공적 목적이나 이상이 현실보다 효과적으로 움직인다. ⇨ 가공적 목적론

13 상담에서 다음의 내용을 강조한 인물은? 07. 초등임용
☐☐☐

> • 열등감   • 생활양식
> • 사회적 관심   • 허구적 최종 목적론

① 버언(E. Berne)   ② 아들러(A. Adler)
③ 로저스(C. Rogers)   ④ 프로이트(S. Freud)

해설 개인심리학파에 근거한 개인심리 상담이론으로 '사회적 관심론'이라고도 한다. 인간의 행동은 본질적으로 열등감의 보상이며, 열등감을 극복하려는 비정상적인 방법으로 인해 부적응이 발생한다고 보는 이론이다. 대표자는 아들러(Adler)이다. ①은 상호교류 분석이론, ③은 비지시적 상담이론, ④는 정신분석 상담이론의 대표자이다.

4 상호교류 분석이론

14 교류분석(Transactional Analysis) 상담이론에 관한 진술로 옳지 않은 것은?　　12. 유·초등임용

① 각본분석은 내담자를 조력하기 위해 사용되는 방법 중의 하나다.

② 어른자아(Adult ego)는 현실을 검증하고 문제를 해결하는 합리적이고 객관적인 기능을 한다.

③ 자기긍정 - 타인긍정의 생활자세를 갖는 아동은 자신과 타인에 대한 긍정적인 삶의 태도를 갖는다.

④ 구조분석을 통해 내담자는 자신의 세 가지 자아상태가 어떻게 구성되어 있는지 알 수 있다.

⑤ 상보교류(complementary transaction)는 두 사람이 대화할 때 상대방이 기대하는 욕구가 무시되거나 잘못 이해되는 경우에 나타나는 교류 유형이다.

> **해설**　상호교류 분석이론에서는 모든 사람은 어버이(Parent ego : P), 어린이(Child ego : C), 어른(Adult ego : A) 등 세 가지 자아상태를 가지고 있고, 이 중 어느 하나가 상황에 따라 한 개인의 행동을 지배한다고 가정한다. 이 세 가지 자아 중, 한 자아가 선택적으로 인간관계의 상황이나 의사소통 과정에서 행동의 주된 동력으로 작용하게 되며, 어느 상태에서 어느 자아가 개인의 동력으로 작용하느냐에 따라 의사소통 및 인간관계의 양상이 변화하고, 동시에 문제가 발생할 수 있다. PAC의 활용이 어느 한 틀에 고정될 때 부적응이 발생한다고 본다. 상보교류는 상호신뢰가 높을 때 서로 기대하는 응답이 오가는 대화관계를 말한다. ⑤는 교차교류에 해당한다.

TIP 교류분석 상담이론의 과정

계약 (contract)	상담자의 어른 자아와 내담자의 어른 자아가 상담 관계를 맺는 것 ⇨ 상담목표(PAC의 자율적 조정능력 발휘)에 대한 합의 및 전반적인 상담의 구조화를 형성
자아구조 분석	내담자의 자아 상태[어버이 자아(P), 어린이 자아(C), 어른 자아(A)]의 내용이나 기능을 인식하는 방법 ⇨ 자아도(egogram) 조사 ⇨ 과거의 경험 때문에 어른 자아가 기능하지 못하는 원인을 분석
교류분석	내담자가 실제로 타인과 맺고 있는 상호교류작용 상태(의사소통 상태)를 이해 ⇨ 의사소통이나 인간관계상의 문제점을 분석·확인

	상보교류 (complementary transaction)	서로 기대한 응답이 오가는 대화관계, 상호신뢰가 높음. ⇨ 자극과 반응이 동일한 자아에서 이루어지는 의사 거래 **예** 아들 : 엄마, 날 사랑하죠? (C)↔엄마 : 그럼, 얼마나 사랑하는데. (P)
	교차교류 (crossed transaction)	상대방이 예상 외의 반응을 보임으로써 언쟁, 갈등, 침묵, 불쾌, 거부감을 유발하고 대화단절로 이어질 수 있는 교류 ⇨ 자극을 주는 자아와 반응을 보이는 자아가 다른 의사 거래 **예** 학생 : 선생님, 보고서 제출 시간을 연기해 주시면 안 되나요? (A ⇨ A) ↔ 선생님 : 안 된다. 정해진 기간 내에 제출해야 해. (P ⇨ C)
	이면교류(암시교류, ulterior transaction)	겉으로는 합리적 대화이나 이면에 다른 동기나 진의(숨겨진 동기)를 감추고 있는 교류, 계속되면 정신적으로 문제 발생 ⇨ 의사거래하는 현실적 자아와 실제로 작용하는 자아가 다른 경우 **예** 영희 : 순희야, 나 1등 했어. ↔ 순희 : 어머, 축하한다. (속으로는 아이고, 배 아파라.)

게임분석	이면교류가 정형화된 것 ⇨ 어렸을 때부터 습관화된 행동양식으로 의사교류에 관여하는 두 사람 모두 또는 적어도 한 사람에게 불쾌한 감정(라켓감정)을 유발하는 의사교류의 형태
생활각본 분석	게임(대인관계 패턴의 문제)의 반복, 어린 시절에 결정되며 인간은 거의 무의식 수준에서 이 각본에 따라 삶을 영위 ⇨ 각자의 생활각본(**예** 패자각본, 성공각본, 평범한 각본)을 발견하고 변화시켜 건강한 삶을 설계하는 것이 상호교류 분석의 궁극적 목적
재결단	내담자가 자신의 생활각본을 변화시키는 것 ⇨ 내담자는 재결단을 통해 새로운 생활각본을 형성하고 자율적인 인간으로 변화, 내담자의 자아상태가 강화되어 정상적인 자아를 회복하고 긍정적인 생활자세(자기긍정 - 타인긍정)를 형성

정답　12. ③　13. ②　14. ⑤

형태주의 상담이론

15 게슈탈트(Gestalt) 상담이론의 특징은?   08. 중등임용

① 자유와 책임, 삶의 의미, 죽음과 비존재, 진실성을 강조한다.

② 미해결사태를 해결하기 위해 전경과 배경의 자연스러운 교체를 강조한다.

③ 개인의 사회적 관심과 생활양식에 초점을 두고, 열등감의 극복을 강조한다.

④ 자아 상태를 부모 자아, 성인 자아, 어린이 자아로 나누고, 세 가지 자아 상태의 균형을 강조한다.

해설 형태주의 상담이론은 상담자가 내담자로 하여금 자신들이 현재 느끼고 경험하는 것(Gestalt)을 무엇이 방해하고 있는지를 알 수 있도록 해줌으로써 내담자가 여기-현재(here & now)의 삶을 진실하게 살아갈 수 있도록 도와주는 상담기법이다.
①은 실존주의 상담이론, ③은 개인심리 상담이론, ④는 상호교류 분석이론에 해당한다.

TIP 형태주의 상담이론의 상담기법

빈의자 기법	의자에 앉은 내담자는 옆의 빈 의자에 문제의 인물이나 자기 생활에서 중요한 인물이 앉아 있다고 가정하고 그에게 하고 싶은 얘기, 그에 대한 감정과 갈등(분노, 좌절 등), 해결해야 할 문제 등을 이야기하게 한다. 그리고 의자를 바꿔 앉아서 내담자 자신이 의자에 있는 가상인물의 입장이 되어 말을 해보게도 한다. 이렇게 양쪽 입장에서 말을 해보는 역할놀이를 통해 양자의 입장을 통합한 전체로서의 자신을 구성하게 된다.
꿈작업	표현되지 못한 감정, 충족되지 못한 욕구, 미완성된 상황이 꿈에 나타난다고 본다. 즉, 지금-여기에서 미해결 과제가 꿈에 나타난다는 것이다. 꿈속에 숨겨진 메시지를 찾아 생활상의 문제를 발견하고 내담자가 자신에 대한 자각을 발전시킬 수 있다.
환상게임	환상은 고통스럽고 지겨운 현실에서 일시적 해방을 맛보고 즐겁게 하며 환상을 통한 학습은 현실에의 적응을 돕는다. 또 환상을 통해 자신의 미완성된 것, 바라는 것이 드러남으로써 자신을 알게 해주며 창조와 관련되기도 한다.

16 다음 진술의 내용과 관련된 상담이론에서 주로 적용하는 상담기법은?   07. 중등임용

> 상담은 내담자가 알아차림(awareness)을 통해 '지금-여기'의 감정에 충실하거나 미해결 과제를 자각하고 표현하게 하여 비효율적인 감정의 고리에서 벗어나도록 돕는 것을 목표로 삼는다.

① 빈의자 기법   ② 자유연상

③ 합리적 논박   ④ 체계적 둔감법

해설 형태주의 상담이론은 내담자의 알아차림(현재각성)을 돕기 위해 빈의자 기법, 꿈작업, 환상게임 등을 사용한다. 빈의자 기법은 내담자와 내담자와 갈등관계에 있는 인물, 양쪽 입장에서 말을 해보는 역할놀이를 통해 양자의 입장을 통합한 전체로서의 자신을 구성하게 하는 기법이다. ②는 정신분석 상담이론, ③은 합리적·정의적 상담이론, ④는 상호제지이론의 상담기법이다.

17 다음 대화에서 최 교사가 활용하고 있는 상담기법과 가장 밀접한 상담이론에 대한 설명으로 옳은 것은?

11. 중등임용

> 민영   : 요즘 영주가 저를 멀리하는데, 저를 정말 싫어하는 것 같지 않으세요?
> 최 교사 : 나한테 질문하지 말고 네가 영주에 대해 어떻게 느끼는지 말해 보렴.
> 민영   : 예전에는 정말 친했는데 요즘은 영주를 보면 섭섭한 마음이 들어요.
> 최 교사 : 요즘 영주와 얘기를 잘 안 하는 이유가 뭐니? 여기 의자가 두 개 있는데 먼저 네가 앉고 싶은 곳에 앉고, 나머지 의자에는 영주가 앉아 있다고 상상해 보렴.
> 자, 지금부터 네가 영주에게 원하는 것이 무엇이고, 어떤 감정을 느끼고 있는지 영주에게 직접 얘기해 보겠니?
> 민영   : 무엇을 말해야 할지 모르겠어요.
> 최 교사 : 그럼 '내가 너에게 무엇부터 말해야 할지 잘 모르겠어.'라고 말해 보렴.
> 민영   : 영주야. 무슨 말부터 해야 할지 잘 모르겠지만……. 난 너와 계속 좋은 친구로 지내면 좋겠어. 그런데 요즘 넌 나한테 신경을 너무 안 쓰는 것 같아. 내가 말을 걸면 대꾸도 잘 안 해서 너무 속상해.
> 최 교사 : 그럼 이제 의자를 바꾸고, 네가 영주의 입장이 되어 민영이에게 얘기해 보겠니?
> 민영   : 난 여전히 너를 가장 친한 친구로 생각하고 있어. 그런데 내가 공부에 열중하고 있을 때 네가 말을 걸면 짜증날 때가 많았어. 중학교에 오면서 공부할 게 많아져서 부담스러웠고, 그래서 너한테 신경을 많이 못 썼던 것 같아.
> 최 교사 : 민영아, 지금 기분이 어떠니?

① 미해결 과제는 현재에 대한 자각(awareness)을 방해한다고 본다.
② 상담자의 진솔성, 무조건적인 긍정적 존중, 공감적 이해를 강조한다.
③ 자아가 무의식적 충동을 조절하기 위해 방어기제를 사용한다는 점을 강조한다.
④ 3R(책임감, 현실, 옳고 그름)을 강조하며, 책임감 있는 사람이 정신적으로 건강하다고 본다.
⑤ 상담자로 하여금 내담자가 최종 목표행동에 도달하도록 행동조형(shaping)을 사용할 것을 강조한다.

해설 최 교사가 사용하고 있는 상담기법은 '빈의자 기법'으로 이는 형태주의 상담이론에서 사용하는 방법이다. ②는 비지시적 상담이론, ③은 정신분석적 상담이론, ④는 현실치료적 상담이론, ⑤는 행동수정이론에 해당한다.

6 현실치료 상담이론

18 다음 설명에 해당하는 상담이론은?   21. 지방직

> 이 상담이론에서는 인간이 통제력 또는 선택할 수 있는 능력을 갖고 있으므로, 궁극적으로 자기 삶에 책임을 가져야 한다고 주장한다. 상담의 목표는 내담자로 하여금 책임 있는 행동을 학습하여 성공정체감을 발달시키게 하는 것이다. 따라서 상담자는 내담자에게 '원하는 게 무엇인지를 확인한 후 지금부터 계획을 세우자'고 유도함으로써 내담자가 변명이나 구실을 찾지 못하게 하고 자신의 감정이나 행동에 책임을 지도록 도와준다.

① 인간중심 상담   ② 정신분석적 상담
③ 행동주의 상담   ④ 현실 요법

해설 현실치료(현실요법) 상담이론은 인간 본성의 결정론적 견해(에 정신분석 상담, 행동주의 상담)를 부정하고 인간의 자기 결정(self-determining)을 중시하는 상담기법이다. 글래서(W. Glasser)가 주장한 것으로, '통제이론' 또는 '선택이론', '책임적 자아이론'이라고도 불린다.

19 〈보기〉에서 글래서(W. Glasser)의 현실치료 이론에 대한 옳은 설명을 모두 고른 것은? 09. 유·초등임용

> ┌ 보기 ┐
> ㉠ 인간은 기본적으로 생존, 자유, 힘, 즐거움, 소속의 욕구를 가지고 있다.
> ㉡ 인간은 행동을 선택할 수 있고 이미 행한 모든 행동은 선택에 의해서 이루어진 것이다.
> ㉢ 인간은 행동을 선택할 때 자신의 욕구를 최대한으로 충족시키기 위해서 자신을 통제한다.
> ㉣ 전행동(total behavior)은 활동(acting), 생각(thinking), 느낌(feeling), 신체반응(physiology)의 네 가지로 구성된다.
> ㉤ 전행동 중에서 인간이 통제할 수 있고, 행동의 방향을 잡아주는 것은 활동과 신체반응이다.

① ㉠, ㉡   ② ㉠, ㉢, ㉣   ③ ㉢, ㉣, ㉤
④ ㉠, ㉡, ㉢, ㉣   ⑤ ㉡, ㉢, ㉣, ㉤

해설 글래서(Glasser)의 현실치료 기법은 '통제이론' 또는 '선택이론', '전행동이론'이라고도 하는데, 인간은 궁극적으로 자기 결정적 존재이며 삶에 대한 책임을 지는 존재(책임적 자아이론)라고 보며, 내담자가 현실적이고 책임질 수 있는 행동을 하게 하고 성공적인 정체감을 계발하도록 하여 궁극적인 자율성을 형성하도록 돕는 상담이론이다. 정신분석 상담이나 행동적 상담이 지닌 인간 본성의 결정론적 견해를 부정하고 인간의 자기결정을 중시하는 상담기법이다.
㉤ 전행동 중에서 인간이 통제할 수 있고, 행동의 방향을 잡아주는 것은 활동(acting)과 생각(thinking)이다.

20 글래서(W. Glasser)와 우볼딩(R. Wubbolding)의 현실주의 상담에서 사용되는 〈보기〉의 4단계 상담과정을 순서대로 옳게 배열한 것은?

13. 중등임용

┌─ 보기 ┌
⊙ 내담자의 책임 있는 행동 계획하기　　　　ⓒ 내담자의 욕구 파악하기
ⓒ 내담자의 현재 행동 탐색하기　　　　　　ⓒ 내담자 자신의 행동 평가하기

① ㉠ ⇨ ㉡ ⇨ ㉢ ⇨ ㉣　　　　　　② ㉠ ⇨ ㉢ ⇨ ㉡ ⇨ ㉣
③ ㉠ ⇨ ㉣ ⇨ ㉢ ⇨ ㉡　　　　　　④ ㉡ ⇨ ㉢ ⇨ ㉣ ⇨ ㉠
⑤ ㉡ ⇨ ㉣ ⇨ ㉢ ⇨ ㉠

해설 현실주의 상담은 WDEP의 과정, 즉 바람(Wants) ⇨ 지시와 행동(Direction & Doing) ⇨ 평가(Evaluation) ⇨ 계획과 활동(Planning)의 순서대로 진행된다.

TIP 현실치료 상담의 절차(Wubbolding)—WDEP

1. 바람(Wants)	내담자가 자신의 바람, 욕구, 지각을 탐색하기 예 생존, 소속, 힘, 즐거움, 자유의 욕구
2. 지시와 행동(Direction & Doing)	욕구충족을 위한 내담자의 현재 행동(예 활동, 생각)에 초점 맞추기
3. 평가(Evaluation)	내담자로 하여금 자신의 행동을 평가하도록 하기 ⇨ 평가기준(현실성, 책무성, 옳고 그름)
4. 계획과 활동(Planning)	내담자가 자신의 실패행동을 성공적으로 바꾸는 구체적인 계획을 수립하여 활동하기

21 다음의 상담기법이 활용되는 상담이론은?

23. 지방직

• 숙련된 질문 기술　　　　　　　• 적절한 유머
• 토의와 논쟁　　　　　　　　　　• 직면하기
• 역설적 기법

① 게슈탈트 상담　　　　　　② 인간중심 상담
③ 행동주의 상담　　　　　　④ 현실치료

해설 현실치료 상담에서 사용하는 주요 상담기법으로는 상담자와 내담자의 친밀한 관계(rapport)가 형성됨을 전제로 전개되는 숙련된 질문기술, 적절한 유머, 토의와 논쟁, 맞닥뜨림(직면), 역설적 기법(내담자에게 모순된 행동을 지시하기) 등이 있다. 대표자인 글래써(W. Glasser)는 「현실치료: 비행 청소년을 위한 실제적인 접근법」(1964), 「실패 없는 학교(Schools Without Failure)」(1969), 「정체감 있는 사회(The Identity Society)」(1975), 「마음의 정류장」(1981), 「당신의 삶을 효율적으로 통제하시오」(1984), 「교실에서 적용되는 통제이론(Control Theory in the Classroom)」(1986) 등을 저술하였다. ①은 빈의자 기법, 꿈작업, 환상게임, ②는 무조건적 긍정적 존중, 공감적 이해, 진정성, ③는 체계적 둔감화, 강화, 벌, 모델링 등의 기법을 사용한다.

정답　18. ④　19. ④　20. ④　21. ④

Chapter
09

TIP 현실치료 상담의 기법

숙련된 질문하기(ask)	상담의 진행 단계(WDEP)에 맞는 적절한 질문하기
적절한 유머(humor)	내담자의 긴장을 풀어주고 친근한 관계 형성하기 ⇨ 내담자의 상황이 생각보다 심각하지 않음을 깨닫게 하는 효과
토의와 논쟁(discussion & argumentation)	내담자의 욕구 충족 등 그 대답이 비현실적이거나 합리적이지 못할 때 내담자와 토의 또는 논쟁을 함
직면(confrontation, 맞닥뜨림)	질문, 토의 또는 논쟁 중 변명 등 내담자의 모순성이 보일 때 사용 ⇨ 내담자의 책임 있는 행동을 촉구함
역설적 기법(paradox)	내담자가 전혀 기대하지 않았던 방법으로 내담자를 대하기 ⇨ 자기 자신이나 문제를 새롭게 보도록 하는 충격기법

7 상담이론 종합

22 상담이론에 대한 설명으로 옳은 것을 〈보기〉에서 고른 것은?   10. 중등임용

> 보기
> ㉠ 합리적 · 정서적 행동치료(REBT)에서는 정서적 문제를 유발하는 원인이 사건 자체가 아니라 그 사건에 대한 비합리적인 신념 때문이라고 본다.
> ㉡ 인간 중심 상담이론에서는 성장을 위한 적절한 조건이 갖추어지면 누구나 자아실현을 이룰 수 있다고 본다.
> ㉢ 정신분석 상담이론에서는 '지금 – 여기'에 초점을 두며 접촉을 통한 자각으로 통합을 이루게 된다고 본다.
> ㉣ 게슈탈트 상담이론에서는 죽음과 비존재, 실존적 불안, 삶의 의미를 강조한다.

① ㉠, ㉡   ② ㉠, ㉣   ③ ㉡, ㉢
④ ㉡, ㉣   ⑤ ㉢, ㉣

해설 ㉢은 게슈탈트(형태주의) 상담이론, ㉣은 실존주의 상담이론에 대한 설명이다.

23 상담이론에 대한 설명 중 옳은 것을 〈보기〉에서 고른 것은?   12. 중등임용

> 보기
> ㉠ 프로이드(S. Freud)의 정신분석 상담이론은 집단무의식을 강조하며, 주요한 상담기법 중의 하나로 자유연상을 사용한다.
> ㉡ 엘리스(A. Ellis)의 합리 정서 행동 상담이론(REBT)은 신념체계를 강조하며, 주요한 상담기법 중의 하나로 논박을 사용한다.
> ㉢ 번(E. Berne)의 교류분석 상담이론은 세 가지 자아 상태(부모, 성인, 아동)를 강조하며, 주요한 상담기법 중의 하나로 구조분석을 사용한다.
> ㉣ 글래서(W. Glasser)의 현실주의 상담이론은 인간의 5가지 기본욕구(소속감, 힘, 즐거움, 자유, 생존)를 강조하며, 주요한 상담기법 중의 하나로 생활양식을 분석한다.

① ㉠, ㉡   ② ㉠, ㉢   ③ ㉡, ㉢   ④ ㉡, ㉣   ⑤ ㉢, ㉣

해설 ㉠에서 프로이드는 개인무의식을 강조하며[집단무의식을 중시한 사람은 융(C. Jung)임], ㉣에서 생활양식(life style)을 중시한 사람은 아들러(Adler)이다.

제6절 상담이론Ⅳ : 행동적 상담이론

1 상호제지 이론

01 시험불안 증세를 보이는 학생에게 적용할 수 있는 행동주의적 상담기법은?   06. 유·초등임용
□□□
① 시험불안과 관련된 내담자의 방어기제를 해석한다.
② 불안위계 목록을 작성하고 단계적으로 둔감화시킨다.
③ 내담자가 말하는 내용 속에 다른 숨은 의도가 있는지 분석한다.
④ 내담자에 대한 상담자의 생각과 감정을 솔직하게 이야기해준다.

> **해설** ②는 상호제지이론의 체계적 둔감법(systematic desensitization)에 해당한다. 체계적 둔감법(단계적 둔감화)은 이완된 상태에서 불안을 유발하는 사상(事象)이나 장면을 상상하게 함으로써 그런 장면에 대한 불안 반응을 둔감화시키는 방법으로, '불안위계 목록의 작성 ⇨ 근육이완 훈련 ⇨ 상상적 이완'으로 진행된다.
> ① 정신분석 상담이론, ③ 상호교류 분석이론, ④ 비지시적 상담이론에 해당하는 기법이다.

02 행동치료의 방법 중 체계적 둔감법에 대한 설명으로 옳은 것은?   20. 국가직 7급
□□□
① 처음부터 강한 불안을 유발하는 자극에 노출하고 불안이 감소될 때까지 노출을 계속하는 방법이다.
② 바람직한 행동을 했을 때 토큰을 나누어 주어 일정한 개수가 모이면 실제적인 강화물로 교환해 줌으로써 바람직한 행동을 유도하는 방법이다.
③ 근육을 이완시킨 상태에서 불안을 유발하는 상황을 약한 것에서부터 강한 것까지 차례로 경험시킴으로써 특정 사태에 대한 불안을 제거하는 방법이다.
④ 부적응적인 행동에 대해서는 강화물을 제거하고, 새로운 적응적 행동에 대해서는 긍정적 강화를 줌으로써 문제행동을 교정하고 바람직한 행동을 습득하게 하는 방법이다.

> **해설** 체계적 둔감법(systematic desensitization, 체계적 둔감화, 단계적 둔감화)은 역조건 형성을 이용하여 공포를 일으키는 자극에 점진적으로 노출시켜 공포를 소거시키려는 방법으로, 불안이나 공포를 일으키는 조건자극에 (그와 양립할 수 없는) 이완(relaxation)반응을 결합시켜 불안이나 공포를 소거시키는 방법이다. 파블로프(I. Pavlov)의 고전적 조건화 이론을 응용한 기법으로 불안위계 목록의 작성, 이완훈련, 상상하면서 이완하기 등의 순서로 진행한다. 역조건 형성을 이용하여 공포나 불안을 유발하는 조건자극을 중립자극으로 환원시키는 방법으로, 불안이나 공포를 유발하는 자극을 직접 경험하는 것이 아니라 상상하도록 하는 게 특징이다. 마음속으로 상상을 할 때는 불안이나 공포가 극복되었지만 실제 상황에서는 여전히 불안이나 공포를 경험할 수 있다는 문제점이 있다. ①은 홍수법(flood method), ②는 토큰 강화(token reinforcement), ④는 행동수정기법을 말한다. ②와 ④는 스키너(B. F. Skinner)의 조작적 조건화에 토대를 둔 기법이다.

> **TIP** 고전적 조건화를 활용한 부적응 행동의 교정

분류		자극 유형	
		상상자극	실제자극
제시 방식	대량노출	내폭요법(내파법, implosive therapy	홍수법(flood method)
	점진(단계)적 노출	체계적 둔감화(systematic desensitization)	역치법(식역법, threshold method)

> **정답** 22. ①   23. ③ / 01. ②   02. ③

2 행동수정 이론

03 다음 세 명의 교사가 학생의 행동 특성을 변화시키기 위해 제안한 상담기법으로 가장 적절하게 연결된 것은?

12. 중등임용

> - 김 교사 : 명수는 숙제를 해오지 않는 경우가 많습니다. 이 문제를 해결하기 위해 부모님과 의논해서, 숙제를 모두 마치면 명수가 좋아하는 인터넷 게임을 할 수 있도록 해주는 것이 좋을 것 같습니다.
> - 박 교사 : 영수는 교사의 지속적인 칭찬이 있을 때에는 주의 집중하거나 과제물을 챙겨오는 등 긍정적 행동 변화를 보이지만, 그 행동이 계속 유지되지 못하는 경향이 있습니다. 긍정적 행동 변화를 지속시키기 위해 매번 칭찬하기보다는 가끔씩 하는 것이 좋을 것 같습니다.
> - 서 교사 : 진수는 학교에서 당번이 되어 화장실 청소하는 것을 매우 싫어합니다. 그리고 과제물을 챙겨 오지 않는 경우가 빈번하여 학습에 지장을 초래하곤 합니다. 진수가 과제물을 잘 챙겨오도록 하기 위해, 과제물을 챙겨올 경우 화장실 청소를 면제해 주는 방법이 좋을 것 같습니다.

	김 교사	박 교사	서 교사
①	정적 강화	체계적 둔감화	부적 강화
②	정적 강화	간헐적 강화	타임아웃
③	행동조성	자기조절	모방학습
④	프리맥의 강화원리	간헐적 강화	부적 강화
⑤	프리맥의 강화원리	간헐적 강화	타임아웃

[해설] 김 교사는 명수가 보다 선호하는 활동을 강화물로 활용하여 하기 싫어하는 숙제를 할 수 있도록 유도하였으며(프리맥의 원리), 박 교사는 영수로 하여금 학습된 행동을 유지시키기 위해 매번이 아닌 가끔씩 강화하는 방식을 제시하였고(간헐적 강화), 서 교사는 과제물을 챙겨오기 싫어하는 진수가 과제물을 챙겨오도록 하기 위해서 진수가 싫어하는 화장실 청소를 면제해 주는 방법을 제안하고 있다(부적 강화).

04 조건형성 원리에 기초한 상담기법을 〈보기〉에서 고른 것은?

18. 지방직

> ┌ 보기 ┐
> ⊙ 상담자는 내담자에게 상담 약속을 이행할 때마다 칭찬 스티커를 주고 그것을 다섯 개 모으면 즐거운 게임을 함께 하였다.
> ⓒ 상담자는 '두 개의 빈 의자'를 사용하여 대인갈등 상황에서 내담자가 경험하는 자신의 숨은 욕구와 감정을 자각하도록 촉진하였다.
> ⓒ 집단상담자는 '타임아웃(time-out)'을 적용하여 집단원이 집단상담 규칙을 어길 때마다 지정된 공간에서 3분간 머물게 하여 참여를 제한하였다.
> ⓔ 집단상담자는 집단원에게 "기적이 일어나서 각자의 소망이 이루어진다면 여러분의 삶은 어떻게 달라질까요?"라고 질문하여 변화에 대한 욕구를 확인하였다.

① ⊙, ⓒ   ② ⊙, ⓒ   ③ ⓒ, ⓔ   ④ ⓒ, ⓔ

해설 ㉠은 정적 강화의 한 유형인 토큰제도(token system, 토큰 강화)에 해당하며, ㉡은 부적 벌의 한 유형인 타임아웃(time-out)에 해당한다. ㉢은 형태주의 상담기법인 '빈 의자 기법', ㉣은 해결중심 단기상담의 기법인 '기적 질문'에 해당한다.

3 상담이론 종합

05 정신분석 상담과 행동주의 상담의 공통점에 해당하는 것은?   18. 국가직

① 비합리적 신념을 인식하고 수정하는 논박 과정을 중시한다.
② 인간의 행동을 인과적 관계로 해석하는 결정론적 관점을 가진다.
③ 상담기법보다는 상담자의 인간적 자질과 진솔한 태도를 중시한다.
④ 상담과정에서 과거 경험보다 미래 경험을 중시한다.

해설 정신분석 상담은 아동의 초기경험을 중시하여 아동기 경험(과거결정론)과 무의식(무의식 결정 론)이 일생을 지배한다는 인과결정론적 입장을 취한다. 행동주의 상담 또한 인간을 환경(자극)에 반응하는 수동적 존재로 보기 때문에, 환경 결정론의 관점에 토대를 두고 있다. ①은 엘리스(A. Ellis)의 합리적·정의적 상담(RET이론), ③은 로저스(Rogers)의 비지시적 상담에 해당한다. ④는 과거 경험을 중시한다.

06 상담이론과 그 특징으로 옳지 않은 것은?   15. 국가직 7급

① 정신분석 상담은 무의식 세계를 의식화하여 자아의 문제해결 기능을 강화하는 것이 목표이다.
② 행동적 상담에서는 부적응행동을 약화·제거하고 적응행동을 형성·강화하는 체계화된 학습이론을 적용한다.
③ 내담자 중심 상담이론에서는 불안을 유발하는 비합리적 신념을 변화시키고 문제를 해결할 수 있도록 상담자의 중재를 강화한다.
④ 행태주의 상담에서는 지금 상황에서 무엇을 경험하는지를 중시하며 내적 욕구와 외적 욕구에 따라 전경과 배경이 바뀐다는 것에 주목한다.

해설 ③은 엘리스(A. Ellis)의 합리적·정의적 상담이론(REBT)에 대한 설명이다. 인간 중심 상담이론(비지시적 상담이론, 내담자 중심 상담이론, 자아 중심 상담이론)에서는 인간은 생득적으로 선(善)하며, 자아실현의 욕구와 의지인 실현경향성(actualizing tendency)을 지니고 있다고 가정하며, 적절한 환경(무조건적이고 긍정적인 존중, 공감적 이해, 진실성)이 제공된다면(if-then) 자기확충을 위한 적극적인 성장력을 지니고 있다고 본다. 로저스(Rogers), 매슬로우(Maslow) 등이 대표적인 주창자이다.
* ④에서 '행태주의 상담'도 잘못된 표현이다. 행태주의(行態主義, behaviorism)는 행동주의의 또 다른 표현이기 때문이다. 그러므로 행태주의가 아닌 '형태주의(形態主義, Gestalt)'로 표현하는 것이 옳다.

Chapter
09

07 상담이론에 대한 설명으로 옳지 않은 것은?

12. 국가직

① 프로이드(Freud) 정신분석이론의 핵심개념은 무의식으로, 상담의 목표는 무의식을 의식화하는 것이다.
② 글레이서(Glasser)의 현실주의 이론은 책임 있는 행동이 성공적인 자아정체의식을 효과적으로 형성한다고 가정한다.
③ 엘리스(Ellis)의 합리적 − 정서적 치료이론은 인지적 측면의 합리성과 정의적 측면의 정서, 행동주의의 원리를 절충한 방법이다.
④ 번(Berne)의 교류분석이론은 인간을 원본능, 자아, 초자아의 세 가지 자아 상태로 구성된 존재로 간주한다. 이에 인간이 가진 신체적 욕구와 심리적 욕구들은 다른 사람과의 교류를 통해서만 충족될 수 있다고 강조한다.

해설 원본능(Id), 자아(Ego), 초자아(Super−ego)는 프로이드(Freud)가 주장한 성격의 구성요인이며, 번(E. Berne)은 어버이 자아(P), 어른 자아(A), 어린이 자아(C)로 구성되어 있다고 보았다.

08 다음 글의 (가)~(다)에서 김 교사가 학생들의 문제를 해결하기 위해 활용한 상담기법을 올바르게 짝지은 것은?

11. 중등임용

(가) 기훈이는 공부한 만큼 성적이 나오지 않는 편이라 공부방법을 개선하고 싶어 한다. 김 교사는 기훈이가 효과적인 공부방법을 사용할 수 있을 때까지 적절한 공부방법을 알려 주고 사용해 보도록 한 후, 피드백을 제공하였다.
(나) 수정이는 시험 때가 되면 너무 예민해지고 압박감을 많이 느낀다. 김 교사는 이완훈련과 불안위계를 사용하여 수정이의 시험불안을 줄이고자 하였다.
(다) 철수는 기말고사를 앞두고 '이번 시험은 틀림없이 망칠 것이고, 난 결국 인생의 실패자가 될 거야.'라고 생각하고 있다. 김 교사는 철수에게 왜 이번 시험을 망칠 것이라고 확신하는지, 또 시험에 한두 번 실패 안 해 본 사람이 어디 있으며, 설령 시험성적이 원하는 만큼 나오지 않는다고 해도 그것이 어떻게 인생의 실패와 관련되는지를 생각해 보도록 하여 합리적인 신념을 갖게 하고자 하였다.

	(가)	(나)	(다)		(가)	(나)	(다)
①	행동시연	체계적 둔감법	역설적 기법	②	행동시연	체계적 둔감법	논박하기
③	행동시연	용암법(fading)	논박하기	④	자극포화법	용암법(fading)	역설적 기법
⑤	자극포화법	용암법(fading)	논박하기				

해설 (가)는 인지행동치료, (나)는 상호제지이론, (다)는 합리적·정의적 상담이론에서 쓰는 상담기법에 해당한다. (가) 행동시연(行動試演 behavioral rehearsal)은 내담자로 하여금 어떤 역할을 시험적으로 해보도록 함으로써 인간관계의 형성과 유지에 필요한 태도나 행동 특징을 습득할 수 있도록 하는 기법으로, 상담자가 시범을 보이고 내담자가 이를 반복 연습하여 일반화된 반응으로 발전시키는 방법이다. 모델링은 상담자가 여러 대안을 시범으로 보여주는 것이지만, 행동시연에서는 이미 바람직한 것으로 결정된 행동을 반복해서 시연한다는 점이 다르며, 역할놀이(role playing)와 같은 의미로 쓰이기도 한다. 자극포화(Stimulus saturation)는 강화물이 더 이상 강화물로 작용하지 않을 만큼 이미 경험한(충분한 강화를 받은) 상태를 말한다. (나) 체계적 둔감법(systematic desensitization)은 월페(Wölpe)가 개발한 것으로 역조건 형성을 이용하여 공포를 일으키는 자극에 점진적으로 노출시켜 공포를 소거시키려는 방법이다. 불안위계 목록 작성 ⇨ 근육이완 훈련 ⇨ 상상하면서 이완하기 등의 절차로 진행된다. 용암법(fading)은 특정한 행동을 학습시키기 위해 특정한 행동에 대한 도움을 주고, 그 도움을 점차 줄여감으로써 스스로 행동을 학습시키는 방법을 말한다. (다) 논박하기(dispute)는 내담자가 지닌 비합리적 신념이나 사고에 대해 도전하고 다시 생각하도록 재교육하기 위해 사용하는 상담기법으로, 논리성(logicality)에 근거한 논박, 현실성(reality)에 근거한 논박, 실용성(utility)에 근거한 논박 등이 있다.

09 상담이론에 대한 설명으로 옳은 것은?

20. 지방직

① 내담자 중심 상담 – 미해결 갈등을 이해하는 것이 개인의 정신역동을 이해하는 방법이다.

② 행동주의 상담 – 인간의 행동을 개인이 선택한 것으로 바라보며 행동의 원인보다는 목적에 더 주목하면서 자아실현을 강조한다.

③ 의사교류분석 – 가족치료에서 시작된 이론으로 내담자의 욕구를 파악한 후 현실과 맞서도록 심리적인 힘을 개발할 수 있도록 돕는다.

④ 합리적·정서적 행동 상담 – 인간의 감정, 즉 정서적 문제의 원인이 비합리적 신념임을 가정하고 이를 합리적 신념으로 변화시키기 위한 치료기법을 개발하였다.

> **해설** 엘리스(Ellis)의 합리적(인지적)·정의적·행동적 상담이론(Rational·Emotive Therapy, RET이론, 인지·정서·행동치료)은 인간의 정서적·행동적 장애는 비합리적·비현실적·자기 파괴적 신념에서 비롯되며, 이러한 잘못된 인지과정을 합리적·현실적·자기 긍정적으로 변화시켜 융통성 있고 생산적인 삶을 살아가도록 돕는 상담이론이다. ①은 프로이트(Freud)의 정신분석적 상담, ②는 로저스(Rogers)의 내담자 중심 상담, ③은 글래써(Glasser)의 현실치료적 상담에 해당한다.

제7절 | 상담이론Ⅴ : 해결 중심 상담이론

01 시험불안 증상이 있는 학생과의 상담에서 해결 중심(solution focused) 상담이론의 전형적인 질문의 예시라고 할 수 없는 것은?

10. 유·초등임용

① 시험을 볼 때마다 불안하다고 했는데, 혹시 불안하지 않은 적은 없었니?

② 만약 오늘 밤 기적이 일어난다면, 내일 아침 무슨 일이 일어나 있을 것 같니?

③ 그렇게 불안해하면서도 어떻게 그동안 결석 한번 없이 학교를 잘 다닐 수 있었니?

④ 시험을 앞두고 매번 반복적으로 떠오르는 생각이 있니? 그렇게 생각하는 근거는 뭐지?

⑤ 가장 불안한 때를 10점, 전혀 불안하지 않을 때를 0점이라고 한다면, 지금은 몇 점 정도 될까?

> **해설** 단기상담은 문제의 원인을 규명하기보다는 학생이 가진 자원(강점, 성공경험, 예외상황)을 활용하면서 해결방법에 중점을 두어 단기간 내에 상담목적을 성취하는 상담모델이다.
> ① 예외질문, ② 기적질문, ③ 대처질문, ⑤ 척도질문에 해당한다.

TIP 단기상담의 상담기법

첫 상담 이전의 변화에 관한 질문	상담 전 변화가 있는 경우 내담자의 해결능력을 인정하고, 그러한 사실을 강화하고 확대할 수 있도록 격려하는 기법 **예** 처음 상담을 약속할 때는 문제에 대해 심각하게 고민하던데, 지금은 어떠니?
대처질문	문제 이야기에서 해결 이야기를 하도록 돕는 기법으로 아동이 자신의 문제에 대한 모든 설명을 한 것처럼 보이는 시점에서 사용되며, 문제를 극복할 수 있는 힘을 환기시켜 준다.
예외질문	모든 문제상황에는 예외상황이 있다고 보며, 아동의 생활에서 일어난 과거의 경험으로서 문제가 발생할 것이라고 기대하였으나 문제가 발생하지 않은 예외상황을 묻는 질문 ⇨ 예외상황이 해결책을 구축하는 실마리가 된다고 본다. **예** 시험을 볼 때마다 불안하다고 했는데, 혹시 불안하지 않은 적은 없었니?

정답 07. ④ 08. ② 09. ④ / 01. ④

기적질문	문제와 떨어져 해결책을 상상하게 하는 기법으로, 기적질문을 통해 상담자는 아동이 바꾸고 싶어 하는 것을 스스로 설명하게 하여 문제에 대한 집착으로부터 벗어나 해결 중심 영역으로 들어가는 것을 돕는다. 예 만약 오늘 밤 기적이 일어난다면, 내일 아침 무슨 일이 일어나 있을 것 같니?
관계질문	기적이 일어난 후의 내담자 주변에 일어난 변화에 관한 질문 예 "이 기적이 일어난 후에 (선생님이, 친구가, 부모님이, 누나가, 기타) 뭐라고 말할까?", "네가 그렇게 변한 것을 그 사람들이 발견했을 때 그 사람들이 어떻게 행동할까?"
척도질문	아동 자신의 관찰, 인상, 그리고 예측에 관한 것들을 1에서 10점까지의 수치로 측정하도록 하는 것으로 문제해결에 대한 태도를 보다 정확하게 알아볼 수 있으며, 이 질문으로 아동의 변화과정을 격려하고 강화해 주는 구체적인 정보를 얻을 수 있다. 예 "자 여기 1부터 10까지 있는데, '1'은 모든 상황이 제일 나쁜 것이고 '10'은 바로 기적이 일어난 경우라고 해보자. 너는 지금 어디 있니?"
악몽질문	유일한 문제 중심적·부정적 질문으로, 상황의 악화를 통해 해결의지를 부각시킨다.

02 다음에서 김 교사가 사용한 해결 중심 상담의 질문기법으로 가장 적절한 것은? 12. 유·초등임용

□□□

> (철수 어머니는 학교를 방문하여, 철수의 문제행동에 대해 김 교사와 상담하였다. 어머니는 철수 아버지가 교통사고로 갑자기 돌아가신 후 혼자서 철수를 힘들게 키워 온 이야기를 하였다.)
> • 철수 어머니 : 철수가 내 말은 이제 전혀 듣지 않아요. 정말 제 나름대로는 최선을 다해 왔는데… 왜 이렇게 계속 해서 힘든 일들이 생기는지 모르겠어요. 이제는 지치네요.
> • 김 교사 : 고생을 많이 하셨겠군요. 그래도 철수 어머니께서 그렇게 힘든 상황에서도 포기하지 않고 지금까지 버틸 수 있게 해 준 것은 무엇이었나요?
> • 철수 어머니 : 철수 아버지가 부모 없이 자라서 늘 입버릇처럼 철수가 하고 싶은 건 다 해 주고 싶다고 하셨거든요. 전 정말 그 바람을 지켜 드리고 싶어요.

① 기적질문 ② 척도질문 ③ 관계질문
④ 대처질문 ⑤ 악몽질문

해설 해결 중심 단기상담, Solution Focused Brief Counseling : SFBC)은 내담자가 호소하는 한두 가지 핵심문제를 중심으로 빠른 시간 내에 변화할 수 있도록 돕는 상담이다. 지문에서 김 교사가 사용하고 있는 대처질문은 문제 이야기에서 해결 이야기를 하도록 돕는 기법으로, 문제를 극복할 수 있는 힘을 환기시켜 준다.

제 8 절 생활지도의 실제

1 비행이론

01 다음 설명에 해당하는 청소년 비행 관련 이론은?

23. 국가직

> • 뒤르켐(Durkheim)의 이론을 발전시켜 머튼(Merton)이 정립하였다.
> • 문화적인 가치와 사회적 수단 간의 불일치로 인한 사회·심리적 긴장 상태에서 벗어나고자 비행을 시도한다.

① 낙인 이론   ② 사회통제 이론

③ 아노미 이론   ④ 합리적 선택 이론

해설 비행이란 법률적·관습적 규범에 위배되는 행동으로, 그 발생원인에 따라 개인적 이론(생물학적 이론, 심리학적 이론)과 사회학적 이론(거시이론, 미시이론)으로 분류된다. 이 중 머튼(Merton)의 아노미이론(긴장이론)은 비행은 사회구조적 요인에서 발생한다고 보는 거시적 접근에 해당하는 것으로, 사회구조에 의해서 발생된 욕구좌절 때문에 다양한 일탈적 적응방식이 생겨난다고 본다. 즉, 사회구조가 특정인에게 정당한 방법으로 문화목표를 달성할 수 없을 때(아노미) 사람들은 엄청난 긴장(strain)을 일으키게 되고, 긴장을 해결하기 위해 비행을 유발한다고 본다.

TIP 사회학적 접근에 따른 비행발생이론

거시적 접근	아노미이론 (긴장이론)	• 문화목표와 제도화된 수단과의 괴리에서 비행 발생 • 개혁형, 도피형, 반발형, 의례형(비굴한 동조)이 비행을 유발	머튼 (Merton)
미시적 접근	사회통제 이론	비행 성향을 통제해 줄 수 있는 개인에 대한 사회적 억제력이나 통제(예 애착, 전념, 참여, 신념)가 약화될 때 비행 발생	허쉬 (Hirschi)
	중화이론	사회통제 무력화이론 ⇨ 비행 청소년들은 자신의 비행을 정당화하는 중화기술(예 책임의 부정, 가해의 부정, 피해자의 부정, 비난자의 비난)을 통해 죄의식 없이 비행 유발	사이키와 마짜 (Sykes & Matza)
	차별접촉 (교제)이론	모든 범죄나 비행은 타인, 특히 친밀한 개인적 집단 내에서의 상호작용을 통해 학습 ⇨ 상호작용이론	서덜랜드 (Sutherland)
	낙인(烙印) 이론	• 상징적 상호작용이론에 기초한 이론 ⇨ 타인이 자기 자신을 비행자로 낙인찍은 데서 크게 영향을 받아 비행 발생 • 낙인과정 : 모색단계 → 명료화단계 → 공고화단계	르마트와 베커 (Lemert & Becker)

02 청소년 비행을 낙인이론(labelling theory)에 의해 설명한 것은?

02. 36회 행시

① 비행청소년은 태어날 때부터 문제아가 될 소질을 가지고 있다.

② 청소년 비행은 사회의 내적 규제가 약화될 때 잘 일어난다.

③ 현재 정상적인 아이가 주위의 잘못된 인식 때문에 비행청소년이 된다.

④ 비행청소년 집단과 가까이 지내는 아이들이 비행청소년이 될 가능성이 높다.

⑤ 인간은 욕구가 충족되지 않을 때 본능적으로 그 방해물에 대해 공격적인 행동을 가하게 되어 있다.

정답 02. ④ / 01. ③   02. ③

> **해설** 낙인이론은 상징적 상호작용이론에 토대를 둔 비행이론으로 비행에 관한 사회적 정의(social definition)를 중시한다. 즉, 비행행위는 행위의 내재적 속성에 기인된 것이 아니라 타인들이 자신을 범죄자로 낙인찍는 사회적 행위에서 비롯된다고 본다. ① 생물학적 이론, ② 사회통제이론, ④ 차별접촉이론, ⑤ 심리학적 이론 중 달라드(Dollad)의 좌절 – 공격 이론(frustration–aggression theory)에 해당한다.

03 낙인이론(labeling theory)에 관한 설명 중 옳지 않은 것은? 08. 중등임용

① 낙인은 추측 ⇨ 고정화 ⇨ 정교화의 순서로 이루어진다.

② 낙인의 주요 요인에는 성, 인종, 외모, 경제적 배경 등이 있다.

③ 낙인에 따른 교사의 차별적인 기대는 학생의 자기지각에 영향을 준다.

④ 낙인이론은 학교에서 교사와 학생 간의 상호작용을 연구하는 데 활용된다.

> **해설** 낙인이론(labeling theory)에서 낙인의 과정은 '추측 ⇨ 명료화(정교화) ⇨ 공고화'의 순서로 이루어진다.

04 다음 사례의 박 교사와 같이 청소년 비행에 접근하는 이론으로 가장 적절한 것은? 09. 중등임용

A 중학교에서 박 교사가 맡고 있는 반의 많은 학생들은 지각과 무단결석을 일삼고 학교폭력을 비롯한 크고 작은 말썽을 피웠다. 문제의 원인을 찾던 박 교사는 다른 아이들과는 달리 문제행동을 일으키지 않는 재민이를 주목하였다. 관찰 결과 박 교사는 재민이가 교우관계가 좋고 부모와의 관계도 친밀할 뿐만 아니라 이웃과도 사이좋게 지낸다는 것을 알게 되었다. 이에 박 교사는 재민이 주변에 있는 좋은 친구와 부모, 이웃이 재민이가 문제행동을 자제하도록 하는 데 중요한 역할을 하고 있다고 생각하게 되었다.

① 낙인이론(labelling theory)　　　② 편류이론(drift theory)

③ 아노미 이론(anomie theory)　　　④ 문화일탈이론(cultural departure theory)

⑤ 사회통제이론(social control theory)

> **해설** 사회통제이론(Hirschi)은 애착, 전념, 참여, 신념 등 비행성향을 통제해 줄 수 있는 사회적 억제력이나 유대가 약화될 때 비행이 발생한다고 보는 이론이다. 어떤 사람들은 비행을 왜 안 저지르는가에 관심을 두며, 모든 사람이 범죄를 유발하는 것은 당연한 현상이고, 개인이 법을 지키는 것은 사회에서 범죄를 억제하는 '사회적 연대'가 있기 때문이라고 주장한다. ②는 중화이론에 해당한다. 편류 현상(부메랑 효과)은 사회통제이론의 무력화 증거에 해당한다. ④는 비행을 부추기는 문화가 비행을 유발한다고 본다.

TIP 사회적 연대의 요소: 애착, 전념, 참여, 신념 ‖‖‖‖‖‖‖‖‖‖‖‖‖‖‖‖‖‖‖‖‖‖‖‖‖‖‖‖‖‖‖‖‖‖‖‖‖

애착 (attachment)	부모, 또래, 교사와 같은 의미 있는 타인과 맺는 끈, 개인이 의미 있는 타인과 정서적으로 밀착된 정도
전념 (commitment, 집착)	사회적 보상이 높은 목표를 설정하고 설정한 목표를 달성하기 위해 끈기 있게 집착하는 것 **예** 미래의 직업을 얻기 위해 열심히 공부한다든가, 소명감을 가지고 종교적인 활동을 열심히 한다든가 하는 것
참여 (involvement, 몰두)	관례적 활동에 투입하는 시간의 양 **예** 학생이 학업에 몰두한다. 주부는 가사일에 몰두한다. 직장인은 자기 업무에 몰두한다.
신념(belief)	사회적 규칙과 가치를 자신의 신념처럼 수용하는 것 ⇨ 내면화된 사회통제

05 다음 설명에 해당하는 청소년 비행 관련 이론은?   23. 지방직

□□□

> • 일탈행위가 오히려 정상행동이며, 규범준수행위가 비정상적인 행동이다.
> • 인간의 본성은 악하기 때문에 사람은 항상 규범을 위반할 수 있으며, 개인과 사회 간의 결속이 약화될수록 일탈할 확률이 높아진다.

① 낙인이론   ② 사회통제이론
③ 아노미이론   ④ 차별접촉이론

해설 　사회통제이론(social control theory)은 성악설(性惡說)을 토대로 허시(Hirschi) 등이 주장한 이론으로 애착, 전념, 참여, 신념 등 비행성향을 통제해 줄 수 있는 사회적 억제력이나 유대(연대)가 약화될 때 비행이 발생한다고 보는 이론이다. 어떤 사람들은 비행을 왜 안 저지르는가에 관심을 두며, 모든 사람이 범죄를 유발하는 것은 당연한 현상이고, 개인이 법을 지키는 것은 사회에서 범죄를 억제하는 '사회적 연대'가 있기 때문이라고 주장한다.

06 청소년 비행이론 중에서 중화이론을 설명한 것은?   14. 지방직

□□□

① 지배적인 가치가 중산층 기준에 의해 형성되어 있기 때문에 하층계급 자녀들은 상대적으로 불리한 입장에 처하게 되어 비행을 저지르게 된다.
② 특정 개인은 유전 또는 취향이 일탈 행위자와 관계를 맺도록 형성되어 있으며, 법을 위반하는 비슷한 심리상태를 가진 사람들과 접촉하면서 범죄기술을 학습하게 된다는 것이다.
③ 청소년 비행은 모방이나 모델링을 통해 학습되며, TV, 영화 등을 통해서 동기나 정서의 영향을 받아 비행이 이루어진다.
④ 자신의 잘못된 행위를 주변환경을 탓하거나 피해자가 유혹하였다는 등 타인에게 책임을 지워 자신의 잘못을 경감시키고자 한다.

해설 　중화이론은 '사회통제 무력화 이론', '자기합리화 이론', '편류(표류)이론'이라고도 한다. 비행청소년들은 자기의 행위가 도덕적으로 잘못되었지만, 정상참작 사유가 있기 때문에 자신들의 행위가 '죄가 없다.'라고 생각하여 비행이 발생한다는 이론이다.
①은 비행하위문화이론, ②는 차별접촉이론, ③은 사회학습이론에 해당한다.

07 청소년 비행에 관한 사회학적 이론 중 다음 내용과 관계 깊은 것은?   07. 부산시, 02. 경북

□□□

> • 모든 종류의 범죄와 비행은 학습된 것이다.
> • 비행학습은 가까운 친구들로부터 이루어진다.
> • 비행은 그것을 고무하는 분위기가 억제하는 분위기를 압도할 때 시도된다.

① 낙인이론   ② 아노미이론
③ 사회통제이론   ④ 차별접촉이론

정답　 03. ①　 04. ⑤　 05. ②　 06. ④　 07. ④

해설 청소년의 비행발생 원인을 설명하는 데 가장 많이 이용되는 차별접촉이론(차별교제이론)은 서더랜드(Sutherland)가 주장한 것으로, 비행은 친밀한 집단 내에서 사회적 상호작용이나 모방을 통해 사회적으로 학습한 결과라고 본다.

TIP 차별접촉이론의 비행에 관한 기본명제

1. 비행은 학습된다.
2. 비행은 타인과의 상호작용, 특히 의사소통의 과정에서 학습된다.
3. 비행학습은 주로 1차적 집단과의 친밀한 인간관계를 통해 이루어진다.
4. 비행학습 내용에는 비행의 기술뿐만 아니라 비행과 관련된 동기, 충동, 합리화, 태도 등도 포함된다.
5. 비행의 동기와 태도는 법이나 규범에 대해 호의적인 정의를 하느냐, 비호의적인 정의를 하느냐에 따라 결정된다.
6. 법 위반에 호의적인 정의가 비호의적인 정의보다 더 클 때 일탈이 일어난다.
7. 차별적 교제는 빈도, 우선성, 강도, 지속기간에 따라 다르다.
   ① **빈도(frequency)**: 일탈된 다른 사람들과 많이 접촉할수록 일탈의 가능성은 많아진다.
   ② **우선성(priority)**: 일탈의 영향이 얼마나 일찍 발생하는가, 일탈에 일찍 노출될수록 일탈행동 패턴으로 발달할 가능성은 커진다.
   ③ **강도(intensity)**: 일탈된 다른 사람과 동일시하는 정도이다.
   ④ **지속기간(duration)**: 일탈된 역할모델과 보낸 시간이 길수록 일탈학습의 가능성은 크다.
8. 비행은 일반적인 욕구와 가치에 의해서만 설명되는 것은 아니다.

2 진로교육

08 학교 중심 진로교육 모형에서 초등학교부터 대학교 단계까지 중점으로 다루어져야 할 진로교육의 내용을 순서대로 바르게 나열한 것은? 　　10. 교육사무관 5급

① 진로 준비 ⇨ 진로 인식 ⇨ 진로 탐색 ⇨ 진로 결정 및 전문화
② 진로 인식 ⇨ 진로 준비 ⇨ 진로 탐색 ⇨ 진로 결정 및 전문화
③ 진로 인식 ⇨ 진로 탐색 ⇨ 진로 준비 ⇨ 진로 정치(定置)
④ 진로 인식 ⇨ 진로 탐색 ⇨ 진로 준비 ⇨ 진로 결정 및 전문화

해설 학교에서의 진로교육은 진로 인식단계(초등학교) ⇨ 진로 탐색단계(중학교) ⇨ 진로 준비·설계단계(고등학교) ⇨ 진로의 결정 및 전문화단계(대학교)로 진행된다.

09 진로상담에 관련된 설명으로 옳지 않은 것은? 　　08. 중등임용

① 진로를 결정한 학생도 진로상담의 대상이다.
② 누구에게나 한 가지 이상의 직업적성과 직업흥미가 있다.
③ 홀랜드(J. L. Holland)는 진로발달에서 자아개념을 가장 중시하였다.
④ 크럼볼츠(J. D. Krumboltz)는 진로 의사결정에 영향을 미치는 요인들의 상호작용을 중시하였다.

해설 진로발달에서 자아개념을 중시한 사람은 수퍼(Super)이다. 홀랜드(Holland)는 진로 선택을 개인의 인성과 연결시키는 인성이론(RIASEC 6각형 모델)을 제시하였다.

10 진로이론에 대한 설명 중 옳은 것을 〈보기〉에서 고른 것은?

10. 중등임용

보기

㉠ 수퍼(D. Super)의 발달이론에서는 직업 선택이 부모 – 자녀관계에서 형성된 개인의 성격과 욕구구조에 의해서 결정된다고 본다.

㉡ 홀랜드(J. Holland)의 인성이론에서는 성격유형과 직업환경을 각각 6가지로 분류하고, 개인의 성격유형에 맞는 직업 환경을 찾아야 한다고 본다.

㉢ 파슨스(F. Parsons)의 특성요인 이론에서는 자아개념을 중요시하며, 진로선택을 타협과 선택이 상호작용하는 적응 과정으로 본다.

㉣ 블로(P. Blau)의 사회학적 이론에 따르면 가정, 학교, 지역사회 등의 사회적 요인이 직업 선택에 큰 영향을 미친다.

① ㉠, ㉡   ② ㉠, ㉢   ③ ㉡, ㉢

④ ㉡, ㉣   ⑤ ㉢, ㉣

해설 ㉠은 로우(Roe)의 욕구이론에 해당한다. ㉢은 수퍼(Super)의 발달이론에 대한 설명이다. 특성요인이론은 개인의 선천적 특성과 직업의 특성에 관한 객관적 자료를 중시한다. 수퍼(Super)의 발달이론은 자아개념, 타협과 선택을 중시한다. 진즈버그(Ginzberg)는 주관적 요인(개인 특성)과 객관적 요인(직업환경)의 타협, 환상기-잠정기-현실기의 3단계를 중시한다.

11 홀랜드(Holland)의 진로이론에 대한 설명으로 옳지 않은 것은?

12. 국가직

① 대부분의 사람들은 실재적 · 탐구적 · 예술적 · 사회적 · 기업가적인 다섯 가지 유형 중의 하나로 분류될 수 있다.

② 실재적 유형은 기계, 전기 등과 같이 옥외에서 하는 육체노동에 관련된 직업을 선택하는 경향이 높다.

③ 사회적 유형과 예술적 유형은 매우 높은 상관이 있다.

④ 진로의식의 핵심요소로 직업흥미를 중시한다.

해설 홀랜드(Holland)의 인성이론(RIASEC 6각형 모델)은 개인의 직업선택 행동은 자신의 성격 특성과 환경 특성과의 상호작용에 의해 결정된다고 보고, 같은 직업에 종사하는 사람들은 유사한 성격을 지녔을 것이라는 전제하에 직업선택은 개인의 성격이 반영된 것이라고 보았다. 홀랜드(Holland)는 성격 유형을 현실적(실재형) · 지적(탐구형) · 심미적(예술형) · 사회적(사교형) · 설득적(기업형) · 전통적(관습형) 등 여섯 가지로 분류하고 있다.

Chapter **09**

정답   08. ④   09. ③   10. ④   11. ①

TIP 홀랜드(Holland)의 RIASEC 모형

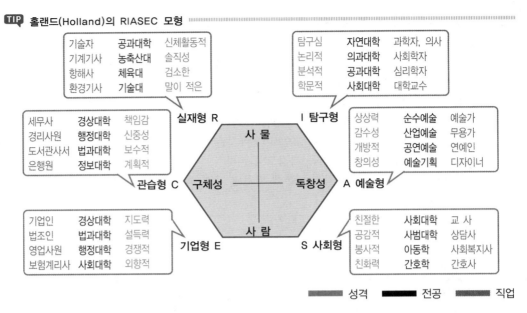

TIP 홀랜드(Holland)의 RIASEC 6각형 모형

직업환경	성격 특성과 직업적응 방향
현실적(실재형, Realistic)	운동신경이 잘 발달되었으며, 손을 사용하거나 체력을 필요로 하는 활동을 선호하며 객관적이고 구체적인 과제를 즐긴다.
지적(탐구형, Investigate)	과업 지향적이고 신중하며 추상적인 일을 즐긴다. 학구적이고 과학적인 영역에서 탁월한 경향이 있다.
심미적(예술형, Artistic)	내향적이고 비사교적이며 민감하고 충동적이다. 언어적이고 예술적인 영역에서 탁월하며 창의적이고 독창적인 경향이 있다.
사회적(사교형, Social)	언어능력과 대인관계 기술이 뛰어나고 다른 사람들과 함께 일하고 또 다른 사람들을 돕는 것을 즐긴다. 사회 지향적이고, 명랑하며, 보수적인 경향이 있다.
설득적(기업형, Enterprising)	남성적인 면이 강하고 타인을 지배하거나 설득하는 능력이 뛰어나다. 비교적 외향적이며, 권력이나 지위 등에 관심이 많다.
전통적(관습형, (Conventional)	틀에 박힌 활동을 좋아하고 법률이나 규칙을 잘 지킨다. 보수적이고, 순응적이며, 사회적인 성향이 있으며, 계산적이고 사무적인 직업을 즐긴다.

12 성격 및 직업 흥미에 관한 홀랜드(Holland)의 이론에 대한 설명으로 옳은 것은? 19. 국가직 7급

① 개인은 일반적으로 6가지 성격(흥미) 영역 중 일부는 더 발달시키고 일부는 덜 발달시킨다.

② 6각형 성격모형은 실재적 성격, 탐구적 성격, 예술적 성격, 기업가적 성격, 자기 이해적 성격, 관습적 성격으로 구성되어 있다.

③ 행동은 타고난 성격에 의해 결정되며, 직업 흥미 또한 일과 관련된 개인의 성격과 관련이 깊다고 전제한다.

④ 홀랜드 이론을 기반으로 한 진로지도는 6가지 성격(흥미) 영역 모두를 균형적으로 발달시키는 데 궁극적 목적이 있다.

> **해설** 홀랜드(Holland)는 같은 직업에 종사하는 사람들은 유사한 성격을 지녔을 것으로 가정하고, 직업선택은 개인의 성격이 반영된 것이라고 보아, 직업에 관련한 사람들의 성격유형을 사물과 사람, 구체성과 독창성의 흥미 정도에 따라 RIASEC 6각형 모형으로 구분하여 제시하였다. ②는 '자기 이해적 성격'이 아니라 '사회적 성격'이며, ③은 개인의 행동은 개인의 흥미(성격)와 환경의 상호작용에 의해 결정되며, ④는 대부분의 사람은 6가지 흥미 유형 중으로 하나로 분류되고 각 직업환경도 그 환경에 맞는 사람을 찾는다. 그러므로 진로지도는 6가지 성격 영역 중 개인에게 맞는 성격을 발달시켜야 한다.

> **TIP** 홀랜드(Holland) 인성이론의 4가지 기본 가정과 5가지 부가적 개념 ▓▓▓▓▓▓▓▓▓▓▓▓▓▓▓▓▓▓▓▓▓

1. 4가지 기본 가정

① 우리 문화 속에서 대부분의 사람은 RIASEC 6가지 흥미유형(성격유형) 중에서 하나로 분류될 수 있다. 각 성격유형은 부모, 생물학적 유전, 물리적 환경, 사회계층, 신념, 동료 등을 포함한 개인적인 요인과 그 외의 다양한 문화 간의 독특한 상호작용에 의한 결과이다.

② 우리들이 살아가는 생활환경이나 직업환경에도 RIASEC 6가지 환경모형이 있다. 이것은 각 환경모형이 유사한 흥미유형을 가진 사람들에 의해 결정되며, 각 개인은 자신과 비슷한 흥미유형의 사람들과 함께 어울려 생활하는 것을 선호한다.

③ 사람들은 자신의 흥미유형에 맞는 직업환경을 추구한다. 각 직업환경도 사회적 상호작용, 구인(求人), 선발과정 등을 통해 환경에 맞는 사람을 찾는다.

④ 개인의 행동은 개인의 흥미(성격)와 환경의 상호작용에 의해 결정된다.

2. 5가지 부가적 개념

① **일치성(congruence)**: 개인의 성격과 직업환경 간의 관계(적합성 정도)를 말하는 것으로, 성격유형과 환경유형이 일치할 때 가장 이상적이다. **예** 사회형(S)은 사회형(S)의 환경에서 일하는 것을 좋아하고, 탐구형(I)은 탐구형(I)의 환경을 좋아한다.

② **변별성(differentiation, 차별성)**: 흥미유형(직업환경)의 뚜렷한 정도를 말한다. **예** 어떤 사람은 RIASEC 6각형 모형 중 지배적인 한 가지 유형에만 속할 수 있는 반면에, 어떤 사람은 큰 차이를 보이지 않고 3가지를 가지고 있거나 6가지 유형에 다 흥미와 능력이 있을 수 있다.

③ **일관성(consistency)**: 육각형 모형상 두 성격유형 간의 근접성을 말하는 것으로 각 성격유형의 유사성과 비유사성을 말한다. **예** 사회형(S)과 기업형(E) 또는 예술형(A)은 서로 일치하는 점이 많으나, 사회형(S)과 실재형(R)은 극명한 차이를 보인다. ⇨ 사회형인 사람들은 현실형보다는 기업형이나 예술형과의 관계를 좋아하고 공통점이 많다. 사회형은 다른 사람과 함께 일하는 것을 좋아하나, 현실형은 혼자 하는 일을 좋아한다.

④ **정체성(identity)**: 개인이 지닌 현재와 미래의 목표, 흥미, 재능의 안정성과 명확성에 관련되는 것으로, 일관성이라는 목표가 달성되면 정체성을 형성할 수 있다.

⑤ **수리적 계산(계측성)**: 육각형 모형에서 흥미유형들 간의 거리는 그들 사이의 이론적 관계에 반비례한다. 가장 이상적인 조합(고상관)은 성격유형과 환경유형이 일치하는 경우 즉, 현실적 유형(R)에 현실적 환경(R)과 같은 경우이다. 다음으로 바람직한 조합(중상관)은 환경유형에 인접한 성격유형이다[**예** 현실적 유형(R)의 경우 관습형(C)과 탐구형(I)에 해당함]. 개인과 환경의 가장 바람직하지 못한 조합(저상관)은 6각형 모형에서 해당 유형이 서로 반대지점에 있을 때 나타난다[**예** 현실적 유형(R)의 경우 사회형(S)에 해당함].

정답 12. ①

13 홀랜드(Holland)가 제안한 직업흥미유형 간 유사성이 가장 낮은 조합은?   20. 국가직

① 탐구적(I) – 기업적(E)

② 예술적(A) – 사회적(S)

③ 사회적(S) – 기업적(E)

④ 예술적(A) – 탐구적(I)

해설 홀랜드(Holland)의 인성이론(RIASEC 6각형 모델)에서 가장 이상적인 조합(고상관)은 성격유형과 환경유형이 일치하는 경우 즉, 현실적 유형(R)에 현실적 환경(R)과 같은 경우이다. 다음으로 바람직한 조합(중상관)은 환경유형에 인접한 성격유형이다[예 예술형(A)과 사회형(S), 사회형(S)과 기업형(E), 예술형(A)과 탐구형(I)에 해당함]. 개인과 환경의 가장 바람직하지 못한 조합(저상관)은 6각형 모형에서 해당 유형이 서로 반대지점에 있을 때 나타난다[예 현실적 유형(R)의 경우 사회형(S)에 해당함].

TIP 직업환경 간의 상관 정도 ‖‖

R-I, I-A, A-S, S-E, E-C, C-R은 고상관, I-E, R-S, E-I, C-A는 저상관, R-A, I-C, I-S, A-E, S-C, E-R은 중상관임.

14 홀랜드(Holland)의 인성이론에 관한 설명으로 알맞지 않은 것은?   13. 지방직

① 직업적 성격으로 현실적, 탐구적, 예술적, 사회적, 설득적, 관습적 유형이 있다고 가정한다.

② 개인의 흥미 분야를 발견하고 그것을 발휘할 수 있는 직업을 찾도록 하는 것이 진로지도의 기본 전략이다.

③ 현실적 유형은 관습적 유형과는 높은 관련성을, 사회적 유형과는 낮은 관련성을 보인다.

④ 진로정체감의 발달이 자아개념과 사회적 역할의 변화에 따라 전생애에 걸쳐 이루어진다고 본다.

해설 ④는 자아개념을 진로발달의 핵심요소로 보고 전생애적 발달이론을 주장한 수퍼(Super)의 진로이론에 해당한다.

15 홀랜드(J. Holland)의 직업 성격 여섯 가지 유형 중 실재적(realistic) 유형에 대한 진술로 가장 적절한 것은?   12. 유초등

① 호기심이 많고 분석적이며 논리적인 활동을 선호한다.

② 지구력이 있으며 기계와 도구에 관한 체계적인 조작 활동을 선호한다.

③ 세밀하고 조심성이 많으며 자료를 기록, 정리, 조직하는 활동을 선호한다.

④ 이해심이 많고 다른 사람과 함께 일하거나 다른 사람을 돕는 활동을 선호한다.

⑤ 통솔력이 있으며 조직의 목적을 달성하기 위해 사람을 관리하는 활동을 선호한다.

해설 실재적(realistic) 유형은 사물과 구체성에 흥미를 두는 성격 유형이다. 운동신경이 잘 발달되었으며 손을 사용하거나 체력을 필요로 하는 활동을 선호하며 객관적이고 구체적인 과제를 즐긴다. 공과대학이나 체육대학 등의 전공이나, 기술자, 기사 등의 직업에 해당한다. ①은 탐구형(I), ③은 관습형(C), ④는 사교형(S), ⑤는 기업형(E)에 해당한다.

16 영철이의 진로선택 요인을 가장 잘 설명해 주는 상담이론은?

11. 유·초등임용

김 교사는 '진로와 직업'이라는 집단상담 프로그램을 학생들에게 실시하였다. 김 교사는 학생들에게 직업카드를 보여주고 좋아하는 직업을 선택하게 한 후 그 이유를 발표하게 하였다. 변호사 카드를 선택한 영철이는 변호사가 되어 억울한 사람을 도와주고 싶다고 말하였다. 영철이는 최근 아버지가 친구의 빚보증을 섰다가 억울하게 법적 소송에 휘말려 어려움을 겪고 있는 사정을 이야기하였다.

① 로우(A. Roe)의 욕구이론
② 홀랜드(J. Holland)의 인성이론
③ 파슨스(F. Parsons)의 특성－요인이론
④ 크럼볼츠(J. Krumboltz)의 사회학습이론
⑤ 해켓과 베츠(G. Hackett & N. Betz)의 자기효능감 이론

해설 영철이가 처한 가정환경에서의 특정한 사건, 즉 아버지가 법적 소송에 휘말린 일이 직업선택(변호사)에 영향을 주고 있으므로, 크럼볼츠(J. Krumboltz)의 사회학습이론에 해당한다.

TIP 크럼볼츠(J. Krumboltz)의 사회학습이론 ▍▍

1. 개요 : 진로결정에 관한 의사결정 모델
   ① 교육적·직업적 선호 및 기술이 어떻게 획득되며, 교육 프로그램, 직업, 현장의 일들이 어떻게 선택되었는가를 설명하기 위해 발달된 이론으로, 진로결정은 학습된 기술로 본다.
   ② 강화이론(Skinner), 고전적 행동주의 이론(Pavlov), 인지적 정보처리이론에 기원을 두고 있으며, 특히 행동에 대한 사회학습이론(Bandura)을 기초로 개인의 성격과 행동은 그의 독특한 학습경험에 의해서 가장 잘 설명될 수 있다고 가정하면서, 진로 의사결정에 영향을 미치는 요인들의 상호작용을 규명하고 있다.

2. 진로결정 요인

유전적 요인과 특별한 능력 (genetic endowments & special abilities)	개인의 진로기회를 제한하는 타고난 특질로 교육적·직업적인 선호나 기술에 제한을 줄 수 있는 자질을 말한다. 예 인종, 성별, 신체적인 모습과 특징, 지능, 예술적 재능, 근육의 기능 등
환경적 조건과 사건 (environmental conditions & events)	기술개발, 활동, 진로선호 등에 영향을 미치는 환경에서의 특정한 사건으로 개인이 통제할 수 있는 것일 수도 있고 없는 것일 수도 있으며, 계획된 것일 수도 있고 우연적인 것일 수도 있다. 예 우연하게 얻은 취업의 기회
학습경험 (learning experiences)	사회학습이론에서 가장 중요하게 여기는 요인으로, 도구적 학습경험(instrumental learning experiences)과 연상적 학습경험(associate learning experiences, 연합적 학습경험)을 모두 포함한다. ① 도구적 학습경험(Skinner) : 어떤 행동이나 인지적 활동에 대해 강화를 받을 때 나타나며, 선행사건－행동－후속결과의 과정으로 이루어진다. 과거의 학습경험이 교육적·직업적 행동에 대한 도구로 작용한다. ② 연상적 학습경험(Pavlov) : 두 자극(이전에 경험한 감정적 중립적 사건·자극－정서적 비중립적 사건·자극)이 연결될 때 일어난다.
과제접근기술 (task approach skills)	개인이 어떤 과제를 성취하기 위해 동원하는 기술로, 위 세 가지 요인(유전적 요인, 환경적 조건과 사건, 학습경험)의 상호작용의 결과로 습득된다. 예 수행에 대한 기대, 작업 습관, 문제해결기술, 정보수집능력, 인지적 과정, 감성적 반응 등

정답 13. ① 14. ④ 15. ② 16. ④

Chapter
09

Chapter

10

교육평가

핵심 체크노트

1. **교육평가의 기초**
   ① **교육평가의 관점**: 측정관, 평가관, 총평관
   ② **교육관과 평가관**: 선발적 교육관(측정관), 발달적 교육관(평가관), 인본적 교육관(총평관)
2. **교육평가의 모형**: 목표 중심 모형(Tyler), 가치판단모형(Scriven, Stake, Eisner), 의사결정모형(Stufflebeam, Alkin)
3. **교육평가의 유형**
   ★① **평가기준에 따른 유형**: 규준참조평가(상대평가), 준거참조평가(절대평가), 자기참조평가(성장참조평가 & 능력참조평가)
   ★② **평가기능에 따른 유형**: 진단평가, 형성평가, 총괄평가
   ★③ **평가전통에 따른 유형**: 수행평가(performance assessment)
4. **평가도구**: 타당도, 신뢰도, 객관도, 실용도
   ★① **타당도**: 내용타당도, 준거타당도(공인타당도, 예언타당도), 구인타당도, 결과타당도
   ★② **신뢰도**: 재검사신뢰도, 동형검사신뢰도, 내적일관성 신뢰도(반분신뢰도, 문항내적 합치도)
   ③ **신뢰도에 영향을 주는 변인**: 검사, 검사집단, 검사상황 변인
   ④ **신뢰도와 타당도의 관계**: 타당도 ⊂ 신뢰도
5. **문항분석**
   ① **고전검사이론**: 문항난이도, 문항변별도, 문항반응분포
   ② **문항반응이론**: 문항특징곡선(S자형)

제 1 절 ┃ 교육평가의 모형

01 다음 중 교육평가모형에 대한 설명으로 옳지 않은 것은?

10. 국가직

① 타일러(Tyler)는 행동적 용어로 진술된 목표와 학생의 성취도와의 일치 정도를 알아보는 데 평가의 초점을 맞추고 있다.
② 아이즈너(Eisner)는 교육평가가 예술작품을 비평하는 것과 같은 방식으로 이루어져야 한다고 주장하였다.
③ 스크리븐(Scriven)은 프로그램이 의도했던 효과만을 평가하고 부수적인 효과는 배제하였다.
④ 스터플빔(Stufflebeam)은 의사결정에 유용한 정보를 획득·기술·제공하는 과정으로 평가를 정의하였다.

해설 스크리븐(Scriven)이 제시한 탈목표모형(goal-free evaluation)에서는 평가란 교육 프로그램의 의도적 효과뿐만 아니라 의도하지 않은 부수 효과까지 포함하여 실제 효과에 대한 가치판단을 하는 것을 의미한다. 특히 교육 프로그램의 부수효과 확인을 위해 교육목표 대신 표적집단의 요구를 평가의 준거로 사용하기 때문에 '요구근거평가(need based evaluation)'라고도 한다.

TIP 교육평가에 대한 다양한 관점에 기초한 교육평가모형 비교 ▨▨▨▨▨▨▨▨▨▨▨▨▨▨▨▨▨▨▨▨▨▨▨

관점		대표자	평가에 대한 정의	특징	의의 및 한계
목표 중심적 접근	목표 모형	타일러	미리 설정된 목표가 실현된 정도를 판단하는 것	목표의 실현 정도를 파악하는 데 초점	• 의의: 명확한 평가기준 제시 / 교육목표, 교육과정, 평가 간의 논리적 일관성 확보 • 한계: 행동용어로 진술하기 어려운 목표에 대한 평가의 어려움, 교육의 부수효과에 대한 평가 곤란 / 과정에 대한 평가 소홀
	EPIC 모형	해몬드	목표 달성 여부 및 프로그램의 성패에 영향 요인을 평가	행동(3) × 수업(5) × 기관(6)의 차원의 3차원적 평가 구조 제시 ⇨ 90가지 요인	목표를 포괄적으로 확대시킴.
가치 판단적 접근	탈목표 평가	스크리븐	프로그램의 실제 효과에 대한 가치 판단	• 프로그램 개선에 관심을 두는 형성평가 중시 • 교육목표 대신 표적집단의 요구 중시(요구근거평가)	• 의의: 타일러 모형의 단점을 보완, 즉 의도하지 않은 부수효과에 대한 평가 가능 • 한계: 평가자의 전문성이 전제되지 않는 한 평가결과를 신뢰하기 어려움.
	종합 실상 평가	스테이크	프로그램의 기술 및 판단 평가	프로그램의 선행요건, 실행요인, 성과요인 등에 대한 기술과 가치판단	크론바흐와 스크리븐의 관점을 통합
	비평적 평가	아이즈너	예술적 비평의 과정	평가자의 교육적 감식안(심미안)과 교육비평 강조	개별적인 교육현상의 고유성을 살리는 평가 제안
경영적 접근 (의사 결정적 접근)	CIPP 모형	스터플빔	의사결정자에게 필요한 정보를 제공하여 의사결정을 돕는 과정	• 상황 − 투입 − 과정 − 산출평가 • 투입과 산출을 기준으로 전체평가 과정의 효율성을 가늠하는 데 초점	• 의의: 목표와 결과 간에 논리적 일관성 유지 / 평가자의 임무를 의사결정자에게 도움을 주는 것으로까지 확대 • 한계: 기업에 비해 투입과 산출이 가시적·즉각적이지 않은 교육현장에 적용하기 어려움.
	CSE 모형	앨킨	의사결정자에게 의사결정에 필요한 정보 제공 과정	CIPP 과정평가를 실행평가와 개선평가로 구분	

정답   01. ③

02 방과 후 학교 프로그램을 평가하는 데 참여한 각각의 교사들이 선호하는 교육평가모형을 가장 적
□□□ 절하게 짝지은 것은?

11. 유·초등임용

> • 김 교사 : 목표 달성 여부를 확인하기 위해 프로그램에 참여한 학생들의 학업성취도를 평가
> 하는 것이 좋겠습니다.
> • 이 교사 : 제 생각에는 평가의 주된 목적은 프로그램 개선을 위한 의사결정을 돕는 데 있다
> 고 봅니다. 이를 위해서는 상황, 투입, 과정, 산출의 네 가지 측면에서 프로그램을 평가하는
> 것이 좋다고 생각합니다.
> • 박 교사 : 저는 프로그램의 부수적인 효과까지 평가항목에 포함해 분석하는 것이 더 좋다고
> 생각합니다. 목표달성에는 실패했지만 부수적인 효과가 큰 경우 그 프로그램을 계속 채택
> 할 수 있기 때문입니다.

	김 교사	이 교사	박 교사
①	타일러(Tyler) 모형	스테이크(Stake) 모형	스터플빔(Stufflebeam) 모형
②	타일러 모형	스터플빔 모형	스크리븐(Scriven) 모형
③	타일러 모형	스크리븐 모형	스테이크 모형
④	스테이크 모형	스크리븐 모형	타일러 모형
⑤	스테이크 모형	타일러 모형	스크리븐 모형

해설 교육평가모형 중 김 교사는 목표달성모형, 이 교사는 의사결정모형, 박 교사는 탈목표모형(가치판단모형)을 선호하
고 있다. 그러므로 김 교사의 경우는 프로그램의 목표달성 확인 여부를 검증할 수 있는 타일러(Tyler)의 목표달성모형이,
이 교사의 경우는 프로그램의 의사결정을 돕는 스터플빔(Stufflebeam)의 CIPP 평가(상황 - 투입 - 과정 - 산출평가)가,
박 교사의 경우는 프로그램의 의도적 효과뿐만 아니라 부수적 효과까지 포함하여 실제 효과에 대한 가치판단이 가능한
스크리븐(Scriven)의 탈목표모형이 가장 적절하다.

03 〈보기〉에서 목표 중심 평가의 장점을 골라 바르게 묶은 것은?
□□□

05. 중등임용

> ┌ 보기 ┐
> ㉠ 교육목표를 행동적 용어로 진술하여 명확한 평가기준을 제시한다.
> ㉡ 교육목표, 교육내용, 교육평가 간의 논리적 일관성을 유지해 준다.
> ㉢ 교육평가에서 평가자와 의사결정자의 역할이 명확하게 구분된다.
> ㉣ 교육목표로 설정되지 않은 부수적 교육활동에 대한 평가가 용이하다.

① ㉠, ㉡   ② ㉠, ㉣
③ ㉡, ㉢   ④ ㉢, ㉣

해설 타일러(Tyler)의 목표달성모형에서 평가는 설정된 행동목표와 학생의 실제 성취수준을 비교하는 활동이다. 설정
된 교육목표를 행동적 용어로 세분화(이원목표 분류)하기에 교육목표와 학생 성취 간의 합치 여부를 체계적이고 논리적으
로 검증 가능하다. 그러나 행동용어로 진술하기 어려운 목표에 대한 평가가 어렵고, 의도하지 않은 부수적 교육효과 평가가
곤란하다는 단점이 있다.
㉢은 스터플빔(Stufflebeam)이나 앨킨(Alkin)의 의사결정모형에 해당한다. 의사결정모형은 평가를 교육과 관련된 의사결정
자에게 유용한 정보를 제공함으로써 의사결정을 돕는 과정으로 본다. ㉣은 스크리븐(Scriven)의 탈목표모형에 해당한다.
의도된 효과뿐만 아니라 의도되지 않은 부수효과까지 포함하여 실제효과에 대한 가치판단이 가능하다.

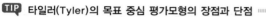

TIP 타일러(Tyler)의 목표 중심 평가모형의 장점과 단점

장점	단점
• 교육평가를 하나의 독립된 학문영역으로 발전시킴. • 명확한 평가기준(교육목표)을 제시함. • 교육과정과 평가의 논리적 일관성을 유지함. • 교사들이나 교육 프로그램 개발자들에게 책무성을 가지도록 자극함. • 평가를 통해 교육목표의 실현 정도를 파악함. • 교육과정과 평가를 연계시킴.	• 행동 용어로 진술하기 어려운 교육목표에 대한 평가가 곤란 • 의도하지 않은 부수적 교육효과 평가가 불가능 • 교육성과에만 관심을 가지므로 본질적인 교육과정의 개선에 한계가 있음. • 기술적 합리성만을 중시함으로써 교육의 정치·사회적 역할이나 윤리·도덕적 역할과 같은 복합적 측면 평가가 불가능 • 정의적 영역의 평가가 어려움.

04 김교사는 스크리븐(M. Scriven)의 판단모형을 활용하여 학교의 '특기적성교육' 프로그램을 평가하고자 한다. 이때 활용할 수 있는 평가 방안으로 적절하지 않은 것은? 07. 중등임용

① 비교평가와 비(非)비교평가
② 경험과학적 평가와 예술비평적 평가
③ 목표 중심 평가와 탈목표(goal-free)평가
④ 내재적 준거에 의한 평가와 외재적 준거에 의한 평가

해설 스크리븐의 탈목표모형(goal-free evaluation)은 평가를 평가자의 전문성을 이용하여 평가대상의 가치와 장점을 체계적으로 판단하는 가치판단모형에 해당한다. 가치판단의 기준과 방법에 따라 평가방법은 비교평가(프로그램의 가치를 다른 프로그램과 비교)와 비(非)비교평가(프로그램 자체의 속성, 즉 가치, 장단점, 효과 등에 의한 평가), 목표 중심 평가(의도된 목표 달성 여부)와 탈목표 중심 평가(목표 이외의 부수적 결과 평가), 내재적 준거(프로그램에 내재하는 기본적 속성 예 목표 진술, 내용선정과 조직)에 의한 평가와 외재적 준거(프로그램이 발휘하는 기능적 속성 예 실제 운영 상황, 프로그램의 효과)에 의한 평가가 있다. ②는 아이즈너(Eisner)의 평가모형이다.

05 〈보기〉에서 스터플빔(D. L. Stufflebeam)의 CIPP 모형에 해당하는 설명을 바르게 묶은 것은? 08. 중등임용

보기
㉠ 평가자의 주관적인 전문성을 가장 중요한 평가전략으로 간주한다.
㉡ 평가구조의 차원을 수업, 기관, 행동으로 구성된 3차원으로 구분한다.
㉢ 평가자의 역할은 최종적인 가치판단이 아니라, 충분한 정보를 수집·제공하는 것이다.
㉣ 조직의 관리과정 및 의사결정을 중심으로 평가활동을 수행해야 한다는 점을 강조한다.

① ㉠, ㉡   ② ㉠, ㉢
③ ㉡, ㉣   ④ ㉢, ㉣

정답 02. ② 03. ① 04. ② 05. ④

해설 CIPP 평가모형에서 평가란 의사결정에 필요한 유용한 정보를 수집하여 의사결정자에게 제공함으로써 의사결정을 돕는 과정이다. ㉠은 아이즈너(Eisner), ㉡은 해몬드(Hamond)의 평가모형에 해당한다.

TIP 스터플빔(Stufflebeam)의 CIPP 모형

의사결정 상황	의사결정 유형	평가 유형	특징
전면개혁 상황	계획된 의사결정 (planning decisions)	상황평가 (맥락평가, 요구평가, context evaluation)	목표 확인과 선정을 위한 의사결정 ⇨ 목표 예 체제분석, 조사, 문헌연구, 면접, 진단검사, 델파이 기법 등
현상유지 상황	구조적 의사결정 (structuring decisions)	투입평가 (input evaluation) ⇨ 의도된 교육과정 평가 상황	선정된 목표의 달성에 적합한 전략 과 절차의 설계 ⇨ 계획
점진적 개혁 상황	수행적 의사결정 (implementing decisions)	과정평가 (process evaluation) ⇨ 전개된 교육과정 평가 상황	수립된 설계와 전략을 실행하기 위 한 의사결정 ⇨ 실행 예 참여관찰, 토의, 설문조사
혁신적 변화 상황	재순환적 의사결정 (recycling decisions)	산출평가 (product evaluation)	목표 달성 정도의 판단, 프로그램 계속 여부 결정 ⇨ 결과

06 스터플빔(D. L. Stufflebeam)의 의사결정 평가 모형에 대한 설명으로 옳은 것만을 모두 고르면?

23. 국가직 7급

> ㄱ. 경영자의 결정에 판단적 정보를 제공한다는 점에서 경영자 위주의 접근이라고 불린다.
> ㄴ. 상황(Context)평가, 투입(Input)평가, 과정(Process)평가, 산출(Product)평가로 구성된다.
> ㄷ. 평가의 주된 목적은 목표 실현 정도를 파악하는 데 있다.
> ㄹ. 예술작품을 비평하는 것과 같은 전문가의 감식안(connois-seurship)에 근거한 평가를 의사결정에 활용할 것을 제안하고 있다.

① ㄱ, ㄴ
② ㄱ, ㄹ
③ ㄴ, ㄷ
④ ㄷ, ㄹ

해설 스터플빔(Stufflebeam)은 CIPP모형은 교육평가를 학교경영의 입장에서 접근하는 의사결정 모형에 해당한다. 이 모형에서 교사(평가자)의 역할은 의사결정자(학교장)에게 충분한 정보를 수집·제공하는 것이며, 학교장의 역할은 최종적인 가치판단에 있다. 상황(Context)평가, 투입(Input)평가, 과정(Process)평가, 산출(Product)평가로 구성된다. ㄷ은 타일러(Tyler)나 해몬드(Hammond)의 목표중심모형에 해당하며, ㄹ은 아이즈너(Eisner)의 예술적 평가모형에 해당한다.

제2절 / 교육평가의 유형(형태)

1 평가기준에 따른 구분 : 상대평가, 절대평가, 자기참조평가

01 평가에 관한 설명으로 옳지 않은 것은?   08. 국가직 7급

① 규준참조평가는 개인의 성취수준을 비교집단의 규준에 비추어 판단하는 평가방법이다.

② 성장참조평가는 각 성장단계에서 학습자의 최종 성취결과를 확인하는 평가방법이다.

③ 능력참조평가는 학생이 지닌 능력에 비추어 얼마나 최선을 다했는지를 중시하는 평가방법이다.

④ 준거참조평가는 성취목표를 기준으로 목표의 달성 여부 또는 달성 정도를 확인하는 평가방법이다.

> **해설** 교육평가는 평가기준(준거)에 따라 규준참조평가, 준거참조평가, 성장참조평가, 능력참조평가로 구분한다. 성장참조평가는 교육과정을 통하여 얼마나 성장하였느냐에 관심을 두는 평가로, 최종 성취수준보다는 초기 능력수준에 비추어 얼마만큼 능력의 향상을 보였느냐를 강조하는 평가이다. ②는 준거참조평가(절대평가)에 해당한다.

> **TIP** 평가기준에 따른 교육평가 유형

평가기준	주관적 기준		임의평가
객관적 기준	학습자 외부기준	상대평가(규준참조평가) ⇨ 상대적 기준(집단의 평균과 개인의 원점수 간 차이, 즉 편차점수)	
		절대평가(준거참조평가) ⇨ 절대적 기준(학습목표)	
	학습자 내부기준 (자기참조평가)	성장지향평가(성장참조평가) ⇨ 성장 정도, 변화 과정	
		능력지향평가(능력참조평가) ⇨ 수행능력 발휘 정도	

02 평가기준에 따른 평가유형에 대한 설명으로 옳지 않은 것은?   17. 국가직 7급

① 규준참조(norm-referenced)평가 - 서열화가 쉽고 경쟁 유발에 유리하다.

② 능력참조(ability-referenced)평가 - 모든 학생들에게 동일한 평가기준의 적용이 가능하다.

③ 성장참조(growth-referenced)평가 - 사전능력수준과 현재능력수준 간의 차이를 참조하여 평가한다.

④ 준거참조(criterion-referenced)평가 - 학습결과에 대한 직접적인 정보제공을 통해 교수·학습을 개선할 수 있다.

> **해설** 교육평가는 평가기준(준거)에 따라 규준참조평가, 준거참조평가, 성장참조평가, 능력참조평가로 구분한다. 이 중 능력참조평가는 학생이 지닌 능력에 비추어 얼마나 최선을 다했는지를 중시하는 평가방법으로, 성장참조평가와 함께 평가기준을 학습자 내부에 설정하는 자기참조평가에 해당한다.

정답   06. ① / 01. ②   02. ②

03 상대평가와 절대평가의 특성에 대한 설명으로 옳지 않은 것은? `13. 국가직`

	상대평가	절대평가
①	신뢰도 강조	타당도 강조
②	규준지향	목표지향
③	편포곡선 기대	정상분포곡선 기대
④	선발적 교육관 강조	발달적 교육관 강조

해설 상대평가는 개인차 변별을 위해 평균을 중심으로 한 검사점수의 정상분포를 기대하지만, 절대평가는 기대되는 목표가 최저 수준에서 결정되기 때문에 검사점수의 부적 편포를 기대한다.

04 규준참조평가(norm-referenced evaluation)에 관한 진술로 가장 거리가 먼 것은? `06. 중등임용`

① 규준이란 교과에서 설정한 학습목표이다.
② 학생 상호간의 점수 경쟁을 조장할 수 있다.
③ 개인의 집단 내 상대적 위치에 대한 정보 파악이 용이하다.
④ '수·우·미·양·가'의 평어를 부여할 때는 미리 정해 놓은 각 등급의 배당비율을 따른다.

해설 규준참조평가(norm-referenced evaluation)에서 규준(norm)은 평가를 치룬 집단의 평균치를 의미하며, 교과에서 설정한 학습목표는 준거지향평가의 '준거'에 해당한다.

05 〈보기〉의 대화에서 학부모가 원하는 정보를 제공하는 데 가장 적합한 평가유형은? `06. 중등임용`

> ┌ 보기 ┌
> • 학부모: 우리 주현이 수학시험 성적은 어떤가요?
> • 최교사: 반에서 10등쯤 합니다.
> • 학부모: 그런가요? 그런데 저는 등수보다 우리 아이가 무엇을 할 줄 아는지를 더 알고 싶어요. 두 자릿수 뺄셈을 제대로 할 줄 아는지, 그런 것들을 좀 알고 싶어요.

① 규준지향평가(norm-referenced evaluation)
② 준거지향평가(criterion-referenced evaluation)
③ 능력지향평가(ability-referenced evaluation)
④ 성장지향평가(growth-referenced evaluation)

해설 준거지향평가(절대평가)는 준거(criterion)인 학습목표에 비추어 학습자들이 무엇을 얼마만큼 알고 있느냐에 관심을 두는 평가이다. 〈보기〉에서 학부모는 학생의 등수보다 뺄셈의 준거를 토대로 두 자릿수 뺄셈을 제대로 할 줄 아는지에 관심을 두고 있으므로 준거지향평가에 관심을 두고 있음을 알 수 있다.

06 준거지향평가(criterion-referenced evaluation)로 학생들의 성취도를 평가하고자 할 때 평가의 근거가 되는 것은?

10. 국가직

① 학습동기   ② 성취목표

③ 학생의 요구   ④ 전체집단의 성적분포

해설   준거지향평가(절대평가)는 평가기준을 절대적 기준(준거), 즉 교육과정을 통해 달성하려는 수업목표에 둔다. ④는 상대평가, 즉 규준지향평가의 평가 근거에 해당한다.

07 준거참조평가의 특징으로 옳은 것만을 모두 고르면?

21. 지방직

> ㉠ 경쟁을 통한 학습자의 외적 동기 유발에 부족하다.
> ㉡ 탐구정신 함양, 지적인 성취동기 자극 등을 장점으로 들 수 있다.
> ㉢ 고등 정신능력의 함양보다는 암기 위주의 학습을 유도할 가능성이 있다.
> ㉣ 일정 점수 이상을 획득한 대상에게 자격증을 부여할 때 주로 사용하는 평가이다.

① ㉡, ㉢   ② ㉢, ㉣

③ ㉠, ㉡, ㉣   ④ ㉠, ㉡, ㉢, ㉣

해설   준거참조평가(criterion-referenced evaluation, 절대평가)는 성취목표를 기준으로 목표의 달성 여부 또는 달성 정도를 확인하는 평가방법이다. ㉢은 규준참조평가(norm-referenced evaluation, 상대평가)의 단점에 해당한다.

08 준거지향평가의 특성을 가장 잘 설명한 것은?

97. 중등임용

① 개인차를 변별하는 데 목적을 둔다.

② 개인 간 점수의 분산이 클수록 우수한 검사이다.

③ 일반적으로 50% 정도의 난이도를 유지한다.

④ 학습자의 구체적인 성취행동에 초점을 맞춘다.

해설   준거지향평가는 현재 성취수준이나 행동목표의 도달 정보를 알아보기 위한 평가로 학습자의 구체적인 성취행동에 초점을 맞춘다. ① 학습목표 달성 여부 또는 도달 정도를 확인하는 데 목적을 두며, ② 개인 간 점수의 분산이 크면 평균으로부터 거리가 먼 점수가 많다는 것이므로 우수한 검사라고 할 수 없고, ③ 이원목표분류표를 충분히 반영한다면 100%의 난이도라도 좋은 문항이라고 볼 수 있다. ①, ②, ③은 규준지향평가(상대평가)의 특성이다.

정답   03. ③   04. ①   05. ②   06. ②   07. ③   08. ④

TIP 절대평가의 장단점

장점	① 교육의 질적 향상 도모를 위한 자료를 제공한다. ② 교수－학습 개선에 공헌한다. ③ 경쟁보다는 협동학습을 강조한다. ④ 진정한 의미의 학습효과를 측정할 수 있다. ⑤ 현재의 학습결손에 대한 정보를 제공한다. ⑥ 긍정적 자아개념 형성에 도움을 준다. ⑦ 설정된 수업목표에 도달하는 것을 전제하기 때문에 학생이나 교사 모두에게 학습목표 달성에 대한 신념을 갖게 한다.
단점	① 평가기준(절대기준)을 선정하기가 어렵다. ② 개인차 변별이 어렵다. ③ 정상분포를 부정하므로 평가결과에 대한 통계적 처리가 곤란하여 점수를 활용할 수 없다. ④ 외재적 동기 유발에 부적합하다. ⑤ 학생 모두가 수업목표에 도달하는 것을 전제하므로 결과적으로 도달 가능한 목표의 최저수준만 요구하게 된다. ⑥ 세분화된 수업목표를 모두 달성했다고 해서 목표 전체를 달성했다고 보기는 어렵다. ⑦ 수업목표는 수업 전에 미리 제시되므로 목표 이외의 학습활동이나 결과는 무시할 수 있다. ⑧ 신뢰도 산출에 문제가 있다.

09 다음 중 규준참조평가(norm－referenced evaluation)와 준거참조평가(criterion－referenced evaluation)의 차이에 대한 올바른 진술로 짝지은 것은?

07. 유·초등임용

> ㉠ 규준참조평가는 발달적 교육관에 근거하지만, 준거참조평가는 선발적 교육관에 근거한다.
> ㉡ 규준참조평가에서는 변별도보다 타당도가 중시되지만, 준거참조평가에서는 타당도보다 변별도가 중시된다.
> ㉢ 규준참조평가에서는 다른 학생들보다 높은 점수를 얻기 위해 노력해야 하지만, 준거참조평가에서는 목표에 도달하고자 노력해야 한다.
> ㉣ 규준참조평가에서의 원점수는 규준에 따라 상대적으로 해석되지만, 준거참조평가에서의 원점수는 설정된 기준에 따라 일정한 의미를 지닌다.

① ㉠, ㉡   ② ㉠, ㉢   ③ ㉡, ㉢   ④ ㉢, ㉣

해설 규준참조평가는 선발적 교육관에 근거하며 변별도를 중시하고, 준거참조평가는 발달적 교육관에 근거하며 타당도를 중시한다.

TIP 상대평가와 절대평가의 비교

구분	상대평가	절대평가
평가기준	상대적 순위(집단의 평균과 편차)	준거(절대기준, 교육목표)
교육관	선발적 교육관(선발·분류 중시)	발달적 교육관(성장·발달 중시)
평가관	측정관	평가관
평가목적	개인차 변별(상대적 비교, 서열화)	교육목표(도착점행동) 달성도 판단
평가범위	광범위한 범위	보다 규명된 영역
검사의 특징	속도검사(speed test)	역량검사(power test)
원점수에 대한 태도	원점수보다 규준점수 중시	원점수 그 자체를 중시
검사의 기록	규준점수(석차, 백분위, 표준점수)	원점수와 준거점수
평가의 1차 책임	학습자	교사
강조되는 동기	외재적 동기(경쟁)	내재적 동기(성취감, 지적 호기심)
적용	입학시험, 심리검사	각종 자격시험, 초등학교 저학년 평가, 학습위계가 뚜렷한 과목(예 수학, 과학)의 평가, 형성평가
지향분포	정상분포곡선	부적편포곡선(좌경 분포)
검사양호도	신뢰도 강조	타당도 강조
문항난이도	다양한 수준(쉬운 문항과 어려운 문항)	적절한 수준
평가방법	집단 내 상대적 위치 비교 예 상위 10% 이내는 '수'	개인의 수행수준 사정 혹은 분류 예 수업목표 90% 달성이면 '수'
기본가정	개인차 극복 불가능	개인차 극복 가능
측정	일반적이고 포괄적인 수준의 행동	매우 구체화시킨 행동
일반화 가능성	검사결과를 일반화할 수 없음. ⇨ 상대평가에서 점수는 규준집단에 비추어 해석되므로 그 결과를 다른 집단으로 일반화하기가 어렵다.	검사결과를 전집영역으로 일반화함. 예 절대평가에서는 시험에 대한 정답률이 80%일 경우 문항전집에 대한 정답률도 80%일 것으로 해석된다.

10 규준참조평가(norm-referenced evaluation)와 비교할 때, 준거참조평가(criterion-referenced evaluation)의 특징으로 가장 옳은 것은?   15. 지방직

① 정규분포곡선과 표준점수를 기초로 한다.
② 선발적 교육관보다는 발달적 교육관에 근거한다.
③ 검사도구의 타당도보다는 신뢰도와 문항곤란도를 중시한다.
④ 학생들 사이의 개인차를 강조함으로써 경쟁심을 조장할 수 있다.

해설 준거참조평가는 적절한 교수 - 학습 방법만 제시되면 누구나 교육(인지적 영역)을 받을 수 있으며, 개인차는 극복될 수 있다고 보는 발달적 교육관에 토대를 둔 평가유형이다.
①, ③, ④는 규준참조평가에 대한 설명이다. 규준참조평가는 특정 능력이 있는 소수 학습자만 교육을 받을 수 있으며, 개인차는 극복될 수 없다고 보는 선발적 교육관에 토대를 둔 평가유형이다.

정답 09. ④ 10. ②

11 규준지향평가와 준거지향평가를 비교할 때 옳지 않은 것은?   16. 국가직 7급
□□□

구분	규준지향평가	준거지향평가
① 목적	상대적 서열 평가	목표 달성도 평가
② 검사문항	적절한 난이도와 변별도 강조	난이도와 변별도가 강조되지 않음.
③ 득점분포	정규분포를 기대함.	부적 편포를 기대함.
④ 신뢰도 및 타당도	타당도 강조	신뢰도 강조

해설 규준지향평가는 학생들의 상대적 서열 비교에 관심을 두는 선발적 교육관에 근거하기에 검사도구의 신뢰도를 중시하지만, 준거참조평가는 학생들의 교육목표 도달 여부에 관심을 두는 발달적 교육관에 근거하기에 검사도구의 타당도를 보다 중시한다.

12 능력참조평가(ability-referenced evaluation)와 성장참조평가(growth-referenced evaluation)
□□□ 의 특징을 〈보기〉의 내용과 옳게 짝지은 것은?   09. 유 · 초등임용

보기
㉠ 학생들의 상대적 서열에 초점을 맞춰 능력의 변별에 관심을 둔 평가이다.
㉡ 학생들의 성장단계를 고려해 학년별 성취목표의 달성 여부에 관심을 둔 평가이다.
㉢ 학생들이 자신의 능력수준에서 그 능력을 얼마나 발휘하느냐에 관심을 둔 평가이다.
㉣ 교수 - 학습 과정을 통한 변화에 관심을 두며 초기 능력수준에 비해 얼마만큼 능력의 향상을 보였느냐를 강조하는 평가이다.

	능력참조평가	성장참조평가		능력참조평가	성장참조평가
①	㉠	㉡	②	㉠	㉣
③	㉢	㉡	④	㉢	㉣
⑤	㉣	㉡			

해설 능력참조평가는 학생이 지니고 있는 능력에 비추어 얼마나 최선을 다했느냐, 얼마나 능력을 발휘하였느냐에 관심을 두는 평가이다. 개인을 위주로 개별적 평가를 실시하며, 능력을 얼마나 발휘하였느냐에 관심을 두므로 표준화 적성검사에도 사용할 수 있다. 성장참조평가는 교육과정을 통하여 얼마나 성장하였느냐에 관심을 두는 평가로, 최종 성취수준보다는 초기 능력 수준에 비추어 얼마만큼 능력의 향상을 보였느냐를 강조하는 평가이다. 사전 능력 수준과 관찰 시점에 측정된 능력 수준 간의 차이에 관심을 두므로, 학생들에게 학업증진의 기회 부여와 개인화를 강조한다.
㉠은 상대적 서열에 초점을 맞추는 규준참조평가(상대평가), ㉡은 성취목표의 달성을 중시하는 준거참조평가(절대평가)에 해당한다.

TIP 규준지향평가, 준거지향평가, 성장지향평가, 능력지향평가의 비교 ||||||||||||||||||||||||||||||||

구분	규준지향평가	준거지향평가	성장지향평가	능력지향평가
강조점	상대적 서열	특정영역의 성취	능력의 변화	최대능력 발휘
교육신념	개인차 인정	완전학습	개별학습	개별학습
비교대상	개인과 개인	준거와 수행	개인의 성장 및 변화의 정도	개인의 수행정도와 고유능력
개인차	극대화	극대화하지 않음.	고려하지 않음.	고려하지 않음.
이용도	분류, 선발, 배치	자격부여	학습 향상	최대능력의 발휘
강조점	평가의 행정적 기능	평가의 교수적 기능		

13 성장참조평가에 대한 설명으로 옳은 것만을 모두 고르면?   22. 국가직
□□□

> ㉠ 교육과정을 통하여 학생이 얼마나 성장하였는지에 관심을 둔다.
> ㉡ 학업 증진의 기회를 부여하고 평가의 개별화를 강조한다.
> ㉢ 사전 측정치와 현재 측정치의 상관이 높을수록 타당한 결과를 얻을 수 있다.
> ㉣ 대학 진학이나 자격증 취득을 위한 행정적 기능이 강조되는 고부담검사에 적합하다.

① ㉠, ㉡   ② ㉢, ㉣   ③ ㉠, ㉡, ㉢   ④ ㉡, ㉢, ㉣

해설 성장참조평가(growth-referenced evaluation)는 교육과정을 통하여 얼마나 성장하였느냐에 관심을 두는 평가로, 최종 성취수준보다는 초기 능력수준에 비추어 얼마만큼 능력의 향상을 보였느냐를 강조하는 평가이다. 능력의 변화(향상) 정도에 초점을 두기 때문에 사전 측정치와 현재 측정치의 상관이 낮을수록 타당한 결과를 얻을 수 있다. ㉣은 규준참조평가(상대평가)에 해당한다.

14 다음 설명에 해당하는 교육평가의 유형은?   23. 지방직
□□□

> • 평가의 교수적 기능을 중시한다.
> • 최종 성취수준에 대한 관심보다는 사전 능력 수준과 현재 능력 수준의 차이에 관심을 둔다.
> • 고부담시험보다는 영향력이 낮은 평가에서 사용하는 것이 바람직하다.

① 규준참조평가   ② 준거참조평가   ③ 능력참조평가   ④ 성장참조평가

해설 인본주의 학습관에 토대를 두고 평가기준을 학습자 내부에 설정하는 자기참조평가에는 성장참조평가와 능력참조평가가 있다. 이 중 성장참조평가(growth-referenced evaluation)는 평가기준을 능력의 성장(진보, 향상) 정도에 두며, 개별화학습과 평가의 교수적 기능을 중시한다. 성적을 성취수준(최종결과)과 동일시하는 일반적 견해를 부정하기 때문에 성적의 의미를 왜곡시킬 소지가 있고, 학생들이 좋은 성적을 받기 위해 사전검사에서 일부러 틀려 낮은 점수를 받을 소지가 있다는 문제점이 있다. ③은 평가기준을 능력(노력)의 발휘 정도, 최선을 다한 정도에 둔다. 그러나 학습과제에 관련된 필수적인 능력이 무엇인지 명확하게 규정할 수 없으며, 능력을 정확하게 측정하기가 어렵고, 학생의 능력이 변화되지 않는다는 전제에도 오류가 있다는 문제점이 있다.

정답   11. ④   12. ④   13. ①   14. ④

15 (가)와 (나)에 해당하는 평가의 유형을 옳게 짝 지은 것은?   19. 국가직

> (가) 학습목표를 설정해 놓고 이 목표에 비추어 학습자 개개인의 학업성취 정도를 따지려는
>   것이다.
> (나) 최종 성취수준 그 자체보다 사전 능력수준과 평가 시점에 측정된 능력수준 간의 차이에
>   관심을 두는 평가로 개별화교육을 촉진할 수 있다.

	(가)	(나)
①	준거참조평가	성장참조평가
②	준거참조평가	능력참조평가
③	규준참조평가	성장참조평가
④	규준참조평가	능력참조평가

해설 준거참조평가는 성취목표를 기준으로 목표의 달성 여부 또는 달성 정도를 확인하는 평가이고, 성장참조평가는
교육과정을 통하여 얼마나 성장하였느냐에 관심을 두는 평가로, 최종 성취수준보다는 초기 능력 수준에 비추어 얼마만큼
능력의 향상을 보였느냐를 강조하는 평가이다.

2 평가전통에 따른 구분 : 수행평가

16 수행평가에 대한 설명으로 옳지 않은 것은?   13. 국가직

① 실기 중심의 평가에 기원을 두고 있는 수행평가는 인지적 영역 중심의 교과에서는 적절하지 않다.

② 수행평가는 아는 것과 수행능력이 일치하지 않을 수 있다는 자각에서 대두되었다.

③ 수행평가는 결과에만 초점을 두는 것이 아니라 수행의 과정과 결과를 다양한 방법에 의해 종합
적으로 평가하는 것이다.

④ 수행평가는 학생 개인의 활동뿐만 아니라 여러 사람이 수행한 공동 활동에 대해서도 평가한다.

해설 수행평가(performance assessment)란 학생 스스로가 자신의 지식이나 기능을 나타낼 수 있도록 산출물을 만들
거나 행동으로 나타내거나 답을 작성하도록 요구하는 평가방식을 말한다. 실기 중심의 평가에 기원을 두고 있지만, 수행평
가의 도입 배경은 학생의 인지적 능력과 정의적 특성에 대한 평가를 통합하여 전인교육을 지향하는 데 있다고 볼 수 있다.
그러기에 수행평가는 인지적 영역의 평가도 중시하며, 특히 단편적인 사실 암기 위주의 낮은 정신능력보다, 적용력, 분석력,
종합력, 평가력 등의 고등정신능력을 계발하는 데 그 의의가 있다고 볼 수 있다.

TIP 수행평가의 특징

1. 정답을 구성하게 하는 평가
2. 실제 상황에서의 수행(달성)능력평가
3. 결과와 과정을 모두 중시
4. 종합적·지속적 평가
5. 개인과 집단평가
6. 학생의 개별학습 촉진
7. 전인적인 평가
8. 고등사고능력의 측정
9. 수업과 평가의 통합
10. 학생의 자율성 신장
11. 복합적인 채점준거 활용 및 평가기준의 공유
12. 평가과제를 수행하는 데 상당한 정도의 시간(예 몇 시간에서 몇 개월)을 허용한다.
13. 다양한 평가방법(특히, 비표준화된 평가방법)을 융통성 있게 활용한다.
14. 주관적 평가

17 수행평가(performance assessment)의 특징에 관한 설명 중 옳지 않은 것은?   05. 국가직
□□□

① 교사가 평가활동에 들이는 시간과 노력이 시험 위주의 평가보다 많다.

② 검사의 객관성 확보를 위해 선택형 문항은 사용하나 서술형과 논문형 문항은 사용하지 않는다.

③ 개인을 단위로 한 평가는 물론 집단에 대한 평가도 실시한다.

④ 학생들이 갖고 있는 학업수행 정도를 더 정확하게 측정할 수 있다.

> 해설 ┃ 지필평가 중에서 객관식 선택형 평가는 수행평가 방법에 포함되지 않으나, 서술형 및 논술형 등의 주관식 검사는 수행평가 방법으로 많이 사용된다.

18 수행평가의 특징을 가장 적절하게 나타낸 것은?   07. 국가직 7급
□□□

① 학생들로 하여금 문제의 정답을 선택하게 하는 것이 아니라, 학생 스스로 정답을 작성하거나 행동으로 나타내도록 하는 평가방식이다.

② 평가의 준거를 교육을 통해 달성하려고 하는 수업목표에 두는 것으로 교수−학습 방법의 개선 방향을 밝혀주는 평가방식이다.

③ 학습자 개개인에게 적합한 교수−학습의 기회를 제공하여 주어진 학습목표에 도달시킬 수 있다는 발달적 교육관을 바탕으로 하는 평가방식이다.

④ 경쟁을 통하여 학생들의 외현적 동기유발을 도모하는 데 유리하며, 엄밀한 개인차의 변별이 가능한 평가방식이다.

> 해설 ┃ 수행평가(performance assessment)란 학생 스스로가 자신의 지식이나 기능을 나타낼 수 있도록 산출물을 만들거나 행동으로 나타내거나 답을 작성하도록 요구하는 평가방식을 말한다. ②와 ③은 절대평가, ④는 상대평가에 대한 설명이다.

19 수행평가에 대한 설명으로 옳지 않은 것은?   18. 국가직 7급
□□□

① 수행평가의 유형으로는 지필식, 구술식, 실습식, 포트폴리오 평가방법 등이 있다.

② 수행평가의 개발 절차에는 일반적으로 평가목적의 진술, 수행의 상세화, 자료 수집・채점・기록 방법 결정, 수행평가 과제의 결정 등이 포함된다.

③ 채점자가 범할 수 있는 평정의 오류로는 집중경향의 오류, 후광효과, 논리적 오류, 표준의 오류, 근접의 오류 등이 있다.

④ 비판적 사고능력의 개인별 변화 및 발달과정을 평가하기에 적합한 수행평가 방식은 표준화검사이다.

> 해설 ┃ 수행평가의 방법은 서술형 및 논술형 검사, 구술시험, 찬반토론법, 실기시험, 실험실습법, 면접법, 관찰법, 자기평가보고서, 연구보고서, 포트폴리오 등이 있으나, 객관식 선택형 평가(지필평가)와 표준화검사(상대평가에 해당함)는 수행평가 방법에 해당되지 않는다. ④의 경우에는 성장참조평가가 적절하다.

정답 **15.** ① **16.** ① **17.** ② **18.** ① **19.** ④

20 맥밀란(McMilan)이 주장하는 수행평가의 특성으로 옳지 않은 것은? 10. 국가직

① 단편적 지식보다는 고차적 사고능력을 요구한다.

② 수행은 직접 관찰할 수 있는 성질의 것이어야 한다.

③ 단일의 정답은 존재하지 않는다.

④ 평가의 준거와 기준을 사전에 공개하지 않는다.

[해설] 수행평가의 채점준거(scoring criteria)는 과정 혹은 작품의 적절성을 판단하기 위한 기준이 되는 특성으로, 학생이나 학부모 등이 쉽게 이해할 수 있도록 서술해야 하며, 수업을 하기 전에 학생과 공유해야 한다. 그래야 학생들이 작품을 제작할 때 채점준거를 표준으로 사용할 수 있다.

21 다음은 포트폴리오(portfolio) 평가에 대한 기술이다. 포트폴리오 평가방식에 대한 설명으로 옳지 않은 것은? 07. 국가직

> 일정기간 동안 학생들의 수행 및 성취 정도, 그리고 향상 정도를 표현한 누적된 결과물에 대한 평가이다. 예를 들면, 그림 공부를 하는 학생이 미술담당 교사에게 지속적으로 지도를 받으면서, 자신의 작품을 그린 순서대로 차곡차곡 모아 둠으로써, 자기 자신의 변화와 발전과정을 스스로 파악할 수 있고, 그 작품집을 이용하여 지도 교사뿐만 아니라 다른 사람으로부터 쉽게 평가 받을 수 있게 된다.

① 포트폴리오 평가의 수행목적은 포괄적으로 기술될 필요가 있다.

② 포트폴리오 평가는 학생의 결과물에 대한 평가보다 향상 정도를 파악하기 위한 방법이다.

③ 포트폴리오 평가는 개인 간의 비교에 초점이 있는 것이 아니라 각 개인의 변화 및 진전도에 그 초점이 있다.

④ 포트폴리오 평가는 다양한 교과과정상의 수행을 통합할 수 있다는 장점이 있다.

[해설] 포트폴리오(portfolio)란 자신이 쓰거나 만든 작품을 지속적이면서도 체계적으로 모아 둔 개인별 작품집 또는 서류철을 말하는 것으로, 하나 또는 그 이상의 영역에서 학생의 노력이나 진보, 성취를 보여주는 증거물이다. 포트폴리오 평가의 목적은 포괄적으로 기술되기보다는 구체적이고 명확하게 제시되어야 한다. 그래야 학생들이 포트폴리오를 개발하기 전에 무엇이 자신들에게 기대되어지는가를 파악할 수 있다. 즉, 의도나 목표(포트폴리오를 구성하는 목적), 내용(실제 작품), 기준(어떤 것이 좋은 수행이고 좋지 않은 수행인가), 그리고 판단(포트폴리오의 내용이 어떤 의미를 지니는가) 등을 포함해서 기술되어야 한다.

TIP 포트폴리오(portfolio) 평가의 특징(권대훈)

1. 수업과 평가를 유기적으로 관련짓는다.
2. 개별화 수업에 적절하다.
3. 작품 또는 성과물로 구성되므로 과정보다 성과를 평가하는 데 주안점을 둔다(결과 포트폴리오의 경우).
4. 학생의 약점이 아니라 강점을 확인하는 데 주안점을 둔다.
5. 평가과정에 학생을 적극적으로 참여시켜 스스로 강점과 약점을 평가하도록 한다.
6. 학생의 성취도를 다른 사람들에게 효과적으로 전달한다.
7. 포트폴리오를 제작하고 평가하는 데 시간과 노력이 많이 소요된다.

22 수행평가 과제의 제작과 관련하여 교사가 유의해야 할 점으로 가장 적절한 것은? 09. 유·초등임용

① 한 가지 이상의 해결책이나 정답이 가능한 과제는 피하도록 한다.
② 학생들의 과제수행력을 고려하여 과제수행 시간이 최대 20분을 초과하지 않도록 한다.
③ 교육목표 및 교육내용과의 관련성을 확인하여 수행평가 과제의 타당성을 확보하도록 한다.
④ 하나의 수행평가 과제에서는 한 가지 학습성과만을 평가할 수 있도록 과제를 구조화하도록 한다.
⑤ 객관식검사가 측정하지 못하는 것을 측정하기 위해 교과학습목표와는 독립적인 수행평가 과제가 되도록 한다.

해설 수행평가 과제를 제작할 때, ① 한 가지 이상의 해결책이나 정답이 가능한 과제를 사용해야 하고, ② 시간제한을 두지 않는 역량검사이어야 하며, ④ 비구조화된 과제를 사용하고, ⑤ 과제는 목표와 관련된 것이어야 한다.

23 다음은 무엇에 관한 설명인가? 09. 국가직 7급

> • 학습자가 과제를 수행하면서 보이는 반응을 평가자가 관찰하거나 그 수준에 대한 판단을 내릴 때 사용하는 수행기준이다.
> • 우리나라에서는 수행평가를 강조한 제7차 교육과정부터 이 도구의 개발에 관심을 보이기 시작했다.
> • 수행과정 혹은 과제를 해결한 후 얻은 결과를 평가하는 데 사용되며, 반응의 방법과 수준을 구체적으로 제시하는 평가지침의 역할을 한다.

① 질문지(questionnaire) ② 체크리스트(checklist)
③ 루브릭(rubric) ④ 포트폴리오(portfolio)

해설 수행평가의 신뢰도를 높이기 위해 사용하는 평가척도로서 학생의 수행 수준을 기술적으로 상세하게 진술해 놓은 평가기준을 루브릭(rubric)이라고 한다.

---

3 평가시기(기능)에 따른 구분 : 진단평가, 형성평가, 총괄평가

24 다음의 교사 행동을 진단평가, 형성평가, 총합평가와 가장 적절하게 짝지은 것은? 06. 중등임용

> ㉠ 수업 중에 학습 오류 수정을 위하여 쪽지시험을 실시하였다.
> ㉡ 수업계획을 수립하기 위하여 학생의 기초학습능력과 선수학습 정도를 파악하였다.
> ㉢ 기말고사를 실시하여 성적을 부여하였다.

	진단평가	형성평가	총합평가		진단평가	형성평가	총합평가
①	㉠	㉡	㉢	②	㉡	㉠	㉢
③	㉡	㉢	㉠	④	㉢	㉡	㉠

정답 20. ④ 21. ① 22. ③ 23. ③ 24. ②

해설 ┃ 평가가 주로 어떤 기능을 하느냐에 따라 평가유형을 진단평가, 형성평가, 총괄평가(총합평가)로 구분할 수 있다. 진단평가는 수업(교수 – 학습활동)이 시작되기 전이나 수업이 시작되는 초기단계에서 실시하는 평가로 학생의 준비성 및 기초능력 전반을 진단하는 평가다. 형성평가는 교수 – 학습활동의 진행 중(수업 중)에 실시하고, 교수 – 학습활동의 개선 (송환, 교정)을 목적으로 실시하는 평가이다. 총괄평가는 일정한 양의 학습 과제나 특정한 교과학습이 끝난 다음에 실시하 고 사전에 설정된 교수목표에 대한 학생의 성취도 수준을 총괄적으로 판정하기 위해 실시한다.

TIP 진단평가 · 형성평가 · 총괄평가의 비교

구분	평가의 유형		
	진단평가	형성평가	총괄(총합)평가
평가시기	교수 – 학습활동이 시작되기 전 또는 학습의 초기단계에 학생의 수준과 특성을 확인하는 평가	교수 – 학습활동 진행 중 학생의 학습목표 도달도를 확인하는 평가	교수 – 학습활동이 끝난 후 학생의 학습성취도(교수목표 달성 여부)를 종합적으로 확인하는 평가
기능	• 선행학습의 결손진단 · 교정 • 출발점 행동의 진단 • 학습 실패의 교육 외적 / 장기적 원인 파악 • 학생기초자료에 맞는 교수전략 구안 • 교수의 중복 회피	• 학습 진행 속도 조절 • 보상으로 학습동기 유발 • 학습 곤란의 진단 및 교정(학습 실패의 교육 내적 /단기적 원인 파악) • 교수 – 학습 지도방법 개선	• 학생의 성적 판정 및 자격 부여 ⇨ 고부담 평가로 인식되기도 함. • 학생의 장래 학업성적 예언 • 집단 간 학업효과 비교 • 학습지도의 장기적 질 관리에 도움
목적	학생의 특성 파악, 출발점행동 진단, 수업방법 선정	교수 – 학습 지도방법 개선	학업성취도(성적) 결정
대상	학습준비도(선행학습 및 기초 능력 전반)	수업의 일부	수업의 결과
방법	상대평가 + 절대평가	절대평가	상대평가 + 절대평가
시간		10~15분	40~50분
평가 중점	지적 + 정의적 + 심리운동적 영역	지적 영역	지적 + (정의적 + 심리운동적 영역)
검사 형태	표준화 학력검사, 표준화 진단검사, 교사제작 검사도구(관찰법, 체크리스트)	학습목적에 맞게 교사가 고안한 형성평가 검사(쪽지시험, 구두 문답)	학기말 검사 또는 종합평가 검사, 표준화 학력검사

25 ⑦ ~ ⓒ에 들어갈 평가 유형을 바르게 연결한 것은?

19. 지방직

유형	(⑦)	(ⓒ)	(ⓒ)
시행 시기	수업 전	수업 중	수업 후
목적	출발점 행동과 학습결손의 원인을 확인하고자 한다.	수업지도방법을 개선하거나 학습행동을 강화하고자 한다.	수업목표의 달성 여부를 판단하고자 한다.

	⑦	ⓒ	ⓒ
①	진단평가	총괄평가	형성평가
②	진단평가	형성평가	총괄평가
③	형성평가	진단평가	총괄평가
④	총괄평가	형성평가	진단평가

해설 교수·학습의 진행과정에 따라 교육평가는 진단평가 − 형성평가 − 총괄평가를 실시한다. 진단평가는 주로 교수
−학습이나 일정 단원, 학기 또는 학년 초에, 형성평가는 교수−학습 도중에, 총괄평가(종합평가)는 교수−학습이나 일정
단원, 학기, 학년의 마지막 시기에 실시한다.

26 어떤 단원의 학습을 위해, 수업 전에 학습자가 알고 있는 기초지식이나 기술 등을 점검하는 평가는?

12. 국가직

① 형성평가 ② 진단평가
③ 중간평가 ④ 준거지향평가

해설 진단평가(diagnostic evaluation)는 수업(교수 − 학습활동)이 시작되기 전이나 수업이 시작되는 초기단계에서 실
시하는 평가로, 교수전략을 위한 기초자료를 얻고 어떠한 교수방법, 학습방법이 적절한 것인가를 결정하기 위하여 학생의
기초능력 전반을 진단하는 평가이다.

27 다음 설명에 해당하는 교육평가 유형은?

15. 국가직

> • 학습보조의 개별화를 위한 자료를 제공한다.
> • 학습진전의 효율화를 확인하기 위한 자료를 제공한다.
> • 교수 − 학습방법의 개선을 위한 자료를 제공한다.

① 형성평가 ② 진단평가
③ 절대평가 ④ 총괄평가

해설 형성평가(formative evaluation)를 실시하는 주요 목적은 수업 중에 교사가 사용하고 있는 교수 − 학습방법, 즉
교수 프로그램의 개선에 있다. 이에 비해 진단평가는 수업(교수 − 학습활동)이 시작되기 전이나 수업이 시작되는 초기 단
계에서 실시하는 평가로 학생의 준비성 및 기초능력 전반을 진단하는 평가이고, 총괄평가는 일정한 양의 학습 과제나
특정한 교과학습이 끝난 다음에 실시하고 사전에 설정된 교수목표에 대한 학생의 성취도 수준을 총괄적으로 판정하기
위해 실시한다.

28 형성평가의 특징에 대한 설명 중 옳은 것으로만 묶인 것은?

11. 국가직 7급

> ㉠ 학습이 시작되기 전에 학생의 특성을 체계적으로 관찰, 측정하는 평가이다.
> ㉡ 절대평가를 지향하며 검사도구의 제작과 평가는 교사 중심으로 이루어진다.
> ㉢ 학생의 성취 정도를 판단하여 정치(定置)한다.
> ㉣ 준거참조평가와 규준참조평가를 혼용하여 사용한다.
> ㉤ 수업과정에서 학생에게 피드백을 주고 수업방법을 개선하기 위한 평가이다.

① ㉠, ㉤ ② ㉠, ㉣
③ ㉡, ㉤ ④ ㉢, ㉣

해설 교수·학습활동의 진행 중에 학습 결손을 처치하기 위해 실시하는 평가는 형성평가(formative evaluation)이다.
수업 중에 학생에게 정보의 송환효과(feedback)를 주고 교육과정을 개선하며 교수 − 학습방법을 개선하기 위해 실시한다.
㉠과 ㉢은 진단평가, ㉣은 진단평가와 총괄평가 모두에 해당한다.

정답 25. ② 26. ② 27. ① 28. ③

29 형성평가에 대한 설명으로 옳지 않은 것은?   20. 국가직 7급

① 형성평가의 목적은 교수 - 학습 개선에 있다.
② 형성평가는 수업 전 학습곤란 정도를 파악한다.
③ 형성평가는 학습자의 학습을 강화하는 기능을 한다.
④ 형성평가는 학습의 진행 속도를 조절하는 기능을 한다.

해설 형성평가(formative evaluation)는 교수·학습이 아직 유동적인 시기에 교과내용, 교수·학습의 개선을 위해 실시하는 평가이다. ②는 진단평가(diagnostic evaluation)에 해당하며, 형성평가는 수업 중 학생들의 학습실패의 원인을 파악하고 오류를 수정하기 위해 실시한다.

30 다음 내용에 가장 부합하는 교육평가 유형은?   17. 지방직

- 교과내용 및 평가 전문가가 제작한 검사를 주로 사용한다.
- 서열화, 자격증 부여, 프로그램 시행 여부 결정의 목적을 위해 시행한다.
- 교수·학습이 완료된 시점에서 교육목표의 달성 정도를 종합적으로 판정한다.

① 총괄평가(summative evaluation)   ② 형성평가(formative evaluation)
③ 능력참조평가(ability-referenced evaluation) ④ 성장참조평가(growth-referenced evaluation)

해설 총괄평가(summative evaluation)는 학기말이나 학년말에 실시하며 학생의 성적(평점, 서열) 결정과 장래 학습의 성공 여부를 예언하는 데 그 목적이 있다. 교수효과를 판단하고, 집단 간 학습효과(성적)를 비교하며, 학습지도의 질(質) 관리에도 도움을 제공한다. ③과 ④는 자기참조평가에 해당한다.

31 형성평가와 총괄평가에 대한 설명으로 옳지 않은 것은?   13. 국가직

① 형성평가는 학생 성적의 판정 및 진급 자격을 부여하거나 당락을 결정짓기 위해 시행된다.
② 형성평가는 교사의 학습지도 방법 개선에 큰 도움을 준다.
③ 총괄평가는 교수·학습이 완료된 시점에서 교육목표의 달성 여부나 정도를 종합적으로 판정할 때 활용한다.
④ 형성평가는 학생의 학습에 대한 강화 역할을 한다.

해설 ①은 총괄평가(summative evaluation)에 해당한다. 형성평가(formative evaluation)는 교육활동 도중에 궤도의 수정이나 문제점을 극복해 나가기 위한 필요에서 행하는 평가로서, 학생에게 송환(feedback)효과를 주고 교육과정과 교수 - 학습방법을 개선하기 위하여 실시하는 평가이며, 학생의 성적(평점, 서열) 결정과 장래 학습의 성공 여부를 예언하는 데 그 목적이 있는 것은 총괄평가에 해당한다.

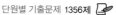

32 〈보기〉의 평가유형 적용사례 중 옳은 것을 모두 고르면?

12. 유 · 초등임용

┌─ 보기 ┌─
㉠ 수업 시작 전에 학생의 학습준비도를 확인하기 위해 진단평가를 실시하였다.
㉡ 수업을 진행하면서 수업 내용과 관련된 학생들의 오류와 문제점을 확인해서 피드백하기 위해 형성평가를 실시하였다.
㉢ 학생들 간의 상대적 서열보다는 학생이 무엇을 얼마나 성취하였는가를 확인하기 위해 규준참조평가를 실시하였다.
㉣ 실시된 평가의 장단점을 평가 관련자에게 알려주고 평가의 질적 개선을 도모하기 위해 메타평가를 실시하였다.

① ㉠, ㉡   ② ㉠, ㉣   ③ ㉠, ㉡, ㉣
④ ㉠, ㉢, ㉣   ⑤ ㉡, ㉢, ㉣

해설 검사결과를 해석하기 위하여 규준참조평가는 개인과 타인을 비교하고 준거참조평가는 특정 영역의 준거와 비교를 하는 데 관심을 둔다. ㉢은 준거참조평가에 대한 설명이다.

33 교육평가에 관한 설명으로 옳은 것은?

23. 국가직

① 속도검사: 모든 학생이 모든 문항을 풀어볼 수 있도록 충분한 시간을 준 다음 측정한다.
② 준거지향평가: 학생의 점수를 다른 학생들의 점수와 비교하여 상대적 서열 또는 순위를 매긴다.
③ 형성평가: 학기 중 학습의 진척 상황을 점검하여 학습속도 조절이나 학습자 강화에 활용한다.
④ 표준화검사: 교사가 제작하여 수업 진행 중 학생들의 학업성취도나 행동 특성을 측정한다.

해설 형성평가(formative evaluation)는 교수 · 학습이 아직 유동적인 시기에 교과내용, 교수 · 학습의 개선을 위해 실시하는 평가로, 교수 · 학습과정을 일차적으로 이끌어가고 개선해 가야 할 교사가 제작하는 것을 원칙으로 하며, 교수목표에 기초한 평가를 함을 그 특징으로 한다. ①은 역량검사(power test), ②는 규준지향평가(norm-referenced evaluation), ④는 교사제작검사에 해당한다.

TIP 교육평가 유형

구분 준거	평가 유형
평가영역	인지적 평가, 정의적 평가, 심리운동적 평가
평가대상	학생평가, 교사평가, 수업평가, 교육과정 평가, 학교평가, 정책평가, 행정기관 평가, 인사 및 행정가 평가
성취목표 수준	최소 필수 학력평가, 최대 성취 학력평가
평가기준	규준참조평가, 준거참조평가, 성장참조평가, 능력참조평가
평가기능 · 시기 · 목표	진단평가, 형성평가, 총괄평가
평가방법	양적 평가(정량평가), 질적 평가(정성평가)
시간제한 여부	속도평가, 역량평가
상호 작용 여부	정적 평가, 역동적 평가
평가내용	능력평가, 인성평가
평가전통	객관식 선택형 지필평가, 수행평가
검사도구 제작	교사제작검사, 표준화검사

정답   29. ②   30. ①   31. ①   32. ③   33. ③

제3절 교육평가의 절차

1 정의적 영역의 교육평가

01 다음 중 정의적 영역의 평가방법이라고 할 수 없는 것은?   91. 초등임용

① 사회성 측정법   ② 표준화 학력검사
③ 관찰법   ④ 면접법

해설 정의적 특성은 비지적(非知的) 감정과 정서와 관련된 특성으로, 태도, 가치관, 동기, 자아개념 등이 해당한다. 이에 대한 평가방법에는 관찰법, 면접법, 사회성 측정법, 자기보고방법(질문지법) 등이 있다. ②는 인지적 영역의 평가방법에 해당한다.

02 정의적 영역의 평가를 위한 사회성 측정법에 관한 설명으로 옳지 않은 것은?   18. 지방직

① 선택 집단의 범위가 명확해야 한다.
② 측정 결과를 개인 및 집단에 적용할 수 있다.
③ 문항 작성 절차가 복잡하고 검사 시간이 길다.
④ 집단 내 개인의 사회적 위치를 알아 낼 수 있다.

해설 사회성 측정법(Sociometry method)은 제한된 집단성원 간의 반응을 끌어내어 집단의 성질, 구조, 역동성, 상호작용을 분석하는 방법이다. ③은 표준화 검사 제작과 관련한 검사법에 해당하며, 사회성 측정법은 간단한 질문지를 활용한 '동료지명법(예 우리 반 아이들 중에서 생일에 꼭 초대하고 싶은 사람은 누구인가?, 수련 활동을 갈 때 버스에서 옆자리에 같이 앉고 싶은 친구는 누구인가?)'을 많이 사용한다.

03 다음 설명에 해당하는 정의적 특성 측정방법은?   20. 국가직

> • 의견, 태도, 감정, 가치관 등을 측정하기 용이하다.
> • 단시간에 다양한 자료를 수집하고 결과 또한 신속하게 처리할 수 있다.
> • 응답 내용의 진위 확인이 어려워 결과 해석에 유의해야 한다.

① 관찰법   ② 사례연구   ③ 질문지법   ④ 내용분석법

해설 정의적 평가는 전인교육의 이상을 실현할 수 있는 중요한 교육적 영역으로, 학교학습에 있어 동기부여의 결정적 기능을 하며, 교육 프로그램 개선을 위한 의사결정 과정에 있어 중요한 정보를 제공한다. 질문지법, 관찰법, 면접법, 사회성 측정법, 수행평가 등의 방법이 있다. 이 중 질문지법(questionnaire method)은 피험자(조사 대상자)가 연구자가 미리 작성해 놓은 물음들에 대해서 자기의 의견이나 사실에 대한 답을 진술하는 방법으로, 조사연구에서 자료수집의 방법으로 가장 흔히 사용되는 방법으로, '자기보고법(self − report method)'이라고도 한다. 조사 대상자가 많고 널리 분포되어 있을 때 짧은 시간에 자료를 수집하는 방법으로 효과적이다. ① 관찰법(observational method)은 관찰대상자에게 반응을 요구하지 않고 단지 그 행동을 관찰하여 자료를 수집하는 방법으로 언어적 의사소통 없이 자료를 수집한다. ② 사례연구(case study)는 특정한 개인이나 단체를 대상으로 어떤 문제나 특성을 심층적으로 조사, 분석하는 질적 연구를 말한다. ④ 내용분석법은 언어나 문자로 표현된 기록물(의사소통의 내용)을 분석하여 비수량적 자료를 수량적 자료로 변형시키는 방법이다.

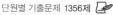
2 교육평가의 오류

04 다음은 평정법(rating scale method)에 의해서 학생의 수행을 평가할 때, 평정자에 의해 발생할
수 있는 오류의 유형을 설명한 것이다. 옳은 것을 모두 고르면?   08. 중등임용
□□□

> ㉠ 논리적 오류(logical error)는 전혀 다른 두 가지 행동 특성을 비슷한 것으로 생각해서 평정
>   하는 경향을 말한다.
> ㉡ 후광효과(halo effect)는 평정 대상에 대해 가지고 있는 특정 인상을 토대로 또 다른 특성
>   을 좋게 또는 나쁘게 평정하는 경향을 말한다.
> ㉢ 집중경향의 오류(error of central tendency)는 아주 높은 점수나 낮은 점수는 피하고 평정
>   이 중간부분에 지나치게 자주 모이는 경향을 말한다.

① ㉠, ㉡   ② ㉠, ㉢   ③ ㉡, ㉢   ④ ㉠, ㉡, ㉢

해설 ㉠ 논리적 오류는 평가자가 평정 대상을 잘 모를 때 발생하며, ㉡ 후광효과(인상의 오류)는 학습자의 인상에 평가
가 영향을 받는 것이다. ㉢ 집중경향의 오류는 평가자가 평가 기술이 미숙할 때 주로 발생한다.

TIP 평가의 오류 유형

집중경향의 오류	평가의 결과가 중간부분에 모이는 경향
인상의 오류	선입견에 따른 오차로, 하나의 특성이 관련이 없는 다른 특성에 영향을 미치는 오류
대비의 오류	어떤 평가 특성을 평가자 자신의 특성과 비교하여 평가하는 오류
논리적 오류	논리적으로 전혀 관계가 없는 두 가지 행동 특성을 관련이 있는 것으로 판단하여 평가하는 오류
근접의 오류	비교적 유사한 항목들이 시간적으로나 공간적으로 가까이 있을 때 비슷하게 평가하는 오류
무관심의 오류	평가자가 피평가자의 행동을 면밀하게 관찰하지 못할 때 발생하는 오류
의도적 오류	특정 학생에게 특정한 상을 주기 위해 관찰결과와 다르게 과장하여 평가하는 오류
표준의 오류	점수를 주는 표준이 평가자마다 다른 데서 기인하는 오류

05 어떤 하나의 특징에 입각하여 아동의 전체적인 능력을 평가하는 심리적 경향은?   10. 국가직
□□□
① 후광효과   ② 강화효과
③ 착시효과   ④ 피그말리온 효과

해설 후광효과(halo effect)란 인상의 오류(연쇄오류)를 의미한다. 선입견에 따른 오차로, 하나의 특성이 관련이 없는
다른 특성에 영향을 미치는 오류이다. 즉, 피평가자에 대한 호의적 또는 비호의적 인상이나 특정 요소로부터 받은 인상이
다른 모든 요소를 평가하는 데 중요한 영향을 미치는 것을 말한다. ③은 베르트하이머(Wertheimer)의 파이현상(운동적 착
시현상)과 관련된 것이고, ④는 교사의 긍정적 기대가 학생의 긍정적 학업성취에 미치는 효과를 말한다.

정답 | 01. ② | 02. ③ | 03. ③ | 04. ④ | 05. ①

06 다음 대화에서 김 교사가 범하고 있는 평정의 오류는? 11. 유·초등임용

> 박 교사 : 이제 학생들의 실기평가 채점을 하도록 하지요. 오늘 학생들 중에서 제일 잘한 학생을 누구로 할까요?
>
> 이 교사 : 철수가 제일 연기를 잘한 것 같아요. 동작의 섬세함이나 대사의 표현력에서 다른 학생들보다 더 뛰어나게 연기한 것 같아요.
>
> 김 교사 : 그래요? 저는 철수가 평가장에 들어올 때부터 첫 느낌이 좋지 않았어요. 그래서 연기력도 별로인 것 같아 낮은 점수를 주었어요.

① 대비의 오류(contrast error)　　　　　② 관대성의 오류(leniency error)
③ 근접의 오류(approximate error)　　　④ 인상의 오류(error of halo effect)
⑤ 집중화 경향의 오류(error of central tendency)

해설 김 교사는 철수에 대한 첫 느낌만으로 연기력을 평정하고 있으므로 '인상의 오류'를 범하고 있다. 인상의 오류는 '후광효과(halo effect)' 또는 '연쇄오류'라고도 하는데, 하나의 특성이 관련이 없는 다른 특성에 영향을 미치는 오류를 말하며, 선입견에 따른 오차로서 평가요소보다 피평가자의 인상이나 품성에 의해 평가하는 데서 발생한다.

제4절 평가도구

1 개관

01 한 개의 평가도구가 좋은 검사도구 또는 좋은 평가도구가 되기 위해서는 타당도, 신뢰도, 객관도와 같은 기준을 충족시켜야 한다. 이들 기준에 대한 설명으로 옳지 않은 것은? 07. 국가직

① 타당도란 한 개의 검사도구가 측정하려고 의도하는 것을 어느 정도로 충실히 측정하고 있는가를 의미하는 것이다.

② 신뢰도란 측정하려고 하는 속성을 얼마나 오차 없이 측정하는가에 대한 개념이다.

③ 하나의 평가도구는 신뢰도가 높더라도 타당도는 낮을 수 있다.

④ 객관도란 평가대상자의 신뢰도로서 검사점수가 어느 정도 신뢰성과 일관성이 있는가에 대한 개념이다.

해설 타당도는 평가도구가 무엇을 측정하려는 것이냐의 정도, 즉 검사의 진실성을 말하며, 신뢰도는 '어떻게(how)' 재고 있는가, 즉 검사방법의 문제로 측정의 오차(standard error of measurement)가 얼마나 적은가의 정도이다. 객관도는 '채점자 간 신뢰도'로서, 측정의 결과에 대해 여러 검사자가 어느 정도로 일치된 평가를 하느냐의 정도를 말하며, 실용도는 검사의 경제성의 정도를 말한다. ④에서 객관도는 평가대상자의 신뢰도가 아니라 채점자(평가자 또는 검사자) 간 신뢰도를 말한다.

TIP 평가도구의 양호도 비교

구분	타당도(validity)	신뢰도(reliability)	객관도(objectivity)	실용도(usability)
개념	하나의 검사가 본래 측정하려는 내용을 얼마나 충실하게 측정하고 있는가의 정도 ⇨ what의 문제	한 검사에서 얻어진 점수를 얼마나 믿을 수 있느냐 하는 정도 ⇨ How의 문제	검사자에 따른 검사점수의 일관성의 정도	하나의 검사가 문항제작, 평가 실시, 채점상의 비용, 시간, 노력 등을 최소화하고 소기의 목적을 달성할 수 있는 정도
특징	• 검사의 진실성 (정직성) • 준거의 개념이 수반 • 검사의 가장 중요 조건	• 검사(측정점수)의 정확성, 일관성, 항상성 — 피험자의 반응에 초점 • 측정오차의 문제	• 검사자의 객관성 — 검사자의 반응에 초점 • 신뢰도에 가까운 개념	• 검사의 경제성 • 타당도에 가까운 개념
종류	• 내용타당도(증거) • 준거타당도 : 예언타당도, 공인타당도 • 구인타당도 • 결과타당도 • 체제적 타당도	① 측정의 표준오차에 의한 방법 ② 두 검사의 상관계수에 의한 방법 • 재검사 신뢰도 • 동형검사 신뢰도 • 내적 일관성 신뢰도: 반분신뢰도, 문항 내적 합치도	• 채점자 내 신뢰도 • 채점자 간 신뢰도	

02 다음 설명의 ㉠ ~ ㉢에 들어갈 개념을 바르게 연결한 것은?   18. 국가직 7급

□□□

> • (㉠)란 검사 또는 측정 도구가 본래 측정하고자 하는 것을 충실히 측정하고 있는가의 문제이다.
> • (㉡)란 검사도구가 측정하려는 것을 안정적이고 일관성 있게, 그리고 오차 없이 측정하는가의 문제이다.
> • (㉢)란 검사의 채점자가 주관적 편견 없이 얼마나 공정하게 채점하느냐의 문제이다.

	㉠	㉡	㉢
①	타당도	변별도	객관도
②	변별도	타당도	신뢰도
③	신뢰도	타당도	변별도
④	타당도	신뢰도	객관도

해설 한 개의 평가도구가 좋은 검사도구 또는 좋은 평가도구가 되기 위해서는 타당도, 신뢰도, 객관도, 실용도와 같은 기준을 충족시켜야 한다.

정답 06. ④ / 01. ④ 02. ④

03 검사도구의 양호도에 대한 설명으로 옳은 것은? 20. 지방직

① 실용도는 시간, 비용, 노력 측면에서 검사가 얼마나 경제적인지를 나타낸다.

② Cronbach's α계수는 재검사 신뢰도의 일종이다.

③ 객관도는 신뢰도보다는 타당도에 가까운 개념이다.

④ 높은 신뢰도는 높은 타당도가 되기 위한 충분조건이다.

> 해설 한 개의 평가도구가 좋은 검사도구 또는 좋은 평가도구가 되기 위해서는 타당도, 신뢰도, 객관도, 실용도와 같은 기준을 충족시켜야 한다. 이 중 실용도(usability)는 검사의 경제성의 정도로, 하나의 평가도구가 문항제작, 평가실시, 채점상의 비용, 시간, 노력 등을 최소화하고 소기의 목적을 달성하는 정도를 말한다. 실용도를 지나치게 강조하다 보면 타당도가 낮아질 수 있다. ②는 문항내적 합치도의 일종이며 ③는 신뢰도에 보다 가까운 개념이고, ④는 높은 신뢰도는 높은 타당도가 되기 위한 선행조건(필요조건)에 해당한다.

04 좋은 검사도구가 갖추어야 할 다음의 조건은? 21. 국가직

> • 여러 검사자(채점자)가 어느 정도로 일치된 평가를 하느냐를 의미한다.
> • 검사자의 신뢰도를 의미하기도 한다.

① 타당도   ② 객관도

③ 실용도   ④ 변별도

> 해설 객관도(objectivity)는 '채점자 간 신뢰도'로서, 측정의 결과에 대한 여러 검사자가 어느 정도로 일치된 평가를 하느냐의 정도를 말한다. ①은 평가도구가 무엇을 측정하려는 것이냐의 정도, 즉 검사의 진실성을 말하며, ③은 검사의 경제성으로, 하나의 검사가 문항제작, 평가실시, 채점상의 비용, 시간, 노력 등을 최소화하고 소기의 목적을 달성할 수 있는 정도를 말한다. ④는 문항 양호도의 하나로서, 한 문항이 능력이 높은 학생과 능력이 낮은 학생을 구별하는 정도를 말한다.

2 타당도(Validity)

05 검사도구의 타당도에 대한 옳은 설명을 〈보기〉에서 고른 것은? 17. 지방직

> 보기
> ㉠ 검사점수가 사용 목적에 얼마나 부합하는가를 의미한다.
> ㉡ 검사대상을 얼마나 정확하게 무선오차(random error) 없이 측정하는지를 의미한다.
> ㉢ 동일한 검사에 대한 채점자들 간 채점 결과의 일치 정도를 의미한다.
> ㉣ 측정하고자 하는 특성을 검사점수가 얼마나 잘 나타내 주는지를 의미한다.

① ㉠, ㉢   ② ㉠, ㉣   ③ ㉡, ㉢   ④ ㉡, ㉣

> 해설 타당도(validity)란 하나의 평가도구(검사문항)가 본래 측정하려는 내용을 얼마나 충실하게 측정하고 있는가의 정도로 '검사의 정직성, 진실성'을 말한다. 타당도는 측정하려고 하는 것에 비추어서 판단하므로 '준거'의 개념이 수반된다. ㉡은 신뢰도, ㉢은 객관도에 해당한다.

06 다음은 타당도에 대한 내용들이다. 잘못된 것은?

04. 경기

① 논리적 타당도란 교수 - 학습 과정에서 설정한 교육목표를 평가도구가 얼마나 충실히 측정하고 있느냐를 결정할 때 쓰인다.

② 준거 관련 타당도에는 예언타당도와 공인타당도가 있는데 전자는 준거의 기준이 미래이나 후자는 현재이다.

③ 공인타당도는 경험적 자료를 기초로 하므로 경험적 타당도 또는 통계적 타당도라고도 한다.

④ 예언타당도는 과학적으로 정립되지 않은 것을 준거로 하여 검사가 의도한 특성을 재어 주고 있는가를 어떤 가설을 세워서 경험적으로 검증하거나 논리적으로 따져보는 것을 말한다.

해설 ④는 구인타당도 또는 심리적 타당도에 대한 설명이다. 예언타당도는 어떤 검사결과가 피험자의 미래 행동이나 특성을 얼마나 정확히 예언하느냐와 관련된 타당도를 말한다.

TIP 타당도(증거)의 종류

구분		의미 및 관련 사항
내용(content)타당도		• 내용(교과) 전문가(예 교과 담당교사)가 느낄 수 있는 문항(내용)의 대표성 • '이원목표 분류표'를 활용하면 효과적이다.
준거 타당도	공인(concurrent) 타당도	• 현 시점에서 관련 검사와의 일치(공인) 정도 • 상관계수(correlation coefficients)로 나타낸다.
	예언(prediction) 타당도	• 미래의 성취수준(정도)을 예언하는 정도 • 기대표(expectancy table)로 활용 • 상관계수나 회귀분석을 활용한다.
구인(construct)타당도		• 구하려고 하는 변인을 잴 수 있는 충실성의 정도 • 요인분석적 방법(중다특성기법), 상관계수법, 실험설계법, 공변량 구조 방정식 모형 방법 등을 사용한다.

TIP 타당도 해석 시 유의해야 할 점

① 검사결과(점수) 해석의 적합성을 의미함(검사 자체 ×), ② 특별한 목적이나 해석에 제한(모든 목적에 부합×), ③ 정도의 문제('높다, 낮다'로 표현되지, '있다, 없다'의 문제가 아님), ④ 평가적 판단을 포함(직접 측정 계산되는 것이 아니라 증거에 근거해서 추론함), ⑤ 단일개념임 ⇨ 내용, 준거, 구인타당도는 '타당도 증거'의 종류에 해당함.

07 검사도구의 내용타당도를 높이기 위해 사용할 수 있는 가장 좋은 방법은?

10. 국가직

① 문항이 이원목적 분류표에 의거하여 제작되었는지 전문가들을 통해 확인하였다.

② 구인들에 관한 논리적 가설을 뒷받침해 주는 경험적 자료들을 수집하였다.

③ 검사를 반복적으로 시행하여 검사점수를 비교하였다.

④ 요인분석을 통하여 정의되지 않은 변수들 간의 관계를 분석하였다.

해설 내용타당도는 교육목표가 준거가 되기 때문에 '이원목표 분류표'를 사용하여 교육목표를 세분화하고 그에 따라 문항이 제작되었는지를 확인함으로써 타당도를 높일 수 있다. ②와 ④는 구인타당도, ③은 신뢰도에 해당한다.

정답 03. ① 04. ② 05. ② 06. ④ 07. ①

08 A라는 교육목표의 달성 여부를 알아보기 위해 문항 a가 작성되었을 때, 이 문항의 내용타당도 또는 목표지향타당도의 관점에서 진술한 내용 중 가장 적절한 것은?

07. 중등임용

① 문항 a를 틀린 사람은 목표 A를 달성하지 못했을 수 있다.
② 문항 a를 맞힌 사람은 목표 A를 달성했다고 말하기에 충분하다.
③ 문항 a를 맞힌 사람들이 많다면 목표 A가 교육적으로 바람직하다는 증거이다.
④ 문항 a를 틀린 사람들이 많다면 목표 A가 교육적으로 바람직하지 않다는 증거이다.

해설 문항의 내용타당도는 평가의 목표를 대표하는 문항으로 구성되어 있는지를 확인하는 것으로 이를 통해 교육목표 달성 여부를 파악할 수가 있다. ②는 충분하지 않으며, ③과 ④의 경우 정답률(또는 오답률)은 내용타당도와 관련이 없다. 내용타당도의 정도는 통계적 지수로 나타내는 것이 아니며 이원목표분류표를 활용하거나 전문가의 주관적 경험을 통해 나타낸다.

09 준거타당도(criterion validity)를 확인하는 사례에 해당되는 것을 〈보기〉에서 고르면?

11. 유·초등임용

┌─ 보기 ┌
│ ㉠ 성격검사의 타당도를 검증하기 위해 성격심리학을 전공한 전문가 집단에게 성격검사 문항에 대한 내용분석을 의뢰하였다.
│ ㉡ 새로 개발한 지능검사의 타당도를 검증하기 위해 이미 타당성을 인정받고 있는 표준화된 지능검사와의 상관계수를 추정하였다.
│ ㉢ 불안수준 검사의 타당도를 검증하기 위해 불안수준을 구성하는 3개 하위요인(자신감, 도전성, 개방성) 간의 상관계수를 추정하였다.
│ ㉣ 대학 수학능력 시험의 타당도를 검증하기 위해 대학수학능력시험 점수와 대학 학점 간의 상관계수를 추정하였다.

① ㉠, ㉡   ② ㉠, ㉢   ③ ㉡, ㉢
④ ㉡, ㉣   ⑤ ㉢, ㉣

해설 준거타당도(criterion-related validity, 외적 준거타당도)는 어떤 평가도구에 의해 밝혀진 행동 특성과 그러한 행동 특성을 포함하는 제3의 평가도구(준거)를 비교함으로써 타당도를 밝히는 것으로, 예언타당도와 공인타당도가 있다. 예언타당도는 미래의 준거와 '예언의 적부(適否)'에 관심을 가진다면 공인타당도는 현재의 준거와 '공통된 요인'에 관심을 갖는데, 〈보기〉에서 ㉡은 공인타당도, ㉣은 예언타당도에 해당하며, ㉠은 내용타당도, ㉢은 구인타당도에 해당한다.

TIP 공인타당도와 예언타당도의 비교

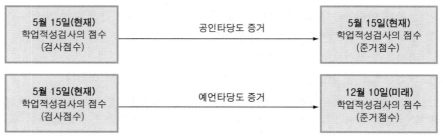

10 **(가)에 해당하는 타당도는?**   24. 지방직

새로 개발한 A시험의 ⎡ (가) ⎤를 구하기 위하여 기존에 타당도를 검증한 B검사의 점수와
A시험의 점수와의 상관계수를 구하였다. (단, A시험과 B검사의 점수 획득 시기가 같다)

① 공인타당도   ② 구인타당도
③ 내용타당도   ④ 예측타당도

[해설] 공인타당도(concurrent validity)는 준거타당도의 하나로, '동시타당도', '공존타당도'라고도 불린다. 새로 개발된
검사와 이미 타당성이 입증된 다른 검사(기존 검사)를 동시에 시행하고, 두 검사의 결과를 비교하여 측정한다. 그 결과 유사
성(공통요인 정도)이 높게 나타나면, 새로 개발된 검사를 타당한 검사로 인정하거나 기존의 검사와 대체하여 사용한다. 또
한 다른 연구에서 사용된 검사 도구와 비교하여 연구 결과의 일반화 가능성을 높일 때도 사용 가능하다.

TIP **공인타당도의 한계** ▨▨

1. 기존 검사에의 의존성(기존 검사의 타당성에 오류가 있다면 새로운 검사의 타당성 평가 역시 오류를 포함)
2. 시간적 제약(동시측정의 어려움 ⇨ 응답자의 상태나 환경 변화가 검사 결과에 영향을 줌)
3. 계량화의 어려움(정성적 자료를 계량화하는 과정에서 정보손실 발생 가능)
4. 문항 구성의 차이(두 검사의 문항 형식·내용·수준이 다를 경우, 총점만 비교하여 타당도를 평가하기
   어려움)

11 **다음에서 공인타당도(concurrent validity)에 대한 설명으로 옳은 것을 모두 고르면?**

08. 유·초등임용

㉠ 계량화되어 타당도에 대한 객관적인 정보를 제공할 수 있다.
㉡ 타당성이 입증된 기존의 검사가 없을 경우 타당도를 추정하기 어렵다.
㉢ 검사점수가 심리적 구성요인들을 제대로 측정하였는가를 요인분석을 통해 검정하는 타당
도이다.
㉣ 새로 제작한 인성검사와 MMPI 검사를 피험자에게 실시하여 나온 두 검사 점수의 상관계
수로 타당도를 검정한 것이 그 예이다.

① ㉠, ㉡   ② ㉠, ㉡, ㉣   ③ ㉢, ㉣   ④ ㉠, ㉡, ㉢, ㉣

[해설] 공인타당도는 현재의 검사결과와 타당성을 보장받고 있는 현재의 다른 준거점수 간의 상관 정도로, 현재의 준거
와 '공통된 요인'에 관심을 가지며, 새로이 제작된 검사도구로 기존의 검사도구를 대체하고자 할 때 사용한다. ㉢은 구인타
당도에 해당한다. ㉡의 경우 공인타당도는 타당성이 입증된 기존의 검사가 있을 경우 추정이 가능하며, 기존의 검사가 없을
때에는 구인타당도를 사용해야 한다.

정답 ▬▬▬ 08. ①   09. ④   10. ①   11. ②

12 다음 설명에 해당하는 타당도는?

> • 검사도구에서 구한 점수와 미래에 피험자에게 나타날 행동 특성을 수량화한 준거점수 간의 상관을 토대로 한다.
> • 선발, 채용, 배치를 목적으로 하는 적성검사나 선발시험 등에서 요구된다.

① 예언타당도   ② 공인타당도   ③ 구인타당도   ④ 내용타당도

해설 예언타당도(prediction validity)는 한 검사의 결과가 피험자의 미래의 행동이나 특성을 어느 정도로 예측하느냐를 알아보는 것으로, 상관계수나 회귀분석으로 나타낸다.

13 다음 내용을 올바르게 설명한 것은?

> 대학교육에 필요한 수학능력을 측정하기 위한 시험인 대학수학능력시험이 사실상 대학 입학 후 학생들의 학업성취도에 미치는 영향이 거의 없었다.

① 대학수학능력시험의 내용타당도가 낮다.
② 대학수학능력시험의 구인타당도가 낮다.
③ 대학수학능력시험의 공인타당도가 낮다.
④ 대학수학능력시험의 예언타당도가 낮다.

해설 예언타당도란 한 검사가 목적하는 준거를 얼마나 정확하게 예언하는 능력을 가지고 있는가를 알아보기 위한 타당도를 의미한다. 현재 검사결과(대입수능시험 성적)와 미래의 검사결과(대학 입학 후 학업성취도)와의 상관계수가 낮으므로 예언타당도가 낮다고 볼 수 있다.

14 인간의 심리적 특성을 규명한 후, 그 심리적 특성이 검사도구를 통하여 제대로 측정되었는지를 검증하는 타당도는?

① 구인타당도(construct validity)   ② 예측타당도(predictive validity)
③ 공인타당도(concurrent validity)   ④ 내용타당도(content validity)

해설 구인타당도(construct validity)는 타당도 증거 중 가장 핵심적인 것으로, 과학적으로 정립되지 않은 것을 준거로 하여 검사가 의도한 특성을 재어 주고 있는가를 어떤 가설을 세워서 경험적으로 검증하거나 논리적으로 따져보는 것을 말한다. 구인타당도에서 구인(construct)이란 구성요인, 구성개념을 의미하는 것으로, 직접 측정하거나 관찰하는 것이 불가능한 인간의 인지적·심리적 특성을 말한다. 구인타당도는 요인분석적 방법, 상관계수법, 실험설계법, 공변량 구조 방정식 모형, 수렴 − 변별타당도 방법 등을 사용하여 추정한다.

15 구인타당도에 대한 설명으로 옳지 않은 것은?   20. 국가직

① 측정을 통해 얻은 사실로 미래의 행동특성을 예견한다.
② 타당도 증거를 수집하기 위해 요인분석 등 여러 통계적 방법이 사용된다.
③ 한 검사가 어떤 심리적 개념이나 논리적 구인을 제대로 측정하는가를 검증한다.
④ 검사가 의도한 바의 특성을 측정하고 있는지에 대한 증거를 수집하는 과정이다.

해설 구인타당도(construct validity, 구성타당도, 심리적 타당도, 이론적 타당도)는 한 검사가 조작적으로 정의한 구인 (construct)을 어느 정도 재고 있는가를 이론적 가설을 세워서 경험적으로 검증하려는 타당도이다. '검사의 결과로 산출된 점수의 의미를 심리학적 개념으로 분석하는 것'을 말한다(Cronbach). ①은 예언타당도에 해당한다.

16 우수한 학생을 선발하기 위한 적성검사를 제작할 때 검사의 타당성을 검증할 수 있는 방법으로 옳 지 않은 것은?   14. 국가직 7급

① 적성검사에서 높은 점수를 받은 학생이 학교에서 얼마나 우수한 성적으로 보이는지 관계를 살 펴본다.
② 적성검사를 받고 나서 일정 시간이 지난 다음 다시 적성검사를 실시하여 두 점수의 일치도를 살펴본다.
③ 새로 제작한 적성검사에서 높은 점수를 받은 학생이 기존의 다른 표준화된 적성검사에서도 높 은 점수를 받는지 살펴본다.
④ 내용 전문가에 의해 검사가 측정하고자 하는 속성을 제대로 측정하고 있는지 그리고 내용영역 을 얼마나 잘 대표하는지를 주관적으로 판단하게 한다.

해설 ②는 재검사 신뢰도에 대한 설명이다. ①은 예언타당도, ③은 공인타당도, ④는 내용타당도에 해당한다.

3 신뢰도(Reliavility)

17 다음이 설명하는 평가도구의 양호도는?   15. 특채

> 평가도구가 재려고 하는 것을 얼마나 오차 없이 정확하게 측정하는가를 의미하며, 측정의 일 관성과 같은 의미이다.

① 타당도   ② 신뢰도
③ 객관도   ④ 실용도

해설 신뢰도는 '어떻게(how)' 재고 있는가, 즉 검사방법의 문제로, 측정의 오차(standard error of measurement)가 얼마나 적은가의 문제이다. 신뢰도를 추정하는 방법으로는 측정의 표준오차에 의한 방법과 상관계수에 의한 방법이 있다.

정답 12. ① 13. ④ 14. ① 15. ① 16. ② 17. ②

TIP 신뢰도 추정 방법

측정의 표준오차에 의한 방법	• 단일한 측정대상을 같은 측정도구를 가지고 여러 번 반복 측정한 결과 개인이 얻은 점수의 안정성, 즉 개인 내 변산의 일관성을 알아보는 방법 • 한 개인의 진점수가 위치할 가능성이 있는 점수들의 범위를 말하며, '신뢰구간', '점수 띠', 또는 '프로파일 띠'라고도 한다. 　**예** 측정의 표준오차가 4인 검사에서 A의 원점수가 46일 때 진점수의 범위는 42점과 50점 사이에 위치한다.
두 검사의 상관계수에 의한 방법	• 검사의 측정 결과, 집단 내의 개인이 상대적으로 일관된 위치를 유지하고 있는가를 알아보는 방법, 즉 개인 간 변산의 일관성을 확인하는 방법 • 재검사 신뢰도(안정성 계수), 동형검사 신뢰도(동형성 계수), 내적 일관성 신뢰도(동질성 계수 ; 반분 신뢰도, 문항 내적 합치도)

18 "중간고사 대체용으로 활용된 표준화검사의 신뢰도가 교사가 제작한 중간고사용 검사의 신뢰도보다 높았다."는 진술에 대한 가장 적절한 해석은?　　　　　　10. 유·초등임용
□□□

① 표준화검사가 교사가 제작한 검사보다 실용적이다.
② 표준화검사의 실시절차가 교사가 제작한 검사의 실시절차보다 간편하다.
③ 표준화검사의 점수가 교사가 제작한 검사의 점수보다 타당한 측정치이다.
④ 표준화검사가 교사가 제작한 검사보다 교실에서의 수업내용을 많이 반영하고 있다.
⑤ 표준화검사가 교사가 제작한 검사보다 재고자하는 특성을 일관성 있게 측정하고 있다.

　　해설　신뢰도는 검사 결과의 안정성·일관성을 말한다. ①과 ②는 실용도, ③과 ④는 타당도에 해당한다.

19 검사-재검사 신뢰도 추정과 관계 없는 것은?　　　　　　05. 중등임용
□□□
① 검사 실시간격에 따라 결과가 다르다.
② 기억 및 연습효과가 결과에 영향을 미친다.
③ 검사문항을 반으로 나누어 신뢰도를 추정한다.
④ 동일한 검사 환경, 검사 동기, 검사 태도의 조성이 어렵다.

　　해설　재검사 신뢰도는 한 검사를 같은 집단에 시간적 간격을 두고 두 번 실시하여 그 전후(前後) 검사의 결과에서 얻은 점수를 기초로 상관계수를 산출하는 방법이다. ③ 반분신뢰도에 대한 설명이다.

TIP 재검사 신뢰도의 단점

1. 전후 검사의 실시간격을 어떻게 정하느냐에 따라 오차가 생긴다.
2. 전후 검사자의 여러 조건을 똑같이 통제하기 어렵다(선행검사에서 나온 문제를 암기, 연습하면 후행 검사에 영향을 미친다).
3. 이월효과(carry-over effect)가 나타난다.
4. 검사 상황이 달라짐에 따라 발생하는 오차는 잡을 수 있으나 두 번 다 동일한 검사를 치르기 때문에 검사의 내용이 달라짐에 따라 발생하는 오차는 잡을 수가 없다.

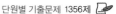

20 다음에 해당하는 신뢰도는?

21. 국가직 7급

> • 같은 집단에 특성이 비슷한 두 개의 검사를 각각 실시하고 두 검사점수 간의 상관계수를
> 산출하여 신뢰도를 구한다.
> • 기억효과와 연습효과가 감소된다.

① 검사-재검사 신뢰도   ② 동형검사 신뢰도
③ 반분 신뢰도   ④ 문항내적 일관성 신뢰도

해설 동형검사 신뢰도(equivalent-form reliability)는 검사문항의 내용은 다르지만 동일한 능력을 측정하는 두 개의 동형검사를 미리 제작하여 같은 집단에 두 번 실시하여 상관계수를 산출하는 방법이다. 표면적으로 내용은 서로 다르지만 두 검사가 측정이론에서 볼 때 '동질적이라고 추정할 수 있는(예 문항 내용, 문항 난이도, 문항 변별도가 거의 비슷하게 제작된)' 문항들로 구성된 동형검사로 구성되어야 하기 때문에 동형성 계수(coefficient of equivalence) 라고도 한다. 검사의 내용이 달라짐에 따라 발생하는 오차와 검사 상황이 달라짐에 따라 발생하는 오차를 모두 잡을 수 있다.

21 동일한 집단을 대상으로 동일한 검사를 1회 실시함으로써 추정할 수 있는 신뢰도로만 짝지은 것은?

13. 지방직

① 재검사 신뢰도 - 반분검사 신뢰도
② 동형검사 신뢰도 - 재검사 신뢰도
③ 반분검사 신뢰도 - 문항 내적 일관성 신뢰도
④ 문항 내적 일관성 신뢰도 - 동형검사 신뢰도

해설 내적 일관성 신뢰도(internal consistency reliability)는 하나의 검사를 구성하는 부분검사 또는 개별 문항들이 재고자하는 특성을 얼마나 일관성 있게 재고 있는가를 보여주는 수치로, 반분신뢰도와 문항 내적 합치도(문항 내적 일관성 신뢰도)를 말한다. 반분신뢰도는 한 개의 검사를 어떤 대상에게 실시한 후 이를 적절히 두 부분으로 나누어서 독립된 검사로 취급하여 이들의 상관계수를 산출하는 방법이며, 문항 내적 합치도(문항 내적 일관성 신뢰도)는 검사 속의 문항을 각각 독립된 한 개의 검사단위로 생각하고 그 합치성·동질성·일치성을 종합하여 상관계수로 나타내는 방법이다.

TIP 신뢰도 추정방식의 비교

추정방식		검사지의 수	검사실시 횟수	주된 오차요인	통계방법
재검사 신뢰도		1	2	시간간격, 이월효과	적률상관계수(안정성 계수)
동형검사 신뢰도		2	2(각 1)	문항차이(문항난이도, 문항변별도 등)	적률상관계수(동형성 계수)
내적 일관성 신뢰도	반분신뢰도	1	1	반분검사의 동질성	스피어만 - 브라운 공식
	문항내적 합치도	1	1	문항의 동질성	KR(이분적 문항), 크론바흐 $-\alpha$ 계수(다분적 문항), 호이트(Hoyt) 계수

정답   18. ⑤   19. ③   20. ②   21. ③

22 20개의 문항으로 구성된 검사 도구를 앞의 10개 문항과 뒤의 10개 문항으로 나누어 반분검사신뢰도(split-half reliability)를 추정하려고 할 때, 이 검사 도구가 갖추어야 할 가장 적절한 조건은?

18. 지방직

	문항 간 동질성	평가 유형
①	낮음	속도검사
②	낮음	역량검사
③	높음	속도검사
④	높음	역량검사

해설 반분신뢰도는 한 개의 검사를 어떤 대상에게 실시한 후 이를 적절히 두 부분으로 나누어서 독립된 검사로 취급하여 이들의 상관계수를 산출하는 방법으로, 동질성 계수라고도 한다. 가장 경제적인 신뢰도 추정방법으로, 재검사 신뢰도가 부적당하거나 동형검사를 만들기 어려울 때 사용하며, 검사를 양분하는 방법(예 전후법, 기우법, 단순무작위법, 문항특성법)에 따라 신뢰도 계수가 다르게 추정된다. 지문에 나오는 전후법의 경우 속도검사(speed test)는 시간제한으로 인해 신뢰도가 과대 추정될 수 있어 적용하기 어렵고, 시간제한을 두지 않는 역량검사(power test)에 적절하다. 또한 반분한 내용 간 동질성이 신뢰도에 영향을 주므로 동질성을 높여 주어야 한다.

23 내적 일관성 신뢰도(internal consistency reliability)에 대한 설명으로 옳지 않은 것은?

08. 중등임용

① 호이트(Hoyt) 신뢰도는 분산분석 방법을 사용해서 신뢰도를 추정한다.
② 검사를 한번만 실시하고도 검사의 신뢰도를 추정할 수 있는 방법이다.
③ 반분검사 신뢰도의 경우 검사를 양분하는 방법에 따라 신뢰도 계수가 다르게 추정된다.
④ 스피어만 - 브라운(Spearman-Brown) 신뢰도는 각각의 문항을 하나의 검사로 간주하여 문항들 간의 유사성을 측정한다.

해설 내적 일관성 신뢰도는 하나의 검사를 구성하는 부분검사 또는 개별 문항들이 재고자 하는 특성을 얼마나 일관성 있게 재고 있는가를 보여주는 수치로, 반분신뢰도와 문항 내적 합치도를 말한다.
④는 문항 내적 합치도에 대한 설명이다. 스피어만 - 브라운 신뢰도는 반분신뢰도를 추정하는 방법이다.

24 문항들 간의 동질성을 평가하기 위한 지수로 부적합한 것은?

18. 국가직

① Kappa 계수
② Kuder-Richardson 21
③ Kuder-Richardson 20
④ Cronbach's α계수

해설 문항내적 합치도(inter-item consistency)는 한 검사에 포함된 문항 간 반응의 동질성 여부에 의해 결정되기 때문에 동질성 계수라고도 한다. 문항내적 합치도를 이용하려면 그 검사는 단일 특성을 재는 문항으로 구성되어 있고, 문항난이도가 일정하게 유지될 때 효과적으로 사용할 수 있는 신뢰도 추정 방법이다. K-R 공식과 Hoyt 계수, Cronbach α 공식을 사용하여 추정한다. 코헨의 카파계수(Cohen's Kappa 계수)는 객관도, 즉 두 명의 평가자간의 일치성을 나타내는 지표로 사용한다.

25 검사도구의 신뢰도를 높이기 위한 방법에 해당하지 않는 것은? 19. 지방직

① 새로 실시한 검사와 이미 공인된 검사 사이의 유사도를 추정한다.
② 실시한 하나의 검사를 두 부분으로 나누어 각 부분의 측정 결과 간의 유사도를 추정한다.
③ 동일한 집단에게 동일한 검사를 일정한 간격을 두고 반복 실시하여 두 검사 간의 일관성 정도를 추정한다.
④ 동일한 집단에게 검사의 특성이 거의 같은 두 개의 검사를 실시하여 두 점수 간의 유사성 정도를 추정한다.

해설 신뢰도 추정 방법은 측정의 표준오차에 의한 방법과 상관계수에 의한 방법이 있다. 상관계수에 의한 방법으로는 재검사 신뢰도(③), 동형검사 신뢰도(④), 내적 일관성 신뢰도가 있고, 내적 일관성 신뢰도에는 반분신뢰도(②)와 문항내적 합치도가 있다. ①은 공인타당도에 해당한다.

26 검사도구의 신뢰도에 대한 설명으로 옳은 것을 모두 고르면? 12. 국가직 7급

⊙ 문항 변별도가 높을수록 신뢰도가 높아진다.
ⓒ 신뢰도는 타당도를 높이기 위한 필요조건이다.
ⓒ 난이도가 중간 수준으로 적절해야 신뢰도가 높아진다.
ⓔ 측정 내용의 범위가 넓고 일반적일수록 신뢰도가 높아진다.

① ⊙, ⓔ ② ⊙, ⓒ, ⓒ
③ ⓒ, ⓒ, ⓔ ④ ⊙, ⓒ, ⓒ, ⓔ

해설 측정 내용의 범위가 좁을수록 문항의 동질성이 높아지기 때문에 신뢰도가 높아진다.

TIP 신뢰도에 영향을 주는 요인

검사에 관련된 요인	• 검사의 길이: 검사의 길이(문항수)가 증가함에 따라 신뢰도도 증가한다. • 검사내용의 범위: 검사내용의 범위가 좁을수록(동질성이 유지되어) 신뢰도가 증가한다. • 문항 변별도: 문항 변별도가 높을수록 신뢰도가 증가한다. • 문항 난이도: 문항 난이도가 적절할수록(40~80%) 신뢰도가 증가한다. • 가능점수 범위: 가능점수 범위(상이한 점수가 나올 수 있는 범위)가 클수록 신뢰도가 증가한다. ⇨ 4지선다형보다 5지선다형이 신뢰도가 높다. • 문항 표집: 전체 범위에서 골고루 표집될 때 신뢰도가 높다.
검사를 치른 집단에 관련된 요인	• 집단의 동질성: 이질집단일수록 신뢰도가 높다. • 검사요령의 차이: 모든 학생들이 일정 수준 이상으로 검사를 치르는 요령을 터득하고 있을 때 신뢰도가 보장된다. • 동기유발의 차이: 모든 학생들이 일정 정도의 성취동기를 가지고 검사를 치를 때 신뢰도가 유지된다.
검사 상황과 관련된 요인	• 시간 제한: 검사시간이 충분히 주어져야 문항반응의 안정성이 보장된다. • 부정행위: 부정행위는 방지되어야 한다.
기 타	객관적인 채점방법을 사용하여야 한다.

정답 22. ④ 23. ④ 24. ① 25. ① 26. ②

27 평가의 신뢰도를 높이는 방법과 거리가 먼 것은?　　　　　08. 국가직

① 시험의 문항수를 늘린다.

② 문항의 변별도를 높인다.

③ 시험에 포함될 내용 범위를 넓힌다.

④ 문항의 난이도를 너무 어렵거나 쉽지 않게 적절한 수준으로 조정한다.

> **해설** 검사내용의 범위, 즉 시험범위가 넓을수록 문항의 동질성이 유지되지 않기 때문에 신뢰도는 낮아진다.

---

4 검사도구 양호도 종합

28 다음 중 검사도구의 양호도에 대한 설명으로 적절한 것은?　　　　　05. 초등임용

① 신뢰도는 타당도의 충분조건이다.

② 반복 시행하여 일관성 있는 검사결과를 얻었다면 타당한 검사도구이다.

③ 성취도 검사를 제작하기 전에 이원분류표를 작성하면 내용타당도를 높일 수 있다.

④ 속도검사(speed test)의 신뢰도는 검사를 전후로 분할하여 반분검사 신뢰도로 추정한다.

> **해설** 학업성취도 검사와 같이 측정하고자 하는 대상이 비교적 구체적이고 객관적인 경우에 교육목표가 준거가 되기 때문에 '이원목표 분류표'를 사용하여 교육목표를 세분화하고 그에 따라 문항이 제작되었는지를 확인함으로써 내용타당도를 높일 수 있다.
> ① 신뢰도는 타당도의 필요조건이다.
> ② 반복 시행하여 일관성 있는 검사결과를 얻었다면 신뢰도가 높은 검사도구다.
> ④ 속도검사의 신뢰도를 추정할 때 반분신뢰도 전후법은 사용해선 안 된다. 반분신뢰도 전후법은 전체 검사를 문항 순서에 따라 전과 후로 나누는 방법으로, 역량검사(power test)에 적합하다.

TIP 신뢰도와 타당도의 관계

1. 타당도는 측정하려는 것을 얼마나 정확하게 측정하고 있는가와 관계가 있다.
2. 신뢰도는 무엇을 측정하든 측정의 정확성과 관계가 있다.
3. 신뢰도는 타당도의 필요조건이지 충분조건은 아니며, 타당도는 신뢰도의 충분조건이다.
   ① 타당도가 높으면 신뢰도도 높으나, 신뢰도가 높다고 타당도가 높은 것은 아니다.
   ② 타당도가 낮아도 신뢰도는 높을 수 있으나, 신뢰도가 낮으면 타당도도 낮다.
   ③ 높은 신뢰도는 높은 타당도의 선행조건이다.

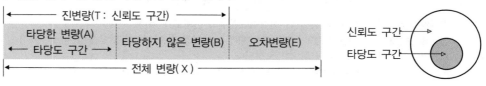

29 평가도구의 양호도에 대한 설명으로 옳지 않은 것은?

14. 국가직

① 규준지향평가의 신뢰도에서는 원점수 자체의 의미가 중요하다.
② 평가도구의 문항수는 신뢰도에 영향을 미친다.
③ 최근에는 타당도를 평가 결과의 해석이 얼마나 타당한가에 대한 근거를 수집하는 과정으로 본다.
④ 입학시험과 입학 이후의 학업성적과의 상관이 높다면 입학시험의 예측타당도가 높다고 할 수 있다.

해설 개인차 변별에 중점을 두는 규준지향평가의 경우, 신뢰도에서는 원점수보다는 상대적 비교가 가능한 규준점수 (**예** 석차점수, 백분위점수, 표준점수)를 더 중시한다.
①은 준거지향평가(절대평가)에 해당한다.

30 평가도구의 신뢰도 및 타당도에 대한 설명으로 옳지 않은 것은?

22. 국가직

① 신뢰도는 얼마나 정확하게 오차 없이 측정하는가와 관련된다.
② 평가도구가 높은 타당도를 갖기 위해서는 평가도구의 신뢰도가 높아야 한다.
③ 공인타당도는 새로운 평가도구의 타당도를 기존의 타당성을 인정받고 있는 도구와의 유사성 혹은 연관성에 의해 검증한다.
④ 동형검사신뢰도는 동일한 피험자 집단에게 동일한 평가도구를 일정 간격을 두고 반복 실시한 결과로 파악한다.

해설 ④는 재검사 신뢰도(전후검사 신뢰도)에 해당한다. 동형검사 신뢰도는 두 개의 동형검사를 제작하여 같은 대상에게 실시하고 두 검사의 상관계수를 산출한다.

31 특정 교사가 개발한 시험에 대한 전문가들의 평가가 다음과 같은 경우, 이 시험의 양호도에 대한 설명으로 옳은 것은?

24. 국가직

> 반복 측정에서의 결과가 일관성은 있으나 측정하고자 하는 것을 충실히 측정하지 못하고 있다.

① 신뢰도는 높지만 실용도는 낮은 시험
② 신뢰도는 높지만 타당도는 낮은 시험
③ 타당도는 높지만 난이도는 낮은 시험
④ 타당도는 높지만 신뢰도는 낮은 시험

해설 양호한 검사도구가 지녀야 할 조건 중 타당도는 평가도구가 무엇을 측정하려는 것이냐의 정도, 즉 검사의 진실성을 말하며, 신뢰도는 '어떻게(how)' 재고 있는가, 즉 검사방법의 문제로 측정의 오차(standard error of measurement)가 얼마나 적은가의 정도를 말한다. 제시문에서 '반복 측정에서의 결과가 일관성은 있으나'는 신뢰도가 높음을, '측정하고자 하는 것을 충실히 측정하지 못하고 있다.'는 타당도가 낮음을 나타낸다.

정답 27. ③ 28. ③ 29. ① 30. ④ 31. ②

32 검사 도구에 대한 설명으로 옳은 것만을 모두 고르면?   23. 국가직 7급

ㄱ. 반분검사 신뢰도는 두 부분 검사로 양분하는 방법에 따라 신뢰도가 다르게 추정된다는 단점이 있다.
ㄴ. 내용 타당도는 내용 전문가에게 측정하려는 속성을 제대로 측정하였는지 판단하게 하여 검증한다.
ㄷ. 각각의 문항을 하나의 검사로 간주하여 문항 간 측정의 일치성을 추정하는 방법을 검사-재검사 신뢰도라고 한다.
ㄹ. 동형검사 신뢰도는 두 집단이 하나의 검사를 치르고 점수 간 상관계수를 통해 검사의 신뢰도를 추정한다.

① ㄱ, ㄴ   ② ㄱ, ㄷ   ③ ㄴ, ㄹ   ④ ㄷ, ㄹ

해설 ㄷ은 문항 내적 합치도에 해당하고, ㄹ은 하나의 집단이 두 개의 동형검사를 치르고 점수 간 상관계수를 추정하는 방법이다. 검사-재검사 신뢰도는 동일한 검사를 시간 간격을 두고 두 번 실시하여 그 전후의 결과에서 얻은 점수를 기초로 상관계수를 산출하는 방법으로 '전후검사 신뢰도'라고도 한다.

제 5 절 | **검사문항의 제작**

1 검사문항의 유형

01 채점의 주관성 개입 가능성이 가장 큰 평가문항의 유형은?   15. 특채
① 논문형   ② 단답형
③ 선다형   ④ 진위형

해설 서답형 문항은 문항의 채점이 주관적으로 이루어지는 검사문항으로, 단답형, 완성형, 서술형(논문형)이 있다. 이 중 채점의 주관성 개입이 가장 큰 평가문항은 서술형(논문형) 문항이다.
②, ③, ④는 객관식 검사문항에 해당하며, ④는 선택형 검사문항에 해당한다.

TIP 검사문항의 유형

채점방식에 따른 분류	주관식 검사	논문형(서술형)
	객관식 검사	진위형, 배합형(연결형), 선다형, 단답형, 완성형
학생의 반응양식에 따른 분류	선택형 검사	진위형, 배합형, 선다형(선택형)
	서답형 검사	단답형, 완성형, 논문형

02 서답형 또는 논술형 문항에 대한 바람직한 채점방식과 그 이유에 대한 설명으로 옳지 않은 것은?

□□□
10. 국가직

① 채점자의 주관이나 편견의 영향을 줄이기 위해 채점기준을 미리 정해 놓아야 한다.
② 답안 작성자에 대한 편견을 제거하기 위해 답안 작성자의 이름과 번호를 답안지와 분리해서 채점해야 한다.
③ 채점의 신뢰도를 높이기 위해 답안지를 평가문항별로 채점하지 말고 답안 작성자 단위별로 채점하는 것이 바람직하다.
④ 단독채점보다 다수의 평가자가 채점하여 평균점수를 내는 것이 보다 바람직하다.

[해설] 서술형 문항을 채점할 때는 답안 작성자 단위별로 채점하는 것보다 평가문항별로 채점하는 것이 순서효과를 예방하고 채점의 일관성을 유지하고 신뢰도를 높일 수 있기 때문에 바람직하다. ①은 내용불확정성 효과, ②는 후광효과(인상의 오류, 연쇄오류), ④는 내용불확정성 효과를 예방할 수 있다.

TIP 논술형 문항의 채점시 유의사항
1. 모범답안을 미리 작성하고, 채점기준을 사전에 결정한다. ⇨ 내용불확정성 효과 예방
2. 학생의 인적사항을 모르는 상태에서 채점한다. ⇨ 후광효과 예방
3. 답안을 학생별로 채점하지 말고 문항별로 채점한다. ⇨ 순서효과 예방
4. 충분한 시간을 갖고 채점한다. ⇨ 피로효과 예방
5. 가능하면 같은 답안지를 최소 2회 이상 채점하거나 두 사람 이상이 채점한 결과를 평균하는 것이 좋다. ⇨ 답안과장 효과(bluffing effect ; 평가 문항이 측정하는 지식이나 기능을 갖고 있지 않은 학생이 지식이나 기능을 갖고 있는 것처럼 보이기 위해 작문능력, 일반지식, 시험책략 등 허세를 부리거나 의도적으로 답안을 조작하는 현상) 예방
6. 글씨체, 문법, 철자법, 답안의 길이 등이 채점결과에 영향을 주지 않도록 유의해야 한다.
7. 채점을 하는 중간에 채점기준을 바꾸지 말아야 한다.

03 선택형 문항제작 원리에 대한 설명으로 옳은 것은?

□□□
03. 초등임용

① 답지의 길이와 형태를 다양하게 만든다.
② 긍정 질문과 부정 질문은 동일한 비율로 유지한다.
③ 틀린 답지에 '절대' 혹은 '항상'이라는 단어를 사용한다.
④ 문항의 질문에 정답을 암시하는 내용을 포함시키지 않는다.

[해설] 선택형(선다형) 문항은 객관식 검사의 대표적인 문항 유형으로, 하나의 문항이 두 개 이상의 답지로 구성된 문항형식을 말한다. 정답형, 최선답형, 다답형, 불완전 문장형, 합답형(결합응답형), 부정형, 대체형 등의 문항 유형이 있다.
① 답지의 길이와 형태는 가능한 한 비슷하게 만들어 추측요인을 최소화해야 한다.
② 가능한 부정문을 사용하지 않는다.
③ 틀린 답지에 '절대' 혹은 '항상'이란 말을 사용하지 않는다.

정답 32. ① / 01. ① 02. ③ 03. ④

TIP 선다형 문항의 제작 시 유의할 점

1. 정답은 분명하게, 오답은 그럴 듯하게 만든다.
2. 답지 사이의 중복을 피한다.
3. 답지의 길이는 비슷해야 한다.
4. '정답 없음.'이 정답이 되는 답지도 사용한다. ⇨ 가급적 사용하지 않음이 좋음.
5. 문항은 자세하게, 답지는 간결하게 표현한다.
6. 정답에 대한 단서를 주지 말아야 한다.
7. 문항은 가급적 긍정문으로 진술한다.
8. 정답의 위치는 다양성이 있어야 한다.
9. 문항과 답지는 내용상 관련이 있어야 한다.
10. 한 문항 내의 답지는 상호 독립적이어야 하고, 다른 문항의 답지와도 상호 독립적이어야 한다.
11. 전문적인 용어 사용을 피한다. ⇨ 전문적인 용어의 사용은 문항의 적절한 난이도 유지를 곤란하게 할 수 있다.
12. 형용사, 부사의 질적 표현을 많이 사용하지 않는다. ⇨ 형용사나 부사의 사용은 그 의미나 해석이 다를 수 있으므로 질문의 내용이 모호해질 수 있다.

---

2 표준화 검사

04 표준화검사 도구를 활용할 때 유의할 점으로 적절하지 않은 것은?   17. 국가직
□□□

① 검사 실시 목적에 적합한 내용의 검사를 선택한다.
② 검사의 타당도, 신뢰도, 객관도, 실용도를 고려하여 검사를 선택한다.
③ 상황에 맞춰 검사의 실시·채점·결과의 해석을 융통성 있게 변경한다.
④ 검사를 사용하는 사람이 검사에 대한 객관적인 식견이 있어야 한다.

[해설] 표준화검사는 검사의 제작절차, 내용, 실시조건, 채점과정과 해석이 표준화되어 있어 같은 검사를 언제 어디에서나 똑같이 실시할 수 있는 검사를 말한다. ③의 경우 표준화검사는 실시·채점·결과의 해석에 일관성이 있어야 한다.

05 표준화검사가 아닌 것은?   06. 교육사무관 5급
□□□

① 일반지능검사   ② 단위학교 기말고사
③ 다요인 적성검사   ④ 규준지향 성취도검사
⑤ 성격유형검사

[해설] 표준화검사(standardized test)는 교사가 자체 제작한 교사제작검사(teacher—made test)와는 달리, 검사 제작절차, 검사 내용, 검사의 실시방법, 채점과 해석이 표준화되어 있는 검사를 말한다. 절차, 도구, 채점방법, 해석이 일정하여 같은 검사를 언제 어디서나 똑같이 실시할 수 있는 검사를 말한다.
② 단위학교 기말고사는 교사제작검사(자작검사)에 해당한다.

TIP 표준화검사의 예

인지적 영역	지능검사	지식을 습득할 수 있는 능력, 생각할 수 있는 능력, 추상적인 추론능력, 새로운 문제해결능력을 측정하기 위한 검사 ⇨ 개인용 검사와 집단용 검사, 언어 검사와 동작성 검사 예 스텐포드 − 비네 지능검사, K−ABC, K−WAIS, K−WISC−Ⅳ, SOMPA, UNIT
	적성검사	시간을 두고 발달된 일반적인 능력을 측정하고 앞으로의 학습에 대한 잠재력을 예측하기 위해 고안된 검사 예 일반적성검사(GATB), 홀랜드 진로탐색검사, STRONG 흥미검사
	성취검사	읽기, 쓰기, 수학, 과학, 사회, 비판적 사고능력, 상식 등과 같은 특정 영역에서 학생이 얼마나 배웠는가를 측정하기 위한 검사 예 표준화 학력검사, 표준화 기본학력검사
	진단검사	특정 지식이나 기술 영역에서의 학생의 강점이나 약점에 대한 자세한 정보를 얻기 위해 개별적으로 실시하는 검사 예 기초학력 진단검사
성격검사		일반성격검사, 성격진단검사, 인성검사, 다면적인성검사(MMPI), MBTI, 어린이 및 청소년용 성격유형검사(MMTIC), KIPA 인성검사, KPI 성격검사, CPI 성격검사, 16PF
임상검사		특정 영역의 심리적 문제(예 우울, 불안, 분노, 섭식장애 등)를 평가하기 위해 개발된 검사 ⇨ 정서적 징후 검사 예 Beck의 우울검사(BDI), 상태 − 특성 불안검사(STAI), 섭식장애검사(EDI−2)

제6절 | 문항의 통계적 분석

1 고전검사 이론

01 검사도구의 제작과정에서 문항의 특성과 문항분석에 대해 바르게 이해하고 활용한 사례로 가장 적절한 것은?

10. 유·초등임용

① 문항변별도가 음수로 나온 문항은 수정하거나 검사에서 제외시켰다.
② 문항변별도를 높이기 위해 검사문항들을 난이도 순으로 배열하였다.
③ 검사의 변별력을 높이기 위해 문항난이도가 0과 1인 문항을 많이 포함시켰다.
④ 문항선택지들의 매력도를 높이기 위해 특정 오답지에 반응이 집중되도록 하였다.
⑤ 정답을 추측해서 맞힐 확률은 문항선택지가 많을수록 높아지므로 선택지의 수를 줄였다.

해설 변별도 지수가 '−'일 경우는 하위집단의 정답수가 많다는 것을 의미하므로 양호하지 못한 문항이다.
②는 문항난이도에 따라 문항 배열순서를 정하는 방법이다.
③은 문항난이도의 변산범위는 0~100%인데, 이상적인 난이도는 50%이다.
④는 특정 오답지에 골고루 반응하도록 해야 한다.
⑤는 문항선택지가 적을수록 높아지므로 선택지의 수를 늘려야 한다.

정답 04. ③ 05. ② / 01. ①

TIP 문항분석의 방법

고전검사이론	문항반응이론
• 문항특성의 가변성 • 피험자 특성의 가변성 • 관찰점수는 진점수와 오차점수의 합 • 문항난이도, 문항변별도, 문항반응분포	• 문항특성의 불변성 / 단일차원성, 지역독립성 • 피험자 특성의 불변성 • 문항특성곡선(S자형 곡선)에 근거 • 문항난이도, 문항변별도, 문항추측도

02 고전검사이론에 대한 설명으로 옳지 않은 것은?   23. 지방직

① 문항난이도는 문항의 쉽고 어려운 정도를 나타낸다.

② 피험자의 능력과 문항의 답을 맞힐 확률 간의 관계를 나타내는 문항특성곡선을 사용한다.

③ 문항변별도는 문항이 피험자의 능력을 변별하는 정도를 나타낸다.

④ 관찰점수는 진점수와 오차점수의 합으로 가정한다.

> **해설** 문항(의 통계적) 분석은 어떤 검사를 구성하고 있는 개개 문항(객관식 선택형 문항)의 '양호도'를 검증하는 것으로 학교에서 교사제작검사에 적용하는 고전검사이론과 전문가들이 제작한 표준화검사에 적용하는 문항반응이론으로 구분한다. 이 중 고전검사이론은 원점수(X)는 진점수(T)와 오차점수(E)의 합이라는 근거에 기초하여 문항난이도, 문항변별도, 문항반응분포를 산출한다. 한편, 문항반응이론은 문항특성곡선(②)에 근거하여 문항난이도, 문항변별도, 문항추측도를 산출한다.

03 난이도와 변별도를 바르게 이해한 것은?   15. 국가직 7급

① 변별도가 0이거나 음수인 문항은 제외해야 한다.

② 난이도는 총 피험자 중 오답을 한 피험자의 비율이다.

③ 변별도를 높이기 위해서는 문제를 가능한 한 어렵게 출제해야 한다.

④ 난이도를 조절하기 위해서는 상위집단과 하위집단의 정답률을 비슷하게 구성해야 한다.

> **해설** 한 문항의 쉽고 어려운 정도를 의미하는 문항난이도(문항곤란도, P)는 전체 사례수 중에서 정답을 한 학생의 비율로 나타내며, 문항변별도(DI)는 문항 하나하나가 피험자의 상하능력을 변별해 주는 정도로서, 상위집단의 정답률과 하위집단의 정답률의 차이로 나타낸다. 변별도 지수가 '0'이거나 '−'일 경우는 하위집단의 정답수가 많다는 것을 의미하므로 양호하지 못한 문항이다. 따라서 제외시키는 것이 좋다.
> ②는 정답을 한 피험자의 비율이다. ③은 난이도가 적절하게(50%) 출제해야 한다. ④는 상위집단과 하위집단의 정답률로 나타내는 것은 변별도이며, 변별도는 양수이고 그 수치가 +1에 가까울수록 양호한 문항이다.

04 100명의 학생을 대상으로 수학 시험을 본 후, 시험성적을 기준으로 상위집단(상위 50%)과 하위집 단(하위 50%)을 나누었다. 다음은 1번 문항에서 정답과 오답을 한 학생들의 수를 나타낸 것이다. 1번 문항의 문항난이도와 문항변별도를 올바르게 짝지은 것은? (단위 : 명)   13. 지방직

구분	정답	오답	계
상위집단	30	20	50
하위집단	10	40	50
계	40	60	100

	문항난이도	문항변별도		문항난이도	문항변별도
①	0.2	0.3	②	0.4	0.3
③	0.2	0.2	④	0.4	0.4

해설 문항변별도(DI)는 능력이 높은 학생과 능력이 낮은 학생을 구별하는 정도를 말하며, 문항난이도(P)는 검사문항의 쉽고 어려운 정도를 말한다. 문항변별도(DI)를 산출하는 방법은 $DI = \dfrac{RH-RL}{\dfrac{N}{2}}$ (RH : 상위집단 정답자 수, RL : 하위집

단 정답자 수, N : 전체사례 수)이다. 이에 따라 1번 문항의 변별도를 산출하면 $DI = \dfrac{RH-RL}{\dfrac{N}{2}} = \dfrac{30-10}{\dfrac{100}{2}} = \dfrac{20}{50} = +0.4$,

문항 1은 +0.4이다.

문항난이도(P)를 산출하는 방법은 $P = \dfrac{R}{N} \times 100$(R : 정답 학생 수, N : 전체사례 수)이므로,

$P = \dfrac{R}{N} \times 100 = \dfrac{40}{100} \times 100 = 40(0.4)$이다. 이에 따라 1번 문항의 난이도를 산출하면 40%(0.4)가 된다.

05 고전검사이론에서의 문항변별도에 대한 설명으로 옳은 것을 〈보기〉에서 고른 것은?   16. 지방직

> 보기
> ㉠ 문항변별도 지수는 0~100 사이의 값을 갖는다.
> ㉡ 각 문항이 학생들의 능력수준을 구분해 주는 정도를 나타낸다.
> ㉢ 능력수준이 다른 두 집단을 대상으로 각각 계산하더라도 문항변별도는 동일하다.
> ㉣ 검사 총점이 높은 학생이 낮은 학생에 비해 문항변별도가 높은 문항에서 정답을 맞힐 가능 성이 높다.

① ㉠, ㉢   ② ㉠, ㉣
③ ㉡, ㉢   ④ ㉡, ㉣

해설 문항변별도(DI)는 문항 하나하나가 피험자의 상하능력을 변별해 주는 정도, 즉 상위집단과 하위집단의 구별 정도 를 말한다. ㉠은 문항난이도 지수에 해당하며, 문항변별도 지수는 −1에서 +1 사이의 값을 갖는다. ㉢은 학생집단의 능력수 준이 다르면 문항변별도는 다르게 나타나는 것이 일반적이다.

정답   02. ②   03. ①   04. ④   05. ④

06 변별도에 대한 설명으로 옳은 것만을 모두 고른 것은?   16. 국가직

□□□

> ㉠ 난이도가 어려울수록 변별도는 높아진다.
> ㉡ 정답률이 50%인 문항의 변별도는 1이다.
> ㉢ 모든 학생이 맞힌 문항의 변별도는 0이다.

① ㉡   ② ㉢   ③ ㉠, ㉡   ④ ㉠, ㉢

해설 문항변별도(DI)는 문항 하나하나가 피험자의 상하능력을 변별해 주는 정도, 즉 상위집단과 하위집단의 구별 정도를 말한다. ㉠에서 난이도는 전체 사례 수 중에서 정답을 한 학생의 비율로 나타내므로 난이도가 어려울수록(정답률이 낮을수록) 변별도는 낮아지며, ㉡에서 정답률이 50%이면 변별도는 +1에 가까워지지 +1이라고 볼 수는 없다. 변별도가 +1이 되려면 상위집단 학생이 모두 정답이고, 하위집단 학생이 모두 오답이어야 한다.

07 다음 〈표〉는 학생의 문항별 정답 및 오답을 표시한 것이다. 총점에 따른 학생별 수준을 고려할 때, 문항 1 ~ 문항 4 중 문항변별도가 가장 높은 문항은? (단, 정답은 O, 오답은 X로 표시한다.)

□□□   16. 국가직 7급

구분	문항 1	문항 2	문항 3	문항 4	……	총점	수준
학생 A	O	×	O	×	……	99	상위집단
학생 B	O	×	O	×	……	95	상위집단
학생 C	×	O	O	×	……	20	하위집단
학생 D	×	O	O	×	……	25	하위집단
학생 E	O	×	O	×	……	90	상위집단

① 문항 1   ② 문항 2   ③ 문항 3   ④ 문항 4

해설 문항변별도(DI)는 문항 하나하나가 피험자의 상하능력을 변별해 주는 정도, 즉 상위집단과 하위집단의 구별 정도를 말한다. 문제의 경우에는 정답률 편차에 의한 계산방법을 적용하면 되는데, 정답비율 차(정답률 편차)에 의한 계산방법은 상위집단의 정답률에서 하위집단의 정답률을 빼어 산출하거나 상관계수에 의한 계산방법을 쓴다. 문항 1의 경우 상위집단은 모두 정답이고 하위집단은 모두 오답을 하였으므로 문항변별도는 +1.0이 된다. 문항 2는 -1.0, 문항 3과 문항 4는 0이 된다.

<h2>2 문항반응 이론</h2>

08 문항반응이론(item response theory)에 관한 설명으로 옳은 것은?   08. 국가직

□□□

① 문항변별도 지수는 항상 양수이다.
② 문항특성곡선의 기울기가 가파를수록 변별력이 없는 문항이 된다.
③ 문항난이도가 0인 문항은 거의 모든 학생이 정답을 할 수 없는 문항을 말한다.
④ 피험자 집단의 능력이 달라져도 결과적으로는 하나의 고유한 문항특성곡선이 추정된다.

해설 문항반응이론은 문항특성은 피험자 집단의 능력에 관계없이 항상 똑같으며, 검사문항의 난이도에 관계없이 피험자의 능력은 변화하지 않는다는 가정에 기초하고 있으며, 이를 그래프로 나타내면 문항특징곡선은 일반적으로 아래 그림과 같이 S자형 형태(피험자의 능력 : X축, 문항의 정답률 : Y축)로 나타난다.

①은 문항변별도는 문항특징곡선상의 문항난이도를 표시하는 인접지점에서 문항특징곡선의 기울기로 나타내며, 0에서 +2의 값을 갖는다. ②는 기울기가 가파를수록 문항변별도가 높으므로 변별력이 높은 문항이 된다. ③은 문항난이도는 문항의 답을 맞힐 확률이 0.5에 대응하는 피험자의 능력수준을 말하며, 일반적으로 −2에서 +2의 값 사이에 위치하고 값이 클수록 어려운 문항이다. 곡선이 오른쪽으로 위치할수록 어려운 문항에 해당하며, 모든 학생이 정답을 할 수 없는 경우는 난이도가 +3 이상의 값을 가질 때에 해당한다.

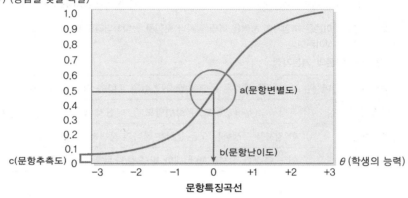

문항특징곡선

TIP 고전검사이론과 문항반응이론의 비교

고전검사이론(교사제작검사)	문항반응이론(표준화검사)
• [기본 가정] ① 문항특성의 가변성, ② 피험자 특성의 가변성 • [원점수(X)=진점수(T)+오차점수(E)]에 근거 • 문항난이도, 문항변별도, 문항반응분포	• [기본 가정] ① 문항특성의 불변성, ② 피험자 특성의 불변성, ③ 단일차원성, ④ 지역독립성 • 문항특성곡선(S자형 곡선)에 근거 • 문항난이도, 문항변별도, 문항추측도
문항난이도(P) : 문항의 쉽고 어려운 정도 → 문항 정답률로 산출 ① 높을수록 쉬운(낮을수록 어려운) 문항, 적절할수록 (50%) 양호한 문항 ② 문항 배열 순서 결정에 활용	문항난이도(b) : 문항의 답을 맞힐 확률이 0.5에 대응하는 능력수준 → −2 ~ +2(곡선이 오른쪽에 위치할수록 어려운 문항)
문항변별도(DI) : 문항이 상위집단과 하위집단의 구별 정도 → 신뢰도에 영향 ① 정답률 편차로 산출 : 상위집단 정답률−하위집단 정답률 → −1 ≤ DI ≤ +1, +값을 갖고 +1에 가까울수록 양호(0과 −값을 가진 문항은 제외할 것) ② 상관계수로 산출 : 정답지는 높은 정적 상관, 오답지는 낮은 상관이나 상관 없음 또는 부적상관	문항변별도(a) : 문항특성 곡선상의 '문항난이도를 표시하는 인접 지점(b ± 0.5인 지점)'에서 문항특성곡선의 기울기 → 0 ~ +2(기울기가 가파를수록 변별력이 높은 문항)
문항반응분포 : 정답지와 오답지에의 반응학생수 → 정답지에 50% 반응, 나머지 오답지에 골고루 반응할 때 이상적임.	문항추측도(c) : 능력이 전혀 없음에도 불구하고 문항의 답을 맞히는 확률 → 높을수록 나쁜 문항 ∅ 4지선다형의 경우 +0.2를 넘지 않을 것

정답 06. ② 07. ① 08. ④

09 다음의 내용과 가장 관계있는 문항반응이론의 개념은?

> 김 교사는 인지능력검사를 제작하여 서울과 농촌지역 학생들을 대상으로 검사를 실시한 다음 이들의 문항정답률을 기초로 인지능력검사를 타당화하고자 한다. 그런데 서울과 농촌지역 학생들 간의 능력차가 문항정답률에 영향을 주지 않을까 고민하고 있다.

① 일차원성(unidimensionality)   ② 정규분포성(normal distribution)
③ 지역독립성(local independence)   ④ 불변성(invariance)

해설 문항반응이론은 피험자의 능력은 어떤 검사나 문항을 선택하더라도 변화되지 않는다는 피험자 능력의 불변성에 토대를 둔 문항분석이론이다.

TIP 문항반응이론의 기본가정

피험자 능력 불변성	피험자가 어려운 문항을 택하든 쉬운 문항을 택하든 피험자의 능력은 변화하지 않는다.
문항특성 불변성	문항특성(문항난이도, 문항변별도)은 피험자 집단의 특성에 의해서 변화되지 않는다.
단일차원성	한 검사를 구성하는 모든 문항은 하나의 잠재적 특성(예 지능, 창의력)만을 측정해야 한다.
지역독립성	어느 특정한 검사문항에 대한 반응은 다른 문항에 대한 반응에 영향을 미치지 않는다.

10 다음 그래프는 문항반응이론의 '3–모수' 모형으로 추정한 문항난이도, 변별도, 추측도를 바탕으로 그린 문항특성곡선이다. 네 문항의 특성에 대한 설명 중 옳은 것은?

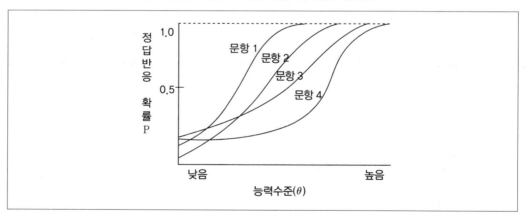

① 문항 1은 능력수준이 중간 정도인 사람들을 변별하는 데에 적합하다.
② 문항 2는 문항 1보다 변별도가 높다.
③ 문항 3은 문항 4보다 변별도가 높다.
④ 문항 4는 능력수준이 높은 사람들을 변별하는 데에 적합하다.

해설 ① 능력수준이 낮은 사람들을 변별하는 데에 적합하다. ② 문항 1은 문항 2보다 변별도가 높다. ③ 문항 4는 문항 3보다 변별도가 높다.

정답   09. ④   10. ④

Chapter 11

교육통계

오현준 교육학

단원별
기출문제 1356제

핵심 체크노트

★1. 척도(측정값)의 유형 : 명명척도, 서열척도, 동간척도, 비율척도
 2. 집중경향치(대표값)의 유형 : 최빈치(Mo), 중앙치(Mdn), 평균치(M)
 3. 변산도 : 범위(R), 사분편차(Q), 평균편차(AD), 표준편차(SD)
★4. 상관도 : 상관계수, 상관관계도(산포도)
 5. 원점수와 규준점수
  ① 원점수 : 백점 만점 점수
  ② 규준점수 : 석차점수, 백분위점수, 표준점수(Z점수, T점수, C점수)

제1절 교육통계의 기초[측정값(척도)]

01 다음 설명에 해당하는 척도는?

24. 지방직

□□□

• 사물이나 사람을 구분하거나 분류하기 위해 사용되는 척도이다.
• 예를 들어 성별을 표시할 때, 여학생을 0, 남학생을 1로 표시한다.

① 명명척도   ② 서열척도   ③ 동간척도   ④ 비율척도

해설 척도(측정치, scale)는 한 측정도구로 재어서 얻은 수치를 말하며, 명명척도, 서열척도, 동간척도, 비율척도 등이 있다. 이 중 명명척도(nominal scale)는 단순히 이름만 대신하는 척도로서 대상을 분류하거나 범주화하는 데 사용하며, '같다, 다르다'의 정보만 제공한다. 순서나 크기를 비교할 수 없으며, 산술적 연산도 불가능하다.

TIP 측정치(척도) 간 비교

구분	의미	예	가능한 통계처리
명명척도	분류(같다, 다르다) 정보 제공	전화번호, 극장 좌석번호, 주민등록번호	최빈치(MO), 사분상관계수, 파이(φ)계수, 유관상관계수
서열척도	분류, 대소, 서열(무엇보다 크다, 보다 작다) 정보 제공	학점, 키 순서 번호, 석차점수, 백분위점수, 리커트(Likert) 척도, 구트만(Guttman) 척도	최빈치(MO), 중앙치(Mdn), 등위차 상관계수(스피어만 서열상관계수), 문항난이도 지수
동간척도	• 분류, 대소, 서열, 동간성(얼마만큼 크다) 정보 제공 • 상대영점 소유 ⇨ 가감(+, −)이 가능 • 임의 단위를 지닌 척도	온도계 눈금, IQ점수, 고사의 원점수, 백점만점 점수, 써스톤(Thurstone) 척도, 의미변별척도	최빈치(MO), 중앙치(Mdn), 평균치(M), 적률상관계수(Pearson계수)

비율척도	• 분류, 대소, 서열, 동간성, 비율 정보 제공 • 절대영점 소유 ➡ 가감승제 (+, −, ×, ÷) 가능 • 임의 단위를 지닌 척도	길이, 무게, 시간, 넓이, 백분율, 표준점수(Z 점수, T 점수, H점수, C점수, DIQ점수)	최빈치(MO), 중앙치(Mdn), 평균치(M), 적률상관계수(Pearson계수)
절대척도	절대영점과 절대단위를 지닌 척도 ➡ 가감승제 가능	사람 수, 자동차 수	

02 A교사는 부모의 거주지역에 따라 학생들의 영어 성적에 차이가 있는지를 알아보기 위하여 지역을 공업지역, 상업지역, 농업지역, 수산업지역으로 나누고 각각에 0, 1, 2, 3을 부여하였다. 부여된 수의 특징에 대한 설명으로 옳은 것은?
11. 국가직 7급

① 수(數)들 간에 동간성이 있다.　　　② 0은 절대영점이다.

③ 단순한 이름에 불과하다.　　　④ 순위를 나타내는 수(數)이다.

해설　명명척도(nominal scale)는 단순히 이름만 대신하는 척도로서 주로 질적 변인을 나타낼 때 사용한다. 사물 하나에 이름을 부여하는 일대일 대응의 특징을 지니며, 수(數)의 특성을 전혀 갖지 않고 두 개체가 서로 같다거나 다르다는 정도의 정보만 가지고 있으므로 구분·분류의 기능만 갖는다. ①은 동간척도, ②는 비율척도, ④는 서열척도에 해당한다.

03 다음 척도에 대한 설명으로 옳은 것은?
19. 국가직 7급

> 현재 수강 중인 과목에 어느 정도 만족하십니까?
> ① 매우 불만　　② 불만　　③ 보통　　④ 만족　　⑤ 매우 만족

① 측정치 사이의 크기 또는 간격이 동일한 척도로, 절대영점을 갖고 있다.

② 측정대상을 상호배타적 범주로 분류하는 측정치로, 수치의 의미가 질적 구분만 가능하다.

③ 분류, 순위, 동간성을 갖고 있는 측정치로, 가감승제가 자유로운 가장 높은 수준의 측정이다.

④ 순위 또는 상대적 중요성에 대한 정보를 갖고 있는 측정치로, 측정치가 절대량의 크기를 나타내지 않는다.

해설　리커트(Likert) 척도는 특정 대상(사람, 사물, 제도 등)에 관해 작성된 모든 진술문에 대해 동의하는 정도를 표시하도록 한 다음, 진술문들의 평정점수를 합산하는 종합평정법(summated rating method)으로, 서열척도에 해당한다.(오늘날 사회과학에서는 동간척도로도 많이 활용한다.) ①과 ③은 비율척도, ②는 명명척도에 해당한다. 동간척도는 상대영점을 갖고 있어 가감만 가능하다.

정답　01. ①　02. ③　03. ④

04 점수 또는 순위에 대한 설명으로 바른 것은?

05. 유·초등임용

① 1등과 10등의 능력 차이는 41등과 50등의 차이와 같다.
② 국어 성적이 4등, 수학 성적이 10등인 학생의 평균 성적 순위는 7등이다.
③ 두 검사에서 똑같이 50점을 받았다고 하더라도 표준점수는 다를 수 있다.
④ 수학시험에서 80점을 받은 사람은 40점을 받은 사람보다 두 배의 수리능력을 가지고 있다.

해설 두 검사에서 획득한 점수인 50점은 원점수(raw score)로 서로 같을 수 있으나, 이를 평균과 표준편차를 이용하여 통계적으로 변환한 표준점수는 다를 수 있다.
① 성적의 석차는 서열척도로, 서열 간의 간격이 같지 않아 동간성(同間性)이 없기 때문에 가감승제가 불가능하다.
② 서열척도는 평균을 낼 수 없다. 평균은 동간·비율척도에서나 산출 가능하다.
④ 원점수는 동간척도로, 상대영점이 있어 가감은 가능하나 절대영점이 없기 때문에 승제는 불가능하다.

05 사물이나 사람의 특성을 측정하기 위해서는 측정단위를 설정하여야 한다. 다음 중 '절대영점'을 포함하고 있는 척도는?

13. 국가직

① 명명척도(nominal scale)　　　② 서열척도(ordinal scale)
③ 동간척도(interval scale)　　　④ 비율척도(ratio scale)

해설 절대영점(absolute zero, 자연 0점)은 측정치 0이 '속성이 없다.'는 성질을 갖는 영점으로 가감승제가 모두 가능하다. 절대영점과 가상적 단위를 사용하고 있는 것이 비율척도이다. 비율척도(ratio scale)는 분류, 서열, 대소, 동간성, 비율에 관한 정보를 제공하는 척도로서, 길이, 무게, 시간, 표준점수 등이 이에 해당한다.

TIP 상대영점과 절대영점의 비교

구분	속성	표현	예
상대영점(임의영점)	있음(something)	없음(nothing)	온도, 고사의 원점수 등 동간척도
절대영점(자연영점)	없음(nothing)	없음(nothing)	길이, 무게, 표준점수 등 비율척도

06 교육평가를 위해 활용되는 척도에 대한 설명으로 옳지 않은 것은?

22. 국가직 7급

① 명명척도 - 단순히 분류하거나 범주화할 목적으로 사용하는 척도이다.
② 서열척도 - 측정대상에 순위나 서열을 부여하는 것으로, 측정단위의 간격 간에 등간성이 유지된다.
③ 등간척도 - 각 측정단위 사이의 간격이 동일한 척도로서 절대영점은 없고 임의영점은 있다.
④ 비율척도 - 분류, 순위, 등간의 속성은 물론 절대영점을 가지고 있으며 가감승제를 자유롭게 할 수 있다.

해설 서열척도(등위척도, ordinal scale)는 분류와 대소, 서열(序列, 순위)을 나타내는 척도를 말한다. 서열 간의 간격이 같지 않아 동간성(同間性)이 없기 때문에 가감승제가 불가능하며, 최빈치(Mo), 중앙치(Mdn), 사분편차, 백분위점수, 등위차 상관계수(스피어먼의 서열 상관계수) 등의 통계처리가 가능하다. ②에서 측정단위의 간격 간에 등간성이 유지되는 것은 등간척도와 비율척도에 해당한다.

제 2 절 | 집중경향치(대표치)

01 다음에서 밑줄 친 이것이 설명하는 것은?   07. 경남

> <u>이것</u>을 측정하는 목적은 전체 분포 점수를 가장 잘 나타내는 단일값을 결정하는 것이다. 또한 여러 집단 간에 비교를 가능하게 해주고, 집단 내 특정 측정치의 위치를 짐작하게 해준다. 흔히 사용되고 <u>이것</u>에는 최빈치, 중앙치, 그리고 평균치가 있다.

① 동간척도   ② 집중경향치
③ 통계치   ④ 비율척도

해설 집중경향치(대표치)는 한 분포 안에 들어 있는 여러 측정치를 종합적으로 대표하는 수치를 말하는 것으로, 한 집단의 점수분포를 하나의 값으로 요약·기술해 주는 지수이다. 최빈치(Mo), 중앙치(Mdn), 평균치(M)가 있다.

TIP 척도와 집중경향치와의 관계

대표치＼척도	명명척도	서열척도	동간척도	비율척도	개념
최빈치(Mo)	○	○	○	○	가장 빈도수가 많은 점수
중앙치(Mdn)		○	○	○	전체 사례수를 상위반과 하위반으로 나누는 값
평균치(M)			○	○	한 집단의 측정치의 합을 집단의 사례수로 나눈 값

02 최빈값, 중앙값, 평균에 대한 특성을 설명한 것 중에서 옳은 것은?   08. 중등임용

① 표집에 따른 변화가 가장 작으며 안정성 있는 집중경향값은 최빈값(mode)이다.
② 점수의 분포가 정상분포(normal distribution)를 이루는 경우에는 최빈값, 중앙값, 평균이 일치한다.
③ 명명척도(nominal scale)의 속성을 가진 자료일 경우에는 평균(mean)을 집중경향값으로 사용하는 것이 바람직하다.
④ 한 전집의 추정값으로서 표집을 통하여 그 값을 계산하는 경우에, 극단값의 영향을 가장 크게 받는 것은 중앙값(median)이다.

해설 정상분포인 경우 평균치(M)와 중앙치(Mdn), 최빈치(Mo)의 값은 모두 같다. 그러나 정상분포곡선이 2개 이상 나타나는 경우에는 최빈치는 각각 다르기 때문에 평균치와 중앙치만 같은 값을 지닌다. ①은 평균에 해당하고, ③은 최빈값을 사용하며, ④는 평균에 해당한다.

정답   04. ③   05. ④   06. ② / 01. ②   02. ②

TIP 세 가지 분포 경향의 비교

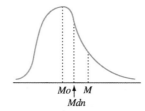 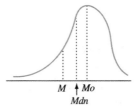 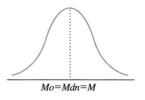

정적편포(우경분포)	부적편포(좌경분포)	정상분포(정규분포)
• 학습우수아 변별시 • 시험이 어려울 때	• 절대평가 결과 • 학습부진아 변별시 • 시험이 쉬울 때	• 상대평가 결과

제 3 절 │ 변산도

01 수학시험 성적이 너무 낮다고 판단한 김 교사는 모든 학생들에게 일률적으로 10점씩을 더해 주었다.
□□□ 이때 나타난 결과를 바르게 설명한 것은?

05. 유·초등임용

① 평균과 표준편차 모두 10점씩 높아졌다.
② 평균은 10점 높아졌으나, 표준편차는 변하지 않았다.
③ 평균은 변하지 않았으나, 표준편차는 10점 높아졌다.
④ 평균과 표준편차 모두 변하지 않았다.

해설 변산도(산포도, variability)는 집중경향치를 중심으로 하여 사례들이 얼마나 흩어져 있느냐의 정도를 수치로 나타낸 통계치로, 한 집단의 점수분포가 얼마나 흩어져 있는가의 정도를 나타내는 통계적 지수이다. 범위, 사분편차, 평균편차, 표준편차 등이 있으며, 집단의 동질성 또는 이질성을 설명해 주고, 측정도구의 신뢰도와 일관성을 설명해 준다. 표준편차(SD)는 편차들의 평균을 의미하며, 평균으로부터 편차점수($x = X - M$)를 제곱하여 합하고 이를 사례수로 나누어 그 제곱근을 얻어낸 값이다. 표집에 따른 변화(표집오차)가 가장 적어 가장 안정성 있는 변산도 지수이다. 한 집단의 모든 점수에 일정한 점수 C를 더하거나 빼면 산술평균은 C만큼 올라가거나 감소하나, 표준편차는 변하지 않는다. 그러나 한 집단의 모든 점수에 일정한 점수 C를 곱하거나 나누면, 산술평균과 표준편차 모두 C배만큼 증가하거나 감소한다.

TIP 변산도의 종류

범위(R)	• 한 점수분포에서 최고점수에서 최하점수까지의 거리(간격), 점수의 범위 ⇨ 최빈치와 유사 • R = 최고점수(H) − 최하점수(L) + 1
사분편차(Q)	• 한 분포에서 중앙 50%의 사례수를 포함하는 점수 범위의 1/2 ⇨ 중앙치와 유사 • $Q = \dfrac{Q_3 - Q_1}{2}$
평균편차(AD)	• 한 집단의 산술평균으로부터 모든 점수까지의 거리의 평균 ⇨ 평균치와 유사 • $AD = \dfrac{\sum\lvert X - M \rvert}{N} = \dfrac{\sum\lvert x \rvert}{N}$
표준편차(SD)	• 평균으로부터의 편차점수($x = X - M$)를 제곱하여 합하고 이를 사례수로 나누어 그 제곱근을 얻어낸 값 ⇨ 편차들의 평균, 평균치와 유사 • $SD = \sqrt{\dfrac{\sum x^2}{N}} = \sqrt{\dfrac{\sum(X - M)^2}{N}}$

TIP 산술평균과 표준편차의 비교 ▐▐

1. 한 집단의 모든 점수에 일정한 점수 C를 더하거나 빼면
   ① 산술평균은 C수만큼 올라가거나 감소한다.
   ② 표준편차는 변함이 없다.
2. 한 집단의 모든 점수에 일정한 점수 C를 곱하거나 나누면, 표준편차는 C배만큼 증가하거나 감소한다.

---

02 정규분포에 관한 설명 중, 옳은 것끼리 묶인 것은?   05. 중등임용
□□□

┌───┐
│ ㉠ 평균이 중앙값보다 크다.   │
│ ㉡ 평균을 중심으로 좌우대칭이다.   │
│ ㉢ 분포 곡선은 X축과 절대로 만나지 않는다.   │
│ ㉣ 평균을 중심으로 좌우 1표준편차 내에 약 95%가 분포한다.   │
└───┘

① ㉠, ㉢   ② ㉠, ㉣   ③ ㉡, ㉢   ④ ㉡, ㉣

[해설] ㉠은 정규분포는 좌우대칭곡선이므로 평균, 중앙치, 최빈치 등 대푯값의 크기가 모두 같으며, ㉣은 평균을 중심으로 좌우 1표준편차 내에 약 68%, 좌우 2표준편차 내에 약 95%, 좌우 3표준편차 내에 약 99%가 분포한다.

TIP 정상분포상의 위치와 Z점수, 백분율의 관계 ▐▐

분포상의 위치	M−3SD	M−2SD	M−1SD	M	M+1SD	M+2SD	M+3SD
Z점수	−3	−2	−1	0	+1	+2	+3
백분율(%)	0.5	2.5	16	50	84	97.5	99.5

제 4 절 **상관도**

---

01 상관계수에 대한 설명으로 잘못된 것은?   10. 경남
□□□

① 상관계수는 $-1 \leqq r \leqq +1$의 범위를 갖는다.
② 상관계수가 0으로 나타나는 것은 상관관계가 없다는 것을 의미한다.
③ 극단적인 점수와 분포도는 상관계수에 영향을 주지 않는다.
④ + 든 − 든 1에 가까울수록 상관계수가 높다.
⑤ 상관계수는 공통요인의 정도를 나타낼 뿐 인과관계를 나타내지는 않는다.

[해설] 상관계수(r)는 두 변인 간에 한 변인이 변화함에 따라 다른 변인이 어떻게 변하느냐의 정도, 두 변인 간의 공통요인의 정도를 하나의 값으로 요약한 수치이며, 예언과 밀접한 관계를 지닌다. 즉 두 변인 간의 상관도가 높을수록 한 변인을 알 때 다른 변인을 보다 정확하게 예언할 수 있다.
③ 상관계수는 점수의 분포 정도, 즉 변산도에 영향을 받기 때문에 극단적인 점수의 존재도 상관계수에 영향을 준다.

 정답   01. ②   02. ③ / 01. ③

TIP **상관계수의 특징**

1. 상관계수는 $-1 \leq r \leq +1$의 범위를 갖는다.
2. 상관계수가 0으로 나타나는 것은 두 변인이 완전히 서로 독립되어 있고, 두 변인 간에 아무런 상관관계가 없다는 것을 뜻한다.
3. +든, -든 1에 가까울수록 상관계수가 높다.
4. +, -부호는 상관의 방향을 표시한다.
5. 상관계수의 크기는 부호가 아니라 절댓값으로 결정된다.
6. 상관계수는 변인 X가 변인 Y를 어느 정도 예측할 수 있는가를 나타낸다. 상관계수는 절댓값이 클수록 변인 X가 변인 Y를 더 정확하게 예측한다(절댓값이 클수록 산포도는 직선에 근접한다).
7. 상관계수는 인과관계를 나타내지 않는다. 변인 X가 변인 Y의 원인으로 작용했을 수도 있고, 반대로 변인 Y가 변인 X의 원인으로 작용했을 수도 있으며, 제3의 변인 Z가 작용했을 가능성도 있다.

TIP **상관관계도(산포도)**

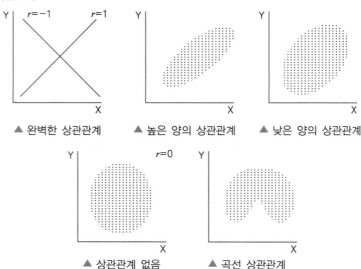

▲ 완벽한 상관관계　　▲ 높은 양의 상관관계　　▲ 낮은 양의 상관관계

▲ 상관관계 없음　　▲ 곡선 상관관계

02 김 선생님은 1학년 200명을 대상으로 다섯 과목의 시험을 실시한 후 각 과목 점수 사이의 상관계수를 계산하여 다음과 같은 결과를 얻었다. 이 자료에 대한 올바른 해석은?　98. 중등임용

• 국어 × 과학 ⇨ $r = .50$	• 과학 × 수학 ⇨ $r = .90$
• 수학 × 미술 ⇨ $r = .20$	• 국어 × 음악 ⇨ $r = .80$

① 국어점수와 과학점수 간에는 아무런 상관관계가 없다.
② 과학을 잘하는 학생 모두가 수학도 잘한다.
③ 수학점수와 미술점수 간의 상관관계는 매우 낮다.
④ 국어점수를 가지고 음악점수를 예측하기란 거의 불가능하다.

해설 ①은 확실히 상관이 있다. 상관이 없는 것은 $r = 0$일 때다.
② 아주 상관이 높으나 $r = 1.0$이 아니므로 모두 잘하는 것은 아니다.
④는 $r^2 = 0.64$이므로 국어 점수로 음악점수를 예언할 수 있다.

TIP 상관계수의 계산방식 ‖‖‖

구분		X변수		
		명명척도	서열척도	동간·비율척도
Y변수	명명척도	• 사분상관계수 : **예** 지능지수 (상위집단, 하위집단)와 학업 성적(상위집단, 하위집단) • 파이(φ)계수 : **예** 성별(남, 여)과 문항반응(정답, 오답) • 유관상관계수 : **예** 학력(초졸, 중졸, 고졸, 대졸)과 사회계층(상, 중, 하)		
	서열척도		스피어만(Spearman) 등위차 상관계수 : **예** 수학시험성적 순위와 영어시험 성적 순위	
	동간·비율척도	• 양류상관계수 : **예** 영어시험 8번 문항에 대한 점수(정답 − 오답)와 총점 • 양분상관계수 : **예** 대학입시 합격 − 불합격과 고교 졸업성적		피어슨(Pearson) 적률 상관계수 : **예** 수학시험 성적과 영어시험 성적

03 피어슨(Pearson)의 적률상관계수를 활용하여 독서량과 국어 원점수 간의 상관을 분석하는 과정에 나타날 수 있는 현상으로 옳은 것만을 모두 고르면?　　　　　　　　　　20. 지방직

┌───┐
│ ㉠ 극단한 값(outlier)의 영향을 크게 받을 수 있다. │
│ ㉡ 두 변수가 곡선적인 관계를 보이면 상관이 과소추정될 우려가 있다. │
│ ㉢ 국어 원점수를 T점수로 변환하면 두 변수 간의 상관계수는 달라진다. │
└───┘

① ㉠, ㉡　　　　　② ㉠, ㉢　　　　　③ ㉡, ㉢　　　　　④ ㉠, ㉡, ㉢

해설 피어슨(Pearson) 적률상관계수는 두 변인 간의 변화 정도를 비율로 나타낸 것으로, 두 변인(변수)이 모두 연속변인이고, 정규분포를 이루며, 동간척도(또는 비율척도)일 때, 두 변인이 선형(線形) 관계에 있을 때 적용된다. 두 변인의 편차점수의 곱을 전체사례수로 나누어 산출하며, 여러 상관계수의 종류 중에서 가장 엄밀하고 정확하여 일반적으로 사용된다. ㉠은 편차점수의 곱으로 산출하기 때문에 극단값(outlier)의 영향을 받으며, ㉡은 두 변인이 직선일 때 가장 높고, 타원, 곡선일수록 상관은 낮아진다. ㉢은 정상분포를 전제하고 있기 때문에 원점수를 표준점수(Z, T점수)로 변환하여도 두 변인 간의 상관계수는 달라지지 않는다.

정답 02. ③　　03. ①

01 표준점수에 대한 설명으로 옳지 않은 것은? 07. 경기

① 절대영점과 동간성이 있어 가감승제가 가능하다

② T점수는 평균이 50, 표준편차를 5로 한 점수척도이다.

③ Z점수는 평균이 0, 표준편차를 1로 한 점수척도이다.

④ H점수는 평균이 50, 표준편차를 14로 한 점수척도이다.

해설 T점수는 평균이 50, 표준편차를 10으로 환산한 척도이다(T = 50 + 10Z). 소수점과 음수(−)의 값이 산출되어 실제 계산과정에서 사용하기 불편한 Z점수의 불편을 없애기 위한 표준점수로서, 점수분포는 20~80점의 범위를 갖는다.

TIP 표준점수의 종류

구분	개념	산출공식
Z 점수	• 편차($x = X - M$)를 그 분포의 표준편차(σ)의 단위로 나눈 척도 ⇨ 과목 간의 성적 비교에 사용 • 평균(M)이 0이고 표준편차(σ)를 1로 한 점수 • 가장 대표적인 표준점수 : 평균(M = 0)을 중심으로 상대적 위치를 표시	$Z = \dfrac{X - M}{\sigma}$
T 점수	• 평균치를 50, 표준편차를 10으로 통일한 점수 • 가장 신뢰롭고 널리 활용 ⇨ 과목 간의 성적 비교에 사용한다. • 점수분포는 20~80점 범위 내이다. 예 미국의 SAT나 GRE에서의 표준점수는 평균 500, 표준편차 100의 가상분포를 사용하고 있다.	$T = 50 + 10Z$
C 점수 (9분 점수)	• 평균치를 5, 표준편차를 2로 한 점수 • 스테나인(Stanine) 점수 : 원점수를 9개 부분으로 나누어 최고점 9, 최하점 1, 중간점이 5로 한 점수 • 구간척도이다. • 해석 시 주의가 요구된다. 예 9점은 1등급, 1점은 9등급	$C = 5 + 2Z$
H 점수	• 평균치를 50, 표준편차를 14로 한 점수 • T점수의 범위가 20~80점 범위밖에 되지 않는 문제점을 보완한 점수	$H = 50 + 14Z$
DIQ 점수	평균치를 100, 표준편차를 15로 한 점수	$DIQ = 100 + 15Z$
편차비네점수	평균치를 100, 표준편차를 16으로 한 점수	$DBIQ = 100 + 16Z$

TIP 표준점수 간의 관계

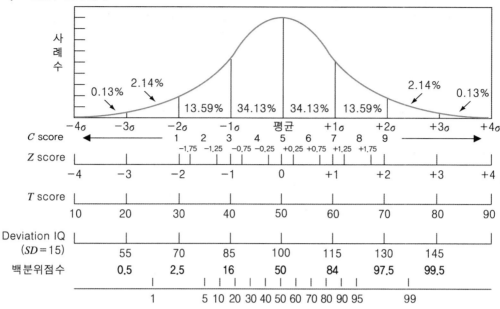

---

02 다음은 한 학생의 과목별 시험점수와 전체 응시자의 평균 및 표준편차를 제시한 표이다. 표준점수가 가장 높은 과목은?

08. 국가직 7급

과목	시험점수	평균	표준편차
국어	95	80	10
영어	84	69	6
수학	74	60	7
과학	75	64	11

① 국어 ② 영어
③ 수학 ④ 과학

해설 과목 간 비교에 활용되는 Z점수를 활용하여 비교해 보면 된다.

$Z = \dfrac{X-M}{SD(\sigma)}$ 이므로, 국어는 $Z = \dfrac{95-80}{10} = +1.5$이다. 같은 방법으로 계산하면 영어의 Z점수는 $+2.5$, 수학의 Z점수는 $+2.0$, 과학의 Z점수는 $+1.0$이다. 따라서 표준점수가 가장 높은 과목, 즉 상대적으로 제일 잘한 과목은 영어이고, 다음으로 수학, 국어, 과학의 순이다.

정답 **01.** ② **02.** ②

03 어느 학교 1학년의 학생수가 250명이다. 이 학생들의 영어시험 평균점수(M)가 81점, 표준편차 (SD)가 5점이었다. 철수의 표준점수인 Z점수가 1.4라면 철수의 영어점수는 몇 점인가?

10. 국가직 7급

① 64 ② 74
③ 87 ④ 88

[해설] Z점수 공식을 적용하여 원점수(X)를 구하는 문제이다. $Z = \dfrac{X-M}{SD}$ 이므로, $Z = \dfrac{X-81}{5} = +1.4$이므로, $X =$ 88이다.

04 A학교의 국어 과목 기말고사의 평균점수가 60점이고 표준편차가 5점인데, 길동이는 원점수 70점 을 받았다. 이때 길동이의 T점수는?

12. 국가직 7급

① 40 ② 50
③ 60 ④ 70

[해설] 길동이의 Z점수는 $Z = \dfrac{X-M}{\sigma} = \dfrac{70-60}{5} = +2.0$이므로, T점수는 T = 50 + 10z = 50 + (10 × 2) = 70에 해당한다.

05 평균이 50점이고 표준편차가 10점인 정규분포를 이루고 있는 수학시험에서 60점을 얻은 A학생에 대한 설명으로 옳은 것은?

07. 중등임용

① Z−점수는 1.0이다. ② T−점수는 40이다.
③ 60백분위에 해당한다. ④ A학생보다 높은 점수를 얻은 학생은 10%이다.

[해설] $Z = \dfrac{60-50}{10} = +1.0$이다.
② T점수는 50 + (10 × 1.0) = 60이다.
③ 백분위는 약 84%에 해당한다.
④ A학생보다 높은 점수를 얻은 학생은 약 16%이다.

06 A학교의 수학시험 점수의 평균이 70점이고, 표준편차가 10점일 때, 가장 높은 점수는? (단, 수학 시험 점수는 정규분포를 따른다.)

15. 국가직 7급

① 원점수 : 75 ② T점수 : 65
③ Z점수 : 1 ④ 백분위 : 80

[해설] 각 점수의 상대적 크기를 비교하기 위해 Z점수로 변환하면, ①은 $Z = \dfrac{X-M}{SD}$ 이므로 $Z = \dfrac{75-70}{10} = +0.5$이다.
②는 T = 50 + 10Z이므로, 65 = 50 + 10Z, 따라서 Z = +1.50이다.
④는 Z = +1.0일 때 백분위가 약 84이므로, 80의 Z점수는 약 0.9×××에 해당한다.
그러므로 ②가 제일 높은 점수가 된다.

07 다음은 지능 원점수 4개를 서로 다른 척도로 나타낸 것이다. 지능 원점수가 가장 낮은 것은?(단, 지능 원점수는 정규분포를 따른다) 18. 국가직

① 스테나인 2등급   ② T 점수 60

③ 백분위 90   ④ Z점수 1.5

해설 주어진 점수들을 모두 Z점수로 환산하여 그 값을 비교한다. ①에서 2등급은 C(스테나인)점수 8점에 해당하고 C= 5+2Z이므로, 8=5+2Z ∴Z=+1.5이다. ②에서 T=50+10Z이므로, 60=50+10Z ∴ Z=+1.0이다. ③에서 백분위 90은 백분위 84(Z=+1.0)~97.5(Z=+2.0) 사이에 해당하는 값이므로 약 +1.2이다. 따라서 ②의 값이 제일 낮다.

08 수학성취도 평가를 실시한 결과, 전체 학생의 수학 원점수는 평균이 70, 표준편차가 10인 정규분 포를 따랐다. 원점수 80을 받은 학생이 포함된 백분위 구간은? 16. 국가직

① 60 이상 70 미만   ② 70 이상 80 미만

③ 80 이상 90 미만   ④ 90 이상 100 미만

해설 Z점수의 산출공식은 $Z = \dfrac{X-M}{SD}$(X : 원점수, M : 평균, SD : 표준편차)이므로, 수학 원점수 80을 Z점수로 환산

하면 $Z = \dfrac{80-70}{10} = +1.0$이다. 이를 백분위 점수로 환산하면 약 84%이다.

TIP 정상분포상의 위치와 Z점수, 백분율의 관계

분포상의 위치	M−3SD	M−2SD	M−1.5SD	M−1SD	M−0.5SD	M	M+0.5SD	M+1SD	M+1.5SD	M+2SD	M+3SD
Z점수	−3	−2	-1.5	−1	−0.5	0	+0.5	+1	+1.5	+2	+3
백분율(%)	0.5	2.5	6.68	16	30.86	50	69.14	84	93.32	97.5	99.5

09 어떤 지능검사가 평균이 100, 표준편차가 15인 정상분포를 이룰 때, 115의 점수를 받은 학생의 백 분위(percentile rank)에 가장 가까운 값은? 13. 국가직 7급

① 64   ② 74

③ 84   ④ 94

해설 편차Q(DIQ)를 계산하는 문제이다. 먼저 원점수 115점에 해당하는 Z점수를 산출하면, $Z = \dfrac{X-M}{SD}$ 이므로,

$Z = \dfrac{115-100}{15} = +1.0$ 이다. Z= +1.0일 때의 백분율은 84.13%에 해당하므로 백분위 점수는 약 84점에 해당한다. 이는 이 학생보다 낮은 점수를 획득한 학생의 비율이 약 84%라는 의미이다.

10 스테나인(stanine) 척도에 대한 설명으로 적절한 것은? 06. 유·초등임용

① 9개의 등급으로 나누어진 척도이다.

② 준거지향평가에서 주로 사용되는 척도이다.

③ 평균을 50, 표준편차를 10으로 표준화한 척도이다.

④ 동일 등급 내 상대적 서열에 대한 자세한 정보를 제공한다.

정답   03. ④   04. ④   05. ①   06. ②   07. ②   08. ③   09. ③   10. ①

해설 스테나인(Stanine) 점수(9분 점수, 또는 C점수)는 9개의 범위를 가진 표준점수로, 정규분포를 0.5 표준편차 너비 (length)로 9개 부분으로 나눈 다음 각 부분에 순서대로 1부터 9까지 부여한 점수이다.
② 스테나인 척도는 표준점수의 하나이므로, 규준지향평가에서 주로 사용하는 척도이다. ③은 T점수이다. 스테나인 척도는 평균을 5, 표준편차를 2로 표준화한 척도다. ④ 스테나인 척도는 구간척도이기 때문에 동일 등급 내 상대적 서열에 대한 자세한 정보를 제공하지 못한다.

TIP C점수와 Z점수와의 관계 ; 등급계산

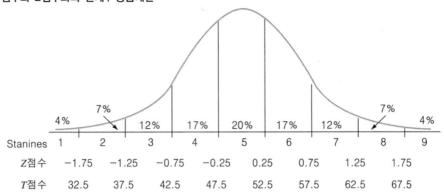

Stanines	1	2	3	4	5	6	7	8	9
Z점수	−1.75	−1.25	−0.75	−0.25	0.25	0.75	1.25	1.75	
T점수	32.5	37.5	42.5	47.5	52.5	57.5	62.5	67.5	

TIP 스테나인점수(C점수)의 장점과 단점

장점	단점
• 표준점수 가운데 가장 이해하기 쉽다. • 수리적인 조작이 용이하다. • 소수점이 없는 정수 점수를 제공한다. • 점수의 범위를 나타내므로 평균을 계산할 수 있다. • 미세한 점수 차이의 영향을 적게 받는다.	• 9개의 점수만 사용하므로 상대적 위치를 정밀하게 표현하기 어렵다. • 경계선에 위치하는 사소한 점수 차이를 과장할 수 있다. • 원점수를 C점수로 환산하면 정보가 상실된다.

11 Z점수, 스테나인, 백분위에 대한 설명으로 옳은 것만을 〈보기〉에서 고른 것은?

14. 지방직, 12. 중등임용

보기
㉠ 두 과목에서 동일한 Z점수를 획득한 학생이라면 과목별 점수분포와 상관없이 백분위는 동일하다.
㉡ 변별력에 문제가 있는 경우, 스테나인 척도로 학생들에게 점수를 부여한다면 특정 등급에 포함된 학생이 한 명도 없는 현상이 발생하기도 한다.
㉢ 점수분포가 정규분포를 따르는 경우, Z점수 0점과 0.5점에 해당하는 백분위 간 차이는 Z점수 1점과 1.5점에 해당하는 백분위 간 차이보다 더 크다.

① ㉠, ㉡   ② ㉠, ㉢   ③ ㉡, ㉢   ④ ㉠, ㉡, ㉢

해설 ㉠은 Z점수는 모집단의 분포를 따르고, 모집단이 정규분포를 가정하고 있기 때문에 모집단의 과목별 점수분포가 다르다면(예 부적 편포 또는 정적 편포라면) 백분위는 다를 수 있다.

정답 11. ③

Chapter 12

교육연구

오현준 교육학
단원별
기출문제 1356제

핵심 체크노트

1. **교육연구의 종류**
   ★① 양적 연구(발달연구)와 질적 연구(사례연구, 현장연구, 문화기술지)
   ② 메타연구

2. **가설의 의미와 유형**
   ① 실험연구 : 통계적 가설 ⇨ 영가설(원가설, 귀무가설), 대립가설(상대적 가설, 실험가설, 연구가설)
   ② 현장연구 : 실행가설

3. **표집의 종류**
   ① 확률적 표집 : 단순무선표집, 체계적 표집, 유층표집, 군집표집, 다단표집
   ② 비확률적 표집 : 의도적 표집, 할당표집, 우연적 표집

4. **자료수집방법** : 관찰법, 질문지법(자기보고법), 면접법, 사회성 측정법, 투사법, 의미분석법, Q방법, 델파이 기법

5. **실험연구의 타당도**
   ★① 내적 타당도 : 외생변인(역사, 성숙, 검사, 측정도구, 피험자 선발, 실험적 도태, 선발 – 성숙 상호작용 등)을 통제
   ② 외적 타당도 : 전집 타당도, 생태학적 타당도
   ③ 실험설계 방법 : 진실험설계, 준실험설계
   ④ 가설검증 방법 : Z검증(CR검증), T검증, F검증(변량분석, 공변량분석), 카이자승(x^2) 검증

제 1 절 | 교육연구의 기초

1 교육연구의 유형 : 양적 연구, 질적 연구

01 교육연구방법에서 질적 접근의 특징이 아닌 것은?

07. 영양특채

① 통계적인 검증 절차를 중시한다.
② 참여관찰이나 심층면접을 주로 사용한다.
③ 참여자들의 주관적 의미 또는 관점을 중시한다.
④ 사람, 장소, 상황, 대화 등으로부터 기술적(記述的) 자료를 수집한다.

해설 ①은 양적 연구의 특징이다. 질적 연구는 특정한 맥락(context)에서 무엇이 일어나고 있는지에 보다 전체적인 모습을 파악하고자 하는 연구로, 수치와 수량적 자료보다는 글이나 그림으로 하는 기술적 자료를 수집하며, 주관적, 통찰, 발견, 해석에 중점을 둔다.

TIP 양적 연구와 질적 연구의 차이

양적 연구	질적 연구
실험연구, 준실험연구(유사실험 연구), 사후연구(소급연구, 인과 - 비교연구), 상관연구	전기적 연구, 현상학적 연구, 근거이론(근저이론, 현실기반이론), 사례연구, 문화기술적 연구, 역사적 연구
• 객관적 실재(reality, 탈맥락적 실재)를 가정 • 실증주의에 토대 • 기계적 인과론을 중시 • 가치중립적 입장 • 거시적 접근(연구 대상과 원거리 유지) • 신뢰도 중시 • 외현적 행동 연구 • 표본연구 • 연역적 추리 중시 • 체계적·통계적 측정 강조 • 구성요소의 분석을 중시 • 결과 중시 • 객관적 연구 보고	• 주관적 실재(맥락적 실재)를 가정 • 현상학과 해석학, 상징적 상호작용 이론에 토대 • 인간의 주관적 의도를 중시 • 가치지향적 입장 • 미시적 접근(연구 대상과 근거리 유지) • 타당도 중시 • 내재적 현상연구 • 단일사례연구 • 귀납적 추리 중시 • 자연적·비통계적 관찰 강조 • 총체적 분석을 중시 • 과정 중시 • 해석적 연구 보고

02 다음 중 질적 연구에서 주로 사용하는 방법은? 04. 유·초등임용

㉠ 무선표집과 변인통제
㉡ 면담에 의한 자료수집
㉢ 현장조사 및 참여관찰
㉣ 통계적 추리에 의한 가설검증

① ㉠, ㉡　② ㉠, ㉣
③ ㉡, ㉢　④ ㉢, ㉣

해설 ㉠, ㉣은 양적 연구, ㉡, ㉢은 질적 연구 방법에 해당한다. 질적 연구는 양적 연구와는 달리 구체적인 연구가설이 있는 것이 아니라 연구 과정에서 가설이 형성되고 그 형성된 가설이 검증되고, 다시 새로운 가설이 만들어지는 순환적 특징을 갖는다. 비통제적이고 자연스러운 관찰, 참여관찰과 심층면접을 중시하는 연구로서 결과보다는 과정을 중시한다.

정답 01. ① 02. ③

03 질적 연구방법의 특징과 가장 가까운 것은?

03. 초등임용

① 연구결과를 일반화하기 위해 수집된 자료를 양화한다.
② 초기에 설정한 연구가설은 연구 과정 중에 바꿀 수 없다.
③ 인간행동을 가능한 한 행위자 외부의 객관적 관점에서 본다.
④ 연구자는 비통제적이며 자연스러운 태도를 유지하려고 노력한다.

해설 질적 연구는 초기에 설정한 연구가설을 연구 과정 중에 바꿀 수 있고, 인간의 행동을 가능한 자연스러운 비통제적인 상황에서 행위자 내부의 관점에서 보려고 노력한다. ①, ②, ③은 양적 연구에 해당한다.

---

2 교육연구의 절차

04 실험연구에서 연구가설에 대한 설명으로 가장 적절한 것은?

07. 유·초등임용

① 연구문제 해결을 위해 수집한 경험적 증거이다.
② 연구의 내적 타당도를 높이기 위해 설정된 가정이다.
③ 연구자가 연구문제에 대해 잠정적으로 내린 결론이다.
④ 연구문제를 해결하기 위해 탐색해야 할 이론적 배경이다.

해설 연구가설(research hypothesis)은 연구자가 표집조사를 통해 긍정되기를 기대하는 예상이나, 주장하려는 내용으로, 어느 한 분야와 관련된 이론으로부터 논리적으로 변인과 변인과의 관계를 추리한 진술을 말한다. 연구가설을 검증 가능한 방식으로 바꾸어 놓은 가설을 통계적 가설이라고 하며, 이는 다시 대립가설과 영가설로 구분된다.

TIP 교육연구의 절차
• **논리적 단계**: 1. 연구문제의 선정(문제의 발견) ⇨ 2. 연구문제의 분석(문헌고찰) ⇨ 3. 가설의 형성
• **방법론적 단계**: 4. 연구계획 수립 ⇨ 5. 연구 실행(도구제작, 실험·실천, 자료수집)
• **결론도출 단계**: 6. 검증 및 평가(자료분석, 결과평가) ⇨ 7. 결과 보고

제 2 절 표집방법

1 확률적 표집

01 전집의 주요 특성을 감안하여 하위집단으로 나누고 각 하위집단으로부터 난수표나 제비뽑기를 이용하여 표집하는 방법은?

02. 국가직

① 유층표집   ② 단계적 표집
③ 군집표집   ④ 단순무선표집

해설 전집을 여러 하위집단으로 분할해 가는 것을 유층화라고 하며, 유층표집은 전집이 어떤 특성에 의하여 확연히 구분될 때 그러한 특성을 고려하여 집단 내의 특질이 같은 여러 개의 하위집단으로 나누고 각 하위집단으로부터 무선표집하는 방법이다. 이처럼 유층표집의 최종 표본 추출 단위는 각 개인이다. 즉 하위집단에서 필요한 수만큼 무선표집한다. 이에 비해 군집표집의 최종 표본 추출 단위가 사례가 아니라 집단이다.

TIP 유층표집과 군집표집의 비교

구분	유층표집	군집표집
하위집단 간	이질적	동질적
하위집단 내부	동질적	이질적

TIP 확률적 표집과 비확률적 표집

확률적 표집	비확률적 표집
표집확률이 일정하다. ⇨ 양적 연구에서 사용	표집확률이 일정하지 않다. ⇨ 질적 연구에서 사용
단순무선표집, 체계적 표집, 유층표집, 군집표집, 행렬표집	의도적 표집, 할당표집, 우연적 표집, 눈덩이 표집

TIP 확률적 표집의 종류

1. **단순무선표집**(simple random sampling)：특별한 선정 기준을 마련해 놓지 않고 아무렇게나 뽑는 방법
2. **체계적 표집**(systematic sampling)：전집의 구성이 특별한 순서 없이 배열되어 있다는 것을 전제로 일정한 간격으로 표집하는 방법
3. **유층표집**(stratified sampling)：모집단을 동질적인(집단 내의 특질이 같은) 여러 개의 하위 집단으로 나누고 각 하위 집단으로부터 무선표집하는 방법 ⇨ 표집오차가 가장 작다.
4. **군집표집**(cluster sampling)：모집단을 이질적인(집단 내의 특질이 다른) 여러 개의 하위 집단(자연적으로 형성된 집단)으로 나누고 이 하위집단을 단위로 표집하는 방법
5. **단계적 표집**(multi−stage sampling)：최종 단위의 표집을 위하여 몇 개의 하위 단계를 거쳐서 표집하는 방법
6. **행렬표집**(matrix sampling)：행렬표를 활용하여 정보를 표집하는 방법으로, 대규모 표집에서 가장 경제적으로 표집하고자 할 때 사용한다.

▋ **확률적 표집의 차이 비교**

단순무선표집	처음부터 끝까지 단순무선표집	
체계적 표집	처음만 단순무선 표집	
유층표집	마지막에만 단순무선 표집(**표집단위**：개인)	
	비례유층표집	유층으로 나눈 각 집단 내에서의 표집의 크기를 전집의 구성비율과 같도록 표집하는 방법이다.
	비비례유층표집	각 유층의 크기에 비례하여 표집을 하는 것이 아니라, 필요한 수만큼 각 집단에서 뽑는 방법이다. ⇨ 전집의 구성비율이 반영되지 않음.
군집표집	마지막에만 단순무선 표집(**표집단위**：군집)	

정답 03. ④   04. ③ / 01. ①

02 다음 상황에서 김 교사가 사용한 표집방법은?

08. 중등임용

> 김 교사는 전국의 중등교사 중에서 1,000명을 표집하여 교실환경 개선방향에 대한 의견을 조사하고 있다. 김 교사는 전국의 중등교사가 근무하는 지역을 크게 대도시, 중·소도시, 읍·면 지역으로 나눈 다음, 각 지역에 근무하는 교사수의 비율을 2:1:1로 가정하여 대도시에 소재한 학교에 근무하는 교사 500명, 중·소도시에 소재한 학교에 근무하는 교사 250명, 읍·면 지역에 소재한 학교에 근무하는 교사 250명을 표집하였다.

① 유층표집(stratified sampling)　　　② 의도적 표집(purposive sampling)
③ 편의표집(convenience sampling)　　④ 체계적 표집(systematic sampling)

해설 김 교사는 유층표집 중 비례유층표집을 사용하였다.
② 의도적 표집(purposive sampling, 주관적 판단 표집)은 모집단을 잘 대표하리라고 믿는 사례들을 연구자의 주관적 판단에 의해서 의도적으로 표집하는 방법으로, 문화기술지와 같은 질적 연구에서 주로 사용한다.
③ 편의표집(convenience samplin)은 주변에서 접근 가능하고 용이한 표본을 선정하는 표집방법이다.
②와 ③은 비확률표집에 해당한다.

TIP 비례유층표집과 비비례유층표집

비례유층표집	유층으로 나눈 각 집단 내에서의 표집의 크기를 전집의 구성비율과 같도록 표집하는 방법이다.
비비례유층표집	각 유층의 크기에 비례하여 표집을 하는 것이 아니라, 필요한 수만큼 각 집단에서 뽑는 방법이다. ⇨ 전집의 구성비율이 반영되지 않음.

03 표집방법에 대한 설명으로 옳지 않은 것은?

11. 국가직

① 단순무선표집방법(simple random sampling)은 모집단의 모든 구성원이 표집될 확률이 같도록 하는 방법이다.
② 유층표집방법(stratified sampling)은 모집단을 다양한 하위집단으로 분할한 후에 각 하위집단으로부터 표본을 무선으로 표집하는 방법이다.
③ 편의적 표집방법(convenience sampling)은 표집의 단위가 개인이 아니라 집단을 표집단위로 표집하는 방법이다.
④ 체계적 표집방법(systematic sampling)은 모집단에 일련번호를 부여한 후에 한 번호를 선정하고 동일한 간격만큼 뛰어넘어 표집하는 방법이다.

해설 ③은 군집표집에 대한 설명이다. 편의적 표집은 우연적 표집으로 특별한 표집 계획 없이 연구자가 임의로 손쉽게 구할 수 있는 대상들 중에서 표집하는 방법을 말한다.

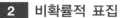

2 비확률적 표집

04 다음 사례에서 김 교사가 사용한 표집방법으로 가장 적절한 것은?   11. 유·초등임용
□□□

> 유치원에 근무하고 있는 김 교사는 행동장애 유아의 특성에 관한 조사연구를 수행하고자 한다.
> 김 교사는 '유치원 교사 경력 5년 이상인 자로서 유아특수교육학을 전공한 석사학위 취득자'
> 라는 표본 선정기준을 설정하고, 전국의 유치원 교사 중에서 이 기준을 충족한 100명의 유치원
> 교사를 대상으로 설문조사를 실시하였다.

① 군집표집(cluster sampling)
② 의도적 표집(purposive sampling)
③ 체계적 표집(systematic sampling)
④ 유층표집(stratified random sampling)
⑤ 단순무선표집(simple random sampling)

해설 의도적 표집(purposive sampling, 주관적 판단 표집)은 모집단을 잘 대표하리라고 믿는 사례들을 연구자의 주관
적 판단에 의해서 의도적으로 표집하는 방법으로, 문화기술지와 같은 질적 연구에서 주로 사용한다. 지문에서 김 교사는
'유치원 교사 경력 5년 이상인 자로서 유아특수교육학을 전공한 석사학위 취득자'라는 표본 선정기준을 주관적 판단에 의
해서 설정하고 표집하였으므로 의도적 표집에 해당한다.

제3절 │ 자료수집방법(연구의 도구)

1 사회성 측정법

01 집단역동이론에서는 감정과 욕구를 가진 개개인이 서로 영향을 주고받으면서 변화하고 적응해가
□□□ 는 역동적 과정을 이해하기 위한 수단으로 이 방법을 사용한다. 집단 구성원들이 서로 좋아하고
싫어하는 개인을 지적하게 함으로써 집단의 인간관계 구조, 응집성, 안정성 등을 측정 평가하는
데 활용되는 이 방법은?   07. 국가직 7급

① 의미분석법   ② 사회성 측정법
③ 장면선택법   ④ 평정기록법

해설 집단역동(group dynamics)이론이란 집단 내에 어떤 역동적인 힘이 존재한다는 가정에서 비롯되었다. 레빈(Lewin)의
장이론(field theory)에서 출발, 모레노(Moreno)의 사회성 측정법(Sociometry)으로 발전하였다. 사회성 측정법(Sociometry
method)은 제한된 집단성원 간의 반응을 끌어내어 집단의 성질, 구조, 역동성, 상호작용을 분석하는 방법이다.

정답 02. ①   03. ③   04. ② / 01. ②

2 투사법

02 다음과 같은 특징을 가진 심리진단방법은?

92. 초등임용

> • 검사 결과의 수량화가 어렵다.
> • 내담자의 욕구, 동기, 감정 등 내면세계가 자유롭게 표현된다.
> • 진단과 동시에 치료의 방법이 될 수 있다.

① 관찰법   ② 투사법   ③ 사회성 측정법   ④ 표준화 검사법

[해설] 투사법(projection method)은 구조화되지 않은 모호한 그림이나 도형을 피험자에게 제시하여 피험자의 자유로운 반응을 통해 개인(피험자)의 심층에 숨겨져 있는 무의식적 충동이나 욕구, 감정, 가치관 등 정신 내부의 상태를 파악하려는 방법을 말한다.

④ 표준화 검사법은 검사의 제작절차, 내용, 실시조건, 채점 과정과 해석이 표준화되어 있는 검사이다.

TIP (제시되는) 자극유형에 따른 투사법의 유형

시각적 자극	주제통각검사(TAT), 아동용 주제통각검사(CAT), 로르샤흐 잉크반점검사(RIBT), 그림좌절검사(PFT), 존디검사(ST), 모자이크 검사, HTP 검사, 인물화 검사(DAP)
언어적 자극	단어연상검사(WAT), 문장완성검사(SCT)

3 검사법

03 상담에서 활용되는 심리검사와 관련된 진술로 옳은 것은?

10. 유·초등임용

① 문장완성검사는 투사법 검사의 일종이다.
② 아동용 회화통각검사(TAT)는 성격평가를 위한 표준화 검사이다.
③ MBTI는 성격문제의 원인과 증상 정도를 평가하는 임상진단 검사이다.
④ MMPI는 성격유형의 장단점을 밝혀 줌으로써 진로결정 등에 도움을 준다.
⑤ 개인용 지능검사는 주로 영재판별 목적으로 쓰이며, 상담교사라면 실시와 해석이 가능하다.

[해설] 문장완성검사(SCT)는 실험자가 불완전 문장의 일부분을 제시하면 피험자는 나머지 부분을 완성하도록 하는 검사로, 단어연상검사(WAT)의 변형으로 발전하였다.

② 아동용 회화통각검사는 CAT에 해당하며, 성인용 투사적 검사인 주제통각검사(TAT)와 달리 사람이 아닌 동물 그림을 사용한다.

③은 MMPI, ④는 MBTI에 해당하며, ⑤는 영재판별과 같은 의사결정 과정에 사용되어서는 안 되며 전문가가 실시해야 한다.

04 심리검사에 대한 설명으로 옳지 않은 것은?

17. 국가직 7급

① MMPI, MBTI는 자기보고식 성격검사이다.
② 웩슬러(Wechsler) 지능검사는 언어성 검사 이외에 동작성 검사를 포함하고 있다.
③ 투사적 성격검사는 구조화되지 않은 모호한 자극 제시를 통해 내적 심리상태를 파악한다.
④ 로르샤흐(Rorschach) 잉크반점검사는 융의 성격유형을 근거로 한 16가지 성격유형 분류에 활용된다.

해설 융(C. Jung)의 성격유형을 근거로 한 16가지 성격유형 분류에 활용되는 것은 MBTI(Myers-Briggs Type Indicator, 마이어-브릭스 유형지표, 성격유형지표)에 해당한다. 로르샤흐 잉크반점검사(RIBT ; Rorschach Ink-Bolt Test)는 투사적 성격검사로, 지각적 접근법을 활용하여, 개인의 인성에 잠재해 있는 지적·정서적 요인의 상호작용을 드러나게 하여 개인의 기본적인 성격 구조를 분석하기 위해 사용한다. 정신건강 진단, 정서상태 인지/사고기능 검사, 대인관계, 자아상, 기본성격 등을 알 수 있으며, 잉크를 떨어뜨려 만들어진 대칭적 모양의 그림 10매로 구성(5매 흑백+5매 컬러)된다.

05 ⊙~ⓒ에 나타난 A학생의 문제를 진단하기 위한 심리검사로 가장 적절한 것은?   09. 중등임용

> 중학교 1학년인 A학생은 학교생활이 즐겁지 않다. 초등학교 때부터 ⊙ 학습부진 문제를 겪었던 A학생은 중학교에 올라오면서 공부가 더 어렵게 느껴지고 수업내용도 따라가기 힘들다. ⓒ 친구들과의 관계에서도 놀림과 따돌림을 당하기 일쑤이며, 혼자 배회하거나 책상에 엎드려 있는 경우가 많다. 최근에는 좋아하던 미술 시간에도 흥미를 보이지 않고, 자주 ⓒ 우울감을 호소하기도 한다.

⊙	ⓒ	ⓒ
① HTP	MMPI	MBTI
② MMPI	K-WISC-Ⅲ	TAT
③ TAT	MBTI	HTP
④ K-WISC-Ⅲ	TAT	MMPI
⑤ MBTI	HTP	K-WISC-Ⅲ

해설 학습부진은 지능과 관련 있으므로 7~16세 아동에게 하는 개인용 지능검사인 K-WISC-Ⅲ가 적절하다. 주제통각검사(TAT)는 상상력, 성취동기, 욕구 측정을 목적으로 한 검사이다. 다면적 인성검사(MMPI)는 정신분열증, 불안증, 우울증 등을 측정하여 정상인과 비정상인을 구별하는 데 사용한다. HTP 검사는 집, 나무, 사람 등 누구에게나 친밀감을 주는 소재를 그림으로 자유롭게 표현하게 한 뒤 여러 가지 질문을 통해 피험자의 성격을 파악한다. MBTI(Myers-Briggs Type Indicator, 마이어-브릭스 유형지표, 성격유형지표) 성격검사는 브릭스(Briggs)와 마이어(Myers) 모녀가 보다 쉽고 일상생활에 유용하게 활용할 수 있도록 고안한 자기보고(self report)식 성격유형 지표로, 융(Jung)의 심리유형론을 근거로 제작되었다.

06 구조적 성격검사와 비구조적 성격검사에 대한 설명으로 옳은 것은?   10. 국가직 7급

① 구조적 성격검사는 실시와 채점이 어렵다.
② 비구조적 성격검사는 타당도가 높은 것이 장점이다.
③ 구조적 성격검사는 신뢰도와 타당도를 입증하기가 어렵다.
④ 비구조적 성격검사는 해석이 어렵다.

해설 구조적 성격검사는 표준화검사로서 MMPI, MBTI, CPI 등의 검사를 의미하며, 비구조적 성격검사는 RIBT, TAT, HTP, SCT 등과 같은 투사적 검사를 말한다. ①, ③은 비구조적 성격검사에 해당하며, ②는 구조적 성격검사에 해당한다.

정답   02. ②   03. ①   04. ④   05. ④   06. ④

4 의미분석법

07 김 교사는 학생들이 '교사'에 대하여 어떤 이미지를 갖고 있는지를 분석하기 위하여 다음과 같은
□□□ 질문지를 제작하였다. 이때 사용된 척도기법에 대한 설명으로 옳은 것을 〈보기〉에서 고른 것은?

09. 중등임용

> 지시문: '교사' 개념에 대한 자신의 느낌에 해당하는 번호에 ✓표 하시오.
>   교사
> 1. 인자한   ① ② ③ ④ ⑤ ⑥ ⑦   엄격한
> 2. 모호한   ① ② ③ ④ ⑤ ⑥ ⑦   명확한
> 3. 전통적인   ① ② ③ ④ ⑤ ⑥ ⑦   현대적인

> ┌ 보기 ┐
> ㉠ 서로 대비되는 형용사군에 응답한 피험자의 반응을 분석하여 의미공간(semantic space)
>   상의 위치로 표현한다.
> ㉡ 반응하기 어려운 문항에 긍정적인 반응을 한 응답자는 그 문항보다 반응하기 쉬운 모든
>   문항들에 대하여 언제나 긍정적인 반응을 한다고 이론적으로 가정한다.
> ㉢ 서스톤(L. L. Thurstone)이 제안한 척도기법으로서, 심리적 연속선상에 등간성을 가진 문
>   항으로 구성된 유사동간척도(equal appearing interval scale)를 만든다.
> ㉣ 분석자료를 해석하기 위하여 평가요인(evaluative factor), 능력요인(potency factor), 활동
>   요인(activity factor)의 3차원 공간으로 점수를 집약하여 해석을 시도한다.

① ㉠, ㉡   ② ㉠, ㉢   ③ ㉠, ㉣
④ ㉡, ㉢   ⑤ ㉢, ㉣

해설 질문지는 의미분석법에서 사용하는 양극적(兩極的)인 의미를 갖는 형용사군으로 구성된 의미변별척도에 해당한다. 의미분석법(Semantic differential method)은 오스굿(Osgood)이 창안한 것으로, 어떤 사물, 인간, 사상(事象)에 관한 개념(concept)의 심리적 의미를 분석하여 평가, 활동, 능력과 같은 세 가지 차원의 의미공간상의 위치로 표현하는 방법이다. 의미분석법에서는 의미변별척도를 사용한다. ㉡은 구트만(Guttman) 척도, ㉢은 써스톤(Thurstone) 척도에 해당한다.

5 Q방법

08 다음 설명에 해당하는 정의적 특성 평가 방법은?   17. 국가직 7급
□□□

> • 스티븐슨(Stephenson)이 개발한 것으로, 인간의 태도와 행동을 연구하는 데 유용하다.
> • 다양한 진술문을 분류하는 작업을 통해 피험자의 특정 주제에 대한 주관적 의견이나 인식
>   의 구조를 확인할 수 있다.
> • 여러 사람의 분류에서 어떤 공통성, 차이가 있는가를 밝힐 때 혹은 한 개인의 두 장면(예컨
>   대 치료 전, 후)에서의 차이를 비교할 때 사용될 수 있다.

① 관찰법   ② 의미분석법
③ Q분류법(Q sort)   ④ 사회성 측정법(Sociometry)

해설 Q분류법 또는 Q방법론(Q Technique)은 인간의 주관성(개인의 의견을 자신의 방법으로 의사소통하는 것)을 과학적으로 연구하는 방법으로, 반응자가 소수일 때나 하나의 사례를 깊이 연구하고자 할 때 사용하는 방법이다. 어떤 사람의 특성을 나타낸 진술문 표집을 정해진 순서대로 배치하는 일련의 과정으로, 대상자(사람)들 간의 상관 또는 대상자 간의 요인을 탐색하여 그들 사이의 유사성이나 모형을 발견해내는 방법이다. 의미분석법이 주로 개념을 연구대상으로 삼는다면, Q분류법은 주로 진술문을 연구대상으로 삼는다.

TIP Q방법과 R방법의 차이

구분	Q 방법	R 방법
모집단	진술문 또는 자극	사람
변 인	사람	특성변인
연구과제	개인의 내적 구조(주관성)	개인 간 차이 규명
결과분석	반응자를 군집화	특성변인을 군집화(요인분석)
점수분포	준정상분포를 형성	정상 또는 준정상분포를 형성하지 않는다.

제4절 교육연구의 방법

1 실험연구

01 〈보기〉의 '㉠'과 '㉡'에 들어갈 말을 바르게 나열한 것은? 02. 초등임용

> 보기
>
> 이 연구에서는 학업성취도를 학생의 개인 배경과 학교수업 요인으로 설명하는 모형의 회귀분석을 시도하였다. 즉, 학업성취도를 (㉠)으로 두고 학생 배경 요인과 수업 요인을 (㉡)으로 삼은 분석을 시도하였다.

① ㉠ – 독립변인 ㉡ – 종속변인
② ㉠ – 종속변인 ㉡ – 독립변인
③ ㉠ – 통제변인 ㉡ – 매개변인
④ ㉠ – 매개변인 ㉡ – 통제변인

해설 독립변인은 실험자가 인위적으로 조작할 수 있는 변인으로 변인들 간의 관계에서 영향을 미치거나 예언해 주는 변인이고, 종속변인은 독립변인의 변화에 따라서 나타나는 결과로서 변인들 간의 관계에 있어서 영향을 받거나 예언되는 변인이다.

02 실험에서 연구자가 연구목적에 따라 체계적으로 변화시키는 변인은? 10. 국가직 7급

① 종속변인 ② 독립변인
③ 혼합변인 ④ 가외변인

정답 07. ③ 08. ③ / 01. ② 02. ②

<u>해설</u> 독립변인은 영향을 미치는 변인(원인변인), 종속변인은 영향을 받는 변인(결과변인), 가외변인(외생변인, 오염변인)은 독립변인 이외의 변인으로 종속변인에 영향을 미치는 변인을 가리킨다. 실험자가 가외변인을 통제하는 정도, 즉 독립변인이 순수하게 종속변인에게 미치는 정도를 내적 타당도라고 한다.

TIP 실험연구의 주요 개념

독립변인	실험계획에 도입되는 환경요인이나 조건, 예언할 수 있는 변인, 실험자가 인위적으로 조작할 수 있는 변인 ⇨ 실험처치(treatment)
종속변인	독립변인의 변화에 따라서 나타나는 결과, 실험처치에 대한 유기체의 모든 행동 반응
가외변인	• 외생변인, 또는 오염변인이라고도 하며, 연구하고자 하는 독립변인 이외의 변인으로 종속변인에 영향을 미치는 변인들을 말한다. • 가외변인을 통제할 때 실험연구의 내적 타당도가 높아진다. • 가외변인을 통제한다는 것은 가외변인들의 변량을 거의 영(zero)의 상태로 줄이거나, 변량의 양을 균등하게 하거나 또는 연구하고자 하는 독립변인들의 변량으로부터 유리(遊離)시키는 것을 의미한다.
회귀분석	변인들 중 하나를 종속변인으로, 나머지를 독립변인으로 하여 변인들 간의 상호관계의 본질을 규명하는 통계적 기법 ⇨ 회귀는 기울기를 의미함.
영가설	연구에서 검증받는 잠정적 진리나 사실로, 기각될 것을 전제로 하는 가설
대립가설	영가설에 대립하여 설정한 가설로, 연구자가 긍정되기를 기대하는 예상이나 주장하려는 내용
실험집단	일정한 실험조건을 작용시켜 그에 따른 반응의 변화를 관찰하고자 하는 연구 대상 집단
통제집단	실험군과의 비교의 대상이 되는 아무런 조건을 가하지 않은 집단
조건의 통제	실험군과 통제군의 관련자극변인을 동일하게 하는 것, 즉 독립변인 이외의 모든 가외변인을 동일하게 하거나 제거해 주는 것 ⇨ 가외변인의 제거, 무선화방법, 가외변인 자체를 독립변인으로서 연구설계에 포함시키는 방법, 통계적 검증 및 통제집단의 구성을 통한 방법 등이 있다.

03 교육현상과 관련하여 독립변수 X와 종속변수 Y 사이에 인과관계가 성립하기 위한 조건에 해당하지 않는 것은?

19. 국가직 7급

① X가 Y보다 시간적으로 앞서 일어나야 한다.
② X가 변화하면 Y도 같이 변화해야 한다.
③ X와 Y 모두 연속변수로서 측정의 엄밀성을 갖추고 있어야 한다.
④ Y의 변화가 제3의 변수 또는 외생변수에 의해 설명될 가능성이 없어야 한다.

<u>해설</u> 회귀분석은 인위적 상황(실험상황)에서의 두 변인 간의 인과관계를 분석하는 것으로서, 변인들 중 하나인 결과변인을 종속변인(Y)으로, 나머지 하나를 원인변인인 독립변인(X)으로 하여 변인들 간의 상호관계의 본질을 규명하는 통계적 기법을 말한다. 이때 교육현상에서의 인과관계는 결정론적 관계가 아니라 확률적 관계라는 의미로 해석된다(③). 이러한 인과관계의 성립요건은 시간적 우선성(①), 공변성(또는 상관관계성, ②), 외생변수의 통제성(④)을 전제한다. 이 외에도 독립변인의 조작가능성(독립변인을 조작할 수 있을 때 이론적 가치가 높음), 대칭적 관계(종속변인은 독립변인에 영향을 미치지 않음)도 있다.

04 다음의 (가)에 들어갈 말로 가장 적절한 것은?

06. 유·초등임용

> 실험연구에서 독립변인 이외의 다른 변인들이 종속변인에 미치는 영향을 잘 통제한다면, 연구 결과의 **(가)** 가 높아질 것이다.

① 내적 타당도　　　　　　　　　　② 외적 타당도
③ 일반화 가능도　　　　　　　　　　④ 내적 일관성 신뢰도

해설　내적 타당도(internal validity)란 어떤 실험결과의 해석에 있어서도 반드시 고려되어야 할 최소한의 요건으로 독립변인이 순수하게 종속변인에 영향을 미치는 정도를 말하며, 가외변인(외생변인, 오염변인)을 잘 통제할 때 높아진다. ② 외적 타당도는 실험결과의 일반화 가능성을 따지는 문제로, 현재의 실험조건을 떠나서 다른 대상, 다른 사태에 어느 정도 일반화시킬 수 있는가를 검토하는 것을 말한다.

05 실험결과의 내적 타당도(internal validity)를 위협하는 요인과 그에 대한 설명으로 옳지 않은 것은?

08. 중등임용

① 피험자의 선발 : 실험집단과 비교집단의 피험자들을 선발할 때 동질성이 결여되어 나타나는 영향을 말한다.
② 통계적 회귀 : 한 피험자가 여러 가지 실험처치를 받음으로써 이전의 처치 경험이 이후의 처치 효과에 미치는 영향을 말한다.
③ 성숙 : 실험처치 이외에 시간의 흐름에 따라 나타나는 피험자의 신체적·정신적 변화가 피험자의 반응에 영향을 주는 것을 말한다.
④ 측정도구 : 사전검사와 사후검사에서 사용한 검사도구가 달라지거나, 관찰자나 채점자의 변화로 인하여 실험에서 얻은 측정치에 변화가 생기는 것을 말한다.

해설　②는 중다처치에 의한 간섭효과로 외적 타당도를 낮추는 요인에 해당한다. 통계적 회귀현상이란 피험자 선정에 있어서 극단적인 점수를 기초로 하여 선정할 때 나타나는 통계적 현상을 말한다.

TIP 실험연구의 타당도를 저해(위협)하는 요인

내적 타당도 저해 요인 (가외변인, 오염변인, 외생변인)	외적 타당도 저해 요인
• 역사(history) : 사건 • 성숙(maturation) : 피험자의 변화 • 검사(testing) : 사전검사 받은 경험 • 측정도구(instrumentation) : 측정도구(or 채점자) 변화 • 피험자의 선발(selection) : S형 오류 • 통계적 회귀(statistical regression) : 평균으로의 회귀 • 실험적 도태(experimental mortality) : 실험 탈락 • 선발 − 성숙 상호작용(selection−maturation interaciton)	• 사전검사 실시와 실험처치 간의 상호작용 효과(검사의 반발적 영향) • 피험자의 선발(잘못된 선정)과 실험처치 간의 상호작용 효과 • 실험상황에 대한 반발효과 : 실험상황 ≠ 실제상황 • 중다처치에 의한 간섭효과(이월효과, carry-over effect) • 변인들의 특이성 : 변인에 대한 조작적 정의 × • 처치방산(처치확산, treatment diffusion) : 실험집단과 통제집단의 상호작용 • 실험자 효과 : 실험자 기대(편견) 효과

정답　03. ③　04. ①　05. ②

06 실험연구의 내적타당도 저해요인에 대한 설명으로 옳지 않은 것은?   22. 국가직 7급

① 성숙 – 시간 흐름에 따른 피험자의 내적 변화가 종속변수에 영향을 미치게 된다.
② 통계적 회귀 – 극단적인 측정값을 보인 사례를 다시 측정하면 실험처치와 무관하게 덜 극단적인 측정값으로 회귀하는 경향이 있다.
③ 반복검사 – 사전검사와 사후검사가 동일한 경우 사전검사가 사후검사에 영향을 미치게 된다.
④ 피험자 탈락 – 실험집단과 통제집단을 구성할 때 무작위배치를 하지 않음으로써 두 집단 간의 동질성이 결여된다.

해설 ④는 피험자의 선발(S형 오차)에 해당한다. 피험자 탈락(실험적 도태)은 실험집단 또는 통제집단의 피험자가 중도 탈락하는 현상을 말한다.

07 다음에 제시된 실험의 내적 타당도를 위협하는 요인으로 옳은 것만을 〈보기〉에서 있는 대로 고른 것은?   13. 중등임용

> 박 교사는 창의성 교육 프로그램의 효과를 알아보고자 하였다. 그는 이 프로그램에 참여하기를 원하는 학생 중 선착순 30명을 실험집단으로, 참여 여부를 밝히지 않은 학생 중 30명을 편의표집(convenience sampling)하여 통제집단으로 구성하였다. 박 교사는 두 집단 모두에게 사전검사를 실시한 후 실험집단만을 대상으로 프로그램을 3개월간 적용하였다. 사전검사 점수가 너무 낮은 것으로 판단되었으므로 박 교사는 사전검사에서 정답률이 20% 미만인 문항들을 제외한 나머지 문항으로 사후검사를 실시하였다. 사후검사에서 실험집단 30명과 통제집단 30명의 평균 차이는 1% 유의수준에서 통계적으로 유의하였다.

> ┌ 보기 ┐
> ㉠ 검사(testing)   ㉡ 탈락(attrition)
> ㉢ 선발(selection)   ㉣ 도구화(instrumentation)

① ㉠, ㉡   ② ㉠, ㉢   ③ ㉡, ㉣   ④ ㉠, ㉢, ㉣   ⑤ ㉡, ㉢, ㉣

해설 ㉠은 사전검사를 받은 학생들을 대상으로 사후검사를 실시함으로써 나타나는 것이고, ㉢은 실험집단과 통제집단을 선발할 때 편의표집(우연적 표집)을 사용하였으므로 동질성이 결여되어 나타난 것이며, ㉣은 사전검사의 문항 중 일부 문항을 제외하여 나타난 현상이다. ㉡은 실험집단 또는 통제집단의 피험자가 어떤 사정에 의하여 중도탈락하는 현상으로 제시된 실험에서는 나타나지 않은 외생변인에 해당한다.

08 수업효과를 검증하기 위한 연구에서 내적 타당도의 저해요인을 최소화하거나 제거하는 방법의 예로 바른 것은?   05. 초등임용

① 사전검사와 사후검사의 절차를 달리하였다.
② 극단적인 점수를 가진 피험자를 선정하였다.
③ 종속변수에 영향을 줄 수 있는 지능을 독립변수로 처리하였다.
④ 실험집단을 상위능력 학생으로, 통제집단을 하위능력 학생으로 구성하였다.

해설 실험조건의 통제는 실험집단과 통제집단의 독립변인 이외의 관련 자극변인(가외변인)을 동일하게 하는 것, 즉 종속변인에 영향을 줄 수 있는 가외변인을 통제하는 것을 말한다. ③은 가외변인(지능)을 독립변수(수업)로 연구설계에 포함시키는 방법에 해당한다.

① 사전검사와 사후검사의 절차를 같게 하여야 한다(측정도구). ② 극단적인 점수를 가진 피험자를 선정하면 '통계적 회귀'가 발생한다. ④ 피험자를 선정할 때 두 집단 간에 동질성이 결여되면 S형 오차가 발생한다(피험자 선발).

TIP 가외변인을 통제하는 방법

가외변인의 제거	가장 쉬운 방법으로 모든 가외변인을 제거하는 방법이다.
무선화 방법	피험자들을 각 실험집단이나 조건들에 무선적으로 배치하는 방법으로, 모든 실험집단들을 가외변인의 입장에서 동등하게 만듦으로써 가외변인들의 영향을 통제하는 것이다.
가외변인 자체를 독립변인으로서 연구설계에 포함시키는 방법	가외변인을 제3변인으로 연구설계에 추가시켜서 종속변인에 미치는 영향을 파악하는 방법이다.
통계적 검증 및 통제집단의 구성을 통한 방법	전후통제집단 설계처럼 사전검사 측정치를 통계적인 통제방법으로 활용하는 방법이다.

---

2 문화기술연구

09 문화기술연구법(ethnography)의 장점에 대한 설명으로 옳은 것은? 00. 초등임용

① 변인 간의 인과관계를 밝히는 데 적합하다.
② 거시적인 사회구조를 드러내는 데 적합하다.
③ 가설의 타당성을 검증하고 일반화하는 데 적합하다.
④ 인간의 의미세계를 심층적으로 이해하는 데 적합하다.

해설 ①, ②, ③은 양적 연구의 특징이다. 문화기술연구는 장시간 참여관찰과 심층면접을 특징으로 하기 때문에 인간의 의미세계를 심층적으로 이해하는 데 적합하다.

10 문화기술지(ethnography)라는 연구방법을 적용하여 학교에서의 '집단 따돌림' 현상을 연구하고자 한다. 유념해야 할 사항으로 가장 적절한 것은? 04. 중등임용

① 연역적 접근이 이루어지도록 한다.
② 자료의 수집은 주로 설문조사를 활용한다.
③ 학생의 입장에서 현실 상황을 이해하도록 노력한다.
④ 전체적인 상황을 거시적으로 파악하는 데 역점을 둔다.

해설 문화기술적 연구(ethnography research)는 인류학에서 사용되어 오던 연구방법으로, 어떤 특정 집단 구성원들의 문화(삶의 방식, 행동 등)를 현지인의 관점(내부자적 관점)에서 이해하고 기술하기 위한 질적 연구방법을 말한다. 현지인의 문화에 대한 폭넓은 자료를 찾기 위하여 연구자가 현장(자연스러운 상황)에서 장기간 동안 머물면서 참여관찰과 심층면접을 사용하여 연구한다. ①은 귀납적 접근이 이루어지도록 하고, ②는 참여관찰과 심층면접을 활용하며, ④는 전체적인 상황을 미시적으로 파악하는 데 역점을 둔다.

정답 06. ④ 07. ④ 08. ③ 09. ④ 10. ③

11 학생들의 놀이에 관한 문화기술연구(ethnography)를 수행할 때, 연구 활동으로 가장 적절하지 않은 것은?

07. 중등임용

① 놀이가 학생들의 일상생활과 어떻게 연결되어 있는지 그 맥락을 총체적으로 규명한다.
② 학생들이 선호하고 자주 실현하는 놀이의 방식과 종류를 학생들이 어떻게 분류하는지 분석한다.
③ 쉬는 시간이나 청소시간에 학생들과 함께 지내면서 놀이가 학생들에게 어떤 의미를 주는지 추론한다.
④ 청소년 문화연구 및 심리학의 이론적 근거로 가설을 설정하고 놀이 관련 변인들을 조작적으로 규정한다.

해설 문화기술연구는 현장에서 내부자의 관점을 통해 내부자가 부여하는 현상의 의미를 연구한다. ④는 가설연역적으로 접근하는 양적 연구에 해당한다.

제 5 절 가설의 검증

01 통계적 가설검증에 대한 설명으로 옳지 않은 것은?

13. 국가직 7급

① 통계적 가설은 영가설과 대립가설로 구분된다.
② 제1종 오류는 영가설이 참일 때 그것을 부정하는 오류이다.
③ 통계적 검증력이란 영가설이 참이 아닐 때 이를 기각하는 확률이다.
④ 유의수준이란 영가설이 참일 때 이를 채택하는 확률이다.

해설 유의도(유의수준, P)란 제1종의 오류를 범할 확률, 유의적인 차이(관계)가 있다는 주장이 빗나갈 확률, 연구자가 내린 판단이 오판일 확률로, 영가설의 기각 범위를 말한다. 유의수준(significance level)은 보통 0.05 혹은 0.01로 설정한다. 유의수준이 0.05라는 것은 영가설이 참인 조건(즉, 차이가 없는 조건)에서 100회 실험을 한다고 할 때 대략 5회 정도는 영가설을 잘못 기각한다는 것을 의미한다.

TIP 가설검증의 오류 유형과 유의도(P)의 해석방법

가설검증에 의한 결정	H_0의 진위	
	진(眞)	위(僞)
H_0의 부정	제1종의 오류(α오류)	올바른 결정($1-\beta$)
H_0의 긍정	올바른 결정($1-\alpha$)	제2종의 오류(β오류)

1. $P > 0.05$: 5% 유의수준에서 두 통계치 간에 유의한 차가 없다(영가설을 수용하는 입장).
2. $P < 0.05$: 5% 유의수준에서 두 통계치 간에 유의한 차가 있다(영가설을 기각하는 입장).
3. $P > 0.01$: 1% 유의수준에서 두 통계치 간에 유의한 차가 없다(영가설을 수용하는 입장).
4. $P < 0.01$: 1% 유의수준에서 두 통계치 간에 유의한 차가 있다(영가설을 기각하는 입장).

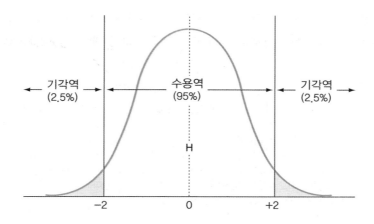

02 정상분포를 다루는 모수통계와는 달리 특정범주에 속하는 피험자 빈도의 차이에 관심을 두는 통계 기법으로서, 집단의 관찰빈도와 그 집단의 기대빈도를 비교하여 검정하는 방법은? 09. 국가직

① t검정　　　② F검정　　　③ Z검정　　　④ x^2검정

해설 x^2검정은 자료가 명명척도인 빈도나 비율(백분율)로 주어졌을 때 이용하는 방법으로, 관찰된 빈도가 이론적으로 기대되는 빈도와 같은지 다른지 또는 그 차이가 우연인 것인지 의미 있는 것인지를 분석하는 방법이다.

TIP 여러 가지 통계적 검증 분석방법 비교

구분	변인수	내용
요인분석	1개	
상관관계분석	2개	두 변인 간 관계 ⇨ 공통요인의 정도, 상관계수(r)로 표현
회귀분석 (실험연구)	2개	• 두 변인이 독립변인과 종속변인일 때 ⇨ 인과관계(예언의 정도), 결정계수(r^2)로 표현 • 집단 간 '평균'(동간척도)의 차이를 검증하는 방법 ⇨ 종속변인 차이 검증
		T검증: 독립변인의 집단수가 2이고, 사례수가 40보다 작을 때 ① 독립표본 t검증(단일표본 t검증): 두 독립집단 간의 평균차이를 검증하는 방법(두 집단 간에 상관이 없음을 의미) ⇨ 집단수가 2개일 때(예 실험집단, 통제집단) ② 종속표본 t검증(대응표본 t검증): 두 집단 사이에 상관이 있을 경우 평균차이를 검증하는 방법 ⇨ 집단수가 1개일 때(예 실험집단) 실험 전후 비교
		Z검증: 독립변인의 집단수가 2이고 사례수가 40보다 클 때
		F검증: 독립변인의 집단수가 3 이상일 때 예 솔로몬 4집단 설계 • 집단이 동질집단이면 - 변량분석(일원변량분석) • 집단이 이질집단이면 - 공변량분석
경로분석	3개 이상	그림으로 표시 예 블라우와 던컨(Blau & Duncan)의 지위획득모형
카이자승(x^2) 검증		질적 변인, 즉 빈도(명명척도)로 주어진 자료 분석

정답 11. ④ / 01. ④ 02. ④

03 초등학생들의 주당 평균 컴퓨터 사용 시간이 세 지역(대도시, 중소도시, 읍·면 지역) 학생 집단 간에 차이가 있는지를 알아보고자 한다. 가장 적합한 통계분석 방법은? 06. 유·초등임용

① 변량(분산) 분석　　　　　　　　　② 요인 분석
③ 상관계수 검정　　　　　　　　　　④ 종속표본 t검정

해설　변량분석이란 독립변인이 두 가지 이상의 상태를 가질 때, 종속변인의 평균치 간의 의미 있는 차이가 있는지를 검증(검정)하는 방법이다. 종속변인이 동간척도 이상이어야 하며, 정규분포를 이루며, 분산이 동일해야 가능하다. 독립변인의 집단수가 셋 이상일 때는 F검증을, 두 집단 이하일 때는 T검증(집단 사례수가 40보다 작을 때) 또는 Z검증(집단 사례수가 40보다 클 때)을 활용한다. 변량분석은 실험집단이 동질적일 때, 공변량분석은 실험집단이 동질적이지 않을 때 실험효과에 대한 차의 검증방법이다. ②는 한 개의 독립변인을 구성하는 요인을 분석하는 것이고, ③은 두 변인 간의 공통요인의 정도를 분석하는 것이다. ④는 대응표본 t검정이라고도 하며, 두 집단 사이에 상관이 있을 경우, 즉 동일 대상을 반복 측정하는 경우(예 단일집단 사전–사후검사 설계) 평균 차이를 검증하는 방법이다.

04 다음의 김 교사가 수행한 연구에 대한 진술로 옳은 것을 〈보기〉에서 모두 고르면? 12. 유·초등임용

> 김 교사는 교수법(토론식, 강의식)이 우리나라 초등학교 3학년의 읽기능력에 미치는 영향을 알아보기 위해, 자신이 재직 중인 학교의 3학년 학생들을 대상으로 편의상 1반부터 3반까지의 학생들은 토론식 교수법으로, 4반부터 6반까지의 학생들은 강의식 교수법으로 가르친 후 읽기검사를 실시해 읽기능력의 차이를 분석하였다.

> ┌ 보기 ┐
> ㉠ 종속변수는 초등학교 3학년 학생의 읽기능력이다.
> ㉡ 독립변수 간 상호작용 효과를 검증하기 위해 교수법을 토론식과 강의식으로 구분하였다.
> ㉢ 무선표집(random sampling)을 하지 않았으므로 연구결과의 일반화가 제한된다.
> ㉣ 같은 학교 학생들로 두 집단(토론식, 강의식)을 구성하였으므로, 피험자 선발(selection)이 내적 타당도 위협요인으로 작용하지 않는다.

① ㉠, ㉡　　　　　　② ㉠, ㉢　　　　　　③ ㉠, ㉡, ㉣
④ ㉠, ㉢, ㉣　　　　⑤ ㉡, ㉢, ㉣

해설　㉡은 독립변수와 종속변수 간, 즉 교수법과 초등학교 3학년 학생의 읽기능력에 관한 상호작용 효과를 연구하는 실험이며, ㉣은 확률적 표집(무선표집)을 실시하지 않았기 때문에 선발 오차(S형 오차)가 외생변인으로 작용할 수 있다.

05 박 교사는 즉시적 보상을 활용한 교수방법이 학업성취도에 미치는 효과를 알아보기 위해 다음과 같이 A, B, C 세 가지 실험설계를 구상하였다. 각 실험설계에 대한 설명으로 가장 적절한 것은?

10. 중등임용

실험설계 A O_1 X O_2
  : 단일집단 사전 −사후 설계
    (one−group pretest−posttest design)

실험설계 B O_1 X O_2
                             O_1 O_2
  : 비동등 통제집단 설계
    (nonequivalent control group design)

실험설계 C   X O_2
                                                   O_2
  : 비동등집단 사후검사 설계
    (posttes with nonequivalent groups design)

단, X : 즉시적 보상을 활용한 교수방법의 실시
    O_1 : 사전 학업성취도 검사
    O_2 : 사후 학업성취도 검사
    (척도는 양적척도이며 정규분포를 따름.)
    집단별 사례 수 : 20명

① 실험설계 A : 대응표본 t검정으로 효과를 검정할 수 있다.
② 실험설계 A : 성숙에 의한 문제가 발생할 가능성은 없다.
③ 실험설계 B : 통계적 회귀의 문제가 발생할 가능성은 없다.
④ 실험설계 C : 피험자 선발의 문제가 발생할 가능성은 없다.
⑤ 실험설계 C : 진실험설계이다.

해설 실험설계 A는 즉시적 보상을 활용한 교수방법을 받기 전과 받은 후 교수방법이 학업성취도에 미친 영향을 연구하는 대응표본 t검증으로 효과를 검증할 수 있다. ②, ③, ④는 발생할 가능성이 있으며, ⑤는 실험설계 A, B, C 모두 준실험설계에 해당한다.

TIP 실험설계의 종류

준실험설계	진실험설계	
이질(비동등) 통제집단 전후검사 설계	통제집단 전후검사 설계	솔로몬 4집단 설계
실험집단 O_1 X O_2 통제집단 O_3 O_4	실험집단 R O_1 X O_2 통제집단 R O_3 O_4	실험집단 R O_1X O_2 통제집단 R O_3 O_4 실험집단 R X O_5 통제집단 R O_6

정답   03. ①   04. ②   05. ①

Chapter

13

교육행정학

교육행정학

핵심 체크노트

★1. 교육행정의 기초
① **개념** : 교육에 관한 행정(공권설), 교육을 위한 행정(조건정비설), 교육의 행정(행정행위설)
② **기본원리** : 법제면의 원리(합법성, 기회균등, 자주성, 적도집권), 운영면의 원리(효과성, 민주성, 효율성, 적응성, 안정성, 균형성, 전문성)

2. 교육행정이론
① **전개과정** : 과학적 관리론 ⇨ 인간관계이론 ⇨ 행동과학이론 ⇨ 체제이론 ⇨ 대안적 접근(해석적 관점 & 급진적 관점)
★② **의사결정(정책)이론** : 합리모형(이상모형), 만족모형, 점증모형, 혼합모형, 최적모형, 쓰레기통 모형
★③ **지도성 이론** : 상황적 지도성, 변혁적 지도성, 문화적 지도성, 수퍼(자율적) 지도성
★④ **동기이론** : 내용이론(Maslow, Herzberg, Alderfer, McGregor, Argyris), 과정이론(Vroom, Adams, Locke)
⑤ **의사소통이론** : 조하리의 창(Johari's window)

3. 교육행정조직
① **학교조직의 특성** : 유형유지조직, 봉사조직, 규범적 조직, 이완결합체제, 조직화된 무질서, 학습조직
② **학교운영위원회**
③ **지방교육자치제** : 원리(지방분권, 민중통제, 자주성, 전문성), 교육감
④ **조직풍토** : 핼핀과 크로프트(Halpin & Croft) OCDQ, 호이와 미스켈, 클로버(Hoy & Miskel, Clover) OCDQ-Re
⑤ **조직문화** : 스타인호프와 오웬스(Steinhoff & Owens), 세티아와 글리노(Sethia & Glinow), 오우치(Ouchi)

4. 교육기획 : 사회수요 접근법, 인력수요 접근법, 수익률 접근법

5. 교육정책 : 캠벨(Campbell)의 교육정책 결정론, 로위(Lowi)의 정책유형론, 던(Dunn)의 정책평가 기준

6. 장학론
① **조직수준에 따른 구분** : 중앙장학, 학무장학, 교내장학, 임상장학, 컨설팅장학
★② **장학 방법에 따른 구분** : 자기장학, 동료장학, 전통적 장학, 선택장학(차등장학), 인간자원장학

7. 학교경영과 학급경영 : 목표관리기법(MBO), 과업평가검토기법(PERT)

8. 교육재정론
① **운영원리** : 확보(충족성, 안정성, 자구성), 배분(효율성, 평등성, 공정성), 지출(자율성, 투명성, 적정성), 평가(책무성, 효과성)
★② **종류** : 직접교육비와 간접교육비, 공교육비와 사교육비, 공부담 교육비와 사부담 교육비, 교육비 차이도, 표준교육비
★③ **학교회계제도(국립, 공립)**
★④ **지방교육재정 교부금** : 보통교부금, 특별교부금
★⑤ **교육예산의 편성기법** : 품목별 예산제도(LIBS), 성과주의 예산제도(PBS), 기획예산제도(PPBS), 영기준예산제도(ZBBS)

9. 교육인사행정론 : 교육직원의 종류(교원, 교육공무원, 교육전문직), 근무평정, 전직과 전보, 권리와 의무, 휴직, 징계, 교육법, 교육관련 법규(「학교폭력 예방 및 대책에 관한 법률」)

제1절 **교육행정의 기초**

1 교육행정의 개념

01 교육행정의 개념을 '교육을 위한 행정'과 '교육에 관한 행정'으로 구분할 때, '교육에 관한 행정'에
□□□ 대한 설명으로 타당한 것은?
08. 국가직

① 행정보다 교육을 강조하는 입장이다.

② 행정의 지원적 성격에 초점을 맞추고 있다.

③ 교육행정을 행정의 하위영역으로 간주하면서 행정의 종합성을 강조하려는 것이다.

④ 교육의 본질과 자주성을 중시하는 입장이다.

> 해설 '교육에 관한 행정'은 교육행정을 행정의 한 분야로 파악하며 교육보다는 행정을 더 우선시하여 행정의 종합성을
> 강조하는 입장이다. 이에 비해 '교육을 위한 행정'은 교육과 행정을 분리하고 교육의 자주성을 중시하는 입장의 교육행정
> 개념으로, ①, ②, ④가 이에 해당한다.

TIP 교육행정의 개념

접근방법	개념	특징
정적 접근 (행정현상)	교육에 관한 행정 행정 교육 ↓	• 교육 < 행정 : 행정의 종합성 중시(교육행정은 일반행정의 일부분 – 일원론), '위에서 밑으로'의 권위적 행정 ⇨ 법규행정설, 공권설, 분류체계론, 교육행정영역 구분론(독일) • 교육행정은 법이 정하는 바에 따라 교육정책을 실현하는 수단 • 중앙집권적·관료 통제적·권력적·강제적 요소를 중시
	교육을 위한 행정 교육 (교수·학습) ↑ 행정	• 교육 > 행정 : 교육의 자주성 중시(교육과 행정을 분리 – 이원론), '아래에서 위로'의 민주적 행정 ⇨ 조건정비설, 기능설, 조장설(미국, Moehlmen) • 교육행정은 교육목적(교수 – 학습의 효율화) 달성을 위한 제 조건을 정비하는 수단, 봉사 • 지방분권적·자율적·민주적 특성을 중시
동적 접근 (행정행위)	행정과정	• 교육행정은 교육행정가가 교육목적 달성을 위해 수행하는 절차(Sears) • PIC : 계획 – 실천 – 통제
	행정행위(경영) ⇨ 교육의 행정 교육 목적(학교 경영) ↗↖ 교육 행정	• 교육행정은 교육목적(학교경영의 극대화) 달성을 위한 구성원들의 협동적 행위, 교육과 행정의 일원론 ⇨ 교육목적 달성 추구적 정의(Waldo) • 합리적인 조직관리의 기술 ⇨ 조정, 협동적 행위 중시
	정책실현설	교육행정은 공권력을 가진 국가기관이 교육정책을 수립하고 집행하는 과정

정답 01. ③

02 다음 글은 교육행정을 정의하는 관점 중 어느 것에 근거한 것인가? 　　　11. 국가직

> 광복 직후 우리나라에는 오늘날의 교육과학기술부와 같은 독자적인 중앙 교육행정조직이 없었다. 그 대신 내무부 산하의 학무국이 중앙 교육행정조직이었으며, 여기에는 비서실 외에 6과가 편성되어 있었다.

① 조건정비론　　　　　　　　　② 행정과정론
③ 협동행위론　　　　　　　　　④ 국가통치권론

해설 　중앙 교육행정조직이 내무부 산하에 소속되어 있는 것은 교육과 행정을 일원론적으로 보는 '교육에 관한 행정'에 해당한다. 교육에 관한 행정은 교육행정을 행정의 하위영역으로 간주하면서 행정의 종합성을 강조하려는 입장이다.

03 다음 제도 개혁의 취지에 부합하는 '교육행정에 대한 관점'을 설명한 내용으로 가장 적절한 것은? 　　　13. 중등임용

> 최근 지방 교육행정조직에서 '지역교육청'의 명칭을 '교육지원청'으로 변경하고 그 역할에 있어서도 변화를 꾀하였다. 이를 통해 행정의 기능을 종래의 '관리·점검' 중심에서 '일선 학교의 교육활동에 대한 지원 강화' 중심으로 새롭게 정립하고자 하였다.

① 교육행정을 '교육에 관한 행정'으로 보는 입장이다.
② 자율적 행정지원보다 관료적 효율성을 강조한 관점이다.
③ 교육의 자주성·전문성 측면보다 행정의 통제성·획일성 측면을 강조한 관점이다.
④ 교육 관련 법규에 따라 교육정책을 집행하는 공권적 작용을 강조하는 입장이다.
⑤ 교육행정을 교육목표의 효과적 달성에 필요한 조건을 정비·확립하는 수단적 활동으로 보는 입장이다.

해설 　교육행정에 관한 관점 중 '교육에 관한 행정'은 교육활동에 대한 관리·감독을 중시하는 위로부터의 교육행정에 해당하며, '교육을 위한 행정'은 교육활동에 대한 지원·조장을 중시하는 아래로부터의 교육행정에 해당한다. 지문은 '교육을 위한 행정'에 해당한다. 이는 행정의 종합성보다 교육의 자주성을 중시하는 입장으로, 교육목표(교수·학습의 효과) 달성을 위한 행위를 조력하는 수단적·봉사적 기능으로 교육행정을 정의하는 것이다. '조건정비설', '기능설' 또는 '조장설'이라고도 부른다. ①, ②, ③, ④는 '교육에 관한 행정'에 해당한다.

2 교육행정의 성격

04 교육행정의 특성으로 옳은 것은? 　　　14. 국가직

① 교육행정은 조직, 인사, 내용, 운영 등에서의 자율성과 민주성을 중요시한다.
② 교육행정은 교육과 행정을 구분하기 때문에 정치적 측면에 강조점을 두지 않는다.
③ 교육이 전문적 활동이기 때문에 이를 지원하는 교육행정은 특별한 훈련 없이도 수월하게 이루어질 수 있다.
④ 교육행정은 교수−학습활동의 감독을 중요한 출발점으로 한다.

해설 교육행정의 자주성·민주적 성격은 교육의 자주성과 중립성 보장을 전제로 교육 본래의 목적에 기초하여 운영·실시되어야 함을 의미한다.

②는 예부터 교육은 정치와 무관하지 않고 밀접한 관계를 지녀 왔으며, 지금과 밀접한 관계를 맺고 있다. 또한 교육은 강력한 정치기관의 하나로서 그리고 정치체제와 사회질서를 유지하고 보존하는 중요한 도구로서 그 역할을 수행하고 있다. 그러므로 교육행정은 '정치적 성격'을 띠고 있다. ③은 교육행정은 특수행정으로서의 전문성이 요구되며, 훈련을 받은 전문가에 의해 수행되는 전문적인 활동이기에 특별한 훈련이 필요하다. ④는 교육행정은 교육목적 달성을 위한 정신적·물질적 봉사에 중점을 두고 지도·조언을 수단으로 행사하는 것으로 조장적·봉사적·수단적 성격을 지닌다. 이는 민주사회에서 가장 강조해야 할 교육행정의 기본적 특성이기도 하다.

TIP 교육행정의 성격

일반적 성격	• 공공적 성격: 교육행정은 전 국민을 대상으로 하는 공공적 사업임. • 조장적·봉사적 성격: 교육행정은 교육목적 달성을 위한 정신적·물질적 봉사에 중점을 두고 지도·조언을 수단으로 행사함. ⇨ '수단적·기술적 성격' • 정치적 성격: 교육행정 활동의 내용이 고정적인 것이 아니고 역동적인 성격을 지님. ⇨ 교육행정가는 탁월한 행정적 수완과 함께 정치적 예견과 지성을 필요로 함. • 전문적 성격: 교육행정은 특수행정으로서의 전문성이 요구되며, 훈련을 받은 전문가에 의해 수행되는 전문적인 활동임. • 민주적·중립적(자주적) 성격: 교육의 자주성과 중립성 보장을 전제로 교육 본래의 목적에 기초하여 운영·실시되어야 함. ⇨ 조직, 인사, 내용, 운영 면에서 확보되어야 할 성격
특수적 성격	• 교육목표 달성의 장기성: 교육은 장기적 투자활동이며, 교육효과도 장기적으로 나타남. • 교육에 관여하는 제 집단(예 교사, 학생, 학부모, 지역사회)의 독자성과 협력성 • 교육효과의 직접적인 측정(평가)의 곤란성 • 고도의 공익성과 여론에의 민감성

3 교육행정의 원리

05 교육행정의 원리에 대한 설명으로 옳지 않은 것은? 20. 국가직 7급

① 효율성의 원리를 지나치게 강조하면 교육의 본질이 손상될 수 있다.

② 민주성의 원리를 지나치게 강조하면 기회균등의 원리를 저해할 수 있다.

③ 합법성의 원리를 지나치게 강조하면 형식적이고 경직된 행정을 초래할 수 있다.

④ 자주성의 원리는 교육이 일반행정에서 분리·독립되고 정치·종교로부터 중립성을 유지해야 한다는 것이다.

해설 민주성의 원리를 지나치게 강조하면 효율성의 원리를 저해할 수 있다. 기회균등의 원리는 모든 국민에게 균등한 교육기회를 보장하는 것으로, 민주성의 원리와 관련이 있다.

정답 02. ④ 03. ⑤ 04. ① 05. ②

TIP 교육행정의 기본 원리 ||||||||||||||||||||||||||||||||||||||||||||||||||||||||||||||||||||||||||||||||||||||||||

1. 법제면의 원리

법치행정(합법성)	모든 행정은 법률에 의거, 법률이 정하는 범위 내에서 이루어져야 한다.
자주성 존중	교육행정은 일반 행정으로부터 분리·독립시켜야 한다. ⇨ 중립성, 전문성 전제
기회균등	모든 국민에게 균등한 교육기회 보장 ⇨ 능력주의 전제
적도집권(適度集權)	중앙집권(행정의 능률성 향상)과 지방분권(행정의 민주화)의 적절한 조화

2. 운영면의 원리

타당성(validity)	설정된 목적과 수단 사이의 일치 ⇨ 합목적성
효과성(effectiveness)	설정된 교육목적 달성 정도
효율성(efficiency)	최소 투입으로 최대 효과 달성 ⇨ 경제성, 능률성
민주성(democracy)	독단과 편견 배제, 광범위한 국민 참여와 공정한 민의 반영
적응성(adaptability)	변화하는 사회상황에의 적응 ⇨ 진보주의적 필요
안정성(stability)	교육행정의 좋은 점을 발전, 교육활동의 지속성 유지 ⇨ 보수주의적 필요
균형성(balance)	민주성과 효율성의 조화, 안정성과 적응성의 조화
전문성(speciality)	전문적인 지식과 기술을 습득한 전문가가 담당 ⇨ 업무의 독자성과 지적·기술적 수월성을 전제 예 교사 – 실무적 기술, 교감 & 모든 구성원 – 인간관계 기술, 교장 – 전체파악적(통합적, 구상적) 기술

06 교육행정의 원리에 대한 설명으로 옳지 않은 것은?   12. 국가직 7급

☐☐☐

① 지방분권의 원리가 강화되는 것은 최근의 세계적 현상이다.

② 교육의 전문성과 정치적 중립성은 교육의 자주성을 확보하기 위한 전제가 된다.

③ 효율성의 원리는 민주행정의 원리와 충돌할 가능성이 있다.

④ 법치행정의 원리는 행정재량권의 남용을 방지하고자 하는 의도를 포함하고 있다.

[해설] ①은 중앙집권과 지방분권의 조화, 즉 적도집권(適度集權)의 원리를 중시한다.

07 교육행정의 원리에 대한 설명으로 옳지 않은 것은?   21. 지방직

☐☐☐

① 안정성의 원리는 교육정책을 일관되고 지속적으로 추진해야 한다는 것이다.

② 효율성의 원리는 교육에 투입되는 비용을 상대적으로 적게 하면서 교육목표를 달성하려는 것이다.

③ 자주성의 원리는 지역의 특수성과 다양성을 반영하여 주민의 적극적인 의사와 자발적인 참여를 강조하는 것이다.

④ 민주성의 원리는 이해당사자들의 의사를 적극적으로 반영하고 그들을 의사결정과정에 적절하게 참여시켜야 한다는 것이다.

[해설] ③은 지방분권의 원리에 해당한다. 자주성의 원리는 교육이 일반행정에서 분리·독립되고 정치·종교로부터 중립성을 유지해야 한다는 것을 말한다.

08 다음 「교육기본법」 제6조의 내용과 관계가 깊은 교육행정의 원리는?

16. 국가직

> 교육은 교육 본래의 목적에 따라 그 기능을 다하도록 운영되어야 하며, 정치적·파당적 또는 개인적 편견을 전파하기 위한 방편으로 이용되어서는 아니 된다.

① 자주성의 원리

② 합법성의 원리

③ 기회균등의 원리

④ 지방분권의 원리

해설 자주성의 원리는 교육사업의 특수성을 보장하고 교육의 독자성과 자주성을 존중하기 위하여 교육행정을 일반행정으로부터 분리·독립시켜야 한다는 원리를 말한다. 여기에는 정치와 종교로부터의 중립성도 포함된다. ②는 행정은 법에 의거하여 법이 정하는 범위 내에서 이루어져야 한다는 것이고, ③은 모든 국민은 성별, 종교, 신념, 인종, 사회적 신분, 경제적 지위 또는 신체적 조건 등을 이유로 교육에서 차별을 받지 않고 누구나 능력에 따라 균등하게 교육을 받을 수 있다(헌법 제31조 제1항, 교육기본법 제4조 제1항)는 것이다. ④는 지역의 특수성과 다양성을 반영하여 지역 주민의 적극적 의사와 자발적인 참여 및 공정한 통제에 의거해야 한다는 것이다.

09 다음 내용에 해당하는 교육행정의 원리는?

17. 지방직

> • 이 원리를 지나치게 강조하면 교육행정의 전문성이 경시될 수 있다.
> • 이 원리로 공무원의 부당한 직무수행과 행정재량권의 남용을 방지할 수 있다.
> • 이 원리에 따라 교육공무원으로서의 신분을 보장받아서 업무를 소신 있게 수행할 수 있다.

① 수월성

② 능률성

③ 효과성

④ 합법성

해설 법치행정(합법성)의 원리는 행정은 법에 의거하여 법이 정하는 범위 내에서 이루어져야 한다는 것으로, 행정재량권의 남용을 방지하고자 하는 의도를 포함하고 있다. 지나치게 강조되면 목표전도(동조과잉) 현상과 조직의 경직성이 나타날 수 있다. ②는 최소의 노력과 경비 투입으로 최대의 산출을 얻어야 한다는 것으로, 경제성의 원리, 효율성의 원리라고도 한다. ③은 설정된 교육목적 달성에 주력해야 한다는 것을 말한다.

10 다음에서 설명하는 교육행정의 기본원리는?

24. 지방직

> • 교육활동에 투입되는 인적·물적 자원에 대한 교육산출의 비율을 최대한 높이는 것이다.
> • 예를 들어 국가재정의 한계로 인해 학급당 학생 수를 늘리는 것이다.

① 민주성의 원리

② 합법성의 원리

③ 효율성의 원리

④ 기회균등의 원리

해설 효율성(efficiency)의 원리는 최소의 노력과 경비 투입으로 최대의 산출을 얻어야 한다는 것으로, 경제성 또는 능률성의 원리라고도 한다. 교육에 투입되는 비용을 상대적으로 적게 하면서 교육목표를 달성하려는 것으로 지나치면 교육의 본질이 훼손될 수 있으며, 민주성의 원리와 충돌할 수 있다.

정답   06. ①   07. ③   08. ①   09. ④   10. ③

11 다음은 학교장이 교직원들에게 당부한 내용이다. 이 내용과 가장 부합하는 교육행정의 원리는?

15. 지방직

> 학교의 주요 결정에 교육 주체의 참여를 보장하고, 공익에 초점을 두면서 행정의 과정을 공개하며, 학교 내 다른 부서들과 이해와 협조를 바탕으로 사무를 집행해 주기를 바랍니다.

① 민주성의 원리 ② 자주성의 원리
③ 합법성의 원리 ④ 효율성의 원리

해설 민주성의 원리란 독단과 편견을 배제하고, 교육정책 수립에 있어 광범위한 국민 참여와 공정한 민의가 반영되어야 한다는 원리로, 결정된 정책의 집행과정에 있어서 권한의 위임을 통한 협조와 이해를 구해야 한다는 원리이다.
②는 교육행정은 일반행정으로부터 분리·독립되어야 함을 말한다.
③은 교육행정은 법에 의거하며, 법이 정하는 범위 내에서 이루어져야 함을 말한다.
④는 최소의 노력과 경비 투입으로 최대의 산출을 얻어야 한다는 원리로, 교육행정의 투입에 대한 산출을 높이는 것을 말한다.

12 교육행정의 원리 중 지방분권과 중앙집권의 적정한 균형을 유지하려는 것과 가장 관계가 깊은 원리는?

21. 국가직 7급

① 민주성의 원리 ② 적도집권의 원리
③ 자주성의 원리 ④ 합법성의 원리

해설 적도집권(適度集權)의 원리는 행정의 능률성 향상을 도모하는 중앙집권제와 민주적 권한의 이양과 참여의 기회보장을 추구하는 지방분권제 간에 적도(適度)의 균형을 찾으려는 원리를 말한다. 더불어 행정기능면에서 중앙 교육행정기관과 지방 교육행정기관 간에 적도의(알맞은 정도의) 균형을 발견하려는 노력도 이에 해당한다.

13 다음과 가장 관계가 깊은 교육행정의 원리는?

15. 특채

> • 교육정책은 장기적 관점에서 계속성과 일관성을 유지해야 한다.
> • 교육은 오랜 시간이 흐른 뒤에 그 효과가 나타나는 장기적 활동이다.
> • 교육행정은 사람들이 장기적 비전과 안목을 갖고 체계적으로 자신들의 소양과 능력을 발휘할 수 있도록 도와주어야 한다.

① 민주성의 원리 ② 효율성의 원리
③ 안정성의 원리 ④ 자율성의 원리

해설 안정성(stability)의 원리는 교육행정의 좋은 점을 강화·발전시켜, 교육활동의 일관성과 지속성을 유지하여야 한다는 것으로, 보수주의적 필요성에 해당하는 원리이다. 진보주의적 필요성에 해당하는 원리는 적응성(adaptability)의 원리이다.

14 새로운 환경변화에 신축적으로 대응하고 능동적으로 대처함으로써 변화를 주도해 나가야 한다는 교육행정의 원리는?

22. 지방직

① 민주성의 원리　　　　　　　　　② 안정성의 원리

③ 전문성의 원리　　　　　　　　　④ 적응성의 원리

> 해설　적응성(adaptability)의 원리는 진보주의적 필요성에 해당하는 원리로, 변화하는 사회상황에 적극적으로 대처해야 한다는 것이다. 보수주의적 필요성에 해당하는 안정성(stability)의 원리에 대응하는 원리이다.

4　교육행정가의 자질

15 Katz와 Kahn이 제시한 교육행정가의 전문적 자질 중 교육감과 같은 고위 행정가들이 지녀야 할 자질에 해당하는 것은?

09. 교육사무관 5급

① 인간관계 기술　　　　② 실무처리 기술　　　　③ 전체 파악적 기술

④ 회계처리 기술　　　　⑤ 사무처리 기술

> 해설　Katz와 Kahn은 교육행정가의 자질을 전문적 자질로 분류하였으며, 인간관계 기술은 모든 층이 구비해야 한다고 보았다. 실무적 기술(technical skills, 사무적 기술)이란 교육의 방법, 과정, 절차, 기법 등에 관한 이해와 재능으로 교사와 같은 작업관리층이 지녀야 할 기술이고, 인간관계 기술(human relational skills)은 집단성원들 사이에 인화(人和)를 조성하고 협동적으로 일할 수 있는 기술로 교감과 같은 중간관리층이 지녀야 하는 기술이며, 전체 파악적 기술(conceptual skills, 통합적 또는 구상적 기술)은 조직 전체의 복합성을 이해하고 자기 활동이 전체로서의 조직 어디에 관련되는가를 파악하는 능력으로 교장과 같은 학교경영층이 지녀야 할 기술이다.
> ①은 교감과 같은 중간관리층을 포함하여 모든 층이, ②, ④, ⑤는 교사와 같은 작업관리층이 지녀야 할 자질이다.

TIP 캐츠와 칸(Katz & Kahn)의 교육행정가의 전문적 자질

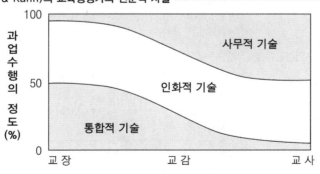

제 2 절 │ 교육행정이론

1 개관

01 〈보기〉의 내용을 교육행정이론의 시대적 변천순으로 올바르게 배열한 것은?

11. 중등임용

┌─ 보기 ┐
ⓐ 효과적인 의사결정을 위해 제한된 합리성을 토대로 하는 행정적 인간형이 필요하다는 주장과 더불어 교육행정의 이론화에 크게 영향을 주었다.
ⓑ 교직원들의 사회적·심리적 여건과 비공식 집단의 사회규범이 생산성에 중요하게 영향을 미친다는 주장과 더불어 교육행정의 민주화에 크게 공헌하였다.
ⓒ 작업 과정의 표준화를 통해 교직원의 작업능률을 최대한 유지하면서 학교의 비효율과 낭비를 제거하여야 한다는 주장과 더불어 교육행정의 효율화를 극대화하였다.

① ㉠ ⇨ ㉡ ⇨ ㉢   ② ㉠ ⇨ ㉢ ⇨ ㉡   ③ ㉡ ⇨ ㉠ ⇨ ㉢
④ ㉢ ⇨ ㉠ ⇨ ㉡   ⑤ ㉢ ⇨ ㉡ ⇨ ㉠

해설 교육행정이론의 발달과정은 기계적 능률관을 중시하는 테일러(Taylor)의 과학적 관리론(1910~1930년)에서 사회적 능률관을 중시하는 메이요와 뢰슬리스버거(Mayo & Roethlisberger)의 인간관계론(1930~1950년)으로, 앞의 두 이론을 종합하여 인간의 행동과 조직의 관계를 연구하는 바나드와 사이먼(Barnard & Simon)으로 대표되는 행동과학이론과 사회체제의 기능적 효율성에 초점을 맞추는 카우프만(Kaufman)의 체제이론으로 발전하였다. ㉠은 행동과학론(1950's), ㉡은 인간관계론(1930's~1940's), ㉢은 과학적 관리론(1910's~1930's)에 해당한다.

TIP 교육행정이론의 변천 과정

이론 범주		세부 이론	주도 시기	교육행정 실제 / 패러다임
교육행정 실무 시대	고전이론	• 과학적 관리론 • 행정과정론 • 관료제론	1900~1930년대 ⇨ 교육행정의 능률화	학교조사를 통한 실제 개선
	인간관계론	인간관계론	1930~1950년대 ⇨ 교육행정의 민주화	• 민주적 행정원리 도입 • 민주적 행정처방
교육 행정학 이론 시대	행동과학론	• 조직행동론 • 상황적합론 • 체제이론	1950년대~현재 ⇨ 교육행정의 이론화	구조기능적 패러다임 ⇨ 양적 연구
	해석론	해석론	1970년대 중반~현재	해석적 패러다임 ⇨ 질적연구
	새로운 비전통적 관점	• 비판이론 • 신마르크스주의 • 포스트모더니즘 • 페미니즘	1980년대~현재	비판적 패러다임(급진적 접근)

02 교육행정 관련 이론과 그 이론이 교육행정에 미친 영향을 잘못 짝지은 것은? 08. 국가직 7급

① 행정관리론 – 계획, 조직, 지시, 조정, 통제 등 교육행정의 과정 요소를 제안
② 인간관계론 – 구성원 참여의 확대와 같은 민주적인 원리를 적용해 교육행정의 발전과 민주화에 기여
③ 해석론 – 교육의 실제에 기초해 설정된 가설을 양적 연구를 통해 과학적으로 검증하고, 결과를 해석하려는 노력의 확대
④ 과학적 관리론 – 학교의 비효율과 낭비를 제거하고 효율성을 극대화하기 위한 체계적인 관리의 도입 및 적용

해설 교육행정이론은 과학적 관리론(행정관리론, 관료제 이론을 포함), 인간관계론, 행동과학론, 체제이론의 순으로 발전해 왔다. 체제이론의 대안적 관점을 제시하는 이론은 해석학적 접근과 급진적 접근(비판이론, 포스트모더니즘, 페미니즘)이 있다. 해석학적 접근은 그린필드(Greenfield)의 「학교조직 이론에 있어 논리실증주의 연구의 비판」(1974)에서 비롯되었는데, 조직을 객관적 실체로 보는 것이 아니라 인간의 주관적 의미구성체로 보고 조직과 인간을 이해(understanding)하려는 관점이라고 볼 수 있다. 그러므로 연구방법에 있어서도 양적 연구보다는 문화기술지와 같은 질적 연구를 중시하고, 과학적이고 실증적인 접근보다는 주관적인 접근을 강조한다.

03 교육행정이론에 대한 설명으로 알맞은 것은? 13. 지방직

① 과학적 관리론을 비판하고 등장한 인간관계론은 조직과 환경과의 상호작용에 관심을 가지게 되었다.
② 고전적 조직이론은 인간성을 경시한 조직 우선의 이론이며, 인간관계론은 공식조직의 문제를 경시한 인간 우선의 이론이다.
③ 과학적 관리론과 인간관계론은 모두 조직의 비공식체제를 공식체제보다 더 중시하였다.
④ 행동과학론에서는 조직과 개인의 조화보다는 조직의 능률을 더 우선시하였다.

해설 왈도(Waldo)는 교육행정이론을 고전적 조직이론, 신고전적 조직이론, 현대적 조직이론으로 구분하였다. 그에 따르면, 고전적 조직이론은 19세기 말부터 1930년대를 전후한 시기에 나타난 이론들을 총칭하는 것으로, 과학적 관리론, 일반 및 산업관리론, 관료제론, 행정관리론 등이 포함된다. ①은 체제이론에 해당하며, ③은 인간관계이론에만 해당하고, ④는 조직과 개인의 역동적 상호작용을 중시한다. 조직의 능률을 우선시하는 것은 과학적 관리론이다.

04 20세기 교육행정 이론의 핵심 주장을 등장 시기순으로 바르게 나열한 것은? 21. 국가직 7급

(가) 학생의 표준화, 교수방법의 표준화, 교사의 자격 강화 및 훈련의 과학화
(나) 동기유발, 정확하고 신속한 의사소통, 민주적인 권력구조, 고도로 앙양된 사기
(다) 학교조직 목적의 불분명함, 교사·행정가·장학 요원이 사용하는 기술의 불명확성, 참여자의 유동성

① (가) ⇨ (나) ⇨ (다)
② (가) ⇨ (다) ⇨ (나)
③ (나) ⇨ (가) ⇨ (다)
④ (다) ⇨ (가) ⇨ (나)

해설 (가)는 과학적 관리론(1900's~), (나)는 인간관계이론(1930's~), (다)는 체제이론의 대안적 접근 중 급진적 관점(radical paradigm)의 하나인 포스트모더니즘(1980's~)에 해당한다. 포스트모더니즘적 관점에서 코헨(Cohen), 올센(Olsen), 마치(March) 등이 주장하는 학교조직의 유형은 조직화된 무질서 조직(organized anarchy organization)이다.

정답 01. ⑤ 02. ③ 03. ② 04. ①

오현준 교육학

---

2 과학적 관리론

05 〈보기〉와 같은 원칙을 제시하고 있는 교육행정이론은? 11. 인천시, 08. 유·초등임용

□□□

> ┌ 보기 ┐
> • 교육에서의 낭비요소를 최대한 제거하여야 한다.
> • 가능한 모든 시간에 모든 교육시설을 활용하여야 한다.
> • 교직원의 작업능률을 최대로 유지하며, 교직원의 수를 최소로 감축하여야 한다.
> • 교사들에게 학교행정을 맡기기보다는 학생들을 가르치는 데에 전념하도록 한다.

① 행동과학론   ② 인간관계론
③ 과학적 관리론   ④ 사회체제론

ᅵ해설ᅵ 과학적 관리론은 공장노동자 출신인 테일러(Taylor)가 체계화한 것으로, 작업과정 분석과 공장관리의 과학화를 통해 낭비와 비능률을 제거하고 조직의 생산성을 극대화하고자 하는 교육행정이론이다. 과학적 관리론은 경제적 인간관에 기초하며 기계적 능률성을 중시한다. 보비트(Bobbitt)는 「교육에서의 낭비 제거」(1912)라는 논문을 통해 과학적 관리론을 학교관리 및 장학행정 등 교육행정에 최초로 도입하여 "가능한 모든 시간과 학교시설을 최대로 활용, 교직원 수를 최소화하되 작업능률을 최대로 유지, 교육활동 중의 낭비를 최대한 제거, 교원들은 학생들을 가르치는 일에만 전념하고 행정은 맡기지 않는다."와 같은 내용을 주장하였다.

06 보비트(Bobbit)가 학교행정에 적용한 과학적 관리의 원칙으로 옳지 않은 것은? 22. 국가직

□□□

① 교육에서의 낭비를 최대한 제거한다.
② 가능한 모든 시간에 교육시설을 활용한다.
③ 교직원의 작업능률을 최대한 유지하고 교직원 수를 최소화 한다.
④ 교원은 학생을 가르치는 일과 함께 학교행정의 책임도 져야 한다.

ᅵ해설ᅵ 보비트(Bobbitt)는 「교육에서의 낭비 제거」(1912)라는 논문을 통해 과학적 관리론을 학교관리 및 장학행정 등 교육행정에 최초로 도입하였다. 그는 학교행정의 원칙으로 '가능한 모든 시간과 학교시설을 최대로 활용, 교직원수를 최소화하되 작업능률을 최대로 유지, 교육활동 중의 낭비를 최대한 제거, 교원들은 학생들을 가르치는 일에만 전념하고 행정은 맡기지 않는다(④).'와 같은 내용을 주장하였다.

07 다음 중 테일러(F. Taylor)가 주장한 과학적 관리론의 원리를 적용한 학교경영 방침은?

□□□ 13. 국가직 7급

① 학교 내의 비공식조직의 중요성을 인정하고 이들과 협력한다.
② 교원의 성과에 따라 보수를 차등적으로 지급한다.
③ 학생들이 스스로 학습에 재미를 느끼고 공부할 수 있는 환경을 조성한다.
④ 지역사회의 중요성을 인식하고 기업, 상급학교, 교육청 등에 학교를 적극적으로 홍보한다.

해설 과학적 관리론은 19세기 말부터 20세기 초에 걸쳐 미국의 경제공황을 극복하기 위해 전개된 경영합리화 운동의 일환으로, 작업과정의 분석을 통해 낭비와 비능률을 제거하고, 최소의 노동과 비용으로 최대의 효과를 올려 생산성 향상을 극대화하여 노동자와 자본가의 공동번영을 도모하는 것을 그 목적으로 한다. 공장노동자 출신인 테일러(Taylor)가 체계화한 것으로, 작업과정 분석과 공장관리의 과학화를 통해 낭비와 비능률을 제거하고 조직의 생산성을 극대화하고자 하는 교육행정이론이다. 과학적 관리론은 경제적 인간관에 기초하여 작업에서 노동자의 경제적 동기를 중시하며, 인간을 효율적 기계로 프로그램화하여 낭비와 비능률을 제거하고 최대의 생산효과를 산출하는 데 관심을 둔다. 조직경영의 일반원리로, 시간연구와 동작연구의 원리, 성과급의 원리(②), 계획과 작업수행 분리의 원리, 과학적 작업방법의 원리, 관리적 통제의 원리, 기능적 관리의 원리를 중시한다.
①은 인간관계이론, ③은 동기이론(또는 인간관계이론)에 해당한다. ④는 겟젤스와 셀렌(Getzels & Thelen)의 사회과정이론 중 인류학적(지역사회) 차원에 해당한다.

08 과학적 관리론을 학교상황에 적용한 것으로 가장 적절한 것은? 16. 지방직

① 학교장은 구성원들의 동기를 파악하여, 내재적 동기를 적극적으로 유발한다.
② 학교장은 학교조직을 개방체제로 파악하고, 학교문제 해결을 위해 학부모들의 요구를 적극 반영한다.
③ 교사들 간의 적절한 갈등은 학교의 발전에 도움이 된다고 보고, 학교장은 적절한 갈등자극전략을 사용한다.
④ 교사는 교수자로서 학생을 가르치는 데 전념하고, 학교장은 관리자로서 학교행정을 책임지는 일에 집중한다.

해설 과학적 관리론은 '인간은 경제적 동물'이라는 X이론에 기초한 경영전략으로, 인간을 효율적 기계로 프로그램화하여 낭비와 비능률을 제거하고 최대의 생산효과를 산출하는 데 초점을 둔다. 경영의 기본원리로 시간연구와 동작연구의 원리, 성과급의 원리, 계획과 작업수행 분리의 원리, 과학적 작업방법의 원리, 관리적 통제의 원리, 기능적 관리의 원리 등을 중시한다. ①은 인간관계이론, ②는 체제이론에 해당한다. ③은 토마스(Thomas)와 제미슨(Jamieson)의 갈등관리모형에 해당한다.

09 과학적 관리론이 교육행정에 적용된 내용으로 옳지 않은 것은? 23. 국가직 7급

① 보비트(F. Bobbitt)는 과학적 관리기법을 학교경영에 종합적으로 적용해야 한다고 주장했다.
② 학교를 공장에 비유하고 있다는 점에서 공장제 모델(factory model)로 비판받기도 하였다.
③ 과학적 연구방법을 활용한 사실 관찰 중심의 교육행정이론 개발이 활성화되었다.
④ 스폴딩(F. Spaulding)은 교육행정의 비효율성을 극복하기 위해서는 학교행정에도 기업경영의 원리를 적용해야 한다고 주장하였다.

해설 공장노동자 출신인 테일러(Taylor)가 체계화한 과학적 관리론은 작업과정 분석과 공장 관리의 과학화를 통해 낭비와 비능률을 제거하고 조직의 생산성을 극대화하고자 하는 교육행정이론이다. 이를 교육행정에 적용한 학자는 보비트(Bobbitt)와 스폴딩(Spaulding)이 있다. 보비트(Bobbitt)는 「교육에서의 낭비 제거」(1912) 논문에서 과학적 관리론을 학교관리 및 장학행정 등 교육행정에 최초로 도입하였으며, 스폴딩(Spaulding)은 「과학적 관리를 통한 학교체제의 개선」(1913)에서 교육행정의 비능률성이 교육사업의 취약점이라고 비판하고, 건전한 기업경영의 원칙에 입각한 교육행정을 주장하였다. ③은 교육행정 이론화에 기여한 행동과학론에 해당한다.

정답 05. ③ 06. ④ 07. ② 08. ④ 09. ③

3 행정과정 이론

10 다음 (가)~(라)에서 제시한 교육행정의 과정과 관계 깊은 사람들을 순서대로 바르게 나열한 것은?

08. 경기

> (가) 기획(P)−조직(O)−지시(D)−조정(Co)−통제(Con)
> (나) 의사결정(DM)−프로그램작성(P)−자극(S)−조정(Co)−평가(E)
> (다) 기획(P)−조직(O)−인사(S)−지시(D)−조정(Co)−보고(R)−예산편성(B)
> (라) 의사결정(DM)−기획(P)−조직(O)−의사소통(Com)−영향(I)−조정(Co)−평가(E)

	(가)	(나)	(다)	(라)
①	Sears	Gregg	Gulick & Urwick	Campbell
②	Sears	Campbell	Gulick & Urwick	Gregg
③	Fayol	Campbell	Gregg	Gulick & Urwick
④	Fayol	Gulick & Urwick	Gregg	Campbell

해설 교육행정 과정이론(administrational process)은 교육행정가가 교육행정을 과학적·합리적으로 펼치는 순서(절차)를 다루는 분야로, 교육행정의 목표를 합리적으로 달성하기 위해서 교육행정이 어떤 절차를 거쳐 수행되느냐의 문제를 중시한다. 일반행정의 과정이론인 패율(Fayol, POCCoCon)의 산업관리론에서 출발하여 시어즈(Sears)에 의해 교육행정 과정이론에 처음 도입되었다.

TIP 일반행정 과정과 교육행정 과정의 차이점 : 행정과정 이론

일반행정 과정		교육행정 과정			
Fayol	Gulick & Urwick	Sears	Gregg	AASA	Campbell
기획(P)	기획(P)	기획(P)	의사결정(DM) 기획(P)	기획(P)	의사결정(DM)
조직(O)	조직(O) 인사(S)	조직(O)	조직(O)	자원배분(A)	프로그램 작성(P)
명령(C)	지시(D)	지시(D)	의사소통(Com) 영향(I)	자극(S)	자극(S)
조정(Co)	조정(Co)	조정(Co)	조정(Co)	조정(Co)	조정(Co)
통제(Con)	보고(R) 예산편성(B)	통제(Con)	평가(E)	평가(E)	평가(E)

※ ▩ 는 교사의 자율성이 요구되는 단계이다.

11 다음 설명에 해당하는 교육행정의 과정은?　　　　　23. 국가직

> 조직의 목표를 설정하고 목표 달성에 필요한 수단을 선택하여 미래의 행동을 준비한다.

① 기획(planning)　　　　　　　② 자극(stimulating)
③ 조정(coordinating)　　　　　④ 평가(evaluating)

해설 교육행정 과정 요소 중 기획(planning)은 교육의 목표를 설정하고 목표달성에 필요한 최선의 방법과 절차를 마련하는 사전준비 과정 또는 조직이 당면한 문제 해결을 위한 최선의 방법과 절차를 마련하는 과정을 말한다. ②는 명령(Commanding), ④는 통제(controlling)에 해당한다.

TIP 패욜(Fayol)의 행정과정론(POCCoCon)

기획(Planning)	미래를 예측하고 그 실행계획을 수립
조직(Organizing)	조직 내의 인적·물적 자원 확보 및 구조화
명령(Commanding)	조직구성원으로 하여금 부과된 과업의 자율적·능동적인 수행 요구
조정(Co-ordinating)	제반 활동을 조절하고 통합 ⇨ 공동목표 달성을 위한 협동적 행위
통제(Controlling)	제반 활동의 수행 상태를 감독

12 다음 설명에 해당하는 교육행정 과정의 요소는?　　　　　20. 국가직

> • 각 부서별 업무 수행의 관계를 상호 관련시키고 원만하게 통합, 조절하는 일이다.
> • 이것이 잘 이루어지면 노력·시간·재정의 낭비를 막고, 각 부서 간의 부조화 및 직원 간의 갈등을 예방할 수 있다.

① 기획　　　　　② 명령　　　　　③ 조정　　　　　④ 통제

해설 교육행정과정 요소 중 조정(co-ordinating)은 조직 내의 공동목표 달성을 지향하는 구성원의 노력을 통합하고 조절하는 일로, 행정의 제반 측면(예 조직, 인사, 재정, 시설, 사무 등)이 교육목표 달성에 최적한 상태가 되도록 조화를 도모하는 것을 말한다.

13 귤릭(Gulick)과 어윅(Urwick)의 일반행정 과정과 시어스(Sears)의 교육행정 과정에서 공통적인 요소는?　　　　　11. 인천시

① 기획, 통제　　　② 조직, 조정　　　③ 인사, 지시　　　④ 조정, 통제

해설 교육행정 과정이론(행정관리론)은 교육행정가가 교육행정을 합리적으로 펼치는 절차·순서를 제시하는 이론으로 패욜(Fayol)의 「산업관리론」을 시어스(Sears)가 처음으로 교육행정에 도입하였다. 귤릭과 어윅(Gulick & Urwick)은 패욜(Fayol)의 행정과정 요소인 포코콘(POCCoCon)을 발전시킨 포스드코브(POSDCoRB) 모형을 제시하였으며, 시어스(Sears)는 포드코콘(PODCoCon) 모형을 제시하였다.

정답 10. ②　11. ①　12. ③　13. ②

TIP 교육행정과정

의사결정(Decision-making)	목표 수립, 수단 선택, 결과 판정 등을 결정하는 일
기획(Planning)	합리적 행동을 예정하고 준비하는 과정 ⇨ 조직의 목적 달성을 위한 계획과 그 수행에 필요한 방법 작성
조직(Organizing)	공동목표 달성을 위한 분업적 협동체제의 구성으로 과업과 자원을 배분하는 과정 ⇨ 인적·물적 자원을 확보하고 배분하는 과정
인사(Staffing, 인사배치)	조직구성원의 채용, 훈련, 유지
의사소통(communication)	조직의 문제해결을 위해 부서 간·개인 간의 정보, 의견, 아이디어를 교환하는 일
지시(Directing, 지휘)	조직구성원의 과업에 대한 성취의욕을 고취시키는 과정 ⇨ 의사결정 및 결정사항을 명령과 지시, 봉사의 형태로 구체화
조정(Co-ordinating)	조직 내의 공동목표 달성을 지향하는 구성원의 노력을 통합·조절하는 일
통제(controlling)	제반 활동의 수행 상태를 감독

4 관료제 이론

14 학교조직에서 관료제의 특징과 설명의 연결이 옳지 않은 것은?   14. 국가직

① 몰인정지향성 - 개인적인 감정에 좌우되지 않고 원리원칙에 의해 조직을 운영한다.
② 경력지향성 - 조직 구성원의 직무경력을 중요하게 여겨 한 조직에 오랫동안 남게 하는 유인이 된다.
③ 분업과 전문화 - 과업을 효율적으로 수행하기 위하여 직위 간에 직무를 적정하게 배분하고 전문화를 도모한다.
④ 규칙과 규정 - 모든 직위가 공식적 명령계통을 중심으로 계층구조를 가지고 있어 부서 및 개인 활동의 조정이 용이하다.

해설 ④는 계층제(권위의 위계)에 대한 설명이다. 규칙과 규정(합법성)은 조직 내의 구성원의 모든 활동은 법규에 의해 규제된다는 것으로, 긍정적으로는 조직의 계속성과 통일성 확보에는 도움을 주지만 동조과잉(overcomformity) 또는 목표 전도현상(goal displacement)의 문제를 유발하기도 한다.

TIP 학교관료제의 순기능과 역기능(Hoy & Miskel)

학교관료제의 특징	순기능	역기능
분업과 전문화	숙련된 기술과 전문성 향상	피로, 권태감 누적 ⇨ 생산성 저하
몰인정성(공평무사성)	합리성 증대	사기 저하
권위의 계층	원활한 순응과 조정	의사소통의 장애
규칙과 규정의 강조	계속성과 통일성 확보	목표전도(동조과잉) 현상, 조직의 경직성
경력 지향성	동기 유발, 유인가	업적과 연공제 간의 갈등

15 베버(M. Weber)의 관료제 특성과 순기능 및 역기능을 연결한 것으로 옳지 않은 것은? 18. 국가직

□□□

관료제 특성	순기능	역기능
① 분업과 전문화	전문성	권태
② 몰인정성	합리성	사기저하
③ 규정과 규칙	계속성과 통일성	경직성, 본말전도
④ 경력지향성	유인체제	의사소통 저해

해설 ④에서 의사소통 저해는 관료제가 지닌 '권위의 계층' 특성으로 인해 나타나는 역기능에 해당 한다. '경력지향성'의 역기능은 업적과 연공제 간의 갈등이다.

16 학교 조직이 갖고 있는 관료제의 특성에 해당하지 않는 것은? 19. 국가직

□□□

① 교장－교감－교사의 위계구조
② 과업수행의 통일성을 기하기 위한 규정과 규칙
③ 연공서열과 업적에 의해 결정되는 승진 체계
④ 인간적인 감정 교류가 중시되는 교사－학생의 관계

해설 관료제 조직의 특성은 권위의 위계, 규정과 규칙, 경략지향성, 몰인정성(공평무사성), 분업과 전문화를 들 수 있다. ④는 직무활동은 인간적인 감정 교류보다는 합리적인 기준을 중시하는 몰인정성(impersonal orientation)의 특성에 어긋난다. ④는 인간관계이론에서 중시하는 비공식적 조직의 특성이다.

17 다음에 나타난 관료제의 역기능은? 15. 국가직

□□□

김 교장은 교사들이 수업을 충실하게 진행하도록 유도하기 위해 모든 수업에 대한 지도안을 사전에 작성하여 제출하도록 하였다. 그 후로 교사들이 수업지도안을 작성해서 제출하느라 수업시간에 늦는 사례가 빈발했다.

① 권태   ② 인간 경시
③ 실적과 연공의 갈등   ④ 목표와 수단의 전도

해설 지문은 규칙이나 규정이 본래의 목표나 이념에 우선하는 목표의 수단화 현상을 일컫는다.
①은 분업과 전문화, ②는 몰인정성(공평무사성), ③은 경력 지향성으로 인한 역기능에 해당한다.

정답   14. ④   15. ④   16. ④   17. ④

5 인간관계 이론

18 교육행정의 접근에서 인간관계론의 관점으로 보기 어려운 것은?
　　　　　　　　　　　　　　　　　　　　　　　　　　　　　　　21. 국가직

① 개인은 적극적이며 능동적인 존재이다.

② 경제적 유인가가 유일한 동기유발 요인은 아니다.

③ 고도의 전문화가 집단을 가장 효율적인 조직으로 이끈다.

④ 생산 수준은 개인의 능력이 아니라 비공식 집단의 사회적 규범에 따라 결정된다.

>　해설　조직 내의 인간관계의 변화에 따른 생산성의 변화에 대한 연구인 호손실험(Hawthorne Experiments, 1924~1932)의 결과, 조직의 생산성은 개인의 능력과 기술보다 조직 내의 인간관계 및 비공식적 집단의 영향을 받는다는 인간관계이론이 등장하였다. 인간관계이론은 조직에서 인간의 욕구와 직무동기를 경제적 요인에만 한정시키지 않고, 개인을 인간으로 존중하되, 특히 사회적 욕구에 초점을 두고 이해하려는 관점이다. ③은 3S(표준화, 전문화, 단순화)를 촉진하기 위해 분업화를 중시하는 과학적 관리론에 해당한다.

19 다음은 어떤 교육행정이론에 대한 설명이다. 이 이론을 적용한 학교행정의 특징으로 옳은 것을 〈보기〉에서 모두 고른 것은?
　　　　　　　　　　　　　　　　　　　　　　　　　　　　　　　10. 중등임용

> • 교육행정의 민주화에 공헌하였다.
> • 비공식집단의 중요성을 강조한다.
> • 인간은 경제적 요인보다는 사회적 · 심리적 요인으로 동기 유발된다.

> ┌ 보기 ┐
> ㉠ 조직구성원 간의 권위의 위계가 명확하다.
> ㉡ 동료 교사 간의 인간관계와 교사의 개인적 사정에 대한 배려를 중시한다.
> ㉢ 교사와 행정직원의 역할 구분이 명확하여 교사는 가르치는 일에 전념한다.
> ㉣ 교장은 의사결정 과정에 교사 친목회, 교사 동호회의 의견을 반영한다.
> ㉤ 교원평가 결과를 바탕으로 성과 상여금을 지급한다.

① ㉠, ㉢　　　　② ㉠, ㉤　　　　③ ㉡, ㉣　　　　④ ㉠, ㉢, ㉣　　　　⑤ ㉡, ㉣, ㉤

>　해설　지문은 인간관계이론에 대한 설명이다. 〈보기〉 중 ㉠, ㉢, ㉤은 과학적 관리론이 적용된 학교행정의 특징에 해당한다.

20 메이요(E. Mayo)와 뢰슬리스버거(F. Roethlisberger)가 호손(Hawthorne) 공장에서 수행한 실험 연구를 통해 정립된 이론에 근거하여 학교행정을 가장 잘 설명하고 있는 것은?
　　　　　　　　　　　　　　　　　　　　　　　　　　　　　　　07. 중등임용

① 학교행정은 계획, 조직, 명령, 조정, 통제의 과정을 거쳐 이루어져야 한다.

② 학교행정가는 구성원의 참여를 보장하고 교직원의 사기와 인화를 촉진해야 한다.

③ 학교행정가는 학교를 하나의 사회체제로 파악하여 체제적 관점에서 접근해야 한다.

④ 학교의 비효율과 낭비를 제거하고 관리의 효율성을 극대화하기 위해서는 학교 구성원 및 과업에 대한 체계적인 관리가 필요하다.

>　해설　호손실험을 통해 조직의 생산성에 영향을 주는 심리적 · 사회적(인간관계) 요인의 중요성이 입증된 인간관계이론이 대두되었다. ①은 행정과정이론, ③은 체제이론, ④는 과학적 관리론에 해당한다.

21 인간관계론이 교육행정에 준 영향으로 옳지 않은 것은?

16. 국가직 7급

① 교육행정의 과정에서 교사의 참여를 중시한다.
② 교장의 비억압적이고 비지시적인 지도력을 강조한다.
③ 학교 안 공식적 조직의 역할과 기능이 부각된다.
④ 교육행정의 과정에서 명령, 지시보다는 동기 유발, 직무만족감 증진 등이 강조된다.

해설 미국 하버드 대학 연구팀인 메이요(Mayo)와 뢰슬리스버거(Roethlisberger)의 호손(Hawthorne) 실험의 결과로 인간관계이론이 대두되었다. 인간관계론은 인간의 정서적 · 비합리적 · 심리적 · 사회적인 면을 중시하여 작업능률 향상을 도모하는 관리법이다. 조직활동에서의 사회심리적 요인, 즉 인간관계와 노동자들이 자발적으로 형성한 비공식적 집단(자생집단)이 생산성에 미치는 효과를 중시한다. ③은 과학적 관리론에 해당한다.

6 행동과학론

22 교육행정학의 이론 중 행동과학론에 대한 설명으로 옳은 것은?

07. 경남

① 인간의 행동과 조직의 관계, 그리고 조직 내의 인간 행동을 연구하여 행정에서의 효율성과 경영에서의 생산성을 향상시키려는 이론이다.
② 조직의 목적을 달성하기 위하여 조직 내의 비공식적인 구조의 중요성을 강조하고 있다.
③ 교육행정의 낭비와 비능률을 제거하고 최대의 생산효과를 올릴 수 있는 원리를 말한다.
④ 학교사회를 하나의 체제로 보고 학교를 구성하고 있는 요소들 간의 관계, 그리고 그 구조와 기능을 밝힘으로써 학교를 체계적으로 이해하기 위한 접근방법이다.

해설 행동과학이론은 인간의 행동과 조직의 관계를 정립하여 조직의 생산성을 향상시키려는 이론이다. 조직의 발전적 측면에서 과학적 관리론과 인간관계이론의 균형점을 찾아 조직도 발전하고 구성원도 성취감을 느끼는 방법을 모색하였다. ②는 인간관계이론, ③은 과학적 관리론, ④는 체제이론에 해당한다.

7 체제이론

23 다음과 가장 부합하는 교육행정이론은?

09. 유 · 초등임용

> • 학교구성원들은 역할과 인성의 상호작용을 통해 행동한다.
> • 학교는 지역사회의 가치, 정치 및 역사 등에 의해 영향을 받는다.
> • 학교의 주요 목적은 학생들에게 성인의 역할을 하도록 준비시키는 것이다.
> • 학교구성원들의 적절한 행동은 공식적 규칙과 비공식적 규범에 의해 이루어진다.

① 비판이론
② 인간관계론
③ 행정과정론
④ 사회체제이론
⑤ 과학적 관리론

해설 사회체제이론은 학교조직을 사회체제로, 교육행정을 사회과정(social process)으로 보고, 그 사회체제 내에서 이루어지는 사회적 행정에 관한 일반적인 개념모형이다. 대표학자로는 겟젤스(Getzels)와 구바(Guba), 셀렌(Thelen) 등이 있다. ① 비판이론은 체제이론의 대안적 관점 중 하나로, 비판을 통해 신비화된 허위의식을 파헤치고 새로운 변화를 모색하려는 경향으로, 현대 조직들이 지배계급의 이익을 위해 어떤 기능을 하는지를 드러냄으로써 사회적 실재를 해체하려고 한다.

정답 18. ③ 19. ③ 20. ② 21. ③ 22. ① 23. ④

24 겟젤스(Getzels)와 구바(Guba)가 제시한 사회체제모형에 대한 설명으로 알맞지 않은 것은?

13. 지방직

① 학교조직이 위기상황에 처하게 되면 역할보다 인성의 지배를 더 많이 받는다.

② 심리적 차원에서 인성이란 그 사람의 행위에 영향을 주는 일련의 특이한 욕구성향을 의미한다.

③ 인간의 행동은 사회조건들로 이루어진 조직적 차원과 개인의 인성적 특성으로 이루어진 심리적 차원의 기능적 관계에서 나타난다.

④ 조직적 차원은 개인의 행동이 사회규범에 순응하도록 하는 것이며, 그 구성요소는 제도, 역할, 그리고 행동에 대한 역할기대이다.

해설 겟젤스(Getzels)와 구바(Guba)는 사회체제 내에서의 개인의 사회적 행동(behavior)은 역할(role)과 인성(personality)의 상호작용이라고 보아 B = f(R · P)라는 공식으로 나타냈다. 학교조직은 역할과 인성의 관계에 있어 학교의 특성이나 풍토에 따라 그 위치점이 조금씩 다르기는 하나 일반적으로 양극단에서 중간쯤에 위치하는 조직에 해당한다. 그러나 학교조직도 위기 시에는 역할을, 안정기에는 인성을 더 강화하는 쪽으로 가까워질 가능성이 높다.

TIP 겟젤스와 구바(Getzels & Guba)의 사회과정모형

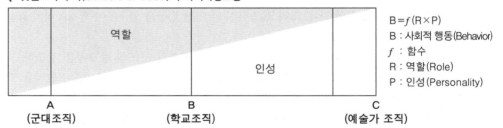

TIP 겟젤스와 셀렌(Getzels & Thelen)의 수정모형

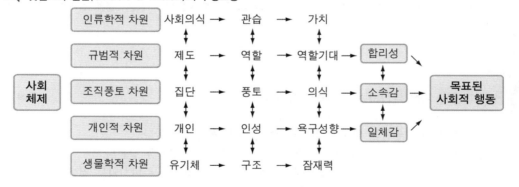

25 호이(Hoy)와 미스켈(Miskel)의 학교조직에 대한 관점에 해당하지 않는 것은? 21. 국가직 7급

① 학교는 하나의 개방된 사회체제이다.

② 학교에서는 환경의 영향을 받으며 각종 투입이 이루어지고, 몇 가지 하위체제를 통해 전환이 일어난다.

③ 학교의 하위체제로는 기획·조직·명령·조정·통제 체제가 있다.

④ 학교의 산출로는 성취, 직무 만족, 출석(결석률), 중도탈락 등이 있다.

> **해설** 겟젤스와 구바(Getzels & Guba, 1957) 모형을 정교화한 호이와 미스켈(Hoy & Miskel)의 학교사회체제모형(2008)은 학교조직을 환경과 개방적인 상호작용 속에서 투입을 산출물로 전환시켜 환경으로 내보내고 피드백 과정을 통해 생존 발전하는 개방체제로 전제한다. 투입–전환(변형 과정)–산출로 학교조직 안의 현상을 이해하는데, 학교조직을 구성하는 하위체제로 구조, 문화, 정치, 개인, 교수–학습 등을 제시하고 있다. ③은 행정과정이론에 해당한다.

TIP 호이와 미스켈(Hoy & Miskel)의 학교사회체제모형

1. **투입**: 예 교직원의 능력, 학생의 능력, 학교예산 및 시설, 외부 지원
2. **산출**: 예 학업성취도, 진학률, 징계학생 비율, 학교생활 만족도
3. **전환**: 구조, 문화, 정치, 개인, 교수–학습 등의 하위체제로 구성

구조체제	조직의 목적달성과 행정과업의 성취를 위해 설계되고 조직된 공식적 기대 예 학교규정
문화체제	조직구성원들이 공유하는 공통의 지향성 예 학교 교사 간에 형성되는 공유가치, 규범, 인식 등
정치체제	조직 내의 권위와 권력의 관계 예 교장과 교사의 관계, 교사와 학생의 관계, 교원과 학부모의 관계
개인체제	조직 구성원 각자의 개인적 욕구, 신념, 맡은 바 직무에 대한 인지적 이해틀 예 교사 개개인의 욕구, 목적, 신념, 인지
교수·학습	교수·학습 및 평가방법 예 수준별 수업, 자기주도적 학습, 수행평가

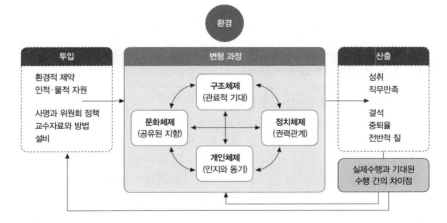

정답 24. ① 25. ③

8 의사결정 이론

26 다음 설명에 해당하는 의사결정의 관점은?

> • 관료제적 조직보다는 관련자의 능력과 자율이 보장되는 전문직 조직에 더 적합하다.
> • 소규모 조직이나 대규모 조직 산하 전문가 집단의 결정 행위를 분석하는 데 적합하다.
> • 공동의 가치에 대한 인식, 전문가의 식견에 대한 신뢰 등이 전제되고 있다.

① 참여적 관점　　　　　　　　　　　② 정치적 관점
③ 우연적 관점　　　　　　　　　　　④ 합리적 관점

해설 의사결정의 참여적 관점은 참여로서의 의사결정을 말하며, 전문적 조직에 적합한 의사결정이다. 공동의 가치에 대한 인식, 전문가의 식견에 대한 신뢰, 관련자 등의 합리성에 대한 신뢰 등의 전제와 토대 위에서 의사결정이 이루어지고, 합리적인 이성적 판단보다는 관련 당사자 간의 논의를 통한 합의의 결과를 중시한다.

TIP 의사결정을 보는 네 가지 관점의 비교

구분	합리적 관점	참여적 관점	정치적 관점	우연적 관점
중심 개념	목표달성을 극대화하는 선택	합의에 의한 선택	협상에 의한 선택	우연에 의한 선택
목적	조직목표 달성	조직목표 달성	이해집단의 목표 달성	상징적 의미
적합한 조직형태	관료제, 중앙집권적 조직	전문적 조직	다수의 이익집단이 존재 & 협상가능 조직	조직화된 무질서 조직
조직환경	폐쇄체제	폐쇄체제	개방체제	개방체제
특징	규범적	규범적	기술적	기술적

27 다음에서 설명하는 교육정책 의사결정 관점은?

> • 관료제, 중앙집권적 조직에 적합하다.
> • 조직목표 달성이 의사결정의 목적이다.
> • 목표 달성을 극대화하는 최적의 대안을 선택하는 것이 가능하다고 본다.

① 우연적 관점　　　　　　　　　　　② 정치적 관점
③ 참여적 관점　　　　　　　　　　　④ 합리적 관점

해설 의사결정의 합리적 관점은 모든 결정에는 최적의 선택이 존재한다고 가정하고, 조직 목표달성을 극대화하는 선택을 중시하며, 의사결정자는 가능한 모든 대안을 고려하여 최선의 결과를 도출하려고 한다. 주로 중앙집권적이고 관료제적인 조직에서 적합하며, 폐쇄체제를 전제로 한다.

28 다음 설명에 해당하는 교육정책 형성의 관점은?

- 공동의 목표가 있고 이를 달성하기 위해 최선의 선택을 하며, 체제 내의 작용에 의해 의사 결정이 이루어진다.
- 의사결정을 관련 당사자 간의 논의를 통한 합의의 결과로 이해한다.
- 폐쇄적 체제로, 환경의 다양한 변화에 민감하게 반응하지 않는다.
- 관료제 조직보다 전문직 조직에 적합하다.

① 합리적 관점   ② 참여적 관점   ③ 정치적 관점   ④ 우연적 관점

해설   의사결정(정책 형성)의 참여적 관점은 전문적 조직에 적합한 의사결정으로, 전문가들 간의 참여와 논의를 통한 합의에 의한 선택을 중시한다. 폐쇄체제를 전제하고, 조직목표 달성을 위한 의사결정을 지향한다.

29 교육정책 결정모형에 대한 설명으로 옳은 것은?

① 합리성 모형은 이성적인 판단과 함께 감성적인 심리작용을 고려한다.
② 만족화 모형은 객관적 상황보다는 주관적 입장에서 정책결정자의 행동에 주목한다.
③ 점증주의 모형은 개혁이나 혁신적인 의사결정에 적합하다.
④ 혼합모형은 기본적 결정은 만족화 모형을, 세부적 결정은 점증주의 모형을 활용할 것을 권장한다.

해설   사이먼(Simon)과 마치(March)가 주장한 만족모형은 합리성의 한계를 전제하는 현실적 모형으로, 행정적 인간형에 기초하여 제한된 합리성에 기초하여 정책을 결정하는 주관적·보수적 모형이다. ①은 이성적인 판단만을 중시하여 이성적인 판단과 감성적인 심리작용 사이에 불일치가 발생할 수 있으며, ③은 온건지향적이고 보수적인 조직에서 환영받는 의사결정으로 개혁이나 혁신적인 의사결정에는 부적합하며, ④는 기본적 결정은 합리성 모형을, 세부적 결정은 점증주의 모형을 활용할 것을 권장한다.

30 교육정책 결정모형에 대한 설명으로 옳은 것만을 〈보기〉에서 있는 대로 고른 것은?

┌ 보기 ┌
㉠ 쓰레기통 모형(garbage-can model)은 조직화된 무질서(organized anarchies) 상태에서 정책 결정이 우발성에 기초하여 이루어지고 있음을 강조한 모형이다.
㉡ 점증모형(incremental model)은 합리모형의 비현실성을 극복하기 위해 제안된 것으로, 기존의 정책 틀을 기반으로 하여 현재보다 다소 개선된 수준의 대안을 선택해 나가는 모형이다.
㉢ 최적모형(optimal model)은 정책결정이 합리성에만 근거해서 이루어지는 것은 아니며, 때때로 직관 등 초합리성이 개입되어 이루어짐을 주장한 모형이다.
㉣ 혼합모형(mixed-scanning model)은 정책결정을 기본적인 결정과 세부적인 결정으로 나누고 전자는 합리모형을, 후자는 만족모형을 활용하는 모형이다.

① ㉠, ㉢   ② ㉠, ㉡, ㉢   ③ ㉠, ㉡, ㉣
④ ㉡, ㉢, ㉣   ⑤ ㉠, ㉡, ㉢, ㉣

정답   26. ①   27. ④   28. ②   29. ②   30. ②

[해설] 혼합모형은 에치오니(Etzioni)가 주장한 것으로 기본적 결정은 합리모형을, 세부적인 결정은 점증모형을 활용하여 의사결정을 하는 정책결정모형이다.

TIP 교육정책 결정모형(의사결정모형)의 비교

의사결정모형	주창자	내용	특징
합리적 (이상적) 모형	• 리츠(Reitz)	• 모든 대안 중 '최선의 대안' 모색 ⇨ 고전적 모형(classical model) • 정책결정자의 전능성(全能性), 최적 대안의 합리적 선택, 목표의 극대화, 합리적 경제인 전제	• 객관적 합리성 추구 • 정형적 문제해결에만 적용 • 비정형적 문제해결에는 현실적으로 실현 불가능(비현실적) • 경제적 합리성 • 전체주의 체제에 적합
만족화 모형	• 사이먼 (Simon) • 마치(March)	현실적으로 만족할 만한 해결책 선택	• 주관적 합리성 추구 • 제한된 합리성(bounded rationality), 행정적 합리성 • 보수적 모형
점증적 모형	• 린드블롬 (Lindblom) • 윌다브스키 (Wildavsky)	• 다원적이고 합의지향적 민주사회의 의사결정모형 • 기존정책보다 약간 개선된(점증된) 대안 선택	• 소극적 악의 제거 추구 • 정치적 합리성, 제한된 합리성 • 보수적 모형 • 민주주의 체제에 적합
혼합(관조)모형 (제3의 모형)	에치오니 (Etzioni)	합리적 모형(정형적 문제 / 장기전략 / 기본방향 설정) + 점증적 모형(비정형적 문제 / 단기전략 / 세부적인 결정)	• 이론적 독자성이 없음. • 합리성 + 실용성 • 자율 사회체제에 적합
최적화 모형	드로어(Dror)	• 만족화 모형과 점증적 모형의 한계 보완 ⇨ 체제접근모형 • 합리적 모형 + 점증적 모형 : 합리적 모형에 근접 • 주어진 목표에 가장 알맞은 모형 선택 ⇨ 규범적 최적화 지향	• 초합리성 중시(엘리트의 영감, 비전 중시) ⇨ 혁신적 정책결정의 이론적 근거 마련 • 유토피아적 모형 • 혁신적 사회체제에 적합
쓰레기통 모형	• 코헨(Cohen) • 마치(March) • 올센(Olsen)	• 문제의 우연한 해결 • 문제, 해결책, 선택기회, 참여자의 흐름의 우연한 조합으로 해결	• 비합리적 의사결정모형 • 조직화된 무질서를 전제

31 다음에서 설명하는 정책결정모형은?

14. 지방직

□□□

> • 정책결정 과정에서 선택되는 대안은 대체로 기존 정책의 문제점을 개선해 나가는 것이라는 전제에서 출발한다.
> • 첨예한 갈등이나 문제를 야기하지 않고 안정적인 정책결정과 집행을 할 수 있다.
> • 정책에 대한 폭넓은 지지를 받기 쉽고 실현 가능성이 높은 대안을 선택할 수 있다는 장점을 지닌다.

① 합리모형　　　　② 점증모형　　　　③ 만족모형　　　　④ 최적모형

[해설] 점증모형은 린드블롬(C. Lindblom)과 윌다브스키(Wildavsky) 등이 주장한 것으로 다원주의 사회에서의 정책결정모형에 해당하며 합리적 모형의 비현실성을 비판하며 등장한 모형이다. 기존의 상황과 유사한 소수의 대안 중에서 기존정책보다 약간 개선된 대안을 선택하는 정치적 합리성을 중시하는 모형이다. 적극적 선(善)의 추구보다는 소극적 악(惡)의 제거에 관심을 갖는 보수적 모형으로, 혁신이 요구되는 사회에는 부적절하고, 기존정책이 부재한 개도국에는 적용이 불가능하다는 단점이 있다.

32 다음 내용에 부합하는 교육정책결정모형은? 09. 국가직 7급

- 획기적인 대안의 선택보다는 기본적인 목표의 틀 속에서 다소 향상된 정책결정에 만족하는 모형이다.
- 구체적이고 실제적인 대안들을 계속적으로 비교하므로 온건지향적이고 보수적인 조직에서 환영받는 정책결정모형이다.
- 개혁이나 혁신적인 정책결정에는 부적합하다.

① 합리모형　　　　② 점증모형　　　　③ 만족모형　　　　④ 최적모형

해설 다원주의 사회에서의 정책결정모형으로 기존의 상황과 유사한 소수의 대안 중에서 기존 정책보다 약간 개선된 대안을 선택하는 정치적 합리성을 중시하는 모형이다.

33 다음 설명에 해당하는 교육정책 결정모형은? 18. 국가직 7급

- 연속적인 제한적 비교 접근법을 통해 결정 대안을 도출한다.
- 안정적인 정책 결정과 집행, 실현 가능성이 높은 대안 선택, 대중의 폭넓은 지지 획득의 가능성 등이 장점으로 인정받는다.
- 지나치게 보수적이고 대중적인 모형이라는 평가를 받기도 한다.

① 최적화 모형　　　② 만족화 모형　　　③ 점증모형　　　④ 혼합 모형

해설 점증모형은 민주적이고 다원주의 사회에서의 정책결정모형으로, 기존의 상황과 유사한 소수의 대안 중에서 기존 정책보다 약간 개선된 대안을 선택하는 정치적 합리성을 중시하는 모형이다.
* '대중적인'은 잘못된 표현으로, 우선 시급한 문제에 관심을 둔다는 '대증적인(on-demand treatment)'이 옳은 표현이다.

34 다음 내용에 가장 부합하는 교육정책 결정모형은? 11. 유·초등임용

- 정책결정이 항상 합리적으로 이루어지는 것은 아니다.
- 부족한 자원, 불충분한 정보, 불확실한 상황 등이 정책의 합리성을 제약한다.
- 때때로 직관이나 초합리적인 생각도 정책을 결정하는 데 중요한 요인이 된다.
- 창의적인 정책결정에 도움을 주지만, 너무 이상에만 치우칠 수 있다는 비판을 받는다.

① 최적모형(optimal model)　　　　② 만족모형(satisfying model)
③ 점증모형(incremental model)　　　④ 혼합모형(mixed-scanning model)
⑤ 쓰레기통 모형(garbage can model)

해설 최적화 모형(Optimal Model)은 드로어(Dror)가 제시한 것으로, 만족화 모형과 점증적 모형의 타성적 특성에 대한 반발로 등장한 규범적 최적화 모형이다. 의사결정 과정에서 작용하는 직관, 비판, 창의성과 같은 초합리성을 중요시하며, 비정형적 의사결정모형, 질적 모형, 환류(feedback) 중시 등의 특징을 지닌다. 의사결정은 '초정책결정 단계 ⇨ 정책결정 단계 ⇨ 후정책결정 단계 ⇨ 의사전달과 환류' 단계로 이루어진다.

정답 **31.** ②　**32.** ②　**33.** ③　**34.** ①

투입	정책결정 전 단계(초결정 단계) (meta-policy-making stage)	• 정책결정에 관한 정책결정을 하는 단계 • 가치처리 ⇨ 사실처리 ⇨ 문제처리 ⇨ 자원의 조사·처리 및 개발 ⇨ 정책결정체제의 정립 ⇨ 문제, 가치 및 자원의 배분 ⇨ 정책결정의 전략 확정
변환	정책결정 단계 (policy-making stage)	목적 설정 ⇨ 자원목록의 작성 ⇨ 대안 작성 ⇨ 각 대안의 효과 및 비용예측 ⇨ 각 대안의 가능성 추정 ⇨ 가능한 대안의 비교 ⇨ 최적안의 평가 및 선정
산출	정책결정 이후 단계(후결정 단계) (post-policy-making stage)	정책시행의 추진 ⇨ 정책시행 ⇨ 정책시행의 평가
환류	의사전달과 환류 단계(feedback)	모든 과정을 상호연결하고 조정하는 과정

35 다음 설명에 해당하는 교육정책 결정 모형은?

23. 국가직 7급

> • 정책 결정이 합리성에만 근거해서 이루어지는 것이 아니라 때로는 직관, 창의 등에 의해 이루어진다.
> • 혁신적인 정책 결정에 도움을 주지만, 비현실적이고 이상적이라는 비난을 받는다.

① 최적 모형(optimal model)
② 만족 모형(satisfying model)
③ 점증 모형(incremental model)
④ 혼합 모형(mixed-scanning model)

해설 드로어(Dror)의 최적 모형(Optimal Model)은 만족 모형과 점증 모형의 한계 극복 방안으로 제시되었다. 의사결정 과정에서의 경제적 합리성 외에 직관, 판단력, 창의력과 같은 초합리성을 중시하여, 대안의 계속적 검토, 평가, 환류를 통해 규범적 최적화를 도모한다. 혁신적 조직에서의 의사결정 모형으로, 현실을 고려하되 주어진 목표에 도움이 되는 가장 알맞은 대안을 찾으려고 노력한다.

36 다음에 해당하는 의사결정모형은?

14. 국가직

> 학교조직의 의사결정은 다양한 문제와 해결 방안들 사이의 혼란스러운 상호작용 속에서 비합리적이고 우연적 방식으로 이루어진다.

① 혼합모형
② 만족모형
③ 최적화 모형
④ 쓰레기통 모형

해설 쓰레기통 모형(garbage can model)은 '조직화된 무질서'가 나타나는 조직에서 문제가 우연히 해결되는 의사결정 모형으로 비합리성을 특징으로 하며, Cohen, March, Olsen 등이 제시하였다. 문제의 우연한 해결을 강조하여 문제, 해결책, 선택기회, 참여자 등 네 요소의 흐름이 서로 다른 시간에 통(can) 안으로 들어와 우연히 동시에 한곳에서 모여질 때 결정이 이루어진다고 본다.

37 다음 설명에 해당하는 교육정책 결정 모형은?   20. 국가직

□□□

- 의사결정은 합리성보다는 우연성에 의존한다.
- 문제와 해결책이 조화를 이룰 때 좋은 의사결정이 이루어진다.
- 조직의 목적은 사전에 설정되는 것이 아니라 자연스럽게 나타난다.
- 높은 불확실성을 경험하고 있는 조직에서 가장 많이 일어나는 정책결정 모형이다.

① 합리모형   ② 만족모형   ③ 점증모형   ④ 쓰레기통 모형

해설 쓰레기통 모형(garbage can model)은 목표의 모호성, 불분명한 과학적 기법, 구성원의 유동적 참여를 특징으로 하는 '조직화된 무질서'가 나타나는 조직에서 문제가 우연적·비합리적으로 해결되는 의사결정모형이다. 이 경우 의사결정 방식은 진빼기 결정(choice by flight), 날치기 통과(choice by oversight)라는 두 가지 전형적 유형으로 나타난다.

38 교육정책결정에 대한 이론모형 중 '쓰레기통 모형'에 대한 설명으로 옳은 것만을 모두 고른 것은?

□□□   15. 국가직 7급

　　㉠ 인간은 인간의 심리적·인지적 한계를 고려하여 제한된 합리성에 기초하여 정책을 결정한다.
　　㉡ 불안정하고 비합리적인 상황에서 의사결정은 날치기통과 등의 방식으로 이루어진다.
　　㉢ 의사결정에 참여하는 개인은 상당히 유동적이고 부분적인 참여를 한다.
　　㉣ 정책이 실제 상황에서 점증적으로 결정되거나 결정되어야 한다고 본다.
　　㉤ 정책결정은 문제, 해결책, 의사결정권을 가진 참여자, 결정의 기회라는 네 요소가 우연한 계기에 한곳에 모두 모이게 될 때 이루어진다.
　　㉥ 코헨(Cohen), 마치(March), 그리고 올센(Olsen) 등이 제시한 모형이다.

① ㉠, ㉢, ㉣   ② ㉠, ㉡, ㉥   ③ ㉢, ㉤, ㉥   ④ ㉡, ㉢, ㉤, ㉥

해설 쓰레기통 모형은 불분명한 선호(목표)에 의한 행동, 방법의 불명확성, 일시적 참여를 특징으로 하는 '조직화된 무질서'가 나타나는 조직에서 주로 나타나는 의사결정모형으로, 문제가 우연히 해결되는 비합리성을 특징으로 한다. Cohen, March, Olsen 등이 주장하였다. ㉠은 만족모형, ㉣은 점증모형의 특징이다.

39 교육정책 결정 모형에 대한 설명으로 옳은 것은?   22. 국가직

□□□

① 혼합 모형은 만족 모형의 이상주의와 합리성 모형의 보수주의를 혼합하여 발전시킨 모형이다.
② 점증 모형은 인간의 이성과 합리적 행동에 대한 믿음을 바탕으로 가장 합리적인 최선의 대안을 찾고자 하는 모형이다.
③ 만족 모형은 최선의 결정은 이론적으로 가능할 뿐이며 실제로는 제한된 범위 안에서의 합리성만 추구할 수 있다고 본다.
④ 합리성 모형에서는 기존의 정책 대안과 경험을 기초로 약간의 개선을 도모할 수 있는 제한된 수의 대안을 검토하여 현실성 있는 정책을 선택한다.

해설 ①은 혼합 모형은 합리성 모형의 이상주의와 점증 모형의 보수주의를 혼합하여 발전시킨 모형이며, ②는 합리성 모형, ④는 점증 모형에 해당한다.

정답 35. ①   36. ④   37. ④   38. ④   39. ③

40 교육정책 형성의 기본 모형에 대한 설명으로 옳지 않은 것은? 09. 국가직

① 최적 모형: 정책결정이 합리성만으로 이루어지는 것이 아니며, 때때로 초합리적인 것과 같은 잠재적 의식이 개입되어 이루어진다.

② 만족 모형: 부분적인 정보와 불확실한 결과를 지닌 복잡한 문제를 해결할 때 사용하며, 최선의 해결책보다는 만족스러운 대안을 찾는다.

③ 점증 모형: 문제가 복잡하고 불확실하며 갈등이 높을 때 사용되며, 기존 상황과 유사한 대안에 대해 지속적으로 비교함으로써 의사결정을 내린다.

④ 혼합 모형: 단순하고 확실한 결과를 가진 문제를 해결하기 위해 최적 모형과 만족 모형을 결합한 접근방법이다.

해설 혼합 모형은 에찌오니(Etzioni)가 주창한 것으로 복잡하고 불확실한 상황에서의 정책결정모형이다. 장기적·단기적 변화는 물론 의사결정의 합리성과 실용성을 기할 수 있다는 장점이 있다. 이는 합리모형과 점증모형을 결합한 접근방법이다.

41 브리지스(Bridges)의 참여적 의사결정모형에 대한 설명으로 옳지 않은 것은? 16. 국가직 7급

① 수용영역이란 구성원이 상급자의 어떤 의사결정에 대해서 의심 없이 기꺼이 받아들이는 영역을 말한다.

② 구성원들이 수용영역의 안에 있는 경우 모두 참여시키는 것이 효과적이다.

③ 적절성(relevance) 검증이란 결정할 사안에 대하여 구성원이 개인적인 이해관계가 있는가를 따지는 것이다.

④ 전문성(expertise) 검증이란 구성원이 결정에 기여할 수 있는 충분한 지식과 경험을 갖고 있는가를 따지는 것이다.

해설 브리지스(Bridges)의 참여적 의사결정모형은 의사결정에 구성원을 참여시키는 기준을 제시하고 있는데, 참여의 문제는 어떤 문제에 대한 행정가의 의사결정이 조직구성원들에 의해 기꺼이 받아들여지는 수용영역(zone of acceptance) 안에 있느냐 아니면 수용영역 밖에 있느냐와 밀접한 관련이 있다. ②의 경우는 수용영역 바깥에 있는 경우에 해당하며, 수용영역 안에 있는 경우는 의사결정에 참여시키지 않는 것이 효과적이다. 적절성과 전문성은 참여 허용의 기준에 해당한다.

TIP 상황에 따른 참여적 의사결정의 유형

구분	상황	참여적 의사결정의 유형
수용영역 밖(외부)	적절성 ○, 전문성 ○	구성원을 자주 참여시킨다. ⇨ 의회주의형 의사결정
수용영역의 한계영역 (marginal conditions)	적절성 ○, 전문성 ×	구성원을 제한적으로 참여시킨다.(참여시키는 목적은 이해를 구하고, 설득·합의를 도출하여 저항을 최소화하기 위함이다.) ⇨ 민주적 접근형 의사결정
	적절성 ×, 전문성 ○	구성원을 제한적으로 참여시킨다.(참여시키는 목적은 질 높은 아이디어나 정보를 얻기 위함이다.) ⇨ 민주적 접근형 의사결정
수용영역 안(내부)	적절성 ×, 전문성 ×	구성원을 참여시킬 필요가 없다. ⇨ 일방적 의사결정

TIP 호이와 타터(W. K. Hoy & C. J. Tarter)의 참여적 의사결정의 규범모형

구분		의미	상황	관여(참여)	의사결정구조	학교장의 역할
수용영역 안 (외부)		관련성(적절성)×, 전문성×	비협조적	배제	일방적	지도자 (director, 지시자)
한계 영역	전문성 한계영역	관련성×, 전문성○	전문가	가끔&제한적	개인자문	간청자(solicitor, 권유자)
	관련성 한계영역	관련성○, 전문성×	이해당사자	가끔&제한적	집단자문	교육자(educator)
수용영역 밖 (내부)		관련성○, 전문성○, 신뢰성×	갈등적	항상, but 제한적	집단자문	교육자(educator)
		관련성○, 전문성○, 신뢰성○	민주적	항상&광범위하게	다수결	의원(parliamentarian, 협의자)
					집단합의	통합자(integrator)

9 지도성이론

42 다음 설명에 해당하는 지도성 이론은?

12. 국가직

> • 대표적 학자는 하우스(House), 허시(Hersey)와 블랜차드(Blanchard) 등이 있다.
> • 지도자의 행동은 사회적 맥락에 따라 유동적이고 지도성의 효과도 다르다.
> • 레딘(Reddin)의 삼차원 지도성 유형을 예로 들 수 있다.

① 특성적 지도성 이론
② 행동적 지도성 이론
③ 변혁적 지도성 이론
④ 상황적 지도성 이론

해설 지도성 이론은 특성이론 – 행동이론 – 상황이론 – 변혁적 지도성 이론의 순으로 발달해왔다. 이 중 상황이론은 '모든 상황에 적용할 수 있는 하나의 지도성은 없다.'는 전제 아래 지도성은 '상황적 조건'에 의해 결정된다고 보는 이론이다. 효과적인 지도성은 지도자의 개인적 특성, 지도자의 행위, 지도성 상황요인들 간의 상호작용에 의해 결정된다고 본다.

TIP 지도성 이론의 상황이론 비교

상황이론	내용
피들러(Fiedler)의 상황이론	• 지도성의 효과는 지도성 유형과 '상황의 호의성(상황변수, situation's favorableness)'의 결합에 따라 결정된다. • 상황의 호의성은 지도자와 구성원의 관계(leader-member relation), 과업구조(task structure), 지도자의 지위권력(power) 등의 상황변수에 의해 결정된다.
레딘(Reddin)의 3차원 지도성 이론	• 핼핀과 위너(Halpin & Winer)의 구조성(과업 중심)과 배려성(인간관계 중심, 인화 중심) 차원에다 '상황에 따른 효과성' 차원을 첨가시켜 3차원 지도성 유형을 개발하였다. • 리더십 유형에 영향을 주는 상황적 요소로서 과업수행 방법과 관련된 기술(technology), 조직행동에 영향을 주는 조직철학(organization philosophy), 상급자(superior), 동료(co-workers), 구성원(subordinates)의 다섯 가지를 들고 있다.

정답 40. ④ 41. ② 42. ④

블랜차드와 허시 (Blanchard & Hersey)의 상황이론	• 지도성 행위를 '과업행위'와 '관계성 행위'로 구분하고, '구성원의 성숙도(준비도)'를 주요한 상황적 변인으로 간주하였다. • 구성원의 성숙도 수준에 따라 지시형(설명형) – 지도형(설득형) – 지원형(참여형) – 위임형 지도성을 적용함으로써 지도성의 효과를 극대화할 수 있다고 보았다.
에반스와 하우스(Evans & House)의 행로 – 목표 이론	• 지도자가 상황적 요인을 고려하여 목표달성을 위한 적절한 행로를 제시할 때, 그것을 구성원들이 어떻게 지각하느냐에 따라 효과성이 달라진다. • 브룸(Vroom)의 기대이론을 기초로, 지도성의 효과를 결정하는 것은 노력 – 성과의 기대, 성과 – 보상의 수단성, 보상(유인가) 등에 대한 구성원의 지각이라고 보았다.

43 피들러(F. Fiedler)의 상황적응 지도성이론을 학교 상황에 적용했을 때 상황 호의성 변수가 아닌 것은? 11. 국가직

① 교장과 교사의 관계　　② 과업구조
③ 교사의 성숙도　　④ 교장의 지위 권력

해설 피들러(Fiedler)는 상황이론(우발성이론)에서 지도성의 효과는 지도성 유형과 '상황의 호의성(상황변수, situation's favorableness)'의 결합에 따라 결정된다고 보았다. 상황의 3차원에는 지도자와 구성원의 관계, 과업구조, 지도자의 지위권력이 있다. 그의 연구결과에 따르면 상황이 호의적이거나 비호의적일 때는 과업지향적 지도자가 관계지향적 지도자보다 더 효과적이며, 상황이 중간 정도일 때는 관계지향적 지도자가 과업지향적 지도자보다 더 효과적이다. ③은 블랜차드와 허시(Blanchard & Hersey)의 지도성이론에서 중시하는 상황변인이다.

TIP 피들러(Fiedler)의 상황이론(상황의 3차원)

지도자와 구성원의 관계 (leader–member relation)	지도자가 구성원들에게 기꺼이 수용되고 존경받는 정도
과업구조(task structure)	상부로부터 지시된 과업의 내용이 계획되어 있는 정도 예 목표의 명료도, 목표달성의 복잡성, 수행에 대한 평가의 용이도, 해결책의 다양성
지도자의 지위권력(power)	지위 그 자체가 구성원들로 하여금 지도자의 지시에 따를 수 있게 할 수 있는 정도

44 피들러(Fiedler)의 리더십 상황이론에서 강조하는 '상황' 요소에 포함되지 않는 것은? 21. 국가직

① 구성원의 성숙도
② 과업의 구조화 정도
③ 지도자와 구성원의 관계
④ 지도자가 구성원에 대해 가지고 있는 영향력의 정도

해설 피들러(Fiedler)의 지도성 상황이론은 '모든 상황에 적용할 수 있는 하나의 지도성은 없다.'는 전제 아래 지도성은 상황적 조건인 '상황의 호의성(situation's favorableness)'에 의해 결정된다고 보고, 지도성의 효과를 결정하는 상황변수로 지도자와 구성원의 관계, 과업구조, 지도자의 지위권력 등 3가지를 제시하였다. ①은 블랜차드와 허시(Blanchard & Hersey)의 상황적 지도성에서 중시하는 상황요소이다.

45 다음 송 장학사의 진술에서 피들러(F. Fiedler)의 상황적 지도성 모형에 근거할 때, '상황' 요소에 해당하는 내용으로 옳은 것만을 있는 대로 고른 것은? 13. 중등임용

> 송 장학사는 A중학교의 학교경영 컨설팅 의뢰에 따라 학교를 방문하여 학교 현장을 분석하고 그 결과를 다음과 같이 진술하였다. A중학교는 ㉠ 교장과 교사가 서로 신뢰하며 존중하고 있었다. ㉡ 교사들은 교육에 대한 열의가 높았고, 업무 능력도 탁월했다. 또한 ㉢ 교사들의 관계도 좋은 편이었다. ㉣ 교사들이 학교에서 하는 업무들은 구조화 · 체계화되어 있었고, ㉤ 교장이 교사들에게 행사할 수 있는 지위권력 수준은 낮은 편이었다.

① ㉠, ㉣, ㉤   ② ㉡, ㉢, ㉣   ③ ㉢, ㉣, ㉤
④ ㉠, ㉡, ㉢, ㉤   ⑤ ㉠, ㉡, ㉣, ㉤

해설 피들러(Fiedler)는 지도성의 효과는 지도성 유형과 '상황의 호의성(상황변수, situation's favorableness)'의 결합에 따라 결정된다고 보았다. 그가 제시한 상황의 3차원에는 지도자와 구성원의 관계(㉠), 과업구조(㉣), 지도자의 지위권력(㉤)이 있다. ㉡은 블랜차드와 허시(Blanchard & Hersey)의 상황적 지도성 모형에 해당한다. ㉢은 '교장과 교사들의 관계'가 상황변수에 해당한다.

46 구성원의 성숙도를 지도자 행동의 효과성에 영향을 주는 주요 요인으로 보는 리더십 이론에 대한 설명으로 옳은 것은? 19. 국가직

① 조직의 상황과 관련 없이 최선의 리더십 유형이 있다고 본다.
② 허시(P. Hersey)와 블랜차드(K. Blanchard)의 상황적 리더십 이론이 대표적이다.
③ 블레이크(R. Blake)와 모튼(J. Mouton)에 의해 완성된 리더십 이론이다.
④ 유능한 지도자는 환경보다는 유전적인 특성에 달려 있다고 본다.

해설 허시(P. Hersey)와 블랜차드(K. Blanchard)의 상황적 지도성(situational leadership) 이론은 지도성 행위를 '과업행위'와 '관계성 행위'로 구분하고, '구성원의 성숙도(준비도)'인 직무성숙도(전문적 능력)와 심리성숙도(동기)를 상황적 변인으로 보았다. 그리고 상황에 따른 효과적인 지도성 유형으로 위임형, 지원형, 지도형, 지시형을 제시하였다. ①은 조직의 상황에 따라 지도성의 효과는 달라진다고 보며, ③은 지도성 행위이론 중 관리망 이론에 해당한다. ④는 지도성을 심리학적으로 접근하는 특성이론에 해당한다.

47 허시(P. Hersey)와 블랜차드(K. Blanchard)의 상황적 지도성(situational leadership) 이론에 따를 때, 교장이 효과적인 지도성을 발휘하기 위해 가장 중요하게 고려해야 할 점은? 10. 국가직 7급

① 교직원들의 성숙도에 따른 지도성을 강조한다.
② 업무성과에 따른 보상을 강조한다.
③ 독특한 학교문화를 강조한다.
④ 솔선수범과 헌신적인 봉사를 강조한다.

정답   43. ③   44. ①   45. ①   46. ②   47. ①

해설 블랜차드와 허시(Blanchard & Hersey)는 구성원의 성숙도(준비도)를 상황적 변인으로 보고 상황에 따른 효과적인 지도성 유형으로 위임형, 지원형, 지도형, 지시형을 제시하였다. ②는 거래적 지도성, ③은 문화적 지도성, ④는 서번트 (servant) 지도성에 해당한다.

TIP 블랜차드와 허시(Blanchard & Hersey)의 상황적 지도성

구성원의 성숙도	높다(M4)	중간이다		낮다(M1)
		M3(중간 이상)	M2(중간 이하)	
직무성숙도(능력 or 전문성)	고	고(적절)	저	저
심리적 성숙도(동기)	고	저	고(적절)	저
효과적 지도성 유형	위임형	지원형(참여형)	지도형(설득형)	지시형(설명형)
관계	저	고	고	저
과업	저	저	고	고
특징	구성원의 성숙도 수준이 낮을수록 과업지향성을 높이고, 성숙도 수준이 높을수록 과업지향성을 낮추는 방향으로 지도성을 발휘한다.			

48 다음은 허시(P. Hersey)와 블랜차드(K. H. Blanchard)의 상황적 지도성이론을 그림으로 나타낸 것이다. 그림의 ㉠, ㉡, ㉢, ㉣에 해당하는 지도자유형으로 올바르게 제시된 것은? 08. 국가직

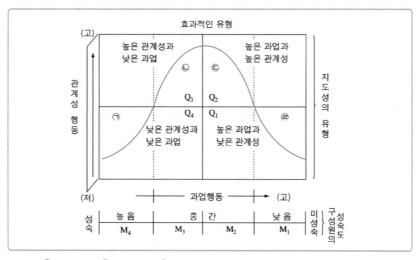

	㉠	㉡	㉢	㉣
①	지시적	참가적	설득적	위임적
②	지시적	설득적	참가적	위임적
③	위임적	설득적	참가적	지시적
④	위임적	참가적	설득적	지시적

해설 허시(P. Hersey)와 블랜차드(K. H. Blanchard)는 지도성 행위를 '과업행위'와 '관계성 행위'로 구분하고, '구성원의 성숙도'를 주요한 상황적 변인으로 간주하는 상황적 지도성이론을 주장하였다. 구성원의 성숙도가 높은 수준에서부터 낮은 수준에 이르기까지 적절한 지도성유형을 나열하면 위임형 − 참가형(지원형) − 설득형(지도형)−지시형(설명형)순이다.

49 허시(Hersey)와 블랜차드(Blenchard)의 지도성 유형에 대한 설명으로 옳은 것은? 17. 국가직 7급

① 참여형(participating) - 높은 과업행동과 낮은 관계행동에 적합하다.
② 위임형(delegating) - 낮은 과업행동과 높은 관계행동에 적합하다.
③ 설득형(selling) - 높은 과업행동과 높은 관계행동에 적합하다.
④ 지시형(telling) - 낮은 과업행동과 낮은 관계행동에 적합하다.

해설 허시(P. Hersey)와 블랜차드(K. Blanchard)의 상황적 지도성(situational leadership) 이론에서는 구성원의 성숙도(준비도)를 상황적 변인으로 보고 상황에 따른 효과적인 지도성 유형으로 위임형, 지원형(참여형), 지도형(설득형), 지시형(설명형)을 제시하였다. ①은 지시형, ②는 참여형, ④는 위임형 지도성 유형에 해당한다.

50 가을초등학교에서 김 교장이 직면한 사태를 설명할 수 있는 리더십 이론으로 가장 적절한 것은?
11. 유·초등임용

> 김 교장은 9월에 여름초등학교에서 가을초등학교로 전보 발령을 받았다. 그는 여름초등학교에서 리더십이 뛰어나 학교를 크게 발전시켰다는 평을 들었었다. 그러나 중진 교사들이 대부분인 가을초등학교에서는 리더십을 발휘해도 별다른 성과를 거두지 못했다. 교사들이 "몇 년 후에 승진을 해야 하는데 교장이 내게 해 줄 수 있는 것이 아무 것도 없다."라고 하면서, 김 교장의 지시를 따르지 않고 승진 점수를 취득하는 일에만 몰두했기 때문이다. 그의 리더십도 승진 앞에서는 무용지물이 되어 버린 것이다.

① 슈퍼 리더십 이론
② 리더십 특성 이론
③ 변혁적 리더십 이론
④ 서번트 리더십 이론
⑤ 리더십 대용 상황 이론

해설 김 교장의 리더십이 학교별 상황에 따라 어떤 상황에서는 중요한 영향을 주기도 하고, 다른 상황에서는 왜 아무런 영향을 주지 못하는지를 설명할 수 있는 것은 리더십 대용 상황 이론이다.

TIP 제미어와 커(Jermier & Kerr)의 지도성 대체(대용) 상황모형

1. **개념**: 지도자의 과업수행은 지도자가 가지고 있는 그 어떤 것에 의존하지 않고 구성원의 특성, 과업의 특성, 조직 특성 등에 달려 있다.

대체(대용) 상황	지도성이 작용하지 않는(불필요한 또는 지도성을 대신하는) 상황 예 교사들의 경험, 식견, 능력이 우수한 경우
억제 상황	지도성을 제한(예 지도자의 권력이 약하거나 보상을 제공하지 못함)하거나 무력화시키는(예 교사들의 무관심) 상황

2. **의의**: 지도자의 행동이 어떤 상황에서는 중요한 영향을 주는 데 반해, 다른 상황에서는 왜 아무런 영향을 주지 못하는지를 이해하는 데 도움 제공

정답 48. ④ 49. ③ 50. ⑤

51 다음에 제시된 A 교장의 지도성 행위를 가장 잘 설명해 주는 이론은? 05. 중등임용

- 교사들에게 학교경영의 비전을 제시하고 사명감을 고취시킨다.
- 교사 개인의 능력, 배경, 필요에 대해 민감하고 세심한 관심을 기울인다.
- 일상적 수업, 생활지도, 학급경영의 의미를 새롭게 해석해 보도록 지적으로 자극한다.
- 근무평정과 성과급 등 보상을 통한 교환관계를 초월하여 인격적 감화를 통해 영향력을 행사한다.

① 지도자 특성이론　　　　　　② 지도성 행위이론
③ 상황적 지도성이론　　　　　④ 변혁적 지도성이론

해설 변혁적 지도성 이론(transformation leadership theory)은 번즈(Burns)와 배스(Bass)가 주장한 것으로, 지도자 행동의 비합리적인 측면(영감적·비전적·상징적 측면)을 중시하는 접근이다. 이 이론은 조직의 변화 및 혁신을 중시하고 초합리성을 지향하여, 조직의 안정과 유지, 지도성의 합리적 측면을 중시하는 거래적 지도성과는 구별된다.

TIP 거래적 지도자와 변혁적 지도자의 구분

거래적 지도자	변혁적 지도자
조직의 안정·유지, 지도자의 합리성	조직의 변화·혁신, 지도자의 초합리성
• 보상: 노력에 대한 보상의 교환을 계약함. 업적이 높으면 많은 보상을 약속함. 업적 수행에 대한 인정 • 예외관리: 규정과 표준에 맞지 않을 때만 개입 • 자유방임: 책임을 이양함. 의사결정을 회피함.	• 카리스마: 비전과 사명감을 제공. 자부심을 주입. 존경과 신뢰를 얻음. • 감화적 행위: 높은 기대를 전달함. 노력에 초점을 두는 상징을 활용. 단순한 방법으로 중요한 목적을 표현 • 지적 자극: 지식, 합리성 및 문제해결능력을 증진함. • 개별적 관심: 개인에 관심, 각자를 개인적으로 상대하고 지도·충고함.

52 다음에 해당하는 리더십 유형은? 22. 국가직

- 구성원으로 하여금 조직 목적에 헌신하도록 하고, 의식과 능력 향상을 격려함으로써 자신과 타인의 발전에 보다 큰 책임감을 갖고 조직을 변화시키고 높은 성취를 이루도록 유도한다.
- 이상적 영향력, 영감적 동기화, 지적 자극, 개별적 고려 등의 특징을 갖는다.

① 변혁적 리더십　　　　　　② 문화적 리더십
③ 도덕적 리더십　　　　　　④ 슈퍼 리더십

해설 변혁적 지도성의 특징은 4I, 즉 이상적인 완전한 영향력(idealized influence, 카리스마), 감화력(inspirational motivation, 영감적 동기화), 지적인 자극(intellectual stimulation), 개별적인 배려(individualized consideration)를 중시한다. ②는 서지오바니(Sergiovanni), ③은 오웬스(Owens), ④는 만즈와 심스(Mans & Sims)가 주장한 지도성이론이다.

53 다음의 교장상과 일치하는 지도성이론은?

09. 국가직 7급

> • 교사들에게 도덕적, 윤리적으로 모범을 보여야 한다.
> • 교사 개개인의 요구에 대해 민감하고 세심한 관심을 기울여야 한다.
> • 교사들에게 학교 경영에 대한 비전을 제시하고 사명감을 고취시켜야 한다.
> • 교사들이 전문성을 계속 개발할 수 있도록 지적 자극과 지원을 제공해야 한다.

① 상황적 지도성이론   ② 변혁적 지도성이론
③ 관리망 지도성이론   ④ 지도자 특성이론

해설 변혁적 지도성(transformation leadership theory)은 조직의 안정과 유지, 지도자의 합리적 측면을 중시하는 거래적 지도성과는 달리, 조직의 변화 및 혁신을 중시하며 지도자의 초합리성을 지향한다. 카리스마, 감화적 행위, 지적 자극, 개별적 관심을 특징으로 하는 지도성이다.

54 학교장의 변혁적 지도성을 가장 올바르게 기술한 것은?

07. 국가직

① 교사에게 요구 사항의 완성에 대해 보상과 칭찬을 약속함으로써 과업을 수행한다.
② 교사에게 비전과 임무를 제시하고 신뢰와 자긍심을 유발한다.
③ 교사에게 책임을 전가하지 않고 감독과 관찰을 주요 역할로 수행한다.
④ 교사에 대해 개별적으로 관심을 기울이기보다는 전체 학교 성과에 주안점을 둔다.

해설 ①, ③, ④는 보상, 예외관리, 자유방임 등을 특징으로 하는 거래적 지도성의 특징이다. ②는 변혁적 지도성의 특징인 이상적인 완전한 영향력, 즉 카리스마에 해당한다.

55 학교장의 변혁적 지도성 행동으로 볼 수 없는 것은?

16. 지방직

① 학교구성원이 혁신적이고 창의적으로 사고하고 행동하도록 유도한다.
② 높은 기준의 도덕적 행위를 보여줌으로써 학교구성원의 신뢰를 얻는다.
③ 학교구성원이 원하는 보상을 제공하고 그 대가로 주어진 과업을 달성하도록 한다.
④ 학교구성원과 더불어 학교의 비전을 설정하고 공유하여 학교의 변화를 도모한다.

해설 변혁적 지도성은 구성원에게 비전과 사명감을 제시하고, 구성원의 마음에 긍정적 이미지를 창출하고 심으며, 구성원의 존경과 신뢰를 얻음으로써 구성원의 신념, 가치관, 목적과 조직문화를 변화시켜 그들로 하여금 기대 이상의 직무수행을 하도록 동기를 유발시키는 지도성 유형이다. ③은 거래적 지도성의 특성에 해당한다.

TIP 변혁적 지도성의 특징

1. 지도자에 대한 구성원 개인의 가치와 신념을 기초로 한다.
2. 지도자들은 개인에 관심을 두며, 구성원들의 목표와 신념을 변화시키고 구성원들을 결속시킨다.
3. 지도자 개인의 능력(카리스마)에 따라서 구성원들에게 더 많은 영향을 줄 수 있다.
4. 지도자들은 그들의 직무를 새로운 관점으로 생각하도록 다른 사람을 자극하고 조직의 비전이나 임무를 인식시키며, 구성원들의 능력과 잠재력을 증진시키고, 조직의 이익을 가져올 수 있게 구성원들의 관심을 높이도록 동기를 유발한다.
5. 이념화된 영향력, 영감적인 동기 유발, 지적 자극, 개별화된 배려의 요인을 강조한다.

정답 51. ④   52. ①   53. ②   54. ②   55. ③

56 배스(Bass)의 변혁적 리더십 요인에 대한 설명으로 옳지 않은 것은?　　20. 지방직

① 지적 자극 – 기존 상황에 새롭고 개방적인 방식으로 접근함으로써 구성원이 혁신적이고 창의적이 되도록 유도한다.

② 개별적 배려 – 구성원의 개인적 성장 욕구에 세심한 관심을 기울이고 학습 기회를 만들어 그들의 잠재력을 발전시킨다.

③ 추진력 – 결단력과 업무 추진력으로 조직을 변혁하고 높은 성과를 유도해야 한다.

④ 이상화된 영향력 – 구성원으로부터 신뢰와 존경을 받고 동일시와 모방의 대상이 되어 이상적인 영향력을 행사한다.

해설　변혁적 지도성 이론(transformation leadership theory)의 특징은 4I, 즉 이상적인 완전한 영향력(idealized influence), 감화력(inspirational motivation), 지적인 자극(intellectual stimulation), 개별적인 배려(individualized consideration)를 중시한다. ③은 하우스(House), 콩거와 카눈고(Conger & Kanungo)가 제안한 카리스마적 지도성의 특징에 해당한다. 카리스마적 지도자는 정서적 표현력, 열정, 추진력, 설득력, 비전, 자신감, 경청 등 인성적 강점과 매력을 지닌다.

57 변혁적 지도성(transformational leadership)에 대한 설명으로 옳지 않은 것은?　　23. 국가직 7급

① 지도자가 구성원들로부터 신뢰와 존경을 받고 이상적인 영향력을 행사한다.

② 구성원의 기대와 동기를 지속적으로 자극하여 높은 수행과 발전을 유도한다.

③ 봉사와 그 대가인 보상을 상호 교환함으로써 구성원을 보다 많이 동기화시킨다.

④ 일상적인 생각에 대해 의문을 제기하고 문제들을 재구조화하여 구성원이 혁신적이고 창의적이 되도록 유도한다.

해설　배스(Bass)는 변혁적 지도성의 특징으로 4I, 즉 이상적인 완전한 영향력(①, idealized influence, 카리스마), 감화력(②, inspirational motivation, 영감적 동기화), 지적인 자극(④, intellectual stimulation), 개별적인 배려(individualized consideration)를 제시하였다. ③은 보상, 자유방임, 예외관리를 중시하는 거래적(교환적) 지도성에 해당한다.

58 다음 내용과 관계 깊은 서지오바니(T. Sergiovanni)의 지도성은?　　10. 경북

> 이 지도성을 가진 지도자는 학교로 하여금 독특한 정체성을 갖게 만드는 가치와 믿음, 그리고 관점을 창조하고 강화하며 유지하는 것을 중요시한다.

① 기술적 지도성　　　② 인간적 지도성　　　③ 교육적 지도성

④ 상징적 지도성　　　⑤ 문화적 지도성

해설　서지오바니(Sergiovanni)는 학교지도성의 유형으로 기술적 지도성, 인간적 지도성, 교육적 지도성, 상징적 지도성, 문화적 지도성을 제시하고, 특히 문화적 지도성을 가장 중시하였다. 문화적 지도성을 지닌 지도자는 독특한 학교문화를 창출하고 독특한 학교 정체성 확립 및 전통 수립에 기여하는 성직자(priest)의 역할을 한다.

TIP 서지오바니(Sergiovanni)의 학교지도성 유형 ▮▮▮

지도성 유형	특징	지도자의 역할
기술적 지도성 (technical leadership)	견고한 경영관리기술 능력(예 계획, 조직, 조정, 시간 관리 강조)을 구비	전문경영자 (management engineer)
인간적 지도성 (human leadership)	유용한 사회적·인간적 자원을 활용하는 능력(예 인간관계, 사교능력, 동기화 능력) 구비, 지원·격려·참여적 의사결정 등을 통해 구성원들의 사기를 높이고 조직의 성장을 도모	인간공학 전문가 (human engineer)
교육적 지도성 (educational leadership)	교육에 대한 전문적 지식과 능력(예 효과적인 교수 – 학습, 교육프로그램 개발, 임상장학, 평가) 구비	현장교육 전문가 (clinical engineer)
상징적 지도성 (symbolic leadership)	학교의 중대사에 대해 다른 사람들에게 주의를 환기시키는 능력(예 학교 견학, 교실방문, 행사나 의식 관장, 학생과의 간담회) 구비, 상징적 행사와 언사를 통해 학교의 비전과 목표에 대한 주의환기 촉구	대장(chief)의 역할
문화적 지도성 (cultural leadership)	독특한 학교문화를 창출, 독특한 학교 정체성 확립 및 전통 수립에 기여	성직자(priest)

59 서지오바니(Sergiovanni)가 제시한 문화적 지도성을 가진 지도자의 특징과 가장 관계가 깊은 것은?

21. 국가직 7급

① 학교 구성원의 기대와 동기를 지속적으로 자극하여 높은 수행과 발전을 유도한다.
② 학교로 하여금 독특한 정체성을 갖게 만드는 가치와 믿음, 관점을 창조하고 강화·유지하는 것을 중요시한다.
③ 미래 비전의 제시, 인상 관리, 자기희생 등을 통해 학교의 과업 수행과 관련된 구성원들의 강한 동기를 유발한다.
④ 학교 구성원 각자가 자율적으로 자신의 지도력을 발휘하여 조직의 생산성을 제고하는 방향으로 일하게 한다.

해설 서지오바니(Sergiovanni)의 문화적 지도성은 구성원의 의미추구 욕구를 만족시킴으로써 그 구성원을 학교의 주인으로 만들고 조직의 제도적 통합을 가능하게 하는 지도성 접근법을 말한다. 그에 따르면 문화적 지도성을 지닌 지도자는 독특한 학교문화를 창출하고 독특한 학교 정체성 확립 및 전통 수립에 기여하는 성직자(priest)의 역할을 한다고 주장하였다. ①은 번즈(Berns)와 배스(Bass)의 변혁적 지도성, ③은 하우스(House), 콩거와 카눈고(Conger & Kanungo)의 카리스마적 지도성, ④는 만즈(Mans)와 심스(Sims)의 초우량(Super) 지도성에 해당한다.

정답 56. ③ 57. ③ 58. ⑤ 59. ②

60 다음은 서지오바니(Sergiovanni)의 도덕적 지도성 이론에 따라 분류한 네 가지 학교 유형이다. (가)에 해당하는 것은?
□□□
24. 지방직

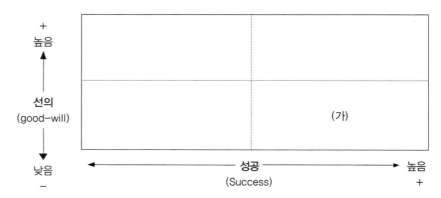

① 도덕적인 학교   ② 정략적인 학교
③ 도덕적이고 효과적인 학교   ④ 비도덕적이고 비효과적인 학교

해설 서지오바니(Sergiovanni)는 학교 유형을 도덕적 측면에서의 선의(善意, good-will)와 관리적 측면에서의 성공(success)이란 두 차원을 조합하여 학교 유형을 네 가지 유형으로 분류하였다. 이 중 (가)는 성공만을 추구하며, 특정 목표 달성을 위한 전략적 접근을 사용하는 정략적인 학교에 해당한다. 도덕적인 학교는 문화적 지도성에 의해 운영되며, 학교는 선의를 추구하는 가치를 중시하고, 도덕적이고 효과적인 학교는 상징적 지도성과 문화적 지도성이 통합된 지도성으로 운영되며, 선의와 성공을 모두 추구한다. 비도덕적이고 비효과적인 학교는 선의나 성공을 추구하지 않는 학교로, 지도성의 부재가 나타날 수 있다. 이 네 가지 유형 중 서지바니는 도덕적인 학교와 도덕적이고 효과적인 학교를 바람직한 학교 유형으로 보고 있다.

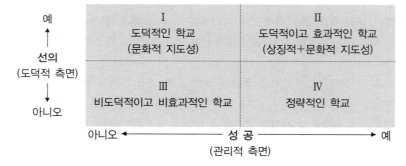

61 다음 특징을 가진 학교장의 지도성 이론으로 가장 적절한 것은?
□□□
11. 중등임용

> • 학교조직 내의 모든 교원을 각각 지도자로 성장시킨다.
> • 교원들이 자신을 스스로 이끌 수 있는 능력을 개발하도록 한다.
> • 교원들이 자율적으로 팀을 형성하고 협력적으로 직무를 수행할 수 있는 조직문화를 만든다.

① 교환적 지도성   ② 과업지향 지도성
③ 관계지향 지도성   ④ 초우량(super) 지도성
⑤ 카리스마적(charismatic) 지도성

해설 초우량 지도성은 만즈(Mans)와 심스(Sims)가 공식화된 권력, 권위, 직원통제를 강조하는 전통적 지도성이 비효과적이라고 비판하면서 현대의 조직은 자율적 지도성(self-leadership)을 개발·이용하는 초우량 지도성을 필요로 한다는 주장에서 비롯되었다. 조직구성원들이 스스로를 통제하고 자신의 삶에 진정한 주인이 되어 자율적으로 이끌어 갈 수 있도록 능력을 계발하는 지도성 기법으로, 자율적 지도성을 지향하는 것이 그 특징이다.
①은 번즈와 배스(Burns & Bass), ②와 ③은 핼핀 & 위너(Halpin & Winer), ⑤는 하우스(House), 콩거와 카눈고(Conger & Kanungo) 등이 주장한 지도성 유형이다.

62 지도성 이론에 관한 설명으로 옳지 않은 것은? 12. 중등임용

① 분산적 지도성(distributed leadership) : 인간관계, 동기화 능력 등을 강조하고, 참여적 의사결정을 통해 구성원의 사기를 높인다.

② 변혁적 지도성(transformational leadership) : 구성원의 개인적 성장에 관심을 보이며, 비전을 공유하고 지적 자극을 촉진한다.

③ 초우량 지도성(super leadership) : 지도자의 특성이나 능력보다 구성원 스스로가 지도자로서의 능력을 계발하고 활용할 수 있도록 한다.

④ 카리스마적 지도성(charismatic leadership) : 지도자의 비범한 능력과 개인적 매력 등을 통해 구성원의 헌신적 복종과 충성을 이끌어낸다.

⑤ 문화적 지도성(cultural leadership) : 가치와 의미 추구 욕구를 만족시킴으로써 구성원을 조직의 주인으로 만들고 조직의 제도적 통합을 가능하게 한다.

해설 분산적 지도성(distributed leadership)이란 "지도성이 조직에 분산되어 있다(leadership is distributed in the organization)" 의미로, 지도성에 대한 중앙집권적 사고를 부정하고 지도성 과업은 개별 지도자의 능력에 의한 성취가 아닌 다중적인 환경요인과 상황, 환경에 의해서 분산적으로 이루어진다고 보는 입장이다. 즉, 한 개인을 학교 효과성에 영향을 주는 주요 인물로 보는 지도성(영웅적 지도성)을 비판하고, 팀이나 집단 그리고 조직적 성격을 중심으로 접근하는 지도성 이론이다. ①은 민주적 지도성에 해당한다.

63 다음에 해당하는 지도성 유형은? 23. 국가직

- 지도성에 대한 중앙집권적 사고를 부정한다.
- 학교 구성원 모두가 공동의 지도성을 실행하면서 학교 조직의 효과성을 극대화하는 것을 목표로 한다.
- 학교 조직이 크고 업무가 복잡하므로 조직 내 다양한 자원을 적극 활용하는 것을 강조한다.

① 분산적 지도성　　② 상황적 지도성　　③ 거래적 지도성　　④ 변혁적 지도성

해설 분산적 지도성은 팀이나 집단 그리고 조직적 성격을 중심으로 한 지도성 이론으로, 한 지도자가 모든 것을 담당하고 책임을 지는 권위적·영웅적·집중된 지도성의 한계를 극복하기 위한 대안으로 등장하였다. 스필레인(Spillane) 등이 주장하였으며, 학교 구성원의 능동적 참여와 공조 행위를 통한 다수의 지도자들의 집단지도성을 강조한다. 다양한 전문적 지식과 기술을 지닌 구성원 간의 공유, 상호의존, 신뢰를 바탕으로 지도성이 공동 구성 및 실행되며 이 과정에서 창출된 조직학습을 통해 확대된 지도자들이 학교개선과 책무성을 도모한다는 점을 강조한다.

정답　60. ②　61. ④　62. ①　63. ①

제13장 교육행정학 | 599

TIP 최근에 등장한 새로운 리더십 유형들

1. **서번트 리더십**(servant leadership) : 지도자의 강한 리더십 발휘보다는 솔선수범과 헌신적인 봉사를 강조하는 리더십
2. **분산적 지도성**(distributed leadership)
   ① **개념** : 개인을 강조하는 영웅적 지도성(집중된 지도성)을 비판하고 팀이나 집단 그리고 조직적 성격을 중심으로 접근하는 지도성 이론
   ② **특징**
      ㉠ 지도성 실행에 초점을 맞춘 대안적인 접근
      ㉡ 지도자 개인에 초점을 맞춘 '집중된 지도성(focused leadership)'을 비판
      ㉢ 공유적, 협동적, 민주적, 참여적 지도성 등의 개념이 혼재된(mixed) '혼합적 지도성(hybrid leadership)'의 속성
      ㉣ 지도자와 구성원의 경계가 약화되고 지도자 확대(leader-plus), 조직 일부나 전체에 지도자가 흩어져 있다는 결집된 지도성(공조행위)을 통해 지도성 실현
      ㉤ 지도성 실행이 상황 속에서 구성됨.
      ㉥ 조직문화는 지도성 실행에 영향을 줌.
      ㉦ 팀학습 또는 집단적 학습 강조
3. **감성 지도성 이론**(emotional leadership theory) : 골맨(Goleman)이 주장
   ① **개념** : 리더가 자기 감성을 잘 인식·조절하고 다른 사람의 마음을 헤아리는 감정이입을 통하여 다른 사람과의 긍정적인 관계를 형성하는 지도성
   ② **구성요인** : ㉠ 개인역량(자기인식능력, 자기관리능력), ㉡ 사회적 역량(사회적 인식능력, 관계관리능력)
4. **피그말리온 리더십**(Pygmalion leadership)
   ① 조직구성원들에 대한 계속적인 격려, 지원, 강화를 통해 조직역량을 증가시키는 리더십
   ② 학교장이 창조적이고 능력 있는 사람으로 긍정적으로 높은 기대를 가지면, 학교장의 기대만큼 조직구성원은 성취를 하게 된다는 것
   ③ 에덴(Eden, 1990)은 높은 기대 속에 피드백 제공, 지원적 분위기 형성, 직원개발 촉진, 도전적 과업 제공 등 네 가지 요소들을 상호 연관시킬 때 지도성의 효과가 크다고 봄.
5. **진성 리더십**(authenticity leadership)
   ① **개념** : 진정성(authenticity)은 한 개인이 자기 스스로를 알고, 자신 내면의 생각과 감정, 가치관 등에 일치되도록 행동하는 것 ⇨ 자기인식(self-awareness)과 자기규제(self-regulation)로 구성

자기인식	현재 자신의 진정한 자아를 인식하는 것으로 자신의 재능, 강점, 목표, 핵심 가치관, 믿음, 욕망 등을 지속적으로 이해하는 과정
자기규제	개인이 구성원들의 가치관과 목표를 자신의 행위와 일치시키는 과정

   ② 진성 리더는 조직 구성원의 심리적 자본과 긍정적 정서를 발전시킬 수 있음.
   ③ **구성요인** : 자기인식, 투명성, 도덕성, 균형된 프로세스

10 동기이론

64 매슬로우(Maslow)의 욕구계층이론에 대한 설명으로 옳은 것으로만 묶인 것은?   07. 국가직 7급

> ㉠ 욕구순서는 생리적 욕구 ⇨ 안전욕구 ⇨ 소속과 사랑의 욕구 ⇨ 존경의 욕구 ⇨ 자아실현의 욕구로 계층화된다.
> ㉡ 모든 욕구의 완전한 충족이란 있을 수 없기 때문에 욕구의 충족은 상대적이다.
> ㉢ 일단 충족된 욕구는 동기유발요인으로서 의미가 대체로 약화된다.
> ㉣ 욕구계층이론은 모든 사람과 상황에 보편적으로 적용된다.

① ㉠, ㉡, ㉢   ② ㉠, ㉡, ㉣   ③ ㉡, ㉢, ㉣   ④ ㉠, ㉡, ㉢, ㉣

해설 매슬로우(Maslow)는 인간의 욕구는 선천적이며 강도와 중요도에 따라 위계를 이룬다는 욕구위계(needs hierarchy) 혹은 욕구단계이론을 제안하였다. 그의 이론은 본능이론과 환경이론의 중도적인 입장을 취하고 있는 것으로, 기본적인 욕구가 모든 인간에게 보편적이고 선천적이지만 본능적 성격이 약하기 때문에 환경조건에 의해 수정이 가능하다고 보았다. 그러므로 ㉣은 잘못된 견해이다.

TIP 매슬로우의 5단계 욕구위계이론 ⎮⎮⎮

욕구 유형	내용	성격
⑤ 자아실현의 욕구	자신의 잠재력을 최대한 실현하려는 욕구, 지적 욕구(지식욕구 + 이해 욕구)와 심미적 욕구를 포함, 절정경험(peak experience)이 중요, 개인차가 가장 크게 나타나는 욕구, '균형'과 '항상성'을 포함하지 않는 욕구 **예** 최대의 자기발견, 창의성, 자기표현의 욕구 ⇨ 도전적인 일, 일의 성취	성장욕구
④ 존경의 욕구	타인에 의한 인정 및 존중 욕구(평판 욕구 **예** 지위 인정, 존엄성 이해), 자기존중(self-respect) 욕구(**예** 성취감, 자신감)	결핍욕구
③ 애정·소속·사회적 욕구	대인관계 욕구, 욕구 결핍 시 현대사회 병리현상 발생 **예** 집단에의 소속감, 우정, 애정 등	
② 안전·보호의 욕구	신체적 위협이나 위험으로부터 보호받으려는 욕구(물리적 안전과 대인관계의 안전), 확실성·예측성·질서·안전을 보장받고 싶어 하는 욕구 **예** 불안·무질서로부터의 자유, 구조·법·질서·안정에 대한 욕구 ⇨ 직업안정, 안전한 근무조건, 보험, 종교 등	
① 생리적 욕구	가장 기본적인 욕구, 생체항상성(homeostasis, 동적 평형, 동질 정체) 욕구 **예** 의·식·주·성욕 등 ⇨ 작업환경, 기본급여, 근무조건 등	

65 매슬로우(Maslow)의 욕구위계이론에서 가장 상위수준의 욕구는?   15. 특채

① 생리적 욕구   ② 자아실현의 욕구
③ 안전의 욕구   ④ 소속의 욕구

해설 매슬로우(Maslow)의 욕구위계이론에 따르면 인간은 욕구를 추구하는 존재이며, 욕구에는 위계가 있어 저차원의 욕구(결핍욕구)와 고차원의 욕구(성장욕구)가 있다. 그에 따르면 욕구순서는 '1. 생리적 욕구 ⇨ 2. 안전·보호 욕구 ⇨ 3. 소속과 사랑의 욕구 ⇨ 4. 존경의 욕구 ⇨ 5. 자아실현의 욕구'로 계층화된다.

정답   64. ①   65. ②

Chapter
13

66 매슬로우(Maslow)의 욕구위계이론상 욕구를 결핍 욕구와 성장 욕구로 구분할 때, 성장 욕구에 해당하는 것은?

21. 국가직 7급

① 안전의 욕구   ② 소속과 애정의 욕구

③ 자존의 욕구   ④ 자아실현의 욕구

해설   매슬로우(Maslow)는 욕구위계이론에서 1~4단계까지의 욕구는 결핍 욕구, 5단계의 욕구는 성장 욕구(존재 욕구, 메타 욕구)에 해당한다. 그리고 성장 욕구에는 자아실현의 욕구, 지적 욕구, 심미적 욕구가 있다고 보았다. ①은 2단계, ②는 3단계, ③은 4단계 욕구에 해당한다.

67 다음과 가장 관계가 깊은 이론은?

21. 국가직

> 직무 만족과 직무 불만족은 서로 독립된 별개의 차원이며, 각 차원에 작용하는 요인 역시 별개이다. 직무 만족을 가져다주는 요인에는 성취, 책임감 등이 있으며, 충족되지 않으면 직무 불만족을 가져오는 요인에는 대인관계, 근무조건 등이 있다.

① 허즈버그(Herzberg)의 동기−위생이론

② 매슬로우(Maslow)의 욕구위계이론

③ 맥그리거(McGregor)의 X−Y이론

④ 헤크만과 올드함(Hackman & Oldham)의 직무특성이론

해설   허즈버그(Herzberg)의 동기−위생 이론은 매슬로우(Maslow)의 욕구위계이론을 기초하여 "인간의 욕구는 이원적(二元的) 구조이다."로 보는 견해로, 이원적 욕구를 모두 충족시킬 때 조직의 생산성이 향상된다고 주장한다. 직무 만족에 기여하는 요인(동기요인)과 직무 불만족에 기여하는 요인(위생요인)은 서로 반대되는 개념이 아니라 별개로 존재한다고 보는 입장으로, 불만족(dissatisfaction)의 반대개념은 불만족이 없는 것(no dissatisfaction)이며, 만족(satisfaction)의 반대개념은 만족이 없는 것(no satisfaction)으로 본다. ④는 구성원의 동기(심리적 만족)를 유발하는 직무특성으로 작업결과에 대한 보람, 개인의 책임감, 피드백을 들고 있다.

68 다음 연구결과를 통해 볼 때, 만족요인과 불만족요인에 관련이 깊은 것을 가장 바르게 짝지은 것은?

06. 유·초등임용

> 직무 만족과 불만족은 연속선상의 양극단에 위치하는 일차원적인 개념이 아니라, 별개로 존재하는 상호 독립적인 개념이다. 그래서 조직생활에서 만족요인이 많으면 만족감이 커지지만, 그것이 없다고 해서 불만족감이 높아지는 것은 아니다. 또한, 불만족요인이 많으면 불만족감이 높아지지만, 그것이 없다고 해서 만족감이 높아지는 것은 아니다.

	만족요인	불만족요인		만족요인	불만족요인
①	동기요인	위생요인	②	회피요인	접근요인
③	위생요인	동기요인	④	동기요인	접근요인

해설   허즈버그(Herzberg)의 위생−동기이론은 서로 반대개념이 아니며, 독립된 전혀 별개의 차원이다. 하지만 동기요인(만족요인)의 충족을 위해서는 위생요인(불만족요인)의 충족이 전제되어야 한다. 만족요인은 접근욕구(approach needs)와 관련이 있으며, 불만족요인은 회피욕구(avoidance needs)와 관련이 있다. 동기요인과 위생요인은 서로 반대개념은 아니며, 독립된 전혀 별개의 차원이다. 불만족의 반대개념은 불만족이 없는 것이며, 만족의 반대개념은 만족이 없는 것이다.

69 허즈버그(Herzberg)의 동기-위생이론에서 교사의 직무만족을 가져다 주는 동기요인에 해당하는 것만을 모두 고르면?   23. 지방직

㉠ 근무조건	㉡ 동료와의 관계
㉢ 가르치는 일 자체	㉣ 발전감

① ㉠, ㉡   ② ㉠, ㉣

③ ㉡, ㉢   ④ ㉢, ㉣

해설 허즈버그(Herzberg)의 동기-위생이론에 따르면 동기요인은 개인 내적 요인으로 직무 그 자체를 통해서 얻는 만족감, 발전감(성장), 인정 등이 해당하며, 위생요인은 개인 외적 요인으로 직업의 안정성, 회사정책, 감독, 작업조건, 대인관계, 임금(보수) 등이 해당한다. 그러므로 ㉠과 ㉡은 위생요인, ㉢과 ㉣은 동기요인에 해당한다.

TIP 동기요인과 위생요인 ▏▏▏

동기요인(만족요인, 개인 내적 요인, 접근욕구)	위생요인(불만족요인, 개인 외적 요인, 회피욕구)
1. 만족요인 • 동기요인 충족 ○ ⇨ 만족감 증대 • 동기요인 충족 × ⇨ 만족감 감소 2. 일(직무) 자체를 의미 : 성장(발전 가능성), 책임감, 인정, 성취감, 자아실현, 승진, 지위상승욕구 3. 직무확장(풍부화)을 통해 동기부여 : 자율권(재량권) 확대, 학습기회 제공, 결과에 대한 피드백, 경력단계화 프로그램	1. 불만족요인 • 위생요인 충족 ⇨ 불만족 감소 ○, 　　　　　　　　　　만족감 증대 × • 위생요인 충족 × ⇨ 불만족 증대 2. 일을 둘러싼 환경을 의미 : 봉급(보수), 작업조건, 안전, 감독, 회사정책, 직업안정성, 대인관계 3. 1차적(우선적) 제거요인

Chapter
13

70 다음에서 권 교사에게 해당하는 직무설계방법으로 가장 올바른 것은?   07. 초등임용

초등학교 정보부장인 권 교사는 할당된 업무를 충실하게 수행한다고 인정받고 있었다. 최근 학교장은 그동안 자신이 수행하던 정보 관련 대외업무를 권 교사에게 일임하고 정기적으로 보고받는 방식으로 직무를 재설계하였다. 권 교사는 자신에게 위임된 업무에 대해 책임감을 갖고 자율적으로 수행하게 되었으며, 이로 인해 직무만족도가 높아지고 교직전문성도 향상되었다.

① 직무 순환(job rotation)   ② 직무 풍요화(job enrichment)

③ 직무 공학화(job engineering)   ④ 직무 단순화(job simplification)

해설 직무설계란 조직구성원들이 작업의 질과 직무 성과를 높이기 위해 직무를 구성하는 것을 말한다. 이를 위한 방안으로 직무 확장(직무풍요화)이론, 교사의 경력단계화 프로그램, 직무특성이론이 있다. 이 중 허즈버그(Herzberg)의 직무 확장은 직무 재설계를 통해 조직구성원의 동기를 유발하여 직무 성과를 향상시키는 방법으로, 직무를 통한 구성원의 심리적인 성장을 중시한다. 고객 중심 서비스, 결과에 대한 피드백 제공, 개인적 책임감, 재량권 지원, 새로운 학습기회 제공 등을 특징으로 한다.

정답 66. ④   67. ①   68. ①   69. ④   70. ②

71 매슬로우(Maslow)와 앨더퍼(Alderfer)의 욕구이론을 비교할 때, 앨더퍼의 주장에 해당하는 것만
□□□ 을 골라 묶은 것은?   11. 경남

> ⊙ 상위수준의 욕구가 좌절될 때 그보다 낮은 하위수준의 욕구의 중요성이 커진다.
> ⓒ 2~3가지 욕구가 한 번에 충족될 수 있다.
> ⓒ 하위욕구가 충족되어야만 상위욕구가 발생한다.
> ⓔ 성장욕구에는 자아실현욕구, 지적 욕구, 심미적 욕구가 있다.

① ⊙, ⓒ   ② ⓒ, ⓒ
③ ⓒ, ⓔ   ④ ⊙, ⓒ, ⓒ
⑤ ⊙, ⓒ, ⓒ, ⓔ

해설 앨더퍼의 ERG 이론은 생존 – 관계 – 성장욕구이론을 말한다. 이는 매슬로우(Maslow)의 5단계 욕구위계이론을
3단계로 줄인 것으로 생존욕구(E) – 관계욕구(R) – 성장욕구(G)를 말한다. ⓒ의 만족 – 진행법은 매슬로우(Maslow)에
해당하며, 앨더퍼(Alderfer)는 불만족 – 퇴행법이다. ⓔ은 매슬로우(Maslow)에 해당하며, 앨더퍼(Alderfer)는 자존욕구를
추가하였다.

TIP 매슬로우와 앨더퍼의 이론 비교

매슬로우(Maslow)의 욕구계층이론	앨더퍼(Alderfer)의 ERG 이론
⑤ 자아실현 ④ 존경(자기 자신)의 욕구	성장욕구(G)
④ 존경(대인관계)의 욕구 ③ 애정·소속·사회적 욕구 ② 안전(대인관계)의 욕구	관계욕구(R)
② 안전·보호(물리적) 욕구 ① 생리적 욕구	존재욕구(E)

1. **공통점**: 하위수준의 욕구가 충족되면 상위수준의 욕구가 동기유발의 힘을 얻게 된다.
2. **차이점**
   ① 좌절 및 퇴행요소가 있다. 상위수준의 욕구가 좌절될 때 그보다 낮은 하위수준의 욕구의 중요성이
      커진다(불만족 – 퇴행접근법).
      > 예 학교에서 어떤 교사들은 관리직으로 승진을 하거나 전문직으로 진출할 목적으로 대학원에 진학하지만, 교감이
      > 나 교장이 될 수 없다거나 전문직으로 진출할 수 없다고 판단한 교사는 사람들과 사귀고 어울리는 활동에 더
      > 관심을 기울이는 현상을 볼 수 있다.
   ② 2~3가지 욕구가 한 번에 충족될 수 있다.
   ③ 자기존경욕구(Maslow – 결핍욕구)를 '성장욕구'에 포함시켰다.
   ④ 반드시 하위욕구가 충족되어야 상위욕구가 충족되는 것은 아니다. 하위욕구가 충족되지 않아도 상
      위욕구가 발생할 수 있다.
3. **비판점**: 보편성의 문제 ⇨ 이론을 검증한 실증적 연구가 별로 없다.

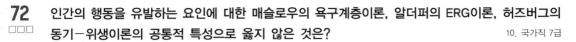

72 인간의 행동을 유발하는 요인에 대한 매슬로우의 욕구계층이론, 알더퍼의 ERG이론, 허즈버그의 동기-위생이론의 공통적 특성으로 옳지 않은 것은?   10. 국가직 7급

① 인간의 욕구는 목표지향적인 행동을 창출하고 유지하는 주요 요인이다.

② 타인으로부터 존경받으려는 욕구가 가장 높은 단계의 욕구이다.

③ 대인관계나 소속감과 같은 사회성을 무시한다면 조직의 효과를 기대할 수 없다.

④ 조직의 효과성을 위해 구성원의 성장과 자아실현에 대한 욕구를 충족시키는 풍토를 조성해야 한다.

[해설] 가장 높은 단계의 욕구는 성장욕구, 즉 자아실현의 욕구에 해당한다.

73 (가), (나)에 들어갈 말을 바르게 연결한 것은?   23. 국가직

• 허즈버그(Herzberg)는 직무 불만족을 야기하는 근무조건, 직업안정성, 보수 등을 [(가)]으로 보았다.
• 맥그리거(McGregor)는 적절하게 동기부여가 되면 누구나 자율적이고 창의적으로 행동한다는 관점을 [(나)]로 불렀다.

	(가)	(나)
①	동기요인	이론 X
②	동기요인	이론 Y
③	위생요인	이론 X
④	위생요인	이론 Y

[해설] 허즈버그(Herzberg)의 동기-위생이론에서 직무만족에 기여하는 요인(동기요인)과 직무불만족에 기여하는 요인(위생요인)은 별개로 존재한다. 이 중 직무 불만족(위생) 요인은 개인 외적인 요인으로 직업의 안정성, 회사정책, 감독, 작업조건, 대인관계, 임금 등이 해당한다. 직무 만족(동기) 요인은 개인 내적인 요인을 일 자체와 관련된 만족감, 인정, 승진가능성, 책임감 등이 해당한다. 한편, 맥그리거(D. McGregor)의 X · Y이론은 인간의 본성을 부정적으로 보는 X이론과, 긍정적으로 보는 Y이론으로 나누어 동기를 부여하려는 전략으로, 과학적 관리론에 바탕을 둔 X이론, 인간관계이론에 바탕을 둔 Y이론을 제시하였다. 맥그리거(D. McGregor)의 이론은 경영자가 구성원의 동기부여전략을 선택하는 데 중요한 영향을 주었다.

[정답] 71. ① 72. ② 73. ④

74

다음 사례와 같은 학교장의 경영방침과 관련 있는 학자의 이론은?

09. 국가직

> A교장은 평소 학교경영에서 명령이나 통제 대신에 교사 개개인의 자발적인 근무의욕과 동기 유발을 위해 노력하고 있다. 그의 교사들에 대한 기본입장은 교사들이 타인의 간섭 없이도 자 발적으로 일을 하고 싶어하는 성향이 있다는 것이다.

① 맥그리거(McGregor)의 Y이론
② 테일러(Tylor)의 과학적 관리이론
③ 애덤스(Adams)의 공정성 이론
④ 허즈버그(Herzberg)의 위생이론

해설 맥그리거(McGregor)는 인간을 관리하기 위한 가장 효과적인 방법으로 매슬로우(Maslow)의 욕구단계이론에 바탕을 둔 X · Y이론을 제시하였다. X이론은 과학적 관리론에 바탕을 두고 있으며, 인간의 본성을 부정적으로 보고 구성원의 동기를 부여하기 위한 경영전략이다. 이에 비해 Y이론은 성선설의 인간관에 기초한 것으로, 개인과 조직 목적의 통합을 강조하는 입장이다. A 교장은 교사들에게 인위적인 통제나 강제적인 행동을 하는 대신 인간관계론으로 접근해 민주적 리더십을 이용하려고 하고 있다. 이는 맥그리거(McGregor)의 Y이론에 부합하는 설명이라고 할 수 있다.

TIP X이론과 Y이론의 인간관과 그에 따른 경영전략 비교 ▍▍▍▍▍▍▍▍▍▍▍▍▍▍▍▍▍▍▍▍▍▍▍▍▍▍▍▍▍▍▍▍▍▍▍▍▍▍▍

구분	X이론	Y이론
인간 관점	• 성악설(性惡說): 인간은 본성적으로 악하다. • 일을 싫어한다. • 본능적으로 행동한다. • 개인적 · 이기적 · 경쟁적 존재이다. ⇨ 개인 중시 • 타율적 통제가 필요하다. ⇨ 강제적 · 외적 동기 • 염세적 · 비관적 인생관	• 성선설(性善說): 인간은 본성적으로 선하다. • 일을 좋아한다. • 인본주의에 따라 행동한다. • 집단적 · 협동적 존재이다. ⇨ 집단공동체 중시 • 자율적 통제가 가능하다. ⇨ 자율적 · 내적 동기 • 낙천적 · 낙관적 인생관
경영 전략	• 과학적 관리론적 접근 • 권위주의적 리더십 발휘 • 강제, 명령, 통제, 금전에 의한 유인, 위협, 벌칙 등을 사용	• 인간관계론적 접근 • 민주적 리더십 발휘 • 자발적 근무의욕 및 동기 유발 고취 • 사회심리적 욕구충족 중시

75

맥그레거(D. M. McGregor)의 Y이론을 지지하는 교육행정가의 행동으로 적절하지 않은 것은?

18. 국가직 7급

① 차등성과급을 이용하여 조직구성원의 동기를 조절하려고 한다.
② 조직구성원은 맡은 일을 수행하기 위하여 자기지시와 자기통제를 행사할 수 있다고 보고 지원한다.
③ 조직구성원의 잠재력이 원활하게 발휘될 수 있도록 지원한다.
④ 조직구성원에게 잠재하는 높은 수준의 상상력, 독창성, 창의성을 발휘할 기회를 부여한다.

해설 맥그리거(McGregor)의 Y이론은 성선설적 인간관에 기초한 것으로, 개인과 조직 목적의 통합을 강조하는 입장이다. ①은 경제적 인간관에 토대를 둔 X이론에 해당한다.

76 아지리스(C. Argyris)의 교육조직에 관한 주장으로 (가)와 (나)에 들어갈 적합한 말은? 14. 지방직
□□□

> 교사와 같은 전문직 종사자는 __(가)__ 인간으로 대우받고 싶어 하지만 대부분의 현대 조직은 관료적 가치체계를 따르고 있기 때문에 그들의 잠재력을 최대한으로 활용하지 못하고 있다. 사람들은 __(나)__ 인간으로 취급받게 되면 공격적이 되거나 냉담한 반응을 나타내게 되고, 그에 따라 관리자는 더욱 통제를 가하게 되어 결과적으로 조직의 효율성이 저하된다. 따라서 조직관리자는 구성원을 __(가)__ 인간으로 대우하고 그러한 조직문화 풍토를 조성하는 데 최선의 노력을 기울여야 한다.

	(가)	(나)		(가)	(나)
①	자율적	타율적	②	성숙한	미성숙한
③	Y이론적	X이론적	④	평등한	불평등한

해설 아지리스(Argyris)의 미성숙 – 성숙이론은 조직의 풍토(climate of organization) 개선에 관심을 두는 동기이론으로, 개인의 성숙이 곧 조직의 성장을 촉진시킨다는 전제 아래 개인(자아실현)과 조직(목적달성)이 서로 상생하는 방법을 제시한다. 기본명제는 공식조직에서는 본질적으로 인간을 미성숙한 존재로 파악하기 때문에 '성숙한 인간의 욕구와 공식조직의 욕구 사이에는 불일치가 존재한다.'고 보고, 이러한 부조화로 인해 조직구성원들의 좌절감, 실패감, 편견, 갈등이 야기된다고 주장한다. 그러므로 인간 상호간의 대인관계 증진, 직무 확인, 지시적 지도성에서 참여적 · 구성원 중심으로의 변화 등을 통해 부조화를 해결해야 한다고 강조한다.
③은 맥그리거(D. McGregor)의 동기이론에 해당한다.

77 다음 내용에 가장 부합하는 동기이론은? 12. 유 · 초등임용
□□□

> • 최 교장은 교사들이 노력만 하면 성과를 얻을 수 있다는 믿음을 주기 위해서 교사를 위한 훈련 프로그램, 안내, 지원, 후원, 참여 등을 강화하였다.
> • 최교장은 교사들의 성과와 보상의 연결 정도를 분명히 하였다.
> • 최 교장은 교사들이 생각하는 보상에 대한 유인가를 증진시키기 위해 교사들이 더 매력적으로 생각하는 보상내용을 파악하고 그들이 바라는 보상을 적절히 제공하였다.

① 브룸(V. Vroom)의 기대이론
② 허즈버그(F. Herzberg)의 동기 – 위생이론
③ 아지리스(C. Argyris)의 미성숙 – 성숙이론
④ 앨더퍼(C. Alderfer)의 생존 – 관계 – 성장이론
⑤ 로크(E. Locke)와 라탐(G. Latham)의 목표설정이론

해설 브룸(Vroom)의 기대이론은 인간은 사고와 이성을 지닌 존재로, 현재와 미래의 행위에 대한 의식적인 선택을 한다고 가정하고 동기화 과정에서 개인의 지각의 중요성을 강조한 이론이다. 인간의 동기는 특정행위에 특정결과가 나오리라는 성과기대와 그 성과가 가져올 결과에 대한 보상기대의 곱에 의해 동기화된다고 본다.

TIP 브룸(Vroom)의 기본모델

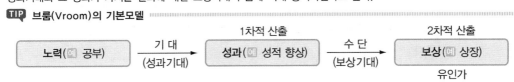

정답 74. ① 75. ① 76. ② 77. ①

78 다음 설명에 해당하는 동기이론은? 19. 지방직

□□□

> • 동기 행동이 유발되는 과정에 초점을 맞춘다.
> • 유인가, 성과기대, 보상기대의 세 가지 기본 요소를 토대로 이론적 틀을 구축하였다.
> • 개인의 가치와 태도는 역할기대, 학교문화와 같은 요소와 상호작용하여 행동에 영향을 미친다고 가정한다.

① 브룸(V. H. Vroom)의 기대이론
② 허즈버그(F. Herzberg)의 동기 - 위생이론
③ 아담스(J. H. Adams)의 공정성이론
④ 알더퍼(C. P. Alderfer)의 생존 - 관계 - 성장이론

[해설] 브룸(Vroom)의 기대이론에 따르면, 인간의 동기는 특정행위에 특정결과가 나오리라는 성과기대와 그 성과가 가져올 결과에 대한 보상기대, 그리고 보상이 지닌 유인가(매력성)의 곱에 의해 동기화된다.

79 브룸(Vroom)의 기대이론에 대한 설명으로 옳지 않은 것은? 22. 국가직 7급

□□□

① 유인가(valence), 성과기대(expectancy) 및 보상기대(instrumentality)를 중심으로 동기유발을 설명한다.
② 유인가는 보상에 대하여 가지는 매력 혹은 인지된 가치를 말한다.
③ 유인가와 보상기대는 높고 성과기대는 낮을 경우 최고 수준의 동기를 유발할 수 있다.
④ 동일한 성과상여금 기준을 적용받는 교직원 간에 동기유발 효과는 다를 수 있다.

[해설] 브룸(Vroom)의 기대이론은 유인가-보상기대-성과이론(VIE : Valence-Instrumentality-Expectancy theory)으로 구성원의 동기는 성과기대, 보상기대, 보상의 유인가(valence, 목표의 매력성)가 모두 높을 때 최고 수준으로 유발할 수 있다고 본다. ④의 경우 동일한 보상에 대해서도 개인마다 유인가가 다를 수 있다.

80 다음 내용과 밀접한 관련이 있는 동기이론에 대한 설명으로 옳은 것은? 18. 국가직 7급

□□□

> 투입 조정, 성과 조정, 비교대상의 변경, 투입과 성과에 대한 인지적 왜곡, 조직 이탈

① 직무만족에 기여하는 요인과 직무불만족에 기여하는 요인은 별개로 존재한다.
② 한 개인이 다른 사람에 비해서 얼마나 공정한 대우를 받고 있다고 느끼는가에 초점을 두고 있다.
③ 하나의 욕구가 충족되면 다음 단계에 있는 다른 욕구가 나타나서 그것의 충족을 요구하는 체계를 이루고 있다.
④ 사람은 자신의 노력에 따른 성과와 보상에 대한 주관적 기대치를 바탕으로 어떻게 행동할지를 선택한다.

해설 아담스(Adams)의 '공정성이론'은 균형이론(balance theory), 교환이론(exchange theory)이라고도 하며, 한 개인이 다른 사람에 비해 얼마나 공정하게(균형 있게) 대우받느냐에 초점을 둔 이론이다. 그는 동기란 개인이 자기의 작업상황에서 지각한 '공정성의 정도(분배의 공정성)'에 의해서 영향을 받는다고 보았다. '공정성의 정도'가 자기와 타인의 투입과 노력에 대한 성과를 비교하여 동일한 경우는 공정하지만, 불균등하면 개인은 불공정성을 느끼고, 공정성을 회복하는 쪽으로 동기가 유발된다고 주장하였다. ①은 허즈버그(Herzberg)의 동기-위생이론, ③은 매슬로우(Maslow) 욕구위계이론, ④는 브룸(Vroom) 기대-가치이론에 해당한다.

TIP 공정성 회복(불공정성 감소)을 위한 행동유형

1. **투입 조정(투입의 변경)** : 개인들은 불공정성이 유리한 것이냐 불리한 것이냐에 따라 투입을 증가시키거나 감소시킨다. **예** 과소보상(underpayment)의 경우 개인은 노력을 감소시킬 것이고, 과대보상(overpayment)의 경우는 노력을 증가시킬 것이다.
2. **자기 자신의 투입이나 성과의 (인지적) 왜곡** : 실제로 투입이나 성과를 변경시키지 않고 인지적으로 왜곡시킴으로써 같은 결과를 얻을 수 있다. **예** 대학을 나온 사람이 고등학교를 나온 사람보다 월급이 적을 때 "그는 업무능력이 나보다 나으니까."라고 생각한다.
3. **타인(비교대상)의 투입이나 성과의 왜곡** : 비교대상인 동료에 대한 인지적 왜곡을 통해 불공정을 줄일 수 있다. 또는 비교대상에게 투입을 감소시키도록 압력을 가하거나 조직을 떠나도록 압력을 넣을 수도 있다. **예** 동료가 자신보다 열심히 일을 하므로 보다 큰 성과나 보상을 받을 만하다고 믿는다.
4. **조직 이탈(직장 이동 또는 퇴직)** : 전보를 요청하여 부서를 옮기거나 조직을 완전히 떠날 수 있다. 이는 극단적인 예로 불공정성이 극히 클 때, 또는 개인이 이를 감당할 수가 없을 때 나타난다.
5. **성과 조정(성과의 변경)** : 노력이나 투입의 증가 없이 노조의 압력 등으로 임금인상이나 근무조건을 개선할 것을 요구한다. 특히 다른 산업이나 조직과의 불공정성을 없앨 때 나타난다.
6. **비교대상 변경** : 비교대상을 변경함으로써 불공정성을 줄일 수 있다. **예** 자기의 전문지식 수준을 어느 석학이나 동료 전문가들의 지식 수준과 비교

81 다음 글은 어느 동기이론에 관한 설명인가?

13. 국가직

> • A 교사는 평소 수업 준비 및 연수에 많은 시간과 열정을 쏟아온 결과, 학생들의 성적 및 수업 만족도가 높은 편이다. 반면 같은 학교 동료교사 B는 그동안 수업준비나 연수에 시간과 열정을 훨씬 더 적게 쏟는 편이어서 늘 학생들의 성적이나 수업 만족도가 낮았다.
> • 그런데 최근 실시한 연구수업에서 동료교사 B가 학교장과의 관계가 좋다는 이유로 A 자신보다 더 높은 학교장의 평가를 받은 것으로 보였다. 그 일 이후 A 교사는 수업에 대한 열정에 회의를 느끼면서 수업 준비를 위한 시간이나 연수시간을 현저히 줄이게 되었다.
> • 이처럼 사람들은 자신의 노력에 대한 성과의 비율과 타인의 노력에 대한 성과의 비율을 비교하여 같지 않다고 느낄 경우 원래의 동기를 변화시키게 된다.

① 목표설정이론 ② 동기위생이론
③ 공정성 이론 ④ 기대이론

해설 아담스(Adams)는 동기는 개인이 자기의 작업상황에서 지각한 '공정성의 정도(분배의 공정성)'에 의해서 영향을 받는다고 보았다. '공정성의 정도'가 자기와 타인의 투입과 노력에 대한 성과를 비교하여 동일한 경우는 공정하지만, 불균등하면 개인은 불공정성을 느끼고, 공정성을 회복하는 쪽으로 동기가 유발된다고 주장하였다.
①은 로크(Locke), ②는 허즈버그(Herzberg), ④는 브룸(Vroom)의 주장에 해당한다.

정답 78. ① 79. ③ 80. ② 81. ③

82 동기이론 중 공정성 이론에 대한 설명으로 옳지 않은 것은?

23. 국가직 7급

① 한 개인이 타인에 비해 얼마나 공정한 대우를 받고 있는가에 초점을 둔 사회적 비교이론이다.

② 개인의 동기를 유발하는 기저 요인은 절대적인 가치에 의해 좌우된다.

③ 개인이 불공정성을 인식하였을 때, 투입이나 성과를 조정하여 공정한 균형상태를 이루고자 노력한다.

④ 공정성의 정도를 지각하는 데 있어 고려하는 투입 요인으로 직무수행과 관련된 노력, 교육 경험을 들 수 있다.

해설 아담스(Adams)의 '공정성 이론'은 한 개인이 다른 사람에 비해 얼마나 공정하게(균형 있게) 대우받느냐에 초점을 둔 동기이론이다. 동기(motivation)란 개인이 자기의 작업 상황에서 지각한 공정성의 정도에 의해서 영향을 받는다고 전제하고, 공정성의 정도는 자기와 타인의 투입(예 노력, 업적, 기술, 교육, 경험 등)에 대한 산출(예 성과, 임금, 후생복지, 승진, 지위, 권력 등)을 비교하여 동일한 경우는 공정하지만, 불균등하면 불공정성을 느끼고, 공정성을 회복하도록 노력하도록 동기화된다고 본다. 즉, 조직 구성원들이 불공정하다고 느낄 경우에는 직무에 대하여 불만을 갖거나 불안을 느끼게 되며, 이때 개인은 긴장을 감소시키고 공정성을 회복하도록 동기화되며, 이를 위하여 투입조정, 성과조정, 자기자신(또는 타인)의 투입이나 성과의 왜곡, 비교대상 변경, 조직 이탈(또는 부서변경) 중 하나를 선택하게 된다고 주장한다. ②는 개인의 행동에 있어서 동기를 자극하는 요인들이 단순히 절대적인 가치에 의해 작용하는 것이 아니라, 투입과 산출의 상대적 비율, 그리고 다른 사람과의 상대적인 관계에서 동기요인들이 작용한다는 것을 강조한다.

83 교사의 동기과정이론에 대한 설명으로 옳은 것은?

21. 지방직

① 목표설정 이론은 직무에서 만족을 주는 요인과 불만족을 주는 요인을 독립된 별개의 차원으로 본다.

② 공정성 이론은 보상의 양뿐 아니라 그 보상이 공정하다고 지각하는 정도가 만족을 결정한다고 본다.

③ 기대 이론은 동기를 개인의 여러 가지 자발적인 행위 중에서 자신의 선택을 지배하는 과정으로 본다.

④ 성과−만족 이론은 자신이 투자한 투입 대 결과의 비율을 타인의 그것과 비교하여 공정성을 판단한다고 본다.

해설 브룸(Vroom)의 기대이론은 인간은 사고와 이성을 지닌 존재로, 현재와 미래의 행위에 대한 의식적인 선택을 한다고 가정하고 동기화 과정에서 개인의 지각의 중요성을 강조한 이론이다. 인간의 동기는 특정행위에 특정결과가 나오리라는 성과기대와 그 성과가 가져올 결과에 대한 보상기대, 보상에 대한 유의성(매력성)의 곱에 의해 동기화된다고 본다. ①은 허즈버그(Herzberg)의 동기-위생이론, ②는 포터와 로울러(Porter & Lawler)의 기대이론(성과−만족이론), ④는 아담스(Adams)의 공정성이론에 해당한다.

TIP 포터와 로울러(Porter & Lawler)의 기대이론(성과−만족이론)의 모형도

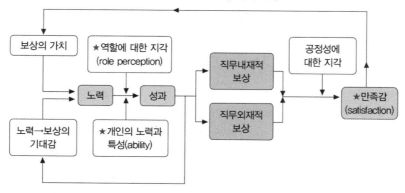

※ 별표(★)는 포터와 로울러가 강조한 동기변인임.

84 동기이론에 대한 설명으로 옳지 않은 것은?

15. 국가직 7급

① 아담스(Adams)의 공정성 이론에 따르면 사람이 다른 사람과 비교해서 과소보상을 느끼면 직무에 시간과 노력을 더 많이 투입한다.

② 로크(Locke)의 목표설정이론에서는 대부분의 인간행동은 유목적적이며 행위는 목표와 의도에 따라 통제되고 유지된다고 본다.

③ 브룸(Vroom)의 기대이론에서 유인가(valence)는 목표, 결과, 보상 등에 대해서 개인이 갖는 선호도를 말한다.

④ 허츠버그(Herzberg)의 동기 - 위생이론에 따르면 동기추구자는 욕구체계에서 주로 성취, 인정, 발전 등 상위욕구에 관심을 둔다.

[해설] 아담스(Adams)의 공정성 이론에 따르면 개인들은 불공정성이 유리한 것이냐 불리한 것이냐에 따라 투입을 증가시키거나 감소시키는 방향으로 행동한다. 즉, 개인은 다른 사람과 비교해서 과대보상(overpayment)을 느끼면 직무에 시간과 노력을 더 많이 투입하며, 과소보상(underpayment)을 느끼는 경우 개인은 시간과 노력을 감소하게 투입한다.

---

11 의사소통이론

85 다음은 교장과의 의사소통에 곤란을 겪고 있는 교사들의 대화 내용이다. 각각의 경우에 교사들이 교장에게 기대하는 교육조직에서의 의사소통원리를 옳게 짝지은 것은?

10. 유 · 초등임용

> • 박 교사 : 교장선생님은 부장선생님에게만 말씀하시면 그것으로 다 됐다고 생각하시나 봐요. 어제는 나를 보자마자 지난번에 말한 일은 어떻게 됐냐고 하시지 뭐예요. 글쎄 알아보니 부장선생님께만 말씀하셨던 모양이에요. 그렇게 중요한 일이면 저에게도 알려주셨어야죠.
> • 최 교사 : 그랬어요? 저도 지난 주 운동회 진행하느라 정신없이 바쁜데, 운동장에서 다음 달에 있을 학교평가를 앞두고 준비할 일을 자세하게 말씀하셔서 힘들었어요. 그런 일이면 조용할 때 교장실에서 말씀하시면 좋잖아요.

	박 교사	최 교사		박 교사	최 교사
①	분포성	적응성	②	적량성	명료성
③	일관성	적응성	④	적응성	명료성
⑤	분포성	일관성			

[해설] 박 교사는 의사전달의 내용이 모든 구성원들에게 공개되어야 함을, 최 교사는 의사소통의 내용이 구체적인 상황에 적합할 것을 강조하고 있다.

정답 82. ② 83. ③ 84. ① 85. ①

TIP 의사소통의 원칙(C. E. Redfield)

명료성	의사전달 내용이 명확해야 한다. ⇨ 피전달자가 분명하고 정확하게 이해할 수 있도록 간결한 문장과 쉬운 용어를 사용한다.
일관성(일치성)	의사소통 내용의 전후 일치, 즉 무모순성을 의미하며, 조직의 목표와도 부합되어야 한다.
적시성	필요한 정보는 필요한 시기에 적절히 투입되어야 한다. 의사전달이 가장 효율적으로 이루어질 수 있는 적정한 시기를 놓쳐서는 안 된다.
분포성(배포성)	모든 정보가 의사소통의 모든 대상에게 골고루 전달되어야 한다. 의사소통의 내용이 모든 사람들이 알 수 있도록 공개되어야 한다.
적응성(융통성)	의사소통의 내용이 상황에 맞게 융통적으로 적응할 수 있어야 한다. 즉, 구체적인 상황에 적응할 수 있는 현실적합성을 말한다.
통일성	조직 전체의 입장에서 동일하게 수용된 표현이어야 한다.
적량성(적정성)	과다하지도 과소하지도 않은 적당량의 정보를 전달해야 한다.
관심과 수용	전달자가 피전달자의 주의와 관심을 끌 수 있어야 하고, 피전달자에게 정보가 수용될 수 있어야 한다.

TIP 의사소통의 유형

1. **의사소통의 방향에 따라**: 수직적 의사소통, 수평적 의사소통, 대각선적 의사소통, 포도넝쿨 모형 의사소통
2. **발신자와 수신자 사이의 메시지의 흐름에 따라**: 일방적 의사소통과 쌍방적 의사소통
3. **조직의 성격에 따라**: 공식적 의사소통과 비공식적 의사소통
4. **의사소통의 수단에 따라**: 언어적 의사소통과 비언어적 의사소통

언어적 의사소통	① 문서에 의한 의사소통(**예** 편지, 메모, 보고서 등) ② 구두에 의한 의사소통(**예** 말로 전달하기)
비언어적 의사소통	① 물리적 언어를 통한 형태(**예** 교통신호, 도로표지판, 안내판 등) ② 상징적 언어를 통한 형태(**예** 사무실 크기, 사무실 내의 좌석배치, 자동차의 크기 등) ③ 신체적 언어를 통한 형태(**예** 자세, 얼굴표정, 몸짓, 목소리, 눈동자 등)

86 조하리 창(Johari Window) 모형에서 다음 내용에 해당하는 영역은?

11. 경북

□□□

> • 개방적인 상호작용을 하기 때문에 효과적인 의사소통이 가능하다.
> • 인간관계가 좋고 갈등이 가장 적다.
>
> | | 자신이 앎 | 자신이 알지 못함 |
> |---|---|---|
> | 타인이 앎 | (가) | (나) |
> | 타인이 알지 못함 | (다) | (라) |

① (가)
② (나)
③ (다)
④ (라)
⑤ (가), (라)

해설 조하리의 창(Johari's window)은 조셉 루프트(Josep Luft)와 해리 잉햄(Harry Ingham)에 의해 개발된 것으로, 원래 대인관계의 유형을 설명하려는 것이었으나, 대인관계 능력의 개선방향이나 대인 간 갈등을 분석하는 데 널리 사용되고 있는 모형이다. (가) 영역은 개방적 부분(open area), (나) 영역은 맹목적 부분(blind area), (다) 영역은 잠재적 부분(hidden area), (라) 영역은 미지적 부분(unknown area)에 해당한다. (가)는 민주형 의사소통, (나)는 독단형 의사소통, (다)는 비밀형 의사소통, (라)는 폐쇄형 의사소통이 이루어지는 영역이다.

TIP 조하리의 창(Johari's window)

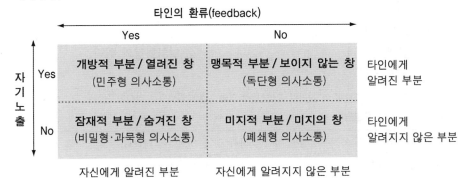

		타인의 환류(feedback)	
		Yes	No
자기노출	Yes	**개방적 부분 / 열려진 창** (민주형 의사소통)	**맹목적 부분 / 보이지 않는 창** (독단형 의사소통)	타인에게 알려진 부분
	No	**잠재적 부분 / 숨겨진 창** (비밀형·과묵형 의사소통)	**미지적 부분 / 미지의 창** (폐쇄형 의사소통)	타인에게 알려지지 않은 부분
		자신에게 알려진 부분	자신에게 알려지지 않은 부분

87 조하리(Johari)의 창에 따른 의사소통 모형에서 다음에 해당하는 것은?

24. 국가직

- 마음의 문을 닫고 자기에 관해서 남에게 노출하기를 원치 않는다.
- 자기의 생각이나 감정은 표출시키지 않으면서 상대방으로부터 정보를 얻기만 하려고 한다.
- 자기 자신에 대하여 다른 사람들은 전혀 모르고 있고, 본인만이 알고 있는 정보로 구성되어 있다.

① 개방(open) 영역
② 무지(blind) 영역
③ 미지(unknown) 영역
④ 은폐(hidden) 영역

해설 제시문의 영역은 잠재적 부분(hidden area; 은폐 영역)에 해당하며, 비밀형(과묵형) 의사소통이 이루어지는 영역이다. 자신에 대해 타인에게는 알려져 있지 않지만, 자신에게는 잘 알려져 있는 부분으로, 남에게 노출시키기를 꺼려하는 정보, 감정, 실수, 약점, 과거 경험 등이 해당한다. 타인이 어떻게 반응할지 몰라 마음의 문을 닫고 자신의 감정과 태도를 타인에게 잘 알리려 하지 않는 방어적인 태도를 취하게 될 때 나타나며, 의사소통에서 자신의 의견이나 감정을 표출하지 않고 타인으로부터 정보를 얻으려는 경향이 크다.

정답 86. ① 87. ④

제 3 절 교육행정조직

1 교육행정조직의 운영원리

01 교육행정의 기본원리 중 교육인적자원부(현행 교육부)와 시·도교육청의 조화와 관련된 것은?

03. 경북

① 기회균등의 원리　　　　　　　② 자주성 존중의 원리
③ 적도집권의 원리　　　　　　　④ 법치행정의 원리
⑤ 민주성의 원리

해설　적도집권(適度集權)의 원리란 중앙집권주의와 지방분권주의는 적절한 균형을 유지해야 한다는 원리를 말한다.

TIP 행정조직의 운영원리

계층화(계층제)	조직구성원은 직위에 따라 권한과 책임이 다르다.
명령통일의 원리	조직구성원은 1명의 상관에게만 명령과 지시를 받고 보고할 때 조직운영이 활성화된다. 예 한 집에 시어머니가 둘이면 며느리가 괴롭다.
통솔범위의 원리	1명의 지도자가 직접 통솔할 수 있는 부하의 수에는 한계가 있다.
적도집권의 원리	중앙집권과 지방분권 사이에 적절한 균형을 유지해야 한다.
분업화(기능)	업무를 성질별로 나누어 한 구성원에게 한 가지의 주된 업무를 분담시키는 원리이다. ⇨ 표준화, 전문화, 단순화 등 3S 촉진
조정의 원리	조직 내 각 부서의 노력을 공동목적 달성을 위하여 조화 있게 정리·배열하는 집단적 노력을 말한다. 예 사공이 많으면 배가 산으로 올라간다.

02 다음 설명에 해당하는 교육행정 조직의 원리는?

17. 국가직 7급

> 공동목표를 달성하기 위해 조직의 직무를 권한과 책임의 정도에 따라 수직적으로 조직화한다.

① 계층의 원리　　　　　　　② 기능적 분업의 원리
③ 명령 통일의 원리　　　　　④ 통솔 한계의 원리

해설　계층화의 원리(principle of hierarchy)는 권한과 책임이 여러 층으로 나눠져야 한다는 것으로, 조직의 공동목표 달성을 위한 업무수행에 관한 권한과 책임의 대소경중에 따라 직위의 수직적 서열 또는 등급화가 이루어져야 함을 의미한다. 명령통일의 원리와 통솔범위의 원리를 전제조건으로 하며, 이 원리의 순기능으로는 명령·의사소통의 통로, 권한·책임 위임의 통로, 조직 내부통제의 통로, 조직 내 갈등·분쟁의 해결·조정의 통로 역할을 들 수 있으며, 역기능으로는 조직의 경직화 초래, 의사소통의 왜곡 야기, 동태적 인간관계의 형성 저해 등을 들 수 있다.

03 학교조직의 운영 원리에 대한 설명으로 옳지 않은 것은? 24. 국가직

□□□

① '적도집권의 원리'는 분권을 중심으로 학교조직을 운영하는 것이다.

② '분업의 원리'는 조직의 업무를 직능 또는 특성별로 구분하여 한 사람에게 동일한 업무를 분담시키는 것이다.

③ '조정의 원리'는 조직의 목표 달성을 위해서 구성원의 노력을 집결시키고 업무 간·집단 간 상호관계를 조화롭게 유도하는 것이다.

④ '계층의 원리'는 조직의 목표를 달성하기 위한 업무를 수행함에 있어 권한과 책임의 정도에 따라 직위를 수직적으로 서열화·등급화하는 것이다.

해설 적도집권(適度集權)의 원리는 행정의 능률성 향상을 도모하는 중앙집권제와, 민주적 권한의 이양과 참여의 기회 보장을 추구하는 지방분권제 간에 적도(適度)의 균형을 찾으려는 원리를 말한다. 또한, 중앙 교육행정기관과 지방 교육행정기관 간에 적도의(알맞은 정도의) 균형을 발견하려는 노력도 이에 해당한다.

---

2 학교조직 유형

04 학교조직에 대한 학자들의 설명으로 옳지 않은 것은? 10. 중등임용

□□□

① 코헨(M. Cohen) 등에 의하면, 학교는 구성원들의 참여가 고정적이고 조직의 목표와 기술이 명확한 조직이다.

② 민츠버그(H. Mintzberg)에 의하면, 학교는 전문적 성격이 강하지만 관료적 성격도 동시에 지니는 전문적 관료제 조직이다.

③ 에치오니(A. Etzioni)의 순응에 기반한 조직분류에 의하면, 학교는 규범적 권력을 사용하여 구성원들의 높은 헌신적 참여를 유도하는 규범조직이다.

④ 파슨스(T. Parsons)의 사회적 기능에 따른 조직분류에 의하면, 학교는 유형유지조직에 속하며 체제의 문화를 유지하고 새롭게 하는 기능을 수행한다.

⑤ 와익(K. Weick)에 의하면, 학교는 조직구조 연결이 자체의 정체성과 독립성을 가지고 있어서 다른 조직에 비해서 구조적으로 느슨하게 결합되어 있는 조직이다.

해설 '조직화된 무질서 조직'은 구성원들의 참여가 유동적이고 조직의 목표와 기술이 불명확한 조직이다.

TIP 학자들의 학교조직 유형 구분

학자	구분 기준	조직 유형(밑줄 친 부분이 학교 조직)	
파슨즈 (Parsons)	조직의 목표와 사회적 기능	① 생산조직 예 기업 ③ 통합조직 예 법원, 정당	② 정치목적 조직 예 정부 ④ 체제유지 조직 예 학교
캐츠와 칸 (Katz & Kahn)	조직의 본원적 기능	① 생산적(경제적) 조직 예 기업 ② 관리적(정치적) 조직 예 정부, 정당, 노동조합 ③ 적응적 조직 예 대학, 연구소 ④ 유형유지 조직 예 학교	
블라우와 스콧 (Blau & Scott)	조직의 1차 수혜자	① 사업조직 : 소유자(경영자) 예 기업 ② 공익조직(호혜조직) : 조직의 모든 구성원 예 정당, 노동조합 ③ 공공조직(공공복리조직) : 일반대중 전체 예 경찰, 군대 ④ 봉사조직 : 고객 예 학교	

정답 **01.** ③ **02.** ① **03.** ① **04.** ①

칼슨 (Carlson)	봉사조직의 유형 구분(조직의 고객선발방법과 고객의 조직선택권)	① 야생조직 : 고객선택 ○, 조직선발 ○ 예 자율형사립고, 특목고 ② 적응조직 : 고객선택 ○, 조직선발 × 예 자유등록제 학교 ③ 강압조직 : 고객선택 ×, 조직선발 ○ ⇨ 현실 존재 × ④ 온상조직(사육조직 / 순치조직) : 고객선택 ×, 조직선발 × 　　예 의무교육기관(국·공립 초·중학교), 평준화 지역의 일반계 고교

에치오니 (Etzioni)	지배 − 복종 관계(통제수단)				

권력 ＼ 관여	소외적	타산적	도덕적 (헌신적)
강제적 권력 (강제력)	강제적 조직 (교도소, 정신병원)		
보수적 권력 (임금)		공리적 조직 (회사, 기업)	
규범적 권력 (상징)			규범적 조직 (학교, 종교단체)

민츠버그 (Mintzberg)	상황	① 단순구조 예 신생정부　　② 기계적 관료구조 예 교육청 ③ 전문적 관료구조 예 학교　　④ 사업부제구조 예 재벌 기업 ⑤ 애드호크러시 예 프로젝트조직, 매트릭스조직, 자유형조직

05

초·중등학교 조직의 특성에 대한 설명으로 옳지 않은 것은?　　　18. 국가직 7급

① 학교는 웨익(K. E. Weick)이 말하는 느슨한 결합조직으로서 빠르고 체계적으로 변화하지 않는 현상을 보인다.

② 학교는 칼슨(R. O. Carlson)의 구분에 따른 사육조직으로서 학생의 독특한 적응 방식(상황적 은퇴, 반항적 적응, 부수적 보상 적응)에 직면한다.

③ 학교는 민츠버그(H. Mintzberg)의 구분에 따른 전문적 관료제로서 교사는 교육의 자율성과 관련한 역할 갈등을 경험한다.

④ 학교가 에치오니(A. Etzioni)의 구분에 의한 공리조직의 성격이 강할 때 구성원은 헌신적 참여를 한다.

해설 │ 에치오니(Etzioni)는 지배·복종관계(통제수단) 기준, 즉 구성원에게 작용하는 권력의 종류와 그 결과로 조직에 관여하는 방식과의 관계에 따라 강제적 조직, 보수적(공리적) 조직, 규범적 조직으로 구분하였다. 그에 따르면 학교는 상징적·도덕적 가치(위신, 존경, 애정, 신념, 사명감 등)를 통해 구성원들을 통제, 구성원들에게 높은 귀속감을 지니게 하는 규범적 조직에 해당한다.

06

칼슨(Carlson)의 분류에 따를 때, 공립학교가 해당되는 유형은?　　　20. 지방직

조직의 고객선택권 ＼ 고객의 참여결정권	유	무
유	유형 I	유형 III
무	유형 II	유형 IV

① 유형 I　　　　② 유형 II　　　　③ 유형 III　　　　④ 유형 IV

해설 칼슨(Carlson)은 고객선발방법과 조직선택방법에 따라 봉사조직을 야생조직, 적응조직, 강제조직, 사육조직으로 구분하였다. 이 중 사육조직(순치조직, 온상조직)은 조직과 고객의 참여결정권이 모두 없어 법적으로 존립이 보장되는 조직으로, 공립학교, 의무교육기관, 고교평준화 지역의 일반계 고등학교가 이에 해당한다. Ⅰ은 야생조직, Ⅱ는 적응조직, Ⅲ은 강압(강제) 조직에 해당한다.

07 다음 그림은 칼슨(R. Carlson)의 봉사조직유형이다. 〈유형 Ⅳ〉의 설명으로 바른 것은?

05. 유 · 초등임용

조직의 고객 선택권		고객의 참여 결정권	
		있음	없음
	있음	유형 Ⅰ	유형 Ⅲ
	없음	유형 Ⅱ	유형 Ⅳ

① 이론적으로는 가능하지만 실제로 존재하기는 어렵다.
② 조직의 일차적 수혜자가 소극적인 참여를 하는 구성원들이다.
③ 고객의 참여결정권이 없어 치열한 경쟁을 해야만 하는 조직이다.
④ 대체로 그 존립을 법적으로 보장받고 있는 조직들이 여기에 속한다.

해설 칼슨(Carlson)은 조직과 고객의 상호 선택, 즉 조직과 고객이 서로를 선택할 수 있는 정도에 따라 봉사조직을 4가지 유형으로 구분하였다.
①은 유형Ⅲ에 해당한다.
②의 유형Ⅳ는 조직의 일차적 수혜자가 적극적인(의무적으로) 참여를 하는 구성원들이다.
③은 고객의 참여결정권이 없어 경쟁을 필요로 하지 않는 조직으로, 환경의 변화에도 둔감한 온상조직이다.

08 칼슨(Carlson)의 봉사조직 유형론에 대한 설명으로 옳지 않은 것은?

22. 국가직 7급

① 조직의 고객선택권과 고객의 참여결정권은 교사와 학생의 적응에 영향을 미치는 중요 변인이다.
② 야생조직(wild organization)에 속하는 학교는 학생 유치를 위해 다른 학교와 경쟁해야 한다.
③ 사육조직(domesticated organization)에 속하는 학교에 대한 학생의 학교선택권은 폭넓게 인정된다.
④ 조직은 고객선택권을 갖지만 고객은 참여결정권이 없는 유형에 속하는 조직은 실제로 찾아보기 어렵다.

해설 칼슨(Carlson)은 봉사조직 유형 중 사육조직(순치조직, 온상조직)은 조직과 고객의 참여결정권이 모두 없어 법적으로 존립이 보장되는 조직으로, 공립학교, 의무교육기관, 고교평준화 지역의 일반계 고등학교가 이에 해당한다. ④는 강압(강제) 조직에 대한 설명이다.

정답 **05.** ④ **06.** ④ **07.** ④ **08.** ③

09 다음은 에치오니(Etzioni)의 조직유형론의 기준과 예시를 나타낸 것이다. ㉠ ~ ㉣에 들어갈 내용을 바르게 연결한 것은?

17. 국가직 7급

권력＼참여	소외	타산	(㉠)
강제	(㉡)		
(㉢)		(㉣)	
규범			학교

	㉠	㉡	㉢	㉣
①	보상	군대	친밀	종합병원
②	헌신	교도소	보상	일반회사
③	몰입	복지기관	통합	종교단체
④	협동	소방서	지원	전문대학

해설 에치오니(Etzioni)는 조직의 유형을 지배·복종관계(통제수단)를 기준으로 분류하였다. 즉 구성원에게 작용하는 권력의 종류와 그 결과로 조직에 관여하는 방식과의 관계(공식적 조직의 일원이 되는 이유)에 따라 강제적 조직, 보상적 조직(공리적 조직), 규범적 조직으로 분류하였다. 그에 의하면 학교는 구성원들이 조직체의 이념이나 규범에 동의하고 규범을 내면화하여 조직에 대한 사명감이 일반적으로 높은 집단으로 애정, 인격존중, 신앙, 사명 등 도덕적 가치를 수단으로 통제가 이루어진다. 오늘날 우리 공교육에 불어 닥친 최대의 위기인 '수업붕괴', '학력붕괴', '학교실패', '학교해체'를 해결하는 데 이 조직의 특성을 활용할 필요가 있다.

10 다음 내용과 같은 특징을 지니고 있는 민츠버그(H. Minzberg)의 조직구조 기본유형은? 07. 초등임용

- 조직의 주요 부분은 핵심작업층이다.
- 조직의 주요 조정기제는 기술의 표준화이다.
- 조직의 설계에서는 훈련과 수평적 직무 전문화가 주요하게 고려된다.
- 조직의 구조는 복잡하면서도 안정적인 환경이나 비규제적 환경에 적합하다.

① 임시 구조
② 사업부제 구조
③ 기계적 관료 구조
④ 전문 관료 구조

해설 민츠버그(Mintzberg)는 조직의 구성부분, 조정기제, 상황적 요인을 기준으로 조직유형을 단순구조, 기계적 관료제, 전문관료제, 사업부제, 임시구조(애드호크라시)로 분류하였다. 학교와 같은 전문 관료 구조의 경우 핵심작업층은 교사, 중간관리층은 교장과 교감, 최고관리층은 교육감에 해당한다. 교육청은 기계적 관료 구조에 해당한다.

11 다음은 홀(R. H. Hall)의 교육조직구조 유형을 나타낸 것이다. (나)에 대한 설명으로 가장 올바른 것은?

08. 유ㆍ초등임용

구분		전문성 정도	
		높음	낮음
관료성 정도	높음	(가)	(나)
	낮음	(다)	(라)

① 일상적 운영에서 혼돈과 갈등이 전형적으로 나타나는 구조이다.

② 의사결정의 실질적인 권한이 교사들에게 위임되어 있는 구조이다.

③ 규칙과 절차가 인정에 얽매이지 않고 일관성 있게 적용되는 구조이다.

④ 베버(M. Weber)가 주장한 이상적 관료제의 모습과 가장 유사한 구조이다.

해설 (가)는 베버적 이상형, (나)는 권위주의형, (다)는 전문형, (라)는 무질서형 조직에 해당한다. ①은 (라), ②는 (다), ④는 (가)에 대한 설명이다.

12 다음과 같은 학교조직의 특성에 가장 부합하는 조직 유형은?

21. 국가직

> 학교의 목적은 구체적이지도 않고 분명하지도 않다. 비록 그 목적이 명료하게 나타나 있다고 하더라도 그 해석은 사람마다 다르며, 그것을 달성할 수단과 방법도 분명하게 제시하기 어렵다. 또한 학교의 구성원인 교사와 행정직원들은 수시로 학교를 이동하며, 학생들도 일정한 시간이 지나면 졸업하여 학교를 떠나게 된다.

① 야생조직(wild organization)

② 관료제 조직(bureaucratic organization)

③ 조직화된 무질서(organized anarchy) 조직

④ 온상조직(domesticated organization)

해설 코헨(Cohen), 마치(March), 올센(Olsen) 등이 주장한 '조직화된 무질서'가 나타나는 학교조직에 대한 설명이다. 조직화된 무질서(Organized Anarchy, 조직화된 무정부)는 목표의 모호성, 불분명한 과학적 기법, 구성원의 유동적 참여를 특징으로 하는 조직으로, 조직 구성원들이 서로 난폭하게 투쟁한다는 의미는 아니고 조직 내에 강한 개성과 전문성으로 인해 자율적 견제와 조정이 이루어지므로 의도적 통제가 적용되지 않는다는 의미이다. ①과 ④는 칼슨(Carlson), ②는 베버(Weber)가 주장한 개념이다.

13 다음 글에서 설명하고 있는 교육조직은?

11. 국가직

> • 대학을 대상으로 연구한 결과에 기반하고 있으며, 주로 고등교육조직을 설명할 때 많이 활용된다.
> • 의사결정이 주먹구구식으로 이루어진다고 하여 쓰레기통(garbage can)모형이라고 한다.
> • 학교조직 참여자들이 유동적이며 추상적 목표에 대한 해석이 달라 상충을 일으키기도 한다.

① 조직화된 무정부조직(organized anarchy)

② 이완결합조직(loosely coupling organization)

③ 전문관료제(professional bureaucracy)

④ 사육조직(domesticated organization)

해설 조직화된 무질서(Organized Anarchy, 조직화된 무정부)는 목표의 모호성, 불분명한 과학적 기법, 구성원의 유동적 참여를 특징으로 하는 조직으로, 의사결정은 주로 쓰레기통 모형에 의해 이루어진다. ②는 웨이크(Weick), ③은 홀(Hall)과 호이와 미스켈(Hoy & Miskel), ④는 칼슨(Carlson)의 주장에 해당한다.

정답 09. ② 10. ④ 11. ③ 12. ③ 13. ①

14 '조직화된 무질서(organized anarchy)'로 설명되는 교육조직의 특징으로 옳지 않은 것은?

09. 국가직 7급

□□□

① 학교 구성원들의 참여가 유동적이고 간헐적이다.
② 교육조직의 목적은 구체적이지 못하며 명료하지도 않다.
③ 학교의 각 하위체제들은 수직적인 위계특성을 지니고 있다.
④ 학교운영기술뿐만 아니라 교수 − 학습기술이 분명하지 않다.

해설 ③은 관료제적 조직의 특성이다. 조직화된 무질서 조직(organized anarchy organization)의 경우 하위체제들의 수직적 위계성이 약한 것이 특징이다.

15 조직화된 무질서 조직(Organized Anarchy)으로 학교조직의 특징을 설명하는 내용으로 옳지 않은 것은?

23. 국가직 7급

□□□

① 학교조직의 목적이 구체적이지 못하고 분명하지 않다.
② 어떤 방법과 자료를 활용해야 학습자가 목표에 도달할 수 있을지 합의된 견해가 없다.
③ 학생은 입학한 후 일정 기간이 지나면 졸업하고, 교사와 행정가도 이동하며, 학부모와 지역사회도 필요시에만 참여한다.
④ 강제적 권력과 소외적 참여를 특징으로 한다.

해설 '조직화된 무질서(Organized Anarchy, 조직화된 무정부)'는 목표의 모호성, 불분명한 과학적 기법, 구성원의 유동적 참여를 특징으로 하는 조직으로, 조직 구성원들이 서로 난폭하게 투쟁한다는 의미는 아니고 조직 내에 강한 개성과 전문성으로 인해 자율적 견제와 조정이 이루어지므로 의도적 통제가 적용되지 않는다는 의미이다. 쓰레기통 모형(garbage −can model)은 조직화된 무질서 상태에서 정책 결정이 우발성에 기초하여 이루어지고 있음을 강조한 모형이다. ④는 조직에서 사용되는 권력(power)의 유형과 조직원의 참여유형(involvement)을 기준으로 조직을 분류한 에치오니(A. Etzioni)의 강제조직에 해당한다.

16 다음 진술과 가장 관련이 깊은 학교조직의 특성은?

11. 국가직 7급

□□□

> • 이질적이거나 성격이 다른 요소들이 공존하며 상호간에 영향력이 약하다.
> • 교육행정가가 교육과정, 교육평가, 교수방법, 교육권 등을 관리·통제하는 데에 제한적인 위치에 있다.
> • 조직의 효율적인 운영을 위해서는 신뢰의 원칙이 중요하다.

① 이완조직   ② 전문적 관료제 조직
③ 이중조직   ④ 조직화된 무질서조직

해설 이완조직(이완결합체제)은 웨이크(Weick)가 개념화한 것으로, 조직의 하위체제와 활동들이 느슨하게 결합되어 있으며 하위체제 간의 활동이 관련성은 있으나 독립성을 유지하고 있는 상태를 말한다. 즉, "서로 연결은 되어 있으나 각자가 독립성을 유지하면서 어느 정도 분리되어 있는 모습"을 말한다. 학교조직을 이완결합체제라고 보는 이유는 학교조직에서 이루어지는 다양한 과업이나 활동들이 약하게 연결되어 있고, 단위부서들은 분리되어 독자적인 역할과 기능을 수행하며, 학교에서 교육과정과 교수방법은 매우 일반적으로 규정되어 있을 뿐이고, 실제 교실에서 교사들은 교육내용과 교수방법에 대한 상당한 재량권을 갖기 때문이다. 그래서 웨이크는 학교에서는 행정가의 일사불란(一絲不亂)한 통제가 어렵다고 보아 '통제나 힘의 윤리'보다는 '믿음과 신뢰의 윤리(logic of confidence)'를 통한 운영을 중시하고 있다.

17 다음과 같은 학교조직의 특성을 나타내는 말은?

15. 국가직

□□□

- 교원의 직무수행에 대한 엄격하고 분명한 감독이나 평가방법이 없다.
- 교사들의 가치관과 신념·전문적 지식, 문화·사회적 배경에 따라 교육내용에 대한 해석이나 교수방법이 다르다.
- 체제나 조직 내의 참여자에게 보다 많은 자유재량권과 자기결정권을 제공한다.

① 관료체제
② 계선조직
③ 비공식조직
④ 이완결합체제

해설 학교조직을 이완결합체제라고 보는 이유는 학교조직에서 이루어지는 다양한 과업이나 활동들이 약하게 연결되어 있고, 단위부서들은 분리되어 독자적인 역할과 기능을 수행하며, 학교에서 교육과정과 교수방법은 매우 일반적으로 규정되어 있을 뿐이고, 실제 교실에서 교사들은 교육내용과 교수방법에 대한 상당한 재량권을 갖기 때문이다.

18 다음 제시문에서 푸른초등학교가 지향하는 학교조직으로 가장 적합한 것은?

09. 유·초등임용

□□□

　푸른초등학교는 저소득층이 밀집된 지역에 위치하고 있는 공립학교이다. 낮은 학업성취도, 경제적·문화적 결핍 등으로 인해 학생들의 분위기는 가라앉아 있었다. 교사들은 이것을 어쩔 수 없는 것으로 받아들였고, 학생교육에 대한 열의도 부족하였다. 그런데 김 교장이 부임하면서 학교 분위기는 크게 변화하기 시작하였다.
　우선 김 교장과 교사들은 계속적인 대화를 통해 서로 인식의 차이를 인정하고 학교를 발전시킬 비전을 공동으로 설정하였다. 학교문제 해결을 위해 여러 팀을 구성하여 교사들이 전체 상황과 연계시켜 체제적으로 사고할 수 있도록 하였으며, 이 과정에서 교사 상호간에 존중하면서 배우는 문화가 정착되었다. 김 교장은 교사들을 개별적으로 배려하면서 참신하고 비판적인 사고를 할 수 있는 개인적 역량을 고취시켰다. 그 결과 교사들로부터 신뢰와 존경을 얻었으며, 전반적인 학생들의 학업 분위기가 개선되었다. 이러한 분위기에서 학생들의 학업성취도 향상과 문화결손 치유 등을 위한 새로운 교육과정을 개발하였으나 이를 운영할 수 있는 물적·인적 지원이 턱없이 부족하였다. 문제해결을 위하여 노력한 결과 '교육 투자우선지역지원사업'의 학교로 지정되었다. 교사들은 준비된 프로그램을 운영하고 그 결과를 분석하고 평가하여 지속적으로 프로그램의 질을 높여 나갔다. 이러한 과정을 거쳐 푸른초등학교는 학생들의 학업성취 수준이 향상되었으며, 점차 변화와 발전에 대한 조직 역량을 갖추어 가고 있다.

① 야생조직(wild organization)
② 학습조직(learning organization)
③ 조직화된 무정부(organized anarchy)
④ 이완결합조직(loosely coupled system)
⑤ 전문적 관료조직(professional bureaucracy)

해설 학습조직이란 일상적으로 학습을 계속 진행해 나가며 스스로 발전하여, 환경 변화에 빠르게 적응할 수 있는 조직이다. 구조조정, 업무 재설계 등 기존의 경영혁신 전략들은 단발성으로 끝나는 한계를 지니고 있었다. 지속적인 혁신의 필요성이 높아짐에 따라 학습조직이라는 개념이 등장하였다. 학습조직을 구축하기 위해서는 전문적 소양(personal mastery), 세계관(mental model), 비전 공유(building shared vision), 팀학습(team learning), 시스템적 사고(systems thinking) 등의 기반 조성이 요구된다(P. Senge).

정답 14. ③　15. ④　16. ①　17. ④　18. ②

19 학교조직의 특성으로 옳지 않은 것은?   22. 지방직

① 중심적 활동인 수업에 대한 교사의 재량권이 발휘되는 이완조직이다.
② 통일된 직무수행 기준에 따라 엄격하게 통제되는 순수한 관료제 조직이다.
③ 불분명한 목표, 불확실한 기술, 유동적인 참여를 특징으로 하는 조직화된 무질서 조직이다.
④ 느슨한 결합구조와 엄격한 결합구조를 동시에 가지고 있는 이중조직이다.

> 해설 호이와 미스켈(Hoy & Miskel), 홀(Hall) 등에 따르면, 학교는 관료적 성격과 전문적 성격을 공유하고 있는 전문적 관료제 조직이다. 직무 간 관련성 있어 통일된 직무수행 기준을 마련하기 어렵고, 엄격한 통제가 쉽지 않다는 특징을 지닌다. ①은 웨이크(Weick), ③은 코헨(Cohen), 마치(March), 올센(Olsen), ④는 메이어(J. W. Meyer)와 로완(B. R. Rowan)의 주장에 해당한다. ④의 경우 학교는 수업 등과 관련한 특정한 측면에서 볼 때는 느슨한 결합구조를 가진 조직으로 이해할 수 있으나, 행정관리라는 보편적인 조직관리의 측면에서는 엄격한 결합구조를 가지고 있다는 것이다.

20 학교조직의 특성에 대한 설명으로 옳은 것은?   16. 국가직 7급

① 마이어(Meyer)와 로완(Rowan)은 학교조직의 이완결합성이 신뢰의 논리를 전제로 한다고 가정하였다.
② 조직화된 무질서로서의 학교조직은 하위조직들이 서로 연결은 되어 있으나 독자성을 유지하면서 어느 정도 분리되어 있는 모습을 말한다.
③ 이완결합체제로서의 학교조직은 목표의 모호성, 불분명한 과학적 기법, 유동적 참여 등의 특징을 가지고 있다.
④ 분업과 전문화, 몰인정성, 규칙과 규정, 경력지향성 등은 전문적 성격으로서의 학교조직의 특징이다.

> 해설 느슨한 결합체제는 이완결합체제(loosely coupled system)라고도 한다. 서로 연결은 되어 있으나 각자가 독자성을 유지하면서 어느 정도 분리되어 있는 모습으로, 조직의 하위체제와 활동들이 관련성은 있지만 독립성을 유지하고 있는 상태를 말한다. 학교조직이 갖는 이런 특성은 모든 참여 주체들 간에 상호 신뢰가 이루어져야 한다는 것을 전제로 한다. ②는 이완결합체제, ③은 조직화된 무질서조직, ④는 관료제 조직으로서의 학교조직의 특성에 해당한다.

21 참모조직과 계선조직에 대한 설명으로 옳은 것은?   24. 국가직

① 참모조직은 전문적인 지식과 기술을 활용하여 직접적인 명령, 집행, 결정을 행사한다.
② 계선조직은 권한과 책임의 한계가 불명확하여 능률적인 업무 수행이 어려운 한계가 있다.
③ 참모조직은 계선조직이 원활하게 역할을 수행하도록 연구, 조사, 계획 등의 기능을 수행한다.
④ 계선조직은 횡적 지원을 하는 수평적 조직인 반면, 참모조직은 계층적 구조를 갖는 수직적 조직이다.

> 해설 계선(직계)조직과 막료(참모)조직은 계층성 여부에 따른 분류에 해당한다. ①에서 '직접적인 명령, 집행, 결정을 행사'하는 것은 계선조직의 특성에 해당하며, ②는 참모조직의 특성이며, ④는 계선조직과 참모조직의 설명이 뒤바뀌었다.

TIP 계선조직과 참모조직의 구분 ‖‖‖

구분	계선조직(직계조직)	막료조직(참모조직)
특징	• 조직이 설정한 목표 달성을 위해 수직 명령 계통을 갖는 계층적 구조조직 ⇨ 수직적 조직 • 조직의 목적수행에 직접적으로 기여하는 일차적 조직 • 결정, 명령, 집행기능 ⇨ 현실적, 보수적 • 역할을 직접 수행한다.	• 계선조직이 기능을 원활히 수행할 수 있도록 각종 자료·정보 제공, 지원, 조정, 조언하는 부차적 조직 ⇨ 횡적 지원의 수평적 조직 • 명령·지휘계통에서 벗어난 측면조직 • 지식, 경험, 기술제공 기능 ⇨ 이상적, 개혁적 • 역할을 직접 수행하지 않는다.
장점	• 구성원 상호 간의 권한과 책임 한계가 명확 • 신속한 의사결정, 강력한 통솔력 발휘 • 조직의 안정성 추구 • 업무가 미분화된 소규모 조직에 유리 • 경비의 절약	• 기관장의 통솔범위 확대 • 전문적 지식과 경험 활용 • 합리적인 지시와 명령 하달, 의사결정 • 조직의 경직성 완화, 신축성 부여 • 업무의 상호조정과 협조 추구 • 집단적 사고를 활용
단점	• 관리자의 업무량 과중 • 관리자의 독선과 독단 • 전문가의 지식과 경험활용 불가능 • 불충분하고 융통성이 없는 의사전달 • 조직의 경직성 초래 • 통솔범위 한정, 부처 간 정책조정 곤란	• 계선조직과의 불화 초래 • 책임소재 불분명 ⇨ 막료 간의 책임 전가 • 조직규모 확대로 인한 경비 증대 • 의사전달, 명령계통의 혼선 초래 • 중앙집권화 가능성

Chapter
13

3 조직의 갈등관리

22 토마스(K. Thomas)의 갈등관리이론에 근거할 때, 다음 모든 상황에서 가장 효과적인 갈등관리의 □□□ 방식은?

15. 지방직

> • 조화와 안정이 특히 중요할 때
> • 자신이 잘못한 것을 알았을 때
> • 다른 사람에게 더 중요한 사항일 때
> • 패배가 불가피하여 손실을 극소화할 필요가 있을 때

① 경쟁　　　　　② 회피　　　　　③ 수용　　　　　④ 타협

[해설] 갈등관리모형 중 수용(동조)은 주장하지 않는 대신에 협력하는 방법으로 교육행정가는 구성원의 필요에 양보하고 자기를 희생하는 방식이다. 즉, 자신의 욕구충족을 포기하고 상대방의 주장에 따름으로써 갈등을 해소하는 유형이다. ①은 상대방을 압도하여 갈등을 해결하는 유형이다. ②는 가능한 한 갈등을 무시하고 회피하는 유형이다. ④는 상호 희생과 타협을 통해 갈등을 해소하는 유형이다.

[정답]　19. ②　20. ①　21. ③　22. ③

TIP 토마스(Thomas)의 갈등관리 유형별 유용한 상황의 예시 ▬▬▬▬▬▬▬▬▬▬▬▬▬▬▬▬

갈등관리 유형	개념 및 전략이 적절한 상황
경쟁(승패전략) (Competing)	조직의 목표달성을 강조하며 구성원들의 개인적 필요에 대해서 협력하지 않는 방식 ⇨ 승패를 통한 문제해결 전략, 상대방을 희생시키고 자신의 갈등을 해소하는 형
	• 신속한 결정이 요구되는 긴급상황일 때 • 조직의 성장에 매우 중요한 문제일 때 • 중요한 사항이지만 인기 없는 조치가 요구되는 경우 • 타인을 부당하게 이용하는 사람에게 대항할 때
회피(무시) (Avoiding)	조직의 목표를 강조하지도 않고 구성원들의 필요에 대해서 협력하지도 않는 방식 ⇨ 가능한 한 갈등을 무시하고 의도적으로 피하는 형
	• 쟁점이 사소한 것일 때 • 해결책의 비용이 효과보다 훨씬 클 때 • 더 많은 정보를 얻는 것이 꼭 필요할 때 • 사태를 진정시키고자 할 때 • 다른 사람들이 문제해결을 더 효과적으로 해결할 수 있을 때 • 해당 문제가 다른 문제의 해결로부터 자연스럽게 해결될 수 있는 하위갈등일 때
수용(동조) (Accomodating)	주장하지 않는 대신에 협력하는 방식 ⇨ 행정가는 자신의 욕구충족을 포기하고 구성원의 주장에 따름으로써 갈등을 해소하는 형
	• 자기가 잘못한 것을 알았을 때 • 다른 사람에게 더 중요한 사항일 때 • 패배가 불가피하여 손실을 최소화할 때 • 조화와 안정이 특히 중요할 때 • 보다 중요한 문제를 위해 좋은 관계를 유지해야 할 때
협력(제휴, 승승전략) (Collaborating)	주장하면서 협력하는 방법 ⇨ 갈등 당사자들 모두 목적을 달성할 수 있는 행동을 통한 승승전략
	• 목표가 학습하는 것일 때 • 합의와 헌신이 중요할 때 • 관점이 다른 사람들로부터 통찰력을 통합하기 위하여 • 양자의 관심사가 매우 중요하여 통합적인 해결책만이 수용될 때 • 관계 증진에 장애가 되는 감정을 다루고자 할 때
타협 (Compromising)	가장 현실적으로 많이 활용, 조직의 목표와 개인의 필요 간에 균형을 찾아 수용 가능한 해결책을 찾는 방법 ⇨ 조금씩 상호 양보함으로써 절충안을 얻으려는 방법, 양쪽이 다 손해를 보기 때문에 앙금이 남아 다른 갈등의 원인이 될 수 있음.
	• 목표가 중요하지만 잠재적인 문제가 클 때 • 협력이나 경쟁의 방법이 실패할 때 • 당사자들의 주장이 서로 대치되어 있을 때 • 시간 부족으로 신속한 행동이 요구될 때 • 복잡한 문제에 대한 일시적인 해결책을 얻고자 할 때(다른 갈등의 원인으로 작용 가능)

4 조직 혁신

23 현행 우리나라의 학교단위 책임경영제도에 대한 설명으로 옳은 것을 〈보기〉에서 모두 고른 것은?

09. 중등임용

> 보기
> ㉠ 단위학교의 자율성·창의성·책무성을 강조한다.
> ㉡ 학교운영위원회를 설치하여 단위학교 내 의사결정의 분권화를 추구하고 있다.
> ㉢ 단위학교 예산은 예산과목인 '장·관·항·세항·목'으로 편성·집행되는 예산방식을 취한다.
> ㉣ 교육청에 의한 규제와 지시 위주의 학교경영방식을 지양하고, 학교경영에 대한 권한을 단위학교에 부여한다.

① ㉠, ㉡   ② ㉠, ㉢
③ ㉢, ㉣   ④ ㉠, ㉡, ㉣
⑤ ㉡, ㉢, ㉣

해설 학교단위 책임경영제(SBM)는 학교경영의 분권화를 통한 단위학교의 자율적 경영체제를 구축하여 학교의 효율성을 증대하는 것이다. 구체적 실천방안으로 학교회계제도, 학교운영위원회, 교장공모제 및 초빙교사제, 학교정보 공시제 등이 있다. ㉢의 단위학교 예산은 '장·관·항·세항·목'으로 구분을 폐지하고, 학교장 책임하에 자율적으로 예산을 편성할 수 있다.

5 교육자치제

24 다음에서 설명하는 교육자치제의 원리는?

98. 중등임용

> • 교육활동의 자율성을 보장해 준다.
> • 교육을 일반행정으로부터 분리·독립시키기 위한 것이다.
> • 교육의 본질을 추구하고, 정치적 중립성을 보장하도록 해준다.

① 지방분권   ② 자주성 존중
③ 주민통제   ④ 전문적 관리

해설 교육행정을 일반행정으로부터 분리·독립하여 운영함으로써 중앙의 획일적 통제를 지양하고 각 지역사회의 실정에 맞고 다양한 요구에 부합하는 교육행정을 실시하고자 교육자치제가 도입되었다. 자주성의 원리란 학교나 교육행정기관이 자율적으로 운영되고 교육의 독자성이 보장되어야 한다는 원리이다.
① 지방분권의 원리는 중앙집권화를 방지하고, 교육의 특수성 제고, 자율·자치 함양, 교육에 대한 개성화 추구 등을 실현하는 원리이다.
③ 주민통제(주민자치)의 원리는 민중(주민)에 의해 스스로 운영되어야 한다는 것이다.
④ 전문적 관리의 원리는 전문적 지도역량을 가진 사람들에 의해 교육행정을 운영하여야 한다는 것이다.

정답 23. ④   24. ②

25 지방교육자치제의 기본원리 가운데 「헌법」 제31조 제4항에 규정된 내용이 아닌 것은? 14. 지방직

① 지방분권　　　　　　　　　　　　② 자주성
② 정치적 중립성　　　　　　　　　　④ 전문성

[해설] 교육은 일반행정과는 다른 특수성이 있으므로 「헌법」에서 특별히 교육의 자주성, 전문성, 중립성의 원리를 규정하고 있다. 「헌법」 제31조 제4항은 "교육의 자주성·전문성·정치적 중립성 및 대학의 자율성은 법률이 정하는 바에 의하여 보장된다."는 내용이다.

26 현행 법령에 따르면, 교육감 후보자의 자격은 교육경력 또는 교육행정경력이 3년 이상이거나 두 경력을 합하여 3년 이상인 자로 제한되어 있다. 이와 가장 관련이 깊은 교육자치의 원리는?

11. 국가직 7급응용

① 지방분권의 원리　　　　　　　　② 자주성 존중의 원리
③ 민중통제의 원리　　　　　　　　④ 전문적 관리의 원리

[해설] 교육자치제의 기본원리는 지방분권, 민중통제(주민자치), 교육행정의 분리·독립, 전문적 관리의 원리이다. 이 중 전문적 관리의 원리(=전문성의 원리)는 전문적 지도 역량을 가진 사람들에 의해 교육행정을 운영하여야 한다는 원리를 말한다.

27 우리나라 지방교육자치제도에 대한 설명으로 옳지 않은 것은? 19. 지방직

① 시·도의 교육·학예에 관한 경비를 따로 경리하기 위하여 당해 지방자치단체에 교육비특별회계를 둔다.
② 정당은 교육감선거에 후보자를 추천할 수 없다.
③ 지방자치단체의 교육·학예에 관한 사무를 효율적으로 처리하기 위하여 지방교육행정협의회를 둔다.
④ 시·도의 교육·학예에 관한 사무의 심의기관으로 교육감을 둔다.

[해설] 우리나라의 경우 교육위원회는 위임형 심사·의결기구이고, 교육감은 독임제 집행기관이다. 교육감은 시·도의 교육·학예에 관한 사무의 집행기관이다[「지방교육자치에 관한 법률」 제18조(교육감) 1항]. ①은 제38조(교육비 특별회계), ②는 제46조(정당의 선거관여행위 금지 등) 1항, ③은 제41조(지방교육행정협의회의 설치)에 해당한다.

28 지방교육자치에 관한 법률상 교육감에 대한 설명으로 옳지 않은 것은? 22. 지방직

① 시·도의 교육·학예에 관한 사무의 집행기관이다.
② 교육·학예에 관한 교육규칙의 제정에 관한 사항을 관장한다.
③ 교육감후보자가 되려면 교육경력과 교육행정경력을 각각 최소 1년 이상 갖추어야 한다.
④ 주민은 교육감을 소환할 권리를 가진다.

[해설] 교육감후보자가 되려는 사람은 후보자등록 신청 개시일을 기준으로 교육경력이 3년 이상 있거나 교육행정경력을 합한 경력이 3년 이상 있는 사람이어야 한다(「지방교육자치에 관한 법률」 제24조(교육감후보자의 자격) 제2항). ①은 제18조(교육감) 제1항, ②는 제20조(관장사무), ④는 제24조의2(교육감의 소환) 제1항에 해당한다.

TIP 교육감의 권한

1. **사무집행권**: 교육 및 학예(학문과 예능)에 관한 모든 사무를 관장·집행한다.
2. **교육규칙 제정권**: 법령 또는 조례의 범위 안에서 그 권한에 속하는 사무에 관하여 교육규칙을 제정·공포할 수 있다.
3. **대표권**: 교육·학예에 관하여 당해 지방자치단체를 대표한다.
4. **지휘·감독권**: 소속 공무원을 지휘·감독하고 법령과 조례·교육규칙이 정하는 바에 의하여 그 임용·교육훈련·복무·징계 등에 관한 사항을 처리한다.
5. **재의요구권(再議要求權)**: 시·도의회 또는 교육위원회 의결사항에 대해 재의를 요구할 수 있다.
6. **제소권**: 교육위원회가 재의결한 사항에 대하여 대법원에 제소할 수 있다.
7. **선결처분권**: 교육위원회 또는 시·도의회가 소집될 시간적 여유가 없거나 의결이 지체되어 의결되지 아니한 때에는 교육감 소관사무 중 의결을 요구하는 사항에 대하여 선결처분을 요구할 수 있다.

29 「지방교육자치에 관한 법률」상 교육감과 관련된 규정으로 옳지 않은 것은? 23. 국가직 7급

① 교육감은 학생통학구역에 관한 사항을 담당 지역 교육장이 그 사무를 관장하도록 권한을 위임하여야 한다.
② 교육감은 교육과 학예에 관한 소관 사무로 인한 소송이나 재산의 등기에 대하여 해당 시·도를 대표한다.
③ 교육감은 소관 사무 중 시·도의회의 의결이 필요한 사항에 대하여 학생의 안전과 교육기관 등의 재산 보호를 위하여 긴급하게 필요한 사항으로서 시·도의회에서 의결이 지체되어 의결되지 아니한 때에는 선결처분을 할 수 있다.
④ 교육감 후보자가 되려는 자는 해당 시·도지사의 피선거권이 있는 사람으로서 후보자등록신청 개시일로부터 과거 1년 동안 정당의 당원이 아닌 사람이어야 한다.

해설 학생통학구역에 관한 사항은 교육감의 관장사무에 해당한다[「지방교육자치에 관한 법률」제20조(관장사무) 제10호]. ②는 제18조(교육감) 제2항, ③은 제29조(교육감의 선결처분) 제1항 제2호, ④는 제24조(교육감후보자의 자격) 제1호에 해당한다.

TIP 교육감의 관장사무(법 제20조)

제20조【관장사무】 교육감은 교육·학예에 관한 다음 각 호의 사항에 관한 사무를 관장한다.
1. 조례안의 작성 및 제출에 관한 사항
2. 예산안의 편성 및 제출에 관한 사항
3. 결산서의 작성 및 제출에 관한 사항
4. 교육규칙의 제정에 관한 사항
5. 학교, 그 밖의 교육기관의 설치·이전 및 폐지에 관한 사항
6. 교육과정의 운영에 관한 사항
7. 과학·기술교육의 진흥에 관한 사항
8. 평생교육, 그 밖의 교육·학예진흥에 관한 사항
9. 학교체육·보건 및 학교환경정화에 관한 사항
10. 학생통학구역에 관한 사항

정답 25. ① 26. ④ 27. ④ 28. ③ 29. ①

11. 교육·학예의 시설·설비 및 교구(敎具)에 관한 사항
12. 재산의 취득·처분에 관한 사항
13. 특별부과금·사용료·수수료·분담금 및 가입금에 관한 사항
14. 기채(起債)·차입금 또는 예산 외의 의무부담에 관한 사항
15. 기금의 설치·운용에 관한 사항
16. 소속 국가공무원 및 지방공무원의 인사관리에 관한 사항
17. 그 밖에 해당 시·도의 교육·학예에 관한 사항과 위임된 사항

30 우리나라의 지방교육자치제에 대한 설명으로 옳지 않은 것은?　　　15. 국가직

① 교육지원청에 교육장을 두되 장학관으로 보한다.
② 교육감은 시·도의 교육·학예에 관한 사무의 집행기관이다.
③ 교육감의 임기는 4년으로 하며, 교육감의 계속 재임은 2기에 한한다.
④ 부교육감은 당해 시·도의 교육감이 추천한 자를 교육부장관의 제청으로 국무총리를 거쳐 대통령이 임명한다.

해설　교육감의 임기는 4년으로 하며, 교육감의 계속 재임은 3기에 한한다. 부교육감은 교육감의 업무를 보좌하며 고위공무원단에 속하는 일반직공무원 또는 장학관으로 보한다. 임기는 제한이 없다. 이에 비해 교육장의 임기는 2년이다.

31 현행 지방 교육행정조직에 대한 설명으로 옳지 않은 것은?　　　20. 국가직 7급

① 정당은 교육감 선거에 후보자를 추천할 수 없다.
② 교육감의 임기는 4년으로 하며, 교육감의 계속 재임은 3기에 한한다.
③ 부교육감은 고위공무원단에 속하는 일반직공무원 또는 장학관으로 보한다.
④ 특별시·광역시·도의 교육·학예에 관한 사무를 분장하기 위하여 시·군 및 자치구를 관할구역으로 하는 하급 교육행정기관으로서 지역교육청을 둔다.

해설　④는 교육지원청에 해당한다(「지방교육자치에 관한 법률」 제34조 제1항). 2010년 9월 1일부터 전국의 180개 '지역 교육청'의 명칭이 '교육지원청'으로 변경되었다. 이는 '지역교육청'의 기능을 종전의 관리·감독 위주에서 벗어나 학생·학부모·학교 현장지원 위주의 '교육지원청'으로로 새롭게 정립하려는 전환적 노력의 일환에서 비롯되었다. ①은 제46조(정당의 선거관여행위 금지 등) 제1항, ②는 제21조(교육감의 임기), ③은 제30조(보조기관) 제1항에 해당한다.

32 우리나라의 현행 지방교육자치제도에 대한 설명으로 옳은 것은?　　　21. 지방직

① 부교육감은 대통령이 임명한다.
② 교육감의 임기는 4년이며 2기에 걸쳐 재임할 수 있다.
③ 지방교육자치제의 실시 단위는 시·군·구 기초자치단체를 단위로 한다.
④ 시·도 교육청에 교육위원회를 두고 교육의원은 주민이 직접 선거하여 선출한다.

해설　현행 「지방교육자치에 관한 법률」에 따르면 부교육감은 해당 시·도의 교육감이 추천한 사람을 교육부장관의 제청으로 국무총리를 거쳐 대통령이 임명한다(제30조 제2항). ②는 교육감의 임기는 4년으로 하며, 교육감의 계속 재임은 3기에 한정한다(제21조). ③의 실시 단위는 특별시·광역시 및 도 등 광역자치단체를 단위로 한다(제2조). ④는 시·도 교육위원회는 시·도 의회 내 상임위원회로 설치하고 교육위원은 시·도의회 의원 중에 배정한다.

33 「지방교육자치에 관한 법률」 및 「지방자치법」상 지방교육자치에 대한 설명으로 옳지 않은 것은?

22. 국가직 7급

① 지방자치단체의 교육·학예에 관한 경비 중 의무교육에 관련되는 경비는 국가가 모두 부담하여야 한다.
② 주민의 권리 제한 또는 의무 부과에 관한 사항이나 벌칙을 정하는 교육조례는 법률의 위임이 있어야 한다.
③ 교육조례안의 의결이 법령에 위반되거나 공익을 현저히 해친다고 판단되면 교육부장관은 교육감에게 재의를 요구하게 할 수 있다.
④ 교육부장관의 직무이행명령에 대해 이의가 있으면 교육감은 대법원에 소를 제기할 수 있다.

해설 의무교육에 종사하는 교원의 보수와 그 밖의 의무교육에 관련되는 경비는 「지방교육재정교부금법」에서 정하는 바에 따라 국가 및 지방자치단체가 부담한다(「지방교육자치에 관한 법률」 제37조 제1항). 또한 의무교육 외의 교육에 관련되는 경비는 「지방교육재정교부금법」에서 정하는 바에 따라 국가·지방자치단체 및 학부모 등이 부담한다(같은 법 제37조 제2항). ②는 「지방자치법」 제28조(조례) 제1항, ③은 같은 법 제192조(지방의회 의결의 재의와 제소) 제1항, ④는 같은 법 제189조(지방자치단체의 장에 대한 직무이행명령) 제6항에 해당한다.

6 학교운영위원회

34 학교운영위원회에 대한 설명으로 옳지 않은 것은?

13. 국가직 7급

① 교원위원, 학부모위원, 지역위원으로 구성된다.
② 국·공립학교의 장은 당연직 위원이다.
③ 사립학교 학교운영위원회는 학교의 예산안과 결산에 대한 의결권을 가진다.
④ 학교운영의 자율성을 높이고 지역의 실정과 특성에 맞는 다양하고도 창의적인 교육을 하기 위한 것이다.

해설 학교운영위원회는 학교의 중요한 의사결정에 구성원이 참여함으로써 학교정책 결정의 민주성, 합리성, 효율성을 확보하고, 교육목표 달성에 기여하기 위한 의사결정기구이다. 1995년 5·31 교육개혁 방안 중의 하나로 발표되어 1996년 국·공립 및 특수학교(초·중·고)에, 2000년 사립학교(초·중·고)에 설치가 의무화된 필수적 법정기구이다. 「초·중등교육법」과 「초·중등교육법 시행령」 및 시·도 조례에 근거하여 설치·운영된다. 그 성격은 학교운영 전반에 관해 국·공·사립학교의 경우 모두 심의기구로서의 위상을 가진다[2021.9.24. 개정/시행 2022.3.25.]. 그러므로 사립학교의 경우 학교의 예산안 및 결산에 관한 사항에 대해서 심의 권한을 갖는다.

TIP 학교운영위원회의 구성

학교규모	학생수 < 200명	200명 ≦ 학생수 < 1,000명	1,000명 ≦ 학생수
위원정수	5인 이상 8인 이내	9인 이상 12인 이내	13인 이상 15인 이내
위원구성비 (일반학교)	① 학부모 위원(40/100~50/100) ③ 지역위원(10/100~30/100)		② 교원위원(30/100~40/100)
위원구성비(국·공립 산업수요 맞춤형 고교 및 특성화 고교)	① 지역위원(30/100~50/100, 단 위원 중 1/2은 사업자로 선출) ② 학부모 위원(30/100~40/100)		③ 교원위원(20/100~30/100)

정답 30. ③ 31. ④ 32. ① 33. ① 34. ③

35 학교운영위원회에 대한 설명으로 옳지 않은 것은? 18. 국가직

① 학교운영의 자율성을 높이고 지역의 실정과 특성에 맞는 다양하고도 창의적인 교육을 할 수 있도록 하는 데 그 목적이 있다.

② 국립·공립 학교의 경우 「교육공무원법」 제29조의3 제8항에 따른 공모 교장의 공모 방법, 임용, 평가 등을 심의한다.

③ 국립·공립 학교의 경우 학교의 예산안과 결산, 학교교육 과정의 운영방법, 학교급식 등을 심의한다.

④ 위원 수는 5명 이상 20명 이하의 범위에서 학교의 규모 등을 고려하여 교육부령으로 정한다.

해설 ④는 학교운영위원 회의 위원 수는 5명 이상 15명 이하의 범위에서 학교의 규모 등을 고려하여 대통령령(당해 학교의 학교운영위원회규정)으로 정한다[「초·중등교육법」 제31조(학교운영위원회의 설치) 제3항].

36 국·공립학교의 학교운영위원회에 대한 옳은 설명만을 〈보기〉에서 있는 대로 고른 것은? 17. 지방직

> 보기
> ㉠ 학칙의 제정 또는 개정 사항을 심의한다.
> ㉡ 학교운동부의 구성·운영 사항을 심의한다.
> ㉢ 학부모위원은 교직원 전체회의에서 선출한다.
> ㉣ 학교의 장은 운영위원회의 당연직 교원위원이다.

① ㉠, ㉢   ② ㉠, ㉡, ㉣
③ ㉡, ㉢, ㉣   ④ ㉠, ㉡, ㉢, ㉣

해설 학부모위원은 당해 학교에 자녀를 둔 학부모, 민주적 대의 절차에 따라 학부모 전체회의를 통하여 직접 투표로 선출(예 직접 참석할 수 없는 학부모는, 가정통신문에 대한 회신, 우편투표, 전자적 방법에 의한 투표 등 위원회 규정으로 정하는 방법 및 절차에 따라 투표 가능)하며, 직접 선출이 곤란한 경우에는 위원회 규정으로 정하는 바에 따라 학급별 대표로 구성된 학부모 대표회의에서 선출 가능하다.

TIP 학교운영위원회의 기능(심의사항) – 학교발전기금 조성·운용 및 사용에 관한 사항은 국·공·사립학교 모두 심의·의결사항임.

1. 학교 헌장 및 학칙의 제정 또는 개정에 관한 사항(단, 사립학교는 자문)
2. 학교의 예산안 및 결산에 관한 사항
3. 학교 교육과정의 운영방법에 관한 사항
4. 교과용도서 및 교육자료의 선정에 관한 사항
4의2 교복·체육복·졸업앨범 등 학부모가 경비를 부담하는 사항
5. 정규 학습시간 종료 후 또는 방학기간 중의 교육활동 및 수련활동사항
6. 「교육공무원법」 제29조의3 제8항에 따른 공모교장의 공모방법·임용·평가방법 등에 관한 사항(단, 사립학교는 제외)
6의2. 「교육공무원법」 제31조 제2항에 따른 초빙교사의 추천에 관한 사항(단, 사립학교는 제외)
7. 학교운영 지원비의 조성·운용 및 사용에 관한 사항
8. 학교급식에 관한 사항
9. 대학입학 특별전형 중 학교장 추천에 관한 사항
10. 학교 운동부의 구성·운영에 관한 사항
11. 학교운영에 대한 제안 및 건의 사항
12. 기타 대통령령, 시·도의 조례로 정하는 사항

37 초·중등교육법령상 학교운영위원회의 구성 및 운영에 대한 설명으로 옳은 것만을 모두 고르면?

21. 국가직 7급

> ㉠ 국립·공립학교에 두는 학교운영위원회는 그 학교의 교원 대표, 학부모 대표 및 지역사회 인사로 구성한다.
> ㉡ 국립·공립학교뿐만 아니라 사립학교도 학교운영위원회를 구성·운영하여야 한다.
> ㉢ 국립·공립학교의 학교운영위원회는 학교 교육과정의 운영 방법 및 교과용 도서의 선정 등을 심의한다.
> ㉣ 학생회는 법적 기구가 아니므로 학교운영위원회는 학생 대표 등을 회의에 참석하게 하여 의견을 들을 수 없다.

① ㉠, ㉡   ② ㉠, ㉣   ③ ㉠, ㉡, ㉢   ④ ㉡, ㉢, ㉣

해설 ㉠은 「초·중등교육법」 제31조(학교운영위원회의 설치) 제2항, ㉡은 제1항, ㉢은 제32조(기능) 제1항에 해당한다. ㉣의 경우 「초·중등교육법 시행령」 제59조의4(의견 수렴 등) 제2항에 따르면 국·공립학교에 두는 운영위원회는 학교헌장과 학칙의 제정 또는 개정, 정규학습시간 종료 후 또는 방학기간 중의 교육활동 및 수련활동, 학교급식 및 그 밖에 학생의 학교생활에 밀접하게 관련된 사항을 심의하기 위하여 필요하다고 인정하는 경우 학생 대표 등을 회의에 참석하게 하여 의견을 들을 수 있다.

TIP 「초·중등교육법 시행령」 제59조의 4

제59조의4 【의견 수렴 등】 ① 국·공립학교에 두는 운영위원회는 다음 각 호의 어느 하나에 해당하는 사항을 심의하려는 경우 국립학교의 경우에는 학칙으로, 공립학교의 경우에는 시·도의 조례로 정하는 바에 따라 미리 학부모의 의견을 수렴하여야 한다.
1. 법 제32조 제1호(학교헌장과 학칙의 제정 또는 개정), 제5호(교복·체육복·졸업앨범 등 학부모 경비 부담 사항), 제6호(정규학습시간 종료 후 또는 방학기간 중의 교육활동 및 수련활동), 제9호(학교 운영지원비의 조성·운용 및 사용), 또는 제10호(학교급식)에 해당하는 사항
2. 그 밖에 국립학교의 경우에는 학칙으로, 공립학교의 경우에는 시·도의 조례로 미리 학부모의 의견을 수렴하도록 정한 사항
② 국·공립학교에 두는 운영위원회는 다음 각 호의 어느 하나에 해당하는 사항을 심의하기 위하여 필요하다고 인정하는 경우 학생 대표 등을 회의에 참석하게 하여 의견을 들을 수 있다.
1. 법 제32조 제1호, 제6호 또는 제10호에 해당하는 사항
2. 그 밖에 학생의 학교생활에 밀접하게 관련된 사항
③ 국·공립학교에 두는 운영위원회는 국립학교의 경우에는 학칙으로, 공립학교의 경우에는 시·도의 조례로 정하는 바에 따라 학생 대표가 학생의 학교생활에 관련된 사항에 관하여 학생들의 의견을 수렴하여 운영위원회에 제안하게 할 수 있다.

38 「초·중등교육법」상 학교운영위원회의 심의사항에 해당하지 않는 것은?

23. 국가직

① 학교급식   ② 자유학기제 실시 여부
③ 교과용 도서와 교육 자료의 선정   ④ 대학입학 특별전형 중 학교장 추천

정답   35. ④   36. ②   37. ③   38. ②

해설 　자유학기제는 2016년부터 중학교 과정 중 한 학기 동안 학생들이 시험 부담에서 벗어나 꿈과 끼를 찾을 수 있도록 토론·실습 등 학생 참여형으로 수업을 운영하고, 진로탐색 활동 등 다양한 체험 활동이 가능하도록 교육과정을 자율적으로 운영하는 제도를 말한다. 자유학기제의 교육과정은 교과와 자유학기활동으로 구성·운영하며, 전국 모든 중학교에서 반드시 이행하여야 하는 필수사항으로, 학교운영위원회의 심의 사항에 해당하지 않는다.

39 학교운영위원회의 의결사항은?

14. 국가직 7급

① 교과용 도서 및 교육 자료의 선정에 관한 사항
② 학교발전기금의 조성·운용 및 사용에 관한 사항
③ 학교헌장과 학칙의 제정 또는 개정에 관한 사항
④ 교복·체육복·졸업앨범 등 학부모가 경비를 부담하는 사항

해설 　②는 국·공·사립의 초·중·고교 모두 의결사항에 해당한다. ①, ④의 경우 국·공·사립학교는 심의사항에 해당하며, ③의 경우 국·공립학교는 심의사항, 사립학교는 자문사항에 해당한다.

TIP 학교발전기금의 조성·운용 및 사용에 관한 사항(「초·중등교육법」 제33조, 「초·중등교육법 시행령」 제64조)

1. **조성 방법** : 기부자가 기부한 금품의 접수, 학부모 등으로 구성된 학교 내·외의 조직·단체 등이 그 구성원으로부터 자발적으로 갹출하거나 구성원 외의 자로부터 모금한 금품의 접수
2. **조성 목적** : 학교 교육시설의 보수 및 확충, 교육용 기자재 및 도서의 구입, 학교 체육활동 기타 학예활동의 지원, 학생복지 및 학생 자치활동의 지원
3. 운영위원회는 교육부령이 정하는 바에 따라 발전기금을 운영위원회 위원장의 명의로 조성·운용하여야 한다.
4. 운영위원회는 발전기금의 관리 및 집행과 그 부수된 업무의 일부를 당해 학교의 장에게 위탁할 수 있다.
5. 업무를 위탁받은 학교의 장은 발전기금을 별도회계를 통하여 관리하고, 매 분기마다 발전기금의 집행계획 및 집행내역을 운영위원회에 서면으로 보고하여야 한다.
6. 운영위원회는 위항의 보고를 받은 경우에는 이를 검토하여 그 결과를 학부모에게 통지하여야 한다.
7. 운영위원회는 발전기금에 관한 업무를 당해 학교의 장에게 위탁한 경우에는 발전기금의 집행상황 등에 관하여 감사할 수 있다.
8. 운영위원회는 학교 회계연도 종료 후 3개월 이내에 발전기금에 대한 결산을 완료하여 그 결과를 관할청에 보고하고, 학부모에게 통지하여야 한다.
9. 발전기금의 조성·운용 및 회계관리 등에 관하여 기타 필요한 사항은 교육부령으로 정한다.

7 학교조직 풍토와 학교 문화

40 다음과 같은 문제를 해결하는 데 필요한 것은?   08. 서울
☐☐☐

> 사람마다 개성이 있듯이 각각의 조직이 갖고 있는 문화적 특성을 조직 풍토라고 할 수 있다.
> 학교를 방문해 본 사람이면 누구든지 각 학교에 대한 첫인상이 다르다는 것을 느끼게 된다.
> 즉 어떤 학교에서는 교사와 교장은 열의가 있고, 서로 어울려 일하는 데 기쁨을 느끼곤 한다.
> 반면에 어떤 학교에서는 서로 유대가 없이 각자 움직이며, 교장은 자신의 무능력을 숨기려고
> 하는 것을 볼 수 있다. 처음 방문에서 얻은 학교의 인상이 과연 그 학교의 조직 풍토인지, 아
> 니면 단순한 느낌인지 확인해 보고자 한다. 무엇을 통해서 알아보아야 할지 고민이다.

① ZBBS   ② LBDQ   ③ OCDQ   ④ PERT

해설 핼핀(A. Halpin)과 크로프트(D. Croft)는 교사와 교장 그리고 교사 상호 간의 작용에 대한 교장과 교사들의 지각으
로 학교조직풍토를 측정하고자 조직풍토 기술질문지(Organizational Climate Description Questionnaire ; OCDQ)를 제
작하여 연구하였다. ①은 영기준 예산제도, ②는 지도자행위 기술질문지, ④는 과제평가검토기법을 의미한다.

TIP 핼핀(A. Halpin)과 크로프트(D. Croft)의 **학교조직풍토** ‖‖

교장의 행동특성	① 초월성(초연성, 냉담, 원리원칙, aloofness), ② 생산성(과업, 실적 중시, production), ③ 추진성(솔선수범, 신뢰, trust), ④ 사려성(배려성, 인화, consideration)
교사의 행동특성	① 장애(hindrance), ② 사기(esprit), ③ 친밀성(intimacy), ④ 자유방임(일탈, disengagement)
학교조직풍토	① 개방적 풍토(추진성↑ & 사기↑), ② 자율적 풍토, ③ 통제적 풍토, ④ 친교적 풍토, ⑤ 간섭적 풍토, ⑥ 폐쇄적 풍토(추진성↓ & 사기↓)

41 핼핀(A. Halpin)과 크로프트(D. Croft)는 교장과 교사의 행동 특성을 결합하여 학교 조직풍토 유형
☐☐☐ 을 여섯 가지로 제시하였다. 다음은 어느 유형에 가까운 설명인가?   07. 중등임용

> 교사들의 사기와 교장의 추진력 지수는 높고, 방관(disengagement), 방해(hindrance) 등의 지
> 수는 낮으며, 친밀성과 인화(consideration) 지수는 보통 수준을 유지한다. 교장은 매사에 융통
> 성을 보이며, 교사들이 자발적으로 협동하면서 만족감을 갖고 어려움을 극복하도록 격려한다.

① 개방적 풍토(open climate)   ② 친교적 풍토(familar climate)
③ 친권적 풍토(paternal climate)   ④ 자율적 풍토(autonomous climate)

해설 제시된 지문은 교장은 추진성이 높고 교사들은 사기가 높을 때 나타나는 개방적 풍토 유형에 대한 설명이다.

정답   39. ②   40. ③   41. ①

TIP 학교조직풍토의 유형 : 핼핀(A. Halpin)과 크로프트(D. Croft)

1. **개방적 풍토** : 교장은 추진성이 높고 교사들은 사기가 높다. ⇨ 가장 바람직한 풍토
2. **자율적 풍토** : 지도성 행동이 주로 집단으로부터 나오는 풍토 ⇨ 교사들에게 스스로 상호 활동구조를 마련하도록 분위기 조성, 교사들이 자율적으로 사회적 욕구 모색
3. **통제적 풍토** : 교장은 억압적이며 지배적, 교사들의 사회적 욕구충족은 경시 ⇨ 몰인간적이며 고도의 과업 지향적 특징
4. **친교적 풍토** : 우호적 태도 육성, 교사는 개인적이나 목적달성을 위한 집단활동 관리에는 소홀
5. **간섭적(친권적) 풍토** : 교장 자신이 독단적으로 운영 ⇨ 공정성 부족, 교사들에게 과업만 강요
6. **폐쇄적 풍토** : 상호 무관심 요인이 가장 높고, 사기도 가장 낮다. ⇨ 가장 바람직하지 못한 풍토

42 호이와 미스켈(W. Hoy & C. Miskel)의 학교풍토 유형에서 (가)에 대한 설명으로 옳은 것은?

11. 유 · 초등임용

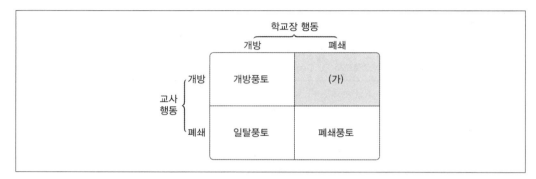

① 학교장의 관리가 비효율적이지만, 교사들의 업무 수행은 효율적으로 이루어지는 풍토이다.
② 학교장과 교사들 사이에 신뢰는 있지만, 교사들의 전문적인 업무 수행은 미흡한 풍토이다.
③ 교사에 대한 학교장의 관심과 지원이 미흡하여 교사들이 업무수행을 태만하게 하는 풍토이다.
④ 학교장은 교사들의 제안을 잘 받아들이고, 교사들은 업무 달성을 위해 매우 헌신하는 풍토이다.
⑤ 학교장이 불필요한 업무만을 강조하기 때문에 교사들이 반감을 가지고 업무를 태만히 하는 풍토이다.

해설 (가)는 참여풍토에 해당한다. ②는 일탈(무관심)풍토, ④는 개방풍토, ③과 ⑤는 폐쇄풍토에 해당한다.

TIP 호이와 미스켈(Hoy & Miskel)의 학교조직풍토론

핼핀과 크로프트(Halpin & Croft)가 주장한 조직풍토론의 문제점을 보완하기 위해 OCDQ-RE를 작성, 교장과 교사의 행동특성을 각 3가지로 분류하고 그에 따른 학교풍토를 개방풍토, 참여풍토, 무관심(일탈) 풍토, 폐쇄풍토 등 4가지로 분류하여 제시하였다.

행동 특성			풍토 유형			
			개방 풍토	참여 풍토	무관심 풍토	폐쇄 풍토
교사 행동	개방	협동적	고	고	저	저
		친밀적	고	고	저	저
	폐쇄	방관적	저	저	고	고
교장 행동	개방	지원적	고	저	고	저
	폐쇄	지시적	저	고	저	고
		제한적	저	고	저	고

43 호이(Hoy)와 미스켈(Miskel)이 구분한 학교풍토의 네 가지 유형에 대한 설명으로 옳지 않은 것은?

22. 국가직

① 개방풍토 – 교장은 교사들의 의견과 전문성을 존중하고, 교사들은 과업에 헌신한다.
② 폐쇄풍토 – 교장은 일상적이거나 불필요한 잡무만을 강요하고, 교사들은 업무에 대한 관심과 책임감이 없다.
③ 몰입풍토 – 교장은 효과적인 통제를 시도하지만, 교사들은 낮은 전문적 업무수행에 그친다.
④ 일탈풍토 – 교장은 개방적이고 지원적이지만, 교사들은 교장을 무시하거나 무력화하려 하고 교사 간 불화와 편견이 심하다.

해설 호이와 미스켈(Hoy & Miskel)은 핼핀과 크로프트(Halpin & Croft)가 주장한 조직풍토론의 문제점을 보완하기 위해 OCDQ–RE를 작성 교장과 교사의 행동특성을 각 3가지로 분류하고 그에 따른 학교풍토를 개방풍토, 참여풍토, 무관심(일탈)풍토, 폐쇄풍토 등 4가지로 분류하여 제시하였다. ③의 몰입풍토(참여풍토)는 교장은 폐쇄적이나, 교사는 개방적인 경우에 해당한다. 교사들은 높은 전문적 업무수행을 보이나, 교장은 지시적·제한적인 비효율적인 행동을 나타낸다. ③의 경우는 일탈(무관심) 풍토에 대한 설명이다.

44 리커트(R. Likert)의 관리 체제 유형 중 다음의 내용과 가장 일치하는 유형은?

07. 유·초등임용

> 이 학교는 학교 구성원들 간에 폭넓은 참여적 의사결정과 수평적 의사소통이 이루어지고 있다. 또한 학교경영층은 전적으로 교사들을 신뢰하고 참여와 보상을 주요 동기 요인으로 사용하며, 학교통제권이 분산되어 있다.

① 체제 1유형 ② 체제 2유형 ③ 체제 3유형 ④ 체제 4유형

해설 리커트(Likert)는 상급자와 하급자의 관계가 어떠하느냐에 따라 조직특성을 체제1에서 체제4에 이르는 연속선상의 개념으로 설명하고 있다. 이 중 관리자가 부하들을 완전히 확신하고 신뢰하는 것은 체제4(참가적 체제)에 해당한다.

TIP 리커트(Likert)의 관리체제이론

아지리스(Argyris)	맥그리거(McGregor)	리커트(Likert)	허즈버그(Herzberg)	동기
성숙	Y이론	체제 4	동기요인	내재적 동기
↕	↕	체제 3	↕	↕
		체제 2		
미성숙	X이론	체제 1	위생요인	외재적 동기

체제1	처벌적 권위주의 체제(수탈적 관리체제 & 이기적 권위주의적 풍토) ⇨ 관리자는 부하들을 신뢰하지 않는다.
체제2	가부장적 권위주의 체제(자비적 관리체제 & 자선적 권위주의적 풍토) ⇨ 관리자는 구성원들에게 자비를 베푸는 식의 신뢰감을 가지고 있다.
체제3	상담적 체제(자문적 관리체제 & 협의적 풍토) ⇨ 관리자는 부하들을 상당히 중요한 존재로 인식하나 완전히 신뢰하지는 않는다.
체제4	참가적 체제(참여적 관리체제 & 참여적 풍토) ⇨ 관리자는 부하들을 전적으로 신뢰한다.

정답 42. ① 43. ③ 44. ④

45
□□□
다음은 교육조직의 발전전략에 대한 글에서 일부를 발췌한 것이다. (㉠) ~ (㉢)에 들어갈 가장 적합한 단어를 차례대로 나열한 것은?

10. 국가직 7급

> (㉠)는 조직 구성원들의 행동을 변화시킬 수 있는 조직운영 방법인 지시, 명령, 통제, 감독, 규정과 절차, 즉 (㉡)적 방법보다는 조직 구성원들이 공유하고 있는 규범, 가치관 등의 (㉢)적 요소가 구성원들의 더욱 적극적인 참여와 헌신을 유도하고 창의적인 업무 수행을 자극할 수 있다. 최근 교육개혁에서는 근대적 과학주의, 합리주의에 바탕을 둔 하향식 접근(top-down approach)보다는 교직 사회에 공유되고 있는 광범위한 의식, 신념, 가치 등을 포함하는 (㉢)적 요소를 변화시키려는 (㉢)적 접근방법이 중시되고 있다.

	㉠	㉡	㉢
①	조직 풍토	관료	윤리
②	조직 풍토	위계	문화
③	조직 문화	위계	문화
④	조직 문화	관료	윤리

해설 조직문화(organizational culture)란 조직 구성원들이 공유하고 있는 철학, 신념, 이데올로기, 감정, 가정, 기대, 태도, 기준, 가치관을 말한다. 조직문화와 조직풍토는 현상적으로 볼 때 일치하는 개념이나, 조직문화는 인류학이나 사회학적 개념이며, 조직풍토는 심리학적 개념에 해당한다. 그래서 조직문화에서는 암묵적 가정, 공유된 가치관, 공유된 규범 등을 강조하지만, 조직풍토에서는 공유된 지각을 강조한다. 학교조직의 변혁과 관련하여 최근에는 조직풍토보다 조직문화를 중시하고 있으며, 수직적·위계적 조직문화에서 수평적·민주적 조직문화로의 개혁을 강조하고 있다.

46
□□□
다음 사례와 가장 관계 깊은 스타인호프(C. Steinhoff)와 오웬스(R. Owens)의 학교문화 유형은?

07. 사립 전문상담교사 임용

> B 고등학교 교장은 학생들을 일류 대학교에 많이 진학시키는 것을 학교경영 목표로 하고 있다. 이를 위해 교장은 교사가 학생들을 열심히 가르치고 지도하기를 기대한다. 성적이 올라가는 학급의 담임 교사에게는 포상을 주어 학급 성적을 계속 향상시키도록 독려한다.

① 가족문화(family culture)   ② 기계문화(machine culture)
③ 공연문화(cabaret culture)   ④ 공포문화(horrors culture)

해설 스타인호프와 오웬스(Steinhoff & Owens)는 '비유(metapho)'를 사용하여 학교문화를 가족문화, 기계문화, 공연문화, 공포문화 등 4가지로 유형화하였다. 이 중 제시문은 학교를 '기계'에 비유한 기계문화에 해당한다. 교장은 '기계공', 학교는 목표 달성을 위해 교사들을 이용하는 '기계'에 비유된다. 이러한 학교에서 '학교장'은 학생들을 일류대학에 많이 진학하는 것을 목표로 제시하고 '교사들'을 독려하며, 성적이 향상된 학급의 담임교사에게 포상을 주어 격려한다.

TIP 스타인호프와 오웬스(Steinhoff & Owens)의 학교문화 유형론 : '비유(metapho)'를 사용

가족문화	'가족'이나 '팀(team)' 같은 학교 ⇨ 교사는 '부모' 또는 '코치', 애정적 · 우정적 · 협동적 · 보호적인 학교
기계문화	'기계'에 비유된 학교 ⇨ 교장은 '기계공', 학교는 목표 달성을 위해 교사들을 이용하는 '기계'
공연문화	학교는 서커스, 쇼 등을 시연하는 '공연장', 교장은 '단장', 공연과 함께 '청중'(학생)의 반응도 중시 ⇨ 훌륭한 교장의 지도 아래 멋진 가르침을 전수하는 공연장으로서의 학교
공포문화	학교는 '형무소', '밀폐된 공간'으로서의 학교 ⇨ 교장은 자신의 위치를 유지하기 위해 수단과 방법을 가리지 않는다.

TIP 세티아와 글리노(Sethia & Glinow)의 조직문화 유형론

1. **분류기준** : 조직의 관심이 인간에게 있느냐 성과에 있느냐에 따라 조직문화의 유형을 4가지로 분류함.
   ① **인간에 대한 관심**(concern for people) : 구성원의 만족과 복지를 위해 노력하는 것
   ② **성과에 대한 관심**(concern for performance) : 구성원이 최선을 다해 직무를 수행하도록 하려는 조직의 기대
2. **조직문화 유형** : 인간에 대한 관심과 성과에 대한 관심 두 가지 차원의 조합에 따라 ① 보호문화, ② 냉담문화, ③ 실적문화(예 성공추구문화), ④ 통합문화 등 4가지로 분류함.

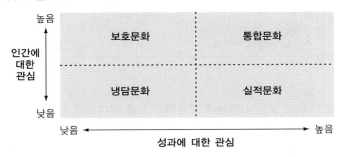

제 4 절 | 교육기획

01 교육기획의 접근방법 중 사회수요에 의한 접근법(social demand approach)에 대한 설명으로 가장 적절한 것은?
□□□   13. 국가직 7급

① 사회의 교육적 수요에 부응함으로써 정치 · 사회적 안정과 불만 해소를 도모할 수 있다는 장점이 있다.

② 1960년대 인적 자본론의 영향으로 특히 개발도상국에서 유행하였던 방법으로서 교육과 취업, 경제성장을 긴밀하게 연계하려고 하였다.

③ 목표연도의 경제성장에 필요한 인력수요를 추정한 다음 그것을 교육자격별 인력수요 자료로 전환하는 과정을 거친다.

④ 국가나 개인이 투입한 교육비용이 얼마나 수익을 가져왔느냐를 분석할 수 있기 때문에 비용 – 수익 분석이라고도 한다.

정답 | 45. ③   46. ② / 01. ①

해설 사회수요 접근법은 교육을 받고자 하는 사람들에게 교육기회를 보장해 준다는 원칙 아래 교육에 대한 개인적·사회적 수요, 즉 취학률을 기초로 교육계획을 수립하는 방법이다.
②, ③은 인력수요 접근법, ④는 수익률 접근법에 대한 설명이다. 이 외에 발전단계가 자기 나라보다 약간 앞선 나라의 교육정책과 비교하여 교육계획을 수립하는 국제적 비교에 의한 접근법이 있다.

TIP 교육기획 접근법 비교

구분	사회수요 접근방법	인력수요 접근방법	수익률 접근방법
교육목적	교육 내적 효율성 강조	사회에 대한 성과 강조	보충적 도구
정의	교육에 대한 개인적 또는 사회적 수요를 기초로 교육기획을 세우려는 방법	경제성장 목표달성에 필요한 교육투자 수준을 결정하기 위한 접근법	교육에 투입된 경비, 산출된 효과를 비용으로 계산하여 교육투자의 순위결정
장점	• 균등한 교육기회 보장 • 심리적 욕구충족	• 사회·경제적 목적 충족 • 경제인력의 안정적 공급	경제적 측면에서 정교하고 현실적임.
단점	• 교육투자에 대한 정책결정이 어렵다. • 인력공급 조절실패 가능성이 높다. • 교육수요 판단이 어렵다. • 수익성 판단이 어렵다.	• 사회수요와 인력수요의 차이로 인한 불만 야기 • 학교교육과 경제현장과의 괴리 가능성	교육기획에서 필요한 자료는 미래의 수익률이기 때문에 수익률이 가변적인 경우 계획의 신뢰성이 떨어질 수 있다.

02 교육을 받고자 하는 모든 사람에게 교육의 기회를 부여해야 한다는 원칙에 가장 부합하여 이루어지는 교육기획접근은?

09. 국가직 7급

① 사회수요에 의한 접근　　　　　　② 인력수요에 의한 접근
③ 수익률에 의한 접근　　　　　　　④ 국제비교에 의한 접근

해설 사회수요접근법은 가장 많이 사용하는 교육기획의 접근방법으로, 국민 전체의 교육에 대한 수요인 취학률을 바탕으로 교육기획을 수립하는 방법이다.

03 〈보기〉에서 '인력수요 접근법(manpower approach)'에 의한 교육계획의 수립절차를 순서대로 바르게 나열한 것은?

08. 중등임용

> 보기
> ㉠ 교육자격별 노동력의 부족분 계산
> ㉡ 인력수요 자료의 교육수요 자료로의 전환
> ㉢ 학교수준 및 학교 종류(학과)별 적정 양성규모 추정
> ㉣ 기준연도와 추정연도의 산업부문별, 직종별 인력 변화 추정

① ㉠ ⇨ ㉢ ⇨ ㉡ ⇨ ㉣　　　　　② ㉠ ⇨ ㉣ ⇨ ㉢ ⇨ ㉡
③ ㉣ ⇨ ㉡ ⇨ ㉠ ⇨ ㉢　　　　　④ ㉣ ⇨ ㉢ ⇨ ㉡ ⇨ ㉠

해설 인력수요 접근법은 경제성장에 필요한 인력의 수요를 예측하여 교육의 공급을 조절하는 방법이다.

제 5 절 **교육정책**

01 다음의 교육정책에서 공통적으로 강조되고 있는 것은?　　　　　　　　　12. 유 · 초등임용

> • 학교정보 공시제 도입
> • 에듀파인 학교회계 시스템 도입
> • 학교평가 및 학교장 중임심사 강화
> • 국가수준 학업성취도평가의 전수 실시 및 결과 공개

① 교육의 자주성　　　　　　　　　② 교육의 책무성
③ 교육의 지방분권　　　　　　　　④ 지역교육의 특수성
⑤ 교육의 정치적 중립성

해설 교육정책이란 교육목적의 달성을 위해 정부가 공익(公益)과 국민의 동의를 바탕으로 강제하는 체계적인 활동들로 구성된 교육지침으로, 교육활동의 목적 · 수단 · 방법 등에 관한 최적의 대안을 의도적 · 합리적으로 선택한 것을 말한다. 책무성(accountability)이란 개인이나 기관이 하는 일에 대해 사회적 책임을 지는 정도를 말하며, 교육의 책무성(educational accountability)이란 "다양한 수준의 학생들이 합리적 성취수준에 도달했는지를 제시할 수 있어야 한다는 것"(Frank & Sciara, 1972)을 말한다. 즉 교사, 교육행정가, 교육위원들이 그들의 업무에 대해 책임을 지고, 그들이 세운 계획의 결과에 대해서 책임을 진다는 것을 의미한다.

02 교육정책에 요구되는 원칙에 대한 설명으로 옳지 않은 것은?　　　　　　22. 국가직 7급

① 민주성의 원칙 – 민주적 절차와 참여가 중요하다는 것으로 공청회 · 입법예고 등의 행정절차와 관련이 있다.
② 중립성의 원칙 – 정책 대상의 본질과 중요도를 분별하여 우선순위를 밝히는 것을 요구한다.
③ 합리성의 원칙 – 정책에 과학성을 부여하는 것으로 과학적 분석에 기초한 정책 형성을 추구한다.
④ 효율성의 원칙 – 비용과 효과의 비교를 통해 최소한의 시간과 인적 · 물적 자원을 들여 최대의 성과를 거두는 것을 의미한다.

해설 중립성의 원칙은 정치적 · 종교적 · 사회적 압력에 좌우되지 않고, 교육정책 자체의 타당성과 효율성에 기초하여 수립되어야 한다는 것을 말한다.

정답　02. ①　03. ③ / 01. ②　02. ②

Chapter
13

03 캠벨(R. Campbell)의 교육정책 수립단계 중에서 다음 글에 해당하는 것은? 11. 국가직

> 교육(과학기술)부 산하 자문위원회 또는 각종 연구소나 전문기관이 작성한 보고서를 통해서 교육정책이 제안된다.

① 기본적인 힘(basic forces)　　　　② 선행운동(antecedent movements)
③ 정치적 활동(political action)　　　④ 입법화(formal enactment)

해설 기본적 힘에 대해 반응하는 단계로, 사회적으로 저명한 개인이나 또는 전문기관이 작성하는 교육개혁에 관한 건의서, 연구보고서 등 교육정책 형성의 분위기를 조성하는 단계이다.

TIP 캠벨(Campbell)의 교육정책 결정단계

1. 기본적인 힘 (basic forces)	전국적·전세계적 범위에서 발생하는 중요한 정치적·경제적·사회적·기술공학적 힘(영향력)이 교육정책 결정에 작용하는 단계이다.
2. 선행운동 (antecedent movements)	기본적 힘에 대해 반응하는 단계로, 교육에 대하여 상당한 주의를 끄는 각종의 운동(예 교육개혁 건의서, 연구보고서)이 선행적으로 전개된다.
3. 정치적 활동 (political action)	정책결정에 선행되는 공공의제에 관한 토의나 논쟁이 이루어지는 단계로 매스컴을 통하여 일반시민의 여론을 조직화하고 정당의 정책으로 되어 정책결정기관을 자극하여 교육정책 형성의 분위기를 조성하며 공식적인 입법의 준거로서 작용하기도 한다.
4. 입법화 (formal enactment)	행정부나 입법부에 의한 정책형성의 최종단계로, 지금까지의 기본적인 사회적 조건의 변화나 전국적인 선행운동의 조직 및 정부 내외의 정치적 활동과 같은 단계들은 입법단계에 이르러 비로소 정점을 이루게 된다.

04 교육문제에 대한 정책이 이루어지는 과정을 순서대로 바르게 나열한 것은? 20. 국가직 7급

> ㉠ 사회적 이슈화　　　㉡ 정책결정　　　㉢ 정책의제설정
> ㉣ 정책집행　　　㉤ 정책평가

① ㉠ ⇨ ㉢ ⇨ ㉡ ⇨ ㉣ ⇨ ㉤　　　② ㉠ ⇨ ㉤ ⇨ ㉢ ⇨ ㉡ ⇨ ㉣
③ ㉢ ⇨ ㉡ ⇨ ㉣ ⇨ ㉠ ⇨ ㉤　　　④ ㉢ ⇨ ㉤ ⇨ ㉠ ⇨ ㉡ ⇨ ㉣

해설 교육정책은 교육의 영역에서 문제가 제기되어 그것이 본격적인 사회적 문제로 부각되어 정책 의제화되고 공공의 토론과 논쟁을 거쳐 결국 법제화가 되는 과정을 거쳐 형성된다. 이 과정을 종합하면 ① 교육문제의 제기(사회적 이슈화), ② 정부 귀속과 교육정책 의제화, ③ 교육정책의 목표 설정, ④ 정책 대안의 탐색과 선택, ⑤ 정책 대안의 심의 결정과 합법화의 단계를 거쳐 정책은 형성된다고 볼 수 있다. 이렇게 형성된 정책은 정책 집행, 정책 평가를 거쳐 이루어진다.

05 로위(Lowi)가 제시한 정책의 유형과 그에 해당하는 교육정책의 사례를 바르게 연결한 것은? 19. 국가직 7급

　　　유형　　　　　　　　　　　　　사례
① 구성 정책　　　　　　사립학교 설립 인가
② 규제 정책　　　　　　두뇌한국(BK)21 사업
③ 배분 정책　　　　　　교육공무원 보수 및 연금 관련 법령 정비
④ 재분배 정책　　　　　취약 지역에 기숙형 공립고등학교 집중 설립

해설 로위(Theodore J. Lowi)의 정책유형론(1964, 1972)은 권력의 장(arenas of power, 권력 영역) 모형으로, "정책이 정치를 결정한다(policy determines politics)"는 전제를 토대로, 정책 현상과 권력의 거시적인 표현인 강제(coercive power)와 관련시켜 정책유형을 분류하였다. 즉, 정책 분류 요소를 '강제의 가능성'과 '강제의 적용 형태'로 선정하여 분배 (distributive), 규제(regulative), 재분배(redistributive), 구성(constituent) 정책 등 4가지로 유형화하였다. 이 중 재분배 정책은 정부에 의한 강제력의 행사가 직접적이며, 적용영역은 행위의 환경에 해당하는 것으로 사회 계층 및 구성원 간의 소득 재분배 정책을 들 수 있다. ①은 규제 정책, ②는 배분 정책, ③은 구성 정책에 해당한다.

TIP 로위(Lowi)의 정책유형 모형

		강제의 적용영역	
		개인의 행위	행위의 환경
강제의 수단	직접적	규제 정책 (regulatory policy)	재분배 정책 (redistributive policy)
	간접적	분배 정책 (distributive policy)	구성 정책 (constituent policy)

06 다음 글에서 설명하는 교육정책평가의 방법은? 07. 국가직

> 교육정책의 집행과정이나 집행 후 정책내용의 진도의 성과에 대해 정책의 영향을 받는 수혜자나 정책에 관심을 가지는 주민들로부터 직접 정보를 수집하는 방법

① 실험적 방법 ② 비교분석
③ 모니터링 ④ 전문가에 의한 판단

해설 모니터링(monitoring)은 교육정책평가 중 형성평가의 대표적인 방법이다. 교육정책평가는 사전평가, 형성평가, 사후평가, 메타평가(상위평가), 정책감사 등으로 나눌 수 있다. 이 중 형성평가는 교육정책의 집행과정에서 시행되는 평가로 모니터링이 그 핵심이다.

07 던(Dunn)의 정책평가 기준과 그에 대한 설명으로 옳은 것은? 15. 국가직 7급
① 능률성(efficiency)은 정책의 목표를 얼마나 달성했느냐를 평가하는 것이다.
② 효과성(effectiveness)은 정책목표를 달성하기 위하여 투입한 노력의 정도를 평가하는 것이다.
③ 충족성(adequacy)은 정책목표의 달성이 문제해결에 어느 정도 공헌하고 있는가를 평가하는 것이다.
④ 적합성(appropriateness)은 정책의 결과가 특정 집단의 요구, 선호, 가치 등에 어느 정도 부합하느냐를 평가하는 것이다.

해설 충족성(adequacy, 필요성, 적정성)은 가치 있는 성과, 즉 정책목표의 달성이 문제해결에 얼마나 공헌했는가를 측정하는 것을 말한다. ①은 효과성, ②는 능률성, ④는 대응성에 해당한다.
적합성(appropriateness, 적절성)은 정책이 그 상황적 맥락에서 어느 정도로 가치가 있고 어울리는가를 판단하는 것으로, 정책목표가 과연 바람직한 것이며 가치 있는 것이냐 하는 것이다. 정책목표의 가치와 관련되며, 어떤 목표가 사회를 위해 과연 적절한 것인가를 고려하는 것으로 가장 상위수준의 평가기준에 해당한다. 이 외에 형평성(Equity)은 한 정책의 집행에 따르는 비용(cost)과 편익(benefit)이 여러 집단에 평등하게 배분되어 있는 정도를 말한다.

정답 03. ② 04. ① 05. ④ 06. ③ 07. ③

제6절 | 장학

1 장학의 개요

01 **장학개념의 변천에 대한 설명으로 옳은 것은?**
　　　　　　　　　　　　　　　　　　　　　　　　　　　　　　　　　　20. 국가직

① 관리장학은 학문중심 교육과정으로 인해 등장하였다.
② 협동장학은 조직의 규율과 절차, 효율성을 강조하였다.
③ 수업장학은 교육과정의 개발과 수업효과 증진을 강조하였다.
④ 아동 중심 교육이 강조되던 시기에 발달장학이 널리 퍼졌다.

해설 　장학의 역사적 발달과정은 전통적·과학적 장학(관리장학) ⇨ 인간관계론적 장학(협동장학) ⇨ 수업장학(임상장학) ⇨ 인간자원장학(발달장학)으로 전개되었다. 이 중 수업장학은 학문 중심 교육과정의 영향을 받아 교육과정의 개발과 수업효과 증진에 중점을 두었다. 장학담당자들은 각 교과의 전문가로 이해하고, 교수-학습 과정에 대한 분석과 임상적 활동에 관심, 시청각 기자재를 활용한 수업개선, 새로운 교수법의 개발 등의 노력에 집중하였다. 장학방법으로는 교사의 전문적 신장을 도모하는 임상장학과 마이크로티칭(micro-teaching) 기법이 활성화되었다. ①은 수업장학, ②는 관리장학, ④는 협동장학에 해당한다.

TIP 각 시기별 장학의 발달단계 변화

시기	관련된 교육행정이론	장학 단계 시대구분	장학방법
1750~1910	과학적 관리론	관리장학 시대	시학(視學)으로서의 장학, 강제적 장학
1910~1920			과학적 장학
1920~1930			관료적 장학
1930~1955	인간관계이론	협동장학 시대	협동적 장학, 민주적 장학, 참여적 장학
1955~1965	행동과학이론, 체제이론	수업장학 시대	교육과정 개발 장학
1965~1970			임상장학, 마이크로티칭
1970~1980	상황이론, 인간자원론	발달장학 시대	경영으로서의 장학, 인간자원장학
1980~			지도성으로서의 장학

02 장학에 대한 설명으로 가장 적절하지 못한 것은?

05. 중등임용

① 임상장학은 학교가 직면하고 있는 문제에 대한 전문적 진단과 처방에 초점을 둔다.

② 장학은 크게 보아 관리장학 – 협동장학 – 수업장학 – 발달장학으로 개념이 변해 왔다.

③ 장학의 주요한 기능은 교수의 전문적 신장을 돕는 일이다.

④ 장학은 수업과는 직접적인 관련성을 가지나, 학생과는 간접적으로 관련되어 있다.

해설 ①은 컨설팅(consulting) 장학에 해당하며, ④는 해리스(Harris)의 장학에 대한 정의이다. 임상장학(clinical supervision)은 지시적·권위적인 장학사 중심의 전통적 장학에 반발하여 나타난 장학유형으로, 교사의 전문적 성장과 교실수업 기술향상을 목적으로 한 교사와 학생의 상호작용에 초점을 둔 상호작용적·민주적·교사중심적 장학을 말한다. 교사의 필요에 의하여, 교사의 요청에 의하여, 교사를 중심으로, 교사가 주체가 되어 이루어지는 장학이기 때문에 '교사 중심 장학'이라고 한다.

TIP 해리스(Harris)의 장학 개념

1. **학교경영의 5개 기능영역 제시** : '학생'과 '수업'과의 관련성 정도에 따른 분류

교수기능(영역 A)	전체 학교경영의 핵심적 기능 ⇨ 교사가 학생과 함께 수업목표 달성을 위해 노력하는 과정. 수업과 학생 모두에게 직접적으로 관련된다. 예 교사
장학기능(영역 B)	수업과는 직접적으로 관련되지만, 학생과는 교사를 통해 간접적으로 관련된다. 예 교감, 교장
관리기능(영역 C)	수업과 학생 모두에게 간접적으로 관련된다. 예 교장, 행정직원
학생을 위한 특별봉사 기능(영역 D)	학생과는 직접적으로 관련되지만 수업과는 간접적으로 관련된다. 예 보건교사, 버스기사, 상담교사
행정기능	수업과 학생과는 직접 또는 간접적이 아닌 중앙에 위치하는 기능 ⇨ 학교 전체 운영에 통일성을 주는 중추적·포괄적 기능 예 교장

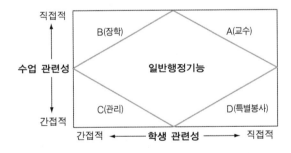

2. **장학의 개념**
    ① 학생들의 학습을 촉진하기 위해 수업과정에 직접적으로 영향력을 행사하는 방법
    ② 학교 수업목표 성취에 직접적 영향을 주어 학교운영을 유지·변화시킬 목적으로 교원과 교육과정에 관계하는 행위

정답 01. ③   02. ①

03 다음 설명에 해당하는 교내 자율장학의 형태는?

21. 지방직

> • 교사들의 교수−학습 기술 향상을 위해 교장·교감이나 외부 장학요원, 전문가, 자원인사 등이 주도하는 개별적이고 체계적인 성격이 강한 조언 활동이다.
> • 주로 초임교사, 저경력교사 등을 대상으로 진행된다.
> • 구체적인 형태로는 임상장학, 마이크로티칭 등이 있다.

① 동료장학 　　　　　　　　　　　　② 발달장학
③ 수업장학 　　　　　　　　　　　　④ 자기장학

해설　수업장학(Instructional Supervision)은 교내장학과 유사한 개념으로 와일즈(Wiles)가 제안하였다. 수업과 교육과정의 개선을 돕는 장학활동으로 학문 중심 교육과정의 영향으로 등장하였으며, 교사의 교수·학습 기술 향상을 위한 조언 활동에 초점을 둔 장학 형태이다. 장학사, 학교장, 교감 등 장학 담당자들은 각 교과의 전문가로 이해되며, 교실에서 교수활동에 초점을 맞추어 장학 담당자와 교사가 협력하여 교사의 전문적 신장을 도모하는 장학으로, 임상장학과 마이크로티칭 (micro−teaching) 기법이 이에 해당한다. ②의 발달장학은 수업장학과는 별도로 인간관계이론 시기의 협동장학(동료장학)에 대한 새로운 대안을 모색한 것으로, 과학적 관리론의 조직생산성 강조와 인간관계이론의 직무만족이라는 장점을 절충하려는 노력을 말한다. 새로운 행동과학의 이론에 기초하여, 관리장학 또는 발전된 협동장학의 형태로 나타났다.

2 조직 수준에 따른 구분

04 다음과 같은 특징을 갖고 있는 장학의 유형은?

09. 국가직

> • 지역 교육청(교육지원청)의 학교 담당 장학사가 중심이 되어 실시한다.
> • '학교 현황 및 장학록'을 작성하여 누가적으로 기록함으로써 학교교육 평가에 활용하기도 한다.
> • 교육과정의 운영, 생활지도, 도의교육, 과학·실업교육, 보건·체육교육 등 학교교육 전반에 걸쳐 전문적이고 지속적인 지원을 제공한다.

① 동료장학 　　　　　　　　　　　　② 요청장학
③ 담임장학 　　　　　　　　　　　　④ 임상장학

해설　교육지원청(지역교육청) 수준의 학무장학(지방장학) 유형 중에서 담임장학은 학교담당 장학사가 학교교육 전반을 지속적으로 지원하는 형태의 장학을 말한다. ②도 학무장학의 유형에 속하지만 이는 개별 학교가 요청해서 장학 담당자를 초빙하는 형태로 이루어지는 장학을 말하며, ①과 ④는 교내장학의 유형에 해당한다.

TIP 장학의 유형

조직 수준에 따른 장학	교육장학(중앙장학) ⇨ 학무장학(지방장학 예 종합장학, 담임장학, 확인장학, 표집장학, 특별장학, 요청장학, 개별장학) ⇨ 교내 자율장학(수업장학) ⇨ 임상장학
장학 방법에 따른 장학	동료장학, 자기장학, 전통적 장학(약식장학), 마이크로티칭, 인간자원장학, 선택장학(차등장학)

TIP 학무장학의 유형

1. **담임장학** : 각 학교 담당 장학사가 '학교 현황 및 장학록'을 작성, 학교교육 전반에 걸친 전문적이고 지속적인 지원 제공
2. **종합장학** : '장학지도반'이 교육청 시책에 대한 학교별 추진사항 평가
3. **확인장학** : 각 학교 담당 장학사가 이전 장학지도 시의 지시사항 이행 여부 확인
4. **표집장학** : 주제별로 학교를 무선표집, 주제 활동을 점검
5. **특별장학** : 특별한 문제해결이나 예방을 위한 지도·조언
6. **요청(초빙)장학** : 일선학교가 장학의 필요성을 느껴 장학 담당자를 초청
7. **개별장학** : 각급 학교에 따라 학교현장의 현안문제를 중심으로 확인하고 지도·조언하는 활동
8. **컨설팅(consulting) 장학(또는 맞춤장학)** : 학교교육 및 교사의 수업활동을 개선하기 위해 일정한 전문성을 가진 사람들이 학교와 학교구성원들의 요청에 따라 제공하는 독립적인 자문활동 예 학교컨설팅, 수업컨설팅
9. **지구자율장학** : 지구별 장학협의회 간사학교가 중심이 되어 학교 간 상호방문을 통해 교육연구, 생활지도 및 특색사업을 공개적으로 협의하는 장학 예 협동강연회, 순회교사제, 학교 간 방문장학, 교육연구활동, 생활지도활동(학생선도)

05 컨설팅 장학의 특징으로 옳지 않은 것은?

12. 국가직 7급

① 공식적 컨설팅 관계는 컨설턴트와 의뢰인의 상호 합의의 계약이 있어야 성립된다.
② 컨설턴트는 변화에 관한 결정을 내리거나 집행하는 권한을 가지고 있지 않다.
③ 의뢰한 문제가 해결되었다고 컨설팅 관계가 종료되어서는 안 된다.
④ 학교조직의 내부인보다는 외부인이 컨설턴트로 활동하는 데 유리한 면이 있다.

해설 컨설팅(consulting) 장학은 학교교육 및 교사의 수업활동을 개선하기 위해 일정한 전문성을 가진 사람들이 학교와 학교구성원들의 요청에 따라 제공하는 독립적인 자문활동을 말한다. 의뢰인과 컨설턴트와의 관계는 특정과제 해결을 위한 일시적인 관계이며, 이를 '일시성의 원리'라고 한다.
①은 독립성, ②는 자문성, ④는 전문성의 원리에 해당한다.

TIP 컨설팅 장학의 기본원리

자발성의 원리	학교장이나 교사가 자발적으로 나서서 컨설턴트의 도움을 요청해야 한다는 것이다.
전문성의 원리	학교경영과 교육에 대한 전문적 지식과 기술체계를 갖춘 사람에 의해 이루어지는 지도와 조언활동이 되어야 한다는 것이다.
독립성의 원리	컨설턴트가 의뢰인과 상급자 - 하급자의 관계에 있어서는 안 되며, 독립된 개체로서 서로 인정하고 도와주는 역할수행이 이루어져야 한다는 것이다.
자문성의 원리	컨설팅은 본질적으로 자문활동이어야 한다는 것이다. 즉, 컨설턴트가 의뢰인을 대신해서 교육을 담당하거나 학교를 경영하는 것이 아니며, 그 컨설팅을 선택함으로써 발생하는 모든 책임은 원칙적으로 의뢰인에게 있다는 것이다.
일시성의 원리	의뢰인과 컨설턴트와의 관계는 특정과제 해결을 위한 일시적인 관계여야 한다는 것이다.
교육성(학습성)의 원리	학교 컨설팅을 통해 컨설턴트는 의뢰인에게 컨설팅에 관한 교육적 영향력을 행사해야 한다는 것이다.

정답 03. ③ 04. ③ 05. ③

06 다음 설명에 해당하는 학교컨설팅의 원리는?　　　　　　　　　　　　　　24. 지방직

> • 학교 컨설턴트가 의뢰인을 대신하여 교육활동을 전개하거나 학교를 경영하지 않아야 한다.
> • 컨설팅 결과에 대한 최종 책임은 의뢰인에게 있다.

① 자문성의 원리　　　　　　　　　　② 자발성의 원리
③ 전문성의 원리　　　　　　　　　　④ 한시성의 원리

해설 자문성의 원리는 컨설턴트는 변화에 관한 결정을 내리거나 집행하는 권한을 가지고 있지 않으며, 본질적으로 자문활동이어야 한다는 것을 의미한다.

07 장학의 유형 중 컨설팅장학의 특징을 가장 잘 설명한 것은?　　　　　　　　08. 초등임용

① 교육청이 주제별로 학교를 무선 표집하여 주제 활동을 점검한다.
② 장학지도반이 교육청의 시책에 대한 학교별 추진사항을 파악하고 평가한다.
③ 각 학교 담당 장학사가 이전 장학지도 시의 지시사항에 대한 이행 여부를 확인한다.
④ 교원의 의뢰에 따라 전문성을 갖춘 장학요원들이 교원들의 직무상 문제를 진단하고 해결을 위한 대안 마련 및 실행 과정을 지원한다.

해설 컨설팅장학은 학교 구성원의 자발적 의뢰에 의해 행해지는 맞춤장학 활동이다. ①은 표집장학, ②는 종합장학, ③은 확인장학의 특징이다.

08 임상장학의 특징으로 옳지 않은 것은?　　　　　　　　　　　　　　　　07. 국가직 7급

① 교사의 수업기술 향상이 주된 목적이다.
② 교사와 장학 담당자 간의 대면적 관계와 상호작용을 중시한다.
③ 일련의 체계적이고 집중적인 지도, 조언의 과정이다.
④ 자아실현의 욕구가 강한 능력 있는 교사들에게 효과적이다.

해설 임상장학(clinical supervision)은 코간(Cogan), 애치슨(Acheson) 등이 개발·발전시킨 것으로, 교사의 전문적 성장을 목적으로 한 수업장학 유형이다. 교사의 전문적 성장과 교실수업 개선을 목적으로 장학 담당자(장학사)와 교사가 수업현장에서 계획협의회, 수업관찰, 피드백 협의회의 과정에 따라 진행하는 학급단위의 장학 유형으로, 생존기에 있는 초임교사(임용 후 3년 이내)나 갱신기에 있는 경력교사에게 효과적이다.
④는 자기장학이 효과적이다.

09 〈보기〉와 같이 진행되는 장학의 유형은?

06. 유·초등임용

┌ 보기 ┐
- 장학담당자와 교사가 함께 수업안을 계획·검토한다.
- 교사와 함께 관찰 전략을 협의하고, 수업을 관찰한다.
- 장학담당자는 수업 상황과 교수·학습 과정을 분석한다.
- 관찰 후 협의회를 통해 수업에서 개선할 점을 점검하고 대안을 모색한다.

① 관리장학　　　　② 확인장학　　　　③ 일상장학　　　　④ 임상장학

해설 임상장학이란 실제의 교수 상황을 직접 관찰하여 자료를 얻는 수업장학의 한 양상으로, 수업의 질을 개선하기 위하여 교사와 장학담당자 간의 대면적인 상호작용을 통해 교수행동 및 활동을 분석하는 일이다(Goldhammer). 계획협의회(사전협의회) - 수업관찰 - 관찰결과의 분석 - 관찰 후 협의(피드백협의회)의 순으로 진행된다. ①은 시학(視學)으로서의 장학이며, ②는 학무장학의 한 유형에 해당하며, ③은 학급순시나 수업참관 등이 해당한다.

10 다음 설명에 해당하는 장학의 유형은?

23. 국가직 7급

- 학급에서 교사와 학생 사이에 이루어지는 상호작용에 초점이 맞춰진 장학활동이다.
- 장학활동이 이루어지는 당사자 간에 상하관계보다는 쌍방적 관계를 지향한다.
- 교사와 학생 간의 상호작용 및 수업과 관련된 교사의 지각·신념·태도·지식에 대한 정보를 중심으로 수업의 개선을 도모한다.

① 임상장학　　　　　　　　② 약식장학
③ 동료장학　　　　　　　　④ 지방장학

해설 임상장학(clinical supervision)은 지시적·권위적인 장학사 중심의 전통적 장학에 반발하여 나타난 장학유형으로, 교사의 전문적 성장과 교실수업 기술향상을 목적으로 한 교사와 학생의 상호작용에 초점을 둔 상호작용적·민주적·교사중심적 장학을 말한다. 교사의 필요에 의하여, 교사의 요청에 의하여, 교사를 중심으로, 교사가 주체가 되어 이루어지는 장학이기 때문에 '교사 중심 장학'이라고 한다. 구현방법은 수업연구를 들 수 있다.

11 교사의 수업 전문성 향상을 목적으로 다음과 같이 진행되는 수업은?

08. 유·초등임용

- 모의 수업을 실시하고 이를 비디오로 녹화한다.
↓
- 비디오를 반복적으로 보면서 수업 내용을 관찰·분석한다.
↓
- 분석 내용을 토대로 수업 실시자에게 피드백을 제공한다.

① 팀 티칭(team teaching)　　　　② 마이크로 티칭(micro teaching)
③ 상보적 수업(reciprocal teaching)　　④ 프로그램 수업(programmed teaching)

정답 06. ①　07. ④　08. ④　09. ④　10. ①　11. ②

해설 마이크로 티칭(micro-teaching) 또는 소규모 수업이란, 교생지도(敎生指導)를 위하여 개발된 장학 방법이다. 4분에서 20분 정도의 수업시간에 3~10명 규모의 소집단 학생을 대상으로 간단한 내용을 가지고 한두 가지 수업기술 향상에 초점을 둔 축소된 수업 연습을 말한다. ①은 협동교수, ③은 독해능력 함양을 위한 구성주의 교수방법, ④는 행동주의 학습이론에 토대를 둔 개별화 교수법을 말한다.

3 장학방법에 따른 구분

12 장학의 유형과 그에 대한 설명으로 옳지 않은 것은? 12. 국가직

① 자기장학 – 교수활동의 전문성을 반영한 장학 형태이다.
② 동료장학 – 인적자원 활용의 극대화라는 측면에 장점이 있다.
③ 임상장학 – 학교운영 전반에 대한 진단 및 임상적 처방이 목적이다.
④ 약식장학 – 교장이나 교감 등 주로 학교의 관리자에 의하여 이루어진다.

해설 학교경영을 포함하여 학교교육과 관련된 제 영역에 대해서 전문적 · 기술적 조언과 의견을 제공하는 활동은 컨설팅 장학 중 학교 컨설팅에 해당한다. 임상장학은 교사의 전문적 성장과 교실수업 기술향상을 목적으로 한 교사와 학생의 상호작용에 초점을 둔 상호작용적 · 민주적 · 교사 중심적 장학을 말한다.

TIP 장학 유형의 비교

장학 유형	구체적 형태	장학 담당자
임상장학	초임교사 혹은 갱신기 교사 대상 수업관련 지도 · 조언 활동	외부 장학 요원, 전문가, 교장, 교감
동료장학	수업연구(공개) 중심 장학, 협의 중심 장학, 연수 중심 장학, 동호인 활동 중심 장학, 커플장학	동료 교사
약식장학	학급 순시, 수업참관	교장, 교감
자기장학	자기수업 분석 연구, 전문서적 자료 탐독, 대학원 수강, 교과연구회 · 학술회 · 강연회 참석, 각종 자기연찬 활동	교사 개인

13 김 교장이 실시하고자 하는 장학의 종류는? 18. 지방직

> 김 교장: 교사들이 좀 더 수업을 잘 하도록 지원하기 위해서는 수업 장면을 살펴봐야겠습니다.
> 박 교감: 공개수업을 참관해 보면 미리 짠 각본처럼 준비된 수업을 하니 정확한 실상을 알기가 어렵습니다.
> 김 교장: 교사들이 거부반응을 보일지 모르지만 복도에서라도 교실 수업 장면을 살펴보고 필요한 조언을 해야겠습니다.

① 약식장학 ② 자기장학
③ 중앙장학 ④ 확인장학

해설 전통적 장학(약식장학, 일상장학)은 학교장이나 교감이 잠깐(5~10분) 비공식적으로 교실에 들러서 수업을 관찰하는 방법으로, 다른 장학 형태에 대하여 보완적이고 대안적인 성격을 갖는다. 그 실천 방법으로는 학급순시, 수업참관 등이 있으며, 교장이나 교감이 학교교육 전반의 정보를 파악하는 데에 도움이 되며, 교장이나 교감이 교사들의 평상시 수업 및 학급경영활동을 관찰하고 지도·조언한다.

14 다음 글에서 선택적 장학 중 약식장학의 주요 특징만 묶은 것은? 07. 국가직

> ㉠ 교사의 자율성과 협동성을 기초로 한다.
> ㉡ 다른 장학 형태에 대하여 보완적이고 대안적인 성격을 갖는다.
> ㉢ 교사들 간에 동료적인 관계 속에서 서로 가르치고 배운다.
> ㉣ 간헐적이고 짧은 시간 동안의 학급 순시나 수업참관을 중심 활동으로 한다.

① ㉠, ㉡   ② ㉠, ㉢
③ ㉡, ㉣   ④ ㉢, ㉣

해설 ㉠과 ㉢은 동료장학의 특징에 해당한다. 동료장학(협동장학, 동료코치)은 소집단(3~4명)의 교사들이 자신들의 성장과 교육활동의 개선을 위해 서로 협동하고 노력하는 동료적 과정이다.

15 다음 설명에 해당하는 것은? 20. 지방직

> • 학교교사가 공동으로 노력하도록 함으로써 장학활동을 위해 학교의 인적 자원을 최대한 활용할 수 있다.
> • 수업개선 전략에 대한 책임감을 부여함으로써 수업개선에 기여할 수 있다는 성취감을 갖게 할 수 있다.
> • 교사관계를 증진할 수 있고, 학교 및 학생 교육에 대한 적극적인 자세와 전문적 신장을 도모할 수 있다.

① 임상장학   ② 동료장학
③ 약식장학   ④ 자기장학

해설 동료장학은 소집단(2명 이상)의 교사들이 자신들의 성장과 교육활동의 개선을 위해 서로 협동하고 노력하는 동료적 과정(Collegial Process)으로, 교사들 간에 동료적 관계 속에서 서로 가르치고 배우는 활동이다. 구체적 실천 바업으로는 수업연구(공개) 중심, 협의 중심, 연수 중심, 동호인 활동 중심 동료장학, 멘토링, 커플장학 등이 있다.

TIP 동료장학의 특징과 형태

1. 특징
   ① 교사들의 자율성과 협동성을 기초로 한다.
   ② 동료적 관계 속에서 교사들 간에 서로 가르치고 배우는 활동이다.
   ③ 학교의 형편이나 교사들의 필요와 요구에 기초하여 다양하고 융통성 있게 운영된다.
   ④ 교사들의 전문적 발달뿐만 아니라 개인적 발달, 학교의 조직적 발달까지 도모할 수 있다.
2. 형태 : 수업연구 중심 동료장학(예 수업공개), 협의 중심 동료장학(예 학년협의회, 교과협의회), 연수 중심 동료장학(예 교과연구회, 교직원연수), 동호인활동 중심 장학, 커플장학, 멘토링, 전문적 학습공동체 모임

정답 12. ③   13. ①   14. ③   15. ②

16 다음에 해당하는 장학의 유형은?

• 학생들의 수업평가 결과 활용
• 자신의 수업을 녹화하여 분석 · 평가
• 대학원에 진학하여 전공교과 또는 교육학 영역의 전문성 신장

① 약식장학　　　　　　　　　　② 자기장학
③ 컨설팅 장학　　　　　　　　　④ 동료장학

해설　자기장학은 외부의 지도에 의해서보다는 교사 자신이 전문적 성장을 위해 스스로 계획을 세우고 실천하며 그 결과에 대하여 자기반성을 하는 자율장학을 말한다. 지문에 제시된 방법 이외에 ㉠ 전문서적이나 자료 탐독, ㉡ 전문기관이나 전문가 방문 · 상담, ㉢ 교과연구회, 학술회, 강연회 등 참석, ㉣ 현장방문 · 견학, ㉤ 각종 자기연찬 활동 등이 있다.

TIP 용어 설명 ▏▏▏

약식장학	학교장이나 교감이 잠깐(5~10분) 비공식적으로 교실에 들러서 수업을 관찰하는 방법으로, '일상장학, 전통적 장학'이라고도 부른다. 다른 장학 형태에 대하여 보완적이고 대안적인 성격을 갖는다.
동료장학	소집단(3~4명)의 교사들이 자신들의 성장과 교육활동의 개선을 위해 서로 협동하고 노력하는 동료적 과정을 말한다.
컨설팅 장학	전문성을 갖춘 장학요원들이 교사의 의뢰에 따라 그들이 직무수행상 필요로 하는 문제와 능력에 관해 진단하고, 그것의 해결과 계발을 위한 대안을 마련하며, 대안을 실행하는 과정을 지원 또는 조언하는 활동이다.

17 다음과 가장 관계가 깊은 장학의 유형은?

• 전문인사의 자문과 조언 활용
• 대학원에 진학하여 전문성 신장
• 자신의 수업을 녹화하여 분석 · 평가

① 약식장학　　　　　　　　　　② 자기장학
③ 교내장학　　　　　　　　　　④ 동료장학

해설　지문은 교사 개인이 자신의 전문적 발달을 위하여 스스로 체계적인 계획을 세우고 이를 실천하는 자기장학의 방법들이다. 자기장학(Self-directed Supervision)은 '자율장학'이라고도 부르며, 가장 이상적인 장학 형태에 해당한다. 이 외에 자기장학의 방법으로는 자신의 수업이나 학급경영 등에 대해 학생들을 대상으로 한 의견조사 실시, 교직 · 교양 · 전공 과목과 관련된 문헌연구와 다양한 정보자료 활용 등이 있다.

18 장학의 유형에 대한 설명으로 옳지 않은 것은?   18. 국가직

① 임상장학 - 학급 내에서 수업의 질을 개선하기 위한 것으로, 교사와 학생 사이에서 이루어지는 상호작용에 초점을 둔다.
② 약식장학 - 평상시에 교장 및 교감의 계획과 주도하에 이루어지는 것으로, 다른 장학형태의 보완적인 성격을 지닌다.
③ 동료장학 - 수업전략을 개발하기 위한 것으로, 교사 간에 상호협력 하는 장학형태이다.
④ 요청장학 - 교내 자율장학으로, 사전 예방차원에서 전문적이고 집중적인 지원이 필요한 경우 이루어지는 장학형태이다.

해설 교내 자율장학의 유형에는 임상장학, 동료장학, 자기장학, 약식장학, 행정적 감독 등이 있다. 요청장학은 교육청 단위에서 행해지는 학무장학(지방장학)의 한 유형으로, 개별 학교의 요청에 의하여 해당 분야의 전문 장학담당자를 파견하여 지도·조언하는 장학활동이다. ④에서 사전 예방차원에서 전문적이고 집중적인 지원의 형태는 특별장학에 해당한다.

19 서지오바니(T. J. Sergiovanni)의 인적자원론적 장학의 관점을 가장 잘 나타낸 것은?

09. 유·초등임용

① 교사의 만족도가 증가하면 학교의 효율성이 증가하고, 이를 통해 공동의 의사결정이 달성된다.
② 교사의 만족도가 증가하면 공동의 의사결정이 달성되고, 이를 통해 학교의 효율성이 증가된다.
③ 학교의 효율성이 증가하면 교사의 만족도가 증가하고, 이를 통해 공동의 의사결정이 달성된다.
④ 공동의 의사결정을 도입하고 나면 학교의 효율성이 증가하고, 이를 통해 교사의 만족도가 증가한다.
⑤ 공동의 의사결정을 도입하고 나면 교사의 만족도가 증가하고, 이를 통해 학교의 효율성이 증가한다.

해설 인간자원론적(인적자원론적) 장학은 목적적 인간관(자아실현적 인간관)을 토대로 한 장학의 관점이기에 궁극적인 목표는 교사의 직무만족도에 둔다. 이에 비해 도구적 인간관(사회적 인간관)에 토대를 둔 인간관계론적 장학의 관점은 학교의 효율성에 최종 목적을 두기 때문에 ⑤에 해당한다.

TIP 인간관계론적 장학과 인간자원론적 장학의 차이점

인간관계론적 장학 (사회적 인간관 / 도구적 인간관)	의사결정 과정에 교사들의 참여(Y이론) ⇨ 교사들의 직무만족도 향상 ⇨ 학교교육의 효과성 증대
인간자원론적 장학 (자아실현적 인간관 / 목적적 인간관)	의사결정 과정에 교사들의 참여 (Y이론) ⇨ 학교교육의 효과성 증대 ⇨ 교사들의 직무만족도 향상

정답   16. ②   17. ②   18. ④   19. ④

제 7 절 **교육제도 및 학교경영, 학급경영**

1 교육제도

01 우리나라 의무교육제도에 대한 설명으로 타당한 것은?   08. 국가직
□□□

① 의무교육제도는 교육이 권리가 아니라 특권이라는 개념에 근거를 두고 있다.

② 「초·중등교육법」에 비추어 볼 때, 의무교육제도는 취학의무가 아니라 교육의무를 의미한다.

③ 현행 교육법제에서는 의무교육제도의 실효성을 보장하기 위하여 보호자와 국가에게 그 책임을 부과하고 있다.

④ 의무교육 단계에서도 학생들이 학교교육을 현저히 위반하였을 때에는 퇴학이 가능하다.

해설 ③은 「헌법」 제31조 제2항, 「초·중등교육법」 제12조 제1항에 근거하고 있다. ①은 의무교육을 받을 권리에 근거하고 있으며(「교육기본법」 제8조 제2항), ②는 취학의무를 의미하며(「초·중등교육법」 제13조), ④는 의무교육 과정에서는 퇴학이 불가능하다(「초·중등교육법」 제18조 제1항).

02 우리나라 의무교육제도에 대한 설명으로 옳지 않은 것은?   17. 국가직
□□□

① 지방자치단체는 국립 또는 사립의 초등학교·중학교 또는 특수학교에 일부 의무교육 대상자에 대한 교육을 위탁할 수 있다.

② 지방자치단체로부터 의무교육 대상자의 교육을 위탁받은 사립학교의 설립자·경영자는 의무교육을 받는 사람으로부터 수업료와 학교운영 지원비를 받을 수 있다.

③ 모든 국민은 그 보호하는 자녀에게 6년의 초등교육과 3년의 중등교육을 받게 할 의무를 진다.

④ 취학아동 명부의 작성을 담당하는 읍·면·동의 장은 입학연기 신청서를 제출받은 경우 입학연기 대상자를 취학아동 명부에서 제외하고, 입학연기 대상자 명단을 교육장에게 통보하여야 한다.

해설 의무교육 기간 동안 입학금, 수업료, 교과서 대금과 학교운영 지원비는 무상으로 한다(「초·중등교육법」 제12조 제4항). ①은 제12조 제3항, ③은 「교육기본법」 제8조 제1항, ④는 「초·중등교육법 시행령」 제15조 제4항에 해당한다.

03 우리나라 의무교육 제도에 대한 설명으로 옳은 것은?   22. 국가직 7급
□□□

① 교육을 받을 권리를 실효성 있게 보장하기 위하여 의무교육을 헌법에 명문화하였다.

② 취학의무의 이행을 독려받고도 취학의무를 이행하지 아니한 자에 대한 벌금 제도를 두었다.

③ 처음 의무교육이 도입된 이후 의무교육기간은 늘어나지 않았다.

④ 초등학교, 중학교, 고등학교를 대상으로 총 12년간의 의무교육을 시행한다.

해설 의무교육 제도에 관한 「헌법」 조항은 제31조 제2항(의무교육)과 제3항(무상의무교육)이다. 제2항은 "모든 국민은 그 보호하는 자녀에게 적어도 초등교육과 법률이 정하는 교육을 받게 할 의무를 진다.", 제3항은 "의무교육은 무상으로 한다."는 것이다. ②는 취학 의무의 이행을 독려받고도 취학 의무를 이행하지 아니한 자는 100만원 이하의 과태료 부과처분을 받는다(「초·중등교육법」 제68조 제1항 제1호). ③은 1950년 초등학교 6년(시작 1954, 완성 1959), 1985년 중학교(도서·벽지학교) 3년(읍·면지역은 1992년, 전국 시행은 2002~2004년)으로 확대 시행되었다. ④는 6년의 초등교육과 3년의 중등교육(중학교), 즉 9년간의 의무교육을 시행한다(「교육기본법」 제8조).
※ 과태료는 행정법상 의무를 위반한 행정처분이고, 벌금은 형법을 위반한 형벌에 해당한다.

04 다음 중 공교육의 출발 이념을 모두 골라 묶은 것은? ☐☐☐ 01. 중등임용

㉠ 의무성	㉡ 민주성	㉢ 자율성	㉣ 무상성

① ㉠, ㉡   ② ㉠, ㉣   ③ ㉡, ㉢   ④ ㉡, ㉣

해설 │ 공교육제도란 국민교육제도를 운영하기 위해서 국가가 모든 국민에게 교육을 받을 수 있는 기회를 보장해 주는 것으로 19세기 국가주의 시대에 확립되었다. 공교육은 의무성, 무상성, 중립성을 전제로 한다.

---

2 학교경영 및 학급경영

05 다음에서 공통적으로 설명하고 있는 학교경영 관리기법은? ☐☐☐ 10. 중등임용

Chapter
13

- 드러커(P. Drucker)가 소개하고, 오디온(G. Odiorne)이 체계화하였다.
- 조직구성원의 전체적인 참여와 합의를 중시한다.
- 활동의 과정과 결과에 대해 평가하며 수시로 피드백 과정을 거친다.
- 학교운영의 분권화와 참여를 통해 관료화를 방지할 수 있다.

① 델파이 기법(Delphi Technique)
② 비용 – 수익분석법(Cost–Benefit Analysis)
③ 목표관리기법(Management by Objectives)
④ 영기준 예산제(Zero–Base Budgeting System)
⑤ 정보관리체제(Management Information System)

해설 │ 목표관리기법(MBO : Management By Objectives)은 1954년 드러커(Drucker)가 개발한 능력주의적 · 민주적 관리 기법으로 조직의 목표를 조직의 계획과 관련시키는 방법이다. ①은 '앙케이트 수렴법'이라고도 하는데, 전문가 집단의 의견과 판단을 추출하고 종합하여 집단적 판단으로 정리하는 방법이다. 토론 참여자의 익명(anonymity)의 반응, 반복(reiteration)과 통제된 피드백(controlled feed-back), 통계적 집단 반응(statistical group response), 전문가 합의(expert consensus)의 특징을 지닌다.

06 목표관리기법(MBO)의 절차를 다음과 같이 4단계로 구분할 때, (　　) 안에 들어갈 활동으로 가장 ☐☐☐ 적합한 것은? 15. 지방직

1단계 : 전체 교육목적을 명확하게 개발한다.
2단계 : 직위별로 성취해야 할 목표를 정한다.
3단계 : 서로 다른 목표들을 전체 목적에 따라 조정하고 통합한다.
4단계 : (　　　　　　　　　　　　)

① 의사결정의 목록을 작성한다.
② 세부사업계획 및 소요예산을 산출한다.
③ 활동에 걸리는 기대소요시간을 산정한다.
④ 성과 및 결과를 측정할 수 있는 방법을 개발한다.

정답 │   01. ③   02. ②   03. ①   04. ②   05. ③   06. ④

해설 목표관리기법(MBO : Management By Objectives)은 1954년 Drucker가 개발한 능력주의적 · 민주적 관리기법으로, 조직구성원인 상사와 부하직원이 공동의 목표를 향하여 활동하고, 이 활동의 결과를 조직의 목표에 비추어 평가 · 환류시키는 방법이다.
①은 영기준 예산제도(ZBBS), ②와 ③은 계획검토평가기법(PERT)에 해당한다.

07 다음 내용들을 실현하는 데 가장 적합한 학교경영 관리기법은?   07. 유 · 초등임용

☐☐☐

> • 효율적인 예산통제가 가능하며, 최저비용으로 일정 단축이 가능하다.
> • 작업요소별로 책임부서가 명확해짐으로써 원만한 작업수행이 가능하다.
> • 작업과정의 작성에 관계자들이 참여하게 되므로 구성원들의 참여의식이 높아진다.
> • 작업과정의 전모를 파악할 수 있기 때문에 작업 추진에 앞서 애로사항을 파악할 수 있다.
> • 특정한 과업을 추진하기 위한 세부작업활동의 순서와 상호관계를 유기적으로 파악할 수 있다.

① 정보관리체제(MIS)   ② 목표관리기법(MBO)
③ 기획예산제도(PPBS)   ④ 과업평가 계획기법(PERT)

해설 과업평가 계획기법(PERT : Program Evaluation and Review Technique, 과업평가 검토기법)은 하나의 과업을 달성하는 데 필요한 다수의 세부사업을 단계적 결과와 활동으로 세분화하여 관련된 계획공정을 관계도식(flow chart)으로 형성하고 이를 최종목표로 연결시키는 종합계획 관리기법이다. 사업의 추진상황을 시간의 흐름에 따라 일목요연하게 파악할 수 있다는 장점을 지닌다.
① 정보관리체제(MIS : Management Information System, 경영정보시스템, 경영정보관리)는 조직의 계획 · 운영 및 통제를 위한 정보를 수집 − 저장 − 검색 − 처리하여 적절한 시기에 적절한 형태로 적절한 구성원에게 제공해 줌으로써 조직의 목표를 보다 효율적 및 효과적으로 달성할 수 있도록 조직화된 통합적 인간 − 기계시스템(man−machine system)이다.

08 학급담임제와 교과담임제에 대한 설명으로 옳지 않은 것은?   08. 국가직 7급

☐☐☐

① 교과담임제는 초등학교 6학년부터 적용되고 있다.
② 학급담임제는 생활지도 면에서 더 효과적이다.
③ 학급담임제는 초등학교 저학년에 더 적합하다.
④ 교과담임제는 교과의 전문적 지도 면에서 더 효과적이다.

해설 교과담임제는 제6차 교육과정부터 도입 · 적용되었는데 초등학교 3학년부터 6학년까지 체육, 음악, 미술, 영어 및 기타 교과에 적용되고 있다(「초 · 중등교육법 시행령」 제33조 제2항). 학급담임제는 한 사람의 교사가 한 학급의 전 교과 또는 대부분의 교과를 담당 지도하는 것이고, 교과담임제는 한 교과 또는 상호 관련이 있는 몇 개의 교과를 각 교사가 담당하여 학생을 지도하는 조직이다.

09 학급경영의 주체를 다음과 같이 파악하고 있는 교사들이 학급경영 과정에서 보이는 행동 특성을 〈보기〉에서 모두 고르면?

10. 유·초등임용

> 교육의 목적은 학생들이 민주사회의 시민으로 성장하도록 돕는 데 있다. 자율적으로 자신의 책임을 다하는 시민만이 민주사회에서 바람직한 삶을 영위할 수 있다. 학급경영에서도 마찬가지이다. 학생들이 학급 공동체를 구성하고, 자율적으로 학급 내의 문제를 발견하고 해결할 권리와 책임이 있다.

┌ 보기 ┐
- ㉠ 학생들의 개인차를 중시한다.
- ㉡ 학급 내의 의사결정에서 학생에게 재량과 자유를 충분하게 부여한다.
- ㉢ 학급경영에 소요되는 시간을 의미 있고 생산적인 것으로 활용한다.
- ㉣ 학급경영 과정에서 스티커 제도를 활용하는 등 보상적 권한을 자주 행사한다.
- ㉤ 문제행동을 할 때, 예상되는 결과의 경중에 따라 학생이 자연적 결과를 경험하도록 지켜보기도 한다.

① ㉡, ㉣
② ㉠, ㉡, ㉢
③ ㉠, ㉢, ㉣
④ ㉠, ㉡, ㉢, ㉤
⑤ ㉠, ㉡, ㉢, ㉣, ㉤

해설 지문은 민주적인 학급경영의 원칙에 해당한다. ㉣은 인간을 동물의 연장으로 보는 행동주의의 학습원리를 반영하고 있다.

TIP 학급경영의 원칙 ||||||||||||||||||||||||||||||||||||||||||||||||||||||||||||||||||||||||

1. 교육적 학급경영
① 모든 학급경영활동이 교육의 본질과 목적에 부합되도록 운영하라는 원칙이다.
② 교육은 인간성향의 가변성을 믿고 개인이 지닌 잠재력을 최대한 발전시키고자 하는 노력이듯, 학급경영도 학생 개개인의 인지적·정의적·신체적 능력을 최대로 개발하여 자아실현된 인간에 도달할 수 있도록 운영되어야 한다.

2. 학생이해의 학급경영
① 학급경영의 구상과 전개가 학생의 이해를 기반으로 이루어져야 한다는 원칙이다.
② 효과적인 학급경영을 위하여 학생의 발달단계에 따른 제 특징과 학습능력 및 준비도, 그리고 집단 역할과 사회적 심리의 이해를 근거로 학급의 제 활동이 구성되고 운영되어야 한다.

3. 민주적 학급경영
① 민주주의 이념(예 인간존중, 자유, 평등, 참여, 합의 등)에 입각하여 학급을 경영하는 원칙이다.
② 학급 구성원 개개인의 인격이 존중되고, 자유로운 학급분위기가 조성되며, 학생 스스로 결정할 수 있고 책임질 수 있는 자율적 행동을 조성하는 원리이다.
③ 학급은 민주주의적 학습의 장이라는 점에서 의의가 있다.

4. 효율적 학급경영
① 효율적이고 능률적으로 학급을 운영하는 원칙이다.
② 효율성(efficiency)은 학급의 자원을 경제적으로 사용하여 최대의 성과를 얻는 것을 말한다.
③ 학급자원을 경제적으로 사용하여 학급목표를 달성함과 동시에 학급구성원의 심리적 만족을 충족시키는 학급운영이 효율적인 학급경영이다.

정답 07. ④ 08. ① 09. ④

제8절 교육재정론

1 교육재정의 성격과 교육예산의 원칙

01 다음 중 교육재정과 예산에 대한 설명으로 옳은 것은?   02. 국가직
□□□
① 예산의 총계주의를 강조하는 원리는 명료성의 원칙이다.
② 예산의 4단계는 예산의 편성·심의·집행·결산 및 회계감사 등이다.
③ 공교육비와 사교육비는 교육재원에 따른 분류이다.
④ 교육재정은 양입제출(量入制出)의 원칙으로 한다.

해설 ①은 완전성의 원칙이며, ③은 예산의 회계절차(운영형태)에 따른 분류이다. 교육재원에 따른 분류는 공부담 교육비와 사부담 교육비로 나뉜다. ④는 양출제입(量出制入)의 원칙으로 하며, 학교회계는 양입제출(量入制出)의 원칙에 따른다.

TIP 교육재정의 성격과 교육예산의 원칙 ▦▦

1. 교육재정의 성격
   ① **높은 공공성**: 국민 전체의 공공복지를 도모하는 공경제활동이다.
   ② **강제성**: 정부가 공권력을 동원하여 강제적 수단으로 수입을 도모한다.
   ③ **수단성**: 교육활동의 지원을 목적으로 하는 수단이다.
   ④ **양출제입(量出制入)의 원칙**: 필요한 경비(지출)를 먼저 산출한 후 수입을 확보한다. ⇨ 학교회계는 양입제출(量入制出)의 원리이다.
   ⑤ **장기효과성**: 교육효과는 장기적으로 나타나기에 지속적으로 투자해야 한다.
   ⑥ **효과의 비실측성**: 교육재정의 투자에 대한 효과를 측정하기가 어렵다.
   ⑦ **팽창성**: 교육경비는 계속적으로 팽창한다.

2. 교육예산의 원칙

공개성	예산의 편성과 심의·집행은 그 전 과정이 국민에게 공개되어야 한다.
명료성	예산은 국민이 쉽게 이해할 수 있도록 내용이 명료하게 계상(計上)되어야 하며, 음성적인 내용(예 음성수입, 은닉재산 등)을 포함해서는 안 된다.
한정성	예산의 사용목적, 금액, 기간 등에 제한을 두어야 한다. 즉, 비목 간 전용이나 예산 초과지출 또는 예산 외 지출을 금지하며 한정된 회계연도 내에서 사용되어야 한다.
사전승인	회계연도 개시 30일 전에 국회의 의결을 거쳐야 한다
수지간 담보금지	'국고통일의 원칙' ⇨ 특정수입으로 특정경비에 충당하는 것을 억제한다. 즉, 모든 수입을 일괄해서 총수입으로 하고 일체의 경비를 지출한다.
단일성(통일성)	예산은 그 형식이 단일해야 하며, 특별회계예산, 추가경정예산 등은 억제되어야 한다.
완전성	'예산총계주의 원칙' ⇨ 세입·세출은 빠짐없이 계상(計上)되어야 한다.
엄밀성	예산·결산이 일치되도록 정확하게 편성·집행되어야 한다.

02 민간경제와 교육재정의 특성을 비교한 설명으로 옳은 것은?   13. 국가직
□□□
① 민간경제는 등가교환 원칙에 의하여 수입을 조달하지만, 교육재정은 합의의 원칙에 의한다.
② 민간경제는 수입과 지출이 균형을 유지해야 하는 특성을 가지고 있는 반면, 교육재정은 항상 잉여획득을 기본원칙으로 하여 거래가 이루어지고 있다.
③ 민간경제는 존속기간이 영속성을 가지고 있는 데 비해, 교육재정은 단기성을 가진다.
④ 민간경제는 양입제출의 회계원칙이 적용되는 데 반해, 교육재정은 양출제입의 원칙이 적용된다.

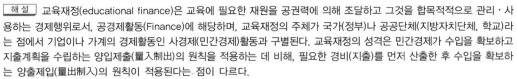

해설 교육재정(educational finance)은 교육에 필요한 재원을 공권력에 의해 조달하고 그것을 합목적적으로 관리·사용하는 경제행위로서, 공경제활동(Finance)에 해당하며, 교육재정의 주체가 국가(정부)나 공공단체(지방자치단체, 학교)라는 점에서 기업이나 가계의 경제활동인 사경제(민간경제)활동과 구별된다. 교육재정의 성격은 민간경제가 수입을 확보하고 지출계획을 수립하는 양입제출(量入制出)의 원칙을 적용하는 데 비해, 필요한 경비(지출)를 먼저 산출한 후 수입을 확보하는 양출제입(量出制入)의 원칙이 적용된다는 점이 다르다.
①에서 교육재정은 정부가 공권력을 동원하여 강제적 수단으로 수입을 도모하는 강제성의 원칙에 의한다.
②와 ③은 설명이 뒤바뀌었다.

TIP 공경제와 사경제의 차이

구분	교육재정(공경제)	사경제
수입조달 방법	강제원칙(강제획득 경제)	합의원칙(등가교환 원칙)
기본원리	예산원리	시장경제원리
목적	공공성(일반이익)	이윤극대화
회계목적	양출제입(量出制入) ⇨ 지출을 미리 계산 후 수입조달	양입제출(量入制出) * 학교회계는 양입제출에 해당함.
존속기간	계속성	단기성
생산물	무형(無形)	유형(有形)
수지관계	균형(흑자 ×, 적자 ×)	불균형(잉여획득)
보상	일반보상(포괄적 보상)	특수보상(개별적 지불)

03 교육재정의 특성으로 옳지 않은 것은?   19. 국가직

① 재정은 공공의 이익을 도모하는 국가활동과 정부의 시책을 위해 사용되어야 한다는 공공성이 있다.
② 공권력을 통하여 기업과 국민 소득의 일부를 조세를 통해 정부의 수입으로 이전하는 강제성을 가지고 있다.
③ 수입이 결정된 후에 지출을 조정하는 양입제출(量入制出)의 원칙이 적용된다.
④ 존속기간이 길다고 하는 영속성을 특성으로 한다.

해설 교육재정은 지출이 결정된 후에 수입을 조정하는 양출제입(量出制入)의 원칙이 적용된다. 양입제출(量入制出)의 원칙은 학교회계의 적용원칙에 해당한다.

정답 01. ② 02. ④ 03. ③

---

2 교육재정의 운영원리

04 다음 (가)~(다)에 들어갈 말로 옳은 것은?　　　　　　　　　　　　　　13. 중등임용

> 교육재정의 운영은 재정의 '확보 ⇨ 배분 ⇨ 지출 ⇨ 평가'의 과정으로 이루어진다. 확보, 배분, 지출, 평가의 각 단계에는 중요하게 요구되는 원리가 있다. '확보' 단계에서 요구되는 원리 중 (가) 는 교육활동을 운영하는 데 필요한 재원을 충분히 확보해야 한다는 것이고, '배분' 단계에서 요구되는 원리 중 (나) 는 최소한의 재정투자로 최대한의 교육성과를 이룰 수 있도록 교육재정을 사용해야 한다는 것이다. '평가' 단계에서 요구되는 원리 중 (다) 는 사용한 경비에 대해서는 납득할 만한 이유를 제시할 수 있고 책임을 질 수 있어야 한다는 것이다.

	(가)	(나)	(다)
①	안정성의 원리	자율성의 원리	효과성의 원리
②	안정성의 원리	효과성의 원리	적정성의 원리
③	자구성의 원리	효율성의 원리	효과성의 원리
④	충족성의 원리	효과성의 원리	책무성의 원리
⑤	충족성의 원리	효율성의 원리	책무성의 원리

해설 교육재정 운영의 준거가 되는 원리로, 확보단계에서는 충족성, 안정성, 자구성의 원리, 배분단계에서는 평등성, 공정성, 효율성의 원리, 지출단계에서는 자율성, 투명성, 적정성의 원리, 평가단계에서는 효과성, 책무성의 원리가 요구된다.

TIP 교육재정의 운영원리

확보 단계	충족성(적절성)	교육활동을 지원할 수 있는 충분한 재원이 확보되어야 한다. ⇨ 가장 먼저 달성해야 할 원리로 '적정 교육재정 확보의 원리'라고도 불림.
	안정성	교육활동의 장기적인 일관성·영속성을 유지하기 위하여 안정적인 재원이 확보되어야 한다.
	자구성	필요한 재원을 스스로 확보할 수 있도록 재원확보 방안을 모색·활용하도록 제도적 장치가 마련되어야 한다.
배분 단계	효율성(경제성)	최소한의 재정적 수입으로 최대한의 교육적 효과와 능률을 이루어야 한다. 예 투자의 우선순위, 학교교육비의 기능별 배분의 적정성, 규모의 경제
	균형성(평등성)	경비의 배분에 있어서 개인 간·지역 간 균형을 이루어야 한다.
	공정성	어떠한 기준에 의해 교육재정 배분에 있어 차이가 나는 것은 정당하다.
지출 단계	자율성(자유)	교육재정 운영에 있어 단위기관(예 시·도 교육청, 교육지원청, 단위학교)의 자율성이 보장되어야 한다.
	투명성	재정 운영과정이 일반대중에게 공개되고 개방되어야 한다. ⇨ 명확한 정부의 역할과 책임, 국민의 정보이용 가능성, 예산과정(준비, 집행, 보고)의 공개, 정보의 완전성(정보의 질과 신뢰성) 보장의 관점이 중시된다.
	적정성	의도한 교육결과를 산출하는 데 적절한 지원을 제공해야 한다.
평가 단계	책무성	사용한 경비에 관하여 납득할 만한 명분을 제시할 수 있고 책임질 수 있어야 한다.
	효과성	설정된 교육목표 도달 여부 및 목표달성 정도를 측정하여야 한다.

3 교육비

05 우리나라에서의 교육비 분류방식에 대한 설명으로 옳지 않은 것은? 10. 국가직

① 간접교육비는 교육기간 동안 취업할 수 없는 데서 오는 손실로서의 유실소득과 비영리교육기관이 향유하는 면세의 가치이다.
② 직접교육비는 교육활동에 직접적으로 투입되는 경비로서 사교육비는 제외된다.
③ 공교육비는 공공의 회계절차를 거쳐 교육에 투입되는 교육비로 수업료를 포함한다.
④ 공부담 교육비는 국가나 지방자치단체 및 학교법인이 부담하는 경비로서 학교운영 지원비는 제외된다.

해설 직접교육비는 교육목적을 달성하기 위한 교육활동에 지출되는 모든 공·사교육비를 지칭하므로, 사교육비도 포함된다.

TIP 교육비의 종류

구분	교육목적 관련	운영 형태	교육재원	예
총교육비	직접교육비	공교육비	공부담 교육비	국가(교부금, 보조금, 전입금 등), 지방자치단체, 학교법인 부담 경비
			사부담 교육비	입학금, 수업료, 수련활동비, 체험학습비, 졸업앨범비
		사교육비	사부담 교육비	교재대, 부교재대, 학용품비, 과외비, 피복비, 단체활동비, 교통비, 숙박비 등
	간접교육비	교육기회경비, 유실소득	공부담 교육비	건물과 장비의 감가상각비, 이자 ⇨ 비영리 교육기관이 향유하는 면세의 가치
			사부담 교육비	• 학생이 취업할 수 없는 데서 오는 손실 • 교통비, 하숙비(Kiras의 구분)

06 학부모가 지출한 교재비를 교육비의 기준에 따라 분류할 때, 옳은 것으로만 묶은 것은? 20. 국가직

① 직접교육비, 사교육비, 공부담 교육비
② 직접교육비, 사교육비, 사부담 교육비
③ 간접교육비, 공교육비, 공부담 교육비
④ 간접교육비, 공교육비, 사부담 교육비

해설 직접교육비와 간접교육비는 교육목적 관련성 정도에 따른 분류이고, 공교육비와 사교육비는 운영형태, 즉 회계절차에 따른 구분이며, 공부담 교육비와 사부담 교육비는 교육재원에 따른 분류이다. 먼저, 직접교육비는 교육목적을 달성하기 위한 교육활동에 지출되는 모든 공·사 교육비를 말하며, 간접교육비는 교육기간 중에 취업할 수 없기 때문에 유실된 또는 포기된 수입이나 소득으로서 '기회비용'이라고도 한다. 다음으로 공교육비는 국가나 지방자치단체 및 학교법인이 합리적인 예산회계절차에 의해 지급하는 경비이고, 사교육비는 교육활동에 투입은 되지만 예산회계 절차를 거치지 않는 경비를 일컫는다. 마지막으로 공부담 교육비는 국가나 지방자치단체, 학교법인 등 공공단체가 부담하는 교육비이고, 사부담 교육비는 학부모가 부담하는 경비를 말한다. 이를 토대로 볼 때 학부모가 지출한 교재비는 사부담 교육비, 사교육비, 직접교육비에 해당한다.

정답 04. ⑤ 05. ② 06. ②

07 간접교육비에 대한 설명으로 옳지 않은 것은? 24. 지방직

① 학생이 학교에 다니기 때문에 취업할 수 없는 데서 오는 유실소득을 포함한다.

② 비영리기관인 학교에 대해 세금을 면제해주는 면세의 비용을 포함한다.

③ 학교건물과 장비 사용에 따라 발생하는 감가상각비와 이자도 포함된다.

④ 유아의 어머니가 취업 대신 자녀 교육을 위해 가정에 머물면서 포기된 소득은 제외한다.

해설 교육비는 교육목적과의 관련성 정도에 따라 또는 지출형태에 따라 직접교육비와 간접교육비로 나눈다. 이 중 간접교육비(교육기회경비)는 교육기간 중에 취업할 수 없기 때문에 유실된 또는 포기된 수입(소득)으로, 유실소득(사부담 교육기회경비)과 비영리교육기관이 향유하는 면세의 가치(공부담 교육기회경비)가 있다. ④는 ①처럼 사부담 간접교육비에 해당하며, ②, ③은 공부담 간접교육비에 해당한다.

08 공·사교육비를 '공공의 회계절차를 거치는가'에 따라 분류할 때, 공교육비에 해당하지 않는 것은? 19. 지방직

① 학생이 학교에 내는 입학금 ② 학생이 사설학원에 내는 학원비

③ 학부모가 부담하는 학교운영지원비 ④ 학교법인이 부담하는 법인전입금

해설 공교육비와 사교육비는 운영 형태, 즉 회계절차에 따라 분류한 개념으로, 이 중 공교육비는 국가나 공공단체가 합리적인 예산회계 절차에 의해 지급하는 경비를 말한다. ②는 사교육비에 해당한다.

09 국내의 교육비 분류방식을 따를 때 공교육비와 사교육비에 대한 설명으로 옳은 것은? 15. 국가직 7급

① 학교운영 지원비는 공부담 사교육비에 해당한다.

② 학생이 학교에 낸 '방과후학교' 수강비가 학교회계 절차를 거쳐 지출되면 이는 사부담 공교육비에 해당한다.

③ 각급 학교법인이 지출하는 교육비는 사부담 공교육비에 해당한다.

④ 학부모가 지출하는 학생등록금은 사부담 사교육비에 해당한다.

해설 공교육비와 사교육비는 운영 형태(회계 절차)에 따른 구분이며, 공부담 교육비와 사부담 교육비는 교육재원에 따른 구분이다.
①은 사부담 공교육비, ③은 공부담 공교육비, ④는 사부담 공교육비에 해당한다. ①의 경우 2021년 이후부터 자율형 사립고를 제외한 학교의 경우 공부담 공교육비에 해당한다.

10 우리나라 교육재정에 대한 설명으로 옳지 않은 것은? 14. 국가직

① 공교육비는 공부담 교육비와 사부담 교육비로 나뉘는데, 학생 납입금은 사부담 교육비에 해당된다.

② 지방교육재정의 가장 큰 재원은 지방교육재정 교부금 및 보조금이다.

③ 국가의 재정이 국민의 납세의무에 의해 재원을 확보하듯이 교육예산도 공권력에 의한 강제성을 전제로 한다.

④ 교육재정의 지출 가운데 시설비가 차지하는 비중이 인건비에 비해 상대적으로 크다.

해설 인건비, 운영비, 시설비 등은 교육비 지출시, 사용목적에 따른 분류에 해당한다. 인건비는 교육활동을 수행하거나 지원하는 데 필요한 용역을 구입하기 위한 경비로 정부예산 교육비 중에서 약 50%를 차지한다.

11 우리나라 교육비 분류에 대한 설명으로 옳지 않은 것은?
□□□
① 교육비는 직접교육비와 간접교육비로 구분할 수 있다.
② 직접교육비는 공교육비와 사교육비로 구분되고, 공교육비는 공공의 회계 절차를 거쳐 지출되는 경비이다.
③ 학부모가 부담하는 학교의 입학금·수업료는 사부담(私負擔) 사교육비에 해당한다.
④ 교육기관이 누리는 면세의 가치는 공부담(公負擔) 간접교육비에 해당한다.

해설 ③은 사부담 공교육비에 해당한다.

12 다음 설명에 해당하는 것은?
□□□

> • 일정 규모의 단위학교가 현재 교육목표 및 교육과정 등 제반 교육체제를 유지한다는 전제 하에서 정상적인 교육 활동을 수행하는 데 필요한 최소한의 교육비를 의미한다.
> • 최저소요교육비라고도 한다.

① 간접교육비   ② 직접교육비
③ 표준교육비   ④ 공부담교육비

해설 표준교육비(=최저소요 교육비, 적정단위 교육비)는 공교육활동을 영위하기 위하여 필요한 최소한의 경비를 말하며, 통상 의무교육비를 말한다. 산출 목적은 교육활동 계획 수립의 과학적·합리적인 기초자료로 제공하며, 정확한 교육예산 편성과 지출의 공공성을 보장함에 있다. 산출 원칙은 기회균등의 원칙과 일체를 공비(公費)로 충당하는 공비지변의 원칙이다. ①과 ②는 교육관련 목적, 또는 지출형태에 따른 교육비 분류에 해당하며, ④는 교육재원에 따른 교육비 분류에 해당한다. 간접교육비는 교육기간 동안 취업할 수 없는 데서 오는 손실로서의 유실소득과 비영리교육기관이 향유하는 면세의 가치이고, 직접교육비는 교육활동에 직접적으로 투입되는 경비로서 공교육비와 사교육비를 모두 포함한다. 공부담 교육비는 국가나 지방자치단체 및 학교법인이 부담하는 경비를 말한다.

---

4 학교회계 제도

13 학교회계의 운영과 관련하여 「초·중등교육법」에 명시된 내용으로 옳지 않은 것은?
□□□
① 학교회계의 회계연도는 매년 3월 1일에 시작하여 다음 해 2월 말일에 끝난다.
② 학교운영위원회는 학교회계 세입세출 예산안을 회계연도가 시작되기 5일 전까지 심의하여야 한다.
③ 학교장은 회계연도마다 학교회계 세입세출 예산안을 편성하여 회계연도가 시작되기 10일 전까지 학교운영위원회에 제출하여야 한다.
④ 새로운 회계연도가 시작될 때까지 예산안이 확정되지 않을 경우, 학교장은 학교시설의 유지관리비를 전년도 예산에 준하여 집행할 수 있다.

해설 학교장은 회계연도마다 학교회계 세입세출 예산안을 편성하여 회계연도가 시작되기 30일 전까지 학교운영위원회에 제출하여야 한다(「초·중등교육법」 제30조의3 제2항). ①은 법 제30조의3 제1항, ②는 제3항, ④는 제4항에 해당한다.

정답   07. ④   08. ②   09. ②   10. ④   11. ③   12. ③   13. ③

TIP 학교회계제도의 특징

1. **학교회계연도**: 3. 1~다음 해 2월 말일 ⇨ 학년도와 일치
2. **예산배부방식**: 표준교육비 기준으로 총액 배부 ⇨ 일상경비와 도급경비의 구분을 하지 않음.
3. **예산(교부계획) 배부시기**: 학교회계연도 개시 50일 전에 일괄배부
4. **세출예산 편성**: 학교실정에 따라 자율적 세출예산 편성(재원에 따른 사용목적을 구분하지 않음.)
5. **사용료·수수료 수입처리**: 학교시설 사용료, 제증명 수수료 수입 등을 학교 자체수입으로 처리
6. **회계장부 관리**: 통합장부 사용('학교회계' - 복식부기 방법으로 장부기입) ⇨ 장부 단일화, 회계장부와 관련 증빙서류 보존기간은 5년
7. **자금의 이월**: 집행 잔액은 자동적으로 이월

TIP 예산편성과 심의절차 및 결산절차

1. 예산편성 절차

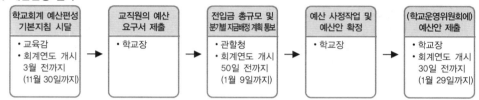

2. 예산심의 절차

3. 결산 절차

TIP 예산 불성립 시 예산 집행

1. **준예산제도**: 전년도 예산에 준하여 집행
2. **적용 범위**: 교직원 등의 인건비, 학교교육에 직접 사용되는 교육비, 학교시설의 유지관리비, 법령상 지급의무가 있는 경비, 이미 예산으로 확정된 경비(명시이월비, 계속비)

14 「초·중등교육법」상 국·공립학교 학교회계의 세입(歲入)에 해당하지 않는 것은? 19. 국가직

① 지방자치단체의 교육비 특별회계로부터 받은 전입금
② 학교발전기금으로부터 받은 전입금
③ 사용료 및 수수료
④ 지방교육세

해설 지방교육세 전입금은 교육비 특별회계 즉, 시·도 교육청(지방교육재정)의 세입 재원 중 지방자치단체 일반회계로부터의 전입금에 해당한다.

세 입	① 국가의 일반회계나 지방자치단체의 교육비특별회계로부터 받은 전입금 ② 학부모부담경비(학교운영지원비-고교에 한함, 수익자부담경비-수련활동비, 졸업앨범비) ③ 학교발전기금으로부터 받은 전입금 ④ 국가나 지방자치단체의 보조금 및 지원금 ⑤ 자체 수입(사용료 및 수수료, 기타 수입-예금이자) ⑥ 물품대각대금 ⑦ 이월금
세 출	① 인건비 ② 학교운영비 ③ 일반운영비 ④ 수익자부담경비 ⑤ 예비비

15 국·공립 초·중등학교의 학교회계에 대한 설명으로 옳지 않은 것은? 22. 국가직 7급

① 도입 취지는 단위학교 경영책임제의 활성화에 있다.

② 학교운영위원회 심의를 거쳐 학부모가 부담하는 경비는 학교회계의 세입에 포함되지 않는다.

③ 학교의 장은 회계연도마다 결산서를 작성하여 회계연도가 끝난 후 2개월 이내에 학교운영위원회에 제출하여야 한다.

④ 학교회계는 학교 운영과 학교시설의 설치 등을 위하여 필요한 모든 경비를 세출로 한다.

해설 학교운영위원회 심의를 거쳐 학부모가 부담하는 경비(예 교복, 체육복, 졸업앨범)는 학교회계의 세입에 포함된다.

---

5 지방교육 재정(교육비 특별회계)

16 우리나라의 현행 교육재정의 구조에 대한 설명으로 옳지 않은 것은? 21. 국가직

① 국가가 지방자치단체에 교부하는 교부금은 보통교부금과 특별교부금으로 나눈다.

② 교육부의 일반회계와 특별회계는 정부가 교육과 학예활동을 위해 투자하는 예산을 말한다.

③ 교육부 일반회계의 세출 내역 중에서 가장 규모가 큰 것은 지방교육재정 교부금이다.

④ 시·도교육비 특별회계의 세입 중에서 가장 큰 비중을 차지하는 것은 지방자치단체 일반회계로부터의 전입금이다.

해설 시·도 교육청의 지방교육재원(시·도교육비 특별회계의 세입)은 중앙정부로부터 지원되는 지방교육재정 교부금과 국고보조금, 지방자치단체(시·도)로부터 지원되는 지방자치단체의 일반회계로부터의 전입금, 그리고 교육비 특별회계 자체수입으로 구성되어 있다. 이 중 가장 규모가 큰 것은 지방교육재정 교부금이다.

정답 14. ④ 15. ② 16. ④

TIP 지방교육재원의 분류

국가 지원	지방교육재정 교부금 (*규모가 제일 큼.)	보통교부금	• 재원: 해당 연도의 내국세[목적세 및 종합부동산세, 담배에 부과하는 개별소비세 총액의 100분의 45 및 다른 법률에 따라 특별회계의 재원으로 사용되는 세목(稅目)의 해당 금액은 제외] 총액의 2,079/10,000의 97/100에 해당하는 금액과 해당 연도의 「교육세법」에 따른 교육세 세입액 중 「유아교육지원특별회계법」 제5조 제1항에서 정하는 금액 및 「고등·평생교육지원특별회계법」 제6조 제1항을 제외한 금액 • 교부기준: 기준재정수입액이 기준재정수요액에 미치지 못하는 지방자치단체에 그 부족한 금액을 기준으로 하여 총액으로 교부 • 종전의 봉급교부금(예 의무교육기관의 봉급)과 증액교부금(예 저소득층학생 지원금, 중식지원금, 특성화고교 학생들의 실습지원금)을 흡수·통합한 금액
		특별교부금	• 재원: 해당 연도 내국세 총액의 2,079/10,000의 3/100에 해당하는 금액 • 교부기준 ① 재원의 60/100: 전국에 걸쳐 시행하는 교육 관련 국가시책 사업으로 따로 재정지원계획을 수립하여 지원하여야 할 특별한 재정수요가 있거나 지방교육행정 및 지방교육재정의 운용실적이 우수한 지방자치단체에 대한 재정지원이 필요할 때(국가시책사업수요 또는 우수 지방자치단체에 교부) ② 재원의 30/100: 기준재정수요액의 산정방법으로 파악할 수 없는 특별한 지역교육현안에 대한 재정수요가 있을 때(지역교육현안수요) ③ 재원의 10/100: 보통교부금의 산정기일 후에 발생한 재해로 인하여 특별한 재정수요가 생기거나 재정수입이 감소하였을 때 또는 재해를 예방하기 위한 특별한 재정수요가 있는 때 (재해대책수요 또는 재정수입 감소)
	국고보조금		국고사업 보조금
지방 부담	지방자치단체 (시·도)의 일 반회계로부터 의 전입금	담배소비세 전입금	특별시·광역시 담배소비세 수입액의 45/100(45%)
		시·도세 전입금	특별시세 총액의 10%, 광역시세·경기도세 총액의 5%, 나머지 도세 총액의 3.6%
		지방교육세 전입금	등록세액·재산세액의 20%, 자동차세액 30%, 주민세균등할의 10~25%, 담배소비세액의 43.39%, 레저세액의 40%
		기타 전입금(지원 금·보조금 포함)	도서관 운영비, 학교용지부담금, 보조금 등
자체 수입			학생입학금 및 수업료(고등학생에 한함), 사용료 및 수수료 수입, 재산수입

17 **지방교육재정교부금에 대한 설명으로 옳지 않은 것은?** 22. 지방직

① 교육의 균형 있는 발전을 목적으로 확보·배분된다.
② 지방자치단체 교육비특별회계의 세입 재원에 포함되지 않는다.
③ 국가는 회계연도마다 「지방교육재정교부금법」에 따른 교부금을 국가예산에 계상(計上)하여야 한다.
④ 「지방교육재정교부금법」상 지방자치단체에 교부하는 교부금은 보통교부금과 특별교부금으로 나눈다.

해설 시·도 교육청의 지방교육재원(시·도교육비 특별회계의 세입)은 중앙정부로부터 지원되는 지방교육재정 교부금과 국고보조금, 지방자치단체(시·도)로부터 지원되는 지방자치단체의 일반회계로부터의 전입금, 그리고 교육비 특별회계 자체수입으로 구성되어 있다. 이 중 가장 규모가 큰 것은 지방교육재정 교부금이다. 지방교육재정 교부금은 지방자치단체가 교육기관 및 교육행정기관을 설치·운영하는 데 필요한 재원의 전부 또는 일부를 국가가 교부하여 교육의 균형 있는 발전을 도모하는 데 사용하는 예산이다. ②의 경우 지방자치단체 교육비특별회계 세입 재원에 포함된다. ①은 「지방교육재정교부금법」 제1조(목적), ②는 제11조(지방자치단체의 부담) 제1항, ③은 제9조(예산 계상) 제1항, ④는 제3조(교부금의 종류와 재원) 제1항에 해당한다.

18 **우리나라의 지방교육재정에 대한 설명으로 옳은 것은?** 15. 국가직

① 교육세는 지방교육재정 교부금의 재원에 포함되지 않는다.
② 광역시는 담배소비세의 100분의 45에 해당하는 금액을 교육비 특별회계로 전출하여야 한다.
③ 교육부장관은 특별교부금의 사용에 관하여 조건을 붙이거나 용도를 제한할 수 없다.
④ 시·군·자치구는 고등학교 이하 각급 학교의 교육에 소요되는 경비를 보조할 수 없다.

해설 ②는 지방교육재정 중 시·도 전입금에 해당한다.
①은 지방교육재정 교부금의 재원 중 보통교부금의 재원에 포함되며, ③은 제한할 수 있고, ④는 보조할 수 있다.

19 **「지방교육재정 교부금법」상 지방교육재정 교부금에 대한 설명으로 옳지 않은 것은?** 15. 국가직 7급

① 지방교육재정 교부금의 목적은 지방자치단체가 교육기관 및 교육행정기관을 설치·경영함에 필요한 재원의 전부 또는 일부를 국가가 교부하여 교육의 균형 있는 발전을 도모하는 것이다.
② 국가가 지방자치단체에 교부하는 교부금은 이를 보통교부금과 특별교부금으로 나눈다.
③ 교육부장관은 특별교부금을 기준재정 수입액이 기준재정 수요액에 미달하는 지방자치단체에 총액으로 교부한다.
④ 교육부장관은 특별시·광역시·도 및 특별자치도의 교육행정기관의 장이 교부된 특별교부금을 2년 이상 사용하지 않는 경우에는 그 반환을 명할 수 있다.

해설 ③은 보통교부금에 해당한다.

정답 17. ② 18. ② 19. ③

20 교육재정 제도와 정책에 대한 설명으로 옳지 않은 것은?　　　21. 지방직

① 사립학교의 재원은 학생 등록금, 학교 법인으로부터의 전입금 두 가지로만 구성된다.

② 학부모 재원은 수업료, 입학금, 기성회비 혹은 학교 운영 지원비로 구분할 수 있다.

③ 국세교육세는 「교육세법」에 의하여 세원과 세율이 결정되고, 지방교육세는 「지방세법」에 의하여 세원과 세율이 결정된다.

④ 중앙정부가 부담하는 지방교육재정 교부금 재원은 교육세 세입액 중 일부와 내국세의 일정 비율에 해당하는 금액으로 구성된다.

해설 「사립학교법」에 따르면 학교법인의 회계는 그가 설치·경영하는 학교에 속하는 회계와 법인의 업무에 속하는 회계로 구분한다. 학교에 속하는 회계는 교비회계(校費會計)와 부속병원회계(부속병원이 있는 경우로 한정한다)로 구분할 수 있고, 교비회계는 등록금회계와 비등록금회계로 구분한다. 사립학교 예산에는 학생 등록금, 학교법인으로부터의 전입금, 국고 또는 각종 공공단체로부터의 원조 또는 보조금으로 구성된다.

TIP 「사립학교법」 제29조 ⅠⅠⅠ

제29조【회계의 구분 등】 ① 학교법인의 회계는 그가 설치·경영하는 학교에 속하는 회계와 법인의 업무에 속하는 회계로 구분한다.

② 제1항에 따른 학교에 속하는 회계는 교비회계(校費會計)와 부속병원회계(부속병원이 있는 경우로 한정한다)로 구분할 수 있고, 교비회계는 등록금회계와 비등록금회계로 구분하며, 각 회계의 세입·세출에 관한 사항은 대통령령으로 정하되 학교가 받은 기부금 및 수업료와 그 밖의 납부금은 교비회계의 수입으로 하여 별도 계좌로 관리하여야 한다.

③ 제1항에 따른 법인의 업무에 속하는 회계는 일반업무회계와 제6조에 따른 수익사업회계로 구분할 수 있다.

④ 제2항에 따른 학교에 속하는 회계의 예산은 해당 학교의 장이 편성하고, 다음 각 호의 구분에 따른 절차에 따라 확정·집행한다.

1. 대학교육기관: 대학평의원회에 자문 및 「고등교육법」 제11조 제3항에 따른 등록금심의위원회(이하 "등록금심의위원회"라 한다)의 심사·의결을 거친 후 이사회의 심사·의결로 확정하고 학교의 장이 집행한다.

2. 「초·중등교육법」 제2조에 따른 학교: 학교운영위원회의 심의를 거친 후 이사회의 심사·의결로 확정하고 학교의 장이 집행한다.

3. 유치원: 「유아교육법」 제19조의3에 따른 유치원운영위원회에 자문을 거친 후 학교의 장이 집행한다. 다만, 유치원운영위원회를 두지 아니한 경우에는 학교의 장이 집행한다.

⑤ 삭제 <2005.12.29.>

⑥ 제2항에 따른 교비회계에 속하는 수입이나 재산은 다른 회계로 전출(轉出)·대여하거나 목적 외로 부정하게 사용할 수 없다. 다만, 다음 각 호의 어느 하나에 해당하는 경우에는 그러하지 아니하다.

1. 차입금의 원리금을 상환하는 경우

2. 공공 또는 교육·연구의 목적으로 교육용 기본재산을 국가, 지방자치단체 또는 연구기관에 무상으로 귀속하는 경우. 다만, 대통령령으로 정하는 기준을 충족하는 경우로 한정한다.

21 교육재정의 구조와 배분에 대한 설명으로 옳지 않은 것은? 23. 지방직

① 학생이 교육을 받는 기간 동안 미취업에 따른 유실소득은 공부담 교육기회비용에 해당된다.
② 국가는 지방교육재정상 부득이한 수요가 있는 경우, 국가예산으로 정하는 바에 따라 보통교부금과 특별교부금 외에 따로 증액교부할 수 있다.
③ 시·도 및 시·군·자치구는 관할구역에 있는 고등학교 이하 각급학교의 교육경비를 보조할 수 있다.
④ 시·도의 교육·학예에 필요한 경비는 해당 지방자치단체의 교육비특별회계에서 부담한다.

> **해설** ①은 사부담 간접교육비(교육기회비용)에 해당한다. 공부담 간접교육비로는 건물과 장비의 감가상각비, 이자, 비영리 교육기관이 향유하는 면세의 가치 등이 해당한다. ②는 「지방교육재정교부금법」 제3조(교부금의 종류와 재원) 제4항, ③은 제11조(지방자치단체의 부담) 제8항, ④는 제11조(지방자치단체의 부담) 제1항에 해당한다.

6 교육예산제도

22 예산편성기법에 대한 설명으로 옳은 것은? 10. 국가직 7급

① 품목별 예산제도는 정책이나 계획수립이 용이하고 집행에 있어서도 융통성을 기할 수 있다.
② 성과주의 예산제도는 공무원의 재량권을 제한하기 위해 만든 제도이다.
③ 기획예산제도는 단기적인 예산편성을 실행계획과 연결시켜 1년 단위의 예산제도를 기본으로 한다.
④ 영기준 예산제도는 점증주의적 예산과정을 탈피하여 경기변동에 신축성 있게 대응할 수 있다.

> **해설** ①은 성과주의 예산제도, ②는 품목별 예산제도에 해당한다.
> ③은 1년을 단위로 운영되고 있는 전통적인 예산제도를 탈피하여 다년도 예산을 기본으로 하겠다는 5년짜리 연동예산(rolling budget)이다.

TIP 교육예산의 편성기법

예산제도	의미	특징
품목별(항목별) 예산제도(LIBS)	예산편성에서 예산을 필요로 하는 영역과 그 내용을 품목별(예 인건비, 운영비, 시설비)로 세분화하여 지출대상과 그 한계를 명확히 규정하는 제도	통제기능 중심, 회계 중심, 금액 중심 제도 ⇨ 예산의 유·남용 방지, 회계책임이 분명, 행정권 제한
성과주의 예산제도(PBS)	예산과목을 사업계획별·활동별로 분류한 다음 각 세부사업별로 예산액을 표시하고, 그 집행 성과를 측정·분석·평가하여 내년 예산 편성에 반영하는 제도	관리기능 중심 제도 ⇨ 책임행정 구현, 정부 기능의 핵심역량 강화
기획예산제도(PPBS)	장기적 기획과 단기적 예산을 세부계획을 통해 유기적으로 연관시켜, 예산배분에 관한 의사결정을 합리적·계량적으로 일관성 있게 행하려는 제도 ⇨ 5년 연동예산	계획기능 중심 제도 ⇨ 품목별 예산제도와 성과주의 예산제도의 단점 보완, 한정된 자원의 효율적 활용
영기준 예산제도(ZBBS)	전년도 사업을 전혀 고려하지 않고 학교계획의 목표에 따라 신년도 사업을 재평가하여 우선순위를 정하여 한정된 예산을 배분하는 제도	감축(절감)기능 중심 제도 ⇨ 전 교직원의 참여 유도, 자발적·창의적 사업 구상

정답 20. ① 21. ① 22. ④

23 다음에 해당하는 학교예산 편성 기법은?   22. 국가직

> • 달성하려는 목표와 사업이 무엇인가를 표시하고 이를 달성하는 데 필요한 비용을 명시해
>   주는 장점이 있다.
> • 예산 관리에 치중하여 계획을 소홀히 하거나 회계 책임이 불분명한 단점도 있다.

① 기획 예산제도   ② 성과주의 예산제도   ③ 영기준 예산제도   ④ 품목별 예산제도

해설   성과주의 예산제도(PBS : Performance Budgeting System)는 올해의 사업성과나 실적으로 내년도 예산을 편성
하는 방식으로 관리 기능 중심의 예산편성기법이다. 통제 기능 중심의 품목별 예산제도의 단점을 보완하고 예산 편성 및
집행의 효율성과 성과를 제고하기 위해 등장하였다. 예산과목을 기능별(목표별·활동별)로 나누고, 각 기능별로 다시 사업
계획 및 세부사업으로 분류한 다음 각 세부사업에 대한 사업량을 수량(예산액)으로 표시하고, 단위사업을 수행하는 데 소요
되는 원가계산을 통해 예산을 편성하는 기법이다.

24 다음의 특징과 가장 일치하는 학교예산 편성제도는?   15. 지방직

> • 전년도 예산편성과 상관없이 신년도 사업을 평가하여 예산을 결정한다.
> • 창의적이고 자발적인 사업의 구상과 실행을 유도할 수 있다.
> • 사업이 기각되거나 평가절하되면 비협조적 풍토가 야기될 수 있다.

① 기획예산제도   ② 품목별 예산제도   ③ 영기준 예산제도   ④ 성과주의 예산제도

해설   매 회계연도마다 사업을 처음 시작한다고 생각하고 설정하고자 하는 사업을 새로이 평가·조정하여 예산을 편성
하는 것은 영기준 예산제도(ZBBS : Zero-Base Budgeting System)다. 금액 중심이 아니라 목표활동 중심의 예산편성기
법으로 예산의 감축기능을 중시하며, 예산의 낭비요인을 예방하고 구성원들의 참여환경을 조성할 수 있다는 장점을 지닌
제도이다.
①은 예산의 계획기능, ②는 예산의 통제기능, ④는 예산의 관리기능을 중시하는 예산제도이다.

25 두 교사의 대화에서 나타나는 교장의 생각과 일치하는 예산편성 기법은?   20. 국가직 7급

> 김 교사 : 내년에 우리 학교가 지역사회와 함께하는 마을공동체 한마당 대축제를 추진한다는
>   얘기를 들었어요.
> 이 교사 : 아니, 그런 행사를 추진할 돈이 어디 있어요? 금년 예산을 보면 가능한 일인가요?
> 김 교사 : 글쎄요. 교장 선생님이 일단 금년 예산은 생각하지 말고 계획을 세우라고 했어요.
> 이 교사 : 그렇군요. 그럼 금년 예산에 구애받지 않고 계획을 세워도 되겠네요.

① 기획예산제도   ② 성과주의예산제도
③ 영기준예산제도   ④ 품목별예산제도

해설   영(零)기준 예산제도(ZBBS)는 전년도 예산은 근거가 없는 것으로 간주하고 신규사업은 물론 계속사업까지도 계
획의 목표를 재평가하여 예산을 재편성하는 제도로서, 전년도 사업을 전혀 고려하지 않고 모든 사업을 제로(zero)에서 다
시 시작하는 것으로 간주하여 예산을 편성하는 감축기능 중심의 예산제도이다.

26 다음 내용에 해당하는 교육예산 편성기법은?   08. 국가직

□□□

> 전년도의 사업, 목표, 방법, 배정금액에 구애되지 않으면서 모든 업무 계획을 새롭게 수립하고
> 채택된 사업과 활동에 한해서 예산을 편성하는 방법으로, 학교의 모든 사업을 총체적으로 분
> 석하여 우선순위를 결정한 뒤 예산을 편성한다.

① 품목별 예산제도   ② 성과주의 예산제도
③ 기획 예산제도   ④ 영기준 예산제도

해설 영기준 예산제도(ZBBS)는 매 회계연도마다 모든 사업을 처음 시작한다고 생각하고, 설정하고자 하는 사업을 평
가·조정하여 예산을 편성하는 기법으로, 감축 기능 중심의 예산제도이다. ①은 예산의 통제기능, ②는 예산의 관리기능,
③은 예산의 계획기능을 중시하는 예산제도이다.

Chapter
13

27 학교예산 편성기법 중 영기준 예산제도(Zero Based Budgeting System)의 장점으로 볼 수 없는
□□□ 것은?   16. 국가직

① 우선순위가 높은 사업에 대한 집중 지원이 가능하다.
② 학교경영에 구성원의 폭넓은 참여를 유도할 수 있다.
③ 점증주의적 예산편성방식을 통해 시간과 노력의 부담을 경감할 수 있다.
④ 학교경영 계획과 예산이 일치함으로써 교장의 합리적이고 과학적인 학교경영을 지원할 수 있다.

해설 영(零)기준 예산제도(ZBBS)는 전년도 예산은 근거가 없는 것으로 간주하고 신규사업은 물론 계속사업까지도 계
획의 목표를 재평가하여 예산을 재편성하는 제도로서, 전년도 사업을 전혀 고려하지 않고 모든 사업을 제로(zero)에서 다
시 시작하는 것으로 간주하여 예산을 편성하는 감축기능 중심의 예산제도이다. 이 제도는 전년도 예산내역을 기준으로 가
감하는 점증주의 방식에서 탈피하여 예산편성의 신축성을 확대할 수 있다는 특징이 있다.

TIP 영기준 예산제도의 장단점 ▒▒

장점	단점
• 학교경영에 전 교직원을 참여하도록 유도할 수 있다. • 창의적이고 자발적인 사업구상과 실행을 유인할 수 있다. • 학교경영 계획과 예산이 일치함으로써 교장의 합리적이고 과학적인 경영을 지원할 수 있다.	• 교원들에게 새로운 과업을 부과하게 되고, 제도에 숙달되기 전의 많은 시행착오를 감수해야 한다. • 사업이 기각되거나 평가절하되면 비협조적 풍토가 야기될 수 있다. • 의사결정에 전문성이 부족하면 비용 및 인원 절감에 실패할 수 있다.

정답 23. ② 24. ③ 25. ③ 26. ④ 27. ③

제 9 절 | 교육인사행정론 및 학교실무

1 교육직원의 분류

01 현행 법령상 교원을 〈보기〉에서 고른 것은?   18. 지방직

┌ 보기 ┐
ㄱ 교장   ㄴ 교감   ㄷ 행정실장   ㄹ 교육연구사

① ㄱ, ㄴ   ② ㄱ, ㄷ   ③ ㄴ, ㄹ   ④ ㄷ, ㄹ

해설 교원은 각급 학교에서 원아 및 학생을 직접 지도하는 사람으로서 국·공·사립학교에 근무하는 사람으로, 유치원의 원장·원감, 초·중등학교의 교장·교감, 대학의 총장·부총장·학장, 교수, 부교수, 조교수, 각급 학교의 시간강사도 교원에 포함된다. 단, 사설강습소는 각급 학교에서 제외되며, 각급 학교 일반 사무직원 및 노무 종사자도 제외된다. 교사의 자격은 대통령령에 따르고 교육부장관이 검정·수여하는 자격증을 받은 자여야 하며(「초·중등교육법」 제21조, 「유아교육법」 제22조), 교사의 자격은 정교사(1급·2급), 준교사, 전문상담교사(1급·2급), 사서교사(1급·2급), 실기교사, 보건교사(1급·2급) 및 영양교사(1급·2급)로 나눈다. ㄷ은 교육행정직원, ㄹ은 교육전문직에 해당한다.

TIP 공무원의 종류

구분	경력직 공무원	특수경력직 공무원
임용	선발(be selected)	선출(be elected), 특채, 공모, 임명, 추천
성격	직업공무원(정년 보장)	비직업공무원(임기 보장)
종류	• 일반직 공무원 **예** 행정실장 • 특정직 공무원 **예** 교원	• 정무직 공무원 **예** 교육감, 교육부장관 • 별정직 공무원

02 초·중등학교에 근무하는 교원과 직원의 신분에 대한 설명으로 옳은 것은?   19. 국가직

① 수석교사는 교육전문직원이다.   ② 공립학교 행정실장은 교육공무원이다.
③ 교장은 별정직 공무원이다.   ④ 공무원인 교원은 특정직 공무원이다.

해설 공무원인 교원은 경력직 공무원 중 특정직 공무원에 해당한다. ① 수석교사는 교사에 해당하며, 교육전문직원은 장학사, 장학관, 교육연구사, 교육연구관 등이 해당한다. ② 공립학교 행정실장은 교육행정직 공무원이다. ③ 교장은 국·공립학교 교원으로서 특정직 교육공무원에 해당한다. 별정직 공무원은 비서관·비서 등 보좌업무 등을 수행하거나 특정한 업무 수행을 위하여 법령에서 별정직으로 지정하는 공무원을 말한다.

TIP 교원과 교육공무원

교 원	교육공무원
국·공·사립학교에 근무(교장, 교감, 교사)	국·공립학교(사립학교 제외)에 근무
시간강사 포함	조교수까지(시간강사, 사립대학 조교 제외)
각급 학교교원(교육감, 교육장, 장학관, 장학사, 연구관, 연구사 제외)	각급 학교교원으로 교육전문직(교육장, 장학관, 장학사, 연구관, 연구사) 포함

03 교원의 인사행정과 관련된 진술로 옳은 것은?

11. 유·초등임용

① 국·공·사립학교 교원의 신분은 교육공무원이다.

② 공립학교 교사의 임용권은 대통령으로부터 교육감에게 위임되어 있다.

③ 교육공무원인 교원의 임용은 자격·재교육성적·근무성적 기타능력의 실증에 의하여 행한다.

④ 「초·중등교육법」에 규정된 교원의 자격은 교장, 교감, 수석교사, 부장교사, 정교사(1급·2급)로 구분된다.

⑤ '음주운전'은 파면·해임된 뒤 다시 신규 또는 특별 채용될 수 없는 사유의 하나로 「교육공무원법」 과 「사립학교법」에 규정되어 있다.

해설 ③은 「교육공무원법」 제10조(임용의 원칙)의 규정이다.
①에서 사립학교 교원은 제외된다[「교육공무원법」 제2조(정의)]. ②는 교육부장관으로부터 교육감에게 위임되어 있다[「교육공무원법」 제33조 제1항]. ④는 부장교사는 제외되며 준교사, 전문상담교사(1급·2급), 사서교사(1급·2급), 실기교사, 보건교사(1급·2급) 및 영양교사(1급·2급)가 포함되어야 한다[「초·중등교육법」 제21조(교원의 자격)]. ⑤는 음주운전 사유는 해당되지 않으며 미성년자에 대한 「성폭력 범죄의 처벌 등에 관한 특례법」 제2조에 따른 성폭력 범죄행위는 결격사유, 금품수수 행위, 시험문제 유출 및 성적조작 등 학생성적 관련 비위행위, 학생에 대한 신체적 폭력행위 등은 제한사유에 해당한다[「교육공무원법」 제10조의3(채용의 제한)].

TIP 교육공무원 채용의 제한 및 결격사유

제10조의3【채용의 제한】 ① 이 법에 따른 교원(기간제교원을 포함), 「사립학교법」에 따른 사립학교 교원 (기간제교원을 포함), 「유아교육법」에 따른 강사 등 또는 「초·중등교육법」에 따른 산학겸임교사 등으 로 재직하는 동안 다음 각 호의 어느 하나의 행위로 인하여 파면·해임되거나 금고 이상의 형을 선고받 은 사람(집행유예의 형을 선고받은 후 그 집행유예기간이 지난 사람을 포함한다)은 「유아교육법」 제2 조 제2호의 유치원 및 「초·중등교육법」 제2조의 학교의 교원으로 신규채용 또는 특별채용할 수 없다. 다만, 제50조 제1항에 따른 교육공무원징계위원회에서 해당 교원의 반성 정도 등을 고려하여 교원으로 서 직무를 수행할 수 있다고 의결한 경우에는 그러하지 아니하다.

1. 삭제
2. 금품 수수(授受) 행위
3. 시험문제 유출 및 성적조작 등 학생성적 관련 비위 행위
4. 학생에 대한 신체적 폭력 행위

② 제1항 단서에 따른 교육공무원징계위원회의 의결은 재적위원 3분의 2 이상의 출석과 출석위원 과반 수의 찬성으로 한다.

제10조의4【결격사유】 다음 각 호의 어느 하나에 해당하는 사람은 교육공무원으로 임용될 수 없다.

1. 「국가공무원법」 제33조 각 호의 어느 하나에 해당하는 사람
2. 미성년자에 대한 다음 각 목의 어느 하나에 해당하는 행위로 파면·해임되거나 형 또는 치료감호를 선고받아 그 형 또는 치료감호가 확정된 사람(집행유예를 선고받은 후 그 집행유예기간이 경과한 사 람을 포함한다)
   가. 「성폭력범죄의 처벌 등에 관한 특례법」 제2조에 따른 성폭력범죄 행위
   나. 「아동·청소년의 성보호에 관한 법률」 제2조 제2호에 따른 아동·청소년대상 성범죄 행위
3. 성인에 대한 「성폭력범죄의 처벌 등에 관한 특례법」 제2조에 따른 성폭력범죄 행위로 파면·해임되 거나 100만 원 이상의 벌금형이나 그 이상의 형 또는 치료감호를 선고받아 그 형 또는 치료감호가 확정된 사람(집행유예를 선고받은 후 그 집행유예기간이 경과한 사람을 포함한다)
4. 마약·대마 또는 향정신성의약품 중독자

정답 01. ①   02. ④   03. ③

04 교원인사제도에 대한 설명으로 옳지 않은 것은?　　　　12. 국가직 7급

① 공립학교 교장의 임기는 4년이고, 한 번만 중임할 수 있다.

② 교원이 장학사가 되는 경우 전직에 해당한다.

③ 수석교사도 임기 중에 교장 또는 교감 자격을 취득할 수 있다.

④ 실기교사도 교사자격증이 필요하다.

해설 수석교사는 교사자격증을 소지한 사람으로서 15년 이상의 교육경력(교육전문직원으로 근무한 경력을 포함한다.)을 가지고 교수·연구에 우수한 자질과 능력을 가진 사람 중에서 대통령령으로 정하는 바에 따라 교육부장관이 정하는 연수 이수 결과를 바탕으로 검정·수여하는 자격증을 받은 사람으로, 임기 중에 교장·원장 또는 교감·원감 자격을 취득할 수 없다(「교육공무원법」 제29조의4).

TIP 전직과 전보

전직	전보
종별과 자격 또는 직렬의 변경	근무지 이동 또는 보직 변경
• 초등학교 교원 ↔ 중학교 (국어)교원 • 유치원 교원 ↔ 초등학교 또는 중학교 교원 • 교사 ↔ 장학사, 교육연구사 • 교감, 교장 ↔ 장학관, 교육연구관 • 교육연구사(관) ↔ 장학사(관)	• A중학교 교원 ↔ B중학교 교원 • A초등학교 영양교사(보건교사, 사서교사, 전문상담교사) ↔ B중학교 영양교사(보건교사, 사서교사, 전문상담교사) • A고등학교 교원 ↔ B고등학교 교원

05 수석교사제도에 대한 설명으로 옳지 않은 것은?　　　　14. 국가직 7급

① 수석교사는 임용 이후 3년마다 재심사를 받는다.

② 수석교사는 임기 중에 교장 자격을 취득할 수 없다.

③ 수석교사는 교사의 교수·연구활동을 지원하며, 학생을 교육한다.

④ 수석교사가 되려면 15년 이상의 교육경력(교육전문직 근무경력 포함)을 필요로 한다.

해설 수석교사는 교사자격증을 소지한 사람으로서 15년 이상의 교육경력(교육전문직원으로 근무한 경력을 포함한다.)을 가지고 교수·연구에 우수한 자질과 능력을 가진 사람 중에서 대통령령으로 정하는 바에 따라 교육부장관이 정하는 연수 이수 결과를 바탕으로 검정·수여하는 자격증을 받은 사람을 말한다. 최초로 임용된 때부터 4년마다 대통령령으로 정하는 업적평가 및 연수실적 등을 반영한 재심사를 받아야 하며, 심사기준을 충족하지 못한 경우 대통령령으로 정하는 바에 따라 수석교사로서의 직무 및 수당 등을 제한할 수 있다(「교육공무원법」 제29조의4 제2항).
②는 법 제29조의4 제4항, ③은 「초·중등교육법」 제20조(교직원의 임무) 제3항, ④는 「초·중등교육법」 제21조(교원의 자격) 제3항에 해당한다.

TIP 수석교사제도와 관련된 법령 조항

1. **「교육공무원법」**(제29조의4) : 수석교사의 임용
　① 수석교사는 교육부장관이 임용한다.
　② 수석교사는 최초로 임용된 때부터 4년마다 대통령령으로 정하는 업적평가 및 연수실적 등을 반영한 재심사를 받아야 하며, 심사기준을 충족하지 못한 경우 대통령령으로 정하는 바에 따라 수석교사로서의 직무 및 수당 등을 제한할 수 있다.
　③ 수석교사는 대통령령으로 정하는 바에 따라 수업부담 경감, 수당 지급 등에 대하여 우대할 수 있다.
　④ 수석교사는 임기 중에 교장·원장 또는 교감·원감 자격을 취득할 수 없다.
　⑤ 수석교사의 운영 등 그 밖에 필요한 사항은 대통령령으로 정한다.

2. **「초・중등교육법 시행령」**(제36조의5, 학급담당교원) : 수석교사의 배치
    ④ 수석교사는 학급을 담당하지 아니한다. 다만, 학교 규모 등 학교 여건에 따라 학급을 담당할 수 있다.
3. **교직원의 임무**(「초・중등교육법」 제20조)
    ③ 수석교사는 교사의 교수・연구활동을 지원하며, 학생을 교육한다.

06 교육과정운영상 필요한 경우, 정규교원 이외에 학교에 둘 수 있도록 「초・중등교육법」 제22조에 규정되어 있지 않은 자는?   09. 국가직 7급

① 산학겸임교사   ② 명예교사
③ 기간제교사   ④ 강사

해설 산학겸임교사, 명예교사, 강사는 교원 자격증이 없어도 임용할 수 있는 교원에 해당하지만, 기간제 교사는 교원자격증 소지자 중에서 학교장이 학교 운영상 필요한 경우에 임용하는 것이다.

07 「교육공무원법」상 고등학교 이하 각급학교 기간제교원으로 임용할 수 있는 경우가 아닌 것은?   19. 지방직

① 교원이 병역 복무를 사유로 휴직하게 되어 후임자의 보충이 불가피한 경우
② 특정 교과를 한시적으로 담당하도록 할 필요가 있는 경우
③ 유치원 방과후 과정을 담당하도록 할 필요가 있는 경우
④ 학부모의 요구가 있는 경우

해설 기간제교원은 「교육공무원법」 제32조에 의거, 교원의 자격증을 가진 자 중에서 기간을 정하여 각급학교에 임용된 사람을 말한다. 교원의 휴직으로 인한 후임자 보충이 불가피한 경우, 교원의 '파견・연수・정직・직위해제(1개월 이상)' 등 대통령령으로 정하는 사유로 직무를 이탈하게 되어 후임자의 보충이 불가피한 경우, 특정 교과를 한시적으로 담당하도록 할 필요가 있는 경우, 교육공무원이었던 자의 지식이나 경험을 활용할 필요가 있는 경우, 유치원 방과 후 과정을 담당하도록 할 필요가 있는 경우 충원할 수 있다. 임용권한은 해당 학교장에게 있으며, 임용기간은 1년이며, 필요한 경우 3년의 범위에서 그 기간을 연장할 수 있다.

TIP 「교육공무원법」 제32조(기간제교원) 제1항
① 고등학교 이하 각급학교 교원의 임용권자는 다음 각 호의 어느 하나에 해당하는 경우에는 예산의 범위에서 기간을 정하여 교원 자격증을 가진 사람을 교원으로 임용할 수 있다.
  1. 교원이 제44조 제1항 각 호의 어느 하나의 사유로 휴직하게 되어 후임자의 보충이 불가피한 경우
  2. 교원이 파견・연수・정직・직위해제 등 대통령령으로 정하는 사유로 직무를 이탈하게 되어 후임자의 보충이 불가피한 경우
  3. 특정 교과를 한시적으로 담당하도록 할 필요가 있는 경우
  4. 교육공무원이었던 사람의 지식이나 경험을 활용할 필요가 있는 경우
  5. 유치원 방과후 과정을 담당하도록 할 필요가 있는 경우

정답   04. ③   05. ①   06. ③   07. ④

오현준 교육학

08 「초·중등교육법」상 교직원의 임무에 대한 설명으로 옳지 않은 것은? 22. 국가직 7급 응용

① 교사는 법령에서 정하는 바에 따라 학생을 교육한다.
② 수석교사는 교장을 보좌하여 교무를 관리하고, 교사의 교수·연구 활동을 감독한다.
③ 교장은 교무를 총괄하고, 민원처리를 책임지며, 소속 교직원을 지도·감독하고, 학생을 교육한다.
④ 행정직원 등 직원은 법령에서 정하는 바에 따라 학교의 행정사무와 그 밖의 사무를 담당한다.

해설 「초·중등교육법」제20조에 따르면, ②에서 교장을 보좌하여 교무를 관리하는 것은 교감의 임무에 해당하며, 수석교사는 교사의 교수·연구활동을 지원하며, 학생을 교육한다.

TIP 교직원의 임무(「초·중등교육법」 제20조)
① 교장은 교무를 총괄하고, 민원처리를 책임지며, 소속 교직원을 지도·감독하고, 학생을 교육한다.
② 교감은 교장을 보좌하여 교무를 관리하고 학생을 교육하며, 교장이 부득이한 사유로 직무를 수행할 수 없는 때에는 그 직무를 대행한다. 다만, 교감을 두지 아니하는 학교의 경우에는 교장이 미리 지명한 교사(수석교사를 포함한다)가 그 직무를 대행한다.
③ 수석교사는 교사의 교수·연구활동을 지원하며, 학생을 교육한다.
④ 교사는 법령이 정하는 바에 따라 학생을 교육한다.
⑤ 행정직원 등 직원은 법령에서 정하는 바에 따라 학교의 행정사무와 기타의 사무를 담당한다.

2 교원의 능력개발

09 2급 정교사인 사람이 1급 정교사가 되고자 할 때 받아야 하는 연수는? 19. 국가직

① 직무연수 ② 자격연수 ③ 특별연수 ④ 지정연수

해설 교원 대상의 자격연수는 교사가 1급 정교사, 교감, 교장 등 상위자격을 취득하기 위한 '상위자격 취득연수'와 전문상담교사, 사서교사 등 특수자격을 취득하기 위한 '특수자격 취득연수'로 구분된다. 연수기간은 15일 90시간 이상(교장은 25일 180시간 이상)이다.

10 교원의 특별연수에 해당하는 것은? 18. 지방직

① 박 교사는 특수분야 연수기관에서 개설한 종이접기 연수에 참여하였다.
② 황 교사는 교육청 소속 교육연수원에서 교육과정 개정에 따른 연수를 받았다.
③ 최 교사는 학습연구년 교사로 선정되어 대학의 연구소에서 1년간 연구 활동을 수행하였다.
④ 교직 4년차인 김 교사는 특수학교 1급 정교사 자격증을 취득하기 위해 연수에 참여하였다.

해설 현직교육의 종류에는 자격연수, 직무연수, 특별연수가 있다. 자격연수는 상위자격 취득연수, 특수자격 취득연수가 있으며, 15일 90시간 이상 실시한다. 직무연수는 직무수행능력의 향상을 위한 연수로, 10일 60시간 이상 실시한다. 특별연수는 국가나 지방자치단체는 특별연수계획을 수립하여 교육공무원을 국내외의 교육기관 또는 연구기관에서 일정 기간 진행되는 연수를 말한다. 6년의 범위에서 복무의무를 부과할 수 있다. ①과 ②는 직무연수, ④는 자격연수에 해당한다.

11 「교육공무원법」상 교원의 전보에 해당하는 것은? 　　　　　　　　　15. 국가직

① 교사가 장학사로 임용된 경우
② 도교육청 장학관이 교장으로 임용된 경우
③ 중학교 교사가 초등학교 교사로 임용된 경우
④ 교육지원청 장학사가 도교육청 장학사로 임용된 경우

　해설　전보는 직렬·직급의 변화 없이 현 직위를 유지하면서 근무지 이동이나 보직을 변경하는 임용행위를 말하며, 전직은 종별과 자격 또는 직렬을 달리하는 수평적 이동을 말한다.
①, ②, ③은 전직에 해당한다.

12 전직에 해당하지 않는 것은? 　　　　　　　　　20. 국가직

① 초등학교 교감이 장학사가 되었다.
② 초등학교 교사가 중학교 교사가 되었다.
③ 중학교 교장이 교육장이 되었다.
④ 중학교 교사가 특성화 고등학교 교사가 되었다.

　해설　전직(轉職)은 종별과 자격 또는 직렬을 달리하는 수평적 이동을, 전보(轉補)는 직렬·직급의 변화 없이 현 직위를 유지하면서 근무지 이동이나 보직을 변경하는 임용행위를 말한다. ④는 전보에 해당한다.

3 　교원의 복무

13 현행 「국가공무원법」에 근거할 때, 교육공무원의 의무가 아닌 것은? 　　　　　　15. 지방직

① 종교에 따른 차별 없이 직무를 수행하여야 한다.
② 직무를 수행할 때 소속 상관의 직무상 명령에 복종하여야 한다.
③ 국민 전체의 봉사자로서 친절하고 공정하게 직무를 수행하여야 한다.
④ 직무의 전문성을 높이기 위해서 자기개발과 부단한 연구를 하여야 한다.

　해설　④ 「교육기본법」 제14조 제2항 "교원은 교육자로서 갖추어야 할 품성과 자질을 향상시키기 위하여 노력하여야 한다."에 근거한 의무라고 볼 수 있다.
①은 종교중립의 의무(제59조의2), ②는 복종의 의무(제57조), ③은 친절·공정의 의무(제59조)에 해당한다.

　TIP　「국가공무원법」상의 공무원의 적극적 의무와 소극적 의무

1. 선서의 의무

제55조【선서의 의무】	공무원은 취임할 때에 소속 기관장 앞에서 국회 규칙, 대법원 규칙, 헌법재판소 규칙, 중앙선거관리위원회 규칙 또는 대통령령으로 정하는 바에 따라 선서하여야 한다. 다만, 불가피한 사유가 있으면 취임 후에 선서하게 할 수 있다.

　정답　08. ②　09. ②　10. ③　11. ④　12. ④　13. ④

2. 적극적 의무 : 직무상의 의무

제56조【성실의 의무】	모든 공무원은 법령을 준수하며 성실히 직무를 수행하여야 한다.
제57조【복종의 의무】	공무원은 직무를 수행할 때 소속 상관의 직무상 명령에 복종하여야 한다.
제59조【친절·공정의 의무】	공무원은 국민 전체의 봉사자로서 친절하고 공정하게 직무를 수행하여야 한다.
제59조의2 【종교중립의 의무】	① 공무원은 종교에 따른 차별 없이 직무를 수행하여야 한다. ② 공무원은 소속 상관이 제1항에 위배되는 직무상 명령을 한 경우에는 이에 따르지 아니할 수 있다.
제60조【비밀엄수의 의무】	공무원은 재직 중은 물론 퇴직 후에도 직무상 알게 된 비밀을 엄수하여야 한다.
제61조【청렴의 의무】	① 공무원은 직무와 관련하여 직접적이든 간접적이든 사례·증여 또는 향응을 주거나 받을 수 없다. ② 공무원은 직무상의 관계가 있든 없든 그 소속 상관에게 증여하거나 소속 공무원으로부터 증여를 받아서는 아니 된다.
제63조【품위유지의 의무】	공무원은 직무의 내외를 불문하고 그 품위가 손상되는 행위를 하여서는 아니 된다.

3. 소극적 의무 : 금지의무(직무전념의 의무)

제58조 【직장이탈금지】	① 공무원은 소속 상관의 허가 또는 정당한 이유 없이 직장을 이탈하지 못한다. ② 수사기관이 공무원을 구속하려면 그 소속기관의 장에게 미리 통보하여야 한다. 다만, 현행범인은 그러하지 아니하다.
제62조 【외국정부의 영예 등을 받을 경우】	공무원이 외국정부로부터 영예나 증여를 받을 경우에는 대통령의 허가를 얻어야 한다.
제64조 【영리업무 및 겸직 금지】	① 공무원은 공무 외에 영리를 목적으로 하는 업무에 종사하지 못하며 소속기관의 장의 허가 없이 다른 직무를 겸할 수 없다. ② 제1항에 따른 영리를 목적으로 하는 업무의 한계는 국회규칙·대법원규칙·헌법재판소규칙·중앙선거관리위원회규칙 또는 대통령령으로 정한다.
제65조 【정치운동의 금지】	① 공무원은 정당이나 그 밖의 정치단체의 결성에 관여하거나 이에 가입할 수 없다. ② 공무원은 선거에 있어서 특정정당 또는 특정인을 지지 또는 반대하기 위한 다음의 행위를 하여서는 아니 된다. • 투표를 하거나 하지 아니하도록 권유운동을 하는 것 • 서명운동을 기도(企圖)·주재(主宰)하거나 권유하는 것 • 문서나 도서를 공공시설 등에 게시하거나 게시하게 하는 것 • 기부금을 모집 또는 모집하게 하거나, 공공자금을 이용 또는 이용하게 하는 것 • 타인에게 정당이나 그 밖의 정치단체에 가입하게 하거나 또는 가입하지 아니하도록 권유운동을 하는 것 ③ 공무원은 다른 공무원에게 제1항과 제2항에 위배되는 행위를 하도록 요구하거나, 정치적 행위의 보상 또는 보복으로서 이익 또는 불이익을 약속하여서는 아니 된다.
제66조 【집단행위의 금지】	① 공무원은 노동운동이나 그 밖에 공무 외의 일을 위한 집단 행위를 하여서는 아니 된다. 다만, 사실상 노무에 종사하는 공무원은 예외로 한다. ② 제1항 단서의 사실상 노무에 종사하는 공무원의 범위는 국회 규칙, 대법원 규칙, 헌법재판소 규칙, 중앙선거관리위원회 규칙 또는 대통령령으로 정한다. ③ 제1항 단서에 규정된 공무원으로서 노동조합에 가입된 자가 조합업무에 전임하려면 소속 장관의 허가를 받아야 한다. ④ 제3항에 따른 허가에는 필요한 조건을 붙일 수 있다.

14 교원에 대한 설명으로 옳은 것은?　　　　　　　　　　　　　　　　17. 국가직 7급

① 「교육공무원법」상 초·중등 교원의 정년은 60세이다.
② 「교원의 지위 향상 및 교육활동 보호를 위한 특별법」상 교원은 현행 범인인 경우 외에는 소속 학교의 장의 동의 없이 학원 안에서 체포되지 아니한다.
③ 「교원의 노동조합 설립 운영 등에 관한 법률」상 교원에게는 단결권, 단체교섭권, 단체행동권이 각각 보장된다.
④ 「교육기본법」상 교원은 대통령령으로 정하는 바에 따라 다른 공직에 취임할 수 있다.

> **해설** ②는 「교원의 지위 향상 및 교육활동 보호를 위한 특별법」 제4조(불체포특권)에 해당한다. ①에서 「교육공무원법」 제47조(정년)에 따르면 교원 정년은 62세(「고등교육법」상 교원은 65세)이며, ③에서 단체행동권은 금지되어 있고, ④에서 「교육기본법」 제14조(교원) 제5항에 따르면, 교원은 법률이 정하는 바에 따라 다른 공직에 취임할 수 있다.

15 초·중등학교 교원의 정치적 중립성에 대한 설명으로 옳은 것은?　　　　18. 국가직 7급

① 의무교육기관이 아니라면 교원이 특정한 정당을 지지·반대하기 위한 학생 지도를 할 수 있다.
② 교원은 정당이 아닌 정치단체에 가입하도록 권유 운동을 할 수 있다.
③ 교원의 노동조합은 정치활동이 넓게 허용된다.
④ 사립학교 교원도 선거에서 특정 정당을 지지하기 위한 행위가 금지된다.

> **해설** 교원의 정치적 중립성은 교육은 교육 본래의 목적에 따라 그 기능을 다하도록 운영되어야 하며, 정치적·파당적 또는 개인적 편견을 전파하기 위한 방편으로 이용되어서는 아니 된다는 것을 말한다. ①과 ②는 할 수 없으며, ③은 일체 불허이다.

16 「교육공무원법」상 임용권자가 교육공무원 본인의 의사와 관계없이 휴직을 명하여야 하는 경우는?　　　　　　　　　　　　　　　　　　　　　　19. 국가직 7급

① 신체상·정신상의 장애로 장기요양이 필요할 때
② 학위취득을 목적으로 해외유학을 하거나 외국에서 1년 이상 연구 또는 연수를 하게 된 경우
③ 「공무원연금법」 제25조에 따른 재직기간 10년 이상인 교원이 자기개발을 위하여 학습·연구 등을 하게 된 경우
④ 만 8세 이하 또는 초등학교 2학년 이하의 자녀를 양육하기 위하여 필요하거나 여성 교육공무원 이 임신 또는 출산하게 된 경우

> **해설** 「교육공무원법」 제44조(휴직)에 대한 내용이다. 휴직(休職)은 교육공무원으로서 신분을 보유하면서 그 담당업무 수행을 일시적으로 해제하는 행위로, 임용권자(예 교육감)가 직권으로 휴직을 명하는 직권휴직과 본인의 원(願)에 의하여 허가를 얻어 실시하는 청원휴직이 있다. ①은 직권휴직에 해당하며, ②, ③, ④는 청원휴직에 해당한다. ④의 경우는 본인이 원하면 반드시 휴가를 명하여야 한다.

정답　　14. ②　　15. ④　　16. ①

TIP 휴직의 유형 및 기간

직권휴직	청원휴직
① 병휴직(요양, 공상): 요양(불임·난임 포함하여 1년 이내, 1년 연장 가능), 공상(3년 이내) ② 병역의무(병역): 복무기간 만료 시까지 ③ 생사소재 불명(행불): 3월 이내 ④ 교원노조 전임자: 전임기간 ⇨ 임용권자의 동의가 있는 경우 가능 ⑤ 기타 의무수행(의무): 복무기간	① 해외유학(연구·연수): 3년 이내, 학위취득 시 3년 연장 가능 ② 외국기관 고용: 고용기간 ③ 육아휴직: 만 8세 이하 또는 초등학교 2학년 이하의 자녀 양육, 임신 또는 출산 ⇨ 남교원 1년 이내, 여교원 3년 이내 ④ 입양: 만 19세 미만의 아동 입양(단, ③의 아동은 제외), 입양자녀 1명에 6개월 이내 ⑤ 불임·난임으로 인하여 장기간의 치료가 필요한 경우 ⑥ 국내연수(연수): 교육부장관(교육감)이 지정한 기관, 3년 이내 ⑦ 가족간호(간호): 1년 이내(재직기간 중 3년 이내) ⑧ 배우자 동반: 3년 이내, 3년 연장 가능 ⑨ 학습연구년: 재직기간 10년 이상인 교원이 자기개발을 위한 학습·연구 등의 경우 ⇨ 1년 이내(재직기간 중 1회만) * ③~⑤의 경우 본인이 원하면 휴직을 명하여야 함.

17 교육공무원의 징계효력에 대한 설명으로 옳은 것은?

16. 지방직

① 정직된 자는 직무에는 종사하지만 3개월간 보수를 받지 못한다.
② 견책된 자는 직무에는 종사하지만 6개월간 승진과 승급이 제한된다.
③ 해임된 자는 공무원 신분은 보유하나 3개월간 직무에 종사할 수 없다.
④ 파면된 자는 공무원 관계로부터 배제되고 1년간 공무원으로 임용될 수 없다.

해설 징계는 본인의 의사에 반하여 타율적·강제적으로 신분조치를 취하는 것으로 그 수위는 파면 - 해임 - 강등 - 정직 - 감봉 - 견책순이다. 파면과 해임은 배제징계이며, 강등·정직·감봉·견책은 교정징계에 해당한다. 파면, 해임, 강등, 정직은 중징계이고 감봉, 견책은 경징계이다. ①은 직무에 종사하지 못하며, 1~3개월간 보수의 전액을 감액받는다. ③은 강등에 해당하며, ④는 5년간 공무원으로 임용될 수 없다.

TIP 징계의 종류

종류		기간	신분 변동	보수, 퇴직급여 제한
중징계	파면	-	• 공무원으로서의 신분박탈(배제징계) • 처분받은 날로부터 5년간 공무원 임용 불가	재직기간 5년 미만인 자 퇴직급여액의 1/4, 5년 이상인 자 1/2 감액 지급
	해임	-	• 공무원으로서의 신분박탈(배제징계) • 처분받은 날로부터 3년간 공무원 임용 불가	• 퇴직급여 전액 지급 • 금품 및 향응수수, 공금횡령·유용으로 해임된 때 ⇨ 재직기간 5년 미만인 자 퇴직급여액의 1/8, 5년 이상인 자 1/4 감액 지급

강등	3월	• 동종의 직무 내에서 하위의 직위에 임명 例 교장 ⇨ 교감, 교감 ⇨ 교사 • 공무원 신분은 보유, 직무에 종사하지 못함(교정징계). • 대학의 교원 및 조교는 적용 안 됨. • 18개월간 승진 제한(단, 강등처분기간 불포함)	• 강등처분기간 보수의 전액 감액 • 18개월간 승급 제한(단, 강등처분기간 불포함)
정직	1~3월	• 신분은 보유하나 직무에 종사하지 못함. ⇨ 직무정지(교정징계) • 18개월간 승진 제한(단, 정직처분기간 불포함) • 처분기간 경력평정에서 제외	• 보수의 전액 감액 • 18개월간 승급 제한(단, 정직처분기간 불포함)
경징계 감봉	1~3월	12개월간 승진 제한(단, 감봉처분기간 불포함) ⇨ 교정징계	• 보수의 1/3 감액 • 12개월간 승급 제한(단, 감봉처분기간 불포함)
견책	─	• 전과에 대한 훈계와 회개(교정징계) • 6개월간 승진 제한	6개월간 승급 제한

1. 강등·정직·감봉·견책의 경우 그 사유가 금품(例 금전, 물품, 부동산) 및 향응수수, 공금횡령·배임·절도·사기·유용, 소극행정, 음주운전(음주측정에 불응하는 경우 포함), 성폭력, 성희롱, 성매매로 인한 징계처분의 경우(「국가공무원법」 제78조의2, 「공무원임용령」 제32조): 승진·승급 제한기간에 6개월을 추가
2. 시험문제 유출·성적 조작, 금품수수, 학생에 대한 상습적이고 심각한 신체적 폭력으로 해임·파면된 경우: 신규 또는 특별채용이 제한 ⇨ 제한 사유
3. 성폭력으로 해임·파면된 경우: 신규 또는 특별채용 불가 ⇨ 결격 사유
4. 징계사유의 시효: 징계발생일로부터 3년(단, 금품 및 향응수수, 공금횡령·유용은 5년, 성폭력·성희롱·성매매·아동청소년 대상 성범죄 행위로 징계받은 경우는 10년)
5. 징계효력: 공무원으로서 징계처분을 받은 자에 대하여는 그 처분을 받은 날 또는 그 집행이 끝난 날부터 대통령령 등으로 정하는 기간 동안 승진임용 또는 승급할 수 없다. 다만, 징계처분을 받은 후 직무수행의 공적으로 포상 등을 받은 공무원에 대하여는 대통령령 등으로 정하는 바에 따라 승진임용이나 승급을 제한하는 기간을 단축하거나 면제할 수 있다.

4 교육법규

18 교육법의 존재형식과 그 구체적인 예의 연결이 옳지 않은 것은?   20. 국가직

① 법률 − 초·중등교육법
② 조약 − 유네스코 헌장
③ 법규명령 − 고등교육법 시행령
④ 규칙 − 학생인권조례

해설 교육법의 존재형식은 성문법과 불문법으로 구분되며, 성문법은 헌법, 법률, 명령, 규칙, 자치법규(조례, 규칙), 조약으로 구성된다. ④는 자치법규는 조례와 규칙으로 구성되는데, 시·도 교육조례는 시·도 의회의 의결을 거쳐 제·개정되며, 교육규칙은 교육감이 제·개정 권한을 지닌다.

정답   17. ②   18. ④

TIP 법의 존재형식 : 법원(法源) ⇨ 성문법을 원칙으로 함.

성문법 (제정법)	헌법	국가의 최상위 법 ⇨ 국민의 기본권 보장, 국가의 통치구조의 원리 규정
	법률	국회 의결을 거쳐 대통령이 서명, 공포 **예** 교육기본법, 초·중등교육법
	명령	국회의 의결을 거치지 않고 행정기관이 법률에 의해 제정(≒법규명령) ⇨ 대통령령, 총리령, 부령, 위임명령, 집행명령
	규칙	국가기관의 소관 사무에 관하여 제정하는 법규 ⇨ 명령과 같은 효력(≒행정명령) **예** 국회, 중앙선거관리위원회, 헌법재판소, 감사원 규칙
	자치법규	지방자치단체가 법령의 범위 안에서 제정 **예** 조례(지방의회), 규칙(지방자치단체 장)
	조약	문서에 의한 국가 간의 합의, 국제적 합의 **예** 협약, 협정, 규정, 의정서, 헌장, 규약, 교환각서 등
불문법		관습법(반복적 관행을 통해 형성), 판례(법원의 판결을 통해서 형성), 조리(건전한 상식으로 판단) 등

* 성문법 상호 간의 관계 : ① 상위법 우선의 원칙(헌법 > 법률 > 명령, 규칙 > 자치법규), ② 특별법 우선의 원칙, ③ 신법 우선의 원칙, ④ 국내법 우선의 원칙, ⑤ 법률 불소급의 원칙

19 법적용의 우선원칙에 대한 설명으로 옳은 것은?

19. 국가직

① 「지방자치법」과 「지방교육자치에 관한 법률」이 충돌할 경우 전자를 우선적으로 적용한다.

② 「초·중등교육법」과 「초·중등교육법 시행령」이 충돌할 경우 후자를 우선적으로 적용한다.

③ 「노동조합 및 노동관계조정법」과 「교원의 노동조합 설립 및 운영 등에 관한 법률」이 충돌할 경우 후자를 우선적으로 적용한다.

④ 신법과 구법이 충돌할 때에는 먼저 제정된 법을 우선적으로 적용한다.

해설 ③은 교육과 관련이 없는 일반법보다는 교육 관련 특별법 우선의 원칙에 해당한다. ①은 특별법 우선의 원칙, ②는 상위법 우선의 원칙, ④는 신법 우선의 원칙에 위배된다.

TIP 교육법의 성격

조장적 성격	인간을 육성하는 교육에 관한 법규이므로 비권력적이고 지도·조언·육성의 성격이 강함.
특별법이자 일반법적 성격	• 다른 모든 일반법에 대하여 특별법적 성격 ⇨ 특별법(교육법) 우선 원칙 • 「교육기본법」은 다른 교육관계 법률에 대하여 일반법적 성격
특수법적 성격	공법과 사법의 구별이 불명확함. ⇨ 학교제도와 그 운영 등은 공법적 성격이 강하나, 교육권이나 교육내용, 사립학교 등은 사법적 성격이 강함.
윤리적 성격	국가와 민족에 대한 의무와 책임이 다른 법률에 비하여 현저하게 강조되는 윤리적 성격이 강함.
사회법적 성격	의무교육과 교육기회 균등이 개인의 사회 경제적 지위 향상을 위한 필수적 조치이며, 「헌법」에서 평생교육의 진흥 의무를 부과하는 것은 사회복지 증진을 위한 사회법적 성격이 강함.

20 교육법의 주요 원리에 해당하지 않는 것은?   12. 국가직

□□□

① 법률주의의 원리   ② 효과성의 원리
③ 자주성 존중의 원리   ④ 기회균등의 원리

해설 ②는 교육행정의 운영면의 원리에 해당한다. 교육법의 주요 원리에는 ①, ③, ④ 외에 교육권 보장의 원리, 교육 중립성의 원리, 교육 전문성의 원리가 있다.

TIP **교육법의 주요 원리** ▨▨

법률주의의 원리	'교육제도의 법정주의' 또는 '교육입법상의 법률주의', '법률에 의한 교육행정의 원리' 로 교육제도는 법으로 정한다는 것이다.
자주성 존중의 원리	'민주교육의 원리' 또는 '지방교육자치의 원리'라고도 하며, 교육의 독자성과 자주성을 존중해야 한다는 것이다. 일반행정으로부터의 분리·독립과 정치와 종교로부터의 중립 보장, 지방교육자치제 실시 등과 관련이 있다.
기회균등의 원리	국가는 국민에게 평등한 교육기회를 보장해야 한다는 것이다.
교육권 보장의 원리	교육받을 권리를 보장하기 위한 규정을 헌법상의 국가적 의무로 명시해야 한다는 것이다.
교육 중립성의 원리	교육은 종교적·정치적 중립성을 가진다는 것이다.
전문적 관리의 원리	교육은 전문적 지도 역량과 자질을 가진 사람들에 의해 운영되어야 한다는 것이다.

21 우리나라 교원노동조합에 대한 설명으로 옳은 것은?   10. 국가직 응용

□□□

① 기초자치단체인 시·군·구 단위에서 설립할 수 있다.
② 교원은 임용권자의 동의가 있는 경우에는 노동조합의 업무에만 종사할 수 있다.
③ 전문상담순회교사는 조합원이 될 수 없다.
④ 수업에 지장이 없는 한 정치활동을 할 수 있다.

해설 ②는 「교원의 노동조합설립 및 운영 등에 관한 법률」 제5조(노동조합 전임자의 지위) 제1항의 규정이다. "① 교원은 임용권자의 동의를 받아 노동조합으로부터 급여를 지급받으면서 노동조합의 업무에만 종사할 수 있다. ② 제1항에 따라 동의를 받아 노동조합의 업무에만 종사하는 사람['전임자'(專任者)]은 그 기간 중 「교육공무원법」 제44조 및 「사립학교법」 제59조에 따른 휴직명령을 받은 것(직권휴직)으로 본다." ①은 유·초·중등교원은 특별시·광역시·도·특별자치도 단위 또는 전국단위에 한하여 설립할 수 있으며(제4조 제1항), 대학교원은 개별학교 단위, 시·도 단위 또는 전국 단위로 노동조합을 설립할 수 있다(제4조 제2항). ③은 「초·중등교육법」 제19조 제1항의 교원은 모두 가입할 수 있으며, ④는 일체의 정치 활동은 금지된다(제3조).

TIP **교직단체와 교원노조의 비교** ▨▨▨▨▨▨▨▨▨▨▨▨▨▨▨▨▨▨▨▨▨▨▨▨▨▨▨▨▨▨▨▨▨▨

구분	교원전문직 단체	교원노조
추구이념	교원의 자질향상 및 전문성 신장	교원의 경제적·사회적 지위향상
관련 교직관	전문직관	노동직관
법률근거	• 교육관계법 : 「교육기본법」(제15조) • 민법 제32조	노동관계법 : 「교원의 노동조합 설립 및 운영 등에 관한 법률」(노동조합법상의 특별법)
설립방법	허가제	자유설립주의(신고제) ⇨ 고용노동부 장관
설립형태	교과별, 학교급별, 지역별	• 유치원, 초·중등학교 교원 : 시·도 또는 전국 단위 • 대학교 교원 : 학교, 시·도 또는 전국단위

정답 **19.** ③   **20.** ②   **21.** ②

Chapter **13**

가입대상	전 교원 대상(학교장 포함)	유치원, 초·중등학교, 대학교 교원 ※해직교원도 가입 가능함

교섭·협의구조	• 중앙단위: 교육부 장관
	• 시·도단위: 교육감
	※ 국·공·사립 구분 없음.
		• 유치원, 초·중등학교 노동조합 대표자
		  − 국·공립학교: 교육부 장관(전국), 교육감(시·도)
		  − 사립학교: 설립·경영자가 전국 또는 시·도 단위로 연합하여 교섭
		• 대학교 노동조합 대표자: 교육부장관(전국), 특별시장·광역시장·특별자치시장·도지사·특별자치도지사(시·도), 국·공립학교의 장 또는 사립학교 설립·경영자(학교)

교섭·협의내용	처우개선, 근무조건 및 복지후생과 전문성 신장에 관한 사항	임금·근무조건·후생복지 등 경제적·사회적 지위향상과 관련된 사항
교섭·협의시기	연 2회 및 특별히 필요시	최소 2년에 1회
대정부 관계	협력 제휴관계(협의, 의견제시)	노사관계(단체교섭, 협약체결)
대정부 창구	다원적 참여체제	양자 간 교섭체계

22 학교폭력 예방 및 대책에 관한 법령상 학교폭력대책심의위원회(이하 심의위원회)에 대한 설명으로 옳지 않은 것은?

16. 국가직 7급 응용

① 심의위원회의는 교육지원청(교육지원청이 없는 경우 해당 시·도 조례로 정하는 기관으로 한다)에 둔다.
② 심의위원회는 10명 이상 30명 이내의 위원으로 구성하되, 전체위원의 1/3 이상을 해당 교육지원청 관할 구역 내 학교(고등학교를 포함한다)에 소속된 학생의 학부모로 위촉하여야 한다.
③ 심의위원회는 학교폭력의 예방 및 대책 등을 위하여 피해학생과 가해학생 간의 분쟁조정사항을 심의한다.
④ 심의위원회는 해당 지역에서 발생한 학교폭력에 대하여 조사할 수 있고 학교장 및 관할 경찰서장에게 관련 자료를 요청할 수 있다.

해설 「학교폭력 예방 및 대책에 관한 법률」(2019.8.20., 일부 개정, 시행 2020.3.1.)에 따르면 각 학교에 설치했던 '학교폭력대책자치위원회'는 폐지되고, 경미한 학교폭력의 경우는 학교폭력문제를 담당하는 '전담기구(교감, 전문상담교사, 보건교사 및 책임교사, 학부모로 구성, 단 학부모가 전담기구 구성원의 1/3 이상이어야 함)'에서 자체 해결하며, 그 외의 모든 학교폭력 업무는 교육지원청에 설치한 '학교폭력대책심의위원회'에서 처리한다. 심의위원회는 10명 이상 50명 이내의 위원으로 구성한다.

23 「학교폭력예방 및 대책에 관한 법률」상 학교폭력의 예방 및 대책에 대한 설명으로 옳지 않은 것은?

23. 국가직

① 학교 안뿐만 아니라 학교 밖에서 발생한 학생 간의 상해, 폭행, 협박, 따돌림 등도 이 법의 적용 대상이다.

② 경미한 학교폭력사건의 경우 가해학생 및 그 보호자가 학교폭력대책심의위원회의 개최를 원하지 않으면 학교의 장은 자체적으로 해결할 수 있다.

③ 학교의 장은 학교폭력의 예방 및 대책 등을 위한 교직원 및 학부모에 대한 교육을 학기별로 1회 이상 실시하여야 한다.

④ 피해학생의 보호를 위한 조치에는 학내외 전문가에 의한 심리상담 및 조언, 일시보호, 치료 및 치료를 위한 요양, 학급교체 등이 있다.

해설 「학교폭력예방 및 대책에 관한 법률」에 따르면 피해학생 및 그 보호자가 심의위원회의 개최를 원하지 아니하는 경미한 학교폭력의 경우 학교의 장은 학교폭력사건을 자체적으로 해결할 수 있다는 것이다(제13조의2). 단, 이 경우에는 ㉠ 2주 이상의 신체적·정신적 치료를 요하는 진단서를 발급받지 않은 경우, ㉡ 재산상 피해가 없는 경우 또는 재산상 피해가 즉각 복구되거나 복구 약속이 있는 경우, ㉢ 학교폭력이 지속적이지 않은 경우, ㉣ 학교폭력에 대한 신고, 진술, 자료제공 등에 대한 보복행위(정보통신망을 이용한 행위 포함)가 아닌 경우를 모두 갖추어야 하며, 학교의 장은 ⓐ 피해학생과 그 보호자의 심의위원회 개최 요구 의사의 서면 확인, ⓑ 학교폭력의 경중에 대한 제14조 제3항에 따른 전담기구의 서면 확인 및 심의에 해당하는 절차를 모두 거쳐야 한다. 또한 학교의 장은 지체 없이 이를 심의위원회에 보고하여야 한다. ①은 제2조(정의), ③은 제15조(학교폭력 예방교육 등) 제2항, ④는 제16조(피해학생의 보호) 제1항에 해당한다.

TIP 「학교폭력 예방 및 대책에 관한 법률」 개정 규정 ▓▓

제12조【학교폭력대책 심의위원회의 설치·기능】 ① 학교폭력의 예방 및 대책에 관련된 사항을 심의하기 위하여 「지방교육자치에 관한 법률」 제34조 및 「제주특별자치도 설치 및 국제자유도시 조성을 위한 특별법」 제80조에 따른 교육지원청(교육지원청이 없는 경우 해당 시·도 조례로 정하는 기관으로 한다. 이하 같다)에 학교폭력대책심의위원회(이하 "심의위원회"라 한다)를 둔다. 다만, 심의위원회 구성에 있어 대통령령으로 정하는 사유가 있는 경우에는 교육감 보고를 거쳐 둘 이상의 교육지원청이 공동으로 심의위원회를 구성할 수 있다.

② 심의위원회는 학교폭력의 예방 및 대책 등을 위하여 다음 각 호의 사항을 심의한다.

1. 학교폭력의 예방 및 대책
2. 피해학생의 보호
3. 가해학생에 대한 교육, 선도 및 징계
4. 피해학생과 가해학생 간의 분쟁조정
5. 그 밖에 대통령령으로 정하는 사항

③ 심의위원회는 해당 지역에서 발생한 학교폭력에 대하여 조사할 수 있고 학교장 및 관할 경찰서장에게 관련 자료를 요청할 수 있다.

④ 심의위원회의 설치·기능 등에 필요한 사항은 지역 및 교육지원청의 규모 등을 고려하여 대통령령으로 정한다.

제13조【심의위원회의 구성·운영】 ① 심의위원회는 10명 이상 50명 이내의 위원으로 구성하되, 전체위원의 3분의 1 이상을 해당 교육지원청 관할 구역 내 학교(고등학교를 포함한다)에 소속된 학생의 학부모로 위촉하여야 한다.

② 심의위원회의 위원장은 다음 각 호의 어느 하나에 해당하는 경우에 회의를 소집하여야 한다.

1. 심의위원회 재적위원 4분의 1 이상이 요청하는 경우
2. 학교의 장이 요청하는 경우
3. 피해학생 또는 그 보호자가 요청하는 경우
4. 학교폭력이 발생한 사실을 신고받거나 보고받은 경우

정답 22. ②　23. ②

5. 가해학생이 협박 또는 보복한 사실을 신고받거나 보고받은 경우
6. 그 밖에 위원장이 필요하다고 인정하는 경우
③ 심의위원회는 회의의 일시, 장소, 출석위원, 토의내용 및 의결사항 등이 기록된 회의록을 작성·보존하여야 한다.
④ 제2항에 따라 회의가 소집되는 경우 교육장(교육지원청이 없는 경우 해당 시·도 조례로 정하는 기관의 장)은 가해학생·피해학생 및 그 보호자에게 다음 각 호의 사항을 통지하여야 한다.
1. 회의 일시·장소와 안건
2. 조치 요청사항 등 회의 결과
⑤ 심의위원회는 심의 과정에서 소아청소년과 의사, 정신건강의학과 의사, 심리학자, 그 밖의 아동심리와 관련된 전문가를 출석하게 하거나 서면 등의 방법으로 의견을 청취할 수 있고, 피해학생이 상담·치료 등을 받은 경우 해당 전문가 또는 전문의 등으로부터 의견을 청취할 수 있다. 다만, 심의위원회는 피해학생 또는 그 보호자의 의사를 확인하여 피해학생 또는 그 보호자의 요청이 있는 경우에는 반드시 의견을 청취하여야 한다.
⑥ 그 밖에 심의위원회의 구성·운영에 필요한 사항은 대통령령으로 정한다.

제13조의2【학교의 장의 자체해결】 ① 제13조 제2항 제4호 및 제5호에도 불구하고 다음 각 호에 모두 해당하는 경미한 학교폭력에 대하여 피해학생 및 그 보호자가 심의위원회의 개최를 원하지 아니하는 경우 학교의 장은 학교폭력사건을 자체적으로 해결할 수 있다. 이 경우 학교의 장은 지체 없이 이를 심의위원회에 보고하여야 한다.
1. 2주 이상의 신체적·정신적 치료가 필요한 진단서를 발급받지 않은 경우
2. 재산상 피해가 없는 경우 또는 재산상 피해가 즉각 복구되거나 복구 약속이 있는 경우
3. 학교폭력이 지속적이지 않은 경우
4. 학교폭력에 대한 신고, 진술, 자료제공 등에 대한 보복행위(정보통신망을 이용한 행위를 포함한다)가 아닌 경우
② 학교의 장은 제1항에 따라 사건을 해결하려는 경우 다음 각 호에 해당하는 절차를 모두 거쳐야 한다.
1. 피해학생과 그 보호자의 심의위원회 개최 요구 의사의 서면 확인
2. 학교폭력의 경중에 대한 제14조제3항에 따른 전담기구의 서면 확인 및 심의
③ 학교의 장은 제1항에 따른 경미한 학교폭력에 대하여 피해학생 및 그 보호자가 심의위원회의 개최를 원하는 경우 피해학생과 가해학생 사이의 관계회복을 위한 프로그램(이하 "관계회복 프로그램"이라 한다)을 권유할 수 있다.
④ 국가 및 지방자치단체는 관계회복 프로그램의 개발·보급 및 운영을 위하여 필요한 경우 행정적·재정적 지원을 할 수 있다.
⑤ 그 밖에 학교의 장이 학교폭력을 자체적으로 해결하는 데에 필요한 사항은 대통령령으로 정한다.

제14조【전문상담교사 배치 및 전담기구 구성】 ① 학교의 장은 학교에 대통령령으로 정하는 바에 따라 상담실을 설치하고, 「초·중등교육법」 제19조의2에 따라 전문상담교사를 둔다.
② 전문상담교사는 학교의 장 및 심의위원회의 요구가 있는 때에는 학교폭력에 관련된 피해학생 및 가해학생과의 상담결과를 보고하여야 한다.
③ 학교의 장은 교감, 전문상담교사, 보건교사 및 책임교사(학교폭력문제를 담당하는 교사를 말한다), 학부모 등으로 학교폭력문제를 담당하는 전담기구(이하 "전담기구"라 한다)를 구성한다. 이 경우 학부모는 전담기구 구성원의 3분의 1 이상이어야 한다.
④ 학교의 장은 학교폭력 사태를 인지한 경우 지체 없이 전담기구 또는 소속 교원으로 하여금 가해 및 피해 사실 여부를 확인하도록 하고, 전담기구로 하여금 제13조의2에 따른 학교의 장의 자체해결 부의 여부를 심의하도록 한다.
⑤ 전담기구는 학교폭력에 대한 실태조사(이하 "실태조사"라 한다)와 학교폭력 예방 프로그램을 구성·실시하며, 학교의 장 및 심의위원회의 요구가 있는 때에는 학교폭력에 관련된 조사결과 등 활동결과를 보고하여야 한다.
⑥ 피해학생 또는 피해학생의 보호자는 피해사실 확인을 위하여 전담기구에 실태조사를 요구할 수 있다.
⑦ 국가 및 지방자치단체는 실태조사에 관한 예산을 지원하고, 관계 행정기관은 실태조사에 협조하여야 하며, 학교의 장은 전담기구에 행정적·재정적 지원을 할 수 있다.
⑧ 전담기구는 성폭력 등 특수한 학교폭력사건에 대한 실태조사의 전문성을 확보하기 위하여 필요한 경우 전문기관에 그 실태조사를 의뢰할 수 있다. 이 경우 그 의뢰는 심의위원회 위원장의 심의를 거쳐 학교의 장 명의로 하여야 한다.
⑨ 그 밖에 전담기구 운영 등에 필요한 사항은 대통령령으로 정한다.

24 「학교폭력예방 및 대책에 관한 법률」의 내용으로 옳지 않은 것은?   23. 국가직 7급

□□□

① 교육부장관은 학교폭력의 예방 및 대책에 관한 기본계획을 5년마다 수립하고 시행해야 한다.

② 학교폭력의 예방 및 대책에 관한 기본계획의 수립 및 시행에 대한 평가 등을 심의하기 위하여 국무총리 소속으로 학교폭력대책위원회를 둔다.

③ 교육감은 시·도교육청에 학교폭력의 예방과 대책을 담당하는 전담부서를 설치하고 운영하여야 한다.

④ 학교폭력대책심의위원회는 의무교육과정에 있는 가해학생일지라도 그 가해 정도가 심각한 경우에는 그 학생에 대해 퇴학처분의 조치를 취할 수 있다.

┌─────┐
│ 해설 │ 가해학생에 대한 조치는 '피해학생에 대한 서면 사과'에서부터 '퇴학처분'까지 9단계가 있다. 이 중 9단계인 퇴학
└─────┘
처분의 경우는 의무교육과정에서는 적용하지 아니한다[「학교폭력예방 및 대책에 관한 법률」 제17조(가해학생에 대한 조치)
제1호] ①은 제6조(기본계획의 수립 등) 제2항, ②는 제7조(학교폭력대책위원회의 설치·기능), ③은 제11조(교육감의 의무)
제1항에 해당한다. ③의 경우 "교육감은 시·도교육청에 학교폭력의 예방·대책 및 법률지원을 포함한 통합지원을 담당하
는 전담부서를 설치·운영하여야 한다."로 개정(개정 2023.10.24.)되었다.

TIP 학교폭력 관련 교육감의 의무 ▨▨

제11조【교육감의 임무】 ① 교육감은 시·도교육청에 학교폭력의 예방과 대책 및 법률지원을 포함한 통합지원을 담당하는 전담부서를 설치·운영하여야 한다.

② 교육감은 관할 구역 안에서 학교폭력이 발생한 때에는 해당 학교의 장 및 관련 학교의 장에게 그 경과 및 결과의 보고를 요구할 수 있다.

③ 교육감은 관할 구역 안의 학교폭력이 관할 구역 외의 학교폭력과 관련이 있는 때에는 그 관할 교육감과 협의하여 적절한 조치를 취하여야 한다.

④ 교육감은 학교의 장으로 하여금 학교폭력의 예방 및 대책에 관한 실시계획을 수립·시행하도록 하여야 한다.

⑤ 교육감은 제12조에 따른 심의위원회가 처리한 학교의 학교폭력빈도를 학교의 장에 대한 업무수행 평가에 부정적 자료로 사용하여서는 아니 된다.

⑥ 교육감은 제17조 제1항 제8호에 따른 전학의 경우 그 실현을 위하여 필요한 조치를 취하여야 하며, 제17조 제1항 제9호에 따른 퇴학처분의 경우 해당 학생의 건전한 성장을 위하여 다른 학교 재입학 등의 적절한 대책을 강구하여야 한다.

⑦ 교육감은 대책위원회 및 지역위원회에 관할 구역 안의 학교폭력의 실태 및 대책에 관한 사항을 보고하고 공표하여야 한다. 관할 구역 밖의 학교폭력 관련 사항 중 관할 구역 안의 학교와 관련된 경우에도 또한 같다.

⑧ 교육감은 학교폭력의 실태를 파악하고 학교폭력에 대한 효율적인 예방대책을 수립하기 위하여 학교폭력 실태조사를 연 2회 이상 실시하고 그 결과를 공표하여야 한다.

⑨ 교육감은 학교폭력 등에 관한 조사, 상담, 치유프로그램 운영, 학생 치유·회복을 위한 보호시설 운영, 법률지원을 포함한 통합지원 등을 위한 전문기관을 설치·운영하여야 한다.

⑩ 교육감은 제14조 제3항에 따른 전담기구 구성원의 학교폭력 관련 전문성 향상을 위한 교육 등을 실시할 수 있다.

⑪ 교육감은 관할 구역에서 학교폭력이 발생한 때에 해당 학교의 장 또는 소속 교원이 그 경과 및 결과를 보고하면서 축소 및 은폐를 시도한 경우에는 「교육공무원법」 제50조 및 「사립학교법」 제62조에 따른 징계위원회에 징계의결을 요구하여야 한다.

⑫ 교육감은 관할 구역에서 학교폭력의 예방 및 대책 마련에 기여한 바가 큰 학교 또는 소속 교원에게 상훈을 수여하거나 소속 교원의 근무성적 평정에 가산점을 부여할 수 있다.

⑬ 교육감은 학교의 장 및 교감을 대상으로 학교폭력 예방 및 대책 등에 관한 교육을 매년 1회 이상 실시하여야 한다.

⑭ 제1항에 따라 설치되는 전담부서의 구성과 제8항에 따라 실시하는 학교폭력 실태조사, 제9항에 따른 전문기관의 설치 및 제13항에 따른 교육의 실시에 필요한 사항은 대통령령으로 정한다.

┌─────┐
│ 정답 │ **24. ④**
└─────┘

25 「학교폭력예방 및 대책에 관한 법률」상 중학교에서 발생한 학교폭력 문제 처리과정에서 중학생인 가해학생에 대해 취할 수 있는 조치가 아닌 것은?   19. 지방직

① 출석정지   ② 학급교체
③ 전학   ④ 퇴학처분

해설 가해학생에 대한 조치는 '피해학생에 대한 서면 사과'에서부터 '퇴학처분'까지 9단계가 있다. 이 중 ①은 6단계, ②는 7단계, ③은 8단계에 해당한다. 9단계인 퇴학 처분의 경우는 의무교육과정에서는 시행할 수 없다.

TIP 학생징계 절차의 이원화

1. 「학교폭력 예방 및 대책에 관한 법률」(제17조)
    ① 학교 폭력 관련 사안 징계
    ② 가해자에 대한 징계는 '학교폭력 대책 심의위원회'에서 9단계로 결정: 피해학생에 대한 서면사과 ⇨ 피해학생 및 신고·고발 학생에 대한 접촉, 협박 및 보복행위(정보통신망을 이용한 행위 포함)의 금지 ⇨ 학교에서의 봉사 ⇨ 사회봉사 ⇨ 학내외 전문가, 교육감이 정한 기관에 의한 특별교육 이수 또는 심리치료 ⇨ 출석정지 ⇨ 학급 교체 ⇨ 전학 ⇨ 퇴학처분
    ③ 퇴학은 의무교육과정(초등학교와 중학교)에서는 시행할 수 없다.
2. 「초·중등교육법(제18조)」과 「초·중등교육법 시행령(제31조 제1항)」: 5단계
    ① 학교 폭력 이외의 사안(예 절도, 사기 등)에 대한 징계의 경우에 적용
    ② 징계는 학생의 인격이 존중되는 교육적인 방법으로 하여야 하며, 그 사유의 경중에 따라 징계의 종류를 '학교 내의 봉사 ⇨ 사회봉사 ⇨ 특별교육 이수 ⇨ 1회 10일 이내, 연간 30일 이내의 출석정지 ⇨ 퇴학처분' 등 5단계로 처리
    ③ 퇴학처분은 의무교육과정에서는 시행할 수 없다.
    ④ '선도위원회'에서 처벌수위 결정: 학교장, 교감, 부장교사 등 교원으로 구성

26 「사립학교법」의 내용으로 옳지 않은 것은?   23. 지방직

① 학교법인의 설립 당초의 임원은 정관으로 정하여야 한다.
② 기간제교원의 임용기간은 1년 이내로 하되, 필요한 경우 4년의 범위에서 그 기간을 연장할 수 있다.
③ 사립학교 교원은 권고에 의하여 사직을 당하지 아니한다.
④ 각급 학교의 장은 해당 학교를 설치·경영하는 학교법인 또는 사립학교경영자가 임용한다.

해설 ②는 「사립학교법」 제54조의4(기간제교원) 제2항으로 "기간제교원의 임용기간은 1년 이내로 하되, 필요한 경우 3년의 범위에서 그 기간을 연장할 수 있다(이는 국·공립학교의 경우도 같다)." ①은 제10조(설립허가) 제2항, ③은 제56조(의사에 반한 휴직·면직 등의 금지) 제2항, ④는 제53조(학교의 장의 임용) 제1항에 해당한다.

정답 25. ④ 26. ②

Chapter

14

교육사회학

오현준 교육학
단원별✧
기출문제 1356제

핵심 체크노트

★**1. 교육사회학의 이론**
  ① **구교육사회학** : 규범적 접근, 거시이론
    ㉠ **기능이론** : 구조기능론, 근대화 이론, 인간자본론, 기술기능이론, 신기능이론
    ㉡ **갈등이론** : 경제적 재생산이론, 급진적 저항이론
  ② **신교육사회학(교육과정 사회학)** : 해석적 접근, 미시이론 ⇨ 문화적 재생산이론, 문화적 헤게모니이론, 문화전 달이론, 저항이론, 상징적 상호작용이론

 2. 교육과 사회
  ① **사회화의 유형** : 보편적 사회화(Durkheim), 역할사회화(Parsons), 규범적 사회화(Dreeben), 차별적 사회화 (Bowles & Gintis)
  ② **사회이동** : 블라우와 던컨(Blau & Duncan)

 3. 교육과 문화
 ★① **문화변동 유형** : 문화접변, 문화전계, 문화지체, 문화실조
  ② **문화기대(문화구속)와 평균인**

 4. 학교교육과 사회평등
 ★① **평등화 기여론** : 호레이스만(Horace Mann), 해비거스트(Havighurst), 블라우와 던컨(Blau & Duncan), 인간 자본론
  ② **불평등 재생산이론** : 보울스와 진티스(Bowles & Gintis), 카노이(Carnoy), 라이트와 페론(Wright & Perrone)

★**5. 교육평등관의 유형**
  ① **(취학)기회의 평등** : 허용적 평등, 보장적 평등
  ② **내용의 평등** : 교육조건의 평등, 보상적 평등(결과적 평등)

★**6. 교육격차(학업성취도) 발생이론**
  ① **교육 내적 원인** : 교사결핍론 ⇨ 로젠탈과 제이콥슨(Rosenthal & Jacobson), 리스트(Rist), 블룸(Bloom), 브루크오 버(Brookover)
  ② **교육 외적 원인**
    ㉠ **지능결핍론** : 젠센(Jensen), 아이젠크(Eysenck)
    ㉡ **문화환경결핍론** : 콜맨(Coleman), 젠크스(Jencks), 플라우덴(Plowden)

★**7. 교육팽창(학력상승)이론**
  ① **심리적 요인** : 매슬로우(Maslow)의 학습욕구이론
  ② **경제적 요인** : 클라크(Clark)와 커(Kerr)의 기술기능이론, 신마르크스 이론
  ③ **사회적 요인** : 지위경쟁이론(Weber, Dore, Collins)
  ④ **정치적 요인** : 벤딕스(Bendix)의 국민통합론

제1절 교육사회학의 기초

01 다음은 뒤르껭(E. Durkheim) 저술의 일부이다. ㉠~㉢에 해당하지 않는 것은?   18. 국가직

□□□

> "교육은 아직 사회생활에 준비를 갖추지 못한 어린 세대들에 대한 성인 세대들의 영향력 행사
> 이다. 그 목적은 전체 사회로서의 정치 사회와 그가 종사해야 할 특수 환경의 양편에서 요구
> 하는 (㉠), (㉡), (㉢) 제 특성을 아동에게 육성 계발하게 하는 데 있다."

① 지적   ② 예술적   ③ 도덕적   ④ 신체적

해설 뒤르껭(Durkheim)은 교육은 미성숙한 인간에 대한 성인들의 영향력을 행사하는 사회화 (socialization)의 과정, 즉 전체 사회와 특수 사회에서 구성원들이 지녀야 할 집합의식(collective image)인 지적, 도덕적, 신체적 제반 특성을 내면화하는 과정으로 정의하고, 그 기능을 보편적 사회 화와 특수 사회화로 나누어 설명하였다.

TIP **뒤르껭의 교육에 대한 견해**

1. 교육은 사회의 한 하위체제이다.
2. 교육은 사회의 유지·존속을 위해 필요하다.
3. **교육은 곧 사회화(socialization)이다** : "교육은 천성(天性)이 비사회적 존재인 개인을 사회적 존재로 만드는 과정이며, 학교교육의 핵심은 사회의 보편적 가치를 가르치는 도덕교육이다." ⇨ 보편적(도덕적) 사회화(현대 산업사회에 알맞은 도덕적 질서 확립)가 목적

보편적 사회화	사회전체의 집합의식(집합표상 ; 전체적 사회가 요구하는 신체적·도덕적·지적 특성) 을 개인에게 내면화 ⇨ 사회의 동질성 확보
특수적 사회화	분업화된 사회집단의 가치와 규범, 능력을 내면화 ⇨ 파슨스(Parsons)의 '역할사회화'와 유사

4. **교육의 목적** : 문화기대에 잘 어울리는 사람, 즉 평균인을 양성하는 것

02 (가), (나)에 들어갈 단어를 바르게 나열한 것은?   21. 지방직

□□□

> [(가)] 은/는 사회화를 보편적 사회화와 특수 사회화로 구분하면서 도덕교육을 강조하였
> 다. 그리고 사회의 동질성을 유지하기 위해 한 사회의 공통적인 감성과 신념, 집단의식을 새로
> 운 세대에 내면화시키는 [(나)] 가 필요하다고 주장하였다.

	(가)	(나)
①	뒤르켐(Durkheim)	특수 사회화
②	뒤르켐(Durkheim)	보편적 사회화
③	파슨스(Parsons)	특수 사회화
④	파슨스(Parsons)	보편적 사회화

해설 뒤르껭(Durkheim)이 주장한 보편적 사회화는 후세대들에게 한 사회가 축적한 규범과 가치(집합의식)를 내면화시키는 것을 말하며, 특수적 사회화는 장차 일하게 될 직업 세계에 필요한 지식과 기술을 후세대에게 내면화시키는 것을 말한다.

정답 01. ②   02. ②

03 뒤르껨(E. Durkheim)의 교육사회학적 입장에 대한 설명으로 옳은 것은?   08. 유·초등임용

□□□

① 사회구조가 변화하더라도 교육해야 할 도덕이념은 동일하다.

② 세대가 바뀌어도 집합의식이 유지될 수 있도록 기성세대의 영향을 최소화해야 한다.

③ 산업사회에서 분업화가 진행될수록 보편사회화보다는 특수사회화가 더 중요해진다.

④ 이기적인 어린 세대에게 규율의 정신을 가르치는 것은 필요하나, 체벌을 허용해서는 안 된다.

해설 뒤르껨은 사회 전체적인 가치와 규범을 새로운 세대에 내면화하는 보편적 사회화를 주장하였으며, 체벌에 대해서는 부정적인 입장을 보였다.

① 사회구조가 변화하면 교육해야 할 도덕이념도 다르다.

② 세대가 바뀌어도 집합의식이 유지될 수 있도록 기성세대의 영향을 최대화해야 한다.

③은 파슨즈(Parsons)의 견해이다. 뒤르껨은 보편사회화를 특수사회화보다 중시하였다.

제2절 **교육사회학의 이론Ⅰ : 초기 교육사회학**

1 개관

01 교육사회학의 패러다임에 대한 설명으로 옳지 않은 것은?   13. 국가직 7급

□□□

① 해석학적 관점은 사회구성원과 행위자의 행위 및 상호작용, 학교의 내적 상황 등에 초점을 두는 미시적 접근이다.

② 갈등주의 관점은 자본주의 사회에서 학교가 지배계급에게 유리하게 작용함으로써 물신화와 소외, 비인간화 등을 가져오는 것에 대한 비판적 접근이다.

③ 기능주의 관점에서 교육은 사회체계를 이루는 한 부분인 동시에 독립적으로 하나의 소사회인 교육체계를 형성한다.

④ 신교육사회학적 관점에서는 교과과정의 효율성과 학교교육의 외적 과정에 관심을 갖는다.

해설 신교육사회학(교육과정사회학)은 교육과 사회에 대한 해석학적 관점에 해당하며, 1960년대 말과 1970년대 초, 종래의 거시적·규범적 접근의 구교육사회학(기능·갈등이론)에 대한 비판을 제기하면서 미시적·해석학적 패러다임을 들고 등장하였다. 즉, 신교육사회학은 학교 내부 문제를 미시적으로 접근하는 해석학적 관점에 토대를 둔 교육사회학의 영역으로, 사회의 정치권력과 교육과정에서 다루어지는 지식의 조직 문제에 관심을 두고, 학교지식이 어떻게 사회적으로 조직되며, 그 조직의 과정에 게재된 언어·이데올로기·계급 등의 역할과 요인의 구조에 관심을 갖는다.

④는 기능 이론의 관점에 해당한다.

TIP 교육사회학의 이론의 변화과정

구분	교육적 사회학	교육의 사회학		연구과제
		구교육사회학	신교육사회학	
거시적(규범적) 접근		기능이론 갈등이론		학교외부문제 : 학교와 사회구조 ⇨ 학교내부문제는 black box로 취급
미시적(해석학적) 접근			신교육사회학 (교육과정 사회학)	학교내부문제 : 학교지식(교육과정), 교사 − 학생 간 상호작용

02 교육사회학 이론과 그 이론을 주장한 대표 학자가 바르게 연결되지 않은 것은?   09. 국가직

□□□

① 상징적 상호작용이론 – 블루머(Blumer)

② 저항이론 – 지루(Giroux)

③ 경제적 재생산이론 – 애플(Apple)과 카노이(Carnoy)

④ 문화적 재생산이론 – 부르디외(P. Bourdieu)와 번스타인(Bernstein)

해설 경제적 재생산이론은 보울스(Bowles)와 진티스(Gintis)의 이론이다. 애플(Apple)은 문화적 헤게모니 이론을, 카노이(Carnoy)는 문화제국주의 이론을 주장하였다.

03 (가), (나)에 들어갈 말을 바르게 나열한 것은?   22. 지방직

□□□

> (가) 은 학교가 개인을 사회적 존재로 성장시킨다고 본다. 학교는 능력주의에 따라 학생을 선발하고 교육 수준에 따라 인재를 적재적소에 배치하는 기능을 한다. 반면, (나) 은 학교가 기존의 불평등한 계층구조를 재생산한다고 본다. 학교는 교육내용뿐만 아니라 교육분위기를 통해 기존의 계층구조를 정당화하는 교육을 한다.

	(가)	(나)
①	기능주의적 관점	갈등론적 관점
②	갈등론적 관점	기능주의적 관점
③	해석적 관점	기능주의적 관점
④	현상학적 관점	갈등론적 관점

해설 교육과 사회를 거시적·규범적으로 접근하는 초기 교육사회학은 크게 기능이론과 갈등이론으로 구분된다. 두 이론의 차이점은 기능이론은 교육과 사회의 긍정적 측면(사회화, 사회유지·통합)을 중시하는 데 비해, 갈등이론은 교육과 사회의 부정적 측면(불평등 계층구조의 재생산)을 중시한다는 점이다. 1970년대 이후 등장한 신교육사회학은 교육과 사회를 미시적·해석학적으로 접근하는 관점으로, 학교 내부 문제(학교지식, 교사와 학생의 상호작용)를 다룬다.

2 기능이론

04 학교교육의 기능을 보는 관점이 다른 것은?   19. 국가직

□□□

① 학교는 불평등한 경제적 구조를 재생산한다.

② 학교의 문화전달과 사회통합적 기능을 높이 평가한다.

③ 학교는 능력에 맞게 인재를 사회의 적재적소에 배치하는 데 기여한다.

④ 학교교육의 사회화 기능을 긍정적으로 평가한다.

해설 교육과 사회를 거시적으로 접근하는 초기 교육사회학은 기능이론과 갈등이론으로 구분된다. 두 이론의 차이점은 기능이론은 교육과 사회의 긍정적 측면을 중시하는 데 비해, 갈등이론은 교육과 사회의 부정적 측면을 중시한다는 점이다. ①은 학교교육에 관한 갈등이론적 관점에 해당하며, ②, ③, ④는 기능이론적 관점에 해당한다.

정답 03. ④ / 01. ④ 02. ③ 03. ① 04. ①

05 학교교육에 대한 기능주의적 관점으로 보기 어려운 것은?

15. 특채

① 능력주의 사회의 실현에 기여한다.

② 인재를 선발하여 적재적소에 배치하는 기능을 수행한다.

③ 새로운 세대에게 기존 사회의 생활양식과 가치 및 규범을 전수하는 기능을 수행한다.

④ 노동자가 위계적 분업구조 속에서 경험하는 불평등하고 억압적인 사회적 관계를 그대로 반영하고 있다.

해설 기능이론은 사회를 유기체에 비유하여 사회의 각 부분이 상호의존적으로 전체 사회의 존속을 위해 필요한 기능을 수행하며, 사회는 항상 안정하려는 속성과 동질성과 균형성을 지향하는 경향이 있다고 보는 견해다. ④는 갈등이론 중 보울스와 진티스(Bowles & Gintis)의 경제적 재생산이론(대응이론)에 대한 설명이다.

06 다음은 학교교육의 사회적 기능에 대한 관점 중 하나이다. 이 관점에 대한 설명으로 옳지 않은 것은?

11. 중등임용

> 사회를 구성하고 있는 각 요소는 전체의 존속에 공헌한다. 각 구성요소들은 서로 영향을 미치는 상호의존적 관계에 있으며, 전체적으로 조화롭게 통합되어 있다. 지각·정서·가치관·신념 체계의 주요 부분에 대해서 사회구성원들 사이에 합의가 이루어져 있다. 교육은 전체 사회의 한 구성요소이며, 전체 사회의 존속과 유지에 공헌한다.

① 학교교육의 주요 기능은 사회화에 있다.

② 사회체제 존속에 필요한 규범교육을 강조한다.

③ 학교교육은 업적주의 사회 기반을 공고히 한다.

④ 대표적 이론가로 뒤르껭(E. Durkheim)과 파슨스(T. Parsons)가 있다.

⑤ 교육을 둘러싼 집단 간의 이해관계를 분석하는 데 주안점을 둔다.

해설 기능이론과 갈등이론은 교육과 사회를 거시적으로 접근하는 초기 교육사회학의 학문적 견해로, 학교 외부 문제에 대한 규범적 접근에 해당한다. 차이점은 기능이론은 교육과 사회의 긍정적 측면을 중시하는 데 비해, 갈등이론은 교육과 사회의 부정적 측면을 중시한다는 점이다. 지문은 기능이론에 대한 설명이다. 기능이론은 '사회는 어떻게 유지되고 발전하는가?'에 관심을 가지며, 생물학적 유기체론에 입각하여 설명한다. 즉 사회를 유기체에 비유하여 사회의 각 부분이 상호의존적으로 전체 사회의 존속을 위해 필요한 기능을 수행하며, 사회는 항상 안정하려는 속성과 동질성과 균형성을 지향하는 경향이 있다고 보는 견해다.
⑤는 갈등이론에 해당한다.

TIP 기능이론의 기본전제

1. 사회는 하나의 유기체이다.
2. 사회는 항상 안정을 유지하려는 속성을 가지고 있고, 각 부분은 전체의 유지에 기여한다.
3. 사회의 각 부분은 독립적(자율적)이며 또한 상호의존적이다.
4. 사회를 구성하고 있는 각 부분 간에는 우열이 있을 수 없으며 각기 수행하는 기능상의 차이가 있을 뿐이다.
5. 계층은 기능의 차이에 바탕을 둔 차등적 보상체제의 결과이다.

07 파슨스(Parsons)의 관점으로 옳은 것만을 모두 고르면?　　　　20. 지방직

☐☐☐

> ㉠ 사회화는 장차 성인이 되어 담당하게 될 역할수행에 필요한 정신적 자세와 자질을 기르는 것이다.
> ㉡ 학교교육은 지배와 종속의 관계를 유지시켜 주는 역할을 한다.
> ㉢ 역할을 담당할 인재를 선발하여 적재적소에 배치하는 것이 교육의 중요한 기능이다.

① ㉠, ㉡　　　　② ㉠, ㉢　　　　③ ㉡, ㉢　　　　④ ㉠, ㉡, ㉢

해설 기능주의 이론을 체계화한 파슨스(Parsons)는 사회체제이론(theory of social system)에서 '사회는 어떻게 유지·발전하는가?'라는 질문을 제기하고 사회가 균형을 유지하기 위해서는 4가지 기능(A-G-I-L이론)이 필수적이라고 주장하였다. 그에 따르면 학교는 한 사회의 문화체제의 하위기구로서 사회문화 형태를 유지·존속시키는 잠재유형유지 기능(Latent pattern maintenance and tension management)을 담당한다. 학교는 아동들이 장차 성인이 되어 담당하게 될 역할수행에 반드시 필요한 정신적 자세와 자질을 학습하는 곳으로, 뒤르켐(Durkheim)의 '특수적 사회화'와 유사한 역할사회화를 담당한다. ㉡은 갈등이론의 주장에 해당한다.

08 다음 내용과 다른 입장을 가진 교육사회학자는?　　　　15. 지방직

☐☐☐

> • 사회를 유기체에 비유한다.
> • 사회의 각 부분은 상호의존적이다.
> • 학교의 사회적 기능은 사회화, 선발 및 배치에 있다.
> • 사회의 각 부분은 사회 전체의 유지와 조화에 기여한다.

① 파슨스(T. Parsons)　　　　② 드리븐(R. Dreeben)
③ 뒤르켐(E. Durkheim)　　　　④ 번스타인(B. Bernstein)

해설 지문은 기능 이론에 대한 설명이다. 기능 이론은 '사회는 어떻게 유지되고 발전하는가?'에 관심을 가지며, 생물학적 유기체론에 입각하여 설명한다. 번스타인(Bernstein)은 문화전수이론(문화자본론), 자율이론 등을 주장하였으며, 근본적으로는 갈등 이론에 토대를 두고 있다.

09 학교교육에 대한 기능론적 관점으로 옳은 것만을 〈보기〉에서 모두 고른 것은?　　　　16. 지방직

☐☐☐

> ┌ 보기 ┐
> ㉠ 기존의 계층 간 사회불평등을 유지·심화한다.
> ㉡ 자본주의 이데올로기에 순응하는 노동력을 양산한다.
> ㉢ 개인을 능력에 따라 합리적으로 분류·선발·배치한다.
> ㉣ 사회구성원에게 보편적 가치를 내면화하여 구성원의 동질성을 확보한다.

① ㉠, ㉡　　　　② ㉢, ㉣　　　　③ ㉠, ㉡, ㉢　　　　④ ㉡, ㉢, ㉣

해설 기능이론은 교육과 사회의 관계, 교육의 기능을 긍정적·낙관적으로 본다. 즉, 학교교육은 전체 사회의 한 하위체제로서 사회존속을 위한 그 나름의 기능(사회화, 선발·배치)을 수행한다고 주장한다. ㉠과 ㉡은 갈등이론에 해당한다.

정답 　05. ④　06. ⑤　07. ②　08. ④　09. ②

10 학교교육의 사회적 기능에 대한 기능주의적 관점으로 볼 수 없는 것은?   16. 국가직

① 사회구성원을 선발·분류하여 적재적소에 배치한다.
② 체제적응기능을 수행해 전체 사회의 유지에 기여한다.
③ 지배집단의 신념과 가치를 보편적 가치로 내면화시킨다.
④ 새로운 세대에게 기존사회의 생활양식, 가치와 규범을 전수한다.

해설 기능이론은 학교교육이 전체 사회의 한 하위체제로서 사회존속을 위한 그 나름의 긍정적·낙관적 기능(사회화, 선발·배치)을 수행한다고 주장한다. ①은 사회충원, ②는 사회화, ④는 문화전계에 해당한다. ③은 갈등이론에서 중시하는 학교교육의 기능이다. 교육과 사회의 관계, 교육의 기능을 부정적·비판적으로 보는 갈등이론은 학교교육이 지배집단의 문화를 정당화하고 주입하며, 기존의 불평등한 계층구조를 재생산한다고 본다.

11 기능주의 관점에서 학교 교육을 설명하는 내용으로 옳지 않은 것은?   23. 국가직 7급

① 학교 교육은 공동체 의식과 사회적 연대를 강화하는 역할을 한다.
② 학교 교육은 기존 이념을 전수할 뿐 새로운 이념을 창출하지는 않는다.
③ 학교 교육은 사회의 한 부분으로서 전체 사회를 유지하는 기능을 담당한다.
④ 학교 교육에서의 성취 수준에 따라 사회적 지위가 달라지는 것을 공정하다고 간주한다.

해설 학교와 사회의 순기능을 중시하는 기능이론에서 학교교육은 사회화, 사회선발과 배치뿐만 아니라 문화전수를 통한 사회통합, 그리고 문화창조의 역할도 수행한다고 본다. 그러기에 학교는 새로운 이념 창출에도 기여한다고 본다.

12 교육과 사회에 대한 기능이론의 주장이 아닌 것은?   04. 국가직

① 교육은 전체 사회의 한 하위체제로서 사회의 존속을 위한 나름의 기능을 수행한다.
② 교육은 지배집단의 문화를 정당화하고 주입하며 기존의 불평등 계층구조를 재생산한다.
③ 학력이 개인의 실제적 능력과 생산성의 지표가 된다.
④ 교육의 양적 팽창을 정당화하는 이론적 배경이다.

해설 ②는 갈등이론에 해당한다. 기능이론에서 교육과정은 그 사회와 문화의 핵심적 내용을 선정하여 조직한 것으로 학생에게 필수적이라고 보며, 학교는 성숙한 교사가 미성숙한 학생을 가르치는 곳이고, 한 사회를 유지·발전시키기 위하여 존재하는 합리적 기관이라고 본다.

13 교육이론을 기능주의 이론과 갈등주의 이론으로 구분할 때, 기능주의 이론에 해당하는 것은?

23. 국가직 7급

① 인간자본론   ② 재생산이론
③ 종속이론   ④ 저항이론

해설 기능이론은 교육과 사회의 관계를 긍정적인 입장에서 보는 관점으로, 학교교육의 순기능을 중시하는 견해이다. 이 중 슐츠(Schultz)의 인간자본론은 교육을 인간자본에의 투자로 보면서, 인간이 교육을 통해 지식과 기술을 갖추게 될 때 생산성이 증가하여 개인의 소득 증대 및 나아가 경제 발전의 원동력이라고 보는 입장이다. ②는 보울스와 진티스(Bowles & Gintis), 부르디외(Bourdieu), ③은 갈퉁(Galtung), 프랭크(Frank), ④는 지루(Giroux), 윌리스(Willis) 등이 대표자이며, 모두 갈등이론에 해당한다.

14 다음 설명에 해당하는 교육사회학의 이론과 그 주창자가 바르게 연결된 것은?   10. 전북

> • 교육은 개인과 사회 모두에게 높은 소득을 가져다주는 투자의 한 형태이다.
> • 교육에 대한 투자는 개인에게는 고소득을 보장하고 사회에는 경제발전의 원동력이 된다.

① 슐츠(Schultz)의 인간자본론   ② 맥클랜드(McClelland)의 근대화이론

③ 파슨즈(Parsons)의 합의론적 기능이론   ④ 콜린스(Collins)의 지위경쟁이론

⑤ 부르디외(Bourdieu)의 문화자본론

해설　슐츠(Schultz)는 「인간자본에 투자하자(Investment in human capital)」(1961)에서 생산수단의 개념을 확장시켜 인간도 하나의 생산수단으로 파악하고, 교육은 증가된 배당금(increased dividends)의 형태로 미래에 되돌려 받을 인간자본에의 투자라고 보았다. 그 결과 교육에 대한 투자는 개인에게는 소득 증대를, 사회에는 경제 발전을 가져다준다고 주장하였다. 인간자본론의 연장모형으로 교육을 통해 국가 발전에 기여하는 발전교육론이 대두되었다.

15 경제발전과 교육에 관해 다음과 같이 주장한 사람은?   06. 대구

> 성취동기가 높은 민족은 경제발전이 더 빠르다. 따라서 교육을 통해서 국민의 성취동기를 심어 주어야 경제가 더 발전할 수 있다.

① 슐츠(Schultz)   ② 콜맨(Coleman)

③ 로스토우(Rostow)   ④ 맥클랜드(McClelland)

⑤ 파슨즈(Parsons)

해설　근대화 이론은 대다수의 사람들이 소유하고 있는 개인적 가치관에서 근대화가 비롯된다고 보는 이론으로 맥클랜드(McClelland)에 의해 구체화되고, 인켈스와 스미스(Inkels & Smith)에 의해 체계화되었다. 특히 맥클랜드는 근대화된 사회에는 전근대적인 사회에서보다 성취동기를 가진 개인들이 많다고 보고, 근대화에 필요한 성취동기를 높여주는 학교교육의 역할을 중시하는 성취동기이론(achievement motivation theory)을 제시하였다. ①은 인간자본론, ②는 사회자본론, ③은 발전교육론, ⑤는 합의론적 기능론을 주장하였다.

3 갈등이론

16 갈등이론(conflict theory)에 대한 설명으로 옳지 않은 것은?   08. 국가직

① 사회제도와 각 집단은 서로 다른 목적과 이해관계를 추구한다.

② 사회관계는 지배와 피지배관계로 설명된다.

③ 학교는 사회적 불평등을 재생산하는 제도적 장치에 불과하다.

④ 사회는 유기체와 마찬가지로 각 부분이 전체의 존속을 위해 각기 기능을 수행한다.

해설　기능이론과 갈등이론은 (학교)교육의 외부문제를 주로 연구대상으로 삼는 거시적 접근(규범적 접근)에 해당하며, 전자는 학교교육의 순기능(사회유지와 발전)에, 후자는 학교교육의 역기능(불평등 구조의 재생산)에 주목하는 이론이다. ④는 기능이론의 입장으로 파슨스(Parsons)의 주장에 해당한다.

정답　10. ③　11. ②　12. ②　13. ①　14. ①　15. ④　16. ④

TIP 갈등이론의 기본전제 및 사회관

1. 기본전제
① 인간의 욕구는 무한한데 욕구충족을 위한 재화는 유한하기 때문에 인간 사이의 경쟁과 갈등은 불가피하다.
② 사회는 모든 면에서 변화의 과정과 이견(異見)과 갈등을 겪는다.
③ 사회의 모든 요소는 사회의 분열(와해)과 변동에 기여한다.
④ 사회집단은 지배집단과 피지배집단으로 구성되어 있다.
⑤ 일정기간 사회가 안정을 유지하는 것은 경제적 권력을 획득한 지배집단이 피지배집단을 억압하고 강제하기 때문이다. 즉, 사회의 합의에 의해 이루어지는 것이 아니라 지배집단의 억압과 강제에 의해 이루어지는 것이다.

2. 사회의 본질
① 모든 사회는 언제나 변화의 과정에 있다(변화).
② 모든 사회는 언제나 이견(불일치)과 갈등 속에 있으며, 갈등은 사회진보의 원동력이다(갈등).
③ 모든 사회는 그 구성원의 일부에 대한 다른 일부의 강제에 토대를 두고 있다(강제).

---

17 갈등론적 관점에서의 학교교육에 대한 설명으로 옳지 않은 것은?   13. 국가직

① 학교교육의 기능을 부정적, 비판적으로 본다.
② 학교교육은 기존의 사회구조를 재생산한다.
③ 학교교육은 사회의 안정과 질서에 기여하는 제도이다.
④ 학교교육은 계급구조와 불평등을 정당화한다.

해설 갈등론적 입장에서는 교육의 부정적 기능에 주목하여 기존사회의 불평등한 구조를 유지·재생산한다고 본다. ③은 기능론에 해당한다.

---

18 다음 주장을 한 학자는?   20. 지방직

> • 학교는 자본주의적 사회관계의 유지에 필수적인 통합기능을 수행하는 기관이라고 보았다.
> • 경제적 재생산이라는 개념을 사용하여 학교교육이 자본주의 경제체제를 재생산하는 데 어떻게 기여하는지 그 메커니즘을 설명하고자 하였다.
> • 학교 교육체제에서 학생이 미래에 차지할 경제적 위치를 반영하여 차별적 사회화가 이루어진다고 주장하였다.

① 해비거스트(Havighurst)
② 보울스와 진티스(Bowles & Gintis)
③ 콜맨(Coleman)
④ 번스타인과 영(Bernstein & Young)

해설 보울스와 진티스(S. Bowles & H. Gintis)는 「자본주의 미국 사회에서의 학교교육(1976)」에서, 자본주의 제도하의 미국교육은 인종 통합에는 성공하였지만, 계층 통합에는 실패하여 학교가 경제적 불평등을 재생산하는 도구로 전락하였다고 비판한다. 잠재적 교육과정이 지닌 차별적 사회화와 상응원리를 통해 이를 주장하고 있다. 특히, 경제적 재생산이론을 상응이론(Correspondence theory, 대응이론)이라고도 부르는데 그 이유는 교육이 노동구조의 사회관계와 똑같은(대응하는) 사회관계로 운영되고 있다고 보기 때문이다. ①은 평등화기여론, ③은 사회자본론, ④에서 번스타인(Bernstein)은 문화재생산이론(코드이론)에 해당하며, 영(Young)은 신교육사회학을 출범시켰다.

19 보울스(S. Bowles)와 진티스(H. Gintis)의 대응 이론(correspondence theory)에서 바라본 교육과 노동의 사회적 관계에 대한 설명으로 옳지 않은 것은?   08. 중등임용

① 학생과 노동자는 각각 학습과 노동으로부터 소외되어 있다.
② 학교에서의 성적 등급은 작업장에서의 보상 체제와 일치한다.
③ 작업장에서의 사회적 관계는 학교에서의 사회적 관계에 그대로 반영되어 있다.
④ 지식의 단편화와 분업을 통해서 학생과 노동자의 임무가 효율적으로 확장된다.

해설 ④는 기능이론의 입장이고, 대응이론(경제적 재생산이론)에서는 지식의 단편화와 분업을 통해 불평등한 지배질서가 보급된다고 본다.

TIP 상응이론(Correspoendence theory, 대응이론) : 경제적 재생산이론 ▏▏▏▏▏▏▏▏▏▏▏▏▏▏▏▏▏▏▏▏▏▏▏▏▏▏▏
"교육이 노동구조의 사회관계와 똑같은(대응하는) 사회관계로 운영되고 있다."
1. 교사는 자본가가 노동자에게 요구하는 것처럼 학생에게 순종과 복종을 강요한다.
2. 노동이 외적 보상인 임금을 획득하기 위해 이루어지듯, 교육도 외적 보상인 학업성취의 획득을 위해 이루어진다.
3. 교사는 모든 학생에게 똑같은 학업성취를 요구한다(개인차는 무시하고 개별적인 교수도 없다).
4. 노동자가 자신의 작업내용을 스스로 결정할 수 없듯이 학생들도 자기가 배워야 할 교육과정에 대하여 아무런 결정권을 갖지 못한다.
5. 교육은 노동과 마찬가지로 목적이 아니라 수단이다(임금을 얻기 위한 노동, 졸업장을 얻기 위한 교육).
6. 생산현장이 각자에게 잘게 나누어진 분업을 시키듯이, 학교도 계열을 구분하고 지식을 과목별로 잘게 나눈다.
7. 생산현장에 여러 직급별 단계가 있듯이 학교도 학년에 따라 여러 단계로 나뉘어 있다.

20 의무교육의 대안으로 '학습망(learning web)'이라는 개념을 제시한 학자는?   23. 지방직

① 영(Young)   ② 일리치(Illich)
③ 지루(Giroux)   ④ 프레이리(Freire)

해설 일리치(Illich)는 「탈학교 사회(Deschooling Society)」(1970)에서 학생을 전인적으로 구속하는 의무교육기관을 폐지(탈학교론)하고 그 교육적 대안으로 교육자료, 기술, 동료, 연장자(교육자) 등의 학습망(learning webs)을 통한 학습을 강조하였다. ①은 신교육사회학의 출범자로 「지식과 통제」(1971)를 저술하였고, ③은 저항이론, ④는 「페다고지」(1968)에서 자본주의 체제하의 학교교육을 '은행저금식 교육'이라고 비판하고, 그 대안으로 '문제제기식 교육'을 제안하였다. ②와 ④는 급진적 저항이론가로 분류된다.

정답   17. ③   18. ②   19. ④   20. ②

Chapter 14

4 종합

21 다음 두 교사의 주장에 가장 부합하는 이론을 바르게 짝지은 것은?   11. 유·초등임용

> • 김 교사 : 국가 차원에서 교육의 양과 질을 계획적으로 조절하는 것은 당연합니다. 이 과정
> 에서 적지 않은 비용이 투입되기는 하지만, 경쟁력 있는 인재를 양성하고 합리적 가치를 지
> 향하는 사회가 형성되어 결과적으로 국가적 이익이 창출되는 것이지요.
> • 박 교사 : 그런데 실제로는 모든 국민이 아닌 특정 계층에게만 혜택이 돌아가고 있습니다.
> 교육의 과정에서 상위계층의 자녀들에게는 다양한 기회가 주어지지만, 하위계층의 자녀들
> 에게 그것은 허상일 뿐입니다. 결국 빈부의 대물림으로 이어지는 것입니다.

	김 교사	박 교사		김 교사	박 교사
①	발전교육론	재생산이론	②	발전교육론	지위경쟁이론
③	지위경쟁이론	종속이론	④	지위경쟁이론	재생산이론
⑤	상징적 상호작용론	종속이론			

해설 로스토우(Rostow) 등이 주창한 발전교육론은 기능이론 중 슐츠(Schultz)의 인간자본론이 확장된 것으로 국가발
전에 기여하기 위한 교육을 중시한다. 행동주의 심리학의 영향을 받아 국가의 정치·경제·사회의 각 부분의 발전을 자극
하고 촉진시키기 위하여 교육의 양과 질을 계획적으로 조절하자는 견해를 말한다. 재생산이론은 마르크스(Marx) 이론을
토대로 교육현상을 설명하려는 견해로 주된 관심사는 교육의 기능을 밝히려는 것이 아니라 사회적 불평등이 학교교육을
통해서 어떻게 유지·강화되는가에 초점을 둔다. 보울스와 진티스(S. Bowles & H. Gintis)의 경제적 재생산이론과 부르디
외(Bourdieu)의 문화적 재생산이론 등이 있다.

22 교육에 대한 기능이론과 갈등이론의 공통점으로 볼 수 없는 것은?   10. 국가직 7급

① 교육을 정치·경제적 구조의 종속변수로 본다.
② 교육을 기존의 사회구조와 문화를 그대로 반영한 것으로 본다.
③ 인간과 사회의 관계에서 인간의 수동성을 가정한다.
④ 교육현상에 대해 미시적으로 접근한다.

해설 기능이론과 갈등이론은 교육현상에 대한 거시적 접근으로 학교교육의 외부 문제, 즉 학교와 전체 사회와의 구조
적 문제를 주로 다룬다.
④는 신교육사회학의 주된 관점으로, 학교교육의 내부 문제를 해석학적 관점에서 다룬다.

TIP 기능이론과 갈등이론의 비교

구분	기능이론	갈등이론
사회관	• 사회를 유기체에 비유 ⇨ 사회를 긍정적으로 파악 • 안정성, 통합성, 상호의존성, 합의성 • 사회는 전문가사회, 업적사회, 경쟁적 사회 ⇨ 개인의 능력에 따라 계층이동 가능	• 사회는 갈등과 경쟁의 연속 ⇨ 사회를 부정적으로 파악 • 세력다툼, 이해상충, 저항, 변동 • 사회는 후원적 사회 ⇨ 개인 능력 ×, 부모의 사회경제적 배경에 따라 자녀들의 지위 결정
핵심요소	구조와 기능, 통합, 안정, 합의	갈등, 변동(변화), 강제(억압)
교육의 기능	• 사회화, 선발, 배치 ⇨ 학교교육을 통한 계층이동 가능, 학교는 위대한 평등장치 • 사회유지·발전	• 불평등한 사회구조를 재생산 ⇨ 학교교육을 통한 계층이동이 불가능 • 지배집단의 문화를 정당화·주입

사회 – 교육의 관계	긍정적·낙관적 ⇨ 학교의 순기능에 주목	부정적·비판적 ⇨ 학교의 역기능에 주목
이론적 특징	• 체제유지 지향적, 현상유지 ⇨ 보수적 • 부분적·점진적 문제해결 ⇨ 개혁 • 안정 지향 • 교육과정: 지식의 절대성 ⇨ 보편성, 객관성	• 체제비판을 통한 변화 ⇨ 진보적 • 전체적·급진적 문제해결 ⇨ 혁명 • 변화 지향 • 교육과정: 지식의 상대성 ⇨ 사회·역사적 맥락 중시
대표자	뒤르켕, 파슨스	보울스, 진티스, 카노이, 일리치, 라이머, 프레이리
대표적 이론	• 합의론적 기능주의(뒤르켕, 파슨스) • 기술기능이론(클라크, 커) • 근대화이론(맥클랜드, 인켈스) • 인간자본론(슐츠, 베커) • 발전교육론(로스토우)	• 경제적 재생산이론(보울스 & 진티스) • 종속이론(갈퉁) • 급진적 저항이론(일리치, 라이머, 실버맨, 프레이리)
공통점	• 거시이론(규범적 접근) • 교육을 정치, 경제의 종속변수로 파악 • 교육의 본질적(내적) 기능보다 수단적(외적) 기능을 중시	

제3절 | 교육사회학의 이론Ⅱ : 신교육사회학

1 개관

01 교육사회학 연구에서 해석학적 접근이 지니는 특징으로만 묶인 것은? 11. 국가직 7급

> ㉠ 미시적 관점에서 교육과정에 관심을 갖는다.
> ㉡ 사회현상에 대한 가치중립적이며 객관적 이해를 추구한다.
> ㉢ 학교에서 일어나는 다양한 상호작용의 장면을 중요시한다.
> ㉣ 방법론의 측면에서 질적 방법을 많이 활용한다.

① ㉠, ㉡, ㉢   ② ㉠, ㉡, ㉣   ③ ㉠, ㉢, ㉣   ④ ㉡, ㉢, ㉣

해설 해석학적 접근은 현상학과 해석학, 상징적 상호작용 이론을 토대로 학교 내부의 질적 관점을 중시하는 신교육사회학의 접근 방법이며, 규범적 접근은 실증주의를 토대로 학교외부의 보편적 질서를 찾으려는 초기 교육사회학의 접근 방법이다. ㉡은 규범적 접근의 특징에 해당한다.

TIP 규범적 패러다임과 해석학적 패러다임의 비교

규범적 패러다임(기능·갈등이론)	해석학적 패러다임(신교육사회학)
• 교육과 사회에 대한 거시적 접근 • 연역적 접근 • 양적 연구에 의한 이론 형성 • 자연과학적 법칙에 의한 교육 및 사회현상 연구	• 교육의 내적 과정에 대한 미시적 접근 • 귀납적 접근 • 질적 연구에 의한 해석적 기술에 치중 • 사회적 현상과 관계에 대한 변증법적 연구

정답 21. ① 22. ④ / 01. ③

02 〈보기〉의 내용과 관계가 깊은 교육사회학 이론은?   13. 지방직

☐☐☐

┌─ 보기 ┌
• 학교교육의 내적 과정에 관심을 가진다.
• 교육내용으로서의 지식, 학생·교사 간의 상호작용, 그리고 교육현상과 정치·사회적 현상과의 연관성 문제 등을 주로 탐구한다.
• 미시적 관점에서 학교교육의 문제를 이해하려고 한다.

① 기능이론   ② 갈등이론   ③ 신교육사회학   ④ 문화적 재생산론

해설 신교육사회학(교육과정 사회학)은 교육과 학교의 내적 과정에 관심을 두는 이론으로, 학교지식(교육과정, 교육내용)이나 교사와 학생의 상호작용 등을 해석학적 방법으로 탐구한다.

TIP 구교육사회학과 신교육사회학의 비교

구교육사회학	가치중립적	사회현상에 대한 객관적 이해	거시적 접근	사회구조와 교육과의 관계에 관심	• 기능이론 • 갈등이론
신교육사회학	가치지향적	사회현상에 대한 주관적 이해	미시적 접근	교육(학교) 내부 문제에 관심	• 교육과정사회학 • 상징적 상호작용이론

03 신교육사회학(The new sociology of education)에 대한 설명으로 옳지 않은 것은? 18. 국가직 7급

☐☐☐

① 학교에서 가르치는 지식의 정치학적 성격에 주목한다.
② 교육과정 및 교사-학생 간 상호작용이 주요 연구주제이다.
③ 종전의 교육사회학이 사회구조적 문제를 도외시했던 점을 비판한다.
④ 교육내용의 성격과 그것이 전수되는 과정을 이해하고자 하였다.

해설 신교육사회학(교육과정 사회학)은 지식사회학에 바탕을 두고 있으며, 학교 내부 문제(예 교육과정, 교사·학생 간 상호작용 등)에 대한 해석학적 접근을 특징으로 한다. 특히 학교지식은 보편적·절대적인 것이 아니라 사회적·정치적 산물이라는 상대적 입장을 취한다. ③은 종전의 교육사회학(구교육사회학)에 대한 비판이 아니라 신교육사회학이 비판받는 내용이다. 즉, 신교육사회학은 구교육사회학이 교육 내적 문제를 도외시했던 점을 비판하며 등장하였는데, 사회구조적 문제를 등한시한다는 한계가 있다.

04 신교육사회학에 대한 설명으로 옳지 않은 것은?   21. 국가직

☐☐☐

① 학교 교육과정 또는 교육내용에 주목한다.
② 불평등의 문제를 학교교육 안에서 찾는다.
③ 학교에서 가르치는 지식의 사회적 성격을 탐구한다.
④ 구조 기능주의에 기반하여 교육의 사회적 기능을 탐구한다.

해설 신교육사회학(교육과정 사회학)은 교육과 학교의 내적 과정에 관심을 두는 이론으로, 학교지식(교육과정, 교육내용)이나 교사와 학생의 상호작용 등을 해석학적 방법으로 탐구한다. ④는 구교육사회학(초기 교육사회학) 중 기능이론에 대한 설명이다.

05 교육과정 사회학에 대한 설명으로 옳지 않은 것은? 20. 국가직 7급

① 영(Young)에 따르면 학교 교육과정은 학교 밖 정치권력 구조와 관계가 있다.

② 지루(Giroux)에 따르면 학교가 사회의 불평등한 경제적·정치적 질서를 재생산하고 있다.

③ 애니언(Anyon)은 학교에서 학생이 사용하는 언어와 그들의 사회계층과의 관계를 분석하였다.

④ 애플(Apple)에 따르면 학교 교육과정은 사회적 갈등의 부정적 측면을 강조하고 긍정적 측면을 배제하고 있다.

해설 ③은 번스타인(Bernstein)에 해당한다. 애니언(Anyon, 1980)은 보울스와 진티스(S. Bowles & H. Gintis)의 잠재적 교육과정 명제(잠재적 교육과정이 생산관계의 위계적 질서와 규범을 반영한다는 명제)에 기초하여 실제 잠재적 교육과정을 분석하였다.

TIP 애니언(Anyon, 1980)의 잠재적 교육과정에 관한 연구 |||||||||||||||||||||||||||||||

1. 보울스와 진티스(S. Bowles & H. Gintis)의 잠재적 교육과정 명제(잠재적 교육과정이 생산관계의 위계적 질서와 규범을 반영한다는 명제)에 기초하여 실제 잠재적 교육과정을 분석하였다.

2. 아이들의 사회경제적 배경이 다른 5개 학교의 5학년 학생들을 관찰한 결과 일, 소유, 규율, 의사결정 등과 같은 개념들이 잠재적 교육과정을 통해서 표현되는 방식에 의미 있는 차이가 있음을 규명하였다.

노동계급 학교의 학생들	① 생산과정에서 상대적으로 낮은 위계에 속하는 일의 세계에 적응하는 방법을 배운다. ② 자기들이 잘 이해하지도 못하는 규칙들에 순종하고, 자신들에게는 별 의미가 없는 세계에서 일하고, 외부에서 강제되는 명령에 의문을 제기하지 않고 따르도록 배운다.
중상류계층 학교의 학생들	① 상대적으로 높은 위계에 속하는 일의 세계에 종사하는 방법을 배운다. ② 한 규칙이 어떤 과제의 수행을 위해서 보다 중요한 목적과 부합되는지의 여부를 스스로 판단할 수 있도록 배운다.

06 다음과 같이 주장한 교육학자는? 24. 지방직

> 역사 교과서에서 자본가 집단에 유리한 내용을 비중 있게 다루고 노동자들의 기여를 언급하지 않거나 부정적으로 다루고 있다.

① 애니언(Anyon) 　　② 드리븐(Dreeben)

③ 프레이리(Freire) 　　④ 보울즈와 진티스(Bowles & Gintis)

해설 애니온(J. Anyon)은 보울스와 진티스(S. Bowles & H. Gintis)의 잠재적 교육과정 명제(잠재적 교육과정이 생산관계의 위계적 질서와 규범을 반영한다는 명제)에 기초하여, 실제 잠재적 교육과정을 분석하고 더 나아가 교육과정을 통한 사회계층 구조 재생산의 메커니즘(정치·경제적 맥락 분석)과 그 극복을 위한 구조적 변화를 강조하였다. 그녀는 「도시학교의 사회 계급과 학교 지식(Social Class and the Hidden Curriculum of Work, 1980)」에서 교과과정과 교육정책이 사회적 계층 구조를 재생산한다고 주장하였다. 다양한 사회계층의 학교에서 학생들이 어떤 방식으로 교육받는지를 비교 연구하여, 교육이 노동자 계급의 학생들에게 불리하게 작용하고, 상류층의 이익을 대변한다고 주장하였다. 예컨대, 상류층 학교에서는 비판적 사고, 창의성을 강조하지만, 노동자 계층 학교에서는 순응과 규율을 강조하고 있다고 보았다. 교과 교육과정과 사회·정치·경제적 맥락이 사회적 불평등을 재생산하는 메커니즘을 설명하여, '상응원리'를 중시한 보울스와 진티스(Bowles & Gintis)의 잠재적 교육과정 이론을 더 세부적으로 구체화하였다. ②는 기능이론적 관점에서 잠재적 교육과정을 통한 규범적 사회화(성취성, 독립성, 보편성, 특수성)를 주장하였다.

정답　02. ③　03. ③　04. ④　05. ③　06. ①

> **TIP** 애니온(Anyon, 1980)의 게릴라 교육학(guerrilla pedagogy, ghetto school) ⅢⅢⅢⅢⅢⅢⅢⅢⅢⅢⅢⅢ
> 전통적 교육방식의 한계를 극복하기 위한 대안적 교육방식, '저항과 정의를 위한 교육'을 의미
> ① **목표**: 학생 자립·능동성 함양 & 사회불평등·억압 해소, 사회정의 실현
> ② **특징**: 비판적 사고력 촉진, 학생중심교육, 학생참여학습, 창의·혁신적 학습, 학습유연성, 커뮤니티 중심 교육, 사회참여 강조, 평등한 교육기회 제공

07 신교육사회학의 입장에 해당하는 것을 모두 고른 것은?

09. 국가직 7급

> ㉠ 학교는 개인의 사회적 지위를 결정하는 공정한 선발기관이다.
> ㉡ 학교는 인간을 다룰 뿐만 아니라 지식을 다루는 사회기관이다.
> ㉢ 교육은 정치·경제적 구조에 의해 종속된다.
> ㉣ 교육내용은 보편적인 가치를 지니는 것이 아니라 선택적이며 상대적인 가치를 지닌다.

① ㉠, ㉡   ② ㉠, ㉢   ③ ㉡, ㉣   ④ ㉢, ㉣

해설 신교육사회학(교육과정 사회학)은 학교내부 문제, 즉 교사와 학생의 상호작용과 교육과정(학교지식)을 주로 연구하는 미시적 접근에 해당한다. 지식사회학적 관점에서 학교지식은 사회적 산물이라고 봄으로써 학교 지식의 계급성에 관해 비판한다. ㉠은 기능이론, ㉢은 기능 이론과 갈등 이론으로서 초기교육사회학의 입장에 해당한다.

TIP 신교육사회학의 주요 이론 비교 ⅢⅢⅢⅢⅢⅢⅢⅢⅢⅢⅢⅢⅢⅢⅢⅢⅢⅢⅢⅢⅢⅢⅢⅢⅢⅢⅢⅢⅢⅢⅢⅢⅢⅢⅢ

구분	대표자	주요 관심	학교교육관	교육의 자율성
경제적 재생산이론	Bowles & Gintis	사회재생산	교육 - 경제구조 대응(대응이론)	없음.
문화적 재생산이론	Bourdieu	문화재생산(문화자본, 아비투스)	교육 - 문화재생산	있음.
문화적 헤게모니 이론	Apple	사회재생산(잠재적 교육과정)	교육 - 헤게모니 내재	있음.
저항이론	Willis	계급재생산	교육 - 저항적 반학교문화	강함(개인은 능동적 존재).
문화제국주의 이론	Carnoy	국가 간의 문화관계와 교육관계 (문화접변 - 서구문화에의 종속)	교육 - 신식민지 강화	없음.
자율이론	Bernstein	사회 - 문화재생산의 상호관계	교육 - 문화재생산	있음.

08 비판적 교육사회학 이론가들의 교육관으로 가장 적절한 것은?　12. 국가직

① 부르디외(Bourdieu), 애플(Apple), 가드너(Gardner)는 상호작용의 관점에서 학교의 현상을 설명한다.

② 학교의 지식은 그 시대의 사회적 합의에 의하여 만들어진다.

③ 특정 입장에 대한 편향성을 지양하므로 가치중립적 관점을 추구한다.

④ 교과지식의 획득보다는 사회의 구조적 문제해결에 더 관심을 둔다.

해설 비판적 교육사회학은 신마르크스주의(Neo-Marxism)의 관점에서 사회의 정치권력과 교육과정에서 다루어지는 지식의 조직 문제에 관심을 둔다. 개인행위보다는 사회구조를 중시하는 거시적 접근이며, 양적 연구보다는 질적 연구를 중시한다. ①은 사회구조와 관련시켜 학교의 내적 현상을 설명하며, ②는 사회적 합의보다 지배집단의 가치체계나 문화자본이 억압적으로 반영되고, ③은 지배집단의 관점을 중시하기 때문에 계급 편향적이다. ①의 가드너(Gardner)는 다중지능이론을 주장하였으며 비판이론과는 거리가 멀다.

09 학교교육에 대한 다음 주장과 가장 거리가 먼 것은?　17. 국가직

> • 학교는 지배집단의 '문화자본'을 재창조하고 정당화하는 역할을 수행한다.
> • 학습결과인 성적도 학생이 속해 있는 계급의 영향에서 벗어나지 못한다.
> • 경제구조가 학교교육을 일방적으로 결정한다고 비판한다.

① 부르디외(P. Bourdieu)　② 구조기능주의

③ 재생산이론　④ 보울스(S. Bowls)와 진티스(H. Gintis)

해설 지문은 학교교육을 부정적·비판적으로 보는 갈등이론의 내용이다. ①은 문화적 재생산론, ④는 경제적 재생산론의 주창자이다.

2 주요 이론

10 교육사회학의 주요 이론에 대한 설명으로 옳지 않은 것은?　12. 국가직 7급

① 문화재생산론은 경제재생산론이 학생을 재생산 구조에 수동적으로 따르는 존재로 보는 관점을 극복하였다.

② 상징적 상호작용론은 교사와 학생의 개별적 상황은 강조하지만, 학급이 속한 학교제도나 사회구조의 한계는 관심의 대상이 아니다.

③ 인간자본론은 교육수준과 생산수준이 일치한다고 보기 때문에 학력 인플레이션 현상을 설명하기 어렵다.

④ 지위경쟁이론은 학력별 교육수익률의 변화가 기술수준과 관계없이 발생할 수 있다고 본다.

해설 학습자를 사회의 불평등한 구조에 저항·비판·도전하는 능동적인 존재로 보는 탈재생산의 관점을 취하는 것은 윌리스(Willis)의 저항이론이다. 따라서 문화재생산론은 경제재생산론의 인간관을 완전히 극복하지는 못했다.

정답　07. ③　08. ④　09. ②　10. ①

11 번스타인(Bernstein)의 계층과 언어사용에 대한 설명으로 옳지 않은 것은? 24. 국가직

① 학교교육에서는 제한된(restricted) 언어코드가 많이 사용된다.
② 학생의 출신 배경에 따라 사용하는 언어방식이 다르다.
③ 중류층 가정의 학생들은 정교한(elaborated) 언어코드를 많이 사용한다.
④ 노동자 계층 가정의 학생들은 제한된(restricted) 언어코드를 많이 사용한다.

해설 번스타인(B. Bernstein)의 코드이론(code theory)에 따르면 학교의 학업성취에서 노동계급의 자녀들은 중류계급의 자녀들에 비해 불리하다고 주장한다. 그 이유는 부모의 정교하지 못한 제한된 어법(restricted code)을 습득한 노동계급의 자녀들이 세련된 어법(elaborated code)을 사용하는 학교의 공식적 교육상황에 적응하는 데 어려움을 겪기 때문이다. 이처럼 번스타인은 문화자본의 한 형태로서 학교 언어인 '세련된 어법'을 가정에서 자연스럽게 습득한 중류계급의 자녀들이 '제한된 어법'을 쓰는 노동계급의 아동보다 유리하다고 주장하였다. ①의 경우 학교교육에서는 세련된 어법(elaborated code)이 많이 사용된다.

TIP 번스타인(Bernstein)의 구어양식(code style) 비교 – 세련된 어법과 제한된 어법

어법	의미	주사용계층
세련된 어법 (공식어)	• 보편적 의미(말의 복잡함, 어휘의 다양, 언어의 인과성·논리성·추상성 탁월) • 문장이 길고 수식어 많다. 문법 적절, 전치사·관계사 많이 사용, 감정이 절제된 언어	중류계층
제한된 어법 (대중어)	• 구체적 의미(내용보다는 형식 측면, 화자의 정서적 유대를 통한 의사소통, 구체적 표현) • 문장이 짧고 수식어 적다. 문법 졸렬, 속어·비어 많음, 문장 이외에 표정, 목소리 크기, 행동으로 감정을 표현	하류계층 (노동계층)

12 번스타인(B. Bernstein)이 학업성취에서 노동계급의 자녀들은 중류계급의 자녀들에 비해 불리하다고 주장한 이유로 가장 적절한 것은? 10. 유·초등임용

① 부모의 낮은 지적능력이 자녀들에게 유전되어 학습부진을 초래하기 때문이다.
② 부모의 교육수준이 낮아서 자녀들의 학교과제를 제대로 도와줄 수 없기 때문이다.
③ 부모가 자녀교육에 대한 관심과 열정이 부족하여 자녀와 교육적 상호작용이 부족하기 때문이다.
④ 부모의 소득수준이 낮아서 자녀들의 학습활동에 필요한 경제적 지원을 충분히 하지 못하기 때문이다.
⑤ 부모의 정교하지 못한 어법을 습득한 자녀들이 학교의 공식적 교육상황에 적응하는 데 어려움을 겪기 때문이다.

해설 번스타인은 학교 언어인 '세련된 어법'을 가정에서 자연스럽게 습득한 중류계급의 자녀들이 '제한된 어법'을 쓰는 노동계급의 아동보다 유리하다고 본다.

13 다음 글을 가장 잘 설명하는 교육사회학 이론은?

11. 국가직

> 학교에서는 '상징적 폭력'을 행사하여 지배와 종속을 강화하며, 학교교육을 통해 자본가 계급의 '아비투스(habitus)'를 노동자 계급의 아동들에게 주입하여 기존의 질서를 유지시켜 나간다.

① 기능이론
② 경제재생산이론
③ 문화재생산이론
④ 저항이론

해설 부르디외(P. Bourdieu)는 학교가 지배집단의 문화자본을 재창조하고 정당화하는 역할을 수행함으로써 계급적 불평등을 재생산하고 있다고 주장한다. 그는 현대 사회에서 불평등한 계급구조가 어떻게 재생산되는가를 문화에 관한 분석을 중심으로 피지배계급이 어떻게 지배계급의 지위를 자연스러운 것으로 수용하는지 설명하고 있다. 즉, 아비투스(habitus, 체화된 습성이나 취향으로서의 문화자본)라는 개념을 사용하여, 행위자들의 문화적 취향과 계급구조와 밀접한 관계가 있으며, 학교는 지배집단의 문화적 취향을 교육과정에 담아 학생들에게 전달함으로써 계급적 불평등을 재생산한다고 보았다.

14 다음 설명에 해당하는 이론은?

23. 지방직

> • 사회질서는 상징적 폭력을 매개로 하여 재생산된다.
> • 체화된 상태의 자본(취향, 태도 등), 객관화된 상태의 자본(책, 예술작품 등), 제도화된 상태의 자본(졸업장, 학위 등)을 강조한다.

① 경제재생산이론
② 문화재생산이론
③ 저항이론
④ 지위경쟁이론

해설 부르디외(P. Bourdieu)의 문화재생산이론(문화자본론)은 학교가 지배집단의 문화적 취향인 아비투스(habitus)를 교육과정에 담아 피지배 집단의 학생들에게 강제하는 상징적 폭력(symbolic violence)을 통해 계급적 불평등을 재생산한다고 보았다. 이때, 교육제도를 통해 공식적 가치를 인정받는 시험성적, 졸업장, 자격증, 학위증 등 제도화된 문화자본은 상징적 폭력을 정당화하는 장치로 작동한다. 학교에서 학생들에게 가르치는 문화는 지배계급의 문화임에도 불구하고, 학교는 계급중립적인 문화를 다루는 곳이라는 '상대적 자율성'이라는 사회적 인식 때문에 별 저항 없이 학생들에게 전수된다. 학교가 갖는 자율성이라는 명목 아래 학교문화가 갖는 자의성은 은폐되고, 계급편향적인 문화는 모든 학생들에게 강제된 교육내용이 되며, 이는 그 문화를 소유하고 있지 못한 학생들에게는 '상징적 폭력'이 된다. ①은 보울스와 진티스(Bowles & Gintis), ③은 지루(Giroux), 윌리스(Willis), ④는 베버(Weber), 도어(Dore), 콜린스(Collins) 등이 주장한 이론이다.

15 다음 설명에 해당하는 것은?

24. 국가직

> • 몸에 각인된 행동거지, 말하고 생각하고 행동하는 방식으로 계급적 배경을 반영한다.
> • 문화자본의 일종이다.

① 아비투스
② 패러다임
③ 헤게모니
④ 이데올로기

정답 11. ① 12. ⑤ 13. ③ 14. ② 15. ①

해설 부르디외(P. Bourdieu)는 현대 사회에서 불평등한 계급구조가 어떻게 재생산되는가를 문화에 관한 분석을 중심으로 피지배계급이 어떻게 지배계급의 지위를 자연스러운 것으로 수용하는지 설명하고 있다. 즉, 아비투스(habitus)라는 개념을 사용하여, 행위자들의 문화적 취향과 계급구조와 밀접한 관계가 있으며, 학교는 지배집단의 문화적 취향을 교육과정에 담아 학생들에게 전달함으로써 계급적 불평등을 재생산한다고 보았다. 아비투스(habitus)는 개인에게 내면화되어 있는(embodied) 문화 능력, 즉 문화적 취향이나 심미적 태도, 의미체계 그리고 지속성을 지니는 신체적 성향이나 습성을 말하며, 한 계급이 지닌 특정한 아비투스를 다른 계급이 받아들이게 하는 것을 '상징적 폭력(symbolic violence)'이라고 보았다. ②는 토마스 쿤(T. Kuhn)이 「과학혁명의 구조」에서 사용한 개념으로, 사물과 현상을 바라보는 근본적 시각이나 관점, 틀을 말한다. ③은 애플(M. Apple)의 문화적 헤게모니이론에서 사용한 그람시(A. Gramsci)의 개념으로, '학교교육이 교육의 기회를 공정하게 제공하고 능력에 따라 사회계층을 결정하게 한다.'고 믿게 하는 지배력 행사 방식으로, 학교는 교육과정을 통해 지배 이데올로기를 정당화하는 역할을 한다고 보았다. ④는 지배계급의 가치체계를 말하며, ③에 포함된다.

TIP **부르디외(P. Bourdieu)의 문화자본**

문화자본	아비투스 (habitus)	개인에게 내면화(무의식적으로 체질화)되어 있는 문화능력(문화적 취향, 심미적 태도, 의미체계)으로, 지속성을 지니는 무형(無形)의 신체적 성향이나 습성
	제도적 문화자본	• 교육제도를 통해 공식적 가치를 인정받는 시험성적, 졸업장, 자격증, 학위증서 • 학업성취도와 관련된 교육결과에 대한 사회적 희소가치 분배의 기준이 되는 문화자본
	객관적 문화자본	• 법적 소유권 형태로 존재하는 문화적 재화 예 골동품, 고서, 예술작품 • 교육내용 구성의 원천이 되는 상징재 형식의 문화자본
상징적 폭력(symbolic violence)		한 계급이 지닌 특정한 아비투스를 다른 계급이 받아들이게 하는 것

16 다음에 해당하는 개념은?

21. 국가직

> • 특정 계급적 환경에서 내면화된 지속적 성향이나 태도를 의미한다.
> • 내면화된 문화자본으로서 계급적 행동유형과 가치체계를 반영한다.

① 아노미(anomie) ② 쿠레레(currere)
③ 패러다임(paradigm) ④ 아비투스(habitus)

해설 아비투스(habitus)는 부르디외(P. Bourdieu)가 문화자본론(문화재생산이론)에서 중시한 것으로, 사회적·구조적 차원에서의 '계급'과 개인 차원에서의 '행동성향'을 관련시킬 때 의미를 갖는 개념이다. 개인에게 내면화(무의식적으로 체질화)되어 있는 문화능력(예 문화적 취향, 심미적 태도, 의미체계)으로, 지속성을 지니는 무형(無形)의 신체적 성향이나 습성을 말한다. 부르디외(Bourdieu)는 특정 계급의 가정에서 형성된 습관화된 문화능력인 아비투스(habitus)가 공식적인 교육과정이 될 때 그 문화를 소유하고 있지 못한 계급에게는 상징적 폭력(symbolic violence)이 자리하게 되어 계급적 불평등을 재생산하게 된다고 주장한다.

TIP 용어 설명

아노미 (anomie)	• 머튼(Merton)이 비행발생이론인 아노미이론에서 사용 ⇨ 문화목표와 제도화된 수단 간의 괴리 상태를 말함. • 뒤르껭(Durkheim)은 사회변동의 과정에서 나타나는 집합의식이나 규범의 부재(탈규범·무규범) 상태로 정의함.
쿠레레 (currere)	교육과정(curriculum)의 어원 ⇨ 파이너(Pinar)는 ②의 의미로 교육과정을 정의함. "교육과정은 실존적 체험과 그 반성, 개인의 인생행로에 대한 해석이다." ① 마차 경주에서 말들이 따라 달려야 하는 정해진 길(race course) ⇨ 전통적 개념 ② 경주에서 말들이 정해진 길을 따라 달리면서 갖는 체험의 과정, 경주활동 그 자체, 교육경험을 통한 개인의 의미 형성 그 자체(race itself) ⇨ 현대적 개념
패러다임 (paradigm)	토마스 쿤(T. Kuhn)이 「과학혁명의 구조」에서 사용한 개념 ⇨ 사물과 현상을 바라보는 근본적 시각이나 관점, 틀을 말함.

17 다음의 가상적 사례를 가장 잘 설명해 주는 이론은?

06. 중등임용

> 가난한 집안에서 태어난 철수는 대중음악을 즐겨 들으며 성장하였고, 부유한 집안에서 태어난 영훈이는 고전음악을 즐겨 들으며 성장하였다. 그런데 학교 음악시간에는 대중음악보다 고전음악을 주로 가르친다. 고전음악에 익숙한 영훈이는 음악시간이 즐겁고 성적도 좋지만, 그렇지 못한 철수는 음악시간이 지루하고 성적도 좋지 못하다.

① 파슨스(T. Parsons)의 학교사회화론
② 부르디외(P. Bourdieu)의 문화자본론
③ 하그리브스(D. Hargreaves)의 상호작용론
④ 보울즈와 진티스(S. Bowles & H. Gintis)의 대응이론

해설 부르디외는 학교가 문화적 재생산 역할을 통하여 지배계급의 문화자본('제도화된 문화자본'과 '상징적 폭력-아비투스')을 교육과정에 담아 학생들에게 전달함으로써 계급적 불평등을 재생산한다고 주장했다. 문화자본은 자신의 가정이 계급적으로 위치한 범주에 따라 각 개인이 전수받는 일련의 다양한 언어적·문화적 능력을 말한다.

TIP 자본의 종류

문화적 자본 (cultural capital)	한 개인이 자신의 가정이 계급적으로 위치한 범주에 따라 전수받는 일련의 다양한 언어적·문화적 능력 ⇨ 아비투스(habitus ; 체화된 문화자본), 객관화된 문화자본(예 골동품, 도서, 예술작품), 제도적 문화자본(예 학위, 성적, 졸업증서, 자격증)
인적 자본 (human capital)	부모의 학력, 학생의 학업성취를 돕는 인지적 환경 제공 예 부모의 지적 수준, 교육 수준
경제적 자본 (financial capital)	학생의 학업성취를 도울 수 있는 물적 자원, 부모의 경제적 지원 능력 예 소득, 재산, 직업
사회적 자본 (social capital)	부모와 자식 간의 관계, 상호작용(social network) 예 자녀에 대한 부모의 관심, 노력, 교육적 노하우

정답 16. ④ 17. ②

18 다음 내용과 가장 관련이 깊은 학자는?

18. 지방직

> • 문화 자본에는 예술 작품과 같이 객체화된 것, 학력이나 자격과 같이 제도화된 것, 일종의 행동성향처럼 습성화된 것이 있다.
> • 지배집단의 자녀들은 자신들이 상속받은 문화 자본을 학교가 제공하는 학벌과 같은 다른 형태의 문화 자본으로 쉽게 전환하여 부모 세대의 사회경제적 지위를 재획득한다.
> • 능력주의가 지배하는 현대사회에서 부모의 사회경제적 지위는 문화 재생산을 통해 자녀에게 합법적으로 세습된다.

① 베버(M. Webber) ② 일리치(I. Illich)
③ 파슨스(T. Parsons) ④ 부르디외(P. Bourdieu)

해설 부르디외(P. Bourdieu)는 학교가 지배집단의 문화자본을 재창조하고 정당화하는 역할을 수행함으로써 계급적 불평등을 재생산하고 있다고 주장한다. 그는 현대 사회에서 불평등한 계급구조가 어떻게 재생산되는가를 문화에 관한 분석을 중심으로 피지배계급이 어떻게 지배계급의 지위를 자연스러운 것으로 수용하는지 설명하고 있다. 즉, 아비투스(habitus, 체화된 습성이나 취향으로서의 문화자본)라는 개념을 사용하여, 행위자들의 문화적 취향과 계급구조와 밀접한 관계가 있으며, 학교는 지배집단의 문화적 취향을 교육과정에 담아 학생들에게 전달함으로써 계급적 불평등을 재생산한다고 보았다.

19 부르디외(P. Bourdieu)의 문화재생산 이론에 부합하는 내용만을 모두 고르면?

19. 지방직

> ㉠ 교육은 사회에 적합한 인간을 양성하는 순기능적인 사회화 과정이다.
> ㉡ 문화자본은 가정에서 자녀의 교육을 위해 지출하는 직접적인 교육비를 의미한다.
> ㉢ 지배집단은 자신들의 문화를 학교교육에 투입시켜 불평등한 사회적 관계를 정당화한다.
> ㉣ 학교에서 가치 있다고 여겨지는 문화자본을 많이 소유한 사람이 그렇지 못한 사람에 비해 성공할 가능성이 높다.

① ㉠, ㉡ ② ㉠, ㉢
③ ㉡, ㉣ ④ ㉢, ㉣

해설 부르디외(P. Bourdieu)는 학교가 지배집단의 문화적 취향인 아비투스(habitus)를 교육과정에 담아 피지배 집단의 학생들에게 강제하는 상징적 폭력(symbolic violence)을 통해 계급적 불평등을 재생산한다고 보았다. ㉠은 기능이론, ㉡은 경제자본에 해당한다.

20 부르디외(P. Bourdieu)의 문화자본 이론에 대한 설명으로 옳은 것만을 모두 고르면? 23. 국가직 7급
□□□

> ㄱ. 문화자본은 개인의 기술적 생산력을 나타내는 인적 자본에 해당한다.
> ㄴ. 학교 졸업장은 소유할 수 있는 재산의 형태를 띤 가장 대표적인 객관화된 문화자본이다.
> ㄷ. 학교는 지배집단의 자의적인 문화 상징물에 대해 가치와 정통성을 부여해 주는 역할을 한다.
> ㄹ. 문화자본은 계급관계를 재생산하는 역할을 수행한다.

① ㄱ, ㄴ   ② ㄱ, ㄷ
③ ㄴ, ㄹ   ④ ㄷ, ㄹ

해설   부르디외(P. Bourdieu)는 학교가 문화자본(아비투스 문화자본과 제도적 문화자본)을 통해 계급적 불평등을 재생산한다는 문화재생산이론(문화자본론)을 주장하였다. ㄱ에서 문화자본은 자신의 가정이 계급적으로 위치한 범주에 따라 각 개인이 전수받는 일련의 다양한 언어적·문화적 능력으로 아비투스 문화자본, 제도적 문화자본, 객관화된 문화자본이 있다. 인적 자본(human capital)은 학생의 학습을 도울 수 있는 부모의 학력을 말한다. ㄴ에서 학교 졸업장, 성적, 학위증서 등은 제도적 문화자본에 해당한다. 객관화된 문화자본은 법적 소유권 형태로 존재하는 문화적 재화로 골동품, 고서, 예술작품 등을 들 수 있다. 이는 교육내용 구성의 원천이 되는 상징재 형식의 문화자본에 해당한다.

21 다음 내용과 공통적으로 관련된 개념은?   10. 중등임용
□□□

> • 애플(M. Apple)이 교육사회학 이론에 활용한 그람시(A. Gramsci)의 개념이다.
> • 학교는 지배 이데올로기를 정당화하는 역할을 한다.
> • '학교교육이 교육의 기회를 공정하게 제공하고 능력에 따라 사회계층을 결정하게 한다.'고 믿게 하는 지배력 행사방식이다.

① 프락시스(praxis)   ② 아비투스(habitus)   ③ 문화적응(accommodation)
④ 모순간파(penetration)   ⑤ 헤게모니(hegemony)

해설   헤게모니(hegemony)란 지배집단이 지닌 의미와 가치체계를 말한다.
①은 프레이리(Freire)의 용어로, 실천과 이론, 행동과 사고 사이의 끊임없는 상호작용을 말한다.
②는 부르디외(Bourdieu)의 용어로, 개인에게 내면화(무의식적으로 체질화)되어 있는 문화능력(문화적 취향, 심미적 태도, 의미체계), 지속성을 지니는 무형(無形)의 신체적 성향이나 습성을 말한다.
④는 윌리스(Willis)의 용어로, 학교에서 선호하는 지배 이데올로기에 대해 거부하거나 의식적으로 저항하는 것을 말한다.

TIP 용어 설명 ⁞⁞⁞

아비투스 (habitus)	개인에게 내면화(무의식적으로 체질화)되어 있는 문화능력(문화적 취향, 심미적 태도, 의미체계)으로, 지속성을 지니는 무형(無形)의 신체적 성향이나 습성
헤게모니 (hegemony)	애플(M. Apple)이 교육사회학 이론에 활용한 그람시(A. Gramsci)의 개념으로, '학교교육이 교육의 기회를 공정하게 제공하고 능력에 따라 사회계층을 결정하게 한다.'고 믿게 하는 지배력 행사 방식
억압적(강제적) 국가기구	경찰, 군대, 정부, 사법제도 등 국가유지를 위해 물리적 힘을 행사하는 사회기구

정답   18. ④   19. ④   20. ④   21. ⑤

22 다음과 같이 주장한 교육사회학자는?

> • 학교가 지배집단의 의미체계와 가치체계인 헤게모니를 주입하여 기존 질서를 정당화한다.
> • 학교 교육과정과 수업에서 가르치는 지식은 이데올로기적 속성을 갖는다.

① 애플(Apple)   ② 파슨스(Parsons)
③ 로젠탈(Rosenthal)   ④ 드리븐(Dreeben)

해설 애플(M. Apple)의 문화적 헤게모니이론에 따르면, 헤게모니(hegemony)는 그람시(A. Gramsci)의 개념을 문화적으로 재구성한 것으로, 지배집단이 지닌 의미와 가치체계(ideology)를 말한다. 이처럼 학교는 지배 이데올로기를 정당화하는 역할을 한다고 보았으며, 헤게모니는 '학교교육이 교육의 기회를 공정하게 제공하고 능력에 따라 사회계층을 결정하게 한다.'고 믿게 하는 지배력 행사방식이다. ②는 기능이론 중 사회체제이론, ③은 학업성취도에 미치는 교사의 기대를 중시한 피그말리온 효과(Pygmalion effect), ④는 잠재적 교육과정을 통한 규범적 사회화를 주장하였다.

23 다음의 (가)와 (나)에 들어갈 가장 적합한 용어는?

> 알뛰세(L. Althusser)는 학교가 이데올로기적 국가기구로서 사회적 기능을 수행한다고 보았다. 이데올로기적 국가기구로서 학교가 억압적 국가기구와는 달리 가족이나 언론매체와 유사한 기능을 수행하는 것은, (가) 보다는 (나) 을/를 통해 그 구성원들에게 영향력을 행사한다는 것을 의미한다.

	(가)	(나)		(가)	(나)
①	교화	학습	②	공권력	관리
③	강제력	동의	④	이념	설득

해설 사회구성체 이론에 따르면 국가는 억압적 국가기구(**예** 경찰, 법원)와 이데올로기적 국가기구(**예** 가정, 학교, 교회, 대중매체)로 구성된다. 학교는 이데올로기적 국가기구의 한 부분으로 지배이데올로기의 전파와 내면화를 통해 불평등 구조를 재생산하는 기구이다. 즉, 강제력이 아니라 동의에 의한 권력의 행사를 통해 국가 유지에 공헌하고 있는 것이다.

24

학교교육의 사회적 기능에 관한 세 교사의 견해에 부합하는 이론을 주장한 학자로 옳은 것은?

13. 중등임용

- 김 교사: 저는 현대 사회에서 학교교육은 매우 중요한 사회적 기능을 하고 있다고 생각합니다. 학생들에게 한 사회가 축적한 규범과 가치를 내면화시키고, 장차 일하게 될 직업 세계에 필요한 지식과 기술을 가르쳐 주거든요.
- 이 교사: 그렇지요. 게다가 학교교육을 많이 받게 되면 더 많은 지식과 기술을 습득하게 되고 업무 생산성도 향상되잖아요. 이런 생산성의 향상이 결국 소득 증대로 이어진다고 봐야죠.
- 박 교사: 그 말은 학교교육이 사회평등에 기여할 수 있다는 얘기처럼 들리는데, 저는 그렇게 생각하지 않습니다. 학교는 이데올로기적 국가기구로서 불평등한 계급관계를 재생산하고 있다고 봅니다.

	김 교사	이 교사	박 교사
①	그람시(A. Gramsci)	애플(M. Apple)	마르크스(K. Marx)
②	뒤르껭(E. Durkheim)	애플(M. Apple)	알튀세(L. Althusser)
③	뒤르껭(E. Durkheim)	슐츠(T. Schultz)	알튀세(L. Althusser)
④	파슨스(T. Parsons)	슐츠(T. Schultz)	베커(G. Becker)
⑤	파슨스(T. Parsons)	콜린스(R. Collins)	베커(G. Becker)

해설 김 교사(Durkheim의 사회화)는 학교교육의 사회적 기능 중에서 보편적 사회화와 특수적 사회화를, 이 교사(Schultz의 인간자본론)는 학교교육에의 투자는 인적 자본의 가치를 향상시켜 개인과 사회 모두에게 고소득을 보장하는 경제적 기능을, 박 교사(Althusser의 사회구성체 이론)는 학교는 이데올로기적 국가기구의 한 부분으로 지배 이데올로기의 전파와 내면화를 통해 불평등 구조를 재생산하는 기능을 하고 있다고 주장한다.

정답 22. ① 23. ③ 24. ③

Chapter
14

25 교사가 회고하는 다음 학생의 삶을 가장 잘 설명하는 이론은? 11. 중등임용

> 그 학생은 학창시절 말썽을 많이 피웠지. 비슷한 또래들과 몰려다니면서 싸움도 자주 하고, 각종 교칙을 밥 먹듯이 위반했어. 수업을 시시하다고 하면서 방해하기도 하고, 공부 잘하는 애들을 계집애 같다고 놀려 대기도 했어. 반면에 자기 부류의 애들은 사내답다며 우쭐댔지. 자기는 육체노동직에 종사하는 아버지처럼 사나이답게 살고 싶다고 했지. 나중에 보니 그 학생은 스스로 진학을 포기하고 자기 아버지와 같이 육체노동직을 선택하더라고.

① 저항이론
② 헤게모니 이론
③ 문화재생산론
④ 경제재생산론
⑤ 상징적 상호작용론

해설 | 윌리스(Willis)는 저항이론을 통해 인간은 사회의 불평등한 구조에 저항·비판·도전하는 능동적인 존재이며, 학교교육이 사회계급 구조의 불평등을 그대로 이행하는 단순한 반영물이 아니라 사회모순과 불평등에 도전하는 역할을 수행한다고 주장한다. 그는 하류계층인 노동계급의 학생들(사나이, lads)이 기존의 학교문화에 저항하고 모순을 극복하기 위해 간파(penetration)를 일상생활 속에서 실천하는 반학교문화(counter-school culture) 형성을 통해 지배 이데올로기를 거부하고 극복할 수 있는 잠재적 힘이 있다고 보았으며, 이렇게 체득한 세계관에 의해 아버지 직업인 노동계급을 선택하고 나아가 모순된 사회에 대한 저항도 가능하다고 보았다. ②는 애플(Apple), ③은 부르디외(Bourdieu), ④는 보울스와 진티스(S. Bowles & H. Gintis), ⑤는 쿨리(Cooley), 미드(Mead), 블러머(Blumer) 등이 대표자이다.

TIP 간파(penetration)와 제약(limitation)

간파(penetration)	• 저항행동의 주요 요소로, 현실의 모순을 의심하고 그 의도를 파악해서 폭로하는 것을 말한다. • 한 문화적 형태 안에 있으면서 그 구성원들이 처한 삶의 조건과 전체 사회 속에서 차지하는 위치를 꿰뚫어 보려는 충동을 가리키며, 노동계급의 학생들('사나이'들)은 비공식적인 반학교문화를 통해서 자신들의 삶의 조건을 간파한다고 보았다. • 예를 들어, 노동계급 학생들은 이미 부모, 친척 등을 통하여 직업세계에 대한 정보와 경험이 학교교육의 내용과 다르다는 것을 터득함으로써 그들이 속하게 될 직업적 위치를 알고 있다.
제약(limitation, 한계)	• 간파의 발전과 표출을 혼란시키고 방해하는 이런저런 장해요소와 이데올로기적 영향으로, 간파는 제약을 통해 저지·중지되기도 한다. 윌리스는 제약을 크게 분리(에 육체노동과 정신노동의 분리, 남녀의 분리, 인종차별의 분리 등)와 이데올로기(취업이라는 이데올로기와 공식적인 이데올로기 ⇨ 간파를 흐릿하게 만드는 '확정'과 '교란', '내부의 매개자' 역할)로 구분한다. • 제약(한계)은 노동계급의 학생들은 아무리 노력해도 구조적 불평등 체계로 인해 자신들의 열등한 위치를 벗어날 수 없다고 생각하는 것을 말한다.

26 윌리스(P. Willis)가 「노동학습(Learning to labor)」에서 제시한 노동계급 학생들의 특성과 일치
하지 않는 것은? 07. 유 · 초등임용

① 모범생들을 수동적인 존재로 간주하고 배척한다.
② 반(反)학교문화를 형성하는 자율적 · 능동적 존재이다.
③ 육체노동을 남성적 우월성에, 정신노동을 여성적 열등성에 결부시킨다.
④ 노동계급의 처지를 벗어나기 위하여 스스로 포부수준을 높게 설정한다.

해설 노동계급 학생들은 스스로 포부수준을 낮게 설정한다. 윌리스의 연구에 따르면 학생들은 학교로부터 제시된 문화
를 적극적으로 거부하고 성장하면서 체득한 세계관에 의해 아버지 직업인 노동계급을 선택한다.

27 번스타인(Bernstein)의 문화전수이론에 대한 설명으로 옳지 않은 것은? 16. 국가직 7급

① 지식은 사회적 진공 상태에서 전수되는 것이 아니며, 권력과 통제가 교육과정의 모든 국면에
스며든다.
② 분류(classification)는 과목 간, 학과 간 구분으로서 각 교육내용들 간 경계의 선명도를 말한다.
③ 구조(frame)는 교육내용의 선택, 조직, 진도에 대한 교사와 학생의 통제력 정도를 말한다.
④ 구조화(framing)가 강하면 학생의 관심과 요구를 반영하여 교육과정을 편성하기가 용이하다.

해설 번스타인(Bernstein)은 사회언어분석에서 출발하여 교육과정의 조직 형성과 사회적 지배원리의 관계에 관해 연구
하였다. 그는 공식적인 교육을 통한 지식 전수에 관심을 갖고 교육과정 조직에 권력과 통제가 반영된다고 보았으며, 교육내
용(교육과정)보다는 교육내용의 조직원리에 관심을 기울였다. 그는 교육과정의 조직 형태는 사회계급적인 힘과 교육과의
갈등과 타협의 산물이라는 가정 아래, 분류(classification)와 구조(frame)라는 개념을 사용하여 교육과정을 구분하였다.
④는 구조가 약할 때에 해당한다.

TIP 번스타인의 문화전수이론

분류 (classification)	• 생산현장에서의 위계적 지위 구분으로, 교과지식의 사회적 조직 형태에 해당 ⇨ 과목 간, 전공분야 간, 학과 간의 구분, 즉 구분된 교육내용들 사이의 경계의 선명도 또는 경계유 지의 정도 • 경계유지의 정도가 높으면 '강한 분류', 낮으면 '약한 분류'에 해당한다.
구조(frame)	• 노동자가 노동과정을 자율적으로 통제할 수 있는 정도로서 과목 또는 학과 내 조직의 문 제에 해당 ⇨ 교사와 학생의 상호작용 관계, 즉 수업에 대한 통제의 정도로, 교육내용의 선정, 조직, 진도 등에 대하여 교사와 학생이 소유하고 있는 통제력의 정도 • 가르칠 내용과 가르치지 않을 내용의 구분이 뚜렷한 정도, 계열성의 엄격성, 시간배정의 엄격도 등을 포함하는 개념 • 구조화가 철저하면('강한 구조') 교사나 학생의 욕구 반영이 어렵고, 구조화가 느슨하면 ('약한 구조') 욕구를 반영시키기가 용이하다.
교육과정 유형	• 집합형 교육과정: 강한 분류 – 강한 구조, 강한 분류 – 약한 구조를 갖는 교육과정 ⇨ 보 이는 교수법을 통해 전달 • 통합형 교육과정: 약한 분류 – 강한 구조, 약한 분류 – 약한 구조를 갖는 교육과정 ⇨ 보 이지 않는 교수법을 통해 전달

정답 25. ① 26. ④ 27. ④

Chapter **14**

| 교육과정 유형 | 집합형 교육과정과 통합형 교육과정의 비교 | | | |

구분		집합형 교육과정	통합형 교육과정
교육과정의 형성	조직 형태	강한 분류 (종적 관계 중시)	약한 분류 (횡적 교류 활발)
	교육과정 예시	분과형 교육과정	중핵 교육과정
	영향 세력 (지배집단)	구중간집단	신중간집단
	사회질서와의 관계	교육과 생산(경제)의 관계가 분명 ⇨ 교육의 자율성 보장	교육과 생산(경제)의 관계가 불분명(통합) ⇨ 교육의 자율성 상실
		교육의 코드(code of education)가 중시	생산의 코드(code of production)가 중시
문화전달방식 (수업)	수업 유형	보이는 교수법	보이지 않는 교수법
	교사의 자율성	교사의 자율성(재량권) 축소	교사의 자율성(재량권) 확대

보이는 교수법(visible pedagogy)과 보이지 않는 교수법(invisible pedagogy)

보이는 교수법	보이지 않는 교수법
• 전통적 교육에서의 교수법 • 강한 분류, 즉 집합형 교육과정 전수 • 학습내용상 위계질서가 뚜렷 • 놀이와 학습을 엄격히 구분	• 진보주의 교육(열린 교육)의 교수법 • 약한 분류, 즉 통합형 교육과정 전수 • 학습내용상 위계질서가 뚜렷하지 않음. • 놀이와 학습을 엄격히 구분하지 않음.

28 번스타인(B. Bernstein)의 '보이는 교수법(visible pedagogy)'과 '보이지 않는 교수법(invisible pedagogy)'에 대한 설명으로 잘못된 것은?

08. 초등임용

① 전통적인 지식교육은 '보이는 교수법'에 해당한다.
② '보이는 교수법'은 강한 분류와 강한 구조를 특징으로 한다.
③ '보이지 않는 교수법'에서는 놀이와 공부를 엄격히 구분한다.
④ 두 교수법 사이의 갈등은 신-구 중간계급 사이의 갈등을 반영하고 있다.

해설 전통적 교수법(보이는 교수법)에서는 놀이와 공부를 엄격히 구분하나, 보이지 않는 교수법에서는 놀이와 공부를 엄격히 구분하지 않는다.

29 다음과 같은 학급상황을 설명하는 데 가장 적합한 이론은?

10. 유·초등임용

> 우리 학급 친구들은 대체로 쾌활하고 말이 많은 편이다. 영어 교과전담 선생님은 학급 분위기가 들떠 있어서 수업을 제대로 진행할 수가 없다고 하면서, 우리를 '문제 학생'이라고 부르며 자주 꾸짖으신다. 영어시간만 되면 힘들고 수업 분위기도 가라앉는다. 그런데 담임 선생님은 우리를 '명랑 학생'이라고 부르며 자주 칭찬해 주신다. 담임 선생님의 수업시간에는 적극적으로 의사표현을 하게 되고 수업 분위기도 활발하다.

① 저항이론　　　　　　② 구조기능론　　　　　　③ 경제 재생산론
④ 문화 재생산론　　　　⑤ 상징적 상호작용론

해설 상징적 상호작용론은 1960년대 과학적 실증주의에 대한 반론으로 등장한 이론으로, 인간을 상징과 의미를 주체적으로 창조하고 해석할 수 있는 존재로 본다.

30 다음은 맥닐(L. McNeil)의 연구결과에서 설명하고 있는 수업전략 중 하나이다. 이 수업전략에 해당하는 것은?

13. 중등임용

> 사회과 교사가 학생들의 능력이나 수업에 대한 관심이 부족하다고 생각할 때 즐겨 사용하는 수업전략이다. 이것의 주요 특징은 교사가 수업시간에 정치적으로 덜 민감하거나 논쟁의 여지가 적은 주제를 선택한다는 점이다. 이 수업전략을 사용할 때, 교사는 학생들에게 '빈칸 채우기' 형태의 연습문제를 풀게 하거나 주제의 개요만을 말해 주는 방식을 취한다. 이러한 과정을 통해 교사가 중요한 주제를 수업시간에 다루었다고 학생들이 느끼게 한다.

① 사회화(socialization)　　　　　　② 식민화(colonization)
③ 신비화(mystification)　　　　　　④ 도구적 순응(instrumental conformity)
⑤ 방어적 단순화(defensive simplification)

해설 맥닐(McNeil)은 그의 논문 「방어적 수업과 학급통제(defensive teaching and classroom control)」(1983)에서 한 명의 교사가 수십 명의 학생들을 가르치는 학급상황에서 교사는 학생들로부터 자신을 지켜야 한다는 구조적 방어의식을 갖게 되고 그러한 방어의식은 생활지도에서는 학생다움을 요구하는 각종 규제로 구체화되며, 교과지도에서는 방어적 수업(defensive teaching)으로 나타난다고 보았다. 교사는 방어적 수업을 위해 강의식 수업을 선호하며, 학생을 통제하는 강의 전략으로 단순화, 신비화, 생략, 방어적 단편화를 사용한다고 주장하였다. 위 지문의 경우는 방어적 단편화에 해당한다. 이러한 방어적 수업은 기존의 재생산이론이 설명하는 것보다 현실은 훨씬 복잡하다는 점을 시사하고 있으며 지식의 성격이 교사에 의해서 전달되는 과정에서 왜곡되는 과정을 밝혀 주고 있다는 점에서 그 의의가 있다고 하겠다. ①은 우즈(P. Woods)의 생존을 위한 교수법(사회화, 지배, 친목, 결근·자리이동, 치료요법, 관습적·일상적 전략), ②와 ④는 우즈(P. Woods)의 학생의 적응양식[맹목적 순응(낙관적 순응, 도구적 순응), 식민화(자포자기적 순응), 도피형, 비타협형, 반역형, 기회주의 형, 아부형]에 해당한다.

정답 28. ③　29. ⑤　30. ⑤

TIP 맥닐(McNeil)의 방어적 수업전략

단순화	지식을 잘게 쪼개어 수업내용을 단순화, 토론과 반대의견 제시 예방 ⇨ 수업의 내용을 단편적 지식과 서로 연결되지 않는 목록들로 구성함으로써 토론과 반대의견을 제시하지 못하게 막는다.
신비화 (mystification)	전문적 영역 피해가기, 베껴 쓰기 지시를 통해 교사에의 의존 심화 유도 ⇨ 복잡한 주제는 전문가가 아닌 학생들은 파고 들어가기 어렵다고 말하여 신비화시킨다. 예를 들어 금본위제, 국제통화기금 등을 언급할 때는 그 용어들을 베껴 쓰라고 시킨다. 이처럼 신비화는 그 주제는 매우 중요하지만 알기 힘든 것처럼 보이게 하는 것으로, 학생들이 스스로 지식을 추구하거나, 깊이 파고들지 못하도록 하여 외부(교사)에서 제공하는 정보에 의존하는 태도를 형성하게 한다.
생략	학생들이 반대의견 제시할 만한 자료는 다루지 않기 ⇨ 시사문제나 논쟁의 여지가 있는 주제를 다룰 경우, 학생들이 반대의견을 제시하거나 토론을 할 만한 자료를 보는 관점을 언급하지 않고 생략한다. 역사교과에서 현대사를 아예 배우지 않는 것도 이에 해당한다.
방어적 단편화 (defensive simplification)	다양한 설명이 요구되는 주제를 간단히 언급만 하고 넘어가기 ⇨ 교사가 학생들의 능력이나 수업에 대한 관심이 부족하다고 생각할 때 즐겨 사용하는 수업전략이다. 학생들을 이해시키기 위해서는 다양한 방법과 많은 시간이 드는 주제를 다룰 경우 이를 간단히 언급만 하고 넘어간다고 약속함으로써 학생들을 동기화시키기보다는 학생들의 불평을 제거하고 학생들이 저항을 하지 않고 협력하게 만드는 전략이다. 학생들에게 주제의 핵심요소는 빼고 간단히 설명하거나, 시험지의 빈칸을 단편적 사실로 채우게 하거나, 제대로 설명하지 않고 한 페이지의 잡지 기사처럼 주제의 개요만을 말해주거나, 이 주제는 깊이 공부하지 않아도 된다고 말함으로써 이를 정당화시킨다.

31 학자와 그들의 주장으로 옳은 것은?

15. 국가직 7급

① 블라우와 던컨(Blau & Duncan) : 경제적 불평등을 바로잡는 데 학교는 다른 어떤 요소보다 영향력이 적다.

② 번스타인(Bernstein) : 교육은 다음 세대의 상향이동을 촉진하므로 교육의 보편화는 평등사회에 이르는 촉진제가 된다.

③ 보울즈와 진티스(Bowles & Gintis) : 가정에서 부모가 사용하는 언어의 질과 가정의 교육적 분위기는 자녀의 학업성취에 영향을 미친다.

④ 콜맨(Coleman) : 부모와 지역사회 간의 사회적 관계가 자녀의 학업성취에 영향을 미친다.

해설 콜맨(Coleman)은 「교육기회의 평등(Equality of Educational Opportunity)」이라는 1966년 보고서에서, 가정배경 − 학생집단 − 학교환경 변인순으로 학업성취도에 영향을 준다고 결론지었다. 그리고 학생의 가정배경 중 가장 큰 영향을 미치는 것은 사람들 사이의 사회적 관계에서 형성되는 사회자본(social capital)이라고 주장하였다. 가정을 중심으로 사회적 자본을 정의한다면, 좁게는 가정 내 부모와 자녀의 관계이고, 넓게는 부모가 가정 밖에서 맺고 있는 사회적 관계의 전체인데, ④는 가정 밖 사회자본에 해당한다.
①은 보울즈와 진티스(Bowles & Gintis), ②는 블라우와 던컨(Blau & Duncan), ③은 번스타인(Bernstein)의 견해에 해당한다.

TIP 콜맨(Coleman)의 자본 개념

경제적 자본 (financial capital)	학생의 학업성취를 도울 수 있는 물적 자원, 부모의 경제적 지원 능력 **예** 소득, 재산, 직업
인적 자본(human capital, 인간자본)	부모의 학력, 학생의 학업성취를 돕는 인지적 환경 제공 **예** 부모의 지적 수준, 교육 수준
사회적 자본(social capital)	부모와 자식 간의 관계 ⇨ 학업성취에 가장 큰 영향 요인 • 가정 내 사회적 자본 　**예** 자녀에 대한 부모의 관심, 노력, 교육적 노하우, 기대수준 등 • 가정 밖 사회적 자본 　**예** 부모의 친구관계, 어머니의 취업 여부, 이웃과의 교육정보 교류 정도 등

제4절 사회와 교육

1 사회화와 교육

01 드리븐(R. Dreeben)이 주장하는 현대사회에서 요구되는 핵심적인 네 가지 규범 중 다음 글에 해당하는 것은?

11. 국가직

> 학생들은 시험에서 부정행위를 했거나 표절을 했을 때 제재를 받는다는 사실을 통해서 이 규범을 익히게 된다. 이 규범에 적응함으로써 학생들은 자신들의 행위에 대해 개인적으로 책임져야 한다는 것을 깨닫게 된다.

① 독립성(independence)
② 성취의 중요성(achievement)
③ 보편주의(universalism)
④ 특수성(specificity)

해설 드리븐(R. Dreeben)에 따르면 학교는 현대 산업사회에서 요청되는 핵심적인 규범, 즉 독립성, 특수성, 성취성, 보편성을 효과적으로 사회화하는 한 기관이다. 이 중 독립성(independence)은 학문적 학습활동에 적용되는 규범으로 시험기간에 부정행위를 못하게 하거나, 숙제를 다른 사람이 대신하지 못하도록 하고, 평가를 개인별로 실시하며, 과제를 스스로 처리하게 하고 자신의 행동에 책임을 지게 함으로써 습득된다.

TIP 드리븐(Dreeben)의 학교사회화의 내용 − 규범적 사회화

독립성	• 학교에서 독자적으로 할 일이 있다는 것을 배우게 된다는 것 ⇨ 학문적 학습활동에 적용되는 규범 • 학교에서 과제를 스스로 처리하게 하고 자신의 행동을 책임을 지게 함으로써 습득된다. **예** 시험시 좌석 분리
성취성	• 학생들이 할 수 있는 최선을 다해 그들의 과제를 수행해야 한다는 전제하에 행동하는 것 • 공동으로 수행하는 과외활동이나 운동과 같은 경쟁에서 성공을 경험하는 기회를 제공함으로써 학습된다.
보편성	• 동일 연령의 학생들이 같은 학습내용과 과제를 공유함으로써 형성되는 것 • 같은 연령의 학생들에게 어떤 특성에 관계없이 똑같은 규칙이 적용된다는 것에서 학습된다.
특수성(특정성)	동일 연령의 학생들이 다른 학년의 학생과 구별되는 특수한 환경을 공유하여 개인의 흥미와 적성에 맞는 분야의 교육을 수행함으로써 학습된다.

정답 31. ④ / 01. ①

02 드리븐(R. Dreeben)의 학교사회화 내용 중 다음의 (   ) 안에 해당하는 것은? 　07. 중등임용
□□□

> (   )은 학년이 높아짐에 따라 흥미와 적성에 맞는 분야의 교육에 집중함으로써 학생들이 학습하게 되는 것이다.

① 독립성 　　　　② 특정성 　　　　③ 보편성 　　　　④ 성취성

해설 드리븐(R. Dreeben)의 학교사회화 내용 중 특정성(예외성, specificity)은 동일 연령의 학생들이 다른 학년의 학생과 구별되는 특수한 환경을 공유하여 개인의 흥미와 적성에 맞는 분야의 교육을 수행함으로써 습득된다.

---

2 사회변화와 교육

03 다음 내용은 왈라스(A. Wallace)가 주장하는 사회 역사적 변화 단계이다. 이 단계에 따른 교육과정의 강조점을 〈보기〉에서 골라 순서대로 나열한 것은? 　11. 경북
□□□

> 사회는 혁명기 - 보수기 - 복고기로 반복적인 순환과정을 갖는다.

┌ 보기 ┐
ⓐ 도덕성 교육을 교육과정의 중심에 두며 정치적 이념도 허용한다.
ⓑ 새로운 질서를 수립하기 위하여 지식교육보다 도덕성 교육을 강조한다.
ⓒ 실용성에 입각하여 실제적인 기술과 지식 중심의 교육과정으로 편성된다.

① ㉠ - ㉢ - ㉡ 　　　　② ㉡ - ㉠ - ㉢ 　　　　③ ㉡ - ㉢ - ㉠
④ ㉢ - ㉠ - ㉡ 　　　　⑤ ㉢ - ㉡ - ㉠

해설 혁명기에는 사회적 변혁을 위한 도덕성을, 보수기에는 기존 사회질서 유지에 필요한 기술과 지식을, 복고기에는 구질서 회복을 위한 도덕성을 교육과정의 덕목으로 중시한다.

TIP 사회변화 시기별 강조되는 교육과정의 덕목 : 왈라스(A. Wallace)

사회변화의 시기	교육과정의 강조점	특징	역사적 예
혁명기 (revolutionary phase)	• 도덕성 > 지성 > 기술 • 사회적 변혁 중시	구체제의 사회적·문화적 질서를 부정하고 새 질서 수립을 위해 새로운 가치와 규범, 즉 혁명이념을 전파하기 위한 도덕을 중시	중국과 쿠바, 그리고 프랑스 혁명 이후 시기
보수기 (conservative phase)	• 기술 > 도덕성 > 지성 • 기존 사회질서 중시	실용주의가 득세하여 지적인 논의와 비판정신은 약화되며, 그 질서를 유지하기 위한 실용적·실제적 기술이나 지식을 교육과정에 우선적으로 반영	마오쩌뚱(毛澤東)이 전개한 문화혁명 이후의 중국
복고기 (reactionary phase)	• 도덕성 > 기술 > 지성 • 구질서 회복 중시	혁명의 실패시에는 새로운 변화에 저항하고 기존의 질서를 보호하기 위하여 기존의 정치이념과 가치관이 부활하여 학교 교육과정에 반영됨으로써 다시 도덕을 강조하는 경향	보수기 말기, 또는 혁명의 실패 시기

3 사회이동과 교육

04 능력주의 평등화론에 대한 설명으로 옳지 않은 것은? 22. 국가직

① 지능과 노력의 합을 능력으로 보았다.
② 현대 서구 교육평등관의 바탕이 되었다.
③ 능력에서의 사회구조적 불평등을 고려하였다.
④ 학교교육을 대표적인 능력주의 실현 장치로 보았다.

[해설] 기능이론에서는 개인의 사회적 지위는 본인의 노력(학교교육)에 의해 결정된다고 본다. 반면, 갈등이론에서는 학교 교육의 주된 기능은 경제적 불평등이 학교교육을 통해 재생산된다고 보기 때문에 학교교육보다는 가정배경이 사회적 지위에 영향을 준다고 본다. ③은 갈등이론의 주장에 해당한다.

05 기능론적 관점에서의 지위 획득에 관한 설명으로 옳지 않은 것은? 08. 국가직 7급

① 능력에 근거하여 개인들을 선발하고 노동시장에 배분함으로써 사회적 효율성이 신장된다.
② 기회의 균등 분배와 더불어 결과의 균등 분배까지 도모해야 사회평등을 위한 이상이 실현된다.
③ 선발 과정에서 우수한 사람을 공정하게 선발하는 합리성이 준수됨으로써 도덕적 정당성이 확산된다.
④ 교육체제는 직업세계의 분화에 따라 직업세계가 필요로 하는 사람들을 선발하여 길러내는 역할을 한다.

[해설] 기능이론은 자유주의 이데올로기에 근거한 사회학적 접근으로 교육기회의 평등을 원칙으로 하고 능력에 따른 결과의 차별을 당연시한다. 결과의 평등을 중시하는 것은 사회주의 이데올로기에 근거한 갈등이론적 관점의 특징이다.

06 블라우(P. Blau)와 던컨(O. Duncan)의 지위획득모형에서 지위 획득에 가장 큰 영향을 미치는 요인은? 05. 유 · 초등임용

① 본인의 교육수준　　　　　　② 본인의 첫 번째 직업
③ 아버지의 교육수준　　　　　④ 아버지의 직업

[정답]　02. ②　03. ③　04. ③　05. ②　06. ①

해설 블라우와 던컨의 주장은 기능이론적 관점을 대표하는 것으로, 사회적 성취에 가정배경이 영향을 주지 못하며, 학교교육(본인의 노력)이 사회적 출세에 결정적인 역할을 한다고 본다. 아버지의 교육과 아버지의 직업은 가정배경에 해당한다.

TIP **학교교육과 사회평등**

1. **평등화 기여론(기능이론적 관점)** : 학교교육 자체가 계층 간 격차를 해소하고 사회평등화를 실현하는 장치로 기능한다고 보는 이론

블라우와 던컨 (Blau & Duncan)	학교교육(본인의 노력)이 직업지위 획득에 가장 중요한 요인
해비거스트 (Havighurst)	학교교육은 사회적 상승이동(개인이동과 집단이동)을 촉진함으로써 사회평등화에 기여
인간자본론	교육은 개인의 생산성 증대 및 소득 증대를 통해 소득분배 평등화에 기여

2. **불평등 재생산이론(갈등이론적 관점)** : 학교교육은 지배층의 이익에 봉사하는 장치로 사회적 불평등을 재생산한다고 보는 이론

보울스와 진티스 (Bowles & Gintis)	가정의 사회·경제적 배경이 사회적 지위를 결정 ⇨ 학교교육은 지배층의 이익에 봉사하며, 불평등 구조를 재생산
카노이 (M. Carnoy)	교육수익률(교육의 경제적 가치)의 교육단계별 변화 분석을 통해 교육이 지배층의 이익에 봉사한다는 것을 규명 ⇨ 교육수익률이 높은 경우(학교발달 초기)는 학교교육 기회가 중상류층에게만 제한, 교육수익률이 낮은 경우(학교발달 후기)는 학교교육 기회가 하류층에게도 보편화
라이트와 페론 (Wright & Perrone)	교육수준이 소득에 미치는 영향 연구를 통해 교육이 상층집단에게는 도움이 되나, 하층집단에게는 큰 의미가 없음을 규명 ⇨ 교육의 수익은 노동계급보다 관리자 계급, 백인 여성과 흑인 남성보다는 백인 남성에 있어서 더 크다.

3. **무효과론(무관론)** : 학교교육은 평등화에 관한 한 의미가 없으며, 교육은 사회평등화보다 다른 가치를 추구한다고 보는 이론 ⇨ 젠크스(Jencks), 버그(Berg), 앤더슨(Anderson), 부동(Boudon), 치스위크와 민서(Chiswick & Mincer)

TIP **사회이동과 교육**

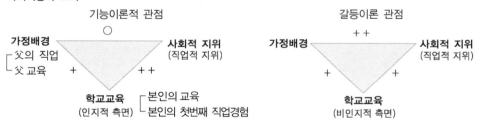

TIP **블라우와 던컨(Blau & Duncan)의 지위획득모형(1967)**

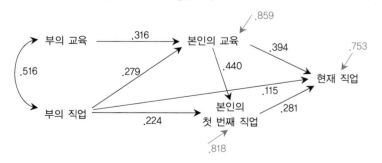

07 다음은 교육과 사회평등의 관계에 대한 세 교사의 대화이다. 이들 교사의 관점에 대한 설명으로 옳지 않은 것은?

12. 중등임용

> (가) 박 교사 : 교육은 사람들의 직업능력을 향상시켜 줍니다. 실제로 개인의 교육수준이 직업을 획득하는 데 결정적인 역할을 하고 있기 때문이죠. 그러므로 교육을 통해 지위이동이 가능하고 사회가 평등해질 수 있습니다.
>
> (나) 이 교사 : 교육은 사회평등을 실현하기보다는 오히려 사회불평등을 유지한다고 생각합니다. 단적으로 교육기회는 모든 사람에게 공평하게 분배되기보다는 상위계층 자녀에게 유리하게 제공되고 있죠. 교육은 계층구조를 유지하는 데 결정적 역할을 하고 있습니다.
>
> (다) 최 교사 : 교육은 사회평등의 문제와는 관계가 없는 것 같아요. 설령 관계가 있다고 하더라도 무시할 정도가 아닐까요? 사회평등 또는 불평등은 교육이 아닌 다른 요인의 영향을 받는 것 같습니다.

① (가)의 관점은 블라우와 던컨(P. Blau & O. Duncan)의 지위획득모형에 반영되어 있다.

② (가)의 관점은 누구나 자신의 재능과 노력에 따라 상급학교에 진학할 수 있고, 원하는 직업을 획득할 수 있다는 주장과 상통한다.

③ (나)의 관점은 교육이 자본주의 체제 내의 계층 간 불평등을 정당화하는 기제에 불과하다는 주장과 유사하다.

④ (나)의 관점은 교육수익률이 높을 때에는 교육기회의 제한과 치열한 경쟁으로 인해 중상위계층만이 교육을 통해 이익을 누리게 된다는 카노이(M. Carnoy)의 연구 결과와 일치한다.

⑤ (다)의 관점은 교육수익률이 고용주, 관리자, 노동자의 순서로 높게 나타나는 현상에 적용해 볼 수 있다.

해설 학교교육과 사회평등과의 관계에 관해 (가)는 평등화 기여론(기능이론), (나)는 불평등 재생산이론(갈등이론), (다)는 무효과론(무관론)에 해당한다. ⑤는 라이트와 페론(Wright & Perrone)의 연구로 (나)의 관점과 관련이 있다.

08 다음 내용과 가장 밀접한 것은?

17. 국가직 7급

> • 사회적 자본   • 교육의 효과에 대한 갈등론적 접근
> • 스탠튼-살라자와 돈부시(Stanton-Salazar & Dornbusch)

① 지위획득 모형   ② 위스콘신 모형   ③ 노동시장 분단론   ④ 연줄모형

해설 연줄모형은 스탠튼-살라자와 돈부쉬(Stanton-Salazar & Dornbusch)의 주장으로, 사회적 자본(social capital, 연줄, 사회적 네트워크)의 개념을 사용하여 학생의 교육 및 직업에 대한 기대와 목표가 학업성취에 그리고 제도적 권위를 가진 사람들(예 교사, 카운슬러, 중상류층 친구)과의 사회적 관계 형성에 어떻게 관련되는지를 밝히고 있다. 사회적 자본은 제도적 후원과 필요한 정보를 얻어낼 수 있는 사회적 관계를 말한다. 이 이론에 따르면 제도적 권위를 가진 사람들과 맺어진 연줄이 교육성취에 영향을 준다는 것으로, 학업성취가 높은 학생들은 보다 많은 사회적 자본, 즉 연줄을 가지고 있다고 주장한다. 연줄을 학교기관 속에서 학생들에게 영향을 줄 수 있는 교사나 친구에 국한하고 있다는 점에서 직업획득 과정을 밝히는 데는 한계가 있다는 비판을 받는다. ①은 블라우(Blau)와 던컨(Duncan), ②는 스웰(Swell)의 주장으로 기능이론에 토대를 두고 있으며, ③과 ④는 갈등이론에 토대를 두고 있다.

정답   07. ⑤   08. ④

기능이론	Blau & Duncan의 지위획득 모형	객관적인 변인, 즉 학교교육(본인의 노력)이 사회이동(출세)에 결정적인 역할
	Swell의 위스콘신 모형	사회심리적 변인, 즉 '의미 있는 타인들((significant others 예 부모)'의 격려가 노력과 직업지위의 매개변인으로 작용
갈등이론	Bowles & Gintis	가정의 사회·경제적 배경이 사회적 지위를 결정
	Stanton—Salazar & Dornbusch의 연줄모형	학교 내의 사회적 자본(사회적 네트워크)이 교육 및 직업 획득에 영향(학생의 능력×)
	노동시장 분단론 (이중노동시장론)	노동시장은 분단(예 내부시장과 외부시장, 대기업과 중소기업)되어 노동시장마다 능력이 직업적 성취에 미치는 영향이 다르며, 개인의 능력이 아닌 인적 특성(예 성별, 계급, 인종, 출신지역)이 지위획득에 영향을 줌.

09 학교와 사회평등의 관계에 대한 설명으로 옳지 않은 것은?　　　　22. 국가직 7급

① 취약계층 학생을 위한 보상교육 프로그램은 학교가 사회평등에 기여할 수 있다는 기대를 바탕으로 한다.

② 보울즈(Bowles)는 학교가 경제적 불평등을 바로잡는 데 무력하다고 보았다.

③ 파슨스(Parsons)는 능력주의 관점을 토대로 학교와 사회평등은 무관하다는 결론에 도달했다.

④ 갈등론에서는 학교가 사회적 상승이동을 돕는 게 아니라 사회불평등을 재생산하는 통로가 된다고 본다.

해설　기능이론가인 파슨스(Parsons)는 능력주의 관점을 토대로 학교가 사회평등에 기여할 수 있다는 평등화기여론에 해당한다. 학교와 사회평등은 무관하다는 주장은 무효과론(무관론)에 해당하며, 이런 관점을 주장한 학자들로는 젠크스(Jencks), 버그(Berg), 앤더슨(Anderson), 부동(Boudon), 치스위크와 민서(Chiswick & Mincer), 써로우(Thurow) 등이 있다. ②와 ④는 갈등이론의 관점으로 불평등 재생산이론에 해당한다.

4 사회이동과 교육선발

10 호퍼(Earl Hopper)는 교육선발을 네 가지 측면에서 분석하였다. 분석내용으로 옳지 않은 것은?

10. 국가직

① 선발형식에 따라서는 선발의 중앙집권화와 표준화의 정도에 따라 형식성이 강한 것과 약한 것으로 나뉜다.

② 선발시기에 따라서는 초등학교 단계에서 중요한 선발을 실시하는 조기선발과 대학 단계에 이르러서야 선발이 이루어지는 만기선발로 나뉜다.

③ 선발대상에 따라서는 특별한 자질을 구비한 사람만을 뽑아야 한다는 특수주의와 누구나 교육받을 가치를 가지고 있다고 믿는 보편주의로 나뉜다.

④ 선발기준에 따라서는 지적 학업성취도의 서열을 강조하는 상대주의와 특정 목표 달성도를 중시하는 절대주의로 나뉜다.

해설 교육선발의 유형분석을 통하여 교육제도를 연구한 호퍼(Hopper)는 교육선발의 유형분석을 위한 기준으로 선발방법(선발형식), 선발시기, 선발대상, 선발기준 등 네 가지를 제시하였다. 이 중 ④는 선발기준, 즉 '왜 그들은 선발되어야 하는가?'와 관련된 것으로 그는 사회의 이익을 우선하는 집단주의와 개인의 자아실현을 중시하는 개인주의로 나누어 설명하고 있다.

TIP 호퍼(Hopper)의 교육선발 유형론

선발방법(how)	중앙집권적 표준화 선발 vs 지방분권적 비표준화 선발
선발시기(when)	조기선발(초등학교 단계) vs 만기선발(대학 단계)
선발대상(who)	보편주의(누구나 다, 대중평등주의) vs 특수주의(소수의 엘리트만)
선발기준(why)	전체(집단)주의(공동체의 이익 우선) vs 개인주의(개인의 자아실현 우선)

5 시험의 기능

11 시험의 다양한 기능에 대한 설명으로 옳지 않은 것은?   15. 국가직 7급

① 공식적 시험일수록 시험의 지식위계화 기능은 뚜렷하지 않다.

② 시험은 학습자들에게 선택적으로 학습하게 하고 시험기간에 공부를 집중하게 하는 기능이 있다.

③ 대학입학시험은 결과적으로 사회적 지위획득에 영향을 주므로 사회적 선발 기능을 수행하기도 한다.

④ 시험은 학습자들에게 학습목표를 지시해 줌과 동시에, 그 목표에 도달하고자 하는 동기를 촉발하는 유인으로 작용한다.

해설 시험은 사회적 기능과 교육적 기능을 수행한다. 사회통제, 사회적 선발, 지식의 공식화와 위계화, 사회질서의 정당화와 재생산, 문화의 형성과 변화는 시험의 사회적 기능에 해당하며, 자격부여, 목표와 유인, 선발, 경쟁촉진, 교육과정 결정, 학업성취의 확인과 미래학습의 예언 등은 교육적 기능에 해당한다.
①은 시험의 사회적 기능의 하나로, 시험에 출제되고 정답으로 규정되는 지식은 사회가 공식적으로 인정하는 지식이며, 시험에 출제되는 지식과 그렇지 않은 지식 사이에는 자연스럽게 위계화가 이루어진다.
②는 교육과정 결정(선택적 교수와 학습), ③은 사회적 선발, ④는 목표와 유인기능에 해당한다.

TIP 시험의 교육적 기능과 사회적 기능

교육적 기능 (Montgomery)	① 자격부여, ② 경쟁촉진(우리 교육의 당면 문제), ③ 선발, ④ 목표와 유인(학습목표 제시 및 동기를 촉발하는 유인), ⑤ 교육과정 결정(예 중심과목과 주변과목), ⑥ 학업성취의 확인 및 미래 학습의 예언
사회적 기능	① 사회적 선발, ② 지식의 공식화와 위계화, ③ 사회통제(시험 지식을 통한 사회통제), ④ 사회질서의 정당화 및 재생산, ⑤ 문화의 형성과 변화

정답 09. ③ 10. ④ 11. ①

12 밑줄 친 부분에서 설명하고 있는 시험의 기능으로 보기 어려운 것은?

20. 국가직

> 시험은 학문적으로 무엇이 가치가 있으며 교육제도가 선택적으로 가르치고자 하는 것이 무엇인가를 가장 극명하게 표출하지만, 시험의 의미는 그것만이 아니다. <u>지식의 사회적 의미규정과 그 표현방식을 학교의 시험을 통하여 학생들에게 강요함으로써, 지배문화와 지배문화의 가치관을 주입하는 가장 효과적인 도구로 시험이 이용되고 있는 것이다.</u>

① 교육과정과 교수방법 개선　　　　② 지식의 공식화와 위계화
③ 기존 사회질서의 정당화와 재생산　　④ 규범과 가치관 통제

해설　제시문의 밑줄 친 부분은 시험의 사회적 기능 중 사회통제, 지식의 공식화와 위계화, 기존 사회질서의 정당화와 재생산과 관련된다. 이 외에 사회적 선발, 문화의 형성과 변화가 있다. ①은 시험의 교육적 기능에 해당한다.

13 시험의 교육적 기능에 대비한 사회적 기능이 아닌 것은?

14. 국가직

① 지식의 공식화와 위계화　　　　② 교육과정 결정
③ 문화의 형성과 변화　　　　　　④ 사회적 선발

해설　몽고메리(Montgomery)가 제시한 시험의 교육적 기능은 자격부여, 목표와 유인, 선발, 경쟁촉진, 교육과정 결정(②), 학업성취의 확인과 미래학습의 예언 등을 들 수 있다. 이 중 교육과정을 결정하는 기능은 시험에 출제비중이 높은 과목이 중심과목이 되며 그렇지 못한 과목은 주변과목이 되는 것을 말한다. 그리고 사회통제, 사회적 선발(③), 지식의 공식화와 위계화(①), 사회질서의 정당화와 재생산, 문화의 형성과 변화(④)는 시험의 사회적 기능에 해당한다.

---

6 학교의 사회적 기능

14 학교교육의 다양한 사회적 기능 중 다음 설명에 해당하는 것은?

12. 국가직

> 현대사회는 귀속적 지위보다 업적적 지위를 더 중요시한다. 예컨대, 개인의 학업성적이나 전문지식과 기술 등을 바탕으로 획득한 지위를 가정배경이나 종교, 성별 등에 따라 주어지는 지위보다 더 중요하게 여기는 것이다. 업적적 지위의 획득에 필요한 개인의 전문적 지식이나 기술은 주로 학교교육을 통하여 습득되기 때문에, 현대사회에서 학교교육은 개인이 자신의 사회적 지위를 향상시키는 데 필요한 조건이나 능력을 마련해 주는 기능을 수행한다고 할 수 있다.

① 사회이동　　　② 사회충원　　　③ 사회통합　　　④ 사회혁신

해설　사회이동은 개인이나 집단이 한 사회적 위치나 계급으로부터 다른 사회적 위치나 계급으로 이동하는 현상을 말한다. 기능이론은 학교교육이 사회계층 이동에 긍정적·결정적인 역할을 한다고 보는 데 비해, 갈등이론은 학교교육보다는 가정배경이 주된 역할을 한다고 주장한다.

TIP 학교의 사회적 기능

문화전계 기능	공인된 태도, 규범, 가치관 등의 생활양식과 행동양식을 포함하는 문화내용을 다음 세대에 전달하는 기능 ⇨ 교육의 1차적 기능
사회통합 기능	• 여러 이질적인 요소들이 각기 고유의 기능을 유지하면서 전체적으로는 모순과 갈등이 없이 조화를 이루며 발전하는 기능 ⇨ 문화전승의 2차적 기능 • 문화전승기능보다 강제성을 띠는 사회적 통제(사회적 제재)의 기능을 갖는다는 점에서 구분된다.
사회이동 기능	개인의 사회적 지위를 수직적으로 이동시켜 주는 중요한 도구이며, 고등교육기관이 몰려 있는 지역으로의 수평적 이동을 촉진하는 기능
사회충원 기능	교육의 가장 현실적이고 구체적인 기능으로, 사회의 존속과 발전을 위해 필요한 인력의 선발, 분류, 배치를 하는 기능
사회선발 기능	교육받은 수준에 따라 사회성원들에게 특정한 지위를 부여하는 기능
사회개혁 기능	새로운 문화를 창조하고 더 바람직한 방향으로 변화시켜 주는 기능

15 다음 내용과 가장 가까운 교육의 사회적 기능은?

07. 유·초등임용

• 남북한이 통일되면 남북한 학생의 이질성을 극복하기 위한 교육이 시급한 과제가 될 것이다.
• 학교에서는 사회구성원들의 지역, 계층 및 인종 사이의 문화적 차이를 극복하기 위한 공통 교육과정을 운영한다.

① 통합　　　　　　　　　　② 선발
③ 충원　　　　　　　　　　④ 문화전승

해설 사회 내의 이질적인 요소들을 통합(integration)하기 위한 교육적 기능을 강조하고 있다. 통합의 기능은 여러 이질적인 요소들이 각기 고유의 기능을 유지하면서 전체적으로는 모순과 갈등이 없이 조화를 이루며 발전하는 기능이다. ② 선발의 기능은 교육받은 수준에 따라 사회성원들에게 특정한 지위를 부여하는 기능이다. ③ 충원의 기능은 사회의 존속과 발전을 위해 필요한 인력의 선발, 분류, 배치 기능이다. ④ 문화전승의 기능은 공인된 태도, 규범, 가치관 등의 생활양식과 행동양식을 포함하는 문화내용을 다음 세대에 전달하는 기능이다.

16 다음 중 교육받은 수준에 따라 사회성원들에게 특정한 지위를 부여하는 학교의 사회적 기능은?

00. 국가직

① 사회화 기능　　　　　　② 보호 및 관리기능
③ 교육기능　　　　　　　　④ 사회적 선발기능

해설 사회적 선발이란 개인의 능력·소질·흥미에 알맞은 교육을 시킨 다음 그 능력에 따라 각 개인으로 하여금 일정한 사회적 지위를 갖게 함으로써 구성원의 사회적 역할 수행을 원활하게 하려는 기능을 말한다.

정답 12. ① 13. ② 14. ① 15. ① 16. ④

오현준 교육학

17 다음에 해당하는 교육의 사회적 기능은? 22. 국가직

- 산업구조와 사회구조의 급격한 변화에 대응하는 인력 수급의 기능을 담당한다.
- 사회의 존속을 위해 필요한 다양한 기능에 적합한 학생을 교육하여 적재적소에 배치한다.

① 문화전승의 기능
② 사회이동의 기능
③ 사회통합의 기능
④ 사회충원의 기능

해설 사회충원은 교육의 가장 현실적이고 구체적인 기능으로, 사회의 존속과 발전을 위해 필요한 인력의 선발, 분류, 배치 기능을 말한다.

7 지역사회 학교

18 올센(G. Olsen)이 분류한 세 가지 학교유형에 해당되지 않는 것은? 85. 중등임용

① 전통학교
② 진보적 학교
③ 자유학교
④ 지역사회 학교

해설 올센(Olsen)은 전통적 학교, 진보적 학교, 지역사회학교로 나누었다.

TIP 전통적 학교, 진보적 학교, 지역사회학교의 특징 비교(Olsen)

구분	전통적 학교	진보적 학교	지역사회학교
지배적 시기	약 1910년까지	1920~1930년대	1940년대 이후
기본방향	지식(서적) 중심	아동 중심	생활 중심
교육목적	문화유산의 전달	인격발달	생활개선(사회개혁기능)
교육과정	인문교과(교과 중심 교육과정)	흥미 중심 활동(경험 중심 교육과정)	사회적 과정 및 사회문제 중심(중핵교육과정)
학습방법	주입식, 암기식	개인적 흥미를 충족시키기 위한 문제해결법	개인적, 사회적 필요를 충족시키기 위한 문제해결법
학습가치	장래생활의 준비	현재 생활의 충실	현재생활의 충실과 장래생활의 준비

TIP 지역사회학교의 특성(Olsen)

1. 지역사회의 생활을 향상시킨다.
2. 지역사회를 학습의 장으로 활용한다.
3. 학교시설을 지역사회의 중심으로 활용한다.
4. 생활의 기본적 과정과 문제를 중심으로 교육과정을 조직한다.
5. 학교정책과 교육계획 수립에 지역주민들을 참여시킨다.
6. 지역사회 여러 기관의 조정적 역할을 하는 데 있어서 지도적인 위치에 있다.
7. 모든 인간관계에 있어서 민주주의를 행사하며, 이를 증진시킨다.

제 5 절 문화와 교육

01 문화변화와 교육 간의 관계에 대한 설명으로 옳지 않은 것은?   06. 대구

□□□

① 문화전계는 어린이가 그들의 문화를 획득하고 내면화하는 과정이다.

② 문화기대는 문화가 그 속에 태어난 개인에게 그와 같은 생활방식 또는 그 행동방식으로 행동할 것을 기대하고 요구하는 것이다.

③ 문화접변은 한 문화가 다른 문화와 장기간 접촉하여 한쪽 또는 양쪽의 문화가 변하는 현상을 말한다.

④ 문화실조는 문화의 구성부분 간의 변동의 차이로 말미암아 생기는 문화격차에서 오는 현상이다.

해설 ④는 문화지체(cultural lag)에 대한 설명이다. 문화실조(cultural deprivation)는 인간발달에서 요구되는 문화적 요소의 결핍·과잉 및 시기적 부적절성에서 일어나는 지적·사회적·인간적 발달의 부분적 상실·지연·왜곡현상을 말한다.

TIP 문화변화의 양상

문화접변 (acculturation)	한 문화가 다른 문화와 접촉하여 한쪽 또는 양쪽의 문화가 변하는 현상으로, 문화이식이라고도 한다.
문화전계 (enculturation)	한 개인이 그 집단의 문화를 획득하여 내면화하는 과정으로, 특정문화가 그 문화를 담당한 세대로부터 다음 세대로 전달되고 계승되는 것을 말한다.
문화지체 (cultural lag)	문화 구성부분 간의 변동속도의 차이로 인해 생기는 문화적 격차로, 문화요소 간의 부조화 현상을 말한다.
문화실조 (cultural deprivation)	인간 발달에서 요구되는 문화적 요소의 결핍과 과잉 및 시기적 부적절성에서 일어나는 지적·사회적·인간적 발달의 부분적 상실·지연·왜곡현상을 말한다.
문화기대 (cultural expectation)	'문화가 갖는 구속(문화구속)'으로, 문화가 그 속에서 태어난 개인에게 문화에 따라 행동할 것을 요구하고 기대하는 것이다. 개인들에게 '인간성을 판찍는 압력'으로 작용한다.

02 스마트폰이 확대 보급되면서 학생들이 인터넷 실시간으로 정보를 확인하고 과제를 해결하고 있다. 그러나 한편으로는 수업시간에 몰래 문자를 보내거나 수업과 상관없는 내용의 인터넷을 이용하는 등 몰지각한 행동을 하는 경우가 있다. 이와 같은 기술발달과 규범의 격차를 설명하는 개념은?

□□□   14. 5급 교육사무관

① 문화전계   ② 문화접변   ③ 문화지체
④ 문화실조   ⑤ 문화전승

해설 문화지체(cutural lag)는 오그번(Ogburn)이 『Social change(1966)』에서 제시한 개념으로 문화구성 부분 간의 변동 속도의 차이로 인해 생기는 문화적 격차, 즉 문화요소 간의 부조화 현상을 말한다.

정답 17. ④ 18. ③ / 01. ④ 02. ③

교육의 기회균등 : 교육평등관의 발달

1 학교교육과 교육평등

01 다음과 같이 주장한 해비거스트(Havighurst)의 학교교육을 바라보는 입장으로 옳은 것은? 14. 국가직 7급

□□□

> 과학기술의 발달은 훈련받은 기술인력의 공급을 필요로 하고 과학기술의 진보는 훈련받은 연구자들에게 달려 있다. 개인의 재능은 교육을 통하여 발전하고 잠재적 재능을 가진 어린이도 교육을 통하여 그 능력이 계발된다. …(중략)… 교육은 또한 하류층의 소비습관에도 영향을 주어 중류계급의 가치관과 소유양식을 가르친다. 심지어 하류층 사람들의 노동자 교육과 초·중등교육의 확대를 통하여 자신들의 소득을 증가시키는 데 필요한 조직활동을 배울 수 있다는 사실을 깨달음으로써 소득격차를 줄이는 데 이바지할 수 있다.

① 일반적인 조건하에서 교육기회의 확대는 사회불평등을 감소시키지 않으며, 이것은 교육기회의 분배가 호전되어도 마찬가지이다.

② 교육은 다음 세대의 상향이동을 촉진하므로 교육의 보편화는 평등사회의 촉진제가 된다. 따라서 학교교육이 사회 불평등을 없애거나 줄일 수 있다.

③ 학교는 평등의 추구를 위하여 발전한 것이 아니고, 훈련받은 기술인력을 자본주의 기업가들에게 공급하고 정치적 안정을 위한 사회통제의 필요 때문에 발전한 것이다.

④ 특정 수준의 학교교육이 보편화되는 단계에 이르면 그 수익률이 낮아져서 경제적으로는 가치가 없지만, 그나마 학교 졸업장도 없으면 사람 취급을 받기 어렵기 때문에 하류층도 다니게 된다.

해설 해비거스트(Havighurst)는 학교교육은 직업능력 향상을 통한 계층상승에 기여한다고 보았다. 즉, 학교교육은 사회적 상승이동을 촉진함으로써 사회평등화에 기여하기 때문에 교육의 보편화는 평등사회에 이르는 촉진제라고 주장하였다. 이처럼 학교교육이 사회평등에 기여한다는 해비거스트(Havighurst), 블라우(Blau), 던컨(Duncan) 등의 관점을 '평등화 기여론'이라고 한다. ①은 무효과론, ③은 학교는 평등의 추구를 위해 발전한 것이라고 해비거스트는 주장하며, ④는 카노이(Carnoy)의 불평등 재생산이론에 해당한다.

2 교육평등관

02 교육과 평등에 관한 설명으로 알맞지 않은 것은? 13. 지방직

□□□

① 교육평등의 실현을 가로막는 경제적·지리적·사회적 제반 장애를 제거하기 위한 실질적인 조치가 필요하다는 관점이 보장적 평등관이다.

② 콜맨(Coleman) 보고서의 결과는 학교의 교육여건이 학생들의 학업성취에 별다른 영향을 주지 못한다는 것이다.

③ 교육결과가 같아야 진정한 교육의 평등이 실현된다고 주장하는 관점에서 고교평준화 정책이 추진되었다.

④ 교육받을 기회를 인종, 성별, 지역, 계층 등에 관계없이 누구나 누릴 수 있도록 해야 한다는 관점이 허용적 평등관이다.

해설 ③은 교육결과의 평등(보상적 평등)에 대한 설명인데, 우리나라에서 1974년부터 시행한 고교평준화 정책은 '과정적 평등(교육조건의 평등)'에 해당한다. 교육조건의 평등은 학교의 교육 여건(학교시설, 교사의 자질, 교육재정, 교육과정)에 있어서 학교 간 차이가 없어야 한다는 관점이다.

TIP 교육평등관의 유형

구분	평등 유형	강조점
기회의 평등	허용적 평등	• 모든 사람에게 동등한 취학기회 보장(기회균등) ⇨ 의무교육제도 • 개인의 능력에 따른 결과의 차별 인정(능력주의, 업적주의) • 재능예비군(reserve of talent) 또는 인재군(pool ability) 제도 • 제도적 평등(선언적 평등): 법이나 제도상의 차별 철폐 ⇨ 교육은 특권이 아니라 보편적 권리로 인식 • 「헌법」 제31조 제1항, 「교육기본법」 제4조
	보장적 평등	• 취학을 가로막는 현실의 경제적·지리적·사회적 장애 제거 ⇨ 취학기회의 실질적 보장

		경제적 장애 제거	① 무상의무교육의 실시, ② 고교무상교육의 전면 시행(2021학년도 이후), ③ 학비보조 및 장학금제도 운영
		지리적 장애 제거	① 학교를 지역적으로 유형별로 균형 있게 설립, ② 온라인 등교, ③ 스타 스쿨(star school), ④ 도서 벽지, 산골오지(奧地) 등에 학교 설립, 또는 통학 교통편 제공
		사회적 장애 제거	근로청소년을 위한 야간학급 및 방송통신학교의 설치

		• 영국의 1944년 교육법(중등교육 무상화) • 후센(Husen)의 연구: 교육기회 확대에는 성공했으나 계층 간의 분배구조 변화에는 실패
내용의 평등	과정 (교육조건)의 평등	• 콜맨(Coleman): "교육기회의 평등은 단지 취학의 평등이 아니라 평등하게 효과적인 학교를 의미함." • 학교의 교육 여건(예 학교시설, 교육과정, 교사의 자질, 학생 수준)에 있어서 학교 간 차이가 없어야 한다. • 고교평준화 정책(1974): 교육과정, 교사의 자질, 학생 수준에 평등은 실현, 학교시설의 평등은 실패 • 콜맨(Coleman) 보고서(「교육기회의 평등」, 1966): 학생의 가정배경, 학생집단(친구들), 학교시설(학교환경) 중에서 학생의 가정배경이 학생들의 학업성취에 가장 큰 영향을 미친다(문화환경 결핍론). ⇨ 보상적 평등이 대두된 계기
	결과의 평등 (보상적 평등)	• 교육받은 결과, 즉 도착점행동이 같아야 진정한 교육평등이 실현 ⇨ 최종적으로 학교를 떠날 때 학력이 평등해야 하며, 이를 위해 우수한 학생보다 열등한 학생에게 더 많은 투자를 해야 한다.

		학생 간 격차 해소	① 능력이 낮은 학생에게 더 좋은 교육 여건 제공 ② 학업에 어려움을 겪는 학생에 대한 방과 후 보충지도
		계층 간 격차 해소	① 저소득층 취학 전 아동을 위한 보상교육 ② 교육복지 투자우선지원사업
		지역 간 격차 해소	① 읍·면 지역의 중학교 의무교육 우선실시 ② 농어촌지역 학생의 대학입시 특별전형제

		• 존 롤즈(Rawls)의 「정의론」에 근거: 공정성의 원리, Mini-Maximum(차등의 원리, 최소-극대화의 원리) ⇨ 능력이 낮은 학생에게 더 많은 자본과 노력을 투입, 출발점행동의 문화실조(아동의 불이익)를 (사회가) 보상 • Head Start Project(미국), 교육우선지구(영국, EPA ⇨ EAZ & Eic), Sure Start Program(영국), Fair Start Program(캐나다), Angel Plan Program(일본), 교육우선지역 정책(프랑스, ZEP), 우리나라의 교육복지 투자우선지원사업과 농어촌지역 학생 특별전형제, 기회균등할당제(affirmative action), 교육안전망 구축(edu-safety net) 정책

정답 01. ② 02. ③

오현준 교육학

03 다음과 관계 있는 교육평등관의 유형은?

99. 초등임용

> • 모든 사람에게 동등한 기회가 주어져야 한다는 관점이다.
> • 주어진 기회의 향유는 개인의 능력에 따라 달라진다.

① 허용적 평등   ② 보장적 평등
③ 과정의 평등   ④ 결과의 평등

해설 허용적 평등은 모든 사람에게 교육받을 기회, 즉 출발점 행동이 동등하게 보장되어야 한다는 기회균등교육과 관련된 평등을 말한다. 법이나 제도상으로 특정집단에게만 기회가 주어지고 다른 집단에게는 금지되는 일은 철폐되어야 한다는 것으로, 주어진 기회를 누릴 수 있느냐의 여부는 개인의 능력에 따라 다를 수 있다는 능력에 따른 차별은 인정하는 평등관이다.

04 다음 사례에 해당하는 교육평등관의 유형은?

10. 인천

> • 산골 오지(奧地)나 낙도(落島) 어린이들도 교육을 받을 수 있도록 그곳에 학교를 설립한다.
> • 가난한 집의 우수한 자녀도 학교에 다닐 수 있도록 지원해 준다.
> • 취학을 가로막는 경제적, 지리적, 사회적 장애를 제거해 준다.

① 허용적 평등   ② 보장적 평등
③ 교육조건의 평등   ④ 보상적 평등

해설 보장적 평등관은 기회의 평등의 한 유형으로, 교육기회를 허용해도 경제적·지리적·사회적 장애 등 제반 장애로 인해 교육기회를 받을 수 없는 사람에게 학교를 다닐 수 있도록 보장해 주고, 교육(취학)을 가로막는 제반 경제적·지리적·사회적 장애를 제거함으로써 누구나 학교에 다닐 수 있는 교육기회를 보장해 주어야 한다는 관점이다.

05 경제적 빈곤가정의 자녀들이 방과후학교 프로그램에 참여할 수 있도록 교육비를 지원하는 제도와 관계가 깊은 교육평등의 개념은?

09. 국가직 7급

① 교육기회의 보장적 평등   ② 교육기회의 허용적 평등
③ 교육조건의 평등   ④ 교육결과의 평등

해설 교육기회의 허용적 평등에도 불구하고 교육(취학) 기회를 누릴 수 없는 경제적 장애를 지닌 가난한 학생들을 대상으로 실질적인 교육기회를 보장한다는 점에서 보장적 평등에 해당한다. 무상의무교육제도도 보장적 평등에 해당하는 대표적인 정책이다.

06 다음 설명에서 강조하는 교육평등의 유형은?　　　　　　　　　　　　　　10. 경남

□□□

> 교육의 평등은 단지 취학의 평등만이 아니라 평등하게 효과적인 학교에의 취학을 의미한다.
> 즉 학교의 시설, 교사의 자질, 학생수준, 교육과정 등에 있어서 학교 간의 차이가 없어야 평등
> 이라는 것이다. 왜냐하면 학교 간의 차이는 그 자체도 문제이려니와 상급학교 진학에 큰 차이
> 를 가져올 가능성이 있기 때문이다.

① 허용적 평등　　　　　　　　　　② 보장적 평등
③ 교육조건의 평등　　　　　　　　④ 보상적 평등
⑤ 결과적 평등

해설　교육조건의 평등은 초등교육과 중등교육 취학이 보편화됨에 따라 등장한 평등관이다. 즉, 학교에 따라 교사의 질
적 수준과 시설이 다른 것을 학부모들이 문제삼기 시작하였고 그러한 학교 간의 차이가 교육결과에 차이를 가져온다고
생각하였다. 성적의 차이뿐만 아니라 비인지적 특성, 예컨대 행동방식, 태도, 성격 등의 차이도 나타났고 이러한 차이를
해소하기 위하여 학교차를 없애야 한다는 주장으로 등장하였다.

07 "학교의 시설, 교사의 자질, 교육과정 등의 측면에서 학교 간의 차이가 없어야 한다."라는 관점에
□□□ 해당하는 것은?　　　　　　　　　　　　　　　　　　　　　　　　　19. 국가직

① 교육기회의 허용적 평등　　　　　② 장학금 제도
③ 교육조건의 평등　　　　　　　　④ 대학입학특별전형 제도

해설　교육조건의 평등은 교육의 평등은 단지 취학의 평등만이 아니라 '평등하게 효과적인 학교'에의 취학을 의미하는
것으로, 학교의 시설, 교사의 자질, 교육과정, 학생의 수준 등에 있어서 학교 간의 차이가 없어야 평등하다고 보는 것이다.
대표적 정책으로는 우리나라의 고교평준화 제도(1974)를 들 수 있다. ②는 교육기회의 보장적 평등, ④는 교육결과의 평등
(보상적 평등)에 해당한다.

08 다음 설명에 해당하는 교육평등의 관점은?　　　　　　　　　　　　　22. 지방직
□□□

> • 단지 취학의 평등만으로는 충분하지 않다.
> • 고교평준화 정책이 지향한 목적이다.
> • 시설, 교사의 자질, 교육과정 등에서 학교 간에 차이가 없어야 교육평등이 실현된다.

① 교육기회의 허용적 평등　　　　② 교육기회의 보장적 평등
③ 교육조건의 평등　　　　　　　④ 교육결과의 평등

해설　교육조건의 평등은 단지 취학의 평등만이 아니라 '평등하게 효과적인 학교에의 취학'을 의미한다. 즉 학교의 시설,
교사의 자질, 교육과정, 학생의 수준 등에 있어서 학교 간의 차이가 없어야 평등이라는 것이다. 왜냐하면 학교 간의 차이는
그 자체도 문제이려니와 상급학교 진학에 큰 차이를 가져올 가능성이 있기 때문이다. 이에 적합한 정책 사례는 1974년부터
시행한 고교평준화 정책이 해당한다.

정답　03. ①　04. ②　05. ①　06. ③　07. ③　08. ③

09 보상적(補償的) 교육평등관에 해당하는 내용을 〈보기〉에서 고른 것은?
<small>17. 지방직</small>

□□□

> ┌ 보기 ┐
> ㉠ 성별이나 인종의 차별 없이 교육에 접근할 수 있는 기회를 부여한다.
> ㉡ 교육복지 우선지원사업으로 사회적 취약계층의 교육결과를 제고한다.
> ㉢ 대학 입시에서 농어촌지역 학생들을 배려하기 위한 특별전형을 실시한다.
> ㉣ 학교의 시설 및 여건, 교사의 전문성, 교육과정에서 학교 간 차이를 줄인다.

① ㉠, ㉡   ② ㉠, ㉣
③ ㉡, ㉢   ④ ㉡, ㉣

해설 결과의 평등은 교육받은 결과, 즉 도착점행동이 같아야 진정한 교육평등이 실현된다고 보는 평등관으로, 교육결과를 평등하게 하기 위하여 우수한 학생보다 열등한 학생에게 더 좋은 교육조건이 제공되어야 한다는 점에서 '보상적 평등'이라고도 한다. 이는 '능력이 낮은 학생들에게 더 많은 자원과 노력을 투입해야 한다.'는 역차별의 원리(Mini-Max의 원리)에 근거해서 가정 및 환경 배경으로 인한 아동의 불이익을 사회가 보상해야 한다는 것으로 교육결과의 평등을 실현하기 위한 평등으로 대두되었다. 대표적인 정책으로 Head Start Project(미국), 교육우선지구(영국 EPA ⇨ EAZ & Eic), Sure Start Program(영국), Fair Start Program(캐나다), Angel Plan Program(일본), 교육우선지역 정책(ZEP, 프랑스), 우리나라의 교육복지 투자우선지역 사업과 농어촌지역 학생 대학입학 특별전형제, 기회균형 선발제(affirmative action)가 있다. ㉠은 교육기회의 허용적 평등, ㉣은 교육조건의 평등에 해당한다.

10 다음 내용에 가장 부합하는 '교육의 평등'은?
<small>15. 지방직</small>

□□□

> • 학업성취도가 낮은 학생들에게 보충교육을 실시한다.
> • 농촌과 도서 벽지의 학생들에게 추가적인 교육자료를 제공한다.
> • 구체적 정책으로는 농어촌지역 학생 대학입학 특별전형제, 기회균등 할당제 등이 있다.

① 교육조건의 평등   ② 교육투입의 평등
③ 교육과정의 평등   ④ 교육결과의 평등

해설 지문은 교육받은 결과, 즉 도착점행동이 같아야 진정한 교육평등이 실현된다는 결과의 평등에 해당한다. 교육결과를 평등하게 하기 위하여 우수한 학생보다 열등한 학생에게 더 좋은 교육조건이 제공되어야 한다는 점에서 '보상적 평등'이라고도 한다. 개인 간, 지역 간 격차해소와 관련이 있다. ②는 교육기회의 평등에 해당한다.

11 교육평등에 관한 관점 중 교육결과의 평등을 위한 정책에 해당하는 것은?
<small>17. 국가직</small>

□□□

① 취학을 가로막는 경제적, 지리적, 사회적 제반 장애를 제거해 주는 취학 보장 대책
② 저소득층의 취학 전 어린이들을 위한 보상교육(compensatory education)
③ 한국의 고교평준화 정책
④ 초·중등교육의 의무무상화

해설 ①과 ④는 교육기회의 보장적 평등, ③은 교육조건의 평등에 해당한다.

12 '교육결과의 평등'을 위한 조치로 옳은 것은? 13. 국가직

① 교육을 받을 수 있는 신분적 · 법적 제약을 철폐한다.
② 교육을 위한 경제적 · 지리적 · 사회적 장애를 제거한다.
③ 모든 학생들이 평등한 조건에서 학습을 받을 수 있도록 교육조건을 정비한다.
④ 저소득층 아동들의 기초학습능력을 길러주기 위해 보상교육을 제공한다.

[해설] 교육받은 결과, 즉 도착점행동이 같아야 진정한 교육평등이 실현된다는 것이 결과의 평등이다. 교육결과를 평등하게 하기 위하여 우수한 학생보다 열등한 학생에게 더 좋은 교육조건이 제공되어야 한다는 점에서 '보상적 평등'이라고도 한다. ①은 교육기회의 허용적 평등, ②는 교육기회의 보장적 평등, ③은 교육조건의 평등에 해당한다.

13 저소득층이나 장애인 등 사회적 소외계층을 위해 보상교육을 실시해야 한다는 주장은 교육의 평등을 어떤 관점에서 보는 것인가? 09. 국가직

① 교육기회의 허용적 평등 ② 교육기회의 보장적 평등
③ 교육조건의 평등 ④ 교육결과의 평등

[해설] 사회적 소외계층에 대한 교육적 배려인 보상교육 실시는 문화실조와 같은 개인의 불이익을 국가가 보상함으로써 교육결과를 균등히 하려는 평등관에 해당한다.

14 "교육의 결과는 평등해야 한다."는 평등론적 교육사회학의 입장으로 인하여 나타날 수 있는 교육의 직접적인 변화라고 보기 어려운 것은? 11. 국가직

① 무상교육이 확대된다.
② 사회적 약자의 성공 가능성이 높아진다.
③ 전체 국민의 평생학습 총량이 늘어난다.
④ 취학 전 어린이들을 위한 보상교육이 확대된다.

[해설] ①은 교육기회의 보장적 평등으로 교육기회는 확대될 수 있으나, 능력에 따른 정당한 차별을 인정하기 때문에 교육결과의 불평등 개선에는 긍정적 기여를 하지 못한다.

15 다음에서 설명하는 캐나다의 저소득층 가정 자녀지원 프로그램은? 14. 지방직

> 비영리단체의 지원에서 출발하였으며, 취학 전 아동에게 시력, 청력, 사회성, 언어능력, 체력, 손놀림 등에 대한 무료 검사를 제공하는 프로그램이다.

① 헤드스타트 프로그램(Head Start Program) ② 슈어스타트 프로그램(Sure Start Program)
③ 페어스타트 프로그램(Fair Start Program) ④ 엔젤플랜 프로그램(Angel Plan Program)

[해설] 페어스타트 프로그램(Fair Start Program)은 빈곤아동을 위한 보육정책의 하나로 1996년 캐나다 온타리오주에서 처음 실시되었다. ①은 미국, ②는 영국(1999), ④는 일본에서 실시된 복지 프로그램이다. 우리나라에서는 2007년부터 0~12세 저소득 아동 및 가족을 집중 사례관리하고 보건, 복지, 보육 통합서비스를 지역자원과 연계하여 지원하는 드림스타트(Dream Start) 사업을 운영하고 있다. 이러한 사업은 보상적 평등정책의 일환이라고 할 수 있다.

정답 09. ③ 10. ④ 11. ② 12. ④ 13. ④ 14. ① 15. ③

16 다음 ㉠과 ㉡의 주장과 가장 관련이 깊은 교육평등관은?

12. 국가직 7급

> ㉠ 사람이 타고나는 능력은 다르기 때문에, 교육의 양은 능력에 비례해야 한다. 따라서 교육 기회는 엄격한 기준에 의한 선발을 통해서 주어져야 한다.
> ㉡ 사람의 능력은 마치 '자연의 복권추첨'과 같은 것이므로, '복권을 잘못 뽑아' 불리해진 사람 에게 우수한 능력을 가진 사람이 어느 정도의 적선을 하는 것이 도리에 맞다.

	㉠	㉡		㉠	㉡
①	기회의 보장적 평등	결과의 평등	②	기회의 허용적 평등	조건의 평등
③	기회의 보장적 평등	조건의 평등	④	기회의 허용적 평등	결과의 평등

해설 허용적 평등은 모든 사람에게 교육받을 기회, 즉 출발점행동이 동등하게 보장되어야 한다는 것으로, 주어진 기회를 누릴 수 있느냐의 여부는 개인의 능력에 따라 다를 수 있다고 본다. 결과의 평등, 곧 보상적 평등은 교육결과를 평등하게 하기 위하여 우수한 학생보다 열등한 학생에게 더 좋은 교육조건이 제공되어야 한다는 것으로, 존 롤즈(J. Rawls)의 「정의론(A Theory of Justice)」(1971)에 근거한 공정성의 원리를 중시한다.

TIP 롤즈(J. Rawls)의 「정의론(A Theory of Justice)」(1971)

"사람들은 각기 다른 잠재능력을 가지고 각기 다른 환경의 가정에서 태어난다. 그런데 누가 어떤 잠재력을 가지고 어떤 가정에 태어나느냐는 순전히 우연의 결과로, 마치 '자연의 복권추첨'과 같은 것이다. 잠재능력을 잘 타고났거나 좋은 가정에서 태어난 사람은 '복권'을 잘못 뽑아 불리해진 사람에게 어느 정도의 적선(積善)을 하는 것이 도리에 맞으며, 사회는 마땅히 그러한 방향으로 제반 제도를 수립해야 한다."

제1원칙	평등한 자유의 원리(principle of equal liberty, 자유 우선성의 원칙)
제2원칙	차등의 원리(difference principle, 공정한 기회균등의 원칙) ⇨ 최소 수혜자(가장 빈곤한 사람들)의 처지를 개선시키는 한도 내에서 약자를 우대하기 위한 사회경제적 불평등(역차별, mini-max의 원리)이 허용되어야 한다.

17 다음의 ㉠과 ㉡에 해당하는 교육의 평등 개념은?

08. 유·초등임용

> A군은 고등학교가 없는 도서 지역의 가난한 집안 출신이다. A군은 육지로 유학을 나가 고등 학교에 다닐 수 있는 경제적 형편이 안 되어 걱정이 컸는데, ㉠ 지방자치단체에서 통학을 위한 배편을 무상으로 지원하게 됨에 따라 집에서 고등학교를 다닐 수 있게 되었다. 더욱이 A군의 담임교사는 미술에 재능이 있는 A군이 작은 시골 학교에서 지도를 제대로 받을 수 없는 상황을 안타깝게 여겨, 방과 후 학교에 미술 강사를 초빙하여 지도를 받을 수 있도록 하였다. A군은 ㉡ 대도시에서 학교를 다닌 학생들 못지않은 미술 실력을 갖춰 M대학의 장학생으로 입학할 수 있게 되었다.

	㉠	㉡		㉠	㉡
①	기회의 보장적 평등	결과의 평등	②	기회의 허용적 평등	조건의 평등
③	기회의 보장적 평등	조건의 평등	④	기회의 허용적 평등	결과의 평등

해설 ㉠은 교육기회를 실질적으로 보장하는 보장적 평등이며, ㉡은 재능이 있는 아이에게 방과 후 학교를 통해 교육적 서비스를 우선적으로 제공하는 역차별의 원리로 보상적 평등에 해당한다.

TIP 보장적 평등과 보상적 평등, 교육조건의 평등의 비교

유형	실현 정책	비고
보장적 평등 (기회의 평등)	① 무상의무교육의 실시 ② 학비보조 및 장학금 제도 운영	경제적 장애 극복
	학교를 지역적으로 균형 있게 유형별로 설립	지리적 장애 극복
	근로청소년을 위한 야간학급 및 방송통신학교의 설치	사회적 장애 극복
보상적 평등 (결과의 평등)	① 능력이 낮은 학생에게 더 좋은 교육 여건 제공 ② 학업에 어려움을 겪는 학생에 대한 방과 후 보충지도	학생 간 격차 해소
	① 저소득층 취학 전 아동을 위한 보상교육 ② 교육(복지) 투자우선지역 사업	계층 간 격차 해소
	① 읍·면 지역의 중학교 의무교육 우선실시 ② 농어촌지역 학생의 대학입시 특별전형제	지역 간 격차 해소
교육조건의 평등	① 고교평준화 정책 실시 ② 학교 시설 차이 해소	학교 간 격차 해소

18 교육평등에 대한 설명으로 옳지 않은 것은?   15. 국가직 7급

① 허용적 평등관은 개인의 역량 차이에 상관없이 모든 사람이 같은 수준의 교육을 받아야 한다는 것이다.

② 교육조건의 평등은 취학기회의 평등만이 아니라 우수한 학교에 평등하게 취학하는 것을 의미한다.

③ 결실의 평등은 학교를 졸업하고 사회에 진출하여 획득하는 교육의 결실(직업, 수입, 지위 등)이 일치하는 수준을 의미한다.

④ 교육평등의 개념은 기회의 균등에서 결과의 평등으로 점차 바뀌고 있다.

해설 허용적 평등관은 모든 사람에게 교육받을 기회, 즉 출발점행동이 동등하게 보장되어야 한다는 기회균등교육과 관련된 평등을 말한다. 법이나 제도상으로 특정집단에게만 기회가 주어지고 다른 집단에게는 금지되는 일은 철폐되어야 한다는 것으로, 주어진 기회를 누릴 수 있느냐의 여부는 개인의 능력에 따라 다를 수 있다는 능력에 따른 차별은 인정하는 평등관이다.

19 교육평등관에 대한 설명으로 옳지 않은 것은?   20. 국가직 7급

① '교육결과의 평등'을 위한 보상정책은 능력주의 지지자들의 비판을 받는다.

② 산골에 사는 어린이 대상 통학 교통편 무상지원 정책은 '교육기회의 허용적 평등'의 사례이다.

③ 미국의 헤드스타트사업(Project Head Start), 한국의 교육복지우선지원사업은 '교육결과의 평등'의 사례이다.

④ 학교의 시설, 교사의 자격, 교육과정 등에 있어서 학교 간의 차이를 줄이는 정책은 '교육조건의 평등'의 사례이다.

해설 ②는 교육(취학)을 가로막는 지리적 장애를 제거함으로써 누구나 학교에 다닐 수 있는 교육기회를 보장해 주어야 한다는 교육기회의 보장적 평등에 해당하는 정책 사례이다.

정답   16. ④   17. ①   18. ①   19. ②

20 다음 설명에 해당하는 롤스(Rawls)의 교육평등 원리는?

20. 지방직

> • 모든 이익이 평등하게 분배되도록 요구하지는 않지만 평등한 분배로부터의 일탈은 결과적으로 모든 사람에게 이득이 될 경우에만 인정되어야 함을 요구한다.
> • 사회적으로 가장 불리한 입장에 있는 사람의 필요에 특히 신경 쓸 것을 요구한다.
> • 모든 사람이 평등하게 살아야 한다는 것이 아니라 어떤 사람이 다른 사람의 희생으로 잘 살게 되는 것을 금지하는 것이다.

① 공정한 경쟁의 원리   ② 최대이익의 원리

③ 차등의 원리   ④ 인간존중의 원리

해설 존 롤즈(J. Rawls)는 「정의론(A Theory of Justice, 1971)」에서 교육평등의 원리로 가장 큰 것을 가장 작게, 가장 작은 것을 가장 크게 만드는 차등의 원리(mini − maximum)를 제시하였다. 이는 최대이익의 원리인 공리주의적 평등관을 비판하는 원리로, 가장 능력이 낮은 아이들에게 가장 큰 지원을 통해 가정 및 환경 배경으로 인한 아동의 불이익을 사회가 보상해야 한다는 보상적 평등관(교육결과의 평등)의 토대가 되었다.

TIP 교육평등의 원리

공정한 경쟁의 원리	기능주의 이론의 입장 ① 자유주의에서 평등은 '공정한 경쟁'을 의미 : 교육의 기회균등의 원리와 능력주의 중시 ② 공정한 경쟁에 따른 결과의 차별은 정당함
최대이익의 원리	공리주의의 원리 ① 최대 다수의 사람에게 최대의 행복, 혹은 최대의 이익이 돌아가게끔 하는 결정이 최선의 결정임. ② 최선의 결정은 행복이라는 결과를 극대화하는 결정임.
인간존중의 원리	① 교육평등은 인간의 '동등한 가치(예 동등한 기본권 또는 이해관계)'를 존중하는 방식으로 행동하는 것임. ② 황금률의 원리, 즉 "네가 대접받고 싶은 대로 남을 대접하라."는 것이 이 원리의 핵심 ③ 인간존중의 원리는 다른 사람을 수단이 아닌 목적으로 대할 것을 요구함.
차등의 원리	공리주의의 원리를 비판하는 논리 ① 롤즈(Rawls)가 제시한 원리로, 최소 극대화(Mini − Max)의 해결책을 통한 사회정의 실현을 중시 ② 차등의 원칙이 지닌 의미 　㉠ 모든 이익이 평등하게 분배되도록 요구하지는 않지만 불평등, 즉 평등한 분배로부터의 일탈은 결과적으로 모든 사람에게 이득이 될 경우에만 인정되어야 함을 요구 　㉡ 사회적으로 가장 불리한 입장에 있는 사람들의 필요에 특히 신경 쓸 것을 요구 　㉢ 모든 인간을 평등하게 존중할 것을 요구

제 7 절 교육격차(학업성취도 차이) 발생이론

01 학생의 학업성취에 영향을 미치는 학교 내 요인으로 가장 거리가 먼 것은? 13. 국가직 7급
□□□
① 학생문화　　　　　　　　　　　　② 학생의 지능
③ 학급 규모　　　　　　　　　　　　④ 능력별 반편성

　해설　교육격차 발생 원인을 학교 내적 요인(예 학생문화, 학급 규모, 능력별 반편성, 교사의 기대, 학급 편성, 학교풍토 등)에서 찾는 주장을 교사결핍론이라고 한다. 대표자는 로젠탈과 제이콥슨(Rosenthal & Jacobson), 리스트(Rist), 블룸(Bloom), 브루크오버(Brookover) 등이 있다.
②는 젠센(Jensen), 아이젠크(Eysenck) 등의 지능결핍론에 해당한다. 이 외에 학생의 가정배경을 교육격차의 발생 원인으로 보는 콜맨(J. S. Coleman), 젠크스(Jencks), 플라우덴(Plowden) 등의 문화환경결핍론이 있다.

TIP 교육격차 발생 원인에 따른 인과론 ‖‖‖‖‖‖‖‖‖‖‖‖‖‖‖‖‖‖‖‖‖‖‖‖‖‖‖‖‖‖‖‖‖‖‖‖‖‖‖

교사결핍론	교육의 격차는 학교 자체의 사회적 특성이나 교사·학생의 대인지각의 차이에서 비롯된다는 이론 예 로젠탈과 제이콥슨(Rosenthal & Jacobson)의 교사관, 리스트(Rist)의 교사기대론, 블룸(Bloom)의 완전학습, 브루크오버(Brookover)의 학교풍토모형
지능결핍론	지능지수(IQ)가 학업성취를 예언해 준다고 전제 ⇨ 교육격차는 개인의 낮은 지능지수로부터 기인한다고 보는 이론 예 젠센(Jensen), 아이젠크(Eysenck)
문화환경결핍론	교육격차는 부모의 사회·경제적 배경에서 기인한 것으로, 가정의 문화환경, 언어모형, 지각·태도의 차이나 상대적 결핍이 개인차를 가져와 학업성취의 차이를 낳는다고 보는 이론 예 Coleman 보고서(1966), Jencks의 연구(1972), 영국의 Plowden 보고서(1967)

Chapter **14**

02 다음 내용을 설명하는 데 가장 적합한 개념은? 07. 초등임용
□□□

> • 교사는 아동의 가정배경과 차림새에 따라 능력에 대한 기대를 달리 하였다.
> • 교사는 자신이 기대하는 바에 따라 아동집단을 구분하여 각각 다르게 대하였다.
> • 높은 능력 기대 집단에 속한 아동은 교사와의 상호작용이 활발해지고 성적도 좋아졌으나, 낮은 능력 기대 집단에 속한 아동은 학급활동 참여가 줄고 성적도 낮아졌다.

① 문화실조(cultural deprivation)　　　② 상응원리(correspondence principle)
③ 자성예언(self-fulfilling prophecy)　　④ 사회적 자본(social capital)

　해설　상징적 상호작용이론에 토대한 사회심리학적 접근방법의 하나로, 피그말리온 효과(Pygmalion effect)나 낙인효과(labeling effect)와 같이 교사의 기대가 학생들에게 미치는 영향과 관련된 이론이다. 자성예언효과(self-fulfilling prophecy effect)는 자신의 예언이 현실화된다는 것으로, 교사가 어떤 학생이 공부를 잘할 것이라고 긍정적으로 기대하면 실제로 학업성취도가 높아지고, 반대로 부정적으로 기대하면 그 결과가 부정적으로 나타난다는 주장이다. ①과 ④는 콜맨(Coleman), ②는 보울스와 진티스(Bowles & Gintis)의 주장에 해당한다.

정답　20. ③ / 01. ② 　02. ③

제14장 교육사회학 | **737**

03 학업성취의 격차를 지능 또는 문화소양의 차이로 설명하는 모형은?　　　11. 국가직 7급

① 교육과정모형　　　　　　　　　　　② 갈등모형
③ 기회모형　　　　　　　　　　　　　④ 결핍모형

해설　교육격차의 원인을 설명하는 모형에는 결핍모형과 기회모형이 있다. 결핍모형은 학생이 지닌 속성의 차이로 교육격차의 발생 원인을 설명하는 이론으로, 유전적 요소(생득적 능력)와 지적 능력의 차이를 중시하는 '지능이론(intelligence theory)'과 후천적 요소(생후 경험)와 가정의 문화적 환경의 차이, 즉 학생의 문화적 경험 부족이 학습실패의 중요 원인이라고 보는 '문화실조론(cultural deprivation theory)'이 있다.

TIP 교육격차의 발생론

결핍모형	학생이 지닌 속성의 차이로 교육격차의 발생 원인을 설명 ① 지능 이론(intelligence theory) : 유전적 요소(생득적 능력)와 지적 능력의 차이 중시 ② 문화실조론(cultural deprivation theory) : 후천적 요소(생후 경험)와 가정의 문화적 환경 차이 중시 ⇨ 학생의 문화적 경험 부족이 학습실패의 중요 원인임.
기회모형	교육에 투입되는 자원을 교육격차의 발생 원인으로 제시 ① 교육기회 불평등 : 사교육 및 가정배경(경제적 자본, 문화적 자본, 사회적 자본)에 따른 교육기회의 불평등이 교육격차의 발생 원인이라고 봄. ② 교육재원의 불평등 : 학교의 물질적 조건(예 시설, 기구, 도서, 학습자료 등)과 인적 조건(예 교사 1인당 학생 수와 같은 교사 – 학생 비율, 남녀 혼성학급·동성학급, 동질학급·이질학급, 복수인종 학급·단일인종 학급 등과 같은 학생의 구성형태(학생집단)]의 차이가 교육격차의 발생 원인이라고 봄. ⇨ 콜맨(Coleman) 연구보고서는 교육재원의 격차가 교육격차를 초래하는 원인이 아니라고 봄(단, 학생집단의 영향력은 인정하여 콜맨은 흑백 통합 학교가 학업성적 향상에 가장 효과적이라고 제안함).

04 학생의 학업성취에 관한 학자의 주장을 바르게 진술한 것은?　　　16. 지방직

① 젠슨(A. Jensen)은 유전적 요인이 아닌 환경적 요인 때문에 소수인종의 학업성취가 낮다고 주장하였다.
② 콜맨(J. Coleman)은 학교시설·자원이 가정배경보다 학업성취에 더 큰 영향을 미친다고 주장하였다.
③ 로젠탈(R. Rosenthal)과 제이콥슨(L. Jacobson)은 학업성취가 올라가리라는 교사의 기대가 학생의 학업성취를 높인다고 주장하였다.
④ 번스타인(B. Bernstein)은 노동자 계층 자녀의 학업성취가 낮은 이유는 가정에서 제한된 언어 코드가 아닌 정교한 언어 코드를 사용하기 때문이라고 주장하였다.

해설　③은 로젠탈(Rosenthal)과 제이콥슨(Jacobson)의 피그말리온 효과에 대한 설명이다. 교사가 학생을 보는 관점(학생에 대한 기대)에 따라 학업성취도가 달라진다는 것으로 유사한 개념으론 자성예언(self-fulfilling prophecy), 호손 효과(Hawthorne effect), 플라시보 효과(Placebo effect), 기대특현현상 등이 있다. ①에서 젠센(Jensen)은 유전적 요인(지능)이 교육격차의 주된 요인이라고 보았다(지능 결핍론). ②에서 콜맨(Coleman)은 학교환경보다 가정배경이 주된 요인이라고 보았다(문화환경결핍론). ④에서 번스타인(Bernstein)은 부모의 제한된 언어 코드(어법)를 습득한 노동자 계층의 자녀들이 정교한 언어 코드(어법)를 사용하는 학교의 공식적 교육상황에 적응하는 데 어려움을 겪기 때문에 학업성취가 낮다고 보았다.

05 콜맨(J. Coleman)의 교육평등 연구에 대한 설명으로 옳지 않은 것은?

13. 국가직 7급

① 1960년대 인권과 불평등에 대한 사회적 관심이 고조되는 가운데 수행되었다.
② 불우한 계층의 학업실패 원인이 학교에 있기보다는 학생의 가정배경에 있다고 결론 내렸다.
③ 교육평등의 관점을 결과의 평등에서 기회의 평등으로 한 차원 높였다.
④ 불우한 계층의 교육기회를 실질적으로 보장하기 위한 정책들이 나오게 되었다.

해설 | 콜맨(J. S. Coleman)은 1966년 보고서에서, 학업성취도에 미치는 변인을 학교환경, 가정배경, 학생집단변인으로 나누었고, 가정배경 − 학생집단 − 학교환경변인 순으로 학업성취도에 영향을 준다고 결론지었다. 즉, 학교의 교육조건들은 성적 차이에 별다른 영향을 주지 못하며, 오히려 학생들의 가정배경과 친구집단이 훨씬 강력한 영향을 준다는 것이었다. 이처럼 학교의 교육조건의 차이는 학생들의 성적차와 이렇다 할 관련이 없다는 결론은 콜맨(J. S. Coleman)의 연구 이전의 생각, 즉 "교육기회의 평등은 단지 취학의 평등이 아니라 평등하게 효과적인 학교를 의미하는 것이다."라는 '교육조건의 평등'을 뒤집는 것이었다. 콜맨 보고서는 몇 년 뒤에 젠크스(Jencks, 1972)에 의해서 다시 면밀히 분석되었으나 결과는 마찬가지였다. 그 결과 결과의 평등, 즉 보상적 평등이 대두되었다.

TIP 콜맨(Coleman) 보고서(「Equality of Educational Opportunity, 1966」) ▬▬▬▬▬▬▬▬▬▬▬▬▬

미국 전지역 6만 명의 교사와 64만 명의 초·중등학생을 대상으로 한 설문조사를 통해 학생의 학업성취에 미치는 영향요인을 분석한 보고서이다.

1. 학생의 학업성취에 미치는 변인을 가정배경 변인, 학교특성(학교환경) 변인, 학생집단 변인으로 보았다.
2. 학생의 가정배경(가정의 경제수준, 문화적 환경상태)이 학생의 학업성취에 가장 큰 영향을 미치는 요인이며, 이것은 학생이 학교에 다니는 동안 계속된다.

경제적 자본 (financial capital)	학생의 학업성취를 도울 수 있는 물적 자원, 부모의 경제적 지원 능력 예 소득, 재산, 직업
인적 자본 (human capital)	부모의 학력, 학생의 학업성취를 돕는 인지적 환경 제공
사회적 자본 (social capital)	부모와 자식 간의 관계로 학업성취에의 가장 큰 영향 요인 예 자녀에 대한 부모의 관심과 노력, 교육적 노하우 • 가정 내 사회적 자본: 자녀에 대한 부모의 관심, 조력, 교육적 노하우, 기대수준 • 가정 밖 사회적 자본: 부모의 친구관계, 어머니의 취업 여부, 이웃과의 교육정보 교류 정도

3. 가정배경 ⇨ 학생집단 변인(친구들) ⇨ 학교특성 변인 순으로 학업성취에 영향을 미친다.
4. 학교특성 변인은 교사의 질 ⇨ 학생구성 특성 ⇨ 기타 학교변인(학교의 물리적 시설, 교육과정 등)의 순으로 학업성취에 영향을 미치는 그 전체적 영향은 10% 정도로 미미한 수준이다.
5. 학생이 환경을 통제할 수 있다는 신념과 태도, 즉 자아개념은 학생의 성적과 매우 관계가 깊다.
6. 학교교육은 학생들의 학업성취에 별로 공헌을 하고 있지 못하며, 사회적 평등을 위한 기능을 제대로 수행하고 있지 못하다.

정답 | 03. ④ 04. ③ 05. ③

06 교육기회의 평등(Equality of Educational Opportunity)이라는 콜만보고서의 학교 효과 연구결과에서 학업성취도에 가장 큰 영향을 주는 요인으로 나타난 것은?   12. 유초등임용

① 교육과정   ② 가정배경
③ 동료집단   ④ 교사의 질
⑤ 학교시설

[해설] 콜맨(Coleman)은 가정배경(②)−학생(동료)집단(③)−학교환경 변인(①, ④, ⑤)의 순으로 학업성취에 영향을 미친다고 보았다.

07 콜맨(Coleman)의 교육 불평등에 관한 보고서인 「교육기회의 균등」에서 도출된 연구결과로 적절하지 않은 것은?   09. 국가직

① 학교의 교육여건이 학업성취도에 큰 영향을 미치지 않는다.
② 학생들의 친구집단은 학업성적 차이에 별다른 영향을 주지 못한다.
③ 학교에서 불우한 계층의 열등한 학업성취는 고착되고 강화되는 경향이 있다.
④ 이 연구결과로 인해 보상교육정책이 수립되었다.

[해설] 콜맨(Coleman)은 연구 결과에 따르면, 가정배경−학생집단−학교환경변인의 순으로 학업성취도에 영향을 준다. 그러므로 학생들의 친구집단은 학업성취도에 가정배경 다음으로 영향을 미친다. 별다른 영향을 미치지 않는 변인은 학교환경(예 교육과정, 학교시설, 교사 등) 변인에 해당한다. 이 보고서의 결론은 교육조건의 평등이 교육결과에 미치는 영향이 미미함을 입증하는 것이 되었고, 그 결과 가정배경의 문화 실조를 국가나 사회가 보상해 주어야 한다는 보상적 평등이 힘을 얻게 되는 계기가 되었다.

08 학업성취도에 관한 콜맨(Coleman)의 주장으로 옳은 것은?   14. 지방직

① 인간의 지능은 유전되므로 부모의 지능이 자녀의 학업성취도에 영향을 준다.
② 교사들의 학업성취에 대한 기대가 학생들의 학업성취도에 영향을 준다.
③ 학교의 학습풍토(학생·교사·교장 풍토)가 학업성취도에 영향을 준다.
④ 학생 가정의 문화적 환경이 학업성취도에 영향을 준다.

[해설] ①은 젠센(Jensen), 아이젠크(Eysenck) 등의 지능결핍론, ②는 로젠탈과 제이콥슨(Rosenthal & Jacobson)의 피그말리온 효과(Pygmalion effect), ③은 브루크오버(Brookover)의 주장(교육격차 발생원인에 대한 미시적 접근)에 해당한다. *퍼셀(Persell)의 사회체제 접근모형은 교육격차 발생원인에 관한 거시적 접근으로, 사회구조 → 교육제도 → 학습과정(예 교사의 기대, 학급 내 상호작용) → 교육결과(인지적, 비인지적 결과)로 이어진다고 주장한다.

09 '콜맨(Coleman) 보고서'의 내용으로 옳지 않은 것은?   07. 국가직 7급

① 교육기회와 효과의 불평등 현상 및 원인을 밝히는 데 목적을 두고 있다.
② 학교는 사회적 평등을 위한 기능을 제대로 수행하지 못하고 있다.
③ 교사의 질은 교육과정에 비해 학업성취에 미치는 영향이 상대적으로 작다.
④ 학생의 가정배경은 학업성취에 미치는 영향이 매우 크다.

[해설] 보고서'에서 학교특성 변인은 '교사의 질 ⇨ 학생 구성 특성 ⇨ 기타 학교변인(학교의 물리적 시설, 교육과정 등)'의 순이므로, 교사의 질이 교육과정보다 학업성취에 미치는 영향이 상대적으로 크다.

10 1966년에 발간된 「콜만보고서(Coleman report)」에 대한 설명으로 옳지 않은 것은? 22. 국가직 7급

☐☐☐

① 기본 문제의식은 학업성취도 격차의 완화기제로서 학교의 가능성을 알아보는 것이었다.

② 학교조건의 차이는 학업성취도 격차와 큰 관련이 없는 것으로 드러났다.

③ 학생의 학업성취도 격차를 설명하는 주된 요인은 가정 배경 관련 요인으로 나타났다.

④ 다른 연구자에 의해 관련 연구가 이어지지 못함으로써 당시 사용된 분석방법과 자료의 적합성은 검토되지 못했다.

해설 콜만(Coleman)은 「교육기회의 평등(Equality of Educational Opportunity)」이라는 1966년 보고서에서, 가정배경 - 학생집단 - 학교환경 변인 순으로 학업성취도에 영향을 준다고 결론지었다. 이러한 연구결과는 플라우덴(Plowden, 1967), 젠크스(Jencks, 1972)에 의해서 다시 면밀히 분석되었으나 결과는 마찬가지였다. 그 결과 가정배경의 문화실조를 사회가 보상해야 한다는 결과의 평등(보상적 평등)이 대두되었다.

11 콜맨(J. S. Coleman)에 대한 설명으로 옳지 않은 것은? 18. 국가직 7급

☐☐☐

① 학교별 교육조건의 차이가 학생들의 성적에 어떻게 반영되는가를 분석하였다.

② 교육평등에 영향을 주는 가정배경 및 학교변인을 분석한 콜맨보고서(Coleman Report)를 발표하였다.

③ 효과적인 학교에 평등하게 취학 기회가 부여되어야 한다는 의미로 교육결과의 평등을 주장하였다.

④ 학업성취에 대한 가정의 영향을 규명하는 데 '사회자본(social capital)'의 유용성에 주목하였다.

해설 콜맨(J. S. Coleman)은 처음에는 "교육기회의 평등은 단지 취학의 평등이 아니라 평등하게 효과적인 학교를 의미하는 것이다."라는 '교육조건의 평등'을 주장하였다. 그러나 연구 결과(콜맨 보고서)는 학교의 교육조건이 학업성취에 미치는 영향이 약하고 가정배경이 가장 큰 영향을 주는 것으로 밝혀졌다. 그 결과 결과의 평등, 즉 보상적 평등이 대두되었다.

12 다음은 학생의 학업성취도에 영향을 미치는 가정배경에 관한 대화이다. 각 교사의 대화내용을 콜맨(J. S. Coleman)이 제시한 세 가지 자본과 가장 적절하게 짝지은 것은? 09. 유·초등임용

☐☐☐

> • 권 교사 : 부모의 교육수준이 중요하죠. 학력이 높으면 지적 능력도 뛰어나고 자녀의 학습에도 알게 모르게 영향을 미칠 테니까, 결국 자녀의 성적도 높아진다고 봐야죠.
> • 김 교사 : 저는 부모의 소득이 자녀의 성적에 크게 영향을 미친다고 봐요. 엄청난 사교육비를 생각해 보세요.
> • 류 교사 : 학력과 소득이 높아도 자녀교육에 관심이 없으면 소용없어요. 자녀에게 관심을 가지고 격려도 하고 학습도우미 역할도 해주고 그래야 성적이 좋아지죠.

	권 교사	김 교사	류 교사		권 교사	김 교사	류 교사
①	경제자본	사회자본	인간자본	②	사회자본	경제자본	인간자본
③	사회자본	인간자본	경제자본	④	인간자본	사회자본	경제자본
⑤	인간자본	경제자본	사회자본				

해설 부모의 교육수준은 인간자본(인적 자본), 부모의 소득은 경제자본, 부모의 자녀교육에 대한 관심은 사회자본에 해당한다.

정답 06. ② 07. ② 08. ④ 09. ③ 10. ④ 11. ③ 12. ⑤

13 다음은 자녀의 학업성취 향상에 도움을 줄 수 있는 부모활동이다. 이 활동에 해당하는 자본의 명칭은?

□□□
18. 국가직

> • 부모가 이웃에 사는 친구 부모들과 자녀교육, 학습 보조 방법, 학습 분위기 조성에 관하여 대화하였다.
> • 부모가 자신의 자녀가 다니는 학교의 학부모회에 참석하고 학생지도에 협력하였다.

① 사회자본(social capital)   ② 문화자본(cultural capital)
③ 인간자본(human capital)   ④ 재정자본(financial capital)

해설 콜맨(J. Coleman)의 사회적 자본론에 따르면 학생의 학업성취 향상에 가장 큰 영향을 미치는 요인은 학생의 가정배경 중에서 사회적 자본이다. 사회적 자본은 사람들 사이의 사회적 관계에서 형성된다. 가정을 중심으로 사회적 자본을 정의한다면, 좁게는 가정 내 부모와 자녀의 관계이고, 넓게는 부모가 가정 밖에서 맺고 있는 사회적 관계의 전체에 해당한다. 지문은 가정 밖 사회자본의 사례에 해당한다.

14 학교교육의 측면에서, 콜맨(J. Coleman)의 사회자본에 대한 설명으로 가장 적절한 것은?

□□□
17. 지방직

① 학교에서 배운 지식과 기술에 따라 개인의 노동력에 차이가 발생한다.
② 학교교육과 경제생산체제 간의 상응관계를 통해 학교가 자본주의 경제구조를 재생산한다.
③ 교사, 학생, 학부모 간의 친밀한 관계 형성은 학생의 학업성취도에 긍정적인 영향을 미친다.
④ 학교가 특정 계층의 문화를 보편적 가치로 가르치기 때문에 학업에서 상위계층의 자녀가 유리하다.

해설 사회적 자본(social capital)은 사람들 사이의 사회적 관계에서 형성된다. 가정을 중심으로 사회적 자본을 정의한다면, 좁게는 가정 내 부모와 자녀의 관계이고, 넓게는 부모가 가정 밖에서 맺고 있는 사회적 관계의 전체이다. ①은 기능이론, ②는 보울스와 진티스(Bowles & Gintis)의 경제 재생산이론, ④는 부르디외(Bourdieu)의 문화자본론에 해당한다.

15 콜만(Coleman)의 사회자본(social capital)에 대한 설명으로 옳지 않은 것은? 23. 국가직

□□□
① 부모-자녀 간의 상호신뢰, 긍정적 상호작용, 자녀에 대한 높은 기대 등으로 나타난다.
② 지역사회 주민들이 생활지도, 학습지원 방법, 학습분위기 조성 등에 대해 협력하는 활동이다.
③ 학생의 학업성취 격차를 설명하는 주요 변인이다.
④ 학교시설, 실험실 등 물리적·객관적 여건에 따라 좌우된다.

해설 콜맨(J. Coleman)은 학생의 학업성취 향상에 가장 큰 영향을 미치는 요인을 학생의 가정배경 중에서 사회적 자본을 들고 있다. 사회적 자본은 사람들 사이의 사회적 관계로 형성되며 가정 내 사회자본과 가정 밖 사회자본으로 구성된다. ①은 가정 내 사회자본, ②는 가정 밖 사회자본에 해당한다. ④는 학교의 교육여건에 해당한다.

16 문화실조론의 주장으로 옳지 않은 것은?

① 학생의 학습실패 중요 요인으로 학생의 문화적 경험 부족을 지목한다.

② 문화적 상대주의 관점이며, 학생 간의 교육격차가 문화적 결핍보다는 문화적 차이 때문이라고 본다.

③ 빈곤가정의 결핍된 문화적 환경을 보상하기 위한 프로그램 중 하나가 헤드스타트 프로그램이다.

④ 학교에서 학생들의 성공과 실패는 유전적으로 결정된 것이 아니라고 본다.

해설 문화실조론(cultural deprivation theory)은 유전적 요소(예 지능)가 아닌 후천적 요소(생후 경험)와 가정의 문화적 환경 차이, 즉 학생의 문화적 경험 부족이 학습 실패의 중요 원인이라는 견해를 말한다. 기능이론적 접근으로 콜맨(Coleman)의 주장이 해당한다. 문화의 우열이 있으며, 가장 우수한 서구 산업사회의 백인 중산층 문화가 결핍된 집단의 아동이 학업성취도가 상대적으로 낮다고 본다. 그리고 교육격차를 해결방안으로 문화실조를 경험한 계층의 자녀들의 문화실조를 보상하는 보상적 평등정책(예 Head Start Project)의 구현을 주장한다. ②는 문화다원론적 접근에 해당한다. 문화다원론은 문화 상대주의적 관점으로, 번스타인(Bernstein), 부르디외(P. Bourdieu) 등 갈등이론적 접근에 해당한다. 문화에는 우열이 없고 다를 뿐이라고 주장하며, 특정 계급의 문화만을 학교에서 가르침으로써 그 문화와 다른 문화권에서 살아와 그 문화에 익숙치 않은 학생들의 학업성취도가 낮게 나타난다고 본다. 그러기에 교육격차를 해결하는 방안으로 특정 계급의 자녀들이 상징적 폭력(symbolic violence)으로 인한 불이익을 줄이기 위해 학교교육과정을 재구성해야 한다고 강조한다.

TIP 교육격차 발생이론 - 문화실조론과 문화다원론

구분	문화실조론	문화다원론
기본 전제	문화에는 우열이 있다.	문화에는 우열이 없고, 다만 다를 뿐이다.
학교 교육과정	우수한 문화, 즉 주류문화(서구 사회 백인 중산층 문화)로 구성	특정 계층(지배계층)의 문화만으로 구성 ⇨ 계층편향적인 문화로 구성
교육격차 발생원인	농촌, 하류층, 흑인 집단의 학생들의 후천적 문화적 경험 부족, 주류문화의 결핍 때문	특정 계층 문화에 익숙하지 않은 학생들의 불이익 ⇨ 상징적 폭력(symbolic violence)
교육격차 극복방안	불우계층의 저학력 아동들에 대한 보상적 평등 프로그램을 확대 예 Head Start Project	교육과정 재구성 ⇨ 모든 계층의 문화를 균형 있게 학교 교육과정에 편성

17 문화실조론에 대한 설명으로 옳은 것만을 모두 고르면?

> ㄱ. 미국 헤드스타트(Head Start) 프로그램의 배경이 되었다.
> ㄴ. 학생의 학업성취 격차의 원인은 학교요인에 있다고 주장한다.
> ㄷ. 문화상대주의자들은 문화실조라는 개념이 성립할 수 없다고 비판한다.

① ㄱ

② ㄱ, ㄷ

③ ㄴ, ㄷ

④ ㄱ, ㄴ, ㄷ

해설 문화실조론(문화환경 결핍론)은 교육격차의 원인을 학생의 유전(지능)이나 학교의 여건에 있는 것이 아니라 학생 가정의 문화적 환경과 학생의 후천적·문화적 경험 부족(문화실조)이라고 본다. 문화에는 우열이 있고, 우수한 문화(주류문화)로 학교 교육과정을 구성하기 때문에 하류층의 문화결핍이 교육격차를 발생시킨다고 주장한다. 그러므로 하류층 아동의 문화결핍을 사회가 지원하는 보상적 평등정책(예 Head Start Project)의 확대를 통해 가정의 불이익을 사회가 보상해 주어야 한다고 본다. 이에 비해 문화다원론은 문화에는 우열이 없고 다를 뿐이라는 문화상대론적 관점이기에 문화실조라는 개념은 성립될 수 없다고 본다. ㄴ은 교사결핍론에 해당한다.

정답 13. ① 14. ③ 15. ④ 16. ② 17. ②

18 학업성취 격차에 관한 설명으로 옳지 않은 것은?   14. 국가직

① 번스타인(B. Bernstein)은 가정에서 사용하는 언어의 특성이 학업성취에 영향을 미치지 않는다고 설명하였다.

② 부르되(P. Bourdieu)의 문화자본이론은 특정 문화에 익숙한 계층이 학업성취에 유리하다고 설명하였다.

③ 사회자본이론은 가정환경이 지역사회 및 학교와의 사회적 관계를 통하여 학업성취에 영향을 미친다고 설명한다.

④ 학업성취에 대한 결과의 평등 측면에서 보상교육 프로그램이 실시되었다.

> [해설] 번스타인(B. Bernstein)은 학업성취에서 노동계급의 자녀들이 중류계급의 자녀들에 비해 불리한 것은 부모의 정교하지 못한 어법(제한된 어법)을 습득한 자녀들이 학교의 공식적 교육상황(세련된 어법)에 적응하는 데 어려움을 겪기 때문이라고 보았다. 즉 학교 언어인 '세련된 어법'을 가정에서 자연스럽게 습득한 중류계급의 자녀들이 '제한된 어법'을 쓰는 노동계급의 아동보다 유리하다고 보았다.

19 학업성취 격차의 원인을 이해하는 관점에 대한 설명으로 옳지 않은 것은?   22. 국가직 7급

① 학업성취 격차의 원인을 지능에서 찾는 관점은 지능을 둘러싼 유전-환경 결정 논쟁과 관련이 깊다.

② 교육내용이 선정·조직되는 측면을 중시하는 관점은 학업성취 격차가 발생하는 과정을 '검은상자(black box)'로 남겨 두었다는 한계를 갖는다.

③ 가정의 문화적 환경을 중시하는 관점은 학교 내 변인만으로는 학업성취 격차를 해소하는 데 불충분하다고 본다.

④ 교사-학생 간 상호작용에 초점을 둔 관점은 교사의 기대수준 및 학생의 자기충족예언이 학업성취 격차에 미치는 영향에 관심을 둔다.

> [해설] ②에서 교육내용(교육과정)이 선정·조직되는 측면에서 학업성취 격차를 설명하는 관점은 번스타인(Bernstein)이나 부르디외(Bourdieu)의 주장에 해당한다. 이러한 주장은 학교지식(교육과정)과 계급과의 관계를 다루는 신교육사회학(교육과정 사회학)의 관점으로 학교 내부 문제를 검은상자(black box)로 취급하는 초기교육사회학(기능이론, 갈등이론)의 한계를 극복하고 있다. ①은 젠센(Jensen), 아이젠크(Eysenck) 등의 지능결핍론, ③은 콜맨(Coleman), 플라우덴(Plowden), 젠크스(Jencks) 등의 문화환경결핍론, ④는 로젠탈과 제이콥슨(Rosenthal & Jacobson), 리스트(Rist), 머튼(Merton) 등의 교사결핍론에 해당한다.

20 기초학력 보장 정책과 관련된 내용으로 옳지 않은 것은?   22. 국가직 7급

① 기초학력을 갖추지 못한 학습지원 대상 학생에게 맞춤형 교육을 실시한다.

② 학교 교육과정을 통하여 갖추어야 하는 최소한의 성취기준을 충족하는지 진단한다.

③ 진로 개척 역량을 길러주기 위해 과목 선택제를 도입한다.

④ 학습결손 보충을 위한 학교 안팎의 프로그램을 활성화한다.

> [해설] 「기초학력보장법」의 시행(2022. 3. 25.)에 따라 모든 학생의 기초학력을 보장하는 국가 교육책임제 실현을 위한 '제1차 기초학력 보장 종합계획(2023~2027)'이 마련되었다. 여기서 '기초학력'이란 「초·중등교육법」 제2조에 따른 학교의 학생이 대통령령으로 정하는 바에 따라 학교 교육과정을 통하여 갖추어야 하는 최소한의 성취기준을 충족하는 학력을 말한다. ③은 학생들의 진로선택을 지원하는 정책에 해당한다.
> ※ 기초학력이란 3R's(읽기, 쓰기, 셈하기) 등 관련 교과의 최소한의 성취기준을 충족하는 학력을 말하며, 기본학력이란 학생 성장 중심의 교과 역량을 기르는 데 필요한 핵심개념과 원리(교과 성취기준) 등을 이해하고 이를 수행할 수 있는 학력을 말한다. 지도대상은 전자는 학습에 어려움을 겪는 학생이며, 후자는 국가수준의 교과별 성취기준에 도달할 수 있는 학급 내 모든 학생이다.

제8절 학력상승이론 : 학교교육 팽창이론

1 개관

01 현대사회의 학력 상승 원인과 관련된 이론에 대한 설명으로 옳지 않은 것은?　19. 국가직 7급

① 기술기능이론에서는 과학기술의 발달로 인한 직업기술 수준의 향상을 학력 상승의 원인으로 강조한다.

② 학습욕구이론의 강점은 오늘날의 학교가 지적, 인격적 성장을 위한 학습 욕구를 제대로 충족시켜 주는 기관이라는 사실을 입증해 준다는 데 있다.

③ 지위경쟁이론에서는 학력이 사회적 지위획득의 수단이기 때문에 사람들이 경쟁적으로 높은 학력을 취득하는 탓에 학력이 계속 높아진다고 설명한다.

④ 국민통합이론은 정치단위인 국가의 이데올로기 통합 과정에서 교육제도가 수행하고 있는 정치적 기능을 새롭게 지적하였다는 데 의의가 있다.

해설 학습욕구이론은 학력상승을 설명하는 심리학적 접근으로, 인간은 학습욕구를 가지고 있으며 학교는 그 욕구를 충족시켜 주는 기관으로 전제하고, 강한 학습욕구(例 자아실현 욕구, 지적 욕구, 심미적 욕구)에 의해 학력상승이 일어난다고 보는 이론이다. 그러나 많은 연구결과들은 학교가 지적 학습욕구를 충족시키기에는 적합한 장소가 되지 못한다고 지적하고 있고, 교육기관으로서의 기능을 제대로 수행하고 있지 못하다고 비판하고 있다.

TIP 교육팽창이론(학력상승이론)

강조점	이론	주장(학력상승의 원인)	대표자	비판
심리적 원인	학습욕구이론	• 성장욕구, 즉 자아실현의 욕구(인지적 욕구&미적 욕구) 추구 • 인구의 증가와 경제발전으로 인한 경제적 여유의 증대	Maslow	학교가 학습욕구를 충족시키는 기관임을 입증하기 어려움.
경제적 원인	기술기능이론	과학기술의 부단한 향상으로 직업전문기술 수준의 증가	Clark, Kerr	과잉학력현상을 설명 ×
	신마르크스이론 (상응이론)	자본주의 경제체제 유지(자본가의 요구에 맞는 기술인력 공급 & 자본주의적 사회규범 주입)	Bowles & Gintis	자본계급의 이익 이외의 다른 측면(학습자)에 대한 고려 ×
사회적 원인	지위경쟁이론	학력(學歷)은 사회적 지위 획득의 수단 ⇨ '졸업장병', '신임장 효과', '문화화폐', '상징적 학력주의 사회'	Weber, Dore, Collins	학교교육의 내용적 측면, 경쟁의 긍정적 측면에는 무관심
정치적 원인	국민통합론 (국민형성론)	국가의 형성과 이에 따른 국민 통합의 필요성 ⇨ 초등교육의 의무화 & 중등교육의 확대	Bendix, Ramirez	고등교육의 팽창과 과잉교육의 문제를 설명 ×

02 학력이 계속 상승하는 원인에 대한 이론적 설명으로 옳지 않은 것은?　07. 국가직 7급

① 기술・기능이론　② 국민통합이론　③ 학습욕구이론　④ 재생산이론

해설 ④는 학교 교육은 계급적 불평등을 재생산하는 도구라고 보는 갈등이론가들의 주장으로, 학력상승이론과는 관계가 없다.

정답 18. ① 19. ② 20. ③ / 01. ② 02. ④

2 기술기능이론

03 대학의 팽창에 대한 다음과 같은 설명에 가장 근접한 이론은?   09. 유·초등임용

> 한국사회가 지식기반사회로 진입함에 따라 고급인력에 대한 수요가 증가하였다. 국가는 이러한 고급인력의 수요에 부응하기 위하여 대학교의 설립과 대학정원의 확대를 허용하였으며, 그 결과 대학이 팽창하였다.

① 지위경쟁론　　　　② 기술기능론　　　　③ 국민통합론
④ 계급통제론　　　　⑤ 학습욕구론

해설 기술기능이론은 학교는 산업사회를 지탱하는 핵심적 장치이며, 기술의 발달이 학력의 상승과 교육의 팽창을 가져온다고 보는 이론이다.
③ 국민통합론은 근대국가의 형성과 이에 따른 국민통합의 필요성 때문에 의무교육이 실시되었고, 그 결과 교육이 팽창되었다고 보는 이론이다.

04 학력상승의 원인에 대한 대화이다. 기술기능이론에 바탕을 둔 B의 대답으로 옳은 것은?

16. 국가직 7급

> A: 학력이 지속적으로 상승하는 원인이 무엇이라고 생각하시나요?
> B: (　　　　　　　　　　　　　　　)

① 누구나 뭔가 새로운 것을 배우고자 하는 욕구가 있잖아요.
② 현대사회에서 학력은 지위획득을 위한 합법적 사다리잖아요.
③ 사회에서 요구되는 직업전문성 수준이 계속 향상되기 때문이지요.
④ 교육을 통해 국민들 사이에 일체감을 형성할 필요가 있잖아요.

해설 기술기능이론은 교육팽창을 경제적인 관점에서 설명하는 이론으로, 과학기술의 부단한 향상으로 직업기술의 수준이 계속 높아져 사람들의 학력수준이 높아질 수밖에 없다고 보는 이론이다. 클라크(Clark)와 커(Kerr) 등이 주장한 이론으로, 학교는 산업사회를 지탱하는 핵심적 장치이며, 기술의 발달이 학력의 상승과 교육의 팽창을 가져온다고 본다. ①은 학습욕구이론, ②는 지위경쟁이론, ④는 국민통합론에 해당한다.

05 다음과 같이 현대사회의 학력상승을 설명하는 이론은?   15. 특채

> • 교육은 생산능력을 향상시키는 수단이다.
> • 개인은 미래에 예상되는 금전적·비금전적 수익만큼 자신에게 투자한다.
> • 저소득층이나 저발전국가의 교육기회를 확대하면 이들의 빈곤을 해소하고 사회적 불평등을 줄일 수 있다.

① 학습욕구이론　　　　　　② 인간자본론
③ 계급투쟁론　　　　　　　④ 지위경쟁론

해설 인간자본론은 교육이 사회·경제발전의 수단이라고 보는 기능이론의 하위이론에 속한다. 교육을 통해 사회·경제 발전에 필요한 인적 자본 생산의 중요성을 강조하고, 교육투자가 생산성 향상과 사회적 지위 획득의 도구로 작용하여 결과적으로 소득을 향상시킨다고 주장한다.

3. 지위경쟁이론

06 〈보기〉의 내용과 부합하는 학력(學歷)상승이론은?
06. 유·초등임용

> ┌ 보기 ┐
> • 학력이 취업의 기본조건이다.
> • 학력이 높을수록 소득이 많아진다.
> • 더 높은 학력을 얻기 위한 경쟁이 치열해진다.
> • 학력경쟁이 과열되면 과잉학력 문제가 발생한다.

① 학습욕구론 ② 국민통합론 ③ 지위경쟁론 ④ 문화자본론

해설 지위경쟁이론에서는 학력(學歷)이 사회적 지위획득의 중요한 수단이기 때문에 모든 사람이 높은 학력, 즉 상급학교 졸업장을 받기 위하여 경쟁적으로 노력함으로써 교육이 팽창한다고 주장한다. 남보다 한 단계 높은 학력을 가지고 있는 것은 사회적 지위의 경쟁에서 결정적으로 유리하기 때문에 모든 사람이 높은 학력, 즉 상급학교 졸업장을 받기 위하여 온갖 힘을 기울인다고 본다. ④에서 문화자본론은 학교교육을 계급관계의 문화적 재생산 관계로 파악한다. 문화자본이란 자신의 가정이 계급적으로 위치한 범주에 따라 각 개인이 전수받는 일련의 다양한 언어적·문화적 능력이다.
* 과잉학력현상(over education)은 학력과 직업의 불일치 현상으로, 교육인력이 (노동)인력수요를 초과하는 현상을 말한다.

07 지위경쟁론 관점에서 일제강점기 초등교육 팽창의 사회적 동인(動因)으로 가장 적절한 것은?
12. 유·초등임용

① 경제발전을 위한 기술인력의 수요 증가
② 강제징집 또는 징용을 회피하려는 취학의 증가
③ 신분제 폐지로 인한 학력(學歷)에 대한 수요 증가
④ 조선총독부의 '내선일체(內鮮一體)'와 우민화 정책 실시
⑤ 단순기술과 순응적 태도를 갖춘 노동자들에 대한 군수산업 자본가들의 수요 증가

해설 지위경쟁론은 학력상승의 원인을 높은 지위가 보장되는 상급학교 진학을 위한 경쟁의 심화 때문이라고 본다. ①은 기술기능이론, ④는 국민통합론, ⑤는 신마르크스 이론에 해당한다.

정답 03. ② 04. ③ 05. ② 06. ③ 07. ③

Chapter
14

08 교육팽창과 관련된 설명으로 옳은 것을 <보기>에서 모두 고르면? 11. 유·초등임용

┌ 보기 ┐
- ㉠ 학벌주의란 학력(學歷)보다 지적·기술적 능력이 지위 결정에 중요한 요소로 작용하는 사회적 풍토를 말한다.
- ㉡ 학력 인플레이션이란 학력의 공급이 수요에 비하여 지나치게 많아 그 가치가 노동시장에서 평가절하되는 것을 말한다.
- ㉢ '졸업장 병(diploma disease)'이란 학력이 지위획득의 수단으로 작용하여 더욱 높은 학력을 쌓기 위한 경쟁이 계속되는 것을 말한다.

① ㉡   ② ㉠, ㉡   ③ ㉠, ㉢
④ ㉡, ㉢   ⑤ ㉠, ㉡, ㉢

【해설】 ㉠, ㉡, ㉢은 모두 학력팽창과 관련된 '지위경쟁론'에 대한 설명이다. ㉠은 실력이나 능력을 의미하는 학력(學力, power)보다 졸업장이나 신임장 등의 상징을 의미하는 학력(學歷, history)이 중요한 요소로 작용하는 사회적 풍토를 말한다.

09 다음 내용에 해당하는 교육제도 성장이론과 학자를 바르게 연결한 것은? 07. 국가직 7급

그는 「학력주의 사회」(The Credential Society)라는 저서에서 미국 고등교육이 과잉공급 상태에 있었음에도 불구하고 새로운 대학이 설립되는 등 고등교육의 팽창이 계속되는 현상에 주목하였다. 그리고 이러한 현상의 원인이 대학의 학위 인정권에 있었음을 밝히고 있다. 다시 말하면, 실용적인 훈련의 강조가 아니라 학위부여 기능을 대학이 가지게 됨으로써 교육팽창이 이루어졌다는 것이다.

① 인간자본론 - 베커(Becker)
② 지위집단경쟁이론 - 콜린스(Collins)
③ 계급재생산이론 - 보울스와 진티스(Bowles & Gintis)
④ 세계체제론 - 마이어(Meyer)

【해설】 학력주의 사회란 사회적 지위를 결정하는 데 학력(學歷)이 결정적 기준으로 작용하는 사회를 말한다. 베버(Weber)의 권력갈등이론을 계승하고 있는 콜린스(Collins)는 학력은 생산성(學力)의 의미보다는 일종의 '문화화폐'로서 사회적 지위자산으로서 기능을 하며, 학력에 따른 임금격차를 신임장 효과(credential effect)라고 보았다. 따라서 콜린스가 주장하는 학력주의 사회는 학력이 실력이나 능력(power)으로 작동하는 '본질적 학력주의 사회'가 아니라 상징(symbol)이나 간판(졸업장)으로 작동하는 '상징적 학력주의 사회'를 일컫는다.

10 콜린스(R. Collins)의 계층경쟁론에 대한 설명으로 옳은 것을 〈보기〉에서 고른 것은? 09. 중등임용

□□□

┌─ 보기 ┌
ⓐ 교육팽창의 주된 원인을 개인의 경제적 동기에서 찾고자 한다.
ⓑ '학교교육 ⇨ 생산성 향상 ⇨ 소득 증대'라는 합리적 인과관계를 주장한다.
ⓒ 학력상승의 원인에 대한 기술기능이론의 설명에 들어 있는 모순 및 한계점을 비판한다.
ⓓ 고등교육의 팽창 등 학력 인플레이션이나 과잉교육 현상의 원인을 설명하는 데 관심이 많다.
└

① ㉠, ㉡   ② ㉠, ㉣
③ ㉡, ㉢   ④ ㉡, ㉣
⑤ ㉢, ㉣

해설 콜린스(R. Collins)의 계층경쟁론(지위경쟁론)은 갈등이론 관점에서 교육 팽창을 설명한다. 특히 교육팽창의 사회적 요인이나 동기를 중시하며, 학교교육의 결과로 획득되는 학력을 능력보다는 상징의 의미로 해석한다. ㉠, ㉡은 인간자본론의 주장에 해당한다.

11 다음은 학력(學歷)상승의 원인에 대한 두 교사의 대화이다. 각 교사의 설명에 부합하는 학력상승 이론을 바르게 짝지은 것은? 12. 중등임용

□□□

• 강 교사 : 학교는 산업사회를 지탱하는 핵심 장치입니다. 사람들의 학력이 높아지는 원인은 직종이 다양해지고 각 직업에서 요구하는 지식의 수준이 높아지는 데 있어요. 우리 시대가 유능한 인재를 요구하고 있으니, 학교는 인재 양성에 매진해야 합니다.
• 정 교사 : 저는 그렇게 생각하지 않습니다. 직업구조의 변화가 학력상승을 유발하기는 하지만 그것만으로는 충분한 설명이 되지 못합니다. 남보다 한 단계라도 높은 학력을 가지고 있는 것이 좋은 직업 획득에 도움이 되는 상황을 생각해 보세요. 학력상승은 그 결과로 발생하는 현상입니다.

	강 교사	정 교사
①	마르크스 이론	지위경쟁이론
②	기술기능이론	마르크스 이론
③	기술기능이론	지위경쟁이론
④	지위경쟁이론	기술기능이론
⑤	지위경쟁이론	학습욕구이론

해설 학력상승을 유발하는 원인에 관해 강 교사는 학교가 현대 산업사회를 유지하는 핵심적 장치라고 보는 기술기능이론의 입장에서, 정 교사는 학교가 높은 사회적 지위 획득을 위한 경쟁장치라고 보는 지위경쟁이론의 입장에서 설명하고 있다.

정답 08. ④   09. ②   10. ⑤   11. ③

4 국민통합론

12 학교교육은 팽창하고 학력이 계속 높아지는 현상을 설명하는 이론 중 다음과 같은 내용을 포함하는
□□□ 것은?

10. 국가직 7급

> • 교육팽창을 정치적 요인으로 설명
> • 교육은 국민으로서의 정체감을 형성시키는 기제
> • 벤딕스(R. Bendix)에 의해 제시

① 학습욕구이론   ② 지위경쟁이론
③ 신마르크스주의 이론   ④ 국민통합론

해설 국민통합론은 교육은 국민으로서의 정체감을 형성시키는 주요 요인이며, 근대국가의 형성과 이에 따른 국민통합의
필요성 때문에 의무교육이 실시되었고, 그 결과 교육이 팽창되었다고 보는 이론이다. 교육팽창을 ①은 심리적 요인으로,
②는 사회적 요인, ③은 경제적 요인으로 설명하는 이론이다.

정답   12. ④

오현준

주요 약력

서울대학교 사범대학 교육학과 졸업

現) • 서울교육청, 강원교육청 핵심인재 특강 전임강사
 • 박문각 임용고시학원 교육학 및 5급 교육사무관 승진 전임강사
 • 박문각 공무원 교육학 온라인·오프라인 전임강사
 • 창원중앙고시학원, 대구한국공무원학원, 유성제일고시학원, 청주행정고시학원 교육학 전임강사
 • 서울교육청, 인천교육청, 강원교육청 5급 교육사무관 전임 출제위원

前) • 교육부 의뢰, 제7차 교육과정「특별활동 교사용 지침서」발간
 • 22년간 중등교사로 서울에서 재직 활동(교육부총리, 교육감상 수상 / 교재연구 우수교원 교육부 장관상 수상 /
  연구학교 우수교사 수상 / 교육복지투자 우선지역 사업 선도 교사)
 • 매년 1급 정교사 자격연수 대상자들을 대상으로 교수법 특강
 • 통일부 위촉, 통일 전문 강사 활동
 • 광주교육청 주관, 학교교육복지 정책 관련 특강
 • 중앙대 교원임용고시 대비 특강
 • 5급 교육사무관 대비 교육학 및 역량평가, 심층면접 강의−전국 최대 사무관 배출
 • 티처빌 교육전문직 대상 교육학 전임강사

주요 저서

• 오현준 정통교육학(전2권) (박문각, 2007~2025 刊)
• 오현준 교육학 끝짱노트 (박문각, 2023~2025 刊)
• 오현준 교육학 단원별 기출문제 1356제 (박문각, 2016~2025 刊)
• 오현준 교육학 파이널 모의고사 (박문각, 2016~2024 刊)
• 오현준 핵심교육학 (박문각, 2016~2024 刊)
• 오현준 명작교육학 (박문각, 2016~2022 刊)
• 오현준 교육학 논술 핵심 229제 (박문각, 2019~2022 刊)
• 오현준 끝짱교육학 (고시동네, 2020~2022 刊)
• 오현준 교육학 기출문제 종결자 (고시동네, 2014~2016 刊)
• TOPIC 교육학(고시동네, 2013 刊)

인터넷 강의

박문각 www.pmg.co.kr

오현준 교육학 ◇✦ 단원별 기출문제 1356제

초판 인쇄 | 2024. 10. 10. **초판 발행** | 2024. 10. 15. **편저자** | 오현준

발행인 | 박 용 **발행처** | (주) 박문각출판 **등록** | 2015년 4월 29일 제2019−000137호

주소 | 06654 서울특별시 서초구 효령로 283 서경 B/D 4층 **팩스** | (02) 584−2927

전화 | 교재 주문·내용 문의 (02) 6466−7202

저자와의
협의하에
인지생략

정가 39,000원 **ISBN** 979−11−7262−249−7